여러분의 합격을 응원하는
해커스공무원의 특별 혜택

FREE 공무원 세법 특강

해커스공무원(gosi.Hackers.com) 접속 후 로그인 ▶ 상단의 [무료강좌] 클릭하여 이용

해커스공무원 온라인 단과강의 20% 할인쿠폰

6A35E9554C8FFC5R

해커스공무원(gosi.Hackers.com) 접속 후 로그인 ▶ 상단의 [나의 강의실] 클릭 ▶
좌측의 [쿠폰등록] 클릭 ▶ 위 쿠폰번호 입력 후 이용

* 등록 후 7일간 사용 가능(ID당 1회에 한해 등록 가능)

합격예측 온라인 모의고사 응시권 + 해설강의 수강권

D2D7D7AF2D73EA49

해커스공무원(gosi.Hackers.com) 접속 후 로그인 ▶ 상단의 [나의 강의실] 클릭 ▶
좌측의 [쿠폰등록] 클릭 ▶ 위 쿠폰번호 입력 후 이용

* ID당 1회에 한해 등록 가능

쿠폰 이용 관련 문의 **1588-4055**

단기 합격을 위한 해커스공무원 커리큘럼

입문
탄탄한 기본기와 핵심 개념 완성!
누구나 이해하기 쉬운 개념 설명과 풍부한 예시로 부담없이 쌩기초 다지기

TIP 베이스가 있다면 **기본 단계**부터!

▼

기본+심화
필수 개념 학습으로 이론 완성!
반드시 알아야 할 기본 개념과 문제풀이 전략을 학습하고
심화 개념 학습으로 고득점을 위한 응용력 다지기

▼

기출+예상 문제풀이
문제풀이로 집중 학습하고 실력 업그레이드!
기출문제의 유형과 출제 의도를 이해하고 최신 출제 경향을 반영한
예상문제를 풀어보며 본인의 취약영역을 파악 및 보완하기

▼

동형문제풀이
동형모의고사로 실전력 강화!
실제 시험과 같은 형태의 실전모의고사를 풀어보며 실전감각 극대화

▼

최종 마무리
시험 직전 실전 시뮬레이션!
각 과목별 시험에 출제되는 내용들을 최종 점검하며 실전 완성

PASS

* 커리큘럼 및 세부 일정은 상이할 수 있으며,
자세한 사항은 해커스공무원 사이트에서 확인하세요.

단계별 교재 확인 및 수강신청은 여기서!
gosi.Hackers.com

해커스공무원
이훈열
세법 기본서

이 책의 저자

이훈엽

약력
고려대학교 경영학부 졸업
현 | 해커스공무원 세법 강의
현 | 해커스 경영아카데미 세무회계 강의
현 | 이촌세무회계 대표
전 | 황남기스파르타 세무직, 회계직 세법 강의
전 | J&N 세무법인 근무
전 | 대구은행, 기업은행 신용분석사 특강

저서
해커스공무원 이훈엽 세법 기본서
해커스공무원 이훈엽 세법 단원별 기출문제집
해커스 이훈엽 세법마스터
해커스 이훈엽 객관식 세법
해커스 세무회계연습 1/2
해커스 세무회계 기출문제집
객관식 세법 1·2, 나우퍼블리셔
세법엔딩 vol. 1·2·3, 나우퍼블리셔
세법플러스, 나우퍼블리셔

머리말

『해커스공무원 이훈엽 세법 기본서』는 수험생 여러분들의 소중한 하루하루가 낭비되지 않도록 세법 학습의 명확한 길과 방향을 제시하고자 정성을 다해 만들어졌습니다.
『해커스공무원 이훈엽 세법 기본서』는 여러분의 합격을 위해 다음과 같은 특징을 가지고 있습니다.

첫째, 가독성 높게 표로 정리하여 세법의 핵심을 쉽고 효율적으로 학습할 수 있습니다.
방대한 세법의 내용을 표로 짜임새 있게 정리하여 핵심을 쉽고 정확하게 이해할 수 있고 빠른 회독이 가능합니다.

둘째, 다양한 학습 장치와 기출문제를 수록하여 명확히 학습한 후 실전 감각까지 키울 수 있습니다.
핵심 이론을 명확히 정리하고, 헷갈리는 개념은 비교하여 설명하며, 다양한 사례를 제공하여 복잡한 세법을 쉽게 이해할 수 있습니다. 또한 기출문제를 통해 학습한 이론이 시험에 어떻게 출제되는지 확인하고 부족한 부분을 효과적으로 보완할 수 있습니다.

셋째, 법령의 취지를 통해 단순 암기가 아닌 깊이 있는 이해가 가능합니다.
법령의 경우 취지를 모른 채 암기한 경우 기억이 쉽게 휘발되어 세법 공부가 더욱 어렵게 느껴집니다. 이러한 문제를 해결하기 위해 본 교재에는 법령의 취지를 상세히 수록했습니다.

넷째, 최신 출제 경향과 개정 법령으로 효과적인 시험 대비가 가능합니다.
공무원 세법의 최신 출제 경향을 반영하고 재출제 가능성이 높은 지문을 수록하였으며, 이론 전반에 최신 개정 법령을 꼼꼼히 반영하여 정확한 내용으로 효과적인 시험 대비가 가능합니다.

더불어, 공무원 시험 전문 사이트 해커스공무원(gosi.Hackers.com)에서 학습 중 궁금한 점을 나누고 다양한 무료 학습 자료를 함께 이용하여 학습 효과를 극대화할 수 있습니다. 부디 『해커스공무원 이훈엽 세법 기본서』와 함께 공무원 세법 시험 고득점을 달성하고 합격을 향해 한걸음 더 나아가시기를 바랍니다.

『해커스공무원 이훈엽 세법 기본서』가 공무원 합격을 꿈꾸는 모든 수험생 여러분에게 훌륭한 길잡이가 되기를 바랍니다.

이훈엽

목차

제1편 조세총론

제1장 　조세의 개념과 분류 　10

제2장 　조세법의 기본원칙 　12

제1편 기출문제 　14

제2편 국세기본법

제1장 　총칙 　18

제2장 　국세부과의 원칙과 세법적용의 원칙 　29

제3장 　납세의무 　34

제4장 　국세와 일반채권의 관계 　43

제5장 　납세의무의 확장 　49

제6장 　과세와 환급 　56

제7장 　국세불복제도 　71

제8장 　납세자의 권리 및 보칙 　82

제2편 기출문제 　98

제3편　국세징수법

제1장	총칙	138
제2장	신고납부, 납부고지 등	140
제3장	강제징수	151
제4장	보칙	188
제3편 기출문제		196

제4편　소득세법

제1장	총칙	210
제2장	이자소득과 배당소득	218
제3장	사업소득	236
제4장	근로소득·연금소득·기타소득	264
제5장	소득금액계산의 특례	292
제6장	종합소득과세표준의 계산	299
제7장	세액의 계산 및 세액공제	306
제8장	퇴직소득	319
제9장	납세절차	325
제10장	양도소득세	333
제4편 기출문제		362

목차

제5편 부가가치세법

제1장	총칙	398
제2장	과세거래	410
제3장	영세율과 면세	427
제4장	과세표준	448
제5장	거래징수와 세금계산서	463
제6장	납부세액 등	474
제7장	겸영사업자의 부가가치세 특례	486
제8장	신고와 납부	492
제9장	간이과세	508
제5편 기출문제		521

제6편 법인세법

제1장	총칙	560
제2장	세무조정과 소득처분	564
제3장	익금과 익금불산입	572
제4장	손금과 손금불산입	589
제5장	손익의 귀속시기와 자산·부채의 평가	615
제6장	감가상각비의 손금불산입	630
제7장	충당금과 준비금	641
제8장	부당행위계산의 부인	655
제9장	과세표준과 세액계산	665
제10장	납세절차	676

| 제11장 | 합병 및 분할특례 | 681 |

| 제12장 | 기타 법인세 | 700 |

제6편 기출문제   719

제7편 상속세 및 증여세법

| 제1장 | 상속세 | 758 |

| 제2장 | 증여세 | 782 |

| 제3장 | 재산의 평가 | 804 |

해커스공무원 학원·인강
gosi.Hackers.com

제1편 조세총론

제1장   조세의 개념과 분류
제2장   조세법의 기본원칙

제1장 조세의 개념과 분류

01 조세의 개념

조세란 국가 또는 지방자치단체가 그의 경비충당을 위한 재정수입을 조달할 목적으로 법률에 규정된 과세요건을 충족한 모든 자에게 직접적 반대급부 없이 부과하는 금전급부를 말한다.

과세주체	국가 또는 지방자치단체(공공단체가 부과하는 공과금은 조세 ×)
과세목적	국가 또는 지방자치단체의 경비충당을 위한 재정수입 조달
과세근거	법률에 규정된 과세요건을 충족한 모든 자에게 부과
무보상성	조세납부에 대한 개별적·직접적 보상이 따르지 않음
납부방법	금전납부(예외: 상속세의 물납)

02 조세의 분류

과세주체	국세	국가가 부과하는 조세
	지방세	지방자치단체가 부과하는 조세
세수의 용도	보통세	세수의 용도를 특정하지 않고 일반경비에 충당하는 조세
	목적세	세수의 용도를 특정하여 특정경비에만 충당되는 조세
전가예정여부	직접세	납세의무자와 담세자가 일치하는 조세
	간접세	납세의무자와 담세자가 일치하지 않는 조세
납세의무자의 인적사항 고려여부	인세	납세의무자의 인적사항을 고려하여 부과되는 조세
	물세	납세의무자의 인적사항을 고려하지 않고 과세물건에 대하여 부과되는 조세
과세대상 측정단위	종가세	과세표준을 금액으로 측정하는 조세
	종량세	과세표준을 수량으로 측정하는 조세

우리나라의 현행 조세체계

구분				세목(25개)	세법(14개)
국세 (14개)	내국세	보통세	직접세	법인세	법인세법
				소득세	소득세법
				상속세	상속세 및 증여세법
				증여세	
				종합부동산세	종합부동산세법
			간접세 (거래세)	부가가치세	부가가치세법
				개별소비세	개별소비세법
				주세	주세법
				증권거래세	증권거래세법
				인지세	인지세법
		목적세		교통·에너지·환경세	교통·에너지·환경세법
				교육세	교육세법
				농어촌특별세	농어촌특별세법
	관세			관세	관세법
지방세 (11개)	보통세			취득세	지방세법
				등록면허세	
				재산세	
				자동차세	
				주민세	
				지방소득세	
				지방소비세	
				담배소비세	
				레저세	
	목적세			지역자원시설세	
				지방교육세	

제1장 조세의 개념과 분류

제2장 조세법의 기본원칙

01 조세법률주의

1. 관련 법령

헌법 제38조 모든 국민은 법률이 정하는 바에 의하여 납세의 의무를 진다.
헌법 제57조 조세의 종목과 세율은 법률로 정한다.

2. 법령해설[*]

조세법률주의란 법률의 근거 없이는 국가는 조세를 부과·징수할 수 없고, 모든 국민은 법률이 정하는 바에 의하여 납세의 의무를 진다는 것을 말한다. 조세법률주의의 이념은 과세요건을 법률로 규정하여 국민의 재산권을 보장하고 과세요건을 명확하게 규정하여 국민생활의 법적 안정성과 예측가능성을 보장하기 위한 것이며, 그 핵심적 내용은 과세요건법정주의와 과세요건명확주의이다.

[*] 위임입법의 문제: 개별적·구체적 위임 - 유효 / 포괄위임: 무효

과세요건 법정주의	납세의무를 성립시키는 납세의무자, 과세물건, 과세표준, 과세기간, 세율 등의 과세요건과 조세의 부과, 징수절차를 모두 국민의 대표기관인 국회가 제정한 법률로 규정하는 것을 의미한다.
과세요건 명확주의	① 과세요건에 관한 법률규정의 내용이 지나치게 추상적이거나 불명확하면 이에 대한 과세관청의 자의적인 해석과 집행을 초래할 염려가 있으므로 그 규정내용이 명확하고 일의적이어야 함을 의미한다. ② 과세요건을 정한 조세법률규정의 내용이 지나치게 추상적이고 불명확하여 과세관청의 자의적 해석이 가능하고 그 집행이 자유재량에 맡겨지도록 되어 있다면 그 규정은 과세요건명확주의에 어긋나는 것이어서 헌법상 조세법률주의 원칙에 위배된다. ③ 따라서 납세자에게 불리한 유추해석과 확장해석은 원칙적으로 허용되지 않고 법의 글귀 그대로 법대로 엄격하게 해석 적용하여야 한다.

02 조세평등주의

1. 관련 법령

> 헌법 제11조 모든 국민은 법 앞에 평등하다. 누구든지 성별·종교 또는 사회적 신분에 의하여 정치적·경제적·사회적·문화적 생활의 모든 영역에 있어서 차별을 받지 아니한다.
>
> 헌법 제119조 국가는 균형있는 국민경제의 성장 및 안정과 적정한 소득의 분배를 유지하고, 시장의 지배와 경제력의 남용을 방지하며, 경제주체간의 조화를 통한 경제의 민주화를 위하여 경제에 관한 규제와 조정을 할 수 있다.

2. 법령해설

(1) 국가는 조세입법을 함에 있어 조세의 부담이 공평하게 국민들에게 배분되도록 법을 제정하여야 할 뿐 아니라, 조세법의 해석 적용에 있어서도 모든 국민을 평등하게 취급하여야 할 의무를 진다.

(2) 조세평등주의가 요구하는 담세능력에 따른 과세의 원칙은 한편으로 동일한 소득은 원칙적으로 동일하게 과세될 것(수평적 공평)을 요청하며 다른 한편으로 소득이 다른 사람들 간의 공평한 조세부담의 배분(수직적 공평)을 요청한다.

구현제도	실질과세의 원칙, 부당행위계산의 부인 등
위배제도	비과세, 각종 감면제도, 간이과세

제1편 기출문제

01 조세법률주의에 대한 설명으로 옳지 않은 것은? (단, 다툼이 있는 경우 판례에 의함) 2019년 국가직 9급

① 조세의 과세요건 및 부과·징수절차는 입법부가 제정하는 법률로 정해져야 한다.
② 1세대 1주택에 대한 양도소득세 비과세요건(거주요건)을 추가하여 납세자가 양도소득세 비과세를 받기 어렵게 규정을 개정하였지만 경과규정을 두어 법령시행 후 1년간 주택을 양도한 경우에는 구법을 적용하도록 하였다면 이러한 법개정은 소급과세금지에 반하지 않는다.
③ 엄격해석으로 세법상 의미를 확정할 수 없는 경우 세법규정의 유추적용이 허용된다.
④ 조세법률주의는 과세권의 자의적 발동으로부터 납세자를 보호하기 위한 대원칙으로 헌법에 그 근거를 두고 있다.

정답 및 해설

조세법률주의원칙은 과세요건 등 국민의 납세의무에 관한 사항을 국민의 대표기관인 국회가 제정한 법률로써 규정하여야 하고, 법률을 집행하는 경우에도 이를 엄격하게 해석·적용하여야 하며, 행정편의적인 확장해석이나 유추적용을 허용하지 아니함을 뜻한다.

답 ③

MEMO

해커스공무원 학원·인강
gosi.Hackers.com

제2편
국세기본법

제1장 　총칙
제2장 　국세부과의 원칙과 세법적용의 원칙
제3장 　납세의무
제4장 　국세와 일반채권의 관계
제5장 　납세의무의 확장
제6장 　과세와 환급
제7장 　국세불복제도
제8장 　납세자의 권리 및 보칙

제1장 총칙

제1절 총칙

01 목적

국세기본법은 국세에 관한 기본적이고 공통적인 사항과 납세자의 권리·의무 및 권리구제에 관한 사항을 규정함으로써 국세에 관한 법률관계를 명확하게 하고, 과세를 공정하게 하며, 국민의 납세의무의 원활한 이행에 이바지함을 목적으로 한다.

02 용어의 정의

국세기본법에서 사용하는 용어의 뜻은 다음과 같다.

국세	국가가 부과하는 조세 중 관세를 포함하지 않는 내국세 • 국세 ○: 소득세, 법인세, 상속세·증여세, 부가가치세, 종합부동산세, 개별소비세, 교통·에너지·환경세, 주세, 인지세, 증권거래세, 교육세 및 농어촌특별세 • 국세 ×: 지방세(취득세, 등록면허세, 재산세 등), 관세, 임시수입부가세
세법	국세의 종목과 세율을 정하고 있는 법률과 국세징수법, 조세특례제한법, 국제조세조정에 관한 법률, 조세범 처벌법 및 조세범 처벌절차법 등 [비교] 세법에 포함하지 않는 것: 국세기본법, 지방세법(지방세기본법, 지방세징수법, 지방세특례제한법), 관세법
원천징수	세법에 따라 원천징수의무자가 국세(이에 관계되는 가산세는 제외)를 징수하는 것
가산세	① 세법에서 규정하는 의무의 성실한 이행을 확보하기 위하여 세법에 따라 산출한 세액에 가산하여 징수하는 금액 ② 각종 의무불이행에 가해지는 행정벌적 성격을 가짐 ③ 해당 세법이 정하는 국세의 세목에 속함 [예] 법인세에 관한 가산세는 법인세 등
강제징수비	국세징수법 중 강제징수에 관한 규정에 따른 재산의 압류, 보관, 운반과 매각에 든 비용(매각을 대행시키는 경우 그 수수료를 포함)
공과금	국세징수법에서 규정하는 강제징수의 예에 따라 징수할 수 있는 채권 중 국세, 관세, 임시수입부가세, 지방세와 이에 관계되는 강제징수비를 제외한 것
지방세	지방세기본법에서 규정하는 세목
납세의무자	① 세법에 따라 국세를 납부할 의무(국세를 징수하여 납부할 의무는 제외)가 있는 자 ② 연대납세의무자, 제2차 납세의무자 및 보증인 포함
납세자	납세의무자(연대납세의무자와 납세자를 갈음하여 납부할 의무가 생긴 경우의 제2차 납세의무자 및 보증인 포함)와 세법에 따라 국세를 징수하여 납부할 의무를 지는 자

제2차 납세의무자	납세자가 납세의무를 이행할 수 없는 경우에 납세자를 갈음하여 납세의무를 지는 자
보증인	납세자의 국세·가산금 또는 강제징수비의 납부를 보증한 자
과세기간	세법에 따라 국세의 과세표준 계산의 기초가 되는 기간
과세표준	세법에 따라 직접적으로 세액산출의 기초가 되는 과세대상의 수량 또는 가액
과세표준 신고서	국세의 과세표준과 국세의 납부 또는 환급에 필요한 사항을 적은 신고서
과세표준 수정신고서	당초에 제출한 과세표준신고서의 기재사항을 수정하는 신고서
법정신고기한	세법에 따라 과세표준신고서를 제출할 기한
세무공무원	① 국세청장, 지방국세청장, 세무서장 또는 그 소속 공무원 ② 세법에 따라 국세에 관한 사무를 세관장이 관장하는 경우의 그 세관장 또는 그 소속 공무원
정보통신망	전기통신기본법에 따른 전기통신설비를 활용하거나 전기통신설비와 컴퓨터 및 컴퓨터의 이용기술을 활용하여 정보를 수집, 가공, 저장, 검색, 송신 또는 수신하는 정보통신체계
전자신고	과세표준신고서 등 국세기본법 또는 세법에 따른 신고 관련 서류를 국세정보통신망을 이용하여 신고하는 것
특수관계인	본인과 다음 중 어느 하나에 해당하는 관계에 있는 자. 이 경우 국세기본법 및 세법을 적용할 때 본인도 그 특수관계인의 특수관계인으로 봄(쌍방관계) ① 혈족·인척 등 대통령령으로 정하는 친족관계 ② 임원·사용인 등 대통령령으로 정하는 경제적 연관관계 ③ 주주·출자자 등 대통령령으로 정하는 경영지배관계
세무조사	국세의 과세표준과 세액을 결정 또는 경정하기 위하여 질문을 하거나 해당 장부·서류 또는 그 밖의 물건을 검사·조사하거나 그 제출을 명하는 활동

특수관계인

1. 특수관계인의 범위

혈족·인척 등 친족관계		① 4촌 이내의 혈족 ② 3촌 이내의 인척 ③ 배우자(사실상의 혼인관계에 있는 자를 포함) ④ 친생자로서 다른 사람에게 친양자 입양된 자 및 그 배우자·직계비속 ⑤ 본인이 민법에 따라 인지한 혼인 외 출생자의 생부나 생모(본인의 금전이나 그 밖의 재산으로 생계를 유지하는 사람 또는 생계를 함께하는 사람으로 한정함)
임원·사용인 등 경제적 연관관계		① 임원과 그 밖의 사용인 ② 본인의 금전이나 그 밖의 재산으로 생계를 유지하는 자 ③ ① 및 ②의 자와 생계를 함께하는 친족
주주·출자자 등 경영지배관계	개인	① 본인이 직접 또는 그와 친족관계 또는 경제적 연관관계에 있는 자를 통하여 법인의 경영에 대하여 지배적인 영향력을 행사하고 있는 경우 그 법인 ② 본인이 직접 또는 그와 친족관계, 경제적 연관관계 또는 ①의 관계에 있는 자를 통하여 법인의 경영에 대하여 지배적인 영향력을 행사하고 있는 경우 그 법인
	법인	① 개인 또는 법인이 직접 또는 그와 친족관계 또는 경제적 연관관계에 있는 자를 통하여 본인인 법인의 경영에 대하여 지배적인 영향력을 행사하고 있는 경우 그 개인 또는 법인 ② 본인이 직접 또는 그와 경제적 연관관계 또는 ①의 관계에 있는 자를 통하여 어느 법인의 경영에 대하여 지배적인 영향력을 행사하고 있는 경우 그 법인 ③ 본인이 직접 또는 그와 경제적 연관관계, ① 또는 ②의 관계에 있는 자를 통하여 어느 법인의 경영에 대하여 지배적인 영향력을 행사하고 있는 그 법인 ④ 본인이 독점규제 및 공정거래에 관한 법률에 따른 기업집단에 속하는 경우 그 기업집단에 속하는 다른 계열회사 및 그 임원

2. 법인의 경영에 대한 지배적인 영향력 여부 판단
다음에 따른 요건에 해당하는 경우 해당 법인의 경영에 대하여 지배적인 영향력을 행사하고 있는 것으로 봄

영리법인인 경우	① 법인의 발행주식총수 또는 출자총액 30% 이상을 출자한 경우 ② 임원의 임면권의 행사, 사업방침의 결정 등 법인의 경영에 대하여 사실상 영향력을 행사하고 있다고 인정되는 경우
비영리법인인 경우	① 법인의 이사의 과반수를 차지하는 경우 ② 법인의 출연재산(설립을 위한 출연재산만 해당)의 30% 이상을 출연하고 그 중 1인이 설립자인 경우

3. 국세기본법에서 정의하는 특수관계인이 적용되는 규정

국세기본법	과점주주 판단 규정, 통정허위의 담보권 설정계약 추정
개별세법	법인세·소득세·부가가치세법 부당행위계산부인 규정
상속세 및 증여세법	변칙적 거래에 따른 이익의 증여 규정 등

03 국세기본법과 세법 등과의 관계

(1) 국세에 관하여 세법에 별도의 규정이 있는 경우를 제외하고는 국세기본법에서 정하는 바에 따른다 (세법 우선의 원칙).
(2) 관세법과 수출용 원재료에 대한 관세 등 환급에 관한 특례법에서 세관장이 부과·징수하는 국세에 관하여 국세기본법에 대한 특례규정을 두고 있는 경우에는 관세법과 수출용 원재료에 대한 관세 등 환급에 관한 특례법에서 정하는 바에 따른다.

제2절 기간과 기한

01 기간의 계산

국세기본법 또는 세법에서 규정하는 기간의 계산은 국세기본법 또는 그 세법에 특별한 규정이 있는 것을 제외하고는 민법에 따른다.

기간의 기산일	① 초일불산입 원칙: 기간을 일, 주, 월, 연으로 정한 때에는 기간의 초일은 산입하지 않는다. ② 예외: 그 기간이 오전 0시부터 시작하는 때에는 초일을 산입하며, 연령계산에는 출생일을 산입한다.
기간의 만료일	① 기간을 일, 주, 월, 연으로 정한 때에는 기간말일의 종료로 기간이 만료한다. ② 기간을 처음부터 주·월 또는 연으로 정한 때에는 역에 의하여 계산하며, 월의 대소, 연의 평윤에 관계없이 달력에 의하여 계산한다. ③ 주·월 또는 연의 처음으로부터 기간을 기산하지 아니하는 때에는 최후의 주·월 또는 연에서 그 기산일에 해당한 날의 전일로 기간이 만료한다.

🔍 **사례**

1. 공시송달의 서류의 공고일시가 2021년 4월 1일 오전 9시인 경우 서류송달의 효력발생시기는? *2013년 국가직 7급*

기산일	송달의 효력발생시기	효력발생시기
2021년 4월 2일	공고한 날부터 14일이 지난 때	2021년 4월 16일

2. 법정신고기한이 2021년 8월 25일인 경우 경정청구기한은? *2013년 국가직 7급*

기산일	청구기간	경정청구기한
2021년 8월 26일	법정신고기한이 지난 후 5년 이내	2026년 8월 25일

3. 세무조사 결과통지를 받은 날이 2021년 5월 21일인 경우 과세전적부심사 청구기한은? *2013년 국가직 7급*

기산일	청구기간	청구기한
2021년 5월 22일	통지받은 날부터 30일 이내	2021년 6월 20일

02 기한의 특례

일정한 일시에 도달하게 되면 법률행위의 발생·소멸 또는 채무를 이행하여야 한다. 이 경우 그 도래되는 일정한 일시를 기한이라고 하며, 원칙적으로 기한은 세법에서 정하고 있는 확정기일이다. 다만, 다음과 같은 기한의 특례규정이 있다.

기한이 공휴일인 경우	국세기본법 또는 세법에서 규정하는 신고, 신청, 청구, 그 밖에 서류의 제출, 통지, 납부 또는 징수에 관한 기한이 다음 중 어느 하나에 해당하는 경우에는 그 다음날을 기한으로 한다. ① 토요일 및 일요일 ② 공휴일에 관한 법률에 따른 공휴일 및 대체공휴일 ③ 근로자의 날 제정에 관한 법률에 따른 근로자의 날
국세정보 통신망 가동정지	국세기본법 또는 세법에서 규정하는 신고기한 만료일 또는 납부기한 만료일에 국세정보통신망이 정전, 통신상의 장애로 가동이 정지되어 전자신고나 전자납부(납부할 국세를 정보통신망을 이용하여 납부하는 것을 말함)를 할 수 없는 경우에는 그 장애가 복구되어 신고 또는 납부할 수 있게 된 날의 다음 날(장애가 복구된 날 ×)을 기한으로 한다.

03 우편신고 및 전자신고 시 서류제출기한 특례

우편신고	① 우편으로 신고서 등 제출: 우편으로 과세표준신고서, 과세표준수정신고서, 경정청구서 또는 과세표준신고·과세표준수정신고·경정청구와 관련된 서류를 제출한 경우 우편법에 따른 우편날짜도장이 찍힌 날(우편날짜도장이 찍히지 아니하였거나 분명하지 아니한 경우에는 통상 걸리는 배송일수를 기준으로 발송한 날로 인정되는 날)에 신고되거나 청구된 것으로 본다(발신주의). ② 우편으로 불복청구: 국세기본법에 따른 이의신청·심사청구 또는 심판청구를 할 때 불복청구기한까지 우편으로 제출한 불복청구서가 불복청구기간을 지나서 도달한 경우에는 그 기간의 만료일에 적법한 청구를 한 것으로 본다.
전자신고	① 신고서 등을 국세정보통신망을 이용하여 제출하는 경우: 해당 신고서 등이 국세청장에게 전송된 때에 신고되거나 청구된 것으로 본다. ② 연장: 전자신고 또는 전자청구된 경우 과세표준신고 또는 과세표준수정신고와 관련된 서류 중 수출대금입금증명서 등에 대해서는 10일의 범위에서 제출기한을 연장할 수 있다.

04 기한의 연장

의의	① 관할 세무서장은 천재지변이나 그 밖에 일정한 사유로 국세기본법 또는 세법에서 규정하는 신고, 신청, 청구, 그 밖에 서류의 제출, 통지를 정해진 기한까지 할 수 없다고 인정하는 경우나 납세자가 기한 연장을 신청한 경우에는 그 기한을 연장할 수 있다. ② 연장사유[*] 　㉠ 납세자가 화재, 전화, 그 밖의 재해를 입거나 도난을 당한 경우 　㉡ 납세자 또는 그 동거가족이 질병이나 중상해로 6개월 이상의 치료가 필요하거나 사망하여 상중인 경우 　㉢ 정전, 프로그램의 오류나 그 밖의 부득이한 사유로 한국은행(그 대리점을 포함) 및 체신관서의 정보통신망의 정상적인 가동이 불가능한 경우 　㉣ 금융회사 등(한국은행 국고대리점 및 국고수납대리점인 금융회사 등만 해당) 또는 체신관서의 휴무나 그 밖의 부득이한 사유로 정상적인 세금납부가 곤란하다고 국세청장이 인정하는 경우 　㉤ 권한 있는 기관에 장부나 서류가 압수 또는 영치된 경우 　㉥ 세무사법에 따라 납세자의 장부 작성을 대행하는 세무사(세무법인 포함) 또는 공인회계사(공인회계사법에 따라 등록한 회계법인 포함)가 화재, 전화, 그 밖의 재해를 입거나 도난을 당한 경우 　㉦ 위 ㉠, ㉡, ㉥에 준하는 사유가 있는 경우 [*] 납부기한 연장과 징수유예는 제도의 목적, 요건, 절차 및 효과가 거의 동일하나 국세기본법과 국세징수법에 규정이 분산되어 있어 납세자가 쉽게 이해하기 어려우므로, 납부기한 연장 관련 규정은 국세징수법으로 이관된다.
기한연장 신청	① 기한의 연장을 받으려는 자는 기한 만료일 3일 전까지 문서로 해당 행정기관의 장에게 신청하여야 한다. ② 해당 행정기관의 장은 기한연장을 신청하는 자가 기한 만료일 3일 전까지 신청할 수 없다고 인정하는 경우에는 기한 만료일까지 신청하게 할 수 있다.
기한연장 승인통지	① 행정기관의 장은 기한을 연장하였을 때에 문서로 지체 없이 관계인에게 통지하여야 하며, 신청에 대해서는 기한 만료일 전에 그 승인 여부를 통지하여야 한다. ② 행정기관의 장은 다음의 어느 하나에 해당하는 경우에는 관보 또는 일간신문에 공고하는 방법으로 통지를 갈음할 수 있다. 　㉠ 천재지변 등의 사유가 전국적으로 일시에 발생하는 경우 　㉡ 기한연장의 통지대상자가 불특정 다수인 경우 　㉢ 기한연장의 사실을 그 대상자에게 개별적으로 통지할 시간적 여유가 없는 경우
기한연장 기간	① 기한연장은 3개월 이내로 하되, 해당 기한연장의 사유가 소멸되지 않는 경우 관할 세무서장은 1개월의 범위에서 그 기한을 다시 연장할 수 있다. ② ①에도 불구하고 신고와 관련된 기한연장은 9개월을 넘지 않는 범위에서 관할 세무서장이 할 수 있다.

제3절 서류의 송달

01 의의

국세기본법 또는 세법에서 규정하는 서류는 그 명의인(그 서류에 수신인으로 지정되어 있는 자)의 주소, 거소, 영업소 또는 사무소(전자송달인 경우 명의인의 전자우편주소)에 송달한다. 단, 송달받아야 할 사람이 교정시설 또는 국가경찰관서의 유치장에 체포·구속 또는 유치된 사실이 확인된 경우에는 해당 교정시설의 장 또는 국가경찰관서의 장에게 송달한다.

02 송달받을 자

원칙		명의인(그 서류에 수신인으로 지정되어 있는 자)
특례	연대 납세의무	① 연대납세의무자에게 서류를 송달할 때에는 그 대표자를 명의인으로 하며, 대표자가 없을 때에는 연대납세의무자 중 국세를 징수하기에 유리한 자를 명의인으로 한다. ② 납부의 고지와 독촉에 관한 서류는 연대납세의무자 모두에게 각각 송달하여야 한다.
	기타	① 상속이 개시된 경우 상속재산관리인이 있을 때에는 그 상속재산관리인의 주소 또는 영업소에 송달한다. ② 납세관리인이 있을 때에는 납부의 고지와 독촉에 관한 서류는 그 납세관리인의 주소 또는 영업소에 송달한다.

03 송달받을 장소의 신고

서류의 송달을 받을 자가 주소 또는 영업소 중에서 송달받을 장소를 정부에 신고한 경우에는 그 신고된 장소에 송달하여야 한다. 이를 변경한 경우에도 또한 같다.

04 서류 송달의 방법

1. 원칙적인 송달방법

서류 송달은 교부, 우편 또는 전자송달의 방법으로 한다.

교부송달	① 개념: 교부에 의한 서류 송달은 해당 행정기관의 소속 공무원이 서류를 송달할 장소에서 송달받아야 할 자에게 서류를 교부하는 방법으로 한다. 다만, 송달을 받아야 할 자가 송달받기를 거부하지 아니하면 다른 장소에서 교부할 수 있다. ② 방법: 서류를 교부하였을 때에는 송달서에 수령인이 서명 또는 날인하게 하여야 한다. 이 경우 수령인이 서명 또는 날인을 거부하면 그 사실을 송달서에 적어야 한다.
우편송달	우편송달은 일반우편에 의한 송달을 원칙으로 한다. 단, 납부의 고지·독촉·강제징수 또는 세법에 따른 정부의 명령과 관계되는 서류의 송달을 우편으로 할 때에는 등기우편으로 하여야 한다. 한편, 납부고지서라 하더라도 소득세법에 따른 중간예납세액의 납부고지서, 부가가치세법에 따라 징수하기 위한 납부고지서 및 국세에 대한 과세표준신고서를 법정신고기한까지 제출하였으나 과세표준신고액에 상당하는 세액의 전부 또는 일부를 납부하지 아니하여 발급하는 납부고지서로서 50만원 미만에 해당하는 납부고지서는 일반우편으로 송달할 수 있다.

특례규정	보충송달	교부송달과 우편송달에 경우 송달할 장소에서 서류를 송달받아야 할 자를 만나지 못하였을 때에는 그 사용인이나 그 밖의 종업원 또는 동거인으로서 사리를 판별할 수 있는 사람에게 서류를 송달할 수 있다.
	유치송달	서류를 송달받아야 할 자 또는 그 사용인이나 그 밖의 종업원 또는 동거인으로서 사리를 판별할 수 있는 사람이 정당한 사유 없이 서류 수령을 거부할 때에는 송달할 장소에 서류를 둘 수 있다.

전자송달	① 전자송달은 서류를 송달받아야 할 자가 신청한 경우에만 한다.
	② 자동신청: 납부고지서가 송달되기 전에 납세자가 국세정보통신망을 통해 소득세 중간예납세액, 부가가치세 예정고지·부과세액을 계좌이체의 방법으로 국세를 전액 자진납부한 경우 납부한 세액에 대해서는 자진납부한 시점에 전자송달을 신청한 것으로 본다.
	③ 국세정보통신망의 장애로 전자송달을 할 수 없는 경우나 그 밖에 일정한 사유가 있는 경우에는 교부 또는 우편의 방법으로 송달할 수 있다.
	④ 전자송달서류의 범위 및 송달방법
	
		납부고지서, 독촉장 및 국세환급금통지서	해당 납세자로 하여금 국세정보통신망에 접속하여 해당 서류를 열람할 수 있게 해야 한다. |
			     |---|---|
			
				신고안내문, 그 밖에 국세청장이 정하는 서류	해당 납세자가 지정한 전자우편주소로 송달하여야 한다. |
					
					⑤ 전자송달의 철회 신청(*): 전자송달의 신청을 철회하려는 자는 전자송달 철회신청서를 세무서장에게 제출하여야 하며, 전자송달의 신청을 철회한 자가 전자송달을 재신청하는 경우에는 철회 신청일부터 30일이 지난 날 이후에 신청할 수 있다.
					⑥ 전자송달의 자동철회: 국세정보통신망에 접속하여 서류를 열람할 수 있게 하였음에도 불구하고 해당 납세자가 3회 연속하여 전자송달된 서류를 다음의 기한까지 열람하지 아니한 경우에는 두 번째로 열람하지 아니한 서류에 대한 다음의 구분에 따른 날의 다음 날에 전자송달 신청을 철회한 것으로 본다. 다만, 납세자가 전자송달된 납부고지서에 의한 세액을 그 납부기한까지 전액 납부한 경우에는 그러하지 아니하다.
					   ㉠ 서류에 납부기한 등 기한이 정해진 경우: 정해진 해당 기한
					   ㉡ 위 ㉠ 외의 경우: 국세정보통신망에 서류가 저장된 때부터 1개월이 되는 날
					
					(*) 전자송달의 개시 및 철회: 신청 및 철회 신청서를 접수한 날의 다음 날부터 적용한다.

2. 예외적인 송달방법(공시송달)

교부·우편·전자송달이 불가능한 경우에 서류의 주요 내용을 공고함으로써 송달의 효과를 발생시키는 방법이다.

사유	서류를 송달받아야 할 자가 다음 중 어느 하나에 해당하는 경우에는 서류의 주요 내용을 공고한 날부터 14일이 지나면 서류 송달이 된 것으로 본다. ① 주소 또는 영업소가 국외에 있고 송달하기 곤란한 경우 ② 주소 또는 영업소가 분명하지 않은 경우 ③ 서류를 등기우편으로 송달하였으나 수취인이 부재중인 것으로 확인되어 반송됨으로써 납부기한 내에 송달이 곤란하다고 인정되는 경우 ④ 세무공무원이 2회 이상 납세자를 방문(처음 방문한 날과 마지막 방문한 날 사이의 기간이 3일 이상이어야 함)하여 서류를 교부하려고 하였으나 수취인이 부재중인 것으로 확인되어 납부기한까지 송달이 곤란하다고 인정되는 경우

제1장 총칙

송달방법	공고는 다음 중 어느 하나에 게시하거나 게재하여야 한다. 이 경우 국세정보통신망을 이용하여 공시송달을 할 때에는 다른 공시송달 방법과 함께 하여야 한다. ① 국세정보통신망 ② 세무서의 게시판이나 그 밖의 적절한 장소 ③ 해당 서류의 송달 장소를 관할하는 특별자치시·특별자치도·시·군·구의 홈페이지, 게시판이나 그 밖의 적절한 장소 ④ 관보 또는 일간신문

05 송달의 효력 발생

송달하는 서류는 송달받아야 할 자에게 도달한 때부터 효력이 발생한다. 다만, 전자송달의 경우에는 송달받을 자가 지정한 전자우편주소에 입력된 때(국세정보통신망에 저장하는 경우에는 저장된 때)에 그 송달을 받아야 할 자에게 도달한 것으로 본다.

> **송달의 예외 사항**
> 1. 과세관청이 납세고지서를 송달할 수 있는 사유로서 국세기본법에서 정한 '송달할 장소'란 과세관청이 선량한 관리자의 주의를 다하여 조사함으로써 알 수 있는 납세자의 주소, 거소, 영업소 또는 사무소를 말하고, 납세자의 송달할 장소가 여러 곳이어서 각각의 장소에 송달을 시도할 수 있었는데도 세무공무원이 그 중 일부 장소에만 방문하여 수취인이 부재 중인 것으로 확인된 경우에는 납세고지서를 공시송달할 수 있는 경우에 해당하지 않는다(대판 2015.10.29, 2015두43599).
> 2. 법인 대표자(청산 중인 경우는 청산인)의 주소지를 확인하여 서류를 송달하고, 대표자의 주소지도 불명하여 송달이 불가능한 때에는 공시송달한다.

제4절 인격

01 의의

인격이란 권리·의무의 주체가 될 수 있는 자격을 말한다. 세법상 납세의무자도 법률상의 납세의무의 주체이므로 당연히 인격이 있는 존재에 국한된다. 민법상 법인에 대하여 법인격을 인정하고 있고, 법인을 설립하기 위해서는 설립등기를 하여야 한다. 다만, 설립등기를 하지 않아 법인격이 존재하지 않는 법인 아닌 단체를 세법상 어떻게 처리해야 하는지가 문제된다.

02 법인으로 보는 단체

다음에 해당하는 법인 아닌 단체는 법인으로 의제한다.

당연의제법인	법인세법에 따른 내국법인·외국법인이 아닌 사단, 재단, 그 밖의 단체 중 다음 중 어느 하나에 해당하는 것으로서 수익을 구성원에게 분배하지 아니하는 것은 법인으로 보아 국세기본법과 세법을 적용한다. ① 주무관청의 허가·인가를 받아 설립되거나 법령에 따라 주무관청에 등록한 사단, 재단, 그 밖의 단체로서 등기되지 아니한 것 ② 공익을 목적으로 출연된 기본재산이 있는 재단으로서 등기되지 아니한 것
승인의제법인	① 당연의제법인 외의 법인 아닌 단체 중 다음의 요건을 모두 갖춘 것으로서 대표자나 관리인이 관할 세무서장에게 신청하여 승인을 받은 것도 법인으로 보아 국세기본법과 세법을 적용한다. 이 경우 해당 사단, 재단, 그 밖의 단체의 계속성과 동질성이 유지되는 것으로 본다. ㉠ 사단, 재단, 그 밖의 단체의 조직과 운영에 관한 규정을 가지고 대표자나 관리인을 선임하고 있을 것 ㉡ 사단, 재단, 그 밖의 단체 자신의 계산과 명의로 수익과 재산을 독립적으로 소유·관리할 것 ㉢ 사단, 재단, 그 밖의 단체의 수익을 구성원에게 분배하지 아니할 것 ② 거주자 또는 비거주자로의 변경 제한: 승인의제법인은 그 신청에 대하여 관할 세무서장의 승인을 받은 날이 속하는 과세기간과 그 과세기간이 끝난 날부터 3년이 되는 날이 속하는 과세기간까지는 소득세법에 따른 거주자 또는 비거주자로 변경할 수 없음(단, 승인요건을 갖추지 못하게 되어 승인취소를 받는 경우는 제외함)

03 법인으로 보는 단체의 의무 이행

(1) 법인으로 보는 단체의 국세에 관한 의무는 그 대표자나 관리인이 이행하여야 한다.

(2) 해당 단체는 국세에 관한 의무 이행을 위하여 대표자나 관리인을 선임하거나 변경한 경우에는 관할 세무서장에게 신고하여야 한다.

(3) 법인으로 보는 단체가 대표자 신고를 하지 않은 경우에는 관할 세무서장은 그 단체의 구성원 또는 관계인 중 1명을 국세에 관한 의무를 이행하는 사람으로 지정할 수 있다.

04 개별세법상 법인 아닌 단체의 법률관계

법인세법, 상속세 및 증여세법	법인으로 보는 단체	비영리법인으로 보아 법인세법, 상속세 및 증여세법을 적용한다. ① 법인세법: 비영리법인은 일정한 수익사업 및 토지 등 양도소득에 대하여 납세의무가 있다. ② 상속세 및 증여세법: 비영리법인이 받는 상속·증여재산에 대해서는 납세의무가 있다.
소득세법	1거주자로 보는 단체	① 구성원 간 이익의 분배방법이나 분배비율이 정하여져 있지 아니하거나 확인되지 아니하는 경우 해당 단체를 1거주자 또는 1비거주자로 보아 소득세법을 적용한다. ② 1거주자로 보는 단체의 소득은 대표자 또는 관리인의 다른 소득과 합산하여 과세하지 않는다.
	공동사업으로 보는 단체	① 구성원 간 이익의 분배방법이나 분배비율이 정하여져 있거나 사실상 이익이 분배되는 경우 해당 구성원이 공동으로 사업을 영위하는 것으로 보아 구성원 각각 납세의무를 부담한다. ② 각 구성원의 공동사업에서 발생한 소득금액에 대한 납세의무에 대하여 연대납세의무가 없다.
부가가치세법		사업자에 해당하는 경우 부가가치세 납세의무가 있다.

> **승인의제법인의 신청·승인절차**
> 1. 법인으로 승인을 받으려는 법인 아닌 단체의 대표자 또는 관리인은 단체의 명칭, 주사무소의 소재지, 대표자 또는 관리인의 성명과 주소 또는 거소, 고유사업, 재산상황, 정관 또는 조직과 운영에 관한 규정, 그 밖에 필요한 사항을 적은 문서를 관할 세무서장에게 제출하여야 한다.
> 2. 관할 세무서장은 법인 아닌 단체의 대표자 또는 관리인이 제출한 문서에 대하여 그 승인 여부를 신청일부터 10일 이내에 신청인에게 통지하여야 한다.
> 3. 승인을 받은 법인 아닌 단체에 대해서는 승인과 동시에 부가가치세법 시행령에 따른 고유번호를 부여하여야 한다. 다만, 해당 단체가 수익사업을 하려는 경우로서 법인세법에 따라 사업자등록을 하여야 하는 경우에는 그러하지 아니하다.
> 4. 승인을 받은 법인 아닌 단체가 승인요건을 갖추지 못하게 되었을 때에는 관할 세무서장은 지체 없이 그 승인을 취소하여야 한다.

05 전환 국립대학 법인의 납세의무 특례

세법에서 규정하는 납세의무에도 불구하고 전환 국립대학 법인(고등교육법 제3조에 따른 국립대학 법인 중 국립학교 또는 공립학교로 운영되다가 법인별 설립근거가 되는 법률에 따라 국립대학 법인으로 전환된 법인)에 대한 국세의 납세의무(국세를 징수하여 납부할 의무는 제외)를 적용할 때에는 전환 국립대학 법인을 별도의 법인으로 보지 아니하고 국립대학 법인으로 전환되기 전의 국립학교 또는 공립학교로 본다(이는 전환국립대학 법인을 국가로 보아 그 소득에 대한 법인세를 비과세한다는 의미임). 단, 전환 국립대학 법인이 해당 법인의 설립근거가 되는 법률에 따른 교육·연구 활동에 지장이 없는 범위 외의 수익사업을 하는 경우의 납세의무에 대해서는 그러하지 아니하다.

제2장 국세부과의 원칙과 세법적용의 원칙

제1절 국세부과의 원칙

국세의 부과란 성립한 납세의무를 확정하는 것이다. 따라서 국세부과의 원칙은 납세의무 확정과정에서 지켜야 할 원칙을 말한다.

01 실질과세의 원칙

의의	조세부담의 공평이 이루어지도록 경제적 의의 또는 실질을 기준으로 하여 세법을 해석하고 과세요건사실을 인정하여야 한다는 원칙으로서 세법의 기본원칙인 조세평등주의를 실현하기 위한 규정이다. 즉, 과세요건사실에 관하여 형식 또는 외관과 실질과의 사이에 괴리가 있는 경우에 그 형식 또는 외관에 불구하고 실질에 따라 담세력이 있는 곳에 과세함으로써 부당한 조세회피행위를 규제하고 과세의 형평을 제고하여 조세정의를 실현하고자 하는 데 주된 목적이 있다.
관련 법령	① 귀속에 관한 실질과세의 원칙: 과세의 대상이 되는 소득, 수익, 재산, 행위 또는 거래의 귀속이 명의일 뿐이고 사실상 귀속되는 자가 따로 있을 때에는 사실상 귀속되는 자를 납세의무자로 하여 세법을 적용한다. ② 거래 내용에 관한 실질과세의 원칙: 세법 중 과세표준의 계산에 관한 규정은 소득, 수익, 재산, 행위 또는 거래의 명칭이나 형식과 관계없이 그 실질 내용에 따라 적용한다. ③ 조세회피 방지를 위한 실질과세의 원칙: 제3자를 통한 간접적인 방법이나 둘 이상의 행위 또는 거래를 거치는 방법으로 국세기본법 또는 세법의 혜택을 부당하게 받기 위한 것으로 인정되는 경우에는 그 경제적 실질 내용에 따라 당사자가 직접 거래를 한 것으로 보거나 연속된 하나의 행위 또는 거래를 한 것으로 보아 국세기본법 또는 세법을 적용한다.
사례	① 사업자명의등록자와는 별도로 사실상의 사업자가 있는 경우에는 사실상의 사업자를 납세의무자로 본다. ② 1인명의로 사업자등록을 하고 2인 이상이 동업하여 그 수익을 분배하는 경우에는 외관상의 사업명의인이 누구이냐에 불구하고 실질과세의 원칙에 따라 국세를 부과한다. ③ 회사의 주주로 명부상 등재되어 있더라도 회사의 대표자가 임의로 등재한 것일 뿐 회사의 주주로서 권리행사를 한 사실이 없는 경우에는 그 명의자인 주주를 세법상 주주로 보지 않는다. ④ 공부상 등기·등록 등이 타인의 명의로 되어 있더라도 사실상 당해 사업자가 취득하여 사업에 공하였음이 확인되는 경우에는 이를 그 사실상 사업자의 사업용자산으로 본다. ⑤ 거래의 실질내용은 형식상의 기록내용이나 거래명의에 불구하고 상거래관례, 구체적인 증빙, 거래당시의 정황 및 사회통념 등을 고려하여 판단한다. ⑥ 명의신탁부동산을 매각처분한 경우에는 양도의 주체 및 납세의무자는 명의수탁자가 아니고 명의신탁자이다.
개별세법 특례	실질과세의 원칙에 우선하는 개별세법 특례규정으로 상속세 및 증여세법상 명의신탁재산의 증여의제규정이 있다.

02 신의성실의 원칙

의의		납세자가 그 의무를 이행할 때에는 신의에 따라 성실하게 하여야 한다. 세무공무원이 직무를 수행할 때에도 같으며, 과세관청과 납세자 모두에게 적용되는 원칙이다.
과세관청 언동 신의칙	적용요건	① 과세관청이 납세자에게 신뢰의 대상이 되는 공적인 견해표명을 하여야 한다. 공적인 견해표명이란 책임있는 지위에 있는 세무공무원에 의해 이루어진 것을 말하며, 다음의 경우에는 공적견해표명으로 볼 수 없다. 　㉠ 과세관청이 사업자의 신청에 따라 면세사업자용 사업자등록증을 교부한 행위 　㉡ 인터넷 국세종합상담센터의 답변 ② 과세관청의 견해표명이 정당하다고 신뢰한 데에 대하여 납세자에게 귀책사유가 없어야 한다. ③ 납세자가 그 견해표명을 신뢰하고 이에 따라 세무처리 등의 행위를 하여야 한다. ④ 과세관청이 위 견해표명에 반하는 처분을 함으로써 납세자가 불이익을 받아야 한다.
	효과	과세관청의 처분은 적법한 처분임에도 불구하고 취소사유가 된다.
납세자 행위 신의칙	적용요건	① 납세자에게 객관적으로 모순되는 형태가 존재하여야 한다. ② 그 행태가 납세자의 심한 배신행위에 기인하였어야 한다. ③ 위 행위로 야기된 과세관청의 신뢰가 보호받을 가치가 있는 것이어야 한다.
	효과	납세자의 주장이나 행위는 인정될 수 없다.
한계		신의성실의 원칙은 합법성을 희생하더라도 상실되는 법익보다 신뢰이익의 보호가치가 더 크다고 인정되는 경우에 한하여 적용되는 것이다. 즉, 합법성을 훼손하지 않는 범위에서만 제한적으로 적용된다.

03 근거과세의 원칙

의의	납세의무자가 세법에 따라 장부를 갖추어 기록하고 있는 경우에는 해당 국세 과세표준의 조사와 결정은 그 장부와 이와 관계되는 증거자료에 의하여야 한다.
결정근거 부기	① 국세를 조사·결정할 때 장부의 기록 내용이 사실과 다르거나 장부의 기록에 누락된 것이 있을 때에는 그 부분에 대해서만 정부가 조사한 사실에 따라 결정할 수 있다. ② 정부는 장부의 기록 내용과 다른 사실 또는 장부 기록에 누락된 것을 조사하여 결정하였을 때에는 정부가 조사한 사실과 결정의 근거를 결정서에 적어야 한다.
결정서 열람·복사	① 행정기관의 장은 해당 납세의무자 또는 그 대리인이 요구하면 결정서를 열람 또는 복사하게 하거나 그 등본 또는 초본이 원본과 일치함을 확인하여야 한다. ② 결정서의 요구는 구술로 한다. 다만, 해당 행정기관의 장이 필요하다고 인정할 때에는 열람하거나 복사한 사람의 서명을 요구할 수 있다.

04 조세감면의 사후관리

정부는 국세를 감면한 경우에 그 감면의 취지를 성취하거나 국가정책을 수행하기 위하여 필요하다고 인정하면 세법에서 정하는 바에 따라 감면한 세액에 상당하는 자금 또는 자산의 운용 범위를 정할 수 있다. 운용 범위를 벗어난 자금 또는 자산에 상당하는 감면세액은 세법에서 정하는 바에 따라 감면을 취소하고 징수할 수 있다.

예 상속세 및 증여세법: 공익법인에 출연한 재산에 대한 사후관리

제2절 세법적용의 원칙

세법의 해석과 적용을 할 때 따라야 할 기본적 지침을 말하며, 과세관청에게만 적용한다.

01 세법해석의 기준(재산권 부당침해금지의 원칙)

세법을 해석·적용할 때에는 과세의 형평과 해당 조항의 합목적성에 비추어 납세자의 재산권이 부당하게 침해되지 아니하도록 하여야 한다. 이는 과세권자가 세법을 해석·적용할 때 납세자의 재산권 보장을 위하여 엄격히 해석하여야 하고 유추해석이나 확장해석은 원칙적으로 금지한다.

02 소급과세금지의 원칙

의의	소급과세금지의 원칙이란 조세법령의 효력발생 전에 완결된 사실에 대하여 새로 제정하거나 개정법령을 소급적용하여 세금을 부과하여서는 안 된다는 것으로서 조세법률관계에 있어서의 법적 안정성의 보장과 납세의무자의 신뢰이익의 보호를 위해 적용한다.
유형	① 입법상 소급과세금지: 국세를 납부할 의무(세법에 징수의무자가 따로 규정되어 있는 국세의 경우에는 이를 징수하여 납부할 의무)가 성립한 소득, 수익, 재산, 행위 또는 거래에 대해서는 그 성립 후의 새로운 세법에 따라 소급하여 과세하지 않는다. ② 해석·관행상 소급과세금지: 세법의 해석이나 국세행정의 관행이 일반적으로 납세자에게 받아들여진 후에는 그 해석이나 관행에 의한 행위 또는 계산은 정당한 것으로 보며, 새로운 해석이나 관행에 의하여 소급하여 과세되지 않는다.
세법의 의제	세법 외의 법률 중 국세의 부과·징수·감면 또는 그 절차에 관하여 규정하고 있는 조항은 앞의 세법해석의 기준, 소급과세 금지, 비과세 관행 존중의 원칙에 관한 규정을 적용할 때에는 세법으로 본다.

진정소급, 부진정소급 및 유리한 소급효

구분	내용	허용 여부
진정소급	이미 성립한 납세의무에 대해 소급과세하는 것	금지
부진정소급	과세기간 중에 법률의 개정이나 해석의 변경이 있는 경우 사업연도 개시일부터 소급하여 적용하는 것	허용[*]
유리한 소급효	납세자에게 오히려 유리한 소급과세	허용

[*] 부진정소급도 납세자 신뢰보호의 필요성과 공익을 비교하여 신뢰의 보호가치가 있다고 할 특단의 사정이 있는 경우에는 허용될 수 없다.

03 세무공무원의 재량의 한계

세무공무원이 재량으로 직무를 수행할 때에는 과세의 형평과 해당 세법의 목적에 비추어 일반적으로 적당하다고 인정되는 한계를 엄수하여야 한다.

04 기업회계의 존중

세무공무원이 국세의 과세표준을 조사·결정할 때에는 해당 납세의무자가 계속하여 적용하고 있는 기업회계의 기준 또는 관행으로서 일반적으로 공정·타당하다고 인정되는 것은 존중하여야 한다. 다만, 세법에 특별한 규정이 있는 것은 그렇지 않다.

국세부과의 원칙과 세법적용의 원칙 비교

구분	국세부과의 원칙	세법적용의 원칙
내용	① 실질과세의 원칙 ② 신의성실의 원칙 ③ 근거과세의 원칙 ④ 조세감면의 사후관리	① 세법해석의 기준 ② 소급과세의 금지 ③ 세무공무원의 재량의 한계 ④ 기업회계기준의 존중
적용 당사자	과세관청 및 납세자	과세관청
개별세법과의 관계	개별세법 > 국세부과의 원칙	개별세법 < 세법적용의 원칙

국세예규심사위원회

1. 다음의 사항을 심의하기 위하여 기획재정부에 국세예규심사위원회를 둔다.
   ① 세법의 해석 및 이와 관련되는 국세기본법의 해석에 관한 사항
   ② 관세법의 해석 및 이와 관련되는 자유무역협정의 이행을 위한 관세법의 특례에 관한 법률 및 수출용 원재료에 대한 관세 등 환급에 관한 특례법의 해석에 관한 사항
2. 국세예규심사위원회의 위원은 공정한 심의를 기대하기 어려운 사정이 있다고 인정될 때에는 위원회 회의에서 제척되거나 회피하여야 한다.

📖 세법 해석에 관한 질의회신의 절차와 방법

1. 기획재정부장관 및 국세청장은 세법의 해석과 관련된 질의에 대하여 세법해석의 기준에 따라 해석하여 회신하여야 한다.
2. 국세청장은 1.에 따라 회신한 문서의 사본을 해당 문서의 시행일이 속하는 달의 다음 달 말일까지 기획재정부장관에게 송부하여야 한다.
3. 국세청장은 1.의 질의가 국세예규심사위원회 심의사항에 해당하는 경우에는 기획재정부장관에게 의견을 첨부하여 해석을 요청하여야 한다.
4. 국세청장은 3.에 따른 기획재정부장관의 해석에 이견이 있는 경우에는 그 이유를 붙여 재해석을 요청할 수 있다.
5. 기획재정부장관에게 제출된 세법 해석과 관련된 질의는 국세청장에게 이송하고 그 사실을 민원인에게 통지하여야 한다. 다만, 다음 중 어느 하나에 해당하는 경우에는 기획재정부장관이 직접 회신할 수 있으며, 이 경우 회신한 문서의 사본을 국세청장에게 송부하여야 한다.
   ① 국세예규심사위원회의 심의를 거쳐야 하는 질의
   ② 국세청장의 세법 해석에 대하여 다시 질의한 사항으로서 국세청장의 회신문이 첨부된 경우의 질의(사실판단과 관련된 사항은 제외)
   ③ 세법이 새로 제정되거나 개정되어 이에 대한 기획재정부장관의 해석이 필요한 경우
   ④ 그 밖에 세법의 입법 취지에 따른 해석이 필요한 경우로서 납세자의 권리보호를 위하여 필요하다고 기획재정부장관이 인정하는 경우

제3절 중장기 조세정책운용계획

기획재정부장관은 효율적인 조세정책의 수립과 조세부담의 형평성 제고를 위하여 매년 해당 연도부터 5개 연도 이상의 기간에 대한 중장기 조세정책운용계획을 수립하여야 한다. 이 경우 중장기 조세정책운용계획은 국가재정법에 따른 국가재정운용계획과 연계되어야 한다.

계획 내용	① 조세정책의 기본방향과 목표 ② 주요 세목별 조세정책 방향 ③ 비과세·감면 제도 운용 방향 ④ 조세부담 수준
기타 규정	① 기획재정부장관은 중장기 조세정책운용계획을 수립할 때에는 관계 중앙관서의 장과 협의하여야 함 ② 기획재정부장관은 수립한 중장기 조세정책운용계획을 국회 소관 상임위원회에 보고하여야 함

제3장 납세의무

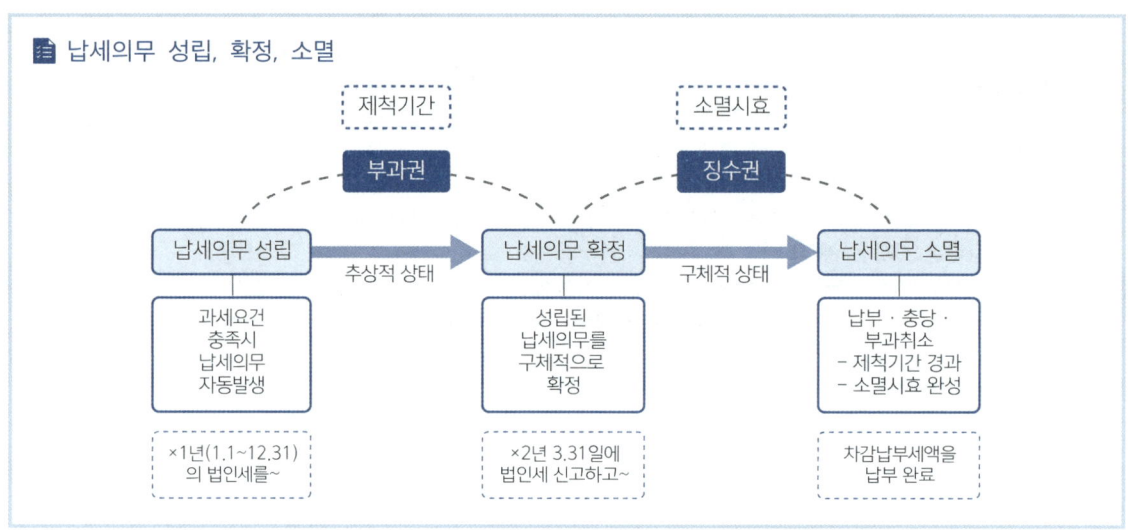

제1절 납세의무의 성립

01 의의

납세의무의 성립이란 세목별 과세요건이 충족됨으로써 납세의무가 객관적·추상적으로 생겨나는 것을 말한다. 그러므로 납세의무의 성립시기는 과세대상이 납세의무자에게 귀속되어 세법이 정하는 바에 따라 과세요건(과세대상, 납세의무자, 과세표준, 세율) 적용이 가능하게 되는 시점을 뜻한다. 납세의무 성립이 중요한 이유는 다음과 같다.

(1) 입법상 소급과세금지 원칙을 적용하기 위한 기준점이 된다.

(2) 출자자로서 제2차 납세의무를 지는 과점주주의 판정시점이 된다.

(3) 개정조문과 관련하여 부칙에서 별도의 경과규정을 두지 아니한 경우 납세의무가 성립한 당시에 시행되던 법령을 적용하여야 한다.

02 납세의무 성립시기

국세를 납부할 의무는 국세기본법 및 세법에서 정하는 과세요건이 충족되면 성립한다.

원칙		
	부가가치세, 소득세, 법인세	① 원칙: 과세기간이 끝나는 때 ② 수입재화 부가가치세: 세관장에게 수입신고를 하는 때 ③ 청산소득 법인세: 그 법인이 해산을 하는 때
	상속세	상속이 개시되는 때(상속세 신고일 ×)
	증여세	증여에 의하여 재산을 취득하는 때(증여계약일 ×)
	종합부동산세	과세기준일(매년 6월 1일)
	개별소비세, 주세, 교통·에너지·환경세	① 과세물품: 제조장으로부터 반출하거나 판매장에서 판매하는 때. 단, 수입물품의 경우에는 세관장에게 수입신고를 하는 때 ② 과세장소: 입장할 때 ③ 과세유흥장소: 과세유흥음식행위를 한 때 ④ 과세영업장소: 영업행위를 한 때
	인지세	과세문서를 작성한 때(인지를 첩부할 때×)
	증권거래세	해당 매매거래가 확정되는 때
	교육세	① 국세에 부과되는 교육세: 해당 국세의 납세의무가 성립하는 때 ② 금융·보험업자의 수익금액에 부과되는 교육세: 과세기간이 끝나는 때
	농어촌특별세	본세의 납세의무가 성립하는 때
	가산세	① 무신고가산세 및 과소신고·초과환급신고가산세: 법정신고기한이 경과하는 때 ② 납부지연가산세 및 원천징수 등 납부지연가산세: 법정납부기한 경과 후 1일마다 그 날이 경과하는 때 ③ 납부고지서에 따른 납부기한까지 납부하지 아니한 납부지연가산세: 납부고지서에 따른 납부기한이 경과하는 때 ④ 원천징수 등 납부지연가산세(3%): 법정납부기한이 경과하는 때 ⑤ 그 밖의 가산세: 가산할 국세의 납세의무가 성립하는 때. 다만, ②, ③의 경우 출자자의 제2차 납세의무를 적용할 때에는 법정납부기한이 경과하는 때로 함

다음의 국세를 납부할 의무의 성립시기는 원칙적인 성립시기에도 불구하고 각 구분에 따른다.

예외		
	원천징수하는 소득세·법인세	소득금액 또는 수입금액을 지급하는 때
	납세조합이 징수하는 소득세 또는 예정신고납부하는 소득세	과세표준이 되는 금액이 발생한 달의 말일
	중간예납하는 소득세·법인세, 예정신고기간·예정부과기간에 대한 부가가치세	중간예납기간 또는 예정신고기간·예정부과기간이 끝나는 때
	수시부과하여 징수하는 국세	수시부과할 사유가 발생한 때(수시부과할 때 ×)

제2절 납세의무의 확정

01 의의

납세의무의 확정이란 조세의 납부 또는 징수를 위하여 세법이 정하는 바에 따라 납부할 세액을 납세의무자 또는 과세관청의 일정한 행위나 절차를 거쳐서 현실적인 금액으로 구체화하는 절차를 말한다. 납세의무 확정이 중요한 이유는 다음과 같다.

02 확정의 유형

국세는 국세기본법 및 세법에서 정하는 절차에 따라 그 세액이 확정된다. 납세의무를 확정하는 방식으로는 납세자의 신고에 의하여 확정되는 경우와 정부의 부과에 의하여 확정되는 경우가 있으며, 별도의 확정절차를 필요로 하지 아니하고 자동적으로 확정되는 경우도 있다.

신고 납세방식	내용	신고납세방식 국세는 납세의무자가 과세표준과 세액을 정부에 신고했을 때에 확정된다. 다만, 납세의무자가 과세표준과 세액의 신고를 하지 아니하거나 신고한 과세표준과 세액이 세법에서 정하는 바와 맞지 아니한 경우에는 정부가 과세표준과 세액을 결정하거나 경정하는 때에 그 결정 또는 경정에 따라 확정된다.
	세목	부가가치세, 소득세, 법인세, 개별소비세, 주세, 증권거래세, 교육세 또는 교통·에너지·환경세, 종합부동산세(납세의무자가 종합부동산세법 제16조 제3항에 따라 과세표준과 세액을 정부에 신고하는 경우에 한정함)
부과 과세방식	내용	부과과세방식 국세는 납세의무자에게 신고의무를 두고 있더라도 신고에 의하여 확정되는 것이 아니라, 해당 국세의 과세표준과 세액을 정부가 결정하는 때에 확정된다.
	세목	상속세, 증여세, 신고납세방식이 아닌 종합부동산세 → 종합부동산세의 경우 신고납세방식과 부과과세방식 중 납세자가 확정방법을 선택할 수 있음
자동 확정방식		다음의 국세는 납세의무가 성립하는 때에 특별한 절차 없이 그 세액이 확정된다. ① 인지세 ② 원천징수하는 소득세 또는 법인세 ③ 납세조합이 징수하는 소득세 ④ 중간예납하는 법인세(세법에 따라 정부가 조사·결정하는 경우는 제외) → 중간예납하는 소득세는 과세관청에게 결정 및 징수의무를 부과하고 있어 자동확정국세에서 제외됨 ⑤ 납부지연가산세 및 원천징수 등 납부지연가산세(납부고지서에 따른 납부기한 후의 가산세로 한정함) ∵ 납부기한 경과 후 매일 별도의 부과고지 없이 법률에 따라 발생하기 때문

> **그 밖의 효력**
>
> 국세징수권 소멸시효의 기산일과 조세포탈범의 기수시기(조세범 처벌법상 조세포탈범칙행위의 공소시효 기산일)는 신고납세방식의 경우는 과세표준신고서의 제출일이지만, 부과과세방식의 경우는 고지납부기한의 다음 날이다. 또한 국세우선권에서의 법정기일은 신고납세방식의 경우는 그 신고일이지만, 부과과세방식의 경우는 그 납부고지서 발송일이다.

03 수정신고의 효력

(1) 신고납부국세의 수정신고(과세표준신고서를 법정신고기한까지 제출한 자의 수정신고)는 당초의 신고에 따라 확정된 과세표준과 세액을 증액하여 확정하는 효력을 가진다.

(2) 국세의 수정신고는 당초 신고에 따라 확정된 세액에 관한 국세기본법 또는 세법에서 규정하는 권리·의무관계에 영향을 미치지 아니한다.

04 경정 등의 효력

관련 법령		① 세법에 따라 당초 확정된 세액을 증가시키는 경정은 당초 확정된 세액에 관한 국세기본법 또는 세법에서 규정하는 권리·의무관계에 영향을 미치지 아니한다. ② 세법에 따라 당초 확정된 세액을 감소시키는 경정은 그 경정으로 감소되는 세액 외의 세액에 관한 국세기본법 또는 세법에서 규정하는 권리·의무관계에 영향을 미치지 아니한다. ∵ 경정처분효력을 그 경정에 의하여 증감된 부분에만 영향을 미치도록 하여 당초처분과 경정처분의 관계를 명확히 하기 위함
학설	흡수설	당초처분은 경정처분에 흡수되어 소멸하고 경정처분의 효력은 처음부터 다시 조사 결정한 과세표준 및 세액의 전체에 미친다고 보는 견해
	병존설	당초처분과 경정처분은 서로 독립하여 별개로 존재하고 경정처분의 효력은 그 처분에 따라 당초 과세표준 및 세액을 증감시키는 부분에만 미친다고 보는 견해
	역흡수설	경정처분은 당초처분에 흡수·소멸되나 당초처분에 따라 확정된 과세표준과 세액을 그 경정된 내용에 따라 증감시키는 효력이 발생한다는 견해

> **당초처분과 경정처분의 관계**
>
> 1. 증액경정처분
>   세법에 따라 당초 확정된 세액을 증가시키는 경정은 당초 확정된 세액에 관한 국세기본법 또는 세법에서 규정하는 권리·의무관계에 영향을 미치지 아니한다.
>   ① 일반적인 권리의무 - 병존설
>   ㉠ 당초처분에 따라 확정된 세액에 행해진 납세고지, 독촉, 가산금, 압류 등의 체납처분절차는 경정처분에 영향을 받지 않고 별도의 효력을 유지한다.
>   ㉡ 불복청구기한도 당초처분과 경정처분별로 각각 판단한다.
>   ㉢ 국세징수권 소멸시효도 당초처분과 경정처분별로 확정된 세액에 대해 각각 별도로 진행한다.
>   ② 불복대상 - 제한된 흡수설: 당초 신고나 결정에 대한 불복과 관계없이 증액경정처분만이 불복대상(항고소송)의 대상이 되고 납세의무자는 그 불복청구에서 당초 신고나 결정에 대한 위법사유도 함께 주장할 수 있으나, 불복기간이나 경정청구기간의 도과로 더 이상 다툴 수 없게 된 세액에 관하여는 그 취소를 구할 수 없고 증액경정처분에 의하여 증액된 세액의 범위 내에서만 취소를 구할 수 있다(대판 2009.5.14, 2006두17390).
>   ③ 행정심판전치주의 적용 - 흡수설: 과세처분의 불복절차 진행 중에 과세관청이 그 대상인 처분을 변경하였는데 그 위법사유가 공통되는 경우 선행처분에 대하여 적법한 전심절차를 거친 때 등과 같이 국세청장 및 국세심판소로 하여금 기본적 사실관계와 법률문제에 대하여 다시 판단할 수 있는 기회가 부여되었을 뿐더러 납세의무자로 하여금 굳이 또 전심절차를 거치게 하는 것이 가혹하다고 보이는 등의 사유가 있는 때에는 납세의무자는 전심절차를 거치지 아니하고도 과세처분의 취소를 구하는 행정소송을 제기할 수 있다(대판 1997.4.8, 96누2200).
> 3. 감액경정처분 - 역흡수설
>   세법에 따라 당초 확정된 세액을 감소시키는 경정은 그 경정으로 감소되는 세액 외의 세액에 관한 이 법 또는 세법에서 규정하는 권리·의무관계에 영향을 미치지 아니한다. 즉, 감액경정처분은 당초 확정된 세액을 감소시키는 효력을 발생시킬 뿐, 감액경정 후 잔존세액에 관한 권리·의무관계에는 아무런 영향을 미치지 아니한다.

제3절 납세의무의 소멸

01 납세의무의 소멸사유

국세 및 강제징수비를 납부할 의무는 다음 중 어느 하나에 해당하는 때에 소멸한다.

(1) 납부·충당되거나 부과가 취소된 때

(2) 국세를 부과할 수 있는 기간에 국세가 부과되지 아니하고 그 기간이 끝난 때

(3) 국세징수권의 소멸시효가 완성된 때

02 국세의 부과제척기간

1. 의의

국세의 부과제척기간은 국세를 부과할 수 있는 기간으로서 부과권에 대해 법이 정하는 존속기간이다. 이는 권리관계를 조속히 확정시키기 위한 것이므로 국세징수권 소멸시효와는 달리 진행기간의 중단이나 정지가 없다. 따라서 제척기간이 경과하면 과세관청의 국세 부과권은 소멸하므로 제척기간 경과 후에 이루어진 과세처분은 당연무효이다.

2. 제척기간

(1) 상속세·증여세 이외의 국세

부과제척기간은 국세를 부과할 수 있는 날부터 5년으로 한다. 다만, 역외거래[국제거래 및 거래 당사자 양쪽이 거주자(내국법인과 외국법인의 국내사업장을 포함)인 거래로서 국외에 있는 자산의 매매·임대차, 국외에서 제공하는 용역과 관련된 거래]의 경우에는 국세를 부과할 수 있는 날부터 7년으로 한다. 단, 다음 중 어느 하나에 해당하는 경우에는 각 구분에 따른 기간을 부과제척기간으로 한다.

① 납세자가 법정신고기한까지 과세표준신고서를 제출하지 아니한 경우	7년(역외거래 10년)
② 납세자가 사기나 그 밖의 부정한 행위로 국세를 포탈하거나 환급·공제받은 경우 ③ 납세자가 부정행위로 소득세법, 법인세법, 부가가치세법에 따른 가산세 부과대상이 되는 경우 ④ 부정행위로 포탈하거나 환급·공제받은 국세가 법인세이고 이와 관련하여 법인세법 제67조에 따라 처분된 금액에 대한 소득세 또는 법인세	10년
⑤ 역외거래에서 발생한 부정행위로 국세를 포탈하거나 환급·공제받은 경우 ⑥ 역외거래에서 발생한 부정행위로 법인세를 포탈하거나 환급·공제받아 법인세법에 따라 처분된 금액에 대한 소득세 또는 법인세	15년
⑦ 부담부증여에 따라 증여세와 함께 소득세법에 따른 양도소득세가 과세되는 경우	증여세에 대하여 정한 기간
⑧ 일반적인 제척기간이 끝난 날이 속하는 과세기간 이후의 과세기간에 소득세법 및 법인세법에 따라 이월결손금 및 조세특례제한법에 따라 이월된 세액공제액을 공제하는 경우 해당 이월결손금등이 발생한 과세기간의 소득세 또는 법인세의 부과제척기간	이월결손금 등을 공제한 과세기간의 법정신고기한으로부터 1년

📋 **부정행위**

사기나 그 밖의 부정한 행위란 다음 중 어느 하나에 해당하는 행위로서 조세의 부과와 징수를 불가능하게 하거나 현저히 곤란하게 하는 적극적 행위를 말한다.
1. 이중장부의 작성 등 장부의 거짓 기장
2. 거짓 증빙 또는 거짓 문서의 작성 및 수취
3. 장부와 기록의 파기
4. 재산의 은닉, 소득·수익·행위·거래의 조작 또는 은폐
5. 고의적으로 장부를 작성하지 아니하거나 비치하지 아니하는 행위 또는 계산서, 세금계산서 또는 계산서합계표, 세금계산서합계표의 조작
6. 조세특례제한법에 따른 전사적 기업자원 관리설비의 조작 또는 전자세금계산서의 조작
7. 그 밖에 위계(僞計)에 의한 행위 또는 부정한 행위

(2) 상속세·증여세

원칙적인 제척기간	① 일반적인 경우	10년
	② 납세자가 부정행위로 상속세·증여세를 포탈하거나 환급·공제받은 경우 ③ 상속세 및 증여세법에 따른 신고서를 제출하지 아니한 경우 ④ 상속세 및 증여세법에 따라 신고서를 제출한 자가 다음 중 어느 하나에 해당하는 거짓신고 또는 누락신고를 한 경우(그 거짓신고 또는 누락신고를 한 부분만 해당함) 　㉠ 상속재산가액 또는 증여재산가액에서 가공(架空)의 채무를 빼고 신고한 경우 　㉡ 권리의 이전이나 그 행사에 등기 등이 필요한 재산을 상속인 또는 수증자의 명의로 등기 등을 하지 아니한 경우로서 그 재산을 상속재산 또는 증여재산의 신고에서 누락한 경우 　㉢ 예금, 주식, 채권, 보험금, 그 밖의 금융자산을 상속재산 또는 증여재산의 신고에서 누락한 경우	15년
상속세·증여세의 특례 제척기간	납세자가 부정행위로 상속세·증여세(⑦의 경우에는 해당 명의신탁과 관련한 국세를 포함)를 포탈하는 경우로서 다음 중 어느 하나에 해당하는 경우 과세관청은 해당 재산의 상속 또는 증여가 있음을 안 날부터 1년 이내에 상속세 및 증여세를 부과할 수 있다. 다만, 상속인이나 증여자 및 수증자가 사망한 경우와 포탈세액 산출의 기준이 되는 재산가액(다음 ①~⑧에 해당하는 재산가액을 합친 것)이 50억원 이하인 경우에는 그렇지 아니하다. ① 제3자의 명의로 되어 있는 피상속인 또는 증여자의 재산을 상속인이나 수증자가 취득한 경우 ② 계약에 따라 피상속인이 취득할 재산이 계약이행기간에 상속이 개시됨으로써 등기·등록 또는 명의개서가 이루어지지 아니하고 상속인이 취득한 경우 ③ 국외에 있는 상속재산·증여재산을 상속인이·수증자가 취득한 경우 ④ 등기·등록 또는 명의개서가 필요하지 아니한 유가증권, 서화, 골동품 등 상속재산 또는 증여재산을 상속인이나 수증자가 취득한 경우 ⑤ 수증자의 명의로 되어 있는 증여자의 금융자산을 수증자가 보유하고 있거나 사용·수익한 경우 ⑥ 비거주자인 피상속인의 국내재산을 상속인이 취득한 경우 ⑦ 명의신탁재산의 증여의제에 해당하는 경우 ⑧ 상속재산 또는 증여재산인 특정 금융거래정보의 보고 및 이용 등에 관한 법률에 따른 가상자산을 같은 법에 따른 가상자산사업자(같은 법 제7조에 따라 신고가 수리된 자로 한정함)를 통하지 아니하고 상속인이나 수증자가 취득한 경우	

(3) 조세쟁송 등으로 인한 특례제척기간[*]

원칙적인 제척기간에도 불구하고 지방국세청장 또는 세무서장은 다음 의 구분에 따른 기간이 지나기 전까지 경정이나 그 밖에 필요한 처분을 할 수 있다.

∵ 제척기간이 만료되면 과세권자는 증액경정결정은 물론 감액경정결정 등 어떠한 처분도 할 수 없다. 만일 과세처분에 대한 행정심판청구 또는 행정소송 등의 쟁송이 장기간 지연되어 그 결정 또는 판결이 제척기간이 지난 후에 행하여지는 경우 과세권자는 그 결정이나 판결에 따른 처분도 할 수 없게 되는 불합리한 사례를 방지하기 위해 특례제척기간이 마련됨

① 이의신청, 심사청구, 심판청구, 감사원법에 따른 심사청구 또는 행정소송법에 따른 소송에 대한 결정이나 판결이 확정된 경우 ② 위의 결정이나 판결이 확정됨에 따라 그 결정 또는 판결의 대상이 된 과세표준 또는 세액과 연동된 다른 세목(같은 과세기간으로 한정함)이나 연동된 다른 과세기간(같은 세목으로 한정함)의 과세표준 또는 세액의 조정이 필요한 경우	결정 또는 판결이 확정된 날부터 1년
③ 형사소송법에 따른 소송에 대한 판결이 확정되어 뇌물, 알선수재 및 배임수재에 의하여 받는 금품(소득세법 기타소득)이 발생한 것으로 확인된 경우	판결이 확정된 날부터 1년
④ 조세조약에 부합하지 아니하는 과세의 원인이 되는 조치가 있는 경우 그 조치가 있음을 안 날부터 3년 이내(조세조약에서 따로 규정하는 경우에는 그에 따름)에 그 조세조약의 규정에 따른 상호합의가 신청된 것으로서 그에 대하여 상호합의가 이루어진 경우	상호합의 절차의 종료일부터 1년

⑤ 조세쟁송의 결정 또는 판결에 의하여 다음 중 어느 하나에 해당하게 된 경우에는 당초의 부과처분을 취소하고 그 결정 또는 판결이 확정된 날부터 1년 이내에 다음의 구분에 따른 자에게 경정이나 그 밖에 필요한 처분을 할 수 있다.
  ⊙ 명의대여 사실이 확인된 경우: 실제로 사업을 경영한 자
  ⓒ 과세의 대상이 되는 재산의 귀속이 명의일 뿐이고 사실상 귀속되는 자가 따로 있다는 사실이 확인된 경우: 재산의 사실상 귀속자
  ⓒ 국내원천소득의 실질귀속자가 확인된 경우: 국내원천소득의 실질귀속자 또는 소득세법 제156조 및 법인세법 제98조에 따른 원천징수의무자
	결정 또는 판결이 확정된 날부터 1년

⑥ 경정청구 또는 조정권고가 있는 경우 ⑦ 위 경정청구 또는 조정권고가 있는 경우 그 경정청구 또는 조정권고의 대상이 된 과세표준 또는 세액과 연동된 다른 과세기간의 과세표준 또는 세액의 조정이 필요한 경우	경정청구일 또는 조정권고일부터 2개월
⑧ 역외거래와 관련하여 부과제척기간이 지나기 전에 국제조세조정에 관한 법률에 따라 조세의 부과와 징수에 필요한 조세정보를 외국의 권한 있는 당국에 요청하여 조세정보를 요청한 날부터 2년이 지나기 전까지 조세정보를 받은 경우	조세정보를 받은 날부터 1년
⑨ 국제조세조정에 관한 법률 제69조 제2항에 따른 국가별 실효세율이 변경된 경우	국가별 실효세율의 변경이 있음을 안 날부터 1년

[*] 국세기본법상 제척기간 규정에도 불구하고 국세의 부과제척기간에 관하여 조세조약에 따라 상호합의 절차가 진행 중인 경우에는 국제조세조정에 관한 법률에서 정하는 바에 따른다.

3. 국세부과 제척기간의 기산일

국세부과권의 제척기간 기산일은 국세를 부과할 수 있는 날이며, 다음과 같다.

원칙	과세표준과 세액을 신고하는 국세 (신고하는 종합부동산세는 제외)	과세표준신고기한의 다음 날(*)
	종합부동산세 및 인지세	해당 국세의 납세의무가 성립한 날
특례	원천징수의무자 또는 납세조합에 대하여 부과하는 국세	해당 원천징수세액 또는 납세조합징수세액의 법정 납부기한의 다음 날
	과세표준신고기한 또는 법정 납부기한이 연장되는 경우	그 연장된 기한의 다음 날
	공제, 면제, 비과세 또는 낮은 세율의 적용 등에 따른 세액을 의무불이행 등의 사유로 징수하는 경우	해당 공제세액 등을 징수할 수 있는 사유가 발생한 날

(*) 중간예납·예정신고기한과 수정신고기한은 과세표준신고기한에 포함되지 않는다.

4. 제척기간 만료의 효과

(1) 국세의 부과권이 장래를 향하여 소멸하므로 제척기간 이후 더 이상 과세관청의 결정·경정·부과취소 등의 부과처분은 할 수 없다.

(2) 제척기간이 만료되면 그 후속절차인 징수권이 발생할 여지가 없으므로 소급효 없이 장래를 향해 소멸한다.

03 국세징수권의 소멸시효

의의	① 국세징수권의 소멸시효는 징수권을 행사하지 않은 상태가 지속된 경우 국세징수권을 소멸시키는 제도이다. 이는 국세징수권을 행사하지 않은 상태가 장기간에 걸쳐서 계속되는 경우 그 국세징수권을 소멸시켜 사회질서의 안정을 도모하고 납세자의 법적안정성과 예측가능성을 보장하기 위한 것이다. ② 소멸시효에 관하여는 국세기본법 또는 세법에 특별한 규정이 있는 경우를 제외하고는 민법에 따른다.
소멸시효 기간	국세징수권은 이를 행사할 수 있는 때부터 다음의 구분에 따른 기간 동안 행사하지 아니하면 소멸시효가 완성된다. 이 경우 국세의 금액은 가산세를 제외한 금액으로 한다. ① 5억원 미만의 국세: 5년 ② 5억원 이상의 국세: 10년

소멸시효 기산일	원칙	과세표준과 세액의 신고에 의하여 납세의무가 확정되는 국세의 경우 신고한 세액	그 법정 신고납부기한의 다음 날
		과세표준과 세액을 정부가 결정, 경정 또는 수시부과결정하는 경우 납부고지한 세액	그 고지에 따른 납부기한의 다음 날
	예외	① 원천징수의무자 또는 납세조합으로부터 징수하는 국세의 경우 납부고지한 원천징수세액 또는 납세조합징수세액 ② 인지세의 경우 납부고지한 인지세액	그 고지에 따른 납부기한의 다음 날
		법정신고납부기한이 연장되는 경우	그 연장된 기한의 다음 날

국세징수권의 소멸시효는 국세의 징수권을 행사할 수 있는 때부터 진행한다. 이는 납세의무 확정시기에 따라 달라진다.

소멸시효 중단과 정지	정지	① 개념: 소멸시효 진행 중에 권리행사하는 것이 불가능하거나 어려운 사정이 발생한 경우 그 사정이 존속하는 동안 진행을 일시적으로 멈추고 그 사정이 없어졌을 때 다시 나머지 기간을 진행시키는 것을 말한다.
		② 사유
		  ⊙ 세법에 따른 분납기간
		  ⓒ 세법에 따른 납부고지의 유예, 지정납부기한·독촉장에서 정하는 기한의 연장, 징수 유예기간
		  ⓒ 세법에 따른 압류·매각의 유예기간
		  ⓔ 세법에 따른 연부연납기간
		  ⓜ 세무공무원이 사해행위 취소소송이나 채권자대위 소송을 제기하여 그 소송이 진행 중인 기간
		  → 사해행위 취소소송 또는 채권자대위 소송의 제기로 인한 시효정지의 효력은 소송이 각하·기각 또는 취하된 경우에는 효력이 없다.
		  ⓑ 체납자가 국외에 6개월 이상 계속 체류하는 경우 해당 국외 체류 기간
		③ 효과: 이미 진행한 소멸시효는 효력이 유지되고, 잔여기간만 경과하면 시효가 완성된다.

	중단	① 개념: 소멸시효 진행 중에 징수권을 행사하고 있다고 인정되는 경우 시효를 중단하고 그때까지 진행된 소멸시효기간의 효력을 잃는 것을 말한다.
		② 사유: 납부고지, 독촉, 교부청구, 압류(국세징수법 제57조 중 압류금지재산을 압류한 경우 및 제3자의 재산을 압류한 경우로서 압류를 즉시 해제하는 경우는 제외)
		③ 효과: 중단된 소멸시효는 다음의 기간이 지난 때부터 새로 진행한다.
		  ⊙ 납부고지: 고지한 납부기한
		  ⓒ 독촉: 독촉에 의한 납부기간
		  ⓒ 교부청구: 교부청구 중의 기간
		  ⓔ 압류: 압류해제까지의 기간

효과		① 국세징수권의 소멸시효가 완성되면 그 징수권은 기산일에 소급하여 소멸한다. ② 국세의 소멸시효가 완성한 때에는 그 국세의 가산금, 강제징수비 및 이자상당세액에도 그 효력이 미친다. ③ 주된 납세자의 국세가 소멸시효의 완성에 의하여 소멸한 때에는 제2차 납세의무자, 납세보증인과 물적납세의무자에도 그 효력이 미친다.

제4장 국세와 일반채권의 관계

제1절 국세우선권

01 국세우선원칙

관련 법령	국세 및 강제징수비는 다른 공과금이나 그 밖의 채권에 우선하여 징수한다.
취지	조세는 국가나 지방자치단체의 활동을 위한 재정수입의 주된 원천으로서 고도의 공공성·공익성을 가지며, 법률에 정해진 과세요건을 충족하면 조세채권이 필연적으로 성립하나 구체적인 대가없이 이를 징수하는 것으로, 그 징수의 확보를 보장할 필요가 있어 채권평등원칙에 대한 예외로서 국세우선권을 규정하고 있다.

02 조세채권 사이의 우선순위

조세채권 상호 간에는 원칙적으로 평등하게 징수권을 가진다. 다만, 다음에 해당하는 경우에는 예외적으로 조세채권 상호 간의 우선권을 인정하고 있다.

압류에 의한 우선	① 국세 강제징수에 따라 납세자의 재산을 압류한 경우에 다른 국세 및 강제징수비 또는 지방세의 교부청구(참가압류를 한 경우를 포함)가 있으면 압류와 관계되는 국세 및 강제징수비는 교부청구된 다른 국세 및 강제징수비 또는 지방세보다 우선하여 징수한다. ② 지방세 체납처분에 의하여 납세자의 재산을 압류한 경우에 국세 및 강제징수비의 교부청구가 있으면 교부청구된 국세 및 강제징수비는 압류에 관계되는 지방세의 다음 순위로 징수한다. ∵ 다른 조세채권자보다 조세채무자의 자산 상태에 주의를 기울이고 조세 징수에 열의를 갖고 있는 징수권자에게 우선권을 부여하고자 함
담보있는 국세의 우선	납세담보물을 매각하였을 때에는 압류에 의한 우선원칙에도 불구하고 그 국세 및 강제징수비는 매각대금 중에서 다른 국세 및 강제징수비와 지방세에 우선하여 징수한다. ∵ 납세담보의 실효를 거두기 위함

> **조세채권 사이의 우선관계**
> 담보 있는 조세 > 압류한 조세 > 교부청구한 조세

제2절 국세우선권의 제한

01 국세우선 징수에 대한 예외

다음 중 어느 하나에 해당하는 공과금이나 그 밖의 채권에 대해서는 국세우선원칙이 적용되지 않는다. 이는 국세우선권을 예외 없이 인정할 경우 담보권자의 예측가능성을 해하여 담보권자의 재산권 등을 침해하고, 사법상 거래의 안전이 저해되어 경제적 취약자에게 위협이 될 수 있음을 방지하기 위함이다.

(1) 지방세나 공과금의 체납처분 또는 강제징수를 할 때 그 체납처분 또는 강제징수금액 중에서 국세 및 강제징수비를 징수하는 경우의 그 지방세나 공과금의 체납처분비 또는 강제징수비

(2) 강제집행·경매 또는 파산 절차에 따라 재산을 매각할 때 그 매각금액 중에서 국세 및 강제징수비를 징수하는 경우의 그 강제집행, 경매 또는 파산 절차에 든 비용

(3-1) 법정기일 전에 다음 중 어느 하나에 해당하는 권리가 설정된 재산이 국세의 강제징수 또는 경매 절차 등을 통하여 매각[(3-2)에 해당하는 재산의 매각은 제외]되어 그 매각금액에서 국세를 징수하는 경우 그 권리에 의하여 담보된 채권 또는 임대차보증금반환채권. 이 경우 다음에 해당하는 권리가 설정된 사실은 대통령령으로 정하는 방법으로 증명한다.
   ① 전세권, 질권 또는 저당권
   ② 주택임대차보호법 또는 상가건물 임대차보호법에 따라 대항요건과 확정일자를 갖춘 임차권
   ③ 납세의무자를 등기의무자로 하고 채무불이행을 정지조건으로 하는 대물변제의 예약에 따라 채권 담보의 목적으로 가등기(가등록을 포함)를 마친 가등기 담보권

(3-2) (3-1)의 전세권 등이 설정된 재산이 양도, 상속 또는 증여된 후 해당 재산이 국세의 강제징수 또는 경매 절차 등을 통하여 매각되어 그 매각금액에서 국세를 징수하는 경우 해당 재산에 설정된 전세권 등에 의하여 담보된 채권 또는 임대차보증금반환채권. 다만, 해당 재산의 직전 보유자가 전세권 등의 설정 당시 체납하고 있었던 국세 등을 고려하여 다음의 구분에 따라 계산한 금액의 범위에서는 국세를 우선하여 징수한다.
   ① 직전 보유자가 해당 재산을 보유하기 전에 해당 재산에 설정된 전세권 등이 없는 경우: 직전 보유자 보유기간 중의 전세권 등 설정일 중 가장 빠른 날보다 특례기일이 빠른 직전 보유자의 국세 체납액을 모두 더한 금액
   ② 직전 보유자가 해당 재산을 보유하기 전에 해당 재산에 설정된 전세권 등이 있는 경우: 0원

(4) 주택임대차보호법 제8조 또는 상가건물 임대차보호법 제14조가 적용되는 임대차관계에 있는 주택 또는 건물을 매각할 때 그 매각금액 중에서 국세를 징수하는 경우 임대차에 관한 보증금 중 일정 금액으로서 주택임대차보호법 제8조 또는 상가건물 임대차보호법 제14조에 따라 임차인이 우선하여 변제받을 수 있는 금액에 관한 채권

(5) 사용자의 재산을 매각하거나 추심할 때 그 매각금액 또는 추심금액 중에서 국세를 징수하는 경우에 근로기준법 제38조 또는 근로자퇴직급여 보장법 제12조에 따라 국세에 우선하여 변제되는 임금, 퇴직금, 재해보상금, 그 밖에 근로관계로 인한 채권

> 📋 **가등기에 의하여 담보된 채권**
> 1. 특례기일 이후에 가등기담보권을 설정하기 위한 담보가등기를 마친 사실이 증명되는 재산을 매각하여 그 매각대금에서 국세를 징수하는 경우 그 재산을 압류한 날 이후에 그 가등기에 따른 본등기가 이루어지더라도 그 국세는 그 가등기에 의해 담보된 채권보다 우선한다.
> 2. 세무서장은 가등기가 설정된 재산을 압류하거나 공매할 때에는 그 사실을 가등기권리자에게 지체 없이 통지하여야 한다.

02 법정기일

법정기일이란 국세 등과 피담보채권의 우열을 가리기 위한 기준일로서 다음 중 어느 하나에 해당하는 기일을 말한다.

과세표준과 세액의 신고에 따라 납세의무가 확정되는 국세(중간예납하는 법인세와 예정신고납부하는 부가가치세 및 소득세를 포함)의 경우 신고한 해당 세액	그 신고일
① 과세표준과 세액을 정부가 결정·경정 또는 수시부과 결정을 하는 경우 고지한 해당 세액(납부지연가산세 중 납부고지서에 따른 납부기한 후의 납부지연가산세와 원천징수 등 납부지연가산세 중 납부고지서에 따른 납부기한 후의 원천징수 등 납부지연가산세를 포함) ② 제2차 납세의무자(보증인 포함)의 재산에서 징수하는 국세 ③ 양도담보재산에서 징수하는 국세 ④ 부가가치세법에 따라 신탁재산에서 징수하는 부가가치세 등 및 종합부동산세법에 따라 신탁재산에서 징수하는 종합부동산세 등	납부고지서의 발송일[*]
인지세와 원천징수의무자나 납세조합으로부터 징수하는 소득세·법인세 및 농어촌특별세	그 납세의무의 확정일
확정 전 보전압류한 경우에 그 압류와 관련하여 확정된 국세	압류등기일 또는 등록일

[*] 신고납세방식에 따르는 국세를 기한후신고 하여 과세관청이 과세표준과 세액을 결정할 경우 법정기일은 그 납부고지서의 발송일이다.

03 당해세의 예외

(1) 해당 재산에 대하여 부과된 상속세, 증여세 및 종합부동산세는 피담보채권 또는 임대차보증금반환채권보다 우선하며, 제3호의2에도 불구하고 해당 재산에 대하여 부과된 종합부동산세는 제3호의2에 따른 채권 또는 임대차보증금반환채권보다 우선한다.

(2) 다만, 주택임대차보호법에 따라 대항요건과 확정일자를 갖춘 임차권에 의하여 담보된 임대차보증금반환채권 또는 주거용 건물에 설정된 전세권에 의하여 담보된 채권은 해당 임차권 또는 전세권이 설정된 재산이 국세의 강제징수 또는 경매 절차 등을 통하여 매각되어 그 매각금액에서 국세를 징수하는 경우 그 확정일자 또는 설정일보다 특례기일이 늦은 해당 재산에 대하여 부과된 상속세, 증여세 및 종합부동산세의 우선 징수 순서에 대신하여 변제될 수 있다. 이 경우 대신 변제되는 금액은 우선 징수할 수 있었던 해당 재산에 대하여 부과된 상속세, 증여세 및 종합부동산세의 징수액에 한정하며, 임대차보증금반환채권 등보다 우선 변제되는 저당권 등의 변제액과 해당 재산에 대하여 부과된 상속세, 증여세 및 종합부동산세를 우선 징수하는 경우에 배분받을 수 있었던 임대차보증금반환채권 등의 변제액에는 영향을 미치지 아니한다.

∴ 확정일자보다 법정기일이 늦은 당해세 배분예정액에 한하여 임대차보증금반환채권 등에 먼저 배분하는 당해세 우선 징수의 예외규정을 신설함

예) 경락대금 중 배분하는 금액이 총 1억 5천만원인 경우 확정일자보다 늦게 발생한 당해세가 3천만원, 전세보증금보다 선순위인 저당권부 피담보채권이 1억원, 전세보증금이 5천만원이다. 종전규정에 따르면 당해세 3천만원, 피담보채권 1억원, 전세보증금 2천만원의 순위로 배분이 되지만 신설규정에 따르면 전세보증금 3천만원(당해세 배분 예정액), 피담보채권 1억원, 전세보증금 2천만원의 순서로 배분된다.

구분	배분액	당해세 3천만원	피담보채권 1억원	전세보증금 5천만원
종전 규정	1억 5천만원	3천만원	1억원	2천만원
현행 규정	1억 5천만원	전세보증금 3천만원 (당해세 배분 예정액)	1억원	2천만원

국세우선순위 정리

국세 또는 강제징수비와 임차인의 보증금 중 일정액, 임금채권 등 그 밖의 다른 채권과의 우선순위에 관하여는 국세기본법, 주택임대차 보호법 제8조, 근로기준법 제38조 및 근로자퇴직급여 보장법 제12조의 규정을 종합하여 판단하여야 하는바, 그 우선순위는 다음과 같다.

구분	법정기일 > 설정기일	법정기일 < 설정기일
1순위	강제징수비, 강제집행·경매비용, 파산절차 비용	
2순위	법정 소액임차보증금, 최종 3월분 임금채권·최종 3년간 퇴직급여·재해보상금	
3순위	해당 재산에 대하여 부과된 조세(당해세): 상속세, 증여세, 종합부동산세	
4순위	국세채권	피담보채권 또는 임대차보증금반환채권
5순위	피담보채권 또는 임대차보증금반환채권	그 밖의 임금채권
6순위	그 밖의 임금채권	국세채권
7순위	일반채권 및 공과금	일반채권 및 공과금

사례

관할 세무서장은 개인사업자인 甲에 대한 세무조사 결과 종합소득세를 9,000만원으로 경정하고 납부고지서를 2022년 5월 30일에 발송하여 2022년 6월 4일에 송달되었다. 그러나 甲이 종합소득세를 기한 내에 납부하지 않아 관할 세무서장은 甲 소유의 주택을 압류하여 공매하였으며, 매수인은 공매대금 1억원을 전액 납부하였다. 공매과정에서 배당을 신청한 채권자 및 채권액이 다음과 같을 때, 관할 세무서장이 배당받을 수 있는 금액은? 2012년 국가직 7급

- 주택임대차보호법에 따라 우선 변제받는 임차인의 임차보증금 중 일정액: 1,000만원
- 종업원 乙에 대한 임금채권: 2,400만원(월 200만원 × 12개월, 퇴직금과 재해보상금은 없는 것으로 가정한다)
- 압류된 주택에 대한 A은행의 채권: 4,000만원(채권최고액 5,000만원, 근저당권 설정등기일: 2022년 6월 2일)

① 44,000,000원   ② 66,000,000원   ③ 84,000,000원   ④ 90,000,000원

⇒

구분	법정기일(2022.5.30.) > 설정기일(2022.6.2.)	
1순위	-	
2순위	법정 소액임차보증금 1,000만원 + 최종 3월분 임금채권 200만원 × 3월 = 1,600만원	
3순위	-	
4순위	국세채권	8,400만원

답 ③

짜고 한 거짓 계약의 취소청구

1. 세무서장은 납세자가 제3자와 짜고 거짓으로 재산에 전세권·질권 또는 저당권의 설정계약·임대차 계약·가등기 설정계약·양도담보 설정계약에 해당하는 계약을 하고 그 등기 또는 등록을 하거나 주택임대차보호법 또는 상가건물 임대차보호법에 따른 대항요건과 확정일자를 갖춘 임대차 계약을 체결함으로써 그 재산의 매각금액으로 국세를 징수하기가 곤란하다고 인정할 때에는 그 행위의 취소를 법원에 청구할 수 있다.
   ∵ 법정기일 전 담보물권을 설정하면 국세에 우선할 수 있는 점을 납세자가 악용할 수 있음
2. 이 경우 납세자가 국세의 법정기일 전 1년 내에 특수관계인 중 대통령령으로 정하는 자와 전세권·질권 또는 저당권 설정계약, 임대차 계약, 가등기 설정계약 또는 양도담보 설정계약을 한 경우에는 짜고 한 거짓 계약으로 추정한다.
   ∵ 허위계약임을 세무서장이 입증하기 어려운 점을 고려하여 허위계약 개연성이 높은 경우 허위계약으로 추정하여 납세자가 진실한 계약임을 입증해야 함

🔍 사례

한국세무서는 거주자 甲의 2018년도 귀속분 소득세 100,000,000원이 체납되어 거주자 甲 소유의 주택D를 2022.6.1.에 압류하여 2022.7.20.에 매각하였다. 다음 자료에 따라 주택D의 매각대금 100,000,000원 중 거주자 甲이 체납한 소득세로 징수될 수 있는 금액은?

2017년 국가직 9급

- 거주자 甲의 소득세 신고일: 2019년 5월 30일
- 강제징수비: 3,000,000원
- 주택D에 설정된 저당권에 따른 피담보채권(저당권 설정일: 2019년 3월 28일): 50,000,000원
- 주택D에 대한 임차보증금: 25,000,000원(이 중 주택임대차보호법에 따른 우선변제금액은 12,000,000원)
- 거주자 甲이 운영하는 기업체 종업원의 임금채권: 30,000,000원(이 중 근로기준법에 따른 우선변제금액은 15,000,000원)
- 주택D에 부과된 국세는 없음

① 5,000,000원 ② 17,000,000원
③ 20,000,000원 ④ 70,000,000원

⇒

구분	법정기일(2019.5.30.) < 설정기일(2019.3.28.)	
1순위	강제징수비	300만원
2순위	법정 소액임차보증금 + 우선변제임금채권	2,700만원
3순위	피담보채권	5,000만원
4순위	그 밖의 임금채권	1,500만원
5순위	소득세	500만원

답 ①

제3절 양도담보권자의 물적납세의무

양도담보재산의 대외적 소유권은 양도담보권자에게 귀속하므로 양도담보설정자가 국세를 체납한 경우 과세관청은 양도담보권자의 재산인 양도담보재산에 대하여 강제징수를 할 수 없다. 따라서 양도담보의 피담보채권은 국세보다 무조건 우선변제받는 결과가 되어 일반적인 담보권자와 과세형평이 맞지 않으므로 양도담보권자에게 보충적 납세의무를 부담시키고 있다.

관련 법령	① 납세자가 국세 및 강제징수비를 체납한 경우에 그 납세자에게 양도담보재산[*]이 있을 때에는 그 납세자의 다른 재산에 대하여 강제징수를 하여도 징수할 금액에 미치지 못하는 경우에만 그 양도담보재산으로써 납세자의 국세 및 강제징수비를 징수할 수 있다. 다만, 그 국세의 법정기일 전에 담보의 목적이 된 양도담보재산에 대해서는 그렇지 않다. [*] 당사자 간의 계약에 의하여 납세자가 그 재산을 양도하였을 때에 실질적으로 양도인에 대한 채권담보의 목적이 된 재산 ② 국세징수법에 따라 양도담보권자에게 납부고지가 있은 후 납세자가 양도에 의하여 실질적으로 담보된 채무를 불이행하여 해당 재산이 양도담보권자에게 확정적으로 귀속되고 양도담보권이 소멸하는 경우에는 납부고지 당시의 양도담보재산이 계속하여 양도담보재산으로서 존속하는 것으로 본다. ∴ 납부고지 이후 양도담보권자에게 귀속되어 압류가 불가능함을 방지하며 국세징수 확보를 함
요건	① 납세자인 양도담보설정자가 국세 등을 체납하고 있어야 한다. 한편, 제2차 납세의무자도 납세자에 해당하므로 그 소유재산에 대한 양도담보권자는 물적납세의무를 진다. ② 양도담보설정자의 다른 재산에 대하여 강제징수를 집행하여도 징수할 금액에 부족한 경우이어야 한다. ③ 양도담보가 설정된 시기가 체납된 국세의 법정기일 이후이어야 한다. ④ 양도담보권자는 양도담보재산으로써 물적납세의무를 부담하므로 그 책임은 양도담보재산의 가액을 한도로 하므로 양도담보권자의 일반재산에 대해서는 강제징수를 할 수 없다.
개별세법 규정	① 부가가치세: (질권·저당권 또는 양도담보의 목적으로 동산·부동산 및 부동산상의 권리를 제공하는 것은 재화의 공급으로 보지 아니한다. 단, 채무불이행 등으로 담보권이 실행되어 담보물이 담보권자 등에게 인도 또는 양도된 때에는 재화의 공급으로 과세한다. ② 소득세법: 채무자가 채무의 변제를 담보하기 위하여 자산을 양도하는 계약을 체결한 경우에 양도담보계약서의 사본을 과세표준확정신고서에 첨부하여 신고하는 때에는 이를 양도로 보지 않는다. 단, 양도담보계약을 체결한 후 그 요건에 위배하거나 채무불이행으로 인하여 당해 자산을 변제에 충당한 때에는 그 때에 이를 양도한 것으로 본다. ③ 법인세법: 양도담보설정자인 사업자가 양도담보로 제공한 자산을 사업에 직접 사용하고 있는 경우에는 양도담보설정자가 그 자산에 대한 감가상각비를 손금에 산입할 수 있다.

제5장 납세의무의 확장

제1절 납세의무의 승계

01 의의

법인이 합병하거나 상속이 개시되면 합병법인 또는 상속인 등은 피합병법인 또는 피상속인의 모든 권리의무를 포괄적으로 승계한다. 납세의무의 승계는 당사자의 의사에 관계없이 법정 요건이 충족되면 어떠한 별도의 처분이나 행위도 필요없이 납세의무가 승계된다. 이는 피상속인 또는 피합병법인의 납세의무를 상속인 또는 합병법인에게 확장시킴으로서 조세채권을 보전하려는 데 그 취지가 있다.

02 승계의 유형

합병	법인이 합병한 경우 합병 후 존속하는 법인 또는 합병으로 설립된 법인은 합병으로 소멸된 법인에 부과되거나 그 법인이 납부할 국세 및 강제징수비를 납부할 의무를 진다. "부과되거나 납부할 국세 및 강제징수비"라 함은 합병(상속)으로 인하여 소멸된 법인(피상속인)에게 귀속되는 국세 및 강제징수비와 세법에 정한 납세의무의 확정절차에 따라 장차 부과되거나 납부하여야 할 국세 및 강제징수비를 말한다.	
상속	① 상속이 개시된 때에 그 상속인(수유자 포함) 또는 상속재산관리인은 피상속인에게 부과되거나 그 피상속인이 납부할 국세 및 강제징수비를 상속으로 받은 재산의 한도에서 납부할 의무를 진다. 상속받은 재산은 다음 계산식에 따른 가액으로 한다. 상속받은 자산총액 − (상속받은 부채총액 + 상속으로 인하여 부과되거나 납부할 상속세) (*) 자산총액과 부채총액의 가액은 상속세 및 증여세법 제60조부터 제66조까지의 규정을 준용하여 평가한다. ② 승계되는 국세의 범위: 납세의무가 확정된 국세뿐만 아니라 성립한 국세도 포함한다.	
	상속인이 2명 이상인 경우 (공동상속)	① 각 상속인은 피상속인에게 부과되거나 그 피상속인이 납부할 국세 및 강제징수비를 민법에 따른 상속분(상속인 중에 수유자 또는 상속을 포기한 사람이 있거나 유류분을 받은 사람이 있는 경우, 또는 상속으로 받은 재산에 보험금이 포함되어 있는 경우에는 대통령령으로 정하는 비율로 함)에 따라 나누어 계산한 국세 및 강제징수비를 상속으로 받은 재산의 한도에서 연대하여 납부할 의무를 진다. ② 이 경우 각 상속인은 그들 중에서 피상속인의 국세 및 강제징수비를 납부할 대표자를 정하여 관할 세무서장에게 신고하여야 한다.
	상속인이 불분명한 경우	① 상속인에게 하여야 할 납부의 고지·독촉이나 그 밖에 필요한 사항은 상속재산관리인에게 하여야 한다. ② 상속인이 있는지 분명하지 아니하고 상속재산관리인도 없을 때에는 세무서장은 상속개시지를 관할하는 법원에 상속재산관리인의 선임을 청구할 수 있다.

상속	피상속인에게 행한 처분의 효력	피상속인에게 한 처분 또는 절차는 상속으로 인한 납세의무를 승계하는 상속인이나 상속재산관리인에 대해서도 효력이 있음
	기타 규정	① 상속으로 인한 납세의무 승계: 피상속인이 부담할 제2차 납세의무도 포함하며, 이러한 제2차 납세의무의 승계에는 반드시 피상속인의 생전에 납부고지가 있어야 하는 것은 아니다. ② 태아에게 상속이 된 경우: 그 태아가 출생한 때에 상속으로 인한 납세의무가 승계된다.

> **상속포기자가 상속재산 중 보험금을 수령한 경우 납세의무의 승계문제**
>
> 납세의무 승계를 피하면서 재산을 상속받기 위하여 피상속인이 상속인을 수익자로 하는 보험계약을 체결하고 피상속인의 사망으로 상속인이 보험금(상속세 및 증여세법 제8조에 따른 보험금)을 받은 경우에는 다음의 구분에 따른 금액을 상속인(1.에 따른 상속을 포기한 사람은 상속인으로 봄)이 상속받은 재산으로 보아 납세의무 승계에 관한 규정을 적용한다.
> 1. 민법 제1019조 제1항에 따라 상속을 한정승인 또는 포기한 상속인이 보험금을 받은 경우
>   상속인이 받은 보험금 전액
> 2. 피상속인이 국세 또는 강제징수비를 체납한 상태에서 해당 보험의 보험료를 납입한 경우로서 상속인(민법 제1019조 제1항에 따라 상속을 한정승인 또는 포기한 상속인은 제외)이 보험금을 받은 경우
>   다음의 계산식에 따라 계산한 금액
>
> $$\text{상속받은 재산으로 보는 보험금} = A \times \frac{B}{C}$$
>
> ① 상속인이 받은 보험금
> ② 피상속인이 최초로 보험료를 납입한 날부터 마지막으로 보험료를 납입한 날까지의 기간 중 국세를 체납한 일수
> ③ 피상속인이 최초로 보험료를 납입한 날부터 마지막으로 보험료를 납입한 날까지의 일수

제2절 연대납세의무

01 의의

(1) 하나의 납세의무에 대하여 2인 이상의 납세의무자가 연대하여 납부의무를 지는 경우에 연대납세의무라 하고, 연대하여 납부할 의무를 지는 2인 이상의 납세의무자를 연대납세의무자라고 부른다.

(2) 동일한 납세의무에 관하여 2명 이상의 납세의무자가 각각 독립하여 전액의 납세의무를 부담하고, 그 중 1명이 전액을 납부하면 다른 연대납세의무자의 납세의무도 소멸한다.

02 국세기본법의 규정

공유물· 공동사업	공유물, 공동사업 또는 그 공동사업에 속하는 재산과 관계되는 국세 및 강제징수비는 공유자 또는 공동사업자가 연대하여 납부할 의무를 진다.
분할	① 법인이 분할되거나 분할합병된 후 분할되는 법인(이하 "분할법인")이 존속하는 경우 다음 중 법인은 분할등기일 이전에 분할법인에 부과되거나 납세의무가 성립한 국세 및 강제징수비에 대하여 분할로 승계된 재산가액을 한도로 연대하여 납부할 의무가 있다. 　㉠ 분할법인 　㉡ 분할 또는 분할합병으로 설립되는 법인(이하 "분할신설법인") 　㉢ 분할법인의 일부가 다른 법인과 합병하는 경우 그 합병의 상대방인 다른 법인(이하 "분할합병의 상대방 법인") ② 법인이 분할 또는 분할합병한 후 소멸하는 경우 다음의 법인은 분할법인에 부과되거나 분할법인이 납부하여야 할 국세 및 강제징수비에 대하여 분할로 승계된 재산가액을 한도로 연대하여 납부할 의무가 있다. 　㉠ 분할신설법인 　㉡ 분할합병의 상대방 법인
신회사 설립	법인이 채무자 회생 및 파산에 관한 법률 제215조에 따라 신회사를 설립하는 경우 기존의 법인에 부과되거나 납세의무가 성립한 국세 및 강제징수비는 신회사가 연대하여 납부할 의무를 진다.

03 연대납세의무에 관한 민법의 준용

(1) 연대납세의무자는 세법에 특별한 규정이 없는 한 원칙적으로 고유의 납세의무부분이 없이 조세의 전부에 대하여 전원이 연대하여 납부의무를 부담한다. 단, 연대납세의무자 1인에 대하여 과세처분 및 징수처분의 무효·취소 원인이 존재하더라도 다른 연대납세의무자가 부담하는 국세의 납부의무 효력에는 영향을 미치지 않는다.

(2) 연대납세의무자의 1인에 대한 납부의 고지 및 독촉은 그 이행의 청구로서 전원에 대하여 그 효력이 미친다. 따라서 연대납세의무자 1인에 대한 납세의 고지 또는 독촉은 연대납세의무자 전원에 대하여 시효중단의 효력이 발생한다.

(3) 과세관청이 과세표준과 세액의 결정 또는 경정에 따른 납부고지, 즉 부과처분의 납부의 고지를 연대납세의무자 중 1인에게만 하였다면 그 나머지 연대납세의무자에게는 과세처분 자체가 존재하지 않는다.

(4) 연대납세의무자 1인에 대한 조세징수권의 소멸시효가 완성된 때에는 그 자의 부담부분에 관하여 다른 연대납세의무자도 그 연대납세의무가 소멸된다.

04 개별세법의 규정

소득세	공동사업에 관한 규정	① 소득세법에 따른 공동사업에서 발생하는 소득금액은 공동사업자 간 손익분배율에 의하여 분배되었거나 분배될 소득금액에 따라 공동사업자별로 소득세 납세의무를 진다. ② 단, 공동사업에 관한 소득금액을 계산하는 경우에는 해당 공동사업자별로 납세의무를 짐. 다만, 주된 공동사업자에게 합산과세되는 경우 그 합산과세되는 소득금액에 대해서는 주된 공동사업자의 특수관계인은 손익분배비율에 해당하는 그의 소득금액을 한도로 주된 공동사업자와 연대하여 납세의무를 진다.
	증여 후 양도행위 부인	증여 후 양도행위의 부인규정에 따라 증여자가 자산을 직접 양도한 것으로 보는 경우 그 양도소득에 대해서는 증여자와 증여받은 자가 연대하여 납세의무를 진다.
	법인이 해산한 경우	원천징수를 하여야 할 소득세를 징수하지 아니하였거나 징수한 소득세를 납부하지 아니하고 잔여재산을 분배하였을 때에는 청산인은 그 분배액을 한도로 하여 분배를 받은 자와 연대하여 납세의무를 진다.
법인세		① 연결법인은 각 연결사업연도의 소득에 대한 법인세(토지 등 양도소득 법인세 및 투자·상생협력 촉진을 위한 과세특례를 적용하여 계산한 법인세 포함)를 연대하여 납부할 의무가 있다. ② 법인이 해산한 경우에 원천징수하여야 할 법인세를 징수하지 않았거나 징수한 법인세를 납부하지 않고 잔여재산을 분배한 때에는 그 법인세에 대하여 청산인은 잔여재산의 분배를 받은 자와 연대하여 납부할 책임을 진다.
상속세 증여세		① 상속인 또는 수유자(사인증여를 받은 자 포함)에 대하여 연대납세의무를 진다. ② 일정한 경우 증여자는 수증자가 납부할 증여세에 대하여 연대납세의무를 진다.
인지세		2인 이상이 공동으로 과세문서를 작성한 경우 작성자 전원이 인지세에 대하여 연대납세의무를 진다.

제3절 제2차 납세의무

01 의의 및 법적 성격

의의	제2차 납세의무란 주된 납세자의 재산에 대해 강제징수를 하여도 그가 납부하여야 할 국세에 충당하기에 부족한 경우에 주된 납세자와 일정한 관계에 있는 자가 그 부족액에 대해 보충적으로 부담하는 납세의무이다.
법적 성격	① 부종성: 제2차 납세의무는 주된 납세의무의 존재를 전제로 하여 성립하고 주된 납세의무에 관하여 생긴 사유는 제2차 납세의무에도 효력이 있으므로, 주된 납세의무가 소멸하면 제2차 납세의무도 소멸한다. ② 보충성: 제2차 납세의무자는 주된 납세자의 재산에 체납처분을 집행하여도 징수할 금액에 부족한 경우에 그 부족액에 대해 납부책임을 지는 성질이다. 제2차 납세의무가 성립하기 위한 요건 중 그 징수부족액의 발생은 반드시 주된 납세의무자에 대하여 현실로 체납처분을 집행하여 부족액이 구체적으로 생기는 것을 요하지 않고 다만, 강제징수를 하면 객관적으로 징수부족액이 생길 것으로 인정되면 족하다(대판 95누14576).

02 청산인 등의 제2차 납세의무

의의	법인이 해산하여 청산하는 경우에 그 법인에 부과되거나 그 법인이 납부할 국세 및 강제징수비를 납부하지 아니하고 해산에 의한 잔여재산을 분배하거나 인도하였을 때에 그 법인에 대하여 강제징수를 하여도 징수할 금액에 미치지 못하는 경우에는 청산인 또는 잔여재산을 분배받거나 인도받은 자는 그 부족한 금액에 대하여 제2차 납세의무를 진다.
한도	제2차 납세의무의 한도는 다음의 구분에 따른다. ① 청산인: 분배하거나 인도한 재산의 가액 ② 잔여재산을 분배받거나 인도받은 자: 각자가 받은 재산의 가액(*) (*) 청산 후 남은 재산을 분배하거나 인도한 날 현재의 시가이다.
개별세법 특례	원천징수세액에 대한 연대납세의무: 청산인과 잔여재산을 분배받은 자는 법인이 해산한 경우 원천징수를 하여야 할 소득세나 법인세를 징수하지 않았거나 징수한 세금을 납부하지 않고 잔여재산을 분배한 때에는 분배를 받은 자와 연대하여 이를 납부할 책임이 있다(소득세법 제157조 제1항, 법인세법 제73조 제9항).

03 출자자의 제2차 납세의무

의의	법인(유가증권시장 및 코스닥시장에 주권이 상장된 법인은 제외)의 재산으로 그 법인에 부과되거나 그 법인이 납부할 국세 및 강제징수비에 충당하여도 부족한 경우에는 그 국세의 납세의무 성립일 현재 다음 중 어느 하나에 해당하는 자는 그 부족한 금액에 대하여 제2차 납세의무를 진다. ① 무한책임사원으로서 다음 중 어느 하나에 해당하는 사원 　㉠ 합명회사의 사원 　㉡ 합자회사의 무한책임사원 ② 과점주주: 주주 또는 다음 중 어느 하나에 해당하는 사원 1명과 그의 특수관계인 중 대통령령으로 정하는 자로서 그들의 소유주식 합계 또는 출자액 합계가 해당 법인의 발행 주식 총수 또는 출자총액의 100분의 50을 초과하면서 그 법인의 경영에 대하여 지배적인 영향력을 행사하는 자들 　㉠ 합자회사의 유한책임사원 　㉡ 유한책임회사의 사원 　㉢ 유한회사의 사원 ③ 과점조합원: 농어업경영체 육성 및 지원에 관한 법률 제16조에 따른 영농조합법인 또는 영어조합법인의 조합원 1명과 그의 특수관계인 중 대통령령으로 정하는 자로서 그들의 출자액의 합계가 해당 조합의 출자총액의 100분의 50을 초과하는 자들. 다만, 조합원 간에 손익분배비율을 정한 경우로서 그 손익분배비율이 출자액의 비율과 다른 경우에는 조합원 1명과 그의 특수관계인 중 대통령령으로 정하는 자로서 그들의 손익분배비율의 합계가 100분의 50을 초과하는 자들을 과점조합원으로 한다.

취지	합명회사 사원 및 합자회사의 무한책임사원은 회사의 재산으로 회사의 채무를 모두 변제할 수 없는 때에는 연대하여 변제할 책임이 있기 때문에 법인의 조세채무에 대하여 이들 무한책임사원은 당연히 제2차 납세의무를 진다. 또한 회사의 경영을 사실상 지배하는 실질적인 운영자인 과점주주는 회사의 수익은 자신에게 귀속시키고 손실은 회사에 떠넘김으로써 회사의 법인격을 악용하여 이를 형해화시킬 우려가 크므로 이를 방지하여 실질적인 조세평등을 이루려는 데 있다고 본다.
한도	① 무한책임사원: 한도가 존재하지 않는다. ② 과점주주 또는 과점조합원의 경우에는 그 부족한 금액을 그 법인의 발행주식 총수(의결권이 없는 주식은 제외) 또는 출자총액으로 나눈 금액에 해당 과점주주 또는 과점조합원이 실질적으로 권리를 행사하는 주식 수(의결권이 없는 주식은 제외) 또는 출자액을 곱하여 산출한 금액(의의 ③ 단서의 경우 그 부족한 금액과 과점조합원 간에 정한 손익분배비율을 곱한 금액으로 한다)을 한도로 한다.

04 법인의 제2차 납세의무

의의	국세(둘 이상의 국세의 경우에는 납부기한이 뒤에 오는 국세)의 납부기간 만료일 현재 법인의 무한책임사원 또는 과점주주(이하 "출자자")의 재산(그 법인의 발행주식 또는 출자지분은 제외)으로 그 출자자가 납부할 국세 및 강제징수비에 충당하여도 부족한 경우에는 그 법인은 다음 중 어느 하나에 해당하는 경우에만 그 부족한 금액에 대하여 제2차 납세의무를 진다. ① 정부가 출자자의 소유주식 또는 출자지분을 재공매(再公賣)하거나 수의계약으로 매각하려 하여도 매수희망자가 없는 경우 ② 그 법인이 외국법인인 경우로서 출자자의 소유주식 또는 출자지분이 외국에 있는 재산에 해당하여 국세징수법에 따른 압류 등 강제징수가 제한되는 경우 ③ 법률 또는 그 법인의 정관에 의하여 출자자의 소유주식 또는 출자지분의 양도가 제한된 경우(심판청구 등에 대한 결정이나 소에 대한 판결이 확정되기 전에 공매할 수 없는 경우는 제외)
한도	법인의 제2차 납세의무는 다음 계산식에 따라 계산한 금액을 한도로 한다. $$(A - B) \times \frac{C}{D}$$ ① 법인의 자산총액 ② 법인의 부채총액 ③ 출자자의 소유주식 금액 또는 출자액 ④ 발행주식 총액 또는 출자총액 이 경우 자산총액과 부채총액의 평가는 해당 국세(해당 국세가 둘 이상이면 납부기한이 뒤에 도래한 국세)의 납부기간 종료일 현재의 시가로 한다.

05 사업양수인의 제2차 납세의무

의의	사업이 양도·양수된 경우에 양도일 이전에 양도인의 납세의무가 확정된 그 사업에 관한 국세 및 강제징수비를 양도인의 재산으로 충당하여도 부족할 때에는 사업의 양수인은 그 부족한 금액에 대하여 양수한 재산의 가액을 한도로 제2차 납세의무를 진다.
	① 사업의 양수인: 사업장별로 그 사업에 관한 모든 권리(미수금에 관한 것은 제외)와 모든 의무(미지급금에 관한 것은 제외)를 포괄적으로 승계한 자로서 다음 중 어느 하나에 해당하는 자
	  ㉠ 양도인과 특수관계인인 자
	  ㉡ 양도인의 조세회피를 목적으로 사업을 양수한 자
	② 제2차 납세의무 대상 국세: 사업양도일 이전에 양도인의 납세의무가 확정된 국세로서 그 사업에 관한 국세 및 강제징수비를 말한다. 따라서 사업용 부동산을 양도함으로 인하여 발생한 양도소득세 및 법인세법 제55조의2에 따라 납부하는 법인세(토지 등 양도소득 법인세)를 포함하지 아니한다.
	③ 사업의 양도인에게 둘 이상의 사업장이 있는 경우에 하나의 사업장을 양수한 자의 제2차 납세의무는 양수한 사업장과 관계되는 국세·강제징수비(둘 이상의 사업장에 공통되는 국세·강제징수비가 있는 경우에는 양수한 사업장에 배분되는 금액을 포함)에 대해서만 진다.

취지	사업에 기초하여 발생하는 조세는 사업 그 자체에 담세력이 있다고 할 것이므로 사업재산이 그 조세채무에 대한 담보적 기능을 한다고 할 것이고 따라서 사업양도인의 재산으로 조세채권의 만족을 얻을 수 없을 때 조세징수의 확보라는 공익목적을 달성하기 위하여, 그 조세의 담보재산을 취득하고 그 취득 당시에 양도인이 납부하여야 할 조세를 예견할 수 있는 양수인에게 그 부족액에 대하여 보충적으로 납세책임을 지우는 것이라고 판시하여 사업에 관련된 조세는 그 사업 자체가 납부할 의무가 있다고 보고 있다(헌법재판소 1997. 11. 27. 선고, 95헌바38 결정).
한도	양수인은 양수한 재산가액을 한도로 제2차 납세의무를 진다. 양수한 재산가액이란 다음의 가액을 말한다. 다만, ①에 따른 금액과 시가의 차액이 3억원 이상이거나 시가의 30%에 상당하는 금액 이상인 경우에는 위 ①의 금액과 ②의 금액 중 큰 금액으로 한다. ① 사업의 양수인이 양도인에게 지급하였거나 지급하여야 할 금액이 있는 경우에는 그 금액 ② ①에 따른 금액이 없거나 불분명한 경우에는 양수한 자산 및 부채를 상속세 및 증여세법의 규정을 준용하여 평가한 후 그 자산총액에서 부채총액을 뺀 가액

제6장 과세와 환급

제1절 관할관청

과세표준 신고의 관할	① 과세표준신고서는 신고 당시 해당 국세의 납세지를 관할하는 세무서장에게 제출하여야 한다. 다만, 전자신고를 하는 경우에는 지방국세청장이나 국세청장에게 제출할 수 있다. ② 과세표준신고서가 관할 세무서장 외의 세무서장에게 제출된 경우에도 그 신고의 효력에는 영향이 없다.
결정 또는 경정결정의 관할	① 국세의 과세표준과 세액의 결정 또는 경정결정은 그 처분 당시 그 국세의 납세지를 관할하는 세무서장이 한다. ② 국세의 과세표준과 세액의 결정 또는 경정결정하는 때에 그 국세의 납세지를 관할하는 세무서장 이외의 세무서장이 행한 결정 또는 경정결정처분은 그 효력이 없다. 다만, 세법 또는 다른 법령 등에 의하여 권한있는 세무서장이 결정 또는 경정결정하는 경우에는 그러하지 아니하다.

제2절 수정신고·경정 등의 청구·기한 후 신고

01 수정신고

과세표준신고서를 법정신고기한까지 제출한 자(소득세법상 연말정산을 하여 확정신고를 하지 않는 자를 포함) 및 기한 후 과세표준신고서를 제출한 납세의무자가 착오나 누락 등으로 신고한 세액을 스스로 고쳐 증액하여 신고하는 제도를 말한다. 수정신고제도는 납세의무자가 자발적으로 시정할 수 있는 기회를 부여하여 가산세 감면 등 혜택이 있다.

대상자	① 과세표준신고서를 법정신고기한까지 제출한 자(소득세법에 따라 연말정산하여 확정신고를 하지 않는 자를 포함) ② 기한 후 과세표준신고서를 제출한 자

수정신고 사유	① 과세표준신고서 또는 기한 후 과세표준신고서에 기재된 과세표준 및 세액이 세법에 따라 신고하여야 할 과세표준 및 세액에 미치지 못할 때
	② 과세표준신고서 또는 기한 후 과세표준신고서에 기재된 결손금액 또는 환급세액이 세법에 따라 신고하여야 할 결손금액이나 환급세액을 초과할 때
	③ 불완전한 신고를 하였을 때(경정 등의 청구를 할 수 있는 경우는 제외함)
	   ㉠ 원천징수의무자가 연말정산 과정에서 근로소득 등만 있는 자의 소득을 누락한 것
	   ㉡ 세무조정 과정에서 법인세법에 따른 국고보조금과 공사부담금에 상당하는 금액을 익금과 손금에 동시에 산입하지 않은 것

수정신고 기한	관할 세무서장이 각 세법에 따라 해당 국세의 과세표준과 세액을 결정 또는 경정하여 통지하기 전으로서 국세부과제척기간이 끝나기 전까지 과세표준수정신고를 제출할 수 있다.
추가자진 납부	세법에 따라 과세표준신고액에 상당하는 세액을 자진납부하는 국세에 관하여 과세표준수정신고서를 제출하는 납세자는 이미 납부한 세액이 과세표준수정신고액에 상당하는 세액에 미치지 못할 때에는 그 부족한 금액과 이 법 또는 세법에서 정하는 가산세를 추가하여 납부하여야 한다.
확정력	① 신고납세세목: 있음 ② 정부부과세목: 없음
가산세 감면	① 감면 사유: 법정신고기한이 지난 후 2년 이내에 수정신고한 경우 ② 감면대상: 과소신고·초과환급신고가산세 ③ 감면배제: 경정할 것을 미리 알고 과세표준신고서를 제출한 경우 ④ 감면율 |	
1개월 이내에 수정신고한 경우	90%
1개월 초과 3개월 이내에 수정신고한 경우	75%
3개월 초과 6개월 이내에 수정신고한 경우	50%
6개월 초과 1년 이내에 수정신고한 경우	30%
1년 초과 1년 6개월 이내에 수정신고한 경우	20%
1년 6개월 초과 2년 이내에 수정신고한 경우	10%	

02 경정 등의 청구

경정청구란 이미 신고(기한 후 신고 포함)·결정 또는 경정결정된 과세표준과 세액이 세법에 의하여 신고하여야 할 과세표준과 세액을 초과하는 경우에 납세의무자가 과세관청에 이를 바로 잡아 결정 또는 경정하여 줄 것을 청구하는 제도이다. 경정청구는 객관적으로 존재하는 진실한 세액을 초과하여 착오 등으로 과다신고·납부한 경우에 이를 시정하거나, 일정한 후발적 사유의 발생으로 말미암아 과세표준 및 세액 등의 산정기초에 변동이 생긴 경우에 납세자의 이익을 위하여 그러한 사정을 반영하여 시정하게 하는 법적 장치이다.

1. 통상적 사유에 의한 경정청구

과세표준신고서를 법정신고기한까지 제출한 자 및 기한 후 과세표준신고서를 제출한 자는 경정 등의 청구 사유에 해당할 때에 최초신고 및 수정신고한 국세의 과세표준 및 세액의 결정 또는 경정을 법정신고기한이 지난 후 5년 이내에 관할 세무서장에게 청구할 수 있다. 다만, 결정 또는 경정으로 인하여 증가된 과세표준 및 세액에 대하여는 해당 처분이 있음을 안 날(처분의 통지를 받은 때에는 그 받은 날)부터 3개월 이내(법정신고기한이 지난 후 5년 이내로 한정한다)에 경정을 청구할 수 있다.

대상자	과세표준신고서를 법정신고기한까지 제출한 자 및 기한 후 과세표준신고서를 제출한 자
청구사유	① 과세표준과 세액의 과다신고: 과세표준신고서 또는 기한 후 과세표준신고서에 기재된 과세표준 및 세액(각 세법에 따라 결정 또는 경정이 있는 경우에는 해당 결정 또는 경정 후의 과세표준 및 세액)이 세법에 따라 신고하여야 할 과세표준 및 세액을 초과할 때 ② 결손금액 또는 환급세액의 과소신고: 과세표준신고서 또는 기한 후 과세표준신고서에 기재된 결손금액 또는 환급세액(각 세법에 따라 결정 또는 경정이 있는 경우에는 해당 결정 또는 경정 후의 결손금액 또는 환급세액)이 세법에 따라 신고하여야 할 결손금액 또는 환급세액에 미치지 못할 때
청구기간	① 일반적인 경우: 법정신고기한이 지난 후 5년 이내 ② 결정 또는 경정으로 인하여 증가된 과세표준 및 세액: 해당 처분이 있음을 안 날(처분의 통지를 받은 때에는 그 받은 날)부터 3개월 이내(법정신고기한이 지난 후 5년 이내로 한정)
확정력	청구에 불과한 경정청구는 납세의무를 감액시키는 확정력이 없다.

2. 후발적 사유에 의한 경정청구

과세표준신고서를 법정신고기한까지 제출한 자 또는 국세의 과세표준 및 세액의 결정을 받은 자는 후발적 사유가 발생하였을 때에는 그 사유가 발생한 것을 안 날부터 3개월 이내에 결정 또는 경정을 청구할 수 있다.

∵ 후발적 사유로 감액을 청구할 수 있도록 납세자의 권리구제 확대

대상자	과세표준신고서를 법정신고기한까지 제출한 자 또는 국세의 과세표준 및 세액의 결정을 받은 자(무신고자도 가능)

후발적 사유	① 최초의 신고·결정 또는 경정에서 과세표준 및 세액의 계산 근거가 된 거래 또는 행위 등이 그에 관한 소송에 대한 판결(판결과 같은 효력을 가지는 화해나 그 밖의 행위를 포함)에 의하여 다른 것으로 확정되었을 때
	② 소득이나 그 밖의 과세물건의 귀속을 제3자에게로 변경시키는 결정 또는 경정이 있을 때
	③ 조세조약에 따른 상호합의가 최초의 신고·결정 또는 경정의 내용과 다르게 이루어졌을 때
	④ 결정 또는 경정으로 인하여 그 결정 또는 경정의 대상이 된 과세표준 및 세액과 연동된 다른 세목(같은 과세기간으로 한정함)이나 연동된 다른 과세기간(같은 세목으로 한정함)의 과세표준 또는 세액이 세법에 따라 신고하여야 할 과세표준 또는 세액을 초과할 때
	⑤ 위 ①~④와 유사한 사유로서 다음의 해당하는 사유가 해당 국세의 법정신고기한이 지난 후에 발생하였을 때
	   ㉠ 최초의 신고·결정 또는 경정을 할 때 과세표준 및 세액의 계산 근거가 된 거래 또는 행위 등의 효력과 관계되는 관청의 허가나 그 밖의 처분이 취소된 경우
	   ㉡ 최초의 신고·결정 또는 경정을 할 때 과세표준 및 세액의 계산 근거가 된 거래 또는 행위 등의 효력과 관계되는 계약이 해제권의 행사에 의하여 해제되거나 해당 계약의 성립 후 발생한 부득이한 사유로 해제되거나 취소된 경우
	   ㉢ 최초의 신고·결정 또는 경정을 할 때 장부 및 증거서류의 압수, 그 밖의 부득이한 사유로 과세표준 및 세액을 계산할 수 없었으나 그 후 해당 사유가 소멸한 경우
	   ㉣ 위 ㉠~㉢의 규정과 유사한 사유에 해당하는 경우

청구기간	후발적 사유가 발생한 것을 안 날부터 3개월 이내

3. 경정신청에 따른 행정절차

(1) 결정 또는 경정의 청구를 받은 세무서장은 그 청구를 받은 날부터 2개월 이내에 과세표준 및 세액을 결정 또는 경정하거나 결정 또는 경정하여야 할 이유가 없다는 뜻을 그 청구를 한 자에게 통지하여야 한다.

(2) 다만, 청구를 한 자가 2개월 이내에 아무런 통지(불복을 할 수 있다는 통지는 제외)를 받지 못한 경우에는 통지를 받기 전이라도 그 2개월이 되는 날의 다음 날부터 이의신청, 심사청구, 심판청구 또는 감사원법에 따른 심사청구를 할 수 있다.

(3) 청구를 받은 세무서장은 결정기간 내에 과세표준 및 세액의 결정 또는 경정이 곤란한 경우에는 청구를 한 자에게 관련 진행상황 및 이의신청, 심사청구, 심판청구 또는 감사원법에 따른 심사청구를 할 수 있다는 사실을 통지하여야 한다.

> **국세부과 제척기간 지난 후 후발적 사유에 따른 경정청구 가능 여부**
>
> 경정청구를 과세제척기간 내로 제한한다는 명문의 규정이 없으며, 납세의무자를 보호하기 위하여 둔 위에서 본 과세제척기간의 예외규정의 취지 등에 비추어 보면, 후발적 사유가 있는 경우 납세의무자는 과세제척기간의 제한을 받지 아니하고 과세제척기간 이후에도 경정신청을 할 수 있고 과세관청은 그 감액경정청구에 따른 적정성 여부를 판단하여 감액경정을 할 것인지 여부를 결정하여야 할 것이다(대판 2005.6.2, 2004누9472).

4. 원천징수의무자와 원천징수대상자의 경정청구

원천징수의무자와 원천징수대상자에 대해서는 통상적 경정청구와 후발적 경정청구에 관한 규정을 준용한다.

통상적 경정청구의 경우	소득세법 및 법인세법에 따라 연말정산 또는 원천징수하여 소득세 또는 법인세를 법정기한까지 납부하고 지급명세서를 제출기한까지 제출한 원천징수의무자 또는 원천징수대상자가 경정청구권자가 된다.
후발적 경정청구의 경우	소득세법 및 법인세법에 따라 연말정산 또는 원천징수하여 소득세 또는 법인세를 법정기한까지 납부하고 지급명세서를 제출기한까지 제출한 원천징수의무자 또는 원천징수대상자 그리고 원천징수와 관련하여 소득세 또는 법인세의 과세표준 및 세액의 결정을 받은 자가 경정청구권자가 된다.
원천징수대상자가 소득세법상 비거주자 또는 법인세법상 외국법인인 경우	원천징수의무자가 경정을 청구하기 어려운 경우로서 다음의 경우에 한하여 경정청구권이 인정된다. ① 원천징수의무자의 부도·폐업 또는 그 밖에 이에 준하는 경우 ② 원천징수대상자가 정당한 사유로 원천징수의무자에게 경정을 청구하도록 요구하였으나 원천징수의무자가 이에 응하지 아니한 경우

5. 종합부동산세 납세의무자의 경정청구

종합부동산세법에 따른 납세의무자로서 종합부동산세를 부과·고지받은 자의 경우에는 경정청구 규정을 준용한다.

03 기한 후 신고

법정신고기한까지 과세표준신고서를 제출하지 아니한 자는 관할 세무서장이 세법에 따라 해당 국세의 과세표준과 세액(국세기본법 및 세법에 따른 가산세 포함)을 결정하여 통지하기 전까지 기한 후 과세표준신고서를 제출할 수 있다.

대상자	법정신고기한까지 과세표준신고서를 제출하지 아니한 자(환급받을 세액이 있는 자도 포함)
신고기한	관할 세무서장이 세법에 따라 해당 국세의 과세표준과 세액(국세기본법·세법에 따른 가산세 포함)을 결정하여 통지하기 전까지
자진납부	기한 후 과세표준신고서를 제출한 자로서 세법에 따라 납부하여야 할 세액이 있는 자는 그 세액을 납부하여야 한다.
결정통지	① 기한 후 과세표준신고서를 제출하거나 수정신고에 따라 기한 후 과세표준신고서를 제출한 자가 과세표준수정신고서를 제출한 경우 관할 세무서장은 세법에 따라 신고일부터 3개월 이내에 해당 국세의 과세표준과 세액을 결정 또는 경정하여 신고인에게 통지하여야 한다. ② 다만, 그 과세표준과 세액을 조사할 때 조사 등에 장기간이 걸리는 등 부득이한 사유로 신고일부터 3개월 이내에 결정 또는 경정할 수 없는 경우에는 그 사유를 신고인에게 통지하여야 한다.
확정력	해당 국세의 납세의무를 확정하는 효력은 없다.
가산세 감면	① 감면사유: 법정신고기한이 지난 후 6개월 이내에 기한 후 신고를 한 경우 ② 감면대상: 무신고가산세 ③ 감면배제: 결정할 것을 미리 알고 기한 후 과세표준신고서를 제출한 경우 ④ 감면율 <table><tr><td>1개월 이내에 기한 후 신고를 한 경우</td><td>50%</td></tr><tr><td>1개월 초과 3개월 이내에 기한 후 신고를 한 경우</td><td>30%</td></tr><tr><td>3개월 초과 6개월 이내에 기한 후 신고를 한 경우</td><td>20%</td></tr></table>

04 기한 후 납부

과세표준신고서를 법정신고기한까지 제출하였으나 과세표준신고액에 상당하는 세액의 전부 또는 일부를 납부하지 않은 자는 그 세액과 국세기본법 또는 세법에서 정하는 가산세를 세무서장이 고지하기 전에 납부할 수 있다.

제3절 가산세

01 의의

개념	세법에서 규정하는 의무의 성실한 이행을 확보하기 위하여 세법에 따라 산출한 세액에 가산하여 징수하는 금액이다.
부과사유	정부는 세법에서 규정한 의무를 위반한 자에게 국세기본법 또는 세법에서 정하는 바에 따라 가산세를 부과할 수 있다.
법적 성격	① 세법상의 각종 협력의무의 위반에 대해 가해지는 행정벌적 성격이다. ② 가산세는 해당 의무가 규정된 세법의 해당 국세의 세목으로 한다. 다만, 해당 국세를 감면하는 경우에는 가산세는 그 감면대상에 포함시키지 아니하는 것으로 한다. ③ 가산세는 납부할 세액에 가산하거나 환급받을 세액에서 공제한다. ④ 가산세는 본세와 별도의 부과처분이 있는 것이므로 납세의무자는 본세와 독립하여 가산세만의 위법 여부를 조세불복이나 항고소송으로 다툴 수 있다.

02 가산세의 종류

1. 무신고가산세

국세기본법	납세의무자가 법정신고기한까지 세법에 따른 국세의 과세표준신고(예정신고 및 중간신고 포함, 교육세법에 따른 신고 중 금융·보험업자가 아닌 자의 신고와 농어촌특별세법 및 종합부동산세법에 따른 신고는 제외)를 하지 아니한 경우에는 무신고납부세액에 다음의 구분에 따른 비율을 곱한 금액을 가산세로 한다.	
	무신고 납부세액	① 그 신고로 납부하여야 할 세액 ② 단, 가산세와 세법에 따라 가산하여 납부하여야 할 이자 상당 가산액이 있는 경우 그 금액은 제외
	가산세율	① 원칙: 20% ② 부정행위로 법정신고기한까지 세법에 따른 국세의 과세표준 신고를 하지 않은 경우 　㉠ 원칙: 40% 　㉡ 역외거래에서 발생한 부정행위인 경우: 60%
개별세법별 무신고가산세	① 부가가치세	
	일반적인 경우	가산세액 = ㉠ + ㉡ ㉠ 무신고납부세액 × 20% ㉡ 부가가치세법에 따른 신고를 하지 아니한 경우로서 영세율과세표준이 있는 경우: 영세율과세표준 × 0.5%
	부정행위	가산세액 = ㉠ + ㉡ ㉠ 무신고납부세액 × 40%(역외거래 부정행위는 60%) ㉡ 부가가치세법에 따른 신고를 하지 아니한 경우로서 영세율과세표준이 있는 경우: 영세율과세표준 × 0.5%

개별세법별 무신고가산세	가산세 적용 배제	⑦ 간이과세자에 대해 납부의무가 면제되는 경우 ⓒ 부가가치세법에 따라 대손 관련 매입세액을 공제받은 자가 대손세액 상당액을 대손이 확정된 날이 속하는 과세기간의 매입세액에서 차감하여 신고하지 아니함에 따라 관할 세무서장이 경정하는 경우
	가산세 중복 배제	예정신고 및 중간신고와 관련하여 무신고가산세 또는 과소신고·초과환급신고가산세가 부과되는 부분에 대해서는 확정신고와 관련하여 무신고가산세 또는 과소신고·초과환급신고가산세를 적용하지 아니한다.
	② 법인세 및 복식부기의무자에 대한 소득세	
	일반적인 경우	가산세액 = Max (⑦, ⓒ) ⑦ 무신고납부세액 × 20% ⓒ 수입금액 × 7/10,000
	부정행위	가산세액 = Max (⑦, ⓒ) ⑦ 무신고납부세액 × 40%(역외거래 부정행위는 60%) ⓒ 수입금액 × 14 / 10,000
	중복적용 배제	소득세법 또는 법인세법이 동시에 적용되는 경우에는 그 중 가산세액이 큰 가산세만 적용하고, 가산세액이 같은 경우에는 무신고가산세 또는 과소신고·초과환급신고가산세만 적용한다.

2. 과소신고·초과환급신고가산세

납세의무자가 법정신고기한까지 세법에 따른 국세의 과세표준신고(예정신고 및 중간신고를 포함, 교육세법에 따른 신고 중 금융·보험업자가 아닌 자의 신고와 농어촌특별세법에 따른 신고는 제외)를 한 경우로서 납부할 세액을 신고하여야 할 세액보다 적게 신고(과소신고)하거나 환급받을 세액을 신고하여야 할 금액보다 많이 신고(초과신고)한 경우에는 과소신고한 납부세액과 초과신고한 환급세액을 합한 금액(국세기본법 및 세법에 따른 가산세와 세법에 따라 가산하여 납부하여야 할 이자 상당 가산액이 있는 경우 그 금액은 제외, 과소신고납부세액 등)에 다음의 구분에 따른 산출방법을 적용한 금액을 가산세로 한다. 부가가치세법에 따른 사업자가 아닌 자가 환급세액을 신고한 경우에도 적용한다.

국세기본법	원칙	과소신고납부세액 등 × 10%
	부정행위	가산세액 = ① + ② ① 부정행위로 인한 과소신고납부세액 등 40%(역외거래 부정행위 60%)에 상당하는 금액 ② (과소신고납부세액 등 - 부정행위로 인한 과소신고납부세액 등을 뺀 금액) × 10%

개별세법			
	부가가치세	원칙	가산세액 = ① + ② ① 과소신고납부세액 등 × 10% ② 부가가치세법에 따른 사업자가 예정·확정신고를 한 경우로서 영세율과세표준을 과소신고하거나 신고하지 아니한 경우: 과소신고되거나 무신고된 영세율과세표준 × 0.5%
		부정행위	가산세액 = ① + ② + ③ ① 부정행위로 인한 과소신고납부세액 등 40%(역외거래 60%)에 상당하는 금액 ② (과소신고납부세액 등 - 부정행위로 인한 과소신고납부세액 등을 뺀 금액) × 10% ③ 부가가치세법에 따른 사업자가 예정·확정신고를 한 경우로서 영세율과세표준을 과소신고하거나 신고하지 아니한 경우: 과소신고되거나 무신고된 영세율과세표준 × 0.5%
	법인세 복식부기 의무자의 소득세		가산세액 = ① + ② ① Max (㉠, ㉡) 　㉠ 부정행위로 인한 과소신고납부세액 등 40%(역외거래 60%)에 상당하는 금액 　㉡ 부정행위로 과소신고된 과세표준관련 수입금액 × 14/10,000 ② (과소신고납부세액 등 - 부정행위로 인한 과소신고납부세액 등을 뺀 금액) × 10%
적용배제			다음 중 어느 하나에 해당하는 경우에는 이와 관련하여 과소신고하거나 초과신고한 부분에 대해서는 과소신고·초과환급가산세를 적용하지 아니한다. ① 다음의 어느 하나에 해당하는 사유로 상속세·증여세 과세표준을 과소신고한 경우 　㉠ 신고 당시 소유권에 대한 소송 등의 사유로 상속재산 또는 증여재산으로 확정되지 아니하였던 경우 　㉡ 상속세 및 증여세법에 따라 인적공제와 물적공제, 상속공제 적용의 한도, 증여세 증여재산공제 및 준용규정에 따른 공제의 적용에 착오가 있었던 경우 　㉢ 상속세 및 증여세법에 따라 시가·보충적 평가 방법 및 저당권 등이 설정된 재산 평가의 특례에 따라 평가한 가액으로 과세표준을 결정한 경우(부정행위로 상속세 및 증여세의 과세표준을 과소신고한 경우는 제외) 　㉣ 법인세법에 따라 법인세 과세표준 및 세액의 결정·경정으로 상속세 및 증여세법의 규정에 따른 증여의제이익이 변경되는 경우(부정행위로 인하여 법인세의 과세표준 및 세액을 결정·경정하는 경우는 제외) ② 상속세 및 증여세법 제60조 제2항·제3항 및 제66조에 따라 평가한 가액으로 소득세법에 따른 부담부증여 시 양도로 보는 부분에 대한 양도소득세 과세표준을 결정·경정한 경우(부정행위로 양도소득세의 과세표준을 과소신고한 경우는 제외) ③ 부가가치세법에 따라 대손 관련 매입세액을 공제받은 자가 대손세액 상당액을 대손이 확정된 날이 속하는 과세기간의 매입세액에서 차감하여 신고하지 아니함에 따라 관할 세무서장이 경정하는 경우 ④ 위 ㉣에 해당하는 사유로 소득세법에 따른 주식 등의 취득가액이 감소된 경우 ⑤ 조세특례제한법 제24조에 따라 신성장사업화시설 또는 국가전략기술사업화시설의 인정을 받을 것을 조건으로 그 인정을 받기 전에 세액공제를 신청하여 세액공제를 받았으나, 그 이후 인정 대상 시설의 일부 또는 전부에 대해 그 인정을 받지 못한 경우로 해당 세액공제 요건을 충족하지 못하게 된 경우

중복적용배제	① 예정신고 및 중간신고와 관련하여 무신고가산세 또는 과소신고·초과환급신고가산세가 부과되는 부분에 대해서는 확정신고와 관련하여 무신고가산세 또는 과소신고·초과환급신고가산세를 적용하지 아니한다. ② 무신고가산세 또는 과소신고·초과환급신고가산세를 적용할 때 무기장 가산세, 기장불성실가산세가 동시에 적용되는 경우에는 그 중 가산세액이 큰 가산세만 적용하고, 가산세액이 같은 경우에는 무신고가산세 또는 과소신고·초과환급신고가산세만 적용한다.

3. 납부지연가산세

납세의무자(연대납세의무자, 납세자를 갈음하여 납부할 의무가 생긴 제2차 납세의무자 및 보증인을 포함)가 법정납부기한까지 국세(인지세법에 따른 인지세는 제외)의 납부(중간예납·예정신고납부·중간신고납부를 포함)를 하지 않거나 과소납부하거나 초과환급받은 경우에는 다음의 금액을 합한 금액을 가산세로 한다. 한편 납부지연가산세는 부가가치세법에 따른 사업자가 아닌 자가 부가가치세액을 환급받은 경우에도 적용한다.

(1) 납부하지 아니한 세액 또는 과소납부분 세액(세법에 따라 가산하여 납부하여야 할 이자 상당 가산액이 있는 경우에는 그 금액을 더함) × 법정납부기한의 다음 날부터 납부일까지의 기간) × 22/100,000[*]

(2) 초과환급받은 세액(세법에 따라 가산하여 납부하여야 할 이자상당가산액이 있는 경우에는 그 금액을 더함) × 환급받은 날의 다음 날부터 납부일까지의 기간 × 22/100,000[*]

[*] 1. 납부고지서에 따른 납부기한의 다음 날부터 납부일까지의 기간(지정납부기한과 독촉장에서 정하는 기한을 연장한 경우에는 그 연장기간은 제외)이 5년을 초과하는 경우에는 그 기간은 5년으로 한다.
2. 체납된 국세의 납부고지서별·세목별 세액이 150만원 미만인 경우에는 3.의 (1) 및 (2)의 가산세를 적용하지 아니한다.

(3) 법정납부기한까지 납부하여야 할 세액(세법에 따라 가산하여 납부하여야 할 이자 상당 가산액이 있는 경우에는 그 금액을 더함) 중 납부고지서에 따른 납부기한까지 납부하지 아니한 세액 또는 과소납부분 세액 × 3%(국세를 납부고지서에 따른 납부기한까지 완납하지 아니한 경우에 한정)

> **납부지연가산세 적용배제**
> 1. 다음 중 어느 하나에 해당하는 경우에는 납부지연가산세를 적용하지 않는다.
>   ① 부가가치세법에 따른 사업자가 납부기한까지 어느 사업장에 대한 부가가치세를 다른 사업장에 대한 부가가치세에 더하여 신고납부한 경우
>   ② 부가가치세법에 따라 대손 관련 매입세액을 공제받은 자가 대손세액 상당액을 대손이 확정된 날이 속하는 과세기간의 매입세액에서 차감하여 신고하지 아니함에 따라 관할 세무서장이 경정하는 경우
>   ③ 법인세법에 따라 법인세 과세표준 및 세액의 결정·경정으로 상속세 및 증여세법에 따른 증여의제이익이 변경되는 경우(부정행위로 인하여 법인세의 과세표준 및 세액을 결정·경정하는 경우는 제외)
>   ④ 위 ③에 해당하는 사유로 소득세법에 따른 주식 등의 취득가액이 감소된 경우
>   ⑤ 상속세 또는 증여세를 신고한 자가 법정신고기한까지 상속세 또는 증여세를 납부한 경우로서 법정신고기한 이후 평가심의위원회를 통해 평가한 가액으로 상속재산 또는 증여재산을 평가하여 과세표준과 세액을 결정·경정한 경우
>   ⑥ 부담부증여 시 양도로 보는 부분에 대하여 양도소득세 과세표준을 신고한 자가 법정신고기한까지 양도소득세를 납부한 경우로서 법정신고기한 이후 상속세 및 증여세법 시행령 제49조 제1항 각 호 외의 부분 단서에 따라 평가심의위원회를 거치는 방법에 따라 부담부증여 재산을 평가하여 양도소득세의 과세표준과 세액을 결정·경정한 경우

2. 중복적용배제
① 원천징수 등 납부지연가산세가 부과되는 부분에 대해서는 국세의 납부와 관련하여 납부지연가산세를 부과하지 아니한다.
② 중간예납, 예정신고납부 및 중간신고납부와 관련하여 가산세가 부과되는 부분에 대해서는 확정신고납부와 관련하여 가산세를 부과하지 아니한다.
3. 손익귀속시기 위반 시 납부지연가산세 완화
국세(소득세, 법인세 및 부가가치세만 해당)를 과세기간을 잘못 적용하여 신고납부한 경우에는 실제 신고납부한 날에 실제 신고납부한 금액의 범위에서 당초 신고납부하였어야 할 과세기간에 대한 국세를 자진납부한 것으로 본다. 다만, 해당 국세의 신고가 신고 중 부정행위로 무신고한 경우 또는 신고 중 부정행위로 과소신고·초과신고 한 경우에는 그렇지 않다.

4. 원천징수 등 납부지연가산세

국세를 징수하여 납부할 의무[*]를 지는 자가 징수하여야 할 세액을 세법에 따른 납부기한까지 납부하지 아니하거나 과소납부한 경우에는 다음의 금액을 가산세로 한다.

가산세	가산세액 = Min(①, ②) ① (미납부·과소납부분 세액 × 3%) + 미납부·과소납부분 세액 × 일수 × 22/100,000) ② 한도 　㉠ 미납부·과소납부분 세액 × 50% 　㉡ 단, 법정납부기한의 다음 날부터 납부고지일까지의 기간분은 10%
가산세 배제	다음 중 어느 하나에 해당하는 경우에는 적용하지 않는다. ① 소득세법에 따라 소득세를 원천징수하여야 할 자가 우리나라에 주둔하는 미군인 경우 ② 소득세법에 따라 소득세를 원천징수하여야 할 자가 공적연금소득 또는 공적연금 관련법에 따라 받는 일시금을 지급하는 경우 ③ 소득세법 또는 법인세법에 따라 소득세 또는 법인세를 원천징수하여야 할 자가 국가, 지방자치단체 또는 지방자치단체조합인 경우(소득세법 원천징수납부지연가산세 특례에 해당하는 경우는 제외)

[*] 국세를 징수하여 납부할 의무
1. 소득세법 또는 법인세법에 따라 소득세 또는 법인세를 원천징수하여 납부할 의무
2. 소득세법에 따른 납세조합이 소득세를 징수하여 납부할 의무
3. 부가가치세법의 대리납부에 따라 용역 등을 공급받는 자가 부가가치세를 징수하여 납부할 의무

03 가산세 감면 등

가산세의 면제	정부는 국세기본법 또는 세법에 따라 가산세를 부과하는 경우 다음의 사유에 해당하는 경우에는 가산세를 부과하지 아니한다. ① 납세자가 의무를 이행하지 아니한 데에 대한 정당한 사유가 있는 때 ② 천재지변 등으로 인한 기한연장 사유에 해당하는 경우 ③ 세법해석에 관한 질의·회신 등에 따라 신고·납부하였으나 이후 다른 과세처분을 하는 경우 ④ 공익사업을 위한 토지 등의 취득 및 보상에 관한 법률에 따른 토지 등의 수용 또는 사용, 국토의 계획 및 이용에 관한 법률에 따른 도시·군계획 또는 그 밖의 법령 등으로 인해 세법상 의무를 이행할 수 없게 된 경우 ⑤ 의료비 지출 연도와 실손의료보험금 수령 연도가 달라 보험금 수령 후 종전 의료비 세액공제를 수정신고하는 경우 📋 **의무불이행에 정당한 사유** 1. 의미 　납세자에게 의무이행을 기대하는 것이 무리라고 할 만한 사정이 있는 때 등 그 의무불이행을 탓할 수 없는 경우를 말한다. 2. 정당한 사유에 해당하지 않는 사유 　① 법령의 부지 또는 착오 　② 인터넷 국세종합상담센터의 답변에 따라 세액을 과소신고·납부한 경우, 그 답변은 과세관청의 공식적인 견해표명이 아니라 상담직원의 단순한 상담에 불과하므로, 납세의무자에게 신고·납세의무의 위반을 탓할 수 없는 정당한 사유가 있다고 보기 어렵다. 　③ 세무공무원의 잘못된 설명을 믿고 그 신고·납부의무를 이행하지 않았더라도 그 신고·납부의무를 해태한 것이 관계법령에 어긋난 것임이 명백한 경우

기타 가산세 감면	과세전적부심사 결정·통지기간에 그 결과를 통지하지 아니한 경우	결정·통지가 지연됨으로써 해당 기간에 부과되는 납부지연가산세 × 50%
	세법에 따른 제출 등의 기한이 지난 후 1개월 이내에 해당 세법에 따른 제출 등의 의무를 이행하는 경우	제출 등의 의무위반에 대하여 세법에 따라 부과되는 가산세 × 50%
	세법에 따른 예정신고기한 및 중간신고기한까지 예정신고 및 중간신고를 하였으나 과소신고하거나 초과신고한 경우로서 확정신고기한까지 과세표준을 수정하여 신고한 경우(과세표준과 세액을 경정할 것을 미리 알고 과세표준신고를 하는 경우는 제외)	과소신고·초과환급 신고가산세 × 50%
	세법에 따른 예정신고기한 및 중간신고기한까지 예정신고 및 중간신고를 하지 아니하였으나 확정신고기한까지 과세표준신고를 한 경우(과세표준과 세액을 경정할 것을 미리 알고 과세표준신고를 하는 경우는 제외)	무신고가산세 × 50%

가산세 한도	① 가산세는 그 의무위반의 종류별로 각각 5천만원(중소기업기본법에 따른 중소기업이 아닌 기업은 1억원)을 한도로 한다. 다만, 해당 의무를 고의적으로 위반한 경우에는 그렇지 않다. ② 법인세·소득세·부가가치세는 과세기간 단위로, 상속세·증여세는 상속을 개시하거나 증여에 의하여 재산을 취득하는 단위로 구분하여 가산세 한도규정을 적용한다.

제4절 국세환급금과 국세환급가산금

01 국세환급금

의의	세무서장은 납세의무자가 국세 및 강제징수비로서 납부한 금액 중 잘못 납부하거나 초과하여 납부한 금액이 있거나 세법에 따라 환급하여야 할 환급세액(세법에 따라 환급세액에서 공제하여야 할 세액이 있을 때에는 공제한 후에 남은 금액)이 있을 때에는 즉시 그 잘못 납부한 금액, 초과하여 납부한 금액 또는 환급세액을 국세환급금으로 결정하여야 한다.
충당	**직권**: 세무서장은 국세환급금으로 결정한 금액을 다음의 국세 및 강제징수비에 충당하여야 한다. ① 국세징수법에 따른 납부기한 전 징수 사유로 납부고지에 의하여 납부하는 국세 ② 체납된 국세 및 강제징수비(다른 세무서에 체납된 국세 및 강제징수비를 포함) **동의**: ① 다음의 국세에의 충당은 납세자가 그 충당에 동의하는 경우에만 한다. ㉠ 납부고지에 의하여 납부하는 국세 ㉡ 세법에 따라 자진납부하는 국세 ② 한편, 납세자가 세법에 따라 환급받을 환급세액이 있는 경우에는 그 환급세액을 위 국세에 충당할 것을 청구할 수 있다. 이 경우 충당된 세액의 충당청구를 한 날에 해당 국세를 납부한 것으로 본다.
소액 국세환급금 충당	국세환급금 중 충당한 후 남은 금액이 20만원 이하이고, 지급결정을 한 날부터 1년 이내에 환급이 이루어지지 아니하는 경우에는 납부고지에 의하여 납부하는 국세에 충당할 수 있다. 이 경우 납세자가 충당에 동의가 있는 것으로 본다. 또한 이에 따른 국세환급금은 국세환급금이 발생한 세목과 같은 세목이 있는 경우 같은 세목에 우선 충당한다.
충당의 순위	① 국세환급금을 충당할 경우에는 체납된 국세 및 강제징수비에 우선 충당해야 한다. 다만, 납세자가 납부고지에 따라 납부하는 국세에 충당하는 것을 동의하거나 신청한 경우에는 납부고지에 따라 납부하는 국세에 우선 충당해야 한다. ② 충당할 국세환급금이 2건 이상인 경우에는 소멸시효가 먼저 도래하는 것부터 충당하여야 한다.
지급	국세환급금 중 충당한 후 남은 금액은 국세환급금의 결정을 한 날부터 30일 내에 납세자에게 지급하여야 한다.
충당의 효력	과세관청이 체납된 국세 등으로 직권충당이 있는 경우 체납된 국세 및 강제징수비와 국세환급금은 체납된 국세의 법정납부기한과 국세환급금 발생일 중 늦은 때로 소급하여 대등액에 관하여 소멸한 것으로 본다.
국세환급금 권리의 양도와 충당	① 납세자는 국세환급금에 관한 권리를 타인에게 양도할 수 있다. 국세환급금에 관한 권리를 타인에게 양도하려는 납세자는 세무서장이 국세환급금통지서를 발급하기 전에 문서로 관할 세무서장에게 양도를 요구하여야 한다. ② 세무서장은 국세환급금에 관한 권리의 양도 요구가 있는 경우에 양도인 또는 양수인이 납부할 국세 및 강제징수비가 있으면 그 국세 및 강제징수비에 충당하고, 남은 금액에 대해서는 양도의 요구에 지체 없이 따라야 한다.

원천징수세액의 충당과 환급	① 원천징수의무자가 원천징수하여 납부한 세액에서 환급받을 환급세액이 있는 경우 그 환급액은 그 원천징수의무자가 원천징수하여 납부하여야 할 세액에 충당(다른 세목의 원천징수세액에의 충당은 소득세법에 따른 원천징수이행상황신고서에 그 충당·조정명세를 적어 신고한 경우에만 가능)하고 남은 금액을 환급한다. ② 그 원천징수의무자가 그 환급액을 즉시 환급해 줄 것을 요구하는 경우나 원천징수하여 납부하여야 할 세액이 없는 경우에는 즉시 환급한다.
기타 규정	① 세무서장이 국세환급금의 결정이 취소됨에 따라 이미 충당되거나 지급된 금액의 반환을 청구하는 경우에는 국세징수법의 고지·독촉 및 강제징수의 규정을 준용한다. ② 과세의 대상이 되는 소득, 수익, 재산, 행위 또는 거래의 귀속이 명의일 뿐이고 사실상 귀속되는 자(실질귀속자)가 따로 있어 명의대여자에 대한 과세를 취소하고 실질귀속자를 납세의무자로 하여 과세하는 경우 명의대여자 대신 실질귀속자가 납부한 것으로 확인된 금액은 실질귀속자의 기납부세액으로 먼저 공제하고 남은 금액이 있는 경우에는 실질귀속자에게 환급한다.

> **국세환급금 발생일**
>
> 국세환급금 발생일이란 다음의 구분에 따른 날을 말한다.
> 1. 착오납부, 이중납부 또는 납부의 기초가 된 신고 또는 부과의 취소·경정에 따라 환급하는 경우
>   그 국세 납부일(세법에 따른 중간예납액 또는 원천징수에 따른 납부액인 경우에는 그 세목의 법정신고기한의 만료일). 다만, 그 국세가 2회 이상 분할납부된 것인 경우에는 그 마지막 납부일로 하되, 국세환급금이 마지막에 납부된 금액을 초과하는 경우에는 그 금액이 될 때까지 납부일의 순서로 소급하여 계산한 국세의 각 납부일로 한다.
> 2. 적법하게 납부된 국세의 감면으로 환급하는 경우
>   그 감면 결정일
> 3. 적법하게 납부된 후 법률이 개정되어 환급하는 경우
>   그 개정된 법률의 시행일
> 4. 법에 따른 환급세액의 신고, 환급신청 또는 신고한 환급세액의 경정으로 인하여 환급하는 경우
>   그 신고·신청일. 다만, 환급세액을 신고하지 않은 경우(법정신고기한이 지난 후 기한 후 신고를 한 경우를 포함)로서 결정에 의하여 환급세액을 환급하는 경우에는 해당 결정일로 한다.
> 5. 원천징수의무자가 연말정산 또는 원천징수하여 납부한 세액을 경정청구에 따라 환급하는 경우
>   연말정산세액 또는 원천징수세액 납부기한의 만료일
> 6. 조세특례제한법에 따라 근로장려금을 환급하는 경우
>   근로장려금의 결정일

02 국세환급가산금

1. 의의

세무서장은 국세환급금을 충당하거나 지급할 때에는 다음에 따라 계산한 국세환급가산금을 국세환급금에 가산하여야 한다.

국세환급가산금 = 국세환급금 × 이자율 × 이자계산기간

이자율	① 기본이자율: 1,000분의 12(1.2%) ② 납세자가 이의신청, 심사청구, 심판청구 등에 따른 소송을 제기하여 그 결정 또는 판결에 따라 세무서장이 국세환급금을 지급하는 경우로서 그 결정 또는 판결이 확정된 날부터 40일 이후에 납세자에게 국세환급금을 지급하는 경우: 기본이자율의 1.5
이자계산기간	국세환급가산금 기산일부터 충당하는 날 또는 지급결정을 하는 날까지의 기간이다.

2. 국세환급가산금 기산일

국세환급가산금 기산일이란 다음의 구분에 따른 날의 다음 날로 한다.

착오납부, 이중납부 또는 납부 후 그 납부의 기초가 된 신고 또는 부과를 경정하거나 취소함에 따라 발생한 국세환급금	① 국세 납부일 ② 그 국세가 2회 이상 분할납부된 것인 경우 그 마지막 납부일로 하되, 국세환급금이 마지막에 납부된 금액을 초과하는 경우에는 그 금액이 될 때까지 납부일의 순서로 소급하여 계산한 국세의 각 납부일로 하며, 세법에 따른 중간예납액 또는 원천징수에 의한 납부액은 해당 세목의 법정신고기한 만료일에 납부된 것으로 본다.
적법하게 납부된 국세의 감면으로 발생한 국세환급금	감면 결정일
적법하게 납부된 후 법률이 개정되어 발생한 국세환급금	개정된 법률의 시행일
각 세법에 따른 환급세액의 신고, 환급신청, 경정 또는 결정으로 인하여 환급하는 경우	① 신고를 한 날(신고한 날이 법정신고기일 전인 경우에는 해당 법정신고기일) 또는 신청을 한 날부터 30일이 지난 날(세법에서 환급기한을 정하고 있는 경우에는 그 환급기한의 다음 날) ② 환급세액을 법정신고기한까지 신고하지 않음에 따른 결정으로 인하여 발생한 환급세액을 환급할 때에는 해당 결정일부터 30일이 지난 날

3. 고충민원에 따른 환급 시 국세환급가산금 미지급

경정 등의 청구, 이의신청, 심사청구, 심판청구, 감사원법에 따른 심사청구 또는 행정소송법에 따른 소송에 대한 결정이나 판결 없이 고충민원의 처리에 따라 국세환급금을 충당하거나 지급하는 경우에는 국세환급가산금을 가산하지 아니한다.(*)

(*) 정상적인 구제수단이 아닌 민원해결 차원에서 환급하는 것이므로 국세환급가산금을 지급할 필요는 없다.

03 물납재산의 환급

의의	납세자가 상속세법에 따라 상속세를 물납한 후 그 부과의 전부 또는 일부를 취소하거나 감액하는 경정 결정에 따라 환급하는 경우에는 해당 물납재산으로 환급하여야 한다. 이 경우 국세환급가산금은 지급하지 아니한다.
물납 후 금전환급	다음 중 어느 하나에 해당하는 경우에는 금전으로 환급하여야 한다. ① 해당 물납재산의 성질상 분할하여 환급하는 것이 곤란한 경우 ② 해당 물납재산이 임대 중이거나 다른 행정용도로 사용되고 있는 경우 ③ 사용계획이 수립되어 해당 물납재산으로 환급하는 것이 곤란하다고 인정되는 경우 등 국세청장이 정하는 경우
물납재산 환급순서	① 납세자의 신청이 있는 경우: 물납재산을 환급하는 경우 환급의 순서에 관하여 그 신청에 따라 관할 세무서장이 환급 ② 납세자의 신청이 없는 경우: 상속세 및 증여세법 시행령에 따른 물납에 충당하는 재산에 대한 허가 순서의 역순으로 환급
물납재산 유지·관리	물납재산을 환급하는 경우에 국가가 물납재산을 유지 또는 관리하기 위하여 지출한 비용은 국가의 부담으로 한다. 다만, 국가가 물납재산에 대하여 법인세법 시행령 제31조 제2항에 따른 자본적 지출을 한 경우에는 이를 납세자의 부담으로 한다.
과실 귀속여부	물납재산을 환급하는 경우 물납재산이 수납된 이후 발생한 법정과실 및 천연과실은 납세자에게 환급하지 아니하고 국가에 귀속된다.

04 국세환급금의 소멸시효

(1) 납세자의 국세환급금과 국세환급가산금에 관한 권리는 행사할 수 있는 때부터 5년간 행사하지 아니하면 소멸시효가 완성된다.

(2) 국세환급금의 소멸시효에 관하여는 국세기본법 또는 세법에 특별한 규정이 있는 것을 제외하고는 민법에 따른다. 이 경우 국세환급금과 국세환급가산금을 과세처분의 취소 또는 무효확인청구의 소 등 행정소송으로 청구한 경우 시효의 중단에 관하여 민법에 따른 청구를 한 것으로 본다.

(3) 국세환급금의 소멸시효는 세무서장이 납세자의 환급청구를 촉구하기 위하여 납세자에게 하는 환급청구의 안내·통지 등으로 인하여 중단되지 않는다.

제7장 국세불복제도

제1절 국세불복제도의 의의

■ 불복제도 개요

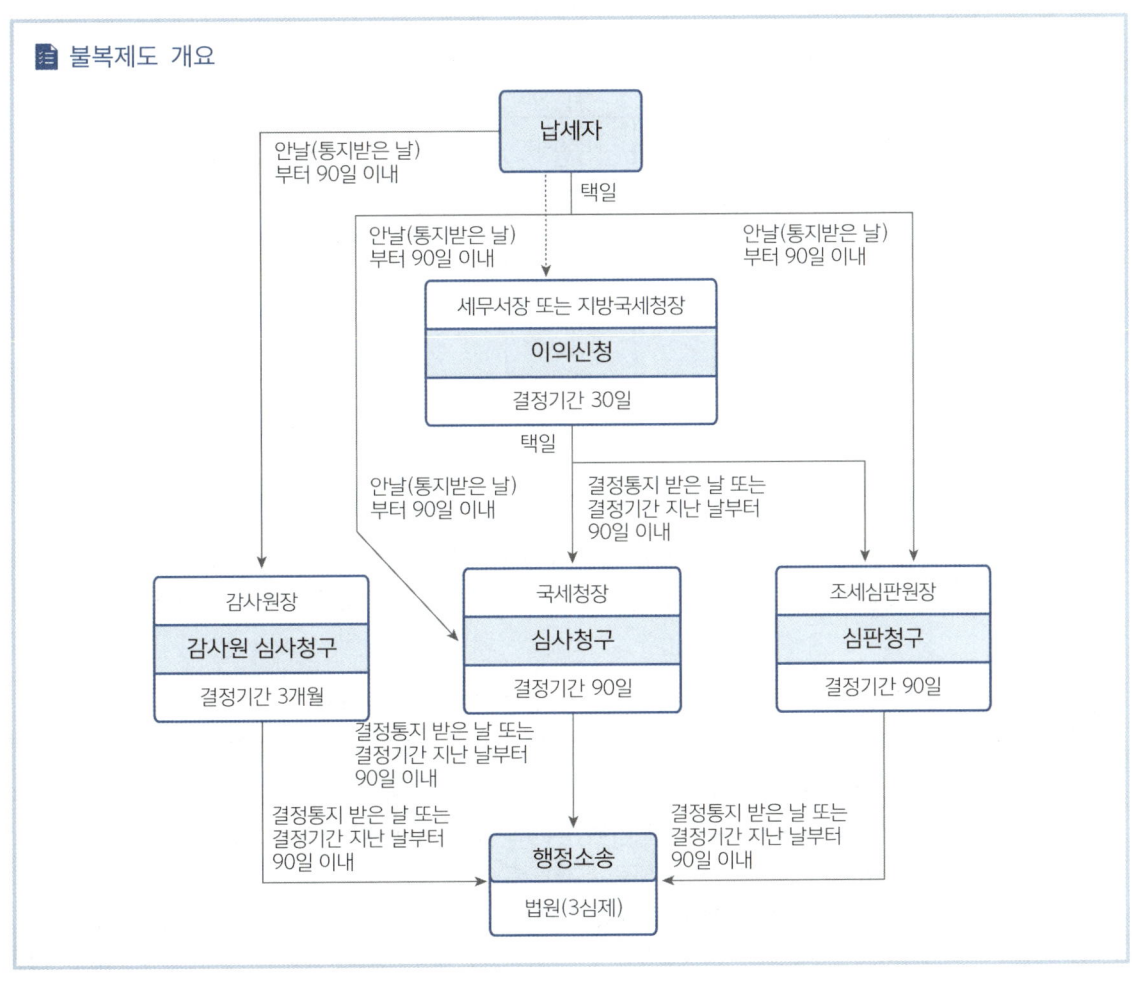

📋 재조사 결정

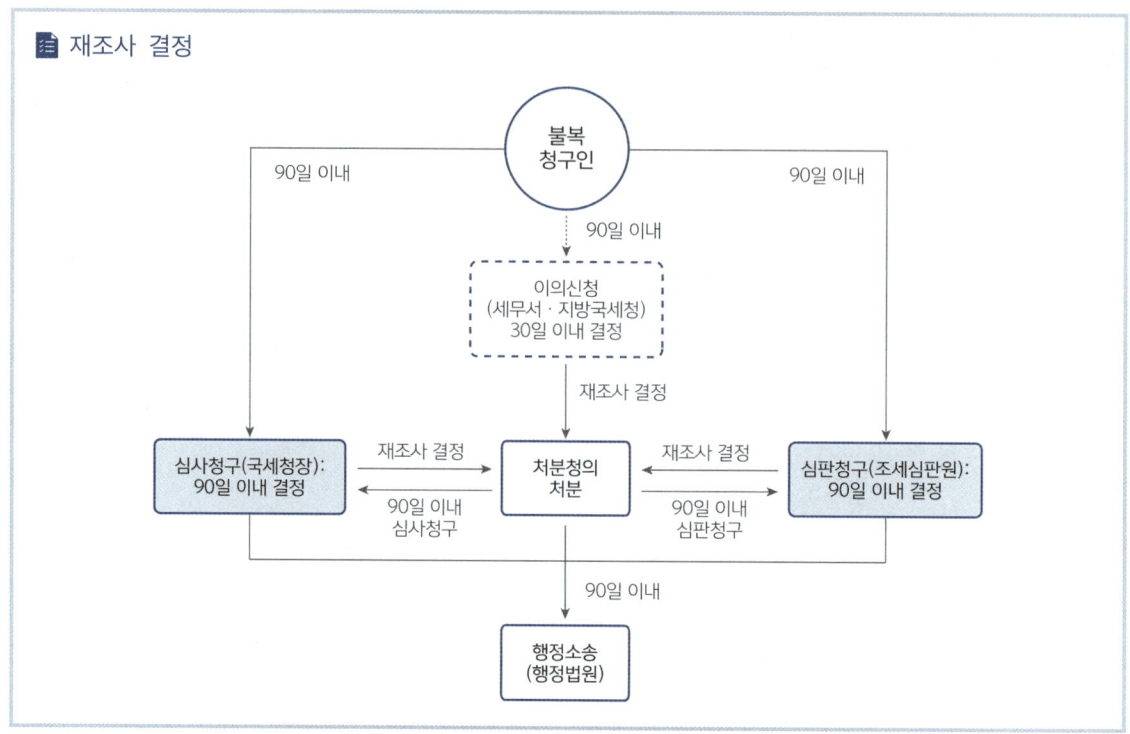

01 의의

국세기본법 또는 세법에 따른 처분으로서 위법 또는 부당한 처분을 받거나 필요한 처분을 받지 못함으로 인하여 권리나 이익을 침해당한 자는 그 처분의 취소 또는 변경을 청구하거나 필요한 처분을 청구할 수 있다.

불복대상	① 국세기본법 또는 세법에 따른 처분으로서 위법 또는 부당한 처분 ② 필요한 처분을 받지 못함으로 인하여 권리나 이익을 침해당한 경우(개괄주의)
불복대상 제외 처분	① 조세범 처벌절차법에 따른 통고처분 ② 감사원법에 따라 심사청구를 한 처분이나 그 심사청구에 대한 처분 ③ 국세기본법 및 세법에 따른 과태료 부과처분 ④ 심사청구 또는 심판청구에 대한 처분에 대해서는 이의신청, 심사청구 또는 심판청구를 제기할 수 없다. 다만, 재조사 결정에 따른 처분청의 처분에 대해서는 해당 재조사 결정을 한 재결청에 대하여 심사청구 또는 심판청구를 제기할 수 있다. ⑤ 이의신청에 대한 처분과 재조사 결정에 따른 처분청의 처분에 대해서는 이의신청을 할 수 없다. ⑥ 동일한 처분에는 심사청구와 심판청구를 중복하여 제기할 수 없다.
국세에 관한 불복	① 1심제: 심사청구 또는 심판청구(감사원법에 따른 심사청구 포함) ② 2심제: 이의신청 후 심사청구 또는 심판청구(감사원법에 따른 심사청구 포함)

처분

1. 의미
   행정청의 공권력 행사로서 구체적 사실에 대해 국민에게 권리를 설정하거나 의무를 명하는 행위 및 그 밖의 법적 효과를 발생하게 하는 행위를 의미한다.
2. 거부처분
   신청내용의 부적합 또는 신청의 하자를 이유로 신청을 거부하는 행위를 의미한다.
3. 처분의 사례
   ① 세무조사 사전통지: 세무조사결정은 납세자의 권리·의무에 직접 영향을 미치는 공권력의 행사에 따른 행정작용으로써 항고소송의 대상이 된다.
   ② 소득금액변동지: 소득금액변동통지는 원천징수의무자인 법인의 납세의무에 직접 영향을 미치는 과세관청의 행위로써, 항고소송의 대상이 되는 조세행정처분이라고 봄이 상당하다(대판 2006.4.20, 2002두1878).

이의신청이 배제되는 처분

처분이 국세청장이 조사·결정 또는 처리하였거나 하였어야 할 것인 경우에는 이의신청이 배제된다.
1. 국세청의 감사결과로서의 시정지시에 따른 처분
2. 세법에 따라 국세청장이 하여야 할 처분

02 행정심판 및 행정소송과의 관계

행정심판전치주의	의의	① 원칙적으로 법률에 관한 분쟁은 행정소송에 의하여 법적 심판을 받아야 한다. 그러나 국세에 관한 불복에 있어서는 행정소송법에도 불구하고 국세기본법에 따른 불복절차를 거쳐야 한다. ② 따라서 위법한 처분에 대한 행정소송은 행정소송법에도 불구하고 국세기본법에 따른 심사청구 또는 심판청구와 그에 대한 결정을 거치지 아니하면 제기할 수 없다. 다만, 심사청구 또는 심판청구에 대한 재조사 결정에 따른 처분청의 처분에 대한 행정소송은 그러하지 아니하다.
	취지	① 행정청에 자기시정의 기회를 주기 위함이다. ② 대량·반복적으로 발생하는 쟁송으로 인한 법원의 부담을 완화시켜 준다. ③ 전문적인 조세쟁송에 대하여 행정청 자체의 전심절차를 통한 쟁점의 명확화하기 위함이다.
행정소송의 제소기간		국세기본법에 따른 심사청구 또는 심판청구를 거친 처분에 대한 행정소송은 행정소송법에도 불구하고 심사청구 또는 심판청구에 대한 결정의 통지를 받은 날부터 90일 이내에 제기하여야 한다. 다만, 결정기간에 결정의 통지를 받지 못한 경우에는 결정의 통지를 받기 전이라도 그 결정기간이 지난 날부터 행정소송을 제기할 수 있다.
재조사결정에 따른 후속처분에 대한 행정소송의 제소기간		① 심사청구 또는 심판청구를 거치지 않고 제기하는 경우: 재조사 후 행한 처분청의 처분의 결과 통지를 받은 날부터 90일 이내 제기하여야 한다. 다만, 재조사 결정에 따른 처분기간(조사를 연기하거나 조사기간을 연장하거나 조사를 중지한 경우에 해당 기간을 포함)에 처분청의 처분 결과 통지를 받지 못하는 경우에는 그 처분기간이 지난 날부터 행정소송을 제기할 수 있다. ② 심사청구 또는 심판청구를 거쳐 제기하는 경우: 재조사 후 행한 처분청의 처분에 대하여 제기한 심사청구 또는 심판청구에 대한 결정의 통지를 받은 날부터 90일 이내 제기하여야 한다. 다만, 결정기간에 결정의 통지를 받지 못하는 경우에는 그 결정기간이 지난 날부터 행정소송을 제기할 수 있다.

제2절 불복청구인과 대리인

01 불복청구인

불복청구인	국세기본법 또는 세법에 따른 위법 또는 부당한 처분을 받거나 필요한 처분을 받지 못함으로 인하여 권리나 이익을 침해당한 자
이해관계인	국세기본법 또는 세법에 따른 처분에 의하여 권리나 이익을 침해당하게 될 이해관계인으로서 다음 중 어느 하나에 해당하는 자는 위법 또는 부당한 처분을 받은 자의 처분에 대하여 그 처분의 취소 또는 변경을 청구하거나 그 밖에 필요한 처분을 청구할 수 있다. ① 제2차 납세의무자로서 납부고지서를 받은 자 ② 양도담보권 물적납세의무자로서 납부고지서를 받은 자 ③ 부가가치세법 및 종합부동산세법에 따른 물적납세의무자로서 납부고지서를 받은 자 ④ 보증인

02 대리인

(1) 이의신청인, 심사청구인 또는 심판청구인과 처분청은 변호사, 세무사 또는 세무사법에 따라 등록한 공인회계사를 대리인으로 선임할 수 있다. 또한, 신청 또는 청구의 대상이 5천만원(지방세는 2천만원) 미만의 소액인 경우에는 그 배우자, 4촌 이내의 혈족 또는 그 배우자의 4촌 이내의 혈족을 대리인으로 선임할 수 있다.

(2) 대리인은 본인을 위하여 그 신청 또는 청구에 관한 모든 행위를 할 수 있다. 다만, 그 신청 또는 청구의 취하는 특별한 위임을 받은 경우에만 할 수 있다.

(3) 대리인의 권한은 서면으로 증명하여야 하며, 대리인을 해임하였을 때에는 그 사실을 서면으로 해당 재결청에 신고하여야 한다.

03 국선대리인

| 신청요건 | 이의신청인, 심사청구인 또는 심판청구인 및 과세전적부심사 청구인은 재결청에 다음의 요건을 모두 갖추어 변호사, 세무사 또는 세무사법에 따라 등록한 공인회계사를 국선대리인으로 선정하여 줄 것을 신청할 수 있다.
① 이의신청인 등이 다음 중 어느 하나에 해당할 것
  ㉠ 개인인 경우: 소득세법에 따른 종합소득금액이 5천만원(이 경우 소득세법 제70조에 따른 신고기한 이전에 국선대리인의 선정을 신청하는 경우 그 신청일이 속하는 과세기간의 전전 과세기간의 종합소득금액을 대상으로 하고, 그 신고기한 이후에 신청하는 경우 그 신청일이 속하는 과세기간의 직전 과세기간의 종합소득금액)이하이고 소유 재산의 가액이 5억원 이하일 것
  ㉡ 법인인 경우: 수입금액이 3억원 이하이고 자산가액(기업회계기준에 따라 계산한 매출액과 자산)이 5억원 이하일 것
② 5천만원 이하인 신청 또는 청구일 것
③ 상속세, 증여세 및 종합부동산세가 아닌 세목에 대한 신청 또는 청구일 것 |

기타 규정	① 재결청은 요건을 모두 충족한 신청이 있는 경우 지체 없이 국선대리인을 선정하고, 신청을 받은 날부터 5일 이내에 그 결과를 이의신청인 등과 국선대리인에게 각각 통지하여야 한다. ② 국선대리인의 권한에 관하여는 대리인에 관한 규정을 준용한다.

제3절 불복청구의 절차

01 불복청구기한

원칙	① 이의신청은 해당 처분이 있음을 안 날(처분의 통지를 받은 때에는 그 받은 날부터)부터 90일 이내에 제기하여야 한다. ② 심사청구 또는 심판청구는 해당 처분이 있음을 안 날(처분의 통지를 받은 때에는 그 받은 날부터)부터 90일 이내에 제기하여야 한다. ③ 이의신청을 거친 후 심사청구를 하려면 이의신청에 대한 결정의 통지를 받은 날부터 90일 이내에 제기하여야 한다. 다만, 다음 중 어느 하나에 해당하는 경우에는 해당 규정에서 정하는 날부터 90일 이내에 심사청구를 할 수 있다. ㉠ 결정기간 내에 결정의 통지를 받지 못한 경우: 그 결정기간이 지난 날 ㉡ 이의신청에 대한 재조사 결정이 있은 후 처분기간 내에 처분 결과의 통지를 받지 못한 경우: 그 처분기간이 지난 날
특례	① 불복청구기한까지 우편으로 제출한 심사청구서가 청구기간을 지나서 도달한 경우에는 그 기간의 만료일에 적법한 청구를 한 것으로 본다. ② 심사청구인이 천재 등으로 인한 기한연장사유로 불복청구기간에 심사청구를 할 수 없을 때에는 그 사유가 소멸한 날부터 14일 이내에 심사청구를 할 수 있다. 이 경우 심사청구인은 그 기간에 심사청구를 할 수 없었던 사유, 그 사유가 발생한 날과 소멸한 날, 그 밖에 필요한 사항을 기재한 문서를 함께 제출하여야 한다.

> **정보통신망을 이용한 불복청구**
> 1. 이의신청인, 심사청구인 또는 심판청구인은 국세청장 또는 조세심판원장이 운영하는 정보통신망을 이용하여 이의신청서, 심사청구서 또는 심판청구서를 제출할 수 있다.
> 2. 정보통신망을 이용하여 이의신청서, 심사청구서 또는 심판청구서를 제출하는 경우에는 국세청장 또는 조세심판원장에게 전송된 때에 제출된 것으로 본다.

02 불복청구가 집행에 미치는 효력

원칙 (집행부정지)	이의신청, 심사청구 또는 심판청구는 세법에 특별한 규정이 있는 것을 제외하고는 해당 처분의 집행에 효력을 미치지 아니한다.
예외 (집행정지)	① 해당 재결청이 처분의 집행 또는 절차의 속행 때문에 이의신청인, 심사청구인 또는 심판청구인에게 중대한 손해가 생기는 것을 예방할 필요성이 긴급하다고 인정할 때에는 처분의 집행정지를 결정할 수 있다. ② 재결청은 집행정지 또는 집행정지의 취소에 관하여 심리·결정하면 지체 없이 당사자에게 통지하여야 한다. ③ 국세기본법에 따른 불복청구 절차가 진행 중이거나 행정소송이 계속 중인 국세의 체납으로 압류한 재산은 그 불복청구에 대한 결정이나 판결이 확정되기 전에는 공매할 수 없다. 다만, 그 재산이 부패·변질 또는 감량되기 쉬운 재산으로서 속히 매각하지 아니하면 그 재산가액이 줄어들 우려가 있는 경우에는 공매할 수 있다.

03 불복청구에 대한 결정

1. 결정의 종류

각하	심사청구가 다음의 어느 하나에 해당하는 경우에는 그 청구를 각하하는 결정을 한다. ① 심판청구를 제기한 후 심사청구를 제기(같은 날 제기한 경우도 포함)한 경우 ② 청구기간이 지난 후에 청구된 경우 ③ 심사청구 후 보정기간에 필요한 보정을 하지 아니한 경우 ④ 심사청구가 적법하지 아니한 경우 ⑤ 심사청구의 대상이 되는 처분이 존재하지 않는 경우 ⑥ 심사청구의 대상이 되는 처분으로 권리나 이익을 침해당하지 않는 경우 ⑦ 대리인이 아닌 자가 대리인으로서 불복을 청구하는 경우
기각	심사청구가 이유 없다고 인정될 때에는 그 청구를 기각하는 결정을 한다.
인용	심사청구가 이유 있다고 인정될 때에는 그 청구의 대상이 된 처분의 취소·경정 결정을 하거나 필요한 처분의 결정을 함. 다만, 취소·경정 또는 필요한 처분을 하기 위하여 사실관계 확인 등 추가적으로 조사가 필요한 경우에는 처분청으로 하여금 이를 재조사하여 그 결과에 따라 취소·경정하거나 필요한 처분을 하도록 하는 재조사 결정을 할 수 있다.
원처분 유지	처분청은 재조사 결과 다음 중 어느 하나에 해당하는 경우 해당 심사청구의 대상이 된 당초의 처분을 취소·경정하지 아니할 수 있다. ① 심사청구인의 주장과 재조사 과정에서 확인한 사실관계가 달라 당초의 처분을 유지할 필요가 있는 경우 ② 심사청구인의 주장에 대한 사실관계를 확인할 수 없는 경우

2. 결정기간

재조사 결정이 있는 경우 처분청은 재조사 결정일로부터 60일 이내에 결정서 주문에 기재된 범위에 한정하여 조사하고, 그 결과에 따라 취소·경정하거나 필요한 처분을 하여야 한다. 이 경우 처분청은 조사를 연기하거나 조사기간을 연장하거나 조사를 중지할 수 있다.

이의신청	신청을 받은 날로부터 30일 이내에 결정(송부받은 의견서에 대하여 결정기간 내에 항변하는 경우에는 이의신청을 받은 날부터 60일 이내에 결정)
심사·심판청구	청구를 받은 날로부터 90일 이내에 결정
감사원심사청구	청구를 받은 날로부터 90일 이내에 결정

3. 결정의 효력

불가쟁력	① 당사자가 청구기간 내에 다음 심급에 불복청구를 하지 않거나 일정한 제소기간 내에 행정소송을 제기하지 않는 경우 그 결정은 형식적으로 확정된다. ② 따라서 그 결정의 내용을 쟁송에 따라 더 이상 다툴 수 없게 되는 효력이다.
불가변력	해당 재결청 스스로 결정을 철회하거나 변경하는 것이 허용되지 않는다.
기속력	인용결정이 당사자와 관계행정청에 대하여 그 결정의 취지에 따르도록 구속하는 효력이다.

4. 결정의 통지

(1) 이의신청, 심사청구 또는 심판청구의 재결청은 결정서에 그 결정서를 받은 날부터 90일 이내에 이의신청인은 심사청구 또는 심판청구를, 심사청구인 또는 심판청구인은 행정소송을 제기할 수 있다는 내용을 적어야 한다.

(2) 이의신청, 심사청구 또는 심판청구의 재결청은 그 신청 또는 청구에 대한 결정기간이 지나도 결정을 하지 못하였을 때에는 이의신청인은 심사청구 또는 심판청구를, 심사청구인 또는 심판청구인은 행정소송 제기를 결정의 통지를 받기 전이라도 그 결정기간이 지난 날부터 할 수 있다는 내용을 서면으로 지체 없이 그 신청인 또는 청구인에게 통지하여야 한다.

5. 결정의 경정

심사청구에 대한 결정에 잘못된 기재, 계산착오, 그 밖에 이와 비슷한 잘못이 있는 것이 명백할 때에는 국세청장은 직권으로 또는 심사청구인의 신청에 의하여 경정할 수 있다.

> **심사청구에 대한 결정절차**
> 1. 국세청장은 심사청구를 받으면 국세심사위원회의 의결에 따라 결정을 하여야 한다. 다만, 심사청구기간이 지난 후에 제기된 심사청구 등 대통령령으로 정하는 사유에 해당하는 경우에는 그러하지 아니한다.
> 2. 국세청장은 국세심사위원회 의결이 법령에 명백히 위반된다고 판단하는 경우 구체적인 사유를 적어 서면으로 국세심사위원회로 하여금 한 차례에 한정하여 다시 심의할 것을 요청할 수 있다.
> 3. 국세심사위원회의 회의는 공개하지 아니한다. 다만, 국세심사위원회 위원장이 필요하다고 인정할 때에는 공개할 수 있다.

6. 결정서의 송달

특별송달		심판청구인에 대한 심판결정서의 송달은 심판청구인 또는 그 대리인이 조세심판원에서 심판결정서를 직접 수령하는 경우를 제외하고는 특별송달방법으로 하여야 한다.
공시송달	사유	심판결정서를 송달받아야 할 심판청구인 또는 그 대리인이 다음 중 어느 하나에 해당하는 경우에는 공시송달의 방법으로 할 수 있다. ① 주소 또는 영업소가 국외에 있어 송달하기 곤란한 경우 ② 주소 또는 영업소가 분명하지 않은 경우
	방법	공시송달은 주심조세심판관이 송달할 심판결정서를 보관하고, 그 사유를 다음 중 어느 하나에 해당하는 방법으로 게시 또는 게재한다. ① 조세심판원의 게시판 또는 인터넷 홈페이지에 게시 ② 관보 또는 일간신문에 게재
	효력발생	공시송달은 공시송달방법에 따라 공시한 날부터 14일이 지나면 효력이 발생한다.

제4절 불복청구의 기타규정

관계 서류의 열람 및 의견진술권	이의신청인, 심사청구인, 심판청구인 또는 처분청(처분청의 경우 심판청구에 한정)은 그 신청 또는 청구에 관계되는 서류를 열람할 수 있으며 해당 재결청에 의견을 진술할 수 있다.
증거서류 또는 증거물	① 심사청구인은 송부받은 의견서에 대하여 항변하기 위하여 국세청장에게 증거서류나 증거물을 제출할 수 있다. ② 심사청구인은 국세청장이 증거서류나 증거물에 대하여 기한을 정하여 제출할 것을 요구하는 경우 그 기한까지 해당 증거서류 또는 증거물을 제출하여야 한다. ③ 국세청장은 증거서류가 제출되면 증거서류의 부본을 지체 없이 해당 세무서장 및 지방국세청장에게 송부하여야 한다.
청구서의 보정	① 국세청장은 심사청구의 내용이나 절차가 국세기본법 또는 세법에 적합하지 아니하나 보정할 수 있다고 인정되면 20일 이내의 기간[심판청구는 상당한 기간]을 정하여 보정할 것을 요구할 수 있다. 다만, 보정할 사항이 경미한 경우에는 직권으로 보정할 수 있다. ② 보정요구를 받은 심사청구인은 보정할 사항을 서면으로 작성하여 국세청장에게 제출하거나, 국세청에 출석하여 보정할 사항을 말하고 그 말한 내용을 국세청 소속 공무원이 기록한 서면에 서명 또는 날인함으로써 보정할 수 있다. ③ 보정기간은 심사청구기간에 산입하지 아니한다.

불복청구서 제출처	① 이의신청은 해당 처분을 하였거나 하였어야 할 세무서장에게 하거나 세무서장을 거쳐 관할 지방국세청장에게 하여야 한다. 다만, 다음의 경우에는 관할 지방국세청장(ⓒ의 경우 과세처분한 세무서장의 관할 지방국세청장)에게 하여야 한다. 　㉠ 지방국세청장의 조사에 따라 과세처분을 한 경우 　㉡ 조사한 세무서장과 과세처분한 세무서장이 서로 다른 경우 　㉢ 세무서장에게 과세전적부심사를 청구한 경우 ② 심사청구는 불복의 사유를 갖추어 해당 처분을 하였거나 하였어야 할 세무서장을 거쳐 국세청장에게 하여야 한다.

국세심사위원회

1. 심사청구, 이의신청 및 과세전적부심사 청구사항을 심의 및 의결(국세기본법 제64조에 따른 심사청구에 한정)하기 위하여 세무서, 지방국세청 및 국세청에 각각 국세심사위원회를 둔다.
2. 국세심사위원회의 위원 중 공무원이 아닌 위원은 법률 또는 회계에 관한 학식과 경험이 풍부한 사람 중에서 다음의 구분에 따른 사람이 된다.
　① 세무서에 두는 국세심사위원회: 지방국세청장이 위촉하는 사람
　② 지방국세청 및 국세청에 두는 국세심사위원회: 국세청장이 위촉하는 사람
3. 국세심사위원회의 위원 중 공무원이 아닌 위원은 형법규정을 적용할 때에는 공무원으로 본다.
4. 국세심사위원회의 위원은 공정한 심의를 기대하기 어려운 사정이 있다고 인정될 때에는 대통령령으로 정하는 바에 따라 위원회 회의에서 제척되거나 회피하여야 한다.

항고소송 제기사건의 통지

국세청장, 지방국세청장, 세무서장은 심판청구를 거쳐 행정소송법에 따른 항고소송이 제기된 사건에 대하여 그 내용이나 결과 등 대통령령으로 정하는 사항을 반기마다 그 다음 달 15일까지 조세심판원장에게 알려야 한다.

제5절　조세심판원

01　조세심판원

구성	① 심판청구에 대한 결정을 하기 위하여 국무총리 소속으로 조세심판원을 둔다. ② 조세심판원은 그 권한에 속하는 사무를 독립적으로 수행한다. ③ 조세심판원에 원장과 조세심판관을 두되, 원장과 원장이 아닌 상임조세심판관은 고위공무원단에 속하는 일반직공무원 중에서 국무총리의 제청으로 대통령이 임명하고, 비상임조세심판관은 위촉한다. 이 경우 원장이 아닌 상임조세심판관(경력직공무원으로서 전보 또는 승진의 방법으로 임용되는 상임조세심판관은 제외)은 임기제공무원으로 임용한다.

임기와 신분보장	① 조세심판관은 조세·법률·회계분야에 관한 전문지식과 경험을 갖춘 사람으로서 대통령령으로 정하는 자격을 가진 사람이어야 한다. ② 상임조세심판관의 임기는 3년으로 하며, 한 차례만 중임할 수 있다. ③ 비상임조세심판관의 임기는 3년으로 하며, 한 차례만 연임할 수 있다. ④ 조세심판관이 다음 중 어느 하나에 해당하는 경우를 제외하고는 그 의사에 반하여 임명을 철회하거나 해촉할 수 없다. 　㉠ 심신쇠약 등으로 장기간 직무를 수행할 수 없게 된 경우 　㉡ 직무와 관련된 비위사실이 있는 경우 　㉢ 직무태만, 품위손상이나 그 밖의 사유로 조세심판관으로서 적합하지 아니하다고 인정되는 경우 　㉣ 조세심판관 제척사유에 해당하는데도 불구하고 회피하지 아니한 경우 원장인 조세심판관에 대해서는 ② 및 ④ 규정을 적용하지 않다.

02 결정절차

조세심판관 회의	① 조세심판원장이 심판청구를 받았을 때에는 조세심판관회의가 심리를 거쳐 결정한다. ② 조세심판원장은 심판청구를 받으면 이에 관한 조사와 심리를 담당할 주심조세심판관 1명과 배석조세심판관 2명 이상을 지정하여 조세심판관회의를 구성하게 한다. ③ 조세심판관회의는 주심조세심판관이 그 의장이 되며, 의장은 그 심판사건에 관한 사무를 총괄한다. 다만, 주심조세심판관이 부득이한 사유로 직무를 수행할 수 없을 때에는 조세심판원장이 배석조세심판관 중에서 그 직무를 대행할 사람을 지정한다. ④ 조세심판관회의는 담당 조세심판관 3분의 2 이상의 출석으로 개의하고, 출석조세심판관 과반수의 찬성으로 의결한다. ⑤ 조세심판관회의는 공개하지 아니한다. 다만, 조세심판관회의 의장이 필요하다고 인정할 때에는 공개할 수 있다.
주심 조세심판관	심판청구의 대상이 5천만원(지방세는 2천만원) 미만인 경우나 청구기간이 지난 후에 심판청구를 받은 경우에는 조세심판관회의의 심리를 거치지 아니하고 주심조세심판관이 심리하여 결정할 수 있다.
조세심판관 합동회의	① 조세심판관회의의 의결이 다음 중 어느 하나에 해당하여 조세심판원장이 필요하다고 인정하는 경우에는 조세심판관합동회의가 심리를 거쳐 결정한다. 　㉠ 해당 심판청구사건에 관하여 세법의 해석이 쟁점이 되는 경우로서 이에 관하여 종전의 조세심판원 결정이 없는 경우 　㉡ 종전에 조세심판원에서 한 세법의 해석·적용을 변경하는 경우 　㉢ 조세심판관회의 간에 결정의 일관성을 유지하기 위한 경우 　㉣ 다수의 납세자에게 동일하게 적용되는 등 국세행정에 중대한 영향을 미칠 것으로 예상되어 국세청장이 조세심판원장에게 조세심판관합동회의에서 심리할 것을 요청하는 경우 　㉤ 그 밖에 국세행정이나 납세자의 권리·의무에 중대한 영향을 미칠 것으로 예상되는 등 대통령령으로 정하는 경우 ② 조세심판관합동회의는 조세심판원장과 조세심판원장이 회의마다 지정하는 12명 이상 20명 이내의 상임조세심판관 및 비상임조세심판관으로 구성하되, 상임조세심판관과 같은 수 이상의 비상임조세심판관이 포함되어야 한다.

03 제척과 회피 및 기피

제척	조세심판관은 다음의 어느 하나에 해당하는 경우에는 심판관여로부터 제척된다. ① 심판청구인 또는 대리인인 경우(대리인이었던 경우 포함) ② ①의 사람의 친족이거나 친족이었던 경우 ③ ①에 규정된 사람의 사용인이거나 사용인이었던 경우(심판청구일을 기준으로 최근 5년 이내에 사용인이었던 경우로 한정함) ④ 불복의 대상이 되는 처분이나 처분에 대한 이의신청에 관하여 증언 또는 감정을 한 경우 ⑤ 심판청구일 전 최근 5년 이내에 불복의 대상이 되는 처분, 처분에 대한 이의신청 또는 그 기초가 되는 세무조사에 관여하였던 경우 ⑥ 위 ④, ⑤에 해당하는 법인 또는 단체에 속하거나 심판청구일 전 최근 5년 이내에 속하였던 경우 ⑦ 그 밖에 심판청구인 또는 그 대리인의 업무에 관여하거나 관여하였던 경우
회피	조세심판관은 제척사유에 해당하는 경우에는 주심조세심판관 또는 배석조세심판관의 지정에서 회피하여야 한다.
기피	담당 조세심판관에게 공정한 심판을 기대하기 어려운 사정이 있다고 인정될 때에는 심판청구인은 그 조세심판관의 기피를 신청할 수 있다.

04 사건의 병합과 분리

담당 조세심판관은 필요하다고 인정하면 여러 개의 심판사항을 병합하거나 병합된 심판사항을 여러 개의 심판사항으로 분리할 수 있다.

05 내용심리상의 원칙

불고불리의 원칙	국세청장(조세심판관회의 또는 조세심판관합동회의)은 결정을 할 때 심사청구(심판청구)를 한 처분 외의 처분에 대해서는 그 처분의 전부 또는 일부를 취소 또는 변경하거나 새로운 처분의 결정을 하지 못한다.
불이익변경금지	국세청장(조세심판관회의 또는 조세심판관합동회의)은 결정을 할 때 심사청구(심판청구)를 한 처분보다 청구인에게 불리한 결정을 하지 못한다.
자유심증주의	조세심판관은 심판청구에 관한 조사 및 심리의 결과와 과세의 형평을 고려하여 자유심증으로 사실을 판단한다.

제8장 납세자의 권리 및 보칙

제1절 과세전적부심사

01 과세예고통지

세무서장 또는 지방국세청장은 다음 중 어느 하나에 해당하는 경우에는 미리 납세자에게 그 내용을 서면으로 통지(과세예고통지)하여야 한다.

(1) 세무서 또는 지방국세청에 대한 지방국세청장 또는 국세청장의 업무감사 결과(현지에서 시정조치하는 경우를 포함)에 따라 세무서장 또는 지방국세청장이 과세하는 경우

(2) 세무조사에서 확인된 것으로 조사대상자 외의 자에 대한 과세자료 및 현지 확인조사에 따라 세무서장 또는 지방국세청장이 과세하는 경우

(3) 납부고지하려는 세액이 100만원 이상인 경우(다만, 감사원법에 따른 시정요구에 따라 세무서장 또는 지방국세청장이 과세처분하는 경우로서 시정요구 전에 과세처분 대상자가 감사원의 지적사항에 대한 소명안내를 받은 경우는 제외)

02 과세전적부심사

세무조사 결과에 대한 서면통지, 과세예고통지를 받은 자는 통지를 받은 날부터 30일 이내에 통지를 한 세무서장이나 지방국세청장에게 통지 내용의 적법성에 관한 심사를 청구할 수 있다. 다만, 법령과 관련하여 국세청장의 유권해석을 변경하여야 하거나 새로운 해석이 필요한 경우 등 사항에 대해서는 국세청장에게 청구할 수 있다.

성격	국세처분을 받기 전에 납세자의 청구에 의해 그 국세처분의 타당성을 미리 심사하는 제도로서 사전적 권리구제제도에 해당한다.
청구인	세무조사 결과에 대한 서면통지, 과세예고통지를 받은 자
청구기간	통지를 받은 날부터 30일 이내
청구대상	① 세무조사결과에 대한 서면통지 ② 과세예고통지

국세청장에 대한 청구사항	① 법령과 관련하여 국세청장의 유권해석을 변경하여야 하거나 새로운 해석이 필요한 것 ② 국세청장의 훈령·예규·고시 등과 관련하여 새로운 해석이 필요한 것 ③ 세무서 또는 지방국세청에 대한 국세청장의 업무감사 결과(현지에서 시정조치하는 경우를 포함)에 따라 세무서장 또는 지방국세청장이 하는 과세예고 통지에 관한 것 ④ 위 ①~③에 해당하지 아니하는 사항 중 과세전적부심사 청구금액이 5억원 이상인 것 ⑤ 감사원법에 따른 시정요구에 따라 세무서장 또는 지방국세청장이 과세처분하는 경우로서 시정 요구 전에 과세처분 대상자가 감사원의 지적사항에 대한 소명안내를 받지 못한 것
제외대상	① 납부기한 전 징수의 사유가 있거나 세법에서 규정하는 수시부과의 사유가 있는 경우 ② 조세범 처벌법 위반으로 고발 또는 통고처분하는 경우. 다만, 고발 또는 통고처분과 관련 없는 세목 또는 세액에 대해서는 그러하지 아니한다. ③ 세무조사 결과 통지 및 과세예고통지를 하는 날부터 국세부과 제척기간의 만료일까지의 기간이 3개월 이하인 경우 ④ 국제조세조정에 관한 법률에 따라 조세조약을 체결한 상대국이 상호합의 절차의 개시를 요청한 경우 ⑤ 불복청구 및 과세전적부심사청구에 따른 재조사 결정에 따라 조사를 하는 경우

03 과세전적부심사에 대한 결정

결정기간	과세전적부심사 청구를 받은 세무서장, 지방국세청장 또는 국세청장은 각각 국세심사위원회의 심사를 거쳐 결정을 하고 그 결과를 청구를 받은 날부터 30일 이내에 청구인에게 통지하여야 한다.

결정유형	과세전적부심사 청구에 대한 결정은 다음의 구분에 따른다.
	① 청구가 이유 없다고 인정되는 경우: 채택하지 아니한다는 결정
	② 청구가 이유 있다고 인정되는 경우: 채택하거나 일부 채택하는 결정. 다만, 구체적인 채택의 범위를 정하기 위하여 사실관계 확인 등 추가적으로 조사가 필요한 경우에는 통지를 한 세무서장이나 지방국세청장으로 하여금 이를 재조사하여 그 결과에 따라 당초 통지내용을 수정하여 통지하도록 하는 재조사 결정을 할 수 있다.
	③ 청구가 다음 중 어느 하나에 해당하는 경우: 심사하지 아니한다는 결정
	   ㉠ 청구기간이 지난 후에 청구된 경우
	   ㉡ 과세전적부심사 청구 후 보정기간에 필요한 보정을 하지 아니한 경우
	   ㉢ 그 밖에 청구가 적법하지 아니한 경우

조기 경정신청	세무조사 결과 통지, 과세예고통지를 받은 자는 과세전적부심사를 청구하지 아니하고 통지를 한 세무서장이나 지방국세청장에게 통지받은 내용의 전부 또는 일부에 대하여 과세표준 및 세액을 조기에 결정하거나 경정결정해 줄 것을 신청할 수 있다. 이 경우 해당 세무서장이나 지방국세청장은 신청받은 내용대로 즉시 결정이나 경정결정을 하여야 한다.
결정·경정의 유보	과세전적부심사청구서를 제출받은 세무서장·지방국세청장 또는 국세청장은 그 청구부분에 대하여 과세전적부심사에 대한 결정이 있을 때까지 과세표준 및 세액의 결정이나 경정결정을 유보하여야 한다. 다만, 과세전적부심사의 제외대상인 경우 및 조기결정신청이 있는 경우에는 그렇지 않다.

가산세 감면	과세전적부심사 결정·통지기간 내에 그 결과를 통지하지 아니한 경우에는 결정·통지가 지연됨으로써 해당 기간에 부과되는 납부지연가산세의 50%를 감면한다.

제2절 납세자의 권리

01 납세자권리헌장의 제정 및 교부

제정	국세청장은 납세자의 권리보호에 관한 사항을 포함하는 납세자권리헌장을 제정하여 고시하여야 한다.
교부	세무공무원은 다음 중 어느 하나에 해당하는 경우에는 납세자권리헌장의 내용이 수록된 문서를 납세자에게 내주어야 한다. ① 세무조사(조세범 처벌절차법에 따른 조세범칙조사를 포함)를 하는 경우 ② 사업자등록증을 발급하는 경우
요지낭독 및 설명	① 요지낭독: 세무공무원은 세무조사를 시작할 때 조사원증을 납세자 또는 관련인에게 제시한 후 납세자권리헌장을 교부하고 그 요지를 직접 낭독해 주어야 한다. ② 설명: 조사사유, 조사기간, 납세자보호위원회에 대한 심의 요청사항·절차 및 권리구제 절차 등을 설명하여야 한다.

02 납세자의 성실성 추정

내용	세무공무원은 납세자가 수시선정 세무조사 사유에 해당하는 경우를 제외하고는 납세자가 성실하며 납세자가 제출한 신고서 등이 진실한 것으로 추정하여야 한다.
수시선정 세무조사 사유	① 납세자가 세법에서 정하는 신고, 성실신고확인서의 제출, 세금계산서 또는 계산서의 작성·교부·제출, 지급명세서의 작성·제출 등의 납세협력의무를 이행하지 아니한 경우 ② 무자료거래, 위장·가공거래 등 거래 내용이 사실과 다른 혐의가 있는 경우 ③ 납세자에 대한 구체적인 탈세 제보가 있는 경우 ④ 신고 내용에 탈루나 오류의 혐의를 인정할 만한 명백한 자료가 있는 경우 ⑤ 납세자가 세무공무원에게 직무와 관련하여 금품을 제공하거나 금품제공을 알선한 경우

03 세무조사

납세자는 세무조사(조세범 처벌절차법에 따른 조세범칙조사를 포함)를 받는 경우에 변호사, 공인회계사, 세무사로 하여금 조사에 참여하게 하거나 의견을 진술하게 할 수 있다(세무조사 시 조력을 받을 권리).

1. 세무조사권 남용 금지

세무조사권 남용 금지	① 세무공무원은 적정하고 공평한 과세를 실현하기 위하여 필요한 최소한의 범위에서 세무조사(조세범 처벌절차법에 따른 조세범칙조사를 포함)를 하여야 하며, 다른 목적 등을 위하여 조사권을 남용해서는 아니 된다. ② 세무공무원은 세무조사를 하기 위하여 필요한 최소한의 범위에서 장부 등의 제출을 요구하여야 하며, 조사대상 세목 및 과세기간의 과세표준과 세액의 계산과 관련없는 장부 등의 제출을 요구해서는 아니 된다. ③ 누구든지 세무공무원으로 하여금 법령을 위반하게 하거나 지위 또는 권한을 남용하게 하는 등 공정한 세무조사를 저해하는 행위를 하여서는 아니 된다.
재조사 사유	세무공무원은 다음 중 어느 하나에 해당하는 경우가 아니면 같은 세목 및 같은 과세기간에 대하여 재조사를 할 수 없다. ① 조세탈루의 혐의를 인정할 만한 명백한 자료가 있는 경우 ② 거래상대방에 대한 조사가 필요한 경우 ③ 2개 이상의 과세기간과 관련하여 잘못이 있는 경우 ④ 불복청구 또는 과세전적부심사청구에 따른 재조사 결정에 따라 조사를 하는 경우(결정서 주문에 기재된 범위의 조사에 한정) ⑤ 납세자가 세무공무원에게 직무와 관련하여 금품을 제공하거나 금품제공을 알선한 경우 ⑥ 부분조사를 실시한 후 해당 조사에 포함되지 아니한 부분에 대하여 조사하는 경우 ⑦ 부동산투기, 매점매석, 무자료거래 등 경제질서 교란 등을 통한 세금탈루 혐의가 있는 자에 대하여 일제조사를 하는 경우 ⑧ 과세관청 외의 기관이 직무상 목적을 위해 작성하거나 취득해 과세관청에 제공한 자료의 처리를 위해 조사하는 경우 ⑨ 국세환급금의 결정을 위한 확인조사를 하는 경우 ⑩ 조세범칙행위의 혐의를 인정할 만한 명백한 자료가 있는 경우. 다만, 해당 자료에 대하여 조세범칙조사심의위원회가 조세범칙조사의 실시에 관한 심의를 한 결과 조세범칙행위의 혐의가 없다고 의결한 경우에는 조세범칙행위의 혐의를 인정할 만한 명백한 자료로 인정하지 아니한다.

2. 세무조사 관할, 대상자 선정 및 면제

세무조사 관할	① 세무조사는 납세지 관할 세무서장 또는 지방국세청장이 수행한다. ② 다음의 경우에는 국세청장(같은 지방국세청 소관 세무서 관할 조정의 경우 지방국세청장)이 그 관할을 조정할 수 있다. 　㉠ 납세자가 사업을 실질적으로 관리하는 장소의 소재지와 납세지가 관할을 달리하는 경우 　㉡ 일정한 지역에서 주로 사업을 하는 납세자에 대하여 공정한 세무조사를 실시할 필요가 있는 경우 등 납세지 관할 세무서장 또는 지방국세청장이 세무조사를 수행하는 것이 부적절하다고 판단되는 경우 　㉢ 세무조사 대상 납세자와 출자관계에 있는 자, 거래가 있는 자 또는 특수관계인에 해당하는 자 등에 대한 세무조사가 필요한 경우 　㉣ 세무관서별 업무량과 세무조사 인력 등을 고려하여 관할을 조정할 필요가 있다고 판단되는 경우

대상자 선정	① 정기선정: 세무공무원은 다음 중 어느 하나에 해당하는 경우에 정기적으로 신고의 적정성을 검증하기 위하여 대상을 선정하여 세무조사를 할 수 있다. 이 경우 세무공무원은 객관적 기준에 따라 공정하게 그 대상을 선정하여야 한다. 　㉠ 국세청장이 납세자의 신고 내용에 대하여 과세자료, 세무정보 및 주식회사의 외부감사에 관한 법률에 따른 감사의견, 회계성실도 자료 등을 고려하여 정기적으로 성실도를 분석한 결과 불성실 혐의가 있다고 인정하는 경우 　㉡ 최근 4과세기간 이상 같은 세목의 세무조사를 받지 아니한 납세자에 대하여 업종, 규모, 경제력 집중 등을 고려하여 신고 내용이 적정한지를 검증할 필요가 있는 경우 　㉢ 무작위추출방식으로 표본조사를 하려는 경우 ② 수시선정: 세무공무원은 정기선정에 의한 조사 외에 다음 중 어느 하나에 해당하는 경우에는 세무조사를 할 수 있다. 　㉠ 납세자가 세법에서 정하는 신고, 성실신고확인서의 제출, 세금계산서 또는 계산서의 작성·교부·제출, 지급명세서의 작성·제출 등의 납세협력의무를 이행하지 아니한 경우 　㉡ 무자료거래, 위장·가공거래 등 거래 내용이 사실과 다른 혐의가 있는 경우 　㉢ 납세자에 대한 구체적인 탈세 제보가 있는 경우 　㉣ 신고 내용에 탈루나 오류의 혐의를 인정할 만한 명백한 자료가 있는 경우 　㉤ 납세자가 세무공무원에게 직무와 관련하여 금품을 제공하거나 금품제공을 알선한 경우 ③ 결정에 의해 확정되는 세목의 조사: 세무공무원은 과세관청의 조사결정에 의하여 과세표준과 세액이 확정되는 세목의 경우 과세표준과 세액을 결정하기 위하여 세무조사를 할 수 있다.
성실납세자 세무조사 면제	세무공무원은 다음의 요건을 모두 충족하는 자에 대해서는 세무조사를 하지 아니할 수 있음. 다만, 객관적인 증거자료에 의하여 과소신고한 것이 명백한 경우에는 그렇지 않음 ① 업종별 수입금액이 다음의 금액 이하인 사업자 　㉠ 개인: 소득세법에 따른 간편장부대상자 　㉡ 법인: 법인세 과세표준 신고서에 적어야 할 해당 법인의 수입금액이 3억원 이하인 자 ② 장부 기록 등의 요건을 충족하는 사업자

3. 세무조사의 사전통지와 연기신청

사전통지	세무공무원은 세무조사를 하는 경우에는 조사를 받을 납세자(납세자가 납세관리인을 정하여 관할 세무서장에게 신고한 경우에는 납세관리인)에게 조사를 시작하기 20일(재조사 결정으로 재조사를 하는 경우에는 7일) 전에 조사대상 세목, 조사기간 및 조사 사유 등 사항을 사전통지하여야 한다. 다만, 사전통지를 하면 증거인멸 등으로 조사 목적을 달성할 수 없다고 인정되는 경우에는 그러하지 아니하다.
연기신청	① 사전통지를 받은 납세자가 다음 중 어느 하나에 해당하는 사유로 조사를 받기 곤란한 경우에는 관할 세무관서의 장에게 조사를 연기해 줄 것을 신청할 수 있다. 　㉠ 화재, 그 밖의 재해로 사업상 심각한 어려움이 있을 때 　㉡ 납세자 또는 납세관리인의 질병, 장기출장 등으로 세무조사가 곤란하다고 판단될 때 　㉢ 권한 있는 기관에 장부, 증거서류가 압수되거나 영치되었을 때 　㉣ 위 ㉠~㉢에 준하는 사유가 있을 때

연기신청	② 이러한 연기신청을 받은 관할 세무관서의 장은 연기신청 승인 여부를 결정하고 그 결과 (연기 결정 시 연기한 기간을 포함)를 조사 개시 전까지 통지하여야 한다. ③ 관할 세무관서의 장은 다음 중 어느 하나에 해당하는 사유가 있는 경우에는 연기한 기간이 만료되기 전에 조사를 개시할 수 있다. ㉠ 연기 사유가 소멸한 경우(*) ㉡ 조세채권을 확보하기 위하여 조사를 긴급히 개시할 필요가 있다고 인정되는 경우 (*) 관할 세무관서의 장은 동 사유로 조사를 개시하려는 경우에는 조사를 개시하기 5일 전까지 조사를 받을 납세자에게 연기 사유가 소멸한 사실과 조사기간을 통지하여야 한다.
세무조사 통지서	세무공무원은 사전통지를 하지 아니하고 세무조사를 하는 경우 세무조사를 개시할 때 사전통지 사항, 사전통지를 하지 아니한 사유 등이 포함된 세무조사통지서를 세무조사를 받을 납세자에게 교부하여야 한다. 다만, 다음의 사유에 해당하는 경우에는 그렇지 않다. ① 납세자가 세무조사 대상이 된 사업을 폐업한 경우 ② 납세자가 납세관리인을 정하지 아니하고 국내에 주소 또는 거소를 두지 아니한 경우 ③ 납세자 또는 납세관리인이 세무조사통지서의 수령을 거부하거나 회피하는 경우

4. 세무조사 기간

개요	세무공무원은 조사대상 세목·업종·규모, 조사 난이도 등을 고려하여 세무조사 기간이 최소한이 되도록 하여야 한다. 다만, 다음 중 어느 하나에 해당하는 경우에는 세무조사 기간을 연장할 수 있다. ① 납세자가 장부·서류 등을 은닉하거나 제출을 지연하거나 거부하는 등 조사를 기피하는 행위가 명백한 경우 ② 거래처 조사, 거래처 현지확인 또는 금융거래 현지확인이 필요한 경우 ③ 세금탈루 혐의가 포착되거나 조사 과정에서 조세범 처벌절차법에 따른 조세범칙조사를 개시하는 경우 ④ 천재지변이나 노동쟁의로 조사가 중단되는 경우 ⑤ 납세자보호관 또는 담당관이 세금탈루혐의와 관련하여 추가적인 사실 확인이 필요하다고 인정하는 경우 ⑥ 세무조사 대상자가 세금탈루혐의에 대한 해명 등을 위하여 세무조사 기간의 연장을 신청한 경우로서 납세자보호관 등이 이를 인정하는 경우
기간제한	세무공무원은 세무조사 기간을 정할 경우 조사대상 과세기간 중 연간 수입금액 또는 양도가액이 가장 큰 과세기간의 연간 수입금액 또는 양도가액이 100억원 미만인 납세자에 대한 세무조사 기간은 20일 이내로 한다.
연장 사유	① 기간을 정한 세무조사를 연장하는 경우로서 최초로 연장하는 경우에는 관할 세무관서의 장의 승인을 받아야 하고, 2회 이후 연장의 경우에는 관할 상급 세무관서의 장의 승인을 받아 각각 20일 이내에서 연장할 수 있다. 다만, 다음에 해당하는 경우에는 세무조사 기간의 제한 및 세무조사 연장기간의 제한을 받지 아니한다. ㉠ 무자료거래, 위장·가공거래 등 거래 내용이 사실과 다른 혐의가 있어 실제 거래 내용에 대한 조사가 필요한 경우 ㉡ 역외거래를 이용하여 세금을 탈루하거나 국내 탈루소득을 해외로 변칙유출한 혐의로 조사하는 경우

연장 사유	ⓒ 명의위장, 이중장부의 작성, 차명계좌의 이용, 현금거래의 누락 등의 방법을 통하여 세금을 탈루한 혐의로 조사하는 경우 ② 거짓계약서 작성, 미등기양도 등을 이용한 부동산 투기 등을 통하여 세금을 탈루한 혐의로 조사하는 경우 ⑩ 상속세·증여세 조사, 주식변동 조사, 범칙사건 조사 및 출자·거래관계에 있는 관련자에 대하여 동시조사를 하는 경우 ② 세무공무원은 세무조사 기간을 연장하는 경우에는 그 사유와 기간을 납세자에게 문서로 통지하여야 함
중지 사유	① 세무공무원은 다음에 해당하는 사유로 세무조사를 진행하기 어려운 경우에는 세무조사를 중지할 수 있다. 이 경우 그 중지기간은 세무조사 기간 및 세무조사 연장기간에 산입하지 아니한다. ㉠ 세무조사 연기신청 사유에 해당하는 사유가 있어 납세자가 조사중지를 신청한 경우 ㉡ 국외자료의 수집·제출 또는 상호합의절차 개시에 따라 외국 과세기관과의 협의가 필요한 경우 ㉢ 납세자의 소재가 불명한 경우, 납세자가 해외로 출국한 경우, 납세자가 장부·서류 등을 은닉하거나 그 제출을 지연 또는 거부한 경우, 노동쟁의가 발생한 경우에 해당하여 세무조사를 정상적으로 진행하기 어려운 경우 ㉣ 납세자보호관 또는 담당관이 세무조사의 일시중지를 요청하는 경우 ② 세무공무원은 세무조사의 중지기간 중에는 납세자에 대하여 국세의 과세표준과 세액을 결정 또는 경정하기 위한 질문을 하거나 장부 등의 검사·조사 또는 그 제출을 요구할 수 없다.
재개 사유	세무공무원은 세무조사를 중지한 경우에는 그 중지사유가 소멸하게 되면 즉시 조사를 재개하여야 한다. 다만, 조세채권의 확보 등 긴급히 조사를 재개하여야 할 필요가 있는 경우에는 세무조사를 재개할 수 있다. 세무조사를 중지 또는 재개하는 경우에는 그 사유를 문서로 통지하여야 한다.
조기종결 사유	세무공무원은 세무조사 기간을 단축하기 위하여 노력하여야 하며, 장부기록 및 회계처리의 투명성 등 납세성실도를 검토하여 더 이상 조사할 사항이 없다고 판단될 때에는 조사기간 종료 전이라도 조사를 조기에 종결할 수 있다.

5. 세무조사 범위 확대의 제한

세무공무원은 구체적인 세금탈루 혐의가 여러 과세기간 또는 다른 세목까지 관련되는 것으로 확인되는 경우 등 다음에 해당하는 경우를 제외하고는 조사진행 중 세무조사의 범위를 확대할 수 없다. 이처럼 세무공무원은 세무조사의 범위를 확대하는 경우에는 그 사유와 범위를 납세자에게 문서로 통지하여야 한다.

(1) 다른 과세기간·세목 또는 항목에 대한 구체적인 세금탈루 증거자료가 확인되어 다른 과세기간·세목 또는 항목에 대한 조사가 필요한 경우

(2) 명백한 세금탈루 혐의 또는 세법 적용의 착오 등이 있는 조사대상 과세기간의 특정 항목이 다른 과세기간에도 있어 동일하거나 유사한 세금탈루 혐의 또는 세법 적용 착오 등이 있을 것으로 의심되어 다른 과세기간의 그 항목에 대한 조사가 필요한 경우

6. 장부 등의 보관 금지

원칙	세무공무원은 세무조사(조세범 처벌절차법에 따른 조세범칙조사를 포함)의 목적으로 납세자의 장부 등을 세무관서에 임의로 보관할 수 없다.
일시 보관	① 세무공무원은 수시선정세무조사 사유에 해당하는 경우에는 조사 목적에 필요한 최소한의 범위에서 납세자, 소지자 또는 보관자 등 정당한 권한이 있는 자가 임의로 제출한 장부 등을 납세자의 동의를 받아 세무관서에 일시 보관할 수 있다. ② 세무공무원은 납세자의 장부 등을 세무관서에 일시 보관하려는 경우 납세자로부터 일시 보관 동의서를 받아야 하며, 일시 보관증을 교부하여야 한다.
반환요청	① 세무공무원은 일시 보관하고 있는 장부 등에 대하여 납세자가 반환을 요청한 경우에는 그 반환을 요청한 날부터 14일 이내에 장부 등을 반환하여야 한다. 다만, 조사 목적을 달성하기 위하여 필요한 경우에는 납세자보호위원회의 심의를 거쳐 한 차례만 14일 이내의 범위에서 보관 기간을 연장할 수 있다. ② 세무공무원은 납세자가 일시 보관하고 있는 장부 등의 반환을 요청한 경우로서 세무조사에 지장이 없다고 판단될 때에는 요청한 장부 등을 즉시 반환하여야 한다. ③ 위 ① 및 ②에 따라 장부 등을 반환한 경우를 제외하고 세무공무원은 해당 세무조사를 종결할 때까지 일시보관한 장부 등을 모두 반환하여야 한다. ④ 납세자에게 장부 등을 반환하는 경우 세무공무원은 장부 등의 사본을 보관할 수 있고, 그 사본이 원본과 다름없다는 사실을 확인하는 납세자의 서명 또는 날인을 요구할 수 있다.

7. 통합조사

원칙	세무조사는 납세자의 사업과 관련하여 세법에 따라 신고·납부의무가 있는 세목을 통합하여 실시하는 것을 원칙으로 한다.
특정 세목의 세무조사	다음 중 어느 하나에 해당하는 경우에는 특정한 세목만을 조사할 수 있다. ① 세목의 특성, 납세자의 신고유형, 사업규모 또는 세금탈루 혐의 등을 고려하여 특정 세목만을 조사할 필요가 있는 경우 ② 조세채권의 확보 등을 위하여 특정 세목만을 긴급히 조사할 필요가 있는 경우 ③ 그 밖에 세무조사의 효율성 및 납세자의 편의 등을 고려하여 특정 세목만을 조사할 필요가 있는 경우로서 대통령령으로 정하는 경우
부분조사(*)	통합조사의 원칙과 특정세목의 세무조사에도 불구하고 다음의 어느 하나에 해당하는 경우에는 해당 사항에 대한 확인을 위하여 필요한 부분에 한정한 조사(부분조사)를 실시할 수 있다. ① 경정 등의 청구에 대한 처리 또는 국세환급금의 결정을 위하여 확인이 필요한 경우 ② 재조사 결정에 따라 사실관계의 확인 등이 필요한 경우 ③ 거래상대방에 대한 세무조사 중에 거래 일부의 확인이 필요한 경우 ④ 납세자에 대한 구체적인 탈세 제보가 있는 경우로서 해당 탈세 혐의에 대한 확인이 필요한 경우 ⑤ 명의위장, 차명계좌의 이용을 통하여 세금을 탈루한 혐의에 대한 확인이 필요한 경우 ⑥ 법인이 주식 또는 출자지분을 시가보다 높거나 낮은 가액으로 거래하거나 불공정자본거래로 인하여 해당 법인의 특수관계인인 다른 주주 등에게 이익을 분여하거나 분여받은 구체적인 혐의가 있는 경우로서 해당 혐의에 대한 확인이 필요한 경우

부분조사(*)	⑦ 무자료거래, 위장·가공거래 등 특정 거래 내용이 사실과 다른 구체적인 혐의가 있는 경우로서 조세채권의 확보 등을 위하여 긴급한 조사가 필요한 경우 ⑧ 과세관청 외의 기관이 직무상 목적을 위해 작성하거나 취득하여 과세관청에 제공한 자료의 처리를 위해 조사하는 경우 ⑨ 비거주자 또는 외국법인에 대한 조세조약상 비과세 또는 면제 적용 신청의 내용을 확인할 필요가 있는 경우

(*) ③~⑨까지에 해당하는 사유로 인한 부분조사는 같은 세목 및 같은 과세기간에 대하여 2회를 초과하여 실시할 수 없다.

8. 세무조사의 결과통지

의의	세무공무원은 세무조사를 마쳤을 때에는 그 조사를 마친 날부터 20일(공시송달 사유에 해당하는 경우에는 40일) 이내에 세무조사내용, 결정 또는 경정할 과세표준·세액 및 산출근거, 가산세의 종류, 금액 및 그 산출근거, 과세전적부심사를 청구할 수 있다는 사실 등의 사항이 포함된 조사결과를 납세자에게 설명하고, 이를 서면으로 통지하여야 한다. 다만, 다음에 해당하는 경우에는 그러하지 아니하다. ① 납세관리인을 정하지 아니하고 국내에 주소 또는 거소를 두지 아니한 경우 ② 재조사 결정에 의한 조사를 마친 경우 ③ 세무조사결과통지서 수령을 거부하거나 회피하는 경우
세무조사의 부분 결과통지	① 세무공무원은 다음 중 어느 하나에 해당하는 사유로 결과통지기간 이내에 조사결과를 통지할 수 없는 부분이 있는 경우에는 납세자가 동의하는 경우에 한정하여 조사결과를 통지할 수 없는 부분을 제외한 조사결과를 납세자에게 설명하고, 이를 서면으로 통지할 수 있다. ㉠ 국제조세조정에 관한 법률 및 조세조약에 따른 국외자료의 수집·제출 또는 상호합의 절차 개시에 따라 외국 과세기관과의 협의가 진행 중인 경우 ㉡ 해당 세무조사와 관련하여 세법의 해석 또는 사실관계 확정을 위하여 기획재정부장관 또는 국세청장에 대한 질의 절차가 진행 중인 경우 ② 상호합의절차 종료, 세법의 해석 또는 사실관계 확정을 위한 질의에 대한 회신 등 사유가 해소된 때에는 그 사유가 해소된 날부터 20일(공시송달 사유에 경우 40일) 이내에 부분통지한 부분 외에 대한 조사결과를 납세자에게 설명하고, 이를 서면으로 통지하여야 한다.

04 과세정보의 비밀 유지

세무공무원은 납세자가 세법에서 정한 납세의무를 이행하기 위하여 제출한 자료나 국세의 부과·징수를 위하여 업무상 취득한 자료 등(과세정보)을 타인에게 제공 또는 누설하거나 목적 외의 용도로 사용해서는 아니 된다. 다만, 다음 중 어느 하나에 해당하는 경우에는 그 사용 목적에 맞는 범위에서 납세자의 과세정보를 제공할 수 있다. 세무공무원은 위 규정을 위반하여 과세정보의 제공을 요구받으면 그 요구를 거부하여야 한다.

세무서장에게 문서로 요구하여야 하는 경우	다음의 사유로 과세정보의 제공을 요구하는 자는 납세자의 인적사항, 과세정보의 사용목적, 요구하는 과세정보의 내용 및 기간 등을 기재한 문서로 해당 세무관서의 장에게 요구하여야 한다. ① 국가행정기관, 지방자치단체 등이 법률에서 정하는 조세, 과징금의 부과·징수 등을 위하여 사용할 목적으로 과세정보를 요구하는 경우 ② 국가기관이 조세쟁송이나 조세범 소추를 위하여 과세정보를 요구하는 경우 ③ 통계청장이 국가통계작성 목적으로 과세정보를 요구하는 경우 ④ 사회보장기본법에 따른 사회보험의 운영을 목적으로 설립된 기관이 관계 법률에 따른 소관 업무를 수행하기 위하여 과세정보를 요구하는 경우 ⑤ 국가행정기관, 지방자치단체 또는 공공기관의 운영에 관한 법률에 따른 공공기관이 급부·지원 등을 위한 자격의 조사·심사 등에 필요한 과세정보를 당사자의 동의를 받아 요구하는 경우 ⑥ 국정감사 및 조사에 관한 법률에 따른 조사위원회가 국정조사의 목적을 달성하기 위하여 조사위원회의 의결로 비공개회의에 과세정보의 제공을 요청하는 경우 ⑦ 다른 법률의 규정에 따라 과세정보를 요구하는 경우
문서로 요구할 필요가 없는 경우	① 법원의 제출명령 또는 법관이 발부한 영장에 의하여 과세정보를 요구하는 경우 ② 세무공무원 간에 국세의 부과·징수 또는 질문·검사에 필요한 과세정보를 요구하는 경우

05 납세자의 권리 행사에 필요한 정보의 제공

납세자 본인의 권리 행사에 필요한 정보를 납세자(세무사 등 납세자로부터 세무업무를 위임받은 자를 포함)가 요구하는 경우 세무공무원은 신속하게 정보를 제공하여야 한다.

06 납세자의 협력의무

납세자는 세무공무원의 적법한 질문·조사, 제출명령에 대하여 성실하게 협력하여야 한다.

07 국세청장의 납세자 권리보호

(1) 국세청장은 직무를 수행할 때에 납세자의 권리가 보호되고 실현될 수 있도록 성실하게 노력하여야 한다.

(2) 납세자의 권리보호를 위하여 국세청에 납세자 권리보호업무를 총괄하는 납세자보호관을 두고, 세무서 및 지방국세청에 납세자 권리보호업무를 수행하는 담당관을 각각 1인을 둔다.

(3) 국세청장은 납세자보호관을 개방형직위로 운영하고 납세자보호관 및 담당관이 업무를 수행함에 있어 독립성이 보장될 수 있도록 하여야 한다. 이 경우 납세자보호관은 조세·법률·회계 분야의 전문지식과 경험을 갖춘 사람으로서 세무공무원 또는 세무공무원으로 퇴직한 지 3년이 지나지 아니한 사람에 해당하지 아니하는 사람을 대상으로 공개모집한다.

(4) 국세청장은 납세자 권리보호업무의 추진실적 등의 자료를 일반 국민에게 정기적으로 공개하여야 한다.

08 납세자보호위원회

심의사항	① 납세자 권리보호에 관한 사항을 심의하기 위하여 세무서, 지방국세청 및 국세청에 납세자보호위원회를 둔다. ② 세무서에 두는 납세자보호위원회(세무서 납세자보호위원회) 및 지방국세청에 두는 납세자보호위원회(지방국세청 납세자보호위원회)는 다음의 사항을 심의한다. 　㉠ 세무조사의 대상이 되는 과세기간 중 연간 수입금액 또는 양도가액이 가장 큰 과세기간의 연간 수입금액 또는 양도가액이 100억원 미만(부가가치세에 대한 세무조사의 경우 1과세기간 공급가액의 합계액이 50억원 미만)인 납세자(중소규모납세자) 외의 납세자에 대한 세무조사(조세범 처벌절차법에 따른 조세범칙조사는 제외) 기간의 연장(다만, 조사대상자가 해명 등을 위하여 연장을 신청한 경우는 제외) 　㉡ 중소규모납세자 이외의 납세자에 대한 세무조사 범위의 확대 　㉢ 세무조사 기간 연장 및 세무조사 범위 확대에 대한 중소규모납세자의 세무조사 일시중지 및 중지 요청 　㉣ 위법·부당한 세무조사 및 세무조사 중 세무공무원의 위법·부당한 행위에 대한 납세자의 세무조사 일시중지 및 중지 요청 　㉤ 장부 등의 일시 보관 기간 연장 　㉥ 그 밖에 납세자의 권리보호를 위하여 납세자보호담당관이 심의가 필요하다고 인정하는 안건 ③ 국세청 납세자보호위원회는 다음의 사항을 심의한다. 　㉠ 세무서 납세자보호위원회 또는 지방국세청 납세자보호위원회의 심의를 거친 세무서장 또는 지방국세청장의 결정에 대한 납세자의 취소 또는 변경 요청 　㉡ 그 밖에 납세자의 권리보호를 위한 국세행정의 제도 및 절차 개선 등으로서 납세자보호관이 심의가 필요하다고 인정하는 사항
구성	① 납세자보호위원회는 위원장 1명을 포함한 18명 이내의 위원으로 구성한다. ② 납세자보호위원회의 위원장은 다음의 구분에 따른 사람이 된다. 　㉠ 세무서: 공무원이 아닌 사람 중에서 세무서장의 추천을 받아 지방국세청장이 위촉하는 사람 　㉡ 지방국세청: 공무원이 아닌 사람 중에서 지방국세청장의 추천을 받아 국세청장이 위촉하는 사람 　㉢ 국세청: 공무원이 아닌 사람 중에서 지방국세청장의 추천을 받아 국세청장이 위촉하는 사람공무원이 아닌 사람 중에서 기획재정부장관의 추천을 받아 국세청장이 위촉하는 사람 ③ 납세자보호위원회의 위원은 세무 분야에 전문적인 학식과 경험이 풍부한 사람과 관계 공무원 중에서 국세청장(세무서 납세자보호위원회의 위원은 지방국세청장)이 임명 또는 위촉한다.
비밀유지	납세자보호위원회의 위원은 업무 중 알게 된 과세정보를 타인에게 제공 또는 누설하거나 목적 외의 용도로 사용해서는 아니 된다.
제척과 회피	납세자보호위원회의 위원은 공정한 심의를 기대하기 어려운 사정이 있다고 인정될 때에는 대통령령으로 정하는 바에 따라 위원회 회의에서 제척되거나 회피하여야 한다.

제3절 보칙

01 납세관리인

(1) 납세자가 국내에 주소 또는 거소를 두지 않거나 국외로 주소 또는 거소를 이전할 때에는 국세에 관한 사항을 처리하기 위하여 납세관리인을 정하여야 한다.

(2) 납세자는 국세에 관한 사항을 처리하게 하기 위하여 변호사, 세무사 또는 세무사법에 따라 등록한 공인회계사를 납세관리인으로 둘 수 있다.

02 고지금액의 최저한도

고지할 국세(인지세는 제외) 및 강제징수비를 합친 금액이 1만원 미만일 때에는 그 금액은 없는 것으로 본다.

03 불성실기부금수령단체 등의 명단공개

내용	국세청장은 다음 중 어느 하나에 해당하는 자의 인적사항 등을 공개할 수 있다. 다만, 체납된 국세가 이의신청·심사청구 등 불복청구 중에 있거나 그 밖에 대통령령으로 정하는 사유가 있는 경우에는 그러하지 아니하다.	
대상자	① 불성실기부금수령단체 ② 조세범 처벌법에 따른 범죄로 유죄판결이 확정된 자로서 동법에 따른 포탈세액 등이 연간 2억원 이상인 자 ③ 국제조세조정에 관한 법률에 따른 해외금융계좌정보의 신고의무자로서 신고기한 내에 신고하지 아니한 금액이나 과소 신고한 금액이 50억원을 초과하는 자 ④ 세금계산서발급의무 등 위반자: 특정범죄 가중처벌 등에 관한 법률에 따른 범죄로 유죄판결이 확정된 사람의 인적사항, 부정 기재한 공급가액 등의 합계액 등	
제외 사유	불성실기부금 수령단체	① 이의신청·심사청구·심판청구, 감사원법에 따른 심사청구 또는 행정소송법에 따른 행정소송 중에 있는 경우 ② 위원회가 공개할 실익이 없거나 공개하는 것이 부적절하다고 인정하는 경우
	조세포탈범	위원회가 공개할 실익이 없거나 공개하는 것이 부적절하다고 인정하는 경우
	해외금융계좌 신고의무 위반자	① 위원회가 신고의무자의 신고의무 위반에 정당한 사유가 있다고 인정하는 경우 ② 수정신고 및 기한 후 신고를 한 경우(해당 해외금융계좌와 관련하여 세무공무원이 세무조사에 착수한 것을 알았거나 과세자료 해명 통지를 받고 수정신고 및 기한 후 신고를 한 경우는 제외)
제척·회피	위원회의 위원은 공정한 심의를 기대하기 어려운 사정이 있다고 인정될 때에는 대통령령으로 정하는 바에 따라 위원회 회의에서 제척되거나 회피하여야 한다.	

게시방법 등	① 공개는 관보에 게재하거나 국세정보통신망 또는 관할 세무서 게시판에 게시하는 방법으로 한다. ② 국세청장은 위원회의 심의를 거친 공개 대상자에게 불성실기부금수령단체 또는 해외금융계좌 신고의무 위반자 명단공개 대상자임을 통지하여 소명 기회를 주어야 하며, 통지일부터 6개월이 지난 후 위원회로 하여금 기부금영수증 발급명세의 작성·보관 의무 이행 또는 해외금융계좌의 신고의무 이행 등을 고려하여 불성실기부금수령단체 또는 해외금융계좌 신고의무 위반자 명단 공개 여부를 재심의하게 한 후 공개대상자를 선정한다.

04 포상금

국세청장은 다음 중 어느 하나에 해당하는 자에게는 40억 또는 20억 범위에서 포상금을 지급할 수 있다. 한편, 탈루세액 등이 일부 납부된 경우에는 포상금 지급금액 범위에서 법령의 지급기준에 따라 포상금을 지급할 수 있다.

포상금 지급	40억원	조세를 탈루한 자에 대한 탈루세액 또는 부당하게 환급·공제받은 세액을 산정하는 데 중요한 자료를 제공한 자
	30억원	체납자의 은닉재산을 신고한 자

	20억원	① 다음의 어느 하나에 해당하는 경우로서 해당 행위를 한 신용카드가맹점(여신전문금융업법에 따른 신용카드가맹점으로서 소득세법 및 법인세법에 따라 가입한 신용카드가맹점)을 신고한 자. 다만, 신용카드(신용카드와 유사한 것으로서 대통령령으로 정하는 것을 포함) 결제 대상 거래금액이 5천원 미만인 경우는 제외
		  ㉠ 신용카드로 결제할 것을 요청하였으나 이를 거부하는 경우
		  ㉡ 신용카드매출전표(신용카드매출전표와 유사한 것으로서 대통령령으로 정하는 것을 포함)를 사실과 다르게 발급하는 경우로서 대통령령으로 정하는 경우
		② 다음의 어느 하나에 해당하는 경우로서 해당 행위를 한 조세특례제한법에 따른 현금영수증가맹점을 신고한 자. 다만, 조세특례제한법에 따른 현금영수증 발급 대상 거래금액이 5천원 미만인 경우는 제외
		  ㉠ 현금영수증의 발급을 거부하는 경우
		  ㉡ 현금영수증을 사실과 다르게 발급하는 경우
		③ 소득세법 또는 법인세법에 따른 현금영수증 발급의무를 위반한 자를 신고한 자
		④ 타인의 명의를 사용하여 사업을 경영하는 자를 신고한 자
		⑤ 국제조세조정에 관한 법률에 따른 해외금융계좌 신고의무 위반행위를 적발하는 데 중요한 자료를 제공한 자
		⑥ 타인 명의로 되어 있는 법인 또는 복식부기의무자의 금융실명거래 및 비밀보장에 관한 법률에 따른 금융자산을 신고한 자

포상금 배제 사유		① 탈루세액, 부당하게 환급·공제받은 세액, 은닉재산의 신고를 통하여 징수된 금액이 5천만원 미만인 경우 ② 해외금융계좌 신고의무 불이행에 따른 과태료가 2천만원 미만인 경우 ③ 공무원이 그 직무와 관련하여 자료를 제공하거나 은닉재산을 신고한 경우

05 서류접수증 발급

(1) 납세자 또는 세법에 따라 과세자료를 제출할 의무가 있는 자(납세자 등)로부터 과세표준신고서, 과세표준수정신고서, 경정청구서 또는 과세표준신고·과세표준수정신고·경정청구와 관련된 서류 및 그 밖에 대통령령으로 정하는 서류를 받는 경우에는 세무공무원은 납세자 등에게 접수증을 발급하여야 한다. 다만, 우편신고 등 대통령령으로 정하는 경우에는 접수증을 발급하지 아니할 수 있다.

(2) 납세자 등으로부터 신고서 등을 국세정보통신망을 통해 받은 경우에는 그 접수사실을 전자적 형태로 통보할 수 있다.

06 장부 등의 비치와 보존

납세자는 각 세법에서 규정하는 바에 따라 모든 거래에 관한 장부 및 증거서류를 성실하게 작성하여 갖춰 두어야 한다. 이러한 장부 및 증거서류는 그 거래사실이 속하는 과세기간에 대한 해당 국세의 법정신고기한이 지난 날부터 5년간(역외거래의 경우 7년간) 보존하여야 한다. 다만, 무신고의 경우 및 일반적인 경우의 제척기간이 만료된 날이 속하는 과세기간 이후에 이월결손금을 공제하는 경우에는 이월결손금 공제한 과세기간의 법정신고기한으로부터 1년간 보존하여야 한다. 납세자는 장부와 증거서류의 전부 또는 일부를 전산조직을 이용하여 작성할 수 있다. 이 경우 그 처리과정 등을 자기테이프, 디스켓 또는 그 밖의 정보보존 장치에 보존하여야 한다.

07 국세행정에 대한 협조

세무공무원은 직무를 집행할 때 필요하면 국가기관, 지방자치단체 또는 그 소속 공무원에게 협조를 요청할 수 있다. 이 경우 요청을 받은 자는 정당한 사유가 없으면 협조하여야 한다. 또한 정부는 납세지도를 담당하는 단체에 그 납세지도 경비의 전부 또는 일부를 대통령령으로 정하는 바에 따라 교부금으로 지급할 수 있다.

08 과세자료의 제출과 그 수집에 대한 협조

(1) 세법에 따라 과세자료를 제출할 의무가 있는 자는 과세자료를 성실하게 작성하여 정해진 기한까지 소관 세무서장에게 제출하여야 한다. 다만, 국세정보통신망을 이용하여 제출하는 경우에는 지방국세청장이나 국세청장에게 제출할 수 있다.

(2) 국가기관, 지방자치단체, 금융회사 등 또는 전자계산·정보처리시설을 보유한 자는 과세에 관계되는 자료 또는 통계를 수집하거나 작성하였을 때에는 국세청장에게 통보하여야 한다.

09 지급명세서 자료의 이용

금융실명거래 및 비밀보장에 관한 법률에도 불구하고 세무서장(지방국세청장, 국세청장을 포함)은 소득세법 및 법인세법에 따라 제출받은 이자소득 또는 배당소득에 대한 지급명세서를 다음의 어느 하나에 해당하는 용도에 이용할 수 있다.

(1) 상속·증여 재산의 확인

(2) 조세탈루의 혐의를 인정할 만한 명백한 자료의 확인

(3) 조세특례제한법에 따른 근로장려금 신청자격의 확인

10 통계자료의 작성 및 공개

작성	국세청장은 조세정책의 수립 및 평가 등에 활용하기 위하여 과세정보를 분석·가공한 통계자료(통계자료)를 작성·관리하여야 한다. 이 경우 통계자료는 납세자의 과세정보를 직접적 방법 또는 간접적인 방법으로 확인할 수 없도록 작성되어야 한다.
공개	① 세원의 투명성, 국민의 알권리 보장 및 국세행정의 신뢰증진을 위하여 국세청장은 통계자료를 국세정보공개심의위원회의 심의를 거쳐 일반 국민에게 정기적으로 공개하여야 한다. ② 또한 국세청장은 국세정보를 공개하기 위하여 예산의 범위 안에서 국세정보시스템을 구축·운용할 수 있다.
제공	① 국세청장은 다음의 경우에 그 목적의 범위에서 통계자료를 제공하여야 하고 제공한 통계자료의 사본을 기획재정부장관에게 송부하여야 한다. 　㉠ 국회 소관 상임위원회가 의결로 세법의 제정법률안·개정법률안, 세입예산안의 심사 및 국정감사 기타 의정활동에 필요한 통계자료를 요구하는 경우 　㉡ 국회예산정책처장이 의장의 허가를 받아 세법의 제정법률안·개정법률안에 대한 세수추계 또는 세입예산안의 분석을 위하여 필요한 통계자료를 요구하는 경우 ② 국세청장은 국회 소관 상임위원회가 의결로 국세의 부과·징수·감면 등에 관한 자료를 요구하는 경우에는 그 사용목적에 맞는 범위 안에서 과세정보를 납세자 개인정보를 직접적인 방법 또는 간접적인 방법으로 확인할 수 없도록 가공하여 제공하여야 한다. ③ 국세청장은 정부출연연구기관 등의 설립·운영 및 육성에 관한 법률 제8조 제1항에 따라 설립된 연구기관의 장이 조세정책의 연구를 목적으로 통계자료를 요구하는 경우 그 사용 목적에 맞는 범위 안에서 제공할 수 있다. 이 경우 통계자료의 범위, 제공 절차, 비밀유지 등에 관하여 필요한 사항은 대통령령으로 정한다. ④ 국세청장은 다음 중 하나에 해당하는 자가 조세정책의 평가 및 연구 등에 활용하기 위하여 통계자료 작성에 사용된 기초자료(이하 '기초자료')를 직접 분석하기를 원하는 경우 국세청 내에 설치된 대통령령으로 정하는 시설 내에서 기초자료를 그 사용목적에 맞는 범위에서 제공할 수 있다. 이 경우 기초자료는 개별 납세자의 과세정보를 직접적 또는 간접적 방법으로 확인할 수 없는 상태로 제공하여야 한다. 　㉠ 국회의원 　㉡ 국회법에 따른 국회사무총장·국회도서관장·국회예산정책처장·국회입법조사처장 및 국회미래연구원법에 따른 국회미래연구원장

제공	㉢ 정부조직법에 따른 중앙행정기관의 장 ㉣ 지방자치법에 따른 지방자치단체의 장 ㉤ 그 밖에 정부출연연구기관 등의 설립·운영 및 육성에 관한 법률에 따른 정부출연연구기관의 장 등 대통령령으로 정하는 자 ⑤ 국세청장은 조세정책의 평가 및 연구를 목적으로 기초자료를 이용하려는 자가 소득세 관련 기초자료의 일부의 제공을 요구하는 경우에는 소득세 관련 기초자료의 일부를 검증된 통계작성기법을 적용하여 표본 형태로 처리한 기초자료(이하 '표본자료')를 대통령령으로 정하는 방법에 따라 제공할 수 있다. 이 경우 표본자료는 그 사용 목적에 맞는 범위에서 개별 납세자의 과세정보를 직접적 또는 간접적 방법으로 확인할 수 없는 상태로 가공하여 제공하여야 한다. ⑥ 제공되거나 송부된 통계자료(공개된 것은 제외), 제공된 기초자료 및 제공된 표본자료를 알게 된 자는 그 통계자료, 기초자료 및 표본자료를 목적 외의 용도로 사용해서는 아니 된다.
비밀유지	제공되거나 송부된 통계자료(공개된 것은 제외)를 알게 된 자는 그 통계자료를 목적 외의 용도로 사용해서는 아니 된다.

11 가족관계등록 전산정보의 공동이용

내용	국세청장, 지방국세청장, 세무서장 및 조세심판원장은 심사·심판 및 과세전적부심사 업무를 처리할 때 행정심판법에 따른 청구인 지위 승계의 신고 또는 허가 업무를 처리하기 위하여 전자정부법에 따라 가족관계의 등록 등에 관한 법률에 따른 전산정보자료를 공동이용(개인정보 보호법에 따른 처리를 포함)할 수 있다.
벌칙	① 직무집행 거부 등에 대한 과태료: 관할 세무서장은 세법의 질문·조사권 규정에 따른 세무공무원의 질문에 대하여 거짓으로 진술하거나 그 직무집행을 거부 또는 기피한 자에게 5천만원 이하의 과태료를 부과·징수한다. ② 금품 수수 및 공여에 대한 과태료: 관할 세무서장 또는 세관장은 세무공무원에게 금품을 공여한 자에게 그 금품 상당액의 2배 이상 5배 이하의 과태료를 부과·징수한다. 다만, 형법 등 다른 법률에 따라 형사처벌을 받은 경우에는 과태료를 부과하지 아니하고, 과태료를 부과한 후 형사처벌을 받은 경우에는 과태료 부과를 취소한다. ③ 비밀유지 의무 위반에 대한 과태료: 국세청장은 알게 된 과세정보를 타인에게 제공 또는 누설하거나 그 목적 외의 용도로 사용한 자에게 2천만원 이하의 과태료를 부과·징수한다. 다만, 형법 등 다른 법률에 따라 형사처벌을 받은 경우에는 과태료를 부과하지 아니하고, 과태료를 부과한 후 형사처벌을 받은 경우에는 과태료 부과를 취소한다.

01 국세기본법에서 사용하는 용어의 뜻으로 옳지 않은 것은?   2022년 국가직 9급

① '납세자'란 납세의무자(연대납세의무자를 제외함)와 세법에 따라 국세를 징수하여 납부할 의무를 지는 자를 말한다.
② '원천징수'란 세법에 따라 원천징수의무자가 국세(이와 관계되는 가산세는 제외함)를 징수하는 것을 말한다.
③ '보증인'이란 납세자의 국세 또는 강제징수비의 납부를 보증한 자를 말한다.
④ '제2차 납세의무자'란 납세자가 납세의무를 이행할 수 없는 경우에 납세자를 갈음하여 납세의무를 지는 자를 말한다.

> **정답 및 해설**
>
> 납세자란 납세의무자(연대납세의무자와 납세자를 갈음하여 납부할 의무가 생긴 경우의 제2차 납세의무자 및 보증인을 포함함)와 세법에 따라 국세를 징수하여 납부할 의무를 지는 자를 말한다.
>
> 답 ①

02 국세기본법상 기간과 기한에 대한 설명으로 옳은 것은?   2011년 국가직 9급 변형

① 기간의 계산에 대한 국세기본법 또는 세법의 규정이 민법의 규정과 상충되면 민법의 규정에 따른다.
② 금융회사 등(한국은행 국고대리점 및 국고수납대리점인 금융회사 등만 해당함) 또는 체신관서의 휴무나 그 밖의 부득이한 사유로 정상적인 세금납부가 곤란하다고 국세청장이 인정하는 경우는 기한연장사유에 해당하지 않는다.
③ 과세표준신고서 등을 국세정보통신망을 이용하여 제출하는 경우에는 해당 신고서 등을 국세정보통신망에 전송된 때에 신고되거나 청구된 것으로 본다.
④ 증여세 신고기한이 4월 1일(금요일)이고 공휴일인 경우 4월 3일까지 신고하여야 한다.

> 정답 및 해설

과세표준신고서 등을 국세정보통신망을 이용하여 제출하는 경우에는 해당 신고서 등이 국세청장에게 전송된 때에 신고되거나 청구된 것으로 본다. 국세정보통신망 개편으로 과세표준신고서 등의 임시저장이 가능해짐에 따라 전자신고에 따른 신고시기를 전송된 때로 변경하였다.

> 선지분석

① 국세기본법 또는 세법에 규정하는 기간의 계산은 국세기본법 또는 그 세법에 특별한 규정이 있는 것을 제외하고는 민법에 따른다.
② 금융기관 등의 휴무로 인하여 정상적인 세금납부가 곤란하다고 국세청장이 인정하는 경우 기한연장사유에 해당한다.
④ 신고기한이 공휴일·토요일 및 근로자의 날에 해당하는 때에는 그 공휴일·토요일 및 근로자의 날의 다음 날을 기한으로 한다. 따라서 증여세 신고기한이 4월 1일(금요일)이고 공휴일인 경우 4월 4일까지 신고하여야 한다.

4월 1일	4월 2일	4월 3일	4월 4일
공휴일	토요일	일요일	신고기한

답 ③

03 국세기본법령과 소득세법의 기간 및 기한에 대한 설명으로 옳은 것은? 2022년 국가직 9급

① 수시부과 후 추가발생소득이 없는 거주자는 그 종합소득과세표준을 다음 연도 5월 1일부터 5월 31일까지 확정신고하고 종합소득 산출세액을 자진납부하여야 한다.
② 부담부증여의 채무액에 해당하는 부분으로서 양도로 보는 경우 그 양도일이 속하는 달의 말일부터 4개월 이내에 양도소득과세표준을 납세지 관할 세무서장에게 신고하여야 한다.
③ 세무조사의 결과에 대한 서면통지를 받은 자는 통지를 받은 날로부터 90일 이내에 과세전적부심사 청구를 할 수 있다.
④ 국세기본법 또는 세법에서 규정하는 납부기한 만료일에 정전으로 국세정보통신망의 가동이 정지되어 전자납부를 할 수 없는 경우 그 장애가 복구되어 납부할 수 있게 된 날의 다음 날을 기한으로 한다.

> 정답 및 해설

> 선지분석

① 수시부과 후 추가로 발생한 소득이 없을 경우에는 과세표준확정신고를 하지 아니할 수 있다.
② 부담부증여의 채무액에 해당하는 부분으로서 양도로 보는 경우 그 양도일이 속하는 달의 말일부터 3개월 이내에 양도소득과세표준을 납세지 관할 세무서장에게 신고하여야 한다.
③ 세무조사의 결과에 대한 서면통지를 받은 자는 통지를 받은 날로부터 30일 이내에 과세전적부심사 청구를 할 수 있다.

답 ④

04
국세기본법상 기간과 기한에 대한 설명으로 옳지 않은 것을 모두 고르면? 2012년 국가직 7급 변형

ㄱ. 우편으로 과세표준신고서를 제출한 경우로서 우편날짜도장이 찍히지 아니하였거나 분명하지 아니한 경우에는 신고서가 도달한 날에 신고된 것으로 본다.
ㄴ. 세법에서 규정하는 신고기한 만료일 또는 납부기한 만료일에 국세정보통신망이 장애로 가동이 정지되어 전자신고나 전자납부를 할 수 없는 경우에는 그 장애가 복구되어 신고 또는 납부할 수 있게 된 날을 기한으로 한다.
ㄷ. 천재지변 등의 사유로 세법에서 규정하는 신고 또는 납부를 정해진 기한까지 할 수 없다고 관할 세무서장이 인정하는 경우에는 납세자의 신청이 없는 경우에도 그 기한을 연장할 수 있다.
ㄹ. 관할 세무서장은 천재지변이나 그 밖에 대통령령으로 정하는 사유로 국세기본법 또는 세법에서 규정하는 신고, 신청, 청구, 그 밖에 서류의 제출 또는 통지를 정하여진 기한까지 할 수 없다고 인정하는 경우나 납세자가 기한 연장을 신청한 경우에는 그 기한을 연장할 수 있다.

① ㄱ, ㄴ
② ㄴ, ㄷ
③ ㄴ, ㄹ
④ ㄷ, ㄹ

정답 및 해설

ㄱ. 우편으로 과세표준신고서를 제출한 경우 통신날짜도장이 찍히지 아니하였거나 분명하지 아니한 경우에는 통상 걸리는 배송일수를 기준으로 발송한 날로 인정되는 날에 신고된 것으로 본다.
ㄴ. 전자납부의 활성화를 유도하고 납세편의를 제고하기 위하여 전산시스템의 장애로 전자납부를 원하는 납세자가 납부를 못하는 경우 그 장애가 복구되어 신고 또는 납부할 수 있게 된 날의 다음 날을 기한으로 한다.

선지분석
ㄹ. 납부기한 연장과 징수유예의 제도의 목적, 절차 및 효과가 유사하여 납부기한 연장과 관련된 규정은 국세징수법으로 이관한다.

답 ①

05
국세기본법상 서류의 송달에 대한 설명으로 옳은 것은? 2014년 국가직 7급 변형

① 연대납세의무자에게 강제징수에 관한 서류를 송달할 때에는 연대납세의무자 모두에게 각각 송달하여야 한다.
② 소득세 중간예납세액이 100만 원인 납부고지서의 송달을 우편으로 할 때는 일반우편으로 하여야 한다.
③ 정보통신망의 장애로 납부고지서의 전자송달이 불가능한 경우에는 교부에 의해서만 송달을 할 수 있다.
④ 납부고지서를 송달받아야 할 자의 주소를 주민등록표에 의해 확인할 수 없는 경우, 서류의 주요 내용을 공고한 날부터 14일이 지나면 서류송달이 된 것으로 본다.

> 정답 및 해설

납부고지서를 송달받아야 할 자의 주소를 주민등록표에 의해 확인할 수 없는 경우(공시송달사유), 서류의 주요 내용을 공고한 날부터 14일이 지나면 서류송달이 된 것으로 본다(공시송달의 효력발생시기).

> 선지분석

① 연대납세의무자에게 납부의 고지와 독촉(강제징수 ✕)에 관한 서류는 연대납세의무자 모두에게 각각 송달하여야 한다.
② 소득세 중간예납세액이 50만 원 미만에 해당하는 납부고지서는 일반우편으로 송달할 수 있다. 따라서 소득세 중간예납세액이 100만 원인 납부고지서는 반드시 등기우편으로 하여야 한다.
③ 정보통신망의 장애로 납부고지의 전자송달이 불가능한 경우에는 교부 또는 우편에 의하여 송달할 수 있다.

답 ④

06 국세기본법령상 서류의 송달에 대한 설명으로 옳지 않은 것은? 2020년 국가직 9급

① 서류명의인, 그 동거인 등 법정된 자가 송달할 장소에 없는 경우로서 서류를 등기우편으로 송달하였으나 수취인이 부재중인 것으로 확인되어 반송됨으로써 납부기한 내에 송달이 곤란하다고 인정되는 경우에는 공시송달할 수 있다.
② 독촉에 관한 서류는 연대납세의무자 모두에게 각각 송달하여야 한다.
③ 송달할 장소에서 서류를 송달받아야 할 자가 부재중인 경우에는 송달할 장소에 서류를 둘 수 있다.
④ 상속이 개시된 경우 상속재산관리인이 있을 때에는 세법에서 규정하는 서류는 그 상속재산관리인의 주소 또는 영업소에 송달한다.

> 정답 및 해설

송달할 장소에서 서류를 송달받아야 할 자를 만나지 못하였을 때에는 그 사용인이나 그 밖의 종업원 또는 동거인으로서 사리를 판별할 수 있는 사람에게 서류를 송달할 수 있으며, 서류를 송달받아야 할 자 또는 그 사용인이나 그 밖의 종업원 또는 동거인으로서 사리를 판별할 수 있는 사람이 정당한 사유 없이 서류 수령을 거부할 때에는 송달할 장소에 서류를 둘 수 있다. 따라서 적법한 수령권자들이 송달장소를 이탈하여 부재중인 상태에서 이루어진 유치송달은 부적법하다.

답 ③

07 국세기본법상 공시송달에 대한 설명으로 옳지 않은 것은?   2017년 국가직 7급

① 서류를 송달받아야 할 자의 주소 또는 영업소가 국외에 있고 송달하기 곤란한 경우에 서류의 주요 내용을 공고한 날부터 14일이 지나면 서류송달이 된 것으로 본다.
② 서류를 송달받아야 할 자의 주소 또는 영업소가 분명하지 아니한 경우에 서류의 주요 내용을 공고한 날부터 14일이 지나면 서류송달이 된 것으로 본다.
③ 국세정보통신망을 이용하여 공시송달을 할 때에는 다른 공시송달 방법과 함께 하여야 한다.
④ 세무서의 게시판이나 그 밖의 적절한 장소를 이용하여 공시송달을 할 때에는 다른 공시송달 방법과 함께 하여야 한다.

정답 및 해설

세무서의 게시판이나 그 밖의 적절한 장소를 이용하여 공시송달을 할 때에는 다른 송달방법과 함께 하지 않아도 된다.

> **국세기본법 제11조【공시송달】** ② 제1항에 따른 공고는 다음 각 호의 어느 하나에 게시하거나 게재하여야 한다. 이 경우 국세정보통신망을 이용하여 공시송달을 할 때에는 다른 공시송달 방법과 함께 하여야 한다.
> 1. 국세정보통신망
> 2. 세무서의 게시판이나 그 밖의 적절한 장소
> 3. 해당 서류의 송달 장소를 관할하는 특별자치시 등의 홈페이지, 게시판이나 그 밖의 적절한 장소
> 4. 관보 또는 일간신문

선지분석
①, ② 공시송달의 사유와 공시송달의 효력발생시기에 대한 옳은 내용이다.

답 ④

08 국세기본법상 법인 아닌 단체에 대한 설명으로 옳지 않은 것은?   2015년 국가직 9급

① 국세기본법에 의하여 법인으로 보는 법인 아닌 단체는 법인세법에서 비영리법인으로 본다.
② 주무관청의 허가 또는 인가를 받아 설립된 단체로서 수익을 구성원에게 분배하지 않는 경우에는 대표자나 관리인이 관할 세무서장에게 신청하여 승인을 받아야 법인으로 본다.
③ 법인 아닌 단체가 국세기본법에 의하여 법인으로 의제되지 않더라도 소득세법에 의하여 그 단체를 1거주자로 보아 과세할 수도 있다.
④ 법인으로 보는 법인 아닌 단체의 국세에 관한 의무는 그 대표자나 관리인이 이행하여야 한다.

> **정답 및 해설**

> 📄 **당연의제법인(국세기본법 제13조 제1항 참조)**
> 법인 아닌 단체 가운데 다음 중 어느 하나에 해당하는 것으로서 수익을 구성원에게 분배하지 아니하는 것은 법인으로 보아 국세기본법과 세법을 적용함. 즉, 다음 중 어느 하나에 해당하며, 수익을 구성원에게 분배하지 아니한 경우 과세관청의 승인 등과 같은 별도의 특정한 절차를 거침이 없이 당연히 법인으로 의제함
> 1. 주무관청의 허가 또는 인가를 받아 설립되거나 법령에 따라 주무관청에 등록한 사단, 재단, 그 밖의 단체로서 등기되지 않은 것
> 2. 공익을 목적으로 출연된 기본재산이 있는 재단으로서 등기되지 않은 것

선지분석
① 국세기본법상 법인으로 보는 단체는 구성원에게 수익을 분배하지 아니하므로 비영리법인으로 보아 법인세법·상속증여세법을 적용한다.
③ 법인으로 보는 단체 외의 단체가 구성원 간 이익의 분배방법이나 분배비율이 정하여져 있지 아니하거나 확인되지 아니하는 경우에는 1거주자 또는 1비거주자로 보아 소득세를 부과한다.
④ 법인으로 보는 단체의 의무이행규정에 대한 옳은 내용이다.

답 ②

09 거주자 甲이 A 회사와 판매수익의 귀속주체를 甲으로 하는 판매약정을 체결한 후 A 회사 영업이사 직함을 사용하여 A 회사가 생산한 정제유를 A 회사 명의로 판매하였다. 甲이 독자적으로 관리·사용하던 A 회사 명의의 계좌를 통한 거래 중 무자료 거래에서 확인된 매출누락 등에 따른 세금을 과세관청이 A 회사가 아닌 甲에게 부담시키기 위한 국세부과의 원칙은?

2019년 국가직 7급

① 실질과세의 원칙
② 신의성실의 원칙
③ 근거과세의 원칙
④ 조세감면의 사후관리의 원칙

> **정답 및 해설**

과세의 대상이 되는 소득, 수익, 재산, 행위 또는 거래의 귀속이 명의일 뿐이고 사실상 귀속되는 자가 따로 있을 때에는 사실상 귀속되는 자를 납세의무자로 하여 세법을 적용한다.

답 ①

10 국세기본법상 신의성실의 원칙에 관한 판례의 내용으로 옳은 것은?

2009년 국가직 7급

① 과세관청이 납세의무자에게 부가가치세 면세사업자용 사업자등록증을 교부하였다면 그가 영위하는 사업에 관하여 부가가치세를 과세하지 아니함을 시사하는 언동이나 공적인 견해를 표명한 것으로 볼 수 있다.
② 조세법률주의에 의하여 합법성이 강하게 작용하는 조세 실체법에 대한 신의성실의 원칙 적용은 합법성을 희생하여서라도 구체적 신뢰보호의 필요성이 인정되는 경우에 한하여 허용된다.
③ 납세의무자가 자산을 과대계상하거나 부채를 과소계상하는 등의 방법으로 분식결산을 하고 이에 따라 과다하게 법인세를 신고·납부하였다가 그 과다납부한 세액에 대하여 취소소송을 제기하여 다툰다는 것만으로도 신의성실의 원칙에 위반될 정도로 심한 배신행위를 하였다고 할 수 있다.
④ 과세관청에게 신의성실의 원칙을 적용하기 위해서는 객관적으로 모순되는 행태가 존재하고, 그 행태가 납세의무자의 심한 배신행위에 기인하였으며, 그에 기하여 야기된 과세관청의 신뢰가 보호받을 가치가 있는 것이어야 한다.

정답 및 해설

조세법률주의는 조세법의 최고의 지도원리이므로 신의성실의 원칙은 합법성의 원칙을 훼손하지 않는 범위에서 제한적으로 적용되어야 한다.

과세관청에 대한 신의성실의 원칙
1. 과세관청이 납세자에게 신뢰의 대상이 되는 공적인 견해표명을 하여야 함
2. 과세관청의 견해표명이 정당하다고 신뢰한 데 대하여 납세자에게 귀책사유가 없어야 함
3. 납세자가 그 견해표명을 신뢰하고 이에 따라 세무처리 등의 행위를 하여야 함
4. 과세관청이 위 견해표명에 반하는 처분을 함으로써 납세자가 불이익을 받아야 함
   참고 이때 처분은 반드시 적법한 처분이어야 함. 위법한 처분인 경우 무효이거나 취소되기 때문임

선지분석
① 과세관청이 납세의무자에게 부가가치세 면세사업자용 사업자등록증을 교부한 것은 그가 영위하는 사업에 관하여 부가가치세를 과세하지 아니함을 시사하는 언동이나 공적인 견해를 표명한 것으로 볼 수 없다.
③ 납세의무자가 자산을 과대계상하거나 부채를 과소계상하는 등의 방법으로 분식결산을 하고 이에 따라 과다하게 법인세를 신고, 납부하였다가 그 과다납부한 세액에 대하여 취소소송을 제기하여 다툰다는 것만으로는 신의성실의 원칙에 위반한 정도에 심한 배신행위를 하였다고 할 수 없다.
④ 납세자에게 신의성실의 원칙을 적용하기 위해서는 객관적으로 모순되는 행태가 존재하고, 그 행태가 납세의무자의 심한 배신행위에 기인하였으며, 그에 기하여 과세관청의 신뢰가 보호받을 가치가 있어야 한다.

답 ②

11. 국세기본법상 세법해석의 기준 및 소급과세의 금지에 대한 설명으로 옳지 않은 것은? 2011년 국가직 9급

① 세법의 해석·적용에 있어서는 과세의 형평과 당해 조항의 합목적성에 비추어 납세자의 재산권이 부당하게 침해되지 아니하도록 하여야 한다.
② 국세를 납부할 의무가 성립한 소득·수익·재산·행위 또는 거래에 대하여는 그 성립 후의 새로운 세법에 의하여 소급하여 과세하지 아니한다.
③ 세법의 해석 또는 국세행정의 관행이 일반적으로 납세자에게 받아들여진 후에는 그 해석이나 관행에 의한 행위 또는 계산은 정당한 것으로 보며, 새로운 해석이나 관행에 의하여 소급하여 과세되지 아니한다.
④ 세법 이외의 법률 중 국세의 부과·징수·감면 또는 그 절차에 관하여 규정하고 있는 조항에 대해서는 세법해석의 기준에 대한 국세기본법 규정이 적용되지 아니한다.

정답 및 해설

세법 외의 법률 중 국세의 부과·징수·감면 또는 그 절차에 관하여 규정하고 있는 조항은 세법해석의 기준 및 소급과세의 금지의 규정을 적용할 때에는 세법으로 본다. 따라서 세법 이외의 법률 중 국세의 부과·징수·감면 또는 그 절차에 관하여 규정하고 있는 조항에 대해서는 세법해석의 기준에 대한 국세기본법의 규정이 적용된다.

선지분석
① 세법적용의 원칙 중 세법해석의 기준에 대한 옳은 내용이다.
② 세법적용의 원칙 중 입법에 의한 소급과세의 금지에 대한 옳은 내용이다.
③ 세법적용의 원칙 중 세법의 해석·관행에 의한 소급과세의 금지에 대한 옳은 내용이다.

답 ④

12 국세기본법상 납세의무의 성립시기로 옳지 않은 것은?

2010년 국가직 7급

① 부가가치세는 과세기간이 끝나는 때 납세의무가 성립한다. 단, 수입재화의 경우에는 세관장에게 수입신고를 하는 때 납세의무가 성립한다.
② 각 사업연도소득에 대한 법인세는 과세표준과 세액을 정부에 신고하는 때 납세의무가 성립한다.
③ 상속세는 상속이 개시되는 때 납세의무가 성립한다.
④ 인지세는 과세문서를 작성한 때 납세의무가 성립한다.

정답 및 해설

각 사업연도소득에 대한 법인세는 <u>과세기간이 끝나는 때</u> 납세의무가 성립한다.

> **법인세의 성립시기(국세기본법 제21조 제2항 제1호 참조)**
> 1. 원칙: 과세기간이 끝나는 때
> 2. 청산소득 법인세: 그 법인이 해산하는 때

선지분석

①
> **부가가치세의 성립시기(국세기본법 제21조 제2항 제4호 참조)**
> 1. 원칙: 과세기간이 끝나는 때
> 2. 수입재화 부가가치세: 세관장에게 수입신고하는 때

③
> **상속세 · 증여세의 성립시기(국세기본법 제21조 제2항 제2호 · 제3호 참조)**
> 1. 상속세: 상속이 개시되는 때(상속세 신고일 ×)
> 2. 증여세: 증여에 의하여 재산을 취득하는 때(증여계약일 ×)

④
> **인지세 · 증권거래세의 성립시기(국세기본법 제21조 제2항 제6호 · 제7호 참조)**
> 1. 인지세: 과세문서를 작성한 때(인지를 첨부할 때 ×)
> 2. 증권거래세: 해당 매매거래가 확정되는 때

답 ②

13. 국세기본법상 납세의무의 성립에 대한 설명으로 옳지 않은 것은?

2012년 국가직 9급 변형

① 청산소득에 대한 법인세는 그 법인이 해산하는 때에 성립한다.
② 무신고가산세는 법정신고기한이 경과한 때에 성립한다.
③ 금융업자의 수익금액에 부과되는 교육세는 해당 금융업자의 법인세 납세의무가 확정하는 때에 성립한다.
④ 납세조합이 징수하는 소득세 또는 예정신고납부하는 소득세는 과세표준이 되는 금액이 발생한 달의 말일에 성립한다.

정답 및 해설

금융보험업자의 수입금액에 부과하는 교육세는 과세기간이 끝나는 때 납세의무가 성립한다.

과세기간이 끝나는 때 성립하는 국세(국세기본법 제21조 제2항 제1호·제4호·제8호 참조)
1. 소득세
2. 법인세(단, 청산소득 법인세는 해산하는 때)
3. 부가가치세(단, 수입재화 부가가치세는 수입신고를 하는 때)
4. 금융보험업자의 수입금액에 부과하는 교육세

참고) 국세에 부과되는 교육세는 해당 국세의 납세의무가 성립하는 때 납세의무가 성립함

선지분석

① **법인세의 성립시기(국세기본법 제21조 제2항 제1호 참조)**
1. 원칙: 과세기간이 끝나는 때
2. 청산소득 법인세: 그 법인이 해산하는 때

④ **예외적인 성립시기(국세기본법 제21조 제3항 제2호·제3호 참조)**

납세조합이 징수하는 소득세 또는 예정신고납부하는 소득세	과세표준이 되는 금액이 발생한 달의 말일
중간예납하는 소득세·법인세 또는 예정신고기간·예정부과기간에 대한 부가가치세	중간예납기간 또는 예정신고기간·예정부과기간이 끝나는 때

답 ③

14 국세를 납부할 의무의 확정 또는 그 관련 쟁점에 대한 설명으로 옳은 것은? 2020년 국가직 9급

① 기한 후 신고는 과세표준과 세액을 확정하는 효력을 가진다.
② 세법에 따라 당초 확정된 세액을 증가시키는 경정은 당초 확정된 세액에 관한 국세기본법 및 기타 세법에서 규정하는 권리·의무관계에 영향을 미치지 아니한다.
③ 과세표준신고서를 법정신고기한까지 제출한 자가 수정신고를 하는 경우, 당해 수정신고에는 당초의 신고에 따라 확정된 과세표준과 세액을 증액하여 확정하는 효력이 인정되지 아니한다.
④ 상속세는 상속이 개시되는 때, 증여세는 증여에 의하여 재산을 취득하는 때에 각각 납세의무가 성립하고, 상속세 및 증여세법에 따라 납부의무가 있는 자가 신고하는 때에 확정된다.

정답 및 해설

(선지분석)
① 기한 후 신고는 가산세 부담을 일부 경감하기 위한 추가 신고·납부기회를 준 것에 불과할 뿐이므로 과세표준과 세액을 확정하는 효력이 없다.
③ 과세표준신고서를 법정신고기한까지 제출한 자가 수정신고를 하는 경우, 당해 수정신고에는 당초의 신고에 따라 확정된 과세표준과 세액을 증액하여 확정하는 효력을 가진다.
④ 상속세는 상속이 개시되는 때, 증여세는 증여에 의하여 재산을 취득하는 때에 각각 납세의무가 성립하고, 상속세 및 증여세법에 따라 해당 국세의 과세표준과 세액을 정부가 결정하는 때에 확정된다.

답 ②

15 국세기본법상 납세의무의 성립과 확정에 대한 설명으로 옳지 않은 것은? 2022년 국가직 9급

① 청산소득에 대한 법인세의 납세의무 성립시기는 그 법인이 해산을 하는 때이다.
② 원천징수하는 소득세의 납세의무 성립시기는 과세기간이 끝나는 때이다.
③ 소득세와 법인세는 납세의무자가 과세표준과 세액의 신고를 하지 아니한 경우에는 정부가 과세표준과 세액을 결정하는 때에 그 결정에 따라 확정된다.
④ 납세조합이 징수하는 소득세는 납세의무가 성립하는 때에 특별한 절차 없이 그 세액이 확정된다.

정답 및 해설

원천징수하는 소득세의 납세의무 성립시기는 소득금액 또는 수입금액을 지급하는 때이다.

답 ②

16

국세기본법상 당초처분과 경정처분 간의 관계에 대한 설명으로 옳지 않은 것은? (다툼이 있는 경우 판례에 의함)

2012년 국가직 7급

① 당초처분보다 증액하는 경정처분이 있는 경우 당초처분의 소멸시효는 영향을 받지 않고 진행된다.
② 당초처분보다 감액하는 경정처분이 있는 경우 당초처분에 대한 강제징수절차는 감액된 범위 안에서 계속 진행된다.
③ 감액경정처분은 당초처분과 별개의 독립된 과세처분이 아니라 그 실질은 당초처분의 변경이다.
④ 당초처분에 대해 전치절차를 거친 경우라 하더라도 경정처분은 형식적으로 별개의 행위이므로 전치절차를 생략할 수 없다.

정답 및 해설

증액경정의 경우 그에 대한 불복 시 당초처분에서 치유되지 않은 하자는 다시 이를 다툴 수 있으며 당초처분 시에 존재하고 있다고 주장하는 취소사유가 경정 시에도 계속 존재한다면 당초처분에 대하여 적법한 전심절차를 거친 이상 그 경정에 대하여 따로 전심절차를 거칠 필요없다(대판 1987.3.10, 86누911; 대판 1990.8.28, 90누1892).

선지분석

① 증액경정처분에 대한 일반적인 권리의무관계: 병존설
   1. 당초처분에 따라 확정된 세액에 대해서 행해진 납부고지, 독촉, 가산금 과징, 압류 등의 강제징수절차는 경정처분에 따라 영향을 받지 않고 여전히 유효하게 됨
   2. 국세징수권의 소멸시효도 각각 별도로 진행함
   3. 불복청구기한도 당초처분과 경정처분별로 각각 판단함

② 감액경정처분: 역흡수설
   1. 감액경정으로 감소된 세액 외의 세액에 대한 납부고지, 독촉, 가산금, 압류 등 강제징수절차는 감액경정에 영향을 받지 않고 그대로 존속함
   2. 국세징수권의 소멸시효는 잔존세액을 기준으로 기산함
   3. 당초처분의 통지를 받은 날부터 90일 이내에 불복청구를 하여야 함

③ 감액경정처분은 당초처분과 별개의 독립된 과세처분이 아니라 그 실질은 당초처분의 변경이다(대판 1995.8.11, 95누351).

답 ④

17 국세기본법상 납부의무의 소멸에 대한 설명으로 옳지 않은 것은? 2021년 국가직 9급

① 국세 및 강제징수비를 납부할 의무는 국세를 부과할 수 있는 기간에 국세가 부과되지 아니하고 그 기간이 끝난 때에 소멸한다.
② 교부청구가 있으면 국세징수권 소멸시효는 중단된다.
③ 납세자가 법정신고기한까지 부가가치세 과세표준신고서를 제출하지 않은 경우 부가가치세를 부과할 수 있는 날부터 5년을 부과제척기간으로 한다.
④ 체납자가 국외에 6개월 이상 계속 체류하는 경우 해당 국외체류기간에는 국세징수권의 소멸시효가 진행되지 않는다.

> **정답 및 해설**
>
> 납세자가 부가가치세를 법정신고기한까지 과세표준신고서를 제출하지 아니한 경우에는 해당 국세를 부과할 수 있는 날부터 7년(역외거래의 경우 10년)을 부과제척기간으로 한다.
>
> 답 ③

18 내국법인 (주)D는 제21기(2022년 1월 1일 ~ 12월 31일) 귀속분 법인세 과세표준 및 세액을 법정 신고기한까지 신고·납부하지 않았다. 관할 세무서는 2023년 4월 29일 과세표준과 세액을 결정하여 납부고지서를 발송하였다(발송일: 2023년 5월 2일, 도달일: 2023년 5월 4일, 고지서상 납부기한: 2023년 5월 31일). (주)D의 제21기 귀속분 법인세 납세의무의 소멸에 대한 견해 중 옳은 것만을 모두 고른 것은? 2016년 9급 국가직 변형

> 갑. 법정 신고기한의 다음 날 즉, 2023년 4월 1일이 법인세 부과 제척기간의 기산일이다.
> 을. 납부고지서를 발송하지 않았다면 제척기간이 만료된 후의 부과처분은 당연히 무효가 되므로, 납세고지를 2028년 3월 31일까지 하여야 한다.
> 병. 납부고지서 발송일의 다음 날(2023년 5월 3일)이 징수권 소멸시효의 기산일이다.
> 정. 소멸시효가 완성되는 경우 법인세의 가산금, 강제징수비 및 이자상당세액에도 그 효력이 미친다.

① 갑, 을
② 갑, 정
③ 을, 병
④ 병, 정

> **정답 및 해설**

갑. 법인세 법정신고기한은 3월 31일이고, 부과권의 제척기간(법정신고기한의 다음 날)은 4월 1일이다.
정. 국세징수권의 소멸시효가 완성하면 기산일에 소급하여 징수권이 소멸한다. 따라서 국세는 물론이고 시효기간 중에 발생한 그 국세의 가산금, 강제징수비 및 이자상당세액도 <u>함께 소멸하게 되는 것이다</u>.

> **선지분석**

을. 법인세 무신고시 국세부과의 제척기간은 7년이다. 법인세는 과세표준과 세액을 신고하는 국세에 해당하므로 제척기간의 기산일은 과세표준의 신고기한의 다음 날이다. 따라서 관할 세무서는 제척기간 기산일인 2023년 4월 1일부터 7년 뒤 제척기간 만료일인 2030년 3월 31일까지 납부고지를 하여야 한다.
병. 과세표준과 세액을 정부가 결정하는 경우 소멸시효의 기산일은 그 납부고지에 따른 납부기한의 다음 날이다. 따라서 2023년 5월 31일의 다음 날인 2023년 6월 1일이 소멸시효의 기산일이다.

답 ②

19 甲 세무서장은 법인세를 체납하고 있는 乙 회사에 대하여 회사 소유 A 부동산을 압류하고 이를 매각한 금액으로 법인세를 충당하려고 한다. 그런데 乙 회사에게는 체불임금도 있고, A 부동산을 담보로 한 丙 은행 대출채권도 있다. 이 경우 A 부동산의 매각대금에 대한 변제 순위가 빠른 순서대로 바르게 나열된 것은?

2014년 국가직 7급

① A 부동산에 법인세의 법정기일 이전에 저당권이 설정된 경우: 丙 은행 대출채권 > 법인세 > 최종 3월분 이외의 임금채권
② A 부동산에 법인세의 법정기일 이전에 저당권이 설정된 경우: 최종 3월분 이외의 임금채권 > 丙 은행 대출채권 > 법인세
③ A 부동산에 법인세의 법정기일 이후에 저당권이 설정된 경우: 법인세 > 丙 은행 대출채권 > 최종 3월분 이외의 임금채권
④ A 부동산에 법인세의 법정기일 이후에 저당권이 설정된 경우: 최종 3월분 이외의 임금채권 > 법인세 > 丙 은행 대출채권

> **정답 및 해설**

구분	법정기일 > 설정기일	법정기일 < 설정기일
1순위	국세채권(법인세)	피담보채권(은행 대출채권)
2순위	피담보채권(은행 대출채권)	3개월 이외의 임금채권
3순위	3개월 이외의 임금채권	국세채권

답 ③

20

한국세무서는 거주자 甲의 2022년도 귀속분 소득세 100,000,000원(가산금 제외)이 체납되어 거주자 甲 소유의 주택 D를 2023년 6월 1일에 압류하여 2023년 7월 20일에 매각하였다. 다음 자료에 따라 주택 D의 매각대금 100,000,000원 중 거주자 甲이 체납한 소득세로 징수될 수 있는 금액은?

2017년 국가직 9급

- 거주자 甲의 소득세 신고일: 2023년 5월 30일
- 강제징수비: 3,000,000원
- 주택 D에 설정된 저당권에 따른 피담보채권(저당권 설정일: 2023년 3월 28일): 50,000,000원
- 주택 D에 대한 임차보증금: 25,000,000원(이 중 주택임대차보호법에 따른 우선변제금액은 12,000,000원)
- 거주자 甲이 운영하는 기업체 종업원의 임금채권: 30,000,000원(이 중 근로기준법에 따른 우선변제금액은 15,000,000원)
- 주택 D에 부과된 국세와 가산금은 없음

① 5,000,000원
② 17,000,000원
③ 20,000,000원
④ 70,000,000원

정답 및 해설

1순위	강제징수비 300만 원	
2순위	법정 소액임차보증금 1,200만 원 + 우선변제임금채권 1,500만 원 = 2,700만 원	
3순위	-	
구분	Case 2. 법정기일(2023년 5월 30일) < 설정기일(2023년 3월 28일)	
4순위	피담보채권	5,000만 원
5순위	그 밖의 임금채권	1,500만 원
6순위	소득세	500만 원
7순위	일반채권 및 공과금	-

답 ①

21 거주자 甲이 2020년 귀속 종합소득세를 납부하지 않아 관할 세무서장은 甲의 주택을 2022년 10월 7일에 압류하고, 2023년 4월 5일에 매각하였다. 다음 자료에 따라 주택의 매각대금 70,000,000원 중에서 종합소득세로 징수할 수 있는 금액은?

2021년 국가직 7급

- 강제징수비: 7,000,000원
- 종합소득세: 80,000,000원(신고일: 2023년 5월 20일)
- 해당 주택에 설정된 저당권에 의해 담보되는 채권: 10,000,000원(저당권 설정일: 2023년 5월 25일)
- 해당 주택에 대한 임차보증금(확정일자: 2023년 5월 30일): 40,000,000원(이 중 주택임대차보호법에 따라 임차인이 우선하여 변제받을 수 있는 금액은 15,000,000원임)
- 甲이 운영하는 기업체 종업원의 임금채권: 30,000,000원(이 중 최종 3개월분의 임금은 18,000,000원임)

① 0원
② 20,000,000원
③ 30,000,000원
④ 53,000,000원

정답 및 해설

법정기일 2023년 5월 20일(소득세 신고일)이 담보 설정기일보다 빠르므로 국세채권을 우선하여 징수한다.

우선순위	내용	금액
1순위	강제징수비	7,000,000원
2순위	소액임차보증금과 최종3개월 분 임금채권	33,000,000원
3순위	소득세	30,000,000원

답 ③

22 세법상 양도담보와 관련된 규정에 대한 설명으로 옳지 않은 것은? 2012년 국가직 7급 변형

① 납세자가 국세 및 강제징수비를 체납한 경우에 그 납세자에게 양도담보재산이 있을 때에는 그 납세자의 다른 재산에 대하여 강제징수를 집행하여도 징수할 금액에 미치지 못하는 경우에만 국세징수법에서 정하는 바에 따라 그 양도담보재산으로써 납세자의 국세 및 강제징수비를 징수할 수 있다.
② 양도담보계약에 의하여 자산의 소유권을 이전하더라도 소득세법상 양도로 보지 아니한다.
③ 양도담보의 목적으로 동산이나 부동산을 제공하더라도 부가가치세법상 재화의 공급에 해당하지 아니한다.
④ 양도담보설정자인 사업자가 양도담보로 제공한 자산을 사업에 직접 사용하고 있는 경우에는 양도담보권자가 그 자산에 대한 감가상각비를 손금에 산입할 수 있다.

정답 및 해설

양도담보설정자인 사업자가 양도담보로 제공한 자산을 사업에 직접 사용하고 있는 경우에는 <u>양도담보설정자(양도담보권자 X)</u>가 그 자산에 대한 감가상각비를 손금에 산입할 수 있다.

선지분석
① 양도담보권자의 물적납세의무에 대한 옳은 내용이다.
②
> 📄 양도담보에 대한 소득세법 규정(소득세법 제88조 제1호, 소득세법 시행령 제151조 제2항 참조)
> 1. 원칙: 양도 X
> 2. 채무불이행으로 인하여 자산을 변제에 충당할 때: 양도 O

③ 부가가치세법령상 양도담보의 목적으로 부동산상의 권리를 제공하는 것은 형식적 소유권 이전에 불과하므로 재화의 공급으로 보지 아니한다.

답 ④

23 국세기본법상 납세의무의 승계에 대한 설명으로 옳지 않은 것은? 2016년 국가직 7급 변형

① 법인이 합병한 경우 합병 후 존속하는 법인 또는 합병으로 설립된 법인은 합병으로 소멸된 법인에 부과되거나 그 법인이 납부할 국세 및 강제징수비를 납부할 의무를 진다.
② 상속이 개시된 때에 그 상속인은 피상속인에게 부과되거나 그 피상속인이 납부할 국세 및 강제징수비를 상속으로 받은 재산의 한도에서 납부할 의무를 진다.
③ 피상속인에게 한 처분은 상속으로 인한 납세의무를 승계하는 상속인에 대해서도 효력이 있다.
④ 상속으로 납세의무를 승계함에 있어서 상속인이 2명 이상일 때에는 각 상속인은 피상속인이 납부할 국세 및 강제징수비를 상속분에 따라 나누어 계산하여 상속으로 받은 재산의 한도에서 분할하여 납부할 의무를 진다.

> 정답 및 해설

상속인이 2명 이상일 때에는 각 상속인은 피상속인에게 부과되거나 그 피상속인이 납부할 국세 및 강제징수비를 상속분에 따라 나누어 계산하여 상속으로 받은 재산의 한도에서 연대하여 납부할 의무를 진다.

> 선지분석
① 납세의무의 승계 중 법인의 합병으로 인한 승계에 대한 옳은 설명이다.
② 납세의무의 승계 중 상속으로 인한 승계에 대한 옳은 설명이다.
③ 피상속인에 대해 행한 처분의 효력에 관한 규정에 대한 옳은 설명이다.

답 ④

24 국세기본법상 연대납세의무에 대한 설명으로 옳지 않은 것은?

2011년 국가직 9급 변형

① 공유물, 공동사업 또는 그 공동사업에 속하는 재산과 관계되는 국세 및 강제징수비는 공유자 또는 공동사업자가 연대하여 납부할 의무를 진다.
② 분할법인이 존속하는 경우 분할법인 등은 분할등기일 이전에 분할법인에 부과되거나 납세의무가 성립한 국세 및 강제징수비에 대하여 분할로 승계된 재산가액을 한도로 연대하여 납부할 의무가 있다.
③ 연대납세의 고지와 독촉에 관한 서류는 그 대표자를 명의인으로 하여 송달하여야 한다.
④ 상속인이 있는지 분명하지 아니할 때에는 상속인에게 하여야 할 납부의 고지·독촉이나 그 밖에 필요한 사항은 상속재산관리인에게 하여야 한다.

> 정답 및 해설

연대납세의 고지와 독촉에 관한 서류는 모두에게 각자 송달하여야 한다.

> 선지분석
① 연대납세의무 중 공유물 등의 연대납세의무에 대한 옳은 설명이다.
② 연대납세의무 중 분할 시 연대납세의무에 대한 옳은 설명이다.

> 국세기본법상 연대납세의무(국세기본법 제25조 참조)
> 1. 공유물, 공동사업의 연대납세의무
> 2. 분할 시 연대납세의무
> 3. 신회사 설립 시 연대납세의무

답 ③

25 거주자 甲은 비상장법인인 (주)A의 발행주식총수 100,000주(20,000주는 의결권이 없음) 중 75,000주(15,000주는 의결권이 없음)를 보유하고 있으며, 과점주주면서 그 법인의 경영에 대하여 지배적인 영향력을 행사하고 있다. (주)A가 10억 원의 국세를 체납하였고, (주)A의 재산으로 충당하여도 부족한 금액이 8억 원인 경우 甲이 제2차 납세의무자로서 부담하여야 할 한도는 얼마인가? 2011년 국가직 7급 변형

① 6억 원
② 7.5억 원
③ 8억 원
④ 10억 원

> **정답 및 해설**

[시험장 풀이]

8억 원 × $\dfrac{60,000주}{80,000주}$ = 6억 원

[이해용 풀이]
ⓐ 제2차 납세의무는 주된 납세자의 재산으로 충당하여도 부족한 금액에 대해서만 진다.
ⓑ 과점주주의 한도액 = 징수부족액 × $\dfrac{\text{과점주주의 소유주식수}^*}{\text{발행주식총수}^*}$

*의결권 없는 주식은 제외

답 ①

26 국세기본법상 제2차 납세의무에 대한 설명으로 옳지 않은 것은? 2013년 국가직 7급 변형

① 청산인 등의 제2차 납세의무는 청산인의 경우 분배하거나 인도한 재산의 가액을 한도로 하고, 그 분배 또는 인도를 받은 자의 경우에는 각자가 받은 재산의 가액을 한도로 한다.
② 자본시장과 금융투자업에 관한 법률에 따른 유가증권시장에 상장한 법인의 과점주주는 그 법인이 납부하는 국세에 대하여 제2차 납세의무를 지지 아니한다.
③ 법인의 출자자가 소유한 주식의 양도가 법률에 의해 제한된 경우에는, 그 출자자가 납부할 국세에 대하여 법인은 제2차 납세의무를 진다.
④ 사업양수인의 제2차 납세의무에 있어서 사업양수인이란 사업장별로 그 사업에 관한 미수금을 포함한 모든 권리와 모든 의무를 포괄적으로 승계한 자를 말한다.

> 정답 및 해설

사업양수인의 제2차 납세의무에 있어 사업양수인이란 사업장별로 그 사업에 관한 모든 권리(미수금에 관한 것 제외)와 모든 의무(미지급금에 관한 것 제외)를 포괄적으로 승계한 자를 의미한다. 미수금 및 미지급금은 해당 사업의 중요한 내용에 해당하지 않기 때문이다.

> 선지분석

①
> 📄 청산인 등의 제2차 납세의무의 한도(국세기본법 제38조 참조)
> 1. 청산인: 분배하거나 인도한 재산의 가액
> 2. 잔여재산을 분배 또는 인도를 받은 자: 각자가 받은 재산의 가액

②
> 📄 출자자 등의 제2차 납세의무(국세기본법 제39조 참조)
> 1. 주된 납세의무자: 법인(유가증권시장 및 코스닥시장에 주권상장된 법인은 제외)
> 2. 제2차 납세의무자: 납세의무 성립일 무한책임사원 및 과점주주

③ 법인의 제2차 납세의무에 대한 옳은 내용이다.

답 ④

27 국세기본법상 제2차 납세의무에 대한 설명으로 옳지 않은 것은?

2017년 국가직 7급 변형

① 법인의 제2차 납세의무는 그 법인의 자산총액에서 부채총액을 뺀 가액을 그 법인의 발행주식 총액 또는 출자총액으로 나눈 가액에 그 출자자의 소유주식금액 또는 출자액을 곱하여 산출한 금액을 한도로 한다.
② 사업이 양도·양수된 경우에 양도일 이전에 양도인의 납세의무가 확정된 그 사업에 관한 국세 및 강제징수비를 양도인의 재산으로 충당하여도 부족할 때에는 대통령령으로 정하는 사업의 양수인은 그 부족한 금액에 대하여 양수한 재산의 가액을 한도로 제2차 납세의무를 진다.
③ 법인이 해산한 경우에 그 법인에 부과되거나 그 법인이 납부할 국세 및 강제징수비를 납부하지 아니하고 청산 후 남은 재산을 분배하거나 인도하였을 때에 그 법인에 대하여 강제징수를 집행하여도 징수할 금액에 미치지 못하는 경우에는 청산인 또는 청산 후 남은 재산을 분배받거나 인도받은 자는 그 부족한 금액에 대하여 제2차 납세의무를 진다. 이에 따른 제2차 납세의무는 청산인의 경우 분배하거나 인도한 재산의 가액을 한도로 하고, 그 분배 또는 인도를 받은 자의 경우에는 각자가 받은 재산의 가액을 한도로 한다.
④ 법인(대통령령으로 정하는 증권시장에 주권이 상장된 법인은 제외)의 재산으로 그 법인에 부과되거나 그 법인이 납부할 국세 및 강제징수비에 충당하여도 부족한 경우에는 그 국세의 납부기간 만료일 현재 과점주주는 그 부족한 금액에 대하여 제2차 납세의무를 진다.

> 정답 및 해설

납부기간 만료일이 아닌 납세의무 성립일이다.

> 📄 제2차 납세의무를 지는 시기(국세기본법 제39조·제40조 참조)
> 1. 출자자 등의 제2차 납세의무자: 납세의무 성립일 무한책임사원 및 과점주주
> 2. 법인의 제2차 납세의무 중 주된 납세자: 납부기간 만료일 무한책임사원 또는 과점주주

답 ④

28 국세기본법상 수정신고와 경정청구에 대한 설명으로 옳지 않은 것은?

2014년 국가직 9급 변형

① 과세표준신고서를 법정신고기한까지 제출한 자는 과세표준신고서에 기재된 과세표준 및 세액이 세법에 따라 신고하여야 할 과세표준 및 세액보다 큰 경우 과세표준수정신고서를 제출할 수 있다.
② 국세의 과세표준 및 세액의 결정 또는 경정을 받은 자가 소득의 귀속을 제3자에게로 변경시키는 결정 또는 경정이 있을 때에는 그 사유가 발생한 것을 안 날부터 3개월 이내에 결정 또는 경정을 청구할 수 있다.
③ 과세표준신고서를 법정신고기한까지 제출한 자는 과세표준신고서에 기재된 환급세액이 세법에 따라 신고하여야 할 환급세액을 초과할 때는 법에 정한 바에 따라 과세표준수정신고서를 제출할 수 있다.
④ 결정 또는 경정의 청구를 받은 세무서장은 그 청구를 받은 날부터 2개월 이내에 과세표준 및 세액을 결정 또는 경정하거나 결정 또는 경정하여야 할 이유가 없다는 뜻을 그 청구를 한 자에게 통지하여야 한다.

정답 및 해설

과세표준신고서에 기재된 과세표준 및 세액이 세법에 따라 신고하여야 할 과세표준 및 세액을 초과하는 때에는 경정청구를 해야 한다.

수정신고와 경정청구의 사유 비교(국세기본법 제45조 제1항, 제45조의2 제1항 참조)

수정신고 사유	1. 과세표준신고서에 기재된 과세표준 및 세액이 세법에 따라 신고하여야 할 <u>과세표준 및 세액에 미치지 못할 때</u> 2. 과세표준신고서에 기재된 결손금액 또는 환급세액이 세법에 따라 신고하여야 할 결손금액이나 환급세액을 초과할 때
경정청구 사유	1. 과세표준신고서에 기재된 과세표준 및 세액이 세법에 따라 신고하여야 할 <u>과세표준 및 세액을 초과할 때</u> 2. 과세표준신고서에 기재된 결손금액 또는 환급세액이 세법에 따라 신고하여야 할 <u>결손금액 또는 환급세액에 미치지 못할 때</u>

선지분석
④ 경정청구에 대한 결정통지는 청구를 한 자가 2개월 이내에 아무런 통지를 받지 못한 경우에는 통지를 받기 전이라도 그 2개월이 되는 날의 다음 날부터 이의신청, 심사청구, 심판청구 또는 감사원법에 따른 심사청구를 할 수 있다.

답 ①

29 국세기본법상 경정청구에 관한 설명으로 옳지 않은 것은?

2011년 국가직 7급

① 법인세 납세의무자가 법정신고기한까지 과세표준확정신고를 한 후 다시 적법한 경정청구를 한 경우에는 그 금액에 대해 납세자의 경정청구만으로도 납세의무가 확정되는 효력이 있다.
② 납세자의 신고에 의하여 확정되는 국세뿐만 아니라 정부의 결정에 의하여 확정되는 국세도 경정청구를 할 수 있다.
③ 납세자가 과세표준신고서를 법정신고기한까지 제출하였으나 해당 국세를 자진 납부하지 않은 경우에도 경정청구를 할 수 있다.
④ 납세자가 과세표준신고서를 법정신고기한까지 제출한 후 관할 세무서장이 경정처분을 한 경우에도 납세자는 경정청구를 할 수 있다.

정답 및 해설

경정청구는 자체만으로는 과세표준 및 세액을 확정시키는 효력이 없다. 경정청구 후 과세관청이 구체적인 결정 또는 경정의 조치를 하여야 확정력이 발생된다.

선지분석

③ 과세표준신고서를 법정신고기한까지 제출한 자(납부와는 관련 ✕)가 통상적인 경정청구를 할 수 있는 자이다.
④ 증액경정처분을 받은 경우 처분이 있음을 안 날부터 90일 이내에 경정을 청구할 수 있다.

📄 확정력의 유무 비교

구분	수정신고		경정청구		기한 후 신고
	신고납세세목	정부부과세목	통상적	후발적	
확정력	○	✕	✕	✕	✕

답 ①

30 국세기본법상 경정청구의 청구기간과 관련한 다음 제시문의 ㉠ ~ ㉢에 들어갈 내용을 바르게 연결한 것은?

2018년 국가직 9급

> 납세자가 법정신고기한까지 과세표준신고서를 제출한 경우에는 국세기본법 제45조의2 제1항에 따라 경정청구를 할 수 있는데 이 경우 법정신고기한이 지난 후 (㉠) 이내에 관할 세무서장에게 그 경정청구를 해야 한다. 다만, 결정 또는 경정으로 인하여 증가된 과세표준 및 세액에 대하여는 해당 처분이 있음을 안 날(처분의 통지를 받은 때에는 그 받은 날)부터 (㉡) 이내[법정신고기한이 지난 후 (㉢) 이내로 한정한다]에 경정을 청구할 수 있다.

	㉠	㉡	㉢
①	5년	60일	5년
②	3년	60일	3년
③	5년	90일	5년
④	3년	90일	3년

정답 및 해설

㉠은 5년, ㉡은 90일, ㉢은 5년이다.

경정청구기한(국세기본법 제45조2 제1항 참조)

통상적 경정청구	법정신고기한이 지난 후 5년 이내
증액경정처분	해당 처분이 있음을 안 날부터 90일 이내(법정신고기한이 지난 후 5년 이내에 한정)
후발적 경정청구	후발적 사유가 발생한 것을 안 날부터 3개월 이내

답 ③

31 국세기본법령상 후발적 사유에 의한 경정청구에 대한 설명으로 옳지 않은 것은?

2021년 국가직 9급

① 과세표준신고서를 법정신고기한까지 제출한 자는 소득이나 그 밖의 과세물건의 귀속을 제3자에게로 변경시키는 결정 또는 경정이 있을 때에는 후발적 사유에 의한 경정을 청구할 수 없다.
② 국세의 과세표준 및 세액의 결정을 받은 자는 조세조약에 따른 상호합의가 최초의 신고·결정 또는 경정의 내용과 다르게 이루어졌을 때에는 후발적 사유에 의한 경정을 청구할 수 있다.
③ 과세표준신고서를 법정신고기한까지 제출한 자는 최초의 신고·결정 또는 경정에서 과세표준 및 세액의 계산 근거가 된 거래 또는 행위 등이 그에 관한 소송에 대한 판결에 의하여 다른 것으로 확정되었을 때에는 후발적 사유에 의한 경정을 청구할 수 있다.
④ 후발적 사유가 발생하였을 때에는 그 사유가 발생한 것을 안 날부터 3개월 이내에 결정 또는 경정을 청구할 수 있다.

정답 및 해설

과세표준신고서를 법정신고기한까지 제출한 자 또는 국세의 과세표준 및 세액의 결정을 받은 자는 소득이나 그 밖의 과세물건의 귀속을 제3자에게로 변경시키는 결정 또는 경정이 있을 때에는 그 사유가 발생한 것을 안 날부터 3개월 이내에 결정 또는 경정을 청구할 수 있다.

답 ①

32 국세기본법상 수정신고와 경정 등의 청구에 대한 설명으로 옳은 것만을 모두 고르면? 2021년 국가직 7급

ㄱ. 상속세의 수정신고는 당초의 신고에 따라 확정된 과세표준과 세액을 증액하여 확정하는 효력을 가진다.
ㄴ. 과세표준신고서를 법정신고기한까지 제출한 자 또는 국세의 과세표준 및 세액의 결정을 받은 자는 후발적 사유가 발생한 경우 그 사유가 발생한 것을 안 날부터 4개월 이내에 결정 또는 경정을 청구할 수 있다.
ㄷ. 과세표준신고서를 법정신고기한까지 제출한 자 및 기한 후 과세표준신고서를 제출한 자는 관할 세무서장이 과세표준과 세액을 결정 또는 경정하여 통지하기 전으로서 국세의 부과제척기간이 끝나기 전까지 수정신고를 할 수 있다.
ㄹ. 과세표준신고서를 법정신고기한까지 제출한 자뿐만 아니라 기한 후 과세표준신고서를 제출한 자도 과세표준 및 세액의 결정 또는 경정을 청구할 수 있다.

① ㄱ, ㄴ
② ㄱ, ㄷ
③ ㄴ, ㄹ
④ ㄷ, ㄹ

정답 및 해설

옳은 것은 ㄷ, ㄹ이다.

선지분석
ㄱ. 상속세의 수정신고는 당초의 신고에 따라 확정된 과세표준과 세액을 증액하여 확정하는 효력을 가지지 아니한다. ∵ 정부부과세목이기 때문이다.
ㄴ. 과세표준신고서를 법정신고기한까지 제출한 자 또는 국세의 과세표준 및 세액의 결정을 받은 자는 후발적 사유가 발생한 경우 그 사유가 발생한 것을 안 날부터 3개월 이내에 결정 또는 경정을 청구할 수 있다.

답 ④

33 국세기본법상 기한 후 신고에 대한 설명으로 옳지 않은 것은? 2018년 국가직 9급

① 납세자가 적법하게 기한 후 과세표준신고서를 제출한 경우 관할 세무서장은 세법에 따라 신고일부터 30일 이내에 해당 국세의 과세표준과 세액을 결정하여야 한다.
② 적법하게 기한 후 과세표준신고서를 제출한 자로서 세법에 따라 납부하여야 할 세액이 있는 자는 그 세액을 납부하여야 한다.
③ 적법한 기한 후 신고가 있다고 하더라도 그 신고에는 해당 국세의 납세의무를 확정하는 효력은 없다.
④ 납세자가 적법하게 기한 후 과세표준신고서를 제출한 경우이지만, 세무서장이 과세표준과 세액을 결정할 것을 미리 알고 그러한 신고를 한 경우에는 기한 후 신고에 따른 무신고가산세 감면을 해주지 않는다.

> **정답 및 해설**

기한 후 과세표준신고서를 제출하거나 수정신고에 따라 기한 후 과세표준신고서를 제출한 자가 과세표준수정신고서를 제출한 경우 관할 세무서장은 세법에 따라 신고일부터 3개월 이내에 해당 국세의 과세표준과 세액을 결정 또는 경정하여 신고인에게 통지하여야 한다. 다만, 그 과세표준과 세액을 조사할 때 조사 등에 장기간이 걸리는 등 부득이한 사유로 신고일부터 3개월 이내에 결정 또는 경정할 수 없는 경우에는 그 사유를 신고인에게 통지하여야 한다.

> **선지분석**

② 단, 제출과 동시에 납부하지 않은 경우에도 적법한 기한 후 신고로 인정한다.
③ 기한 후 신고는 확정력이 없다.
④ 과세표준과 세액을 결정할 것을 미리 알고 신고서를 제출한 경우는 가산세를 감면해주지 아니한다.

답 ①

34 국세기본법상 가산세에 대한 설명으로 옳지 않은 것은? 2015년 국가직 7급

① 세법에 따른 제출기한이 지난 후 1개월 이내에 해당 세법에 따른 제출의무를 이행하는 경우 제출의무 위반에 대하여 세법에 따라 부과되는 해당 가산세액의 100분의 50에 상당하는 금액을 감면한다.
② 납세자가 의무를 이행하지 아니한 데 대한 정당한 사유가 있는 때에는 해당 가산세를 부과하지 아니한다.
③ 가산세는 해당 의무가 규정된 세법의 해당 국세의 세목으로 하며, 해당 국세를 감면하는 경우에는 가산세도 그 감면대상에 포함한 것으로 한다.
④ 가산세 부과의 원인이 되는 사유가 국세기본법에 따른 기한연장사유에 해당하는 경우에는 해당 가산세를 부과하지 아니한다.

정답 및 해설

가산세는 해당 의무가 규정된 세법의 해당 국세의 세목으로 하며, 해당 국세를 감면하는 경우에는 가산세는 그 감면대상에 포함하지 아니한다.

선지분석

① 세법에 따른 제출 등의 기한이 지난 후 1개월 이내에 해당 세법에 따른 제출 등의 의무를 이행하는 경우 가산세 감면(국세기본법 제48조 제2항 제3호 참조)
   1. 감면대상 가산세목: 제출 등의 의무 위반에 대하여 세법에 따라 부과되는 가산세
   2. 감면율: 50%

②, ④ 가산세 100% 감면사유에 해당한다.

답 ③

35 국세기본법상 가산세에 대한 설명으로 옳지 않은 것은? 2018년 국가직 9급

① 가산세는 납부할 세액에 가산하거나 환급받을 세액에서 공제한다.
② 소득세법에 따라 소득세를 원천징수하여 납부할 의무를 지는 자에게 원천징수 등 납부지연가산세를 부과하는 경우에는 납부하지 아니한 세액의 100분의 20에 상당하는 금액을 가산세로 한다.
③ 과세전적부심사 결정·통지기간에 그 결과를 통지하지 아니한 경우 결정·통지가 지연됨으로써 해당 기간에 부과되는 납부불성실·환급불성실가산세액의 100분의 50에 상당하는 금액을 감면한다.
④ 제47조의5 제1항 제1호에 따른 원천징수 등 납부지연가산세 납세의무는 법정납부기한이 경과하는 때에 성립한다.

정답 및 해설

국세기본법 제47조의5【원천징수 등 납부지연가산세】① 국세를 징수하여 납부할 의무를 지는 자가 징수하여야 할 세액을 법정납부기한까지 납부하지 아니하거나 과소납부한 경우에는 납부하지 아니한 세액 또는 과소납부분 세액의 100분의 50(제1호의 금액과 제2호 중 법정납부기한의 다음 날부터 납부고지일까지의 기간에 해당하는 금액을 합한 금액은 100분의 10)에 상당하는 금액을 한도로 하여 다음의 금액을 합한 금액을 가산세로 한다.
1. 납부하지 아니한 세액 또는 과소납부분 세액의 100분의 3에 상당하는 금액
2. 납부하지 아니한 세액 또는 과소납부분 세액 × 법정납부기한의 다음 날부터 납부일까지의 기간(납부고지일부터 납부고지서에 따른 납부기한까지의 기간은 제외) × 10만분의 22

선지분석

③ 과세전적부심사 감면대상 가산세(국세기본법 제47조의5 제1항 참조)
   1. 감면대상 가산세: 결정·통지가 지연됨으로써 해당 기간에 부과되는 납부불성실·환급불성실가산세
   2. 감면세액: 가산세액 × 50%

답 ②

36 국세기본법상 가산세의 감면에 대한 설명으로 옳지 않은 것은? 　　2012년 국가직 7급 변형

① 납세자가 의무를 이행하지 아니한 데 대한 정당한 사유가 있는 경우에는 가산세를 부과하지 아니한다.
② 법정신고기한이 지난 후 1개월 이내에 수정신고한 경우에는 과소신고·초과환급신고가산세액의 90%에 상당하는 금액을 감면한다. 다만, 과세표준과 세액을 경정할 것을 미리 알고 과세표준수정신고서를 제출한 경우는 제외한다.
③ 법정신고기한이 지난 후 국세기본법 제45조의3에 따라 기한 후 신고납부를 한 경우에 그 신고납부가 법정신고기한이 지난 후 1개월 이내에 이루어진 경우에는 무신고가산세의 50%에 상당하는 금액을 감면한다. 다만, 과세표준과 세액을 결정할 것을 미리 알고 기한 후 과세표준신고서를 제출한 경우는 제외한다.
④ 국세기본법 제81조의15에 따른 과세전적부심사 결정·통지기간에 그 결과를 통지하지 아니한 경우에는 신고·납부 관련 가산세의 50%에 상당하는 금액을 감면한다.

정답 및 해설

과세전적부심사 결정 통지기간에 그 결과를 통지하지 아니한 경우(결정 통지가 지연됨으로써 해당 기간에 부과되는 납부지연 가산세만 해당) 해당 가산세액의 50%에 상당하는 금액을 감면한다.

답 ④

37 국세기본법상 국세환급가산금에 관한 설명으로 옳지 않은 것은? 　　2010년 국가직 9급 변형

① 납세자의 국세환급가산금에 관한 권리는 행사할 수 있는 때로부터 5년간 행사하지 아니하면 소멸시효가 완성된다.
② 세무서장은 국세환급금을 충당하거나 지급할 때에는 대통령령으로 정하는 국세환급가산금 기산일부터 충당하는 날 또는 지급결정을 하는 날까지의 기간과 금융회사 등의 예금이자율 등을 고려한 국세환급가산금을 국세환급금에 가산하여야 한다.
③ 경정 등의 청구 또는 이의신청, 심사청구, 심판청구, 감사원법에 따른 심사청구 또는 행정소송법에 따른 소송에 대한 결정이나 판결 없이 고충민원의 처리에 따라 국세환급금을 충당하거나 지급하는 경우에는 국세환급가산금을 가산하여야 한다.
④ 납세자가 상속세를 물납한 후 그 부과의 일부를 감액하는 경정결정에 따라 환급하는 경우에는 국세환급가산금을 국세환급금에 가산하지 아니한다.

정답 및 해설

경정청구, 이의신청, 심사청구, 심판청구 등의 권리구제절차를 거치지 아니한 고충민원의 처리에 따라 국세를 환급하는 경우에는 국세환급가산금 지급대상에서 제외하였다.

선지분석
① 국세환급금의 소멸시효에 대한 옳은 내용이다.
④ 물납재산으로 환급하는 경우 국세환급가산금은 지급하지 아니한다.

답 ③

38 국세기본법상 국세환급에 대한 설명으로 옳은 것은? 2016년 국가직 7급 변형

① 국세환급은 별도의 환급신청이 필요하지 않으며, 당초 물납했던 재산으로 환급받는 물납재산환급의 경우에도 국세환급가산금을 받을 수 있다.
② 세무서장은 국세환급금으로 결정한 금액을 납세자의 동의와 관계없이 대통령령으로 정하는 바에 따라 체납된 국세 및 강제징수비에 충당하여야 한다. 이는 다른 세무서에 체납된 국세 및 강제징수비에 충당하는 경우에도 같다.
③ 세무서장이 국세환급금의 결정이 취소됨에 따라 이미 충당되거나 지급된 금액의 반환을 청구하는 경우에는 고지와 독촉의 절차 없이 당해 납세자의 재산에 대하여 압류를 행한다.
④ 납세자의 국세환급금에 관한 권리는 행사할 수 있는 때부터 5년간 행사하지 아니하면 소멸시효가 완성되며 타인에게 양도할 수 없다.

정답 및 해설

📋 **직권충당(납세자의 동의 없이 충당하는 것, 국세기본법 제51조 제2항 참조)**
1. 국세징수법에 따른 납기 전 징수사유로 납부고지에 의한 납부세액
2. 체납된 국세 및 강제징수비(다른 세무서에 체납된 국세 및 강제징수비 포함)

선지분석
① 국세환급은 별도의 환급신청이 필요하지 않으며, 당초 물납했던 재산으로 환급받는 경우에는 해당 물납 재산으로 환급하여야 한다. 이 경우 국세환급가산금은 지급하지 아니한다.
③ 세무서장이 국세환급금의 결정이 취소됨에 따라 이미 충당되거나 지급된 금액의 반환을 청구하는 경우에는 국세징수법의 고지·독촉 및 강제징수의 규정을 준용한다. **오답** 고지와 독촉의 절차 없이
④ 국세환급금에 관한 권리는 국세환급금통지서를 발급하기 전에 문서로 세무서장에게 양도를 요구한 경우 양도할 수 있다.

답 ②

39 국세기본법상 국세의 환급에 대한 설명으로 옳지 않은 것은?   2020년 국가직 7급

① 국세환급금의 소멸시효는 세무서장이 납세자의 환급청구를 촉구하기 위하여 납세자에게 하는 환급청구의 통지로 인하여 중단되지 아니한다.
② 국세환급금과 국세환급가산금을 과세처분의 취소 또는 무효확인청구의 소 등 행정소송으로 청구한 경우 시효의 중단에 관하여 민법에 따른 청구를 한 것으로 본다.
③ 납세자가 상속세를 물납한 후 그 부과의 전부 또는 일부를 취소하거나 감액하는 경정 결정에 따라 환급하는 경우에는 해당 물납재산으로 환급하면서 국세환급가산금도 지급하여야 한다.
④ 2020년 1월 1일 이후 국세를 환급하는 분부터 과세의 대상이 되는 소득의 귀속이 명의일 뿐이고 실질귀속자가 따로 있어 명의대여자에 대한 과세를 취소하고 실질귀속자를 납세의무자로 하여 과세하는 경우 명의대여자 대신 실질귀속자가 납부한 것으로 확인된 금액은 실질귀속자의 기납부세액으로 먼저 공제하고 남은 금액이 있는 경우에는 실질귀속자에게 환급한다.

> **정답 및 해설**
>
> 납세자가 상속세 및 증여세법에 따라 상속세를 물납한 후 그 부과의 전부 또는 일부를 취소하거나 감액하는 경정 결정에 따라 환급하는 경우에는 해당 물납재산으로 환급하여야 한다. 이 경우 국세환급가산금은 지급하지 아니한다.
>
> 답 ③

40 국세환급가산금의 기산일에 대한 설명으로 옳지 않은 것은? (단, 국세는 분할납부하지 않는다고 가정함)   2012년 국가직 7급 변형

① 법인세법, 소득세법, 부가가치세법, 개별소비세법, 주세법 또는 교통·에너지·환경세법에 따른 환급세액을 신고 또는 잘못 신고함에 따른 경정으로 인하여 환급하는 경우 - 경정결정일
② 적법하게 납부된 후 법률이 개정되어 발생한 국세환급금 - 개정된 법률의 시행일
③ 착오납부, 이중납부 또는 납부 후 그 납부의 기초가 된 신고 또는 부과를 경정하거나 취소함에 따라 발생한 국세환급금 - 국세 납부일
④ 적법하게 납부된 국세의 감면으로 발생한 국세환급금 - 감면결정일

> **정답 및 해설**
>
> 법인세법·소득세법·부가가치세법·개별소비세법·주세법, 교통·에너지·환경세법 또는 조세특례제한법에 따른 환급세액의 신고, 환급신청, 경정 또는 결정으로 인하여 환급하는 경우의 기산일은 신고를 한 날(신고한 날이 법정신고기일 전인 경우에는 해당 법정신고기일) 또는 신청을 한 날부터 30일이 지난 날(세법에서 환급기한을 정하고 있는 경우에는 그 환급기한의 다음 날)이다. 다만, 환급세액을 법정신고기한까지 신고하지 않음에 따른 결정으로 인하여 발생한 환급세액을 환급할 때에는 해당 결정일부터 30일이 지난 날로 한다.
>
> 답 ①

41 국세기본법상 불복절차에 관한 설명으로 옳지 않은 것은? 　　2007년 국가직 9급

① 국세기본법 또는 세법의 규정에 의한 처분이 국세청장이 조사·결정 또는 처리하거나 하였어야 할 것인 경우를 제외하고는 그 처분에 대하여 심사청구 또는 심판청구에 앞서 이의신청을 할 수 있다.
② 국세기본법상의 심판청구에 대한 결정이 있은 때에는 당해 행정청은 결정의 취지에 따라 즉시 필요한 처분을 하여야 한다.
③ 국세처분에 관한 행정소송은 행정소송법의 규정에 불구하고 심사청구 또는 심판청구에 대한 결정의 통지를 받은 날로부터 90일 이내에 제기하여야 한다. 결정기간 내에 결정의 통지를 받지 못한 경우에는 행정소송을 제기할 수 없다.
④ 국세청장은 심사청구의 내용이나 절차가 국세기본법 또는 세법에 적합하지 아니하나 보정할 수 있다고 인정하는 때에는 20일 이내의 기간을 정하여 보정할 것을 요구할 수 있다.

> **정답 및 해설**
>
> 국세처분에 관한 행정소송은 행정소송법의 규정에 불구하고 심사청구 또는 심판청구에 대한 결정의 통지를 받은 날로부터 90일 이내에 제기하여야 한다. 결정기간 내에 통지를 받지 못한 경우에는 결정의 통지를 받기 전이라도 그 결정기간이 지난 날부터 행정소송을 <u>제기할 수 있다.</u>
>
> 답 ③

42 국세기본법상 조세불복제도에 관한 설명으로 옳지 않은 것은? 　　2008년 국가직 7급

① 불복청구인의 대리인은 본인의 특별한 위임 없이도 불복의 신청 또는 청구의 취하를 할 수 있다.
② 조세심판관회의는 심판청구에 대한 결정을 함에 있어서 심판청구를 한 처분보다 청구인에게 불이익이 되는 결정을 할 수 없다.
③ 조세심판관합동회의는 심판청구에 대한 결정을 함에 있어서 심판청구를 한 처분 이외의 처분에 대하여는 그 처분의 전부 또는 일부를 취소 또는 변경하거나 새로운 처분의 결정을 하지 못한다.
④ 이의신청에 대한 결정기간 내에 결정통지를 받지 못한 경우에는 결정통지를 받기 전이라도 그 결정기간이 지난 날부터 심사청구를 할 수 있다.

> **정답 및 해설**
>
> 대리인은 본인을 위하여 그 신청 또는 청구에 관한 모든 행위를 할 수 있다. 다만, <u>그 신청 또는 청구의 취하는 특별한 위임을 받은 경우에만 할 수 있다.</u> 불복의 취하는 납세자에게 불리한 행위이므로 신중을 기하기 위함이다.
>
> (선지분석)
> ② 불이익변경금지의 원칙에 대한 옳은 내용이다.
> ③ 불고불리의 원칙에 대한 옳은 내용이다.
>
> 답 ①

43 국세기본법령상 조세불복의 대리인에 대한 설명으로 옳지 않은 것은? (단, 지방세는 고려하지 않음)

2019년 국가직 9급

① 이의신청인 등과 처분청은 변호사를 대리인으로 선임할 수 있다.
② 이의신청인 등은 신청 또는 청구의 대상이 되는 금액이 3천만 원 미만인 경우 그 배우자도 대리인으로 선임할 수 있다.
③ 조세불복의 신청 또는 청구의 취하는 대리인이 본인으로부터 특별한 위임을 받은 경우에만 할 수 있다.
④ 법인이 아닌 심판청구인이 심판청구의 대상세목이 상속세이고, 청구금액이 5천만 원인 경우 조세심판원에 세무사를 국선대리인으로 선정하여 줄 것을 신청할 수 있다.

> **정답 및 해설**
>
> 📄 **국선대리인 선정신청(국세기본법 제59조의2 제1항 참조)**
> 이의신청인, 심사청구인, 심판청구인 및 과세전적부심사 청구인은 재결청(과세전적부심사의 경우에는 통지를 한 세무서장이나 지방국세청장)에 다음의 요건을 모두 갖추어 국선대리인으로 선정하여 줄 것을 신청할 수 있음
> 1. 이의신청인 등의 소득세법에 따른 종합소득금액이 5천만 원 이하 + 소유 재산의 가액이 5억 원 이하일 것
> 2. 이의신청인 등이 법인이 아닐 것
> 3. 3천만 원 이하인 신청 또는 청구일 것
> 4. 상속세, 증여세 및 종합부동산세가 아닌 세목에 대한 신청 또는 청구일 것

답 ④

44 국세기본법령상 조세불복제도에 대한 설명으로 옳은 것은? (다툼이 있는 경우, 판례에 의함)

2019년 국가직 7급

① 불복을 하더라도 압류 및 공매의 집행에 효력을 미치지 아니하는 것이 원칙이다.
② 조세범 처벌절차법에 따른 통고처분에 대해서는 불복할 수 없다.
③ 심판청구에 대한 재조사결정의 취지에 따른 후속처분이 심판청구를 한 당초처분보다 납세자에게 불리하더라도 불이익변경금지원칙이 적용되지 아니하므로 후속처분 중 당초처분의 세액을 초과하는 부분은 위법하지 않다.
④ 국세청장이 심사청구의 내용이나 절차가 국세기본법 또는 세법에 적합하지 아니하여 20일 이내의 기간을 정하여 보정을 요구한 경우 보정기간은 심사청구기간에 산입하지 아니하나 심사청구에 대한 결정기간에는 산입한다.

정답 및 해설

선지분석

① 납세자의 불복에 대하여는 집행부정지원칙이 적용되므로 납세자가 국세를 납부하지 아니하고 불복하면 압류 등 강제징수가 행해질 수 있다. 다만, 국세기본법에 따른 이의신청·심사청구 또는 심판청구절차가 진행 중이거나 행정소송이 계속 중인 국세의 체납으로 압류한 재산은 그 신청 또는 청구에 대한 결정이나 소(訴)에 대한 판결이 확정되기 전에는 공매할 수 없는 것이 원칙이다.
③ 조세심판관회의 또는 조세심판관합동회의는 심판결정을 할 때 심판청구를 한 처분보다 청구인에게 불리한 결정을 할 수 없다는 것으로, 재조사결정도 불이익변경금지원칙을 적용받는다(대판 2010.6.25, 2007두12514).
④ 국세청장은 심사청구의 내용이나 절차가 이 법 또는 세법에 적합하지 아니하나 보정할 수 있다고 인정되면 20일 이내의 기간을 정하여 보정할 것을 요구할 수 있다. 보정기간은 심사청구기간에 산입하지 아니하며, 심사청구에 대한 결정기간에도 산입하지 아니한다.

답 ②

45 국세기본법상 심사와 심판에 대한 설명으로 옳은 것으로만 묶은 것은?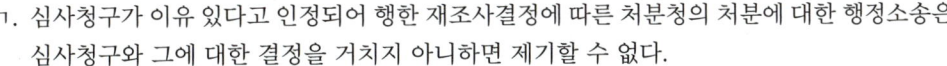

ㄱ. 심사청구가 이유 있다고 인정되어 행한 재조사결정에 따른 처분청의 처분에 대한 행정소송은 심사청구와 그에 대한 결정을 거치지 아니하면 제기할 수 없다.
ㄴ. 감사원법에 따라 심사청구를 한 처분이나 그 심사청구에 대한 처분에 대해서는 국세기본법에 따른 처분의 취소 또는 변경을 청구하거나 필요한 처분을 청구할 수 없다.
ㄷ. 국세청장은 심사청구의 내용이나 절차가 국세기본법 또는 세법에 적합하지 아니하나 보정(補正)할 수 있다고 인정되면 20일 이내의 기간을 정하여 보정할 것을 요구할 수 있고, 보정할 사항이 경미한 경우에는 직권으로 보정할 수 있다.
ㄹ. 심판청구를 제기한 후 같은 날 심사청구를 제기한 경우에는 심사청구를 기각하는 결정을 한다.

① ㄱ, ㄴ
② ㄱ, ㄹ
③ ㄴ, ㄷ
④ ㄷ, ㄹ

정답 및 해설

옳은 것은 ㄴ, ㄷ이다.

선지분석

ㄱ. 위법한 처분에 대한 행정소송은 행정소송법에도 불구하고 국세기본법에 따른 심사청구 또는 심판청구와 그에 대한 결정을 거치지 아니하면 제기할 수 없다. 다만, 심사청구 또는 심판청구에 대한 재조사 결정에 따른 처분청의 처분에 대한 행정소송은 그러하지 아니하다.
ㄹ. 심판청구를 제기한 후 같은 날 심사청구를 제기한 경우에는 부적법한 청구로 보아 각하하는 결정을 한다.

답 ③

46 국세기본법상 납세자의 권리에 대한 설명으로 옳지 않은 것은? 2012년 국가직 9급 변형

① 세무공무원은 납세자 甲에 대한 구체적인 탈세제보가 있는 경우 甲이 제출한 신고서를 진실한 것으로 추정할 수 없다.
② 납세자는 세무조사 시에 변호사, 공인회계사, 세무사 등으로 하여금 조사에 참여하게 하거나 의견을 진술하게 할 수 있다.
③ 세무공무원은 조사대상 세목·업종·규모, 조사 난이도 등을 고려하여 세무조사기간이 최소한이 되도록 정하여야 하되, 거래처 조사가 필요한 경우에는 세무조사기간을 연장할 수 있다.
④ 세무공무원은 납세자 乙의 거래상대방에 대한 조사가 필요한 경우에도 乙의 같은 세목과 같은 과세기간에 대하여 재조사를 할 수 없다.

> **정답 및 해설**

세무공무원은 거래상대방에 대한 조사가 필요한 경우 같은 세목 및 같은 과세기간에 대한 재조사를 할 수 있다.

> **선지분석**

① 수시조사사유는 납세자의 성실성 추정의 배제사유이다.
③ 세무조사기간은 최소한(최대 ×)이 되도록 하여야 한다.

답 ④

47 국세기본법에서 규정하고 있는 납세자의 권리에 대한 설명으로 옳지 않은 것은? 2016년 국가직 9급

① 세무조사의 사전통지를 받은 납세자가 장기출장을 사유로 조사를 받기 곤란한 경우에는 조사의 연기를 신청할 수 있다.
② 세무공무원은 납세자가 세법에서 정하는 신고 등의 납세협력의무를 이행하지 아니한 경우에도 납세자가 성실하며 납세자가 제출한 신고서 등이 진실한 것으로 추정하여야 한다.
③ 납세자의 과세정보에 대한 비밀유지원칙에 불구하고 지방자치단체가 지방세 부과·징수 등을 위하여 사용할 목적으로 과세정보를 요구하는 경우 세무공무원은 이를 제공할 수 있다.
④ 납세자 본인의 권리행사에 필요한 정보를 납세자가 요구하는 경우 세무공무원은 이를 신속하게 제공하여야 한다.

정답 및 해설

수시선정 세무조사사유에 해당하는 경우 납세자의 성실성 추정은 배제된다.

> **납세자의 성실성 추정의 배제사유 = 수시선정 세무조사사유(국세기본법 제81조의6 제3항 참조)**
> 세무공무원은 납세자가 다음의 어느 하나에 해당하는 경우를 제외하고는 납세자가 성실하며 제출한 신고서 등이 진실한 것으로 추정하여야 함
> 1. 납세자가 세법에서 정하는 신고, 성실신고확인서의 제출, 세금계산서 또는 계산서의 작성 등 납세협력의무를 이행하지 아니한 경우
> 2. 무자료 거래, 위장 등 거래 내용이 사실과 다른 혐의가 있는 경우
> 3. 납세자에 대한 구체적인 탈세제보가 있는 경우
> 4. 신고 내용에 탈루나 오류의 혐의를 인정할 만한 명백한 자료가 있는 경우
> 5. 납세자가 세무공무원에게 직무와 관련하여 금품을 제공하거나 금품의 제공을 알선한 경우

선지분석
① 세무조사 연기신청사유이다.
③ 원칙은 세무공무원은 납세자가 세법에서 정한 납세의무를 이행하기 위하여 제출한 자료나 국세의 부과·징수를 위하여 업무상 취득한 자료 등을 타인에게 제공 또는 누설하거나 목적 외의 용도로 사용해서는 안 된다. 보기지문은 과세정보를 제공할 수 있는 사유이다.

답 ②

---

48 국세기본법상 정기선정 세무조사사유로 옳지 않은 것은? 2009년 국가직 7급

① 국세청장이 납세자의 신고 내용에 대한 정기적인 성실도 분석결과 불성실혐의가 있다고 인정하는 경우
② 최근 4과세기간(또는 4사업연도) 이상 동일세목의 세무조사를 받지 아니한 납세자에 대하여 업종, 규모 등을 고려하여 대통령령이 정하는 바에 따라 신고 내용이 적정한지를 검증할 필요가 있는 경우
③ 신고 내용에 탈루나 오류의 혐의를 인정할 만한 명백한 자료가 있는 경우
④ 무작위추출방식에 의하여 표본조사를 하려는 경우

정답 및 해설

신고 내용에 탈루나 오류의 혐의를 인정할 만한 명백한 자료가 있는 경우는 정기선정 세무조사사유에 해당하지 않는다.

> **정기선정 세무조사사유(국세기본법 제81조의6 제2항 참조)**
> 1. 국세청장이 납세자의 신고 내용에 대하여 과세자료, 세무정보 및 주식회사의 외부감사에 관한 법률에 따른 감사의견, 외부감사 실시 내용 등 회계성실도 자료 등을 고려하여 정기적으로 성실도를 분석한 결과 불성실혐의가 있다고 인정하는 경우
> 2. 최근 4과세기간 이상 같은 세목의 세무조사를 받지 아니한 납세자에 대한 업종, 규모, 경제력 집중 등을 고려하여 신고 내용이 적정한지를 검증할 필요가 있는 경우
> 3. 무작위추출방식으로 표본조사를 하려는 경우

답 ③

49 국세기본법상 세무조사에 관한 설명으로 옳지 않은 것은? 2010년 국가직 7급

① 조사대상 과세기간 중 연간 수입금액 또는 양도가액이 가장 큰 과세기간의 연간 수입금액 또는 양도가액이 100억 원 미만인 납세자에 대한 세무조사기간은 20일 이내로 하는 것을 원칙으로 한다.
② 세무공무원은 구체적인 세금탈루의 혐의가 여러 과세기간 또는 다른 세목까지 관련되는 것으로 확인되는 경우에는 조사진행 중 세무조사의 범위를 확대할 수 있다.
③ 세무공무원은 세무조사(조세범 처벌절차법에 따른 조세범칙조사를 포함)의 목적으로 납세자의 장부 등을 세무관서에 임의로 보관할 수 없는 것이 원칙이다.
④ 납세자의 사업과 관련된 세목이 여러 가지인 경우 이를 통합하지 않고 특정한 세목만을 조사하는 것을 원칙으로 한다.

정답 및 해설

세무조사는 납세자의 사업과 관련하여 세법에 따라 신고·납부의무가 있는 세목을 통합하여 실시하는 것을 원칙으로 한다.

선지분석
③ 세무공무원은 원칙적으로 세무조사의 목적으로 납세자의 장부 또는 서류 등을 세무관서에 임의로 보관할 수 없다. 다만, 수시선정사유에 해당하는 경우에는 조사 목적에 필요한 최소한의 범위에서 납세자, 소지자 또는 보관자 등 정당한 권한이 있는 자가 임의로 제출한 장부 등을 납세자의 동의를 받아 세무관서에 일시 보관할 수 있다.

답 ④

50 국세기본법상 세무조사권 남용금지에 대한 설명으로 옳지 않은 것은? 2020년 국가직 7급

① 세무공무원은 부분조사를 실시한 후 해당 조사에 포함되지 아니한 부분에 대하여 조사하는 경우에는 같은 세목 및 같은 과세기간에 대하여 재조사를 할 수 있다.
② 세무공무원은 과세전적부심사청구가 이유 있다고 인정되어 행한 재조사결정에 따라 조사를 하는 경우에 결정서 주문에 기재된 범위의 조사를 넘어 같은 세목 및 같은 과세기간에 대하여 재조사를 할 수 있다.
③ 세무공무원은 세무조사를 하기 위하여 필요한 최소한의 범위에서 장부 등의 제출을 요구하여야 하며, 조사대상 세목 및 과세기간의 과세표준과 세액의 계산과 관련 없는 장부 등의 제출을 요구해서는 아니 된다.
④ 세무공무원은 적정하고 공평한 과세를 실현하기 위하여 필요한 최소한의 범위에서 세무조사(조세범 처벌절차법에 따른 조세범칙조사를 포함)를 하여야 하며, 다른 목적 등을 위하여 조사권을 남용해서는 아니 된다.

정답 및 해설

세무공무원은 과세전적부심사청구가 이유 있다고 인정되어 행한 재조사결정에 따라 조사를 하는 경우(결정서 주문에 기재된 범위의 조사에 한정) 같은 세목 및 같은 과세기간에 대하여 재조사를 할 수 있다.

답 ②

51. 국세기본법상 과세전적부심사의 청구를 할 수 있는 경우는 모두 몇 개인가?

2011년 국가직 7급 변형

- 국세징수법에 규정된 납기전징수의 사유가 있는 경우
- 납부고지하려는 세액이 500만 원인 과세예고통지를 받은 경우
- 조세범 처벌법 위반으로 통고처분하는 경우
- 세무조사결과에 대한 서면통지를 받은 경우
- 국세청장의 훈령·예규·고시 등과 관련하여 새로운 해석이 필요한 경우
- 국제조세조정에 관한 법률에 따라 조세조약을 체결한 상대국이 상호합의절차의 개시를 요청한 경우

① 2개 ② 3개
③ 4개 ④ 5개

정답 및 해설

국세기본법상 과세전적부심사의 청구를 할 수 있는 경우는 3개이다.

> **과세전적부심사청구의 대상(국세기본법 시행령 제63조의15 제1항 참조)**
> 1. 세무조사결과에 대한 서면통지 또는 과세예고통지를 받은 경우
> 2. 법령과 관련하여 국세청장의 유권해석을 변경하여야 하거나 새로운 해석이 필요한 것
> 3. 세무서 또는 지방국세청에 대한 국세청장의 업무감사결과(현지에서 시정조치하는 경우를 포함)에 따라 세무서장 또는 지방국세청장이 하는 과세예고통지에 관한 것
> 4. 위 1.~3.의 규정에 해당하지 아니하는 사항 중 과세전적부심사청구금액이 10억 원 이상인 것
> 5. 감사원법에 따른 시정요구에 따라 세무서장 또는 지방국세청장이 과세처분하는 경우로서 시정요구 전에 과세처분 대상자가 감사원의 지적사항에 대한 소명안내를 받지 못한 것

답 ②

52 국세기본법상 과세전적부심사와 관련된 설명으로 옳지 않은 것은? 2008년 국가직 9급

① 조세쟁송제도가 사후적 권리구제제도라면 과세전적부심사제도는 사전적 권리구제제도에 해당한다.
② 세무조사결과통지 및 과세예고통지를 하는 날부터 국세부과제척기간의 만료일까지의 기간이 4월인 경우에는 과세전적부심사를 청구할 수 없다.
③ 과세전적부심사를 받기 위해서는 세무조사결과에 대한 서면통지 또는 법령이 정하는 과세예고통지를 받은 날부터 30일 이내에 심사를 청구하여야 한다.
④ 과세전적부심사청구의 배제사유에 해당하는 경우가 아니라면 과세전적부심사의 청구부분에 대하여는 과세전적부심사에 대한 결정이 있을 때까지 과세표준 및 세액의 결정이나 경정결정이 유보된다.

정답 및 해설

세무조사결과통지 및 과세예고통지를 하는 날부터 국세부과제척기간의 만료일까지의 기간이 3개월 이하인 경우 과세전 적부심사청구를 할 수 없다.

선지분석
③ 과세전적부심사의 청구기한에 대한 옳은 설명이다.
④ 과세전적부심사의 효력과 결정의 유보에 대한 옳은 설명이다.

답 ②

MEMO

해커스공무원 학원·인강
gosi.Hackers.com

해커스공무원 이훈엽 세법 기본서

제3편
국세징수법

제1장 　 총칙
제2장 　 신고납부, 납부고지 등
제3장 　 강제징수
제4장 　 보칙

제1장 총칙

01 목적

관련 법령	국세징수법은 국세의 징수에 필요한 사항을 규정함으로써 국민의 납세의무의 적정한 이행을 통하여 국세수입을 확보하는 것을 목적으로 한다.
국세의 의의	"국세"란 국세기본법 제2조 제1호에 규정한 것을 말하며, 이에는 상속세 및 증여세법에 따른 연부연납 가산금 및 조세특례제한법에 따라 소득세 또는 법인세에 가산하여 징수하는 이자상당가산액과 각 세법에 따른 가산세가 포함된다.
원천징수 부적용	원천징수의무자가 납세의무자로부터 국세를 징수하는 경우에는 각 세법이 정하는 바에 따르며, 국세징수법이 적용되지 아니한다.

02 정의

국세징수법에서 사용하는 용어의 뜻은 다음과 같다. 단, 다음에서 정하는 것 외에 국세징수법에서 사용하는 용어의 뜻은 국세기본법에서 정하는 바에 따른다.

납부기한	납세의무가 확정된 국세(가산세 포함)를 납부하여야 할 기한으로서 다음의 구분에 따른 기한을 말한다.	
	법정 납부기한	국세의 종목과 세율을 정하고 있는 법률, 국세기본법, 조세특례제한법 및 국제조세조정에 관한 법률에서 정한 기한
	지정 납부기한	관할 세무서장이 납부고지를 하면서 지정한 기한. 단, 다음의 기한은 지정납부기한으로 보되, 소득세법 중간예납세액, 부가가치세법 예정신고와 납부 및 간이과세자의 신고, 종합부동산세법 부과·징수 규정에 따라 세액의 결정이 없었던 것으로 보는 경우는 제외한다. ① 관할 세무서장이 소득세법에 따라 중간예납세액을 징수하여야 하는 기한 ② 관할 세무서장이 부가가치세법에 따라 부가가치세액을 징수하여야 하는 기한 ③ 관할 세무서장이 종합부동산세법에 따라 종합부동산세액을 징수하여야 하는 기한
체납	국세를 지정납부기한까지 납부하지 아니하는 것을 말한다. 다만, 지정납부기한 후에 납세의무가 성립·확정되는 국세기본법에 따른 납부지연가산세 및 원천징수 등 납부지연가산세의 경우 납세의무가 확정된 후 즉시 납부하지 아니하는 것을 말한다.	
체납자	국세를 체납한 자를 말한다.	
체납액	체납된 국세와 강제징수비를 말한다.	

03 징수의 순위

관련 법령	체납액의 징수 순위는 다음의 순서에 따른다. ① 강제징수비 ② 국세(가산세는 제외) ③ 가산세 ^(*) 국세는 교육세, 농어촌특별세, 교통·에너지·환경세 기타 국세의 순으로 징수한다.
취지	납세자의 재산으로 국세, 가산세, 강제징수비 전액을 징수하기 부족하여 그 중 일부만 징수하는 경우 당초의 조세보다는 징세를 위하여 직접 지출한 강제징수비를 가장 우선적으로 징수한다. 또한 체납액을 소액 납부하는 경우 국세보다 가산세(예 납부지연가산세)의 우선 충당되면 체납자가 체납액을 납부하고 있음에도 체납액이 줄지 않는 어려움을 방지하여 국세, 가산세 순으로 변경함으로써 체납자의 성실 납부를 유도하고자 한다.

04 다른 법률과의 관계

관련 법령	국세의 징수에 관하여 국세기본법이나 다른 세법에 특별한 규정이 있는 경우를 제외하고는 국세징수법에서 정하는 바에 따른다.
법령해설	국세징수법 내용 중 국세기본법 또는 다른 세법과 상충되는 내용이 포함되어 있는 경우 국세기본법 또는 다른 세법이 국세징수법에 우선하여 적용된다.

제2장 신고납부, 납부고지 등

제1절 신고납부

납세자는 세법에서 정하는 바에 따라 국세를 관할 세무서장에게 신고납부하는 경우 그 국세의 과세기간, 세목, 세액 및 납세자의 인적사항을 납부서에 적어 납부하여야 한다.

제2절 납부고지

01 납세자에 대한 납부고지 등

관련 법령	① 관할 세무서장은 납세자로부터 국세를 징수하려는 경우 국세의 과세기간, 세목, 세액, 산출 근거, 납부하여야 할 기한(납부고지를 하는 날부터 30일 이내의 범위로 정함) 및 납부장소를 적은 납부고지서를 납세자에게 발급하여야 한다. 다만, 국세기본법 납부지연가산세 및 원천징수 등 납부지연가산세 중 지정납부기한이 지난 후의 가산세를 징수하는 경우에는 납부고지서를 발급하지 아니할 수 있다. ② 관할 세무서장은 납세자가 체납액 중 국세만을 완납하여 강제징수비를 징수하려는 경우 강제징수비의 징수와 관계되는 국세의 과세기간, 세목, 강제징수비의 금액, 산출 근거, 납부하여야 할 기한(강제징수비 고지를 하는 날부터 30일 이내의 범위로 정함) 및 납부장소를 적은 강제징수비고지서를 납세자에게 발급하여야 한다.
납부고지 성질	① 부과과세방식 국세는 정부의 부과처분에 의하여 납세의무가 확정되므로 이 경우의 납부고지는 조세채권을 확정하는 부과처분으로서의 성질과 조세채권을 실행하는 징수처분의 성격을 동시에 갖게 되고, 이러한 부과처분의 통지가 없는 경우에는 그 부과처분이 부존재하게 된다. ② 신고납세방식의 국세로서 신고로 확정된 경우의 납부고지는 이미 확정된 국세에 대한 징수처분의 성격만을 갖게 되므로 과세관청의 내부적 의사결정을 대외에 표시하는 이행청구의 성질만을 지닌다.

02 제2차 납세의무자 등에 대한 납부고지

제2차 납세의무자 납부고지	관할 세무서장은 납세자의 체납액을 다음 중 어느 하나에 해당하는 자(이하 "제2차 납세의무자 등")로부터 징수하는 경우 징수하려는 체납액의 과세기간, 세목, 세액, 산출 근거, 납부하여야 할 기한(납부고지를 하는 날부터 30일 이내의 범위로 정함), 납부장소, 제2차 납세의무자등으로부터 징수할 금액, 그 산출 근거, 그 밖에 필요한 사항을 적은 납부고지서를 제2차 납세의무자등에게 발급하여야 한다. ① 제2차 납세의무자 ② 보증인 ③ 국세기본법 및 세법에 따라 물적납세의무를 부담하는 자
납세자에 통지	관할 세무서장은 제2차 납세의무자 등에게 납부고지서를 발급하는 경우 납세자에게 그 사실을 통지하여야 하고, 물적납세의무를 부담하는 자로부터 납세자의 체납액을 징수하는 경우 물적납세의무를 부담하는 자의 주소 또는 거소를 관할하는 세무서장에게도 그 사실을 통지하여야 한다.

종전에는 실질이 같음에도 주된 납세자에게는 납부고지라는 표현을 사용하였고, 제2차 납세의무자, 보증인 및 물적납세의무자에게는 납부통지라는 용어를 사용하여 납세자의 혼란을 주어 납부고지와 납부통지 용어를 납부고지로 통일하였다.

03 납부고지서의 발급 시기

관련 법령	납부고지서는 징수결정 즉시 발급하여야 한다. 다만, 납부고지의 유예규정에 따라 납부고지를 유예한 경우 유예기간이 끝난 날의 다음 날에 발급한다.
관련 통칙	납부고지서의 발급 시기에 관한 국세징수법 규정은 훈시규정이므로, 동 규정의 발급 시기 이후에 발급된 납부고지서도 그 효력에는 영향이 없다.

04 납부기한 전 징수

내용	관할 세무서장은 납세자에게 다음 중 어느 하나에 해당하는 사유가 있어 납부기한까지 기다려서는 국세를 징수할 수 없는 경우 납부기한 전이라도 이미 납세의무가 확정된 국세를 징수할 수 있다. ① 국세, 지방세 또는 공과금의 체납으로 강제징수 또는 체납처분이 시작된 경우 ② 민사집행법에 따른 강제집행 및 담보권 실행 등을 위한 경매가 시작되거나 채무자 회생 및 파산에 관한 법률에 따른 파산선고를 받은 경우 ③ 어음법 및 수표법에 따른 어음교환소에서 거래정지처분을 받은 경우 ④ 법인이 해산한 경우 ⑤ 국세를 포탈하려는 행위가 있다고 인정되는 경우 ⑥ 납세관리인을 정하지 아니하고 국내에 주소 또는 거소를 두지 아니하게 된 경우

내용	📋 납세의무의 확정(집행기준 9-0-1)	
	구분	확정시기
	소득세, 법인세, 부가가치세, 개별소비세, 주세, 증권거래세, 교육세 또는 교통·에너지·환경세	해당 국세의 과세표준과 세액을 정부가 신고하는 때, 다만, 제2호에 해당하는 경우는 제외한다.
	제1호의 국세의 과세표준과 세액을 경정하는 경우	그 경정하는 때
	종합부동산세	정부가 종합부동산세의 과세표준과 세액을 결정하는 때, 다만, 제4호에 해당하는 경우는 제외한다.
	납세의무자가 종합부동산세법 제16조 제3항에 따라 종합부동산세의 과세표준과 세액에 신고하는 경우	그 신고하는 때
	제1호 및 제3호 외의 국세	해당 국세의 과세표준과 세액을 정부가 결정하는 때
	제1호 내지 제5호에 불구하고 인지세, 원천징수하는 소득세 또는 법인세, 중간예납하는 법인세(세법에 따라 정부가 조사·결정하는 경우는 제외), 납부지연가산세 및 원천징수 등 납부지연가산세(납부고지서에 따른 납부기한 후의 가산세로 한정)는 납세의무가 성립하는 때에 특별한 절차 없이 그 세액이 확정된다.	

절차	관할 세무서장은 납부기한 전에 국세를 징수하려는 경우 당초의 납부기한보다 단축된 기한을 정하여 납세자에게 납부고지를 하여야 한다. 이 경우 관할 세무서장은 납부고지서에 다음의 사항을 적어 납부기한 전에 징수한다는 것을 알려야 한다. ① 당초의 납부기한 ② 단축된 납부기한 ③ 납부기한 전 징수 사유
효력	① 납세자의 기한의 이익을 상실시켜 곧바로 이행을 청구하고 강제징수로 나아갈 수 있도록 하는 징수처분으로서 국세징수의 긴급을 요하므로 독촉 절차 없이 강제징수를 집행할 수 있다. ② 납부기한 전 징수 사유가 있는 경우 과세전적부심사의 청구대상에서 배제된다. ③ 확정된 국세를 대상으로 하므로 확정전보전압류와는 구별된다. ④ 납부기한 전 징수 사유에 해당하는 경우 납부고지에 의하여 납부하는 국세에 해당하더라도 납세자의 충당동의 없이 직권으로 국세환급금을 충당할 수 있다.

제3절 독촉

01 독촉

절차	① 관할 세무서장은 납세자가 국세를 지정납부기한까지 완납하지 아니한 경우 지정납부기한이 지난 후 10일 이내에 체납된 국세에 대한 독촉장을 발급하여야 한다. → 2021.1.1.부터 실질이 같음에도 납세자 유형에 따라 다른 용어가 사용되고 있는 독촉과 최고를 독촉으로 용어를 통일하였음 ② 관할 세무서장은 독촉장을 발급하는 경우 독촉을 하는 날부터 20일 이내의 범위에서 기한을 정하여 발급한다.
독촉의 예외	다만, 다음 중 어느 하나에 해당하는 경우에는 독촉장을 발급하지 아니할 수 있다. ① 국세를 납부기한 전 징수 규정에 따라 납부기한 전에 징수하는 경우 ② 체납된 국세가 1만원 미만인 경우 ③ 국세기본법 및 세법에 따라 물적납세의무를 부담하는 경우

02 체납액 징수 관련 사실행위의 위탁

의의	관할 세무서장은 독촉에도 불구하고 납부되지 아니한 체납액을 징수하기 위하여 한국자산관리공사에 다음의 징수 관련 사실행위를 위탁할 수 있다. 이 경우 한국자산관리공사는 위탁받은 업무를 제3자에게 다시 위탁할 수 없다. ① 체납자의 주소 또는 거소 확인 ② 체납자의 재산 조사 ③ 체납액의 납부를 촉구하는 안내문 발송과 전화 또는 방문 상담 ④ 위 규정에 준하는 단순 사실행위에 해당하는 업무로서 대통령령으로 정하는 사항
위탁사유	관할 세무서장은 다음 중 어느 하나에 해당하는 경우 한국자산관리공사에 체납액 징수 관련 사실행위를 위탁할 수 있다. ① 체납자별 체납액이 1억원 이상인 경우 ② 관할 세무서장이 체납자 명의의 소득 또는 재산이 없는 등의 사유로 징수가 어렵다고 판단한 경우
위탁방법	① 관할 세무서장은 체납액 징수 관련 사실행위를 위탁하는 경우 한국자산관리공사에 다음의 사항을 적은 위탁의뢰서를 보내야 한다. ㉠ 체납자의 주소 또는 거소 ㉡ 체납자의 성명 및 주민등록번호(체납자가 법인인 경우 명칭 및 사업자등록번호) ㉢ 위탁 사유 ㉣ 체납자가 체납한 국세의 과세기간·세목·세액 ㉤ 체납자가 체납한 국세의 지정납부기한 ② 관할 세무서장은 체납액 징수 관련 사실행위를 위탁한 경우 즉시 그 위탁 사실을 체납자에게 통지해야 한다.

위탁 수수료	위탁의 경우 그 위탁 수수료는 체납액 징수 관련 사실행위를 위탁받은 체납액 중 다음의 구분에 따른 금액에 100분의 25를 초과하지 않는 범위에서 기획재정부령으로 정하는 비율을 곱한 금액으로 한다. ① 체납자가 체납액의 전부 또는 일부를 납부한 경우: 해당 금액 ② 한국자산관리공사가 체납자의 소득 또는 재산을 발견하여 관할 세무서장에게 통보한 경우: 통보한 금액 중 징수한 금액
위탁해지	관할 세무서장은 다음 중 어느 하나에 해당하는 사유가 발생한 경우 해당 체납액에 대하여 체납액 징수 관련 사실행위의 위탁을 해지해야 한다. ① 국세기본법 제26조에 따라 체납자의 납부의무가 소멸된 경우 ② 체납자가 납세담보를 제공하여 체납액 징수가 가능하게 된 경우
위탁감독	국세청장은 위탁된 체납액 징수 관련 사실행위의 관리를 위하여 필요하다고 인정하는 경우 한국자산관리공사로 하여금 관할 세무서장이 위탁한 사항을 보고하게 하거나, 필요한 조치를 하도록 요구할 수 있다. 이 경우 한국자산관리공사는 특별한 사유가 없으면 국세청장의 요구에 따라야 한다.

제4절 납부의 방법

내용	국세 또는 강제징수비는 다음의 방법으로 납부한다. ① 현금. 이 경우 금융회사 등에 개설된 계좌에서 다른 계좌로 전자적 장치를 이용해 자금을 계좌이체하는 경우를 포함한다(③에 따라 자동이체를 하는 경우를 포함). ② 증권에 의한 세입납부에 관한 법률에 따른 증권 ③ 국세납부대행기관을 통해 처리되는 다음 중 어느 하나에 해당하는 결제수단. 이에 따라 신용카드, 직불카드 및 통신과금서비스 등으로 국세를 납부하는 경우에는 국세납부대행기관의 승인일을 납부일로 본다. 　㉠ 여신전문금융업법에 따른 신용카드 또는 직불카드 　㉡ 정보통신망 이용촉진 및 정보보호 등에 관한 법률에 따른 통신과금서비스 　㉢ 그 밖에 가목 또는 나목과 유사한 것으로서 대통령령으로 정하는 것 ^(*) 지정된 국세납부대행기관의 납부 대행 수수료는 해당 납부세액의 1천분의 10 이내에서 기획재정부령으로 정한다.
자동이체 납부	납세자는 납부고지를 받은 국세 중 부가가치세법에 따른 예정고지세액을 금융회사등에 개설된 예금계좌로부터 자동이체하는 방법으로 납부할 수 있다. 다만, 지정납부기한이 지난 국세는 자동이체하는 방법으로 납부할 수 없다.
제3자의 납부	제3자는 납세자를 위하여 납세자의 명의로 국세 및 강제징수비를 납부할 수 있다. 단, 국세 및 강제징수비를 납부한 제3자는 국가에 대하여 그 납부한 금액의 반환을 청구할 수 없다.

제5절 납부기한 등의 연장 등

01 재난 등으로 인한 납부기한 등의 연장

1. 기한연장과 고지유예 사유

기한연장	관할 세무서장은 납세자가 다음 중 어느 하나에 해당하는 사유로 국세를 납부기한 또는 독촉장에서 정하는 기한(이하 "납부기한 등")까지 납부할 수 없다고 인정되는 경우 납부기한 등을 연장(세액을 분할하여 납부하도록 하는 것을 포함)할 수 있다. ① 납세자가 재난 또는 도난으로 재산에 심한 손실을 입은 경우 ② 납세자가 경영하는 사업에 현저한 손실이 발생하거나 부도 또는 도산의 우려가 있는 경우 ③ 납세자 또는 그 동거가족이 질병이나 중상해로 6개월 이상의 치료가 필요한 경우 또는 사망하여 상중인 경우 ④ 권한 있는 기관에 장부나 서류 또는 그 밖의 물건이 압수 또는 영치된 경우 및 이에 준하는 경우 ⑤ 정전, 프로그램의 오류, 그 밖의 부득이한 사유로 한국은행(그 대리점을 포함) 및 체신관서의 정보처리장치나 시스템을 정상적으로 가동시킬 수 없는 경우 ⑥ 금융회사 등·체신관서의 휴무, 그 밖에 부득이한 사유로 정상적인 국세 납부가 곤란하다고 국세청장이 인정하는 경우 ⑦ 세무사법에 따라 납세자의 장부 작성을 대행하는 세무사(세무사법에 따라 등록한 세무법인을 포함) 또는 세무대리업무등록부에 등록한 공인회계사(공인회계사법에 따라 등록한 회계법인을 포함)가 화재, 전화, 그 밖의 재해를 입거나 해당 납세자의 장부(장부 작성에 필요한 자료를 포함)를 도난당한 경우 ⑧ 위 ①~③ 규정에 준하는 사유가 있는 경우
고지유예	관할 세무서장은 납세자가 위 납부기한 연장사유로 국세를 납부할 수 없다고 인정되는 경우 납부고지를 유예(세액을 분할하여 납부고지하는 것을 포함)할 수 있다.

2. 연장 등의 기간과 분납한도

원칙	① 관할 세무서장은 납부기한 등의 연장 또는 납부고지의 유예를 하는 경우 그 연장 또는 유예기간을 연장 또는 유예한 날의 다음 날부터 9개월 이내로 정하며, 연장 또는 유예기간 중의 분납기한 및 분납금액을 정할 수 있다. ② 이 경우 관할 세무서장은 연장 또는 유예기간이 6개월을 초과하는 경우에는 가능한 한 연장 또는 유예기간 시작 후 6개월이 지난 날부터 3개월 이내에 균등액을 분납할 수 있도록 정해야 한다.
특례	관할 세무서장은 다음 중 어느 하나에 해당하는 자가 위 ①~③ 및 ⑧의 사유로 소득세, 법인세, 부가가치세 및 이에 부가되는 세목에 대하여 납부기한 등의 연장 또는 납부고지의 유예를 신청하는 경우(납부기한 등의 연장 또는 납부고지의 유예를 받고 그 연장 또는 유예 기간 중에 신청하는 경우를 포함) 그 연장 또는 유예의 기간을 연장 또는 유예한 날의 다음날부터 2년(연장 또는 유예받은 기간에 대해서는 연장 또는 유예를 받은 기간을 포함하여 산정함) 이내로 정할 수 있고, 연장 또는 유예 기간 중의 분납기한 또는 분납금액을 관할 세무서장이 정할 수 있다.

특례	① 다음 중 어느 하나에 해당하는 지역에 사업장을 가진 자 　㉠ 고용정책 기본법에 따라 선포된 고용재난지역 　㉡ 고용정책 기본법 시행령에 따라 지정·고시된 지역 　㉢ 지역 산업위기 대응 및 지역경제 회복을 위한 특별법에 따라 지정된 산업위기대응특별지역 　㉣ 재난 및 안전관리 기본법에 따라 선포된 특별재난지역(선포된 날부터 2년이 지나지 않은 특별재난지역으로 한정함) ② 특별재난지역 선포의 사유가 된 재난으로 인해 신체에 피해를 입은 소득세법에 따른 사업자 ③ 특별재난지역 선포의 사유가 된 재난으로 인해 사망한 소득세법에 따른 사업자가 경영하던 사업장을 상속받은 상속인(국세기본법에 따른 상속인을 말함)

3. 납세자의 납부기한 등 연장 및 고지유예 신청

연장 신청	① 납세자는 납부기한 등의 연장 또는 납부고지의 유예를 신청하려는 경우 기한(납부기한 등 또는 납부고지 예정인 국세를 납부해야 할 기한) 만료일 3일 전까지 다음의 사항을 적은 신청서를 관할 세무서장에게 제출(국세정보통신망을 통한 제출을 포함)해야 한다. 다만, 관할 세무서장이 납세자가 기한 만료일 3일 전까지 신청서를 제출할 수 없다고 인정하는 경우에는 기한 만료일까지 제출할 수 있다. 　㉠ 납세자의 주소 또는 거소와 성명 　㉡ 납부할 국세의 과세기간, 세목, 세액과 기한 　㉢ 연장 또는 유예를 받으려는 이유와 기간 　㉣ 분할납부의 방법으로 연장 또는 유예를 받으려는 경우 그 분납액 및 분납 횟수 ② 납세자가 납부기한 등의 만료일 10일 전까지 신청을 하였으나 관할 세무서장이 그 신청일부터 10일 이내에 승인 여부를 통지하지 아니한 경우에는 신청일부터 10일이 되는 날에 신청을 승인한 것으로 본다.
통지	① 관할 세무서장은 직권으로 납부기한을 연장하거나 납부고지의 유예를 통지하는 경우 다음의 사항을 적은 문서로 해야 한다. 　㉠ 연장 또는 유예를 한 국세의 과세기간, 세목, 세액 및 기한 　㉡ 연장 또는 유예 기간 　㉢ 분할납부의 방법으로 연장 또는 유예를 한 경우에는 분납금액 및 분납횟수 ② 관할 세무서장은 납부기한 등의 연장 또는 납부고지의 유예를 승인하는 경우 문서로 통지하고, 기각하는 경우 그 사유를 적은 문서로 통지해야 한다. ③ 관할 세무서장은 다음 중 어느 하나에 해당하는 경우에는 관보, 일간신문 또는 정보통신망을 통하여 공고하는 방법으로 통지를 갈음할 수 있다. 　㉠ 1.의 ⑤번 사유가 전국적으로 일시에 발생하는 경우 　㉡ 연장·유예의 통지 대상자가 불특정 다수인 경우 　㉢ 연장·유예의 사실을 그 대상자에게 개별적으로 통지할 시간적 여유가 없는 경우

4. 납부기한 등의 연장 및 고지유예의 효과

가산세 미부과	관할 세무서장은 납부기한 등을 연장하거나 납부고지를 유예한 경우 그 연장 또는 유예 기간 동안 국세기본법에 따른 납부지연가산세 및 원천징수 등 납부지연가산세를 부과하지 않는다. 납세자가 납부고지 또는 독촉을 받은 후에 채무자 회생 및 파산에 관한 법률 제140조에 따른 징수의 유예를 받은 경우에도 또한 같다.
교부청구 허용	납부기한 연장 및 고지유예 기간 중에는 아직 압류의 요건을 충족하지 않았으므로 강제징수는 할 수 없으나, 교부청구는 할 수 있다.
소멸시효 정지 등	납부기한 연장 및 고지유예 기간 중에는 국세징수권의 소멸시효가 정지되며, 해당 기간 중 납세증명서를 발급받을 수 있다.

5. 납부기한 등 연장 등에 관한 담보

원칙	관할 세무서장은 납부기한 등의 연장 또는 납부고지의 유예를 하는 경우 그 연장 또는 유예와 관계되는 금액에 상당하는 납세담보의 제공을 요구할 수 있다. ∴ 국세징수확보를 위함
담보제공 예외	다만, 관할 세무서장이 그 연장된 납부기한 등까지 해당 국세를 납부할 수 있다고 인정하는 등 다음 중 어느 하나에 해당하는 경우 납세담보의 제공을 요구할 수 없다. ① 납세자가 사업에서 심각한 손해를 입거나 그 사업이 중대한 위기에 처한 경우로서 관할 세무서장이 납부해야 할 금액, 납부기한 등의 연장기간, 납부고지의 유예 기간 및 납세자의 과거 국세 납부명세 등을 고려하여 납세자가 그 연장 또는 유예 기간 내에 해당 국세를 납부할 수 있다고 인정하는 경우 ② 재해로 인한 손실 또는 정전 등·금융회사의 휴무 등에 해당하는 경우 ③ 위와 유사한 사유에 해당하는 경우

6. 납부기한 등 연장 등의 취소

취소 사유	관할 세무서장은 납부기한 등의 연장 또는 납부고지의 유예를 한 후 해당 납세자가 다음 중 어느 하나의 사유에 해당하게 된 경우 그 납부기한 등의 연장 또는 납부고지의 유예를 취소하고 연장 또는 유예와 관계되는 국세를 한꺼번에 징수할 수 있다. ① 국세를 분할납부하여야 하는 각 기한까지 분할납부하여야 할 금액을 납부하지 아니한 경우 ② 관할 세무서장의 납세담보물의 추가 제공 또는 보증인의 변경 요구에 따르지 아니한 경우 ③ 재산 상황의 변동, 정전 또는 금융회사 등 휴무 및 그 밖에 납부기한 등의 연장 또는 납부고지의 유예를 한 당시의 사정이 변화된 경우로 납부기한 등의 연장 또는 납부고지의 유예를 할 필요가 없다고 인정되는 경우 ④ 납부기한 전 징수사유가 있어 그 연장 또는 유예한 기한까지 연장 또는 유예와 관계되는 국세의 전액을 징수할 수 없다고 인정되는 경우
취소절차	관할 세무서장은 납부기한 등의 연장 또는 납부고지의 유예를 취소한 경우 납세자에게 그 사실을 통지하여야 한다.
재연장	관할 세무서장은 ①, ② 또는 ④에 따라 지정납부기한 또는 독촉장에서 정한 기한의 연장을 취소한 경우 그 국세에 대하여 다시 지정납부기한 등의 연장을 할 수 없다. → 즉, ③ 사유로 취소된 경우 다시 기한연장 및 고지유예를 할 수 있음

02 송달 지연으로 인한 지정납부기한 등의 연장

원칙	납부고지서 또는 독촉장의 송달이 지연되어 다음 중 어느 하나에 해당하는 경우에는 도달한 날부터 14일이 지난 날을 지정납부기한 등으로 한다. ① 도달한 날에 이미 지정납부기한 등이 지난 경우 ② 도달한 날부터 14일 이내에 지정납부기한 등이 도래하는 경우
예외	납부기한 전 징수규정에 따라 납부기한 전에 납부고지를 하는 경우에는 다음의 구분에 따른 날을 납부하여야 할 기한으로 한다. ① 단축된 기한 전에 도달한 경우: 단축된 기한 ② 단축된 기한이 지난 후에 도달한 경우: 도달한 날

제6절 납세담보

01 납세담보의 의의

납세자의 납세의무 불이행에 대비하여 조세채권을 보전할 목적으로 국가가 제공받는 담보를 말한다. 납세담보는 법률에 근거하여 납세의무자에게 담보제공사유가 있는 경우 납세의무자가 제공하는 공법상의 담보로서 재산적 가치가 있는 것을 제공하는 물적담보와 보증인 등 인적담보로 나눌 수 있다.

02 담보의 종류 등

담보의 종류는 아래 6가지로 한정하므로 골프회원권, 귀금속 및 자동차과 같이 고액의 재산적 가치와 환가성이 높더라도 법률에 열거된 바가 없는 재산은 납세담보로 제공할 수 없다.

담보종류	담보의 평가	제공방법	담보제공액
금전	-	공탁하고 그 공탁수령증을 관할 세무서장에게 제출한다. 단, 등록된 유가증권의 경우에는 담보 제공의 뜻을 등록하고 그 등록확인증을 제출한다.	110%
유가증권(*1)	담보로 제공하는 날의 전날을 평가기준일로 하여 상속세 및 증여세법 시행령을 준용하여 계산한 가액		120%
토지 보험(*2)에 든 등기·등록된 건물, 공장재단, 광업재단, 선박, 항공기 또는 건설기계	담보로 제공하는 날을 평가기준일로 하여 다음의 구분에 따라 평가한 가액 ① 토지 또는 건물: 상속세 및 증여세법에 따라 평가한 가액 ② 공장재단, 광업재단, 선박, 항공기 또는 건설기계: 감정평가법인 등의 평가액 또는 지방세법에 따른 시가표준액	등기필증, 등기완료통지서 또는 등록필증을 관할 세무서장에게 제시하여야 하며, 관할 세무서장은 이에 따라 저당권 설정을 위한 등기 또는 등록 절차를 밟아야 한다.(*5)	120%

납세보증 보험증권[*3]	보험금액	그 보험증권이나 보증서를 관할 세무서장에게 제출한다.	110%
은행 등의 납세보증서[*4]	보증금액		110%

[*1] 유가증권이란 자본시장과 금융투자업에 관한 법률에 따른 국채증권, 지방채증권 및 특수채증권, 수익증권으로서 무기명 수익증권이거나 환매청구가 가능한 수익증권, 증권시장에 주권을 상장한 법인이 발행한 사채권 중 보증사채 및 전환사채, 증권시장에 상장된 유가증권으로서 매매사실이 있는 것 및 양도성 예금증서를 말한다.
[*2] 납세담보를 필요로 하는 기간에 30일을 더한 기간을 말한다. 다만, 납부해야 할 기한이 확정되지 않은 국세의 경우에는 국세청장이 정하는 기간을 말한다.
[*3] 납세담보를 필요로 하는 기간에 30일을 더한 기간을 말한다.
[*4] 은행법 제2조 제1항 제2호에 따른 은행, 신용보증기금법에 따른 신용보증기금, 보증채무를 이행할 수 있는 자금능력이 충분하다고 관할 세무서장이 인정하는 자를 말한다.
[*5] 이 경우 화재보험에 든 건물, 공장재단, 광업재단, 선박, 항공기 또는 건설기계를 납세담보로 제공하려는 자는 그 화재보험증권도 관할 세무서장에게 제출하여야 한다. 한편 관할 세무서장은 제시한 등기필증, 등기완료통지서 또는 등록필증이 사실과 일치하는지를 조사하여 다음 중 어느 하나에 해당하는 경우에는 다른 담보를 제공하게 하여야 한다.
  1. 법령에 따라 담보 제공이 금지되거나 제한된 경우(관계 법령에 따라 주무관청의 허가를 받아 제공하는 경우는 제외)
  2. 법령에 따라 사용·수익이 제한되어 있는 등의 사유로 담보의 목적을 달성할 수 없다고 인정되는 경우

03 납세담보의 제공 가액

납세담보를 제공하는 경우에는 담보할 국세의 100분의 120(금전, 납세보증보험증권 또는 은행법 제2조 제1항 제2호에 따른 은행의 납세보증서로 제공하는 경우에는 100분의 110) 이상의 가액에 상당하는 담보를 제공하여야 한다. 다만, 국세가 확정되지 아니한 경우에는 국세청장이 정하는 가액에 상당하는 담보를 제공하여야 한다.

∵ 금전, 납세보증보험증권 및 은행의 납세보증서의 납세담보 제공 가액이 낮은 이유는 영세사업자들에게 납세편의를 제공하기 위한 것임

04 담보의 변경과 보충

담보변경	납세담보를 제공한 자는 관할 세무서장의 승인을 받아 그 담보를 변경할 수 있다. 납세자가 다음 중 어느 하나에 해당하여 이미 제공한 납세담보의 변경승인을 신청하는 경우 그 변경을 승인해야 한다. ① 보증인의 납세보증서를 갈음하여 다른 담보재산을 제공한 경우 ② 제공한 납세담보의 가액이 변동되어 지나치게 많아진 경우 ③ 납세담보로 제공한 유가증권 중 상환기간이 정해진 것이 그 상환시기에 이른 경우
담보보충	관할 세무서장은 납세담보물의 가액 감소, 보증인의 자력 감소 또는 그 밖의 사유로 그 납세담보로는 국세 및 강제징수비의 납부를 담보할 수 없다고 인정할 때에는 담보를 제공한 자에게 담보물의 추가 제공 또는 보증인의 변경을 요구할 수 있다.
변경과 보충절차	납세담보의 변경 승인 신청 또는 납세담보물의 추가 제공이나 보증인의 변경 요구는 문서로 해야 한다.

05 담보에 의한 납부와 징수

담보에 의한 납부	① 납세담보로서 금전을 제공한 자는 그 금전으로 담보한 국세 및 강제징수비를 납부할 수 있다. 납세담보로 제공한 금전으로 국세 및 강제징수비를 납부하려는 자는 그 뜻을 적은 문서로 관할 세무서장에게 납부를 신청해야 한다. 이 경우 신청한 금액에 상당하는 국세 및 강제징수비를 납부한 것으로 본다.
	② 관할 세무서장은 납세담보를 제공받은 국세 및 강제징수비가 담보의 기간에 납부되지 아니하면 다음의 방법에 따라 그 담보로써 그 국세 및 강제징수비를 징수한다.
	  ⊙ 금전: 그 금전으로 해당 국세 및 강제징수비를 징수
	  ⓒ 유가증권, 토지, 건물, 공장재단, 광업재단, 선박, 항공기 또는 건설기계인 경우: 공매절차에 따라 매각
	  ⓒ 납세보증보험증권인 경우: 해당 납세보증보험사업자에게 보험금의 지급을 청구
	  ⓔ 납세보증서인 경우: 보증인으로부터 징수절차에 따라 징수

징수 후 잔액처리	납세담보를 현금화한 금전으로 징수해야 할 국세 및 강제징수비를 징수하고 남은 금전이 있는 경우 공매대금의 배분방법에 따라 배분한 후 납세자에게 지급한다.

06 담보의 해제

내용	관할 세무서장은 납세담보를 제공받은 국세 및 강제징수비가 납부되면 지체 없이 담보 해제 절차를 밟아야 한다.
절차	① 관할 세무서장은 납세담보의 해제를 하려는 경우 그 뜻을 납세담보를 제공한 자에게 통지해야 한다. 이 경우 통지는 문서로 해야 하며, 납세자가 납세담보를 제공할 때 제출한 관계 서류가 있으면 그 서류를 첨부해야 한다. ② 납세담보 제공에 따라 저당권의 설정을 위한 등기 또는 등록을 촉탁하여 그 저당권이 설정된 경우에는 문서를 관할등기소장등에게 제출하는 방법으로 저당권 말소의 등기 또는 등록을 촉탁해야 한다.

제3장 강제징수

제1절 통칙

01 강제징수

관할 세무서장(체납 발생 후 1개월 이상 지나고 체납액이 5천만원 이상인 체납자의 경우에는 지방국세청장을 포함)은 납세자가 독촉 또는 제9조 납부기한 전 징수의 고지를 받고 지정된 기한까지 국세 또는 체납액을 완납하지 아니한 경우 재산의 압류(교부청구·참가압류를 포함), 압류재산의 매각·추심 및 청산의 절차에 따라 강제징수를 한다.

02 사해행위의 취소 및 원상회복

법령	관할 세무서장은 강제징수를 할 때 납세자가 국세의 징수를 피하기 위하여 한 재산의 처분이나 그 밖에 재산권을 목적으로 한 법률행위(신탁법 제8조에 따른 사해신탁을 포함)에 대하여 신탁법 및 민법 을 준용하여 사해행위의 취소 및 원상회복을 법원에 청구할 수 있다.
관련통칙	① 납세자의 무자력: 사해행위의 취소를 요구할 수 있는 경우는 압류를 면하고자 양도한 재산 이외에 다른 자력이 없어 국세를 완납할 수 없는 경우로 한다. ② 제2차 납세의무자등이 있는 경우: 제2차 납세의무자, 보증인 등으로부터 국세의 전액을 징수할 수 있는 경우에는 납세의무자를 무자력으로 인정하지 아니한다. ③ 강제징수를 집행할 때의 뜻: "강제징수를 할 때"라 함은 세무서장이 사해행위의 취소를 요구할 수 있는 시점을 정한 것으로서 사해행위의 시점을 정한 것이 아니다.

03 가압류·가처분 재산에 대한 강제징수

내용	관할 세무서장은 재판상의 가압류 또는 가처분 재산이 강제징수 대상인 경우에도 국세징수법에 따른 강제징수를 한다.
압류 통지	관할 세무서장(체납 발생 후 1개월 이상 지나고 체납액이 5천만원 이상인 체납자의 경우에는 지방국세청장을 포함)은 재판상의 가압류 또는 가처분을 받은 재산을 압류하려는 경우 그 뜻을 해당 법원, 집행공무원 또는 강제관리인에게 통지해야 한다. 그 압류를 해제하려는 경우에도 또한 같다.
강제징수의 속행	관할 세무서장은 체납자가 파산선고를 받은 경우라도 이미 압류한 재산이 있을 때에는 강제징수를 계속 진행해야 한다.

04 상속 또는 합병의 경우 강제징수의 속행 등

내용	① 체납자의 재산에 대하여 강제징수를 시작한 후 체납자가 사망하였거나 체납자인 법인이 합병으로 소멸된 경우에도 그 재산에 대한 강제징수는 계속 진행하여야 한다. ② 체납자가 사망한 후 체납자 명의의 재산에 대하여 한 압류는 그 재산을 상속한 상속인에 대하여 한 것으로 본다.
체납자 명의의 재산	체납자명의의 재산이라 함은 압류를 함에 있어서 세무공무원이 재산의 귀속을 명의에 의하여 판단하는 재산, 예를 들면 부동산, 선박, 항공기, 자동차, 건설기계 또는 각종 기명식 유가증권으로서, 체납자의 명의로 되어 있는 재산에 국한되지 아니하고 기타의 재산이라도 사회통념상 체납자의 소유의 재산이라고 인정되는 것은 포함하는 것으로 한다.

05 제3자의 소유권 주장

(1) 압류한 재산에 대하여 소유권을 주장하고 반환을 청구하려는 제3자는 그 재산의 매각 5일 전까지 소유자로 확인할 만한 증거서류를 관할 세무서장에게 제출하여야 한다.

(2) 관할 세무서장은 (1)에 따라 제3자가 소유권을 주장하고 반환을 청구하는 경우 그 재산에 대한 강제징수를 정지하여야 한다.

(3) 관할 세무서장은 (1)에 따른 제3자의 소유권 주장 및 반환 청구가 정당하다고 인정되는 경우 즉시 압류를 해제하여야 하고, 부당하다고 인정되면 즉시 그 뜻을 제3자에게 통지하여야 한다.

(4) 관할 세무서장은 (3)에 따른 통지를 받은 제3자가 통지를 받은 날부터 15일 이내에 그 재산에 대하여 체납자를 상대로 소유권에 관한 소송을 제기한 사실을 증명하지 아니하면 즉시 강제징수를 계속하여야 한다.

(5) 관할 세무서장은 (3)에 따른 통지를 받은 제3자가 체납자를 상대로 소유권에 관한 소송을 제기하여 승소 판결을 받고 그 사실을 증명한 경우 압류를 즉시 해제하여야 한다.

06 인지세와 등록면허세의 면제

(1) 압류재산을 보관하는 과정에서 작성하는 문서에 관하여는 인지세를 면제한다.

(2) 다음의 등기 또는 등록에 관하여는 등록면허세를 면제한다.
　① 압류의 등기 또는 등록
　② 압류 말소의 등기 또는 등록
　③ 공매공고의 등기 또는 등록
　④ 공매공고 말소의 등기 또는 등록

07 고액·상습체납자의 수입물품에 대한 강제징수의 위탁

대상자	관할 세무서장은 체납 발생일부터 1년이 지난 국세의 합계액이 2억원 이상인 경우 체납자의 수입물품에 대한 강제징수를 세관장에게 위탁할 수 있다.
절차	① 관할 세무서장은 체납자에 대하여 1개월 이내의 기간을 정하여 그 기간에 체납된 국세를 납부하지 않을 경우 체납자의 수입물품에 대한 강제징수가 세관장에게 위탁될 수 있다는 사실을 알려야 한다. ② 관할 세무서장은 세관장에게 강제징수를 위탁한 경우 즉시 그 위탁 사실을 체납자에게 통지해야 한다. ③ 관할 세무서장은 체납자가 고액·상습체납자의 명단 공개 대상에서 제외되는 경우 즉시 해당 체납자의 수입물품에 대한 강제징수의 위탁을 철회해야 한다.
강제징수의 인계	① 관할 세무서장은 체납자가 관할구역 밖에 거주하거나 압류할 재산이 관할구역 밖에 있는 경우 체납자의 거주지 또는 압류할 재산의 소재지를 관할하는 세무서장에게 강제징수를 인계할 수 있다. 다만, 압류할 재산이 채권이거나 체납자의 거주지 또는 압류할 재산의 소재지가 둘 이상의 세무서가 관할하는 구역에 걸쳐있는 경우에는 강제징수를 인계할 수 없다. ② 강제징수를 인계받은 세무서장은 압류할 재산이 해당 관할구역에 없는 경우 강제징수의 인수를 거절할 수 있다. 이 경우 체납자가 그 관할구역에 거주하고 있는 경우에는 수색조서를 강제징수를 인계한 관할 세무서장에게 보내야 한다.

제2절 압류

01 통칙

1. 압류의 요건

내용	관할 세무서장은 다음 중 어느 하나에 해당하는 경우 납세자의 재산을 압류한다. ① 납세자가 독촉을 받고 독촉장에서 정한 기한까지 국세를 완납하지 아니한 경우 ② 납세자가 납부기한 전 징수에 따라 납부고지를 받고 단축된 기한까지 국세를 완납하지 아니한 경우
압류 대상자산	① 압류의 대상이 되는 재산은 압류당시에 체납자에게 귀속되고 있는 것이어야 한다. ② 압류의 대상이 되는 재산은 국세징수법의 효력이 미치는 지역 내에 있는 재산이어야 한다. ③ 압류의 대상이 되는 재산은 금전적 가치를 가진 것이어야 한다. 따라서 금전 또는 물건의 지급을 목적으로 하지 않는 행위(예 연주를 하는 것 등) 또는 부작위(예 경업금지)를 목적으로 하는 채권 등은 압류의 대상이 되지 아니한다.
공유물에 대한 압류	압류할 재산이 공유물인 경우 각자의 지분이 정해져 있지 않으면 그 지분이 균등한 것으로 보아 압류한다.

압류의 효력	압류는 그 대상이 된 재산의 법률상 또는 사실상 처분을 금지하는 효력이 있다. 따라서 압류 후에 있어서의 그 재산의 양도 또는 권리설정 등의 법률상 처분은 압류채권자인 국가에 대항하지 못한다. 이 경우 압류에 의하여 금지되는 법률상 또는 사실상의 처분은 압류채권자인 국가에 불이익한 것에 한하므로 국가에 유리한 처분(예 압류재산에 관한 전세계약의 해제)은 포함되지 아니한다.

2. 확정 전 보전압류

(1) 관할 세무서장은 납세자에게 납부기한 전 징수 사유가 있어 국세가 확정된 후 그 국세를 징수할 수 없다고 인정할 때에는 국세로 확정되리라고 추정되는 금액의 한도에서 납세자의 재산을 압류할 수 있다.

(2) 관할 세무서장은 재산을 압류하려는 경우 미리 지방국세청장의 승인을 받아야 하고, 압류 후에는 납세자에게 문서로 그 압류 사실을 통지하여야 한다.

(3) 관할 세무서장은 재산을 압류한 경우 다음 중 어느 하나에 해당하면 즉시 압류를 해제하여야 한다.
① 납세자가 납세담보를 제공하고 압류 해제를 요구한 경우
② 압류를 한 날부터 3개월(국세 확정을 위하여 실시한 세무조사가 국세기본법에 따라 중지된 경우에 그 중지 기간은 빼고 계산함)이 지날 때까지 압류에 따라 징수하려는 국세를 확정하지 아니한 경우

(4) 관할 세무서장은 (2)에 따라 압류를 한 후 압류에 따라 징수하려는 국세를 확정한 경우 압류한 재산이 다음 중 어느 하나에 해당하고 납세자의 신청이 있으면 압류한 재산의 한도에서 확정된 국세를 징수한 것으로 볼 수 있다.
① 금전
② 납부기한 내 추심 가능한 예금 또는 유가증권

3. 초과압류의 금지

관할 세무서장은 국세를 징수하기 위하여 필요한 재산 외의 재산을 압류할 수 없다. 다만, 불가분물(不可分物) 등 부득이한 경우에는 압류할 수 있다.

4. 압류재산 선택 시 제3자의 권리보호

관할 세무서장은 압류재산을 선택하는 경우 강제징수에 지장이 없는 범위에서 전세권·질권·저당권 등 체납자의 재산과 관련하여 제3자가 가진 권리를 침해하지 아니하도록 하여야 한다.

5. 압류조서

(1) 세무공무원은 체납자의 재산을 압류하는 경우 압류조서를 작성하여야 한다. 다만, 제3자 참가압류에 압류의 효력이 생긴 경우에는 압류조서를 작성하지 아니할 수 있다.

(2) 압류재산이 다음 중 어느 하나에 해당하는 경우 압류조서 등본을 체납자에게 내주어야 한다.
   ① 동산 또는 유가증권
   ② 채권
   ③ 채권과 소유권을 제외한 그 밖의 재산권(이하 "그 밖의 재산권")

(3) 압류조서에는 압류에 참여한 세무공무원이 참여자와 함께 서명날인을 하여야 한다. 다만, 참여자가 서명날인을 거부한 경우에는 그 사실을 압류조서에 적는 것으로 참여자의 서명날인을 갈음할 수 있다.

(4) 세무공무원은 질권이 설정된 동산 또는 유가증권을 압류한 경우 그 동산 또는 유가증권의 질권자에게 압류조서의 등본을 내주어야 한다.

(5) 압류조서에는 압류한 재산에 관하여 양도, 제한물권의 설정, 채권의 영수 및 그 밖의 처분을 할 수 없다는 뜻이 기재되어야 한다.

6. 수색

내용	① 세무공무원은 재산을 압류하기 위하여 필요한 경우에는 체납자의 주거·창고·사무실·선박·항공기·자동차 또는 그 밖의 장소(이하 "주거 등")를 수색할 수 있고, 해당 주거 등의 폐쇄된 문·금고 또는 기구를 열게 하거나 직접 열 수 있다.
	(*) 그 밖의 장소: 체납자 또는 제3자가 사용하거나 사용하고 있다고 인정되는 사무실, 영업소, 공장, 헛간 등의 건물 외에 숙박중의 여관방, 건물의 부지 등을 포함한다.
	② 세무공무원은 다음 중 어느 하나에 해당하는 경우 제3자의 주거 등을 수색할 수 있고, 해당 주거 등의 폐쇄된 문·금고 또는 기구를 열게 하거나 직접 열 수 있다.
	  ㉠ 체납자 또는 제3자가 제3자의 주거 등에 체납자의 재산을 감춘 혐의가 있다고 인정되는 경우
	  ㉡ 체납자의 재산을 점유·보관하는 제3자가 재산의 인도 또는 이전을 거부하는 경우
	③ 수색은 해가 뜰 때부터 해가 질 때까지만 할 수 있다. 다만, 해가 지기 전에 시작한 수색은 해가 진 후에도 계속할 수 있다. 단, 주로 야간에 영업을 하는 장소에 대해서는 해가 진 후에도 영업 중에는 수색을 시작할 수 있다.
	④ 세무공무원은 수색을 하였으나 압류할 재산이 없는 경우 수색조서를 작성하고 수색조서에 참여자와 함께 서명날인하여야 한다. 다만, 참여자가 서명날인을 거부한 경우에는 그 사실을 수색조서에 적는 것으로 참여자의 서명날인을 갈음할 수 있다.
	⑤ 세무공무원은 수색조서를 작성한 경우 그 등본을 수색을 받은 체납자 또는 참여자에게 내주어야 한다.

야간수색 대상 영업	다음 중 어느 하나에 해당하는 영업을 말한다. ① 객실을 갖추어 음식과 주류를 제공하고, 유흥종사자에게 손님의 유흥을 돋우는 접객행위를 하게 하는 영업 ② 무도장을 설치하여 일반인에게 이용하게 하는 영업 ③ 주류, 식사, 그 밖의 음식물을 제공하는 영업 ④ 노래연습장, 그 밖에 주로 야간에 공중이 출입하는 영업

7. 질문·검사

(1) 세무공무원은 강제징수를 하면서 압류할 재산의 소재 또는 수량을 알아내기 위하여 필요한 경우 다음 중 어느 하나에 해당하는 자에게 구두 또는 문서로 질문하거나 장부, 서류 및 그 밖의 물건을 검사할 수 있다.
  ① 체납자
  ② 체납자와 거래관계가 있는 자
  ③ 체납자의 재산을 점유하는 자
  ④ 체납자와 채권·채무 관계가 있는 자
  ⑤ 체납자가 주주 또는 사원인 법인
  ⑥ 체납자인 법인의 주주 또는 사원
  ⑦ 체납자와 친족관계나 경제적 연관관계가 있는 자 중에서 체납자의 재산을 감춘 혐의가 있다고 인정되는 자

(2) 구두로 질문한 내용이 중요한 사항인 경우 그 내용을 기록하고 기록한 서류에 답변한 자와 함께 서명날인하여야 한다. 다만, 답변한 자가 서명날인을 거부한 경우 그 사실을 본문의 서류에 적는 것으로 답변한 자의 서명날인을 갈음할 수 있다.

8. 참여자 등

참여자	① 세무공무원은 수색 또는 질문·검사를 하는 경우 그 수색 또는 검사를 받는 사람, 그 가족·동거인이나 사무원 또는 그 밖의 종업원을 참여시켜야 한다. ② 참여시켜야 할 자가 없거나 참여 요청에 따르지 아니하는 경우 성인 2명 이상 또는 특별시·광역시·특별자치시·특별자치도·시·군·자치구의 공무원이나 경찰공무원 1명 이상을 증인으로 참여시켜야 한다.
증표 등의 제시	세무공무원은 다음 중 어느 하나를 하는 경우 그 신분을 나타내는 증표 및 압류·수색 등 통지서를 지니고 이를 관계자에게 보여 주어야 한다. ① 압류 ② 수색 ③ 질문·검사
출입 제한	세무공무원은 압류 또는 수색 및 질문·검사를 하는 경우로서 강제징수를 위하여 필요하다고 인정하는 경우 체납자 및 참여자 등 관계자를 제외한 사람에 대하여 해당 장소에서 나갈 것을 요구하거나 그 장소에 출입하는 것을 제한할 수 있다.
저당권자에 대한 압류통지	① 관할 세무서장은 재산을 압류한 경우 전세권, 질권, 저당권 또는 그 밖에 압류재산 위의 등기 또는 등록된 권리자(이하 "저당권자등")에게 그 사실을 통지하여야 한다. ∴ 국세에 우선하는 담보채권자 등에게 그 권리행사의 기회를 주기 위함 ② 국세에 대하여 우선권을 가진 저당권자등이 통지를 받고 그 권리를 행사하려는 경우 통지를 받은 날부터 10일 이내에 그 사실을 관할 세무서장에게 신고하여야 한다.

02 압류금지

1. 압류금지 재산

내용	다음의 재산은 압류할 수 없다. ① 체납자 또는 그와 생계를 같이 하는 가족(사실상 혼인관계에 있는 사람을 포함한다. 이하 "동거가족")의 생활에 없어서는 아니 될 의복, 침구, 가구, 주방기구, 그 밖의 생활필수품 　→ 에어컨, 자재장롱, 도자기나 식탁 등은 압류가능재산임 ② 체납자 또는 그 동거가족에게 필요한 3개월간의 식료품 또는 연료 ③ 인감도장이나 그 밖에 직업에 필요한 도장 ④ 제사 또는 예배에 필요한 물건, 비석 또는 묘지 　→ 단순히 상품 또는 골동품으로서 소장하고 있는 것은 압류가능재산임 　→ 금양임야도 압류가능재산임 ⑤ 체납자 또는 그 동거가족의 장례에 필요한 물건 ⑥ 족보·일기 등 체납자 또는 그 동거가족에게 필요한 장부 또는 서류 ⑦ 직무 수행에 필요한 제복 ⑧ 훈장이나 그 밖의 명예의 증표 ⑨ 체납자 또는 그 동거가족의 학업에 필요한 서적과 기구 ⑩ 발명 또는 저작에 관한 것으로서 공표되지 아니한 것 　∵ 체납자의 지적인 노력의 산출물을 최대한 보호하기 위함 ⑪ 주로 자기의 노동력으로 농업을 하는 사람에게 없어서는 아니 될 기구, 가축, 사료, 종자, 비료, 그 밖에 이에 준하는 물건 ⑫ 주로 자기의 노동력으로 어업을 하는 사람에게 없어서는 아니 될 어망, 기구, 미끼, 새끼 물고기, 그 밖에 이에 준하는 물건 ⑬ 전문직 종사자·기술자·노무자, 그 밖에 주로 자기의 육체적 또는 정신적 노동으로 직업 또는 사업에 종사하는 사람에게 없어서는 아니 될 기구, 비품, 그 밖에 이에 준하는 물건 ⑭ 체납자 또는 그 동거가족의 일상생활에 필요한 안경·보청기·의치·의수족·지팡이·장애보조용 바퀴의자, 그 밖에 이에 준하는 신체보조기구 및 자동차관리법에 따른 경형자동차 ⑮ 재해의 방지 또는 보안을 위하여 법령에 따라 설치하여야 하는 소방설비, 경보기구, 피난시설, 그 밖에 이에 준하는 물건 ⑯ 법령에 따라 지급되는 사망급여금 또는 상이급여금 ⑰ 주택임대차보호법 제8조에 따라 우선변제를 받을 수 있는 금액 ⑱ 체납자의 생계 유지에 필요한 소액금융재산으로서 다음의 구분에 따른 보장성보험의 보험금, 해약환급금 및 만기환급금과 개인별 잔액이 250만원 미만인 예금(적금, 부금, 예탁금과 우편대체를 포함)을 말한다. 　㉠ 사망보험금 중 1천5백만원 이하의 보험금 　㉡ 상해·질병·사고 등을 원인으로 체납자가 지급받는 보장성보험의 보험금 중 다음에 해당하는 보험금 　　ⓐ 진료비, 치료비, 수술비, 입원비, 약제비 등 치료 및 장애 회복을 위하여 실제 지출되는 비용을 보장하기 위한 보험금 　　ⓑ 치료 및 장애 회복을 위한 보험금 중 가목에 해당하는 보험금을 제외한 보험금의 2분의 1에 해당하는 금액

내용	ⓒ 보장성보험의 해약환급금 중 250만원 이하의 금액 ② 보장성보험의 만기환급금 중 250만원 이하의 금액 보장성보험의 보험금, 해약환급금 또는 만기환급금 채권을 취득하는 보험계약이 둘 이상인 체납자에 대해서는 다음의 구분에 따라 위 금액을 계산한다. ㉠ 제1항 제1호, 제3호 및 제4호: 보험계약별 사망보험금, 해약환급금, 만기환급금을 각각 합산한 금액 ㉡ 제1항 제2호 나목: 보험계약별 금액

2. 급여채권의 압류 제한

급여총액	급여총액은 소득세법 제20조 제1항 각 호에 해당하는 근로소득의 금액의 합계액(비과세소득의 금액은 제외) 또는 퇴직소득의 금액의 합계액(비과세소득의 금액은 제외)에서 그 근로소득 또는 퇴직소득에 대한 소득세 및 소득세분 지방소득세를 뺀 금액으로 한다.
급여채권 압류제한	① 급료, 연금, 임금, 봉급, 상여금, 세비, 퇴직연금, 그 밖에 이와 비슷한 성질을 가진 급여채권에 대해서는 그 총액의 2분의 1에 해당하는 금액은 압류가 금지되는 금액으로 한다. ∵ 급여가 생존수단인 점을 고려하여 초과압류 할 수 없도록 함 ② ①에도 불구하고 다음의 경우 압류가 금지되는 금액은 각각 다음의 구분에 따른 금액으로 한다. ㉠ ①에 따라 계산한 급여채권 총액의 2분의 1에 해당하는 금액이 표준적인 가구의 국민기초생활 보장법에 따른 최저생계비를 고려하여 월 250만원에 미달하는 경우: 월 250만원 ㉡ ①에 따라 계산한 급여채권 총액의 2분의 1에 해당하는 금액이 표준적인 가구의 생계비를 고려하여 대통령령으로 정하는 금액을 초과하는 경우: 300만원 + (급여의 1/2 - 300만원) × 1/2 ③ 급여채권의 압류제한액 	구분	압류금지액
250만원 이하	250만원
250만원 초과 500만원 이하	250만원
500만원 초과 600만원 이하	급여의 1/2
600만원 초과	300만원 + (급여의 1/2 - 300만원) × 1/2 | 🔍 사례 | 급여액	250	300	400	500	600	800	1,000
---	---	---	---	---	---	---	---
금지액	250	250	250	250	300	350	400
압류액	0	50	150	250	300	450	600	
퇴직금	퇴직금이나 그 밖에 이와 비슷한 성질을 가진 급여채권에 대해서는 그 총액의 2분의 1에 해당하는 금액은 압류하지 못한다.

03 압류의 효력

1. 처분의 제한
(1) 세무공무원이 재산을 압류한 경우 체납자는 압류한 재산에 관하여 양도, 제한물권의 설정, 채권의 영수, 그 밖의 처분을 할 수 없다.
(2) 세무공무원이 채권 또는 그 밖의 재산권을 압류한 경우 해당 채권의 채무자 및 그 밖의 재산권의 채무자 또는 이에 준하는 자(이하 "제3채무자"라 함)는 체납자에 대한 지급을 할 수 없다.
(3) 세무공무원이 물리적 점유가 불가능한 예탁유가증권지분 또는 전자등록주식 등을 압류한 경우 예탁자는 해당 체납자에 대하여 계좌대체 및 증권반환을 할 수 없고, 제56조의3 제1항 각 호의 구분에 따른 자는 해당 체납자에 대하여 계좌대체 및 전자등록말소를 할 수 없다.

2. 과실에 대한 압류의 효력

내용	① 압류의 효력은 압류재산으로부터 생기는 천연과실 또는 법정과실에도 미친다. ② 제1항에도 불구하고 체납자 또는 제3자가 압류재산의 사용 또는 수익을 하는 경우 그 재산의 매각으로 인하여 권리를 이전하기 전까지 이미 거두어들인 천연과실에 대해서는 압류의 효력이 미치지 아니한다.
특례	천연과실 중 성숙한 것은 토지 또는 입목(立木)과 분리하여 동산으로 볼 수 있다.

3. 부동산 등의 압류절차

압류절차	① 관할 세무서장은 다음의 재산을 압류하려는 경우 압류조서를 첨부하여 압류등기를 관할 등기소에 촉탁하여야 한다. 그 변경등기에 관하여도 또한 같다. ㉠ 부동산등기법 등에 따라 등기된 부동산 ㉡ 공장 및 광업재단 저당법에 따라 등기된 공장재단 및 광업재단 ㉢ 선박등기법에 따라 등기된 선박 ② 관할 세무서장은 다음의 재산을 압류하려는 경우 압류의 등록을 관계 행정기관의 장 또는 지방자치단체의 장에게 촉탁하여야 한다. 그 변경 등록에 관하여도 또한 같다. ㉠ 자동차관리법에 따라 등록된 자동차 ㉡ 선박법에 따라 등록된 선박(선박등기법에 따라 등기된 선박은 제외) ㉢ 항공안전법에 따라 등록된 항공기 또는 경량항공기 ㉣ 건설기계관리법에 따라 등록된 건설기계 ③ 관할 세무서장은 압류를 하기 위하여 부동산, 공장재단 및 광업재단의 재산을 분할하거나 구분하려는 경우 분할 또는 구분의 등기를 관할 등기소에 촉탁하여야 한다. 그 합병 또는 변경 등기에 관하여도 또한 같다. ④ 관할 세무서장은 등기되지 아니한 부동산을 압류하려는 경우 토지대장 등본, 건축물대장 등본 또는 부동산종합증명서를 갖추어 보존등기를 관할 등기소에 촉탁하여야 한다. ⑤ 관할 세무서장은 압류한 자동차, 선박, 항공기 또는 건설기계가 은닉 또는 훼손될 우려가 있다고 인정되는 경우 체납자에게 인도를 명하여 이를 점유할 수 있다. ⑥ 관할 세무서장은 위 규정에 따라 압류를 한 경우 그 사실을 체납자에게 통지하여야 한다.

압류효력	① 부동산 등의 압류의 효력은 그 압류등기 또는 압류의 등록이 완료된 때에 발생한다. ② ①에 따른 압류의 효력은 해당 압류재산의 소유권이 이전되기 전에 국세기본법 제법정기일이 도래한 국세의 체납액에 대해서도 미친다. ∵ 한 번 압류등기를 하고나면 그 이후에 발생한 동일인의 체납액에 대하여 새로운 압류등기를 거칠 필요 없이 당연히 압류의 효력이 미치는 것일 뿐이고, 그 압류에 의해 이후 발생하는 국세채권에 대하여 특별한 우선적 효력을 인정하는 것은 아님
사용수익	① 체납자는 압류된 부동산, 공장재단, 광업재단, 선박, 항공기, 자동차 또는 건설기계(이하 "부동산 등")를 사용하거나 수익할 수 있다. 다만, 관할 세무서장은 그 가치가 현저하게 줄어들 우려가 있다고 인정할 경우에는 그 사용 또는 수익을 제한할 수 있다. ② 압류된 부동산 등을 사용하거나 수익할 권리를 가진 제3자의 사용·수익에 관하여는 ①을 준용한다. ③ 관할 세무서장은 자동차, 선박, 항공기 또는 건설기계에 대하여 강제징수를 위하여 필요한 기간 동안 정박 또는 정류를 하게 할 수 있다. 다만, 출항준비를 마친 선박 또는 항공기에 대해서는 정박 또는 정류를 하게 할 수 없다. ∵ 강제집행 징수 곤란을 방지하며, 공매를 통한 매수인이 실물을 보게 하기 위하여 운송관계인을 보호해야 하는 경우를 제외하고는 정박 등을 명령할 수 있음 ④ 관할 세무서장은 정박 또는 정류를 하게 하였을 경우 그 감시와 보존에 필요한 처분을 하여야 한다.

4. 동산과 유가증권의 압류

압류절차 등	① 동산 또는 유가증권의 압류는 세무공무원이 점유함으로써 하고, 압류의 효력은 세무공무원이 점유한 때에 발생한다. 예 현금 및 고가의 미술품, 어음, 수표, 상품권 등 ② 세무공무원은 제3자가 점유하고 있는 체납자 소유의 동산 또는 유가증권을 압류하기 위해서는 먼저 그 제3자에게 문서로 해당 동산 또는 유가증권의 인도를 요구하여야 한다. ③ 세무공무원은 인도를 요구받은 제3자가 해당 동산 또는 유가증권을 인도하지 아니하는 경우 제3자의 주거 등에 대한 수색을 통하여 이를 압류할 수 있다. ④ 세무공무원은 체납자와 그 배우자의 공유재산으로서 체납자가 단독 점유하거나 배우자와 공동 점유하고 있는 동산 또는 유가증권을 압류할 수 있다. → 체납자에 대한 조세채권 징수를 위해 배우자 공유재산도 전체에 대한 압류 가능
압류동산 사용수익	① 운반하기 곤란한 동산은 체납자 또는 제3자에게 보관하게 할 수 있다. 이 경우 봉인이나 그 밖의 방법으로 압류재산임을 명백히 하여야 한다. 세무공무원은 압류재산임을 명백히 하는 경우 압류 연월일과 압류한 세무공무원이 소속된 세무서의 명칭을 명백히 표시해야 한다. ② 관할 세무서장은 압류한 동산을 체납자 또는 이를 사용하거나 수익할 권리를 가진 제3자에게 보관하게 한 경우 강제징수에 지장이 없다고 인정되면 그 동산의 사용 또는 수익을 허가할 수 있다. ∵ 체납자에게 납세기회를 부여 ③ 압류된 동산을 사용하거나 수익하려는 자는 압류재산 사용·수익 허가신청서를 관할 세무서장에게 제출해야 하며, 관할 세무서장은 압류재산 사용·수익 허가신청서를 제출받은 경우 해당 사용·수익 행위가 압류재산의 보전에 지장을 주는지를 조사하여 30일 이내에 그 허가 여부를 신청인에게 통지해야 한다. ④ 허가를 받은 자는 압류 동산을 사용하거나 수익하는 경우 선량한 관리자의 주의의무를 다하여야 하며, 관할 세무서장이 해당 재산의 인도를 요구하는 경우 즉시 이에 따라야 한다.

5. 금전의 압류 및 유가증권에 관한 채권의 추심

내용	① 관할 세무서장이 금전을 압류한 경우에는 그 금전 액수만큼 체납자의 압류에 관계되는 체납액을 징수한 것으로 본다. ∵ 체납국세 충당을 통해 체납자의 납부지연가산세 부담을 완화함 ② 관할 세무서장은 유가증권을 압류한 경우 그 유가증권에 따라 행사할 수 있는 금전의 급부를 목적으로 한 채권(예 어음 또는 수표)을 추심할 수 있다. 이 경우 관할 세무서장이 채권을 추심하였을 때에는 추심한 채권의 한도에서 체납자의 압류와 관계되는 체납액을 징수한 것으로 본다.
관련 통칙	금전의 급부를 목적으로 한 채권이라 함은 압류한 유가증권에 기하여 행사할 수 있는 채권 중 금전의 급부를 목적으로 하는 것을 말한다. 따라서 금전의 급부를 목적으로 하는 채권 이외의 재산권을 표시하는 유가증권(창고증권 등)에 있어서는 직접 그 유가증권을 매각한다.

6. 채권의 압류

압류 절차	① 관할 세무서장은 채권을 압류하려는 경우 그 뜻을 제3채무자[*]에게 통지하여야 한다. [*] 제3채무자: 체납자에 대하여 금전 또는 매각할 수 있는 재산의 지급을 목적으로 하는 채무를 부담하는 자 ② 관할 세무서장은 ①에 따라 채권을 압류한 경우 그 사실을 체납자에게 통지하여야 한다. 단, 체납자에게 통지하지 아니하여도 채권압류의 효력에는 영향이 없다.
조건부 채권의 압류	① 관할 세무서장은 신원보증금, 계약보증금, 광고료 등의 조건부채권을 그 조건 성립 전에도 압류할 수 있다. ② ①에 따라 압류한 채권이 성립되지 않는 것이 확정된 때에는 그 압류를 지체 없이 해제해야 한다.
채권 압류의 효력 추심	① 채권 압류의 효력은 채권 압류 통지서가 제3채무자에게 송달된 때에 발생한다. ② 관할 세무서장은 통지를 한 경우 체납액을 한도로 하여 체납자인 채권자를 대위한다. ③ 관할 세무서장은 채권자를 대위하는 경우 압류 후 1년 이내에 제3채무자에 대한 이행의 촉구와 채무 이행의 소송을 제기하여야 한다. 다만, 체납된 국세와 관련하여 국세기본법에 따른 이의신청·심사청구·심판청구, 감사원법에 따른 심사청구 또는 행정소송법에 따른 행정소송(이하 "심판청구 등")이 계속 중이거나 그 밖에 이에 준하는 사유로 법률상·사실상 추심이 불가능한 경우에는 그러하지 아니하다. ∵ 채권압류 후 정당한 사유 없이 장기간 방치하는 것을 방지 ④ 관할 세무서장은 심판청구 등 사유가 해소되어 추심이 가능해진 때에는 지체 없이 제3채무자에 대한 이행의 촉구와 채무 이행의 소송을 제기하여야 한다.
채무 불이행에 따른 절차	① 관할 세무서장은 채권 압류의 통지를 받은 제3채무자가 채무이행의 기한이 지나도 이행하지 않은 경우 체납자인 채권자를 대위하여 이행의 촉구를 해야 한다. ② 관할 세무서장은 이행의 촉구를 받은 제3채무자가 촉구한 기한까지 채무를 이행하지 않는 경우 체납자인 채권자를 대위하여 제3채무자를 상대로 소송을 제기해야 한다. 다만, 채무 이행의 자력이 없다고 인정하는 경우에는 소송을 제기하지 않고 채권의 압류를 해제할 수 있다.

채권 압류의 범위	관할 세무서장은 채권을 압류하는 경우 체납액을 한도로 하여야 한다. 다만, 압류하려는 채권에 국세보다 우선하는 질권이 설정되어 있어 압류에 관계된 체납액의 징수가 확실하지 아니한 경우 등 필요하다고 인정되는 경우 채권 전액을 압류할 수 있다. 예 체납액이 100이고 피압류채권이 300인 경우 세무서장은 100만큼만 압류하는 것이 원칙이나 예외적으로 전액 압류가 필요하면 300 압류 가능
계속적 거래관계 채권압류	급료, 임금, 봉급, 세비, 퇴직연금 또는 그 밖에 계속적 거래관계에서 발생하는 이와 유사한 채권에 대한 압류의 효력은 체납액을 한도로 하여 압류 후에 발생할 채권에도 미친다. → 압류 후 발생한 채권의 별도압류를 요하지 않음

7. 그 밖의 재산권의 압류 - 압류절차

(1) 관할 세무서장은 권리의 변동에 등기 또는 등록이 필요한 그 밖의 재산권을 압류하려는 경우 압류의 등기 또는 등록을 관할 등기소, 관계 행정기관의 장, 지방자치단체의 장(이하 "관할 등기소등"이라 함)에게 촉탁하여야 한다. 그 변경의 등기 또는 등록에 관하여도 또한 같다.
   예 저작권, 지상권, 전세권 등
(2) 관할 세무서장은 권리의 변동에 등기 또는 등록이 필요하지 아니한 그 밖의 재산권을 압류하려는 경우 그 뜻을 다음의 구분에 따른 자에게 통지하여야 한다.
   ① 제3채무자가 있는 경우: 제3채무자
   ② 제3채무자가 없는 경우: 체납자
(3) 관할 세무서장은 가상자산을 압류하려는 경우 체납자(가상자산사업자 등 제3자가 체납자의 가상자산을 보관하고 있을 때에는 그 제3자)에게 해당 가상자산의 이전을 문서로 요구할 수 있고, 요구받은 체납자 또는 그 제3자는 이에 따라야 한다.
(4) 관할 세무서장은 위 규정에 따라 압류를 한 경우 및 체납자의 가상자산을 보관하고 있는 제3자에게 해당 가상자산의 이전을 요구한 경우 그 사실을 체납자에게 통지하여야 한다.

8. 국가 또는 지방자치단체의 재산에 관한 권리의 압류

(1) 관할 세무서장은 체납자가 국가 또는 지방자치단체(지방자치단체조합을 포함)의 재산을 매수한 경우 소유권 이전 전이라도 그 재산에 관한 체납자의 국가 또는 지방자치단체에 대한 권리를 압류한다.
   ∵ 국가 등의 재산 매각이 속행될 수 있도록 하기 위함
(2) 관할 세무서장은 압류를 한 경우 그 사실을 체납자에게 통지하여야 한다.
(3) 압류재산을 매각함에 따라 이를 매수한 자는 그 대금을 완납한 때에 그 재산에 관한 체납자의 국가 또는 지방자치단체에 대한 모든 권리·의무를 승계한다.

9. 예탁된 유가증권의 압류 절차 등

예탁된 유가증권	① 관할 세무서장은 예탁결제원에 예탁된 유가증권(예탁결제원에 예탁된 것으로 보는 경우를 포함)에 관한 공유지분(이하 "예탁유가증권지분")을 압류하려는 경우에는 그 뜻을 다음의 구분에 따른 자에게 통지하여야 한다. 　㉠ 체납자가 자본시장과 금융투자업에 관한 법률에 따른 예탁자인 경우: 예탁결제원 　㉡ 체납자가 자본시장과 금융투자업에 관한 법률에 따른 투자자인 경우: 예탁자 ② 관할 세무서장은 예탁유가증권지분을 압류한 경우에는 그 사실을 체납자에게 통지하여야 한다. ③ 예탁유가증권지분 압류의 효력은 그 압류 통지서가 ①의 구분에 따른 자에게 송달된 때에 발생한다 ∵ 유가증권의 이전 없이 권리관계가 변동되는 재산에 대한 국세채권의 확보와 강제징수의 실효성을 높이기 위해 신설됨
전자등록 주식 압류절차	① 관할 세무서장은 전자등록주식 등을 압류하려는 경우 그 뜻을 다음의 구분에 따른 자에게 통지하여야 한다. 　㉠ 체납자가 주식·사채 등의 전자등록에 관한 법률에 따른 계좌관리기관등인 경우: 전자등록기관 　㉡ 체납자가 주식·사채 등의 전자등록에 관한 법률에 따라 계좌관리기관에 고객계좌를 개설한 자인 경우: 계좌관리기관 　㉢ 체납자가 주식·사채 등의 전자등록에 관한 법률에 따른 특별계좌의 명의자인 경우: 명의개서대행회사 등 ② 관할 세무서장은 전자등록주식 등을 압류한 경우 그 사실을 체납자에게 통지하여야 한다. ③ 전자등록주식 등 압류의 효력은 그 압류 통지서가 ①의 구분에 따른 자에게 송달된 때에 발생한다.

04 압류해제

1. 압류해제

필요적 해제	관할 세무서장은 다음 중 어느 하나에 해당하는 경우 압류를 즉시 해제하여야 한다. ① 압류와 관계되는 체납액의 전부가 납부 또는 충당(국세환급금, 그 밖에 관할 세무서장이 세법상 납세자에게 지급할 의무가 있는 금전을 체납액과 대등액에서 소멸시키는 것)된 경우 ② 국세 부과의 전부를 취소한 경우 ③ 여러 재산을 한꺼번에 공매하는 경우로서 일부 재산의 공매대금으로 체납액 전부를 징수한 경우 ④ 총 재산의 추산가액[*]이 강제징수비(압류에 관계되는 국세에 우선하는 국세기본법 제35조 제1항 제3호에 따른 채권 금액이 있는 경우 이를 포함)를 징수하면 남을 여지가 없어 강제징수를 종료할 필요가 있는 경우. 다만, 교부청구 또는 참가압류가 있는 경우로서 교부청구 또는 참가압류와 관계된 체납액을 기준으로 할 경우 남을 여지가 있는 경우는 제외한다. 　→ 이 경우 국세체납정리위원회의 심의를 거쳐야 한다. ⑤ 압류금지재산을 압류한 경우 ⑥ 제3자의 재산을 압류한 경우 ⑦ 그 밖에 ①~④까지의 규정에 준하는 사유로 압류할 필요가 없게 된 경우 [*] 추산가액은 강제징수의 목적물인 재산을 상속세 및 증여세법 제60조부터 제66조까지의 규정에 따라 평가한 금액으로 한다.

임의적 해제	관할 세무서장은 다음 중 어느 하나에 해당하는 경우 압류재산의 전부 또는 일부에 대하여 압류를 해제할 수 있다. ① 압류 후 재산가격이 변동하여 체납액 전액을 현저히 초과한 경우 ② 압류와 관계되는 체납액의 일부가 납부 또는 충당된 경우 ③ 국세 부과의 일부를 취소한 경우 ④ 체납자가 압류할 수 있는 다른 재산을 제공하여 그 재산을 압류한 경우
압류 해제조서	관할 세무서장은 재산의 압류를 해제하는 경우 압류 해제 조서를 작성해야 한다. 다만, 압류를 해제하려는 재산이 동산이나 유가증권인 경우에는 압류조서의 여백에 해제 연월일과 해제 이유를 함께 적음으로써 압류 해제 조서의 작성을 갈음할 수 있다.
가상자산 압류해제	관할 세무서장은 가상자산의 압류를 해제하는 경우에는 해당 가상자산을 체납자의 가상자산주소(가상자산을 가상자산사업자가 아닌 제3자가 보관했던 경우에는 그 제3자의 가상자산주소를 말함) 또는 계정으로 이전해야 한다.

2. 압류해제의 절차 등

(1) 관할 세무서장은 재산의 압류를 해제한 경우 그 사실을 그 재산의 압류 통지를 한 체납자, 제3채무자 및 저당권자등에게 통지하여야 한다.

(2) 관할 세무서장은 압류를 해제한 경우 압류의 등기 또는 등록을 한 것에 대해서는 압류 해제 조서를 첨부하여 압류 말소의 등기 또는 등록을 관할 등기소등에 촉탁하여야 한다.

(3) 관할 세무서장은 제3자에게 보관하게 한 압류재산의 압류를 해제한 경우 그 보관자에게 압류 해제 통지를 하고 압류재산을 체납자 또는 정당한 권리자에게 반환하여야 한다. 이 경우 관할 세무서장이 받았던 압류재산의 보관증은 보관자에게 반환하여야 한다.

(4) 관할 세무서장은 (3)을 적용할 때 필요하다고 인정하는 경우 보관자가 체납자 또는 정당한 권리자에게 그 압류재산을 직접 인도하게 할 수 있다. 이 경우 체납자 또는 정당한 권리자에게 보관자로부터 압류재산을 직접 인도받을 것을 통지하여야 한다.

(5) 관할 세무서장은 보관 중인 재산을 반환하는 경우 영수증을 받아야 한다. 다만, 체납자 또는 정당한 관리자에게 압류조서에 영수 사실을 적고 서명날인하게 함으로써 영수증을 받는 것에 갈음할 수 있다.

05 교부청구와 참가압류

1. 교부청구

내용	관할 세무서장은 다음 중 어느 하나에 해당하는 경우 해당 관할 세무서장, 지방자치단체의 장, 공공기관의 장, 지방공사 또는 지방공단의 장, 집행법원, 집행공무원, 강제관리인, 파산관재인 또는 청산인에 대하여 다음에 따른 절차의 배당·배분 요구의 종기까지 체납액(지정납부기한이 연장된 국세를 포함)의 교부를 청구하여야 한다. ① 국세, 지방세 또는 공과금의 체납으로 체납자에 대한 강제징수 또는 체납처분이 시작된 경우 ② 체납자에 대하여 민사집행법에 따른 강제집행 및 담보권 실행 등을 위한 경매가 시작되거나 체납자가 채무자 회생 및 파산에 관한 법률에 따른 파산선고를 받은 경우 ③ 체납자인 법인이 해산한 경우

교부청구 대상국세	교부청구를 할 수 있는 국세에는 다음의 것이 포함된다. ① 제2차 납세의무자의 국세 ② 납세보증인의 국세 ③ 확정전보전압류에 관련된 국세 ④ 지정납부기한이 연장된 국세 ⑤ 압류·매각 유예와 관련된 국세
법적 성질	① 동일한 재산에 대하여 중복하여 압류를 집행하는 것은 절차를 복잡하게 하므로 세무공무원이 스스로 압류를 집행하지 아니하고 이들의 강제환가절차에 참가하여 조세채권의 변제를 받는 절차를 말한다. ② 교부청구는 과세관청이 이미 진행 중인 강제환가절차에 가입하여 체납된 조세의 배당을 구하는 것으로서 강제집행에 있어서의 배당요구와 같은 성질의 것이므로, 해당 조세는 교부청구 당시 체납되어 있음을 요한다. ③ 교부청구 후 교부청구를 받은 집행기관의 강제징수, 강제집행 또는 경매의 절차가 해제되거나 취소되는 경우에는 교부청구는 그 효력을 상실한다.
교부청구 해제	관할 세무서장은 납부, 충당, 국세 부과의 취소나 그 밖의 사유로 교부를 청구한 체납액의 납부의무가 소멸된 경우 그 교부청구를 해제하여야 한다. 관할 세무서장은 교부청구를 해제하려는 경우 그 사실을 교부청구를 받은 기관에 통지하여야 한다.

> 📋 **파산선고에 따른 교부청구**
>
> 관할 세무서장은 파산관재인에게 교부청구를 하는 경우 다음의 구분에 따른 방법으로 해야 한다.
> 1. 압류한 재산의 가액이 징수할 금액보다 적거나 적다고 인정될 경우
>   재단채권으로서 파산관재인에게 그 부족액을 교부청구하는 방법
> 2. 납세담보물 제공자가 파산선고를 받아 강제징수에 의하여 그 담보물을 공매하려는 경우
>   채무자 회생 및 파산에 관한 법률에 따른 채권신고 절차를 거친 후 별제권을 행사해도 부족하거나 부족하다고 인정되는 금액을 교부청구하는 방법. 다만, 파산관재인이 그 재산을 매각하려는 경우에는 징수할 금액을 교부청구하는 방법으로 해야 한다.

2. 참가압류

(1) 의의

관련 법령	① 관할 세무서장은 압류하려는 재산이 이미 다른 기관에 압류되어 있는 경우 참가압류 통지서를 그 재산을 이미 압류한 기관(이하 "선행압류기관")에 송달함으로써 교부청구를 갈음하고 그 압류에 참가할 수 있다. ② 관할 세무서장은 참가압류를 한 경우 그 사실을 체납자, 제3채무자 및 저당권자등에게 통지하여야 한다. ③ 관할 세무서장은 권리의 변동에 등기 또는 등록이 필요한 재산에 대하여 참가압류를 하려는 경우 참가압류의 등기 또는 등록을 관할 등기소등에 촉탁하여야 한다.
요건	① 압류의 요건을 갖추어야 한다. 따라서 납부기한 등이 연장된 국세에 대해서는 교부청구는 가능하나, 참가압류는 할 수 없다. ② 압류하고자 하는 재산이 이미 다른 기관에서 압류하고 있는 재산이어야 한다.

법적 성질	참가압류는 교부청구가 선행집행절차가 해제되거나 취소되는 경우에는 그 효력을 상실하므로 인하여 발생하는 세법상의 문제점을 보완하여 이중의 압류를 허용하는 것과 동일한 효과를 갖는다.

(2) 참가압류의 효력 등

압류의 효력	① 참가압류를 한 후에 선행압류기관이 그 재산에 대한 압류를 해제한 경우 그 참가압류는 다음의 구분에 따른 시기로 소급하여 압류의 효력을 갖는다. 　㉠ 권리의 변동에 등기 또는 등록이 필요한 재산: 참가압류의 등기 또는 등록이 완료된 때 　㉡ 권리의 변동에 등기 또는 등록이 필요하지 아니한 재산: 참가압류 통지서가 선행압류기관에 송달된 때 ② 둘 이상의 참가압류가 있는 경우에는 다음의 구분에 따른 시기로 소급하여 압류의 효력이 생긴다. 　㉠ 권리의 변동에 등기 또는 등록을 필요로 하는 재산: 가장 먼저 참가압류의 등기 또는 등록이 완료된 때 　㉡ 권리의 변동에 등기 또는 등록을 필요로 하지 아니한 재산: 가장 먼저 참가압류 통지서가 송달된 때
압류 해제절차	① 선행압류기관은 압류를 해제한 경우 압류가 해제된 재산 목록을 첨부하여 그 사실을 참가압류를 한 관할 세무서장에게 통지하여야 한다. ② 선행압류기관은 압류를 해제한 재산이 동산 또는 유가증권 등인 경우로서 해당 재산을 선행압류기관이 점유하고 있거나 제3자에게 보관하게 한 경우 참가압류를 한 관할 세무서장에게 직접 인도하여야 한다. 다만, 제3자가 보관하고 있는 재산에 대해서는 그 제3자가 발행한 해당 보관증을 인도함으로써 재산을 직접 인도하는 것을 갈음할 수 있다.
참가압류 권자의 매각촉구	① 참가압류를 한 관할 세무서장은 선행압류기관이 그 압류재산을 장기간이 지나도록 매각하지 아니한 경우 이에 대한 매각을 선행압류기관에 촉구할 수 있다. ② 참가압류를 한 관할 세무서장은 매각의 촉구를 받은 선행압류기관이 촉구를 받은 날부터 3개월 이내에 다음 중 어느 하나에 해당하는 행위를 하지 아니한 경우 해당 압류재산을 매각할 수 있다. 　㉠ 수의계약으로 매각하려는 사실의 체납자 등에 대한 통지 　㉡ 공매공고 　㉢ 공매 또는 수의계약을 대행하게 하는 의뢰서의 송부 ③ 참가압류를 한 관할 세무서장은 압류재산을 매각하려는 경우 그 내용을 선행압류기관에 통지하여야 한다. ④ 선행압류기관은 통지를 받은 경우 점유하고 있거나 제3자에게 보관하게 하고 있는 동산 또는 유가증권 등 압류재산을 매각을 촉구한 관할 세무서장에게 인도하여야 한다. 이 경우 인도 방법에 관하여는 압류 해제절차 ②규정을 준용한다.
압류해제	참가압류의 해제에 관하여는 압류해제의 요건, 압류해제의 절차 및 인지세 등의 면제에 관한 규정을 준용한다.

제3절 압류재산의 매각

01 통칙

1. 매각의 착수시기

의의	관할 세무서장은 압류 후 1년 이내에 매각을 위한 다음 중 어느 하나에 해당하는 행위를 하여야 한다. 체납된 국세와 관련하여 심판청구 등이 계속 중인 경우, 국세징수법 또는 다른 세법에 따라 압류재산의 매각을 유예한 경우, 압류재산의 감정평가가 곤란한 경우, 그 밖에 이에 준하는 사유로 법률상·사실상 매각이 불가능한 경우에는 그러하지 아니하다. ① 수의계약으로 매각하려는 사실의 체납자 등에 대한 통지 ② 공매공고 ③ 공매 또는 수의계약을 대행하게 하는 의뢰서의 송부 관할 세무서장은 심판청구 등 법률상·사실상 매각이 불가능한 사유가 해소되어 매각이 가능해진 때에는 지체 없이 ①의 어느 하나에 해당하는 행위를 하여야 한다.
취지	동 규정은 조속한 강제징수 절차 진행을 통해 체납자 권익을 보호하고자 하는 차원에서 신설되었다.

2. 매각 방법

압류재산은 공매 또는 수의계약으로 매각한다.

공매	\① 공매는 다음 중 어느 하나에 해당하는 방법(정보통신망을 이용한 것을 포함)으로 한다.	
	경쟁입찰	공매를 집행하는 공무원이 공매예정가격을 제시하고, 매수신청인에게 문서로 매수신청을 하게 하여 공매예정가격 이상의 신청가격 중 최고가격을 신청한 자(이하 "최고가 매수신청인")를 매수인으로 정하는 방법
	경매	공매를 집행하는 공무원이 공매예정가격을 제시하고, 매수신청인에게 구두 등의 방법으로 신청가격을 순차로 올려 매수신청을 하게 하여 최고가 매수신청인을 매수인으로 정하는 방법
	② 경매의 방법으로 매각하는 경우 경매의 성질에 반하지 아니하는 범위에서 경쟁입찰에 관한 규정을 준용한다.	
수의계약	경쟁계약에 의하지 않고 세무서장 또는 한국자산관리공사가 매수인과 가액을 결정하여 매각하는 계약을 말한다.	

3. 공매

공매대상	① 관할 세무서장은 압류한 부동산등, 동산, 유가증권, 그 밖의 재산권과 체납자를 대위하여 받은 물건(금전은 제외)을 공매한다. ② 관할 세무서장은 다음중 어느 하나에 해당하는 압류재산의 경우에는 다음의 구분에 따라 직접 매각할 수 있다. 　㉠ 자본시장과 금융투자업에 관한 법률에 따른 증권시장에 상장된 증권: 증권시장에서의 매각 　㉡ 가상자산사업자를 통해 거래되는 가상자산: 가상자산사업자를 통한 매각 ③ 관할 세무서장은 ②구분에 따라 압류재산을 직접 매각하려는 경우에는 매각 전에 그 사실을 체납자, 납세담보물 소유자 및 압류재산에 질권 또는 그 밖의 권리를 가진 자에게 통지하여야 한다. ④ ① 및 ②에도 불구하고 확정전보전 압류한 재산은 그 압류와 관계되는 국세의 납세 의무가 확정되기 전에는 공매할 수 없다. 　→ 납세의무가 확정된 후에 공매처분을 할 수 있다. ⑤ ① 및 ②에도 불구하고 심판청구 등이 계속 중인 국세의 체납으로 압류한 재산은 그 신청 또는 청구에 대한 결정이나 소에 대한 판결이 확정되기 전에는 공매할 수 없다(∵ 불복청구가 인용될 경우 공매취소가 불가능하여 체납자 권리 보호를 위함). 다만, 그 재산이 부패·변질 또는 감량되기 쉬운 재산으로서 속히 매각하지 아니하면 그 재산가액이 줄어들 우려가 있는 경우에는 그러하지 아니하다.
공매방법	① 관할 세무서장은 여러 개의 재산을 공매에 부치는 경우 그 재산을 각각 공매해야 한다. 다만, 관할 세무서장이 해당 재산의 위치·형태·이용관계 등을 고려하여 그 재산을 일괄하여 공매하는 것이 알맞다고 인정하는 경우에는 직권으로 또는 이해관계인의 신청에 따라 일괄하여 공매할 수 있다. ② 관할 세무서장은 여러 개의 재산을 일괄하여 공매할 때 각 재산의 매각대금을 특정할 필요가 있는 경우 각 재산에 대한 공매예정가격의 비율을 정해야 하며, 각 재산의 매각대금은 총 매각대금을 각 재산의 공매예정가격 비율에 따라 나눈 금액으로 한다. ③ 관할 세무서장은 여러 개의 재산을 일괄하여 공매하는 경우 그 재산 중 일부 재산의 매각대금만으로도 체납액을 변제하기에 충분하면 다른 재산은 공매하지 않으며, 이 경우 해당 체납자는 공매 대상 재산을 지정할 수 있다. 다만, 다음 중 어느 하나에 해당하는 경우는 예외로 한다. 　㉠ 토지와 그 위의 건물을 일괄하여 공매하는 경우 　㉡ 재산을 분리하여 공매하면 그 경제적 효용이 현저하게 떨어지는 경우 　㉢ 체납자의 동의를 받은 경우
가족관계 등록 전산정보 공동이용	관할 세무서장(한국자산관리공사가 공매를 대행하는 경우에는 한국자산관리공사를 말함)은 공매를 위하여 필요한 경우 전자정부법 제36조 제1항에 따라 가족관계의 등록 등에 관한 법률 제11조 제4항에 따른 전산정보자료를 공동이용(개인정보 보호법 제2조 제2호에 따른 처리를 포함)할 수 있다.

4. 수의계약

수의계약 사유	관할 세무서장은 압류재산이 다음 중 어느 하나에 해당하는 경우 수의계약으로 매각할 수 있다. ① 수의계약으로 매각하지 아니하면 매각대금이 강제징수비 금액 이하가 될 것으로 예상되는 경우 ② 부패·변질 또는 감량되기 쉬운 재산으로서 속히 매각하지 아니하면 그 재산가액이 줄어들 우려가 있는 경우(예 생선, 야채, 크리스마스 용품 등) ③ 압류한 재산의 추산가격이 1천만원 미만인 경우 ④ 법령으로 소지 또는 매매가 금지 및 제한된 재산인 경우(예 마약, 총포류) ⑤ 제1회 공매 후 1년간 5회 이상 공매하여도 매각되지 아니한 경우 ⑥ 공매가 공익을 위하여 적절하지 아니한 경우

매각 절차	① 관할 세무서장은 압류재산을 수의계약으로 매각하려는 경우 추산가격조서를 작성하고 2인 이상으로부터 견적서를 받아야 한다. 다만, 제1회 공매 후 1년간 5회 이상 공매하여도 매각되지 아니하여 수의계약을 하는 경우로서 그 매각금액이 최종 공매 시의 공매예정가격 이상인 경우에는 견적서를 받지 않을 수 있다.
	② 관할 세무서장은 압류재산을 수의계약으로 매각하려는 경우 그 사실을 다음의 자에게 통지해야 한다.
	  ㉠ 체납자
	  ㉡ 납세담보물 소유자
	  ㉢ 압류재산에 전세권·질권·저당권 또는 그 밖의 권리를 가진 자

02 공매의 준비

1. 공매예정가격의 결정

공매 예정가격	① 관할 세무서장은 압류재산을 공매하려면 그 공매예정가격을 결정하여야 한다. 공매예정가격은 압류재산을 공매할 때에 관할 세무서장이 공매재산의 객관적인 시가를 기준으로 공매의 특수성을 고려하여 예정한 공매재산가격을 말하며, 공매재산의 최저공매가격으로서의 의의를 갖는다. ② 관할 세무서장은 공매예정가격을 결정하기 어려운 경우 감정인에게 평가를 의뢰하여 그 가액을 참고할 수 있다. ③ 감정인은 압류재산의 평가를 위하여 필요한 경우 건물에 출입할 수 있고, 체납자 또는 건물을 점유하는 제3자에게 공매재산의 현황과 관련된 질문을 하거나 문서의 제시를 요구할 수 있다. ④ 관할 세무서장은 감정인에게 공매대상 재산의 평가를 의뢰한 경우 기획재정부령으로 정한 수수료를 지급할 수 있다. 다만, 무형자산 등 자산의 특수성으로 인하여 수수료를 적용하기 곤란한 경우에는 관할 세무서장이 감정인과 협의하여 수수료를 별도로 정할 수 있다.
감정인	관할 세무서장은 다음의 구분에 따른 감정인에게 공매대상 재산의 평가를 의뢰할 수 있다. ① 공매대상 재산이 부동산인 경우: 감정평가 및 감정평가사에 관한 법률에 따른 감정평가법인 등 ② 공매대상 재산이 ① 외의 재산인 경우: 해당 재산과 관련된 분야에 5년 이상 종사한 전문가

2. 공매재산에 대한 현황조사와 공매장소

공매재산 현황장소	① 관할 세무서장은 공매예정가격을 결정하기 위하여 공매재산의 현 상태, 점유관계, 임차료 또는 보증금의 액수, 그 밖의 현황을 조사하여야 한다. ② 세무공무원은 조사를 위하여 건물에 출입할 수 있고, 체납자 또는 건물을 점유하는 제3자에게 공매재산의 현황과 관련된 질문을 하거나 문서의 제시를 요구할 수 있다. ③ 세무공무원은 건물에 출입하기 위하여 필요한 경우 잠긴 문을 여는 등 적절한 처분을 할 수 있다.
공매장소	공매는 지방국세청, 세무서, 세관 또는 공매재산이 있는 특별자치시·특별자치도·시·군·자치구에서 한다. 다만, 관할 세무서장이 필요하다고 인정하는 경우에는 다른 장소에서 공매할 수 있다.

3. 공매보증

제공방법	① 관할 세무서장은 압류재산을 공매하는 경우 필요하다고 인정하면 공매에 참여하려는 자에게 공매보증을 받을 수 있다. ② 공매보증금액은 공매예정가격의 100분의 10 이상으로 하며, 공매보증은 금전, 국공채, 증권시장에 상장된 증권 및 보험업법에 따른 보험회사가 발행한 보증보험증권으로 한다.
국공채등 공매보증 제공	① 매수신청인은 국공채 등을 공매보증으로 제공하려는 경우로서 무기명국채 또는 미등록공사채로 납부하는 경우에는 질권설정서를, 등록국채 또는 등록공사채로 납부하는 경우에는 다음의 서류를 첨부하여 관할 세무서장에게 제출해야 한다. 　㉠ 담보권등록증명서 　㉡ 등록국채 또는 등록공사채 기명자의 인감증명서 또는 본인서명사실확인서를 첨부한 위임장 ② 주식(출자증권을 포함)으로 납부하는 경우: 다음의 구분에 따른 서류 　㉠ 무기명주식인 경우: 해당 주식을 발행한 법인의 주식확인증 　㉡ 기명주식인 경우: 질권설정에 필요한 서류(이 경우 관할 세무서장은 질권설정의 등록을 해당 법인에 촉탁해야 함) ③ 국공채 등의 평가: 공매보증으로 제공하는 국공채등의 가액의 평가에 관하여는 법 제19조 제1호·제2호 및 이 영 제19조 제1항을 준용한다. 이 경우 이 영 제19조 제1항 중 "담보로 제공하는 날"은 "공매보증으로 제공하는 날"로 본다.
공매보증 반환	관할 세무서장은 다음의 경우 다음의 구분에 따른 자가 제공한 공매보증을 반환한다. ① 개찰 후: 최고가 매수신청인을 제외한 다른 매수신청인 ② 매수인이 매수대금을 납부하기 전에 체납자가 매수인의 동의를 받아 압류와 관련된 체납액을 납부하여 제86조 제1호에 따라 압류재산의 매각결정이 취소된 경우: 매수인 ③ 차순위 매수신청인이 있는 경우로서 매수인이 대금을 모두 지급한 경우: 차순위 매수신청인 ④ 매수신청인이 제80조 제2항에 해당하여 매각결정을 받지 못한 경우: 매수신청인
공매보증 충당	관할 세무서장은 다음 중 어느 하나에 해당하는 경우 공매보증을 강제징수비, 압류와 관계되는 국세의 순으로 충당한 후 남은 금액은 체납자에게 지급한다. ① 최고가 매수신청인이 개찰 후 매수계약을 체결하지 아니한 경우 ② 매각결정의 취소 ② 또는 ③에 해당하는 사유로 압류재산의 매각결정이 취소된 경우

4. 공매공고

공매공고 사항	관할 세무서장은 공매를 하려는 경우 다음의 사항을 공고하여야 하며, 공매공고를 하는 경우 동일한 재산에 대한 향후의 여러 차례의 공매에 관한 사항을 한꺼번에 공고할 수 있다. ① 매수대금을 납부하여야 할 기한 ② 공매재산의 명칭, 소재, 수량, 품질, 공매예정가격, 그 밖의 중요한 사항 ③ 입찰서 제출 또는 경매의 장소와 일시(기간입찰의 경우 그 입찰서 제출기간) ④ 개찰의 장소와 일시 ⑤ 공매보증을 받을 경우 그 금액 ⑥ 공매재산이 공유물의 지분 또는 부부공유의 동산·유가증권인 경우 공유자(체납자는 제외)·배우자에게 각각 우선매수권이 있다는 사실 ⑦ 배분요구의 종기 ⑧ 배분요구의 종기까지 배분을 요구하여야 배분받을 수 있는 채권 ⑨ 매각결정기일 ⑩ 매각으로 소멸하지 아니하고 매수인이 인수하게 될 공매재산에 대한 지상권, 전세권, 대항력 있는 임차권 또는 가등기가 있는 경우 그 사실 ⑪ 공매재산의 매수인으로서 일정한 자격이 필요한 경우 그 사실 ⑫ 공매재산명세서, 감정인이 평가한 자료 및 그 밖에 입찰가격을 결정하는 데 필요한 자료의 제공 내용 및 기간 ⑬ 차순위 매수신청의 기간과 절차
공매공고 장소방법	공매공고는 정보통신망을 통하여 하되, 다음의 구분에 따른 게시 또는 게재도 함께 하여야 한다. ① 지방국세청, 세무서, 세관, 특별자치시·특별자치도·시·군·자치구, 그 밖의 적절한 장소에 게시 ② 관보 또는 일간신문에 게재
배분요구 종기	배분요구의 종기는 절차 진행에 필요한 기간을 고려하여 정하되, 최초의 입찰서 제출 시작일 이전으로 하여야 한다. 다만, 공매공고에 대한 등기 또는 등록이 지연되거나 누락되는 등 대통령령으로 정하는 사유로 공매 절차가 진행되지 못하는 경우에는 관할 세무서장은 배분요구의 종기를 최초의 입찰서 제출 마감일 이후로 연기할 수 있다. (*) 배분요구의 종기란 공매처분 절차에서 배분을 요구하여야 배분받을 수 있는 채권자가 배분을 요구할 수 있는 기한을 말한다.
매각결정 기일지정	매각결정기일은 개찰일부터 7일(토요일, 일요일, 공휴일에 관한 법률 제2조의 공휴일 및 대체공휴일은 제외) 이내로 정하여야 한다.
경매인 선정	관할 세무서장은 경매의 방법으로 재산을 공매하는 경우 경매인을 선정하여 이를 취급하게 할 수 있다.
공매공고 기간	공매공고 기간은 10일 이상으로 한다. 다만, 그 재산을 보관하는 데에 많은 비용이 들거나 재산의 가액이 현저히 줄어들 우려가 있으면 이를 단축할 수 있다.
공매공고 등기등록	관할 세무서장은 공매공고를 한 압류재산이 권리의 변동에 등기 또는 등록이 필요한 경우 공매공고 즉시 그 사실을 등기부 또는 등록부에 기입하도록 관할 등기소등에 촉탁하여야 한다.

5. 공매통지

통지대상	관할 세무서장은 공매공고를 한 경우 즉시 그 내용을 다음의 자에게 통지하여야 한다. ① 체납자 ② 납세담보물 소유자 ③ 다음의 구분에 따른 자 　㉠ 공매재산이 공유물의 지분인 경우: 공매공고의 등기 또는 등록 전 날 현재의 공유자 　㉡ 공매재산이 부부공유의 동산·유가증권인 경우: 배우자 ④ 공매공고의 등기 또는 등록 전 날 현재 공매재산에 대하여 전세권·질권·저당권 또는 그 밖의 권리를 가진 자
통지방법	공매통지 대상자 중 일부에 대한 공매통지의 송달 불능 등의 사유로 동일한 공매재산에 대하여 다시 공매공고를 하는 경우 그 이전 공매공고 당시 공매통지가 도달되었던 ③ 및 ④에 해당하는 자에 대하여 다시 하는 공매통지는 주민등록표 등본 등 공매 집행기록에 표시된 주소, 거소, 영업소 또는 사무소에 등기우편을 발송하는 방법으로 할 수 있다. 이 경우 그 공매통지는 국세기본법 제12조 제1항 본문에도 불구하고 송달받아야 할 자에게 발송한 때부터 효력이 발생한다. → 체납자와 납세담보물 소유자에게는 공매통지서가 도달한 때 효력이 발생하나, 송달지연으로 인한 공매지연을 방지하고자 공유자, 공매재산에 관한 권리자에 대해서는 발송한 때 효력이 발생함

6. 배분요구 등

채권신고 대상 채권자	공매공고의 등기 또는 등록 전까지 등기 또는 등록되지 아니한 다음의 채권을 가진 자는 배분을 받으려는 경우 배분요구의 종기까지 관할 세무서장에게 배분을 요구하여야 한다. 한편 매각으로 소멸되지 아니하는 전세권을 가진 자는 배분을 받으려는 경우 배분요구의 종기까지 배분을 요구하여야 한다. ① 압류재산과 관계되는 체납액 ② 교부청구와 관계되는 체납액·지방세 또는 공과금 ③ 압류재산에 설정된 전세권·질권·저당권 또는 가등기담보권에 의하여 담보된 채권 ④ 주택임대차보호법 또는 상가건물 임대차보호법에 따라 우선변제권이 있는 임차보증금 반환 채권 ⑤ 근로기준법 또는 근로자퇴직급여 보장법에 따라 우선변제권이 있는 임금, 퇴직금, 재해보상금 및 그 밖에 근로관계로 인한 채권 ⑥ 압류재산과 관계되는 가압류채권 ⑦ 집행문이 있는 판결 정본에 의한 채권
배분요구 철회금지	배분요구를 한 자는 배분요구에 따라 매수인이 인수하여야 할 부담이 달라지는 경우 배분요구의 종기가 지난 뒤에는 이를 철회할 수 없다.
배우자의 매각대금 지급요구	체납자의 배우자는 공매재산이 압류한 부부공유의 동산 또는 유가증권인 경우 공유지분에 따른 매각대금의 지급을 배분요구의 종기까지 관할 세무서장에게 요구할 수 있다.

채권신고 촉구 등	① 관할 세무서장은 공매공고의 등기 또는 등록 전에 등기 또는 등록된 채권신고대상채권자에게 채권의 유무, 그 원인 및 액수(원금, 이자, 비용, 그 밖의 부대채권을 포함)를 배분요구의 종기까지 관할 세무서장에게 신고하도록 촉구하여야 한다. ② 관할 세무서장은 채권신고대상채권자가 위 신고를 하지 아니한 경우 등기사항증명서 등 공매집행기록에 있는 증명자료에 따라 해당 채권신고대상채권자의 채권액을 계산한다. 이 경우 해당 채권신고대상채권자는 채권액을 추가할 수 없다.
배분요구 안내	관할 세무서장은 채권신고대상채권자 또는 전세권을 가진 자와 다음의 기관의 장에게 배분요구의 종기까지 배분요구를 하여야 한다는 사실을 안내하여야 한다. 그리고 공매통지에 채권 신고의 촉구 또는 배분요구의 안내에 관한 사항이 포함된 경우에는 촉구 또는 안내를 한 것으로 본다. ① 행정안전부 ② 관세청 ③ 국민건강보험법에 따른 국민건강보험공단 ④ 국민연금법에 따른 국민연금공단 ⑤ 산업재해보상보험법에 따른 근로복지공단

7. 공매재산명세서의 작성 및 비치 등

명세서 작성	관할 세무서장은 공매재산에 대하여 현황조사를 기초로 다음의 사항이 포함된 공매재산명세서를 작성하여야 한다. ① 공매재산의 명칭, 소재, 수량, 품질, 공매예정가격, 그 밖의 중요한 사항 ② 공매재산의 점유자 및 점유 권원(權原), 점유할 수 있는 기간, 차임 또는 보증금에 관한 관계인의 진술 ③ 제76조 제1항 및 제2항에 따른 배분요구 현황 및 같은 조 제5항에 따른 채권신고 현황 ④ 공매재산에 대하여 등기·등록된 권리, 대항력 있는 임차권 또는 가처분으로서 매수인이 인수하는 것 ⑤ 매각에 따라 설정된 것으로 보게 되는 지상권의 개요
자료의 비치 게시	관할 세무서장은 다음의 자료를 입찰서 제출 시작 7일 전부터 입찰서 제출 마감 전까지 세무서에 갖추어 두거나 정보통신망을 이용하여 게시함으로써 입찰에 참가하려는 자가 열람할 수 있게 하여야 한다. ① 공매재산명세서 ② 감정인이 평가한 가액에 관한 자료 ③ 그 밖에 입찰가격을 결정하는 데 필요한 자료

8. 국세에 우선하는 제한물권 등의 인수 등

관할 세무서장은 공매재산에 압류와 관계되는 국세보다 우선하는 제한물권 등이 있는 경우 제한물권 등을 매수인에게 인수하게 하거나 매수대금으로 그 제한물권 등에 의하여 담보된 채권을 변제하는 데 충분하다고 인정된 경우가 아니면 그 재산을 공매하지 못한다.

9. 공유자·배우자의 우선매수권

우선매수권 신고	① 공유자는 공매재산이 공유물의 지분인 경우 매각결정기일 전까지 공매보증을 제공하고 다음의 구분에 따른 가격으로 공매재산을 우선매수하겠다는 신청을 할 수 있다. 　㉠ 최고가 매수신청인이 있는 경우: 최고가 매수신청가격 　㉡ 최고가 매수신청인이 없는 경우: 공매예정가격 ② 체납자의 배우자는 공매재산이 압류한 부부공유의 동산 또는 유가증권인 경우 제1항을 준용하여 공매재산을 우선매수하겠다는 신청을 할 수 있다. ∵ 해당 재산의 일부만 매각하면 전체 재산 가치가 하락할 우려가 있으며, 공유자 간의 인적관계 상실로 다른 공유자의 재산 사용이 어려워질 수 있어 기존 공유자에게 우선 매수권을 줌
매각 결정	① 관할 세무서장은 공유자 또는 배우자의 우선매수 신청이 있는 경우 그 공유자 또는 체납자의 배우자에게 매각결정을 하여야 한다. ② 이 경우 관할 세무서장은 여러 사람의 공유자가 우선매수 신청을 하고 매각 결정절차를 마친 경우 공유자 간의 특별한 협의가 없으면 공유지분의 비율에 따라 공매재산을 매수하게 한다.
매수대금 미납부시 처리방법	관할 세무서장은 매각결정 후 매수인이 매수대금을 납부하지 아니한 경우 최고가 매수신청인에게 다시 매각결정을 할 수 있다.

10. 매수인의 제한

매수의 제한	다음 중 어느 하나에 해당하는 자는 자기 또는 제3자의 명이나 계산으로 압류재산을 매수하지 못한다. ① 체납자 ② 세무공무원　∵ 공매처분의 공정성을 위함 ③ 매각 부동산을 평가한 감정평가 및 감정평가사에 관한 법률에 따른 감정평가법인 등(감정평가법인의 경우 그 감정평가법인 및 소속 감정평가사)　∵ 공매처분의 공정성을 위함
법령상 매수인 제한	공매재산의 매수신청인이 매각결정기일(매각결정기일이 연기된 경우 연기된 매각결정기일) 전까지 공매재산의 매수인이 되기 위하여 다른 법령에 따라 갖추어야 하는 자격을 갖추지 못한 경우에는 공매재산을 매수하지 못한다.

11. 공매참가의 제한

관할 세무서장은 다음 중 어느 하나에 해당한다고 인정되는 사실이 있는 자에 대해서는 그 사실이 있은 후 2년간 공매장소 출입을 제한하거나 입찰에 참가시키지 아니할 수 있다. 그 사실이 있은 후 2년이 지나지 아니한 자를 사용인이나 그 밖의 종업원으로 사용한 자와 이러한 자를 입찰 대리인으로 한 자에 대해서도 또한 같다.

(1) 입찰을 하려는 자의 공매참가, 최고가 매수신청인의 결정 또는 매수인의 매수대금 납부를 방해한 사실

(2) 공매에서 부당하게 가격을 낮출 목적으로 담합한 사실

(3) 거짓 명의로 매수신청을 한 사실

03 공매의 실시

1. 입찰서 제출과 개찰

입찰방법	공매를 입찰의 방법으로 하는 경우 공매재산의 매수신청인은 그 성명·주소·거소, 매수하려는 재산의 명칭, 매수신청가격, 공매보증, 그 밖에 필요한 사항을 입찰서에 적어 개찰이 시작되기 전에 공매를 집행하는 공무원에게 제출하여야 한다.
개찰방법	개찰은 공매를 집행하는 공무원은 입찰서의 제출을 마감한 후 공매공고에 기재한 장소 및 일시에 공개하여 개찰하여야 하며, 공매를 집행하는 공무원이 공개적으로 각각 적힌 매수신청가격을 불러 입찰조서에 기록하는 방법으로 한다.
최고가 매수신청인 결정	① 공매를 집행하는 공무원은 최고가 매수신청인을 정한다. 이 경우 최고가 매수신청가격이 둘 이상이면 즉시 추첨으로 최고가 매수신청인을 정하고, 해당 매수신청인 중 출석하지 아니한 자 또는 추첨을 하지 아니한 자가 있는 경우 입찰 사무와 관계없는 공무원으로 하여금 대신하여 추첨하게 할 수 있다. ② 공매를 집행하는 공무원은 공매예정가격 이상으로 매수신청한 자가 없는 경우 즉시 그 장소에서 재입찰을 실시할 수 있다. → 이 경우 최초의 공매예정가격을 줄이지 아니함

2. 차순위 매수신청

신청절차	① 최고가 매수신청인이 결정된 후 해당 최고가 매수신청인 외의 매수신청인은 매각결정기일 전까지 공매보증을 제공하고 제86조 제2호 또는 제3호에 해당하는 사유로 매각결정이 취소되는 경우 최고가 매수신청가격에서 공매보증을 뺀 금액 이상의 가격으로 공매재산을 매수하겠다는 신청을 할 수 있다. ∵ 최고가 매수신청인이 매수대금을 납부하지 않은 경우 재공매하려면 2개월 이상 기간이 지연되는 문제 해소 ② 관할 세무서장은 차순위 매수신청을 한 자가 둘 이상인 경우 최고액의 매수신청인을 차순위 매수신청인으로 정하고, 최고액의 매수신청인이 둘 이상인 경우에는 추첨으로 차순위 매수신청인을 정한다.
차순위 매수신청인 매각결정	관할 세무서장은 차순위 매수신청이 있는 경우 제86조 제2호 또는 제3호에 해당하는 사유로 매각결정을 취소한 날부터 3일(토요일, 일요일, 공휴일 및 대체공휴일은 제외) 이내에 차순위 매수신청인을 매수인으로 정하여 매각결정을 할 것인지 여부를 결정하여야 한다. 다만, 매각결정 예외사유(이 경우 "최고가 매수신청인"은 "차순위 매수신청인"으로 봄)가 있는 경우에는 차순위 매수신청인에게 매각결정을 할 수 없다.

3. 매각결정 및 대금납부기한 등

매각결정	관할 세무서장은 다음의 사유가 없으면 매각결정기일에 최고가 매수신청인을 매수인으로 정하여 매각결정을 하여야 한다. ① 공유자·배우자의 우선매수 신청이 있는 경우 ② 최고가 매수신청인이 매수인의 제한 또는 공매참가의 제한을 받는 자에 해당하는 경우 ③ 매각결정 전에 공매 취소·정지 사유가 있는 경우 ④ 그 밖에 매각결정을 할 수 없는 중대한 사실이 있다고 관할 세무서장이 인정하는 경우
매각결정 연기	관할 세무서장은 최고가 매수신청인이 공매재산의 매수인이 되기 위하여 다른 법령에 따라 갖추어야 하는 자격을 갖추지 못한 경우에는 매각결정기일을 1회에 한정하여 당초 매각결정기일부터 10일 이내의 범위에서 연기할 수 있다.
매각결정 효력시기	매각결정의 효력은 매각결정기일에 매각결정을 한 때에 발생하며, 매각결정은 매각하는 재산에 대하여 체납자(국세기본법 제42조의 양도담보권자, 물상보증인 등을 포함)와 최고가 매수신청인 등 매수인이 될 자와의 사이에 매매계약이 성립하는 효과를 발생한다.
매각결정 통지	① 관할 세무서장은 매각결정을 한 경우 매수인에게 대금납부기한을 정하여 매각결정 통지서를 발급하여야 한다. 다만, 권리 이전에 등기 또는 등록이 필요 없는 재산의 매수대금을 즉시 납부시킬 경우에는 구두로 통지할 수 있다. ② 대금납부기한은 매각결정을 한 날부터 7일 이내로 한다. 다만, 관할 세무서장이 필요하다고 인정하는 경우에는 그 대금납부기한을 30일의 범위에서 연장할 수 있다.

4. 매수대금의 차액납부

차액납부 신청	① 공매재산에 대하여 저당권, 전세권 또는 가등기담보권리자 및 대항력 있는 임차권 또는 등기된 임차권자는 매각결정기일 전까지 관할 세무서장에게 자신에게 배분될 금액을 제외한 금액을 매수대금으로 납부(이하 "차액납부")하겠다는 신청을 할 수 있다. ② 신청을 받은 관할 세무서장은 그 신청인을 매수인으로 정하여 매각결정을 할 때 차액납부 허용 여부를 함께 결정하여 통지하여야 한다.
차액납부 미허용	관할 세무서장은 차액납부 여부를 결정할 때 차액납부를 신청한 자가 다음 중 어느 하나에 해당하는 경우에는 차액납부를 허용하지 아니할 수 있다. ① 배분요구의 종기까지 배분요구를 하지 아니하여 배분받을 자격이 없는 경우 ② 배분받으려는 채권이 압류 또는 가압류되어 지급이 금지된 경우 ③ 배분순위에 비추어 실제로 배분받을 금액이 없는 경우 ④ 그 밖에 ①부터 ③까지에 준하는 사유가 있는 경우
차액납부 절차	① 관할 세무서장은 차액납부를 허용하기로 결정한 경우에는 대금납부기한을 정하지 아니하며, 배분기일에 매수인에게 차액납부를 하게 하여야 한다. ② 관할 세무서장은 차액납부를 허용하기로 결정한 경우에는 그 결정일부터 30일 이내의 범위에서 배분기일을 정하여 배분하여야 한다. 다만, 30일 이내에 배분계산서를 작성하기 곤란한 경우에는 배분기일을 30일 이내의 범위에서 연기할 수 있다. ③ 관할 세무서장으로부터 차액납부를 허용하는 결정을 받은 매수인은 그가 배분받아야 할 금액에 대하여 제99조 제1항 및 제2항에 따라 이의가 제기된 경우 이의가 제기된 금액을 배분기일에 납부하여야 한다.

5. 매수대금 납부의 촉구

매수대금 납부촉구	관할 세무서장은 매수인이 매수대금을 지정된 대금납부기한까지 납부하지 아니한 경우 다시 대금납부기한을 지정하여 납부를 촉구하여야 한다.
촉구기한	관할 세무서장은 매수대금의 납부를 촉구하는 경우 대금납부기한을 납부 촉구일부터 10일 이내로 정해야 한다.

6. 매각결정의 취소

매각결정 취소사유	관할 세무서장은 다음 중 어느 하나에 해당하는 경우 압류재산의 매각결정을 취소하고 그 사실을 매수인에게 통지하여야 한다. ① 매각결정을 한 후 매수인이 매수대금을 납부하기 전에 체납자가 압류와 관련된 체납액을 납부하고 매각결정의 취소를 신청하는 경우. 이 경우 체납자는 매수인의 동의를 받아야 한다. ② 매수인이 배분기일에 차액납부를 하지 아니하거나 이의가 제기된 금액을 납부하지 아니한 경우 ③ 납부를 촉구하여도 매수인이 매수대금을 지정된 기한까지 납부하지 아니한 경우

7. 재공매

재공매 사유	관할 세무서장은 다음 중 어느 하나에 해당하는 경우 재공매를 한다. ① 재산을 공매하여도 매수신청인이 없거나 매수신청가격이 공매예정가격 미만인 경우 ② 다음의 해당하는 해당하는 사유로 매각결정을 취소한 경우 　㉠ 매수인이 배분기일에 차액납부를 하지 아니하거나 이의가 제기된 금액을 납부하지 아니한 경우 　㉡ 납부를 촉구하여도 매수인이 매수대금을 지정된 기한까지 납부하지 아니한 경우
공매 예정가격 결정	관할 세무서장은 재공매를 할 때마다 최초의 공매예정가격의 100분의 10에 해당하는 금액을 차례로 줄여 공매하며, 최초의 공매예정가격의 100분의 50에 해당하는 금액까지 차례로 줄여 공매하여도 매각되지 아니할 때에는 새로 공매예정가격을 정하여 재공매를 할 수 있다. 다만, 제82조 제5항에 따라 즉시 재입찰을 실시한 경우에는 최초의 공매예정가격을 줄이지 아니한다.
재공매 절차	재공매의 경우 제65조 제2항, 제68조, 제70조부터 제73조까지, 제75조부터 제83조까지, 제88조 및 제89조를 준용한다. 다만, 관할 세무서장은 제73조에도 불구하고 공매공고 기간을 5일까지 단축할 수 있다.

8. 공매의 취소 및 정지

공매의 취소	관할 세무서장은 다음 중 어느 하나에 해당하는 경우 공매를 취소하여야 하며, 매각결정기일 전에 공매를 취소한 경우 공매취소 사실을 공고하여야 한다. ① 해당 재산의 압류를 해제한 경우 ② 관할 세무서장이 직권으로 또는 한국자산관리공사의 요구에 따라 해당 재산에 대한 공매대행 의뢰를 해제한 경우

공매의 정지	관할 세무서장은 다음 중 어느 하나에 해당하는 경우 공매를 정지하여야 하며, 공매를 정지한 후 그 사유가 소멸되어 공매를 계속할 필요가 있다고 인정하는 경우 즉시 공매를 속행하여야 한다. ① 압류 또는 매각을 유예한 경우 ② 국세기본법 제57조 또는 행정소송법 제23조에 따라 강제징수에 대한 집행정지의 결정이 있는 경우 ③ 그 밖에 공매를 정지하여야 할 필요가 있는 경우로서 대통령령으로 정하는 경우

9. 공매공고의 등기 또는 등록 말소

관할 세무서장은 다음 중 어느 하나에 해당하는 경우 공매공고의 등기 또는 등록을 말소할 것을 관할 등기소등에 촉탁하여야 한다.

(1) 제86조 제1호에 따라 매각결정을 취소한 경우

(2) 제88조 제3항에 따라 공매취소의 공고를 한 경우

04 매수대금의 납부와 권리의 이전

1. 공매보증과 매수대금 납부

금전제공	매수인이 공매보증으로 금전을 제공한 경우 그 금전은 매수대금으로서 납부된 것으로 본다.
국공채등 제공과 현금화	① 관할 세무서장은 매수인이 공매보증으로 국공채등을 제공한 경우 그 국공채등을 현금화하여야 한다. 이 경우 그 현금화에 사용된 비용을 뺀 금액은 공매보증 금액을 한도로 매수대금으로서 납부된 것으로 본다. ② 관할 세무서장은 현금화한 금액(현금화에 사용된 비용을 뺀 금액을 말함)이 공매보증 금액보다 적으면 다시 대금납부기한을 정하여 매수인에게 그 부족액을 납부하게 하여야 하고, 공매보증 금액보다 많으면 그 차액을 매수인에게 반환하여야 한다.

2. 매수대금 납부의 효과

매각재산 승계취득	매수인은 매수대금을 완납한 때에 공매재산을 취득한다. "공매재산을 취득한다"라 함은 매수인이 체납자로부터 매각재산을 승계적으로 취득함을 말한다.
체납액 징수의제	관할 세무서장이 매수대금을 수령한 때에는 체납자로부터 매수대금만큼의 체납액을 징수한 것으로 본다. 여기서 "체납액을 징수한 것으로 본다"라 함은 공매를 집행하는 공무원이 매각대금을 영수한 때에 그 매각대금에 관한 위험(예 유실·도난 등)의 부담을 체납자가 면하는 것(따라서 매수대금의 영수 후 위험이 발생하여도 체납자의 국세를 소멸시키는 효과에는 영향이 없음)과 당해 체납액에 관한 납부지연가산세의 계산(국세기본법 제47조의4 참조)이 매각대금을 영수한 시점에서 정지되는 것을 말한다.

3. 공매재산에 설정된 제한물권 등의 소멸과 인수 등

담보권	공매재산에 설정된 모든 질권·저당권 및 가등기담보권은 매각으로 소멸된다.
용익권	① 담보권 등에 대항할 수 없는 경우: 지상권·지역권·전세권 및 등기된 임차권 등은 압류채권(압류와 관계되는 국세를 포함)·가압류채권 및 소멸하는 담보물권에 대항할 수 없는 경우 매각으로 소멸된다. ② 담보권 등에 대항할 수 있는 경우: 지상권·지역권·전세권 및 등기된 임차권 등은 매수인이 인수한다. 다만, 전세권자가 배분요구를 한 전세권의 경우에는 매각으로 소멸된다.
유치권	매수인은 유치권자(留置權者)에게 그 유치권(留置權)으로 담보되는 채권을 변제할 책임이 있다.

4. 매각재산의 권리이전 절차

권리이전 주체	관할 세무서장은 매각재산에 대하여 체납자가 권리이전의 절차를 밟지 아니한 경우 대통령령으로 정하는 바에 따라 체납자를 대신하여 그 절차를 밟는다. ∴ 매각자산 권리이전 주체는 체납자이나, 체납자가 이러한 절차를 밟지 아니한 경우 세무서장이 함
권리이전 등기 등의 촉탁	관할 세무서장은 매각재산의 권리이전 절차를 밟는 경우 권리이전의 등기 또는 등록이나 매각에 수반하여 소멸되는 권리의 말소등기 촉탁서에 다음의 문서를 첨부하여 촉탁해야 한다. ① 매수인이 제출한 등기청구서 ② 매각결정 통지서 또는 그 등본이나 배분계산서 등본

05 청산

1. 배분금전의 범위와 배분기일의 지정

배분금전의 범위	배분금전은 다음의 금전으로 한다. ① 압류한 금전 ② 채권·유가증권·그 밖의 재산권의 압류에 따라 체납자 또는 제3채무자로부터 받은 금전 ③ 압류재산의 매각대금 및 그 매각대금의 예치 이자 ④ 교부청구에 따라 받은 금전
배분기일의 지정	① 관할 세무서장은 채권·유가증권·그 밖의 재산권의 압류에 따라 체납자 또는 제3채무자로부터 받은 금전 또는 압류재산의 매각대금 및 그 매각대금의 예치 이자의 금전을 배분하려면 체납자, 제3채무자 또는 매수인으로부터 해당 금전을 받은 날부터 30일 이내에서 배분기일을 정하여 배분하여야 한다. 다만, 30일 이내에 배분계산서를 작성하기 곤란한 경우에는 배분기일을 30일 이내에서 연기할 수 있다. ② 관할 세무서장은 배분기일을 정한 경우 체납자, 채권신고대상채권자 및 배분요구를 한 채권자(이하 "체납자등")에게 그 사실을 통지하여야 한다. 다만, 체납자등이 외국에 있거나 있는 곳이 분명하지 아니한 경우 통지하지 아니할 수 있다.

2. 배분 방법

압류금전 교부청구 금전	압류한 금전과 금전은 교부청구에 따라 받은 금전은 각각 그 압류 또는 교부청구와 관계되는 체납액에 배분한다.
위 외 금전	채권·유가증권·그 밖의 재산권의 압류에 따라 체납자 또는 제3채무자로부터 받은 금전 또는 압류재산의 매각대금 및 그 매각대금의 예치 이자의 금전은 다음의 체납액과 채권에 배분한다. 이 경우, 제76조 제1항 및 제2항(공매공고의 등기 또는 등록 전까지 등기 또는 등록되지 아니한 채권)에 따라 배분요구의 종기까지 배분요구를 하여야 하는 채권의 경우에는 배분요구를 한 채권에 대해서만 배분한다. ① 압류재산과 관계되는 체납액 ② 교부청구를 받은 체납액·지방세 또는 공과금 ③ 압류재산과 관계되는 전세권·질권·저당권 또는 가등기담보권에 의하여 담보된 채권 ④ 주택임대차보호법 또는 상가건물 임대차보호법에 따라 우선변제권이 있는 임차보증금 반환채권 ⑤ 근로기준법 또는 근로자퇴직급여 보장법에 따라 우선변제권이 있는 임금, 퇴직금, 재해보상금 및 그 밖에 근로관계로 인한 채권 ⑥ 압류재산과 관계되는 가압류채권 ⑦ 집행문이 있는 판결정본에 의한 채권
배분 후 잔액처리	① 관할 세무서장은 금전을 배분하고 남은 금액이 있는 경우 체납자에게 지급한다. ② 관할 세무서장은 매각대금이 체납액 및 채권의 총액보다 적은 경우 민법이나 그 밖의 법령에 따라 배분할 순위와 금액을 정하여 배분하여야 한다.
위법한 배분처분 처리방법	관할 세무서장은 배분을 할 때 국세보다 우선하는 채권이 있음에도 불구하고 배분 순위의 착오나 부당한 교부청구 또는 그 밖에 이에 준하는 사유로 체납액에 먼저 배분한 경우 그 배분한 금액을 국세보다 우선하는 채권의 채권자에게 국세환급금 환급의 예에 따라 지급한다. → 이 경우 국세환급가산금도 함께 지급하여야 함

3. 국가 또는 지방자치단체의 재산에 관한 권리의 매각대금의 배분

배분방법	제56조 ①에 따라 압류한 국가 또는 지방자치단체의 재산에 관한 체납자의 권리를 매각한 경우 국가 또는 지방자치단체가 체납자로부터 지급받지 못한 매각대금, 체납액 순서에 따라 매각대금을 배분한다. 이 경우 관할 세무서장은 배분하고 남은 금액은 체납자에게 지급한다.
매각통지	관할 세무서장은 압류한 국가 또는 지방자치단체의 재산에 관한 권리의 매수인이 그 매수대금을 완납한 경우 국가 또는 지방자치단체가 체납자로부터 지급받지 못한 매각대금을 납입함과 동시에 그 매각 사실을 국가 또는 해당 지방자치단체에 통지해야 한다. 국가 또는 지방자치단체는 통지를 받은 경우 소유권 이전에 관한 서류를 매수인에게 발급해야 한다.

4. 배분계산서의 작성

작성시기	관할 세무서장은 금전을 배분하는 경우 배분계산서 원안(原案)을 작성하고, 이를 배분기일 7일 전까지 갖추어 두어야 한다.
배분금액 산장근거 서류	① 체납자 등은 관할 세무서장에게 교부청구서, 감정평가서, 채권신고서, 배분요구서, 배분계산서 원안 등 배분금액 산정의 근거가 되는 서류의 열람 또는 복사를 신청할 수 있다. ② 관할 세무서장은 열람 또는 복사의 신청을 받은 경우 이에 따라야 한다.

5. 배분계산서에 대한 이의 등

배분계산서 이의	배분기일에 출석한 체납자 등은 배분기일이 끝나기 전까지 자기의 채권과 관계되는 범위에서 배분계산서 원안에 기재된 다른 채권자의 채권 또는 채권의 순위에 대하여 이의제기를 할 수 있다. 단, 체납자는 배분기일에 출석하지 아니한 경우에도 배분계산서 원안이 갖추어진 이후부터 배분기일이 끝나기 전까지 문서로 이의제기를 할 수 있다.

배분계산서 확정	관할 세무서장은 다음의 구분에 따라 배분계산서를 확정하여 배분을 실시하고, 확정되지 아니한 부분에 대해서는 배분을 유보한다. 또한 배분기일에 출석하지 아니한 채권자는 배분계산서 원안과 같이 배분을 실시하는 데에 동의한 것으로 보고, 그가 다른 체납자 등이 제기한 이의에 관계된 경우 그 이의제기에 동의하지 아니한 것으로 본다.
	① 배분계산서에 대한 이의제기가 있는 경우
	  ㉠ 관할 세무서장이 이의제기가 정당하다고 인정하거나 배분계산서 원안과 다른 내용으로 체납자 등이 한 합의가 있는 경우: 정당하다고 인정된 이의제기의 내용 또는 합의에 따라 배분계산서를 수정하여 확정
	  ㉡ 관할 세무서장이 이의제기가 정당하다고 인정하지 아니하고 배분계산서 원안과 다른 내용으로 체납자 등이 한 합의도 없는 경우: 배분계산서 중 이의제기가 없는 부분에 한정하여 확정
	② 배분계산서에 대한 이의제기가 없는 경우: 배분계산서 원안대로 확정

6. 기타규정

배분계산서에 대한 이의의 취하간주	배분계산서 중 이의제기가 있어 확정되지 아니한 부분이 있는 경우 이의를 제기한 체납자 등이 관할 세무서장의 배분계산서 작성에 관하여 심판청구 등을 한 사실을 증명하는 서류를 배분기일부터 1주일 이내에 제출하지 아니하면 이의제기가 취하된 것으로 본다.
배분금전의 예탁	관할 세무서장은 다음 중 어느 하나에 해당하는 사유가 있는 경우 그 채권에 관계되는 배분금전을 한국은행법에 따른 한국은행(국고대리점을 포함)에 예탁하여야 한다. 이 경우 관할 세무서장은 예탁한 경우 그 사실을 체납자 등에게 통지하여야 한다. ① 채권에 정지조건 또는 불확정기한이 붙어 있는 경우 ② 가압류채권자의 채권인 경우 ③ 체납자 등이 배분계산서 작성에 대하여 심판청구 등을 한 사실을 증명하는 서류를 제출한 경우 ④ 그 밖의 사유로 배분금전을 체납자 등에게 지급하지 못한 경우

예탁금에 대한 배분의 실시	① 관할 세무서장은 배분금전을 예탁한 후 다음 중 어느 하나에 해당하는 사유가 있는 경우 예탁금을 당초 배분받을 체납자 등에게 지급하거나 배분계산서 원안을 변경하여 예탁금에 대한 추가 배분을 실시하여야 한다. 　㉠ 배분계산서 작성에 관한 심판청구 등의 결정·판결이 확정된 경우 　㉡ 그 밖에 예탁의 사유가 소멸한 경우 ② 관할 세무서장은 예탁금의 추가 배분을 실시하려는 경우 당초의 배분계산서에 대하여 이의를 제기하지 아니한 체납자등을 위해서도 배분계산서를 변경하여야 한다. ③ 체납자 등은 추가 배분기일에 이의를 제기할 경우 종전의 배분기일에서 주장할 수 없었던 사유만을 주장할 수 있다.

06 공매

1. 공매 등의 대행

공매처분 주체	관할 세무서장은 공매 등에 전문지식이 필요하거나 그 밖에 직접 공매 등을 하기에 적당하지 아니하다고 인정되는 경우 한국자산관리공사에 공매 등을 대행하게 할 수 있다. 이 경우 공매 등은 관할 세무서장이 한 것으로 본다. ① 공매 ② 수의계약 ③ 매각재산의 권리이전 ④ 금전의 배분
공매대행 의뢰 등	① 관할 세무서장은 공매(매각재산의 권리이전 및 금전의 배분의 업무를 포함)를 한국자산관리공사에 대행하게 하는 경우 공매대행 의뢰서를 한국자산관리공사에 보내야 한다. ② 관할 세무서장은 공매대행의 사실을 다음의 자에게 통지해야 한다. 　㉠ 체납자 　㉡ 납세담보물 소유자 　㉢ 공매의 대상이 되는 재산에 전세권·질권·저당권 또는 그 밖의 권리를 가진 자 　㉣ 운반하기 곤란한 동산인 압류재산을 보관하고 있는 자 ③ 관할 세무서장은 공매 여부 결정을 위하여 필요한 경우 공매대행을 의뢰하기 전에 한국자산관리공사에 해당 압류재산의 공매를 통한 매각의 적절성 등에 관한 분석을 의뢰할 수 있다.
압류재산의 인도	① 관할 세무서장은 공매를 한국자산관리공사에 대행하게 한 경우 점유하고 있거나 제3자에게 보관하게 한 압류재산을 한국자산관리공사에 인도할 수 있다. 다만, 제3자가 보관하고 있는 재산의 경우에는 그 제3자가 발행한 압류재산의 보관증을 인도함으로써 압류재산의 직접 인도에 갈음할 수 있다. ② 한국자산관리공사는 압류재산을 인수한 경우 인도·인수서를 작성해야 한다.
압류해제 통지	관할 세무서장은 공매를 한국자산관리공사에 대행하게 한 후 다음 중 어느 하나에 해당하는 사유가 발생한 경우 지체 없이 그 사실을 한국자산관리공사에 통지해야 한다. 관할 세무서장으로부터 사실에 관한 통지를 받은 한국자산관리공사는 지체 없이 해당 재산의 공매를 취소해야 한다. ① 매각결정 전에 압류 해제 규정에 따라 해당 재산의 압류를 해제한 경우 ② 법 제81조(공매참가의 제한)에 따라 공매참가를 제한한 경우

매수대금 인계	① 한국자산관리공사는 공매(금전의 배분은 제외)를 대행하여 공매보증금 또는 매수대금을 수령한 경우 그 금액을 지체 없이 관할 세무서의 세입세출외 현금출납공무원에게 인계하거나 세입세출외 현금출납공무원 계좌에 입금해야 한다. ② 한국자산관리공사는 수령한 매수대금 등을 세입세출외 현금출납공무원 계좌에 입금한 경우 지체 없이 그 사실을 세입세출외 현금출납공무원에게 통지해야 한다.
공매대행 수수료	관할 세무서장은 한국자산관리공사가 공매 등을 대행하는 경우 수수료를 지급할 수 있다. 수수료(수의계약의 수수료는 제외)는 공매대행에 드는 실제 비용을 고려하여 기획재정부령으로 정한다.
수의계약 대행	관할 세무서장이 수의계약을 한국자산관리공사에 대행하게 하는 경우 대행 의뢰, 압류재산의 인도, 매수대금 등의 인계, 해제 요구, 수수료 등에 관하여는 제66조부터 제73조까지의 규정(제68조 및 제69조는 재산의 압류를 해제함에 따라 공매를 취소하는 부분으로 한정)을 준용한다.
공매대행 시 기타규정	한국자산관리공사가 공매 등의 업무를 대행하는 경우 한국자산관리공사의 직원은 형법이나 그 밖의 법률에 따른 벌칙을 적용할 때 세무공무원으로 본다.

2. 전문매각기관의 매각관련사실행위 대행 등

(1) 예술품 등의 매각대행

예술품 매각대행	관할 세무서장은 압류한 재산이 예술적·역사적 가치가 있어 가격을 일률적으로 책정하기 어렵고, 그 매각에 전문적인 식견이 필요하여 직접 매각을 하기에 적당하지 아니한 물품(이하 "예술품 등")인 경우 직권이나 납세자의 신청에 따라 예술품등의 매각에 전문성과 경험이 있는 기관 중에서 전문매각기관을 선정하여 예술품등의 감정, 매각기일·기간의 진행 등 매각에 관련된 사실행위(이하 "매각관련사실행위")를 대행하게 할 수 있다. ∵ 체납자의 권익을 보호하고 매각 절차의 효율성을 높이기 위함
담보요구	관할 세무서장은 전문매각기관에 매각관련사실행위의 대행을 의뢰하는 경우 예술품등의 감정가액에 상응하는 담보로서 담보를 제공할 것을 전문매각기관에게 요구할 수 있다. 이 경우 "납세보증보험증권"은 "이행보증보험증권"으로 한다.
매수금지	전문매각기관 및 전문매각기관의 임직원은 직접적으로든 간접적으로든 매각관련사실행위 대행의 대상인 예술품등을 매수하지 못한다.
매각대행 수수료지급	관할 세무서장은 전문매각기관이 매각관련사실행위를 대행하는 경우 매각관련사실행위의 대행에 드는 실제 비용을 고려하여 다음과 같이 수수료를 지급할 수 있다. ① 매각수수료: 전문매각기관이 매각을 대행하는 물품을 매각한 경우 국세청장이 매각금액의 100분의 5 이내에서 정하여 고시하는 수수료 ② 보전수수료: 전문매각기관이 물품을 감정하거나 운송 또는 보관한 경우 발생한 실제 비용을 보전하기 위해 국세청장이 정하여 고시하는 수수료
전문 매각기관 임직원지위	전문매각기관이 매각관련사실행위를 대행하는 경우 전문매각기관의 임직원은 형법 제129조에서 제132조까지의 규정을 적용할 때에는 공무원으로 본다.

(2) 전문매각기관의 선정 등

선정대상 기관공고	국세청장은 다음의 요건을 모두 충족하는 기관 중에서 전문매각기관으로 선정될 수 있는 대상 기관을 관보 및 국세청 홈페이지에 공고해야 한다. 이 경우 공고된 기관이 지정 취소 사유에 해당하는 경우에는 해당 기관을 제외하고 다시 공고해야 한다. ① 공고일이 속하는 연도의 직전 2년 동안 예술품등을 경매를 통하여 매각한 횟수가 연평균 10회 이상일 것 ② 정보통신망을 이용해서 예술품등의 매각이 가능할 것
매각대행 가능기간	전문매각기관으로 공고된 기관은 국세청장이 공고한 날부터 2년 동안 전문매각기관으로 선정될 수 있다.
세무서의 직권선정	관할 세무서장은 직권으로 공고된 기관 중 하나의 기관을 전문매각기관으로 선정하여 예술품등의 매각관련사실행위의 대행을 의뢰할 수 있다. 이 경우 관할 세무서장은 매각 대상인 예술품등을 소유한 납세자에게 그 사실을 통지해야 한다.
납세자의 신청절차	① 납세자는 관할 세무서장에게 전문매각기관을 선정하여 매각관련사실행위를 대행하도록 신청하려는 경우 기획재정부령으로 정하는 신청서를 작성하여 관할 세무서장에게 제출해야 한다. ② 관할 세무서장은 신청서를 제출받은 경우 공고된 기관 중 하나의 기관을 전문매각기관으로 선정하여 매각관련사실행위의 대행을 의뢰할 수 있으며, 신청서를 제출한 납세자에게 그 사실을 통지해야 한다.
전문기관 지정취소	관할 세무서장은 선정한 전문매각기관이 다음 중 어느 하나에 해당하는 경우 그 선정을 취소할 수 있다. ① 해당 기관의 부도, 파산, 휴업·폐업, 공고 당시의 시설·자본금 등의 변동 등으로 매각관련사실행위의 대행이 곤란하다고 인정되는 경우 ② 해당 기관 또는 그 대표자가 고액·상습체납자로 명단이 공개되거나 조세범 처벌법에 따라 벌금 이상의 형을 선고받은 경우 ③ 해당 기관의 임직원이 매각관련사실행위의 대행과 관련하여 형법 제129조부터 제132조까지의 죄로 벌금 이상의 형을 선고받은 경우 ④ 해당 기관 또는 그 대표자가 사회적 물의를 일으키거나 그 밖에 이에 준하는 사유가 있어 해당 기관의 매각관련사실행위의 대행이 적절하지 않다고 인정되는 경우

제4절 압류·매각의 유예

01 압류·매각의 유예

의의	관할 세무서장은 체납자가 다음 중 어느 하나에 해당하는 경우 체납자의 신청 또는 직권으로 그 체납액에 대하여 강제징수에 따른 재산의 압류 또는 압류재산의 매각을 유예할 수 있다. ① 국세청장이 다음과 같이 성실납세자로 인정하는 기준에 해당하는 경우 　㉠ 1년 이상 성실하게 장부를 비치·기장한 자 또는 이에 준하는 성실납세자 　㉡ 최근 3년 내에 조세포탈법으로 처벌받지 아니한 자 　㉢ 압류·매각의 유예함으로써 사업의 정상운영이 가능한 자 　㉣ 조세포탈의 우려가 없다고 인정되는 자 ② 재산의 압류나 압류재산의 매각을 유예함으로써 체납자가 사업을 정상적으로 운영할 수 있게 되어 체납액의 징수가 가능하게 될 것이라고 관할 세무서장이 인정하는 경우 ∴ 독촉납부기한이 경과된 체납액에 대한 압류나 압류된 재산의 공매를 일정기간 미루어주어 체납자가 자진하여 체납세금을 납부할 수 있는 기회를 부여함
유예기간 분할징수	① 압류 또는 매각의 유예의 기간은 그 유예한 날의 다음 날부터 1년 이내로 한다. ② 관할 세무서장은 다음 중 어느 하나에 해당하는 자가 소득세, 법인세, 부가가치세 및 이에 부가되는 세목에 대한 압류 또는 매각의 유예를 신청하는 경우(압류 또는 매각의 유예를 받고 그 유예기간 중에 신청하는 경우를 포함) 그 압류 또는 매각의 유예기간을 유예한 날의 다음 날부터 2년(압류 또는 매각의 유예를 받은 기간에 대해서는 그 기간을 포함하여 산정함) 이내로 정할 수 있다. 　㉠ 다음의 요건을 모두 갖춘 자 　　ⓐ 조세특례제한법 시행령 제2조에 따른 중소기업에 해당할 것 　　ⓑ 고용정책 기본법에 따라 선포된 고용재난지역, 고용정책 기본법 시행령에 따라 지정·고시된 지역, 지역 산업위기 대응 및 지역경제 회복을 위한 특별법에 따라 지정된 산업위기대응특별지역 및 특별재난지역에 사업장이 소재할 것 　㉡ 소득세법에 따른 사업자(중소기업에 해당하는 사업자로 한정하며, 이하 "피해사업자")로서 특별재난지역 선포의 사유가 된 재난으로 인해 신체에 피해를 입은 사람 　㉢ 특별재난지역 선포의 사유가 된 재난으로 인해 사망한 피해사업자가 경영하던 사업장을 상속받은 상속인(국세기본법에 따른 상속인을 말함) ③ 관할 세무서장은 압류 또는 매각이 유예된 체납세액을 ① 또는 ②에 따른 압류 또는 매각의 유예기간 동안 분할하여 징수할 수 있다.
신청·통지	압류 또는 매각의 유예 신청 및 통지에 관하여는 납부기한 등 연장 등의 신청 및 납부기한 등 연장 등의 통지 규정을 준용한다.

효과	① 압류의 해제: 관할 세무서장은 압류나 압류재산의 매각을 유예를 하는 경우 필요하다고 인정하면 이미 압류한 재산의 압류를 해제할 수 있다. ② 담보제공: 관할 세무서장은 재산의 압류를 유예하거나 압류를 해제하는 경우 그에 상당하는 납세담보의 제공을 요구할 수 있다. 다만, 성실납세자가 체납세액 납부계획서를 제출하고 국세체납정리위원회가 체납세액 납부계획의 타당성을 인정하는 경우에는 그러하지 아니하다. ③ 소멸시효의 정지: 압류·매각 유예의 경우 그 유예기간 중에는 소멸시효가 정지된다. ④ 교부청구 가능: 압류·매각 유예를 한 경우에도 교부청구의 취소를 요하지 않으므로 교부청구를 통해 받은 금전은 그 유예에 관계된 국세에 충당할 수 있다. ⑤ 납부지연 가산세: 압류·매각 유예기간 동안 납부지연가산세 면제는 없다.
취소 및 일시징수	압류·매각의 유예 취소와 체납액의 일시징수에 관하여는 제16조(납부기한 등 연장 등의 취소)규정을 준용한다.

02 국세체납정리위원회

의의		국세의 체납정리에 관한 사항을 심의하기 위하여 지방국세청과 국세청과 그 소속기관 직제에 따른 1급지 세무서에 국세체납정리위원회를 둔다. 국세체납정리위원회는 지방국세청에 두는 지방국세청국세체납정리위원회(지방국세청위원회)와 세무서에 두는 세무서국세체납정리위원회(세무서위원회)로 한다.
위원회 구성	지방 국세청 위원회	지방국세청위원회는 위원장을 포함한 7명 이상 9명 이하의 위원으로 구성하고, 세무서위원회는 위원장을 포함한 5명 이상 7명 이하의 위원으로 구성한다. 국세체납정리위원회의 위원은 다음 중 어느 하나에 해당하는 사람 중에서 지방국세청장이 임명 또는 위촉하는 사람이 된다. 한편, 지방국세청위원회 위원장은 지방국세청장이 되고, 세무서위원회 위원장은 세무서장이 된다. ① 해당 지방국세청 또는 세무서 소속 5급 이상 공무원 ② 변호사·공인회계사 또는 세무사의 자격이 있는 사람(위촉의원) ③ 법률·회계 또는 경제에 관하여 학식과 경험이 풍부한 사람으로서 경제계에 종사하는 사람(위촉의원) (*) 위촉위원의 임기는 2년으로 하며, 한 차례만 연임할 수 있다.
	세무서 위원회	세무서위원회는 위원장을 포함한 5명 이상 7명 이하의 위원으로 구성하며, 세무서장이 다음 중 어느 하나에 해당하는 사람 중에서 임명 또는 위촉한다. ① 해당 지방국세청 또는 세무서 소속 5급 이상 공무원 ② 변호사·공인회계사 또는 세무사의 자격이 있는 사람 ③ 법률·회계 또는 경제에 관하여 학식과 경험이 풍부한 사람으로서 경제계에 종사하는 사람 (*) 위촉위원의 임기는 2년으로 하며, 한 차례만 연임할 수 있다.
위원회 심의사항		국세체납정리위원회는 다음 중 어느 하나에 해당하는 사항을 심의한다. ① 제57조(압류 해제의 요건) 제1항 제4호에 따른 사유로 압류를 해제하려는 사항 ② 그 밖에 법 또는 다른 세법에 따라 국세체납정리위원회의 심의를 거치도록 한 사항

위원장 직무	국세체납정리위원회 위원장은 해당 위원회를 대표하고, 위원회의 업무를 총괄한다. 국세체납정리위원회 위원장이 부득이한 사유로 직무를 수행할 수 없는 경우 국세체납정리위원회 위원장이 지명하는 해당 위원회 위원이 그 직무를 대행한다.
회의	① 국세체납정리위원회 위원장은 해당 위원회의 회의를 소집하고 그 의장이 된다. ② 국세체납정리위원회 위원장은 회의의 일정과 의안을 미리 각 위원에게 통지해야 한다. ③ 회의는 재적위원 과반수의 출석으로 개의하고, 출석위원 과반수의 찬성으로 의결한다. ④ 국세체납정리위원회는 의안을 심의하기 위하여 필요하다고 인정하는 경우 체납자, 이해관계인 등의 의견을 들을 수 있다. ⑤ 국세체납정리위원회는 회의에 출석한 위촉위원에게 예산의 범위에서 수당을 지급할 수 있다.

제4장 보칙

국세징수법은 납세자가 세금을 납부하지 않는 경우 강제징수절차와는 별도로 국세의 체납 방지와 확보를 위해 납세의무의 이행을 간접적으로 강제하는 보충적 조치를 규정하고 있다.

01 납세증명서

1. 제출의무

의의	납세증명서는 발급일 현재 다음의 금액을 제외하고는 다른 체납액이 없다는 사실을 증명하는 문서를 말하며, 지정납부기한이 연장된 경우 그 사실도 기재되어야 한다. ① 독촉장에서 정하는 기한의 연장에 관계된 금액 ② 압류·매각의 유예액 ③ 납부고지의 유예액 ④ 채무자 회생 및 파산에 관한 법률에 따른 징수유예액 또는 강제징수에 따라 압류된 재산의 환가유예에 관련된 체납액 ⑤ 국세기본법에 따라 물적납세의무를 부담하는 양도담보권자가 그 물적납세의무와 관련하여 체납한 국세 또는 강제징수비 ⑥ 종합부동산세법에 따라 물적납세의무를 부담하는 수탁자가 그 물적납세의무와 관련하여 체납한 종합부동산세 또는 강제징수비 ⑦ 부가가치세법에 따라 물적납세의무를 부담하는 수탁자가 그 물적납세의무와 관련하여 체납한 부가가치세 또는 강제징수비 ⑧ 조세특례제한법에 따른 압류 또는 매각이 유예된 체납액 ⑨ 조세특례제한법에 따른 납부고지의 유예 또는 지정납부기한 등의 연장에 관계된 국세 또는 체납액 ⑩ 조세특례제한법에 따른 체납액 징수특례를 적용받은 징수곤란 체납액 조세징수의 원활을 기하고 그 체납을 방지하고자 체납자에게 심리적 압박을 주어 납세의무의 이행을 간접적으로 확보하려는 행정상 제재이다.
제출 사유	납세자(국세를 납부할 의무가 있는 내·외국인)는 다음 중 어느 하나에 해당하는 경우 납세증명서를 제출하여야 한다. ① 국가, 지방자치단체 또는 감사원의 검사 대상이 되는 법인 또는 단체 등으로부터 대금을 지급받을 경우. 이 경우 대금을 지급받는 자가 원래의 계약자가 아닌 자인 경우 다음의 구분에 따른 납세증명서를 제출해야 한다. ㉠ 채권양도로 인한 경우: 양도인과 양수인의 납세증명서 ㉡ 법원의 전부명령에 따르는 경우: 압류채권자의 납세증명서 ㉢ 하도급거래 공정화에 관한 법률에 따라 건설공사의 하도급대금을 직접 지급받는 경우: 수급사업자의 납세증명서

제출 사유	② 출입국관리법에 따른 외국인등록 또는 재외동포의 출입국과 법적 지위에 관한 법률에 따른 국내거소신고를 한 외국인이 체류기간 연장허가 등 체류 관련 허가 등을 법무부장관에게 신청하는 경우 ③ 내국인이 해외이주 목적으로 해외이주법에 따라 재외동포청장에게 해외이주신고를 하는 경우
제출의무 예외	납세자는 국가, 지방자치단체 등으로부터 대금을 지급받을 경우라도 다음 중 어느 하나에 해당하는 경우에는 납세증명서를 제출하지 않을 수 있다. ① 국가를 당사자로 하는 계약에 관한 법률 시행령 제26조 제1항 각 호(같은 항 제1호 라목은 제외) 및 지방자치단체를 당사자로 하는 계약에 관한 법률 시행령 제25조 제1항 각 호(같은 항 제7호 가목은 제외)에 해당하는 수의계약에 따라 대금을 지급받는 경우 ② 국가 또는 지방자치단체가 대금을 지급받아 그 대금이 국고 또는 지방자치단체금고에 귀속되는 경우 ③ 국세 강제징수에 따른 채권 압류로 관할 세무서장이 그 대금을 지급받는 경우 ④ 채무자 회생 및 파산에 관한 법률에 따른 파산관재인이 납세증명서를 발급받지 못하여 관할 법원이 파산절차를 원활하게 진행하기 곤란하다고 인정하는 경우로서 관할 세무서장에게 납세증명서 제출의 예외를 요청하는 경우 ⑤ 납세자가 계약대금 전액을 체납세액으로 납부하거나 계약대금 중 일부 금액으로 체납세액 전액을 납부하려는 경우
세무서의 조회	납세자가 납세증명서를 제출해야 하는 경우 해당 주무관서 등이 국세청장 또는 관할 세무서장에게 조회(국세청장에게 조회하는 경우에는 국세정보통신망을 통한 방법으로 한정)하거나 납세자의 동의를 받아 전자정부법 제36조 제1항에 따른 행정정보의 공동이용을 통하여 그 체납사실 여부를 확인하는 경우에는 납세증명서를 제출받은 것으로 볼 수 있다.

2. 납세증명서의 발급

발급신청	납세증명서를 발급받으려는 자는 다음의 사항을 적은 문서를 개인의 경우에는 주소지(주소가 없는 외국인의 경우에는 거소지) 또는 사업장 소재지를 관할하는 세무서장에게 제출(국세정보통신망을 통한 제출을 포함)하고, 법인의 경우에는 본점(외국법인인 경우에는 국내 주사업장) 소재지를 관할하는 세무서장에게 제출해야 한다. 다만, 국세청장이 납세자의 편의를 위하여 발급 세무서를 달리 정하는 경우에는 그 발급 세무서의 장에게 제출해야 한다. ① 납세자의 주소 또는 거소와 성명 ② 납세증명서의 사용 목적 ③ 납세증명서의 수량
발급절차	관할 세무서장은 납세자로부터 납세증명서의 발급을 신청받은 경우 그 사실을 확인한 후 즉시 납세증명서를 발급하여야 한다.
유효기간	① 납세증명서의 유효기간은 그 증명서를 발급한 날부터 30일간으로 한다. 다만, 발급일 현재 해당 신청인에게 납부고지된 국세가 있는 경우에는 해당 국세의 지정납부기한까지로 할 수 있다. ② 관할 세무서장은 위 단서에 따라 유효기간을 지정납부기한까지로 정하는 경우 해당 납세증명서에 그 사유와 유효기간을 분명하게 적어야 한다.

02 미납국세 등의 열람

입법취지		임차인은 임대인의 미납국세를 알지 못하고 임대차계약을 체결한 후 임대인의 체납으로 부동산 압류 및 공매처분되는 경우에 있어서 임차인의 임차세보증금 등보다 국세의 우선징수로 인하여 불의의 피해를 입게되는 것을 방지하기 위함이다.
미납국세 열람	계약전	주택임대차보호법에 따른 주거용 건물 또는 상가건물 임대차보호법에 따른 상가건물을 임차하여 사용하려는 자는 해당 건물에 대한 임대차계약을 하기 전 또는 임대차계약을 체결하고 임대차 기간이 시작하는 날까지 임대인의 동의를 받아 그 자가 납부하지 아니한 열람대상 국세 또는 체납액의 열람을 임차할 건물 소재지의 관할 세무서장에게 신청할 수 있다. 이 경우 열람 신청은 관할 세무서장이 아닌 다른 세무서장에게도 할 수 있으며, 신청을 받은 세무서장은 열람 신청에 따라야 한다.
	계약금 교부후	임대차계약을 체결한 임차인으로서 해당 계약에 따른 보증금이 1천만원을 초과하는 자는 임대차 기간이 시작하는 날까지 임대인의 동의 없이도 신청을 할 수 있다. 이 경우 신청을 받은 세무서장은 열람 내역을 지체 없이 임대인에게 통지하여야 한다.
열람대상 국세		① 세법에 따른 과세표준 및 세액의 신고기한까지 신고한 국세 중 납부하지 아니한 국세 ② 납부고지서를 발급한 후 지정납부기한이 도래하지 아니한 국세 ③ 체납액 → 법정기일이 도래한 세금이 있는지 없는지 여부를 확인하기 위함
열람신청		① 미납국세 등의 열람을 신청하려는 자는 미납국세 등 열람신청서에 임대인의 동의를 증명할 수 있는 서류(임대인의 동의 없이 신청하는 경우에는 임대차계약 체결 사실을 증명할 수 있는 서류와 임차하려는 자의 신분을 증명할 수 있는 서류를 첨부하여 세무서장에게 제출해야 한다. ② 세무서장은 열람신청을 받은 경우 각 세법에 따른 과세표준 및 세액의 신고기한까지 임대인이 신고한 국세 중 납부하지 않은 국세에 대해서는 신고기한부터 30일(종합소득세의 경우에는 60일)이 지났을 때부터 열람 신청에 따라 열람할 수 있게 해야 한다.

03 체납자료의 제공

입법 취지	신용정보회사 등이 세무서장에게 체납자의 체납자료를 요구하는 경우 자료를 제공할 수 있는 요건에 관하여 규정하고 있다. 이는 체납자의 경제활동에 제재를 가함으로써 성실 납세풍토를 조성하여 사회공동의 이익을 도모하고 체납액 징수를 촉진하려는 데 있다.
제공 대상자	관할 세무서장(지방국세청장을 포함)은 국세징수 또는 공익 목적을 위하여 필요한 경우로서 신용정보집중기관, 신용정보회사가 다음 중 어느 하나에 해당하는 체납자의 인적사항 및 체납액에 관한 자료를 요구한 경우 이를 제공할 수 있다. ① 체납 발생일부터 1년이 지나고 체납액이 500만원 이상인 자 ② 1년에 3회 이상 체납하고 체납액이 500만원 이상인 자

자료제공 제외대상	체납된 국세와 관련하여 심판청구 등이 계속 중이거나 다음 중 어느 하나에 해당하는 경우에는 체납자료를 제공할 수 없다. ① 납세자가 재난 또는 도난으로 재산에 심한 손실을 입은 경우 ② 납세자가 경영하는 사업에 현저한 손실이 발생하거나 부도 또는 도산의 우려가 있는 경우 ③ 압류 또는 매각이 유예된 경우 ④ 국세기본법에 따라 물적납세의무를 부담하는 양도담보권자가 그 물적납세의무와 관련한 국세 또는 강제징수비를 체납한 경우 ⑤ 종합부동산세법에 따라 물적납세의무를 부담하는 수탁자가 그 물적납세의무와 관련한 종합부동산세 또는 강제징수비를 체납한 경우 ⑥ 부가가치세법에 따라 물적납세의무를 부담하는 수탁자가 그 물적납세의무와 관련한 부가가치세 또는 강제징수비를 체납한 경우
자료제공 절차	① 체납자료를 요구하려는 자는 요구자의 이름 및 주소, 요구하는 자료의 내용 및 이용 목적을 적은 문서를 관할 세무서장에게 제출해야 한다. ② 관할 세무서장은 체납자료를 요구받은 경우 체납자료 파일이나 문서로 제공할 수 있다. ③ 관할 세무서장은 제공한 체납자료가 체납액의 납부 등으로 체납자료에 해당되지 않게 된 경우 그 사실을 체납자료에 해당하지 않게 된 사유가 발생한 날부터 15일 이내에 요구자에게 통지해야 한다.
누설금지	체납자료를 제공받은 자는 이를 누설하거나 업무 목적 외의 목적으로 이용할 수 없다.

04 재산조회 및 강제징수를 위한 지급명세서 등의 사용

입법 취지	납세자로부터 제출받은 이자소득 및 배당소득에 대한 지급명세서를 과세목적 외에 사용할 수 없도록 금지하고 있었으므로 이를 강제징수의 근거자료로 활용할 수 없는 것을 방지하기 위함이다.
내용	국세청장·지방국세청장 또는 관할 세무서장은 금융실명거래 및 비밀보장에 관한 법률 제4조 제4항 본문에도 불구하고 소득세법 제164조 및 법인세법 제120조에 따라 제출받은 이자소득 또는 배당소득에 대한 지급명세서 등 금융거래에 관한 정보를 체납자의 재산조회와 강제징수를 위하여 사용할 수 있다.

05 사업에 관한 허가 등의 제한

허가 등 제한	신규 사업	관할 세무서장은 납세자가 허가 등을 받은 사업과 관련된 소득세, 법인세 및 부가가치세를 체납한 경우 해당 사업의 주무관청에 그 납세자에 대하여 허가등의 갱신과 그 허가 등의 근거 법률에 따른 신규 허가 등을 하지 아니할 것을 요구할 수 있다.
	기존 사업	관할 세무서장은 허가 등을 받아 사업을 경영하는 자가 해당 사업과 관련된 소득세, 법인세 및 부가가치세를 3회 이상 체납하고 그 체납된 금액의 합계액이 500만원 이상인 경우 해당 주무관청에 사업의 정지 또는 허가 등의 취소를 요구할 수 있다. 이 경우 3회의 체납 횟수는 납부고지서 1통을 1회로 보아 계산한다.
정당한 사유		재난, 질병 또는 사업의 현저한 손실, 그 밖에 다음의 정당한 사유가 있는 경우에는 신규 허가 또는 허가 등의 취소를 요구할 수 없다. ① 공시송달의 방법으로 납부고지된 경우 ② 민사집행법에 따른 강제집행 및 담보권 실행 등을 위한 경매가 시작되거나 채무자 회생 및 파산에 관한 법률에 따른 파산선고를 받은 경우 ③ 어음법 및 수표법에 따른 어음교환소에서 거래정지처분을 받은 경우 ④ 납세자가 재난 또는 도난으로 재산에 심한 손실을 입은 경우 ⑤ 납세자가 경영하는 사업에 현저한 손실이 발생하거나 부도 또는 도산의 우려가 있는 경우 ⑥ 납세자 또는 그 동거가족이 질병이나 중상해로 6개월 이상의 치료가 필요한 경우 또는 사망하여 상중(喪中)인 경우 ⑦ 총 재산의 추산가액이 강제징수비(압류에 관계되는 국세에 우선하는 국세기본법 제35조 제1항 제3호에 따른 채권 금액이 있는 경우 이를 포함)를 징수하면 남을 여지가 없어 강제징수를 종료할 필요가 있는 경우 ⑧ 국세기본법에 따라 물적납세의무를 부담하는 양도담보권자가 그 물적납세의무와 관련한 국세 또는 강제징수비를 체납한 경우 ⑨ 종합부동산세법에 따라 물적납세의무를 부담하는 수탁자가 그 물적납세의무와 관련한 종합부동산세 또는 강제징수비를 체납한 경우 ⑩ 부가가치세법에 따라 물적납세의무를 부담하는 수탁자가 그 물적납세의무와 관련한 부가가치세 또는 강제징수비를 체납한 경우 ⑪ 그 밖에 관할 세무서장이 납세자에게 납부가 곤란한 사정이 있다고 인정하는 경우(기존 사업인 경우에만 해당함)

06 출국금지

입법 취지	조세 미납을 이유로 한 출국금지는 그 미납자가 출국을 이용하여 재산을 해외에 도피시키는 등으로 강제집행을 곤란하게 하는 것을 방지함에 주된 목적이 있는 것이지 조세 미납자의 신병을 확보하거나 출국의 자유를 제한하여 심리적 압박을 가함으로써 미납 세금을 자진납부하도록 하기 위한 것이 아니다.
요청 대상자	국세청장은 정당한 사유 없이 5천만원 이상의 국세를 체납한 자 중 다음 중 어느 하나에 해당하는 사람으로서 관할 세무서장이 압류·공매, 담보 제공, 보증인의 납세보증서 등으로 조세채권을 확보할 수 없고, 강제징수를 회피할 우려가 있다고 인정하는 사람에 대하여 법무부장관에게 출국금지를 요청하여야 한다. ① 배우자 또는 직계존비속이 국외로 이주(국외에 3년 이상 장기체류 중인 경우를 포함)한 사람 ② 출국금지 요청일 현재 최근 2년간 미화 5만달러 상당액 이상을 국외로 송금한 사람 ③ 미화 5만달러 상당액 이상의 국외자산이 발견된 사람 ④ 명단이 공개된 고액·상습체납자 ⑤ 출국금지 요청일을 기준으로 최근 1년간 사업 목적, 질병 치료, 직계존비속의 사망 등 정당한 사유 없이 국외 출입 횟수가 3회 이상이거나 국외 체류 일수가 6개월 이상인 사람 → 체납된 국세가 5천만원 이상인 상태에서 문구를 삭제하였음 ⑥ 사해행위 취소소송 중이거나 국세기본법 제35조 제6항에 따라 제3자와 짜고 한 거짓계약에 대한 취소소송 중인 사람
요청절차	① 국세청장은 법무부장관에게 체납자에 대한 출국금지를 요청하는 경우 해당 체납자가 출국 금지 사유 중 어느 하나에 해당하는지와 조세채권을 확보할 수 없고 강제징수를 회피할 우려가 있다고 인정하는 사유를 구체적으로 밝혀야 한다. ② 법무부장관은 요청에 따라 출국금지를 한 경우 국세청장에게 그 결과를 정보통신망 등을 통하여 통보하여야 한다.
출국금지 해제요청	① 국세청장은 체납액 징수, 체납자 재산의 압류 및 담보 제공 등으로 출국금지 사유가 없어진 경우 즉시 법무부장관에게 출국금지의 해제를 요청하여야 한다. ② 필요적 해제와 임의적 해제

	필요적 해제	국세청장은 출국금지 중인 사람에게 다음 중 어느 하나에 해당하는 사유가 발생한 경우 지체 없이 법무부장관에게 출국금지의 해제를 요청해야 한다. ① 체납액의 납부 또는 부과결정의 취소 등에 따라 체납된 국세가 5천만원 미만으로 된 경우 ② 출국금지 요청의 요건이 해소된 경우
	임의적 해제	국세청장은 출국금지 중인 사람에게 다음 중 어느 하나에 해당하는 사유가 발생한 경우로서 강제징수를 회피할 목적으로 국외로 도피할 우려가 없다고 인정하는 경우에는 법무부장관에게 출국금지의 해제를 요청할 수 있다. ① 국외건설계약 체결, 수출신용장 개설, 외국인과의 합작사업 계약 체결 등 구체적인 사업계획을 가지고 출국하려는 경우 ② 국외에 거주하는 직계존비속이 사망하여 출국하려는 경우 ③ 위 사유 외에 본인의 신병 치료 등 불가피한 사유로 출국금지를 해제할 필요가 있다고 인정되는 경우

07 고액·상습체납자의 명단 공개

명단공개 대상자	국세청장은 체납 발생일부터 1년이 지난 국세의 합계액이 2억원 이상인 경우 체납자의 인적사항 및 체납액 등을 공개할 수 있다. 이 경우 체납 발생일부터 1년이 지난 국세"란 명단을 공개할 날이 속하는 연도의 직전 연도 12월 31일을 기준으로 역산하여 1년이 지난 국세를 말한다. 다만, 체납된 국세와 관련하여 심판청구 등이 계속 중이거나 다음 중 어느 하나에 해당하는 경우에는 공개할 수 없다. ① 다음 계산식에 따라 계산한 최근 2년간의 체납액 납부비율이 100분의 50 이상인 경우 최근 2년간의 체납액 납부비율 = $\dfrac{B}{A+B}$ A: 명단 공개 예정일이 속하는 연도의 직전 연도 12월 31일 당시 명단 공개 대상 예정자의 체납액 B: 명단 공개 예정일이 속하는 연도의 직전 2개 연도 동안 명단 공개 대상 예정자가 납부한 금액 ② 채무자 회생 및 파산에 관한 법률에 따른 회생계획인가의 결정에 따라 체납된 국세의 징수를 유예받고 그 유예기간 중에 있거나 체납된 국세를 회생계획의 납부일정에 따라 납부하고 있는 경우 ③ 재산 상황, 미성년자 해당 여부 및 그 밖의 사정 등을 고려할 때 위원회가 공개할 실익이 없거나 공개하는 것이 부적절하다고 인정하는 경우 ④ 국세기본법 제42조에 따라 물적납세의무를 부담하는 양도담보권자가 그 물적납세의무와 관련한 국세 또는 강제징수비를 체납한 경우 ⑤ 종합부동산세법에 따라 물적납세의무를 부담하는 수탁자가 물적납세의무와 관련된 종합부동산세 또는 강제징수비를 체납한 경우 ⑥ 부가가치세법에 따라 물적납세의무를 부담하는 수탁자가 물적납세의무와 관련된 부가가치세 또는 강제징수비를 체납한 경우
명단공개 방법	고액·상습체납자 명단공개는 관보에 게재하거나 국세정보통신망 또는 관할세무서 게시판에 게시하는 방법으로 한다.
공개사항	체납자의 명단을 공개하는 경우 공개할 사항은 다음과 같다. ① 체납자의 성명·상호(법인의 명칭을 포함) ② 체납자의 나이 및 직업(체납자가 법인이 아닌 경우로 한정) ③ 법인의 대표자(체납자가 법인인 경우로 한정) ④ 체납자(체납자가 법인인 경우에는 그 대표자를 포함)의 주소 ⑤ 체납액의 세목·납부해야 할 기한 및 체납 요지 등 체납된 국세와 관련된 사항
통지 안내	국세청장은 체납자에게 명단 공개 대상자임을 통지하는 경우 체납된 국세를 납부하도록 촉구하고, 공개 제외 사유에 해당되는 경우에는 그 사유에 관한 소명자료를 제출하도록 안내해야 한다.
준용 규정	명단 공개 대상자의 선정 절차, 명단 공개 방법, 그 밖에 명단 공개와 관련하여 필요한 사항은 국세기본법 제85조의5 제2항부터 제6항까지의 규정을 준용한다.

08 고액·상습체납자의 감치

감치대상	법원은 검사의 청구에 따라 체납자가 다음의 사유에 모두 해당하는 경우 결정으로 30일의 범위에서 체납된 국세가 납부될 때까지 그 체납자를 감치(監置)에 처할 수 있다. 체납자는 위 감치결정에 대해서는 즉시항고를 할 수 있다. ① 국세를 3회 이상 체납하고 있고, 체납 발생일부터 각 1년이 경과하였으며, 체납된 국세의 합계액이 2억원 이상인 경우 ② 체납된 국세의 납부능력이 있음에도 불구하고 정당한 사유 없이 체납한 경우 ③ 국세기본법에 따른 국세정보위원회의 의결에 따라 해당 체납자에 대한 감치 필요성이 인정되는 경우
감치 신청권자	국세청장은 체납자가 감치대상 사유에 모두 해당하는 경우 체납자의 주소 또는 거소를 관할하는 지방검찰청 또는 지청의 검사에게 체납자의 감치를 신청할 수 있다.
소명기회 의견진술	국세청장은 체납자의 감치를 신청하기 전에 체납자에게 체납자가 소명자료를 제출하거나 의견을 진술할 수 있도록 다음의 사항이 모두 포함된 서면(체납자가 동의하는 경우 전자문서를 포함)을 체납자에게 통지해야 한다. 이 경우 ④에 따른 기간에 소명자료를 제출하지 않거나 의견진술 신청이 없는 경우에는 의견이 없는 것으로 본다. ① 체납자의 성명과 주소 ② 감치(監置) 요건, 감치 신청의 원인이 되는 사실, 감치 기간 및 적용 법령 ③ 국세를 납부하는 경우에는 감치 집행이 종료될 수 있다는 사실 ④ 체납자가 소명자료를 제출하거나 의견을 진술할 수 있다는 사실과 소명자료 제출 및 의견진술 신청 기간. 이 경우 그 기간은 통지를 받은 날부터 30일 이상으로 해야 한다. ⑤ 그 밖에 소명자료 제출 및 의견진술 신청에 필요한 사항 한편, 의견을 진술하려는 사람은 ④에 따른 기간에 진술하려는 내용을 간략하게 적은 문서를 국세청장에게 제출해야 하며, 국세청장은 의견진술 신청을 받은 경우 국세정보위원회의 회의 개최일 3일 전까지 신청인에게 회의 일시 및 장소를 통지해야 한다.
재감치 감치집행 종료	① 감치에 처하여진 체납자는 동일한 체납 사실로 인하여 다시 감치되지 아니한다. ② 감치에 처하는 재판을 받은 체납자가 그 감치의 집행 중에 체납된 국세를 납부한 경우 감치 집행을 종료하여야 한다.
기타규정	① 세무공무원은 감치집행 시 감치대상자에게 감치사유, 감치기간 및 감치집행의 종료 등 감치 결정에 대한 사항을 설명하고 그 밖에 감치집행에 필요한 절차에 협력하여야 한다. ② 감치에 처하는 재판의 절차 및 그 집행, 그 밖에 필요한 사항은 대법원규칙으로 정한다.

제3편 기출문제

01 국세징수법상 체납액의 징수 순서로 옳은 것은?　　　2012년 국가직 9급 변형

① 강제징수비, 국세, 가산세
② 가산세, 강제징수비, 국세
③ 국세, 가산세, 강제징수비
④ 국세, 강제징수비, 가산세

정답 및 해설

체납액의 징수 순서는 강제징수비, 국세(가산세 제외), 가산세로 한다.

> 📄 **체납액의 징수 순서(국세징수법 제3조 참조)**
> 1. 강제징수비
> 2. 국세(가산세는 제외)
> 3. 가산세
>   **참고** 국세는 교육세, 농어촌특별세, 교통세 기타 국세의 순으로 징수함

답 ①

02 국세징수법상 납세증명서제도에 관한 설명으로 옳은 것은? 2013년 국가직 9급

① 납세증명서는 발급일 현재 독촉장에서 정하는 기한의 연장에 관계된 금액, 압류·매각의 유예액 및 그 밖에 대통령령으로 정하는 금액을 포함한 다른 체납액이 없다는 사실을 증명하는 문서를 말한다.
② 국내거소신고를 한 외국인이 체류기간 연장허가 등 체류 관련 허가를 법무부장관에게 신청하는 경우에는 납세증명서를 제출하여야 한다.
③ 지방자치단체가 국가로부터 대금을 지급받아 그 대금이 지방자치단체금고에 귀속되는 경우 납세증명서를 제출하여야 한다.
④ 법원의 전부명령에 따라 원래의 계약자 외의 자가 지방자치단체로부터 대금을 지급받는 경우 압류채권자와 채무자의 납세증명서를 제출하여야 한다.

정답 및 해설

선지분석
① 납세증명서는 발급일 현재 독촉장에서 정하는 기한의 연장에 관계된 금액, 압류·매각의 유예액 및 그 밖에 대통령령으로 정하는 금액을 제외한 다른 체납액이 없다는 사실을 증명하는 문서를 말한다.
③ 지방자치단체가 국가로부터 대금을 지급 받아 그 대금이 지방자치단체금고에 귀속되는 경우 납세증명서를 제출하지 아니하여도 된다.
④ 법원의 전부명령에 따라 원래의 계약자 외의 자가 지방자치단체로부터 대금을 지급받는 경우 압류채권자의 납세증명서만 제출하여도 된다.

납세증명서 제출대상자(국세징수법 시행령 제90조 참조)

원칙	계약자
특례	1. 채권양도로 인한 경우: 양도인과 양수인의 납세증명서 2. 법원의 전부명령에 따르는 경우: 압류채권자의 납세증명서 3. 하도급거래 공정화에 관한 법률에 따라 건설공사의 하도급대금을 직접 지급받는 경우: 수급사업자의 납세증명서

답 ②

03 국세징수법령상 납세증명서와 미납국세 등의 열람제도에 대한 설명으로 옳지 않은 것은? (단, 납세증명서발급과 미납국세 등의 열람을 위한 다른 요건은 모두 충족된 것으로 봄) 2020년 국가직 9급 변형

① 임차인이 미납국세 등을 열람하는 경우, 임대인이 각 세법에 따른 과세표준 및 세액의 신고기한까지 신고한 국세 중 납부하지 아니한 국세의 열람이 가능하다.
② 과세표준 및 세액을 신고하였으나 납부하지 아니한 소득(종합소득)세 납세의무는 과세표준 확정신고기한까지는 납세증명서를 통하여 확인할 수 없다.
③ 내국인이 해외이주 목적으로 해외이주법 제6조에 따라 외교부장관에게 해외이주신고를 하는 경우에는 대통령령으로 정하는 바에 따라 납세증명서를 제출하여야 한다.
④ 미납국세 등의 열람으로는 임대인에게 납부고지서를 발급한 후 납기가 도래하지 아니한 국세를 열람할 수 없다.

정답 및 해설

임차인이 열람할 수 있는 국세는 다음의 금액으로서 확정된 국세에 한정한다. 즉, 납부고지서 등을 발급한 후 납기가 도래하지 않은 국세도 열람이 가능하다.

📄 **미납국세 등의 열람(국세징수법 제109조 제1항 참조)**
1. 세법에 따른 과세표준 및 세액의 신고기한까지 신고한 국세 중 납부하지 아니한 국세
2. 납부고지서를 발급한 후 지정납부기한이 도래하지 아니한 국세
3. 체납액

답 ④

04 국세징수법상 사업에 관한 허가 등의 제한에 대한 설명으로 옳지 않은 것은? 2015년 국가직 9급 변형

① 세금체납이 있었지만 그 원인이 납세자가 재난으로 재산에 심한 손실을 입은 경우로서 세무서장이 인정하는 경우에는 관할 세무서장은 인·허가 주무관서에 그 납세자에 대한 인·허가를 하지 아니할 것을 요구할 수 없다.
② 허가 등을 받아 사업을 경영하는 자가 국세를 3회 이상 체납한 경우로서 그 체납세액이 500만 원 이상이라고 하더라도 납세자의 동거가족이 질병이나 중상해로 6개월 이상의 치료가 필요한 경우로서 관할 세무서장이 인정하는 경우에는 관할 세무서장은 그 주무관서에 사업의 정지 또는 허가 등의 취소를 요구할 수 없다.
③ 인·허가 주무관서에 관허사업의 제한요구를 한 후 해당 국세를 징수한 경우 즉시 그 요구를 철회하여야 한다.
④ 세무서장이 관허사업의 제한요구를 함에 있어서 납세자의 세금 체납횟수가 문제되는 경우에는 그 체납세금은 관허사업 자체에 관한 것에 국한하지 아니한다.

> 정답 및 해설

3회 이상의 체납횟수계산의 기초가 되는 체납국세는 '해당 사업과 관련된 소득세, 법인세 및 부가가치세'로 국한한다.
2019년 법 개정 시 체납 국세의 세목을 소득세, 법인세 및 부가가치세로 한정함으로써 관허사업 제한대상을 축소하였다. 한편, 3회의 체납 횟수는 납부고지서 1통을 1회로 보아 계산한다.

답 ④

05 국세징수법령상 체납자에 대한 사업에 관한 허가 등의 제한과 출국금지에 대해 설명한 것으로 옳지 않은 것은?   2017년 국가직 7급 변형

① 관할 세무서장은 허가 등을 받아 사업을 경영하는 자가 해당 사업과 관련된 소득세, 법인세 및 부가가치세를 3회 이상 체납하고 그 체납된 금액의 합계액이 500만 원 이상인 경우 대통령령으로 정하는 경우를 제외하고 해당 주무관청에 사업의 정지 또는 허가 등의 취소를 요구할 수 있다.
② 납세자에게 공시송달의 방법으로 납부고지 되었으나 납세자가 국세를 체납하였을 경우 관할 세무서장은 허가 등이 필요한 사업의 주무관청에 그 납세자에 대하여 그 허가 등을 하지 아니할 것을 요구하여야 한다.
③ 대법원 판례는 재산을 해외로 도피할 우려가 있는지 여부 등을 확인하지 않은 채 단순히 일정 금액 이상의 조세를 미납하였고 그 미납에 정당한 사유가 없다는 사유만으로 바로 출국금지처분을 하는 것은 헌법상의 기본권 보장 원리 및 과잉금지의 원칙에 비추어 허용되지 않는다고 본다.
④ 국세청장은 체납액 징수, 체납자 재산의 압류 및 담보 제공 등으로 출국금지사유가 없어진 경우 즉시 법무부장관에게 출국금지의 해제를 요청하여야 한다.

> 정답 및 해설

국세청장은 공시송달의 방법으로 납부고지된 경우에는 허가 등이 필요한 사업의 주무관청에 그 납세자에 대하여 그 허가 등을 하지 아니할 것을 요구할 수 없다.

답 ②

06 국세징수법상 고액·상습체납자의 감치사유와 관련이 없는 것은? (단, 체납된 국세는 2020년 1월 1일 이후 체납된 것으로 가정함) 2021년 국가직 7급

① 국세를 3회 이상 체납하고 있고, 체납 발생일부터 각 1년이 경과하였으며, 체납된 국세의 합계액이 2억 원 이상인 경우
② 체납된 국세의 납부능력이 있음에도 불구하고 정당한 사유 없이 체납한 경우
③ 국세정보위원회의 의결에 따라 해당 체납자에 대한 감치 필요성이 인정되는 경우
④ 5천만 원의 국세를 체납한 자로서 직계존비속이 국외로 이주한 경우

정답 및 해설

> 국세징수법 제115조 【고액·상습체납자의 감치】 ① 법원은 검사의 청구에 따라 체납자가 다음 각 호의 사유에 모두 해당하는 경우 결정으로 30일의 범위에서 체납된 국세가 납부될 때까지 그 체납자를 감치(監置)에 처할 수 있다.
> 1. 국세를 3회 이상 체납하고 있고, 체납 발생일부터 각 1년이 경과하였으며, 체납된 국세의 합계액이 2억 원 이상인 경우
> 2. 체납된 국세의 납부능력이 있음에도 불구하고 정당한 사유 없이 체납한 경우
> 3. 국세기본법 제85조의5 제2항에 따른 국세정보위원회의 의결에 따라 해당 체납자에 대한 감치 필요성이 인정되는 경우

답 ④

---

07 국세징수법상 납부고지에 대한 설명으로 옳지 않은 것은? 2017년 국가직 9급 변형

① 관할 세무서장은 납세자로부터 국세를 징수하려는 경우 국세의 과세기간, 세목, 세액, 납부기한을 적은 과세안내서, 과세예고통지서, 납부고지서 등을 발급하여야 한다.
② 관할 세무서장은 제2차 납세의무자에게 납부고지서를 발급하는 경우 납세자에게 그 사실을 통지하여야 한다.
③ 납부고지서는 징수결정 즉시 발급하여야 한다. 다만, 납부고지를 유예한 경우 유예기간이 끝난 날의 다음 날에 발급한다.
④ 납세자가 국세의 체납으로 강제징수가 시작된 경우 관할 세무서장은 납부기한 전이라도 이미 납세의무가 확정된 국세를 징수할 수 있다.

정답 및 해설

관할 세무서장은 납세자로부터 국세를 징수하려는 경우 국세의 과세기간, 세목, 세액, 산출 근거, 납부하여야 할 기한(납부고지를 하는 날부터 30일 이내의 범위로 정함) 및 납부장소를 적은 납부고지서를 납세자에게 발급하여야 한다. 고지서 필요적 기재사항 중 하나라도 누락된 경우 고지의 효력이 인정되지 아니함

답 ①

08 국세징수법상 납세의무가 확정된 국세에 대하여 납부기한 전에 징수할 수 있는 사유로 옳지 않은 것은?

2009년 국가직 7급 변형

① 납세자가 경영하는 사업에 현저한 손실이 발생하거나 부도 또는 도산의 우려가 있는 경우
② 어음법에 따른 어음교환소에서 거래정지처분을 받은 경우
③ 국세를 포탈하려는 행위가 있다고 인정되는 경우
④ 지방세의 체납으로 강제징수가 시작된 경우

정답 및 해설

사업이 중대한 위기에 처한 때는 납부기한 전 징수사유에 해당하지 아니하며 납부고지의 유예사유에 해당한다.

> **납부기한 전 징수사유(국세징수법 제9조 제1항 참조)**
> 1. 국세, 지방세 또는 공과금의 체납으로 강제징수 또는 체납처분이 시작된 경우
> 2. 민사집행법에 따른 강제집행 및 담보권 실행 등을 위한 경매가 시작되거나 채무자 회생 및 파산에 관한 법률에 따른 파산선고를 받은 경우
> 3. 어음법 및 수표법에 따른 어음교환소에서 거래정지처분을 받은 경우
> 4. 법인이 해산한 경우
> 5. 국세를 포탈하려는 행위가 있다고 인정되는 경우
> 6. 납세관리인을 정하지 아니하고 국내에 주소 또는 거소를 두지 아니하게 된 경우

답 ①

---

09 국세징수법상 납부기한 전 징수와 교부청구의 공통된 사유에 해당하지 않는 것은?

2008년 국가직 9급 변형

① 국세의 체납으로 체납자에 대한 강제징수가 시작된 경우
② 민사집행법에 따른 강제집행 및 담보권 실행 등을 위한 경매가 시작된 경우
③ 법인이 해산한 경우
④ 국세를 포탈하고자 하는 행위가 있다고 인정되는 경우

정답 및 해설

국세를 포탈하고자 하는 행위가 있다고 인정되는 경우는 교부청구사유에만 해당한다.

> **납부기한 전 징수와 교부청구의 사유 비교(국세징수법 제9조 제1항·제59조 참조)**

구분	납부기한 전 징수사유	교부청구 사유
1. 국세, 지방세 또는 공과금의 체납으로 체납자에 대한 강제징수 또는 체납처분이 시작된 경우	○	○
2. 민사집행법에 따른 강제집행 및 담보권 실행 등을 위한 경매가 시작되거나 체납자가 채무자 회생 및 파산에 관한 법률에 따른 파산선고를 받은 경우		
3. 법인이 해산한 경우		
4. 어음법 및 수표법에 따른 어음교환소에서 거래정지처분을 받은 경우	○	×
5. 국세를 포탈하고자 하는 행위가 있다고 인정되는 때		
6. 납세관리인을 정하지 아니하고 국내에 주소 또는 거소를 두지 아니하게 된 때		

답 ④

10 국세징수법상 고지된 국세 등의 납부고지의 유예에 대한 설명으로 옳지 않은 것은? (단, 상호합의절차에 따른 특례는 고려하지 않음)
2018년 국가직 9급 변형

① 관할 세무서장은 납세자가 경영하는 사업에 현저한 손실이 발생하거나 부도 또는 도산의 우려되어 국세를 납부할 수 없다고 인정되는 경우 대통령령으로 정하는 바에 따라 납부고지를 유예할 수 있다.
② 납세자가 납부고지 예정인 국세의 납부하여야 할 기한의 만료일 10일 전까지 신청을 하였으나 관할 세무서장이 신청일부터 10일 이내에 승인 여부를 통지하지 아니한 경우에는 신청일부터 10일이 되는 날에 신청을 승인한 것으로 본다.
③ 관할 세무서장은 납부고지의 유예를 하는 경우 유예와 관계되는 금액에 상당하는 납세담보의 제공을 요구하여야 한다.
④ 관할 세무서장은 고지된 국세 등의 징수를 유예한 기간 중에 그 유예한 국세 또는 체납액에 대하여 교부청구를 할 수 있다.

정답 및 해설

관할 세무서장은 납부고지의 유예를 하는 경우 유예와 관계되는 금액에 상당하는 납세담보의 제공을 요구할 수 있다.

답 ③

11 국세징수법상 납세담보에 대한 설명으로 옳지 않은 것은?
2014년 9급 국가직 변형

① 납세담보로서 금전을 제공한 자는 그 금전으로 담보한 국세 및 강제징수비를 납부할 수 있다.
② 납세보증보험증권의 납세담보의 가액은 보험금액이다.
③ 금전을 납세담보로 제공하는 경우에는 담보할 국세의 100분의 120 이상의 가액에 상당하는 현금을 제공하여야 한다.
④ 납세담보를 제공한 자는 관할 세무서장의 승인을 받아 그 담보를 변경할 수 있다.

정답 및 해설

금전, 납세보증보험증권 또는 은행법에 따른 은행의 납세보증서는 담보할 국세의 110% 이상의 가액에 상당하는 금액을 제공하여야 한다.

담보로 제공해야 하는 가액(국세징수법 제18조 제2항 참조)	
1. 금전 2. 납세보증보험증권 3. 은행법에 따른 은행의 납세보증서	담보할 국세의 110% 이상
위 1.~ 3. 외의 납세담보 재산	담보할 국세의 120% 이상

답 ③

12 국세징수법령상 납세담보에 대한 설명으로 옳지 않은 것은? 2022년 국가직 9급

① 증권시장에 상장된 유가증권으로서 매매사실이 있는 것은 납세담보로 인정하고 있다.
② 보석 또는 자동차와 같이 자산적 가치가 있는 것은 법에 열거되지 않더라도 납세담보로 인정한다.
③ 납세담보로서 금전을 제공한 자는 그 금전으로 담보한 국세 및 강제징수비를 납부할 수 있다.
④ 관할 세무서장은 납세담보를 제공받은 국세 및 강제징수비가 그 담보기간에 납부되지 않는 경우 납세담보가 납세보증서이면 보증인으로부터 징수절차에 따라 징수한 금전으로 해당 국세 및 강제징수비를 징수한다.

> **정답 및 해설**
>
> 납세담보는 보석 또는 자동차와 같이 자산적 가치가 있더라도 법에 열거되지 않은 경우 제공할 수 없다.
>
> 답 ②

13 국세징수법상 강제징수에 대한 설명으로 옳지 않은 것은? 2016년 국가직 9급 변형

① 세무공무원이 재산을 압류하기 위하여 필요한 경우에도 해당 주거 등의 폐쇄된 문이나 금고를 직접 열 수 없다.
② 세무공무원은 제3자가 제3자의 주거 등에 체납자의 재산을 감춘 혐의가 있다고 인정되는 경우 제3자의 주거 등을 수색할 수 있고, 해당 주거 등의 폐쇄된 문·금고 또는 기구를 열게 하거나 직접 열 수 있다.
③ 주로 야간에 주류를 제공하는 영업을 하는 장소에 대해서는 해가 진 후에도 영업 중에는 수색을 시작할 수 있다.
④ 관할 세무서장은 압류재산을 선택하는 경우 강제징수에 지장이 없는 범위에서 전세권·질권·저당권 등 체납자의 재산과 관련하여 제3자가 가진 권리를 침해하지 아니하도록 하여야 한다.

> **정답 및 해설**
>
> 세무공무원은 재산을 압류하기 위하여 필요한 경우에는 체납자의 주거 등을 수색할 수 있고, 해당 주거 등의 폐쇄된 문·금고 또는 기구를 열게 하거나 직접 열 수 있다.
>
> **선지분석**
> ③
> > 📖 **수색의 시간적 제한(국세징수법 제35조 제3항·제4항 참조)**
> > 1. 수색은 해가 뜰 때부터 해가 질 때까지만 할 수 있다. 다만, 해가 지기 전에 시작한 수색은 해가 진 후에도 계속할 수 있다.
> > 2. 단, 주로 야간에 영업을 하는 장소에 대해서는 해가 진 후에도 영업 중에는 수색을 시작할 수 있다.
>
> 답 ①

14 국세징수법상 강제징수에 대한 설명으로 옳지 않은 것은? 2021년 국가직 9급

① 관할 세무서장은 재판상의 가압류 또는 가처분 재산이 강제징수대상인 경우에는 국세징수법에 따른 강제징수를 할 수 없다.
② 관할 세무서장은 강제징수를 할 때 납세자가 국세의 징수를 피하기 위하여 한 재산의 처분이나 그 밖에 재산권을 목적으로 한 법률행위(신탁법 제8조에 따른 사해신탁을 포함)에 대하여 신탁법 및 민법을 준용하여 사해행위의 취소 및 원상회복을 법원에 청구할 수 있다.
③ 관할 세무서장은 납세자가 독촉 또는 납부기한 전 징수의 고지를 받고 지정된 기한까지 국세를 완납하지 아니한 경우 재산의 압류, 압류재산의 매각·추심 및 청산의 절차에 따라 강제징수를 한다.
④ 체납자의 재산에 대하여 강제징수를 시작한 후 체납자가 사망한 경우에도 그 재산에 대한 강제징수는 계속 진행하여야 한다.

정답 및 해설

관할 세무서장은 재판상의 가압류 또는 가처분 재산이 강제징수대상인 경우에도 강제징수를 한다.

답 ①

15 국세징수법상 압류에 대한 설명으로 옳지 않은 것은? 2021년 국가직 9급

① 관할 세무서장은 납세자에게 국세를 포탈하려는 행위가 있다고 인정되어 국세가 확정된 후 그 국세를 징수할 수 없다고 인정할 때에는 국세로 확정되리라고 추정되는 금액의 한도에서 납세자의 재산을 압류할 수 있다.
② 세무공무원은 재산을 압류하기 위하여 필요한 경우에는 체납자의 주거 등의 폐쇄된 문·금고 또는 기구를 열게 할 수는 있으나 직접 열 수는 없다.
③ 세무공무원은 강제징수를 하면서 압류할 재산의 소재 또는 수량을 알아내기 위하여 필요한 경우 체납자와 채권·채무관계가 있는 자에게 구두 또는 문서로 질문하거나 장부, 서류 및 그 밖의 물건을 검사할 수 있다.
④ 세무공무원은 수색을 하는 경우 그 신분을 나타내는 증표 및 수색 통지서를 지니고 이를 관계자에게 보여 주어야 한다.

정답 및 해설

세무공무원은 재산을 압류하기 위하여 필요한 경우에는 체납자의 주거·창고·사무실·선박·항공기·자동차 또는 그 밖의 장소를 수색할 수 있고, 해당 주거 등의 폐쇄된 문·금고 또는 기구를 열게 하거나 직접 열 수 있다.

답 ②

16 국세징수법상 세무공무원이 납세자의 체납된 세금 10억 원을 이유로 그의 재산을 압류하려고 함에 있어서 그 재산이 다음과 같은 경우 세무공무원이 압류할 수 있는 재산의 총액은?　　2015년 국가직 7급

> - 법령에 따라 급여하는 상이급여금: 500만 원
> - 체납자의 생계유지에 필요한 소액금융재산: 보장성보험의 만기환급금 150만 원
> - 월급여(그에 대한 근로소득세와 소득세분 지방소득세 100만 원 포함): 800만 원

① 325만 원
② 350만 원
③ 375만 원
④ 450만 원

정답 및 해설

ⓐ 압류금지금액 = 300만 원 + [700만 원 − 600만 원] × 1/4 = 325만 원
ⓑ 압류가능금액 = 700만 원 − 325만 원 = 375만 원

 ・ 월급여총액은 근로소득에 대한 소득세 및 소득세분 지방소득세를 뺀 금액으로 함
・ 법령에 따라 지급되는 사망급여금 또는 상이급여금은 전액 압류할 수 없음
・ 체납자의 생계 유지에 필요한 소액금융재산으로서 보장성보험의 만기환급금 중 150만 원 이하의 금액은 압류할 수 없음

답 ③

17 국세징수법상 압류의 효력에 대한 설명으로 옳지 않은 것은?　　2011년 국가직 9급 변형

① 동산에 대한 압류의 효력은 세무공무원이 그 재산을 점유한 때에 발생한다.
② 부동산 압류의 효력은 해당 압류재산의 소유권이 이전되기 전에 국세기본법에 따른 법정기일이 도래한 국세의 체납액에 대해서도 미친다.
③ 관할 세무서장은 채권을 압류하는 경우 압류하려는 채권에 국세보다 우선하는 질권이 설정되어 있어 압류에 관계된 체납액의 징수가 확실하지 아니하더라도 체납액을 한도로 압류하여야 한다.
④ 관할 세무서장은 권리의 변동에 등기 또는 등록이 필요한 그 밖의 재산권을 압류하려는 경우 압류의 등기 또는 등록을 관할 등기소 등에게 촉탁하여야 한다. 그 변경의 등기 또는 등록에 관하여도 또한 같다.

정답 및 해설

관할 세무서장은 채권을 압류하는 경우 체납액을 한도로 하여야 한다. 다만, 압류하려는 채권에 국세보다 우선하는 질권이 설정되어 있어 압류에 관계된 체납액의 징수가 확실하지 아니한 경우 등 필요하다고 인정되는 경우 채권 전액을 압류할 수 있다.

답 ③

18 국세징수법상 세무서장이 압류를 즉시 해제하여야 하는 경우에 해당하지 않는 것은? 2016년 국가직 7급 변형

① 압류와 관계되는 체납액의 전부가 납부 또는 충당된 경우
② 압류한 재산에 대하여 소유권을 주장하고 반환을 청구하려는 제3자의 소유권 주장 및 반환 청구가 정당하다고 인정되는 경우
③ 제3자가 체납자를 상대로 소유권에 관한 소송을 제기하여 승소판결을 받고 그 사실을 증명한 경우
④ 압류 후 재산가격이 변동하여 체납액 전액을 현저히 초과한 경우

> **정답 및 해설**

> 📄 **압류의 임의적 해제요건(국세징수법 제57조 제2항 참조)**
> 관할 세무서장은 다음 중 어느 하나에 해당하는 경우 압류재산의 전부 또는 일부에 대하여 압류를 해제할 수 있음
> 1. 압류 후 재산가격이 변동하여 체납액 전액을 현저히 초과한 경우
> 2. 압류와 관계되는 체납액의 일부가 납부 또는 충당된 경우
> 3. 국세 부과의 일부를 취소한 경우
> 4. 체납자가 압류할 수 있는 다른 재산을 제공하여 그 재산을 압류한 경우

답 ④

---

19 국세징수법상 압류재산의 매각에 대한 설명으로 옳지 않은 것은? 2015년 국가직 9급

① 압류한 재산이 자본시장과 금융투자업에 관한 법률에 따른 증권시장에 상장된 증권인 경우 해당 시장에서 직접 매각할 수 있다.
② 압류한 재산의 추산가격이 1천만 원 미만인 경우에는 수의계약으로 매각할 수 있다.
③ 체납자도 최고입찰가격 이상을 제시한 경우에는 압류재산을 매수할 수 있다.
④ 국세채권이 확정되기 전 적법하게 재산압류가 이루어진 경우라 하더라도 해당 재산을 매각하려면 우선 납세의무가 확정되어야 한다.

> **정답 및 해설**
> 체납자는 자기 또는 제3자의 명의나 계산으로 압류재산을 매수하지 못한다.

> **국세징수법 제80조 【매수인의 제한】** 다음 각 호의 어느 하나에 해당하는 자는 자기 또는 제3자의 명의나 계산으로 압류재산을 매수하지 못한다.
> 1. 체납자
> 2. 세무공무원
> 3. 매각 부동산을 평가한 감정평가 및 감정평가사에 관한 법률에 따른 감정평가법인 등(같은 법 제29조에 따른 감정평가법인의 경우 그 감정평가법인 및 소속 감정평가사를 말한다)

> **선지분석**
> ④ 확정 전 보전압류한 재산은 그 압류와 관계되는 국세의 납세의무가 확정되기 전에는 공매할 수 없다.

답 ③

20 국세징수법상 공매 시 공유자 및 배우자의 우선매수권에 대한 설명으로 옳지 않은 것은?

변형

① 공유자는 공매재산이 공유물의 지분인 경우 매각결정기일 전까지 공매보증을 제공하고 최고가 매수신청가격 또는 공매예정가격으로 공매재산을 우선매수하겠다는 신청을 할 수 있다.
② 체납자의 배우자는 공매재산이 압류한 부부 공유의 동산 또는 유가증권인 경우 ①을 준용하여 공매재산을 우선매수하겠다는 신청을 할 수 있다.
③ 관할 세무서장은 여러 사람의 공유자가 우선매수신청을 하고 그 공유자 또는 체납자의 배우자에게 매각결정절차를 마친 경우 공유자 간의 특별한 협의가 없으면 공유지분의 비율에 따라 공매재산을 매수하게 한다.
④ 관할 세무서장은 매각결정 후 매수인이 매수대금을 납부하지 아니한 경우 매각대금이 완납될 때까지 공매를 중지하여야 한다.

정답 및 해설

관할 세무서장은 그 공유자 또는 체납자의 배우자에게 매각결정 후 매수인이 매수대금을 납부하지 아니한 경우 최고가 매수신청인에게 다시 매각결정을 할 수 있다.

선지분석

① **국세징수법 제79조 【공유자·배우자의 우선매수권】** ① 공유자는 공매재산이 공유물의 지분인 경우 매각결정기일 전까지 공매보증을 제공하고 다음 각 호의 구분에 따른 가격으로 공매재산을 우선매수하겠다는 신청을 할 수 있다.
 1. 최고가 매수신청인이 있는 경우: 최고가 매수신청가격
 2. 최고가 매수신청인이 없는 경우: 공매예정가격

답 ④

해커스공무원 학원·인강
gosi.Hackers.com

해커스공무원 이훈엽 세법 기본서

제4편
소득세법

제1장   총칙
제2장   이자소득과 배당소득
제3장   사업소득
제4장   근로소득·연금소득·기타소득
제5장   소득금액계산의 특례
제6장   종합소득과세표준의 계산
제7장   세액의 계산 및 세액공제
제8장   퇴직소득
제9장   납세절차
제10장 양도소득세

제1장 총칙

01 소득세의 의의

개요	소득세란 개인의 소득에 대하여 부과하는 조세를 말한다. 소득세법은 개인의 소득에 대하여 소득의 성격과 납세자의 부담능력 등에 따라 적정하게 과세함으로써 조세부담의 형평을 도모하고 재정수입의 원활한 조달에 이바지함을 목적으로 한다.
과세소득 범위	소득세법은 과세소득의 범위를 소득원천설에 따라 일정한 소득발생의 원천에서 발생한 소득만 과세대상으로 한다. 이는 국가가 개개인의 모든 영역을 간섭할 수 없음을 의미한다. 이처럼 소득세법은 원칙적으로 과세소득은 발생원천별로 구분하고, 그 소득의 종류와 범위를 법에 열거하되, 이자·배당·사업소득에 대하여 예외적으로 포괄주의를 채택하고 있으며, 기타·양도소득과 같은 일시·우발적 소득도 과세대상으로 한다.
누진세	우리나라 소득세는 수직적공평과 소득재분배 기능을 수행하기 위하여 초과누진세율(과세표준이 커짐에 따라 높은 세율을 적용)을 채택하여 일정 구간을 초과하는 과세표준에 대해서 각 구분별 적용되는 세율을 적용한다.
과세단위	소득세법은 원칙적으로 각 개인의 소득에 대하여 각각의 납세의무자로 하여 소득세를 과세한다. 다만, 공동사업합산과세규정이 적용되는 경우에는 주된 소득자 1인의 소득으로 합산하여 과세한다.
과세방법	**종합과세**: 원천별로 구분한 소득을 일정한 기간을 단위로 합산하여 과세하는 방식이다. 이자소득, 배당소득, 사업소득, 근로소득, 연금소득, 기타소득을 종합과세대상으로 한다.
	분리과세: 조세정책과 납세편의를 위하여 종합과세대상 중 다음의 소득은 합산하지 않고 소득이 발생할 때 개별적으로 과세하는 방식이다. ① 원천징수함으로써 납세의무 종결 　㉠ 분리과세 이자소득 　㉡ 분리과세 배당소득 　㉢ 일용근로자 급여 　㉣ 분리과세 연금소득 　㉤ 분리과세 기타소득 ② 신고납부·분리과세: 분리과세 주택임대소득 등
	분류과세: 소득을 그 종류별로 구분하여 각각 별도로 과세하는 방식이다. 이는 장기간에 걸쳐 발생한 소득이 실현될 때 높은 세율로 일시에 과세하는 것을 방지하기 위함이다. 퇴직소득 및 양도소득에 대하여 다른 소득과 합산하지 않고 분류하여 과세한다.
인적공제	가족의 생존에 필요한 최저생계비를 소득에서 공제하고 인적사항에 따라 공평과세를 실현하기 위해 인적공제제도를 두고 있다. 이는 동일한 소득도 부양가족에 따라 담세력에 차이가 있다고 보아 이를 반영하는 제도이다.

원천징수		소득세는 조세포탈을 방지하고, 재정수요를 조기에 확보하기 위하여 대부분의 소득에 대하여 원천징수의무를 부여하고 있다. 따라서 소득을 지급하는 자는 그 지급받는 자의 세금을 징수하여 정부에 납부하여야 한다.
	완납적 원천징수	특정한 소득에 대해서 원천징수의무자가 법정 세율로 계산된 세액을 원천징수함으로써 소득세의 납세의무가 종결되어 별도의 확정신고가 없는 제도이다. 주로 분리과세소득에 해당한다.
	예납적 원천징수	원천징수세액은 단지 세액을 미리 징수한 것으로 보아 원천징수 이후 당해 소득에 대해 확정신고 또는 연말정산을 필요로 하며, 원천징수세액은 기납부세액으로 정산과정에서 공제된다. 주로 종합과세소득에 해당한다.

원천징수 의무자	다음 중 어느 하나에 해당하는 자는 소득세법에 따라 원천징수한 소득세를 납부할 의무를 진다. ① 거주자 ② 비거주자 ③ 내국법인 ④ 외국법인의 국내지점 또는 국내영업소(출장소, 그 밖에 이에 준하는 것을 포함) ⑤ 그 밖에 소득세법에서 정하는 원천징수의무자

02 납세의무

1. 개요

납세의무자	다음 중 어느 하나에 해당하는 개인은 소득세법에 따라 각자의 소득에 대한 소득세를 납부할 의무를 진다.		
	구분	개념	납세의무의 범위
	거주자	국내에 주소를 두거나 183일 이상 거소를 둔 개인	국내외 모든 소득
	비거주자	거주자가 아닌 자	국내원천소득

과세소득 범위	① 거주자에게는 소득세법에서 규정하는 모든 소득에 대해서 과세한다. 다만, 해당 과세기간 종료일 10년 전부터 국내에 주소나 거소를 둔 기간의 합계가 5년 이하인 외국인 거주자에게는 과세대상 소득 중 국외에서 발생한 소득의 경우 국내에서 지급되거나 국내로 송금된 소득에 대해서만 과세한다. ② 비거주자에게는 국내원천소득에 대해서만 과세한다. ③ 동업기업(조세특례제한법)의 동업자에게는 배분받은 소득 및 분배받은 자산의 시가 중 분배일의 지분가액을 초과하여 발생하는 소득에 대하여 과세한다.

2. 주소와 거소의 판정

개요	① 주소는 국내에서 생계를 같이하는 가족 및 국내에 소재하는 자산의 유무 등 생활관계의 객관적 사실에 따라 판정한다. ② 거소는 주소지 외의 장소 중 상당기간에 걸쳐 거주하는 장소로서 주소와 같이 밀접한 일반적 생활관계가 형성되지 아니한 장소로 한다.
거주자로 보는 경우	국내에 거주하는 개인이 다음 중 어느 하나에 해당하는 경우에는 국내에 주소를 가진 것으로 본다. ① 계속하여 183일 이상 국내에 거주할 것을 통상 필요로 하는 직업을 가진 때 ② 국내에 생계를 같이하는 가족이 있고, 그 직업 및 자산상태에 비추어 계속하여 183일 이상 국내에 거주할 것으로 인정되는 때
비거주자로 보는 경우	① 국외에 거주 또는 근무하는 자가 외국국적을 가졌거나 외국법령에 의하여 그 외국의 영주권을 얻은 자로서 국내에 생계를 같이하는 가족이 없고 그 직업 및 자산상태에 비추어 다시 입국하여 주로 국내에 거주하리라고 인정되지 아니하는 때에는 국내에 주소가 없는 것으로 본다. ② 주한외교관과 그 세대를 구성하는 가족은 외교관계에 관한 비엔나협약 제34조 및 제37조의 규정에 따라 당해 접수국에 원천을 둔 개인소득에 대한 조세 등에 한하여 과세하므로 그 거주기간에 불구하고 비거주자로 구분된다.
외국항행 승무원	외국을 항행하는 선박 또는 항공기의 승무원의 경우 그 승무원과 생계를 같이하는 가족이 거주하는 장소 또는 그 승무원이 근무기간 외의 기간 중 통상 체재하는 장소가 국내에 있는 때에는 당해 승무원의 주소는 국내에 있는 것으로 보고, 그 장소가 국외에 있는 때에는 당해 승무원의 주소가 국외에 있는 것으로 본다.
해외파견 임직원 등	거주자나 내국법인의 국외사업장 또는 해외현지법인(내국법인이 발행주식총수 또는 출자지분의 100%를 직접 또는 간접 출자한 경우에 한정함) 등에 파견된 임원 또는 직원이나 국외에서 근무하는 공무원은 거주자로 본다.
거주기간 계산	① 국내에 거소를 둔 기간은 입국하는 날의 다음 날부터 출국하는 날까지로 한다. ② 국내에 거소를 두고 있던 개인이 출국 후 다시 입국한 경우에 생계를 같이하는 가족의 거주지나 자산소재지 등에 비추어 그 출국목적이 관광, 질병의 치료 등으로서 명백하게 일시적인 것으로 인정되는 때에는 그 출국한 기간도 국내에 거소를 둔 기간으로 본다. ③ 재외동포가 입국한 경우 생계를 같이하는 가족의 거주지나 자산소재지 등에 비추어 그 입국목적이 관광, 질병의 치료 등 사유에 해당하여 그 입국한 기간이 명백하게 일시적인 것으로 인정되는 때에는 해당 기간은 국내에 거소를 둔 기간으로 보지 아니한다. ④ 국내에 거소를 둔 기간이 다음 중 어느 하나에 해당하는 경우에는 국내에 183일 이상 거소를 둔 것으로 본다. ㉠ 1과세기간 동안 183일 이상인 경우 ㉡ 2과세기간에 걸쳐 계속하여 183일 이상인 경우(2026. 1. 1. 이후 적용)

거주자 또는 비거주자로 되는 시기	비거주자가 거주자로 되는 시기	거주자가 비거주자로 되는 시기
	① 국내에 주소를 둔 날 ② 국내에 주소를 가지거나 국내에 주소가 있는 것으로 보는 사유가 발생한 날 ③ 국내에 거소를 둔 기간이 183일이 되는 날	① 거주자가 주소 또는 거소의 국외 이전을 위하여 출국하는 날의 다음 날 ② 국내에 주소가 없거나 국외에 주소가 있는 것으로 보는 사유가 발생한 날의 다음 날

3. 법인 아닌 단체의 납세의무

의의	법인 아닌 단체는 그 성격에 따라 다음의 3가지 경우로 구분한다.
	<table><tr><td>구분</td><td>관련 법령</td></tr><tr><td>① 법인으로 보는 경우</td><td>국세기본법</td></tr><tr><td>② 단체를 1거주자(또는 1비거주자)로 보는 경우</td><td rowspan="2">소득세법</td></tr><tr><td>③ 구성원별로 과세하는 경우</td></tr></table>
해당 단체 과세	국세기본법에 의하여 법인으로 보는 단체 외의 법인 아닌 단체는 국내에 주사무소 또는 사업의 실질적 관리장소를 둔 경우에는 1거주자로, 그 밖의 경우에는 1비거주자로 보아 소득세법을 적용한다. ∵ 사회·경제적 실체로 활동하면서 그 수익을 구성원에게 분배하지 아니하는 경우 그로 인한 소득을 구성원과 분리하여 단체 자체의 소득으로 파악하고자 함
구성원별 과세	다음 중 어느 하나에 해당하는 경우에는 소득구분에 따라 해당 단체의 각 구성원별로 소득세법 또는 법인세법에 따라 소득에 대한 소득세 또는 법인세[해당 구성원이 법인세법에 따른 법인(법인으로 보는 단체를 포함)인 경우로 한정함]를 납부할 의무를 진다. ① 구성원 간 이익의 분배비율이 정하여져 있고 해당 구성원별로 이익의 분배비율이 확인되는 경우 ② 구성원 간 이익의 분배비율이 정하여져 있지 아니하나 사실상 구성원별로 이익이 분배되는 것으로 확인되는 경우
일부 구성원 분배	해당 단체의 전체 구성원 중 일부 구성원의 분배비율만 확인되거나 일부 구성원에게만 이익이 분배되는 것으로 확인되는 경우에는 다음의 구분에 따라 소득세 또는 법인세를 납부할 의무를 진다. ① 확인되는 부분: 해당 구성원별로 소득세 또는 법인세에 대한 납세의무 부담 ② 확인되지 아니하는 부분: 해당 단체를 1거주자 또는 1비거주자로 보아 소득세에 대한 납세의무 부담
국외 투자기구	법인으로 보는 단체 외의 법인 아닌 단체에 해당하는 국외투자기구(투자권유를 하여 모은 금전 등을 가지고 재산적 가치가 있는 투자대상자산을 취득, 처분하거나 그 밖의 방법으로 운용하고 그 결과를 투자자에게 배분하여 귀속시키는 투자행위를 하는 기구로서 국외에서 설립된 기구)를 국내원천소득의 실질귀속자로 보는 경우 그 국외투자기구는 1비거주자로서 소득세를 납부할 의무를 진다.

4. 신탁재산 귀속소득에 대한 납세의무

원칙 (수익자과세)	① 신탁재산에 귀속되는 소득은 그 신탁의 이익을 받을 수익자(수익자가 사망하는 경우에는 그 상속인)에게 귀속되는 것으로 본다. ∵ 신탁재산의 소유권과 이익은 법률상 수탁자에게 있지만 그 이익은 수익자에게 인도될 성질의 것임 ② 신탁업을 경영하는 자는 각 과세기간의 소득금액을 계산할 때 신탁재산에 귀속되는 소득과 그 밖의 소득을 구분하여 경리하여야 한다.
예외 (위탁자과세)	다음 중 어느 하나에 해당하는 신탁의 경우에는 그 신탁재산에 귀속되는 소득은 위탁자에게 귀속되는 것으로 본다. ∵ 신탁을 통한 조세회피를 방지 ① 위탁자가 신탁을 해지할 수 있는 권리, 수익자를 지정하거나 변경할 수 있는 권리, 신탁 종료 후 잔여재산을 귀속받을 권리를 보유하는 등 신탁재산을 실질적으로 지배·통제할 것 ② 신탁재산 원본을 받을 권리에 대한 수익자는 위탁자로, 수익을 받을 권리에 대한 수익자는 그 배우자 또는 같은 주소 또는 거소에서 생계를 같이 하는 직계존비속(배우자의 직계존비속을 포함)으로 설정했을 것

03 납세의무의 범위

공동사업	공동사업에 관한 소득금액을 계산하는 경우에는 해당 공동사업자별로 납세의무를 진다. 다만, 주된 공동사업자에게 합산과세되는 경우 그 합산과세되는 소득금액에 대해서는 주된 공동사업자의 특수관계인은 손익분배비율에 해당하는 그의 소득금액을 한도로 주된 공동사업자와 연대하여 납세의무를 진다.
증여 후 양도행위	증여 후 양도행위 부인규정에 따라 증여자가 자산을 직접 양도한 것으로 보는 경우 그 양도소득에 대해서는 증여자와 증여받은 자가 연대하여 납세의무를 진다.
피상속인 소득금액	피상속인의 소득금액에 대해서 과세하는 경우에는 그 상속인이 납세의무를 진다. 이 경우 피상속인의 소득금액에 대한 소득세로서 상속인에게 과세할 것과 상속인의 소득금액에 대한 소득세는 구분하여 계산하여야 한다.
분리과세소득	원천징수되는 소득으로서 또는 다른 법률에 따라 종합소득과세표준에 합산되지 아니하는 소득이 있는 자는 그 원천징수되는 소득세에 대해서 납세의무를 진다.
공동 소유자산	공동으로 소유한 자산에 대한 양도소득금액을 계산하는 경우에는 해당 자산을 공동으로 소유하는 각 거주자가 납세의무를 진다.

04 과세기간

원칙	소득세의 과세기간은 1월 1일부터 12월 31일까지 1년으로 한다. 따라서 사업자가 과세기간 중 신규로 사업을 개시하거나 폐업한 경우에도 과세기간은 1. 1. ~ 12. 31.이다.
예외	① 거주자가 사망한 경우의 과세기간은 1월 1일부터 사망한 날까지로 한다. ② 거주자가 주소 또는 거소를 국외로 이전(이하 "출국")하여 비거주자가 되는 경우의 과세기간은 1월 1일부터 출국한 날까지로 한다.

05 납세지

1. 거주자와 비거주자의 납세지

거주자	① 거주자의 소득세 납세지는 그 주소지로 한다. 다만, 주소지가 없는 경우에는 그 거소지로 한다. 주소지가 2이상인 때에는 주민등록법에 의하여 등록된 곳을 납세지로 하고, 거소지가 2이상인 때에는 생활관계가 보다 밀접한 곳을 납세지로 한다. ② 거주자가 취학·질병의 요양, 근무상 또는 사업상의 형편 등 사유로 일시퇴거한 경우에는 본래의 주소지 또는 거소지를 납세지로 본다.
비거주자	① 비거주자의 소득세 납세지는 국내사업장의 소재지로 한다. 다만, 국내사업장이 2이상 있는 경우에는 주된 국내사업장의 소재지로 하고, 국내사업장이 없는 경우에는 국내원천소득이 발생하는 장소로 한다. ② 국내에 2이상의 사업장이 있는 비거주자의 경우 그 주된 사업장을 판단하기가 곤란한 때에는 당해 비거주자가 납세지로 신고한 장소, 신고가 없는 경우 국세청장 또는 관할 지방국세청장이 지정하는 장소를 납세지로 한다. ③ 국내사업장이 없는 비거주자에게 국내의 2이상의 장소에서 국내원천 부동산소득 또는 국내원천 부동산등양도소득이 발생하는 경우에는 그 국내원천소득이 발생하는 장소 중에서 해당 비거주자가 납세지로 신고한 장소, 신고가 없는 경우 국세청장 또는 관할 지방국세청장이 지정하는 장소를 납세지로 한다.
상속의 경우	거주자 또는 비거주자가 사망하여 그 상속인이 피상속인에 대한 소득세의 납세의무자가 된 경우 그 소득세의 납세지는 그 피상속인·상속인 또는 납세관리인의 주소지나 거소지 중 상속인 또는 납세관리인이 그 관할 세무서장에게 납세지로서 신고하는 장소로 한다.
비거주자의 납세관리인	비거주자가 납세관리인을 둔 경우 그 비거주자의 소득세 납세지는 그 국내사업장의 소재지 또는 그 납세관리인의 주소지나 거소지 중 그 관할 세무서장에게 납세지로서 신고하는 장소로 한다.
주소가 없는 공무원	국외에서 근무하는 공무원 또는 국외사업장 등에 파견된 임직원으로서 거주자로 보는 사람의 납세지는 그 가족의 생활근거지 또는 소속기관의 소재지로 한다.

2. 원천징수 납세지

개인	거주자	① 원칙: 거주자의 주된 사업장 소재지 ② 주된 사업장 외의 사업장에서 원천징수하는 경우: 그 사업장의 소재지 ③ 사업장이 없는 경우: 그 거주자의 주소지 또는 거소지
	비거주자	① 원칙: 비거주자의 주된 국내사업장 소재지 ② 주된 국내사업장 외의 국내사업장에서 원천징수하는 경우: 그 국내사업장 소재지 ③ 국내사업장이 없는 경우: 그 비거주자의 거류지 또는 체류지

법인	원칙	법인의 본점 또는 주사무소의 소재지
	독립채산제	지점 등에서 독립채산제에 의해 독자적으로 회계사무를 처리하는 경우: 그 사업장 소재지(그 사업장 소재지가 국외에 있는 경우는 제외함)
	본점 일괄계산	지점 등에서 지급하는 소득에 대한 원천징수세액의 납세지를 본점 또는 주사무소의 소재지로 국세청장의 승인받은 경우 또는 부가가치세법에 따라 사업자단위로 등록한 경우: 그 법인의 본점 또는 주사무소의 소재지를 납세지로 할 수 있음
납세조합		그 납세조합의 소재지

3. 납세지의 지정 등

지정요건	국세청장 또는 관할 지방국세청장은 다음의 어느 하나에 해당하는 경우에는 납세지를 따로 지정할 수 있다. ① 사업소득이 있는 거주자가 사업장 소재지를 납세지로 신청한 경우 ② 거주자 또는 비거주자로서 납세지가 납세의무자의 소득 상황으로 보아 부적당하거나 납세의무를 이행하기에 불편하다고 인정되는 경우
지정권자	납세지 지정신청이 있는 경우 관할 지방국세청장(새로 지정할 납세지와 종전의 납세지의 관할 지방국세청장이 다를 때에는 국세청장)이 납세지의 지정을 행한다.
지정통지	① 사업장의 이동이 빈번하거나 기타의 사유로 사업장을 납세지로 지정하는 것이 적당하지 아니하다고 국세청장이 인정하는 경우를 제외하고는 사업장을 납세지로 지정하여야 하며 다음연도 2월 말일까지 그 지정 여부를 서면으로 통지하여야 한다. ② 국세청장 또는 지방국세청장은 납세지를 지정한 때에는 당해 과세기간의 과세표준확정신고 또는 납부기간 개시일 전에 이를 서면으로 통지하여야 한다. 다만, 중간예납 또는 수시부과의 사유가 있는 때에는 그 납기개시 15일 전에 통지하여야 한다. ③ 기한 내에 통지를 하지 아니한 때에는 지정신청한 납세지를 납세지로 한다.
지정취소와 효력	① 납세지의 지정 사유가 소멸한 경우 국세청장 또는 관할 지방국세청장은 납세지의 지정을 취소하여야 한다. ② 납세지의 지정이 취소된 경우에도 그 취소 전에 한 소득세에 관한 신고, 신청, 청구, 납부, 그 밖의 행위의 효력에는 영향을 미치지 아니한다.
납세지 변경신고	① 거주자나 비거주자는 납세지가 변경된 경우 변경된 날부터 15일 이내에 그 변경 후의 납세지 관할 세무서장에게 신고하여야 한다. ② 납세자의 주소지가 변경됨에 따라 부가가치세법 시행령에 따른 사업자등록 정정을 한 경우에는 납세지의 변경신고를 한 것으로 본다.
과세관할	소득세는 납세지를 관할하는 세무서장 또는 지방국세청장이 과세한다.

종합소득 과세표준 흐름도

이자소득	배당소득	사업소득	근로소득	연금소득	기타소득
총수입금액	총수입금액	총수입금액	총급여액	총연금액	총수입금액
-	Gross-up	(-)필요경비	(-)근로소득공제	(-)연금소득공제	(-)필요경비
이자소득금액	배당소득금액	사업소득금액	근로소득금액	연금소득금액	기타소득금액

종합소득금액
종합소득공제
소득세법 기본공제, 추가공제, 연금보험료공제, 주택담보노후연금 이자비용, 특별소득공제 조세특례제한법 주택청약종합저축, 신용카드 등 사용금액, 소기업소상공인공제부금, 우리사주조합출연금 등
종합소득과세표준
× 기본세율
산출세액
(-)세액공제 · 감면세액
소득세법 배당세액공제, 기장세액공제, 외국납부세액공제, 재해손실세액공제, 근로소득세액공제, 자녀세액공제, 연금계좌세액공제, 특별세액공제, 전자계산서 발급 전송에 대한 세액공제 조세특례제한법 월세세액공제, 성실사업자 등에 대한 의료비 등 공제, 고향사랑기부금 세액공제 등
결정세액
가산세
총결정세액
(-)기납부세액
납부세액(또는 환급세액)

[*1] 총수입금액에는 비과세와 분리과세 소득은 제외한다.
[*2] 주거용 건물 임대업에서 발생한 총 수입금액이 2천만원 이하인 경우, 사적연금 합계액이 1,500만원 이하인 경우 및 기타소득금액이 연 300만원 이하인 경우에는 납세자가 종합과세 또는 분리과세를 선택할 수 있다.
[*3] 사업소득에 대한 결손금과 이월결손금이 있는 경우 공제한다.
[*4] 기납부세액: 중간예납세액, 토지 등 매매차익예정신고 산출세액, 수시부과세액, 원천징수세액, 납세조합징수세액

제2장 이자소득과 배당소득

01 이자소득

1. 이자소득으로 보는 경우
(1) 이자소득의 범위

의의	금전 사용에 따른 대가의 성격을 이자소득으로 보며, 종합과세를 원칙으로 하되, 저축을 장려하고 기업의 자금조달을 지원하기 위해 연 2천만원 이하의 금융소득은 분리과세로서 납세의무를 종결한다.

범위	이자소득은 해당 과세기간에 발생한 다음의 소득으로 한다.
	① 국가나 지방자치단체가 발행한 채권 또는 증권의 이자와 할인액
	② 내국법인이 발행한 채권 또는 증권의 이자와 할인액
	③ 국내에서 받는 예금(적금·부금·예탁금 및 우편대체를 포함)의 이자
	④ 상호저축은행법에 따른 신용계 또는 신용부금으로 인한 이익
	⑤ 외국법인의 국내지점 또는 국내영업소에서 발행한 채권 또는 증권의 이자와 할인액
	⑥ 외국법인이 발행한 채권 또는 증권의 이자와 할인액
	⑦ 국외에서 받는 예금의 이자
	⑧ 채권 또는 증권의 환매조건부 매매차익
	⑨ 저축성 보험의 보험차익
	⑩ 직장공제회 초과반환금
	⑪ 비영업대금의 이익
	⑫ 위 소득과 유사한 소득으로서 금전 사용에 따른 대가로서의 성격이 있는 것
	   예 거주자가 일정기간 후에 같은 종류로서 같은 양의 채권을 반환받는 조건으로 채권을 대여하고 해당 채권의 차입자로부터 지급받는 해당 채권에서 발생하는 이자에 상당하는 금액은 이자소득에 포함된다.
	   예 거주자가 환매기간에 따른 사전약정이율을 적용하여 환매수하는 조건으로 채권 또는 채권에 준하는 증권(이하 "채권 등")을 매도하고 환매수하는 날까지 해당 채권 등의 매수인으로부터 지급받는 해당 채권 등에서 발생하는 이자에 상당하는 금액은 이자소득에 포함된다.
	⑬ 위 규정 중 어느 하나에 해당하는 소득을 발생시키는 거래 또는 행위와 파생상품이 결합된 경우 해당 파생상품의 거래 또는 행위로부터의 이익

(2) 국가 등이 발행한 채권 또는 증권의 이자와 할인액

이자와 할인액	국가가 발행한 채권이 원금과 이자가 분리되는 경우에는 원금에 해당하는 채권 및 이자에 해당하는 채권의 할인액은 이자소득에 포함한다. 단, 다음의 채권을 공개시장에서 통합발행(일정 기간 동안 추가하여 발행할 채권의 표면금리와 만기 등 발행조건을 통일하여 발행하는 것)하는 경우 해당 채권의 매각가액과 액면가액과의 차액은 이자 및 할인액에 포함하지 아니한다. ① 국채 ② 한국산업은행법에 따른 산업금융채권 ③ 예금자보호법에 따른 예금보험기금채권과 예금보험기금채권상환기금채권 ④ 한국은행법제에 따른 한국은행통화안정증권
물가 연동국고채	국가가 발행한 채권으로서 그 원금이 물가에 연동되는 채권(물가연동국고채)의 경우 해당 채권의 원금증가분은 이자 및 할인액에 포함된다(2015. 1. 1. 이후 발생분부터 과세함). ∵ 물가연동국고채의 원금상승분은 최초 차입금의 물가상승에 따른 가치하락을 보상한 것으로 금전사용의 대가성격임

(3) 사채의 이자와 할인액

개요	다음의 금액은 이자소득으로 과세한다. ① 내국법인이 발행한 채권 또는 증권의 이자와 할인액 ② 외국법인의 국내지점(국내영업소)에서 발행한 채권 또는 증권의 이자와 할인액 ③ 외국법인이 발행한 채권 또는 증권의 이자와 할인액
보유기간 이자상당액	거주자가 채권 등의 발행법인으로부터 해당 채권 등에서 발생하는 이자 또는 할인액을 지급받거나 해당 채권 등을 매도하는 경우에는 해당 거주자에게 그 보유기간별로 귀속되는 이자를 이자소득으로 보아 다음과 같이 이자소득금액을 계산한다. 보유기간 이자: 채권의 액면가액 × 이자율$^{(*1)}$ × 보유일수$^{(*2)}$ × 1/365(윤년 366) $^{(*1)}$ 이자율 　① 공개시장에서 발행하는 국채 등: 표면이자율(∵ 할인액이 과세제외 됨) 　② ① 외의 채권 등: 해당 채권등의 표면이자율에 발행 시 할인율을 더하고 할증률을 뺀 율 $^{(*2)}$ 보유일수: 해당 채권 등의 발행일 또는 직전 원천징수일(이하 "매수일")의 다음 날부터 매도일(법인에게 매도를 위탁·중개·알선시킨 경우에는 실제로 매도된 날을 매도일) 또는 이자 등의 지급일까지의 보유기간 일수

(4) 채권 또는 증권의 환매조건부매매차익

금융회사 등이 환매기간에 따른 거래의 형식 여하에 불구하고 환매수 또는 환매도하는 경우에 당해 채권 또는 증권의 시장가격에 의하지 않고 사전에 정하여진 이율에 의하여 결정된 가격으로 환매수 또는 환매도하는 조건으로 매매하는 채권 또는 증권의 매매차익은 이자소득으로 본다.

→ 일반적인 채권의 매매차익은 미열거소득으로서 이자소득에 해당하지 않음

(5) 저축성 보험의 보험차익

과세범위	저축성 보험차익이란 보험계약에 따라 만기 또는 보험의 계약기간 중에 받는 보험금·공제금 또는 계약기간 중도에 해당 보험계약이 해지됨에 따라 받는 환급금(피보험자의 사망·질병·부상 그 밖의 신체상의 상해로 인하여 받거나 자산의 멸실 또는 손괴로 인하여 받는 것이 아닌 것으로 한정함)에서 납입보험료 또는 납입공제료를 뺀 금액을 말한다. 이는 일반예금의 이자성격과 유사하기 때문이다.
보험차익 계산	보험차익 = (보험금·공제금·환급금) - (납입보험료·납입공제료) 보험료를 계산함에 있어서 보험계약기간 중에 보험계약에 의하여 받은 배당금 기타 이와 유사한 금액은 이를 납입보험료에서 차감하되, 그 배당금 등으로 납입할 보험료를 상계한 경우에는 배당금 등을 받아 보험료를 납입한 것으로 본다. Q 사례 계약기간이 5년인 저축성 보험의 만기환급금이 20,000,000원일 경우 저축성 보험차익은? (납입보험료는 10,000,000원이며, 계약기간동안 수령한 배당금은 2,000,000원임) ⇒ 20,000,000 - (10,000,000 - 2,000,000) = 12,000,000원
과세 제외	**일반적인 경우**[*]: 계약자 1명당 납입할 보험료 합계액(계약자가 가입한 모든 저축성 보험계약의 보험료 합계액)이 다음 구분에 따른 금액 이하인 저축성 보험. 다만, 최초납입일부터 만기일 또는 중도해지일까지의 기간은 10년 이상이지만 최초납입일부터 10년이 경과하기 전에 납입한 보험료를 확정된 기간동안 연금형태로 분할하여 지급받는 경우를 제외함 ① 2017년 3월 31일까지 체결하는 보험계약의 경우: 2억원 ② 2017년 4월 1일부터 체결하는 보험계약의 경우: 1억원 **월적립식 저축성 보험**[*] ① 최초납입일부터 납입기간이 5년 이상인 월적립식 보험계약일 것 ② 최초납입일부터 매월 납입하는 기본보험료가 균등(최초 계약한 기본보험료의 1배 이내로 기본보험료를 증액하는 경우를 포함)하고, 기본보험료의 선납기간이 6개월 이내일 것 ③ 계약자 1명당 매월 납입하는 보험료 합계액이 150만원 이하일 것 (2017. 4. 1.부터 체결하는 보험계약으로 한정함) **종신형 연금보험** ① 계약자가 보험료 납입 계약기간 만료 후 55세 이후부터 사망 시까지 보험금·수익 등을 연금으로 지급받을 것 ② 연금 외의 형태로 보험금·수익 등을 지급하지 아니할 것 ③ 사망 시(기대여명연수 이내에서 보증기간이 설정된 경우로서 계약자가 해당 보증기간 이내에 사망한 경우에는 해당 보증기간의 종료 시) 보험계약 및 연금재원이 소멸할 것 ④ 계약자와 피보험자 및 수익자가 동일하고 최초 연금지급개시 이후 사망일 전에 중도해지할 수 없을 것 ⑤ 매년 수령하는 연금액(연금수령 개시 후에 금리변동에 따라 변동된 금액과 이연하여 수령하는 연금액은 포함하지 않음)이 일정한 계산식에 따라 계산한 금액을 초과하지 아니할 것 [*] 최초로 보험료를 납입한 날부터 만기일 또는 중도해지일까지의 기간이 10년 이상이어야 함

(6) 직장공제회 초과반환금

과세범위	이자소득으로 보는 직장공제회[*] 초과반환금은 근로자가 퇴직하거나 탈퇴하여 그 규약에 따라 직장공제회로부터 받는 반환금에서 납입공제료를 뺀 금액(납입금 초과이익)과 반환금을 분할하여 지급하는 경우 그 지급하는 기간 동안 추가로 발생하는 이익(반환금 추가이익)으로 한다. [*] 직장공제회란 민법 제32조 또는 그 밖의 법률에 따라 설립된 공제회·공제조합(이와 유사한 단체를 포함)으로서 동일직장이나 직종에 종사하는 근로자들의 생활안정, 복리증진 또는 상호부조 등을 목적으로 구성된 단체를 말한다.
계산	초과반환금 = 납입금 초과이익(반환금 - 납입공제료) + 반환금 추가이익
과세방법	무조건 분리과세로서, 원천징수세율은 기본세율(연분연승법)을 적용한다.
원천 징수세액	직장공제회 초과반환금에 대해서는 다음과 같이 계산한 금액을 그 산출세액으로 한다. ① 과세표준: 초과반환금 - 초과반환금 × 40% - 납입연수공제 ② 산출세액: $\dfrac{\text{과세표준}}{\text{납입연수}} \times \text{기본세율} \times \text{납입연수}$ 납입연수공제액은 납입연수(1년 미만인 경우 1년)에 따라 정한 다음의 금액을 말한다. | 납입연수	공제액
5년 이하	30만원 × 납입연수
5년 초과 10년 이하	150만원 + 50만원 × (납입연수 - 5년)
10년 초과 20년 이하	400만원 + 80만원 × (납입연수 - 10년)
20년 초과	1,200만원 + 120만원 × (납입연수 - 20년) | ※ 분할하여 지급받을 때마다의 반환금 추가이익에 대한 산출세액은 다음의 같이 계산함 분할하여 지급받을 때마다 그 기간 동안 발생하는 반환금 추가이익 × $\dfrac{\text{납입금 초과이익 산출세액}}{\text{납입금 초과이익}}$

(7) 비영업대금의 이익

과세범위	비영업대금의 이익은 금전의 대여를 사업목적으로 하지 아니하는 자가 일시적·우발적으로 금전을 대여함에 따라 지급받는 이자 또는 수수료 등은 이자소득으로 본다.
관련 판례	대금업을 하는 거주자임을 대외적으로 표방하고 불특정다수인을 상대로 금전을 대여하는 사업을 하는 경우에는 금융업으로 본다. 다만, 대외적으로 대금업을 표방하지 아니한 거주자의 금전대여는 비영업대금의 이익으로 본다. 대법원 판례는 금전의 대여행위가 영업행위인가의 여부는 거래행위의 규모나 횟수, 양태 등 제반 사정에 비추어 사업활동으로 볼 수 있을 정도의 계속성과 반복성이 있다고 볼 것인지 등의 사정을 고려하여 사회통념에 비추어 판단하여야 한다는 입장이다.
수입시기	약정에 의한 이자지급일. 다만, 이자지급일의 약정이 없거나 약정에 의한 이자지급일 전에 이자를 지급받는 경우 또는 총수입금액 계산에서 제외하였던 이자를 지급받는 경우에는 그 이자지급일로 한다.

총수입금액 계산특례	내용	비영업대금의 이익의 총수입금액을 계산할 때 해당 과세기간에 발생한 비영업대금의 이익에 대하여 과세표준확정신고 전에 해당 비영업대금이 회수할 수 없는 채권(예 파산, 강제집행, 형의 집행, 사망)에 해당하여 채무자 또는 제3자로부터 원금 및 이자의 전부 또는 일부를 회수할 수 없는 경우에는 회수한 금액에서 원금을 먼저 차감하여 계산한다. 이 경우 회수한 금액이 원금에 미달하는 때에는 총수입금액은 이를 없는 것으로 한다.
	취지	비영업대금에 대하여 나중에 원금조차 회수하지 못하여 결손이 발생하더라도 이를 이자소득의 차감항목으로 반영할 수 있는 제도적 장치가 마련되어 있지 않아 궁극적으로 이자소득이 있다고 할 수 없음에도 이자소득세를 과세하는 부당한 결과를 방지하기 위한 규정이다.

🔍 **사례**
비영업대금의 원금 1억원과 이자 1천만원 중 104,000,000원만 회수하였고 잔액은 채무자의 무재산으로 확정신고 전에 회수가 불가능한 것으로 확인된다. 이자소득 총수입금액은?
⇒ 104,000,000 - 100,000,000 = 4,000,000

관련 집행기준	16-0-4 【이자소득의 필요경비 인정여부】 동일한 과세기간에 다수의 채권자로부터 이자소득에 해당하는 비영업대금의 이익을 지급받은 거주자는 일부 채권의 원금회수가 불가능한 경우에도 해당 회수불능 원금을 대손금으로 다른 비영업대금의 이익에서 공제할 수 없다. 16-0-5 【상업어음 할인료의 소득구분】 금융업을 경영하는 사업자 외의 자가 어음을 할인하고 할인료를 받는 경우 해당 할인료는 비영업대금의 이익으로서 이자소득에 해당한다.

📋 소기업·소상공인 공제부금에서 발생하는 소득

구분		임의 해약 (예 폐업 전)	사망·폐업·퇴임·노령(법정사유)	
			2015. 12. 31. 이전 가입자	2016. 1. 1. 이후 가입자
운용수익	소득공제 O	기타소득	이자소득	퇴직소득
	소득공제 X	과세 제외	과세 제외	과세 제외

2. 이자소득으로 보지 아니하는 경우

사업소득 관련 금액	이자소득으로 보지 아니하는 범위(16-0…1) ① 물품을 매입할 때 대금의 결제방법에 따라 에누리되는 금액 ② 외상매입금이나 미지급금을 약정기일 전에 지급함으로써 받는 할인액 ③ 물품을 판매하고 대금의 결제방법에 따라 추가로 지급받는 금액 ④ 외상매출금이나 미수금의 지급기일을 연장하여 주고 추가로 지급받는 금액은 해당 사업의 총 수입금액에 산입하는 것이며, 그 외상매출금이나 미수금이 소비대차로 전환된 경우에는 이자소득에 해당한다.

사업소득 관련 금액	⑤ 장기할부조건으로 판매함으로써 현금거래 또는 통상적인 대금의 결제방법에 의한 거래의 경우보다 추가로 지급받는 금액. 다만, 당초 계약내용에 의하여 매입가액이 확정된 후 그 대금의 지급지연으로 실질적인 소비대차로 전환되어 발생되는 이자는 이자소득으로 본다.
손해배상금 법정이자	법원의 판결 및 화해에 의하여 지급받는 손해배상금에 대한 법정이자는 법 제16조에 규정하는 이자소득으로 보지 아니한다. 다만, 위약 또는 해약을 원인으로 법원의 판결에 의하여 지급받는 손해배상금에 대한 법정이자는 기타소득으로 본다.
관련 집행기준	16-0-3 【사업자금을 은행에 예입하여 받는 이자의 소득구분】 사업소득이 있는 거주자가 사업과 관련한 운영자금을 은행에 예입하여 받는 이자는 사업소득이 아닌 이자소득에 해당한다.

3. 이자소득금액의 계산

이자소득금액은 해당 과세기간의 총수입금액으로 한다. 따라서 필요경비는 인정하지 아니한다.

∵ 이자소득의 경우에는 그 본질이 자기자금으로써 얻는 저축의 과실이라는 점에서 그에 소요되는 필요경비는 거의 상정하기 어렵고, 그와 관련하여 비용을 지출하는 경우에도 소득이 개별적·분리적으로 발생함에 따라 개별 건별로 자금의 원천이나 흐름을 명확히 밝혀서 소득과의 연관성을 입증하는 것은 매우 어려운 일임

> Q 사례
> 지인에게 빌려주었던 사채 원금 300,000,000원과 이자 18,000,000원을 회수하였다. 이 사채의 원금은 은행에서 차입한 것으로 이 차입금에 대한 은행이자는 12,000,000원일 때 이자소득 총수입금액은?
> ⇒ 18,000,000

4. 이자소득의 수입시기

유사 이자소득· 파생결합금융상품	약정에 따른 상환일. 다만, 기일 전에 상환하는 때에는 그 상환일
채권의 이자·할인액	① 무기명: 그 지급을 받은 날 ② 기명: 약정에 의한 지급일
파생결합사채 이익	그 이익을 지급받은 날. 다만, 원본에 전입하는 뜻의 특약이 있는 분배금은 그 특약에 따라 원본에 전입되는 날로 한다.
보통예금·정기예금·적금 또는 부금의 이자	① 원칙: 실제로 이자를 지급받는 날 ② 원본에 전입하는 뜻의 특약이 있는 이자: 그 특약에 의하여 원본에 전입된 날 ③ 해약으로 인하여 지급되는 이자는 그 해약일: ④ 계약기간을 연장하는 경우: 그 연장하는 날 ⑤ 정기예금연결정기적금의 경우 정기예금의 이자: 정기예금 또는 정기적금이 해약되거나 정기적금의 저축기간이 만료되는 날
통지예금의 이자	인출일
채권 또는 증권의 환매조건부 매매차익	약정에 의한 당해 채권 또는 증권의 환매수일 또는 환매도일. 다만, 기일 전에 환매수 또는 환매도하는 경우에는 그 환매수일 또는 환매도일로 한다.
저축성 보험의 보험차익	보험금 또는 환급금의 지급일. 다만, 기일 전에 해지하는 경우에는 그 해지일로 한다.

직장공제회 초과반환금	약정에 따른 납입금 초과이익 및 반환금 추가이익의 지급일. 다만, 반환금을 분할하여 지급하는 경우 원본에 전입하는 뜻의 특약이 있는 납입금 초과이익은 특약에 따라 원본에 전입된 날로 한다.
비영업대금의 이익	약정에 의한 이자지급일. 다만, 이자지급일의 약정이 없거나 약정에 의한 이자지급일 전에 이자를 지급받는 경우 또는 회수한 금액이 원금에 미달하여 총수입금액 계산에서 제외하였던 이자를 지급받는 경우에는 그 이자지급일로 한다.
채권 등의 보유기간이자 등 상당액	해당 채권 등의 매도일 또는 이자 등의 지급일
위 항목의 상속재산이 상속·증여되는 경우	상속개시일 또는 증여일 ∴ 피상속인이나 증여자의 이자소득금액을 상속개시일 또는 증여일까지만 계산해야 함

02 배당소득

1. 배당소득의 범위

개요	배당소득은 법인으로부터 이익을 분배받음으로써 발생하는 소득과 유사한 소득으로서 수익분배의 성격이 있는 것을 말한다. 배당소득도 종합과세 하는 것이 원칙이나, 기업의 자금조달을 지원하기 위하여 금융소득이 연 2천만원 이하인 경우 분리과세를 하고 있다.
종류	배당소득은 해당 과세기간에 발생한 다음의 소득으로 한다. ① 내국법인으로부터 받는 이익이나 잉여금의 배당 또는 분배금 ② 법인으로 보는 단체로부터 받는 배당금 또는 분배금 ③ 내국법인으로 보는 신탁재산(법인과세 신탁재산)으로부터 받는 배당금 또는 분배금 ④ 의제배당 ⑤ 법인세법에 따라 배당으로 처분된 금액 ⑥ 국내 또는 국외에서 받는 집합투자기구로부터의 이익 ⑦ 투자계약증권 또는 비금전신탁 수익증권으로부터의 이익[*1] 　(2025. 7. 1. 이후 지급받는 분부터 적용) ⑧ 국내 또는 국외에서 받는 파생결합증권 또는 파생결합사채로부터의 이익[*2] ⑨ 외국법인으로부터 받는 이익이나 잉여금의 배당 또는 분배금 ⑩ 국제조세조정에 관한 법률 제27조에 따라 배당받은 것으로 간주된 금액 ⑪ 공동사업에서 발생한 소득금액 중 출자공동사업자의 손익분배비율에 해당하는 금액 ⑫ 위 소득과 유사한 소득으로서 수익분배의 성격이 있는 것 　[예] 거주자가 일정기간 후에 같은 종류로서 같은 양의 주식을 반환받는 조건으로 주식을 대여하고 해당 주식의 차입자로부터 지급받는 해당 주식에서 발생하는 배당에 상당하는 금액은 배당소득에 포함된다. 　[예] 거주자가 환매기간에 따른 사전약정이율을 적용하여 환매수하는 조건으로 증권(채권 등은 제외)을 매도하고 환매수하는 날까지 해당 증권의 매수인으로부터 지급받는 해당 증권에서 발생하는 배당에 상당하는 금액은 배당소득에 포함된다.

종류		⑬ 배당소득을 발생시키는 거래 또는 행위와 파생상품이 대통령령으로 정하는 바에 따라 결합된 경우 해당 파생상품의 거래 또는 행위로부터의 이익
		^(*1) 조각투자상품(미술품·저작권 등의 권리를 투자계약증권 또는 신탁 수익증권 형태로 분할 발행하여 다수 투자자가 투자·거래할 수 있는 신종 투자상품)으로부터의 이익 배당소득 범위에 추가(신설)
	범위	^(*2) 파생결합증권의 이익이란 다음 중 어느 하나에 해당하는 이익을 말한다. ① 파생결합증권으로부터 발생한 이익. 다만, 당사자 일방의 의사표시에 따라 증권시장 또는 이와 유사한 시장으로서 외국에 있는 시장에서 매매거래되는 특정 주권의 가격이나 주가지수 수치의 변동과 연계하여 미리 정해진 방법에 따라 주권의 매매나 금전을 수수하는 거래를 성립시킬 수 있는 권리를 표시하는 증권 또는 증서로부터 발생한 이익은 제외한다. ② 파생결합증권 중 상장지수증권을 계좌 간 이체, 계좌의 명의변경, 상장지수증권의 실물양도의 방법으로 거래하여 발생한 이익. 다만, 증권시장에서 거래되는 주식의 가격만을 기반으로 하는 지수의 변화를 그대로 추적하는 것을 목적으로 하는 상장지수증권을 계좌 간 이체, 계좌의 명의변경 및 상장지수증권의 실물양도의 방법으로 거래하여 발생한 이익은 제외한다.
	사례	① 배당소득 O: 상법에 따른 사채(ELB, DLB)로부터 발생한 이익, 주가연계증권(ELS), 기타파생결합증권(DLS), 상장지수증권(ETN), 골드뱅킹으로부터의 이익 ② 배당소득 X: 상장주식의 가격만을 기반으로 한 상장지수증권(ETN) … 과세제외, 주식워런트증권(ELW) … 양도소득
이중과세 문제		배당소득에 대해 소득세를 과세하는 경우 동 배당소득이 이미 법인세가 과세된 소득이라면 이중과세되는 문제가 있다. 이와 같은 이중부담을 조정하기 위해 배당소득금액 산정 시 배당소득에 귀속법인세(Gross-up)를 가산하였다가 종합소득산출세액에서 공제해 주는 Gross-up 제도를 두고 있다.

2. 의제배당

(1) 개요

의의	의제배당이란 기업경영의 성과인 잉여금 중 사외에 유출되지 않고 법정적립금, 이익준비금 기타 임의적립금 등 형식으로 사내에 유보된 이익이 일정한 사유로 주주나 출자자에게 환원되어 귀속되는 경우 이를 현금배당과 유사한 경제적 이익으로 보아 과세 형평의 원칙에 비추어 배당으로 의제하여 과세하는 제도이다.
유형	① 잉여금의 자본전입에 따른 의제배당 ② 자본의 감소, 해산, 합병, 분할에 따른 의제배당

(2) 잉여금의 자본전입에 따른 의제배당

원칙	법인의 잉여금의 전부 또는 일부를 자본 또는 출자의 금액에 전입함으로써 취득하는 주식 또는 출자의 가액(무상주)은 의제배당으로 본다.
예외	자본준비금의 자본전입에 의한 무상주의 수령은 의제배당에 해당하지 않는다. ∵ 자본준비금(= 자본잉여금)의 자본전입에 따라 취득하는 주식을 의제배당으로 보지 않는 이유는 자본전입에 따라 주주가 받는 주식의 가액에 대하여 비과세한다는 것이 아니라 자본전입에 따른 증자를 통하여 회사채권자를 보호하고 기업의 신용도를 높여 기업경영의 합리화를 도모하기 위하여 자본전입을 촉진하겠다는 정책적 고려에서 의제배당으로 보지 않고 차후에 의제배당사유가 생겨 그 소정의 초과금액 또는 유보이익의 증가액이 있을 때 과세를 한다는 것임

자본전입 재원별 의제배당 과세 여부	자본 잉여금	주식발행초과금	일반적인 경우	X
			채무의 출자전환 시 채무면제이익	O
		주식의 포괄적 교환차익		X
		주식의 포괄적 이전차익		X
		감자차익	일반적인 경우	X
			소각 당시 자기주식의 시가가 취득가액을 초과한 경우(자기주식소각이익)	O
			소각일로부터 2년 이내에 자본전입하는 경우 (자기주식소각이익)	O
		재평가적립금	일반적인 재평가차액(3% 세율)	X
			토지의 재평가차액(1% 세율)	O
		기타자본잉여금(자기주식 처분이익 등)		O
	이익 잉여금	법정적립금		O
		임의적립금		O
		미처분이익잉여금		O

예외의 예외	① 자기주식 보유법인의 잉여금 자본전입에 따른 의제배당: 법인이 자기주식 또는 자기 출자지분을 보유한 상태에서 의제배당으로 보지 않는 자본준비금을 자본전입을 함에 따라 그 법인 외의 주주 등의 지분비율이 증가한 경우 증가한 지분비율에 상당하는 주식 등의 가액은 배당으로 본다. ∵ 자기주식을 취득하여 보유한 상태에서 무상증자를 함으로써 세부담 없이 대주주 등의 지분을 증가시키는 조세회피를 방지하기 위함 ② 다음 중 어느 하나에 해당하는 자기주식소각이익 ㉠ 소각시점에 그 자기주식에 시가가 취득가액을 초과한 경우 ㉡ 자기주식소각일부터 2년 이내에 자본에 전입하는 경우
의제배당 계산	① 원칙: 잉여금의 자본전입 등으로 인해 무상주를 취득하는 경우에는 액면가액(상법 에 의한 주식배당의 경우에는 발행금액) ② 무액면주식: 법인의 자본금에 전입한 금액을 자본금 전입에 따라 신규로 발행한 주식 수로 나누어 계산한 금액 ∵ 발행주식 수에 따라 총 의제배당금액이 달라지는 문제를 해소하기 위함
수입시기	해당 법인의 잉여금처분 결의일

계산구조	① 잉여금 계산방법

구분	1차 배정	2차 배정
의제배당 과세 잉여금	O	O
의제배당 과세되지 않은 잉여금	-	O

② 주식 수 계산방법
㉠ 1차 배정분: 1차 배정 주식 수 × 의제배당 과세비율 액면가액 등
㉡ 2차 배정분: 2차 배정 주식 수 × 액면가액 등

(3) 감자·해산·합병·분할에 따른 의제배당

① 의의

주식의 소각 등	주식의 소각이나 자본의 감소로 인하여 주주가 취득하는 금전, 그 밖의 재산의 가액 또는 퇴사·탈퇴나 출자의 감소로 인하여 사원이나 출자자가 취득하는 금전, 그 밖의 재산의 가액이 주주·사원이나 출자자가 그 주식 또는 출자를 취득하기 위하여 사용한 금액을 초과하는 금액은 배당으로 본다.
해산	해산한 법인(법인으로 보는 단체를 포함)의 주주·사원·출자자 또는 구성원이 그 법인의 해산으로 인한 잔여재산의 분배로 취득하는 금전이나 그 밖의 재산의 가액이 해당 주식·출자 또는 자본을 취득하기 위하여 사용된 금액을 초과하는 금액은 배당으로 본다.
합병	합병으로 소멸한 법인의 주주·사원 또는 출자자가 합병 후 존속하는 법인 또는 합병으로 설립된 법인으로부터 그 합병으로 취득하는 주식 또는 출자의 가액과 금전의 합계액이 그 합병으로 소멸한 법인의 주식 또는 출자를 취득하기 위하여 사용한 금액을 초과하는 금액은 배당으로 본다.
분할	분할법인 또는 소멸한 분할합병의 상대방 법인의 주주가 분할로 설립되는 법인 또는 분할합병의 상대방 법인으로부터 분할로 취득하는 주식의 가액과 금전, 그 밖의 재산가액의 합계액(분할대가)이 그 분할법인 또는 소멸한 분할합병의 상대방 법인의 주식(분할법인이 존속하는 경우에는 소각 등으로 감소된 주식에 한함)을 취득하기 위하여 사용한 금액을 초과하는 금액은 배당으로 본다.

② 의제배당의 계산

계산방법	주주 등이 받는 금전 그 밖의 재산가액 - 주식 등의 취득가액		
금전 외 재산가액	① 금전 외의 재산의 가액은 아래 구분에 따라 계산한 금액에 의한다.		
	주식 또는 출자지분	적격합병 또는 적격분할	취득가액(주식 등과 금전, 그 밖의 재산을 함께 받는 경우로서 해당 주식 등의 시가가 피합병법인 등의 주식 등의 취득가액보다 작은 경우에는 시가)
		적격합병(분할)이 아닌 경우	취득 당시의 시가
	기타의 경우		취득 당시의 시가
	② 법인의 합병이나 분할로 주식을 취득하는 경우로서 무액면주식의 가액은 법인의 자본금에 전입한 금액을 자본 전입 시 신규로 발행한 주식 수로 나누어 계산한 금액으로 한다.		
주식 취득가액	① 유상취득분: 해당 주식을 취득하기 위하여 소요된 금액 ② 의제배당에 해당하지 않는 무상주를 받은 경우 → 주식 수만 증가 $$1주당\ 상부가액 = \frac{구주식\ 1주당\ 장부가액}{1 + 구주식\ 1주당\ 신주배정수}$$		

주식 취득가액	③ 의제배당에 해당하는 무상주를 받은 경우 액면가액으로 한다. 단, 주식소각 등에 의한 의제배당 총수입금액을 계산함에 있어서 의제배당일부터 역산하여 2년 이내에 자본준비금의 자본전입에 따라 취득한 주식 등으로서 의제배당으로 보지 아니하는 것(주식발행액면초과액의 자본전입에 따라 발행된 주식은 제외함)이 있는 경우에는 단기소각주식 등이 먼저 감소 또는 소각된 것으로 보며, 당해 단기소각주식 등의 취득가액은 '0'으로 본다. 이 경우 단기 소각주식 등을 취득한 후 의제배당일까지의 기간 중에 주식 등의 일부를 양도하는 경우에는 단기소각주식 등과 다른 주식 등을 각 주식 등의 수에 비례하여 양도되는 것으로 보아 계산하며, 주식소각 등이 있는 이후의 1주당 장부가액은 다음의 산식에 의한다. $$1주당\ 장부가액 = \frac{소각\ 후\ 장부가액}{소각\ 후\ 주식\ 등의\ 총수}$$ ④ 주식매수선택권 행사로 취득한 주식: 행사 당시 시가

> **감액배당**
> 1. 3% 재평가적립금(합병·분할차익 중 승계된 금액 포함)을 감액하여 받는 배당도 배당소득에 포함한다.
> 2. 상법 제461조의2에 따라 자본준비금을 감액하여 받은 배당(의제배당 재원에 해당하는 자본준비금을 감액하여 받은 배당은 제외)은 배당소득에 포함하지 아니한다.

3. 집합투자기구로부터의 이익

개요	자본시장과 금융투자업에 관한 법률에 따른 집합투자기구로부터의 이익과 국외에서 설정된 집합투자기구로부터의 이익은 배당소득으로 과세한다.
집합투자기구 범위	집합투자기구란 다음의 요건을 모두 갖춘 집합투자기구를 말한다. 다만, 국외에서 설정된 집합투자기구는 다음의 요건을 갖추지 아니하는 경우에도 집합투자기구로 본다. ① 자본시장과 금융투자업에 관한 법률에 따른 집합투자기구일 것 ② 해당 집합투자기구의 설정일부터 매년 1회 이상 결산·분배할 것 ③ 금전으로 위탁받아 금전으로 환급할 것(금전외의 자산으로 위탁받아 환급하는 경우로서 당해 위탁가액과 환급가액이 모두 금전으로 표시된 것을 포함)
집합투자기구 이익 계산	집합투자기구로부터의 이익에는 집합투자기구가 다음의 증권의 거래나 평가로 인하여 발생한 손익을 포함하지 않는다. 한편 집합투자기구로부터의 이익은 자본시장과 금융투자업에 관한 법률에 따른 각종 보수·수수료 등을 뺀 금액으로 한다. ① 증권시장에 상장된 증권(채권과 외국 법령에 따라 설립된 외국 집합투자기구의 주식 또는 수익증권은 과세대상에 포함) ② 벤처기업육성에 관한 특별조치법에 따른 벤처기업의 주식 또는 출자지분 ③ ①의 증권을 대상으로 하는 장내파생상품증권 → 비상장주식도 포함함 🔍 사례 | 구분	채권	구분	상장주식
---	---	---	---
이자수익	100	배당소득	100
채권매매손실	70	주식매매이익	70
채권평가손실	20	주식평가손실	20
과세대상	10	과세대상	100	

4. 출자공동사업자의 배당소득

개요	공동사업에서 발생한 소득금액 중 출자공동사업자에 대한 손익분배비율에 상당하는 금액은 배당소득으로 과세한다. ∵ 익명조합에 대해서도 공동사업으로 과세하여 익명조합원이 외부에 노출되지 않음에 따른 소득파악문제를 해소하고 익명조합과 조합원의 관계를 출자로 보는 상법과의 조화를 이룸
출자 공동사업자	출자공동사업자란 다음 중 어느 하나에 해당하지 아니하는 자로서 공동사업의 경영에 참여하지 아니하고 출자만 하는 자를 말한다. ① 공동사업에 성명 또는 상호를 사용하게 한 자 ② 공동사업에서 발생한 채무에 대하여 무한책임을 부담하기로 약정한 자
원천징수세율	25%
수입시기	과세기간 종료일 ∵ 일반적인 배당소득과 달리 이익의 현실적 분배, 분배금의 확정 등 소득 확정을 요건으로 하지 않음
부당행위대상 소득	공동사업소득금액 중 출자공동사업자에 대한 손익분배액은 사실상 사업소득에 대한 과세인 점을 감안하여 부당행위계산부인 대상소득에 포함한다.
과세방법	출자공동사업자가 받는 배당소득은 2천만원 이하인 경우에도 무조건 종합과세한다.
2천만원 판단 여부	고려대상이 아니다.
Gross-up대상	제외한다.

5. 배당소득금액의 계산

개요	배당소득금액은 해당 과세기간의 총수입금액으로 한다. 다만, 이중과세대상 배당소득에 대해서는 해당 과세기간의 총수입금액에 그 배당소득의 10%에 해당하는 금액을 더한 금액으로 한다. 배당소득금액 = 총 수입금액(비과세·분리과세 제외) + Gross-up금액
Gross-up 금액	Min(①, ②) × 10% ① Gross-up대상 배당소득 ② 종합과세대상 금융소득(출자공동사업자의 배당소득 제외) - 2천만원

6. Gross-up 제도

개요	법인단계에서 법인세가 과세된 후 주주에게 배당되는 시점에 소득세가 다시 과세되면 동일한 소득에 대해 이중과세가 된다. 이와 같은 이중과세를 조정하기 위해 배당소득금액 산정 시 배당소득에 10%를 가산하였다가 종합소득산출세액에서 배당세액공제를 해주는 제도이다. 배당소득금액 = 배당소득 총수입금액 + Gross-up 금액 종합소득결정세액 = 종합소득산출세액 - Gross-up 금액 ※ 10%를 Gross-up하는 이유는 법인세가 부담된 배당소득에 대하여 법인세 9%가 과세되었다는 가정하에 환원하는 것임

Gross-up 요건	다음의 요건을 모두 충족한 배당소득이어야 한다. ① 법인세가 과세된 소득을 재원으로 하는 배당소득 ② 내국법인으로부터 받는 배당소득 ③ 종합소득과세표준에 포함된 배당소득으로서 2천만원을 초과한 것 ∵ 2,000만원 이하인 배당소득에는 원천징수로 과세가 종결되는 관계로 절차면에서 배당세액공제를 적용하는 것이 곤란함 🔍 사례 		<법인>	<개인> Gross-up 미적용		<개인> Gross-up 적용	
---	---	---	---	---	---
세전순이익	100	총수입금액	91	총수입금액	91
법인세	(-) 9			Gross-up	≒ (+) 9
배당가능이익	91	배당소득금액	91	배당소득금액	100
		세율	(×) 30%	세율	(×) 30%
		산출세액	27.3	산출세액	30
				배당세액공제	(-) 9
				결정세액	21 | 법인세와 소득세 세부담 비교 | 구분	법인세	소득세	합계
---	---	---	---
① Gross-up 미적용	9	27.3	36.3
② Gross-up 적용	9	≒ 21	30
③ If 법인세 없는 경우	0	30	30	

Gross-up 대상	종합과세되는 배당소득으로서 다음에 해당되는 배당소득
	① 내국법인으로부터 받는 이익이나 잉여금의 배당 또는 분배금
	② 법인으로 보는 단체로부터 받는 배당금 또는 분배금
	③ 법인세법에 따라 배당으로 처분된 금액(인정배당)
	④ 기관전용 사모집합투자기구로부터 받는 배당소득
	⑤ 다음 중 어느 하나에 해당하는 잉여금 자본전입으로 인한 무상주 의제배당
	    ㉠ 출자전환에 따른 채무면제이익
	    ㉡ 자기주식처분이익
	    ㉢ 이익잉여금
	⑥ 해산·합병·분할에 따른 의제배당

Gross-up 비대상	① 외국법인으로부터 받는 배당소득
	② 다음 중 어느 하나에 해당하는 의제배당
	    ㉠ 소각 당시 시가가 취득가액을 초과하는 자기주식소각이익의 자본전입에 따른 의제배당
	    ㉡ 소각일로부터 2년이 경과하지 아니한 자기주식소각이익의 자본전입에 따른 의제배당
	    ㉢ 토지의 재평가차익(1%)의 자본전입으로 인한 의제배당
	    ㉣ 법인이 자기주식을 보유한 상태에서 의제배당 재원이 아닌 익금불산입 항목을 자본전입함에 따라 그 법인 외의 주주 등의 지분비율이 증가한 경우 증가한 지분비율에 상당액
	    ㉤ 유상감자 시 주식 취득가액 초과 금액 및 그 밖의 재산가액
	    ㉥ 3% 재평가적립금(합병·분할차익 중 승계된 금액 포함)을 감액하여 받는 배당

Gross-up 비대상	③ 집합투자기구로부터의 이익(사모집합투자기구로부터 받는 배당소득 제외)
	④ 국제조세조정에 관한 법률에 따라 배당받은 것으로 간주된 금액
	⑤ 출자공동사업자의 배당소득
	⑥ 유사배당소득(주식대차거래 배당상당액)
	⑦ 파생결합증권 또는 파생결합사채로부터의 이익
	⑧ 분리과세배당소득
	⑨ 법인과세신탁재산으로부터 받는 배당
	⑩ 배당금에 대한 소득공제를 적용받는 유동화전문회사 등, 프로젝트금융투자회사로부터 받는 배당금
	⑪ 동업기업과세특례를 적용받는 법인으로부터 받은 배당
	⑫ 최저한세액이 적용되지 않는 비과세·면제·감면 또는 소득공제를 받은 다음의 법인으로부터 받은 배당소득 중 감면비율 상당액[*]
	  ㉠ 법인의 공장 및 본사를 수도권 밖으로 이전하는 경우 법인세 등 감면
	  ㉡ 외국인투자에 대한 법인세 등의 감면
	  ㉢ 외국인투자기업이 증자하는 경우 증자분에 대한 조세감면
	  ㉣ 제주첨단과학기술단지 입주기업에 대한 법인세 등의 감면
	  ㉤ 제주투자진흥기구 또는 제주자유무역지역 입주기업에 대한 법인세 등의 감면
	
	[*] 위 법인으로부터 지급받은 배당금 중 Gross-up 비대상은 다음과 같이 계산함. 산식을 적용함에 있어 감면을 적용받는 사업연도가 1개 사업연도인 경우에는 당해 사업연도의 소득금액을 기준으로 하며, 상기 산식은 100%를 한도로 한다.
	
	$$\text{Gross-up 비대상} = \text{배당금} \times \frac{\text{직전 2개 사업연도의 감면대상소득금액} \times \text{감면비율}}{\text{직전 2개 사업연도의 소득금액의 합계액}}$$
	
	🔍 **사례**
	A사는 외국인투자기업에 대한 법인세감면을 받고 있는데, 감면비율은 50%이다. 직전 2개 사업연도의 총소득금액의 합계액은 10억원이고, 이 중 감면대상 소득금액은 4억원이다. A사로부터 당기 중 현금배당 10,000,000원을 수령하였다.
	⇒ ① Gross-up 비대상: 10,000,000 × (4억원×50%)/10억원 = 2,000,000
	   ② Gross-up 대상: 10,000,000 − 2,000,000 = 8,000,000

배당소득의 계산 시 2천만원 구성순서	① 종합과세기준금액 2천만원 초과 여부는 Gross-up하지 않은 금액을 기준으로 판단한다.
	② Gross-up은 종합과세기준금액 2천만원 초과부분에만 적용한다.
	③ 2천만원 초과부분에 대해 Gross-up을 적용할 때 2천만원은 다음과 같이 순차적 구성된 것으로 본다.
	  ㉠ 이자소득(이자소득과 배당소득이 함께 있는 경우)
	  ㉡ 배당가산(Gross-up) 제외 배당소득
	  ㉢ 배당가산(Gross-up)대상 배당소득

7. 배당소득의 수입시기

일반적인 경우	① 무기명주식의 배당: 그 지급을 받은 날 ② 잉여금처분에 의한 배당: 잉여금 처분 결의일
출자공동사업자의 배당	과세기간 종료일 → 실제로 분배금받은 날 아님
의제배당	① 잉여금의 처분에 의한 배당: 당해 법인의 잉여금처분결의일 　→ 실제 무상주 수령일이 아님 ② 자본 감소(퇴사·탈퇴): 주식의 소각, 자본의 감소 또는 자본에의 전입을 결정한 날(이사회의 결의에 의하는 경우에는 상법에 의하여 정한 날)이나 퇴사 또는 탈퇴한 날 ③ 해산: 잔여재산가액 확정일 → 해산등기일이 아님 ④ 합병: 합병등기일 ⑤ 분할: 분할등기일
인정배당	당해 법인의 당해 사업연도의 결산확정일 → 정기주주총회에서 재무제표를 승인한 날
집합투자기구로부터의 이익	배당소득을 지급받은 날. 다만, 원본에 전입하는 뜻의 특약이 있는 분배금은 그 특약에 따라 원본에 전입되는 날
파생결합증권·파생결합사채로부터의 이익	그 이익을 지급받은 날. 다만, 원본에 전입하는 뜻의 특약이 있는 분배금은 그 특약에 따라 원본에 전입되는 날
간주배당	특정외국법인의 해당 사업연도 종료일의 다음 날부터 60일이 되는 날
유사배당 및 파생결합금융상품의 이익	그 지급을 받은 날
동업기업으로부터의 배당소득	해당 동업기업의 과세연도의 종료일. 단, 분배받은 자산의 시가 중 분배일의 지분가액을 초과하여 발생하는 소득은 분배일

03 비과세 금융소득

공익신탁법에 따른 공익신탁의 이익에 대해서는 소득세를 과세하지 아니한다.

04 금융소득의 과세방법

1. 원천징수

의무	국내에서 거주자나 비거주자에게 이자소득 또는 배당소득을 지급하는 경우 그 거주자나 비거주자에 대한 소득세를 원천징수하여 다음 달 10일까지 납부하여야 한다.

세율	일반적인 이자소득		14%
	분리과세 신청한 장기채권의 이자		30%
	비영업대금의 이익	일반적인 경우	25%
		온라인투자연계금융업자를 통하여 지급받는 이자	14%
	직장공제회 초과반환금		기본세율
	법원보관금 등의 이자		14%
	일반적인 배당소득		14%
	출자공동사업자의 배당소득		25%
	비실명 금융소득	원칙	45%
		실명에 의하지 않고 거래한 비실명금융자산 소득[*]	90%

[*] 원천징수의무자가 금융실명거래 및 비밀보장에 관한 법률에 따른 차등과세가 적용되는 이자 및 배당소득에 대하여 고의 또는 중대한 과실 없이 14% 세율로 원천징수한 경우에는 해당 계좌의 실질 소유자가 소득세 원천징수 부족액(원천징수납부 불성실가산세를 포함)을 납부하여야 한다. 이 경우 소득세 원천징수 부족액에 관하여는 해당 계좌의 실질 소유자를 원천징수의무자로 본다.

세액	이자소득 또는 배당소득(지급금액) × 원천징수세율

2. 종합과세와 분리과세

다음에 금융소득에 대해서는 다른 종합소득과 합산하지 않고, 소득 지급 시 특정한 원천징수 세율을 적용하여 원천징수함으로써 납세의무가 종결된다.

무조건 분리과세	장기채권	① 2012. 12. 31. 이전 발행한 장기채권(채권의 발행일부터 원금 전부를 일시에 상환하기로 약정한 날까지의 기간이 10년 이상)의 이자와 할인액을 분리과세 신청한 경우 ② 2013. 1. 1. ~ 2017. 12. 31. 발행한 장기채권을 3년 이상 계속 보유한 경우로서 분리과세를 신청한 경우	30%
	법원에 납부한 보증금 및 경락대금에서 발생하는 이자소득		14%
	실지명의가 확인되지 아니하는 소득 (금융실명거래 및 비밀보장에 관한 법률규정 위반)		45% (90%)
	직장공제회 초과반환금		기본세율
	법인으로 보는 단체 외의 단체 중 수익을 구성원에게 배분하지 아니하는 단체로서 단체명을 표기하여 금융거래를 하는 단체(예 아파트관리기구)가 금융회사 등으로부터 받는 금융소득		14%

📋 장기채권의 이자와 할인액 개정연혁

2012. 12. 31. 이전 발행	2013. 1. 1. ~ 2017. 12. 31. 발행	2018. 1. 1. 이후
보유기간 관계없이 분리과세 신청 가능	3년 이상 계속 보유한 경우 분리과세 신청 가능	14% 원천징수하고 조건부 종합과세

무조건 종합과세	① 국내에서 원천징수되지 않아 분리과세할 수 없는 금융소득
	  ㉠ 국외에서 지급받은 금융소득
	  ㉡ 국내에서 지급받는 금융소득 중 원천징수가 누락된 소득
	② 출자공동사업자의 배당소득

조건부 종합과세	금융소득 중 비과세소득 및 무조건 분리과세소득, 출자공동사업자의 배당소득을 제외한 금융소득의 합계액이(Gross-up금액 제외) 2,000만원을 초과하는 경우 종합과세되고, 2,000만원 이하인 경우 분리과세된다.

구분	㉠ 조건부 종합과세 (원천징수 O)	㉡ 무조건 종합과세 (원천징수 X)	출자공동사업자 배당소득
(㉠ + ㉡) > 2천	종합과세	종합과세	무조건 종합과세
(㉠ + ㉡) ≤ 2천	분리과세	종합과세	

3. 금융소득에 대한 종합과세 시 세액계산의 특례
(1) 출자공동사업자의 배당이 없는 경우
① 종합소득과세표준에 포함된 금융소득이 2천만원을 초과하는 경우

계산방법	종합소득산출세액: Max(㉠, ㉡) ㉠ 2,000만원 × 14% + (종합소득과세표준 − 2,000만원)[*1] × 기본세율 ㉡ 금융소득 총수입금액[*2] × 원천징수세율[*3] + (다른 종합소득금액 − 종합소득공제)[*4] × 기본세율 [*1] 종합소득과세표준 − 2,000만원: 2,000만원 초과 금융소득금액 + 다른 종합소득금액 − 종합소득공제 [*2] 금융소득 총 수입금액: Gross-up금액이 포함되지 않은 금액으로서 원천징수되지 않은 금융소득 포함 [*3] 원천징수세율 　· 비영업대금의 이익: 25%(적격 P2P의 경우: 14%) 　· 위 외 금융소득(Gross-up금액 제외): 14% [*4] 다른 종합소득금액 − 종합소득공제: 종합소득과세표준 − 금융소득금액
내용	종합소득과세표준에 금융소득이 포함되어 있는 경우로서 2천만원을 초과하는 경우 종합소득산출세액은 그 과세표준에 기본세율(6 ~ 45%)을 곱하여 종합소득산출세액을 계산하는 것이 아니라, 두 가지 방법에 의한 세액 중 큰 금액을 종합소득산출세액으로 한다. ㉠ 일반산출세액: 2천만원을 초과하는 경우 급격히 세부담이 늘어나는 것 방지 ㉡ 비교산출세액: 다른 종합소득금액의 결손 또는 소득공제 등으로 그 과세표준이 '0'이 되거나 저율의 기본세율이 적용되는 경우에는 오히려 해당 금융소득을 분리과세하는 경우보다 오히려 세부담이 줄어드는 결과가 초래되는 것을 방지

② 종합소득과세표준에 포함된 금융소득이 2천만원 이하인 경우

개요	금융소득이 2천만원 이하인 경우에는 원칙적으로 종합과세대상이 아니나, 원천징수대상이 아닌 금융소득(국외금융소득 등)은 종합소득에 합산한다.
계산방법	금융소득 × 원천징수세율 + (다른 종합소득금액 − 소득공제) × 기본세율 ※ 비교산출세액과 동일함

> **Q 사례**
> 국내에서 원천징수되지 않는 국외예금 이자소득이 3,000,000원 있고, 근로소득금액이 10,000,000원 있는 경우 산출세액은? (단, 종합소득공제는 2,000,000원이다)
> ⇒ 3,000,000 × 14% + (10,000,000 − 2,000,000) × 6% = 900,000원

(2) 출자공동사업자의 배당소득이 있는 경우 산출세액 계산 특례

① 종합소득과세표준에 포함된 금융소득이 2천만원을 초과하는 경우

> Max(㉠, ㉡)
> ㉠ 2,000만원 × 14% + (과세표준 - 2,000만원) × 기본세율
> ㉡ Max(ⓐ, ⓑ)
>   ⓐ 출자공동사업자의 배당소득을 배당소득으로 간주: [출자공동사업자 배당소득 × 14% + 금융소득 × 14%(25%)] + (다른 종합소득금액(*) - 종합소득공제) × 기본세율
>   (*) 출자공동사업자의 배당소득을 제외한 다른 종합소득금액
>   ⓑ 출자공동사업자의 배당소득을 사업소득으로 간주: [금융소득 × 14%(25%)] + (다른 종합소득금액(*) - 종합소득공제) × 기본세율
>   (*) 출자공동사업자의 배당소득을 포함한 다른 종합소득금액

② 종합소득과세표준에 포함된 금융소득이 2천만원 이하인 경우

> Max(㉠, ㉡)
> ㉠ 출자공동사업자의 배당소득을 배당소득으로 간주: [출자공동사업자의 배당소득 × 14% + 금융소득 × 14%(25%)] + (다른 종합소득금액(*) - 종합소득공제) × 기본세율
>   (*) 출자공동사업자의 배당소득을 제외한 다른 종합소득금액
> ㉡ 출자공동사업자의 배당소득을 사업소득으로 간주: [금융소득 × 14%(25%)] + (다른 종합소득금액(*) - 종합소득공제) × 기본세율
>   (*) 출자공동사업자의 배당소득을 포함한 다른 종합소득금액

제3장 사업소득

01 사업소득의 개념과 범위

개념 영리를 목적으로 독립된 지위에서 계속적·반복적으로 행하는 활동을 통하여 얻는 소득이다.

범위 사업소득은 해당 과세기간에 발생한 다음의 소득으로 한다. 사업의 범위에 관하여는 소득세법에 특별한 규정이 있는 경우 외에는 통계청장이 고시하는 한국표준산업분류에 따른다.

① 농업(작물재배업 중 곡물 및 기타 식량작물 재배업은 제외)·임업 및 어업에서 발생하는 소득
② 광업에서 발생하는 소득
③ 제조업에서 발생하는 소득
④ 전기, 가스, 증기 및 공기조절공급업에서 발생하는 소득
⑤ 수도, 하수 및 폐기물 처리, 원료 재생업에서 발생하는 소득
⑥ 건설업에서 발생하는 소득
⑦ 도매 및 소매업에서 발생하는 소득
⑧ 운수 및 창고업에서 발생하는 소득
⑨ 숙박 및 음식점업에서 발생하는 소득
⑩ 정보통신업에서 발생하는 소득
⑪ 금융 및 보험업에서 발생하는 소득
⑫ 부동산업에서 발생하는 소득. 단, 공익사업을 위한 토지 등의 취득 및 보상에 관한 법률에 따른 공익사업과 관련하여 지역권·지상권(지하 또는 공중에 설정된 권리를 포함)을 설정하거나 대여함으로써 발생하는 소득은 기타소득임
⑬ 전문·과학 및 기술서비스업(법령으로 정한 연구개발업은 제외)에서 발생하는 소득
⑭ 사업시설관리, 사업 지원 및 임대 서비스업에서 발생하는 소득
⑮ 교육서비스업(법령으로 정한 교육기관은 제외)에서 발생하는 소득
⑯ 보건업 및 사회복지서비스업(법령으로 정한 사회복지사업은 제외)에서 발생하는 소득
⑰ 예술, 스포츠 및 여가 관련 서비스업에서 발생하는 소득
  → 연예인 및 직업운동선수 등이 사업활동과 관련하여 받는 전속계약금도 사업소득임
    (∵ 각종 연예계 관련활동 전체를 하나로 보아 그 직업·경제활동으로 평가함)
⑱ 협회 및 단체(법령으로 정한 협회 및 단체는 제외), 수리 및 기타 개인서비스업에서 발생하는 소득
⑲ 가구 내 고용활동에서 발생하는 소득
⑳ 복식부기의무자가 사업용 유형자산(차량운반구, 공구, 기구, 비품, 기계장치, 동물 및 식물)을 양도함으로써 발생하는 소득. 다만, 토지 건물 등 양도소득에 해당하는 경우는 양도소득으로 과세한다. → 간편장부대상자에 해당하는 경우는 과세대상 아님
  ※ 건설기계는 2018. 1. 1. 이후 취득하여 양도한 경우에 한함
    (∵ 건설기계 관련 사업자의 고가 건설기계 처분에 따른 급격한 세부담 증가 완화)
㉑ 위 규정에 따른 소득과 유사한 소득으로서 영리를 목적으로 자기의 계산과 책임하에 계속적·반복적으로 행하는 활동을 통하여 얻는 소득

※ 통신판매중개를 하는 자를 통하여 물품 또는 장소를 대여하고 연간 수입금액 500만원 이하의 사용료로서 받은 금품은 사업소득으로 구분하나, 기타소득으로 원천징수하거나 과세표준확정신고를 한 경우에는 기타소득으로 구분함

과세 제외 소득

농업	작물재배업 중 곡물 및 기타 식량작물 재배업 ∵ 영세한 농가 지원 및 농업의 국제경쟁력 강화
전문과학· 기술서비스업	대가를 받지 않는 연구개발업 ※ 계약 등에 따라 그 대가를 받고 연구 또는 개발용역을 제공하는 것은 사업소득으로 과세함
교육 서비스업	유아교육법에 따른 유치원, 초·중등교육법 및 고등교육법에 따른 학교와 이와 유사한 것으로서 다음 중 어느 하나에 해당하는 것 ① 근로자직업능력 개발법에 의하여 사업주가 소속 근로자의 직업능력의 개발·향상을 위하여 설치·운영하는 직업능력개발훈련시설 ② 한국표준산업분류상의 달리 분류되지 않은 기타 교육기관 중 노인학교
보건업, 사회복지사업	사회복지사업법 제2조 제1호에 따른 사회복지사업 및 노인장기요양보험법 제2조 제3호에 따른 장기요양사업
협회·단체	한국표준산업분류의 중분류에 따른 협회 및 단체를 말한다. 다만, 해당 협회 및 단체가 특정사업을 경영하는 경우에는 그 사업의 내용에 따라 분류한다.

자산 양도 시 소득의 구분

구분	건물 등	유형자산	무형자산
복식부기의무자	양도소득	사업소득	기타소득
위 외(간편장부대상자 포함)	양도소득	과세 제외	기타소득

부동산 양도 관련 사업

구분	양도횟수	소득유형	업종
신축한 주택 양도	관계없음	사업소득	건설업
위 외 부동산 양도	계속·반복적	사업소득	부동산매매업
	일시·우발적	양도소득	-

02 비과세 사업소득

농지 임대소득	논·밭을 작물 생산에 이용하게 함으로써 발생하는 소득
주택 임대소득	1개의 주택을 소유하는 자의 주택임대소득(∵ 주택임대업 지원 강화)을 말한다. 단, 과세기간 종료일 또는 해당 주택의 양도일 현재 기준시가가 12억원을 초과하는 주택 및 국외에 소재하는 주택의 임대소득은 주택 수에 관계없이 과세한다. ∵ 투자목적의 취득이 많고, 국외주택은 시가 산정이 어려움

주택 임대소득

① 주택 보유수에 따른 비과세 여부

1주택	㉠ 기준시가 12억원 이하: 월 임대료 비과세 ㉡ 기준시가 12억원 초과 또는 국외주택: 월 임대료 과세
2주택	월 임대료: 과세
3주택	㉠ 월 임대료: 과세 ㉡ 보증금 3억원 이하: 간주임대료 비과세 ㉢ 보증금 3억원 초과: 간주임대료 과세

② 주택임대소득에 대한 과세방법

연 총수입금액 2천만원 이하	분리 또는 종합과세 선택 가능
연 총수입금액 2천만원 초과	종합과세

③ 주택의 범위

개념	주택(주택 부수토지 포함)이란 상시 주거용(사업을 위한 주거용의 경우는 제외)으로 사용하는 건물을 말하고, 주택부수토지란 주택에 딸린 토지로서 다음 중 어느 하나에 해당하는 면적 중 넓은 면적 이내의 토지를 말한다. ㉠ 건물의 연면적(지하층의 면적, 지상층의 주차용으로 사용되는 면적, 피난안전구역의 면적 및 주민공동시설의 면적은 제외) ㉡ 건물이 정착된 면적에 5배(도시지역 밖의 토지의 경우 10배)를 곱하여 산정한 면적
겸용주택	부가가치세법을 준용한다.

④ 주택수 계산

다가구주택	다가구주택은 1개의 주택으로 보되, 구분등기된 경우에는 각각을 1개의 주택으로 계산한다.
공동소유 주택	㉠ 원칙(최다지분자의 소유 주택): 공동소유하는 주택은 지분이 가장 큰 사람의 소유로 계산한다(지분이 가장 큰 사람이 2명 이상인 경우로서 그들이 합의하여 그들 중 1명을 해당 주택 임대수입의 귀속자로 정한 경우 그의 소유로 계산함). ㉡ 예외(소수지분자 주택수에도 가산): 다음 중 어느 하나에 해당하는 사람은 본문에 따라 공동소유의 주택을 소유하는 것으로 계산되지 않는 경우라도 그의 소유로 계산한다. ⓐ 해당 공동소유하는 주택을 임대해 얻은 수입금액(공동소유주택에서 발생한 주택임대소득 × 공동소유자가 소유한 해당 주택의 지분율)이 연간 6백만원 이상인 사람 ⓑ 해당 공동소유하는 주택의 기준시가가 12억원을 초과하는 경우로서 그 주택의 지분을 30% 초과 보유하는 사람

🔍 사례

| 구분 | 기준시가 | 공동소유주택
연 수입금액 | 공동주택 지분율 | | 소유 |
			甲	乙	
A주택	10억원	2,000만원	80%	20%	甲
B주택	10억원	3,000만원	80%	20%	甲과 乙
C주택	13억원	1,000만원	60%	40%	甲과 乙

주택 임대소득	전대· 전전세	임차 또는 전세받은 주택을 전대하거나 전전세하는 경우에는 당해 임차 또는 전세받은 주택을 임차인 또는 전전세받은 자의 주택으로 계산한다.
	부부소유	본인과 배우자가 각각 주택을 소유하는 경우에는 이를 합산. 다만, 공동소유 주택 예외규정에 따라 공동소유의 주택 하나에 대해 본인과 배우자가 각각 소유하는 주택으로 계산되는 경우에는 다음에 따라 본인과 배우자 중 1명이 소유하는 주택으로 보아 합산한다. ㉠ 본인과 배우자 중 지분이 더 큰 사람의 소유로 계산한다. ㉡ 본인과 배우자의 지분이 같은 경우로서 그들 중 1명을 해당 주택 임대수입의 귀속자로 합의해 정하는 경우에는 그의 소유로 계산한다.

🔍 사례

구분	기준 시가	공동소유주택 연 수입금액	공동주택 지분율		소유
			甲	甲의 배우자	
A주택	10억원	2,000만원	100%	-	甲 (乙도 1주택자)
B주택	10억원	3,000만원	80%	20%	甲 (乙도 1주택자)
C주택	15억원	1,000만원	50%	50%	甲·乙 모두 1주택자

농어가부업 소득	농·어민이 부업으로 경영하는 축산·고공품제조·민박·음식물판매·특산물제조·전통차제조 및 그 밖에 이와 유사한 활동에서 발생한 소득 중 다음의 소득을 말한다. ∵ 농·어가 소득증대 대책의 일환 ① [별표 1]의 농가부업규모의 축산에서 발생하는 소득 ② ① 외의 소득으로서 소득금액의 합계액이 연 3천만원 이하인 소득 → 소득금액이 3천만원 초과하는 경우 3천만원 초과분만 과세
어로어업 양식어업	한국표준산업분류에 따른 연근해어업, 내수면어업 또는 양식어업에서 발생하는 소득으로서 해당 과세기간의 소득금액의 합계액이 5천만원 이하인 소득 → 소득금액이 5천만원 초과하는 경우 5천만원 초과분만 과세
전통주 제조소득	전통주류를 수도권 밖의 읍·면지역에서 제조함으로써 발생하는 소득으로서 소득금액의 합계액이 연 1,200만원 이하인 것(∵ 지방 전통주를 육성하기 위함) → 연 1,200만원을 초과 시 전액 과세
임업소득	사업소득 중 조림기간 5년 이상인 임지의 임목의 벌채 또는 양도로 발생하는 소득으로서 연 600만원 이하의 금액 → 연 600만원 초과 시 600만원 초과분만 과세
작물재배업 소득	작물재배업(곡물 및 기타 식량작물 재배업은 제외)에서 발생하는 소득으로서 해당 과세기간의 수입금액의 합계액이 10억원 이하인 것 → 수입금액 10억원 초과 시 10억원분에 해당하는 소득금액 초과분만 과세

03 사업소득금액의 계산

1. 개요

계산	사업소득금액은 해당 과세기간의 총수입금액에서 이에 사용된 필요경비를 공제한 금액으로 하며, 필요경비가 총수입금액을 초과하는 경우 그 초과하는 금액을 "결손금"이라 한다. 사업소득금액 = 총수입금액 - 필요경비

세무조정	손익계산서(회계)	세무조정	소득세법
	수익	(+) 총수입금액 산입 (-) 총수입금액 불산입	총 수입금액
	비용	(-) 필요경비 산입 (+) 필요경비 불산입	필요경비
	당기순이익	(+) 총수입금액 산입 · 필요경비 불산입 (-) 필요경비 산입 · 총수입금액 불산입	사업소득금액

🔍 **사례**

복식부기의무자 甲의 20X1년 손익계산서

매출액		100,000,000	매출누락 2,000,000
매출원가		50,000,000	원가누락 1,000,000
매출총이익		50,000,000	
판매관리비		20,000,000	
급여	10,000,000		전액 대표자 甲 급여
광고선전비	10,000,000		
영업이익		30,000,000	
영업외수익		3,000,000	
이자수익	1,000,000		국내은행 예금이자
유형자산처분이익	2,000,000		기계장치 처분이익
영업외비용		7,000,000	
이자비용	3,000,000		
투자주식처분손실	4,000,000		
소득세차감전순이익		26,000,000	
소득세비용		-	
당기순이익		26,000,000	

⇒ 사업소득금액 계산방법

간접법			직접법	
당기순이익	26,000,000		총수입금액	104,000,000
총수입금액 산입	2,000,000		필요경비	(64,000,000)
필요경비 불산입	14,000,000			
필요경비 산입	(1,000,000)			
총수입금액 불산입	(1,000,000)			
사업소득금액	40,000,000		사업소득금액	40,000,000

2. 총수입금액항목

개요	거주자의 총수입금액은 해당 과세기간에 수입하였거나 수입할 금액의 합계액으로 한다. 수입할 금액이란 해당 과세기간 내에 현금으로 받지 않았으나, 이미 수입할 권리가 확정되어 수입실현의 가능성이 있는 금액을 말한다.
선세금	부동산을 임대하거나 지역권·지상권을 설정 또는 대여하고 받은 선세금에 대한 총수입금액은 그 선세금을 계약기간의 월수로 나눈 금액의 각 과세기간의 합계액으로 한다. 이 경우 월수의 계산은 당해 계약기간의 개시일이 속하는 달이 1월 미만인 경우는 1월로 하고 당해 계약기간의 종료일이 속하는 달이 1월 미만인 경우에는 이를 산입하지 아니한다.
매출환입 매출에누리 장려금	환입된 물품의 가액과 매출에누리는 해당 과세기간의 총수입금액에 산입하지 아니한다. 다만, 거래수량 또는 거래금액에 따라 상대편에게 지급하는 장려금과 그 밖에 이와 유사한 성질의 금액과 대손금은 총수입금액에서 차감하지 아니한다.
매출할인	외상매출금을 결제하는 경우의 매출할인금액은 거래상대방과의 약정에 의한 지급기일(지급기일이 정하여져 있지 아니한 경우에는 지급한 날)이 속하는 과세기간의 총수입금액 계산에 있어서 이를 차감한다. 매출할인금액은 외상거래대금을 결제하거나 외상매출금 또는 미수금을 그 약정기일 전에 영수하는 경우 일정액을 할인하는 금액으로 한다.
모집수당 반환액	독립된 자격으로 보험가입자의 모집 및 이에 부수되는 용역을 제공하고 그 실적에 따라 모집수당 등을 받는 사업자가 보험가입자의 모집 및 이에 부수되는 용역을 제공하고 받은 모집수당 등을 반환하는 경우 그 반환 금액은 반환일이 속하는 과세기간의 총수입금액을 계산할 때 차감한다.
할인금액	사업자나 법인이 생산·공급하는 재화 또는 용역(이하 "자사제품" 등)을 임원 등에게 시가보다 낮은 가격으로 판매 또는 제공하는 방식에 따라 판매 또는 제공가액과 시가와의 차액은 총수입금액에 산입한다.
장려금수입	거래상대방으로부터 받는 장려금 기타 이와 유사한 성질의 금액은 총수입금액에 이를 산입한다.
관세환급금 등	관세환급금 등 필요경비로 지출된 세액이 환입되었거나 환입될 경우에 그 금액은 총수입금액에 이를 산입한다. 예 필요경비로 산입된 세액 중 과오납부한 세금이나 부과취소로 환급받는 세액
자산수증익 채무면제익	사업과 관련하여 무상으로 받은 자산의 가액과 채무의 면제 또는 소멸로 인하여 발생하는 부채의 감소액은 총수입금액에 이를 산입한다. 다만, 자산수증익과 채무면제익 중 이월결손금의 보전에 충당된 금액은 총수입금액에 산입하지 아니한다. → 복식부기의무자가 법률에 따른 국고보조금 등 국가, 지방자치단체 또는 공공기관으로부터 무상으로 지급받은 금액은 이월결손금의 보전에 충당된 경우에도 총수입금액에 산입
퇴직일시금 신탁의 이익 등	다음 중 어느 하나에 해당되는 이익, 분배금 또는 보험차익은 그 소득의 성격에도 불구하고 총수입금액에 산입한다. ① 확정급여형퇴직연금제도의 보험차익과 신탁계약의 이익 또는 분배금 　∵ 확정급여형 퇴직연금제도의 운용수익은 사용자의 사업과 관련하여 발생하는 소득임 ② 사업과 관련하여 해당 사업용 자산의 손실로 취득하는 보험차익 　→ 동 보험금으로 대체자산을 취득하는 경우 일시상각충당금 설정 가능

개인적 사용	거주자가 재고자산 또는 임목을 가사용으로 소비하거나 종업원 또는 타인에게 지급한 경우에도 이를 소비하거나 지급하였을 때의 가액에 해당하는 금액은 그 소비하거나 지급한 날이 속하는 과세기간의 사업소득금액 또는 기타소득금액을 계산할 때 총수입금액에 산입한다. → 관련 원가는 필요경비 산입함 ∵ 거주자가 사업과는 관계없이 개인적 목적으로 재고자산을 소비하거나 지급한 경우 경제적으로는 그 거주자가 재고자산의 가액 상당의 사업소득을 취한 것과 동일하기 때문에 그 가액 상당의 금액을 수입금액으로 보아 과세하기 위한 것
기타 수입금액	그 밖에 사업과 관련된 수입금액으로서 해당 사업자에게 귀속되었거나 귀속될 금액은 총수입금액에 산입한다.

3. 금전 이외의 것을 수입하는 경우의 가액

원칙	금전 외의 것을 수입할 때 그 거래 당시의 가액에 따라 계산한다.
물품을 인도받은 경우	① 제조업자·생산업자 또는 판매업자로부터 그 제조·생산 또는 판매하는 물품을 인도받은 때에는 그 제조업자·생산업자 또는 판매업자의 판매가액 ② 제조업자·생산업자 또는 판매업자가 아닌 자로부터 물품을 인도받은 때에는 시가
주식배당	법인으로부터 이익배당으로 받은 주식은 그 액면가액
신주인수권	주식의 발행법인으로부터 신주인수권을 받은 때(주주로서 받은 경우를 제외)에는 신주인수권에 의하여 납입한 날의 신주가액에서 당해 신주의 발행가액을 공제한 금액
기타	위 외의 경우에는 시가

4. 총수입금액 불산입항목

소득세 등 환급액	거주자가 소득세 또는 개인지방소득세를 환급받았거나 환급받을 금액 중 다른 세액에 충당한 금액은 해당 과세기간의 소득금액을 계산할 때 총수입금액에 산입하지 아니한다. ∵ 소득금액 계산 시 필요경비에 산입하지 않으므로 환급되는 경우에도 총수입금액 불산입
이월결손금 보전에 충당한 금액	거주자가 무상으로 받은 자산의 가액(복식부기의무자가 국고보조금 등 국가·지방자치단체 또는 공공기관으로부터 무상으로 지급받은 금액은 제외)과 채무의 면제 또는 소멸로 인한 부채의 감소액 중 이월결손금(공제기한 경과된 것도 포함)의 보전에 충당된 금액은 해당 과세기간의 소득금액을 계산할 때 총수입금액에 산입하지 아니한다. ∵ 거주자의 사업의 유지발전 및 세원의 육성을 위한 조세정책적 목적
이월된 소득금액	거주자의 사업소득금액을 계산할 때 이전 과세기간으로부터 이월된 소득금액은 해당 과세기간의 소득금액을 계산할 때 총수입금액에 산입하지 아니한다. "이전 과세기간으로부터 이월된 소득금액"이란 각 과세기간의 소득으로 이미 과세된 소득을 다시 해당 과세기간의 소득에 산입한 금액을 말한다. ∵ 동일한 소득에 대한 이중과세 방지

자기생산품 자가사용	① 농업, 임업, 어업, 광업 또는 제조업을 경영하는 거주자가 자기가 채굴, 포획, 양식, 수확 또는 채취한 농산물, 포획물, 축산물, 임산물, 수산물, 광산물, 토사석이나 자기가 생산한 제품을 자기가 생산하는 다른 제품의 원재료 또는 제조용 연료로 사용한 경우 그 사용된 부분에 상당하는 금액은 해당 과세기간의 소득금액을 계산할 때 총수입금액에 산입하지 아니한다. ② 건설업을 경영하는 거주자가 자기가 생산한 물품을 자기가 도급받은 건설공사의 자재로 사용한 경우 그 사용된 부분에 상당하는 금액은 해당 과세기간의 소득금액을 계산할 때 총수입금액에 산입하지 아니한다. ③ 전기·가스·증기 및 수도사업을 경영하는 거주자가 자기가 생산한 전력·가스·증기 또는 수돗물을 자기가 경영하는 다른 사업의 동력·연료 또는 용수로 사용한 경우 그 사용한 부분에 상당하는 금액은 해당 과세기간의 소득금액을 계산할 때 총수입금액에 산입하지 아니한다. ∵ 내부거래는 다른 물품 생산을 위한 경비로 보며, 자기가 경영하는 다른 사업의 수입금액에 이미 포함되어 있음
개별소비세 등 매출세액	개별소비세 및 주세의 납세의무자인 거주자가 자기의 총수입금액으로 수입하였거나 수입할 금액에 따라 납부하였거나 납부할 개별소비세 및 주세는 해당 과세기간의 소득금액을 계산할 때 총수입금액에 산입하지 아니한다. 다만, 원재료, 연료, 그 밖의 물품을 매입·수입 또는 사용함에 따라 부담하는 세액은 그러하지 아니하다. ∵ 사업자가 거래상대방으로부터 징수하여 국가에 납부할 예수금의 성격
부가가치세 매출세액	부가가치세의 매출세액은 해당 과세기간의 소득금액을 계산할 때 총수입금액에 산입하지 아니한다. ∵ 사업자가 거래상대방으로부터 징수하여 국가에 납부할 예수금의 성격
국세환급 가산금	국세기본법 제52조에 따른 국세환급가산금, 지방세기본법 제62조에 따른 지방세환급가산금, 그 밖의 과오납금의 환급금에 대한 이자는 해당 과세기간의 소득금액을 계산할 때 총수입금액에 산입하지 아니한다. ∵ 환급금 이자는 국가 등이 국세를 잘못 징수함에 따라 납세자에게 피해를 입힌 결과로 이를 보상하기 위한 성질로서 보상효과가 줄어드는 것을 방지
석유판매업자 환급세액	석유판매업자가 환급받은 세액은 해당 과세기간의 소득금액을 계산할 때 총수입금액에 산입하지 아니한다.
자산의 평가이익	사업용 자산을 임의로 평가(공신력 있는 감정기관의 평가를 포함)하여 그 평가차익을 장부에 계상한 경우에는 이를 총수입금액에 산입하지 아니한다. 이 경우 당해 자산의 감가상각비 계산은 평가 전의 장부가액에 의한다.

5. 필요경비의 계산

(1) 의의

원칙	사업소득금액을 계산할 때 필요경비에 산입할 금액은 해당 과세기간의 총수입금액에 대응하는 비용으로서 일반적으로 용인되는 통상적인 것의 합계액으로 한다.
예외	해당 과세기간 전의 총수입금액에 대응하는 비용으로서 그 과세기간에 확정된 것에 대해서는 그 과세기간 전에 필요경비로 계상하지 아니한 것만 그 과세기간의 필요경비로 본다.

(2) 필요경비의 일반적 범위

매입가격과 부대비용	판매한 상품 또는 제품에 대한 원료의 매입가격(매입에누리 및 매입할인금액을 제외)과 그 부대비용. 이 경우 사업용 외의 목적으로 매입한 것을 사업용으로 사용한 것에 대하여는 당해 사업자가 당초에 매입한 때의 매입가액과 그 부대비용으로 한다.
부동산 양도 당시 장부가액	부동산의 양도 당시의 장부가액(건물건설업과 부동산 개발 및 공급업의 경우만 해당함). 이 경우 사업용 외의 목적으로 취득한 부동산을 사업용으로 사용한 것에 대해서는 해당 사업자가 당초에 취득한 때의 자산의 취득가액규정을 준용하여 계산한 취득가액을 그 장부가액으로 한다.
판매부대비용	판매한 상품 또는 제품의 보관료, 포장비, 운반비, 판매장려금 및 판매수당 등 판매와 관련한 부대비용(판매장려금 및 판매수당의 경우 사전약정 없이 지급하는 경우를 포함)
종업원의 급여	① 개인기업체의 사업주에 대한 급료는 소득금액계산상 필요경비에 산입하지 아니한다. 이 경우 공동사업자의 경우 또한 같다. ② 종업원에는 당해 사업자의 사업에 직접 종사하고 있는 그 사업자의 배우자 또는 부양가족을 포함하는 것으로 한다. ③ 사업자가 그 종업원에게 지급한 경조금 중 사회통념상 타당하다고 인정되는 범위 내의 금액은 해당 과세기간의 소득금액 계산에 있어서 이를 필요경비에 산입한다.
출산·양육 지원금	종업원의 출산 또는 양육 지원을 위해 해당 종업원에게 공통적으로 적용되는 지급기준에 따라 지급하는 금액
종업원 할인액	임원 등에게 자사제품 등을 시가보다 낮은 가격으로 제공하거나 구입할 수 있도록 지원을 함으로써 해당 임원 등이 얻는 이익에 상당하는 금액
사업용 자산에 대한 비용	① 사업용 자산(그 사업에 속하는 일부 유휴시설을 포함)의 현상유지를 위한 수선비 ② 관리비와 유지비 ③ 사업용 자산에 대한 임차료 ④ 사업용 자산의 손해보험료
사업용 유형자산 장부가액	복식부기의무자가 사업용 유형자산의 양도가액을 총수입금액에 산입한 경우 해당 사업용 유형자산의 양도 당시 장부가액(업무용 승용차 감가상각비 중 업무사용금액에 해당하지 않는 금액이 있는 경우에는 그 금액을 차감한 금액)
제세공과금	사업과 관련이 있는 제세공과금(외국납부세액공제를 적용하지 않는 경우의 외국소득세액을 포함)
기금에 출연하는 금품	다음 중 어느 하나에 해당하는 기금에 출연하는 금품 ∴ 근로자 복지사업 원활화 ① 해당 사업자가 설립한 근로복지기본법에 따른 사내근로복지기금 ② 해당 사업자와 다른 사업자 간에 공동으로 설립한 근로복지기본법에 따른 공동근로복지기금 ③ 해당 사업자의 조세특례제한법에 따른 협력중소기업이 설립한 근로복지기본법에 따른 사내근로복지기금 ④ 해당 사업자의 조세특례제한법에 따른 협력중소기업 간에 공동으로 설립한 근로복지기본법에 따른 공동근로복지기금

구분	내용
퇴직 공제부금	건설근로자의 고용개선 등에 관한 법률에 따라 공제계약사업주가 건설근로자퇴직공제회에 납부한 공제부금

퇴직연금 사용자부담금	① 근로자퇴직급여 보장법에 따라 사용자가 부담하는 부담금은 필요경비에 산입한다.
	② 필요경비에 산입할 부담금 중 사용자가 퇴직연금계좌에 납부한 부담금은 전액 필요경비에 산입하고, 확정급여형퇴직연금제도에 납부한 부담금은 퇴직급여추계액에서 다음의 금액을 순서에 따라 공제한 금액을 한도로 하며, 둘 이상의 부담금이 있는 경우에는 먼저 계약이 체결된 퇴직연금의 부담금부터 필요경비에 산입한다.
	  ㉠ 해당 과세기간 종료일 현재의 퇴직급여충당금
	  ㉡ 직전 과세기간 종료일까지 지급한 부담금

중소기업 핵심인력성과 보상기금	중소기업 인력지원 특별법에 따른 중소기업이 부담하는 기여금 ∵ 중소기업 핵심인력의 장기 근속을 유도
건강보험료 고용보험료	국민건강보험법, 고용보험법 및 노인장기요양보험법에 의하여 사용자로서 부담하는 보험료 또는 부담금
사용자본인 건강 보험료 등	① 국민건강보험법 및 노인장기요양보험법에 의한 직장가입자로서 부담하는 사용자 본인의 보험료 ② 국민건강보험법 및 노인장기요양보험법에 따른 지역가입자로서 부담하는 보험료 → 국민연금보험료는 소득공제로 반영되므로 필요경비 불산입 항목
자영업자 보험료	① 고용보험법에 따른 예술인 또는 노무제공자나 자영업자가 피보험자로서 부담하는 보험료 ② 산업재해보상보험법에 따른 노무제공자 또는 중소기업 사업주가 피보험자로서 부담하는 보험료
단체보장성 보험료	단체순수 보장성 보험 및 단체환급부 보장성 보험의 보험료 → 해당 보험료는 종업원의 근로소득이며, 연 70만원 이하의 금액은 비과세 근로소득임
지급이자	① 총수입금액을 얻기 위하여 직접 사용된 부채에 대한 지급이자는 필요경비에 산입한다. 다만, 채권자가 불분명한 차입금에 대한 지급이자는 제외된다. ② 거주자가 공동사업에 출자하기 위하여 차입한 금액에 대한 지급이자는 당해 공동사업장의 총수입금액을 얻기 위하여 직접 사용된 부채에 대한 지급이자로 볼 수 없으므로 당해 공동사업장의 소득금액계산상 필요경비에 산입하지 아니한다.
감가상각비	사업용 유형자산 및 무형자산의 감가상각비
자산의 평가차손	**재고자산 평가차손**: ① 저가법에 의하여 평가방법을 신고하고 과세기간 종료일 현재의 시가가 원가보다 낮은 경우 ② 파손·부패 등으로 정상가격에 판매할 수 없는 재고자산을 과세기간 종료일 현재의 처분가능한 가액으로 감액하는 경우 **유형자산**: 천재·지변, 화재, 채굴불능으로 인한 폐광, 법령에 의한 수용 등의 사유로 인하여 파손 또는 멸실된 유형자산의 장부가액을 그 사유가 발생한 과세기간의 종료일 현재의 처분가능한 가액으로 감액하는 경우
대손금	대손금(부가가치세 매출세액의 미수금으로서 회수할 수 없는 것 중 부가가치세법에 따른 대손세액공제를 받지 아니한 것을 포함)은 필요경비에 산입한다.

장려금 등	거래수량 또는 거래금액에 따라 상대편에게 지급하는 장려금 기타 이와 유사한 성질의 금액
재해손실	매입한 상품·제품·부동산 및 산림 중 재해로 인하여 멸실된 것의 원가를 그 재해가 발생한 과세기간의 소득금액을 계산할 때 필요경비에 산입한 경우의 그 원가
직장 체육비 등	종업원을 위하여 직장체육비·직장문화비·가족계획사업지원비·직원회식비 등으로 지출한 금액
무료 진료가액	보건복지부장관이 정하는 무료진료권에 의하여 행한 무료진료의 가액
해외시찰 훈련비	업무와 관련이 있는 해외시찰·훈련비
학교운영비	초·중등교육법에 의하여 설치된 근로청소년을 위한 특별학급 또는 산업체부설 중·고등학교의 운영비
직장어린이집 운영비	영유아보육법에 의하여 설치된 직장어린이집의 운영비
채광비	광물의 탐광을 위한 지질조사·시추 또는 갱도의 굴진을 위하여 지출한 비용과 그 개발비
광고선전물품	광고·선전을 목적으로 견본품·달력·수첩·컵·부채 기타 이와 유사한 물품을 불특정다수인에게 기증하기 위하여 지출한 비용. 이 경우 특정인에게 기증한 물품(개당 3만원 이하의 물품은 제외)의 경우에는 연간 5만원 이내의 금액으로 한정한다.
협회비	영업자가 조직한 단체로서 법인이거나 주무관청에 등록된 조합 또는 협회에 지급하는 회비. 필요경비에 산입하는 회비는 조합 또는 협회가 법령 또는 정관이 정하는 바에 따른 정상적인 회비징수 방식에 의하여 경상경비 충당 등을 목적으로 조합원 또는 회원에게 부과하는 회비를 말한다.
유가족 위로금	종업원의 사망 이후 유족에게 학자금 등 일시적으로 지급하는 금액으로서 종업원 사망 전에 결정되어 종업원에게 공통적으로 적용되는 지급기준에 따라 지급되는 것
잉여식품 기증액	식품등 기부 활성화에 관한 법률에 따른 식품 및 생활용품의 제조업·도매업 또는 소매업을 경영하는 거주자가 해당 사업에서 발생한 잉여식품 등을 같은 법 제2조 제5호에 따른 사업자(푸드뱅크) 또는 그 사업자가 지정하는 자에게 무상으로 기증하는 경우 그 기증한 식품 등의 장부가액을 필요경비에 산입한다. 이 경우 그 금액은 기부금에 포함하지 아니한다.
외화 자산·부채 상환차손	사업자가 상환받거나 상환하는 외화자산·부채의 취득 또는 차입 당시의 원화기장액과 상환받거나 상환하는 원화금액과의 차익 또는 차손은 상환받거나 상환한 날이 속하는 과세기간의 총수입금액 또는 필요경비에 산입한다.
기타 필요경비	위 경비와 유사한 성질의 것으로서 해당 총수입금액에 대응하는 경비

(3) 필요경비 불산입

소득세 등	소득세(외국납부세액공제 및 간접투자회사 등으로부터 지급받은 소득에 대한 외국납부세액공제를 적용하는 경우의 외국소득세액을 포함)와 개인지방소득세 → 세액공제를 적용하지 않는 경우의 외국소득세액은 필요경비에 산입함
벌금 등	벌금·과료(통고처분에 따른 벌금 또는 과료에 해당하는 금액 포함)와 과태료 **필요경비 불산입(벌금 등)** ① 사업자 또는 그 종업원이 관세법을 위반하고 지급한 벌과금 ② 업무와 관련하여 발생한 교통사고 벌과금 ③ 고용보험 및 산업재해보상보험의 보험료징수 등에 관한 법률 제24조의 규정에 의하여 징수하는 산업재해보상보험료의 가산금 ④ 국민건강보험법 제80조에 따른 국민건강보험료의 연체금 **필요경비 산입** ① 사계약상의 의무불이행으로 인하여 과하는 지체상금(정부와 납품계약으로 인한 지체상금을 포함하며 구상권행사가 가능한 지체상금을 제외) ② 보세구역에 장치되어 있는 수출용 원자재가 관세법상의 장치기간 경과로 국고귀속이 확정된 자산의 가액 ③ 철도화차 사용료의 미납액에 대하여 가산되는 연체이자 ④ 고용보험 및 산업재해보상보험의 보험료징수 등에 관한 법률에 의한 산업재해보상보험료의 연체금 및 보험급여액징수금 ⑤ 국유지사용료의 납부지연으로 인한 연체료 ⑥ 전기요금의 납부지연으로 인한 연체가산금
가산금 등	국세징수법이나 그 밖에 조세에 관한 법률에 따른 가산금과 강제징수비
가산세 등	조세에 관한 법률에 따른 징수의무의 불이행으로 인하여 납부하였거나 납부할 세액(가산세액을 포함)
가사 관련 경비	다음 중 어느 하나에 해당하는 가사의 경비와 이에 관련되는 경비는 필요경비에 산입하지 아니한다. ① 사업자가 가사와 관련하여 지출하였음이 확인되는 경비. 이 경우 직계존비속에게 주택을 무상으로 사용하게 하고 직계존비속이 실제 거주하는 경우 부당행위계산부인대상에서 제외되지만, 주택에 관련된 경비는 가사와 관련하여 지출된 경비로 본다. ② 사업용 자산의 합계액이 부채의 합계액에 미달하는 경우에 그 미달하는 금액에 상당하는 부채의 지급이자로서 다음 산식에 따라 계산한 금액 → 높은 이자율이 적용되는 차입금부터 부인함 $$지급이자 \times \frac{해당\ 과세기간\ 중\ 초과인출금의\ 적수}{해당\ 과세기간\ 중\ 차입금의\ 적수}$$ ㉠ 초과인출금: 당해 과세기간 중 부채의 합계액이 사업용 자산의 합계액을 초과하는 금액 ㉡ 적수의 계산은 매월 말 현재의 초과인출금 또는 차입금의 잔액에 경과일수를 곱하여 계산할 수 있다. ㉢ 초과인출금의 적수가 차입금의 적수를 초과하는 경우에는 그 초과하는 부분은 없는 것으로 본다. ㉣ 부채에는 소득세법 및 조세특례제한법에 의하여 필요경비에 산입한 충당금 및 준비금은 포함하지 아니하는 것으로 한다.
감가상각비 한도초과액	각 과세기간에 계상한 감가상각자산의 감가상각비로서 대통령령으로 정하는 바에 따라 계산한 금액을 초과하는 금액

자산의 평가차손	① ②의 필요경비 산입대상을 제외한 자산의 평가차손은 필요경비 불산입한다.
	② 다음 중 어느 하나에 해당하는 자산은 자산의 장부가액을 그 감액사유가 발생한 과세기간 종료일 현재의 처분가능한 가액으로 감액하고, 그 감액한 금액을 해당 과세기간의 필요경비로 계상하는 방법에 따라 그 장부가액을 감액할 수 있다.
	   ⊙ 파손·부패 등으로 정상가격에 판매할 수 없는 재고자산
	   ⓒ 천재지변·화재·법령에 따른 수용·채굴 불능으로 인한 폐광으로 파손 또는 멸실된 유형자산

개별 소비세 등	반출하였으나 판매하지 아니한 제품에 대한 개별소비세 또는 주세의 미납액. 다만, 제품가액에 그 세액 상당액을 더한 경우는 제외한다. ∵ 개별소비세 등은 제조장에서 반출 시 과세하므로 사업자가 아직 구매자로부터 징수하지 않은 세금을 먼저 납부하는 결과가 된다. 따라서 구매자에 대한 미실현채권인 자산으로 처리하여야 함
부가가치세 매입세액	부가가치세의 매입세액은 필요경비에 산입하지 아니한다(∵ 최종소비자가 부담할 성질의 세금을 대납한 것이므로 선급금 채권임). 다만, 매입세액 불공제되는 부가가치세 매입세액 중 다음에 규정하는 것은 필요경비에 산입한다. ① 면세사업자가 부담하는 매입세액 ② 간이과세자가 납부한 부가가치세액 ③ 비영업용 소형승용자동차의 유지에 관한 매입세액(자본적 지출에 해당하는 것은 제외) ④ 영수증을 교부받은 거래분에 포함된 매입세액으로서 공제대상이 아닌 금액 ⑤ 기업업무추진비 및 이와 유사한 비용의 지출에 관련된 매입세액 ⑥ 부동산임차인이 부담한 전세금 및 임차보증금에 대한 매입세액
건설자금이자	건설자금에 충당한 금액의 이자란 그 명목여하에도 불구하고 해당 사업용 유형자산 및 무형자산의 매입·제작·건설에 소요된 차입금(자산의 건설에 소요되었는지의 여부가 분명하지 않은 차입금은 제외)에 대한 지급이자 또는 이와 유사한 성질의 지출금
채권자가 불분명한 사채이자	채권자가 불분명한 차입금의 이자란 다음 중 어느 하나에 해당하는 차입금의 이자(알선수수료, 사례금 등 명목 여하에 불구하고 차입금을 차입하고 지급하는 금품을 포함)를 말한다. 다만, 지급일 현재 주민등록표등본에 의하여 그 거주사실 등이 확인된 채권자가 차입금을 변제받은 후 소재불명이 된 경우에는 그러하지 아니하다. ① 채권자의 소재 및 성명을 확인할 수 없는 차입금 ② 채권자의 능력 및 자산상태로 보아 금전을 대여한 것으로 인정할 수 없는 차입금 ③ 채권자와의 금전거래사실 및 거래내용이 불분명한 차입금
공과금	법령에 따라 의무적으로 납부하는 것이 아닌 공과금이나 법령에 따른 의무의 불이행 또는 금지·제한 등의 위반에 대한 제재로서 부과되는 공과금
업무무관지출	각 과세기간에 지출한 경비 중 다음 중 어느 하나에 해당하는 직접 그 업무와 관련이 없다고 인정되는 금액 ① 사업자가 그 업무와 관련 없는 자산을 취득·관리함으로써 발생하는 취득비·유지비·수선비와 이와 관련되는 필요경비 ② 사업자가 그 사업에 직접 사용하지 아니하고 타인(종업원 제외)이 주로 사용하는 토지·건물 등의 유지비·수선비·사용료와 이와 관련되는 지출금 ③ 사업자가 그 업무와 관련 없는 자산을 취득하기 위하여 차입한 금액에 대한 지급이자 ④ 사업자가 사업과 관련 없이 지출한 기업업무추진비

업무무관지출	⑤ 사업자가 공여한 형법에 따른 뇌물 또는 국제상거래에 있어서 외국공무원에 대한 뇌물방지법상 뇌물에 해당하는 금전과 금전 외의 자산 및 경제적 이익의 합계액 ⑥ 사업자가 노동조합 및 노동관계 조정법 제24조 제2항 및 제4항을 위반하여 지급하는 급여
선급비용	지급이자 등 당해연도에 지출한 비용 중 연도 말까지 그에 상응하는 용역 등을 제공받지 못하여 당해 과세기간의 필요경비로 계상할 수 없는 비용은 당기에 필요경비 불산입이며, 차기 이후에 필요경비에 산입된다. ∵ 과세소득의 조작을 방지하여 사업소득금액을 적정하게 계산하기 위함
손해배상금	업무와 관련하여 고의 또는 중대한 과실로 타인의 권리를 침해한 경우에 지급되는 손해배상금 → 경과실에 의한 손해배상금은 필요경비 산입

(4) 특수한 필요경비 항목

① 2개 이상 사업장을 가진 사업자의 기업업무추진비 한도액 계산

개요	개인사업자는 사업장별로 구분경리하여야 하므로 기업업무추진비도 각각 구분하여 계산하여야 한다. 이 경우 기본한도(1,200만원·3,600만원)는 사업장별로 적용하는 것이 아니라 거주자 전체에 대하여 적용하므로 사업장별로 안분하여 기업업무추진비 한도액을 계산하여야 한다.
기업업무추진비 한도액	2개 이상의 사업장이 있는 사업자가 사업장별 거래내용이 구분될 수 있도록 장부에 기록한 경우 당해 과세기간에 각 사업장별로 지출한 기업업무추진비로서 각 사업장별 소득금액 계산 시 필요경비에 산입할 수 있는 금액은 다음의 금액의 합계액을 한도로 한다. ㉠ 기본한도 $$1{,}200만원(중소기업\ 3{,}600만원) \times \frac{각\ 사업장의\ 당해\ 과세기간\ 수입금액}{각\ 사업장의\ 당해\ 과세기간\ 수입금액\ 합산액}$$ ⓐ 2개 이상의 사업장 중 당해 과세기간 중에 신규로 사업을 개시하거나 중도에 폐업하는 사업장이 있는 경우에는 당해 과세기간 중 영업월수가 가장 긴 사업장의 월수를 기준으로 기본금액을 계산하되, 중소기업의 해당 여부는 주업종(수입금액이 가장 큰 업종)에 의하여 판단한다. ⓑ 2개 이상의 사업장 중 일부 사업장의 소득금액에 대하여 추계조사결정 또는 경정을 받은 경우에는 추계조사결정 또는 경정을 받은 사업장은 수입금액이 없는 것으로 한다. ㉡ 각 사업장의 당해 과세기간 수입금액 × 적용률 ⓐ 적용률은 각 사업장의 당해 과세기간의 수입금액의 합산액에 의하여 결정한다. ⓑ 각 사업장의 수입금액 합산액이 100억원을 초과하는 경우에는 각 사업장별로 적용률의 우선순위를 임의로 선택할 수 있다.
사업장별 통산	2개 이상의 사업장에서 각 사업장별로 지출한 기업업무추진비가 기업업무추진비 한도액에 미달하는 경우와 초과하는 경우가 각각 발생하는 때에는 그 미달하는 금액과 초과하는 금액은 이를 통산하지 아니한다.

🔍 **사례**

사업장	수입금액		기장 유무	비고	기업업무추진비 지출액
	일반	특수			
A	40억원	-	기장	4. 1. 개업	20,000,000
B	30억원	-	추계	-	10,000,000
C	60억원	20억원	기장	중소기업	50,000,000

⇒ 기업업무추진비 한도액(A사업장부터 수입금액 적용률을 적용한다고 가정함)

사업장	기본한도	수입금액 한도	한도초과액 (한도미달액)
A	12,000,000$^{(*1)}$	40억원 × 0.3% = 12,000,000	(4,000,000)
C	24,000,000$^{(*2)}$	60억원 × 0.3% + 20억 × 0.2% × 10% = 18,400,000	7,600,000

$^{(*1)}$ 36,000,000 × 40억원/120억원 = 12,000,000
$^{(*2)}$ 36,000,000 × 80억원/120억원 = 24,000,000

② 기부금의 필요경비 계산

→ 기부금규정은 법인세법과 거의 유사하므로 차이나는 부분 위주로 서술하기로 한다.

개요	사업소득만 있는 자는 기부금세액공제를 적용할 수 없으며 필요경비로만 산입하여야 한다. 이 경우 기본공제대상자(나이의 제한을 받지 아니하며, 다른 거주자의 기본공제를 적용받은 사람 제외)가 지급한 기부금은 해당 사업자의 기부금에 포함한다.	
기부금 범위	특례 기부금	⊙ 법인세법 제24조 제2항 제1호에 따른 기부금 ⓒ 재난 및 안전관리 기본법에 따른 특별재난지역(특별재난지역으로 선포되기 이전에 같은 지역에서 행한 자원봉사용역을 포함)을 복구하기 위하여 자원봉사용역(개인사업자의 경우 본인의 봉사분에 한함)을 한 경우 다음에 따른 금액의 합계액 ⓐ 봉사일수(총봉사시간 ÷ 8시간) × 8만원 → 소수점 이하의 부분은 1일로 계산 [예] 7일(50시간 ÷ 8시간 = 6.25일) × 8만원 = 56만원 ⓑ 자원봉사용역에 부수되어 발생하는 유류비(자원봉사용역 제공 장소로의 이동을 위한 유류비는 제외)·재료비 등 직접비용의 경우 해당 용역을 제공할 당시의 시가 또는 장부가액
	일반 기부금	⊙ 법인세법 시행령 제39조 제1항에 따른 일반기부금 ⓒ 단위노동조합 등으로서 일정한 회계공시 요건을 모두 갖춘 단위노동조합 등에 가입한 조합원이 해당 단위노동조합 등에 납부한 조합비, 교원단체, 공무원직장협의회에 가입한 사람이 납부한 회비 ⓒ 법령에서 정한 사회환원기부신탁

기부금 한도액	특례 기부금	사업자가 해당 과세기간에 지출한 기부금 및 이월된 기부금 중 특례기부금은 다음의 한도액 내에서 해당 과세기간의 사업소득금액을 계산할 때 필요경비에 산입하고, 필요경비 산입한도액을 초과하는 금액은 필요경비에 산입하지 아니한다. 기준소득금액[*] - 이월결손금 [*] 기부금을 필요경비에 산입하기 전 해당 과세기간의 소득금액(다른 사업장의 사업소득 포함)
	일반 기부금	사업자가 해당 과세기간에 지출한 기부금 및 이월된 기부금 중 일반기부금은 다음의 한도액 내에서 해당 과세기간의 사업소득금액을 계산할 때 필요경비에 산입하고, 필요경비 산입한도액을 초과하는 금액은 필요경비에 산입하지 아니한다. ① 종교단체 기부금이 없는 경우 (기준소득금액 - 이월결손금 - 필요경비산입기부금) × 30% ② 종교단체 기부금이 있는 경우 (기준소득금액 - 이월결손금 - 필요경비산입기부금[*]) × 10% + Min[(기준소득금액 - 이월결손금 - 필요경비산입기부금[*]) × 20%, 종교단체 외 지급한 기부금] [*] 정치자금 + 고향사랑 + 특례기부금 + 우리사주조합 필요경비산입금액
이월공제		사업자가 해당 과세기간에 지출하는 기부금 중 필요경비 산입한도액을 초과하여 필요경비에 산입하지 아니한 특례기부금 및 일반기부금의 금액(종합소득세 신고 시 세액공제를 적용받은 기부금의 금액은 제외)은 해당 과세기간의 다음 과세기간 개시일부터 10년 이내에 끝나는 각 과세기간에 이월하여 필요경비에 산입할 수 있다.

③ 지급이자: 지급이자는 원칙적으로 사업소득의 필요경비로 인정한다. 다만, 다음의 지급이자는 필요경비 불산입하며, 동시에 적용되는 경우 다음의 순서에 따라 부인한다.
  ㉠ 채권자가 불분명한 차입금의 이자
  ㉡ 건설자금에 충당한 차입금의 이자
  ㉢ 초과인출금에 대한 지급이자
  ㉣ 업무무관자산에 대한 지급이자

④ 업무용 승용차 관련비용 → 법인세법과 기본적으로 동일하므로 차이점만 서술하기로 함

구분			법인세법	소득세법
적용대상			모든 법인	복식부기의무자
업무사용 비율	업무전용 자동차 보험가입	운행기록부 작성	$\dfrac{\text{업무용사용거리}}{\text{총 주행거리}}$	
		운행기록부 미작성	㉠ 1,500만원 이하: 100% ㉡ 1,500만원 초과: 1,500만원 ÷ 총비용	
	업무전용자동차보험 미가입		승용차 관련비용 전액 손금불산입	사업자[*]별 업무용승용차 수에 따른 다음의 금액 ㉠ 1대: 업무사용비율금액

업무사용 비율	업무전용자동차보험 미가입		ⓒ 1대 초과분: 업무사용비율금액의 0%. 단, 직전 과세기간의 성실신고 확인대상사업자와 전문직 업종 사업자를 제외한 복식부기의무자의 2024. 1. 1. ~ 2025. 12. 31.까지 발생한 업무용승용차 관련비용에 대해서는 업무사용비율금액의 50%
	취득가액 8,000만원 이상 자동차번호판 부착의무	있음	없음
	부동산임대업 주업인 특정법인 규제	있음	없음

(*) 공동사업장의 경우는 1사업자로 봄

04 부동산임대업

1. 부동산임대업의 범위

범위	① 부동산 또는 부동산상의 권리를 대여하는 사업 ② 공장재단 또는 광업재단을 대여하는 사업 ③ 광업권자·조광권자·덕대가 채굴 시설과 함께 광산을 대여하는 사업
특징	부동산임대업(주거용 건물임대업 제외)에서 발생한 결손금은 종합소득 과세표준을 계산할 때 공제하지 아니한다.

2. 부동산임대업의 소득금액 계산

(1) 사업소득금액 계산

계산	부동산임대업 소득금액 = 총수입금액 - 필요경비	

총수입금액	임대료	① 원칙: 부동산 등을 대여하고 그 대가로 해당 연도에 수입하였거나 수입할 금액의 합계액으로 한다.
		② 수입시기: 자산을 임대하거나 지역권·지상권을 설정하여 발생하는 소득의 경우에는 다음의 구분에 따른 날
		  ㉠ 계약 또는 관습에 따라 지급일이 정해진 것: 그 정해진 날
		  ㉡ 계약 또는 관습에 따라 지급일이 정해지지 아니한 것: 그 지급을 받은 날
		③ 선세금에 대한 총수입금액 계산
		$$총수입금액 = 선세금 \times \frac{해당연도\ 임대기간\ 월수}{계약기간\ 월수}$$
		※ 월수계산은 초월산입·말월불산입

	관리비	사업자가 부동산을 임대하고 전기료, 수도료 등의 공공요금을 제외한 청소비 난방비 등 임대료 외에 유지나 관리비로 지급받는 금액은 총수입금액에 산입한다. 단, 공공요금의 명목으로 지급받은 금액이 공공요금의 납부액을 초과하는 경우 그 초과하는 금액은 총 수입금액에 산입한다.

총수입금액	간주임대료	부동산을 임대하고 받은 임대보증금을 새로운 부동산 취득자금으로 운용하는 것을 방지하고 부동산 과다보유를 억제한다는 취지에서, 시장금리에 불구하고 누구든지 은행에 예금을 하면 틀림없이 얻을 수 있는 정기예금이자율 상당의 소득이 있었다고 보아 계산한 간주임대료를 총수입금액에 산입한다.
필요경비		해당 과세기간의 총수입금액에 대응하는 비용의 합계액으로 한다. 따라서 부동산임대업과 관련된 경비를 필요경비로 인정하며, 부동산 관리인의 인건비, 복리후생비, 재세공과금 등이 이에 해당한다.

(2) 간주임대료 계산

① 주택 외의 부동산을 임대하는 경우

대상		거주자가 부동산 또는 그 부동산상의 권리 등을 대여하고 보증금·전세금 또는 이와 유사한 성질의 금액을 받은 경우 ∵ 부동산임대업 주업과 차입금 여부 관계 없음
계산	기장신고	(보증금 등 적수 - 건설비상당액 적수) × 1/365(366) × 정기예금이자율 - 보증금 등 운용수익
	추계신고	보증금 등의 적수 × 1/365(윤년 366) × 정기예금이자율
	추가내용	㉠ 보증금 등: 임대차계약서상의 전세금 또는 임대보증금을 의미하므로 실제 지급받았는지의 여부에 관계없이 임차인이 당해 부동산을 사용하거나 사용하기로 한 때를 기준으로 하여 계산한다. ㉡ 건설비상당액: 당해 건축물의 취득가액(토지가액은 제외)은 자본적 지출액을 포함하고 재평가차액을 제외한 금액. 한편, 건설비상당액 적수계산 시 임대일수는 임대보증금 적수계산 시의 임대일수와 일치하여야 한다. ㉢ 정기예금이자율: 2.9% ㉣ 해당 과세기간의 보증금 등 운용수익: 장부·증빙서류에 의하여 당해 임대보증금 등으로 취득한 것이 확인되는 금융자산으로부터 발생한 수입이자·할인료 및 배당금의 합계액 | 운용수익 포함 | 미수이자, 수입배당금, 저축성 보험차익 | | 운용수익 미포함 | 선수이자, 유가증권처분이익, 신주인수권처분이익 | ㉤ 간주임대료가 '0'보다 적은 때에는 없는 것으로 보며, 적수의 계산은 매월 말 현재의 보증금 등의 잔액에 경과일수를 곱하여 계산할 수 있다.

🔍 **사례**

부동산임대업을 하는 甲의 총 수입금액은? (단, 정기예금이자율은 3%로 가정한다)

① 상가임대현황(장부를 기장하고 있음)

임대보증금	월 임대료	임대기간	건물·토지 취득자료
200,000,000	1,000,000	1. 1. ~ 12. 31.	토지 200,000,000 건물 100,000,000

② 임대보증금 운용 수입

미수이자	선수이자	배당금수익	주식처분이익
200,000	400,000	500,000	2,000,000

⇒ 총수입금액
  ㉠ 임대료: 1,000,000 × 12월 = 12,000,000
  ㉡ 간주임대료: (2억원 - 1억원) × 3% - (200,000 + 500,000) = 2,300,000

② 주택(부수토지 포함)을 임대하는 경우

대상	주택(소형주택은 제외)을 대여하고 보증금등을 받은 경우로서 다음 중 어느 하나에 해당하는 경우
	㉠ 3주택 이상을 소유하고 해당 주택의 보증금등의 합계액이 3억원을 초과하는 경우
	㉡ 2주택(해당 과세기간의 기준시가가 12억원 이하인 주택은 주택 수에 포함하지 아니함)을 소유하고 해당 주택의 보증금 등의 합계액이 3억원 이상의 금액으로서 12억원을 초과하는 경우(2026. 1. 1. 이후 개시하는 과세기간분부터 적용)
	(*) 소형주택: 주거의 용도로만 쓰이는 면적이 1호 또는 1세대당 40m² 이하인 주택으로서 해당 과세기간의 기준시가가 2억원 이하인 주택은 2026. 12. 31.까지 주택 수에 포함하지 아니함

계산	기장신고	(보증금 등 - 3억원)의 적수 × 60% × 1/365(366) × 정기예금이자율 - 보증금 등 운용수익
	추계신고	(보증금 등 - 3억원)의 적수 × 60% × 1/365(366) × 정기예금이자율
	추가내용	㉠ 보증금 등을 받은 주택이 2주택 이상인 경우에는 보증금 등의 적수가 가장 큰 주택의 보증금 등부터 순서대로 뺀다. ㉡ 3억원 차감 시에는 개인별로 각각 적용하며, 공동주택의 경우 공동사업장을 구성원 개인과는 별개로 1거주자로 보아 개인과 별도로 3억원을 적용함 ㉢ 해당 과세기간의 보증금 등 운용수익: 장부·증빙서류에 의하여 당해 임대보증금 등으로 취득한 것이 확인되는 금융자산으로부터 발생한 수입이자·할인료 및 배당금의 합계액
		운용수익 포함 : 미수이자, 수입배당금, 저축성 보험차익
		운용수익 미포함 : 선수이자, 유가증권처분이익, 신주인수권처분이익

세부 사항	전전세 또는 전대의 경우 간주임대료 계산: 부동산을 전전세 또는 전대하는 경우 총 수입금액에 산입할 금액(간주임대료)은 다음 계산식에 따라 계산한 금액으로 한다. → 전세 또는 임차받기 위하여 지급한 임차료는 필요경비에 산입한다.
	$\left(\text{전전세 또는 전대하고 받은 보증금등의 적수} - \text{전세 또는 임차받기 위하여 지급한 보증금등의 적수}\right) \times \dfrac{\text{전전세 또는 전대한 부분의 면적}^{(*)}}{\text{전세 또는 임차받은 부동산의 면적}^{(*)}} \times 1/365(366) \times \text{정기예금이자율}$
	(*) 사업시설을 포함하여 전전세 또는 전대한 경우 그 가액의 비율

🔍 사례

20X1년 간주임대료를 계산하시오. 단, 임대주택 3채 모두 주거전용면적 40m² 초과하여 간주임대료 계산 대상이며, 정기예금이자율은 3% 가정한다.

구분	보증금	임대기간	보증금 적수
A주택	2억원	20X1. 1. 1. ~ 20X1. 12. 31.	73,000,000,000
B주택	5억원	20X1. 11. 1. ~ 20X2. 10. 31.	30,500,000,000
C주택	1억원	20X1. 1. 1. ~ 20X1. 12. 31.	36,500,000,000

⇒ ① A주택: (2억원 - 2억원)
　② B주택: (5억원 - 0원) × 61일 × 60% × 1/365 × 3% = 1,504,109
　③ C주택: (1억원 - 1억원)

05 주택임대소득에 대한 세액 계산의 특례

개요	① 해당 과세기간에 주거용 건물 임대업에서 발생한 수입금액의 합계액이 2천만원 이하인 자의 주택임대소득은 종합과세 또는 분리과세 중 선택할 수 있다. ∵ 주택임대업 지원 ② 이 경우 사업자가 공동사업자인 경우에는 공동사업장에서 발생한 주택임대수입금액의 합계액을 손익분배비율에 의해 공동사업자에게 분배한 금액을 각 사업자의 주택임대수입금액에 합산한다.
분리과세 주택임대 소득금액	① 미등록임대주택: 총수입금액에서 필요경비(총수입금액의 50%)를 차감한 금액으로 하되, 분리과세 주택임대소득을 제외한 해당 과세기간의 종합소득금액이 2천만원 이하인 경우에는 추가로 200만원을 차감한 금액으로 한다. ② 등록임대주택: 총수입금액에서 필요경비(총수입금액의 60%)를 차감한 금액으로 하되, 분리과세 주택임대소득을 제외한 해당 과세기간의 종합소득금액이 2천만원 이하인 경우에는 추가로 400만원을 차감한 금액으로 한다. ∵ 임대주택사업 등록 활성화 📋 **등록임대주택의 요건** 1. 민간임대주택법에 따른 등록(지방자치단체, 시, 군, 구청) 2. 소득세법에 따른 사업자등록(세무서) 3. 임대료(임차보증금)의 연 증가율이 5%를 초과하지 않을 것

종합소득 결정세액 계산특례	분리과세 주택임대소득이 있는 거주자의 종합소득 결정세액은 다음의 세액 중 하나를 선택하여 적용한다. → Min(①, ②)
	① 종합과세: 주택임대소득에 대하여 분리과세를 적용하기 전의 종합소득 결정세액
	② 분리과세: 다음의 세액을 더한 금액
	    ㉠ 분리과세 주택임대소득에 대한 사업소득금액 × 14% - 세액감면
	    ㉡ 위 ㉠ 외의 종합소득 결정세액
	
	🔍 **사례**
	분리과세를 가정하며, 주택임대소득 외의 종합소득금액은 2천만원 이하임
	
	| 구분
		등록임대주택	미등록임대주택

---	---	---
수입금액	2천만원	2천만원
필요경비	2천만원 × 60%	2천만원 × 50%
공제금액	400만원	200만원
소득금액	400만원	800만원
세율	14%	14%
산출세액	56만원	112만원	
임대주택 유형에 따른 사업소득금액	① 과세기간 중 일부 기간 동안 등록임대주택을 임대한 경우 등록임대주택의 임대사업에서 발생하는 수입금액은 월수로 계산한다. 이 경우 해당 임대기간의 개시일 또는 종료일이 속하는 달이 15일 이상인 경우에는 1개월로 본다. ② 해당 과세기간 중에 임대주택을 등록한 경우 주택임대소득금액은 다음의 계산식에 따라 계산한다. 등록한 기간에 발생한 수입금액 × (1 - 60%) + 등록하지 않은 기간에 발생한 수입금액 × (1 - 50%)

임대주택 유형에 따른 사업소득금액	③ 해당 과세기간 동안 등록임대주택과 등록임대주택이 아닌 주택에서 수입금액이 발생한 경우 해당 과세기간의 종합소득금액이 2천만원 이하인 경우에 추가로 차감하는 금액은 다음의 계산식에 따라 계산한다. $$\frac{등록임대주택\ 수입금액}{총\ 주택임대수입금액} \times 400만원 + \frac{미등록임대주택\ 수입금액}{총\ 주택임대수입금액} \times 200만원$$

🔍 사례

① 월세 1,600,000원(매월 말 수령), 20X1. 1. 1. ~ 12. 31. 총수입금액 19,200,000
② 20X1. 7. 10. 사업자등록 및 지방자치단체에 주택임대등록을 하였음

구분	미등록임대주택	등록임대주택
수입금액	1,600,000 × 6月 = 9,600,000	1,600,000 × 6月 = 9,600,000
필요경비	9,600,000 × 50% = 4,800,000	9,600,000 × 60% = 5,760,000
추가공제	2,000,000 × 9.6/19.2 = 1,000,000	4,000,000 × 9.6/19.2 = 2,000,000
소득금액	3,800,000	1,840,000
결정세액	3,800,000 × 14% = 532,000	1,840,000 × 14% = 257,600

📋 주택임대소득에 대한 종합과세와 분리과세 비교

구분	분리과세	종합과세
총수입금액	연 2천만원 이하인 경우로서 분리과세를 선택한 경우	① 연 2천만원 초과자 ② 연 2천만원 이하인 경우로서 종합과세를 선택한 경우
필요경비	① 등록임대주택: 60% ② 미등록임대주택: 50%	① 기장신고: 실제경비 ② 추계신고: 단순경비율 또는 기준경비율
소득공제	① 등록임대주택: 400만원 ② 미등록임대주택: 200만원	종합소득공제(인적공제 등)
세율	14%	6 ~ 45%
세액감면	가능	가능
확정신고	있음	있음

06 사업소득의 수입시기

소득세법상 소득의 수입시기를 정하는 원칙인 '권리확정주의'란 과세상 소득이 실현된 때가 아닌, 권리가 발생한 때에 소득이 있는 것으로 보고 당해 연도의 소득을 산정하는 것으로 실질적으로는 불확실한 소득에 대하여 장래실현될 것을 전제로 하여 미리 과세하는 것을 허용하는 원칙이기는 하나, '확정'의 개념은 구체적인 사안에 관하여 소득에 대한 관리·지배와 발생소득의 객관화 정도, 납세자금의 확보시기 등까지도 함께 고려하여 그 소득의 실현 가능성이 상당히 높은 정도로 성숙·확정되었는지 여부를 기준으로 수입시기를 판단하여야 한다.

구분	수입시기
상품 등의 판매	상품(건물건설업과 부동산 개발 및 공급업의 경우의 부동산을 제외)·제품 또는 그 밖의 생산품의 판매는 그 상품 등을 인도한 날^(*) (*) 인도일은 다음에 규정된 날을 말한다. ① 납품계약 또는 수탁가공계약에 의하여 물품을 납품하거나 가공하는 경우에는 당해 물품을 계약상 인도하여야 할 장소에 보관한 날. 다만, 계약에 따라 검사를 거쳐 인수 및 인도가 확정되는 물품은 당해 검사가 완료된 날 ② 물품을 수출하는 경우 당해 수출물품을 계약상 인도하여야 할 장소에 보관한 날
상품 등의 시용판매	상대방이 구입의 의사를 표시한 날. 다만, 일정기간 내에 반송하거나 거절의 의사를 표시하지 아니하는 한 특약 또는 관습에 의하여 그 판매가 확정되는 경우에는 그 기간의 만료일로 한다.
상품 등의 위탁판매	수탁자가 그 위탁품을 판매하는 날
상품 등 장기할부조건	그 상품 등을 인도한 날. 다만, 그 장기할부조건에 따라 수입하였거나 수입하기로 약정한 날이 속하는 과세기간에 당해 수입금액과 이에 대응하는 필요경비를 계상한 경우에는 그 장기할부조건에 따라 수입하였거나 수입하기로 약정된 날. 이 경우 인도일 이전에 수입하였거나 수입할 금액은 인도일에 수입한 것으로 보며, 장기할부기간 중에 폐업한 경우 그 폐업일 현재 총수입금액에 산입하지 아니한 금액과 이에 상응하는 비용은 폐업일이 속하는 과세기간의 총수입금액과 필요경비에 이를 산입한다.
건설 등의 제공	건설·제조 기타 용역(도급공사 및 예약매출을 포함)의 제공에 있어서는 용역의 제공을 완료한 날(목적물을 인도하는 경우에는 목적물을 인도한 날). 다만, 계약기간이 1년 이상인 경우로서 작업진행률을 기준으로 하여야 하며, 계약기간이 1년 미만인 경우로서 사업자가 그 목적물의 착수일이 속하는 과세기간의 결산을 확정함에 있어서 작업진행률을 기준으로 총수입금액과 필요경비를 계상한 경우에는 작업진행률을 기준으로 할 수 있다.
무인판매기 판매	당해 사업자가 무인판매기에서 현금을 인출하는 때
인적 용역의 제공	용역대가를 지급받기로 한 날 또는 용역의 제공을 완료한 날 중 빠른 날. 다만, 연예인 및 직업운동선수 등이 계약기간 1년을 초과하는 일신전속계약에 대한 대가를 일시에 받는 경우에는 계약기간에 따라 해당 대가를 균등하게 안분한 금액을 각 과세기간 종료일에 수입한 것으로 하며, 월수의 계산은 해당 계약기간의 개시일이 속하는 달이 1개월 미만인 경우에는 1개월로 하고 해당 계약기간의 종료일이 속하는 달이 1개월 미만인 경우에는 이를 산입하지 아니한다.
어음의 할인	그 어음의 만기일. 다만, 만기 전에 그 어음을 양도하는 때에는 그 양도일로 한다.
금융보험업의 이자 등	한국표준산업분류상의 금융보험업에서 발생하는 이자 및 할인액은 실제로 수입된 날
기타의 자산	대금을 청산한 날. 다만, 대금을 청산하기 전에 소유권 등의 이전에 관한 등기 또는 등록을 하거나 해당 자산을 사용수익하는 경우에는 그 등기·등록일 또는 사용수익일로 한다.
금전등록기 설치사업자	영수증을 작성·교부할 수 있는 사업자로서 금전등록기를 설치·사용한 경우에 총수입금액은 해당 과세기간에 수입한 금액의 합계액에 따라 계산할 수 있다. ∴ 금전등록기에 의한 감사테이프에 기록된 매출거래는 매출시점이 아니라 그 매출금액이 실제 입금되는 시점에서 기록되고, 그 거래의 성질이 대부분 소액거래며 거래횟수가 매우 빈번하다는 점을 감안하여 예외적으로 현금주의과세가 가능

07 추계결정·경정방법

1. 개요

의의	소득금액의 추계결정 또는 경정을 하는 경우에는 다음의 방법에 따른다. ① 기준경비율법 ② 단순경비율법(단순경비율자만 가능함) ③ 연말정산사업소득 ④ 동업자권형에 의한 방법 ⑤ 기타 국세청장이 합리적이라고 인정하는 방법
추계 소득금액	추계 시 사업소득금액 + 충당금·준비금 총수입금액 산입액
추계 시 총수입금액 가산항목	수입금액은 다음의 금액을 가산한 것으로 한다. ① 해당 사업과 관련하여 국가·지방자치단체로부터 지급받은 보조금 또는 장려금 ② 해당 사업과 관련하여 동업자단체 또는 거래처로부터 지급받은 보조금 또는 장려금 ③ 부가가치세법에 따라 신용카드매출전표를 교부함으로써 공제받은 부가가치세액 ④ 복식부기의무자의 사업용 유형자산 양도가액 [예] 복식부기의무자가 장부가액 10,000,000원의 기계장치를 6,000,000원에 양도하여 처분손실 4,000,000원이 발생한 경우 추계 시 수입금액은 6,000,000원이다.
추계 시 소득금액 가산항목	소득세법 또는 다른 법률에 따라 총수입금액에 산입할 충당금·준비금 등이 있는 자에 대한 소득금액을 추계결정 또는 경정하는 때에는 추계방법에 의하여 계산한 소득금액에 해당 과세기간의 총수입금액에 산입할 충당금·준비금 등을 가산한다.

2. 기준경비율법

계산방법		수입금액에서 주요경비와 기준경비의 합계액(수입금액을 초과하는 경우에는 그 초과하는 금액은 제외)을 공제한 금액을 그 소득금액(기준소득금액)으로 결정 또는 경정하는 방법을 말한다. 다만, 기준소득금액이 단순경비율에 의한 소득금액에 국세청장이 정하는 배율을 곱하여 계산한 금액 이상인 경우 2024. 12. 31.이 속하는 과세기간의 소득금액을 결정 또는 경정할 때까지는 그 배율을 곱하여 계산한 금액을 소득금액으로 결정할 수 있다. 추계소득금액 = Min(①, ②) ① 수입금액 - 주요경비 - 수입금액 × 기준경비율(복식부기의무자: 기준경비율의 1/2) ② {수입금액 - (수입금액 × 단순경비율)} × 2.8배(복식부기의무자: 3.4배)
주요경비 범위	매입 비용	① 재화의 매입: 재산적 가치가 있는 유체물(상품·제품·원료·소모품 등 유형적 물건)과 동력·열 등 관리할 수 있는 자연력의 매입([예] 전기요금, 가스요금) ② 외주가공비: 판매용 재화의 생산·건설·건축 또는 가공을 타인에게 위탁하거나 하도급하고 그 대가로 지출하거나 지출할 금액 ③ 운송업의 운반비: 육상·해상·항공운송업 및 운수관련 서비스업을 경영하는 사업자가 사업과 관련하여 타인의 운송수단을 이용하고 그 대가로 지출하였거나 지출할 금액

	사업용 유형·무형자산 임차료	사업에 직접 사용하는 건축물 및 기계장치 등 유형자산 및 무형자산을 타인으로부터 임차하고 그 임차료로 지출하였거나 지출할 금액
	인건비	종업원의 급여, 임금 등, 일용근로자의 임금, 퇴직급여로서 증빙서류에 의해 지급하였거나 지급할 금액 → 사업소득자에게 서비스용역을 제공받고 지출하였거나 지출할 금액은 인건비에 포함되지 않음
주요경비 범위		🔍 **주요경비 중 매입비용의 사례** 1. 상품·제품·재료 등의 매입비용은 매입부수비용(운반비, 상하차비, 공과금, 보험료 등)을 포함하지 않은 순수한 물건대금이다. 2. 외주가공비와 운송업의 운반비 이외의 용역을 제공받고 지출하였거나 지출할 금액은 매입비용에 포함하지 않는다. 매입비용에 포함되지 않는 용역은 다음과 같다. 　① 음식료 및 숙박료 　② 창고료(보관료), 통신비 　③ 보험료, 수수료, 광고선전비(광고선전용 재화의 매입은 매입비용으로 함) 　④ 수선비(수선·수리용 재화의 매입은 매입비용으로 함) 　⑤ 사업서비스, 교육서비스, 개인서비스, 보건서비스 및 기타 서비스(용역)를 제공받고 지급하는 금액 등 3. 가가치세 면세사업자는 부가가치세가 포함된 금액을 매입비용으로 함 4. 판매촉진비, 광고선전비, 기업업무추진비, 소모품비 등으로 사용하거나 소비하기 위하여 매입한 것으로서 재산적 가치가 있는 유체물(상품·제품·원료·소모품 등 유형적 물건)의 매입은 주요경비에 포함된다. 5. 부동산매매업자 등이 지출한 취득세·등록세는 매입비용에 해당한다. 6. 해당 과세연도 수입금액에서 공제하는 주요경비는 해당 과세연도에 지출하였거나 지출할 금액에 기초재고자산에 포함된 주요경비를 가산하고 기말재고자산에 포함된 주요경비를 공제하여 계산한 금액으로 한다.

3. 단순경비율법

단순경비율 적용대상	단순경비율 적용대상자란 다음 중 어느 하나에 해당하는 사업자로서 해당 과세기간의 수입금액이 복식부기의무자 해당 수입금액에 미달하는 사업자를 말한다. ① 해당 과세기간에 신규로 사업을 개시한 사업자 ② 직전 과세기간의 수입금액(결정 또는 경정으로 증가된 수입금액을 포함)의 합계액이 다음의 금액에 미달하는 사업자로서 해당 과세기간의 수입금액이 복식부기의무 기준수입금액에 미달하는 사업자

업종	기준수입금액 (직전연도)
㉠ 농업·임업 및 어업, 광업, 도매 및 소매업(상품중개업 제외), 부동산매매업, 그 밖에 ㉡ 및 ㉢에 해당되지 아니하는 사업	6,000만원
㉡ 제조업, 숙박 및 음식점업, 전기·가스·증기 및 공기조절 공급업, 수도·하수·폐기물처리·원료재생업, 건설업(비주거용 건물 건설업은 제외하고, 주거용 건물 개발 및 공급업을 포함), 운수업 및 창고업, 정보통신업, 금융 및 보험업, 상품중개업, 수리 및 기타 개인서비스업(부가가치세법 시행령에 따른 인적 용역만 해당함)	3,600만원

단순경비율 적용대상	ⓒ 부동산임대업, 부동산업(부동산매매업 제외), 전문·과학 및 기술서비스업, 사업시설관리·사업지원 및 임대서비스업, 교육서비스업, 보건업 및 사회복지서비스업, 예술·스포츠 및 여가 관련 서비스업, 협회 및 단체, 수리 및 기타 개인서비스업(부가가치세법 시행령 제42조 제1호에 따른 인적 용역은 제외), 가구 내 고용활동	2,400만원
단순경비율 배제대상	다음 중 어느 하나에 해당하는 사업자는 단순경비율 적용대상자에 포함되지 않는다. ① 의료업, 수의사업 및 약국업을 행하는 사업자 ② 변호사업, 심판변론인업, 변리사업, 법무사업, 공인회계사업, 세무사업, 경영지도사업, 기술지도사업, 감정평가사업, 손해사정인업, 통관업, 기술사업, 건축사업, 도선사업, 측량사업, 공인노무사업, 의사업, 한의사업, 약사업, 한약사업, 수의사업과 그 밖에 이와 유사한 사업서비스업으로서 기획재정부령으로 정하는 것 ③ 현금영수증가맹점에 가입하여야 하는 사업자 중 현금영수증가맹점으로 가입하지 아니한 사업자(가입하지 아니한 해당 과세기간에 한한다) ④ 해당 과세기간에 신용카드매출전표 또는 현금영수증을 사실과 다르게 발급하거나 거부한 사업자로서 관할 세무서장으로부터 해당 과세기간에 3회 이상 통보받고 그 금액의 합계액이 100만원 이상이거나 5회 이상 통보받은 사업자(통보받은 내용이 발생한 날이 속하는 해당 과세기간에 한정함)	
계산방법	수입금액(고용정책 기본법에 따라 고용노동부장관이 기업의 고용유지에 필요한 비용의 일부를 지원하기 위해 지급하는 일자리안정자금은 제외)에서 수입금액에 단순경비율을 곱한 금액을 공제한 금액을 그 소득금액으로 결정 또는 경정하는 방법을 말한다. 추계소득금액 = 수입금액 - (수입금액 × 단순경비율)	

4. 과세방법

(1) 원천징수대상 사업소득

내용	사업소득은 본래 원천징수대상이 아니나, 부가가치세가 면제되는 인적 용역 및 봉사료 수입금액은 원천징수대상이다. 따라서 사업자 등 원천징수의무자(비사업자인 일반개인은 제외)가 원천징수대상 사업소득을 지급하는 경우 소득세를 원천징수하여 납부하여야 한다.	
원천징수 대상과 세율	부가가치세 면세대상인 의료보건용역과 인적 용역의 수입금액[*]	3%
	외국인 직업운동가가 스포츠클럽 운영업 중 프로스포츠구단과의 계약(계약기간에 상관없이 적용)에 따라 용역을 제공하고 받는 소득 ∴ 외국인 직업운동가에 대한 조세채권 확보를 위함	20%
	과세유흥장소에서 제공하는 용역 등을 제공하고 사업자가 지급하는 봉사료로서 공급가액과 구분하여 적은 봉사료금액이 공급가액의 20%를 초과하는 경우의 봉사료 수입금액	5%
	[*] 단, 다음의 소득은 원천징수대상에서 제외한다. ① 약사가 제공하는 의약품의 조제용역 중 의약품 가격이 차지하는 비율에 상당하는 소득 ② 접대부, 댄서와 이와 유사한 용역의 공급으로 발생하는 소득	
납세조합의 원천징수	농·축·수산물 판매업자(복식부기의무자는 제외) 및 노점상인은 납세조합을 조직할 수 있으며, 납세조합은 그 조합원의 매월분 사업소득(매월분 수입금액에 단순경비율)에 대한 소득세를 매월 징수하여야 한다.	

(2) 확정신고 및 연말정산

확정신고		사업소득이 있는 자는 원칙적으로 종합소득확정신고를 하여야 한다. 다만, 연말정산대상 사업소득만 있는 자는 확정신고를 하지 않을 수 있다. → 분리과세 주택임대소득도 원천징수대상이 아니며, 확정신고는 하여야 함
연말정산	대상	간편장부대상자가 받는 보험모집인, 방문판매원, 음료품배달원의 사업소득은 연말정산대상소득이다. 단, 방문판매원과 음료품배달원은 해당 사업소득의 원천징수의무자가 연말정산을 신청한 것에 한하여 연말정산한다.
	시기	연말정산 사업소득을 지급하는 원천징수의무자는 다음의 시기에 연말정산을 하여야 한다. ① 계속사업자: 해당 과세기간의 다음 연도 2월분의 사업소득을 지급할 때(2월분의 사업소득을 2월 말일까지 지급하지 아니하거나 2월분의 사업소득이 없는 경우에는 2월 말일) ② 연도 중 계약 해지하는 경우: 해당 사업자와의 거래계약을 해지하는 달의 사업소득을 지급할 때
	확정신고면제	연말정산 사업소득 외 다른 종합소득이 없는 경우로서 원천징수의무자가 해당 사업소득에 대해 연말정산을 한 경우 종합소득확정신고를 하지 않을 수 있다.

5. 법인의 각 사업연도 소득금액과 사업소득금액 비교 – 손익 비교

구분		각 사업연도 소득금액	사업소득
이자수익		각 사업연도 소득금액 포함	사업소득 제외(이자소득)
배당금수익		각 사업연도 소득금액 포함	사업소득 제외(배당소득)
유가증권 처분손익		각 사업연도 소득금액 포함	사업소득 제외(일부 양도소득)
자산의 평가이익		익금불산입 항목 (단, 법률에 따른 평가증은 익금)	총수입금액불산입
화폐성 외화자산·부채		평가 관련 규정 있음	평가 관련 규정 없음 (사업관련 외환차손익은 사업소득)
자산수증이익 채무면제이익		익금항목(단, 결손보전에 충당한 경우 익금불산입)	① 사업 관련: 총수입금액(단, 결손보전에 충당한 경우 총수입금액불산입) ② 사업무관: 총수입금액불산입
유형자산 처분손익		각 사업연도 소득금액 포함	복식부기의무자는 사업소득 (단, 양도소득은 제외)
생산설비 폐기손실	폐기	(장부가액 – 1,000원) 결산조정 손금산입	필요경비 불산입
	처분	1,000원 손금산입	(장부가액 – 처분가액) 필요경비산입
인건비	대표	원칙적으로 손금 인정	전액 필요경비 불산입
	대표가족	원칙적으로 손금 인정	사업에 직접 종사하는 경우 필요경비산입

기업업무추진비	한도액	사업장과 관계없이 한도액 계산	사업장별로 별도의 한도액 계산
	특정법인	한도: 일반기업업무추진비의 50%	규정 없음
기부금	공제방법	한도 내 손금산입	한도 내 필요경비산입 ※ 필요경비에 산입한 기부금을 차감한 금액은 기부금세액공제 가능
	한도액	① 특례기부금: 소득금액의 50% ② 우리사주조합기부금: 소득금액의 30% ③ 일반기부금: 소득금액의 10% 　(사회적기업 20%)	① 정치자금·고향사랑: 소득금액의 100% ② 특례기부금: 소득금액의 100% ③ 우리사주조합기부금: 소득금액의 30% ④ 일반기부금: 소득금액의 30%(10%)
	현물기부금	① 특례기부금과 일반기부금: 장부가액 ② 특수관계인 일반기부금·비지정기부금: Max[시가, 장부가액]	Max[시가, 장부가액]
지급이자		① 채권자불분명사채이자 ② 비실명 채권·증권의 이자 ③ 건설자금이자 　㉠ 특정차입금: 자본화 강제 　㉡ 일반차입금: 자본화 선택 ④ 업무무관자산 등 관련 이자	① 채권자불분명사채이자 ② 건설자금이자 　㉠ 특정차입금: 자본화 강제 　㉡ 일반차입금: 자본화 불가(필요경비) ③ 초과인출금 관련 이자 ④ 업무무관자산 관련 이자
가지급금 인정이자		업무무관가지급금은 인정이자 대상	인정이자 규정 없음 (대표자의 개인적 인출이며, 대여금이 아님)
손익의 귀속시기	장기할부판매	중소기업은 회수기일 도래기준 신고조정 가능	결산상 회수기일 도래기준으로 계상한 경우에만 인정(신고조정 불가)
	용역제공	① 원칙: 진행기준 ② 중소기업의 1년 미만 단기건설용역: 인도기준 선택 가능	① 단기: 인도기준. 단, 결산상 진행기준계상 시 인정 ② 장기: 진행기준
소액미술품		장식 등 목적의 1천만원 이하 미술품은 비용계상 시 손금인정	규정 없음
추계 시 감가상각		모든 감가상각자산	건축물을 제외한 감가상각자산
기말퇴직급여추계액		Max[일시퇴직기준, 보험수리기준]	일시퇴직기준
대손충당금	한도	기말Tax채권 × Max[1%, 대손실적률]	기말Tax채권 × Max[1%, 대손실적률]
	설정대상	원칙적으로 모든 채권	사업소득 관련 채권 (복식부기의무자 기계 미수금 포함)
	설정 제외	업무무관가지급금·채무보증구상채권	대여금(금융업 가능), 건물·토지 미수금

일시상각 충당금	대상	국고보조금, 공사부담금, 보험차익	국고보조금, 보험차익
	손금방법	결산조정과 신고조정 모두 가능	결산조정만 인정
재고자산 가사용 소비		규정 없음 (부당행위 부인 적용될 수 있음)	① 시가: 총수입금액산입 ② 원가: 필요경비산입
가사관련경비		규정 없음	필요경비불산입
소득처분	사외유출	배당, 상여, 기타사외유출, 기타	규정 없음
	유보	자적을표상 관리	자적을표상 관리
비과세소득		각 사업연도 소득금액에서 공제	총수입금액에서 제외함
결손금공제		-	근로 → 연금 → 기타 → 이자 → 배당
이월결손금 공제		① 중소기업·회생계획 등 법인: 100% 공제 ② 위 외 법인: 각 사업연도소득의 80%	사업소득금액에서 공제 후 근로 → 연금 → 기타 → 이자 → 배당 (한도는 별도로 없음)

양도자산 관련 감가상각비 시부인과 상각부인액

1. 자산의 양도 시 감가상각비 시부인과 유보추인

법인		① 유형자산처분손익: 익금 또는 손금 ② 기중 감가상각비 시부인계산하지 않음 ③ 전기 말 상각부인액: 손금산입(△유보)
개인	간편장부	① 유형자산처분손익: 사업소득으로 과세하지 않음 ② 기중 감가상각비 시부인계산(월할계산) ③ 전기 말 상각부인액: 소멸
	복식부기	① 토지 건물 외 유형자산: 법인과 동일함 ② 토지·건물: 간편장부와 동일함

2. 시설개체·기술낙후로 인한 생산설비의 일부 폐기한 경우

법인	① 폐기시점에 손금인정(단, 비망계정 1,000원 남겨둠) ② 기중 감가상각비 시부인계산하지 않음 ③ 전기 말 상각부인액: 손금산입(△유보)
개인	① 처분시점에 손금인정 ② 기중 감가상각비 시부인계산하지 않음 ③ 전기 말 상각부인액: 손금산입(△유보)

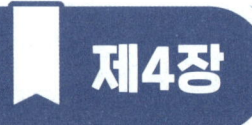

제4장 근로소득·연금소득·기타소득

01 근로소득

1. 근로소득의 개념

의의	근로소득이란 명칭 여하에 불구하고 근로계약(임원은 위임계약)에 의하여 근로를 제공하고 지급받는 모든 대가를 말하며, 실질적으로 급여를 받은 것과 동일한 경제적 이익도 근로소득에 포함한다.
다른 소득과 구분	독립된 자격으로 근로를 제공하여 받는 사업소득과 다르며, 근로의 제공과 직접 관련이 없는 일시적인 기타소득과 구별되며, 퇴직 시 지급받는 퇴직소득과도 구분된다.

2. 근로소득의 범위

(1) 근로소득에 포함되는 소득

근로제공에 따른 급여 등	근로를 제공함으로써 받는 봉급·급료·보수·세비·임금·상여·수당과 이와 유사한 성질의 급여
잉여금처분에 의한 상여	법인의 주주총회·사원총회 또는 이에 준하는 의결기관의 결의에 따라 상여로 받는 소득 → 귀속시기는 잉여금처분결의일
인정상여	법인세법에 따라 상여로 처분된 금액이란 법인의 각 사업연도의 소득을 계산하는 과정에서 회사의 경제적 이익이 임직원에게 귀속될 때 처분된 금액이며 인정상여라 한다. 실질적으로 상여금을 받는 효과와 동일함 → 귀속시기는 근로를 제공한 날
임원 퇴직소득 한도초과액	퇴직함으로써 받는 소득으로서 퇴직소득에 속하지 아니하는 소득은 근로소득으로 과세한다. 구체적으로는 다음과 같다. ① 법인이 임원에게 지급한 퇴직금 중 법인세법 시행령에 따라 손금에 산입되지 아니하고 지급받는 퇴직급여 ② 법인이 임원에게 지급한 퇴직금 중 소득세법에 따른 퇴직소득한도를 초과하여 지급한 금액
직무발명 보상금	종업원 등 또는 대학의 교직원이 지급받는 직무발명보상금은 근로소득으로 구분한다. → 연 700만원까지 비과세 → 퇴직한 후에 지급받는 직무발명보상금은 기타소득

임직원 할인 금액	내용	사업자나 법인이 생산·공급하는 재화 또는 용역을 그 사업자나 법인(독점규제 및 공정거래에 관한 법률에 따른 계열회사를 포함)의 사업장에 종사하는 임원 등에게 다음 중 어느 하나에 해당하는 방식으로 시가보다 낮은 가격으로 제공하거나 구입할 수 있도록 지원함으로써 해당 임원 등이 얻는 이익 ① 사업자나 법인이 생산·공급하는 재화 또는 용역(자사제품 등)을 임원 등에게 시가보다 낮은 가격으로 판매 또는 제공하는 방식 ② 사업자나 법인이 임원 등에게 자사제품 등을 구입하거나 제공받는 데 사용하도록 지원금을 지급하는 방식 ③ 사업자나 법인이 임원 등에게 사업자나 법인의 계열회사(독점규제 및 공정거래에 관한 법률에 따른 계열회사)가 생산·공급하는 재화 또는 용역(계열회사제품 등)을 구입하거나 제공받는 데 사용하도록 지원금을 지급하는 방식 ④ 사업자나 법인의 계열회사가 사업자나 법인의 임원 등에게 계열회사제품 등을 시가보다 낮은 가격으로 판매 또는 제공하고, 사업자나 법인이 그 계열회사에 그 판매 또는 제공가액과 시가와의 차액을 지급하는 방식
	시가	시가는 법인세법에 따른 시가로 한다. 다만, 다음 중 어느 하나에 해당하는 경우에는 임원 등이 해당 재화 또는 용역을 구입하거나 제공받을 때 지급한 가격을 시가로 한다. ① 재화의 파손 또는 변질로 인해 임원 등이 아닌 자에게 판매할 수 없는 경우 ② 탑승권 및 숙박권 등 사용시기가 제한되는 재화 또는 용역의 사용 기한이 임박하여 임원 등이 아닌 자에게 판매 또는 제공하는 것이 현저히 곤란한 경우

	비과세	종업원 할인액 중 다음의 요건을 모두 충족하는 소득으로서 비과세 금액은 소득세를 과세하지 않는다.
		① 임원 또는 종업원 본인이 소비하는 것을 목적으로 제공받거나 지원을 받아 구입한 재화 또는 용역으로서 다음의 구분에 따른 기간 동안 재판매가 허용되지 아니할 것
		  ㉠ 품목별 소비자분쟁해결기준에 따른 품목별 내용연수가 5년을 초과하는 재화: 2년
		  ㉡ 개별소비세법 제1조 제2항 제2호(고급물품)에 해당하는 재화: 2년
		  ㉢ 위에 해당하지 않는 재화: 1년
		② 해당 재화 또는 용역의 제공과 관련하여 모든 임원 등에게 공통으로 적용되는 기준이 있을 것
		
		비과세 금액은 다음의 금액 중 큰 금액이다.
		① 임원 또는 종업원이 해당 과세기간 동안 시가보다 낮은 가격으로 제공받거나 지원을 받아 구입한 재화 또는 용역의 시가를 합한 금액에 20%을 곱한 금액
		② 연간 240만원

	사례	A자동차 회사는 종업원에게 판매가 4,000만원 차량의 25%를 할인하고, 종업원 B는 25%를 할인받아 3,000만원에 구매했다. 이 경우, B씨가 할인받은 금액은 1,000만원으로, 비과세 한도는 시가의 20% 혹은 240만원 중 큰 가격인 800만원이 비과세 한도가 된다.
각종 수당		① 근로수당·가족수당·전시수당·물가수당·출납수당·직무수당 기타 이와 유사한 성질의 급여 ② 급식수당·주택수당·피복수당 기타 이와 유사한 성질의 급여 ③ 기술수당·보건수당 및 연구수당, 그 밖에 이와 유사한 성질의 급여 ④ 시간외근무수당·통근수당·개근수당·특별공로금 기타 이와 유사한 성질의 급여 ⑤ 벽지수당·해외근무수당 기타 이와 유사한 성질의 급여

집금수당 등	보험회사, 투자매매업자 또는 투자중개업자 등의 종업원이 받는 집금수당과 보험가입자의 모집, 증권매매의 권유 또는 저축을 권장하여 받는 대가, 그 밖에 이와 유사한 성질의 급여
기밀비 등	기밀비(판공비를 포함)·교제비 기타 이와 유사한 명목으로 받는 것으로서 업무를 위하여 사용된 것이 분명하지 아니한 급여 ∵ 당해 지출이 사업수행 필요경비보다는 개인의 급여보전에 가까운 점
공로금 등	종업원이 받는 공로금·위로금·개업축하금·학자금·장학금(종업원의 수학 중인 자녀가 사용자로부터 받는 학자금·장학금을 포함) 기타 이와 유사한 성질의 급여 → 학자금 중 일정한 요건에 해당하는 업무관련 학자금은 비과세 근로소득 → 사내근로복지기금에서 지급하는 학자금은 비과세(증여세)
여비	여비의 명목으로 받는 연액 또는 월액의 급여 → 실비변상적 여비는 비과세
사택 제공이익	주택을 제공받음으로써 얻는 이익은 근로소득으로 본다. → 비출자임원, 소액주주임원(1% 미만), 임원이 아닌 종업원은 복리후생적 비과세이므로 대주주임원(1% 이상)만 과세됨
주택자금 대여이익	종업원이 주택(주택에 부수된 토지를 포함한다)의 구입·임차에 소요되는 자금을 저리 또는 무상으로 대여받음으로써 얻는 이익 → 중소기업 종업원의 주택구입·임차자금은 복리후생적 비과세 근로소득
사용자 대납보험료	종업원이 계약자이거나 종업원 또는 그 배우자 및 그 밖의 가족을 수익자로 하는 보험·신탁 또는 공제와 관련하여 사용자가 부담하는 보험료·신탁부금 또는 공제부금 ∵ 사용자가 종업원이 부담하여야 할 보험료를 대납하여 종업원이 동 보험계약에 의한 이익을 얻음 → 다음의 보험료 대납액은 복리후생적 비과세 근로소득 ① 연 70만원 이하의 단체순수보장성·단체환급부보장성 보험료 ② 임직원의 고의(중과실 포함) 외의 업무상 행위로 인한 손해의 배상청구를 보험금의 지급사유로 하고 임직원을 피보험자로 하는 보험의 보험료
단체환급부 보장성 보험 환급금	계약기간 만료 전 또는 만기에 종업원에게 귀속되는 단체환급부보장성 보험의 환급금
휴가비	휴가비 기타 이와 유사한 성질의 급여
주식 매수선택권 행사이익	법인의 임원 또는 종업원이 해당 법인 또는 해당 법인과 특수관계에 있는 법인으로부터 부여받은 주식매수선택권을 해당 법인 등에서 근무하는 기간 중 행사함으로써 얻은 이익(주식매수선택권 행사 당시의 시가와 실제 매수가액과의 차액을 말하며, 주식에는 신주인수권을 포함한다) ∵ 고용관계를 전제로 한 장기 성과보수성격 → 퇴직 후 또는 고용관계 없는 주식매수선택권 행사이익은 기타소득
공무원 직급수당	공무원 수당 등에 관한 규정, 지방공무원 수당 등에 관한 규정, 검사의 보수에 관한 법률 시행령, 대법원규칙, 헌법재판소규칙 등에 따라 공무원에게 지급되는 직급보조비
공무원 포상금	공무원이 국가 또는 지방자치단체로부터 공무 수행과 관련하여 받는 상금과 부상 → 연 240만원 이내의 금액은 비과세 근로소득
사내교육 강사료	신규채용시험이나 사내교육을 위한 출제·감독·채점 또는 강의교재 등을 작성하고 근로자가 지급받는 수당·강사료·원고료 명목의 금액은 근무의 연장 또는 특별근로에 대한 대가는 근로소득으로 본다.

(2) 근로소득에 포함하지 않는 소득

퇴직급여 적립액	퇴직급여로 지급되기 위하여 적립(근로자가 적립금액 등을 선택할 수 없는 것으로서 기획재정부령으로 정하는 방법에 따라 적립되는 경우에 한정함)되는 급여는 근로소득에 포함하지 아니한다. ∵ 퇴직급여로 적립되는 급여를 전액 인정해주는 경우 조세회피의 우려가 있어 사업장 내의 모든 근로자에게 적용되는 퇴직연금 적립규칙에 따라 적립하는 경우에만 근로소득에서 포함하지 않음
사회통념상 경조사비	사업자가 그 종업원에게 지급한 경조금 중 사회통념상 타당하다고 인정되는 범위 내의 금액은 이를 지급받은 자의 근로소득으로 보지 아니한다. → 비과세소득의 범위

3. 비과세 근로소득

(1) 일반적인 비과세

사병의 급여	복무 중인 병이 받는 급여. 복무 중인 병이란 병역의무의 수행을 위하여 징집·소집되거나 지원하여 복무 중인 사람으로서 병장 이하의 현역병(지원하지 않고 임용된 하사 포함), 의무경찰, 그 밖에 이에 준하는 사람을 말한다.
동원직장급여	법률에 따라 동원된 사람이 그 동원 직장에서 받는 급여
요양급여 등	산업재해보상보험법에 따라 수급권자가 받는 요양급여, 휴업급여, 장해급여, 간병급여, 유족급여, 유족특별급여, 장해특별급여, 장의비 또는 근로의 제공으로 인한 부상·질병·사망과 관련하여 근로자나 그 유족이 받는 배상·보상 또는 위자의 성질이 있는 급여
요양보상금 등	근로기준법 또는 선원법에 따라 근로자·선원 및 그 유족이 받는 요양보상금, 휴업보상금, 상병보상금, 일시보상금, 장해보상금, 유족보상금, 행방불명보상금, 소지품 유실보상금, 장의비 및 장제비
실업급여 육아휴직 급여 등	고용보험법에 따라 받는 실업급여, 육아휴직 급여, 육아기 근로시간 단축 급여, 출산전후휴가 급여 등, 제대군인 지원에 관한 법률에 따라 받는 전직지원금, 국가공무원법·지방공무원법에 따른 공무원 또는 사립학교교직원 연금법·별정우체국법을 적용받는 사람이 관련 법령에 따라 받는 육아휴직수당(사립학교법 제70조의2에 따라 임명된 사무직원이 학교의 정관 또는 규칙에 따라 지급받는 육아휴직수당으로서 월 150만원 이하의 것을 포함)
사망일시금 등	국민연금법에 따라 받는 반환일시금(사망으로 받는 것만 해당한다) 및 사망일시금
공무원 요양비	공무원연금법, 공무원 재해보상법, 군인연금법, 군인 재해보상법, 사립학교교직원 연금법 또는 별정우체국법에 따라 받는 공무상요양비·요양급여·장해일시금·비공무상 장해일시금·비지무상 장해일시금·장애보상금·사망조위금·사망보상금·유족일시금·퇴직유족일시금·유족연금일시금·퇴직유족연금일시금·퇴역유족연금일시금·순직유족연금일시금·유족연금부가금·퇴직유족연금부가금·퇴역유족연금부가금·유족연금특별부가금·퇴직유족연금특별부가금·퇴역유족연금특별부가금·순직유족보상금·직무상유족보상금·위험직무순직유족보상금·재해부조금·재난부조금 또는 신체·정신상의 장해·질병으로 인한 휴직기간에 받는 급여
학자금	비과세 학자금이란 초·중등교육법 및 고등교육법에 따른 학교(외국에 있는 이와 유사한 교육기관을 포함)와 국민 평생 직업능력 개발법에 따른 직업능력개발훈련시설의 입학금·수업료·수강료, 그 밖의 공납금 중 다음의 요건을 갖춘 학자금(한도: 해당 과세기간에 납입할 금액)을 말한다.

학자금	① 당해 근로자가 종사하는 사업체의 업무와 관련 있는 교육·훈련을 위하여 받는 것일 것 ② 당해 근로자가 종사하는 사업체의 규칙 등에 의하여 정하여진 지급기준에 따라 받는 것일 것 ③ 교육·훈련기간이 6월 이상인 경우 교육·훈련 후 당해 교육기간을 초과하여 근무하지 아니하는 때에는 지급받은 금액을 반납할 것을 조건으로 하여 받는 것일 것 예 12-11-1 【비과세 학자금의 범위】 	비과세 학자금(요건 충족 시)	비과세 되지 않는 학자금
• 대학원에 납입한 학자금 • 출자임원에 대한 학자금 • 해외 MBA과정에 납입한 교육훈련비	• 사설 어학원 수강을 지원하는 교육훈련비 • 자치회비 및 교재비 • 자녀학자금 • 학비보조금(또는 연수비) | 학자금 정리 | 구분	본인학자금	자녀학자금
---	---	---
회사에서 지급받은 경우	비과세(요건 충족 시)	과세
사내근로복지기금에서 수령	비과세	비과세	
외국공무원 근로소득	외국정부(외국의 지방자치단체와 연방국가인 외국의 지방정부를 포함) 또는 국제기관에서 근무하는 사람으로서 법령으로 정하는 사람이 받는 급여. 다만, 그 외국정부가 그 나라에서 근무하는 우리나라 공무원의 급여에 대하여 소득세를 과세하지 아니하는 경우만 해당한다.
보훈급여 등	국가유공자 등 예우 및 지원에 관한 법률 또는 보훈보상대상자 지원에 관한 법률에 따라 받는 보훈급여금·학습보조비
전직대통령 연금	전직대통령 예우에 관한 법률에 따라 받는 연금
외국주둔군인 급여	작전임무를 수행하기 위하여 외국에 주둔 중인 군인·군무원이 받는 급여
전사군인 급여	종군한 군인·군무원이 전사(전상으로 인한 사망을 포함)한 경우 그 전사한 날이 속하는 과세기간의 급여
국외 근로소득	국외 또는 북한지역에서 근로를 제공하고 받는 다음의 급여 ① 국외 등에서 근로를 제공(원양어업선박 또는 국외 등을 항행하는 선박이나 항공기에서 근로를 제공하는 것을 포함)하고 받는 보수 중 월 100만원[원양어업 선박, 국외 등을 항행하는 선박 또는 국외 등의 건설현장 등에서 근로(설계 및 감리 업무를 포함)를 제공하고 받는 보수의 경우에는 월 500만원] 이내의 금액 ② 공무원(재외공관 행정직원을 포함), 대한무역투자진흥공사, 한국관광공사, 한국국제협력단 및 한국국제보건의료재단의 종사자가 국외 등에서 근무하고 받는 수당 중 해당 근로자가 국내에서 근무할 경우에 지급받을 금액상당액을 초과하여 받는 금액 중 실비변상적 성격의 급여로서 외교부장관이 기획재정부장관과 협의하여 고시하는 금액

구분	내용
국가·사용자 부담금	국민건강보험법, 고용보험법 또는 노인장기요양보험법에 따라 국가, 지방자치단체 또는 사용자가 부담하는 보험료 예 임직원이 부담하는 건강보험료 등을 사용자가 대신 부담하는 경우 동 금액은 총급여액에 포함한다. **비교정리** 1. 회사 부담분(50%)과 근로자 부담분(50%)을 각각 부담한 경우 | 구분 | 사용자 부담분 | 근로자 부담분 | |---|---|---| | 총급여액 포함여부 | 비과세 근로소득 | - | | 특별소득공제 | - | 공제됨 | 2. 회사가 근로자 부담분까지 전액 부담한 경우 | 구분 | 사용자 부담분 | 근로자 부담분 | |---|---|---| | 총급여액 포함여부 | 비과세 근로소득 | 총급여액 포함 | | 특별소득공제 | - | 공제됨 |
식사·식사대	근로자가 사내급식이나 이와 유사한 방법으로 제공받는 식사 기타 음식물 또는 근로자(식사 기타 음식물을 제공받지 아니하는 자에 한정)가 받는 월 20만원 이하의 식사대 → 식사·기타 음식물을 제공받고 있는 근로자가 별도로 식사대를 지급받는 경우에는 식사·기타 음식물에 한하여 비과세되며 식사대는 전액 과세함
보육수당	근로자 또는 그 배우자의 해당 과세기간 개시일을 기준으로 6세 이하(6세가 되는 날과 그 이전 기간)인 자녀의 보육과 관련하여 사용자로부터 지급받는 급여로서 월 20만원 이내의 금액
출산지원금	근로자(사용자와 특수관계에 있는 자는 제외) 또는 그 배우자의 출산과 관련하여 자녀의 출생일 이후 2년 이내에 사용자로부터 최대 두 차례에 걸쳐 지급받는 급여(사용자로부터 해당 급여를 지급받는 횟수에 관계 없이 자녀의 출생일 이후 2년 이내에 첫 번째와 두 번째 지급받는 급여를 말하며, 이 경우 근로자가 지급받는 급여의 횟수는 사용자별로 계산함) → 전액 비과세 단, 해당 사용자와 다음의 구분에 따른 관계에 있는 사람이 지급받은 경우 비과세 혜택을 받을 수 없으므로 전액 과세한다. ① 사용자가 개인인 경우: 국세기본법 시행령 제1조의2 제1항에 따른 친족관계 ② 사용자가 법인인 경우: 법인세법 시행령에 따른 지배주주 등(해당 지배주주등과 국세기본법 시행령 제1조의2 제1항에 따른 친족관계 또는 경영지배관계에 있는 사람을 포함)인 관계
국군포로 퇴직일시금	국군포로의 송환 및 대우 등에 관한 법률에 따른 국군포로가 받는 보수 및 퇴직일시금
근로장학금	교육기본법에 따라 받는 장학금 중 대학생이 근로를 대가로 지급받는 장학금(고등교육법 제2조 제1호부터 제4호까지의 규정에 따른 대학에 재학하는 대학생에 한정함)

직무발명 보상금	발명진흥법에 따른 직무발명보상금으로서 연 700만원 이하의 금액 ① 종업원 등(임원, 공무원 포함)이 사용자 등으로부터 받는 보상금. 단, 보상금을 지급한 사용자 등과 다음의 구분에 따른 특수관계에 있는 자가 받는 보상금은 제외한다.	
	사용자 등이 개인인 경우	국세기본법 시행령에 따른 친족관계
	사용자 등이 법인인 경우	법인과 지배주주 등(해당 지배주주 등과 친족관계 또는 경영지배관계에 있는 자를 포함)인 관계
	② 대학의 교직원 또는 대학과 고용관계가 있는 학생이 소속 대학에 설치된 산학협력단으로부터 받는 보상금	
경조사비	사업자가 그 종업원에게 지급한 경조금 중 사회통념상 타당하다고 인정되는 범위 내의 금액은 이를 지급받은 자의 근로소득으로 보지 아니한다.	

(2) 실비변상적 성질의 급여

선원법 식료	선원법에 의하여 받는 식료
일직료 등	일직료·숙직료 또는 여비로서 실비변상정도의 금액
자가 운전보조금	종업원이 소유하거나 본인 명의로 임차한 차량을 종업원이 직접 운전하여 사용자의 업무수행에 이용하고 시내출장 등에 소요된 실제여비를 받는 대신에 그 소요경비를 해당 사업체의 규칙 등으로 정하여진 지급기준에 따라 받는 금액 중 월 20만원 이내의 금액
제복 등	법령·조례에 의하여 제복을 착용하여야 하는 자가 받는 제복·제모 및 제화
작업복 피복	병원·시험실·금융회사 등·공장·광산에서 근무하는 사람 또는 특수한 작업이나 역무에 종사하는 사람이 받는 작업복이나 그 직장에서만 착용하는 피복
위험수당 등	특수분야에 종사하는 군인이 받는 낙하산강하위험수당·수중파괴작업위험수당·잠수부위험수당·고전압위험수당·폭발물위험수당·항공수당(유지비행훈련수당 포함)·비무장지대근무수당·전방초소근무수당·함정근무수당(유지항해훈련수당 포함) 및 수륙양용궤도차량승무수당, 특수분야에 종사하는 경찰공무원이 받는 경찰특수전술업무수당과 경호공무원이 받는 경호수당
승선수당 등	선원법의 규정에 의한 선장 및 해원(국외근로소득 비과세 및 생산직근로자 비과세규정을 적용받는 자 제외)이 받는 월 20만원 이내의 승선수당, 경찰공무원이 받는 함정근무수당·항공수당 및 소방공무원이 받는 함정근무수당·항공수당·화재진화수당
입갱수당· 발파수당	광산근로자가 받는 입갱수당 및 발파수당
연구보조비	다음 중 어느 하나에 해당하는 자가 받는 연구보조비 또는 연구활동비 중 월 20만원 이내의 금액 ① 유아교육법, 초·중등교육법 및 고등교육법에 따른 학교 및 이에 준하는 학교(특별법에 따른 교육기관을 포함)의 교원 ② 특정연구기관육성법의 적용을 받는 연구기관, 특별법에 따라 설립된 정부출연연구기관, 지방자치단체출연 연구원의 설립 및 운영에 관한 법률에 따라 설립된 지방자치단체출연연구원에서 연구활동에 직접 종사하는 자(대학교원에 준하는 자격을 가진 자에 한한다) 및 직접적으로 연구활동을 지원하는 자로서 기획재정부령으로 정하는 자 ③ 중소기업 또는 벤처기업의 기업부설연구소와 법에 따라 설치한 연구개발전담부서(중소기업 또는 벤처기업에 설치하는 것으로 한함)에서 연구활동에 직접 종사하는 자

국가 등의 보조금	국가 또는 지방자치단체가 지급하는 다음 중 어느 하나에 해당하는 것 ① 영유아보육법 시행령에 따른 비용 중 보육교사의 처우개선을 위하여 지급하는 근무환경개선비 ② 유아교육법 시행령에 따른 사립유치원 수석교사·교사의 인건비 ③ 전문과목별 전문의의 수급 균형을 유도하기 위하여 전공의에게 지급하는 수련보조수당
기자의 취재수당	방송, 뉴스통신, 신문(일반일간신문, 특수일간신문 및 인터넷신문, 정기간행물을 포함)을 경영하는 언론기업 및 방송채널사용사업에 종사하는 기자(해당 언론기업 및 방송채널사용사업에 상시 고용되어 취재활동을 하는 논설위원 및 만화가 포함)가 취재활동과 관련하여 받는 취재수당 중 월 20만원 이내의 금액. 이 경우 취재수당을 급여에 포함하여 받는 경우에는 월 20만원에 상당하는 금액을 취재수당으로 본다.
벽지수당	근로자가 벽지에 근무함으로 인하여 받는 월 20만원 이내의 벽지수당
천재지변급여	근로자가 천재·지변 기타 재해로 인하여 받는 급여
이전지원금	수도권 외의 지역으로 이전하는 국가균형발전 특별법 제2조 제10호에 따른 공공기관의 소속 공무원이나 직원에게 한시적으로 지급하는 월 20만원 이내의 이전지원금
종교활동비	종교관련종사자가 소속 종교단체의 규약 또는 소속 종교단체의 의결기구의 의결·승인 등을 통하여 결정된 지급 기준에 따라 종교 활동을 위하여 통상적으로 사용할 목적으로 지급받은 금액 및 물품

(3) 복리후생적 성질의 급여

사택 제공이익	다음 중 어느 하나에 해당하는 사람이 사택을 제공받음으로써 얻는 이익 ① 주주 또는 출자자가 아닌 임원 ② 소액주주인 임원(1% 미만) ③ 임원이 아닌 종업원(비영리법인 또는 개인의 종업원을 포함) ④ 국가 또는 지방자치단체로부터 근로소득을 지급받는 사람
주택구입자금 대여이익	중소기업의 종업원이 주택(주택에 부수된 토지를 포함)의 구입·임차에 소요되는 자금을 저리 또는 무상으로 대여받음으로써 얻는 이익. 단, 해당 종업원이 중소기업과 다음의 구분에 따른 관계에 있는 경우 그 종업원이 얻는 이익은 제외한다. ① 중소기업이 개인사업자인 경우: 친족관계 ② 중소기업이 법인사업자인 경우: 법인의 지배주주 등(해당 지배주주 등과 친족관계 또는 경영지배관계에 있는 자를 포함)인 관계
직장어린이집 사업주부담액	직장어린이집을 설치·운영하거나 위탁보육을 하는 사업주가 그 비용을 부담함으로써 해당 사업장의 종업원이 얻는 이익
사용자 보험료	종업원이 계약자이거나 종업원 또는 그 배우자 및 그 밖의 가족을 수익자로 하는 보험·신탁 또는 공제와 관련하여 사용자가 부담하는 보험료 등 중 다음의 보험료 등 ① 종업원의 사망·상해 또는 질병을 보험금의 지급사유로 하고 종업원을 피보험자와 수익자로 하는 보험으로서 단체순수보장성보험과 단체환급부보장성보험의 보험료 중 연 70만원 이하의 금액 ② 임직원의 고의(중과실 포함) 외의 업무상 행위로 인한 손해의 배상청구를 보험금의 지급사유로 하고 임직원을 피보험자로 하는 보험의 보험료

공무원 포상금	공무원이 국가 또는 지방자치단체로부터 공무 수행과 관련하여 받는 상금과 부상 중 연 240만원 이내의 금액

(4) 생산직근로자의 초과근로수당

의의	월정액급여가 210만원 이하이고 직전 과세기간의 총급여액이 3천만원 이하인 생산직근로자(일용근로자를 포함)가 연장·야간·휴일근로를 하여 받는 연 240만원 이하의 급여는 비과세한다. ∵ 제조공장 또는 광산 등 주로 육체노동이 많은 근로자의 근로의욕을 높이고 생산성향상을 도모하기 위함
범위	① 공장 또는 광산에서 근로를 제공하는 자로서 통계청장이 고시하는 한국표준직업분류에 의한 생산 및 관련종사자 중 기획재정부령이 정하는 자 ② 어업을 영위하는 자에게 고용되어 근로를 제공하는 자로서 어선에 근무하는 선원으로 하되, 선원법에서 규정하는 선장은 제외된다. ③ 통계청장이 고시하는 한국표준직업분류에 따른 운전 및 운송 관련직 종사자, 돌봄·미용·여가 및 관광·숙박시설·조리 및 음식 관련 서비스직 종사자, 매장 판매 종사자, 상품 대여 종사자, 통신 관련 판매직 종사자, 운송·청소·경비·가사·음식·판매·농림·어업·계기·자판기·주차관리 및 기타 서비스 관련 단순 노무직 종사자
월정액급여	① 월정액급여: 매월 직급별로 받는 봉급·급료·보수·임금·수당, 그 밖에 이와 유사한 성질의 급여(해당 과세기간 중에 받는 상여 등 부정기적인 급여와 실비변상적 성질의 급여 및 복리후생적 성질의 급여는 제외)의 총액에서 근로기준법에 따른 연장근로·야간근로 또는 휴일근로를 하여 통상임금에 더하여 받는 급여 및 선원법에 따라 받는 생산수당(비율급으로 받는 경우에는 월 고정급을 초과하는 비율급)을 뺀 급여 급여총액 – 부정기적 급여 – 실비변상적 급여 – 복리후생적 급여 – 연장·야간·휴일수당 (*) 실비변상적 급여란 매월 지급받는 급여 중 시행령에서 열거하고 있는 비과세대상 실비변상적 급여만을 말하며, 복리후생적 급여란 매월 지급받는 급여 중 시행령에 따른 비과세대상 복리후생적 급여만을 말한다. ② 월정액급여 포함 여부 | 월정액급여에 포함되는 급여 | 월정액급여에 포함되지 않는 급여 | |---|---| | ⊙ 연간 상여금을 매월 분할지급받는 경우 ⓒ 매월 정기적으로 받는 식사대 ⓒ 매월 사용자가 부담하는 근로자 부담분 보험료 대납액 | ⊙ 부정기적 수당 ⓒ 국민건강보험법, 국민연금법 등에 의하여 사용자가 부담하는 부담금 |
초과 근로수당	연장근로·야간근로 또는 휴일근로를 하여 받는 급여란 다음 중 어느 하나에 해당하는 금액을 말한다. ① 근로기준법에 따른 연장근로·야간근로 또는 휴일근로를 하여 통상임금에 더하여 받는 급여 중 연 240만원 이하의 금액(광산근로자 및 일용근로자의 경우에는 해당 급여총액) ② 어업을 영위하는 자에게 고용된 근로자(선장이 아닌 선원)가 선원법에 의하여 받는 생산수당(비율급으로 받는 경우에는 월 고정급을 초과하는 비율급) 중 연 240만원 이내의 금액

🔍 **사례**

구분	월정액급여	총급여액
기본급여(1,200,000 × 12)	1,200,000	14,400,000
가족수당(100,000 × 12)	100,000	1,200,000
자가운전보조금(200,000 × 12)	-	-
식대(200,000 × 12)	200,000	-
연장근로수당(1,200,000)	-	
야간근로수당(1,200,000)	-	600,000
휴일근로수당(600,000)	-	
합계	1,500,000	16,200,000

4. 일용근로자

범위	일용근로자란 근로를 제공한 날 또는 시간에 따라 근로대가를 계산하거나 근로를 제공한 날 또는 시간의 근로성과에 따라 급여를 계산하여 받는 사람으로서 다음에 규정된 사람을 말한다. ① 건설공사에 종사하는 자로서 다음의 자를 제외한 자 　㉠ 동일한 고용주에게 계속하여 1년 이상 고용된 자 　㉡ 다음의 업무에 종사하기 위하여 통상 동일한 고용주에게 계속하여 고용되는 자 　　ⓐ 작업준비를 하고 노무에 종사하는 자를 직접 지휘·감독하는 업무 　　ⓑ 작업현장에서 필요한 기술적인 업무, 사무·타자·취사·경비 등의 업무 　　ⓒ 건설기계의 운전 또는 정비업무 ② 하역작업에 종사하는 자(항만 근로자를 포함)로서 다음의 자를 제외한 자 　㉠ 통상 근로를 제공한 날에 근로대가를 받지 않고 정기적으로 근로대가를 받는 자 　㉡ 다음의 업무에 종사하기 위하여 통상 동일한 고용주에게 계속하여 고용되는 자 　　ⓐ 작업준비를 하고 노무에 종사하는 자를 직접 지휘·감독하는 업무 　　ⓑ 주된 기계의 운전 또는 정비업무 ③ ① 또는 ② 외의 업무에 종사하는 자로서 근로계약에 따라 동일한 고용주에게 3월 이상 계속하여 고용되어 있지 아니한 자
납부세액	일용근로소득 - 근로소득공제(일 150,000원)　　= 과세표준 과세표준 × 6%　　　　　　　　　　　　　　　 = 산출세액 산출세액 - 근로소득세액공제(산출세액 × 55%) = 납부세액
과세방법	원천징수의무자는 위 납부세액을 원천징수하며, 6%의 낮은 세율만 과세하기 위하여 무조건 분리과세로서 원천징수로 납세의무는 종결된다.

5. 근로소득의 수입시기

급여	근로를 제공한 날
인정상여	해당 사업연도 중의 근로를 제공한 날(*) ∵ 실질적으로 급여성격
잉여금처분에 의한 상여	해당 법인의 잉여금처분결의일
임원퇴직금 한도초과액	지급받거나 지급받기로 한 날
주식매수선택권	주식매수선택권을 행사한 날

(*) 월평균금액을 계산한 것이 2년도에 걸친 때에는 각각 해당 사업연도 중 근로를 제공한 날로 한다.

6. 근로소득금액의 계산

계산	근로소득금액 = 총급여액(비과세금액 제외) - 근로소득공제
근로 소득공제	① 근로소득공제(단, 공제액이 2천만원을 초과하는 경우 2천만원을 공제) {표 아래 참조} ② 2인 이상으로부터 근로소득을 받는 사람(일용근로자는 제외)에 대하여는 그 근로소득의 합계액을 총급여액으로 하여 근로소득공제액을 총급여액에서 공제한다. ③ 근로소득이 있는 거주자의 해당 과세기간의 총급여액이 근로소득공제액에 미달하는 경우에는 그 총급여액을 공제액으로 한다. ④ 일용근로자에 대한 공제액은 1일 15만원으로 한다.

총급여액	공제액
500만원 이하	총 급여액의 70%
500만원 초과 1천 500만원 이하	350만원 + (500만원 초과금액의 40%)
1천 500만원 초과 4천 500만원 이하	750만원 + (1천 500만원 초과금액의 15%)
4천 500만원 초과 1억원 이하	1천 200만원 + (4천 500만원 초과금액의 5%)
1억원 초과	1천 475만원 + (1억원 초과금액의 2%)

7. 근로소득 과세방법

(1) 원천징수

매월분 급여	① 원천징수의무자가 매월분의 근로소득을 지급할 때에는 근로소득 간이세액표에 따라 소득세를 원천징수한다. ② 원천징수의무자가 소득세를 원천징수할 때에는 근로소득에 대하여 근로소득 간이세액표 해당란의 세액을 기준으로 원천징수한다. 다만, 근로자가 근로소득 간이세액표 해당란 세액의 120% 또는 80%의 비율에 해당하는 금액의 원천징수를 신청하는 경우에는 그에 따라 원천징수할 수 있다.
다음연도 2월 또는 퇴직하는 달	원천징수의무자는 다음 중 어느 하나에 해당할 때에는 연말정산방법에 의하여 소득세를 원천징수한다. ① 계속근로자: 해당 과세기간의 다음 연도 2월분 근로소득을 지급할 때(2월분의 근로소득을 2월 말일까지 지급하지 아니하거나 2월분의 근로소득이 없는 경우에는 2월 말일) ② 중도퇴사자: 퇴직자가 퇴직하는 달의 근로소득을 지급할 때

국외 근로소득	① 국외근로소득은 원천징수대상이 아니므로 종합과세된다. 다만, 국외 근로소득이 있는 자는 납세조합을 조직할 수 있으며, 납세조합은 그 조합원의 국외 근로소득에 대한 소득세를 매월 징수하여 다음 달 10일까지 정부에 납부하여야 한다. ② 납세조합이 그 조합원에 대한 매월분의 소득세를 징수할 때에는 그 세액의 3%에 해당하는 금액(연 100만원 한도)을 공제하고 징수한다.

(2) 연말정산

세액의 징수	원천징수의무자는 해당 과세기간의 다음 연도 2월분의 근로소득 또는 퇴직자의 퇴직하는 달의 근로소득을 지급할 때에는 다음의 순서에 따라 계산한 소득세(추가 납부세액)를 원천징수한다. ① 근로소득자의 해당 과세기간(퇴직자의 경우 퇴직하는 날까지의 기간)의 근로소득금액에 그 근로소득자가 신고한 내용에 따라 종합소득공제를 적용하여 종합소득과세표준을 계산 ② 종합소득과세표준에 기본세율을 적용하여 종합소득산출세액을 계산 ③ 종합소득산출세액에서 해당 과세기간에 원천징수한 세액, 외국납부세액공제, 근로소득세액공제, 자녀세액공제, 연금계좌세액공제 및 특별세액공제에 따른 공제세액을 공제하여 소득세를 계산
환급	해당 과세기간에 원천징수한 세액, 외국납부세액공제, 근로소득세액공제, 자녀세액공제, 연금계좌세액공제 및 특별세액공제에 따른 공제세액의 합계액이 종합소득산출세액을 초과하는 경우에는 그 초과액을 그 근로소득자에게 환급하여야 한다.

(3) 종합소득과세표준 확정신고

예외	근로소득만 있는 자는 거주자는 해당 소득에 대하여 과세표준확정신고를 하지 아니할 수 있다. ∵ 연말정산으로 확정신고와 유사한 신고가 있어 편의를 위해 확정신고의무 배제시킴
2인 이상 지급받는 경우	2인 이상으로부터 지급받는 근로소득이 있는 자는 과세표준확정신고의무가 있다. 다만, 연말정산 등에 따라 소득세를 납부함으로써 확정신고납부를 할 세액이 없는 자에 대하여는 그러하지 아니하다.

02 연금소득

1. 개요

의의	우리나라 연금체계는 공적연금인 국민연금 등과 사적연금인 퇴직연금과 개인연금이 있다. 종전에는 연금소득에 대하여 소득에서 제외하였으며, 국민연금 등 각종 연금의 기여금불입액에 대하여 소득공제를 허용하지 않았다. 그러나 2002년부터 연금소득을 과세소득으로 전환하여 연금기여금을 전액 소득공제한다. ∵ 중산층의 세부담을 경감시키는 반면 노령화사회로 연금인구가 증가하고 연금소득비중도 커질 것으로 예상되므로 소득종류 간 과세형평을 제고시키고자 함
과세체계 (수령연도 과세방식)	<table><tr><th>구분</th><th>불입단계</th><th>운용단계</th><th>수령단계</th></tr><tr><td>공적연금</td><td>소득공제</td><td>과세 제외</td><td>과세</td></tr><tr><td>사적연금</td><td>세액공제</td><td>과세 제외</td><td>과세</td></tr></table>※ 만약 불입단계에서 공제를 받지 못하는 경우 수령단계에서 과세하지 않음
수령연도 과세효과	수령연도에 과세하는 경우 은퇴시기이므로 상대적으로 소득이 적어 연금을 불입하는 경제활동시기에 과세하는 것보다 세금을 적게 납부하는 효과가 생긴다.

2. 연금소득의 범위

(1) 공적연금

범위	① 공적연금 관련법(국민연금법·공무원연금법 등)에 따라 받는 각종 연금을 말한다. 공적연금소득은 2002. 1. 1. 이후에 납입된 연금 기여금 및 사용자 부담금(국가·지방자치단체의 부담금 포함)을 기초로 하거나 2002. 1. 1. 이후 근로의 제공을 기초로 하여 받는 것만 과세한다. → 공적연금 관련법에 따라 연금소득을 일시금으로 받는 경우 퇴직소득 ② 공적연금소득을 지급하는 자가 연금소득의 일부 또는 전부를 지연하여 지급하면서 지연지급에 따른 이자를 함께 지급하는 경우 해당 이자는 공적연금소득으로 본다.
계산	공적연금소득은 해당 과세기간에 수령한 공적연금에 대하여 공적연금의 지급자별로 과세기준일(2002. 1. 1.)을 기준으로 법령에 따라 계산한 과세기준금액에서 과세제외기여금을 뺀 금액으로 한다. 공적연금소득 = 과세기준금액 - 과세제외기여금
과세 기준금액	① 국민연금소득과 국민연금과 직역연금의 연계에 관한 법률에 따른 연계노령연금 과세기간 연금수령액 × $\dfrac{\text{과세기준일 이후 납입기간의 환산소득 누계액}}{\text{총 납입기간의 환산소득 누계액}}$ ② 그 밖의 공적연금소득 과세기간 연금수령액 × $\dfrac{\text{과세기준일 이후 기여금 납입월수}}{\text{총 기여금 납입월수}}$

과세 제외 기여금	과세기준일(2002. 1. 1.) 이후에 연금보험료공제를 받지 않고 납입한 기여금 또는 개인부담금(소득·세액공제확인서로 확인되는 금액)이 있는 경우 과세기준금액에서 과세제외기여금을 뺀다. 과세제외기여금 등이 해당 과세기간의 과세기준금액을 초과하는 경우 그 초과하는 금액은 그 다음 과세기간부터 과세기준금액에서 뺀다.

🔍 **사례**

갑은 국민연금법에 따라 연금 30,000,000원(원천징수세액을 차감하기 전 금액)을 수령하였다. 국민연금보험료 납입 내역은 다음과 같다.

구분	연금보험료 납입 누계액	환산소득 누계액	연금보험료 납입월수
2001. 12. 31. 이전 납입기간	80,000,000원	100,000,000원	50개월
2002. 1. 1. 이후 납입기간	240,000,000원[*]	400,000,000원	200개월

[*] 이 중 소득공제를 받지 못한 금액은 4,000,000원임

⇒ 공적연금 총연금액: 30,000,000 × 400,000,000/500,000,000 − 4,000,000 = 20,000,000

(2) 사적연금

범위	사적연금소득은 다음에 해당하는 금액을 그 소득의 성격에도 불구하고 연금저축계좌·퇴직연금계좌에서 연금형태 등으로 인출(연금수령)하는 경우의 그 연금을 말한다. ① 소득세가 원천징수되지 아니한 퇴직소득(이연퇴직소득) ② 연금계좌세액공제를 받은 연금계좌 납입액 ③ 연금계좌의 운용실적에 따라 증가된 금액(운용수익) → 연금수령 외의 인출은 연금외수령으로 보아 퇴직소득 또는 기타소득으로 과세			
연금계좌	연금저축계좌	금융회사 등과 체결한 계약에 따라 "연금저축"이라는 명칭으로 설정하는 계좌		
	퇴직연금계좌	확정기여형퇴직연금계좌(DC), 개인형퇴직연금계좌(IRP), 중소기업퇴직연금기금에 따른 퇴직연금계좌, 과학기술인공제회법에 따른 퇴직연금급여를 지급받기 위하여 설정하는 계좌		

과세방법	구분	인출순서	연금수령		연금외수령
			의료목적 등	요건충족	
	세액공제받지 않은 금액	①	과세 제외	과세 제외	과세 제외
	이연퇴직소득	②	연금소득 (분리과세)	연금소득 (분리과세)	퇴직소득 (분류과세)
	세액공제받은 납입액과 운용수익	③	연금소득 (분리과세)	연금소득 (종합 or 분리)	기타소득 (분리과세)

연금계좌 인출순서	① 연금계좌에서 일부 금액이 인출되는 경우에는 다음의 금액이 순서에 따라 인출되는 것으로 보며, 인출된 금액이 연금수령한도를 초과하는 경우에는 연금수령분이 먼저 인출되고 그 다음으로 연금외수령분이 인출되는 것으로 본다. ∵ 인출 시 소득원천에 따라 차등 세율이 적용되며 과세이연효과가 큰 쪽으로 규정 ㉠ 세액공제받지 않은 금액 → ㉡ 이연퇴직소득 → ㉢ 세액공제분과 운용수익 ② 원금손실이 발생한 경우: 연금계좌의 운용에 따라 연금계좌에 있는 금액이 원금에 미달하는 경우 연금계좌에 있는 금액은 원금이 ①에 따른 인출순서와 반대의 순서로 차감된 후의 금액으로 본다. ∵ 가입자의 세부담을 완화 ㉠ 세액공제분과 운용수익 → ㉡ 이연퇴직소득 → ㉢ 세액공제받지 않은 금액
연금수령	연금계좌에서 다음의 요건을 모두 갖추어 인출하거나 의료목적 등 부득이한 사유로 인출하는 것을 말한다. 다만, 이연퇴직소득을 해외이주에 해당하는 사유로 인출하는 경우에는 해당 퇴직소득을 연금계좌에 입금한 날부터 3년 이후 해외이주하는 경우에 한정하여 연금수령으로 본다. ① 가입자가 55세 이후 연금계좌취급자에게 연금수령 개시를 신청한 후 인출할 것 ② 연금계좌의 가입일부터 5년이 경과된 후에 인출할 것. 다만, 이연퇴직소득이 연금계좌에 있는 경우에는 그러하지 아니한다. ③ 과세기간 개시일(연금수령 개시를 신청한 날이 속하는 과세기간에는 연금수령 개시를 신청한 날) 현재 연금수령 한도 이내에서 인출할 것. 이 경우 의료목적, 부득이한 사유로 인출한 금액은 포함하지 아니한다. → 연금수령 한도초과 인출분은 연금외수령이며, 연금수령 순서는 인출순서에 따름 $$\frac{\text{연금계좌의 평가액}}{(11 - \text{연금수령연차})^{(*)}} \times \frac{120}{100}$$ $^{(*)}$ 연금수령연차: 최초로 연금수령할 수 있는 날이 속하는 과세기간(연금수령 개시 신청과 관계없이 연령 요건 및 가입기간 요건을 충족하는 과세기간)을 기산연차(1년차)로 하여 그 다음 과세기간을 누적 합산한 연차. 연금수령연차가 11년 이상인 경우 연금수령 한도를 적용하지 않으므로 연금계좌에서 인출하는 경우 연금수령으로 보아 연금소득으로 과세한다. → 2013. 3. 1. 가입자부터 1년차로 기산함 📋 기산연차 |	
2013. 3. 1.부터 가입한 연금계좌의 경우	1년차
2013. 3. 1. 전에 가입한 연금계좌의 경우	6년차
배우자가 연금계좌를 승계한 경우	사망일 당시 피상속인의 연금수령연차	

연금계좌 이체	연금계좌에 있는 금액이 연금수령이 개시되기 전의 다른 연금계좌로 이체되는 경우에는 이를 인출로 보지 아니하다. 다만, 다음의 어느 하나에 해당하는 경우에는 인출로 본다. 일부 금액이 이체(위 ③의 경우 제외)되는 경우에는 연금계좌 인출순서에 따라 이체되는 것으로 본다.
	① 연금저축계좌와 퇴직연금계좌 상호 간에 이체되는 경우 ∵ 소득원천이 다름
	② 2013년 3월 1일 이후에 가입한 연금계좌에 있는 금액이 2013년 3월 1일 전에 가입한 연금계좌로 이체되는 경우 ∵ 연금수령연차가 다름
	③ 퇴직연금계좌에 있는 일부 금액이 이체되는 경우 ∵ 전부이체만 허용됨
	※ ①에도 불구하고 다음 중 어느 하나에 해당하는 경우 인출로 보지 아니한다.
	  ㉠ 연금수령요건 ①과 ②를 충족한 연금저축계좌의 가입자가 퇴직연금계좌로 전액을 이체(연금수령이 개시된 경우를 포함)하는 경우
	  ㉡ 연금수령요건 ①과 ② 요건을 갖춘 개인형 퇴직연금계좌의 가입자가 연금저축계좌로 전액을 이체(연금수령이 개시된 경우를 포함)하는 경우

🔍 사례

과세기간 개시일 현재 연금계좌의 평가액이 5천만원, 연금수령연차는 6년차, 연간연금수령액이 3,000만원(의료비 인출 500만원 포함)인 경우 연금외수령액은 얼마인가?

⇒ ① 연금수령한도: [5,000만원 ÷ (11 − 6)] × 120% = 12,000,000원
  ② 연금외수령액: 3,000만원 − 의료비(500만원) − 연금수령한도(1,200만원) = 13,000,000원

📋 의료목적 또는 부득이한 인출 요건

연금계좌에서 다음의 사유로 인출하는 연금소득에 대하여는 연금수령한도 적용을 배제하고 종합소득과세표준을 계산할 때 합산하지 아니한다.

의료목적 인출	연금수령 요건을 충족한 연금계좌 가입자가 의료비세액공제 대상 의료비(본인을 위한 의료비에 한정함)를 연금계좌에서 인출하기 위하여 해당 의료비를 지급한 날부터 6개월 이내에 증명서류를 연금계좌취급자에게 제출한다.
부득이한 사유 인출	다음에 해당하는 사유가 확인된 날부터 6개월 이내에 그 사유를 확인할 수 있는 서류를 갖추어 연금계좌를 취급하는 연금계좌취급자에게 제출한다. ① 천재지변 ② 연금계좌 가입자의 사망 또는 해외이주법에 따른 해외이주 ③ 연금계좌 가입자 또는 그 부양가족[기본공제대상이 되는 사람(소득의 제한은 받지 아니함)으로 한정함]이 질병·부상에 따라 3개월 이상의 요양이 필요한 경우 ④ 연금계좌 가입자가 재난 및 안전관리 기본법의 재난으로 15일 이상의 입원 치료가 필요한 피해를 입은 경우 ⑤ 연금계좌 가입자가 채무자 회생 및 파산에 관한 법률에 따른 파산의 선고 또는 개인회생절차개시의 결정을 받은 경우 ⑥ 연금계좌취급자의 영업정지, 영업 인·허가 취소, 해산결의 또는 파산선고

3. 연금소득금액의 계산

계산	총연금액(과세 제외 금액과 비과세금액 제외)⁽*⁾ - 연금소득공제
	⁽*⁾ 총연금액: 공적연금소득 + 사적연금소득
연금 소득공제	연금소득이 있는 거주자에 대해서는 해당 과세기간에 받은 총연금액(분리과세 연금소득은 제외)에서 다음에 규정된 연금소득공제액을 공제한다. 다만, 공제액이 900만원을 초과하는 경우에는 900만원을 공제한다.

350만원 이하	총연금액
350만원 초과 700만원 이하	350만원 + 350만원을 초과하는 금액의 40%
700만원 초과 1,400만원 이하	490만원 + 700만원을 초과하는 금액의 20%
1,400만원 초과	630만원 + 1,400만원을 초과하는 금액의 10%

→ 분리과세 연금소득은 연금소득공제를 적용하지 않음

4. 비과세 연금소득과 수입시기

비과세	① 공적연금 관련법에 따라 받는 유족연금·퇴직유족연금·퇴역유족연금·장해유족연금·상이유족연금·순직유족연금·직무상유족연금·위험직무순직유족연금, 장애연금, 장해연금·비공무상 장해연금·비직무상 장해연금, 상이연금, 연계노령유족연금 또는 연계퇴직유족연금 ② 산업재해보상보험법에 따라 받는 각종 연금 ③ 국군포로의 송환 및 대우 등에 관한 법률에 따른 국군포로가 받는 연금
수입시기	공적연금소득 | 공적연금 관련법에 따라 연금을 지급받기로 한 날⁽*⁾ 사적연금소득 | 연금수령한 날 그 밖의 연금소득 | 해당 연금을 지급받은 날 ⁽*⁾ 국민연금 수급권자가 지연 청구하여 여러 연도에 해당하는 연금을 보류 후 일시에 지급받은 경우에도 당초에 받기로 한 날이 속하는 연도별로 구분하여 과세대상 소득을 귀속시키는 것임

5. 연금소득에 대한 과세방법

(1) 공적연금

원천징수	원천징수의무자가 공적연금소득을 지급할 때에는 연금소득 간이세액표의 세액을 기준으로 소득세를 원천징수한다.
연말정산	① 원천징수의무자가 해당 과세기간의 다음 연도 1월분 공적연금소득을 지급할 때에는 공적연금소득세액의 연말정산규정에 따라 소득세를 원천징수한다. → 다음 연도 1월분 공적연금소득에 대해서는 연금소득간이세액표에 따라 원천징수 ② 공적연금소득을 받는 사람이 해당 과세기간 중에 사망한 경우 원천징수의무자는 그 사망일이 속하는 달의 다음다음 달 말일까지 그 사망자의 공적연금소득에 대한 연말정산을 하여야 한다.
확정신고	공적연금도 종합과세대상이므로 다른 종합소득금액이 있는 경우에는 종합소득확정신고를 하여야 한다. 단, 공적연금소득만 있는 경우로서 연말정산을 한 경우 확정신고는 하지 않을 수 있다.

(2) 사적연금

원천징수	원천징수의무자가 사적연금소득을 지급할 때에는 그 지급금액에 다음의 원천징수세율을 적용하여 계산한 소득세를 원천징수한다. ① 연금계좌 납입액이나 운용실적에 따라 증가된 금액을 연금수령한 연금소득. 이 경우 각 항목의 요건을 동시에 충족하는 때에는 낮은 세율을 적용한다. | 연금소득자의 나이	70세 미만	5% | |---|---|---| | | 70세 이상 80세 미만 | 4% | | | 80세 이상 | 3% | | 사망할 때까지 수령하는 종신계약 | | 4% | ② 이연퇴직소득을 연금수령하는 경우 ∵ 연금수령을 유도하기 위해 일시금 수령에 비해 세율을 30%(40%) 경감함 연금외수령 원천징수세율 × 70%(실제수령연차가 10년 초과하는 경우 60%)

종합과세
(분리과세
선택)
	세액공제받은 연금계좌 납입액과 운용수익을 연금수령하는 경우로서 인출금액이 연 1,500만원을 초과하는 경우 종합과세한다. 다만, 거주자의 종합소득 결정세액은 다음의 세액 중 하나를 선택하여 적용한다. → 15% 분리과세 선택 가능
	① 종합소득 결정세액
	② 다음의 세액을 더한 금액
	  ㉠ 연금소득에 15%를 곱하여 산출한 금액
	  ㉡ ㉠ 외의 종합소득 결정세액

무조건 분리과세	① 연금계좌에 입금한 이연퇴직소득을 연금수령하는 경우 ② 세액공제받은 연금계좌 납입액 및 운용수익을 의료목적 등 부득이한 사유로 인출하는 경우
선택적 분리과세	무조건 분리과세 외의 세액공제받은 연금계좌 납입액 및 운용수익을 연금수령하는 경우로서 동 금액의 합계액이 연 1,500만원 이하인 경우 종합소득과세표준을 계산할 때 합산하지 아니한다. 단, 해당 소득이 있는 거주자가 종합소득과세표준을 계산할 때 합산하려는 경우는 종합과세한다.

📋 사적연금 과세방법 정리

1. 연금수령

구분		소득구분	과세구분	원천징수세율
세액공제받지 않은 금액		-	과세 제외	
이연퇴직소득[*]		연금소득	분리과세	연금외수령세율의 70%(60%)
세액공제 납입액 운용수익	1,500만원 이하	연금소득	선택적 분리과세	70세 미만: 5% 80세 미만: 4% 80세 이상: 3% 종신형 연금보험: 4% ※ 중복 시 낮은 세율
	1,500만원 초과		종합과세 (15% 분리과세 선택 가능)	

[*] 이연퇴직소득을 연금수령 시 원천징수세액은 다음과 같이 계산할 수 있음

$$원천징수세액 = 이연퇴직소득세 \times \frac{연금수령액}{이연퇴직소득} \times 70\%(60\%)$$

2. 연금외수령

구분	소득구분	과세구분	원천징수세율
세액공제받지 않은 금액	-	과세 제외	-
이연퇴직소득	퇴직소득	분류과세	연금외수령세율 (이연퇴직소득세/이연퇴직소득)
세액공제납입액과 운용수익	기타소득	무조건 분리과세	15%

03 기타소득

1. 의의

개념	기타소득은 이자소득·배당소득·사업소득·근로소득·연금소득·퇴직소득 및 양도소득 외의 소득으로서 소득세법에 열거된 소득을 말한다. 어떤 소득이 기타소득에도 해당하고 다른 소득(예 사업소득)에도 해당하는 경우 우선적으로 다른 소득으로 구분한다. 기타소득은 대체적으로 일시적·우발적으로 발생하는 소득이다.	
사업소득· 기타소득 구분	**구분**: 판단기준	
	사업소득	**기타소득**
	① 독립성: 다른 사업자에게 종속·고용되지 않고 자기책임과 계산하에 사업을 경영하는 것 ② 계속·반복성: 동종의 활동을 계속적·반복적으로 행하는 것 ③ 영리목적성: 사업을 경제적 이익을 얻기 위한 의도를 가지고 행하는 것	사업 활동으로 볼 수 있을 정도의 계속성·반복성 없이 일시적·우발적으로 발생하는 소득

사업소득·기타소득 구분	적용 사례	① 교수 등이 연구주체가 되어 연구계약을 체결하고 직접 대가로 수령하는 연구비 ② 문필·미술·음악 등 예술을 전문으로 하는 사람이 창작활동을 하고 얻는 소득 ③ 전문직사업자가 독립적인 지위에서 사업목적으로 자문용역을 제공하고 얻는 소득	① 교수 등이 근로제공과 관계없이 대학으로부터 받는 연구비 ② 신인발굴을 위한 문예창작 현상모집에 응하고 받는 상금 ③ 전문직 사업자가 아닌 자가 고용관계 없이 일시적으로 용역을 제공하고 얻는 소득

강의료·원고료 소득 구분	구분	판단기준	소득 구분
	강의료	고용 관계	근로소득
		프리랜서	사업소득
		일시·우발적 소득	기타소득
	원고료	회사 사보 게재	근로소득
		프리랜서	사업소득
		일시·우발적 소득	기타소득

2. 기타소득의 범위

① 상금, 현상금, 포상금, 보로금 또는 이에 준하는 금품
  → 공익법인 상금과 다수순위 경쟁대회 상금은 최소 필요경비 80%
  → 국가·지방자치단체로부터 상금은 비과세 기타소득

② 복권, 경품권, 그 밖의 추첨권에 당첨되어 받는 금품(무조건 분리과세)

③ 사행행위(적법 또는 불법 여부는 고려하지 아니함)에 참가하여 얻은 재산상의 이익

④ 한국마사회법에 따른 승마투표권, 경륜·경정법에 따른 승자투표권, 전통소싸움경기에 관한 법률에 따른 소싸움경기투표권 및 국민체육진흥법에 따른 체육진흥투표권의 구매자가 받는 환급금(발생 원인이 되는 행위의 적법 또는 불법 여부는 고려하지 아니함) → 무조건 분리과세

⑤ 저작자 또는 실연자·음반제작자·방송사업자 외의 자가 저작권 또는 저작인접권의 양도 또는 사용의 대가로 받는 금품 → 최소필요경비 적용 안 됨
  [예] 저작권 또는 저작인접권을 상속·증여 또는 양도받은 자가 그 저작권 또는 저작인접권을 타인에게 양도하거나 사용하게 하고 받는 대가 → 저작자가 양도 또는 사용의 대가로 받는 금품: 사업소득

⑥ 영화필름, 라디오·텔레비전방송용 테이프 또는 필름의 양도·대여 또는 사용의 대가로 받는 금품

⑦ 광업권·어업권·양식업권·산업재산권·산업정보, 산업상 비밀, 상표권·영업권(사업소득이 발생하는 점포를 임차하여 점포임차인으로서의 지위를 양도함으로써 얻는 경제적 이익인 점포 임차권 포함), 토사석의 채취허가에 따른 권리, 지하수의 개발·이용권, 그 밖에 이와 유사한 자산이나 권리를 양도하거나 대여하고 그 대가로 받는 금품 → 최소 필요경비 60%

  ㉠ 양도소득세 과세대상인 토지나 건물 등과 함께 양도하는 영업권: 양도소득
    → 위 외 영업권의 양도는 기타소득임
  ㉡ 토지·건물과 함께 양도하는 이축권: 양도소득
    → 단, 이축권에 대해 감정가액이 있는 경우로서 구분신고하는 경우 기타소득임

⑧ 물품(유가증권 포함) 또는 장소를 일시적으로 대여하고 사용료로서 받는 금품
  → 지급받는 채권·주식에서 발생한 이자 또는 배당: 이자소득 또는 배당소득

⑨ 통신판매중개를 하는 자를 통하여 물품 또는 장소를 대여하고 연간 수입금액 500만원 이하의 사용료로서 받은 금품 → 최소 필요경비 60%
⑩ 공익사업과 관련하여 지역권·지상권(지하 또는 공중에 설정된 권리를 포함)을 설정하거나 대여함으로써 발생하는 소득 → 최소 필요경비 60%

   ㉠ 전세권, 임차권, 공익사업과 관련 없는 지역권·지상권 설정 또는 대여소득: 사업소득

   ㉡ 지상권, 전세권, 등기된 부동산임차권 양도: 양도소득

⑪ 계약의 위약 또는 해약으로 인하여 받는 소득으로서 위약금, 배상금 및 부당이득 반환 시 지급받는 이자

범위	위약금과 배상금이란 재산권에 관한 계약의 위약 또는 해약으로 받는 손해배상으로서 그 명목여하에 불구하고 본래의 계약의 내용이 되는 지급 자체에 대한 손해를 넘는 손해에 대하여 배상하는 금전 또는 그 밖의 물품의 가액을 말한다. 이 경우 계약의 위약 또는 해약으로 반환받은 금전 등의 가액이 계약에 따라 당초 지급한 총금액을 넘지 아니하는 경우에는 지급 자체에 대한 손해를 넘는 금전 등의 가액으로 보지 아니한다.
과세 제외	계약의 위약 또는 해약으로 인하여 타인의 신체의 자유 또는 명예를 해하거나 정신상의 고통 등 재산권 외의 손해에 대한 배상 또는 위자료로서 받는 금액은 과세하지 아니한다.

비교정리	㉠ 매수인의 해약(계약금이 위약금 등으로 대체된 경우)
	   ⓐ 수입시기: 계약의 위약이 확정된 날
	   ⓑ 원천징수: 배제대상
	㉡ 매도인의 해약
	   ⓐ 수입시기: 그 지급을 받은 날
	   ⓑ 원천징수: 해야 함(20%)

⑫ 유실물의 습득 또는 매장물의 발견으로 인하여 보상금을 받거나 새로 소유권을 취득하는 경우 그 보상금 또는 자산

⑬ 소유자가 없는 물건의 점유로 소유권을 취득하는 자산

⑭ 거주자·비거주자 또는 법인의 특수관계인이 그 특수관계로 인하여 그 거주자·비거주자 또는 법인으로부터 받는 다음 중 어느 하나에 해당하는 경제적 이익으로서 급여·배당 또는 증여로 보지 아니하는 금품

   ㉠ 법인세법에 따라 법인의 소득금액을 법인이 신고하거나 세무서장이 결정·경정할 때 처분되는 배당·상여 외에 법인의 사업용 자산을 무상 또는 저가로 이용함으로 인하여 개인이 받는 이익으로서 그 자산의 이용으로 인하여 통상 지급하여야 할 사용료 또는 그 밖에 이용의 대가(통상 지급하여야 할 금액보다 저가로 그 대가를 지급한 금액이 있는 경우에는 이를 공제한 금액)

   ㉡ 노동조합 및 노동관계 조정법을 위반하여 지급받는 급여

⑮ 슬롯머신(비디오게임 포함) 및 투전기, 그 밖에 이와 유사한 기구를 이용하는 행위에 참가하여 받는 당첨금품·배당금품 또는 이에 준하는 금품(무조건 분리과세)

⑯ 문예·학술·미술·음악 또는 사진에 속하는 창작품(신문 등의 자유와 기능보장에 관한 법률에 따른 정기간행물에 게재하는 삽화 및 만화와 우리나라의 창작품 또는 고전을 외국어로 번역하거나 국역하는 것을 포함)에 대한 원작자로서 받는 소득으로서 원고료, 저작권사용료의 인세 및 미술·음악 또는 사진에 속하는 창작품에 대하여 받는 대가

   → 작가 등 저작자로서 받는 경우 사업소득

   → 최소 필요경비 60% 의제

⑰ 재산권에 관한 알선 수수료
  → 중개업은 사업소득
⑱ 사례금

개념	사례금은 사무처리 또는 역무의 제공 등과 관련하여 사례의 뜻으로 지급되는 금품을 의미하며 언행이나 선물 따위로 상대에게 고마운 뜻을 나타내는 것이다. 여기에 해당하는지는 해당 금품 수수의 동기·목적, 상대방과의 관계, 금액 등을 종합적으로 고려하여 판단하여야 한다.
범위	사례금의 범위(21-0-5) ㉠ 의무 없는 자가 타인을 위하여 사무를 관리하고 그 대가로 지급받는 금품. 다만, 그 의무 없는 자가 타인을 위하여 실지로 지급한 비용의 청구액은 제외한다. ㉡ 근로자가 자기의 직무와 관련하여 사용자의 거래선 등으로부터 지급받는 금품. 단, 상속세 및 증여세법에 따라 증여세가 과세되는 것은 제외한다. ㉢ 재산권에 관한 알선수수료 외의 계약 또는 혼인을 알선하고 지급받는 금품

⑲ 소기업·소상공인 공제부금의 해지일시금

기타소득	폐업 등 법정사유가 발생하기 전에 계약이 해지된 경우 다음의 금액을 기타소득으로 과세한다. 해지로 인하여 받은 환급금 - 실제 소득공제받은 금액을 초과하여 납입한 금액 누계액 예 甲은 임의해지로 인해 소기업·소상공인 공제에서 공제금 20,000,000원을 지급받았으며, 소기업·소상공인공제부금에 총 18,000,000원(소득공제받은 금액은 16,000,000원)을 납입하였다. → 기타소득금액: 20,000,000 - (18,000,000 - 16,000,000) = 18,000,000
비교정리	해외이주, 폐업, 해산, 공제 가입자의 사망 등 법정사유로 수령한 경우 ㉠ 2015. 12. 31. 이전 가입자: 이자소득 ㉡ 2016. 1. 1. 이후 가입자: 퇴직소득

⑳ 일시적인 인적 용역: 다음 중 어느 하나에 해당하는 인적 용역(일시적인 문예창작소득, 재산권알선수수료, 사례금 제외)을 일시적으로 제공하고 받는 대가 → 최소필요경비 60%
  ㉠ 고용관계 없이 다수인에게 강연을 하고 강연료 등 대가를 받는 용역
  ㉡ 라디오·텔레비전방송 등을 통하여 해설·계몽 또는 연기의 심사 등을 하고 보수 또는 이와 유사한 성질의 대가를 받는 용역
  ㉢ 변호사, 공인회계사, 세무사, 건축사, 측량사, 변리사, 그 밖에 전문적 지식 또는 특별한 기능을 가진 자가 그 지식 또는 기능을 활용하여 보수 또는 그 밖의 대가를 받고 제공하는 용역
  ㉣ 그 밖에 고용관계 없이 수당 또는 이와 유사한 성질의 대가를 받고 제공하는 용역
㉑ 법인세법에 따라 기타소득으로 처분된 소득(인정기타소득) → 수입시기는 결산확정일
㉒ 연금계좌세액공제를 받은 금액 및 연금계좌의 운용실적에 따라 증가된 금액을 그 소득의 성격에도 불구하고 연금외수령한 소득 → 무조건 분리과세(15%)
㉓ 퇴직 전에 부여받은 주식매수선택권을 퇴직 후에 행사하거나 고용관계 없이 주식매수선택권을 부여받아 이를 행사함으로써 얻는 이익 → 재직 중인 임직원이 근무기간 중 행사함으로써 얻는 이익: 근로소득

㉔ 종업원 등 또는 대학의 교직원이 퇴직한 후에 지급받는 직무발명보상금
- → 재직 중인 임직원이 근무기간 중 지급받은 경우: 근로소득
- → 연 700만원까지 비과세

㉕ 뇌물 또는 알선수재 및 배임수재에 의하여 받는 금품
- → 무조건 종합과세(원천징수대상 아님)
- → 법원 판결에 따라 몰수 또는 추징된 경우 소득세를 과세하지 않음

㉖ 종교인소득: 종교관련종사자가 종교의식을 집행하는 등 종교관련종사자로서의 활동과 관련하여 종교단체로부터 받은 소득
- → 종교인소득을 근로소득으로 원천징수하거나 확정신고한 경우: 근로소득
- → 현실적 퇴직을 원인으로 종교단체로부터 지급받는 소득: 퇴직소득

㉗ 가상자산소득: 가상자산을 양도하거나 대여함으로써 발생하는 소득 → 2027. 1. 1. 이후 과세

㉘ 서화·골동품의 양도로 발생하는 소득은 기타소득으로 과세

과세대상	다음 중 어느 하나에 해당하는 것으로서 개당 양도가액이 6,000만원 이상인 서화·골동품의 양도로 발생하는 소득. 단, 양도일 현재 생존해 있는 국내 원작자의 작품은 제외한다. ㉠ 회화, 데생, 파스텔(손으로 그린 것에 한정하며, 도안과 장식한 가공품은 제외) 및 콜라주와 이와 유사한 장식판 ㉡ 오리지널 판화·인쇄화 및 석판화 ㉢ 골동품(제작 후 100년을 넘은 것에 한정)
필요경비	최소 필요경비 80% 또는 90%
과세방법	무조건 분리과세(원천징수세율 20%)
비과세	㉠ 문화재보호법에 따라 국가지정문화재로 지정된 서화·골동품의 양도로 발생하는 소득 ㉡ 서화·골동품을 박물관 또는 미술관에 양도함으로써 발생하는 소득
사업소득 과세	다음 중 어느 하나에 해당하는 경우 서화 등의 양도로 발생하는 소득은 사업소득으로 본다. ㉠ 서화·골동품의 거래를 위하여 사업장 등 물적 시설(인터넷 등 정보통신망을 이용하여 서화·골동품을 거래할 수 있도록 설정된 가상의 사업장을 포함)을 갖춘 경우 ㉡ 서화·골동품을 거래하기 위한 목적으로 사업자등록을 한 경우

3. 비과세 기타소득

보훈급여금, 정착금	① 국가유공자 또는 보훈보상대상자가 법률에 따라 받는 보훈급여금·학습보조비 ② 북한이탈주민의 보호 및 정착지원에 관한 법률에 따라 받는 정착금·보로금 등
상금 등	① 국가보안법에 의하여 받는 상금과 보로금 ② 상훈법에 따른 훈장과 관련하여 받는 부상(副賞) ③ 대한민국학술원법에 의한 학술원상 또는 대한민국예술원법에 의한 예술원상의 수상자가 받는 상금과 부상 ④ 노벨상 또는 외국정부·국제기관·국제단체 및 기타 외국의 단체나 기금으로부터 받는 상의 수상자가 받는 상금과 부상 ⑤ 문화예술진흥법에 따른 대한민국 문화예술상과 한국문화예술위원회가 문화예술진흥기금으로 수여하는 상의 수상자가 받는 상금과 부상

상금 등	⑥ 대한민국 미술대전의 수상자가 받는 상금과 부상 ⑦ 국민체육진흥법에 의한 체육상 수상자가 받는 상금과 부상 ⑧ 미래창조과학부가 개최하는 과학전람회의 수상작품에 대하여 수상자가 받는 상금과 부상 ⑨ 특별법에 의하여 설립된 법인이 관계중앙행정기관의 장의 승인을 얻어 수여하는 상의 수상자가 받는 상금과 부상 ⑩ 품질경영 및 공산품안전관리법에 의하여 품질명장으로 선정된 자(분임 포함)가 받는 상금과 부상 ⑪ 정부시책의 추진실적에 따라 중앙행정기관장 이상의 표창을 받거나 일정 요건의 국내외 기능경기대회에 입상한 종업원이 사용자로부터 받는 상금(1인당 15만원 이내) ⑫ 모범공무원규정에 따라 모범공무원으로 선발된 사람이 받는 모범 공무원수당 ⑬ 법규의 준수 및 사회질서의 유지를 위하여 신고 또는 고발한 사람이 관련 법령에서 정하는 바에 따라 국가 또는 지방자치단체로부터 받는 포상금 또는 보상금 ⑭ 경찰청장이 정하는 바에 따라 범죄 신고자가 받는 보상금 ⑮ 그 외 국가 또는 지방자치단체로부터 받는 상금과 부상
직무발명보상금	종업원 등 또는 대학의 교직원이 퇴직한 후에 지급받거나 대학의 학생이 소속 대학에 설치된 산학협력단으로부터 받는 직무발명보상금으로 연 700만원 이하의 금액(해당 과세기간에 근로소득에서 차감한 비과세액이 있는 경우 700만원에서 해당 금액을 차감한 금액). 다만, 직무발명보상금을 지급한 사용자 등 또는 산학협력단과 일정한 특수관계에 있는 자가 받는 직무발명보상금은 제외한다.
위로지원금	국군포로가 받는 위로지원금과 그 밖의 금품
서화·골동품 양도소득	① 국가지정문화유산으로 지정된 서화·골동품의 양도로 발생하는 소득 ② 서화·골동품을 박물관 또는 미술관에 양도함으로써 발생하는 소득
무보수위원수당	법령·조례에 따른 위원회 등의 보수를 받지 아니하는 위원(학술원 및 예술원의 회원 포함) 등이 받는 수당

4. 기타소득의 수입시기

원칙		그 지급을 받은 날
광업권 등 무형자산	대여	그 지급을 받은 날
	양도	그 대금을 청산한 날, 자산을 인도한 날 또는 사용·수익일 중 빠른 날. 다만, 대금을 청산하기 전에 자산을 인도 또는 사용·수익하였으나 대금이 확정되지 아니한 경우에는 그 대금 지급일로 한다.
계약금이 위약금·배상금으로 대체되는 경우		계약의 위약 또는 해약이 확정된 날
인정기타소득		그 법인의 해당 사업연도의 결산 확정일
연금외수령한 기타소득		연금외수령한 날

5. 기타소득금액의 계산

계산	기타소득금액은 해당 과세기간의 총수입금액에서 이에 사용된 필요경비를 공제한 금액으로 한다.
	기타소득금액 = 총수입금액(비과세 및 과세최저한 제외) - 필요경비
총수입금액	수입시기에 해당하는 날이 속하는 사업연도의 총 수입금액을 말한다.

필요경비 필요경비	필요경비는 총수입금액에 대응하는 금액으로서 일반적으로 용인되는 통상적인 실제필요경비 (법정증빙까지 갖춘 것)를 말한다. 그러나 기타소득 특성상 증빙을 갖추고 정확한 계산도 어려운 점을 고려하여 총수입금액의 일정 부분을 필요경비로 인정하는 제도를 두고 있다.		
	승마투표권·승자투표권·소싸움경기 투표권·체육진흥투표권의 환급금	그 구매자가 구입한 적중된 투표권의 단위투표 금액	
	슬롯머신(비디오게임 포함) 및 투전기 등을 이용하는 행위에 참가하여 받는 당첨금품 등	그 당첨금품 등의 당첨 당시에 슬롯머신 등에 투입한 금액	
	공익법인이 주무관청의 승인을 받아 시상하는 상금 및 부상	거주자가 받은 금액의 80%에 상당하는 금액. 단, 실제 소요된 필요경비가 80%에 상당하는 금액을 초과하면 실제 소요된 비용 → Max[총 수입금액 × 80%, 실제필요경비]	
	다수순위경쟁대회에서 입상자가 받는 상금 및 부상	
	계약의 위약 또는 해약으로 인하여 받는 위약금과 배상금 중 주택입주 지체상금 → 주택 외의 경우는 실제경비	
	무형자산의 양도 및 대여소득	거주자가 받은 금액의 60%에 상당하는 금액. 단, 실제 소요된 필요경비가 60%에 상당하는 금액을 초과하면 실제 소요된 비용 → Max[총 수입금액 × 60%, 실제필요경비]	
	통신판매중개를 하는 자를 통하여 물품 또는 장소를 대여하고 500만원 이하의 사용료로서 받는 금품	
	공익사업과 관련하여 지역권·지상권을 설정·대여함으로써 발생하는 소득	
	일시적인 문예창작소득(예 원고료)	
	일시적인 인적 용역(예 강연료)	
	서화·골동품 양도소득	다음의 구분에 따라 계산한 금액. 다만, 실제 소요된 필요경비가 다음에 따라 계산한 금액을 초과하면 그 초과하는 금액도 필요경비에 산입함 ① 거주자가 받은 금액이 1억원 이하인 경우: 받은 금액의 90% ② 거주자가 받은 금액이 1억원을 초과하는 경우: 9천만원 + 거주자가 받은 금액에서 1억원을 뺀 금액의 80%(보유기간 10년 이상 90%)	
	위 외의 기타소득	해당 과세기간의 총수입금액에 대응하는 비용으로서 일반적으로 용인되는 통상적인 것의 합계액	

6. 기타소득의 과세최저한

의의	과세최저한이란 과세소득이 영세하여 조세행정의 편의와 사회정책적인 고려에서 소득세를 부과하지 않는 소득금액을 말한다. 일정한 기타소득은 과세최저한에 해당하여 해당 소득에 대한 소득세를 과세하지 않으며, 원천징수도 하지 않는다. ※ 과세최저한으로 소득세가 과세되지 않은 기타소득은 지급명세서 제출의무가 면제되나, 일시적 문예창작 및 일시적 인적 용역 기타소득은 지급명세서를 제출하여야 한다.	
과세하지 않는 금액	승마투표권 등 구매자가 받는 환급금	건별로 승마투표권, 승자투표권, 소싸움경기투표권, 체육진흥투표권의 권면에 표시된 금액의 합계액이 10만원 이하이고 다음 중 어느 하나에 해당하는 경우 ① 적중한 개별투표당 환급금이 10만원 이하 ② 단위투표금액당 환급금이 단위투표금액의 100배 이하이면서 적중한 개별투표당 환급금이 200만원 이하
	슬롯머신 등 당첨금품	건별로 200만원 이하인 경우
	복권당첨금(*)	건별로 200만원 이하인 경우
	가상자산소득	해당 과세기간의 가상자산소득금액이 250만원 이하 2027. 1. 1. 이후 시행
	그 밖의 기타소득금액 (연금외수령하는 기타소득금액은 제외)	건별로 5만원 이하인 경우 [예] 일시적인 인적 용역 125,000원 지급 시 125,000 × (1 - 60%) = 50,000(과세 최저한)

(*) 복권당첨금을 법령에 따라 분할하여 지급받는 경우 분할하여 지급받는 금액의 합계액

7. 과세방법
(1) 원천징수

대상 및 세율	원천징수의무자가 다음의 기타소득을 지급할 때 기타소득금액(= 지급금액 - 필요경비)에 원천징수세율을 적용하여 계산한 소득세를 원천징수하여야 한다.	
	복권당첨금, 슬롯머신 당첨금품 및 승자투표권 등 환급금의 소득금액	20%(3억원 초과분 30%)
	소기업·소상공인 공제부금의 해지일시금	15%
	연금외수령하는 기타소득	15%
	종교인소득	종교인소득 간이세액표
	위 외 기타소득금액	20%
	※ 사해행위 등 규제 및 처벌특례법에서 규정하는 행위에 참가하여 얻은 재산상의 이익은 3억원을 초과하는 경우에도 20% 적용	
배제대상	① 계약금이 위약금·배상금으로 대체되는 경우의 위약금과 배상금 ∴ 매수인의 납세협력부담 완화 ② 뇌물 또는 알선수재 및 배임수재에 의하여 받는 금품	
양도소득 원천징수 특례	서화·골동품의 양도로 발생하는 소득에 대하여 양수자인 원천징수의무자가 국내사업장이 없는 비거주자 또는 외국법인인 경우로서 원천징수를 하기 곤란하여 원천징수를 하지 못하는 경우에는 서화·골동품의 양도로 발생하는 소득을 지급받는 자를 원천징수의무자로 본다.	

(2) 종합과세와 분리과세

구분	대상	과세방법
무조건 분리과세	① 연금외수령한 기타소득 ② 복권당첨금, 승마투표권 등의 구매자가 받는 환급금 ③ 슬롯머신 등을 이용하는 행위에 참가하여 받는 당첨금품 ④ 서화·골동품의 양도소득 ⑤ 가상자산소득(원천징수대상 아님) → 다음연도 5. 1. ~ 5. 31. 신고·납부	원천징수에 의해 납세의무 종결
무조건 종합과세	뇌물 또는 알선수재 및 배임수재에 의하여 받는 금품 ∵ 원천징수대상이 아니므로	종합소득금액에 합산
선택적 분리과세	무조건 분리과세·무조건 종합과세를 제외한 모든 기타소득금액으로서 다음의 소득을 포함한다. ① 계약금이 위약금·배상금으로 대체된 경우 위약금과 배상금 ② 소기업·소상공인 공제부금의 해지일시금 ③ 직무발명보상금	300만원 이하이면서 원천징수된 경우 종합과세와 분리과세 중 선택 가능 → 300만원 초과 시 무조건 종합과세

(3) 분리과세 기타소득에 대한 세액 계산의 특례

종합소득과세표준을 계산할 때 계약금이 위약금·배상금으로 대체되는 경우에 해당소득을 종합소득에 합산하지 아니하는 경우 그 합산하지 아니하는 기타소득에 대한 결정세액은 해당 기타소득금액에 20%의 세율을 적용하여 계산한 금액으로 한다.

🔍 **사례**

사업소득금액 50,000,000원, 계약금이 위약금으로 대체된 금액 3,000,000원, 종합소득공제 2,000,000원

종합과세 선택		분리과세 선택	
종합소득금액	53,000,000	종합소득금액	50,000,000
종합소득공제	2,000,000	종합소득공제	2,000,000
과세표준	51,000,000	과세표준	48,000,000
기본세율	24%	기본세율	15%
산출세액	6,480,000	산출세액	5,940,000
세액공제	1,000,000	세액공제	1,000,000
결정세액	5,480,000	결정세액	4,940,000
		분리과세 결정세액	600,000

📄 **종교인소득**

개요	종교인소득이란 종교관련종사자가 종교의식을 집행하는 등 종교관련종사자로서의 활동과 관련하여 종교단체로부터 받은 소득을 말한다.	
소득 구분	원칙	기타소득(최대 80%까지 필요경비로 인정)
	근로소득	종교인소득에 대하여 근로소득으로 원천징수하거나 확정신고한 경우 → 이 경우 근로소득 과세체계가 적용됨
	퇴직소득	종교관련종사자가 현실적인 퇴직을 원인으로 종교단체로부터 지급받는 소득은 퇴직소득으로 본다. 단, 종교관련종사자가 그 활동과 관련하여 현실적인 퇴직 이후에 종교단체로부터 정기적 또는 부정기적으로 지급받는 소득으로서 현실적인 퇴직을 원인으로 종교단체로부터 지급받는 소득에 해당하지 아니하는 소득은 종교인소득에 포함한다.

구분	내용

비과세 소득	① 종교관련종사자가 소속된 종교단체의 종교관련종사자로서의 활동과 관련 있는 교육·훈련을 위하여 받는 초·중등교육법에 따른 학교(외국에 있는 교육기관 포함), 고등교육법에 따른 학교(외국에 있는 교육기관 포함), 평생교육시설의 입학금·수업료·수강료, 그 밖의 공납금
	② 소속 종교단체가 종교관련종사자에게 제공하는 식사나 그 밖의 음식물(단, 식사나 그 밖의 음식물을 제공받지 아니하는 종교관련종사자가 소속 종교단체로부터 받는 월 20만원 이하의 식사대)
	③ 종교관련종사자가 받는 다음의 실비변상적 성질의 지급액
	  ㉠ 일직료·숙직료 및 그 밖에 이와 유사한 성격의 급여
	  ㉡ 여비로서 실비변상 정도의 금액(종교관련종사자가 소유하거나 본인 명의로 임차한 차량을 종교관련종사자가 직접 운전하여 소속 종교단체의 종교관련종사자로서의 활동에 이용하고 소요된 실제 여비 대신에 해당 종교단체의 규칙 등에 정하여진 지급기준에 따라 받는 금액 중 월 20만원 이내의 금액을 포함)
	  ㉢ 종교관련종사자가 소속 종교단체의 규약 또는 소속 종교단체의 의결기구의 의결·승인 등을 통하여 결정된 지급 기준에 따라 종교 활동을 위하여 통상적으로 사용할 목적으로 지급받은 금액 및 물품
	  ㉣ 종교관련종사자가 천재·지변이나 그 밖의 재해로 인하여 받는 지급액
	④ 종교관련종사자 또는 그 배우자의 출산이나 6세 이하(해당 과세기간 개시일을 기준으로 판단) 자녀의 보육과 관련하여 종교단체로부터 받는 금액으로서 월 20만원 이내의 금액
	⑤ 종교관련종사자가 사택을 제공받아 얻는 이익

기타 소득금액	종교인소득에 대해서는 종교관련종사자가 해당 과세기간에 받은 금액(비과세소득 제외) 중 다음 표에 따른 금액을 필요경비로 한다. 다만, 실제 소요된 필요경비가 다음 표에 따른 금액을 초과하면 그 초과하는 금액도 필요경비에 산입한다. | 종교관련종사자가 받은 금액 | 필요경비 | |---|---| | 2,000만원 이하 | 종교관련종사자가 받은 금액의 80% | | 2,000만원 초과 4,000만원 이하 | 1,600만원 + (2,000만원 초과금액의 50%) | | 4,000만원 초과 6,000만원 이하 | 2,600만원 + (4,000만원 초과금액의 30%) | | 6,000만원 초과 | 3,200만원 + (6,000만원 초과금액의 20%) |
원천징수 연말정산	**원천징수**: 원천징수의무자가 매월 분 종교인소득 지급 시 [종교인소득 간이세액표]에 따른 원천징수세액을 원천징수하여 다음 달 10일까지 정부에 납부하여야 한다. 단, 종교단체가 반기별 납부를 신청한 경우 원천징수세액을 그 징수일이 속하는 반기의 마지막 달의 다음 달 10일까지 납부할 수 있다. **연말정산**: 종교인소득을 지급하고 그 소득세를 원천징수하는 자는 해당 과세기간의 다음 연도 2월분의 종교인소득을 지급할 때(2월분의 종교인소득을 2월 말일까지 지급하지 아니하거나 2월분의 종교인소득이 없는 경우에는 2월 말일) 또는 해당 종교관련종사자와의 소속관계가 종료되는 달의 종교인소득을 지급할 때 해당 과세기간의 종교인소득에 대하여 법령에 따라 계산한 금액을 원천징수한다. **확정신고**: ① 종교인 소득을 지급한 종교단체에서 원천징수와 연말정산을 하지 않은 경우 종교인은 다음 해 5월 말까지 직전 연도에 지급받은 소득에 대해 종합소득세 과세표준확정신고를 하여야 한다. ② 종교인소득 외에 다른 종합소득금액이 있는 경우에는 종교인소득과 합산하여 종합소득 과세표준 확정신고를 하여야 한다.
질문조사	종교단체가 소속 종교관련종사자에게 지급한 금액 및 물품과 그 밖에 종교활동과 관련하여 지출한 비용을 정당하게 구분하여 기록·관리하는 경우 세무에 종사하는 공무원은 질문·조사할 때 종교단체가 소속 종교관련종사자에게 지급한 금액 및 물품 외에 그 밖에 종교 활동과 관련하여 지출한 비용을 구분하여 기록·관리한 장부 또는 서류에 대해서는 조사하거나 그 제출을 명할 수 없다.

제5장 소득금액계산의 특례

01 부당행위계산의 부인

의의	납세지 관할 세무서장 또는 지방국세청장은 출자공동사업자의 배당소득, 사업소득 또는 기타소득이 있는 거주자의 행위 또는 계산이 그 거주자와 특수관계인과의 거래로 인하여 그 소득에 대한 조세 부담을 부당하게 감소시킨 것으로 인정되는 경우에는 그 거주자의 행위 또는 계산과 관계없이 해당 과세기간의 소득금액을 계산할 수 있다. → 양도소득 관련 부당행위계산부인 규정은 별도로 규정되어 있음
취지	거주자의 행위나 계산이 특수관계인과 거래이고, 객관적으로 조세의 부담을 부당하게 감소시키는 경우 세법상 이를 부인하고 과세권자가 법이 정한 시가를 기준으로 소득금액을 다시 계산하는 제도이다. 이는 실질과세원칙을 구체화하여 공평과세를 실현하는 데 그 취지가 있다.
요건	**적용대상**: 출자공동사업자의 배당소득, 사업소득, 기타소득, 양도소득 → 이자소득·배당소득(출자공동사업자의 배당소득 제외)·근로소득·연금소득 또는 퇴직소득처럼 필요경비가 공제되지 않는 소득에 대하여는 부당행위계산 규정이 적용되지 아니한다. [예] 호텔업을 영위하는 거주자가 사업에서 발생한 이익금을 인출하여 특수관계인에게 무상으로 대여한 경우 이자소득으로서 부당행위계산 대상 아님 **특수관계인**: 특수관계인이란 국세기본법 시행령 제1조의 2 제1항, 제2항 및 같은 조 제3항 제1호에 따른 특수관계인을 말한다. **유형**: 조세 부담을 부당하게 감소시킨 것으로 인정되는 경우는 다음 중 어느 하나에 해당하는 경우로 한다. 다만, 아래 ④를 제외하고는 시가와 거래가액의 차액이 3억원 이상이거나 시가의 5%에 상당하는 금액 이상인 경우만 해당한다. ① 특수관계인으로부터 시가보다 높은 가격으로 자산을 매입하거나 특수관계인에게 시가보다 낮은 가격으로 자산을 양도한 경우 ② 특수관계인에게 금전이나 그 밖의 자산 또는 용역을 무상 또는 낮은 이율 등으로 대부하거나 제공한 경우. 다만, 직계존비속에게 주택을 무상으로 사용하게 하고 직계존비속이 그 주택에 실제 거주하는 경우는 국민정서를 고려하여 부당행위로 보지 않는다. ③ 특수관계인으로부터 금전이나 그 밖의 자산 또는 용역을 높은 이율 등으로 차용하거나 제공받는 경우 ④ 특수관계인으로부터 무수익자산을 매입하여 그 자산에 대한 비용을 부담하는 경우 ⑤ 그 밖에 특수관계인과의 거래에 따라 해당 과세기간의 총수입금액 또는 필요경비를 계산할 때 조세의 부담을 부당하게 감소시킨 것으로 인정되는 경우
효과	① 납세지 관할 세무서장 등은 부당행위계산 거래에 대하여 합리적인 경제인의 행위 또는 계산의 기준이 시가로 소득금액을 재계산한다. 시가의 산정에 관하여는 법인세법 시행령의 규정을 준용한다. ② 당사자 간에 약정한 법률행위를 무효로 만들거나 회계처리 내용을 변경시키지 아니하며, 단지 과세소득계산을 다시 계산하는 것이다. ③ 상대방의 대응조정을 하지 않는다. [예] 甲(부동산임대업)이 특수관계인 乙에게 무상으로 부동산을 임대하여 과세관청이 적정 시가 1,200만원의 임대수입을 甲에게 과세하더라도 乙에게 필요경비 산입을 허용하지 않는다.

02 공동사업에 대한 소득금액 계산의 특례

1. 공동사업장 소득금액의 계산과 분배

계산	① 사업소득이 발생하는 사업을 공동으로 경영하고 그 손익을 분배하는 공동사업(출자공동사업자가 있는 공동사업 포함)의 경우에는 해당 사업을 경영하는 장소(공동사업장)를 1거주자로 보아 공동사업장별로 그 소득금액을 계산한다. ∵ 납세의무자의 중복계산에 따른 불편이 크며 세무행정 또한 낭비임 ② 기장의무도 공동사업장단위로 하며, 기업업무추진비 및 기부금 계산도 각 공동사업장별로 계산하여야 한다.
분배	① 공동사업에서 발생한 소득금액은 해당 공동사업을 경영하는 각 거주자(출자공동사업자 포함) 간에 약정된 손익분배비율(약정된 손익분배비율이 없는 경우에는 지분비율, 이하 "손익분배비율")에 의하여 분배되었거나 분배될 소득금액에 따라 각 공동사업자별로 분배한다. ∵ 공동사업자들 간의 사적 자치를 존중하여 약정된 손익분배비율을 우선적용하며, 실제 분배하였는지 여부와는 관계없이 분배될 소득금액을 과세함 ② 공동사업장에서 발생한 결손금은 각 공동사업자별로 분배되어 그들의 다른 소득금액과 통산하여 산정하며, 해당 과세기간에 공제하지 못한 결손금은 각자 이월되어 이후 소득금액에서 공제된다.

2. 공동사업합산과세

개요	거주자 1인과 그의 특수관계인이 공동사업자에 포함되어 있는 경우로서 손익분배비율을 거짓으로 정하는 등 다음의 사유가 있는 경우에는 그 특수관계인의 소득금액은 그 손익분배비율이 큰 공동사업자(주된 공동사업자)의 소득금액으로 본다. ∵ 공동사업으로 위장하여 높은 누진세율을 회피하는 것을 방지함 ① 공동사업자가 제출한 신고서와 첨부서류에 기재한 사업의 종류, 소득금액내역, 지분비율, 약정된 손익분배비율 및 공동사업자간의 관계 등이 사실과 현저하게 다른 경우 ② 공동사업자의 경영참가, 거래관계, 손익분배비율 및 자산·부채 등의 재무상태 등을 고려할 때 조세를 회피하기 위하여 공동으로 사업을 경영하는 것이 확인되는 경우
특수관계인	특수관계인이란 거주자 1인과 생계를 같이하는 자로서 다음에 해당하는 자를 말한다. 특수관계인에 해당하는지 여부는 해당 과세기간종료일 현재의 상황에 의한다. ① 4촌 이내의 혈족 ② 3촌 이내의 인척 ③ 배우자(사실상의 혼인관계에 있는 자를 포함한다) ④ 친생자로서 다른 사람에게 친양자·입양된 자 및 그 배우자·직계비속 ⑤ 본인이 민법에 따라 인지한 혼인 외 출생자의 생부나 생모(본인의 금전이나 그 밖의 재산으로 생계를 유지하는 사람 또는 생계를 함께하는 사람으로 한정함) ⑥ 임원과 그 밖의 사용인 ⑦ 본인의 금전이나 그 밖의 재산으로 생계를 유지하는 자 ⑧ ⑥ 및 ⑦의 자와 생계를 함께하는 친족

주된 공동사업자	주된 공동사업자는 손익분배비율 또는 지분비율이 가장 큰 공동사업자이다. 다만, 손익분배비율이 같은 경우에는 다음의 순서에 따른다. ① 공동사업소득 외의 종합소득금액이 많은 자 ② 공동사업소득 외의 종합소득금액이 같은 경우에는 직전 과세기간의 종합소득금액이 많은 자 ③ 직전 과세기간의 종합소득금액이 같은 경우에는 해당 사업에 대한 종합소득과세표준을 신고한 자. 다만, 공동사업자 모두가 해당 사업에 대한 종합소득과세표준을 신고하였거나 신고하지 아니한 경우에는 납세지 관할세무서장이 정하는 자로 한다.
연대 납세의무	본래 공동사업에 관한 소득금액을 계산하는 경우에는 해당 공동사업자별로 납세의무를 진다. 다만, 공동사업 합산규정에 따라 주된 공동사업자에게 합산과세되는 경우 그 합산과세되는 소득금액에 대해서는 주된 공동사업자의 특수관계인은 손익분배비율에 해당하는 그의 소득금액을 한도로 주된 공동사업자와 연대하여 납세의무를 진다.
공동사업 소득공제 등 특례	연금보험료공제 또는 조세특례제한법에 따른 소득공제를 적용하거나 연금계좌세액공제를 적용하는 경우 소득금액이 주된 공동사업자의 소득금액에 합산과세되는 특수관계인이 지출·납입·투자·출자 등을 한 금액이 있으면 주된 공동사업자의 소득에 합산과세되는 소득금액의 한도에서 주된 공동사업자가 지출·납입·투자·출자 등을 한 금액으로 보아 주된 공동사업자의 합산과세되는 종합소득금액 또는 종합소득산출세액을 계산할 때에 소득공제 또는 세액공제를 받을 수 있다.

3. 공동사업장에 대한 특례

원천징수세액 배분	공동사업장에서 발생한 소득금액에 대하여 원천징수된 세액은 각 공동사업자의 손익분배비율에 따라 배분한다.
가산세의 배분	다음의 가산세로서 공동사업장에 관련되는 세액은 각 공동사업자의 손익분배비율에 따라 배분한다. ① 영수증수취명세서 제출·작성불성실가산세 ② 사업장현황신고 불성실가산세 ③ 공동사업장등록·신고 불성실가산세 ④ 증명서류 수취 불성실가산세 ⑤ 사업용 계좌 신고·사용 불성실가산세 ⑥ 신용카드 및 현금영수증 발급 불성실가산세 ⑦ 계산서 등 제출 불성실가산세 ⑧ 지급명세서 제출 불성실가산세 ⑨ 원천징수 등 납부지연가산세 → 공동사업장 자체로 신고·납부의무가 없기 때문에 신고불성실가산세와 납부지연가산세는 배분대상에서 제외함
기장의무 사업자등록	공동사업장에 대해서는 그 공동사업장을 1사업자로 보아 공동사업장의 장부를 비치·기록하여야 하며, 1사업자로 사업자등록을 하여야 한다.
사업자등록 신고	공동사업자가 그 공동사업장에 관한 사업자등록을 할 때에는 공동사업자(출자공동사업자 해당 여부에 관한 사항 포함), 약정한 손익분배비율, 대표공동사업자, 지분·출자명세, 그 밖에 필요한 사항을 사업장 소재지 관할 세무서장에게 신고하여야 한다.

과세표준 확정신고	공동사업자가 과세표준확정신고를 하는 때에는 과세표준확정신고서와 함께 당해 공동사업장에서 발생한 소득과 그 외의 소득을 구분한 계산서를 제출하여야 한다. 이 경우 대표공동사업자는 당해 공동사업장에서 발생한 소득금액과 가산세액 및 원천징수된 세액의 각 공동사업자별 분배명세서를 제출하여야 한다.
소득금액 결정·경정	공동사업에서 발생하는 소득금액의 결정 또는 경정은 대표공동사업자의 주소지 관할세무서장이 한다. 다만, 국세청장이 특히 중요하다고 인정하는 것에 대하여는 사업장 관할 세무서장 또는 주소지 관할 지방국세청장이 한다.
공동사업자 중 경영참가자 보수처리	공동사업자 중 1인에게 경영에 참가한 대가로 급료명목의 보수를 지급한 때에는 당해 공동사업자의 소득분배로 보고 그 공동사업자의 분배소득에 가산한다.

03 결손금 및 이월결손금의 공제

1. 사업소득 결손금 공제

의의	결손금이란 총수입금액을 필요경비가 초과할 때 그 초과하는 금액이다. 소득별 소득금액을 계산할 때 결손금 발생소득은 사업소득·양도소득·기타소득이나 결손금 통산의 적용을 받는 결손금은 사업소득이 있는 사업자가 비치·기록한 장부에 의하여 소득별 소득금액을 계산함에 있어서 발생하는 사업소득 결손금이다.
일반사업소득 결손금	사업자가 비치·기록한 장부에 의하여 해당 과세기간의 사업소득금액을 계산할 때 발생한 결손금은 그 과세기간의 종합소득과세표준을 계산할 때 근로소득금액·연금소득금액·기타소득금액·이자소득금액·배당소득금액에서 순서대로 공제한다.
부동산임대업 결손금	부동산임대업에서 발생한 결손금은 종합소득 과세표준을 계산할 때 공제하지 아니한다. 다만, 주거용 건물 임대업의 경우에는 그러하지 아니하다.

2. 이월결손금 공제

이월결손금 공제	부동산임대업에서 발생한 결손금과 이월결손금은 해당 이월결손금이 발생한 과세기간의 종료일부터 15년(2019. 12. 31. 이전에 개시한 과세기간에서 발생한 결손금은 10년) 이내에 끝나는 과세기간의 소득금액을 계산할 때 먼저 발생한 과세기간의 이월결손금부터 순서대로 다음의 구분에 따라 공제한다. 다만, 국세기본법에 따른 국세부과의 제척기간이 지난 후에 그 제척기간 이전 과세기간의 이월결손금이 확인된 경우 그 이월결손금은 공제하지 아니한다. ① 부동산임대업 외의 사업소득 및 주거용 건물임대업의 이월결손금은 사업소득금액, 근로소득금액, 연금소득금액, 기타소득금액, 이자소득금액 및 배당소득금액에서 순서대로 공제한다. ② 부동산임대업(주거용 건물임대업 제외)에서 발생한 이월결손금은 부동산임대업의 소득금액에서 공제한다.

추계 시 적용 배제	① 해당 과세기간의 소득금액에 대해서 추계신고(비치·기록한 장부와 증명서류에 의하지 아니한 신고)를 하거나 추계조사결정하는 경우에는 적용하지 아니한다. 다만, 천재지변이나 그 밖의 불가항력으로 장부나 그 밖의 증명서류가 멸실되어 추계신고를 하거나 추계조사결정을 하는 경우에는 그러하지 아니하다. ② 소득세과세표준을 추계결정 또는 경정함으로 인하여 공제되지 아니한 이월결손금은 그 후의 공제가능 과세기간에 공제할 수 있다.
자산수증익 등에 충당	자산수증이익 또는 채무면제이익에 충당된 이월결손금은 소득금액에서 공제하는 이월결손금에서 제외한다.
결손금과 이월결손금 동시 존재	결손금 및 이월결손금을 공제할 때 해당 과세기간에 결손금이 발생하고 이월결손금이 있는 경우에는 그 과세기간의 결손금을 먼저 소득금액에서 공제한다.

3. 금융소득에 대한 결손금 및 이월결손금 공제

공제 배제	결손금 및 이월결손금을 공제할 때 금융소득에 대한 세액계산의 특례규정(비교과세)을 적용하는 경우 종합과세되는 금융소득이 있으면 그 금융소득 중 원천징수세율을 적용받는 부분은 결손금 또는 이월결손금의 공제대상에서 제외한다. 예) 사업소득 △50,000,000, 종합과세 이자소득 20,000,000인 경우 결손금 공제 시 이자소득은 줄어드나, 비교과세로 2,800,000원(= 20,000,000 × 14%)이 과세됨
선택 공제	종합과세되는 배당소득 또는 이자소득 중 기본세율을 적용받는 부분에 대해서는 사업자가 그 소득금액의 범위에서 공제 여부 및 공제금액을 결정할 수 있다. ∵ 비교과세로 인하여 결손금만 없어지는 경우가 발생할 수 있음

🔍 사례

사업소득금액	△50,000,000
이자소득금액(국내정기예금이자)	80,000,000

1. 결손금을 전액 공제하는 경우
⇒ 종합소득 산출세액: Max(①, ②)
  ① 20,000,000 × 14% + (30,000,000 - 20,000,000) × 6% = 3,400,000
  ② 80,000,000 × 14% = 11,200,000
2. 결손금을 전액 공제하지 않는 경우
⇒ 종합소득 산출세액: Max(①, ②)
  ① 20,000,000 × 14% + (80,000,000 - 20,000,000) × 기본세율 = 11,440,000
  ② 80,000,000 × 14% = 11,200,000
    → 11,440,000 - 11,200,000 = 240,000 결손금 1,000,000원(한계세율 24%) 공제하는 경우 한도가 걸리지 않음

4. 중소기업의 결손금소급공제에 따른 환급

개요	중소기업을 경영하는 거주자가 그 중소기업의 사업소득금액을 계산할 때 해당 과세기간의 이월결손금(부동산임대업에서 발생한 이월결손금은 제외)이 발생한 경우에는 직전 과세기간의 그 중소기업의 사업소득에 부과된 종합소득 결정세액을 한도로 하여 결손금 소급공제세액을 환급신청할 수 있다. 이 경우 소급공제한 이월결손금에 대해서 그 이월결손금을 공제받은 금액으로 본다.
결손금 소급공제 세액계산	다음 ①의 금액에서 ②의 금액을 뺀 것을 말한다. ① 직전 과세기간의 당해 중소기업에 대한 종합소득산출세액 ② 직전 과세기간의 종합소득과세표준에서 이월결손금으로서 소급공제를 받으려는 금액(직전 과세기간의 종합소득과세표준을 한도로 한다)을 뺀 금액에 직전 과세기간의 세율을 적용하여 계산한 해당 중소기업에 대한 종합소득산출세액
적용요건	**환급신청**: 결손금 소급공제세액을 환급받으려는 자는 과세표준확정신고기한까지 납세지 관할 세무서장에게 환급을 신청하여야 한다. → 따라서 경정청구로 환급은 불가능 **성실기업**: 해당 거주자가 과세표준확정신고기한까지 결손금이 발생한 과세기간과 그 직전 과세기간의 소득에 대한 소득세의 과세표준 및 세액을 각각 신고한 경우에만 결손금 소급공제세액을 환급한다.
환급절차	납세지 관할 세무서장이 소득세의 환급신청을 받은 경우에는 지체 없이 환급세액을 결정하여 국세기본법에 따라 환급하여야 한다.

04 채권 등에 대한 소득금액의 계산 특례

개요	거주자가 채권 등의 발행법인으로부터 해당 채권 등에서 발생하는 이자 등을 지급받거나 해당 채권 등을 매도하는 경우에는 거주자에게 그 보유기간별로 귀속되는 이자 등 상당액을 해당 거주자의 이자소득으로 보아 소득금액을 계산한다. ∵ 금융소득종합과세의 시행으로 소득귀속을 정확하게 하기 위함
원천징수 특례	① 거주자 또는 비거주자가 채권 등의 발행법인으로부터 이자 등을 지급받거나 해당 채권 등을 발행법인 등에게 매도하는 경우 그 채권 등의 발행일 또는 직전 원천징수일을 시기로 하고, 이자 등의 지급일 등 또는 채권 등의 매도일 등을 종기로 하여 법령이 정한 기간계산방법에 따른 원천징수기간의 이자 등 상당액을 이자소득으로 보고, 채권 등의 발행법인 등을 원천징수의무자로 하며 원천징수에 관한 규정을 적용한다. ② 거주자가 법인으로부터 채권 등의 이자 등을 지급받거나 채권 등의 이자 등을 받기 전에 법인에게 매도하는 경우 보유기간이자 등 상당액에 대하여 이자 등의 지급일 등에 매수하는 법인이 원천징수하여야 한다.
보유기간 이자상당액 원천징수	(아래 표 참조)

매도인	매수인	원천징수의무자	원천징수대상
개인	개인	-	-
개인	법인	매수법인	개인의 보유기간 이자상당액
법인	개인	매도법인(대리)	매도법인의 보유기간 이자상당액
법인	법인	매도법인(대리)	매도법인의 보유기간 이자상당액

05 상속의 경우의 소득금액의 구분 계산

개요	피상속인의 소득금액에 대한 소득세로서 상속인에게 과세할 것과 상속인의 소득금액에 대한 소득세는 구분하여 계산하여야 한다. ∵ 피상속인과 상속인 소득을 합산할 경우 누진세율로 과다 세액되므로
연금계좌 상속 시 과세특례	① 연금계좌의 가입자가 사망하였으나 그 배우자가 연금외수령 없이 해당 연금계좌를 상속으로 승계하는 경우에는 해당 연금계좌에 있는 피상속인의 소득금액은 상속인의 소득금액으로 보아 소득세를 계산한다. ∵ 배우자 사망 시 안정적 노후소득 보장과 상속인의 연금수령 지원 ② 상속인이 연금계좌를 승계하는 경우 해당 연금계좌의 소득금액을 승계하는 날에 그 연금계좌에 가입한 것으로 본다. 다만, 최소 납입요건(5년) 해당 여부를 판단함에 있어 연금계좌의 가입일은 피상속인의 가입일로 하여 적용한다.

06 기타특례

중도해지로 인한 이자소득 계산특례	종합소득과세표준 확정신고 후 예금 또는 신탁계약의 중도 해지로 이미 지난 과세기간에 속하는 이자소득금액이 감액된 경우 그 중도 해지일이 속하는 과세기간의 종합소득금액에 포함된 이자소득금액에서 그 감액된 이자소득금액을 뺄 수 있다. 다만, 국세기본법에 따라 과세표준 및 세액의 경정을 청구한 경우에는 그러하지 아니하다. ∵ 경정청구 절차가 번거로워 중도해지일이 속한 과세기간의 감액된 이자를 차감함
비거주자 거래의 소득금액 조정	우리나라가 조세의 이중과세 방지를 위하여 체결한 조약(조세조약)의 상대국과 그 조세조약의 상호 합의규정에 따라 거주자가 국외에 있는 비거주자 또는 외국법인과 거래한 그 금액에 대하여 권한 있는 당국 간에 합의를 하는 경우 그 합의에 따라 납세지 관할 세무서장 또는 지방국세청장은 그 거주자의 각 과세기간의 소득금액을 조정하여 계산할 수 있다.

제6장 종합소득과세표준의 계산

01 종합소득과세표준 계산구조

종합소득금액	이자소득금액, 배당소득금액, 사업소득금액, 근로소득금액, 연금소득금액 및 기타소득금액의 합계액에서 사업소득 결손금·이월결손금공제 후의 금액		
(-) 종합소득공제	인적공제	기본공제	부양가족 1명당 150만원 공제
		추가공제	경로자공제, 장애인공제, 부녀자공제, 한부모공제
	연금보험료공제		공적연금보험료 납부액 공제
	특별소득공제		보험료공제, 주택자금공제
	주택담보노후연금 이자비용공제		한도 200만원 공제
종합소득과세표준			

소득별 소득공제대상

구분	이자소득	배당소득	사업소득	근로소득	연금소득	기타소득
인적공제	O	O	O	O	O	O
연금보험료공제	O	O	O	O	O	O
벤처투자조합 출자 등	O	O	O	O	O	O
특별소득공제(청약저축 포함)				O		
주택담보노후연금 이자비용					O	
신용카드 등 사용금액				O		
소기업·소상공인공제부금			O	대표자 O		
우리사주조합 출자금액				O		

02 인적공제

의의	최저생계비에 해당하는 소득을 과세 제외시키고 부양가족이 많은 납세자에게 유리한 소득세제 구조를 만들기 위하여 종합소득금액에서 공제하는 금액이다.
계산	인적공제 = 기본공제 + 추가공제 인적공제의 합계액이 종합소득금액을 초과하는 경우 그 초과하는 공제액은 없는 것으로 한다.

1. 기본공제

<table>
<tr><td rowspan="2">개요</td><td colspan="5">종합소득이 있는 거주자(자연인만 해당한다)에 대해서는 다음 중 어느 하나에 해당하는 사람의 수에 1명당 연 150만원을 곱하여 계산한 금액을 그 거주자의 해당 과세기간의 종합소득금액에서 공제한다.
→ 과세기간 또는 부양기간이 1년 미만인 경우에도 월할 계산하지 아니함</td></tr>
<tr>
<td colspan="2">구분</td><td colspan="3">기본공제대상요건</td>
</tr>
</table>

구분	나이요건	소득요건	생계요건
본인	-	-	-
본인의 배우자	-	연간소득금액 100만원 이하 (근로소득만 있는 경우 총급여액 500만원 이하)	-
직계존속	60세 이상		주거 형편상 별거 인정
직계비속	20세 이하(*)		-
형제자매	60세 이상 또는 20세 이하		생계 요건 필요
기초생활 수급자	-		
위탁아동	-		

(*) 20세가 되는 날과 그 이전 기간을 말한다.

기본공제 적용 시 유의사항		
	장애인 특례	① 장애인의 경우 나이 제한을 적용받지 않는다. 단, 연간 소득금액 합계액이 100만원(근로소득만 있는 자는 총급여 500만원)을 초과하는 경우에는 기본공제대상에 해당하지 않는다. ② 직계비속의 배우자(며느리 등)는 기본공제대상에 해당하지 아니하나 장애인인 직계비속의 배우자는 기본공제대상이 될 수 있다.
	위탁아동 판정	해당 과세기간에 6개월 이상 직접 양육한 위탁아동(아동복지법에 따라 보호기간이 연장된 경우로서 20세 이하인 위탁아동 포함)을 말한다. 다만, 직전 과세기간에 소득공제를 받지 못한 경우에는 해당 위탁아동에 대한 직전 과세기간의 위탁기간을 포함하여 계산한다.
	입양자 판정	동거입양자는 민법 또는 입양특례법에 따라 입양한 양자, 사실상 입양상태에 있는 자로서 거주자와 생계를 같이하는 자를 말한다.
	직계존속 판정	직계존속에는 배우자의 직계존속(장인, 장모 등)뿐만 아니라 직계존속이 재혼한 경우 직계존속의 배우자로서 혼인(사실혼 제외) 중임이 증명되는 자를 포함한다.
	기타 유의사항	① 근로자 및 배우자의 형제자매는 기본공제대상에 포함될 수 있으나, 형제자매의 배우자(제수, 형수 등)는 기본공제대상에 포함하지 않는다. ② 거주자와 이혼한 배우자는 거주자와 생계를 같이하더라도 공제대상 배우자의 범위에 포함되지 않는다.
	부양가족 범위	① 생계를 같이하는 부양가족은 주민등록표의 동거가족으로서 해당 거주자의 주소 또는 거소에서 현실적으로 생계를 같이하는 사람으로 한다. 다만, 배우자 및 직계비속·입양자는 생계 여부와 관계없다. ② 거주자 또는 동거가족(직계비속·입양자는 제외)이 취학·질병의 요양, 근무상 또는 사업상의 형편 등으로 본래의 주소 또는 거소에서 일시 퇴거한 경우에도 생계를 같이하는 사람으로 본다. ③ 거주자의 부양가족 중 거주자(그 배우자를 포함)의 직계존속이 주거 형편에 따라 별거하고 있는 경우에도 생계를 같이하는 사람으로 본다.

기본공제 적용 시 유의사항	공제대상 판정	① 공제대상 배우자, 공제대상 부양가족, 공제대상 장애인 또는 공제대상 경로우대자에 해당하는지 여부의 판정은 해당 과세기간의 과세기간 종료일 현재의 상황에 따른다. 다만, 과세기간 종료일 전에 사망한 사람 또는 장애가 치유된 사람에 대해서는 사망일 전날 또는 치유일 전날의 상황에 따른다. ② 적용대상 나이가 정해진 경우에는 해당 과세기간의 과세기간 중에 해당 나이에 해당되는 날이 있는 경우에 공제대상자로 본다.
연간 소득금액 [50-0-2]		① 연간 소득금액: 종합소득금액 + 퇴직소득금액 + 양도소득금액 | 구분 | 소득금액 | |---|---| | 이자소득 | 총 수입금액 | | 배당소득 | 배당소득 + Gross-up금액 | | 사업소득, 기타소득 | 총 수입금액 - 필요경비 | | 근로소득, 연금소득 | 총 급여액(총 연금액) - 근로소득공제(연금소득공제) | | 퇴직소득 | 퇴직금(비과세 제외) | | 양도소득 | 양도가액 - 필요경비 - 장기보유특별공제 | ② 연간 소득금액은 종합소득과세표준 계산 시 합산되지 아니하는 비과세 및 분리과세소득 금액을 제외한 것을 말한다. **Q 사례** 배우자의 소득이 다음과 같은 경우 배우자의 연간소득금액은? | 구분 | 연간소득금액 | 비고 | |---|---|---| | 근로소득 400만원 | 120만원 | 400만원 - 280만원 | | 국내은행 이자소득 200만원 | 200만원 | 분리과세 | | 퇴직소득 100만원 | 100만원 | | | 합계 | 220만원 | |

2. 추가공제

개요	기본공제대상자가 다음 중 어느 하나에 해당하는 경우에는 거주자의 해당 과세기간 종합소득금액에서 기본공제 외에 각 구분별로 정해진 금액을 추가로 공제한다. | 구분 | 요건 | 추가공제 | |---|---|---| | 경로자공제 | 70세 이상의 사람인 경우 | 1인당 100만원 | | 장애인공제 | 장애인(항시 치료를 요하는 중증환자 포함)인 경우 | 1인당 200만원 | | 부녀자공제 | 해당 거주자(해당 과세기간에 종합소득과세표준을 계산할 때 합산하는 종합소득금액이 3천만원 이하인 거주자로 한함)가 배우자가 없는 여성으로서 부양가족이 있는 세대주이거나 배우자가 있는 여성인 경우 | 50만원 | | 한부모공제 | 해당 거주자가 배우자가 없는 사람으로서 기본공제대상자인 직계비속 또는 입양자가 있는 경우 | 100만원 |

중복공제 여부	추가공제는 공제대상 중 중복공제가 가능하나, 부녀자공제와 한부모공제가 중복되는 경우에는 한부모공제만 적용한다. 예 소득이 없는 71세 장인(장애인)에 대한 인적공제 1,500,000원(기본공제) + 3,000,000원(경로자 + 장애인) = 4,500,000원

3. 인적공제대상자가 중복되는 경우 처리

공제대상자 결정	거주자의 공제대상 가족이 동시에 다른 거주자의 공제대상 가족에 해당되는 경우에는 해당 과세기간의 소득·세액 공제신고서에 기재된 바에 따라 그 중 1인의 공제대상 가족으로 한다.
중복신고 또는 불분명	둘 이상의 거주자가 공제대상 가족을 서로 자기의 공제대상 가족으로 하여 신고서에 적은 경우 또는 누구의 공제대상 가족으로 할 것인가를 알 수 없는 경우에는 다음의 기준에 따른다. ① 거주자의 공제대상 배우자가 다른 거주자의 공제대상 부양가족에 해당하는 때에는 공제대상배우자로 한다. ② 거주자의 공제대상 부양가족이 다른 거주자의 공제대상 부양가족에 해당하는 때에는 직전 과세기간에 부양가족으로 인적공제를 받은 거주자의 공제대상 부양가족으로 한다. 다만, 직전 과세기간에 부양가족으로 인적공제를 받은 사실이 없는 때에는 해당 과세기간의 종합소득금액이 가장 많은 거주자의 공제대상 부양가족으로 한다. ③ 거주자의 추가공제대상자가 다른 거주자의 추가공제대상자에 해당하는 때에는 기본공제를 하는 거주자의 추가공제대상자로 한다.
피상속인· 출국자공제	① 해당 과세기간의 중도에 사망하였거나 외국에서 영주하기 위하여 출국한 거주자의 공제대상 가족으로서 상속인 등 다른 거주자의 공제대상 가족에 해당하는 사람에 대해서는 피상속인 또는 출국한 거주자의 공제대상 가족으로 한다. ② 이 경우 피상속인 또는 출국한 거주자에 대한 인적공제액이 소득금액을 초과하는 경우에는 그 초과하는 부분은 상속인 또는 다른 거주자의 해당 과세기간의 소득금액에서 공제할 수 있다.

4. 인적공제의 기타사항

비거주자	비거주자의 경우 인적공제 중 비거주자 본인 외의 자에 대한 공제와 특별소득공제를 하지 않는다. → 본인에 대한 기본공제 및 추가공제만 적용
수시부과	수시부과 결정의 경우에는 기본공제 중 거주자 본인에 대한 분만을 공제한다.
공동사업 소득공제	연금보험료공제 또는 조세특례제한법에 따른 소득공제를 적용하거나 연금계좌세액공제를 적용하는 경우 공동사업합산과세규정에 따라 소득금액이 주된 공동사업자의 소득금액에 합산과세되는 특수관계인이 지출·납입·투자·출자 등을 한 금액이 있으면 주된 공동사업자의 소득에 합산과세되는 소득금액의 한도에서 주된 공동사업자가 지출·납입·투자·출자 등을 한 금액으로 보아 주된 공동사업자의 합산과세되는 종합소득금액 또는 종합소득산출세액을 계산할 때에 소득공제 또는 세액공제를 받을 수 있다.

03 연금보험료공제

공제대상	종합소득이 있는 거주자가 공적연금 관련법에 따른 기여금 또는 개인부담금(연금보험료)을 납입한 경우에는 해당 과세기간의 종합소득금액에서 그 과세기간에 납입한 연금보험료 전액을 공제한다.
공제한도	다음에 해당하는 공제를 모두 합한 금액이 종합소득금액을 초과하는 경우 그 초과하는 금액을 한도로 연금보험료공제를 받지 아니한 것으로 본다. ① 인적공제 ② 연금보험료공제 ③ 주택담보노후연금 이자비용공제 ④ 특별소득공제 ⑤ 조세특례제한법에 따른 소득공제

04 주택담보노후연금 이자비용공제

공제대상	연금소득이 있는 거주자가 다음의 요건을 모두 갖춘 주택담보노후연금을 받은 경우에는 그 받은 연금에 대해서 해당 과세기간에 발생한 이자비용 상당액을 해당 과세기간 연금소득금액에서 공제한다. ① 한국주택금융공사법에 따른 주택담보노후연금보증을 받아 지급받거나 금융기관의 주택담보노후연금일 것 ② 주택담보노후연금 가입 당시 담보권의 설정대상이 되는 주택(연금소득이 있는 거주자의 배우자 명의의 주택 포함)의 기준시가가 12억원 이하일 것
공제한도	주택담보 노후연금 이자비용공제는 연금소득에서만 공제가 가능하며, 공제할 이자 상당액이 200만원을 초과하는 경우에는 200만원을 공제하고, 연금소득금액을 초과하는 경우 그 초과 금액은 없는 것으로 한다.

05 특별소득공제

1. 보험료공제

공제대상	근로소득이 있는 거주자(일용근로자 제외)가 해당 과세기간에 국민건강보험법, 고용보험법 또는 노인장기요양보험법에 따라 근로자가 부담하는 보험료를 지급한 경우 그 금액을 해당 과세기간의 근로소득금액에서 공제한다.
사용자부담분	사용자가 부담한 국민건강보험료는 급여에서 지급한 날이 속하는 과세기간의 소득에서 공제한다.

2. 주택자금공제
(1) 공제대상

주택청약 종합저축	근로소득이 있는 거주자(일용근로자 제외)로서 해당 과세기간의 총급여액이 7천만원 이하이며 해당 과세기간 중 주택을 소유하지 않은 세대의 세대주가 2025. 12. 31.까지 해당 과세기간에 주택법에 따른 주택청약종합저축에 납입한 금액(연 300만원을 납입한도로 하며, 소득공제 적용 과세기간 이후에 납입한 금액만 해당)의 40%에 상당하는 금액을 해당 과세기간의 근로소득금액에서 공제한다. 다만, 과세기간 중에 주택 당첨 및 주택청약종합저축 가입자가 청년우대형저축에 가입하여 중도해지한 경우에는 해당 과세기간에 납입한 금액은 공제하지 아니한다.
주택임차자금 차입금 원리금상환액	과세기간 종료일 현재 주택을 소유하지 아니한 세대의 세대주(세대주가 주택자금공제를 받지 아니하는 경우에는 세대의 구성원을 말하며, 일정한 요건을 갖춘 외국인을 포함)로서 근로소득이 있는 거주자가 국민주택규모의 주택을 임차하기 위하여 차입금 원리금 상환액을 지급하는 경우
장기주택 저당차입금 이자상환액	근로소득이 있는 거주자로서 주택을 소유하지 아니하거나 1주택을 보유한 세대의 세대주(세대주가 주택자금공제를 받지 아니하는 경우에는 세대의 구성원 중 근로소득이 있는 자를 말하며, 일정한 요건을 갖춘 외국인을 포함)가 취득 당시 주택의 기준시가가 6억원 이하인 주택을 취득하기 위하여 그 주택에 저당권을 설정하고 금융회사 등 또는 주택도시기금법에 따른 주택도시기금으로부터 차입한 장기주택저당차입금의 이자를 지급하였을 때 해당 과세기간에 지급한 이자 상환액

(2) 소득공제 한도액 계산

공제종류	공제금액	한도액		
주택청약저축 등에 대한 소득공제	① 저축 납입액 × 40%	400만원		
주택임차차입금 원리금상환액	② 원리금상환액 × 40%			
장기주택저당차입금 이자상환액	③ 이자상환액 전액	Min[(① + ② + ③), 다음의 금액]		
		상환기간	구분	금액
		15년 이상	고정 + 비거치	2,000만원
			고정 or 비거치	1,800만원
			기타	800만원
		10년 이상	고정 or 비거치	600만원

06 종합소득공제 배제와 공제한도

종합소득공제 배제	분리과세소득만 있는 자	분리과세이자소득, 분리과세배당소득, 분리과세연금소득과 분리과세기타소득만이 있는 자에 대해서는 종합소득공제를 적용하지 아니한다.
	증명서류 미제출	과세표준확정신고를 하여야 할 자가 소득공제 증명서류를 제출하지 아니한 경우에는 기본공제 중 거주자 본인에 대한 분(分)과 표준세액공제만을 공제한다. 다만, 과세표준확정신고 여부와 관계없이 그 서류를 나중에 제출한 경우에는 그러하지 아니하다.
소득공제 종합한도		거주자의 종합소득에 대한 소득세를 계산할 때 다음의 어느 하나에 해당하는 공제금액 합계액이 2,500만원을 초과하는 경우에는 그 초과하는 금액은 없는 것으로 한다. ∵ 고소득자의 과도한 소득공제 혜택 배제 ① 소득세법에 따른 특별소득공제 중 주택자금공제 ② 주택청약종합저축 소득공제 ③ 벤처투자조합 출자 등에 대한 소득공제(④, ⑤, ⑥에 따른 출자·투자를 제외) ④ 소기업·소상공인 공제부금에 대한 소득공제 ⑤ 우리사주조합 출자에 대한 소득공제 ⑥ 장기집합투자증권저축 소득공제 ⑦ 신용카드 등 사용금액에 대한 소득공제

제7장 세액의 계산 및 세액공제

제1절 세액계산의 특례

01 산출세액 계산구조

계산구조		
	종합소득과세표준 (×) 기본세율	각종 세액계산의 특례규정 존재함
	종합소득산출세액 (−) 세액감면·세액공제	
	종합소득결정세액 (+) 가산세	
	종합소득총결정세액 (−) 기납부세액	원천징수세액, 중간예납세액, 수시부과세액
	차가감납부세액	

기본세율	과세표준	세율
	1,400만원 이하	과세표준의 6%
	1,400만원 초과 5,000만원 이하	84만원 + (1,400만원을 초과하는 금액의 15%)
	5,000만원 초과 8,800만원 이하	624만원 + (5,000만원을 초과하는 금액의 24%)
	8,800만원 초과 1억 5천만원 이하	1,536만원 + (8,800만원을 초과하는 금액의 35%)
	1억 5천만원 초과 3억원 이하	3,706만원 + (1억 5천만원을 초과하는 금액의 38%)
	3억원 초과 5억원 이하	9,406만원 + (3억원을 초과하는 금액의 40%)
	5억원 초과 10억원 이하	1억 7,406만원 + (5억원을 초과하는 금액의 42%)
	10억원 초과	3억 8,406만원 + (10억원을 초과하는 금액의 45%)

02 세액계산의 특례

금융소득 종합과세 시 세액 계산의 특례	금융소득 부분 참조
직장공제회 초과반환금에 대한 세액 계산의 특례	금융소득 부분 참조
주택임대소득에 대한 세액 계산의 특례	사업소득 부분 참조
분리과세기타소득에 대한 세액 계산의 특례	기타소득 부분 참조
연금소득에 대한 세액 계산의 특례	연금소득 부분 참조

03 부동산 매매업자 세액계산의 특례

개요	부동산 매매업자로서 주택 등 매매차익이 있는 자는 ① 주택 등 매매차익을 포함하여 산출한 종합소득산출세액과 ② 주택 등 매매차익에 대하여는 양도소득세율을, 그 외의 종합소득산출세액의 합계액 중 큰 금액(①과 ②표현)을 종합소득산출세액으로 한다. ∵ 부동산매매업자로 등록하여 양도소득세율보다 낮은 종합소득세율을 적용받아 양도소득세의 중과제도를 회피하는 사례를 방지하고, 부동산매매업자와 양도소득세율을 적용받는 거주자간 과세형평을 도모하기 위함
부동산매매업	부동산매매업이란 한국표준산업분류에 따른 비주거용 건물건설업(건물을 자영건설하여 판매하는 경우만 해당한다)과 부동산개발 및 공급업을 말한다. 다만, 한국표준산업분류에 따른 주거용 건물개발 및 공급업(구입한 주거용 건물을 재판매하는 경우는 부동산매매업에 포함)은 제외한다. → 주택신축판매업을 경영하는 거주자가 판매목적으로 신축한 주택의 매매차익에 대해서는 부동산매매업자에 대한 세액계산의 특례가 적용되지 않음
적용대상	부동산매매업자에 대한 세액계산특례 적용대상은 부동산매매업을 경영하는 거주자로서 다음에 해당하는 부동산의 매매차익이 있는 자를 말한다. ① 분양권 ② 비사업용 토지 ③ 미등기양도자산 ④ 2주택자 또는 3주택 이상자가 양도하는 조정지역대상 내 주택
세액계산 특례	종합소득산출세액은 다음의 ①과 ②의 세액 중 많은 것으로 한다. ① 종합소득과세표준 × 기본세율 ② [(부동산매매차익(*1) - 장기보유특별공제 - 양도소득기본공제(*2)) × 양도소득세율] + [(종합소득과세표준 – 부동산매매차익) × 기본세율] (*1) 부동산매매차익: 매매가액 - 양도자산의 필요경비(실지취득가액, 자본적 지출액 및 양도비용) (*2) 양도소득기본공제: 연 250만원을 공제하되, 미등기자산은 공제하지 않는다.

🔍 사례

근로소득금액	16,000,000원	총급여액 25,000,000원
사업소득금액 (부동산매매업)	14,000,000원	비사업용 토지(미등기, 보유기간 10년)의 양도소득으로 양도가액 2억원, 취득가액 1억 8천만원, 양도비용 6백만원임
종합소득금액	30,000,000원	종합소득공제는 3,000,000원

① (30,000,000 - 3,000,000) × 기본세율 = 2,790,000
② 14,000,000 × 70% + (16,000,000 - 3,000,000) × 기본세율 = 10,580,000

제2절 세액공제

01 자녀세액공제

계산	종합소득이 있는 거주자의 기본공제대상자에 해당하는 자녀(입양자 및 위탁아동을 포함) 및 손자녀로서 8세 이상의 사람(∵ 아동수당과 중복혜택 배제)에 대해서는 다음의 구분에 따른 금액을 종합소득산출세액에서 공제한다.

구분		세액공제액
기본공제 대상 자녀	1명인 경우	연 25만원
	2명인 경우	연 55만원
	3명 이상인 경우	연 55만원 + 2명 초과 1명당 연 40만원
출산·입양 자녀(*)	첫째인 경우	연 30만원
	둘째인 경우	연 50만원
	셋째 이상인 경우	연 70만원

(*) 해당 과세기간에 출산하거나 입양신고한 공제대상 자녀

※ 자녀장려금은 자녀세액공제와 중복하여 적용할 수 없음

관련 예규	출산·입양신고 자녀에 대해 세액공제를 적용하는 경우 나이 순서와 관계없이 사망한 자녀를 포함하여 출산·입양신고한 순서를 기준으로 적용하는 것이며, 세액공제대상 자녀의 범위는 가족관계등록부상의 자녀를 기준으로 판단하는 것임(서면-2017-법령해석소득-3061)

🔍 사례

Case 1				Case 2			
딸	17세	소득 없음		아들	9세	소득 없음	
아들	0세	출생, 소득 없음		딸	5세	소득 없음	
위탁아동	10세	7개월 양육, 소득 없음		입양자	3세	당해연도 입양, 소득 없음	
① 550,000원(2명: 딸 + 위탁아동)				① 250,000원(1명: 아들)			
② 500,000원(둘째 아들)				② 700,000원(셋째 입양자)			

02 결혼세액공제(신설)

대상자	① 적용대상: 혼인신고를 한 거주자 ② 적용연도: 혼인신고를 한 해(생애 1회) ③ 적용기간: '24 ~ '26년 혼인신고 분
공제금액	50만원

※ '25. 1. 1. 이후 과세표준을 신고하거나 연말정산하는 분부터 적용

03 연금계좌세액공제

세액공제액

종합소득이 있는 거주자가 연금계좌에 납입한 금액의 다음에 따라 계산한 금액을 해당 과세기간의 종합소득산출세액에서 공제한다.

> 세액공제액 = [Min(연금계좌 납입액, 한도액) + ISA 전환금액] × 12%(15%)

① 한도액

연금저축계좌 납입액	연 600만원
퇴직연금계좌 납입액 (연금저축계좌 납입액 포함)	Min[Min(연금저축계좌납입액, 연 600만원) + 퇴직연금계좌 납입액, 연 900만원]
ISA 만기 후 전환금액	Min(전환금액 × 10%, 300만원)

② 세액공제율

근로소득만 있는 거주자	총급여액 5,500만원 이하	15%
	총급여액 5,500만원 초과	12%
종합소득이 있는 거주자	종합소득금액 4,500만원 이하	15%
	종합소득금액 4,500만원 초과	12%

연금계좌 납입액

① 다음에 해당하는 금액은 연금계좌에 납입한 금액에서 제외한다. → 공제 배제
  ㉠ 소득세가 원천징수되지 아니한 퇴직소득 등 과세가 이연된 소득
  ㉡ 연금계좌에서 다른 연금계좌로 계약을 이전함으로써 납입되는 금액
② 개인종합자산관리계좌(ISA)의 계약기간이 만료되고 해당 계좌 잔액의 전부 또는 일부를 연금계좌로 납입한 경우 그 납입한 금액(전환금액)을 납입한 날이 속하는 과세기간의 연금계좌 납입액에 포함한다.

04 특별세액공제

의의

특별세액공제란 거주자(일용근로자 제외)가 해당 과세기간에 지급한 금액 중 보험료세액공제액, 의료비세액공제액, 교육비세액공제액, 기부금세액공제액, 표준세액공제액을 해당 과세기간의 종합소득산출세액에서 공제하는 것을 말한다.

적용

① 특별세액공제는 해당 거주자가 신청한 경우에 적용한다.
② 보험료·의료비·교육비 특별세액공제를 적용할 때 과세기간 종료일 이전에 혼인·이혼·별거·취업 등의 사유로 기본공제대상자에 해당되지 아니하게 되는 종전의 배우자·부양가족·장애인 또는 과세기간 종료일 현재 65세 이상인 사람을 위하여 이미 지급한 금액이 있는 경우에는 그 사유가 발생한 날까지 지급한 금액에 각각의 세액공제율을 적용한 금액을 해당 과세기간의 종합소득산출세액에서 공제한다.

1. 표준세액공제

근로소득이 있는 거주자로서 특별세액공제, 특별소득공제, 월세세액공제를 신청하지 않은 경우		연 13만원
종합소득이 있는 거주자(근로소득이 있는 자 제외)로서 의료비세액공제, 교육비세액공제 및 월세세액공제 신청을 하지 않은 경우	성실사업자	연 12만원
	위 외의 경우	연 7만원

2. 보험료세액공제

공제대상		근로소득이 있는 거주자(일용근로자는 제외)가 해당 과세기간의 만기에 환급되는 금액이 납입보험료를 초과하지 아니하는 보험의 보험계약에 따라 지급하는 다음의 보험료를 지급한 경우 보험료세액공제액을 해당 과세기간에 종합소득산출세액에서 공제한다.
	일반 보장성보험	기본공제대상자를 피보험자로 하는 생명보험 및 상해보험, 화재·도난이나 그 밖의 손해를 담보하는 가계에 관한 손해보험, 수산업협동조합법, 신용협동조합법 또는 새마을금고법에 따른 공제, 군인공제회법, 한국교직원공제회법, 대한지방행정공제회법, 경찰공제회법 및 대한소방공제회법에 따른 공제, 주택 임차보증금의 반환을 보증하는 것을 목적으로 하는 보험·보증(단, 보증대상 임차보증금이 3억원을 초과하는 경우는 제외)의 보험료
	장애인 보장성보험	기본공제대상자 중 장애인을 피보험자 또는 수익자로 하는 일반보장성보험료 공제대상 보험·공제로서 보험·공제 계약 또는 보험료·공제료 납입영수증에 장애인전용 보험·공제로 표시된 보험·공제의 보험료·공제료
세액공제액		보험료세액공제액: ① + ② ① 일반 보장성 보험료: Min(Σ공제대상 보험료, 100만원) × 12% ② 장애인 보장성 보험료: Min(Σ공제대상 보험료, 100만원) × 15%

> 🔍 **사례**
>
> 근로자 甲이 납부한 보험료는 다음과 같다. 보험료세액공제액은?
> ① 국민건강보험료 24만원, 국민연금보험료 60만원, 고용보험료 12만원
> ② 본인 명의로 계약한 자동차 보장성 보험료: 90만원
> ③ 자녀(장애인)를 피보험자로 하는 장애인전용 보장성 보험료: 120만원
> ⇒ 90만원 × 12% + 100만원 × 15% = 258,000원

3. 의료비세액공제

공제대상	근로소득이 있는 거주자가 기본공제대상자(나이 및 소득의 제한을 받지 아니함)를 위하여 해당 과세기간에 해당 근로자가 직접 부담하는 다음에 해당하는 의료비(보험회사로부터 지급받은 실손의료보험금은 제외)를 지급한 경우 의료비세액공제액을 해당 과세기간의 종합소득산출세액에서 공제할 수 있다. ① 진찰·치료·질병예방을 위하여 의료법에 따른 의료기관에 지급한 비용 ② 치료·요양을 위하여 약사법에 따른 의약품(한약을 포함)을 구입하고 지급하는 비용 ③ 장애인 보장구 및 의사·치과의사·한의사 등의 처방에 따라 의료기기를 직접 구입하거나 임차하기 위하여 지출한 비용 ④ 시력보정용 안경 또는 콘택트렌즈를 구입하기 위하여 지출한 비용으로서 기본공제대상자(연령 및 소득금액의 제한을 받지 아니함) 1명당 연 50만원 이내의 금액 ⑤ 보청기를 구입하기 위하여 지출한 비용 ⑥ 노인장기요양보험법에 따른 장기요양급여에 대한 비용으로서 실제 지출한 본인일부부담금 ⑦ 장애인활동 지원에 관한 법률에 따른 장애인활동지원급여에 대한 비용으로서 실제 지출한 본인부담금 ⑧ 산후조리원에 산후조리 및 요양의 대가로 지급하는 비용으로서 출산 1회당 200만원 이내의 금액 → 총급여액 7,000만원 이하 요건 폐지됨
공제배제	간병인에게 지급한 비용, 국외의료기관에 지출한 의료비, 미용·성형수술을 위한 비용 및 건강증진을 위한 의약품 구입비용

의료비 분류		
	① 일반의료비	②, ③, ④를 제외한 공제대상 의료비
	② 특정의료비	본인, 과세기간 개시일 현재 6세 이하인 사람, 장애인, 과세기간 종료일 현재 65세 이상인 사람, 중증질환자, 희귀난치성질환자, 결핵환자를 위하여 지급한 의료비
	③ 미숙아·선천성 이상아	보건소장·의료기관의 장이 미숙아 출생을 원인으로 미숙아가 아닌 영유아와는 다른 특별한 의료적 관리와 보호가 필요하다고 인정하는 치료를 위하여 지급한 의료비와 해당 선천성이상 질환을 치료하기 위하여 지급한 의료비
	④ 난임시술비	난임시술(보조생식술)을 위하여 지출한 비용(난임시술과 관련하여 처방을 받은 의약품 구입비용을 포함)

세액공제액	구분	공제대상 의료비	공제율
	① 일반의료비	Min(의료비 - 총급여액 × 3%, 연 700만원)	15%
	② 특정의료비	의료비(*)	15%
	③ 미숙아·선천성 이상아	의료비(*)	20%
	④ 난임시술비	의료비(*)	30%

(*) 의료비가 총급여액의 3% 미달하는 경우 그 미달하는 금액을 뺀다.

4. 교육비세액공제

공제대상		근로소득이 있는 거주자가 그 거주자와 기본공제대상자(나이의 제한을 받지 아니하되, 소득의 제한은 받음)를 위하여 해당 과세기간에 다음의 교육비를 지급한 경우 교육비세액공제액을 해당 과세기간의 종합소득산출세액에서 공제한다.
	근로자 본인	① 학교 등에 지급한 교육비 ② 대학(전공대학, 원격대학 및 학위취득과정 포함) 또는 대학원의 1학기 이상에 해당하는 교육과정과 시간제 과정에 지급하는 교육비 ③ 직업능력개발훈련시설에서 실시하는 직업능력개발훈련을 위하여 지급한 수강료(근로자수강지원금을 뺀 금액으로 함) ④ 학자금 대출의 원리금 상환에 지출한 교육비(단, 대출금의 상환 연체로 인하여 추가로 지급하는 금액, 원리금 중 감면받거나 면제받은 금액, 공공기관 등으로부터 지원받아 상환한 금액은 제외) → 직계비속 등이 학자금 대출을 받아 지급하는 교육비는 제외
	배우자, 직계비속, 형제자매, 입양자 (직계존속 제외)	① 수업료·입학금·보육비용·수강료 및 그 밖의 공납금 ② 학교급식법, 유아교육법, 영유아보육법 등에 따라 급식을 실시하는 학교, 유치원, 어린이집, 교육비세액공제대상 학원 및 체육시설(초등학교 취학 전 아동의 경우만 해당한다)에 지급한 급식비 ③ 초·중등교육법에 따른 학교에서 구입한 교과서대금 ④ 교복구입비용(중·고등학교의 학생만 해당하며, 학생 1명당 연 50만원 한도) ⑤ 학교 등에서 실시하는 방과 후 학교나 방과 후 과정 등의 수업료 및 특별활동비(학교 등에서 구입한 도서의 구입비와 학교 외에서 구입한 초·중·고등학교의 방과 후 학교 수업용 도서의 구입비를 포함) ⑥ 초·중등교육법에 따른 학교에서 교육과정으로 실시하는 현장체험학습에 지출한 비용(학생 1명당 연 30만원 한도) ⑦ 고등교육법에 따른 시험의 응시수수료 및 입학전형료 ⑧ 일정한 국외교육기관(유치원, 초·중등교육법에 의한 학교)의 수업료
	장애인 (소득 제한받지 않음)	사회복지시설 및 비영리법인, 장애인의 기능향상과 행동발달을 위한 발달재활서비스를 제공하는 기관 및 이와 유사한 것으로서 외국에 있는 시설 또는 법인에 지급하는 장애인특수교육비(국가 및 지방자치단체로부터 지원받는 금액은 제외)

※ 공제 배제 교육비
① 초·중·고등학생 및 대학생의 사설학원 교육비
② 학생회비, 기숙사비

세액공제액	교육비세액공제액 = Min(공제대상 교육비 - 비과세장학금 등, 한도액) × 15%

① 소득세 또는 증여세가 비과세되는 교육비 사례
  ㉠ 근로복지기본법에 따른 사내근로복지기금으로부터 받은 장학금 등
  ㉡ 재학 중인 학교로부터 받은 장학금 등
  ㉢ 근로자인 학생이 직장으로부터 받은 장학금 등

■ 학자금 또는 장학금 등 교육비 공제 여부

학자금 또는 장학금	총 급여액	교육비세액공제
비과세	-	-
과세	포함	O

② 한도액

근로자 본인	전액(한도 없음)
배우자, 직계비속, 형제자매, 입양자 (직계존속 제외)	㉠ 초등학교 취학 전 아동, 초·중·고등학교: 1인당 연 300만원 ㉡ 대학교: 1인당 연 900만원 ※ 대학원: 공제대상 아님
장애인 특수교육비 (직계존속 포함)	전액(한도 없음)

5. 기부금세액공제

공제대상	거주자(사업소득만 있는 자는 제외하되, 연말정산 대상 사업소득자는 포함) 또는 기본공제대상자(나이의 제한을 받지 아니하며, 다른 거주자의 기본공제를 적용받은 사람은 제외한다)가 해당 과세기간에 지급한 기부금이 있는 경우 기부금세액공제액을 해당 과세기간의 종합소득산출세액에서 공제한다. → 사업소득만 있는 자는 필요경비에만 산입하되, 추계신고하는 보험모집인, 방문판매원, 음료품 배달원으로서 간편장부대상자는 기부금세액공제 가능
세액공제액	① 한도 내의 공제 가능 기부금 계산 → 기부금 범위는 사업소득 부문 참조 | 정치자금 고향사랑 특례기부금	기준소득금액(*)
우리사주 조합기부금	(기준소득금액(*) - 특례기부금 등) × 30%
일반기부금	㉠ 종교단체기부금이 없는 경우: (기준소득금액(*) - 한도 내의 특례기부금 등) × 30% ㉡ 종교단체기부금이 있는 경우: (기준소득금액(*) - 한도 내의 특례기부금 등) × 10% + Min[(기준소득금액(*) - 한도 내의 특례기부금 등) × 20%, 종교단체 외 기부금]	

(*) 기준소득금액: 종합소득금액 + 필요경비에 산입한 기부금 - 원천징수세율 적용 금융소득금액

세액공제액	② 세액공제대상 기부금: Σ(특례기부금 등 + 우리사주조합기부금 + 일반기부금) - 사업소득금액을 계산할 때 필요경비에 산입한 기부금
	③ 기부금세액공제액: 다음의 금액을 종합소득산출세액(필요경비에 산입한 기부금이 있는 경우 사업소득에 대한 산출세액 제외)에서 공제한다. 이 경우 특례기부금과 일반기부금이 함께 있으면 특례기부금을 먼저 공제한다.
	세액공제대상 기부금 × 15%(1천만원 초과분 30%)
	(*) 사업소득에 대한 산출세액
	종합소득산출세액 × $\dfrac{\text{사업소득금액}}{\text{종합소득금액}}$

🔍 사례

1. 거주자가 지출한 기부금
    ① 천재지변 이재민 구호금품: 200만원
    ② 사립학교 장학금 기부금: 100만원(사업소득금액 계산 시 필요경비에 산입함)
    ③ 노동조합 기부금: 50만원
    ④ 종교단체 기부금: 650만원
2. 종합소득금액: 8,000만원(사업소득금액 5,000만원, 근로소득금액 3,000만원)
3. 종합소득산출세액: 700만원
    ① 한도 내의 공제가능 기부금 계산

구분		한도액	공제가능액
특례	300만원	8,100만원(*)	300만원
일반	700만원	(8,100만원(*) - 300만원) × 10% + Min[(8,100만원(*) - 300만원) × 20%, 50만원]	700만원
합계			1,000만원

    (*) 기준소득금액: 8,000만원 + 100만원 = 8,100만원

    ② 세액공제대상 기부금: 1,000만원 - 100만원 = 900만원
    ③ 기부금세액공제액: 900만원 × 15% = 1,350,000
        ※ 한도: 7,000,000 - 7,000,000 × 5천만원/8천만원 = 2,625,000

📋 부양가족 소득공제·세액공제 적용 여부

구분	연령요건	소득요건	비고
신용카드 등 소득공제	X	O	
자녀세액공제	O	O	8세 이상만 해당
보험료세액공제	O	O	
의료비세액공제	X	X	
교육비세액공제	X	O	장애인특수교육비는 소득요건 X
기부금세액공제	X	O	정치 및 우리사주조합 기부금 제외
연금계좌세액공제	본인만 가능		
정치·우리사주조합기부금	본인만 가능		

05 배당세액공제 · 외국납부세액공제

배당 세액공제	\multicolumn{2}{l	}{거주자의 종합소득금액에 이중과세 조정대상 배당소득금액이 합산되어 있는 경우에는 다음의 금액을 종합소득 산출세액에서 공제한다. Min(①, ②) ① Gross-up 금액 ② 한도: 종합소득산출세액 − 비교산출세액}

외국납부 세액공제	내용	① 거주자의 종합소득금액 또는 퇴직소득금액에 국외원천소득이 합산되어 있는 경우로서 그 국외원천소득에 대하여 외국소득세액을 납부하였거나 납부할 것이 있을 때에는 공제한도금액 내에서 외국소득세액을 해당 과세기간의 종합소득산출세액 또는 퇴직소득 산출세액에서 공제할 수 있다. ② 외국납부세액공제액: Min(㉠, ㉡) 　㉠ 외국소득세액: 직접외국납부세액(가산세 제외) + 의제외국납부세액 　㉡ 공제한도(국외사업장이 2 이상인 경우 국가별로 구분하여 계산함) $$종합소득산출세액 \times \frac{국외원천소득금액}{종합소득금액}$$
	이월공제	외국납부세액공제(외국소득세액을 종합소득산출세액에서 공제하는 경우만 해당함)를 적용할 때 외국정부에 납부하였거나 납부할 외국소득세액이 해당 과세기간의 공제한도금액을 초과하는 경우 그 초과하는 금액은 해당 과세기간의 다음 과세기간 개시일부터 10년 이내에 끝나는 과세기간(이월공제기간)으로 이월하여 그 이월된 과세기간의 공제한도금액 내에서 공제받을 수 있다. 다만, 외국정부에 납부하였거나 납부할 외국소득세액을 이월공제기간 내에 공제받지 못한 경우 그 공제받지 못한 외국소득세액은 이월공제기간의 종료일 다음 날이 속하는 과세기간의 소득금액을 계산할 때 필요경비에 산입할 수 있다. → 퇴직소득에 대한 외국납부세액공제는 이월공제 불가

06 근로소득세액공제

상용근로자	근로소득이 있는 거주자에 대해서는 그 근로소득에 대한 종합소득산출세액에서 다음의 금액을 공제한다. ① 공제액 | 근로소득 종합소득 산출세액(*)	공제액
130만원 이하	산출세액 × 55%
130만원 초과	715,000원 + (산출세액 − 130만원) × 30% | (*) 근로소득 종합소득 산출세액 = 종합소득산출세액 × $\dfrac{근로소득금액}{종합소득금액}$

② 공제한도

구분	총급여액	세액공제 한도액
상용근로자	3,300만원 이하	74만원
	3,300만원 초과 7,000만원 이하	Max [74만원 - [(총급여액 - 3,300만원) × 8/1,000] 66만원]
	7,000만원 초과 1억 2천만원 이하	Max [66만원 - [(총급여액 - 7,000만원) × 1/2] 50만원]
	1억 2천만원 초과	Max [[(총급여액 - 1억 2,000만원) × 1/2] 20만원]
일용근로자	일용근로자의 근로소득에 대해서 원천징수를 하는 경우에는 해당 근로소득에 대한 산출세액의 55%에 해당하는 금액을 그 산출세액에서 공제한다.	

07 기장세액공제 · 재해손실세액공제 · 전자계산서 발급 전송에 대한 세액공제

구분		내용
기장 세액공제	공제 대상	간편장부대상자가 과세표준확정신고를 할 때 복식부기에 따라 기장하여 소득금액을 계산하고 재무상태표·손익계산서·합계잔액시산표 및 조정계산서를 제출하는 경우에는 다음의 금액을 종합소득 산출세액에서 공제한다. 기장세액공제액: Min(①, ②) ① 종합소득 산출세액 × 기장된 사업소득금액/종합소득금액 × 20% ② 공제한도: 100만원
	공제 배제	다음 중 어느 하나에 해당하는 경우에는 기장세액공제를 적용하지 아니한다. ① 비치·기록한 장부에 의하여 신고하여야 할 소득금액의 20% 이상을 누락하여 신고한 경우 ② 기장세액공제와 관련된 장부 및 증명서류를 해당 과세표준확정신고기간 종료일부터 5년간 보관하지 아니한 경우. 다만, 천재지변 등 부득이한 사유에 해당하는 경우에는 그러하지 아니하다.
재해손실 세액공제	공제 대상	사업자가 해당 과세기간에 재해로 자산총액의 20% 이상에 해당하는 자산을 상실하여 납세가 곤란하다고 인정되는 경우에는 다음의 재해손실세액공제액(상실된 자산의 가액을 한도)을 산출세액에서 공제할 수 있다.
		재해발생일 현재 미납부 소득세 / 재해 발생일 현재 부과되지 아니한 소득세와 부과된 소득세로서 미납된 소득세액 × 자산상실비율(*)
		재해발생일이 속하는 과세기간 소득세 / [(산출세액 - 배당·기장·외국납부세액공제 + 가산세) × 사업소득금액/종합소득금액] × 자산상실비율(*)
		(*) 자산상실비율: 상실된 자산가액 ÷ 상실 전 자산총액

재해손실 세액공제	공제 대상		① 자산상실비율 계산 시 자산의 범위
		자산	㉠ 사업용 자산(토지를 제외) ㉡ 상실한 타인소유의 자산으로서 그 상실에 대한 변상책임이 당해 사업자에게 있는 것 ㉢ 재해손실세액공제를 하는 소득세의 과세표준금액에 이자소득금액 또는 배당소득금액이 포함되어 있는 경우에는 그 소득금액과 관련되는 예금·주식 기타의 자산
		재해자산	㉠ 재해로 인하여 수탁받은 자산을 상실하고, 그 자산가액의 상당액을 보상하여 주는 경우에는 이를 재해자산가액 및 상실 전의 사업용 총자산가액에 포함한다. ㉡ 예금, 받을어음, 외상매출금 등은 당해 채권추심에 관한 증서가 소실된 경우에도 이를 재해상실가액에 포함하지 아니한다. ㉢ 재해자산이 보험에 가입되어 있음으로써 보험금을 수령할 때에도 재해자산가액은 동 보험금을 차감하여 계산하지 아니한다.
			② 재해발생의 비율은 재해발생일 현재의 장부가액에 의하여 계산하되, 장부가 소실 또는 분실되어 장부가액을 알 수 없는 경우에는 납세지 관할 세무서장이 조사확인한 재해발생일 현재의 가액에 의하여 이를 계산한다.
	공제 절차		재해손실세액공제를 받으려는 자는 다음의 기한까지 재해손실세액공제신청서를 납세지 관할 세무서장에게 제출(국세정보통신망에 의한 제출을 포함)해야 한다. ① 재해발생일 현재 과세표준확정신고기한이 경과되지 않은 소득세의 경우는 그 신고기한. 다만, 재해발생일부터 신고기한까지의 기간이 3개월 미만인 경우는 재해발생일부터 3개월 ② 재해발생일 현재 미납부된 소득세와 납부해야 할 소득세의 경우는 재해발생일부터 3개월 → 신청이 없는 경우에도 적용 가능
전자계산서 발급 전송 세액공제			해당 과세기간에 신규로 사업을 개시한 사업자와 직전 과세기간의 사업장별 총수입금액이 3억원 미만인 사업자가 전자계산서를 발급(전자계산서 발급명세를 국세청장에게 전송하는 경우로 한정)하는 경우 다음의 금액을 해당 과세기간의 사업소득에 대한 종합소득산출세액에서 공제할 수 있다. Min(①, ②) ① 전자계산서 발급 건수 × 200원 ② 공제한도: 연간 100만원

08 세액감면과 세액공제의 적용순서 등

세액감면 세액공제 적용순서	세액감면과 세액공제에 규정이 동시에 적용되는 경우 그 적용순위는 다음과 같다. ① 세액감면 → ② 이월공제되지 않는 세액공제 → ③ 이월공제되는 세액공제[*] [*] 해당 과세기간 중에 발생한 세액공제액과 이전 과세기간에서 이월된 미공제액이 함께 있을 때에는 이월된 미공제액을 먼저 공제한다.
보험료 의료비 교육비 월세세액공제	보험료·의료비·교육비·월세세액공제액의 합계액이 그 거주자의 해당 과세기간의 근로소득에 대한 종합소득산출세액을 초과하는 경우 그 초과하는 금액은 없는 것으로 한다. $$\text{근로소득 종합소득산출세액} = \text{종합소득산출세액} \times \frac{\text{근로소득금액}}{\text{종합소득금액}}$$
자녀 연금계좌 특별세액 정치자금 세액공제	자녀세액공제액, 연금계좌세액공제액, 특별세액공제액, 정치자금세액공제, 우리사주조합 기부금세액공제액의 합계액 및 고향사랑기부금 세액공제액이 그 거주자의 해당 과세기간의 합산과세되는 종합소득산출세액(원천징수세율을 적용받는 이자소득 및 배당소득에 대한 산출세액은 제외)을 초과하는 경우 그 초과하는 금액은 없는 것으로 한다. 다만, 그 초과한 금액에 기부금세액공제액이 포함되어 있는 경우 해당 기부금과 일반 기부금 한도액을 초과하여 공제받지 못한 일반기부금은 해당 과세기간의 다음 과세기간의 개시일부터 10년 이내에 끝나는 각 과세기간에 이월하여 공제율을 적용한 기부금세액공제액을 계산하여 그 금액을 공제기준산출세액에서 공제한다. $$\text{공제기준 산출세액} = \text{종합소득 산출세액} - \left(\text{종합소득산출세액} \times \frac{\text{원천징수세율 적용 금융소득금액}}{\text{종합소득금액}}\right)$$
세액감면 세액공제 합계액	세액감면액 및 세액공제액의 합계액이 해당 과세기간의 합산과세되는 종합소득산출세액을 초과하는 경우 그 초과하는 금액은 없는 것으로 보고, 그 초과하는 금액을 한도로 연금계좌세액공제를 받지 아니한 것으로 본다. 다만, 재해손실세액공제액이 종합소득산출세액에서 다른 세액감면액 및 세액공제액을 뺀 후 가산세를 더한 금액을 초과하는 경우 그 초과하는 금액은 없는 것으로 본다.

> **세액감면**
>
> 특정소득에 대해 세금을 완전히 면제해주거나 일정한 비율만큼 경감해 주는 것을 말한다. 조세특례제한법상 여러 가지 세액감면제도를 두고 있으며, 세액감면은 다음과 같이 계산한다.
>
> $$\text{세액감면} = \text{종합소득산출세액} \times \frac{\text{감면대상 소득금액}}{\text{종합소득금액}} \times \text{감면비율}$$

제8장 퇴직소득

01 개요

의의	퇴직소득은 사용자의 근로자가 근무기간 중에 적립한 임금을 현실적으로 퇴직함으로써 지급받는 금액을 말한다. 퇴직소득은 장기간에 걸쳐 형성된 소득이 일시에 실현되어 종합소득에 합산될 경우 세부담이 과중되는 것을 방지하기 위해 분류과세하며, 근로자의 퇴직 후 생활자금인 점을 고려하여 퇴직소득공제, 연분연승법으로 세부담을 낮춰준다.
퇴직소득 범위	퇴직소득은 해당 과세기간에 발생한 다음의 소득으로 한다. ① 공적연금 관련법에 따라 받는 일시금(2002. 1. 1. 이후에 납입된 연금 기여금 및 사용자부담금을 기초로 하거나 2002. 1. 1. 이후 근로의 제공을 기초로 하여 받은 금액) ② 공적연금 일시금을 지급하는 자가 퇴직소득의 일부 또는 전부를 지연하여 지급하면서 지연지급에 대한 이자를 함께 지급하는 경우 해당 이자 ③ 사용자 부담금을 기초로 하여 현실적인 퇴직을 원인으로 지급받는 소득 　→ 명예퇴직금, 해고예고수당 등 명칭에 관계없이 현실적 퇴직에 따라 지급받으면 퇴직소득임 ④ 과학기술인공제회법에 따라 지급받는 과학기술발전장려금 ⑤ 건설근로자의 고용개선 등에 관한 법률에 따라 지급받는 퇴직공제금 ⑥ 종교관련종사자가 현실적인 퇴직을 원인으로 종교단체로부터 지급받는 소득
공적연금 일시금	공적연금 일시금 = 과세기준금액 - 과세제외기여금 ① 과세기준금액 | 국민연금 (반환일시금 포함) | Min(㉠, ㉡) ㉠ 과세기준일(2002. 1. 1.) 이후 납입한 기여금 또는 개인부담금(사용자부담분을 포함)의 누계액과 이에 대한 이자 및 가산이자 ㉡ 실제 지급받은 일시금 - 과세기준일 이전에 납입한 기여금 또는 개인부담금 | | 위 외 일시금 | 과세기간 일시금 수령액 × (과세기준일 이후 기여금 납입월수 / 총 기여금 납입월수) | ② 과세 제외 기여금: 과세기준일(2002. 1. 1.) 이후에 연금보험료공제를 받지 않고 납입한 기여금 또는 개인부담금으로 세무서장이 발급한 '연금보험료 등 소득·세액공제확인서'에 따라 확인되는 금액

공적연금 일시금	🔍 사례 甲은 2000. 1. 1. 국민연금에 가입하여 2018. 12. 31.까지 1,500만원(2002. 1. 1. 이후 1,300만원)을 납입하였으며, 2019. 1. 1. 반환일시금으로 2,000만원을 수령하였다. 반환일시금 이자 500만원 중 2002. 1. 1. 이후 납입분에 대한 이자는 400만원이다. 과세기준금액은? ⇒ 과세기준금액: Min(17,000,000, 20,000,000 - 2,000,000) = 17,000,000원	
퇴직판정특례	퇴직으로 보지 않음	다음의 어느 하나에 해당하는 사유가 발생했으나 퇴직급여를 실제로 받지 않은 경우는 퇴직으로 보지 않을 수 있다. ① 종업원이 임원이 된 경우 ② 합병·분할 등 조직변경, 사업양도, 직·간접으로 출자관계에 있는 법인으로의 전출 또는 동일한 사업자가 경영하는 다른 사업장으로의 전출이 이루어진 경우 ③ 법인의 상근임원이 비상근임원이 된 경우 ④ 비정규직 근로자가 정규직 근로자로 전환된 경우
	퇴직으로 봄	계속근로기간 중에 다음의 어느 하나에 해당하는 사유로 퇴직급여를 미리 지급받은 경우(임원 포함)에는 그 지급받은 날에 퇴직한 것으로 본다. ① 근로자퇴직급여 보장법 시행령 중간정산 사유에 해당하는 경우 ② 근로자퇴직급여 보장법에 따라 퇴직연금제도가 폐지되는 경우
퇴직소득 수입시기	① 원칙: 퇴직한 날 ② 국민연금법에 따른 일시금과 건설근로자가 지급받는 퇴직공제금의 경우에는 소득을 지급받는 날(분할하여 지급받는 경우 최초로 지급받는 날)로 한다.	

02 임원 퇴직소득금액 한도액

의의	임원의 과다한 퇴직금 적립·지급에 따른 조세회피 행위를 방지하기 위하여 임원의 퇴직소득금액 중 세법상 한도액을 초과하는 경우 그 초과액은 근로소득으로 본다. 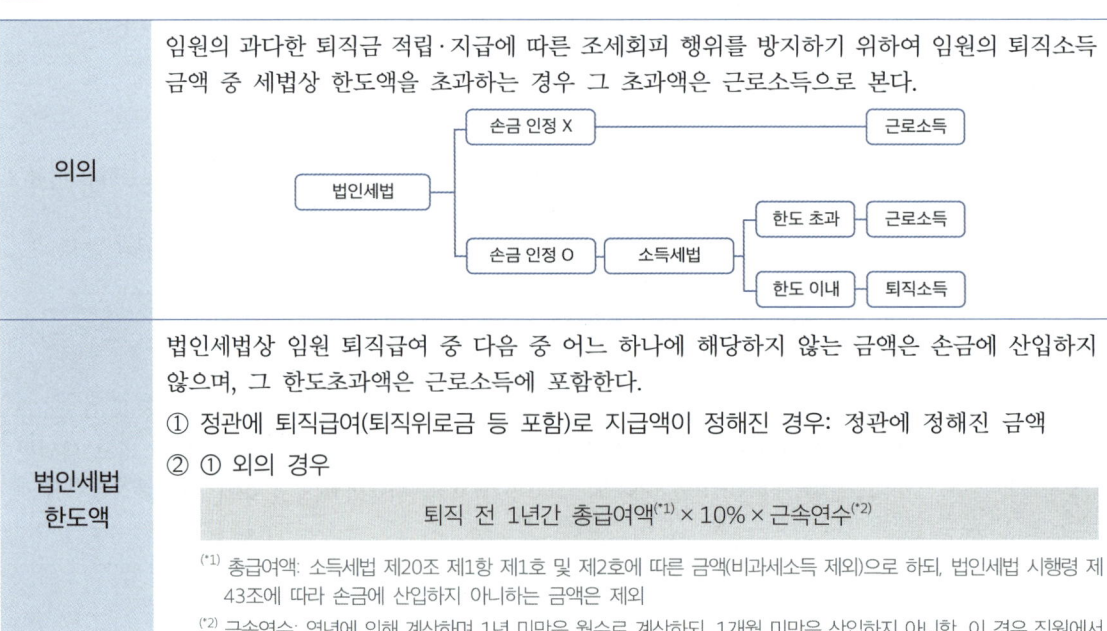
법인세법 한도액	법인세법상 임원 퇴직급여 중 다음 중 어느 하나에 해당하지 않는 금액은 손금에 산입하지 않으며, 그 한도초과액은 근로소득에 포함한다. ① 정관에 퇴직급여(퇴직위로금 등 포함)로 지급액이 정해진 경우: 정관에 정해진 금액 ② ① 외의 경우 퇴직 전 1년간 총급여액[*1] × 10% × 근속연수[*2] [*1] 총급여액: 소득세법 제20조 제1항 제1호 및 제2호에 따른 금액(비과세소득 제외)으로 하되, 법인세법 시행령 제43조에 따라 손금에 산입하지 아니하는 금액은 제외 [*2] 근속연수: 역년에 의해 계산하며 1년 미만은 월수로 계산하되, 1개월 미만은 산입하지 아니함. 이 경우 직원에서 임원으로 된 때에 퇴직금을 지급하지 아니한 경우 직원으로 근무한 기간을 근속연수에 합산할 수 있음

임원의 퇴직소득금액(공적연금 일시금은 제외)이 다음 계산식에 따라 계산한 금액을 초과하는 경우에는 그 초과하는 금액은 근로소득으로 본다.

① 소득세법상 한도적용대상 임원퇴직소득

> 퇴직소득금액 - 2011. 12. 31.에 퇴직하였다고 가정할 때 지급받을 금액[*]

[*] 아래의 ㉠과 ㉡ 중 선택한 금액 → 퇴직소득금액을 크게 만들려면 큰 금액
  ㉠ 퇴직소득금액에 2011. 12. 31. 이전 근무기간(개월 수로 계산하며, 1개월 미만의 기간이 있는 경우 1개월로 봄)을 전체 근무기간으로 나눈 비율을 곱한 금액
  ㉡ 2011. 12. 31.에 정관 또는 정관의 위임에 따른 임원 퇴직급여지급규정이 있는 법인의 임원이 2011. 12. 31.에 퇴직한다고 가정할 때 해당 규정에 따라 지급받을 퇴직소득금액

② 임원퇴직소득 한도액

소득세법 한도액

$$\text{2019. 12. 31.부터 소급하여 3년}^{(*1)} \text{ 동안 지급받은 총급여의 연평균환산액} \times 10\% \times \frac{\text{2012. 1. 1. ~ 2019. 12. 31. 근무기간}}{12} \times 3$$

$$+ \text{퇴직한 날부터 소급하여 3년}^{(*2)} \text{ 동안 지급받은 총급여의 연평균환산액} \times 10\% \times \frac{\text{2020. 1. 1. 이후 근무기간}}{12} \times 2$$

(*1) 2012. 1. 1.부터 2019. 12. 31.까지의 근무기간이 3년 미만인 경우 해당 근무기간임
(*2) 2020. 1. 1.부터 퇴직한 날까지의 근무기간이 3년 미만인 경우 해당 근무기간임

㉠ 근무기간: 개월 수로 계산하며, 1개월 미만의 기간이 있는 경우 1개월로 본다.
㉡ 총급여: 제20조 제1항 제1호 및 제2호에 따른 근로소득(비과세소득 제외)을 합산함. 한편, 총급여에는 근무기간 중 해외현지법인에 파견되어 국외에서 지급받는 급여를 포함하되, 정관 또는 정관의 위임에 따른 임원의 급여지급규정이 있는 법인의 주거보조비, 교육비수당, 특수지수당, 의료보험료, 해외체재비, 자동차임차료 및 실의료비 및 이와 유사한 급여로서 해당 임원이 국내에서 근무할 경우 국내에서 지급받는 금액을 초과해 받는 금액은 제외한다.

소득세법 제20조 근로소득	퇴직소득 한도액 계산 시 총급여
근로를 제공함으로써 받는 급여	O
잉여금 처분에 의한 상여	O
인정상여	-
퇴직금으로서 퇴직소득에 속하지 않는 소득	-
직무발명보상금	-

03 퇴직소득과세표준 및 세액의 계산

1. 계산구조

환산급여	[퇴직소득금액(비과세소득 제외) - 근속연수공제] ÷ 근속연수 × 12
(-) 환산급여공제	
퇴직소득과세표준	
퇴직소득산출세액	퇴직소득과세표준 × 기본세율 ÷ 12 × 근속연수
(-) 외국납부세액공제	다음의 금액을 한도로 공제하며, 한도초과액은 이월공제되지 않는다.
	퇴직소득산출세액 × $\dfrac{\text{국외원천소득}}{\text{퇴직소득금액}}$
퇴직소득결정세액	

※ 근속연수 계산 시 1년 미만의 기간이 있는 경우에는 이를 1년으로 봄

2. 퇴직소득공제

근속연수공제	5년 이하	100만원 × 근속연수
	5년 초과 10년 이하	500만원 + 200만원 × (근속연수 - 5년)
	10년 초과 20년 이하	1,500만원 + 250만원 × (근속연수 - 10년)
	20년 초과	4,000만원 + 300만원 × (근속연수 - 20년)
	근속연수는 근로를 제공하기 시작한 날 또는 퇴직소득중간지급일의 다음 날부터 퇴직한 날까지로 한다. 다만, 퇴직급여를 산정할 때 근로기간에 포함되지 아니한 기간은 근속연수에서 제외한다. ※ 근속연수 계산 시 1년 미만의 기간이 있는 경우에는 이를 1년으로 봄	
환산급여공제	800만원 이하	환산급여의 100%
	800만원 초과 7,000만원 이하	800만원 + 800만원 초과분의 60%
	7,000만원 초과 1억원 이하	4,520만원 + 7,000만원 초과분의 55%
	1억원 초과 3억원 이하	6,170만원 + 1억원 초과분의 45%
	3억원 초과	1억 5,170만원 + 3억원 초과분의 35%

3. 근속연수의 계산

원칙	퇴직소득공제 및 퇴직소득 세율(연분연승법) 적용할 때 근속연수는 근로를 제공하기 시작한 날 또는 퇴직소득중간지급일의 다음 날부터 퇴직한 날까지로 한다. 다만, 퇴직급여를 산정할 때 근로기간에 포함되지 아니한 기간은 근속연수에서 제외한다.
공적연금 일시금	공적연금 관련법에 따라 받는 일시금의 경우 다음에 따른 연수를 말한다. 이 경우 납입연수 또는 재직기간이 1년 미만인 경우에는 1년으로 본다. ① 국민연금법에 의하여 지급받는 일시금의 경우에는 연금보험료 총납입월수를 12로 나누어 계산한 납입연수 ② 공무원연금법·군인연금법·사립학교교직원연금법 또는 별정우체국법에 의하여 지급받는 일시금의 경우에는 각 해당 법률의 퇴직급여산정에 적용되는 재직기간

공적연금 일시금	③ 공무원연금법·군인연금법·사립학교교직원연금법 또는 별정우체국법에 따른 일시금 및 사용자 부담금을 기초로 하여 현실적인 퇴직을 원인으로 지급받는 소득을 함께 지급받는 경우에는 각 해당 법률의 퇴직급여산정에 적용되는 재직기간과 실제 재직기간 중 긴 기간 ④ 일시금을 반납하고 재직기간, 복무기간 또는 가입기간을 합산한 후 지급받는 일시금의 경우에는 재임용일 또는 재가입일 이후의 재직기간
기타규정	① 건설근로자의 고용개선 등에 관한 법률 제14조에 따라 지급받는 퇴직공제금의 근속연수는 납부월수를 12로 나누어 계산한 납입연수로 한다. ② 소기업·소상공인 공제부금의 납입연수: 공제부금 납입월수를 12로 나누어 계산한 연수(1년 미만의 기간은 1년으로 봄)로 한다. 다만, 공제금을 중간정산하여 지급받은 경우에는 그 정산일 후의 납입월수를 12로 나누어 계산한 연수(1년 미만의 기간은 1년으로 봄)로 한다.

04 퇴직소득 과세방법

원천징수	원칙	원천징수의무자가 퇴직소득을 지급할 때에는 그 퇴직소득과세표준에 원천징수세율을 적용하여 계산한 소득세를 징수하여 징수일이 속한 달의 다음 달 10일까지 관할세무서 등에 납부하여야 한다.
	과세 이연	① 거주자의 퇴직소득이 다음의 어느 하나에 해당하는 경우에는 해당 퇴직소득에 대한 소득세를 연금외수령하기 전까지 원천징수하지 아니한다. 이 경우 소득세가 이미 원천징수된 경우 해당 거주자는 원천징수세액에 대한 환급을 신청할 수 있다. ∵ 퇴직금에 대해 연금 수령을 유도하기 위함 ㉠ 퇴직일 현재 연금계좌에 있거나 연금계좌로 지급되는 경우 ㉡ 퇴직하여 지급받은 날부터 60일 이내에 연금계좌에 입금되는 경우 ② 이연퇴직소득세: 원천징수하지 아니하거나 환급하는 퇴직소득세는 다음의 계산식(환급하는 경우의 퇴직소득금액은 이미 원천징수한 세액을 뺀 금액)에 따라 계산한 금액으로 한다. $$\text{이연퇴직소득세} = \text{퇴직소득산출세액} \times \frac{\text{연금계좌로 지급·이체된 금액}}{\text{퇴직소득금액}}$$ ③ 이연퇴직소득을 연금외수령하는 경우 퇴직소득세 원천징수: 이연퇴직소득을 연금외수령하는 경우 원천징수의무자는 다음의 계산식에 따라 계산한 이연퇴직소득세를 원천징수하여야 한다. $$\text{연금외수령 당시 이연퇴직소득세}^{(*)} \times \frac{\text{연금외수령한 이연퇴직소득}}{\text{연금외수령 당시 이연퇴직소득}}$$ (*) 연금외수령 당시 이연퇴직소득세란 해당 연금외수령 전까지의 이연퇴직소득세 누계액에서 인출한 이연퇴직소득의 누계액에 대한 세액을 뺀 금액을 말하며, 인출퇴직소득누계액에 대한 세액은 다음의 계산식에 따라 계산한 금액임 $$\text{이연퇴직소득세 누계액} \times \frac{\text{인출퇴직소득 누계액}}{\text{이연퇴직소득 누계액}}$$

원천징수	🔍 **사례** 퇴사 시 지급받은 퇴직급여 50,000,000원 중 20,000,000원만 IRP계좌로 이체하였으며, 퇴직소득산출세액은 5,000,000원으로 가정하며, 추후 이연퇴직소득 20,000,000원 중 12,000,000원을 인출하였다면 원천징수세액은? ⇒ ① 이연퇴직소득세: 5,000,000 × 20,000,000/50,000,000 = 2,000,000 　② 인출금액에 대한 원천징수세액 <table><tr><td>연금외수령 가정</td><td>2,000,000 × 12,000,000/20,000,000 = 1,200,000</td></tr><tr><td>연금수령 가정</td><td>2,000,000 × 12,000,000/20,000,000 × 70% = 840,000</td></tr></table>
세액정산	퇴직자가 퇴직소득을 지급받을 때 해당 과세기간에 이미 지급받은 퇴직소득 등에 대한 원천징수영수증을 원천징수의무자에게 제출하는 경우 원천징수의무자는 퇴직자에게 이미 지급된 퇴직소득과 자기가 지급할 퇴직소득을 합계한 금액에 대하여 정산한 소득세를 원천징수하여야 한다.
확정신고	해당 과세기간의 퇴직소득금액이 있는 거주자는 그 퇴직소득과세표준을 그 과세기간의 다음 연도 5월 1일부터 5월 31일까지 납세지 관할 세무서장에게 신고하여야 한다. 이 경우 해당 과세기간의 퇴직소득 과세표준이 없을 때에도 적용한다. 다만, 퇴직소득에 대한 원천징수규정에 따라 소득세를 납부한 자는 확정신고를 하지 않을 수 있다.

제9장 납세절차

01 중간예납

1. 개요

의의	납세지 관할 세무서장은 종합소득이 있는 거주자에 대하여 1월 1일부터 6월 30일까지의 기간을 중간예납기간으로 하여 중간예납세액을 납부하여야 할 세액으로 결정하여 11월 30일까지 그 세액을 징수하여야 한다. ∴ 일시 납부 부담을 줄여주고, 정부는 조세의 조기징수로 세액면탈을 방지하기 위하여 과세기간 중에 소득세 일부를 미리 납부하도록 함
중간예납 의무자	종합소득이 있는 거주자라도 다음에 해당하는 자는 중간예납의무가 없다. ① 해당 과세기간의 개시일 현재 사업자가 아닌 자로서 그 과세기간 중 신규로 사업을 시작한 자 ② 이자소득·배당소득·근로소득·연금소득 또는 기타소득 ③ 사업소득 중 속기·타자 등 한국표준산업분류에 따른 사무지원 서비스업에서 발생하는 소득 ④ 사업소득 중 수시 부과하는 소득 ⑤ 분리과세 주택임대소득 ⑥ 사업소득 중 예술, 스포츠 여가관련 중 자영예술가와 직업선수 등 ⑦ 보험모집원, 방문판매원(직전 과세기간 연말정산한 경우에 한정함) ⑧ 전환정비사업조합 또는 주택조합의 조합원이 하는 공동사업 ⑨ 납세조합이 중간예납기간 중 그 조합원의 소득세를 매월 징수하여 납부한 경우

2. 중간예납세액의 계산

원칙	① 중간예납세액은 직전 과세기간의 종합소득에 대한 소득세로서 납부하였거나 납부하여야 할 세액(중간예납기준액)의 1/2에 해당하는 금액으로 한다. ② 중간예납기준액은 다음의 세액의 합계액에서 환급세액(경정청구에 의한 결정이 있는 경우에는 그 내용이 반영된 금액을 포함)을 공제한 금액으로 한다. 　㉠ 직전 과세기간의 중간예납세액 　㉡ 확정신고납부세액 　㉢ 추가납부세액(가산세 포함) 　㉣ 기한후신고납부세액(가산세 포함) 및 추가자진납부세액(가산세 포함) ③ 부동산매매업자가 중간예납기간 중에 매도한 토지 또는 건물에 대하여 토지 등 매매차익 예정신고·납부를 한 경우에는 중간예납기준액의 1/2에 해당하는 금액에서 그 신고·납부한 금액을 뺀 금액을 중간예납세액으로 한다. 이 경우 토지 등 매매차익예정신고·납부세액이 중간예납기준액의 2분의 1을 초과하는 경우에는 중간예납세액이 없는 것으로 한다.

예외 (중간예납 추계액 신고)	① 종합소득이 있는 거주자가 중간예납기간의 종료일 현재 그 중간예납기간 종료일까지의 종합소득금액에 대한 소득세액(중간예납추계액)이 중간예납기준액의 30%에 미달하는 경우에는 11월 1일부터 11월 30일까지의 기간에 중간예납추계액을 중간예납세액으로 하여 납세지 관할 세무서장에게 신고할 수 있다. 종합소득이 있는 거주자가 신고를 한 경우에는 중간예납세액의 결정은 없었던 것으로 본다. ② 중간예납기준액이 없는 거주자 중 복식부기의무자가 해당 과세기간의 중간예납기간 중 사업소득이 있는 경우에는 11월 1일부터 11월 30일까지의 기간에 중간예납추계액을 중간예납세액으로 하여 납세지 관할 세무서장에게 신고하여야 한다.
중간예납 추계액 조사결정	납세지 관할 세무서장은 중간예납 추계액의 신고를 한 자의 신고 내용에 탈루 또는 오류가 있거나, 신고를 하여야 할 자가 신고를 하지 아니한 경우에는 중간예납세액을 경정하거나 결정할 수 있다. 이 경우 경정하거나 결정할 세액은 중간예납추계액의 계산방법을 준용하여 산출한 금액으로 한다.

3. 중간예납세액의 납부 등

고지서 발급	① 납세지 관할 세무서장은 중간예납세액을 납부하여야 할 거주자에게 11월 1일부터 11월 15일까지의 기간에 중간예납세액의 납부고지서를 발급하여야 한다. ② 고지된 중간예납세액을 납부하여야 할 거주자가 11월 30일까지 그 세액의 전부 또는 일부를 납부하지 아니한 경우에는 납부하지 아니한 세액 중 분할납부할 수 있는 세액에 대해서는 납부의 고지가 없었던 것으로 보며, 납세지 관할 세무서장은 해당 과세기간의 다음 연도 1월 1일부터 1월 15일까지의 기간에 그 분할납부할 수 있는 세액을 납부할 세액으로 하는 납부고지서를 발급하여야 한다.
징수	① 납세지 관할 세무서장은 중간예납세액을 결정하여 11월 30일까지 그 세액을 징수하여야 한다. ② 소액부징수: 중간예납세액이 50만원 미만인 때 중간예납세액을 징수하지 않는다.
납부	① 중간예납추계액을 신고한 거주자는 신고와 함께 그 중간예납세액을 11월 30일까지 납세지 관할 세무서, 한국은행 등에 납부하여야 한다. ② 납부하여야 할 중간예납세액이 1,000만원을 초과하는 자는 그 납부할 세액의 일부를 납부기한이 지난 후 2개월 이내에 분할납부할 수 있다.

02 부동산매매업자의 토지 등 매매차익 예정신고와 납부

신고의무 신고기한	다음에 해당하는 부동산매매업자는 토지 또는 건물의 매매차익과 그 세액을 매매일이 속하는 달의 말일부터 2개월이 되는 날까지 납세지 관할 세무서장에게 신고하여야 한다. 토지 등의 매매차익이 없거나 매매차손이 발생하였을 때에도 또한 같다. → 확정신고의무가 면제되지 않음 ① 비주거용 건물 건설업자로서 건물을 건설하여 판매하는 경우 ② 부동산개발 및 공급업: 주거용 건물개발 및 공급업(구입한 주거용 건물을 재판매하는 경우는 예정신고의무대상자에 포함)은 제외한다.

토지 등 매매차익 계산	매매가액 (-) 취득원가 현재가치할인차금 포함, 부당행위계산에 의한 시가초과액 제외 (-) 건설자금이자 당해 토지 등의 건설자금에 충당한 금액의 이자 (-) 공과금 토지 등의 매도로 인하여 법률에 의하여 지급하는 공과금 (-) 장기보유특별공제 매매차익 ① 양도소득기본공제는 적용되지 않으며, 토지 등을 평가증하여 장부가액을 수정한 때에는 그 평가증을 하지 아니한 장부가액으로 매매차익을 계산한다. ② 부동산매매업자는 토지 등과 기타의 자산을 함께 매매하는 경우에는 이를 구분하여 기장하고 공통되는 필요경비가 있는 경우에는 당해 자산의 가액에 따라 안분계산하여야 한다.
세액의 계산·납부	① 부동산매매업자의 토지 등의 매매차익에 대한 산출세액은 그 매매가액에서 필요경비를 공제한 금액에 양도소득세율을 곱하여 계산한 금액으로 한다. 다만, 토지 등의 보유기간이 2년 미만인 경우에는 중과세율에도 불구하고 기본세율을 곱하여 계산한 금액으로 한다. ② 부동산매매업자는 산출세액을 매매차익 예정신고기한까지 납세지 관할 세무서, 한국은행 또는 체신관서에 납부하여야 한다. ③ 토지 등의 매매차익예정신고에 대하여 확정신고와 동일하게 무신고가산세, 과소신고가산세와 납부지연가산세가 적용된다.

03 원천징수

1. 개요

의의	국내에서 거주자나 비거주자에게 원천징수대상소득을 지급하는 자는 그 거주자나 비거주자에 대한 소득세를 원천징수하여야 한다.
원천징수 배제 등	① 원천징수의무자가 원천징수대상소득으로서 소득세가 과세되지 아니하거나 면제되는 소득을 지급할 때에는 소득세를 원천징수하지 아니한다. ② 원천징수대상소득으로서 발생 후 지급되지 아니함으로써 소득세가 원천징수되지 아니한 소득이 종합소득에 합산되어 종합소득에 대한 소득세가 과세된 경우에 그 소득을 지급할 때에는 소득세를 원천징수하지 아니한다.
원천징수세액 납부	원칙	원천징수의무자는 원천징수한 소득세를 그 징수일이 속하는 달의 다음 달 10일까지 원천징수 관할 세무서, 한국은행 등에 납부하여야 한다.
	특례	직전 연도(신규로 사업을 개시한 사업자의 경우 신청일이 속하는 반기)의 상시고용 인원이 20명 이하인 원천징수의무자(금융 및 보험업을 경영하는 자는 제외) 또는 종교단체로서 관할 세무서장으로부터 원천징수세액을 매 반기별로 납부할 수 있도록 승인 또는 국세청장이 정하는 바에 따라 지정을 받은 경우 다음의 원천징수세액 외의 원천징수세액을 그 징수일이 속하는 반기의 마지막 달의 다음 달 10일까지 납부할 수 있다. ① 법인세법에 따라 처분된 상여·배당 및 기타소득에 대한 원천징수세액 ② 국제조세조정에 관한 법률에 따라 처분된 배당소득에 대한 원천징수세액 ③ 비거주 연예인 등의 용역 제공과 관련된 원천징수 원천징수세액

원천징수의 승계	① 법인이 해산한 경우에 원천징수를 하여야 할 소득세를 징수하지 아니하였거나 징수한 소득세를 납부하지 아니하고 잔여재산을 분배하였을 때에는 청산인은 그 분배액을 한도로 하여 분배를 받은 자와 연대하여 납세의무를 진다. ② 법인이 합병한 경우에 합병 후 존속하는 법인이나 합병으로 설립된 법인은, 합병으로 소멸된 법인이 원천징수를 하여야 할 소득세를 납부하지 아니하면 그 소득세에 대한 납세의무를 진다.

2. 원천징수시기 특례

직장공제회 반환금을 분할하여 지급 시 납입금 초과이익	납입금 초과이익을 원본에 전입하는 뜻의 특약에 따라 원본에 전입된 날에 그 소득을 지급한 것으로 보아 소득세를 원천징수한다.
의제배당	의제배당 수입시기(예 합병등기일)에 그 소득을 지급한 것으로 보아 소득세를 원천징수한다.
일반적인 배당소득	배당금 수입시기에 그 소득을 지급한 것으로 보아 소득세를 원천징수한다.
출자공동사업자의 미지급 배당소득	출자공동사업자의 배당소득으로서 과세기간 종료 후 3개월이 되는 날까지 지급하지 아니한 소득은 과세기간 종료 후 3개월이 되는 날에 그 배당소득을 지급한 것으로 보아 소득세를 원천징수한다.
동업기업 배분 소득 중 미지급분	해당 동업기업의 과세기간 종료 후 3개월이 되는 날까지 지급하지 아니한 소득 해당 동업기업의 과세기간 종료 후 3개월이 되는 날에 지급한 것으로 보아 소득세를 원천징수한다.
연말정산대상 사업·근로·퇴직소득 중 미지급소득	① 소득을 지급하여야 할 원천징수의무자가 1월부터 11월까지의 근로소득을 해당 과세기간의 12월 31일까지 지급하지 아니한 경우에는 그 근로소득을 12월 31일에 지급한 것으로 보아 소득세를 원천징수한다. ② 원천징수의무자가 12월분의 근로소득을 다음 연도 2월 말일까지 지급하지 아니한 경우에는 그 근로소득을 다음 연도 2월 말일에 지급한 것으로 보아 소득세를 원천징수한다.
잉여금처분에 의한 배당·상여 미지급분	법인이 이익 또는 잉여금의 처분에 따른 배당 또는 상여금을 그 처분을 결정한 날부터 3개월이 되는 날까지 지급하지 아니한 경우에는 그 3개월이 되는 날에 그 배당소득 등을 지급한 것으로 보아 소득세를 원천징수한다. 다만, 11월 1일부터 12월 31일까지의 사이에 결정된 처분에 따라 다음 연도 2월 말일까지 배당소득 등을 지급하지 아니한 경우 그 처분을 결정한 날이 속하는 과세기간의 다음 연도 2월 말일에 그 배당소득 등을 지급한 것으로 보아 소득세를 원천징수한다.
인정배당·인정상여·인정기타소득	법인세법에 따라 처분되는 인정소득에 대하여는 다음의 어느 하나에 해당하는 날에 해당소득을 지급한 것으로 보아 소득세를 원천징수한다. ① 법인세 과세표준을 결정 또는 경정하는 경우: 소득금액변동통지서를 받은 날 ② 법인세 과세표준을 신고하는 경우: 그 신고일 또는 수정신고일

소득금액변동통지서	
소득처분에 따른 통지	① 법인세법에 의하여 세무서장 또는 지방국세청장이 법인소득금액을 결정 또는 경정할 때에 처분(국제조세조정에 관한 법률 시행령에 따라 처분된 것으로 보는 경우를 포함)되는 배당·상여 및 기타소득은 법인소득금액을 결정 또는 경정하는 세무서장 또는 지방국세청장이 그 결정일 또는 경정일부터 15일 내에 소득금액변동통지서에 따라 해당 법인에 통지해야 한다. 다만, 해당 법인의 소재지가 분명하지 않거나 그 통지서를 송달할 수 없는 경우에는 해당 주주 및 해당 상여나 기타소득의 처분을 받은 거주자에게 통지해야 한다. ② 세무서장 또는 지방국세청장이 해당 법인에게 소득금액변동통지서를 통지한 경우 통지하였다는 사실(해당 법인과 거주자간의 법적 다툼 등을 방지하기 위하여 소득금액 변동내용은 포함하지 않음)을 해당 주주 및 해당 상여나 기타소득의 처분을 받은 거주자에게 알려야 한다.
소득귀속자 추가신고	종합소득 과세표준확정신고기한이 지난 후에 법인세법에 따라 법인이 법인세 과세표준을 신고하거나 세무서장이 법인세 과세표준을 결정 또는 경정하여 익금에 산입한 금액이 배당·상여 또는 기타소득으로 처분됨으로써 소득금액에 변동이 발생함에 따라 종합소득 과세표준확정신고 의무가 없었던 자, 세법에 따라 과세표준확정신고를 하지 아니하여도 되는 자 및 과세표준확정신고를 한 자가 소득세를 추가 납부하여야 하는 경우 해당 법인(거주자가 통지를 받은 경우에는 그 거주자)이 소득금액변동통지서를 받은 날(법인세법에 따라 법인이 신고함으로써 소득금액이 변동된 경우 그 법인의 법인세 신고기일)이 속하는 달의 다음다음 달 말일까지 추가 신고한 때에는 확정신고기한까지 신고한 것으로 본다.
주의사항	법인세법에 의하여 처분되는 상여(인정상여)의 원천징수 지급시기가 과세표준신고일 또는 소득금액변동통지서를 받은 날이지만 인정상여의 귀속시기는 해당 근로를 제공한 날이 되므로 재연말정산을 하여야 한다.

04 사업장 현황신고

의의	사업장 현황신고란 주로 부가가치세 면세사업자(개인사업자)의 1년간 수입금액 및 사업장 현황을 신고하여 소득세 신고 전 부가가치세법에 의하여 선행결정되는 수입금액의 자료를 파악하기 위함이다.
신고대상	사업자(해당 과세기간 중 사업을 폐업 또는 휴업한 사업자를 포함)는 해당 사업장의 현황을 해당 과세기간의 다음 연도 2월 10일까지 사업장 소재지 관할 세무서장에게 신고하여야 한다. 다만, 다음의 어느 하나에 해당하는 경우에는 사업장 현황신고를 한 것으로 본다. ① 사업자가 사망하거나 출국함에 따라 과세표준확정신고의 특례가 적용되는 경우 ② 부가가치세 과세사업자(간이과세자 포함)가 과세표준을 신고한 경우. 다만, 사업자가 부가가치세 과세사업과 면세사업 등을 겸영하여 면세사업 수입금액 등을 신고하는 경우에는 그 면세사업 등에 대하여 사업장 현황신고를 한 것으로 본다.
현황신고 면제	다음의 어느 하나에 해당하는 사업자는 사업장 현황신고를 하지 아니할 수 있다. ① 납세조합에 가입해 수입금액을 신고한 자 ② 독립된 자격으로 보험가입자의 모집 및 이에 부수되는 용역을 제공하고 그 실적에 따라 모집수당 등을 받는 자 ③ 독립된 자격으로 일반 소비자를 대상으로 사업장을 개설하지 않고 음료품을 배달하는 계약배달 판매 용역을 제공하고 판매실적에 따라 판매수당 등을 받는 자 ④ 그 밖에 위와 유사한 자로서 기획재정부령으로 정하는 자

05 수시부과

의의	조세포탈 우려가 있어 다음 연도 5월까지 기다려서는 조세채권의 확보가 어렵다고 인정되는 경우 그 사유가 발생한 때에 수시로 그 과세표준과 세액을 결정할 수 있다.
수시부과 사유	납세지 관할 세무서장 또는 지방국세청장은 거주자가 과세기간 중에 다음의 어느 하나에 해당하면 수시로 그 거주자에 대한 소득세를 부과할 수 있다. ① 사업부진이나 그 밖의 사유로 장기간 휴업 또는 폐업 상태에 있는 때로서 소득세를 포탈할 우려가 있다고 인정되는 경우 ② 그 밖에 조세를 포탈할 우려가 있다고 인정되는 상당한 이유가 있는 경우 ③ 주소·거소 또는 사업장의 이동이 빈번하다고 인정되는 지역의 납세의무가 있는 자 ④ 주한국제연합군 또는 외국기관으로부터 수입금액을 외국환은행을 통하여 외환증서 또는 원화로 영수하는 경우 ∵ 지급명세서 제출의무가 없어 거래자료 파악 곤란
수시부과 기간	수시부과기간은 해당 과세기간의 사업개시일로부터 수시부과사유가 발생한 날까지로 한다. 이 경우 수시부과사유가 직전 과세연도 소득에 대한 확정신고기한 이전에 발생한 경우로서 납세자가 직전 과세기간에 대하여 과세표준확정신고를 하지 아니한 경우에는 직전 과세기간을 수시부과기간에 포함한다.
수시부과 절차	① 수시부과에 의한 과세표준 및 세액의 결정은 사업장 관할 세무서장(사업자 외의 자에 대하여는 납세지 관할 세무서장)이 한다. ② 수시부과지역에 대한 수시부과를 하려는 세무서장은 관할 지방국세청장의 승인을 받아 지체 없이 해당 거주자에게 그 뜻을 통지하여야 한다.
수시 부과세액	① 원칙: (종합소득금액 - 본인 기본공제) × 기본세율 ② 국제연합군 등 영수하는 경우: 총수입금액 × (1 - 단순경비율) × 기본세율
가산세	수시부과는 해당 연도의 과세표준확정결정에 방해하지 아니하므로 거주자의 관할 세무서장이 수시부과한 경우 해당 세액 및 수입금액에 대하여는 무신고가산세 및 과소신고가산세의 규정을 적용하지 아니한다.

06 종합소득과세표준 확정신고

1. 종합소득과세표준 확정신고와 납부

확정신고	① 해당 과세기간의 종합소득금액이 있는 거주자(종합소득과세표준이 없거나 결손금이 있는 거주자를 포함)는 그 종합소득과세표준을 그 과세기간의 다음 연도 5월 1일부터 5월 31일까지 납세지 관할 세무서장에게 신고하여야 한다. ② 해당 과세기간에 분리과세 주택임대소득, 가상자산소득 및 기타소득 중 위약금과 배상금(계약금이 위약금 등으로 대체되는 경우에 한함)이 있는 자도 확정신고의무가 있다.
확정신고 예외	다음 중 어느 하나에 해당하는 거주자는 해당 소득에 대하여 과세표준 확정신고를 하지 아니할 수 있다. ① 근로소득만 있는 자 ② 퇴직소득만 있는 자 ③ 공적연금소득만 있는 자 ④ 연말정산대상 사업소득만 있는 자

확정신고 예외	⑤ 원천징수되는 기타소득으로서 종교인소득만 있는 자 ⑥ 근로소득과 퇴직소득만 있는 자 ⑦ 퇴직소득 및 공적연금소득만 있는 자 ⑧ 퇴직소득 및 연말정산대상 사업소득만 있는 자 ⑨ 퇴직소득과 원천징수되는 기타소득으로서 종교인소득만 있는 자 ⑩ 분리과세이자소득, 분리과세배당소득, 분리과세연금소득 및 분리과세기타소득(원천징수되지 아니하는 소득은 제외)만 있는 자 ⑪ ① ~ ⑨에 해당하는 사람으로서 분리과세이자소득, 분리과세배당소득, 분리과세연금소득 및 분리과세기타소득이 있는 자 ⑫ 수시부과 후 추가로 발생한 소득이 없을 경우 ※ 2인 이상으로부터 지급받는 근로소득 등: 2명 이상으로부터 받는 근로소득·공적연금소득·퇴직소득·종교인소득 또는 연말정산대상사업소득이 있는 자(일용근로자는 제외)에 대해서는 확정신고를 하여야 한다. 다만, 2인 이상으로부터 지급받는 소득을 합산하여 연말정산 시 소득세를 납부함으로써 확정신고납부를 할 세액이 없는 자에 대하여는 그러하지 아니하다.
확정신고기한 납부기한	**원칙** 해당 과세기간의 다음 연도 5월 1일부터 5월 31일까지 **특례** ① 거주자가 사망한 경우 그 상속인은 그 상속 개시일이 속하는 달의 말일부터 6개월이 되는 날(이 기간 중 상속인이 출국하는 경우 출국일 전날)까지 사망일이 속하는 과세기간에 대한 그 거주자의 과세표준을 신고하여야 한다. 다만, 상속인인 배우자가 승계한 연금계좌의 소득금액에 대해서는 그러하지 아니하다. ② 과세표준확정신고를 하여야 할 거주자가 출국하는 경우에는 출국일이 속하는 과세기간의 과세표준을 출국일 전날까지 신고하여야 한다.
분할납부	거주자로서 납부할 세액이 각각 1천만원을 초과하는 자는 다음의 세액을 그 납부할 납부기한이 지난 후 2개월 이내에 분할납부할 수 있다. ① 납부할 세액이 2천만원 이하인 때에는 1천만원을 초과하는 금액 ② 납부할 세액이 2천만원을 초과하는 때에는 그 세액의 50% 이하의 금액
추가신고	종합소득과세표준 확정신고기한이 지난 후에 법인세법에 따라 법인이 법인세 과세표준을 신고하거나 세무서장이 법인세 과세표준을 결정 또는 경정하여 익금에 산입한 금액이 배당·상여 또는 기타소득으로 처분됨으로써 소득금액에 변동이 발생함에 따라 종합소득과세표준 확정신고 의무가 없었던 자, 세법에 따라 과세표준 확정신고를 하지 아니하여도 되는 자 및 과세표준 확정신고를 한 자가 소득세를 추가 납부하여야 하는 경우 해당 법인(거주자가 통지를 받은 경우에는 그 거주자)이 소득금액변동통지서를 받은 날(법인세법에 따라 법인이 신고함으로써 소득금액이 변동된 경우에는 그 법인의 법인세 신고기일)이 속하는 달의 다음다음 달 말일까지 추가신고한 때에는 과세표준 확정신고기한까지 신고한 것으로 본다. → 추가신고 후 납부하지 않은 경우에도 기한 내 확정신고로 인정

소액부징수

다음의 경우 소득세를 징수하지 아니한다.
1. 원천징수세액(이자소득과 부가가치세법에 따른 인적 용역을 계속·반복적으로 공급하고 그 대가로 받은 소득은 제외)이 1천원 미만인 경우
2. 납세조합 징수세액이 1천원 미만인 경우
3. 중간예납세액이 50만원 미만인 경우

2. 성실신고확인서의 제출

의의	성실신고확인대상사업자는 종합소득과세표준 확정신고를 할 때에 비치·기록된 장부와 증명서류에 의하여 계산한 사업소득금액의 적정성을 세무사 등이 확인하고 작성한 확인서(이하 성실신고확인서)를 납세지 관할 세무서장에게 제출하여야 한다. ∵ 개인사업자의 소득세 성실신고를 유도하고자 함
성실신고 확인대상자	해당 과세기간의 수입금액(사업용 유형자산을 양도함으로써 발생한 수입금액은 제외)의 합계액이 다음의 구분에 따른 금액 이상인 사업자를 말한다. | 업종	복식부기의무 (직전 과세기간)	성실신고확인 (해당 과세기간)
---	---	---
① 농업·임업 및 어업, 광업, 도매 및 소매업(상품중개업 제외), 부동산매매업, 그 밖에 ② 및 ③에 해당하지 아니하는 사업	3억원 이상	15억원 이상
② 제조업, 숙박 및 음식점업, 전기·가스·증기 및 공기조절 공급업, 수도·하수·폐기물처리·원료재생업, 건설업(비주거용 건물 건설업은 제외, 주거용 건물 개발 및 공급업을 포함), 운수업 및 창고업, 정보통신업, 금융 및 보험업, 상품중개업	1억 5,000만원 이상(욕탕업 포함)	7억 5,000만원 이상
③ 부동산 임대업, 부동산업(제122조 제1항에 따른 부동산매매업은 제외), 전문·과학 및 기술 서비스업, 사업시설관리·사업지원 및 임대서비스업, 교육 서비스업, 보건업 및 사회복지 서비스업, 예술·스포츠 및 여가관련 서비스업, 협회 및 단체, 수리 및 기타 개인 서비스업, 가구내 고용활동	7,500만원 이상(욕탕업 제외)	5억원 이상	
자기확인 금지	세무사가 성실신고확인대상사업자에 해당하는 경우에는 자신의 사업소득금액의 적정성에 대하여 해당 세무사가 성실신고확인서를 작성·제출해서는 아니 된다.
보정요구	납세지 관할 세무서장은 제출된 성실신고확인서에 미비한 사항 또는 오류가 있을 때에는 그 보정을 요구할 수 있다.
성실신고확인 혜택	① 확정신고기한의 연장: 성실신고확인대상사업자가 성실신고확인서를 제출하는 경우에는 종합소득과세표준 확정신고를 그 과세기간의 다음 연도 5월 1일부터 6월 30일까지 하여야 한다. ② 성실신고확인비용 세액공제: Min[(성실신고확인비용 × 60%), 연 120만원] ③ 의료비세액공제, 교육비세액공제 및 월세세액공제 적용
성실신고 확인서 미제출 제재	① 성실신고확인서 미제출가산세: 성실신고확인대상사업자가 해당 과세기간의 다음 연도 6월 30일까지 성실신고확인서를 제출하지 아니한 경우 다음의 금액 중 큰 금액을 가산세로 납부하여야 한다. → 종합소득산출세액이 없는 경우에도 적용함 ㉠ 종합소득산출세액 × 사업소득금액/종합소득금액 × 5% ㉡ 해당 과세기간의 사업소득 총수입금액 × 2/10,000 ② 납세협력의무를 이행하지 아니한 경우로 보아 수시선정 세무조사대상이 됨

제10장 양도소득세

01 양도소득

1. 양도소득의 범위

그룹		과세대상 자산
1그룹	부동산	토지 또는 건물(건물에 부속된 시설물과 구축물을 포함)
	부동산에 관한 권리	① 부동산을 취득할 수 있는 권리(건물이 완성되는 때에 그 건물과 이에 딸린 토지를 취득할 수 있는 권리를 포함) 예 아파트 당첨권, 토지상환채권, 주택상환채권, 부동산매매계약을 체결한 자가 계약금만 지급한 상태에서 양도하는 권리 ② 전세권과 등기된 부동산임차권 ③ 지상권 → 지역권은 과세대상 제외
	기타자산	① 사업에 사용하는 토지·건물 및 부동산에 관한 권리와 함께 양도하는 영업권 ② 특정시설물이용권·회원권(*) ∵ 고소득층의 투기대상인 점과 조세형평 예 골프 회원권, 종합체육시설 회원권, 콘도미니엄회원권 (*) 법인의 주식을 소유하는 것만으로 시설물을 배타적으로 이용하거나 일반이용자보다 유리한 조건으로 시설물 이용권을 부여받게 되는 경우 그 주식을 포함 ③ 토지 또는 건물과 함께 양도하는 이축권. 단, 해당 이축권 가액에 대하여 감정평가법인 등이 감정한 가액이 있는 경우 그 가액(둘 이상인 경우 평균액)을 구분하여 신고하는 경우 기타소득으로 과세함 ④ 다음의 요건을 모두 갖춘 과점주주의 부동산주식 ∵ 실질이 부동산 양도효과이며, 법인의 부동산투기방지 목적

법인의 부동산비율	법인의 자산총액 중 부동산 등의 자산가액과 해당 법인이 직접 또는 간접으로 보유한 다른 부동산과다보유법인의 주식가액의 합계액이 차지하는 비율이 50% 이상인 법인
과점주주 요건	법인의 주주 1인과 기타주주(주주 1인과 특수관계인)의 소유하고 있는 주식 등의 합계액이 해당 법인의 주식의 합계액의 50%를 초과하는 경우 그 주주 1인과 기타주주
주식 양도비율	과점주주가 그 법인의 주식의 합계액의 50% 이상을 해당 과점주주 외의 자에게 양도하는 경우. 과점주주가 주식 등을 과점주주 외의 자에게 여러 번에 걸쳐 양도하는 경우로서 과점주주 중 1인이 주식을 양도하는 날부터 소급해 3년 내에 과점주주가 양도한 주식을 합산해 해당 법인의 주식의 50% 이상을 양도하는 경우에도 적용함

1그룹	기타자산	⑤ 다음의 요건을 모두 갖춘 특정법인주식 → 양도비율과 관계없이 과세 ∵ 해당 법인의 주식이 투기대상화되는 것을 방지함

	법인의 부동산비율	법인의 자산총액 중 부동산 등과 해당 법인이 직접 또는 간접으로 보유한 다른 부동산과다보유법인의 주식가액의 합계액이 차지하는 비율이 80% 이상인 법인
	업종기준	골프장업·스키장업 등 체육시설업, 관광진흥법에 의한 관광사업 중 휴양시설관련업과 부동산업·부동산개발업으로서 골프장, 스키장, 휴양콘도미니엄 또는 전문휴양시설 중 어느 하나에 해당하는 시설을 건설 또는 취득하여 직접 경영하거나 분양 또는 임대하는 사업을 영위하는 법인

2그룹	상장주식	① 대주주가 양도하는 주권상장법인의 주식 등 ② 대주주가 아닌 자가 증권시장에서의 거래에 의하지 아니하고 양도하는 장외거래 주식(단, 상법상 주식의 포괄적 교환·이전 또는 주식의 포괄적 교환·이전에 대한 주식매수청구권 행사로 양도하는 주식은 제외)
	비상장 주식	원칙적으로 비상장주식의 양도를 과세하되, 비상장법인의 대주주에 해당하지 아니하는 자가 한국금융투자협회가 행하는 장외매매거래에 의하여 양도하는 중소기업 및 중견기업의 주식 등은 제외한다.
	해외주식	외국법인이 발행하였거나 외국에 있는 시장에 상장된 주식으로서 다음의 어느 하나에 해당하는 주식 ① 외국법인이 발행한 주식(우리나라 증권시장에 상장된 주식과 기타자산에 해당하는 주식은 제외) ② 내국법인이 발행한 주식(국외 예탁기관이 발행한 증권예탁증권 포함)으로서 해외 증권시장에 상장된 것 ∵ 국내·국외주식 양도소득 간의 손익통산 허용 [예] 국내 비상장주식 A 양도손실 △400, 국외주식 B 양도이익 300 실현

구분	개정 전	개정 후
양도소득금액	300	△100
양도소득세액	60	0

3그룹	파생상품	① 국내·외 주가지수를 기초자산으로 하는 파생상품([예] 코스피 200선물) ② 차액결제거래 파생상품(CFD) ③ 주식워런트증권(ELW) ④ 국외 장내 파생상품 ⑤ 경제적 실질이 주가지수를 기초자산으로 하는 장내파생상품과 동일한 장외파생상품 ※ 소득세법에 따라 이자소득 또는 배당소득으로 과세되는 경우의 파생상품의 거래 또는 행위로부터의 이익은 양도소득으로 과세하지 아니한다.
4그룹	신탁 수익권	신탁의 이익을 받을 권리(자본시장과 금융투자업에 관한 법률에 따른 수익증권 및 투자신탁의 수익권 등 법령으로 정하는 수익권은 제외)의 양도로 발생하는 소득. 단, 신탁 수익권의 양도를 통하여 신탁재산에 대한 지배·통제권이 사실상 이전되는 경우는 신탁재산 자체의 양도로 본다.

파생상품 양도소득세

과세대상 범위	① 코스피 200선물, 코스피 200 등 장내 파생상품 ② 차액결제 거래 장외파생상품(CFD) ③ 주식워런트증권(ELW) ④ 해외파생상품 ⑤ 장외파생상품 ⑥ 코스닥 150선물옵션, KRX300선물, 섹터지수선물, 배당지수선물, 코스피 200변동성지수선물, 유로스톡 50선물 등 대부분의 파생상품
소득통산	① 국내 및 국외 파생상품 손익 통산 ② 다른 자산 양도소득금액과 통산하지 않음
양도가액	양도 당시의 실지거래가액
취득가액	취득 당시의 실지거래가액
필요경비	증권사 수수료 등
기본공제	연 250만원 → 주식과 별도로 공제 가능
세율	10%

대주주의 범위

주주 1인이 주식 등의 양도일이 속하는 사업연도의 직전 사업연도 종료일(주식 등의 양도일이 속하는 사업연도에 새로 설립된 법인의 경우에는 해당 법인의 설립등기일) 현재 주주 1인과 특수관계인의 소유주식의 비율 또는 시가총액이 다음에 해당하는 자를 말한다.

구분		대주주(지분율 또는 시가총액)	
		소유주식비율	시가총액
상장법인	유가증권시장	1% 이상	50억원 이상
	코스닥시장	2% 이상	
	코넥스시장	4% 이상	
비상장주식		4% 이상	50억원 이상

2. 양도의 정의

양도의 개념	양도란 자산에 대한 등기 또는 등록과 관계없이 매도, 교환, 법인에 대한 현물출자 등을 통하여 그 자산을 유상(사회통념상 대금의 거의 전부가 지급되었다고 볼만한 정도의 대금지급이 이행되어야 함)으로 사실상 이전하는 것을 말한다. 이 경우 부담부증여 시 수증자가 부담하는 채무액에 해당하는 부분은 양도로 본다.
양도로 보지 않는 경우	다음 중 어느 하나에 해당하는 경우에는 양도로 보지 아니한다. ① 도시개발법이나 그 밖의 법률에 따른 환지처분으로 지목 또는 지번이 변경되거나 보류지로 충당되는 경우(행정처분에 의하여 종전토지를 환지로 변환함으로써 국가등의 재정 부담이 없이 토지의 사적 소유권을 침해하지 아니하면서 대규모의 공익사업을 종합적으로 수행함과 아울러 공공용지를 확보하여 효율적인 토지이용으로 유도하는 공익사업의 원활한 수행을 지원하기 위함) ② 토지의 경계를 변경하기 위하여 다음의 요건을 모두 충족하는 토지 교환 　㉠ 토지 이용상 불합리한 지상 경계를 합리적으로 바꾸기 위하여 공간정보의 구축 및 관리 등에 관한 법률이나 그 밖의 법률에 따라 토지를 분할하여 교환할 것 　㉡ 분할된 토지의 전체 면적이 분할 전 토지의 전체 면적의 20%를 초과하지 아니할 것

양도로 보지 않는 경우	③ 위탁자와 수탁자 간 신임관계에 기하여 위탁자의 자산에 신탁이 설정되고 그 신탁재산의 소유권이 수탁자에게 이전된 경우로서 위탁자가 신탁 설정을 해지하거나 신탁의 수익자를 변경할 수 있는 등 신탁재산을 실질적으로 지배하고 소유하는 것으로 볼 수 있는 경우 ④ 양도담보: 채무자가 채무의 변제를 담보하기 위하여 자산을 양도하는 계약을 체결한 경우에 다음의 요건을 모두 갖춘 계약서의 사본을 양도소득 과세표준 확정신고서에 첨부하여 신고하는 때에는 이를 양도로 보지 아니한다. 　㉠ 당사자 간에 채무의 변제를 담보하기 위하여 양도한다는 의사표시가 있을 것 　㉡ 당해 자산을 채무자가 원래대로 사용·수익한다는 의사표시가 있을 것 　㉢ 원금·이율·변제기한·변제방법 등에 관한 약정이 있을 것
관련 통칙	자산의 양도로 보지 아니하는 경우(88-0···1) ① 법원의 확정판결에 의하여 신탁해지를 원인으로 소유권이전등기를 하는 경우에는 양도로 보지 아니한다. ② 매매원인 무효의 소에 의하여 그 매매사실이 원인무효로 판시되어 환원될 경우에는 양도로 보지 아니한다. ③ 공동소유의 토지를 소유지분별로 단순히 분할하거나 공유자지분 변경 없이 2개 이상의 공유토지로 분할하였다가 그 공유토지를 소유지분별로 단순히 재분할하는 경우에는 양도로 보지 아니한다. 이 경우 공동지분이 변경되는 경우에는 변경되는 부분은 양도로 본다. ④ 이혼으로 인하여 혼인 중에 형성된 부부공동재산을 민법 제839조의 2에 따라 재산분할하는 경우에는 양도로 보지 아니한다. 다만, 손해배상에 있어서 당사자 간의 합의에 의하거나 법원의 확정판결에 의하여 일정액의 위자료를 지급하기로 하고, 동 위자료 지급에 갈음하여 당사자 일방이 소유하고 있던 부동산으로 대물변제한 때에는 그 자산을 양도한 것으로 본다. ⑤ 소유자산을 경매·공매로 인하여 자기가 재취득하는 경우에는 양도로 보지 않는다.
관련 집행기준	자산이 유상으로 이전되는 경우(88-0-2) 자산의 유상이전은 어떤 행위에 보상이 있는 것을 말하므로, 현금으로 대가를 받는 것은 물론 조합원의 지위를 취득하거나, 채무의 면제 등 자산을 이전하고 보상을 받은 것은 자산이 유상으로 이전되는 경우에 해당된다. | 자산의 유상이전 사례	대가 | |---|---| | 매매(매도) | 금전 | | 교환 | 부동산 또는 동산 | | 법인에 현물출자 | 주식 또는 출자지분 | | 공동사업에 현물출자 | 조합원의 지위 | | 협의매수·수용 | 현금·채권 또는 대토 | | 경매·공매, 위자료, 대물변제, 부담부증여, 물납 | 채무의 감소 |

3. 비과세 양도소득

다음의 소득에 대해서는 양도소득세를 과세하지 아니한다.

- 파산선고에 의한 처분으로 발생하는 소득
- 법령으로 정하는 경우에 해당하는 농지의 교환 또는 분합으로 발생하는 소득
- 비과세되는 1세대 1주택의 양도로 발생하는 소득
- 조합원입주권을 1개 보유한 1세대가 조합원입주권을 양도하여 발생한 소득
- 지적재조사에 관한 특별법에 따른 경계의 확정으로 지적공부상의 면적이 감소되어 지급받는 조정금

(1) 1세대 1주택의 양도로 발생하는 소득

① 개요

내용		양도소득세를 비과세하는 1세대 1주택이란 1세대가 양도일 현재 국내에 1주택(고가주택 제외)을 보유하고 있는 경우로서 해당 주택의 보유기간이 2년(*) 이상인 것(취득 당시에 조정대상지역에 있는 주택의 경우에는 해당 주택의 보유기간이 2년(*) 이상이고 그 보유기간 중 거주기간이 2년 이상인 것)을 말한다. (*) 비거주자가 주택을 3년 이상 계속 보유하고 거주한 상태로 거주자로 전환된 경우: 3년
주택의 범위	주택	① 주택이란 허가 여부나 공부상의 용도구분과 관계없이 세대의 구성원이 독립된 주거생활을 할 수 있는 구조로서 세대별로 구분된 각각의 공간마다 별도의 출입문, 화장실, 취사시설이 설치되어 있는 구조를 갖추어 사실상 주거용으로 사용하는 건물을 말한다. 이 경우 그 용도가 분명하지 아니하면 공부상의 용도에 따른다. ② 주택에는 다음의 면적 이내의 주택부수토지(= 주택정착면적 × 배율)를 포함한다. | 도시지역 내 토지 | 수도권 내 | ㉠ 주거지역·상업지역·공업지역 내: 3배 ㉡ 녹지지역 내: 5배 | | | 수도권 밖 | 5배 | | 도시지역 밖 토지 | | 10배 |
	다가구 주택	다가구주택은 한 가구가 독립하여 거주할 수 있도록 구획된 부분을 각각 하나의 주택으로 본다. 다만, 해당 다가구주택을 구획된 부분별로 양도하지 아니하고 하나의 매매단위로 하여 양도하는 경우 그 전체를 하나의 주택으로 본다.
	겸용 주택	| 구분 | 건물 | 부수토지(*) | | 주택면적 > 주택 외의 건물면적 | 전부 주택 | 전부 부수토지 | | 주택면적 ≤ 주택 외의 건물면적 | 주택만 주택 | 건물 연면적으로 안분계산 | (*) 주택부수토지 외 토지부분은 양도소득세가 과세됨
	고가 주택	① 고가주택은 주택 및 주택부수토지의 양도 당시 실지거래가액의 합계액이 12억원을 초과하는 주택을 말한다. ② 겸용주택의 경우 주택 외의 부분이 주택으로 간주되어 1세대 1주택 비과세 규정이 적용되는 경우 고가주택의 여부를 판정할 때 그 주택 외의 부분의 가액이 포함된 전체 건물의 실지거래가액을 기준으로 고가주택을 판정한다. → 2022. 1. 1. 이후 양도 시 고가주택 양도차익을 계산할 때 하나의 건물이 주택과 주택 외의 부분으로 복합되어 있는 경우와 주택부수토지에 주택 외의 건물이 있는 경우 주택 부분의 면적과 주택 외 부분의 면적을 비교하지 않고 주택 외의 부분은 주택으로 보지 않는다. ③ 단독주택으로 보는 다가구주택의 경우에는 그 주택 전체의 양도 당시 실지거래가액의 합계액을 기준으로 고가주택 해당 여부를 판정한다.
1세대	원칙	1세대란 거주자 및 그 배우자(법률상 이혼을 하였으나 생계를 같이하는 등 사실상 이혼한 것으로 보기 어려운 관계에 있는 사람을 포함)가 그들과 같은 주소 또는 거소에서 생계를 같이하는 자(*)와 함께 구성하는 가족단위를 말한다. → 동일한 생활자금에서 생활하는 가족단위 (*) 생계를 같이하는 자란 거주자 및 그 배우자의 직계존비속(그 배우자를 포함) 및 형제자매를 말하며, 취학, 질병의 요양, 근무상 또는 사업상의 형편으로 본래의 주소 또는 거소에서 일시 퇴거한 사람을 포함한다.

1세대	예외	다음에 해당하는 자가 별도 세대를 구성하고 독립된 생계를 유지하는 경우
		① 해당 거주자의 나이가 30세 이상인 경우
		② 배우자가 사망하거나 이혼한 경우
		③ 30세 미만 미혼자: 기획재정부령으로 정하는 소득^(*)이 국민기초생활 보장법에 따른 기준 중위소득(예 24년 1인 가구 월 2,228,445원)을 12개월로 환산한 금액의 40% 이상으로서 소유하고 있는 주택 또는 토지를 관리·유지하면서 독립된 생계를 유지할 수 있는 경우. 다만, 미성년자의 경우를 제외하되, 미성년자의 결혼, 가족의 사망 등 사유로 1세대의 구성이 불가피한 경우에는 그렇지 않다.
		^(*) 기획재정부령으로 정하는 소득이란 다음의 소득(비과세소득 제외)을 합한 금액을 말한다.
		  1. 사업소득(필요경비를 공제한 금액)
		  2. 근로소득
		  3. 다음의 기타소득(필요경비를 공제한 금액)
		    • 저작자 등 외의 자가 저작권 또는 저작인접권의 양도 또는 사용의 대가로 받는 금품
		    • 일시적인 문예창작소득
		    • 일시적인 인적 용역(예 강연료 등)
		  4. 그 밖에 위의 소득에 준하는 계속적·반복적 성격의 소득으로서 국세청장이 인정하는 소득

② 1주택 요건

	원칙	1세대가 양도일 현재 국내에 1주택만을 보유해야 한다. 이 경우 2개 이상의 주택을 같은 날에 양도하는 경우에는 당해 거주자가 선택하는 순서에 따라 주택을 양도한 것으로 본다.
특례	일시적 2주택	국내에 1주택을 소유한 1세대가 그 주택(종전주택)을 양도하기 전에 다른 주택(신규 주택)을 취득(자기가 건설하여 취득한 경우를 포함)함으로써 일시적으로 2주택이 된 경우 종전의 주택을 취득한 날부터 1년 이상이 지난 후 신규 주택을 취득하고 신규 주택을 취득한 날부터 3년 이내에 종전의 주택을 양도하는 경우에는 이를 1세대 1주택으로 보아 1세대 1주택 비과세규정을 적용한다.
	상속주택	상속 개시 당시 피상속인으로부터 상속받은 주택과 그 밖의 일반주택을 국내에 각각 1개씩 소유하고 있는 1세대가 일반주택을 양도하는 경우에는 국내에 1개의 주택을 소유하고 있는 것으로 보아 1세대 1주택의 비과세규정을 적용한다. 즉, 상속주택과 일반주택을 각각 1개씩 소유하고 있는 1세대가 일반주택을 먼저 양도하는 경우에는 1세대 1주택에 해당하나, 상속주택을 먼저 양도하는 경우에는 1세대 2주택에 해당한다.
	동거봉양 2주택	1세대 1주택자가 1주택을 보유하고 있는 60세 이상의 직계존속(다음의 사람을 포함)을 동거봉양하기 위하여 세대를 합침으로써 1세대가 2주택을 보유하게 되는 경우 세대를 합친 날부터 10년 이내에 먼저 양도하는 주택은 이를 1세대 1주택으로 보아 양도소득세 비과세규정을 적용한다. ㉠ 배우자의 직계존속으로서 60세 이상인 사람 ㉡ 직계존속(배우자의 직계존속 포함) 중 어느 한 사람이 60세 미만인 경우 ㉢ 60세 미만의 직계존속(배우자의 직계존속 포함)으로서 중증질환자, 희귀난치성질환자 또는 결핵환자 산정특례 대상자로 등록되거나 재등록된 자
	혼인 2주택	1주택을 보유하는 자가 1주택을 보유하는 자 또는 1주택을 보유하고 있는 60세 이상의 직계존속을 동거봉양하는 무주택자와 혼인함으로써 1세대가 2주택을 보유하게 되는 경우, 그 혼인한 날부터 10년 이내에 먼저 양도하는 주택은 이를 1세대 1주택으로 보아 비과세규정을 적용한다.
	문화재 주택	지정문화재 및 국가등록문화재에 해당하는 주택과 그 밖의 일반주택을 국내에 각각 1개씩 소유하고 있는 1세대가 일반주택을 양도하는 경우에는 국내에 1개의 주택을 소유하고 있는 것으로 보아 1세대 1주택의 비과세규정을 적용한다.

특례	농어촌 주택	농어촌주택과 그 밖의 일반주택을 국내에 각각 1개씩 소유하고 있는 1세대가 일반주택을 양도하는 경우에는 국내에 1개의 주택을 소유하고 있는 것으로 보아 1세대 1주택의 비과세규정을 적용한다.
	수도권 밖 주택	취학, 직장의 변경이나 전근 등 근무상의 형편, 1년 이상의 치료나 요양을 필요로 하는 질병의 치료 또는 요양, 학교폭력예방 및 대책에 관한 법률에 따른 학교폭력으로 인한 전학(같은 법에 따른 학교폭력대책자치위원회가 피해학생에게 전학이 필요하다고 인정하는 경우에 한함) 사유로 세대 전원이 다른 시·군으로 주거를 이전하였음이 재학·재직·요양증명서 등 해당 사실을 증명하는 서류에 의해 확인되는 경우로서 그 사유에 따라 취득한 수도권 밖에 소재하는 주택과 그 밖의 일반주택을 국내에 각각 1개씩 소유하고 있는 1세대가 부득이한 사유가 해소된 날부터 3년 이내에 일반주택을 양도하는 경우 국내에 1개의 주택을 소유하고 있는 것으로 보아 1세대 1주택의 비과세규정을 적용한다.
	지방이전	수도권에 소재한 법인 또는 국가균형발전 공공기관이 수도권 밖의 지역으로 이전함에 따라 법인의 임원과 사용인 및 공공기관의 종사자가 구성하는 1세대 1주택자(수도권에 1주택을 소유한 경우에 한정함)가 당해 공공기관 또는 법인이 이전한 시·군 또는 이와 연접한 시·군의 지역에 소재하는 주택을 취득하여 1세대 2주택자가 되는 경우에는 그 주택 취득일로부터 5년 이내에 종전 주택을 양도하는 경우에는 국내에 1주택을 소유하고 있는 것으로 보아 1세대 1주택의 비과세규정을 적용한다. 이 경우 해당 1세대에 대해서는 종전의 주택을 취득한 날부터 1년 이상이 지난 후 다른 주택을 취득하는 요건을 적용하지 않는다.
	장기 임대주택 등	장기임대주택 또는 장기어린이집과 그 밖의 1주택을 국내에 소유하고 있는 1세대가 각각 법령 요건을 충족하고 해당 1주택(거주주택)을 양도하는 경우에는 국내에 1개의 주택을 소유하고 있는 것으로 보아 1세대 1주택 비과세규정을 적용한다. 다만, 장기임대주택을 보유하고 있는 경우에는 생애 한 차례만 거주주택을 최초로 양도하는 경우에 한정하여 1세대 1주택 비과세규정을 적용한다.
	장기저당 담보주택	1주택을 소유하고 1세대를 구성하는 자가 장기저당담보주택을 소유하고 있는 직계존속(배우자의 직계존속을 포함)을 동거봉양하기 위하여 세대를 합침으로써 1세대가 2주택을 소유하게 되는 경우 먼저 양도하는 주택에 대하여는 국내에 1개의 주택을 소유하고 있는 것으로 보아 1세대 1주택 비과세규정을 적용하되, 장기저당담보주택은 거주기간의 제한을 받지 아니한다.

③ 보유기간 및 거주기간 요건

원칙	양도일 현재 국내에 1주택을 보유하고 있는 경우로서 해당 주택의 보유기간이 2년[*] 이상인 것을 말한다. 다만, 취득 당시에 조정대상지역에 있는 주택은 해당 주택의 보유기간이 2년[*] 이상이고 그 보유기간 중 거주기간이 2년[*] 이상인 1세대 1주택에 대하여 양도소득세를 비과세한다. 주택의 보유기간은 당해 주택의 취득일부터 양도일까지로 하며, 주택의 거주기간은 주민등록표 등본에 따른 전입일부터 전출일까지의 기간으로 한다.

* 비거주자가 주택을 3년 이상 계속 보유하고 거주한 상태로 거주자로 전환된 경우" 3년

보유기간 거주기간 제한 없음	① 민간건설임대주택이나 공공건설임대주택 또는 공공매입임대주택을 취득하여 양도하는 경우로서 해당 임대주택의 임차일부터 양도일까지의 기간 중 세대 전원이 거주(취학, 근무상의 형편, 질병의 요양, 그 밖에 부득이한 사유로 세대의 구성원 중 일부가 거주하지 못하는 경우를 포함)한 기간이 5년 이상인 경우에는 보유기간 및 거주기간에 제한을 받지 아니하고 1세대 1주택 비과세규정을 적용한다. ② 사업인정고시일 전에 취득한 주택 및 그 부수토지의 전부 또는 일부가 협의매수·수용 및 법률에 의하여 수용되는 경우, 당해 협의매수·수용되는 주택 및 부수토지와 그 양도일 또는 수용일부터 5년 이내에 양도하는 그 잔존주택 및 그 부수토지에 대하여는 보유기간 및 거주기간에 관계없이 1세대 1주택의 비과세규정을 적용한다.

보유기간 거주기간 제한 없음		③ 해외이주법에 의한 해외이주로 세대 전원이 출국하는 경우 또는 1년 이상 계속하여 국외거주를 필요로 하는 취학 또는 근무상의 형편으로 세대 전원이 출국하는 경우로서 출국일 및 양도일 현재 1주택을 보유하고 그 출국일로부터 2년 이내 양도하는 주택에 한하여 보유기간 및 거주기간에 관계없이 비과세되는 1세대 1주택으로 본다. ④ 1년 이상 거주한 주택을 취학 등 부득이한 사유로 양도하는 경우에는 2년 이상 보유·거주하지 않더라도 이를 비과세되는 1세대 1주택으로 본다.
거주기간 제한 없음		거주자가 조정대상지역의 공고가 있은 날 이전에 매매계약을 체결하고 계약금을 지급한 사실이 증빙서류에 의하여 확인되는 경우로서 해당 거주자가 속한 1세대가 계약금 지급일 현재 주택을 보유하지 아니하는 경우에는 거주기간의 제한을 받지 않는다.

(2) 조합원입주권을 1개 보유한 1세대가 조합원입주권을 양도하여 발생하는 소득

비과세 대상	조합원입주권을 1개 보유한 1세대가 다음의 어느 하나의 요건을 충족하여 양도하는 경우 해당 조합원입주권을 양도하여 발생하는 소득에 대하여는 양도소득세를 비과세한다. 이 경우 조합원입주권에 대한 양도소득세 비과세 특례가 적용되는 1세대는 관리처분계획의 인가일 및 빈집 및 사업시행계획인가일(인가일 전에 기존주택이 철거되는 때에는 기존주택의 철거일) 세대 1주택의 비과세 요건을 충족하는 기존주택을 소유하는 세대에 한정한다. ① 양도일 현재 다른 주택 또는 분양권을 보유하지 아니할 것 ② 양도일 현재 1조합원입주권 외에 1주택을 보유한 경우(분양권을 보유하지 아니하는 경우로 한정함)로서 해당 1주택을 취득한 날부터 3년 이내에 해당 조합원입주권을 양도할 것. 다만, 3년 이내에 양도하지 못하는 경우로서 주택을 취득한 날부터 3년이 되는 날 현재 법령이 정하는 경우를 포함한다.
과세대상	해당 조합원입주권의 양도 당시 실지거래가액이 12억원을 초과하는 경우에는 양도소득세를 과세한다.

4. 양도시기 및 취득시기 → 세율 적용 또는 장기보유특별공제 적용 시 판단기준

유상양도	대금청산일 분명한 경우	① 해당 자산의 대금을 청산한 날로 한다. 이 경우 자산의 대금에는 해당 자산의 양도에 대한 양도소득세 등을 양수자가 부담하기로 약정한 경우에는 해당 양도소득세 및 양도소득세의 부가세액은 제외한다. ② 대금 청산 전에 소유권이전등기(등록 및 명의의 개서 포함)를 한 경우에는 등기부·등록부 또는 명부 등에 기재된 등기접수일
	대금청산일 불분명	등기부·등록부 또는 명부 등에 기재된 등기·등록접수일 또는 명의개서일
장기할부조건		소유권이전등기(등록 및 명의개서 포함) 접수일·인도일 또는 사용수익일 중 빠른 날
자가건설 건축물		사용승인서 교부일. 단, 사용승인서 교부일 전에 사실상 사용하거나 임시사용승인을 받은 경우 그 사실상의 사용일 또는 임시사용승인을 받은 날 중 빠른 날로 하고 건축 허가를 받지 아니하고 건축하는 건축물에 있어서는 그 사실상의 사용일로 한다.
상속·증여		그 상속이 개시된 날 또는 증여를 받은 날
점유 취득		당해 부동산의 점유를 개시한 날
공익사업 수용		대금을 청산한 날, 수용의 개시일 또는 소유권이전등기접수일 중 빠른 날. 다만, 소유권에 관한 소송으로 보상금이 공탁된 경우에는 소유권 관련 소송 판결 확정일로 한다.

02 양도소득세 계산구조

	원칙	추계	
양도가액	① 실지거래가액	② 매매사례가액 → ③ 감정가액	기준시가
(−) 취득가액	① 실지거래가액	② 매매사례가액 → ③ 감정가액 → ④ 환산취득가액	기준시가
(−) 기타필요경비	자본적 지출액 + 양도비용	필요경비개산공제(예 기준시가의 3%)	
양도차익			
(−) 장기보유특별공제	토지·건물, 조합원입주권(승계취득한 경우는 제외)의 양도차익 × 공제율		
양도소득금액	그룹별로 구분하여 양도차손 공제		
(−) 양도소득기본공제	그룹별로 구분하여 연 250만원 공제		
양도소득과세표준			
(×) 양도소득세율	자산별·보유기간에 따라 상이함		
양도소득산출세액			
(−) 세액공제·감면세액	전자신고세액공제, 외국납부세액공제와 조세특례제한법상 감면세액		
자진납부할 세액			

1. 양도가액과 취득가액의 산정

내용	양도가액 또는 취득가액은 그 자산의 양도 또는 취득 당시의 양도자와 양수자 간에 실지거래가액에 따른다. 실지거래가액이란 자산의 양도 또는 취득 당시에 양도자와 양수자가 실제로 거래한 가액으로서 해당 자산의 양도 또는 취득과 대가관계에 있는 금전과 그 밖의 재산가액을 말한다. 단, 다음의 경우에는 양도가액 또는 취득가액을 추계에 의해 조사하여 결정 또는 경정할 수 있다. ① 양도 또는 취득당시의 실지거래가액의 확인을 위하여 필요한 장부·매매계약서·영수증 기타 증빙서류가 없거나 그 중요한 부분이 미비된 경우 ② 장부·매매계약서·영수증 기타 증빙서류의 내용이 매매사례가액, 감정평가법인 등이 평가한 감정가액 등에 비추어 거짓임이 명백한 경우
매매사례가액	양도일 또는 취득일 전후 각 3개월 이내에 해당 자산(주권상장법인의 주식은 제외)과 동일성 또는 유사성이 있는 자산의 매매사례가 있는 경우 그 가액
감정가액	양도일 또는 취득일 전후 각 3개월 이내에 해당 자산(주식 등을 제외)에 대하여 둘 이상의 감정평가법인 등이 평가한 것으로서 신빙성이 있는 것으로 인정되는 감정가액(감정평가기준일이 양도일 또는 취득일 전후 각 3개월 이내인 것에 한정함)이 있는 경우에는 그 감정가액의 평균액. 다만, 납세협력 비용을 완화하기 위해 기준시가가 10억원 이하인 자산(주식 등은 제외)의 경우 하나의 감정가액도 인정한다.

환산취득가액	계산 방법	양도 당시의 실지거래가액·매매사례가액·감정가액 × $\frac{취득\ 당시\ 기준시가}{양도\ 당시\ 기준시가}$ ※ 신주인수권의 경우에는 환산취득가액을 적용하지 않음 예) 상가건물을 15억원에 양도하였으며, 매매계약서 분실로 취득가액은 확인할 수 없다. 양도 당시 기준시가 10억원, 취득 당시 기준시가는 2억원이다. → 환산취득가액: 3억원(= 15억원 × 2억원/10억) → 기타필요경비: 6백만원(= 2억원 × 3%)
	특례	환산취득가액을 적용하는 경우 다음의 금액 중 큰 금액을 필요경비로 한다. ① 환산취득가액 + 필요경비개산공제액 ② 자본적 지출액 + 양도비용(법적 증빙에 의해 객관적으로 확인가능한 경우)
기준시가	토지	① 일반지역: 개별공시지가 ② 지정지역: 개별공시지가 × 배율
	건물	양도일 현재 국세청장이 고시한 가액
	주택	양도일 또는 취득일 현재 국토교통장관이 공시한 개별주택가격 예) 양도일 2020. 8. 5. 기준시가 고시: 2020. 4. 29.자 고시가액 200,000,000원
	주식 상장주식	양도일 또는 취득일 이전 1개월 공표된 매일의 종가 평균액
	비상장주식	상속세 및 증여세법의 보충적 평가방법 준용함
기타 필요경비		① 취득가액을 실지취득가액으로 하는 경우: 자본적 지출액과 양도비용 ② 취득가액을 매매사례가액, 감정가액, 환산취득가액, 기준시가로 하는 경우

구분		개산공제액
토지와 건물		취득 당시의 기준시가 × 3% (미등기양도자산 0.3%)
부동산에 관한 권리	지상권·전세권·등기된 부동산임차권	취득 당시의 기준시가 × 7%
	부동산을 취득할 수 있는 권리	취득 당시의 기준시가 × 1%
기타자산, 주식·출자지분		

2. 양도차익의 산정

원칙	양도차익을 계산할 때 양도가액을 실지거래가액(매매사례가액·감정가액을 포함)에 따를 때에는 취득가액도 실지거래가액(매매사례가액·감정가액·환산취득가액 등을 포함)에 따르고, 양도가액을 기준시가에 따를 때에는 취득가액도 기준시가에 따른다.
일괄취득, 일괄양도	① 양도가액 또는 취득가액을 실지거래가액에 따라 산정하는 경우로서 토지와 건물 등을 함께 취득하거나 양도한 경우에는 이를 각각 구분하여 기장하되 토지와 건물 등의 가액 구분이 불분명할 때에는 취득 또는 양도 당시의 기준시가 등을 고려하여 부가가치세법 시행령(감정가액 → 기준시가 등)과 동일하게 안분계산한다. 이 경우 공통되는 취득가액과 양도비용은 해당 자산의 가액에 비례하여 안분계산한다. ② 토지와 건물 등을 함께 취득하거나 양도한 경우로서 그 토지와 건물 등을 구분 기장한 가액이 기준시가 등에 따라 안분계산한 가액과 30% 이상 차이가 있는 경우에는 토지와 건물 등의 가액 구분이 불분명한 때로 본다. 단, 납세자가 구분한 토지·건물의 가액을 인정할만한 다음 중 어느 하나에 해당하는 경우에는 안분계산 하지 아니한다.

일괄취득, 일괄양도	㉠ 다른 법령에서 토지·건물의 양도가액을 정한 경우 ㉡ 건물이 있는 토지 취득 후 건물 철거하고 토지만 사용하는 경우
세부사항	**교환하는 경우** | 구분	실지거래가액으로 결정하는 경우	기준시가로 결정하는 경우
---	---	---
양도가액	교환으로 취득하는 자산가액	양도자산의 기준시가
취득가액	그 자산의 취득에 든 실지거래가액	취득자산의 기준시가	

3. 양도가액과 취득가액 특례

(1) 양도가액 특례

고가양도	① 소득세와 이중과세 조정: 특수관계법인에게 양도한 경우로서 해당 거주자의 상여·배당 등으로 처분된 금액이 있는 경우에는 시가를 양도가액으로 한다. ② 증여세와 이중과세 조정: 특수관계법인 외의 자에게 자산을 시가보다 높은 가격으로 양도한 경우로서 상속세 및 증여세법 제35조에 따라 해당 거주자의 증여재산가액으로 하는 금액이 있는 경우에는 그 양도가액에서 증여재산가액을 뺀 금액을 양도가액으로 한다. ③ 상속세 및 증여세법 제35조 고가양도규정 	거래상대방	과세요건	증여재산가액
---	---	---
특수관계 O	(대가 - 시가) ≥ Min(시가 × 30%, 3억원)	(대가 - 시가) - Min(시가 × 30%, 3억원)
특수관계 X	(대가 - 시가) ≥ 시가 × 30%	(대가 - 시가) - 3억원 | 🔍 **사례** 거주자 甲이 시가 20억원인 자산을 다음의 자에게 30억원에 양도하는 경우 | 양수인	양도가액	계산근거
---	---	---
특수관계법인	20억원	30억원 - 10억원(인정소득으로 처분된 금액)
특수관계법인 외의 자	23억원	30억원 - 7억원(증여재산가액)	
저가양도	특수관계인에게 시가보다 낮은 가격으로 자산을 양도한 경우 시가를 양도가액으로 본다. 다만, 시가와 거래가액의 차액이 3억원 이상이거나 시가의 5%에 상당하는 금액 이상인 경우만 해당한다. ∵ 부당행위계산의 부인 → 특수관계인 외의 자에게 양도하는 경우 실지거래가액을 양도가액으로 봄 🔍 **사례** 거주자 甲이 시가 30억원인 자산을 다음의 자에게 20억원에 양도하는 경우 	양수인	양도가액	계산근거
---	---	---
특수관계 O	30억원	30억원 - 20억원 ≥ Min(30억원 × 5%, 3억원)
특수관계 X	20억원	실지양도가액	
기타규정	양도자와 매수자가 매매계약을 체결함에 있어 매수자가 양도소득세를 부담하기로 약정하고 이를 실지로 지급하였을 경우 동 양도소득세를 포함한 가액을 양도가액으로 본다. → 이 경우 매수자는 지급한 양도소득세를 취득원가로서 필요경비에 산입한다.

(2) 취득가액 특례

저가양수

① 소득세와 이중과세 조정: 특수관계인(외국법인 포함)으로부터 취득한 경우로서 거주자의 상여·배당 등으로 처분된 금액이 있으면 그 상여·배당 등으로 처분된 금액을 취득가액에 더한다.

② 증여세와 이중과세 조정: 상속세 및 증여세법의 규정에 따라 상속세나 증여세를 과세받은 경우에는 해당 상속재산가액이나 증여재산가액을 취득가액에 더한다.

③ 상속세 및 증여세법 제35조 저가양수규정

거래상대방	과세요건	증여재산가액
특수관계 O	(시가 - 대가) ≥ Min(시가 × 30%, 3억원)	(시가 - 대가) - Min(시가 × 30%, 3억원)
특수관계 X	(시가 - 대가) ≥ 시가 × 30%	(시가 - 대가) - 3억원

🔍 **사례**

거주자 甲이 시가 20억원인 자산을 다음의 자로부터 10억원에 취득하는 경우

양도인	취득가액	계산근거
특수관계법인	20억원	10억원 + 10억원(인정소득 처분된 금액)
특수관계법인 외의 자	17억원	10억원 + 7억원(증여재산가액)

고가양수

특수관계인으로부터 시가보다 높은 가격으로 자산을 매입한 경우 시가를 취득가액으로 본다. 다만, 시가와 거래가액의 차액이 3억원 이상이거나 시가의 5%에 상당하는 금액 이상인 경우만 해당한다.

🔍 **사례**

거주자 甲이 시가 20억원인 자산을 다음의 자로부터 30억원에 취득한 경우

양도인	취득가액	계산근거
특수관계 O	20억원	30억원 - 20억원 ≥ Min(20억원 × 5%, 3억원)
특수관계 X	30억원	실지취득가액

기타규정

주식매수선택권을 행사하여 취득한 주식을 양도하는 때에는 주식매수선택권을 행사하는 당시의 시가를 취득가액으로 한다.

🔍 **사례**

甲의 약정한 매수가격(행사가격) = 100,000

구분	행사시점	양도시점
시가	400,000	800,000

① 행사시점 근로소득 또는 기타소득 과세: 400,000 - 100,000 = 300,000
② 양도시점 양도소득 과세: 800,000 - 400,000 = 400,000

4. 실지취득가액, 자본적 지출액과 양도비용

실지 취득가액	취득세 등	취득 시 납부한 취득세·등록세 이에 부가되는 농어촌특별세 및 지방교육세와 인지세 등 기타 부대비용은 취득가액에 산입하고, 취득세·등록세는 납부영수증이 없는 때에도 취득가액에 포함하며, 지방세법에 따라 감면되는 경우에는 취득가액에 포함되지 않는다.
	부가가치세	① 자산을 취득할 때 부담한 부가가치세액은 취득원가에 포함한다. 단, 취득자가 일반과세사업자로서 사업용으로 취득한 경우에는 취득원가 및 기타 필요경비로 산입할 수 없다. ② 사업자가 면세전용과 폐업 시 잔존재화에 대해 납부하였거나 납부할 부가가치세는 실지취득가액에 포함한다.
	현재가치 할인차금	자산을 장기할부조건으로 매입하는 경우에 발생한 채무를 기업회계기준에 따라 현재가치로 평가하여 현재가치할인차금으로 계상한 경우 당해 현재가치할인차금을 포함한다. 단, 양도자산의 보유기간 중에 동 현재가치할인차금의 상각액을 각 연도의 사업소득금액 계산 시 필요경비로 산입하였거나 산입할 금액이 있는 때에는 당해 금액을 취득가액에서 공제한다. ∵ 자산의 취득가액의 일부에 대해 사업소득과 양도소득에 이중공제 방지
	감가상각비	양도자산 보유기간에 그 자산에 대한 감가상각비로서 각 과세기간의 사업소득금액을 계산하는 경우 필요경비에 산입하였거나 산입할 금액이 있을 때에는 이를 취득가액에서 공제한다. ∵ 이중공제 방지
	소송비용 등	취득에 관한 쟁송이 있는 자산에 대하여 그 소유권 등을 확보하기 위하여 직접 소요된 소송비용·화해비용 등의 금액으로서 그 지출한 연도의 각 소득금액의 계산에 있어서 필요경비에 산입된 것을 제외한 금액은 취득가액에 가산한다.
	연체이자	당사자 약정에 의한 대금지급방법에 따라 취득원가에 이자상당액을 가산하여 거래가액을 확정하는 경우 당해 이자상당액은 취득원가에 포함한다. 다만, 당초 약정에 의한 거래가액의 지급기일의 지연으로 인하여 추가로 발생하는 이자상당액은 취득원가에 포함하지 아니한다.
	상속·증여	상속이나 증여로 자산을 취득한 경우의 취득가액는 상속세 및 증여세법의 규정에 따라 평가한 금액(세무서장 등이 결정·경정한 가액이 있는 경우 그 결정·경정한 가액)으로 적용한다. ∵ 의제취득가액
	합병으로 주식 취득	(피합병법인의 주식취득가액 + 합병 시 의제배당 – 합병대가 중 금전이나 그 밖의 재산가액) ÷ 합병 시 교부받은 주식 수
자본적 지출액		다음의 어느 하나에 해당하는 것으로서 그 지출에 관한 계산서, 세금계산서, 신용카드매출전표, 현금영수증 등 증명서류를 수취·보관하거나 실제 지출사실이 금융거래 증명서류에 의하여 확인되는 경우를 말한다. ① 자본적 지출액 (예 엘리베이터 설치, 냉·난방장치의 설치, 빌딩의 피난시설 설치 등) ② 양도자산을 취득한 후 쟁송이 있는 경우에 그 소유권을 확보하기 위하여 직접 소요된 소송비용 등의 금액으로서 그 지출한 연도의 각 소득금액의 계산에 있어서 필요경비에 산입된 것을 제외한 금액 ③ 협의 매수 또는 수용되는 경우로서 그 보상금의 증액과 관련하여 직접 소요된 소송비용 등의 금액으로서 그 지출한 연도의 각 소득금액의 계산에 있어서 필요경비에 산입된 것을 제외한 금액. 이 경우 증액보상금을 한도로 한다. ④ 양도자산의 용도변경·개량 또는 이용편의를 위하여 지출한 비용 → 재해·노후화 등 부득이한 사유로 인하여 건물을 재건축한 경우 그 철거비용 포함 ⑤ 개발부담금과 재건축부담금 → 납부의무자와 양도자가 서로 다른 경우에는 양도자에게 사실상 배분될 상당액

양도비용	자산을 양도하기 위하여 직접 지출한 비용으로서 다음 중 어느 하나에 해당하는 것으로서 그 지출에 관한 증명서류를 수취·보관하거나 실제 지출사실이 금융거래 증명서류에 의하여 확인되는 경우를 말한다. ① 증권거래세법에 따라 납부한 증권거래세 ② 주식 등을 양도하기 위해 직접 지출한 비용으로서 위탁매매수수료, 투자일임수수료 중 일정 요건을 갖춘 위탁매매수수료 성격의 비용, 농어촌특별세 ③ 양도소득세과세표준 신고서 작성비용 및 계약서 작성비용 ④ 공증비용, 인지대 및 소개비 ⑤ 매매계약에 따른 인도의무를 이행하기 위하여 양도자가 지출하는 명도비용 　예) 매수인 거주조건에 따라 양도건물에 거주하던 기존 임차인에게 지급한 퇴거합의금 ⑥ 자산 취득 시 법령의 규정에 따라 매입한 국민주택채권 및 토지개발채권을 만기 전에 양도함으로써 발생하는 매각차손. 이 경우 금융기관 외의 자에게 양도한 경우에는 동일한 날에 금융기관에 양도하였을 경우 발생하는 매각차손을 한도로 한다. → 취득자금으로 활용된 은행대출이자 등은 필요경비에 해당하지 않음
관련 집행기준	**자산 취득 시 발생한 명도비용**: 부동산을 법원경매로 취득하면서 해당 부동산을 점유받기 위하여 소요된 명도비용은 소유권확보를 위한 직접비용으로 볼 수 없으므로 부동산의 취득가액에 포함되지 아니한다. **필요경비에 산입되지 아니하는 금융비용**: 당초 약정에 의한 거래가액의 지급 지연으로 인하여 추가로 발생하는 이자상당액은 취득가액에 포함되지 아니하며, 자산의 취득자금으로 활용된 금융기관 차입금에 대한 지급이자는 필요경비에 산입되지 아니한다. **매매계약의 해약으로 발생한 위약금**: 부동산매매계약의 해약으로 인하여 지급하는 위약금 등은 해당 자산의 양도거래와 직접 관련 없이 발생한 비용이므로 필요경비에 해당되지 아니한다. **베란다 샤시, 거실 확장공사비 등**: 주택의 이용편의를 위한 발코니 샤시, 거실 및 방 확장공사비, 난방시설 교체비 등의 내부시설의 개량을 위한 공사비는 자본적 지출액에 해당된다. **벽지·장판 또는 싱크대 교체비용 등**: 정상적인 수선 또는 부동산 본래의 기능을 유지하기 위한 경미한 개량인 벽지·장판의 교체, 싱크대 및 주방기구 교체비용, 옥상 방수공사비, 타일 및 변기공사비 등은 수익적 지출에 해당되므로 필요경비에 산입되지 아니한다. **오피스텔에 설치하는 비품구입비**: 오피스텔 비품(TV·에어컨·냉장고·가스레인지·식탁 등) 구입비는 임대조건을 유리하게 하기 위한 임대비용으로서 자본적 지출로 볼 수 없다. **중개수수료를 과다지급한 경우**: 중개수수료가 통상의 부동산 취득에 따른 중개수수료에 비해 많다고 하더라도 실지 지급된 금액은 필요경비에 산입된다. **철거되는 건물의 취득가액이 필요경비에 산입되는 경우**: 토지만을 이용하기 위하여 토지와 건물을 함께 취득한 후 해당 건물을 철거하고 토지만을 양도하는 경우 철거된 건물의 취득가액과 철거비용의 합계액에서 철거 후 남아있는 시설물의 처분가액을 차감한 잔액을 양도자산의 필요경비로 산입한다.

감가상각비와 현재가치할인차금

구분	실지거래가액을 적용하는 경우	취득가액을 추계하는 경우
감가상각비	취득가액에서 공제	취득가액에서 공제
현재가치할인차금	취득가액에서 공제	-

5. 장기보유특별공제

의의	물가상승에 따른 명목소득의 상승도 포함되어 있는 양도소득에 대하여 물가상승분을 공제하며, 장·단기 보유에 따른 세부담의 균형을 유지하고, 장기보유를 유도하여 부동산투기억제효과를 달성하기 위한 제도이다.
공제 대상	**공제대상**: 보유기간이 3년 이상인 토지(비사업용 토지 포함) 및 건물과 조합원입주권(조합원으로부터 취득한 것은 제외) (*) 조합원입주권을 양도하는 경우에는 도시 및 주거환경정비법 제74조에 따른 관리처분계획 인가 및 빈집 및 소규모주택 정비에 관한 특례법 제29조에 따른 사업시행계획인가 전 토지분 또는 건물분의 양도차익으로 한정함 **배제대상**: 부동산이 아닌 자산(주식 등), 보유기간 3년 미만의 부동산, 미등기 양도자산, 국외부동산, 조정대상지역에 있는 조합원입주권 포함 1세대 2주택 이상자의 양도주택

공제액

토지·건물: 양도차익 × 보유기간별 공제율

보유기간	공제율
3년 이상 4년 미만	6%
4년 이상 5년 미만	8%
5년 이상 6년 미만	10%
6년 이상 7년 미만	12%
7년 이상 8년 미만	14%
8년 이상 9년 미만	16%
9년 이상 10년 미만	18%
10년 이상 11년 미만	20%
11년 이상 12년 미만	22%
12년 이상 13년 미만	24%
13년 이상 14년 미만	26%
14년 이상 15년 미만	28%
15년 이상	30%

1세대 1주택: 양도차익 × (보유기간별 공제율 + 거주기간별 공제율)

보유기간	공제율	거주기간	공제율
3년 이상 4년 미만	12%	2년 이상 3년 미만(*)	8%
		3년 이상 4년 미만	12%
4년 이상 5년 미만	16%	4년 이상 5년 미만	16%
5년 이상 6년 미만	20%	5년 이상 6년 미만	20%
6년 이상 7년 미만	24%	6년 이상 7년 미만	24%
7년 이상 8년 미만	28%	7년 이상 8년 미만	28%
8년 이상 9년 미만	32%	8년 이상 9년 미만	32%
9년 이상 10년 미만	36%	9년 이상 10년 미만	36%
10년 이상	40%	10년 이상	40%

(*) 보유기간 3년 이상에 한정함

용도변경 1세대 1주택	주택이 아닌 건물을 사실상 주거용으로 사용하거나 공부상의 용도를 주택으로 변경하는 경우로서 그 자산이 1세대 1주택(이에 딸린 토지를 포함)에 해당하는 자산인 경우 장기보유 특별공제액은 그 자산의 양도차익에 ①에 따른 보유기간별 공제율을 곱하여 계산한 금액과 ②에 따른 거주기간별 공제율을 곱하여 계산한 금액을 합산한 것을 말한다. ∴ 양도당시 주택인 경우 최대 8% 공제율을 적용하되, 상가보유기간에는 2% 공제율을 적용

용도변경 1세대 1주택	① 보유기간별 공제율: 다음 계산식에 따라 계산한 공제율. 다만, 다음 계산식에 따라 계산한 공제율이 40%보다 큰 경우에는 40%으로 한다. 주택이 아닌 건물로 보유한 기간에 해당하는 토지·건물에 대한 보유기간별 공제율 + 주택으로 보유한 기간에 해당하는 1세대 1주택에 대한 보유기간별 공제율 ② 거주기간별 공제율: 다음 계산식에 따라 계산한 공제율 주택으로 보유한 기간 중 거주한 기간에 해당하는 1세대 1주택에 대한 거주기간별 공제율 ① 및 ②에 따른 주택으로 보유한 기간은 해당 자산을 사실상 주거용으로 사용한 날부터 기산한다. 다만, 사실상 주거용으로 사용한 날이 분명하지 아니한 경우에는 그 자산의 공부상 용도를 주택으로 변경한 날부터 기산한다.
1세대 1주택	장기보유특별공제율(최대 80%)이 확대적용되는 1세대 1주택이란 1세대가 양도일[매매계약에 따라 주택에서 상가 등 주택 외 용도로 변경한 경우 매매계약일(*)] 현재 국내에 1주택(1세대 1주택의 특례규정에 따라 1세대 1주택으로 보는 주택을 포함)을 보유하고 보유기간 중 거주기간이 2년 이상인 것을 말한다. 이 경우 해당 1주택이 공동상속주택인 경우 거주기간은 해당 주택에 거주한 공동상속인 중 그 거주기간이 가장 긴 사람이 거주한 기간으로 판단한다. (*) 매수자가 주택으로 살 경우 다주택자 취득세 중과 및 대출규제를 받아 거래가 안 됨
보유기간 계산	<table><tr><th>구분</th><th colspan="2"></th><th>보유기간</th></tr><tr><td colspan="3">일반적인 경우</td><td>그 자산의 취득일부터 양도일</td></tr><tr><td colspan="3">상속받은 자산</td><td>상속개시일부터 양도일 → 피상속인의 보유기간을 제외함</td></tr><tr><td rowspan="3">증여받은 자산</td><td colspan="2">원칙</td><td>증여등기접수일부터 양도일</td></tr><tr><td colspan="2">이월과세</td><td>증여한 배우자 또는 직계존비속이 해당 자산을 취득한 날부터 양도일</td></tr><tr><td colspan="2">가업상속</td><td>가업상속공제가 적용된 비율에 해당하는 자산의 경우에는 피상속인이 해당 자산을 취득한 날부터 양도일</td></tr><tr><td colspan="3">조합원입주권</td><td>기존건물과 그 부수토지의 취득일부터 관리처분계획인가일</td></tr></table>

6. 양도소득 기본공제

내용	양도소득이 있는 거주자가 다음의 양도소득별로 해당 과세기간의 양도소득금액에서 각각 연 250만원을 공제하며, 미등기양도자산에 대하여 그러하지 아니한다. ① 토지·건물, 부동산에 관한 권리 및 기타자산 ② 주식 등의 양도소득(2024. 12. 31. 이전에 양도한 분에 한함) ③ 파생상품 등의 양도소득(2024. 12. 31. 이전에 양도한 분에 한함) ④ 신탁 수익권의 양도소득
공제순서	양도소득 기본공제를 적용함에 있어 양도소득금액에 소득세법, 조세특례제한법 및 그 밖의 법률에 따른 감면소득금액이 있는 경우에는 그 감면소득금액 외의 양도소득금액에서 먼저 공제하고, 감면소득금액 외의 양도소득금액 중에서는 해당 과세기간에 먼저 양도한 자산의 양도소득금액에서부터 순서대로 공제한다. → 2 이상의 양도자산 중 어느 자산을 먼저 양도하였는지 불분명한 경우 납세자에게 유리한 양도소득금액에서부터 공제한다.

📘 양도소득 기본공제 정리

구분	국내	국외
부동산, 부동산을 취득할 수 있는 권리, 기타자산	2,500,000	2,500,000
주식	2,500,000	
파생상품	2,500,000	
신탁의 이익을 받을 권리	2,500,000	

※ 국외전출세도 별도로 2,500,000원 적용함

7. 양도소득세율 → 세율이 2 이상에 해당하는 경우 높은 세율을 적용

(1) 원칙

1호	토지·건물·부동산에 관한 권리	1년 미만 보유	50%(주택, 분양권, 조합원입주권 70%)
		1년 이상 보유	40%(주택, 분양권, 조합원입주권 60%)
		2년 이상 보유	기본세율(분양권 60%)
		비사업용 토지	16~55%(지정지역 10%p 추가)
		미등기자산	70%
	기타자산	기본세율	

		상장·코스닥(코넥스포함)법인				비상장법인		
		대주주		대주주 외		대주주		대주주 외
	구분	1년 미만	1년 이상	장외	장내	1년 미만	1년 이상	
2호 주식 또는 출자지분	중소 외	30%	20%(25%⁽*⁾)	20%	비과세	30%	20%(25%⁽*⁾)	20%
	중소		20%(25⁽*⁾%)	10%			20%(25%⁽*⁾)	10%

⁽*⁾ 대주주가 양도하는 중소기업 주식('19. 1. 1. 이후 양도분) 및 중소기업 외 주식('18. 1. 1. 이후 양도분)은 과세표준 3억원 초과 시 세율 25% 적용

3호	파생상품	기본세율은 20%이나 탄력세율 10%가 적용됨
4호	신탁 수익권	① 양도소득과세표준 3억원 이하: 20% ② 양도소득과세표준 3억원 초과: 6천만원 + (3억원 초과액 × 25%)

(2) 특례세율

지정지역 내 부동산	다음 중 어느 하나에 해당하는 부동산을 양도하는 경우 다음의 세율을 적용한다.	
	지정지역에 있는 비사업용 토지. 단, 지정지역의 공고가 있는 날 이전에 토지를 양도하기 위하여 매매계약을 체결하고 계약금을 지급받은 사실이 증빙서류에 의하여 확인되는 경우는 제외한다.	기본세율 + 10% + 10%
	그 밖에 부동산 가격이 급등하였거나 급등할 우려가 있어 부동산 가격의 안정을 위하여 필요한 경우에 대통령령으로 정하는 부동산	기본세율 + 10%
조정대상 지역 내 다주택자	다음 중 어느 하나에 해당하는 주택(이에 딸린 토지를 포함)을 양도하는 경우 다음의 세율을 적용한다. → 2022. 5. 10. ~ 2025. 5. 9.까지 양도하는 경우는 적용 제외	
	조정대상지역에 있는 주택으로서 1세대 2주택에 해당하는 주택	기본세율 + 20%
	조정대상지역에 있는 주택으로서 1세대가 1주택과 조합원입주권 또는 분양권을 1개 보유한 경우의 해당 주택. 다만, 대통령령으로 정하는 장기임대주택 등은 제외한다.	
	조정대상지역에 있는 주택으로서 대통령령으로 정하는 1세대 3주택 이상에 해당하는 주택	기본세율 + 30%
	조정대상지역에 있는 주택으로서 1세대가 주택과 조합원입주권 또는 분양권을 보유한 경우로서 그 수의 합이 3 이상인 경우 해당 주택. 다만, 대통령령으로 정하는 장기임대주택 등은 제외한다.	

※ 해당 부동산 보유기간이 2년 미만인 경우 양도소득산출세액: Max(①, ②)
  ① 위 세율을 적용하여 계산한 양도소득산출세액
  ② 보유기간이 2년 미만인 양도자산에 대한 세율을 적용하여 계산한 양도소득산출세액

(3) 세율이 다른 둘 이상의 부동산 등 1그룹 자산 양도 시 산출세액 계산 특례

원칙	해당 과세기간에 부동산, 부동산에 관한 권리 및 기타자산을 둘 이상 양도하는 경우 양도소득 산출세액은 다음의 금액 중 큰 것(소득세법 또는 다른 조세에 관한 법률에 따른 양도소득세 감면액이 있는 경우 해당 감면세액을 차감한 세액이 더 큰 경우의 산출세액)으로 한다.
	Max(①, ②) ① 해당 과세기간의 양도소득과세표준 합계액 × 기본세율 ② 위 (1)과 (2)에 따라 계산한 자산별 양도소득 산출세액 합계액
예외	둘 이상의 자산에 대하여 위 (1), (2)의 세율 중 동일한 규정의 세율이 적용되고, 그 적용세율이 둘 이상인 경우 해당 자산에 대해서는 각 자산의 양도소득과세표준을 합산한 것에 대하여 위 (1), (2)의 각 해당 규정별 세율을 적용하여 산출한 세액 중에서 큰 산출세액의 합계액으로 한다.

📋 보유기간 기산일 비교정리

구분		세율 적용	장기보유특별공제 적용
상속		피상속인이 취득한 날	상속개시일
증여	원칙	증여받은 날	증여받은 날
	이월과세	증여자가 그 자산 취득한 날	증여자가 그 자산 취득한 날

비과세 및 감면의 배제

미등기자산	미등기 양도자산은 비과세 및 양도소득세의 감면을 배제한다.
허위계약서	자산을 매매하는 거래당사자가 매매계약서의 거래가액을 실지거래가액과 다르게 적은 경우에는 해당 자산에 대하여 양도소득세의 비과세 또는 감면에 관한 규정을 적용할 때 비과세 또는 감면받았거나 받을 세액에서 다음 중 적은 금액을 뺀다. ① 비과세에 관한 규정을 적용받을 경우: 비과세에 관한 규정을 적용하지 아니하였을 경우의 양도소득 산출세액과 매매계약서의 거래가액과 실지거래가액과의 차액 ② 감면에 관한 규정을 적용받을 경우: 감면에 관한 규정을 적용받았거나 받을 경우의 해당 감면세액과 매매계약서의 거래가액과 실지거래가액과의 차액

미등기 양도자산에 대한 규제

필요경비 개산공제	0.3% 적용
장기보유특별공제와 양도소득기본공제	배제
양도세율	70%
비과세와 감면	배제

03 양도소득 특수주제

1. 양도차손 공제

양도소득금액 구분계산	양도소득금액은 다음의 그룹별 자산 양도로 발생한 소득금액으로 구분하고, 양도차손과 양도차익의 통산, 양도소득기본공제, 세율 등은 그룹별로 적용한다. [1그룹] 부동산, 부동산에 관한 권리, 기타자산 [2그룹] 주식 또는 출자지분 [3그룹] 파생상품 [4그룹] 신탁수익권
양도차손 공제	양도소득금액을 계산할 때 양도차손이 발생한 자산이 있는 경우에는 그룹별로 해당 자산 외의 다른 자산에서 발생한 양도소득금액에서 순차로 그 양도차손을 공제한다. [1순위] 양도차손이 발생한 자산과 같은 세율을 적용받는 자산의 양도소득금액 [2순위] 양도차손이 발생한 자산과 다른 세율을 적용받는 자산의 양도소득금액. 이 경우 다른 세율을 적용받는 자산의 양도소득금액이 2 이상인 경우에는 각 세율별 양도소득금액의 합계액에서 당해 양도소득금액이 차지하는 비율로 안분하여 공제한다. → 미공제된 양도차손(결손금)은 다른 소득금액에서 공제하지 않고 소멸함 **감면대상소득이 포함되어 있는 경우** 감면소득금액을 계산함에 있어서 양도소득금액에 감면소득금액이 포함되어 있는 경우에는 순양도소득금액(감면소득금액을 제외한 부분)과 감면소득금액이 차지하는 비율로 안분하여 당해 양도차손을 공제한 것으로 보아 감면소득금액에서 당해 양도차손 해당분을 공제한 금액을 감면소득금액으로 본다.

🔍 사례

구분	토지 A	토지 B	토지 C	토지 D
적용세율	기본세율	기본세율	40% 세율	50%세율
양도차익	△200	120	200	300
장특공제	-	20	-	-
양도소득금액	△200	100	200	300
1차 통산		△100		
2차 통산			△40(= △100 × 200/500)	△60(= △100 × 300/500)
양도소득금액	-	-	160	240

2. 1세대 1주택 고가주택의 양도소득금액

(1) 고가주택 양도차익

$$\text{고가주택 양도차익} \times \frac{\text{양도가액} - 12억원}{\text{양도가액}}$$

(2) 고가주택 장기보유특별공제

$$\text{장기보유특별공제액} \times \frac{\text{양도가액} - 12억원}{\text{양도가액}}$$

→ 간편법: (1)의 계산식에 따른 고가주택 양도차익 × 공제율(보유기간 + 거주기간)

🔍 사례

① 보유기간 10년 이상(보유기간 중 거주기간 8년)
② 양도실가: 15억원, 취득실가: 8억원, 기타 필요경비: 3천만원

양도가액	1,500,000,000	
취득가액	800,000,000	
기타필요경비	30,000,000	
양도차익	670,000,000	
과세대상양도차익	134,000,000	670,000,000 × (15억원 - 12억원)/15억원
장기보유특별공제	96,480,000	134,000,000 × (40% + 32%)
양도소득금액	37,520,000	

3. 부담부증여에 대한 양도차익의 계산

의의	부담부증여 시 증여자의 채무를 수증자가 인수하는 경우 증여가액 중 그 채무액에 해당하는 부분은 그 자산이 유상으로 이전되는 것으로 보아 양도소득세를 과세한다. 다만, 배우자 간 또는 직계존비속 간의 부담부증여(상속세 및 증여세법 제44조에 따라 증여로 추정되는 경우를 포함)에 대해서는 수증자가 증여자의 채무를 인수한 경우에도 수증자에게 인수되지 아니한 것으로 추정되므로 전부 증여세를 과세한다.

취지	거액의 부동산을 담보로 제공하여 부채가 발생한 뒤 동 부동산을 증여함으로써 양도소득세를 면탈함과 동시에 담보채무를 수증자가 인수하는 방법을 통하여 증여세도 회피하는 수법이 악용되어 이를 규제하기 위한 제도이다.
내용	부담부증여의 경우 양도로 보는 부분에 대한 양도차익을 계산할 때 그 취득가액 및 양도가액은 다음에 따른다.

양도가액	상속세 및 증여세법에 따라 평가액(*) × $\dfrac{\text{채무액}}{\text{증여가액}}$

(*) 증여 당시의 시가로 하되, 시가가 확인되지 않는 경우 기준시가

취득가액	실지거래가액(매매사례가액·감정가액·환산취득가액)(*) × $\dfrac{\text{채무액}}{\text{증여가액}}$

(*) 양도가액을 기준시가로 산정한 경우에는 취득가액도 기준시가임

📋 양도가액과 취득가액·기타필요경비 정리

양도가액	증여 당시의 시가		기준시가
취득가액	실지거래가액	If 실지거래가액이 없다면 매매사례가액 → 감정가액 → 환산가액 적용	기준시가
기타경비	자본적 지출 + 양도비	필요경비 개산공제	

📋 양도소득세 과세대상에 해당하지 않는 자산을 함께 부담부증여한 경우 채무액

$$\text{총채무액} \times \dfrac{\text{양도소득세 과세대상 자산가액}}{\text{총증여자산가액}}$$

🔍 사례

구분	취득 당시	증여 당시
금액	실지거래가액 50,000,000	시가 100,000,000
기준시가	30,000,000	80,000,000

① 수증자가 인수한 증여자산에 담보된 증여자의 채무: 60,000,000
② 자본적 지출액: 5,000,000

구분	증여 당시 시가 O	증여 당시 시가 X
양도가액	100 × 60/100 = 60	80 × 60/80 = 60
취득가액	50 × 60/100 = 30	30 × 60/80 = 22.5
기타필요경비	5 × 60/100 = 3	30 × 3% × 60/80 = 0.675
양도차익	27	36.825

4. 이월과세

(1) 배우자 또는 직계존비속으로부터 증여받은 자산의 이월과세

의의	거주자가 양도일부터 소급하여 10년 이내에 그 배우자(양도 당시 혼인관계가 소멸된 경우를 포함하되, 사망으로 혼인관계가 소멸된 경우는 제외한다. 이하 이 항에서 같다) 또는 직계존비속으로부터 증여받은 제94조 제1항 제1호에 따른 자산이나 그 밖에 대통령령으로 정하는 자산의 양도차익을 계산할 때 양도가액에서 공제할 필요경비는 제97조 제2항에 따르되, 다음 각 호의 기준을 적용한다.	
이월과세 적용대상	① 양도일 전 10년 이내에 증여받은 토지·건물, 부동산을 취득할 수 있는 권리 및 특정 물시설물이용권 ② 양도일 전 1년 이내 증여받은 주식 등 ∵ 조세회피 방지	
이월과세 적용 배제	다음의 어느 하나에 해당하는 경우에는 이월과세를 적용하지 아니한다. ① 사업인정고시일부터 소급하여 2년 이전에 증여받은 경우로서 공익사업을 위한 토지 등의 취득 및 보상에 관한 법률이나 그 밖의 법률에 따라 협의매수 또는 수용된 경우 ② 이월과세를 적용할 경우 1세대 1주택(비과세대상에서 제외되는 고가주택 포함)의 양도에 해당하게 되는 경우 ③ 이월과세를 적용하여 계산한 양도소득 결정세액이 이월과세를 적용하지 아니하고 계산한 양도소득 결정세액보다 적은 경우 → 비교과세	
이월과세 적용효과	납세의무자	수증자(증여자와 연대납세의무 없음)
	취득가액	증여한 배우자 또는 직계존비속(증여자)이 해당 자산을 취득할 당시의 금액으로 한다.
	자본적 지출액	수증자의 자본적 지출액으로 하되, 증여한 배우자 또는 직계존비속(증여자)이 해당 자산에 대하여 지출한 금액을 포함한다.
	필요경비	필요경비(예 양도비용)는 수증자의 기준으로 한다.
	증여세 처리	이월과세 적용 시 증여받은 수증자가 부담한 증여세상당액은 해당 자산에 대한 양도차익을 한도로 필요경비에 산입된다. 증여받은 자산에 대한 증여세 산출세액 × (이월과세대상 증여세 과세가액 / 증여세 과세가액의 합계액) [예] 甲은 배우자로부터 부동산(5억원)과 주식(3억원)을 증여받았으며, 증여세 산출세액은 90,000,000원이다. 그 후 증여받은 부동산을 양도(양도차익 4억원)하였다. → 필요경비 증여세 산출세액: 56,250,000(9천만원 × 5억원/8억원)
	보유기간 판정	1세대 1주택 비과세 요건 판정 및 장기보유특별공제 시 보유기간은 증여한 배우자 등이 해당 자산을 취득한 날부터 기산한다.

(2) 가업상속공제가 적용된 자산의 이월과세

가업상속공제가 적용된 자산부분에 대한 자산의 양도 시 취득가액은 다음의 금액을 합한 금액으로 한다.

① 피상속인의 취득가액 × 가업상속공제적용률
② 상속개시일 현재 해당 자산가액 × (1 − 가업상속공제적용률)

∵ 가업상속공제는 상속 단계에서 과도한 상속세의 부담을 경감하려는 취지의 제도이나 상속인이 양도할 경우 피상속인의 보유기간 동안의 자본이득에 대한 양도소득세까지 과세되지 아니하여 과세형평성을 저해하는 문제점 해소

🔍 **사례**

```
    피상속인              상속인                상속인
─────┼──────────────────┼──────────────────┼─────→
  50억원(취득)    250억원(가업상속재산가액)   300억원(양도)
                    (*한도액: 200억원)
```

⇒ 취득가액: (50억원 × 80%⁽*⁾) + (250억원 × 20%) = 90억원
　　⁽*⁾ 가업상속공제율: 200억원 ÷ 250억원 = 80%

보유기간 기산일

구분	장기보유특별공제	세율 적용
가업상속공제 받은 자산	피상속인의 취득일	피상속인의 취득일
가업상속공제 받지 않은 자산	상속개시일	

5. 양도소득의 부당행위계산

(1) 일반적인 경우

의의	납세지 관할 세무서장 또는 지방국세청장은 양도소득이 있는 거주자의 행위 또는 계산이 그 거주자의 특수관계인과의 거래로 인하여 그 소득에 대한 조세 부담을 부당하게 감소시킨 것으로 인정되는 경우에는 그 거주자의 행위 또는 계산과 관계없이 해당 과세기간의 소득금액을 계산할 수 있다. 조세의 부담을 부당하게 감소시킨 것으로 인정되는 경우란 다음의 어느 하나에 해당하는 때를 말한다. 다만, 시가와 거래가액의 차액이 3억원 이상이거나 시가의 5%에 상당하는 금액 이상인 경우로 한정한다. ① 특수관계인으로부터 시가보다 높은 가격으로 자산을 매입하거나 특수관계인에게 시가보다 낮은 가격으로 자산을 양도한 때 ② 그 밖에 특수관계인과의 거래로 해당 연도의 양도가액 또는 필요경비의 계산 시 조세의 부담을 부당하게 감소시킨 것으로 인정되는 때
적용효과	특수관계인과의 거래에 있어서 토지 등을 시가를 초과하여 취득하거나 시가에 미달하게 양도함으로써 조세의 부담을 부당히 감소시킨 것으로 인정되는 때에는 그 취득가액 또는 양도가액을 시가에 의하여 계산한다. 시가는 상속세 및 증여세법규정을 준용하여 평가한 가액으로 하되, 주권상장법인이 발행한 주식의 시가는 법인세법상 시가로 한다.
적용 배제	개인과 법인 간에 재산을 양수 또는 양도하는 경우로서 그 대가가 법인세법의 규정에 의한 가액에 해당되어 당해 법인의 거래에 대하여 법인세법 부당행위계산 부인규정이 적용되지 아니하는 경우에는 양도소득 부당행위계산 부인규정을 적용하지 아니한다. 다만, 거짓 그 밖의 부정한 방법으로 양도소득세를 감소시킨 것으로 인정되는 경우에는 그러하지 아니하다. ∵ 상속세 및 증여세법을 준용하는 소득세법상 시가 산정방법과 법인세법상 시가산정방법이 상이함에 따라 야기되는 혼란을 해소하기 위함

(2) 증여 후 양도행위의 부인

의의		거주자가 특수관계인(이월과세를 적용하는 배우자 및 직계존비속 제외)에게 자산을 증여한 후 그 자산을 증여받은 자가 그 증여일부터 10년(2022. 12. 31. 이전 5년) 이내에 다시 타인에게 양도한 경우로서 ①에 따른 세액이 ②에 따른 세액보다 적은 경우에는 증여자가 그 자산을 직접 양도한 것으로 본다. ① 증여받은 자의 증여세(산출세액에서 공제·감면세액을 뺀 세액)와 양도소득세(산출세액에서 공제·감면세액을 뺀 결정세액)를 합한 세액 ② 증여자가 직접 양도하는 경우로 보아 계산한 양도소득세 ∵ 증여자가 외관상으로 수증자의 명의를 사용하여 자산을 양도함으로써 양도소득세를 회피하는 경우 실질적인 소득의 귀속자인 증여자에게 양도소득세를 부과하기 위함
적용 배제		양도소득이 해당 수증자에게 실질적으로 귀속된 경우
적용효과	납세의무자	증여자(수증자에게 연대납세의무 있음)
	필요경비	모두 증여자를 기준으로 계산한다.
	증여세 처리	증여자에게 양도소득세가 과세되는 경우 당초 증여받은 자산에 대해서는 증여세를 부과하지 아니한다. 이미 수증자에게 증여세가 부과된 경우에는 그 부과를 취소하고 수증자에게 환급하여야 한다.
	보유기간 판정	1세대 1주택 비과세 요건 판정 및 장기보유특별공제 시 보유기간은 증여자가 해당 자산을 취득한 날부터 기산한다.

04 양도소득세 납세절차

1. 예정신고납부

예정신고 납부	거주자는 양도소득과세표준을 다음의 구분에 따른 기간에 납세지 관할 세무서장에게 예정신고를 하여야 하며, 양도차익이 없거나 양도차손이 발생한 경우에도 적용한다.	
	구분	신고기간
	토지·건물·부동산에 관한 권리, 기타자산, 신탁수익권	양도일이 속하는 달의 말일부터 2개월. 다만, 토지거래계약에 관한 허가구역에 있는 토지를 양도할 때 토지거래계약허가를 받기 전에 대금을 청산한 경우에는 그 허가일(토지거래계약허가를 받기 전에 허가구역의 지정이 해제된 경우에는 그 해제일)이 속하는 달의 말일부터 2개월
	국내주식	양도일이 속하는 반기의 말일부터 2개월 (2024. 12. 31. 이전에 양도분에 한함)
	부담부증여	그 양도일이 속하는 달의 말일부터 3개월
	→ 파생상품과 해외주식은 예정신고면제	
예정신고 산출세액 계산	원칙	거주자가 예정신고를 할 때 예정신고 산출세액은 다음 계산식에 따라 계산한다. 예정신고 산출세액 = (양도차익 - 장기보유 특별공제 - 양도소득 기본공제) × 세율
	예외	해당 과세기간에 누진세율 적용대상 자산에 대한 예정신고를 2회 이상 하는 경우로서 거주자가 이미 신고한 양도소득금액과 합산하여 신고하려는 경우에는 다음의 구분에 따른 금액을 제2회 이후 신고하는 예정신고 산출세액으로 한다. → 예정신고를 2회 이상 하는 경우 이미 신고한 양도소득금액과 합산하여 신고할 수 있음

예정신고 산출세액 계산	예외	① 기본세율 적용대상 자산 [(이미 신고한 자산의 양도소득금액 + 2회 이후 신고하는 자산의 양도소득금액) - 양도소득 기본공제 × 세율] - 이미 신고한 예정신고 산출세액 ② 기본세율 + 10% 적용대상 자산(예 일정한 비사업용 토지) [(이미 신고한 자산의 양도소득금액 + 2회 이후 신고하는 자산의 양도소득금액) - 양도소득 기본공제 × 기본세율 + 10%의 세율] - 이미 신고한 예정신고 산출세액 ③ 20%(3억원 초과분 25%) 세율 적용대상 주식 [(이미 신고한 자산의 양도소득금액 + 2회 이후 신고하는 자산의 양도소득금액) - 양도소득 기본공제 × 20%(3억원 초과분 25%)] - 이미 신고한 예정신고 산출세액 ④ 신탁수익권 [(이미 신고한 자산의 양도소득금액 + 2회 이후 신고하는 자산의 양도소득금액) - 양도소득 기본공제 × 20%(3억원 초과분 25%)] - 이미 신고한 예정신고 산출세액

2. 확정신고납부

확정신고 납부	해당 과세기간의 양도소득금액이 있는 거주자는 그 양도소득 과세표준을 그 과세기간의 다음 연도 5월 1일부터 5월 31일까지 납세지 관할 세무서장에게 신고하여야 한다. 해당 과세기간의 과세표준이 없거나 결손금액이 있는 경우에도 확정신고를 하여야 하나, 예정신고를 한 자는 확정신고를 하지 아니할 수 있다. → 분납 가능
확정신고 의무자	다음의 경우에는 예정신고를 하였다 하더라도 반드시 확정신고를 하여야 한다. ① 당해연도에 누진세율의 적용대상 자산에 대한 예정신고를 2회 이상 한 자가 2회 이후 양도 시 이미 신고한 양도소득금액과 합산하여 신고하지 아니한 경우 ② 토지, 건물, 부동산에 관한 권리, 기타자산 및 신탁 수익권을 2회 이상 양도한 경우로서 양도소득기본공제를 감면소득금액 외의 양도소득금액에서 먼저 공제하고 감면소득금액 외의 양도소득금액 중에서는 먼저 양도한 자산의 양도소득금액에서부터 공제함에 따라 당초 신고한 양도소득산출세액이 달라지는 경우 ③ 국내주식을 2회 이상 양도한 경우로서 양도소득기본공제 순서를 적용함에 따라 당초 신고한 양도소득산출세액이 달라지는 경우 ④ 토지, 건물, 부동산에 관한 권리 및 기타자산을 둘 이상 양도한 경우로서 비교과세규정을 적용할 경우 당초 신고한 양도소득산출세액이 달라지는 경우
결정·경정	① 납세지 관할 세무서장 또는 지방국세청장은 예정신고를 하여야 할 자 또는 확정신고를 하여야 할 자가 그 신고를 하지 아니한 경우에는 해당 거주자의 양도소득과세표준과 세액을 결정한다. ② 납세지 관할 세무서장 또는 지방국세청장은 예정신고를 한 자 또는 확정신고를 한 자의 신고 내용에 탈루 또는 오류가 있는 경우에는 양도소득과세표준과 세액을 경정한다.
가산세	거주자가 건물을 신축 또는 증축(증축의 경우 바닥면적 합계가 85㎡를 초과하는 경우에 한함)하고 그 건물의 취득일 또는 증축일부터 5년 이내에 해당 건물을 양도하는 경우로서 감정가액 또는 환산취득가액을 그 취득가액으로 하는 경우에는 해당 건물의 감정가액(증축의 경우 증축한 부분에 한정함) 또는 환산취득가액(증축의 경우 증축한 부분에 한정함)의 5%에 해당하는 금액을 양도소득 결정세액에 더한다. → 양도소득 산출세액이 없는 경우에도 적용

05 국외자산 양도소득세

의의	해당 자산의 양도일까지 계속 5년 이상 국내에 주소 또는 거소를 둔 거주자는 법령이 정한 국외자산에 대한 양도소득에 대하여 납세의무를 진다. ∵ 국외자산 양도소득에 대해 과세를 하지 않는다면 국내자산의 투자보다 국외자산의 투자가 유리한 경우가 발생하여 국내자본의 국외 유출이 발생하므로 이를 방지하고, 국내자산의 양도소득과 국외자산의 양도소득에 대해 과세상 균형을 유지하기 위함
과세대상	다음의 자산을 양도함으로써 발생하는 소득. 다만, 양도소득이 국외에서 외화를 차입하여 취득한 자산을 양도하여 발생하는 소득으로서 환율변동으로 인하여 외화차입금으로부터 발생하는 환차익을 포함하고 있는 경우에는 해당 환차익을 양도소득의 범위에서 제외한다. ① 토지 또는 건물 ② 부동산을 취득할 수 있는 권리, 지상권, 전세권과 부동산임차권(등기 여부 불문) ③ 기타자산: 국내 기타자산 범위와 동일함

계산		
	양도가액, 취득가액	실지거래가액으로 한다. 다만, 실지거래가액을 확인할 수 없는 경우에는 양도자산이 소재하는 국가의 양도 당시 현황을 반영한 시가에 따르되, 시가를 산정하기 어려울 때에는 그 자산의 종류, 규모, 거래상황 등을 고려하여 상속세 및 증여세법상의 평가규정을 준용한다.
	외화환산	양도차익을 계산함에 있어서는 양도가액 및 필요경비를 수령하거나 지출한 날 현재 외국환거래법에 의한 기준환율 또는 재정환율에 의하여 계산한다.
	장기보유 특별공제	보유기간에 관계없이 적용하지 않는다.
	기본공제	국외자산의 양도에 대한 양도소득이 있는 거주자에 대해서는 해당 과세기간의 양도소득금액에서 연 250만원을 공제한다.
	세율	기본세율 적용(미등기 자산 불문)
	외국납부 세액공제	외국에서 그 양도소득에 대하여 국외자산 양도소득세액을 납부하였거나 납부할 것이 있을 때에는 외국납부세액공제방법 또는 필요경비산입방법 중 하나를 선택하여 적용할 수 있다. → 이월공제 불가

국내자산 미준용규정	① 미등기 양도자산에 대한 비과세, 감면 배제 ② 장기보유 특별공제 ③ 이월과세 ④ 기준시가 산정 등

06 국외전출세

의의	국외전출자는 출국 당시 소유한 주식 등을 출국일에 양도한 것으로 보아 양도소득에 대하여 소득세를 납부할 의무가 있다. ∵ 역외 조세회피를 방지하고 국내 재산에 대한 과세권을 확보하기 위함
납세의무자	다음의 요건을 모두 갖춘 국외전출자는 국외전출세에 대해 납부할 의무가 있다. ① 출국일 10년 전부터 출국일까지의 기간 중 국내에 주소나 거소를 둔 기간의 합계가 5년 이상일 것 ② 출국일이 속하는 연도의 직전 연도 종료일 현재 소유하고 있는 주식 등의 비율·시가총액 등을 고려하여 법령에서 정한 대주주에 해당할 것

과세대상	국내주식, 기타자산 중 부동산주식 A와 부동산주식 B	

과세표준 계산	국외전출자의 양도소득에 대한 과세표준은 다음 계산식에 따르며, 종합소득, 퇴직소득 및 거주자의 양도소득과세표준과 구분하여 계산한다.
	
	양도소득과세표준 = (양도가액 - 취득가액 - 기타필요경비) - 연 250만원
	
	① 양도가액은 출국일 당시의 시가로 한다. 이때 시가는 국외전출자의 출국일 당시의 해당 주식 등의 거래가액으로 하며, 시가를 산정하기 어려울 때에는 그 규모 및 거래상황 등을 고려하여 다음의 구분에 따른 방법에 따른다.
	  ㉠ 상장법인 주식: 기준시가
	  ㉡ 비상장법인 주식: 다음의 방법을 순차로 적용하여 계산한 가액
	    [1순위] 출국일 전후 각 3개월 이내에 해당 주식 등의 매매사례가 있는 경우 그 가액
	    [2순위] 소득세법상 기준시가
	② 취득가액과 기타필요경비: 거주자의 계산규정을 준용한다.	

세율	양도소득과세표준 3억원 이하	20%
	양도소득과세표준 3억원 초과	6천만원 + (3억원 초과액 × 25%)
세액공제	조정공제	국외전출자가 출국 후 국내주식 등을 실제 양도한 경우로서 실제 양도가액이 출국일 당시의 시가보다 낮은 경우 조정공제액을 산출세액에서 공제한다. 조정공제액 = (출국일 당시의 시가 - 실제 양도가액) × 세율
	외국납부 세액공제	국외전출자가 출국 후 국내주식을 실제로 양도하여 해당 자산의 양도소득에 대해 외국정부에 세액을 납부하였거나 납부할 것이 있는 때에는 산출세액에서 조정공제액을 공제한 금액을 한도로 외국납부세액을 산출세액에서 공제한다. $\text{Min} \begin{cases} ① \text{ 외국납부세액} \times \dfrac{\text{Min(출국 당시의 시가, 실제 양도가액)} - \text{필요경비}}{\text{실제 양도가액} - \text{필요경비}} \\ ② \text{ 한도: 산출세액} - \text{조정공제액} \end{cases}$
	비거주자 세액공제	국외전출자가 출국한 후 국외전출자 국내주식 등을 실제로 양도하여 비거주자의 국내원천소득으로 국내에서 과세되는 경우에는 산출세액에서 조정공제액을 공제한 금액을 한도로 국내원천소득에 대한 원천징수세액을 산출세액에서 공제한다. 동 규정이 적용되는 경우 외국납부세액의 공제를 적용하지 아니한다.
납세절차	보유현황	국외전출자는 국외전출자 국내주식 등의 양도소득에 대한 납세관리인과 국외전출자 국내주식 등의 보유현황을 출국일 전날까지 납세지 관할 세무서장에게 신고하여야 한다. 이 경우 국외전출자 국내주식 등의 보유현황은 신고일의 전날을 기준으로 작성한다.
	신고납부	국외전출자는 양도소득과세표준을 출국일이 속하는 달의 말일부터 3개월 이내(납세관리인을 신고한 경우에는 양도소득과세표준 확정신고 기간 내)에 납세지 관할 세무서장에게 신고하여야 한다.
경정청구	조정공제, 외국납부세액공제 및 비거주자의 국내원천소득세액공제를 적용받으려는 자는 국외전출자 국내주식 등을 실제 양도한 날부터 2년 이내에 납세지 관할 세무서장에게 경정을 청구할 수 있다.	

납부유예		① 국외전출자는 납세담보를 제공하거나 납세관리인을 두는 경우에는 출국일부터 국외전출자 국내주식 등을 실제로 양도할 때까지 납세지 관할 세무서장에게 양도소득세 납부의 유예를 신청하여 납부를 유예받을 수 있다. ② 납부를 유예받은 국외전출자는 출국일부터 5년(국외전출자의 국외유학 등 사유에 해당하는 경우에는 10년) 이내에 국외전출자 국내주식 등을 양도하지 아니한 경우에는 출국일부터 5년이 되는 날이 속하는 달의 말일부터 3개월 이내에 국외전출자 국내주식 등에 대한 양도소득세를 납부하여야 한다. ③ 납부유예를 받은 국외전출자는 국외전출자 국내주식 등을 실제 양도한 경우 양도일이 속하는 달의 말일부터 3개월 이내에 국외전출자 국내주식 등에 대한 양도소득세를 납부하여야 한다. ④ 납부를 유예받은 국외전출자는 국외전출자 국내주식 등에 대한 양도소득세를 납부할 때 납부유예를 받은 기간에 대한 이자상당액을 가산하여 납부하여야 한다.
재전입 등 환급	신청	국외전출자(③의 경우 상속인)는 다음의 어느 하나에 해당하는 사유가 발생한 경우 그 사유가 발생한 날부터 1년 이내에 납세지 관할 세무서장에게 납부한 세액의 환급을 신청하거나 납부유예 중인 세액의 취소를 신청하여야 한다. ① 국외전출자가 출국일부터 5년 이내에 국외전출자 국내주식 등을 양도하지 아니하고 국내에 다시 입국하여 거주자가 되는 경우 ② 국외전출자가 출국일부터 5년 이내에 국외전출자 국내주식 등을 거주자에게 증여한 경우 ③ 국외전출자의 상속인이 국외전출자의 출국일부터 5년 이내에 국외전출자 국내주식 등을 상속받은 경우
	환급	납세지 관할 세무서장은 신청을 받은 경우 지체 없이 국외전출자가 납부한 세액을 환급하거나 납부유예 중인 세액을 취소하여야 한다.
	가산세 환급	국외전출자가 납부한 세액을 환급하는 경우 산출세액에 더하여진 가산세는 환급하지 아니한다.
	이자 배제	국외전출자가 납부한 세액을 환급하는 경우에는 국세환급금에 국세환급가산금을 가산하지 아니한다.

🔍 사례

거주자 丙(대한민국에서 40년간 계속 거주)은 국외 거주를 필요로 하는 근무상 형편으로 인하여 세대 전원이 2023. 11. 1.에 출국하였다. 이에 따라 주식을 제외한 보유중인 자산을 출국 전에 전부 양도하였다.

1. 주식은 상장법인의 주식으로서 1주당 시가 5,000원의 주식을 100,000주 취득하였다. 丙은 대주주에 해당한다. 상장주식에 출국일 당시의 시가는 1주당 8,000원이다.
2. 출국 후 2024년 12월 1일에 丙은 사업자금 마련을 위해 보유하던 상장주식 전부를 1주당 7,000원에 유가증권시장에서 양도하였다. 丙은 외국 세법에 따라 원화환산액 기준으로 외국소득세 40,000,000원을 해당 국가 과세관청에 납부하였다.

양도소득과세표준	297,500,000
양도소득산출세액	59,500,000
조정공제액	20,000,000
외국납부세액공제액	39,500,000

양도가액	800,000,000		100,000주 × 8,000원(출국일 당시 시가)
취득가액	(-)500,000,000		100,000주 × 5,000원
기타필요경비	-		
양도차익	300,000,000		
기본공제	(-)2,500,000		
양도소득과세표준	297,500,000		
산출세액	59,500,000		297,500,000 × 20%

⇒ ① 조정공제액: [8억원(출국 당시의 시가) - 7억원(실제 양도가)] × 20% = 20,000,000
② 외국납부세액공제액: Min(㉠, ㉡)
  ㉠ 40,000,000 × 2억원/2억원$^{(*)}$ = 40,000,000
  ㉡ 한도: 59,500,000 - 20,000,000 = 39,500,000
  $^{(*)}$ Min(7억원, 8억원) - 5억원 = 2억원

참 비거주자에 대한 과세

	비거주자에 대하여 과세하는 소득세는 해당 국내원천소득을 종합하여 과세하는 경우와 분류하여 과세하는 경우 및 그 국내원천소득을 분리하여 과세하는 경우로 다음과 같이 구분하여 계산한다.
과세방법	<table><tr><td rowspan="2">국내원천소득</td><td colspan="2">과세방법</td></tr><tr><td>국내사업장 O</td><td>국내사업장 X</td></tr><tr><td>부동산소득</td><td colspan="2">종합과세</td></tr><tr><td>이자소득, 배당소득, 선박 등 임대소득, 사업소득, 인적용역소득$^{(*)}$, 사용료소득, 유가증권 양도소득, 기타소득</td><td rowspan="2">종합과세</td><td>분리과세</td></tr><tr><td>근로소득, 연금소득</td><td>분리과세</td></tr><tr><td>퇴직소득, 부동산 등 양도소득</td><td colspan="2">분류과세</td></tr></table> $^{(*)}$ 분리과세되는 경우로서 원천징수되는 소득 중 국내원천 인적 용역소득이 있는 비거주자가 종합소득과세표준 확정신고를 하는 경우에는 국내원천소득(퇴직소득 및 양도소득 제외)의 소득에 대하여 종합하여 과세할 수 있다.
세액계산	비거주자의 소득에 대한 소득세의 과세표준과 세액의 계산에 관하여는 거주자에 대한 소득세의 과세표준과 세액의 계산에 관한 규정을 준용한다. 다만, 인적공제 중 비거주자 본인 외의 자에 대한 공제와 특별소득공제, 자녀세액공제 및 특별세액공제는 하지 아니한다.
신고납부	소득세의 과세표준과 세액을 계산하는 비거주자의 신고와 납부(중간예납을 포함)에 관하여는 거주자의 신고와 납부에 관한 규정을 준용한다. 단, 비거주자가 국내사업장이 없는 경우에는 완납적으로 원천징수 분리과세되며, 비거주자의 종합과세 과세표준에 동 원천징수된 소득이 포함된 경우에는 동 원천징수세액은 납부세액에서 공제된다.
유가증권 양도소득 특례	국내사업장이 없는 비거주자가 동일한 내국법인의 주식 또는 출자지분을 같은 사업과세기간(해당 주식 또는 출자지분을 발행한 내국법인의 사업과세기간)에 2회 이상 양도함으로써 조세조약에서 정한 과세기준을 충족하게 된 경우에는 양도 당시 원천징수되지 아니한 소득에 대한 원천징수세액 상당액을 양도일이 속하는 사업연도의 종료일부터 3개월 이내에 납세지 관할 세무서장에게 신고·납부하여야 한다.

제4편 기출문제

01 다음 소득세법과 관련된 내용 중 옳은 것으로만 묶어진 것은? 　　　　　2008년 국가직 9급

> ㄱ. 대한민국 국적을 가진 자는 모두 우리나라에서 소득세를 납부할 의무가 있다.
> ㄴ. 소득세는 원칙적으로 순자산증가설을 기초로 과세소득의 범위를 규정하고 있다.
> ㄷ. 거주자에 대한 소득세의 납세지는 원칙적으로 소득이 발생한 장소를 관할하는 세무서이다.
> ㄹ. 배당세액공제는 이중과세를 방지하기 위한 제도이다.
> ㅁ. 퇴직소득과 양도소득은 종합소득에 포함되지 않으며, 분류과세된다.
> ㅂ. 외국에서 납부한 세금은 원칙적으로 우리나라에서 공제가 허용되지 아니한다.

① ㄱ, ㄴ, ㅁ, ㅂ
② ㄴ, ㄷ, ㄹ, ㅁ
③ ㄷ, ㄹ, ㅂ
④ ㄹ, ㅁ

정답 및 해설

옳은 것은 ㄹ, ㅁ이다.

선지분석

ㄱ. 소득세 납세의무를 지는 자는 거주자 또는 비거주자로서 국적과는 무관하다.
ㄴ. 소득세는 원칙적으로 소득원천설을 기초로 과세소득의 범위를 규정하고 있으며, 예외적으로 금융소득 및 사업소득은 유형별 포괄주의를 채택하고 있다. (참고) 법인세는 순자산증가설에 해당됨
ㄷ. 거주자에 대한 소득세의 납세지는 원칙적으로 거주자의 주소지이다.
ㅂ. 외국에서 납부한 세금은 원칙적으로 우리나라에서 외국납부세액공제가 허용된다. ∵ 국제적 이중과세 해결

답 ④

02 소득세법상 주소와 거주자 여부 판정에 대한 설명으로 옳지 않은 것은? 2015년 국가직 7급

① 내국법인의 국외사업장에 파견된 직원은 비거주자로 본다.
② 국외에 근무하는 자가 외국국적을 가진 자로서 국내에 생계를 같이하는 가족이 없고 그 직업 및 자산 상태에 비추어 다시 입국하여 주로 국내에 거주하리라고 인정되지 아니하는 때에는 국내에 주소가 없는 것으로 본다.
③ 국내에 거주하는 개인이 계속하여 183일 이상 국내에 거주할 것을 통상 필요로 하는 직업을 가진 때에는 국내에 주소를 가진 것으로 본다.
④ 외국을 항행하는 선박 또는 항공기의 승무원의 경우 그 승무원과 생계를 같이하는 가족이 거주하는 장소 또는 그 승무원이 근무기간 외의 기간 중 통상 체재하는 장소가 국내에 있는 때에는 당해 승무원의 주소는 국내에 있는 것으로 본다.

정답 및 해설

거주자나 내국법인의 국외사업장 또는 해외현지법인(내국법인이 발행주식총수 또는 출자지분의 100%를 직접 또는 간접 출자한 경우에 한정) 등에 파견된 임원 또는 직원이나 국외에서 근무하는 공무원은 거주자로 본다.

> **국내에 주소가 있는 것으로 보는 경우(소득세법 시행령 제2조 제3항·제5항 참조)**
> 1. 계속하여 183일 이상 국내에 거주할 것을 통상 필요로 하는 직업을 가진 때
> 2. 국내에 생계를 같이하는 가족이 있고, 그 직업 및 자산상태에 비추어 계속하여 183일 이상 국내에 거주할 것으로 인정되는 때
> 3. 외국을 항행하는 선박 또는 항공기의 승무원의 경우 그 승무원과 생계를 같이하는 가족이 거주하는 장소 또는 그 승무원이 근무기간 외의 기간 중 통상 체재하는 장소가 국내에 있는 때

답 ①

03 소득세법 제4조 소득의 구분에서 종합소득을 구성하는 것만을 모두 고른 것은?   2013년 국가직 9급

ㄱ. 이자소득	ㄴ. 양도소득
ㄷ. 근로소득	ㄹ. 기타소득
ㅁ. 퇴직소득	ㅂ. 연금소득

① ㄱ, ㄴ
② ㄴ, ㄷ, ㄹ
③ ㄷ, ㅁ, ㅂ
④ ㄱ, ㄷ, ㄹ, ㅂ

정답 및 해설

거주자의 종합소득 및 퇴직소득에 대한 과세표준은 각각 구분하여 계산한다.

종합소득	분류과세소득
ⓐ 이자소득 ⓓ 근로소득 ⓑ 배당소득 ⓔ 연금소득 ⓒ 사업소득 ⓕ 기타소득	ⓐ 퇴직소득 ⓑ 양도소득

답 ④

---

04 거주자의 소득세법상 퇴직소득, 양도소득을 종합소득과 달리 구분하여 과세하는 것에 대한 설명으로 옳지 않은 것은?   2019년 국가직 9급

① 양도소득은 다른 종합소득과 합산하지 않고 별도의 과세표준을 계산하고 별도의 세율을 적용한다.
② 양도소득은 기간별로 합산하지 않고 그 소득이 지급될 때 소득세를 원천징수함으로써 과세가 종결된다.
③ 퇴직소득, 양도소득은 장기간에 걸쳐 발생한 소득이 일시에 실현되는 특징을 갖고 있다.
④ 퇴직소득, 양도소득을 다른 종합소득과 합산하여 과세한다면 그 실현시점에 지나치게 높은 세율이 적용되는 현상이 발생한다.

정답 및 해설

거주자의 양도소득에 대한 과세표준은 종합소득 및 퇴직소득에 대한 과세표준과 구분하여 계산하는 분류과세이며, 원천징수대상 소득에 해당하지 아니한다. ②는 완납적 원천징수로서 무조건 분리과세대상 소득에 대한 내용이다.

답 ②

05 소득세법상 소득금액에 대한 설명으로 옳지 않은 것은?

2012년 국가직 9급

① 이자소득금액은 해당 과세기간의 총이자수입금액에서 필요경비를 공제한 금액으로 한다.
② 근로소득금액은 해당 과세기간의 총급여액에서 근로소득공제를 적용한 금액으로 한다.
③ 연금소득금액은 해당 과세기간의 총연금액에서 연금소득공제를 적용한 금액으로 한다.
④ 기타소득금액은 해당 과세기간의 총수입금액에서 이에 사용된 필요경비를 공제한 금액으로 한다.

정답 및 해설

이자소득금액은 해당 과세기간의 총수입금액으로 하며 필요경비는 인정되지 않는다.

종합소득금액 계산구조

이자소득	배당소득	사업소득	근로소득	연금소득	기타소득
총수입금액	총수입금액	총수입금액	총급여액	총연금액	총수입금액
-	+ Gross - up	- 필요경비	- 근로소득공제	- 연금소득공제	- 필요경비
이자소득금액	배당소득금액	사업소득금액	근로소득금액	연금소득금액	기타소득금액

답 ①

06 납세의무와 그 범위에 대한 설명으로 옳지 않은 것은?

2020년 국가직 9급

① 국세기본법은 공유물(共有物) 또는 공동사업에 관계되는 국세 및 강제징수비는 공유자 또는 공동사업자가 연대하여 납부할 의무를 지도록 규정하고 있다.
② 공동으로 소유한 자산에 대한 양도소득금액을 계산하는 경우에는 해당 자산을 공동으로 소유하는 각 거주자가 납세의무를 진다.
③ 국세기본법 제13조 제1항에 따른 법인 아닌 단체 중 같은 조 제4항에 따른 법인으로 보는 단체 외의 법인 아닌 단체의 일부 구성원에게만 이익이 분배되는 것으로 확인되는 경우에는 해당 단체는 납세의무를 지지 않는다.
④ 소득세법 제127조에 따라 원천징수 되는 소득으로서 같은 법 제14조 제3항 또는 다른 법률에 따라 같은 법 제14조 제2항에 따른 종합소득과세표준에 합산되지 아니하는 소득이 있는 자는 그 원천징수되는 소득세에 대해서 납세의무를 진다.

정답 및 해설

소득세법 제2조【납세의무】④ 제3항에도 불구하고 해당 단체의 전체 구성원 중 일부 구성원의 분배비율만 확인되거나 일부 구성원에게만 이익이 분배되는 것으로 확인되는 경우에는 다음 각 호의 구분에 따라 소득세 또는 법인세를 납부할 의무를 진다.
1. 확인되는 부분: 해당 구성원별로 소득세 또는 법인세에 대한 납세의무 부담
2. 확인되지 아니하는 부분: 해당 단체를 1거주자 또는 1비거주자로 보아 소득세에 대한 납세의무 부담

답 ③

07 소득세법상 이자소득에 해당하지 않는 것은?   2014년 국가직 9급 변형

① 내국법인이 발행한 채권 또는 증권의 이자와 할인액
② 대금업을 영위하는 자가 영리를 목적으로 금전을 대여하고 받은 이자
③ 상호저축은행법에 따른 신용계 또는 신용부금으로 인한 이익
④ 비영업대금의 이익

> **정답 및 해설**

대금업을 영위하는 자가 영리를 목적으로 금전을 대여하고 받는 이자는 사업소득에 해당한다. 비영업대금의 이익은 금전의 대여를 사업목적으로 하지 아니하는 자가 일시적·우발적으로 금전을 대여함에 따라 지급받는 이자 또는 수수료 등으로 한다.

📄 **비영업대금의 이익과 대금업의 이익 비교**

구분	비영업대금의 이익	대금업의 이익
소득구분	이자소득	사업소득
필요경비	인정 안됨	인정됨
부당행위계산부인	적용 안함	적용함
결손금	없음	있을 수 있음
원천징수	원천징수세율(25%)	안함

답 ②

---

08 소득세법상 배당소득에 관한 설명으로 옳지 않은 것은?   2008년 국가직 7급

① 국제조세조정에 관한 법률상 특정외국법인의 배당 가능한 유보소득 중 거주자에게 귀속될 금액은 배당소득으로 본다.
② 공동사업에서 발생하는 소득금액 중 공동사업에 성명 또는 상호를 사용하게 한 자에 대한 손익분배비율에 상당하는 금액은 배당소득으로 보고 종합과세한다.
③ 주식의 소각이나 자본의 감소로 인하여 주주가 취득하는 금전 기타 재산의 가액이 주주가 당해 주식을 취득하기 위하여 소요된 금액을 초과하는 금액은 배당소득에 해당된다.
④ 법인이 이익 또는 잉여금의 처분에 의한 배당소득을 그 처분을 결정한 날부터 3개월이 되는 날까지 지급하지 아니한 때에는 그 3개월이 되는 날에 배당소득을 지급한 것으로 본다.

정답 및 해설

공동사업에서 발생하는 소득금액 중 공동사업에 성명 또는 상호를 사용하게 한 자에 대한 손익분배비율에 상당하는 금액은 사업소득으로 본다. 참고 출자공동사업자인 경우 배당소득으로 봄

> **소득세법 시행령 제100조【공동사업합산과세 등】** ① 법 제43조 제1항에서 "대통령령으로 정하는 출자공동사업자"란 다음 각 호의 어느 하나에 해당하지 아니하는 자로서 공동사업의 경영에 참여하지 아니하고 출자만 하는 자를 말한다.
> 1. 공동사업에 성명 또는 상호를 사용하게 한 자
> 2. 공동사업에서 발생한 채무에 대하여 무한책임을 부담하기로 약정한 자

선지분석

④
> **📄 배당소득 원천징수시기에 대한 특례(소득세법 제131조 제1항 참조)**
> 1. 개념: 본래 원천징수는 소득을 지급할 때 행하지만 소득을 지급하지 않았더라도 그 소득을 지급한 것으로 보아 원천징수하는 것
> 2. 법인이 이익 또는 잉여금의 처분에 따른 배당 또는 분배금을 그 처분을 결정한 날부터 3개월이 되는 날까지 지급하지 아니한 경우에는 그 3개월이 되는 날에 그 배당소득을 지급한 것으로 보아 소득세를 원천징수 함. 다만, 11월 1일부터 12월 31일까지의 사이에 결정된 처분에 따라 다음 연도 2월 말일까지 배당소득을 지급하지 아니한 경우에는 그 처분을 결정한 날이 속하는 과세기간의 다음 연도 2월 말일에 그 배당소득을 지급한 것으로 보아 소득세를 원천징수함

답 ②

---

09 소득세법령상 출자공동사업자에 대한 설명으로 옳지 않은 것은? 2020년 국가직 7급

① 출자공동사업자가 있는 공동사업의 경우에는 공동사업장을 1거주자로 보아 공동사업장별로 그 소득금액을 계산한다.
② 출자공동사업자의 배당소득 수입시기는 그 지급을 받은 날로 한다.
③ 출자공동사업자의 배당소득은 부당행위계산부인의 규정이 적용되는 소득이다.
④ 출자공동사업자의 배당소득에 대해서는 100분의 25의 원천징수세율을 적용한다.

정답 및 해설

출자공동사업자의 배당소득 수입시기는 과세기간 종료일로 한다.

답 ②

10 소득세법령상 이자소득의 수입시기에 대한 설명으로 옳지 않은 것은? 2021년 국가직 9급

① 채권 등으로서 무기명인 것의 이자는 그 지급을 받은 날로 한다.
② 비영업대금의 이익으로서 약정에 의한 이자지급일 전에 이자를 지급받는 경우에는 그 이자지급일로 한다.
③ 이자소득이 발생하는 상속재산이 상속되는 경우에는 실제 지급일로 한다.
④ 저축성보험의 보험차익(기일 전에 해지하는 경우 제외)은 보험금 또는 환급금의 지급일로 한다.

> **정답 및 해설**
>
> 이자소득이 발생하는 상속재산이 상속되거나 증여되는 경우의 수입시기는 상속개시일 또는 증여일로 한다.
>
> 답 ③

11 소득세법상 사업소득으로 과세되는 소득유형으로 옳지 않은 것은? 2015년 국가직 9급

① 가구 내 고용활동에서 발생하는 소득
② 연예인이 사업활동과 관련하여 받는 전속계약금
③ 공익사업과 관련하여 부동산에 대한 지역권을 대여함으로써 발생하는 소득
④ 계약에 따라 그 대가를 받고 연구 또는 개발용역을 제공하는 연구개발업에서 발생하는 소득

> **정답 및 해설**
>
> 공익사업을 위한 토지 등의 취득 및 보상에 관한 법률에 따른 공익사업과 관련하여 지역권·지상권(지하 또는 공중에 설정된 권리를 포함)을 설정하거나 대여함으로써 발생하는 소득은 기타소득으로 과세한다.
>
> **전세권과 지상권·지역권 관련 소득**
>
> | 구분 | 설정 및 대여 | 양도 |
> |---|---|---|
> | 전세권 | 사업소득 | 양도소득 |
> | 지상권 | • 공익사업 관련 O: 기타소득 | 양도소득 |
> | 지역권 | • 공익사업 관련 X: 사업소득 | 과세 제외 |
>
> 답 ③

12 소득세법상 거주자가 과세기간에 지급하였거나 지급할 금액 중 사업소득금액을 계산할 때 필요경비에 산입하지 않는 것은 모두 몇 개인가?

2013년 국가직 9급

> ㄱ. 업무와 관련하여 중대한 과실로 타인의 권리를 침해한 경우에 지급되는 손해배상금
> ㄴ. 조세에 관한 법률에 따른 징수의무의 불이행으로 인하여 납부하였거나 납부할 세액
> ㄷ. 부가가치세 간이과세자가 납부한 부가가치세액
> ㄹ. 선급비용
> ㅁ. 법령에 따른 의무의 불이행에 대한 제재로서 부과되는 공과금

① 2개　　　② 3개
③ 4개　　　④ 5개

정답 및 해설

필요경비에 산입하지 않는 것은 총 4개(ㄱ, ㄴ, ㄹ, ㅁ)이다.

선지분석

ㄷ. 간이과세자는 매출세액을 따로 징수하지 않으며 매입세액은 일부만 공제받을 수 있을 뿐이다. 따라서 간이과세자가 거래징수당한 부가가치세는 당해 재화의 매입부대비용으로 보고, 부가가치세법의 규정에 따라 공급대가의 일정률을 납부하는 부가가치세는 필요경비로 산입한다. 그 외 지문은 모두 필요경비 불산입 항목이다.

답 ③

13 소득세법령상 거주자가 해당 과세기간에 지급하였거나 지급할 금액 중 사업소득금액을 계산할 때 필요경비에 산입하지 않는 것만을 모두 고르면? (단, 다음 항목은 거주자에게 모두 해당됨)

2019년 국가직 7급

> ㄱ. 통고처분에 따른 벌금 또는 과료에 해당하는 금액
> ㄴ. 사업용 자산의 합계액이 부채의 합계액에 미달하는 경우에 그 미달하는 금액에 상당하는 부채의 지급이자로서 법령에 따라 계산한 금액
> ㄷ. 선급비용
> ㄹ. 부가가치세법에 따른 간이과세자가 납부한 부가가치세액

① ㄷ, ㄹ　　　② ㄱ, ㄴ, ㄷ
③ ㄱ, ㄴ, ㄹ　　　④ ㄱ, ㄴ, ㄷ, ㄹ

정답 및 해설

필요경비에 산입하지 않는 것은 ㄱ, ㄴ, ㄷ이다.
ㄱ. 벌금·과료·과태료는 모두 공법관계에 의한 제재수단이다.
ㄴ. 초과인출금 이자는 가사 관련 경비로 본다.
ㄷ. 선급비용은 지급이자·임차료 등 당해 연도에 지출한 비용 중 연도 말까지 그에 상응하는 용역 등을 제공받지 못하여 당해 과세기간의 필요경비로 계상할 수 없는 비용으로서 차기 후의 필요경비로 계상하기 위해 이연처리되는 것이며, 각 과세기간의 적정소득을 계산하기 위한 규정이다.

답 ②

14
소득세법령상 총수입금액의 계산에 대한 내용으로 옳지 않은 것은? 2017년 국가직 7급

① 거주자가 재고자산 또는 임목을 가사용으로 소비하거나 종업원 또는 타인에게 지급한 경우에도 이를 소비하거나 지급하였을 때의 가액에 해당하는 금액은 그 소비하거나 지급한 날이 속하는 과세기간의 사업소득금액 또는 기타소득금액을 계산할 때 총수입금액에 산입한다.
② 복식부기의무자가 업무용 승용차를 매각하는 경우 그 매각가액을 매각일이 속하는 과세기간의 사업소득금액을 계산할 때에 총수입금액에 산입한다.
③ 건설업을 경영하는 거주자가 자기가 생산한 물품을 자기가 도급받은 건설공사의 자재로 사용한 경우 그 사용된 부분에 상당하는 금액은 해당 과세기간의 소득금액을 계산할 때 총수입금액에 산입한다.
④ 해당 과세기간에 2개의 주택을 임대하여 받은 임대료의 합계액이 2,500만 원(전액 해당 과세기간의 귀속임대료임)인 거주자의 주택임대소득은 주거용 건물임대업의 소득금액 계산 시 총수입금액에 산입한다.

정답 및 해설

건설업을 경영하는 거주자가 자기가 생산한 물품을 자기가 도급받은 건설공사의 자재로 사용한 경우 그 사용된 부분에 상당하는 금액은 해당 과세기간의 소득금액을 계산할 때 총수입금액에 산입하지 아니한다.
∵ 자기가 생산한 물품을 자기가 생산하는 다른 제품의 생산을 위해 투입한 경우로서 다른 물품 생산을 위한 경비로 보기 때문이다.

> 참고 거주자가 재고자산 또는 임목을 가사용으로 소비하거나 종업원 또는 타인에게 지급한 경우에도 이를 소비하거나 지급하였을 때의 가액에 해당하는 금액은 그 소비하거나 지급한 날이 속하는 과세기간의 사업소득금액 또는 기타소득금액을 계산할 때 총수입금액에 산입함

답 ③

15
소득세법상 근로소득에 대한 설명으로 옳지 않은 것은? 2015년 국가직 9급

① 판공비 명목으로 받는 것으로서 업무를 위하여 사용된 것이 분명하지 아니한 급여는 근로소득으로 과세한다.
② 주주인 임원이 법령으로 정하는 사택을 제공받음으로서 얻는 이익이지만 근로소득으로 과세하지 않는 경우도 있다.
③ 근로자가 사내급식의 방법으로 제공받는 식사는 월 10만 원 한도로 근로소득에서 비과세한다.
④ 법령으로 정하는 일용근로자의 근로소득은 원천징수는 하지만 종합소득과세표준을 계산할 때 합산하지는 않는다.

정답 및 해설

> **비과세되는 식사 또는 식사대(소득세법 시행령 제17조의2 참조)**
> 근로자가 사내급식의 방법으로 제공받는 식사는 전액 비과세한다. 비과세되는 식사 또는 식사대란 다음의 어느 하나에 해당하는 것을 말함
> 1. 근로자가 사내급식 또는 이와 유사한 방법으로 제공받는 식사 기타 음식물
> 2. 1.에 규정하는 식사 기타 음식물을 제공받지 아니하는 근로자가 받는 월 20만 원 이하의 식사대

답 ③

16 소득세법상 근로소득에 포함되는 것을 모두 고르면?

2013년 국가직 7급

ㄱ. 식사 기타 음식물을 사내급식 또는 이와 유사한 방법으로 제공받지 아니하는 근로자가 받는 월 20만 원 이하의 식사대
ㄴ. 판공비를 포함한 기밀비·교제비 기타 이와 유사한 명목으로 받는 것으로서 업무를 위하여 사용된 것이 분명하지 아니한 급여
ㄷ. 계약기간 만료전 또는 만기에 종업원에게 귀속되는 단체환급부보장성보험의 환급금
ㄹ. 임직원의 고의(중과실 포함) 외의 업무상 행위로 인한 손해의 배상청구를 보험금의 지급사유로 하고 임직원을 피보험자로 하는 보험의 보험료를 사용자가 부담하는 경우
ㅁ. 퇴직 전에 부여받은 주식매수선택권을 퇴직 후에 행사하거나 고용관계 없이 주식매수선택권을 부여받아 이를 행사함으로써 얻는 이익

① ㄱ, ㄴ　　② ㄴ, ㄷ
③ ㄷ, ㄹ　　④ ㄹ, ㅁ

정답 및 해설

근로소득에 포함하는 항목은 ㄴ, ㄷ이다.

선지분석
ㄱ. 비과세 근로소득에 해당한다.
ㄹ. 복리후생적 성질의 비과세 근로소득에 해당한다.
ㅁ. 기타소득에 해당한다.

답 ②

17 소득세법상 일용근로자인 거주자 갑의 일당이 200,000원인 경우에 원천징수의무자 A가 징수해야 하는 갑의 근로소득 원천징수세액으로 옳은 것은?

2018년 국가직 9급

① 1,080원　　② 1,350원
③ 2,160원　　④ 2,400원

정답 및 해설

일용근로자의 원천징수세액 = (일급여액 - 15만 원) × 6% × (1 - 55%)
= (200,000원 - 150,000원) × 6% × (1 - 55%) = 1,350원

답 ②

18 내국법인(중소기업 아님)의 영업사원으로 근무하고 있는 거주자 甲의 2023년도 자료이다. 소득세법령에 따른 2023년도 총급여액은?

2019년 국가직 7급 변형

- 근로의 제공으로 받은 봉급: 36,000,000원(비과세소득이 포함되지 아니함)
- 법인세법에 따라 상여로 처분된 금액: 5,000,000원
  - 근로를 제공한 날이 속하는 사업연도는 2022년이며, 결산확정일은 2023년 3월 15일임
- 식사대: 2,400,000원(월 200,000원 × 12개월)
  - 식사대 외 사내급식을 별도로 제공받음
- 자기차량운전보조금: 3,600,000원(월 300,000원 × 12개월)
  - 甲의 소유차량을 직접 운전하여 법인의 업무수행에 이용하고 소요된 실제여비를 지급받는 대신에 법인의 규칙 등에 의하여 정하여진 지급기준에 따라 받은 금액임
- 甲의 자녀(5세) 보육과 관련하여 받은 수당: 3,600,000원(월 300,000원 × 12개월)
- 시간 외 근무수당: 2,000,000원
- 주택구입자금을 무상으로 대여받음으로써 얻은 이익: 1,000,000원

① 42,600,000원
② 43,800,000원
③ 45,000,000원
④ 50,000,000원

정답 및 해설

구분	금액	비고
근로의 제공으로 받은 봉급	36,000,000원	
인정상여	-	수입시기: 근로를 제공한 날
식사대	2,400,000원	식사를 제공받는 경우 식사대는 전액과세
자가운전보조금(월 200,000원 비과세)	1,200,000원	3,600,000원 - 2,400,000원
자녀보육수당(월 100,000원 비과세)	2,400,000원	3,600,000원 - 1,200,000원
시간 외 근무수당	2,000,000원	-
주택구입자금 대여이익	1,000,000원	중소기업이 아닌 경우 근로소득으로 과세함
총 급여액	45,000,000원	-

답 ③

19 소득세법령상 거주자의 연금소득에 대한 설명으로 옳지 않은 것은? (단, 소득세법령에 따른 해당 요건과 공제요건을 충족하는 것으로 봄)   2019년 국가직 7급

① 연금계좌에서 인출된 금액이 연금수령한도를 초과하는 경우에는 연금 외 수령분이 먼저 인출되고 그 다음으로 연금수령분이 인출되는 것으로 본다.
② 종합소득이 있는 거주자가 공적연금 관련 법에 따른 기여금 또는 개인부담금을 납입한 경우에는 해당 과세기간의 종합소득금액에서 그 과세기간에 납입한 연금보험료를 공제한다.
③ 공적연금소득을 지급하는 자가 연금소득의 일부 또는 전부를 지연하여 지급하면서 지연지급에 따른 이자를 함께 지급하는 경우 해당 이자는 공적연금소득으로 본다.
④ 소득세법 제59조의3 제1항에 따라 세액공제를 받은 연금계좌 납입액 및 연금계좌의 운용실적에 따라 증가된 금액을 그 소득의 성격에도 불구하고 연금 외 수령한 소득은 기타소득으로 본다.

정답 및 해설

연금계좌에서 인출된 금액이 연금수령한도를 초과하는 경우에는 연금수령분이 먼저 인출되고 그 다음으로 연금 외 수령분이 인출되는 것으로 본다. ∵ 일부 인출 시 소득원천에 따라 차등 세율이 적용될 수 있도록 정한다.

답 ①

20 소득세법상 기타소득에 포함되지 않는 것은?   2018년 국가직 9급

① 지상권을 설정함으로써 발생하는 소득(공익사업을 위한 토지 등의 취득 및 보상에 관한 법률 제4조에 따른 공익사업과 관련하여 지상권을 설정하는 경우는 제외)
② 비거주자의 대통령령으로 정하는 특수관계인이 그 특수관계로 인하여 그 비거주자로부터 받는 경제적 이익으로서 급여·배당 또는 증여로 보지 아니하는 금품
③ 유가증권을 일시적으로 대여하고 사용료로서 받는 금품
④ 종교 관련 종사자가 종교의식을 집행하는 등 종교 관련 종사자로서의 활동과 관련하여 대통령령으로 정하는 종교단체로부터 받은 소득(근로소득으로 원천징수하거나 과세표준확정신고를 한 경우는 제외)

정답 및 해설

공익사업을 위한 토지 등의 취득 및 보상에 관한 법률 제4조에 따른 공익사업과 관련하여 지역권·지상권(지하 또는 공중에 설정된 권리를 포함)을 설정하거나 대여함으로써 발생하는 소득은 기타소득으로 과세하지만 공익사업과 관련이 없는 경우 사업소득으로 과세한다.

답 ①

21 소득세법령상 국내에서 거주자에게 지급하는 기타소득으로서 원천징수의 대상이 아닌 것은? (단, 기타소득의 비과세, 과세최저한, 원천징수의 면제·배제 등 특례는 고려하지 아니함) 2019년 국가직 7급

① 복권에 당첨되어 받는 금품
② 소득세법 제21조 제1항 제10호에 따른 위약금(계약금이 대체된 것임)
③ 법인세법 제67조에 따라 기타소득으로 처분된 소득
④ 슬롯머신을 이용하는 행위에 참가하여 받는 당첨금품

정답 및 해설

소득세 제21조 제1항 제10호에 따른 위약금은 원천징수의 대상에 해당하지 않는다.

> **원천징수대상이 아닌 기타소득(소득세법 제127조 제1항 제6호 참조)**
> 1. 계약의 위약 또는 해약으로 인하여 받는 소득으로서 위약금·배상금(계약금이 위약금·배상금으로 대체되는 경우만 해당함)
> 2. 뇌물 및 알선수재 및 배임수재에 의하여 받는 금품

답 ②

22 아래에 제시된 거주자 홍길동의 기타소득자료를 참고로 종합소득금액에 합산되는 기타소득금액을 계산하면? 2008년 국가직 7급

(1) 어업권을 대여하고 받는 대가: 10,000,000(필요경비 확인불가)
(2) 복권 및 복권기금법상 복권의 당첨금: 20,000,000
(3) 일간지에 기고하고 받은 원고료: 2,000,000
(4) 슬롯머신에 의한 당첨금품: 4,000,000(필요경비 3,000,000)
(5) 유실물의 습득으로 인한 보상금: 2,000,000(필요경비 없음)

① 35,000,000원 ② 15,000,000원
③ 6,800,000원 ④ 4,400,000원

정답 및 해설

구분	금액	비고
어업권을 대여	4,000,000원	10,000,000원 × (1 - 60%)
복권의 당첨금	-	무조건 분리과세
일간지 원고료	800,000원	2,000,000원 × (1 - 60%)
슬롯머신당첨금품	-	무조건 분리과세
유실물 보상금	2,000,000원	-
합계	6,800,000원	-

답 ③

23

소득세법령상 거주자 갑의 2023년 귀속소득 자료에 의해 종합과세되는 기타소득금액을 계산하면? (단, 필요경비의 공제요건은 충족하며, 주어진 자료 이외의 다른 사항은 고려하지 않음) 2022년 국가직 9급

- 산업재산권의 양도로 인해 수령한 대가 300만 원(실제 소요된 필요경비는 150만 원임)
- 문예 창작품에 대한 원작자로서 받는 원고료 300만 원(실제 소요된 필요경비는 100만 원임)
- 고용관계 없이 다수인에게 일시적으로 강연을 하고 받은 강연료 400만 원(실제 소요된 필요경비는 100만 원임)
- (주)한국의 종업원으로서 퇴직한 후에 수령한 직무발명보상금 400만 원(실제 소요된 필요경비는 없음)

① 360만 원
② 400만 원
③ 600만 원
④ 800만 원

정답 및 해설

구분	기타소득금액	계산근거
산업재산권 양도	120만 원	300만 원 - Max[150만 원, 300만 원 × 60%]
일시적인 원고료	120만 원	300만 원 - Max[100만 원, 300만 원 × 60%]
일시적인 강연료	160만 원	400만 원 - Max[100만 원, 400만 원 × 60%]
직무발명보상금	-	연 500만 원까지 비과세
계	400만 원	-

답 ②

24

소득세법상 부당행위계산부인대상이 되는 소득을 모두 고르면? 2013년 국가직 7급

ㄱ. 이자소득	ㄴ. 양도소득
ㄷ. 퇴직소득	ㄹ. 사업소득
ㅁ. 기타소득	ㅂ. 연금소득

① ㄱ, ㄴ, ㅂ
② ㄱ, ㄷ, ㅁ
③ ㄴ, ㄹ, ㅁ
④ ㄷ, ㄹ, ㅂ

정답 및 해설

부당행위계산부인대상이 되는 소득은 ㄴ, ㄹ, ㅁ이다.
소득세법상 부당행위계산부인대상이 되는 소득은 실제 소요된 필요경비가 인정되는 사업소득(ㄹ), 기타소득(ㅁ) 및 양도소득(ㄴ)에만 적용한다. 단, 출자공동사업자의 배당소득은 소득세법상 배당소득으로 구분하지만 그 실질은 사업소득이기 때문에 부당행위계산의 부인대상소득에 해당한다.

답 ③

25 소득세법상 부당행위계산 부인에 관한 설명으로 옳은 것은? 2010년 국가직 7급

① 특수관계자에게 시가가 50억 원인 자산을 48억 원에 양도하는 경우 부당행위계산부인의 요건을 충족한다.
② 거주자인 갑이 거주자인 그의 아들 을에게 시가 10억 원인 제품을 7억 원에 판매한 경우 과세관청은 을에 대하여 매입가액을 10억 원으로 하여 세법을 적용한다.
③ 거주자인 병이 거주자인 그의 동생 정에게 주택을 무상으로 사용하게 하고 정이 당해 주택에 실제 거주하는 경우에는 조세의 부담을 부당하게 감소시킨 것으로 인정되는 때에 해당되지 않는다.
④ 부당행위계산 부인규정은 당사자 간에 약정한 법률행위의 효과를 부인하거나 기존 법률행위의 변경·소멸을 가져오게 할 수 없다.

정답 및 해설

선지분석
① 저가양도에 해당하는 경우 현저한 이익요건을 충족하여야 한다.
50억 원 - 48억 원 = 2억 < Min(3억 원, 50억 원 × 5% = 2억 5천만 원)
② 저가양도에 대한 부당행위계산부인이 적용되는 경우에 대응 조정을 하지 않는다. 따라서 을에 대하여 7억 원을 매입가액으로 하여 세법을 적용한다.
③ 직계존비속에게 주택을 무상으로 사용하게 하고 직계존비속이 해당 주택에서 실제로 거주한 경우에는 부당행위계산부인규정을 적용하지 않는다. 동생은 직계존비속에 해당하지 않기에 부당행위계산부인규정을 적용한다.

답 ④

26 소득세법상 사업소득이 발생하는 사업을 공동으로 경영하고 그 손익을 분배하는 공동사업에 관한 설명으로 옳지 않은 것은? 2008년 국가직 9급

① 공동사업에 관한 소득금액을 계산할 때에는 당해 공동사업장별로 납세의무를 지는 것이 원칙이다.
② 공동사업장을 1거주자로 보아 공동사업장별로 그 소득금액을 계산한다.
③ 공동사업에서 발생한 소득금액은 해당 공동사업을 경영하는 공동사업자간에 약정된 손익분배비율에 의하여 분배되었거나 분배될 소득금액에 따라 각 공동사업자별로 분배한다.
④ 거주자 1인과 그와 법령이 정하는 특수관계에 있는 자가 공동사업자에 포함되어 있는 경우로서 조세를 회피하기 위하여 공동으로 사업을 경영하는 것이 확인되는 경우에는 당해 특수관계자의 소득금액은 주된 공동사업자의 소득금액으로 본다.

정답 및 해설

공동사업에 관한 소득금액을 계산할 때에는 해당 공동사업장을 1거주자로 보아 소득금액을 계산하고 공동사업으로부터 분배받은 소득금액은 각 공동사업자가 분배받은 소득에 대하여 자신의 다른 종합소득과 합산하여 각자 개별적인 소득세 납세의무를 이행한다.

답 ①

27 소득세법령상 공동사업에 대한 거주자의 소득세 납세의무에 대한 설명으로 옳지 않은 것은?

2018년 국가직 9급

① 공동사업자가 과세표준확정신고를 하는 때에는 과세표준확정신고서와 함께 당해 공동사업장에서 발생한 소득과 그 외의 소득을 구분한 계산서를 제출하여야 한다.
② 특수관계자 아닌 자와 공동사업을 경영하는 경우 그 사업에서 발생한 소득금액은 공동사업을 경영하는 각 거주자 간에 약정된 손익분배비율의 존재 여부와 관계없이 지분비율에 의하여 분배되었거나 분배될 소득금액에 따라 각 공동사업자별로 분배한다.
③ 공동사업에 관한 소득금액이 소득세법 제43조 제3항에 따른 주된 공동사업자에게 합산과세되는 경우 그 합산과세되는 소득금액에 대해서는 주된 공동사업자의 특수관계인은 법률규정에 따른 손익분배비율에 해당하는 그의 소득금액을 한도로 주된 공동사업자와 연대하여 납세의무를 진다.
④ 공동사업에서 발생한 소득금액 중 법령에서 정하는 바에 따라 출자공동사업자에게 분배된 금액은 배당소득으로 과세한다.

정답 및 해설

공동사업자들 간의 사적 자치를 존중하여 약정된 손익분배비율을 우선 적용한다.

> **소득세법 제43조【공동사업에 대한 소득금액 계산의 특례】**② 제1항에 따라 공동사업에서 발생한 소득금액은 해당 공동사업을 경영하는 각 거주자(출자공동사업자를 포함한다. 이하 "공동사업자"라 한다) 간에 약정된 손익분배비율(약정된 손익분배비율이 없는 경우에는 지분비율을 말한다. 이하 "손익분배비율"이라 한다)에 의하여 분배되었거나 분배될 소득금액에 따라 각 공동사업자별로 분배한다.

답 ②

28 소득세법상 거주자의 결손금 및 이월결손금의 공제에 대한 설명으로 옳은 것으로만 묶은 것은? (단, 이월결손금은 세법상 공제 가능하고, 국세부과의 제척기간이 지난 후에 그 제척기간 이전 과세기간의 이월결손금이 확인된 경우가 아니며, 추계신고·추계조사결정하는 경우에도 해당하지 않음) 2020년 국가직 7급

> ㄱ. 사업자(부동산임대업은 제외하되 주거용 건물 임대업은 포함)가 비치·기록한 장부에 의하여 해당 과세기간의 사업소득금액을 계산할 때 발생한 결손금은 그 과세기간의 종합소득과세표준을 계산할 때 근로소득금액·연금소득금액·기타소득금액·이자소득금액·배당소득금액에서 순서대로 공제한다.
> ㄴ. 부동산임대업(주거용 건물임대업 포함)에서 발생한 이월결손금은 해당 과세기간의 부동산임대업의 소득금액에서만 공제한다.
> ㄷ. 결손금 및 이월결손금을 공제할 때 종합과세되는 배당소득 또는 이자소득이 있으면 그 배당소득 또는 이자소득 중 기본세율을 적용받는 부분에 대해서는 사업자가 그 소득금액의 범위에서 공제 여부 및 공제금액을 결정할 수 있다.
> ㄹ. 결손금 및 이월결손금을 공제할 때 해당 과세기간에 결손금이 발생하고 이월결손금이 있는 경우에는 그 과세기간의 이월결손금을 먼저 소득금액에서 공제한다.

① ㄱ, ㄴ
② ㄱ, ㄷ
③ ㄴ, ㄹ
④ ㄷ, ㄹ

정답 및 해설

옳은 것은 ㄱ, ㄷ이다.

선지분석
ㄴ. 부동산임대업에서 발생한 이월결손금은 해당 과세기간의 부동산임대업의 소득금액에서만 공제한다. 다만, 주거용 건물임대업의 경우에는 그러하지 아니하다.
ㄹ. 결손금 및 이월결손금을 공제할 때 해당 과세기간에 결손금이 발생하고 이월결손금이 있는 경우에는 그 과세기간의 결손금을 먼저 소득금액에서 공제한다.

답 ②

29

소득세법령상 소득금액계산의 특례에 대한 설명으로 옳지 않은 것은? 2017년 국가직 7급

① 주거용 건물 임대업에서 발생하는 이월결손금은 해당 과세기간의 사업소득금액을 계산할 때 먼저 공제하고, 남은 금액은 근로소득금액, 기타소득금액, 연금소득금액, 배당소득금액, 이자소득금액에서 순서대로 공제한다.
② 사업소득이 발생하는 사업을 공동으로 경영하고 그 손익을 분배하는 공동사업(출자공동사업자가 있는 공동사업 포함)의 경우에는 공동사업장을 1거주자로 보아 공동사업장별로 그 소득금액을 계산한다.
③ 연금계좌의 가입자가 사망하였으나 그 배우자가 연금 외 수령 없이 해당 연금계좌를 상속으로 승계하는 경우에는 해당 연금계좌에 있는 피상속인의 소득금액은 상속인의 소득금액으로 보아 소득세를 계산한다.
④ 거주자가 채권 등을 내국법인에게 매도(환매조건부 채권매매거래 등 대통령령으로 정하는 경우는 제외)하는 경우에는 대통령령으로 정하는 기간계산방법에 따른 원천징수기간의 이자 등 상당액을 거주자의 이자소득으로 보고 채권 등을 매수하는 법인이 소득세를 원천징수한다.

정답 및 해설

주거용 건물 임대업에서 발생하는 이월결손금은 해당 과세기간의 사업소득금액을 계산할 때 먼저 공제하고, 남은 금액은 근로소득금액, 연금소득금액, 기타소득금액, 이자소득금액, 배당소득금액에서 순서대로 공제한다.

답 ①

30 소득세법상 공동사업에 대한 소득금액계산과 납세의무의 범위에 대한 설명으로 옳은 것은?

2021년 국가직 7급

① 사업소득이 발생하는 사업을 공동으로 경영하고 그 손익을 분배하는 공동사업의 경우에는 공동사업장을 1거주자로 보아 공동사업장별로 그 소득금액을 계산한다.
② 공동사업에서 발생한 소득금액은 해당 공동사업을 경영하는 각 거주자 간에 약정된 손익분배비율이 있더라도 지분비율에 의하여 분배되었거나 분배될 소득금액에 따라 각 공동사업자별로 분배한다.
③ 거주자 1인과 그의 특수관계인이 공동사업자에 포함되어 있는 경우 그 특수관계인의 소득금액은 손익분배비율이 큰 공동사업자의 소득금액으로 본다.
④ 주된 공동사업자에게 합산과세되는 경우 그 합산과세되는 소득금액에 대해서는 주된 공동사업자의 특수관계인은 공동사업소득금액 전액에 대하여 주된 공동사업자와 연대하여 납세의무를 진다.

정답 및 해설

선지분석

② **소득세법 제43조【공동사업에 대한 소득금액계산의 특례】** ② 공동사업에서 발생한 소득금액은 해당 공동사업을 경영하는 각 거주자(출자공동사업자를 포함한다. 이하 "공동사업자"라 한다) 간에 약정된 손익분배비율(약정된 손익분배비율이 없는 경우에는 지분비율을 말한다. 이하 "손익분배비율"이라 한다)에 의하여 분배되었거나 분배될 소득금액에 따라 각 공동사업자별로 분배한다.

③ **소득세법 제43조【공동사업에 대한 소득금액계산의 특례】** ③ 거주자 1인과 그의 대통령령으로 정하는 특수관계인이 공동사업자에 포함되어 있는 경우로서 손익분배비율을 거짓으로 정하는 등 대통령령으로 정하는 사유가 있는 경우에는 제2항에도 불구하고 그 특수관계인의 소득금액은 그 손익분배비율이 큰 공동사업자(손익분배비율이 같은 경우에는 대통령령으로 정하는 자로 한다. 이하 "주된 공동사업자"라 한다)의 소득금액으로 본다.

④ **소득세법 제2조의2【납세의무의 범위】** ① 공동사업에 관한 소득금액을 계산하는 경우에는 해당 공동사업자별로 납세의무를 진다. 다만, 제43조 제3항에 따른 주된 공동사업자에게 합산과세되는 경우 그 합산과세되는 소득금액에 대해서는 주된 공동사업자의 특수관계인은 같은 조 제2항에 따른 손익분배비율에 해당하는 그의 소득금액을 한도로 주된 공동사업자와 연대하여 납세의무를 진다.

답 ①

31 소득세법상 종합소득공제 중 인적공제 및 세액공제에 대한 설명으로 옳은 것은? 2011년 국가직 9급 변형

① 직계비속이 해당 과세기간 중 20세가 된 경우에는 기본공제대상이 될 수 없다.
② 기본공제대상자가 아닌 자도 추가공제대상자가 될 수 있다.
③ 인적공제의 합계액이 종합소득금액을 초과하는 경우 그 초과하는 공제액은 없는 것으로 한다.
④ 해당 과세기간 중 장애가 치유되어 해당 과세기간에는 장애인이 아닌 경우 추가공제(장애인공제)를 적용받을 수 없다.

정답 및 해설

선지분석
① 직계비속의 기본공제 중 나이요건은 20세 이하에 해당한다.
② 추가공제는 기본공제대상자에 한하여 적용한다.
④ 공제대상 배우자, 공제대상 부양가족, 공제대상 장애인 또는 공제대상 경로우대자에 해당하는지 여부의 판정은 해당 과세기간의 과세기간 종료일 현재의 상황에 따른다. 다만, 과세기간 종료일 전에 사망한 사람 또는 장애가 치유된 사람에 대해서는 사망일 전날 또는 치유일 전날의 상황에 따른다.

답 ③

32 소득세법상 거주자의 종합소득공제에 대한 설명으로 옳은 것만을 모두 고르면? 2021년 국가직 7급

ㄱ. 기본공제대상자가 70세 이상인 경우 1명당 연 100만 원을 추가로 공제한다.
ㄴ. 거주자의 직계존속은 나이와 소득에 관계없이 기본공제대상자가 된다.
ㄷ. 분리과세이자소득, 분리과세배당소득, 분리과세연금소득과 분리과세기타소득만이 있는 자에 대해서는 종합소득공제를 적용하지 아니한다.
ㄹ. 주택담보노후연금에 대해서 발생한 이자비용 상당액은 연금소득금액을 초과하지 않는 범위에서 300만 원을 연금소득금액에서 공제한다.

① ㄱ, ㄴ
② ㄱ, ㄷ
③ ㄴ, ㄹ
④ ㄷ, ㄹ

정답 및 해설

옳은 것은 ㄱ, ㄷ이다.

선지분석
ㄴ. 거주자의 직계존속의 기본공제는 60세 이상인 경우로서 연간소득금액의 합계액이 100만 원 이하인 경우 적용한다.
ㄹ. **소득세법 제51조의4【주택담보노후연금 이자비용공제】**① 연금소득이 있는 거주자가 대통령령으로 정하는 요건에 해당하는 주택담보노후연금을 받은 경우에는 그 받은 연금에 대해서 해당 과세기간에 발생한 이자비용 상당액을 해당 과세기간 연금소득금액에서 공제(이하 "주택담보노후연금 이자비용공제"라 한다)한다. 이 경우 공제할 이자 상당액이 200만 원을 초과하는 경우에는 200만 원을 공제하고, 연금소득금액을 초과하는 경우 그 초과금액은 없는 것으로 한다.

답 ②

33 소득세법에 따라 다음 자료를 이용하여 종합소득공제액을 계산할 때 인적공제의 합계액은? [단, 공제대상임을 증명하는 서류는 정상적으로 제출하였고, 부양가족은 모두 당해 과세연도 종료일 현재(모친은 사망일 현재) 주거형편상 별거 중, 연령은 당해 과세연도 종료일 현재(모친은 사망일 현재)임] 2016년 국가직 7급

부양가족	연령	소득 현황	비고
본인(남성)	51세	총급여액 5천만 원	-
배우자	48세	총급여액 1천만 원	장애인
아들	18세	-	장애인
딸	13세	-	-
모친	72세	-	당해 연도 12월 1일 사망

① 900만 원
② 1,050만 원
③ 1,100만 원
④ 1,250만 원

정답 및 해설

ⓐ 기본공제: 4명(본인, 아들, 딸, 모친) × 150만 원 = 600만 원
ⓑ 추가공제: 200만 원(장애인인 아들) + 100만 원(모친 경로자) = 300만 원
∴ 인적공제 합계(ⓐ + ⓑ): 600만 원 + 300만 원 = 900만 원
배우자는 총급여액이 500만 원 초과하기 때문에 기본공제대상자에 해당하지 않는다. 모친은 사망일 전날을 기준으로 판단하기 때문에 기본공제 및 경로우대자 공제대상에 해당한다.

답 ①

34. 근로소득이 있는 거주자 갑(여성)의 다음 자료를 바탕으로 종합소득공제 중 인적공제액을 계산한 것으로 옳은 것은?

2018년 회계사 변형

(1) 본인 및 가족 현황

가족	연령	소득 현황	비고
본인	40세	근로소득 28,000,000원	-
부친	72세	소득 없음	당해 연도 10월 31일 사망함
모친	70세	기타소득금액 4,000,000원	-
남편	44세	총급여액 4,500,000원	-
아들	6세	소득 없음	-
동생	38세	소득 없음	장애인

(2) 본인과 부양가족은 주민등록표의 동거가족으로서 해당 과세기간 동안 동일한 주소에서 생계를 같이 하고 있다.
(3) 조세부담 최소화를 가정한다.

① 9,000,000원
② 9,500,000원
③ 10,500,000원
④ 11,000,000원
⑤ 12,500,000원

정답 및 해설

구분	기본공제	추가공제	비고
본인	○	500,000원	종합소득금액이 3천만 원 이하 + 부양가족이 있는 여성에 해당하므로 부녀자 공제 적용
부친	○	1,000,000원	사망일 전날을 기준으로 70세 이상이므로 경로우대자 공제
모친	-	-	종합소득금액 100만 원 초과
남편	○	-	근로소득금액만 있는 경우에는 총급여액 500만 원 이하 시 소득요건 충족
아들	○	-	-
동생	○	2,000,000원	장애인 공제
합계	7,500,000원	3,500,000원	-

답 ④

35 소득세법령상 세액공제에 대한 설명으로 옳지 않은 것은?

2017년 국가직 7급

① 종합소득이 있는 거주자의 공제대상자녀로서 9세 이상의 자녀가 3명(해당 과세기간에 입양 신고한 자는 없음)인 경우 60만 원을 자녀세액공제로 종합소득산출세액에서 공제한다.
② 해당 과세기간에 총급여액 5,000만 원의 근로소득만 있는 거주자가 같은 과세기간에 연금저축계좌에 400만 원을 납입한 경우, 연금저축계좌 납입액의 100분의 12에 해당하는 48만 원을 해당 과세기간의 종합소득산출세액에서 공제한다.
③ 근로소득이 없는 거주자로서 종합소득이 있는 사람(성실사업자는 제외)에 대해서는 연 7만 원을 종합소득산출세액에서 공제한다.
④ 재학 중인 학교로부터 해당 과세기간에 받은 장학금 등 소득세 또는 증여세가 비과세되는 교육비는 종합소득산출세액에서 공제하지 아니한다.

정답 및 해설

해당 과세기간에 총급여액 5,000만 원의 근로소득만 있는 거주자가 같은 과세기간에 연금저축계좌에 400만 원을 납입한 경우, 연금저축계좌 납입액의 100분의 15에 해당하는 60만 원을 해당 과세기간의 종합소득산출세액에서 공제한다.

선지분석

① 자녀세액공제(ⓐ + ⓑ) 금액은 60만 원이다.
　ⓐ 자녀수공제: 60만 원 ∵ 8세 이상인 자녀가 3명
　ⓑ 출산·입양공제: 0원
③ 근로소득이 있는 거주자로서 특별세액공제, 특별소득공제 및 월세세액공제에 따른 소득공제신청이나 세액공제신청을 하지 아니한 사람에 대해서는 연 13만 원을 종합소득산출세액에서 공제한다.
④

> 📄 **교육비 세액공제 불산입사유**(소득세법 시행령 제118조의6 제2항 참조)
> 소득세 또는 증여세가 비과세되는 다음의 교육비는 공제하지 아니함
> 1. 사내근로복지기금으로부터 받은 장학금 등
> 2. 근로자인 학생이 직장으로부터 받은 장학금 등
> 3. 재학 중인 학교로부터 받은 장학금 등

답 ②

36 소득세법상 세액공제에 대한 설명으로 옳은 것은?

2017년 국가직 9급 변형

① 기장세액공제와 관련된 장부 및 증명서류를 해당 납세의무의 성립일로부터 5년간 보관하는 경우 기장세액공제를 적용받을 수 있다.
② 종합소득이 있는 거주자의 기본공제대상자에 해당하는 자녀가 3명(8세인 장녀, 4세인 장남, 해당 사업연도 출생인 차녀)인 경우 자녀세액공제로 85만 원을 종합소득산출세액에서 공제한다.
③ 근로소득이 있는 거주자(일용근로자 제외)가 해당 과세기간에 국민건강보험법 또는 고용보험법에 따라 근로자가 부담하는 보험료를 지급한 경우에는 그 금액의 12 %를 보험료세액공제로 해당 과세기간의 종합소득산출세액에서 공제한다.
④ 외국납부세액공제액이 공제한도를 초과하는 경우 그 초과하는 금액은 해당 과세기간의 다음 과세기간부터 5년 이내에 끝나는 과세기간으로 이월하여 그 이월된 과세기간의 공제한도 범위에서 공제받을 수 있다.

정답 및 해설

자녀세액공제(ⓐ + ⓑ) 금액은 85만 원이다.
ⓐ 15만 원 ∵ 8세 이상 자녀 1명
ⓑ 출생 자녀: 70만 원 ∵ 셋째

선지분석

① 간편장부대상자가 복식부기로 기장한 경우 기장세액공제를 받을 수 있다. 다만, 기장세액공제와 관련된 장부 및 증명서류를 해당 과세표준확정신고기한 종료일부터 5년간 보관하지 않은 경우(단 천재지변 등 부득이한 사유에 해당하는 경우는 제외)는 기장세액공제를 적용하지 않는다.
③ 근로소득이 있는 거주자(일용근로자 제외)가 해당 과세기간에 국민건강보험법 또는 고용보험법에 따라 근로자가 부담하는 보험료를 지급한 경우에는 그 금액을 해당 과세기간의 근로소득금액에서 공제한다.
④ 외국납부세액공제액이 공제한도를 초과하는 경우 그 초과하는 금액은 해당 과세기간의 다음 과세기간 개시일부터 10년 이내에 끝나는 과세기간으로 이월하여 그 이월된 과세기간의 공제한도 범위에서 공제받을 수 있다.

답 ②

37 소득세법령상 조세에 관한 법률을 적용할 때 소득세의 감면에 관한 규정과 세액공제에 관한 규정이 동시에 적용되는 경우 그 적용순위를 순서대로 바르게 나열한 것은?

2020년 국가직 9급

> ㄱ. 이월공제가 인정되지 아니하는 세액공제
> ㄴ. 해당 과세기간 중에 발생한 세액공제액
> ㄷ. 이전 과세기간에서 이월된 미공제 세액공제액
> ㄹ. 해당 과세기간의 소득에 대한 소득세의 감면
> * 단, ㄴ, ㄷ은 이월공제가 인정되는 세액공제임

① ㄱ → ㄴ → ㄷ → ㄹ
② ㄱ → ㄷ → ㄴ → ㄹ
③ ㄹ → ㄱ → ㄴ → ㄷ
④ ㄹ → ㄱ → ㄷ → ㄴ

정답 및 해설

ㄹ → ㄱ → ㄷ → ㄴ 순으로 적용한다.

> **소득세법 제60조【세액감면 및 세액공제 시 적용순위 등】** ① 조세에 관한 법률을 적용할 때 소득세의 감면에 관한 규정과 세액공제에 관한 규정이 동시에 적용되는 경우 그 적용순위는 다음 각 호의 순서로 한다.
> 1. 해당 과세기간의 소득에 대한 소득세의 감면
> 2. 이월공제가 인정되지 아니하는 세액공제
> 3. 이월공제가 인정되는 세액공제. 이 경우 해당 과세기간 중에 발생한 세액공제액과 이전 과세기간에서 이월된 미공제액이 함께 있을 때에는 이월된 미공제액을 먼저 공제한다.

답 ④

38 현행 소득세법상 퇴직소득세의 특징으로 옳지 않은 것은?

2014년 국가직 7급 변형

① 퇴직소득이 있는 거주자에 대해서는 해당 과세기간의 퇴직소득금액에서 근속연수공제하고, 그 금액을 근속연수로 나누고 12를 곱한 후의 금액(이하 '환산급여')에서 환산급여에 따라 정한 금액을 공제한다.
② 퇴직소득에 대한 과세표준은 제22조에 따른 퇴직소득금액에 제48조에 따른 퇴직소득공제를 적용한 금액으로 한다.
③ 임원의 퇴직소득금액(공적연금 관련법에 따라 받는 일시금은 제외하며, 2011년 12월 31일에 퇴직하였다고 가정할 때 지급받을 대통령령으로 정하는 퇴직소득금액이 있는 경우에는 그 금액을 뺀 금액을 말함)이 법 소정의 금액을 초과하는 경우 그 초과하는 금액은 근로소득으로 본다.
④ 퇴직소득은 종합소득에 속하나 종합소득과세표준에 합산하지 않고 분리과세된다.

정답 및 해설

거주자의 종합소득 및 퇴직소득에 대한 과세표준은 각각 구분하여 계산한다. 즉, 퇴직소득은 장기간 형성된 소득이 일시에 실현되는 특징을 갖고 있으므로 종합소득과 구분하여 계산한다. ∴ 분류과세

답 ④

39 소득세법령상 국내에서 거주자에게 발생한 소득의 원천징수에 대한 설명으로 옳지 않은 것은?

2019년 국가직 9급

① 원천징수의무자가 국내에서 지급하는 이자소득으로서 소득세가 과세되지 아니하는 소득을 지급할 때에는 소득세를 원천징수하지 아니한다.
② 내국인 직업운동가가 직업상 독립된 사업으로 제공하는 인적 용역의 공급에서 발생하는 소득의 원천징수세율은 100분의 3이다.
③ 법인세 과세표준을 결정 또는 경정할 때 익금에 산입한 금액을 배당으로 처분한 경우에는 법인세 과세표준 신고일 또는 수정신고일에 그 배당소득을 지급한 것으로 보아 소득세를 원천징수한다.
④ 근로소득을 지급하여야 할 원천징수의무자가 1월부터 11월까지의 근로소득을 해당 과세기간의 12월 31일까지 지급하지 아니한 경우에는 그 근로소득을 12월 31일에 지급한 것으로 보아 소득세를 원천징수한다.

정답 및 해설

소득세법 제131조【이자소득 또는 배당소득 원천징수시기에 대한 특례】② 법인세법 제67조에 따라 처분되는 배당에 대하여는 다음 각 호의 어느 하나에 해당하는 날에 그 배당소득을 지급한 것으로 보아 소득세를 원천징수한다.
1. 법인세 과세표준을 결정 또는 경정하는 경우: 소득금액변동통지서를 받은 날
2. 법인세 과세표준을 신고하는 경우: 그 신고일 또는 수정신고일

답 ③

40 소득세법령상 원천징수에 대한 설명으로 옳은 것은?

2021년 국가직 9급

① 매월분의 근로소득에 대한 원천징수세율을 적용할 때에는 기본세율(일용근로자의 근로소득은 100분의 6)을 적용한다.
② 매월분의 공적연금소득에 대한 원천징수세율을 적용할 때에는 100분의 3을 적용한다.
③ 비거주자가 원천징수하는 소득세의 납세지는 국내사업장과 관계없이 그 비거주자의 거류지 또는 체류지로 한다.
④ 서화·골동품의 양도로 발생하는 소득에 대하여 양수자인 원천징수의무자가 국내사업장이 없는 비거주자 또는 외국법인인 경우로서 원천징수를 하기 곤란하여 원천징수를 하지 못하는 경우에는 서화·골동품의 양도로 발생하는 소득을 지급받는 자를 원천징수의무자로 본다.

정답 및 해설

(선지분석)
① 원천징수의무자가 매월분의 근로소득을 지급할 때에는 근로소득 간이세액표에 따라 소득세를 원천징수한다.
② 원천징수의무자가 공적연금소득을 지급할 때에는 연금소득 간이세액표에 따라 소득세를 원천징수한다.
③ 원천징수하는 자가 비거주자인 경우 소득세의 납세지는 그 비거주자의 주된 국내사업장 소재지로 한다. 다만, 주된 국내사업장 외의 국내사업장에서 원천징수를 하는 경우에는 그 국내사업장의 소재지, 국내사업장이 없는 경우에는 그 비거주자의 거류지 또는 체류지로 한다.

답 ④

41 소득세법령상 원천징수에 대한 설명으로 옳은 것은? 2021년 국가직 7급

① 원천징수의무자는 소득세가 과세되지 아니하거나 면제되는 소득에 대해서도 원천징수를 하여야 한다.
② 법인세과세표준을 결정 또는 경정하는 경우 법인세법에 따라 소득처분되는 배당에 대하여는 소득금액변동통지서를 받은 날에 그 배당소득을 지급한 것으로 보아 소득세를 원천징수한다.
③ 직전 연도의 상시고용인원이 30명인 원천징수의무자는 그 징수일이 속하는 반기의 마지막 달의 다음 달 10일까지 원천징수세액을 납부할 수 있다.
④ 직장공제회 초과반환금에 대한 원천징수세율은 100분의 14이다.

정답 및 해설

(선지분석)
① 원천징수의무자가 소득세가 과세되지 아니하거나 면제되는 소득을 지급할 때에는 소득세를 원천징수하지 아니한다.
③ 직전 연도(신규로 사업을 개시한 사업자의 경우 신청일이 속하는 반기)의 상시고용인원이 20명 이하인 원천징수의무자(금융 및 보험업을 경영하는 자는 제외) 그 징수일이 속하는 반기의 마지막 달의 다음 달 10일까지 원천징수세액을 납부할 수 있다.
④ 직장공제회 초과반환금에 대한 원천징수세율은 기본세율이다.

답 ②

42 소득세법상 거주자 중 반드시 과세표준확정신고를 하여야 하는 자는? 2018년 국가직 7급

① 원천징수대상이 아닌 사업소득만 있는 자
② 분리과세이자소득만 있는 자
③ 공적연금소득만 있는 자
④ 수시부과 후 추가로 발생한 소득이 없는 자

정답 및 해설

원천징수되는 사업소득으로서 간편장부대상자인 보험모집인·방문판매원 및 음료품 배달원의 사업소득만 있는 자는 해당 소득에 대하여 과세표준확정신고를 하지 아니할 수 있다. 따라서 원천징수대상이 아닌 사업소득만 있는 자는 과세표준확정신고를 반드시 하여야 한다.

답 ①

43 소득세법령상 성실신고확인서 제출에 대한 설명으로 옳지 않은 것은? 2018년 국가직 7급

① 성실신고확인대상 사업자는 종합소득과세표준 확정신고를 할 때에 사업소득금액의 적정성을 세무사 등이 확인하고 작성한 성실신고확인서를 납세지 관할 세무서장에게 제출하여야 한다.
② 성실신고확인대상 사업자가 성실신고확인서를 제출하는 경우에는 종합소득과세표준 확정신고를 그 과세기간의 다음 연도 5월 1일부터 6월 30일까지 하여야 한다.
③ 세무사가 성실신고확인대상 사업자에 해당하는 경우에는 자신의 사업소득금액의 적정성에 대하여 해당 세무사가 성실신고확인서를 작성·제출해서는 아니 된다.
④ 성실신고확인대상 사업자가 성실신고확인서를 납세지 관할 세무서장에게 제출하지 아니한 경우에는 사업소득금액이 종합소득금액에서 차지하는 비율을 종합소득산출세액에 곱하여 계산한 금액의 100분의 20에 해당하는 금액을 결정세액에 더한다.

정답 및 해설

성실신고확인대상 사업자가 성실신고확인서를 납세지 관할 세무서장에게 제출하지 아니한 경우에는 사업소득금액이 종합소득금액에서 차지하는 비율을 종합소득산출세액에 곱하여 계산한 금액의 100분의 5에 해당하는 금액을 결정세액에 더한다.

$$\text{성실신고확인서 미제출가산세} = \text{종합소득산출세액} \times \frac{\text{사업소득금액}}{\text{종합소득금액}} \times 5\%$$

답 ④

44. 소득세법상 양도소득세의 과세대상이 되는 부동산 양도에 해당하는 것으로만 묶인 것은?

2013년 국가직 9급

ㄱ. 대물변제에 의한 소유권 이전
ㄴ. 공유물의 소유지분별 분할(공유지분 변동 없음)
ㄷ. 경매에 의한 소유권 이전
ㄹ. 도시개발법에 의한 보류지 충당
ㅁ. 이혼 시 재산분할에 따른 소유권 이전

① ㄱ, ㄷ
② ㄱ, ㅁ
③ ㄴ, ㄷ
④ ㄴ, ㄹ

정답 및 해설

소득세법상 양도소득세의 과세대상이 되는 부동산 양도에 해당하는 것은 ㄱ, ㄷ이다.

지분석

양도로 보지 않는 경우
1. 양도담보(단, 채무불이행으로 인해 자산을 변제에 충당한 경우에는 양도)
2. 도시개발법 등에 따른 환지처분으로 지목 또는 지번이 변경되거나 보류지로 충당되는 경우
3. 법원의 확정판결에 따른 신탁해지를 원인으로 하는 소유권이전등기
4. 매매원인무효의 소에 의하여 매매사실이 원인무효로 판시되어 환원될 경우
5. 공동소유의 토지를 소유지분별로 단순히 분할하거나 공유자지분 변경없이 2개 이상의 공유토지로 분할하였다가 그 공유토지를 소유지분별로 단순히 재분할 하는 경우(단, 공동지분이 변경되는 경우 변경되는 부분은 양도)
6. 명의신탁
7. 이혼으로 인하여 혼인 중에 형성된 부부공동재산을 민법에 따라 재산분할하는 경우
8. 소유자산을 경매·공매로 인하여 자기가 재취득하는 경우

답 ①

45 소득세법상 토지의 소유권이 다음의 사유로 이전되었을 경우 양도소득세 과세대상에 해당되는 것만을 모두 고른 것은?

2010년 국가직 9급

> ㄱ. 채무자의 변제에 충당
> ㄴ. 타인의 건물과 교환
> ㄷ. 체비지로 충당
> ㄹ. 공익사업 시행자의 수용
> ㅁ. 부동산업자의 상가 신축판매

① ㄱ, ㄴ, ㄷ
② ㄱ, ㄴ, ㄹ
③ ㄴ, ㄷ, ㄹ
④ ㄷ, ㄹ, ㅁ

정답 및 해설

옳은 것은 ㄱ, ㄴ, ㄹ이다.
ㄱ. [양도] 대물변제는 과세대상에 해당한다.
ㄴ. [양도] 교환은 과세대상에 해당한다.
ㄹ. [양도] 수용은 과세대상에 해당한다.

선지분석

ㄷ. 양도로 보지 않는 경우이다.
ㅁ. 사업소득으로 과세대상이 아니다.

답 ②

46 소득세법상 거주자의 양도소득의 범위에 대한 설명으로 옳은 것만을 모두 고르면?

2022년 국가직 9급

> ㄱ. 토지 또는 건물의 양도로 발생하는 소득은 양도소득에 포함된다.
> ㄴ. 등기되지 않은 부동산임차권의 양도로 발생하는 소득은 양도소득에 포함된다.
> ㄷ. 지상권의 양도로 발생하는 소득은 양도소득에 포함되지 않는다.
> ㄹ. 영업권의 단독 양도로 발생하는 소득은 양도소득에 포함된다.

① ㄱ
② ㄴ, ㄷ
③ ㄷ, ㄹ
④ ㄱ, ㄴ, ㄹ

정답 및 해설

옳은 것은 ㄱ이다.

선지분석

ㄴ. 등기된 부동산임차권의 양도로 발생하는 소득은 양도소득에 포함된다.
ㄷ. 지상권의 양도로 발생하는 소득은 양도소득에 포함된다.
ㄹ. 영업권의 단독 양도로 발생하는 소득은 기타소득에 해당한다.

답 ①

47 소득세법상 양도소득세에 관한 설명으로 옳은 것은?

2008년 국가직 7급

① 법원의 확정판결에 의하여 신탁해지를 원인으로 소유권이전등기를 하는 경우에는 양도소득세 과세대상인 양도에 해당한다.
② 동일한 과세기간에 발생한 토지의 양도소득금액과 주권상장법인 주식의 양도차손은 서로 통산할 수 있다.
③ 사업용 기계장치와 영업권을 함께 양도함으로써 발생한 소득은 양도소득세의 과세대상이다.
④ 법원의 결정에 의하여 양도 당시 그 자산의 취득에 관한 등기가 불가능한 자산을 양도한 경우에는 양도소득기본공제가 적용된다.

정답 및 해설

본래 미등기자산은 양도소득기본공제가 적용되지 아니하나, 다음 중 어느 하나에 해당하는 자산은 미등기자산에서 제외되므로 양도소득기본공제가 적용된다.

> **미등기자산에서 제외되는 자산**
> 1. 장기할부조건으로 취득한 자산으로서 계약조건에 따라 등기가 불가능한 자산
> 2. 법률의 규정 또는 법원의 결정에 따라 등기가 불가능한 자산
> 3. 비과세요건을 충족한 1세대 1주택으로서 법에 따른 허가를 받지 않아 등기가 불가능한 자산
> 4. 비과세요건을 충족한 교환·분합하는 농지, 감면요건을 충족한 자경농지 및 대토하는 농지
> 5. 상속에 따른 소유권이전등기를 하지 않은 자산으로서 법률에 따라 사업시행자에게 양도하는 것
> 6. 도시개발법에 따른 개발사업이 종료되지 않아 취득등기를 하지 않고 양도하는 토지

선지분석

① 법원의 확정판결에 의하여 신탁해지를 원인으로 소유권이전등기를 하는 경우에는 양도소득세 과세대상인 양도에 해당하지 않는다.
② 양도차손은 그룹별로 공제가 가능하다. 토지는 1그룹, 상장주식은 2그룹에 속하기 때문에 서로 통산이 불가능하다.
③ 사업에 사용하는 토지·건물·부동산에 관한 권리와 함께 양도하는 영업권의 양도소득은 양도소득세의 과세대상이다.
   참고 영업권을 단독으로 양도하거나 기계장치와 함께 양도하는 경우 기타소득에 해당함

답 ④

48 소득세법령상 거주자의 국내자산 양도에 따른 양도차익을 계산할 때 양도가액과 취득가액에 대한 설명으로 옳지 않은 것은?

2017년 국가직 7급

① 양도소득세 과세대상자산을 법인세법에 따른 특수관계인(외국법인 포함)으로부터 취득한 경우로서 법인세법에 따라 거주자의 상여·배당 등으로 처분된 금액이 있으면 그 상여·배당 등으로 처분된 금액을 취득가액에 더한다.
② 양도차익을 계산할 때 양도가액을 기준시가에 따를 때에는 취득가액도 기준시가에 따른다.
③ 특수관계법인 외의 자에게 양도소득세과세대상 자산을 시가보다 높은 가격으로 양도한 경우로서 상속세 및 증여세법에 따라 해당 거주자의 증여재산가액으로 하는 금액이 있는 경우에는 그 양도가액에 증여재산가액을 더한 금액을 양도 당시의 실지거래가액으로 본다.
④ 벤처기업 외의 법인으로부터 부여받은 주식매수선택권을 행사하여 취득한 주식을 양도하는 때에는 주식매수선택권을 행사하는 당시의 시가를 소득세법 제97조 제1항 제1호의 규정에 의한 취득가액으로 한다.

정답 및 해설

법인세법에 따른 특수관계인에 해당하는 법인 외의 자에게 자산을 시가보다 높은 가격으로 양도한 경우로서 상속세 및 증여세법에 따라 해당 거주자의 증여재산가액으로 하는 금액이 있는 경우에는 그 양도가액에 증여재산가액을 뺀 금액을 양도 당시의 실지거래가액으로 본다(이중과세방지규정).

답 ③

49 소득세법령상 거주자 甲이 등기된 국내 소재의 상가건물을 아버지 乙에게서 증여받고 그 건물을 특수관계가 없는 거주자 丙(부동산임대업 영위)에게 양도한 경우에 대해 양도소득세 이월과세(소득세법 제97조의2 제1항)를 적용한다고 할 때, 이에 대한 설명으로 옳은 것만을 모두 고른 것은?

2018년 국가직 7급

ㄱ. 甲이 양도일부터 소급하여 10년 이내에 乙에게서 증여를 받아야 한다.
ㄴ. 그 건물의 취득가액은 甲이 증여받은 당시 취득가액에 해당하는 금액으로 한다.
ㄷ. 甲이 그 건물에 대하여 납부한 증여세 상당액이 있는 경우 그 금액은 양도차익을 한도로 필요경비에 산입한다.
ㄹ. 장기보유특별공제에 관한 보유기간의 산정은 甲이 그 건물을 취득한 날부터 기산한다.

① ㄱ, ㄴ
② ㄱ, ㄷ
③ ㄴ, ㄷ
④ ㄷ, ㄹ

정답 및 해설

옳은 것은 ㄱ, ㄷ이다.

선지분석

ㄴ. 건물의 취득가액은 토지를 증여한 乙(직계존비속)의 취득가액으로 한다.
ㄹ. 이월과세가 적용되는 경우 장기보유특별공제에 관한 보유기간의 산정은 乙(증여한 직계존비속)이 해당 자산을 취득한 날부터 기산한다.

답 ②

50 소득세법상 국외자산 양도에 대한 설명으로 옳지 않은 것은? 2013년 국가직 7급

① 해당 자산의 양도일까지 계속하여 3년 동안 국내에 주소를 둔 자는 국외에 있는 토지 또는 건물의 양도로 발생하는 소득에 대하여 과세한다.
② 국외자산의 양도에 대한 양도차익을 계산할 때 양도가액에서 공제하는 필요경비는 해당 자산의 취득에 든 실지거래가액을 확인할 수 있는 경우에는 그 가액과 대통령령으로 정하는 자본적지출액 및 양도비를 합한 금액으로 한다.
③ 양도차익의 외화 환산, 취득에 드는 실지거래가액, 시가의 산정 등 필요경비의 계산은 양도가액 및 필요경비를 수령하거나 지출한 날 현재 외국환거래법에 의한 기준환율 또는 재정환율에 의하여 계산한다.
④ 국외자산 양도소득세액을 납부하였을 때에는 해당 과세기간의 양도소득산출세액에서 국외자산 양도소득세액을 공제하거나 해당 과세기간의 양도소득금액 계산상 필요경비에 국외자산 양도소득세액을 산입하는 방법 중 하나를 선택하여 외국납부세액의 공제를 적용받을 수 있다.

> **정답 및 해설**
>
> **소득세법 제118조의2【국외자산 양도소득의 범위】** 거주자(해당 자산의 양도일까지 계속 <u>5년 이상</u> 국내에 주소 또는 거소를 둔 자만 해당한다)의 국외에 있는 자산의 양도에 대한 양도소득은 해당 과세기간에 국외에 있는 자산을 양도함으로써 발생하는 다음 각 호의 소득으로 한다.
> 1. 토지 또는 건물의 양도로 발생하는 소득
> 2. 다음 각 목의 어느 하나에 해당하는 부동산에 관한 권리의 양도로 발생하는 소득
>   가. 부동산을 취득할 수 있는 권리(건물이 완성되는 때에 그 건물과 이에 딸린 토지를 취득할 수 있는 권리를 포함한다)
>   나. 지상권
>   다. 전세권과 부동산임차권

답 ①

51 소득세법상 비거주자의 국내사업장에 해당하는 것으로 옳지 않은 것은? 2009년 국가직 7급

① 비거주자가 6월을 초과하여 존속하는 건축장소, 건설·조립·설치공사의 현장 또는 이와 관련되는 감독활동을 수행하는 장소
② 비거주자가 고용인을 통하여 용역을 제공하는 장소로서 용역의 제공이 계속되는 12월 기간 중 합계 6월을 초과하지 아니하는 경우로서 유사한 종류의 용역이 2년 이상 계속적·반복적으로 수행되는 장소
③ 비거주자가 자기의 자산을 타인으로 하여금 가공하게 하기 위하여만 사용하는 일정한 장소
④ 비거주자가 고용인을 통하여 용역을 제공하는 장소로서 용역의 제공이 계속되는 12월 기간 중 합계 6월을 초과하는 기간 동안 용역이 수행되는 장소

> **정답 및 해설**
>
> **소득세법 제120조【비거주자의 국내사업장】** ④ 다음 각 호의 장소(이하 이 조에서 "특정활동장소"라 한다)가 비거주자의 사업 수행상 예비적 또는 보조적인 성격을 가진 활동을 하기 위하여 사용되는 경우에는 비거주자의 국내사업장에 포함되지 아니한다.
> 1. 비거주자가 자산의 단순한 구입만을 위하여 사용하는 일정한 장소
> 2. 비거주자가 판매를 목적으로 하지 아니하는 자산의 저장 또는 보관만을 위하여 사용하는 일정한 장소
> 3. 비거주자가 광고·선전·정보의 수집·제공 및 시장조사를 하거나 그 밖에 이와 유사한 활동만을 위하여 사용하는 일정한 장소
> 4. 비거주자가 자기의 자산을 타인으로 하여금 가공만하게 하기 위하여 사용하는 일정한 장소
>
> 답 ③

해커스공무원 학원·인강
gosi.Hackers.com

해커스공무원 이훈엽 세법 기본서

제5편
부가가치세법

제1장   총칙
제2장   과세거래
제3장   영세율과 면세
제4장   과세표준
제5장   거래징수와 세금계산서
제6장   납부세액 등
제7장   겸영사업자의 부가가치세 특례
제8장   신고와 납부
제9장   간이과세

제1장 총칙

01 우리나라 부가가치세 특징

의의	① 부가가치세란 부가가치(Value added)에 과세하는 조세이며, 부가가치란 기업이 사업활동을 통하여 창출한 가치이다. 부가가치는 기업에 생산요소(토지, 자본, 노동)를 제공한 노동자, 지주, 자본가에게 임금, 지대, 이자로 배분되고 남은 이윤이며, 각 단계의 매출액에서 매입액을 뺀 금액이다. ② 기업이 창출한 국민총소득(부가가치)은 국민총소비이므로 기업의 부가가치에 과세하는 것은 결국 소비에 과세하는 효과를 지닌다. 따라서 부가가치세는 모든 재화 또는 용역의 소비행위에 과세하는 일반소비세이다.
간접세	① 부가가치세는 실질적인 소득에 대하여 과세하는 소득세와는 달리 납세의무자와 담세자가 분리되는 간접세로서 사업상 독립적으로 재화 또는 용역을 공급하는 자를 납세의무자로 본다. 이는 개체수가 많은 소비자들보다 기업단위로 세금을 징수하는 것이 효율적이기 때문이다. ② 따라서 부가가치세는 납세의무자인 사업자에게 거래징수의무를 두어 실질적인 조세부담자인 재화 또는 용역을 공급받는 자로부터 부가가치세를 거래 징수하여 정부에 납부하도록 하고 있다.
다단계 거래세	부가가치세는 재화가 생산되어 최종소비자에게 도달하는 모든 거래단계에서 과세하는 다단계거래세이다.
부가가치세 계산방법	① 전단계세액공제법: 각 사업자 단계의 공급가액에 10% 세율을 적용하여 '매출세액'을 계산하고, 여기서 재화 또는 용역을 구입할 때 부담한 '매입세액'을 공제하여 부가가치세를 계산하는 방법이다. 매출액 × 세율 - 매입세액 = 부가가치세 ② 전단계세액공제법에서 과세표준인 공급가액은 그 사업자가 창출한 부가가치뿐만 아니라 전단계 사업자가 창출한 부가가치를 모두 합한 누적액이므로 매출액에 세율을 곱하여 과세하면 그 이전 단계에서 과세된 부가가치가 중복과세된다. 이러한 문제를 방지하기 위하여 매입세액공제를 두고 있다.
매입세액 세금계산서	① 사업자가 구입할 때 부담한 매입세액을 공제받기 위해서는 구입 시 부가가치세를 부담하였음을 증명하는 세금계산서를 발급받아 정부에 매입처별 세금계산서합계표를 제출함으로써 매출세액에서 공제할 수 있다. ② 전단계세액공제법을 채택하고 있는 현행 부가가치세법 체계에서 세금계산서 제도는 당사자 간의 거래를 노출시킴으로써 부가가치세뿐 아니라 소득세와 법인세의 세원포착을 용이하게 하는 납세자 간 상호검증의 기능을 갖고 있다.
소비지국 과세원칙	① 소비지국과세원칙이란 생산지국에서 부가가치세를 과세하지 않고 소비지국에서 부가가치세를 과세하는 방법이다. ② 현행 부가가치세법은 소비지국과세원칙에 따라 재화의 수출에는 영세율을 적용하여 부가가치세를 과세하지 않고 재화의 수입에는 세관에서 내국물품과 동일하게 부가가치세를 과세한다.

02 납세의무자

내용	사업자 또는 재화를 수입하는 자로서 개인, 법인(국가·지방자치단체와 지방자치단체조합을 포함), 법인격이 없는 사단·재단 또는 그 밖의 단체는 부가가치세법에 따라 부가가치세를 납부할 의무가 있다.

과세대상	납세의무자
재화 또는 용역의 공급	사업자
재화의 수입	재화를 수입하는 자

사업자	사업자란 사업 목적이 영리이든 비영리이든 관계없이 사업상 독립적으로 재화 또는 용역을 공급하는 자를 말한다.	
	사업목적 불문	부가가치세의 경우 사업자가 공급받는 자로부터 부가가치세를 징수하여 납부하므로 영리·비영리에 관계없이 부가가치세 납세의무를 진다.
	사업성	사업자는 부가가치를 창출해 낼 수 있는 정도의 사업형태를 갖추고 계속적·반복적으로 재화 또는 용역을 공급하는 자이어야 한다.
	독립성	사업자는 자기책임과 자기계산으로 재화 또는 용역을 공급하는 자이며, 다른 자에게 고용된 노동자는 납세의무를 지지 아니한다.
	과세재화·용역 공급	부가가치세 과세재화·용역을 공급하는 경우 납세의무가 있으며, 면세대상 재화·용역을 공급하는 자는 부가가치세 납세의무를 지지 아니한다.
	거래징수 등 여부	사업자가 부가가치세가 과세되는 재화를 공급하거나 용역을 제공하는 경우에는 해당 사업자의 사업자등록 여부 및 공급 시 부가가치세의 거래징수 여부에 불구하고 해당 재화의 공급 또는 용역의 제공에 대하여 부가가치세를 신고·납부할 의무가 있다.

재화를 수입하는 자	① 재화를 수입하는 자는 그 재화의 수입에 대하여 관세법에 따라 관세를 세관장에게 신고하고 납부하는 경우에 재화의 수입에 대한 부가가치세를 함께 신고하고 납부하여야 한다. ② 재화를 수입하는 자는 사업자 해당 여부 또는 사용목적 등에 관계없이 부가가치세를 납부할 의무가 있다.

관련 통칙	① 새마을금고법에 따라 설립된 새마을금고가 사업상 독립적으로 부가가치세가 과세되는 재화를 공급하는 경우에는 납세의무가 있다. ② 청산 중에 있는 내국법인은 상법 제229조에 따른 계속등기 여부에 불구하고 사실상 사업을 계속하는 경우에는 납세의무가 있다. ③ 농민이 자기농지의 확장 또는 농지개량작업에서 생긴 토사석을 일시적으로 판매하는 경우에는 납세의무가 없다.

관련 집행기준	납세의무자의 범위(집행기준 3-0-2) ① 과세의 대상이 되는 행위 또는 거래의 귀속이 명의일 뿐이고 사실상 귀속되는 자가 따로 있는 경우에는 사실상 귀속되는 자에 대하여 부가가치세법을 적용한다. ② 사업자가 아닌 개인 또는 면세사업자가 우발적 또는 일시적으로 재화 또는 용역을 공급하는 경우에는 부가가치세 납세의무자에 해당되지 않는다. ③ 집합건물의 구분소유자들이 집합건물의 소유 및 관리에 관한 법률 제23조에 따라 관리단을 구성하여 자치적으로 집합건물을 관리하고 그 관리에 실지소요된 비용만을 각 입주자들에게 분배하여 징수하는 경우 해당 관리단은 부가가치세 납세의무자에 해당하지 않는다. 다만, 그 관리단이 입주자들로부터 관리에 관한 사항을 일임받은 경우 또는 별도로 재화나 용역을 제공하고 대가(예 주차장 관리수입, 건물 개·보수 수입 등)를 받는 경우에는 납세의무자에 해당된다. ④ 공동주택의 입주자대표회의가 단지 내 주차장 등 부대시설을 운영·관리하면서 입주자들로부터 실비상당의 이용료를 받는 경우 부가가치세 납세의무가 없으나, 외부인으로부터 이용료를 받는 경우에는 해당 외부인의 이용료에 대하여는 부가가치세 납세의무가 있다.
국외거래에 대한 납세의무	① 부가가치세의 납세의무는 대한민국의 주권이 미치는 범위 내에서 적용하므로 사업자가 대한민국의 주권이 미치지 아니하는 국외에서 재화를 공급하는 경우에는 납세의무가 없다. 다만, 중계무역방식의 수출, 위탁판매수출, 외국인도수출, 위탁가공무역방식의 수출로 재화를 공급하거나 원료를 대가 없이 국외의 수탁가공 사업자에게 반출하여 가공한 재화를 양도하는 경우에 그 원료를 반출하는 경우에는 그러하지 아니한다. ② 우리나라 국적의 항공기·선박에서 이루어지는 거래는 국외거래로 보지 않는다.

📋 **사업자의 구분**

구분			납세의무
과세사업자	일반과세자	영세율이 적용되는 경우	O
		10% 세율이 적용되는 경우	O
	간이과세자	영세율이 적용되는 경우	O
		10% 세율이 적용되는 경우	O
과세·면세 겸영사업자			O
면세사업자			-

03 신탁 관련 납세의무

1. 일반적인 경우

원칙 (수탁자 과세)	① 신탁재산과 관련된 재화 또는 용역을 공급하는 때에는 신탁법에 따른 수탁자가 신탁재산별로 각각 별도의 납세의무자로서 부가가치세를 납부할 의무가 있다. ② 공동수탁자의 연대납세의무: 수탁자가 납세의무자가 되는 신탁재산에 둘 이상의 수탁자가 있는 경우 공동수탁자는 부가가치세를 연대하여 납부할 의무가 있다. 이 경우 공동수탁자 중 신탁사무를 주로 처리하는 수탁자(대표수탁자)가 부가가치세를 신고·납부하여야 한다.

예외 (위탁자 과세)	다음 중 어느 하나에 해당하는 경우에는 신탁법 제2조에 따른 위탁자가 부가가치세를 납부할 의무가 있다. ① 신탁재산과 관련된 재화 또는 용역을 위탁자 명의로 공급하는 경우 ② 위탁자가 신탁재산을 실질적으로 지배·통제하는 경우로서 다음 중 어느 하나에 해당하는 경우 　㉠ 수탁자가 위탁자로부터 자본시장과 금융투자업에 관한 법률의 재산을 수탁받아 부동산개발사업을 목적으로 하는 신탁계약을 체결한 경우로서 그 신탁계약에 따른 부동산개발사업비의 조달의무를 수탁자가 부담하지 않는 경우. 다만, 수탁자가 도시 및 주거환경정비법 또는 빈집 및 소규모주택 정비에 관한 특례법에 따른 재개발사업·재건축사업 또는 가로주택정비사업·소규모재건축사업·소규모재개발사업의 사업시행자인 경우는 제외한다. 　㉡ 수탁자가 도시 및 주거환경정비법 제28조 제1항 또는 빈집 및 소규모주택 정비에 관한 특례법 제56조 제1항에 따른 재개발사업·재건축사업 또는 가로주택정비사업·소규모재건축사업·소규모재개발사업의 사업대행자인 경우 　㉢ 수탁자가 위탁자의 지시로 위탁자와 국세기본법 시행령 제1조의2 제1항, 제2항, 같은 조 제3항 제1호 또는 법인세법 시행령 제2조 제5항 각 호의 관계에 있는 자에게 신탁재산과 관련된 재화 또는 용역을 공급하는 경우 　㉣ 자본시장과 금융투자업에 관한 법률에 따른 투자신탁의 경우
특례	위탁자의 지위 이전을 신탁재산의 공급으로 보는 경우에는 기존 위탁자가 해당 공급에 대한 부가가치세의 납세의무자가 된다.
신탁의 설정·종료	신탁재산의 소유권 이전으로서 다음 중 어느 하나에 해당하는 것은 재화의 공급으로 보지 않는다. ① 위탁자로부터 수탁자에게 신탁재산을 이전하는 경우 ② 신탁의 종료로 인하여 수탁자로부터 위탁자에게 신탁재산을 이전하는 경우 ③ 수탁자가 변경되어 새로운 수탁자에게 신탁재산을 이전하는 경우

2. 신탁 관련 제2차 납세의무 및 물적납세의무

수익자의 제2차 납세의무	수탁자가 납부하여야 하는 다음 중 어느 하나에 해당하는 부가가치세 등을 신탁재산으로 충당하여도 부족한 경우에는 그 신탁의 수익자는 지급받은 수익과 귀속된 재산의 가액[*]을 합한 금액을 한도로 하여 그 부족한 금액에 대하여 납부할 의무를 진다. ① 신탁 설정일 이후에 법정기일이 도래하는 부가가치세로서 해당 신탁재산과 관련하여 발생한 것 ② ①의 금액에 대한 강제징수 과정에서 발생한 강제징수비 [*] 신탁의 수익자가 제2차 납세의무를 지는 경우에 신탁의 수익자에게 귀속된 재산의 가액은 신탁재산이 해당 수익자에게 이전된 날 현재의 시가로 한다.
수탁자의 물적납세의무	① 부가가치세를 납부하여야 하는 위탁자가 부가가치세 등을 체납한 경우로서 그 위탁자의 다른 재산에 대하여 강제징수를 하여도 징수할 금액에 미치지 못할 때에는 해당 신탁재산의 수탁자는 그 신탁재산으로써 부가가치세법에 따라 위탁자의 부가가치세 등을 납부할 의무가 있다. ② 수탁자가 납부하여야 하는 부가가치세가 체납된 경우에는 국세징수법 제31조에도 불구하고 해당 신탁재산에 대해서만 강제징수를 할 수 있다.

04 과세기간

일반적인 경우	사업자에 따른 부가가치세의 과세기간은 다음과 같다.	
	간이과세자	1월 1일부터 12월 31일까지
	일반과세자	① 제1기: 1월 1일부터 6월 30일까지 ② 제2기: 7월 1일부터 12월 31일까지

신규사업자의 최초과세기간	신규로 사업을 시작하는 자에 대한 최초의 과세기간은 사업개시일부터 그 날이 속하는 과세기간의 종료일까지로 한다. 다만, 사업개시일 이전에 사업자등록을 신청한 경우에는 그 신청한 날부터 그 신청일이 속하는 과세기간의 종료일까지로 한다.
	
	``
	               최초의 과세
	             과세기간 기간
	  1.1. 4.1. 4.20. 6.30. 12.30.
	  ┼─────┼────┼────────┼───────────┼
	        등록 사업
	        신청 개시
	``

폐업자의 최종과세기간	사업자가 폐업하는 경우의 과세기간은 폐업일이 속하는 과세기간의 개시일부터 폐업일까지로 한다. 이 경우 폐업일은 다음의 구분에 따른다. ① 합병으로 인한 소멸법인의 경우: 합병법인의 변경등기일 또는 설립등기일 ② 분할로 인하여 사업을 폐업하는 경우: 분할법인의 분할변경등기일(분할법인이 소멸하는 경우에는 분할신설법인의 설립등기일) ③ 위 외의 경우: 사업장별로 그 사업을 실질적으로 폐업하는 날. 다만, 폐업한 날이 분명하지 아니한 경우에는 폐업신고서의 접수일 → 폐업일이 속한 달의 다음 달 25일까지 부가가치세 확정신고를 해야 함
폐업의제	사업개시일 전에 사업자등록을 한 자로서 사업자등록을 한 날부터 6개월이 되는 날까지 재화와 용역의 공급실적이 없는 자에 대해서는 그 6개월이 되는 날을 폐업일로 본다. 다만, 사업장의 설치기간이 6개월 이상이거나 그 밖의 정당한 사유로 인하여 사업 개시가 지연되는 경우에는 그러하지 아니하다. 예 4. 26. 사업 개시 전 등록을 하고 10. 26.까지 사업실적이 없는 경우 폐업의제
과세유형 전환	간이과세자에 관한 규정이 적용되거나 적용되지 아니하게 되어 일반과세자가 간이과세자로 변경되거나 간이과세자가 일반과세자로 변경되는 경우 그 변경되는 해에 간이과세자에 관한 규정이 적용되는 기간의 부가가치세의 과세기간은 다음의 구분에 따른 기간으로 한다. | 일반과세자가 간이과세자로 변경되는 경우	그 변경 이후 7월 1일부터 12월 31일까지
간이과세자가 일반과세자로 변경되는 경우	그 변경 이전 1월 1일부터 6월 30일까지	
간이과세 포기자	간이과세자가 간이과세자에 관한 규정의 적용을 포기함으로써 일반과세자로 되는 경우 다음의 기간을 각각 하나의 과세기간으로 한다. ① 간이과세자의 과세기간: 간이과세의 적용 포기의 신고일이 속하는 과세기간의 개시일부터 그 신고일이 속하는 달의 마지막 날까지의 기간 ② 일반과세자의 과세기간: 신고일이 속하는 달의 다음 달 1일부터 그 날이 속하는 과세기간의 종료일까지의 기간

05 납세지

1. 원칙

의의		납세지는 납세의무자가 세법에 따른 납세의무를 이행하고, 과세권자가 세법에 따른 부과권과 징수권 등의 권리를 행사하는 기준이 되는 장소를 말한다. 부가가치세는 사업장단위로 과세하는 것이 원칙이지만, 납세편의를 위하여 주사업장총괄납부와 사업자단위과세제도를 두고 있다.
사업장 단위과세		사업자의 부가가치세 납세지는 각 사업장의 소재지로 한다. 이러한 사업장은 사업자가 사업을 하기 위하여 거래의 전부 또는 일부를 하는 고정된 장소로 한다. 한편, 사업자가 사업장을 두지 아니하면 사업자의 주소 또는 거소를 사업장으로 한다.
사업종류별 사업장	광업	광업사무소의 소재지. 이 경우 광업사무소가 광구 밖에 있을 때에는 그 광업사무소에서 가장 가까운 광구에 대하여 작성한 광업 원부의 맨 처음에 등록된 광구 소재지에 광업사무소가 있는 것으로 본다.
	제조업	최종제품을 완성하는 장소. 다만, 따로 제품 포장만을 하거나 용기에 충전만을 하는 장소와 개별소비세법에 따른 저유소는 제외한다.
	건설업·운수업· 부동산매매업	① 법인: 법인의 등기부상 소재지(등기부상의 지점 소재지를 포함) ② 개인: 사업에 관한 업무를 총괄하는 장소
	부동산임대업	부동산의 등기부상 소재지. 다만, 부동산상의 권리만을 대여(부동산 전대)하거나 한국자산관리공사 등 공기업이 부동산을 임대하는 경우에는 그 사업에 관한 업무를 총괄하는 장소를 사업장으로 한다. ※ 국가·지방자치단체 등: 사업에 관한 업무를 총괄하는 장소
	무인자동판매기	사업에 관한 업무를 총괄하는 장소 ∵ 자판기 설치장소별로 사업자등록을 하면 수입금액이 분산됨에 따라 간이과세가 적용되거나 납부의무가 면제됨으로써 부가가치세를 고의적으로 회피하는 사례를 방지하기 위함
	국가 등의 과세사업	국가, 지방자치단체 또는 지방자치단체조합이 공급하는 부동산임대업, 도소매업, 음식점업, 숙박업, 골프장 및 스키장 운영업, 기타 스포츠시설 운영업의 사업장은 사업에 관한 업무를 총괄하는 장소. 다만, 위임·위탁 또는 대리에 의하여 재화나 용역을 공급하는 경우에는 수임자·수탁자 또는 대리인이 그 업무를 총괄하는 장소를 사업장으로 본다.
	비거주자 외국법인	사업자가 비거주자인 경우에는 소득세법 제120조에 따른 장소를 사업장으로 하고, 외국법인인 경우에는 법인세법 제94조에 따른 장소를 사업장으로 한다.
	신탁재산 관련	수탁자가 납세의무자가 되는 수탁자는 해당 신탁재산을 사업장으로 보아 사업자등록을 신청하여야 한다. 이 경우 해당 신탁재산의 등기부상 소재지, 등록부상 등록지 또는 신탁사업에 관한 업무를 총괄하는 장소를 사업장으로 한다.
신청에 의한 사업장		위 사업장 외의 장소도 사업자의 신청에 따라 추가로 사업장으로 등록할 수 있다. 다만, 무인자동판매기를 통하여 재화·용역을 공급하는 사업의 경우에는 그렇지 않다.
사업장 미설치 시		사업장을 설치하지 아니하고 사업자등록도 하지 아니한 경우에는 과세표준 및 세액을 결정하거나 경정할 당시의 사업자의 주소 또는 거소를 사업장으로 한다.
직매장		사업자가 자기의 사업과 관련하여 생산하거나 취득한 재화를 직접 판매하기 위하여 특별히 판매시설을 갖춘 장소(직매장)는 사업장으로 본다.

하치장	재화를 보관하고 관리할 수 있는 시설만 갖춘 장소로서 하치장으로 신고된 장소는 사업장으로 보지 아니한다. 하치장을 둔 사업자는 하치장 설치 신고서를 하치장을 둔 날부터 10일 이내에 하치장 관할 세무서장에게 제출하여야 한다.
임시사업장	각종 경기대회나 박람회 등 행사가 개최되는 장소에 개설한 임시사업장으로서 신고된 장소는 기존사업장에 포함되는 것으로 본다. (∵ 임시사업장에 대한 사업자등록 및 폐업신고를 해야 하는 불편한 점 해소) 또한 임시사업장을 개설하려는 자는 임시사업장 개설 신고서를 해당 임시사업장의 사업 개시일부터 10일 이내에 임시사업장의 관할 세무서장에게 제출해야 한다.
재화의 수입	재화를 수입하는 자의 부가가치세 납세지는 관세법에 따라 수입을 신고하는 세관의 소재지로 한다.

2. 주사업장총괄납부

(1) 개요

내용	사업장이 둘 이상인 사업자(사업장이 하나이나 추가로 사업장을 개설하려는 사업자를 포함)가 주된 사업장의 관할 세무서장에게 주사업장총괄납부를 신청한 경우에는 납부할 세액을 주된 사업장에서 총괄하여 납부할 수 있다.
취지	둘 이상의 사업장을 둔 경우 한 사업장에서는 납부세액이 발생하고 다른 사업장에서는 환급세액이 발생하는 경우 납부세액은 신고기한까지 해야 하나, 환급은 신고기한이 지난 후 30일(일반환급) 내 환급하여 사업자에게 자금부담이 생긴다. 총괄납부는 이러한 문제를 해소하기 위한 제도이다.
주된 사업장	주된 사업장은 법인의 본점(주사무소 포함) 또는 개인의 주사무소로 한다. 다만, 법인의 경우에는 지점(분사무소 포함)을 주된 사업장으로 할 수 있다.

🔍 **사례**

서울시에 자동차부품 제조업에 대한 본점사업장을 두고 부산과 광주에 각각 제조공장(지점)을 설치하여 사업을 운영하던 ㈜백두가 총괄납부신청을 한 후 예정신고 시 각 사업장별 납부(환급)세액이 본점 7,000,000원, 대전지점 -5,000,000원, 부산지점은 3,000,000원인 경우 부가가치세 신고방법은?
⇒ ① ㈜백두는 각 사업장 관할 세무서장에게 부가가치세 예정신고서를 작성하여 제출하여야 한다.
② 주사업장 관할 세무서장에게 사업장별 부가가치세 과세표준 및 납부세액신고명세서를 제출하고, 납부세액 5,000,000원(= 7,000,000 - 5,000,000 + 3,000,000)을 납부하여야 한다.

(2) 총괄납부의 신청

계속사업자	주사업장총괄납부 사업자가 되려는 자는 그 납부하려는 과세기간 개시 20일 전에 주사업장총괄납부 신청서를 주된 사업장의 관할 세무서장에게 제출(국세정보통신망에 의한 제출을 포함)하여야 한다. → 해당 신청일이 속하는 다음 과세기간부터 총괄하여 납부함
신규사업자	신규사업자가 주된 사업장에서 총괄하여 납부하려는 경우에는 주된 사업장의 사업자등록증을 받은 날부터 20일 이내에 주사업장총괄납부 신청서를 주된 사업장의 관할 세무서장에게 제출(국세정보통신망에 의한 제출을 포함)하여야 한다. → 해당 신청일이 속하는 과세기간부터 총괄하여 납부함

추가사업장 개설자	사업장이 하나이나 추가로 사업장을 개설하는 자가 주된 사업장에서 총괄하여 납부하려는 경우에는 추가 사업장의 사업 개시일부터 20일(추가 사업장의 사업 개시일이 속하는 과세기간 이내로 한정함) 이내에 주사업장총괄납부 신청서를 주된 사업장의 관할 세무서장에게 제출(국세정보통신망에 의한 제출을 포함)하여야 한다. → 해당 신청일이 속하는 과세기간부터 총괄하여 납부함

(3) 총괄납부의 효력 등

신고·납부	주된 사업장에서 납부 또는 환급만 총괄하므로, 사업자등록, 세금계산서 발급, 과세표준의 신고, 합계표 제출 등 부가가치세법상 모든 의무는 각 사업장마다 이행하여야 한다.
판매목적 타사업장 반출재화	사업자가 주사업장총괄납부의 적용을 받는 과세기간에 자기의 다른 사업장에 반출하는 경우는 재화의 공급으로 보지 아니한다. 다만, 세금계산서를 발급하고 관할 세무서장에게 신고한 경우는 재화의 공급으로 본다.
총괄납부의 변경	주사업장총괄납부 사업자는 다음의 사유가 발생한 경우에는 다음의 구분에 따른 관할 세무서장에게 사업자의 인적사항, 변경사유 등이 적힌 주사업장총괄납부 변경신청서를 제출(국세정보통신망에 의한 제출을 포함)하여야 한다. 이 경우 ①과 ③에 따라 신청서를 받은 종된 사업장의 관할 세무서장은 주된 사업장의 관할 세무서장에게 그 신청서를 지체 없이 보내야 한다. ① 종된 사업장을 신설하는 경우: 그 신설하는 종된 사업장 관할 세무서장 ② 종된 사업장을 주된 사업장으로 변경하려는 경우: 주된 사업장으로 변경하려는 사업장 관할 세무서장 ③ 사업자등록정정사유에 해당하는 경우: 그 정정사유가 발생한 사업장 관할 세무서장(법인 대표자 변경 등의 경우에는 주된 사업장의 관할 세무서장) ④ 일부 종된 사업장을 총괄납부대상 사업장에서 제외하려는 경우: 주된 사업장의 관할 세무서장 ⑤ 기존의 사업장을 총괄납부대상 사업장에 추가하려는 경우: 주된 사업장의 관할 세무서장
총괄납부 적용 제외	주사업장총괄납부 사업자가 다음 중 어느 하나에 해당하는 경우 주된 사업장 관할 세무서장은 주사업장총괄납부를 적용하지 아니할 수 있다. ① 사업내용의 변경으로 총괄납부가 부적당하다고 인정되는 경우 ② 주된 사업장의 이동이 빈번한 경우 ③ 그 밖의 사정변경으로 인하여 총괄납부가 적당하지 아니하게 된 경우
총괄납부 포기	주사업장총괄납부 사업자가 주사업장총괄납부를 포기할 때에는 각 사업장에서 납부하려는 과세기간 개시 20일 전에 주사업장총괄납부 포기신고서를 주된 사업장의 관할 세무서장에게 제출(국세정보통신망에 의한 제출을 포함한다)하여야 한다. → 승인 불필요
적용 제외· 포기의 통지	주사업장총괄납부를 적용하지 아니하게 되거나 포기한 경우에 주된 사업장 관할 세무서장은 지체 없이 그 내용을 해당 사업자와 주된 사업장 외의 사업장 관할 세무서장에게 통지하여야 한다.
적용 제외· 포기의 적용시기	주사업장총괄납부를 적용하지 아니하게 되거나 포기한 경우에는 그 적용을 하지 아니하게 된 날 또는 포기한 날이 속하는 과세기간의 다음 과세기간부터 각 사업장에서 납부하여야 한다.

3. 사업자단위과세제도

(1) 의의

내용	사업자단위과세제도란 2 이상의 사업장이 있는 사업자가 사업자단위로 본점 또는 주사무소 관할 세무서장에게 등록한 경우 사업자등록, 세금계산서 발급, 부가가치세 신고·납부, 경정 등의 납세의무를 본점 또는 주사무소에서 이행하는 것을 말한다.
취지	사업장단위로 과세하는 경우 납세협력비용 및 행정관리비용의 증가, 납부 및 환급시기 차이에 따른 자금부담 등과 같은 문제점이 발생한다. 회사의 본점에서 회사 전체 업무를 일괄처리하는 경우 사업장단위 과세는 비효율적이므로 사업자단위로 과세한다.

🔍 **사례**

서울시에 본점사업장을 두고 용인, 수원, 대전에 각각 직매장을 설치하여 의류제조업을 운영하던 ㈜대한이 사업자단위과세 등록신청서를 본점사업장 관할 세무서장에게 제출하여 사업자단위과세를 적용받게 되었다. 이 경우 각 유형별 납세의무 이행방법은 다음과 같다.
① 정기 신고·납부(예정·확정·조기), 수정신고, 경정청구, 결정·경정: 주사업장의 관할 세무서장 소관
② 세금계산서 발급: 본점의 인적사항을 적어 발급하되, 비고란에 종된 사업장의 상호와 소재지를 적어 발급

(2) 사업자단위과세사업자의 사업자등록 신청

사업자단위 사업자등록	사업장이 둘 이상인 사업자(사업장이 하나이나 추가로 사업장을 개설하려는 사업자를 포함)는 사업자단위로 해당 사업자의 본점 또는 주사무소 관할 세무서장에게 등록을 신청할 수 있다. 이 경우 등록한 사업자를 사업자단위과세사업자라 한다.
사업자단위로 변경	사업장단위로 등록한 사업자가 사업자단위과세사업자로 변경하려면 사업자단위과세사업자로 적용받으려는 과세기간 개시 20일 전까지 사업자의 본점 또는 주사무소 관할 세무서장에게 변경등록을 신청하여야 한다. 사업자단위과세사업자가 사업장단위로 등록을 하려는 경우에도 또한 같다.
추가사업장 개설	사업장이 하나인 사업자가 추가로 사업장을 개설하면서 추가 사업장의 사업 개시일이 속하는 과세기간부터 사업자단위과세사업자로 적용받으려는 경우에는 추가 사업장의 사업 개시일부터 20일 이내(추가 사업장의 사업 개시일이 속하는 과세기간 이내로 한정함)에 사업자의 본점 또는 주사무소 관할 세무서장에게 변경등록을 신청하여야 한다.
제출서류	사업자등록을 하려는 사업자는 사업장마다 다음의 사항을 적은 사업자등록 신청서를 관할 세무서장이나 그 밖에 신청인의 편의에 따라 선택한 세무서장에게 제출(국세정보통신망에 의한 제출을 포함)해야 한다. ① 사업자의 인적사항 ② 사업자등록 신청 사유 ③ 사업 개시 연월일 또는 사업장 설치 착수 연월일 ④ 그 밖의 참고 사항

(3) 사업자단위과세제도의 효과

판매목적 타사업장 반출	사업자가 사업자단위과세사업자로 적용을 받는 과세기간에 자기의 다른 사업장에 반출하는 경우는 재화의 공급으로 보지 아니한다.
세금계산서 발급·수취	사업자단위과세사업자가 본점 또는 주사무소의 등록번호 등을 적고 비고란에 실제로 재화 또는 용역을 공급하거나 공급받는 종된 사업장의 소재지 및 상호의 소재지를 기재한다.
신고와 납부	예정신고, 확정신고, 조기환급신고 등 부가가치세의 모든 신고·납부 업무를 본점 또는 주사무소에서 처리한다.
사업자 단위과세 포기	① 사업자단위과세사업자가 각 사업장별로 신고·납부하거나 주사업장총괄납부를 하려는 경우에는 그 납부하려는 과세기간 개시 20일 전에 사업자단위과세 포기신고서를 사업자단위과세 적용 사업장 관할 세무서장에게 제출하여야 한다. → 승인 불필요 ② 사업자단위과세를 포기한 경우에는 그 포기한 날이 속하는 과세기간의 다음 과세기간부터 사업자단위과세 포기신고서에 적은 내용에 따라 각 사업장별로 신고·납부하거나 주사업장총괄납부를 하여야 한다.

06 과세 관할

사업자	납세지를 관할하는 세무서장 또는 지방국세청장이 과세한다.
재화를 수입하는 자	관세법에 따라 수입을 신고하는 세관의 소재지를 관할하는 세관장이 과세한다.

07 사업자등록

의의		사업자등록은 과세당국이 사업자의 인적사항, 업태 등을 확보하기 위하여 사업내용을 공부에 등재하는 제도로서 세무행정의 효율적인 운영과 과세자료를 양성하기 위한 것이다.
신청	사업장단위 과세사업자	① 사업자는 사업장마다 사업 개시일부터 20일 이내에 사업장 관할 세무서장에게 사업자등록을 신청하여야 한다. 다만, 신규로 사업을 시작하려는 자는 사업 개시일 이전이라도 사업자등록을 신청할 수 있다. ② 사업자는 사업자등록의 신청을 사업장 관할 세무서장이 아닌 다른 세무서장에게도 할 수 있다. 이 경우 사업장 관할 세무서장에게 사업자등록을 신청한 것으로 본다. → 면세사업자는 부가가치세법상 사업자등록의무가 없음
	사업자단위 과세사업자	① 사업장이 둘 이상인 사업자(사업장이 하나이나 추가로 사업장을 개설하려는 사업자를 포함)는 사업자단위로 해당 사업자의 본점 또는 주사무소 관할 세무서장에게 등록을 신청할 수 있다. 이 경우 등록한 사업자를 사업자단위과세사업자라 한다. ② 사업장단위로 등록한 사업자가 사업자단위과세사업자로 변경하려면 사업자단위과세사업자로 적용받으려는 과세기간 개시 20일 전까지 사업자의 본점 또는 주사무소 관할 세무서장에게 변경등록을 신청하여야 한다. 사업자단위과세사업자가 사업장단위로 등록을 하려는 경우에도 또한 같다.
발급·등록	발급기간	신청을 받은 사업장 관할 세무서장은 사업자의 인적사항과 그 밖에 필요한 사항을 적은 사업자등록증을 신청일부터 2일 이내(토요일 또는 공휴일 등 제외)에 신청자에게 발급하여야 한다. 다만, 사업장시설이나 사업현황을 확인하기 위하여 국세청장이 필요하다고 인정하는 경우에는 발급기한을 5일 이내에서 연장하고 조사한 사실에 따라 사업자등록증을 발급할 수 있다.
	신청서 보정	사업장 관할 세무서장은 사업자등록의 신청 내용을 보정할 필요가 있다고 인정될 때에는 10일 이내의 기간을 정하여 보정을 요구할 수 있다. 이 경우 해당 보정기간은 사업자등록발급기간에 산입하지 아니한다.
	등록거부	사업 개시 전에 사업자등록의 신청을 받은 사업장 관할 세무서장은 신청자가 사업을 사실상 시작하지 아니할 것이라고 인정될 때에는 등록을 거부할 수 있다.
	직권등록	사업자가 사업자등록을 하지 아니하는 경우에는 사업장 관할 세무서장이 조사하여 등록할 수 있다.
등록 정정		사업자가 다음 중 어느 하나에 해당하는 경우에는 지체 없이 사업자의 인적사항, 사업자등록의 변경 사항 및 그 밖의 필요한 사항을 적은 사업자등록 정정신고서를 관할 세무서장이나 그 밖에 신고인의 편의에 따라 선택한 세무서장에게 제출(국세정보통신망에 따른 제출을 포함)해야 한다.

	사업자등록 정정사유	처리기한
등록 정정	① 상호를 변경하는 경우 ② 사이버몰에 인적사항 등의 정보를 등록하고 재화 또는 용역을 공급하는 사업을 하는 사업자(통신판매업자)가 사이버몰의 명칭 또는 인터넷 도메인이름을 변경하는 경우	신고일
	① 법인 또는 국세기본법 제13조 제1항 및 제2항에 따라 법인으로 보는 단체 외의 단체가 대표자를 변경하는 경우 ② 기획재정부령으로 정하는 사업의 종류에 변동이 있는 경우 ③ 사업장(사업자단위과세사업자의 경우에는 사업자단위과세 적용 사업장)을 이전하는 경우 ④ 상속으로 사업자의 명의가 변경되는 경우 ⑤ 공동사업자의 구성원 또는 출자지분이 변경되는 경우 ⑥ 임대인, 임대차 목적물 및 그 면적, 보증금, 임차료 또는 임대차기간이 변경되거나 새로 상가건물을 임차한 경우(상가건물의 임차인이 사업자등록 정정 신고를 하려는 경우, 임차인이 확정일자를 신청하려는 경우 및 확정일자를 받은 임차인에게 변경 등이 있는 경우로 함) ⑦ 사업자단위과세사업자가 사업자단위과세 적용 사업장을 변경하는 경우 ⑧ 사업자단위과세사업자가 종된 사업장을 신설하거나 이전하는 경우 ⑨ 사업자단위과세사업자가 종된 사업장의 사업을 휴업하거나 폐업하는 경우	신고일부터 2일 이내
등록 말소	① 사업장 관할 세무서장은 등록된 사업자가 다음 중 어느 하나에 해당하면 지체 없이 사업자등록을 말소하여야 한다. 이 경우 관할 세무서장은 지체 없이 등록증을 회수해야 하며, 등록증을 회수할 수 없는 경우에는 등록말소 사실을 공시해야 한다. ㉠ 폐업(사실상 폐업한 경우로서 일정한 경우를 포함)한 경우 ㉡ 등록신청을 하고 사실상 사업을 시작하지 아니하게 되는 경우로서 사실상 사업을 시작하지 아니하게 되는 경우 ② 사업자가 사업자등록을 한 후 정당한 사유 없이 6개월 이상 사업을 시작하지 아니하는 경우 ㉠ 사업자가 부도발생, 고액체납 등으로 도산하여 소재 불명인 경우 ㉡ 사업자가 인가·허가의 취소 또는 그 밖의 사유로 사업을 수행할 수 없어 사실상 폐업상태에 있거나 사실상 사업을 시작하지 아니하는 경우로 볼 수 있는 경우 ㉢ 사업자가 정당한 사유 없이 계속하여 둘 이상의 과세기간에 걸쳐 부가가치세를 신고하지 아니하고 사실상 폐업상태에 있는 경우 ㉣ 그 밖에 사업자가 위의 규정과 유사한 사유로 사실상 폐업상태에 있거나 사실상 사업을 시작하지 아니하는 경우	
미등록 제재	① 미등록가산세: 사업개시일부터 20일 이내에 사업자등록을 신청하지 않은 경우 사업 개시일부터 등록을 신청한 날의 직전일까지의 공급가액에 1%에 해당하는 금액을 가산세로 한다. ② 등록 전 매입세액 불공제: 사업자등록을 신청하기 전의 매입세액은 공제하지 아니한다. 다만, 공급시기가 속하는 과세기간이 끝난 후 20일 이내에 등록을 신청한 경우 등록신청일부터 공급시기가 속하는 과세기간 기산일까지 역산한 기간 내의 매입세액은 공제한다. 예 1. 1. 사업개시 후 7. 20. 사업자등록을 신청한 경우: 1. 1. 이후분부터 매입세액공제 1. 1. 사업개시 후 7. 21. 사업자등록을 신청한 경우: 7. 1. 이후분부터 매입세액공제	

제2장 과세거래

제1절 과세대상 거래

01 재화의 공급

<table>
<tr><td rowspan="4">재화의 범위</td><td colspan="3">① 재화란 재산 가치가 있는 물건 및 권리를 말한다. 물건과 권리의 범위는 다음과 같다.</td></tr>
<tr><td>물건</td><td colspan="2">㉠ 상품, 제품, 원료, 기계, 건물 등 모든 유체물
㉡ 전기, 가스, 열 등 관리할 수 있는 자연력</td></tr>
<tr><td>권리</td><td colspan="2">광업권, 특허권, 저작권 등 물건 외에 재산적 가치가 있는 모든 것</td></tr>
<tr><td colspan="3">② 재화 해당 여부

구분	예시	재화 여부
화폐 및 화폐대용증권	화폐·수표·어음·상품권·가상자산	×
유가증권	주식·채권(외상매출금, 대여금 등)	×
물품증권	창고증권·선하증권	O

</td></tr>
<tr><td rowspan="3">재화의 공급</td><td colspan="3">재화의 공급은 계약상 또는 법률상의 모든 원인에 따라 재화를 인도하거나 양도하는 것으로 한다. → 재화를 사용·소비할 수 있도록 실질적 소유권을 이전하는 행위</td></tr>
<tr><td>계약상 원인</td><td colspan="2">① 매매계약: 현금판매, 외상판매, 할부판매, 장기할부판매, 조건부 및 기한부 판매, 위탁판매와 그 밖의 매매계약에 따라 재화를 인도하거나 양도하는 것
② 가공계약: 자기가 주요자재의 전부 또는 일부를 부담하고 상대방으로부터 인도받은 재화를 가공하여 새로운 재화를 만드는 가공계약에 따라 재화를 인도하는 것
→ 주요 자재를 전혀 부담하지 아니하고 가공하는 경우 용역의 공급
③ 교환계약: 재화의 인도 대가로서 다른 재화를 인도받거나 용역을 제공받는 교환계약에 따라 재화를 인도하거나 양도하는 것
④ 현물출자와 그 밖의 계약상 원인에 따라 재화를 인도하거나 양도하는 것
⑤ 국내로부터 보세구역에 있는 창고에 임치된 임치물을 국내로 다시 반입하는 것</td></tr>
<tr><td>법률상 원인</td><td colspan="2">경매, 수용, 판결 등 법률상 원인에 따라 재화를 인도 또는 양도하는 것
→ 국세징수법에 따른 공매와 민사집행법에 따른 강제경매, 담보권실행을 위한 경매, 그 밖의 법률에 따른 경매는 재화의 공급으로 보지 않음</td></tr>
<tr><td rowspan="2">재화의 공급 사례</td><td>소비대차</td><td colspan="2">당사자 일방(대주)이 금전 기타 대체물의 소유권을 상대방(차주)에게 이전할 것을 약정하고 상대방은 그와 같은 종류, 품질 및 수량으로 반환할 것을 약정함으로써 성립하는 계약. 사업자 간에 재화를 차용하여 사용·소비하고 동종 또는 이종의 재화로 반환하는 것을 말한다.</td></tr>
<tr><td>기부채납</td><td colspan="2">국가 또는 지방자치단체가 부동산 등의 소유권을 무상으로 받아들이는 것을 말하며, 기부는 민법상의 증여와 같고, 채납은 승낙에 해당. 기부채납의 대가로 일정기간 동안 재산권에 대한 무상사용·수익권을 얻는 경우에는 재화와 용역의 교환거래이다.</td></tr>
</table>

재화의 공급 사례	증여	당사자 일방이 무상으로 재산을 상대방에게 수여하는 의사를 표시하고 상대방이 이를 승낙함으로써 그 효력이 생기며, 사업자가 사업용 부동산을 타인(국가·지방자치단체·공익단체 제외)에게 증여하는 것을 말한다.
	부담부증여	수증자가 증여자의 채무를 인수하는 증여계약으로서 사업자가 자기 사업에 사용하던 건물을 부담부증여하는 것을 말한다.
	현물출자	법인 또는 공동사업체에 자본금 또는 출자금을 금전 외의 재산으로 출자하는 것. 현물출자를 하게 되면 재화의 공급에 대한 대가로서 주식 또는 출자지분을 취득하게 된다.
	입회금	골프장·테니스장 경영자가 동 장소이용자로부터 받는 입회금으로서 일정기간 거치 후 반환하지 아니하는 입회금은 과세대상이 된다. 다만, 일정기간 거치 후 반환하는 입회금은 그러하지 아니한다.
	출자지분 반환	① 출자지분의 현금반환은 과세대상이 아니며, 출자지분의 현물반환은 부가가치세 과세대상이다. ② 공동사업자 구성원이 각각 독립적으로 사업을 영위하기 위하여 공동사업용 건물의 분할등기(출자지분의 현물반환)로 소유권이 이전되는 건축물은 부가가치세 과세대상이다.
위탁매매		위탁매매 또는 대리인에 의한 매매를 할 때에는 위탁자 또는 본인이 직접 재화를 공급하거나 공급받은 것으로 본다. 다만, 위탁매매 또는 대리인에 의한 매매를 하는 해당 거래 또는 재화의 특성상 또는 보관·관리상 위탁자 또는 본인을 알 수 없는 경우에는 수탁자 또는 대리인에게 재화를 공급하거나 수탁자 또는 대리인으로부터 재화를 공급받은 것으로 본다.

부가가치세 과세대상 여부 판정 사례(부가가치세 집행기준 4-0-2)

과세대상에 해당되는 것	과세대상에 해당되지 아니하는 것
① 사업자가 과세사업에 사용하다 매각하는 개별소비세법 제1조 제2항 제3호에 따른 자동차 ② 학원(면세사업)을 운영하는 자가 독립된 사업으로 다른 학원운영자에게 자기의 상호, 상표 등을 사용하게 하거나 자체개발한 교육프로그램, 학원경영 노하우를 제공하고 받는 대가 ③ 부동산임대업자가 임대차기간 만료 후 명도소송을 통하여 임차인으로부터 실질적인 임대용역의 대가로 받는 손해배상금 또는 부당이득금 ④ 재산적 가치가 있는 물건으로 거래되는 화폐, 물, 흙, 퇴비, 원석 ⑤ 공동사업자 구성원이 각각 독립적으로 사업을 영위하기 위하여 공동사업용 건물의 분할등기(출자지분의 현물반환)로 소유권이 이전되는 건축물 ⑥ 과세사업에 사용하던 건축물을 양도하고 받는 대가 ⑦ 과세사업에 사용하던 전세권을 양도하고 받는 대가(당초 전세보증금을 초과하여 받는 금액) ⑧ 과세사업과 관련하여 연구 중인 신제품 개발에 관한 권리를 양도하고 받는 대가 ⑨ 온라인 게임에 필요한 사이버 화폐인 게임머니를 계속적·반복적으로 판매하는 것	① 소유재화의 파손·훼손·도난 등으로 인하여 가해자로부터 받는 손해배상금 ② 도급공사 및 납품계약서상 납품기일의 지연으로 인하여 발주자가 받는 지체상금 ③ 공급받을 자의 해약으로 인하여 공급자가 재화 또는 용역의 공급 없이 받는 위약금 또는 이와 유사한 손해배상금 ④ 협회 등 단체가 재화의 공급 또는 용역의 제공에 따른 대가와 관계없이 회원으로부터 받는 협회비·찬조비 및 특별회비 ⑤ 대여한 재화의 망실에 따라 받는 변상금 ⑥ 수표·어음 등의 화폐대용증권, 유가증권, 상품권 및 가상자산 ⑦ 재화 또는 용역에 대한 대가와 관계없이 받는 이주보상비 및 영업손실보상금 ⑧ 외상매출채권의 양도 ⑨ 공동사업에 출자한 후 받게 되는 투자원금과 이익금 ⑩ 소득세법 시행령에 따라 소득세가 과세되지 아니하는 농·어민의 농가부업은 부가가치세법 시행령 제4조에 따라 사업을 구분할 때에 독립된 사업으로 보지 아니한다. 다만, 소득세법 시행령에 따른 민박, 음식물 판매, 특산물 제조, 전통차 제조 및 그 밖에 이와 유사한 활동은 독립된 사업으로 본다.

02 재화 공급의 특례

1. 재화의 공급으로 보지 않는 거래

담보제공	질권, 저당권 또는 양도담보의 목적으로 동산, 부동산 및 부동산상의 권리를 제공하는 것은 형식적 소유권 이전이므로 재화의 공급으로 보지 아니한다. → 담보제공된 재화가 대물변제하여 소유권이 실제로 이전되는 경우에는 공급으로 봄	
사업양도	원칙 (공급 X)	사업장별로 그 사업에 관한 모든 권리와 의무를 포괄적으로 승계시키는 것(양수자가 승계받은 사업 외에 새로운 사업의 종류를 추가하거나 사업의 종류를 변경한 경우를 포함)은 재화의 공급으로 보지 아니한다. 이 경우 그 사업에 관한 권리와 의무 중 미수금·미지급금에 관한 것 및 해당 사업과 직접 관련이 없는 토지·건물 등에 관한 것을 포함하지 않고 승계시킨 경우에도 그 사업을 포괄적으로 승계시킨 것으로 본다. ∵ 사업의 양도를 재화의 공급으로 보지 않는 이유 ① 특정재화를 과세대상으로 하는 부가가치세 과세거래의 본질적 성격에 부합하지 않음 ② 부가가치 생산조직은 그대로 유지·존속하면서 경영주체만 바뀌는 것이므로 공급 전까지의 재화를 부가가치 생산에 그대로 사용·소비한다는 것 ③ 사업양도는 일반적으로 그 거래금액과 그에 관한 부가가치세액이 커서 양수자는 거의 예외 없이 매입세액을 공제받을 것이 예상되어 이와 같은 거래에 대하여도 매출세액을 징수하도록 하는 것은 국고의 아무런 도움 없이 양수자에게 불필요한 자금압박을 주게 되어 이를 해소하고자 하는 경제정책상의 배려
	예외 (공급 O)	① 사업의 양도(이에 해당하는지 여부가 분명하지 아니한 경우를 포함한다)에 따라 그 사업을 양수받는 자는 그 대가를 지급하는 때에 그 대가를 받은 자로부터 부가가치세를 징수하여 그 대가를 지급하는 날이 속하는 달의 다음 달 25일까지 사업장 관할 세무서장에게 납부한 경우에는 재화의 공급으로 본다. ∵ 양수자가 양도자를 대리하여 부가가치세의 신고·납부를 선택한 경우 과세거래로 보아 양수자에게 매입세액공제를 허용하는 제도 ② 대리납부하는 경우에도 사업양도자는 사업양수자에게 세금계산서를 발급하여야 하며, 사업양수자는 자기의 사업을 위하여 사용하였거나 사용할 목적으로 부담한 매입세액인 경우 자기의 매출세액에서 공제받을 수 있다. **📋 대리납부시 사업자의 처리방법** |	
---	---
사업양도자	세금계산서를 발급하고, 과세표준과 매출세액에 포함하여 신고 후 사업양수자가 대리납부한 세액을 기납부세액으로 차감하여 기재한다.
사업양수자	대리납부한 후 발급받은 세금계산서로 매입세액 공제를 받는다.	
조세물납	사업용 자산을 상속세 및 증여세법 및 지방세법에 따라 물납하는 경우에는 재화의 공급으로 보지 아니한다. ∵ 사업자가 국가로부터 부가가치세를 징수하는 것은 어려움	
신탁	신탁재산의 소유권 이전으로서 다음에 해당하는 것은 재화의 공급으로 보지 아니한다. ① 위탁자로부터 수탁자에게 신탁재산을 이전하는 경우 ② 신탁의 종료로 인하여 수탁자로부터 위탁자에게 신탁재산을 이전하는 경우 ③ 수탁자가 변경되어 새로운 수탁자에게 신탁재산을 이전하는 경우	

창고증권 양도	다음의 창고증권 양도는 부가가치세를 과세하지 아니한다. ① 보세구역에 있는 조달청 창고(조달청장이 개설한 것으로서 관세법 제174조에 따라 세관장의 특허를 받은 보세창고)에 보관된 물품에 대하여 조달청장이 발행하는 창고증권의 양도로서 임치물의 반환이 수반되지 아니하는 것(창고증권을 가진 사업자가 보세구역의 다른 사업자에게 인도하기 위하여 조달청 창고에서 임치물을 넘겨받는 경우를 포함) ② 보세구역에 있는 기획재정부령으로 정하는 거래소의 지정창고에 보관된 물품에 대하여 같은 거래소의 지정창고가 발행하는 창고증권의 양도로서 임치물의 반환이 수반되지 아니하는 것(창고증권을 가진 사업자가 보세구역의 다른 사업자에게 인도하기 위하여 지정창고에서 임치물을 넘겨받는 경우를 포함)
위탁가공 무환반출	사업자가 위탁가공을 위하여 원자재를 국외의 수탁가공 사업자에게 대가 없이 반출하는 것은 재화의 공급으로 보지 아니한다. 단, 원료를 대가 없이 국외의 수탁가공 사업자에게 반출하여 가공한 재화를 양도하는 경우의 그 원료의 반출은 영세율이 적용되어 과세거래로 본다.
법에 따른 경매 등	다음의 공매 또는 경매는 재화의 공급으로 보지 아니한다. ∵ 공급자는 파산 등으로 세부담능력이 없어 매출세액을 체납하는 반면, 경락자는 매입세액공제를 받아 국고세수가 감소될 수 있기 때문 ① 국세징수법에 따른 공매(수의계약에 따라 매각하는 것을 포함)에 따라 재화를 인도하거나 양도하는 것 ② 민사집행법에 따른 경매(같은 법에 따른 강제경매, 담보권 실행을 위한 경매와 민법·상법 등 그 밖의 법률에 따른 경매를 포함)에 따라 재화를 인도하거나 양도하는 것
법에 따른 수용	다음의 수용은 재화의 공급으로 보지 아니한다. ① 도시 및 주거환경정비법, 공익사업을 위한 토지 등의 취득 및 보상에 관한 법률 등에 따른 수용절차에서 수용대상 재화의 소유자가 수용된 재화에 대한 대가를 받는 경우 → 철거 여부와 관계 없음 ② 도시 및 주거환경정비법에 따른 사업시행자의 매도청구에 따라 재화를 인도하거나 양도하는 것 ∵ 도시 및 주거환경정비법 등에 따른 수용과 그 실질이 유사

매입세액 불공제 여부에 따른 부가가치세 과세 여부

재화의 공급의 경우 매입 시 매입세액공제 여부에 관계없이 과세한다. 다만, 간주공급(판매목적 타사업장 반출 재화 제외)의 경우에는 매입세액이 불공제된 재화는 과세하지 아니한다.

[예] 제조업 사업자가 구입 시 매입세액 불공제된 승용차 2대를 사용하다 1대는 매각하고, 1대는 거래처에 증정한 경우
⇒ ① 매각한 승용차: 실질공급이므로 부가가치세 과세함
   ② 거래처에 증정한 승용차: 간주공급이므로 부가가치세 과세하지 않음

2. 간주공급

(1) 의의

개요	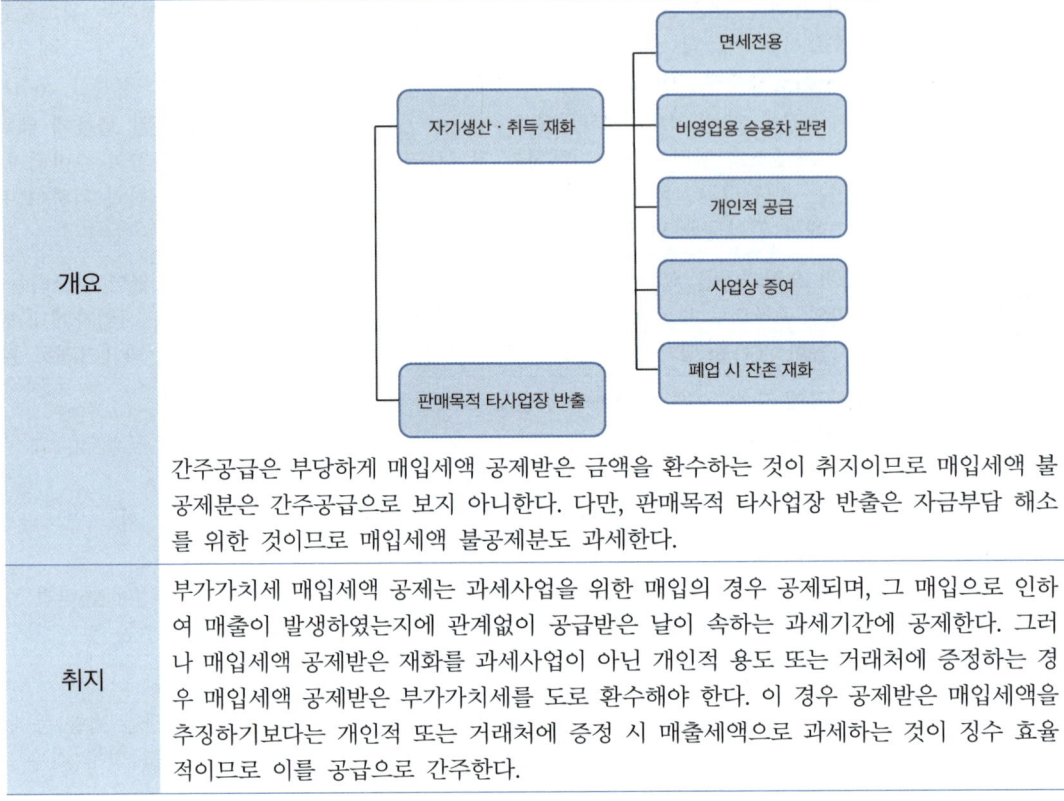
	간주공급은 부당하게 매입세액 공제받은 금액을 환수하는 것이 취지이므로 매입세액 불공제분은 간주공급으로 보지 아니한다. 다만, 판매목적 타사업장 반출은 자금부담 해소를 위한 것이므로 매입세액 불공제분도 과세한다.
취지	부가가치세 매입세액 공제는 과세사업을 위한 매입의 경우 공제되며, 그 매입으로 인하여 매출이 발생하였는지에 관계없이 공급받은 날이 속하는 과세기간에 공제한다. 그러나 매입세액 공제받은 재화를 과세사업이 아닌 개인적 용도 또는 거래처에 증정하는 경우 매입세액 공제받은 부가가치세를 도로 환수해야 한다. 이 경우 공제받은 매입세액을 추징하기보다는 개인적 또는 거래처에 증정 시 매출세액으로 과세하는 것이 징수 효율적이므로 이를 공급으로 간주한다.

(2) 자기생산·취득재화 공급의제

자기생산·취득재화	다음 중 어느 하나에 해당하는 재화를 자기생산·취득재화로 본다. ① 매입세액이 공제된 재화 ② 사업양도로 취득한 재화로서 사업양도자가 매입세액을 공제받은 재화 ③ 내국수출에 해당하여 영세율을 적용받는 재화 　[예] 내국신용장 또는 구매확인서에 의하여 공급받은 재화
면세전용	사업자가 자기의 과세사업과 관련하여 생산하거나 취득한 재화로서 자기생산·취득재화를 자기의 면세사업 및 부가가치세가 과세되지 아니하는 재화 또는 용역을 공급하는 사업(이하 "면세사업 등")을 위하여 직접 사용하거나 소비하는 것은 재화의 공급으로 본다. 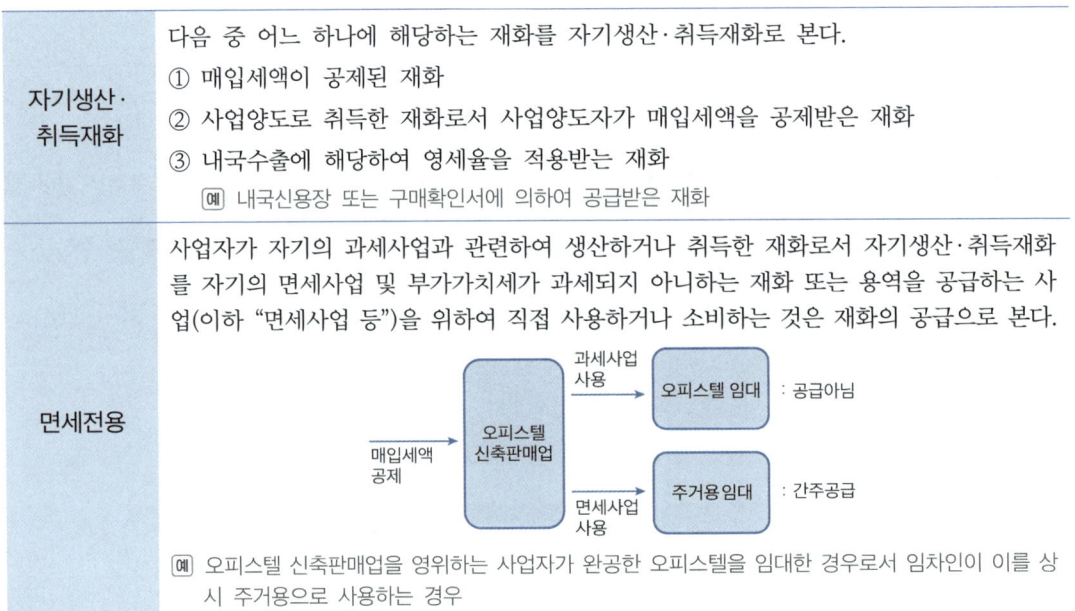 [예] 오피스텔 신축판매업을 영위하는 사업자가 완공한 오피스텔을 임대한 경우로서 임차인이 이를 상시 주거용으로 사용하는 경우

구분	내용
비영업용 소형승용차 관련	다음 중 어느 하나에 해당하는 자기생산·취득재화의 사용 또는 소비는 재화의 공급으로 본다. ① 사업자가 자기생산·취득재화를 매입세액이 매출세액에서 공제되지 아니하는 개별소비세법에 따른 자동차(예) 정원이 8인 이하 자동차)로 사용 또는 소비하거나 그 자동차의 유지를 위하여 사용 또는 소비하는 것 ② 운수업, 자동차 판매업, 자동차 임대업, 운전학원업, 무인경비업과 사업을 경영하는 사업자가 자기생산·취득재화 중 개별소비세법에 따른 자동차와 그 자동차의 유지를 위한 재화를 해당 업종에 직접 영업으로 사용하지 아니하고 다른 용도로 사용하는 것 [예] 택시회사가 택시업무용으로 구입한 개별소비세 승용차를 매입세액공제받은 뒤 그 후 승용차를 대표이사 출퇴근 용도로 전용한 경우
개인적 공급	사업자가 자기생산·취득재화를 사업과 직접적인 관계없이 자기의 개인적인 목적이나 그 밖의 다른 목적을 위하여 사용·소비하거나 그 사용인 또는 그 밖의 자가 사용·소비하는 것으로서 사업자가 그 대가를 받지 아니하거나 시가보다 낮은 대가를 받는 경우는 재화의 공급으로 본다. 다만, 사업자가 실비변상적 또는 복리후생적인 목적으로 그 사용인에게 대가를 받지 아니하거나 시가보다 낮은 대가를 받고 제공하는 다음의 어느 하나에 해당하는 경우에는 재화의 공급으로 보지 아니한다. 이 경우 시가보다 낮은 대가를 받고 제공하는 것은 시가와 받은 대가의 차액에 한정한다. ① 사업을 위해 착용하는 작업복, 작업모 및 작업화를 제공하는 경우 ② 직장 연예 및 직장 문화와 관련된 재화를 제공하는 경우 ③ 다음 중 어느 하나에 해당하는 재화를 제공하는 경우. 이 경우 ㉠ 또는 ㉡ 또는 ㉢별로 각각 사용인 1명당 연간 10만원을 한도로 하며, 10만원을 초과하는 경우 해당 초과액에 대해서는 재화의 공급으로 본다. ㉠ 경조사와 관련된 재화 ㉡ 설날·추석과 관련된 재화 ㉢ 창립기념일 및 생일 등과 관련된 재화 🔍 **사례** 회사는 매입세액공제받은 재화를 다음과 같이 사용 또는 제공하였다. | 구분	공급가액
사업과 관련하여 직원에게 유니폼 제공	-
직장 체육대회에서 직원에게 도시락 제공	-
종업원 1명에게 창립기념일 선물로 시가 10만원, 결혼 선물로 시가 30만원 상품 제공	① (10만원 - 10만원) = 0 ② (30만원 - 10만원) = 20만원	

사업상 증여	내용	사업자가 자기생산·취득재화를 자기의 고객이나 불특정 다수에게 증여하는 경우(증여하는 재화의 대가가 주된 거래인 재화의 공급에 대한 대가에 포함되는 경우는 제외)는 재화의 공급으로 본다. 다만, 사업자가 사업을 위하여 증여하는 것으로서 다음 중 어느 하나에 해당하는 증여는 재화의 공급으로 보지 않는다. ① 사업을 위하여 대가를 받지 아니하고 다른 사업자에게 인도하거나 양도하는 견본품 ② 재난 및 안전관리 기본법의 적용을 받아 특별재난지역에 공급하는 물품 ③ 자기적립 마일리지 등으로만 전부를 결제받고 공급하는 재화 ④ 광고선전용으로 불특정다수인에게 증여하는 재화(통칙) ※ 사업자가 자기의 고객 중 추첨을 통하여 당첨된 자에게 재화를 경품으로 제공하는 경우에는 과세되는 재화의 공급으로 봄
	판매 장려금	사업자가 자기재화의 판매촉진을 위하여 거래상대자의 판매실적에 따라 일정률의 장려금품을 지급 또는 공급하는 경우 금전으로 지급하는 장려금은 과세표준에서 공제하지 아니하며 재화로 공급하는 것은 사업상 증여에 해당하므로 과세한다. 다만, 해당 재화가 자기생산·취득재화에 해당하지 아니하는 것은 과세하지 아니한다.
폐업 시 잔존재화		사업자가 폐업할 때 자기생산·취득재화 중 남아 있는 재화는 자기에게 공급하는 것으로 본다. 사업 개시일 이전에 사업자등록을 신청한 자가 사실상 사업을 시작하지 아니하게 되는 경우에도 또한 같다.

(3) 판매목적 타사업장 반출재화

내용	사업장이 둘 이상인 사업자가 자기의 사업과 관련하여 생산 또는 취득한 재화를 판매할 목적으로 자기의 다른 사업장에 반출하는 것은 재화의 공급으로 본다. 다만, 다음의 어느 하나에 해당하는 경우는 재화의 공급으로 보지 아니한다. ① 사업자가 사업자단위과세사업자로 적용을 받는 과세기간에 자기의 다른 사업장에 반출하는 경우 ② 사업자가 주사업장총괄납부의 적용을 받는 과세기간에 자기의 다른 사업장에 반출하는 경우. 다만, 세금계산서를 발급하고 관할 세무서장에게 신고한 경우는 재화의 공급으로 본다.
취지	사업장이 둘 이상인 사업자가 제조장에서 매입세액을 환급받고 직매장에서 매출세액을 납부하는 경우 그 환급은 상당기간이 소요되어 자금부담이 있다. 따라서 판매목적 타사업장 반출을 과세거래로 보아 제조장은 매출세액이 발생되고 직매장은 매입세액이 공제되면 한 사업장에서 납부 또는 환급이 발생하므로 납세자의 자금부담이 완화된다.

03 용역의 공급

용역의 범위	용역이란 재화 외에 재산 가치가 있는 다음의 사업에 해당하는 모든 역무와 그 밖의 행위를 말한다. ① 건설업 ② 숙박 및 음식점업 ③ 운수 및 창고업 ④ 정보통신업(출판업과 영상·오디오 기록물 제작 및 배급업은 제외) ⑤ 금융 및 보험업 ⑥ 부동산업. 다만, 다음의 사업은 제외한다. 　㉠ 전·답·과수원·목장용지·임야 또는 염전 임대업 　㉡ 공익사업을 위한 토지 등의 취득 및 보상에 관한 법률에 따른 공익사업과 관련해 지역권·지상권(지하 또는 공중에 설정된 권리를 포함)을 설정하거나 대여하는 사업 ⑦ 전문, 과학 및 기술 서비스업과 사업시설 관리, 사업 지원 및 임대서비스업 ⑧ 공공행정, 국방 및 사회보장 행정 ⑨ 교육 서비스업 ⑩ 보건업 및 사회복지 서비스업 ⑪ 예술, 스포츠 및 여가관련 서비스업 ⑫ 협회 및 단체, 수리 및 기타 개인서비스업과 제조업 중 산업용 기계 및 장비 수리업 ⑬ 가구 내 고용활동 및 달리 분류되지 않은 자가소비 생산활동 ⑭ 국제 및 외국기관의 사업
용역의 공급	용역의 공급은 계약상 또는 법률상의 모든 원인에 따른 것으로서 다음 중 어느 하나에 해당하는 것으로 한다. ① 역무(서비스)를 제공하는 것 ② 시설물, 권리 등 재화를 사용하게 하는 것 예 부동산 임대용역 ▣ 용역의 공급에 해당하는 경우 1. 건설업의 경우 건설사업자가 건설자재의 전부 또는 일부를 부담하는 것 2. 자기가 주요자재를 전혀 부담하지 아니하고 상대방으로부터 인도받은 재화를 단순히 가공만 해 주는 것 3. 산업상·상업상 또는 과학상의 지식·경험 또는 숙련에 관한 정보를 제공하는 것 4. 사업자가 농산물·축산물·수산물·임산물 등의 면세재화를 운반·가공하거나 판매대행하는 등의 용역을 제공하고 그 대가를 받는 것

📋 사업의 구분

구분기준	① 재화나 용역을 공급하는 사업의 구분은 부가가치세법 시행령에 특별한 규정이 있는 경우를 제외하고는 통계청장이 고시하는 해당 과세기간 개시일 현재의 한국표준산업분류에 따른다. ② 용역을 공급하는 경우 사업과 유사한 사업은 한국표준산업분류에도 불구하고 용역을 공급하는 사업에 포함되는 것으로 본다.
구분의 필요성	① 업종에 따라 공급시기가 달라질 수 있다. ② 재화의 무상공급은 과세하며, 용역의 무상공급은 원칙적으로 과세하지 아니한다. ③ 의제매입세액 공제율이 업종별로 다르다. ④ 영수증 발급업종대상인지 판단해야 한다.
농어가 부업	소득세법 시행령 제9조 제1항에 따라 소득세가 과세되지 아니하는 농가부업은 부가가치세법령상 사업을 구분할 때에 독립된 사업으로 보지 아니한다. 다만, 소득세법 시행령 제9조 제1항에 따른 민박, 음식물 판매, 특산물 제조, 전통차 제조 및 그 밖에 이와 유사한 활동은 독립된 사업으로 본다. | 축산·양어 | 미가공 축산물·수산물은 면세 | | 농가부업 중 고공품 제조 | 소득세 비과세 → 부가가치세 비과세 소득세 과세 → 부가가치세 과세 | | 민박, 음식물 판매, 특산물·전통차 제조 | 부가가치세 과세 ∵ 공정 경쟁 유도 |
부동산 매매업· 건설업	건설업과 부동산업 중 다음 중 어느 하나에 해당하는 사업은 재화를 공급하는 사업으로 본다. ① 부동산 매매(주거용 또는 비거주용 건축물 및 그 밖의 건축물을 자영건설하여 분양·판매하는 경우를 포함) 또는 그 중개를 사업목적으로 나타내어 부동산을 판매하는 사업 ② 사업상 목적으로 1과세기간 중에 1회 이상 부동산을 취득하고 2회 이상 판매하는 사업 ※ 위 규정은 재화의 공급으로 볼 수 있는 경우의 예시적 규정이며, 부동산 매매가 전체적으로 사업활동으로 볼 수 있는 정도의 계속·반복성을 갖고 있는 경우 규정상 판매횟수에 미달하더라도 사업성을 부정해서는 아니 됨

04 용역공급의 특례

용역의 자가공급	사업자가 자신의 용역을 자기의 사업을 위하여 대가를 받지 아니하고 공급함으로써 다른 사업자와의 과세형평이 침해되는 경우에는 자기에게 용역을 공급하는 것으로 본다. 이 경우 그 용역의 범위는 현재 시행령에서 정한 것이 없어 실질적으로 용역의 자가공급은 과세하지 아니한다. 📋 용역의 자가공급에 해당되어 과세되지 않는 경우 1. 사업자가 자기의 사업과 관련하여 사업장 내에서 그 사용인에게 음식용역을 무상으로 제공하는 경우 2. 사업자가 사용인의 직무상 부상 또는 질병을 무상으로 치료하는 경우 3. 사업장이 각각 다른 수개의 사업을 겸영하는 사업자가 그 중 한 사업장의 재화 또는 용역의 공급에 필수적으로 부수되는 용역을 자기의 다른 사업장에서 공급하는 경우
용역의 무상공급	사업자가 대가를 받지 아니하고 타인에게 용역을 공급하는 것은 용역의 공급으로 보지 아니한다. 다만, 사업자가 특수관계인에게 사업용 부동산의 임대용역 등을 공급하는 것은 용역의 공급으로 본다. 그러나 다음에 해당하는 부동산 임대용역은 공급으로 보지 아니한다.

용역의 무상공급	① 산업교육진흥 및 산학연협력촉진에 관한 법률에 따라 설립된 산학협력단과 대학 간 사업용 부동산의 임대용역 ② 공공주택 특별법에 해당하는 공공주택사업자와 부동산투자회사 간 사업용 부동산의 임대용역
근로의 제공	고용관계에 따라 근로를 제공하는 것은 용역의 공급으로 보지 아니한다.

05 재화의 수입

재화의 수입	재화의 수입은 다음 중 어느 하나에 해당하는 물품을 국내에 반입하는 것(보세구역을 거치는 것은 보세구역에서 반입하는 것)으로 한다. ① 외국으로부터 국내에 도착한 물품(외국 선박에 의하여 공해에서 채집되거나 잡힌 수산물을 포함)으로서 수입신고가 수리되기 전의 것 ② 수출신고가 수리된 물품(수출신고가 수리된 물품으로서 선적되지 아니한 물품을 보세구역에서 반입하는 경우는 부가가치세를 과세하지 아니함) → 선적시점에 영세율이 적용되므로 선적되지 않은 물품은 영세율을 적용받지 못하여 국내에 반입해도 과세하지 않음
보세구역 거래	보세구역 외국사업자A ① 외국물품 → 보세공장B ② 외국물품 → 국내사업자D ③ 재화·용역 ↕ 보세공장C ④ 재화·용역 ← 국내사업자E ① 외국에서 보세구역으로 재화를 반입하는 경우 — 재화의 수입 X ② 보세구역 내에서 보세구역 밖의 국내로 외국물품을 반입함(*) — 재화의 수입 O ③ 보세구역 내 공급, 보세구역 밖 국내에서 보세구역으로 공급 — 재화의 공급 O (*) 재화의 공급도 동시에 발생할 수 있음

06 부수 재화 및 부수 용역의 공급

개요	주된 재화·용역의 공급에 부수되는 재화·용역은 주된 재화·용역에 따라 과세 또는 면세 여부 등이 달라질 수 있다. 동 규정은 주된 부분과 부수 부분 구분에 따른 비경제성을 피하고 세무행정을 능률화하기 위한 제도이다.
주된 거래에 부수되는 재화·용역	주된 재화 또는 용역의 공급에 부수되어 공급되는 것으로서 다음 중 어느 하나에 해당하는 재화 또는 용역의 공급은 주된 재화 또는 용역의 공급에 포함되는 것으로 본다. ① 해당 대가가 주된 재화 또는 용역의 공급에 대한 대가에 통상적으로 포함되어 공급되는 재화 또는 용역 ② 거래의 관행으로 보아 통상적으로 주된 재화 또는 용역의 공급에 부수하여 공급되는 것으로 인정되는 재화 또는 용역

주된 거래에 부수되는 재화·용역	**주된 거래에 부수되는 재화·용역 과세 여부**			
	구분	주된 거래	부수 재화·용역 원칙	부수 재화·용역 판단
	쌀을 판매하면서 배달해주는 운송용역	면세	과세	면세
	조경공사용역을 공급하면서 수목 제공	과세	면세	과세
	장례식장에서 제공하는 음식용역	면세	과세	면세
	TV를 공급하고 A/S용역 제공	과세	과세	과세

주된 사업에 부수되는 재화·용역	주된 사업에 부수되는 다음 중 어느 하나에 해당하는 재화 또는 용역의 공급은 별도의 공급으로 보되, 과세 및 면세 여부 등은 주된 사업의 과세 및 면세 여부 등을 따른다. ① 주된 사업과 관련하여 우연히 또는 일시적으로 공급되는 재화 또는 용역 ② 주된 사업과 관련하여 주된 재화의 생산 과정이나 용역의 제공 과정에서 필연적으로 생기는 재화			
	주된 사업에 부수되는 재화·용역 과세 여부			
	구분	주된 사업	부수 재화·용역 원칙	부수 재화·용역 판단
	은행업에 사용한 건물을 양도한 경우	면세	과세	면세
	의류제조업에 사용한 토지를 양도한 경우	과세	면세	면세
	복숭아통조림 제조과정에서 발생한 복숭아씨 판매	과세	면세	과세
	참치통조림 제조과정에서 발생한 참치 알	과세	면세	과세

제2절 공급시기와 공급장소

01 공급시기

의의	공급시기는 재화 또는 용역의 공급이 언제 발생하였는지 결정하는 기준을 말한다. 재화의 공급시기는 공급계약내용이 확정적이며, 공급받는 자가 공급받은 재화를 사용·소비할 수 있거나 용역의 경우 공급받은 용역의 효익을 누릴 수 있는 시점이다. 다만, 현실에서 다양한 거래를 획일적 공급시기로 규정하기 어려우므로 현행 부가가치세법령은 구체적 거래형태별 공급시기 규정을 마련하고 있다.
중요성	① 사업자는 과세거래에 대하여 그 공급시기가 속하는 예정신고기간 또는 과세기간의 과세표준으로 계산하여 이를 신고·납부하여야 하며, 공급시기에 부가가치세의 거래징수의무 및 세금계산서의 발급의무를 이행하여야 한다. ② 공급시기에 세금계산서를 발급하지 않거나 수취하지 않으면 가산세 또는 매입세액 불공제가 될 수 있으므로 공급시기를 정확히 판단하는 것은 매우 중요하다.

02 재화의 공급시기

기본원칙	재화가 공급되는 시기는 다음의 구분에 따른 때로 한다. ① 재화의 이동이 필요한 경우: 재화가 인도되는 때 ② 재화의 이동이 필요하지 아니한 경우: 재화가 이용가능하게 되는 때(소유권이전등기일 또는 사용수익일) ③ ①과 ②를 적용할 수 없는 경우: 재화의 공급이 확정되는 때	

거래형태별 공급시기

구분	공급시기
현금판매, 외상판매 또는 할부판매	재화가 인도되거나 이용가능하게 되는 때
상품권 등을 현금 또는 외상으로 판매하고 그 후 그 상품권 등이 현물과 교환되는 경우	재화가 실제로 인도되는 때
재화의 공급으로 보는 가공의 경우	가공된 재화를 인도하는 때
재화를 현물출자한 경우	현물출자의 이행이 완료되는 때
금전등록기를 설치한 경우	현금 수입시기를 공급시기로 할 수 있음
반환조건부 판매, 동의조건부 판매, 그 밖의 조건부 판매 및 기한부 판매	그 조건이 성취되거나 기한이 지나 판매가 확정되는 때 예 검수조건부 판매는 검수완료일
무인판매기를 이용한 재화의 공급	무인판매기에서 현금을 꺼내는 때

장기 할부판매

요건: 장기할부판매란 재화를 공급하고 그 대가를 월부, 연부 또는 그 밖의 할부의 방법에 따라 받는 것 중 다음의 요건을 모두 갖춘 것을 말한다.
① 2회 이상으로 분할하여 대가를 받는 것
② 해당 재화의 인도일의 다음 날부터 최종 할부금 지급기일까지의 기간이 1년 이상인 것

공급시기: 장기할부판매의 경우에는 대가의 각 부분을 받기로 한 때(실지 대금의 수령 여부에 불구하고 약정에 의하여 대가의 각 부분을 받기로 한 날)를 공급시기로 한다. 다만, 위 공급시기 전에 세금계산서 또는 영수증을 발급하는 경우에는 그 발급한 때를 공급시기로 본다.

> 🔍 **사례**
> 20X1. 12. 31. 기계(2억원)를 인도하고 인도일 이후 매년 말 대금을 1억원씩 받기로 약정하였다. 이 경우 공급시기와 이에 따른 공급가액은?
> ⇒ ① 원칙: 20X2. 12. 31. 1억원, 20X3. 12. 31. 1억원
> ② 20X1. 12. 31. 2억원에 대하여 세금계산서 발급: 20X1. 12. 31. 2억원

중간지급조건부 판매

요건: 중간지급조건부로 재화를 공급하는 경우란 다음 중 어느 하나에 해당하는 경우를 말한다.
① 계약금을 받기로 한 날의 다음 날부터 재화를 인도하는 날 또는 재화를 이용가능하게 하는 날까지의 기간이 6개월 이상인 경우로서 그 기간 이내에 계약금 외의 대가를 분할하여 받는 경우
② 국고금 관리법 제26조에 따라 경비를 미리 지급받는 경우
③ 지방회계법 제35조에 따라 선금급을 지급받는 경우

중간 지급조건부 판매	공급 시기	중간지급조건부판매에 해당하는 경우에는 대가의 각 부분을 받기로 한 때를 공급시기로 한다. 다만, 재화가 인도되거나 이용가능하게 되는 날 이후에 받기로 한 대가의 부분에 대해서는 재화가 인도되거나 이용가능하게 되는 날을 그 재화의 공급시기로 본다. 🔍 **사례** 20X1. 4. 1. 기계(4억원)를 다음과 같은 조건으로 공급하기로 계약하였으며, 20X1. 11. 1. 인도하기로 하였다. 이 경우 공급시기와 이에 따른 공급가액은? 	날짜	구분	금액
20X1. 4. 1.	계약금	1억원
20X1. 6. 1.	1차 중도금	1억원
20X1. 10. 1.	2차 중도금	1억원
20X2. 1. 1.	잔금	1억원 | ⇒ 20X1. 4. 1. 1억원, 20X1. 6. 1. 1억원, 20X1. 10. 1. 1억원, 20X1. 11. 1. 1억원
완성도기준 지급조건부 판매	요건	완성도기준지급조건부란 일의 완성도에 따라 대가를 분할하여 지급받는 것으로서 기간 요건은 없으므로 그 기간이 6개월 미만인 경우에도 완성도에 따라 대금을 지급받으면 완성도기준지급조건부 공급에 해당한다.
	공급 시기	완성도기준지급조건부에 해당하는 경우에는 대가의 각 부분을 받기로 한 때를 공급시기로 한다. 다만, 재화가 인도되거나 이용가능하게 되는 날 이후에 받기로 한 대가의 부분에 대해서는 재화가 인도되거나 이용가능하게 되는 날을 그 재화의 공급시기로 본다. 🔍 **사례** 20X1. 10. 2.에 건물을 신축하는 도급공사계약을 ㈜민국과 체결하였다. 총 계약대금은 200,000,000이며, 공사대금은 아래의 완성도 조건에 따라 지급받기로 하였다. 20X1. 12. 31. 현재 공사진행률은 60%이다. 20X1년 공급가액은? | 공사진행률	0%(계약 시)	50% 도달 시	70% 도달 시	100% 도달 시
---	---	---	---	---
대금회수 약정내용	10% 지급	30% 지급	30% 지급	30% 지급	 ⇒ 200,000,000 × (10% + 30%) = 80,000,000
계속적 공급		전력이나 그 밖에 공급단위를 구획할 수 없는 재화(예 전기, 가스 등)를 계속적으로 공급하는 경우 대가의 각 부분을 받기로 한 때를 공급시기로 한다. 단, 공급시기 전에 세금계산서 또는 영수증을 발급하는 경우에는 그 발급하는 때를 공급시기로 본다.
간주공급			구분	공급시기
---	---
면세전용·비영업용 소형자동차 전용·개인적 공급	재화를 사용·소비하는 때
판매목적 타사업장 반출	재화를 반출하는 때
사업상 증여	재화를 증여하는 때
폐업 시 잔존재화	폐업일	

구분		공급시기
수출재화	내국물품의 외국 반출[*]	수출재화의 선(기)적일
	중계무역 방식의 수출	
	수입신고 수리 전 보세구역 보관 물품의 외국 반출	
	원양어업 또는 위탁판매수출	수출재화의 공급가액이 확정되는 때
	외국인도수출	외국에서 해당 재화가 인도되는 때
	위탁가공무역 방식의 수출	
	원료를 국외 수탁가공사업자에게 무환반출 후 가공된 재화를 양도하는 경우	
	내국신용장 또는 구매확인서에 의하여 공급하는 재화	재화를 인도하는 때 (국내 공급시기 준용)

[*] 직수출한 경우 거래의 인도조건이나 대금지급조건 등에 관계가 없으므로 장기할부판매 또는 중간지급조건부 수출의 경우에도 선(기)적일을 공급시기로 한다.

위탁매매 등	위탁매매 또는 대리인에 의한 매매는 수탁자 또는 대리인이 재화를 공급할 때를 공급시기로 본다. 단, 위탁자 또는 본인을 알 수 없는 경우 위탁자와 수탁자 또는 본인과 대리인 사이에도 별개의 공급으로 보아 공급시기를 결정한다.
리스거래	납세의무가 있는 사업자가 여신전문금융업법에 따라 등록한 시설대여업자로부터 시설 등을 임차하고 그 시설 등을 공급자 또는 세관장으로부터 직접 인도받은 경우에는 그 사업자가 공급자로부터 재화를 직접 공급받거나 외국으로부터 재화를 직접 수입한 것으로 보아 공급시기를 적용한다.
폐업 시 특례	사업자가 폐업 전에 공급한 재화의 공급시기가 폐업일 이후에 도래하는 경우에는 그 폐업일을 공급시기로 본다. 폐업 전에 공급한 경우는 폐업 전에 재화가 인도된 것뿐만 아니라 폐업 전 인도의 원인이 되는 행위(예 계약체결)가 발생한 것도 포함한다. 따라서 폐업 전에 공급계약이 체결된 경우 폐업 시 잔존재화로 과세하지 아니한다.

장기할부판매와 중간지급조건부 판매 비교

구분	장기할부판매	중간지급조건부 판매
요건	재화를 공급하고 그 대가를 할부의 방법에 따라 받는 것 중 다음의 요건을 모두 갖춘 것 ① 2회 이상 분할하여 대가를 받는 것 ② 재화의 인도일의 다음 날부터 최종 할부금 지급기일까지의 기간이 1년 이상	계약금을 받기로 한 날의 다음 날부터 재화를 인도하는 날 또는 재화를 이용가능하게 하는 날까지의 기간이 6개월 이상인 경우로서 그 기간 이내에 계약금 외의 대가를 분할하여 받는 경우
공급시기	대가의 각 부분을 받기로 한 때	
선발급 허용	대금 수령과 관계없이 선발급 허용	대가를 수령하지 않고 선발급하는 것은 허용하지 않음
수출하는 경우	선적일 등 수출의 공급시기를 적용함	

03 용역의 공급시기

기본원칙	용역이 공급되는 시기는 다음 중 어느 하나에 해당하는 때로 한다. ① 역무를 제공하는 경우: 역무의 제공이 완료되는 때 ② 시설물 등 재화를 사용하게 하는 경우: 시설물, 권리 등 재화가 사용되는 때	
거래형태별 공급시기	**구분**	**공급시기**
	장기할부조건부	대가의 각 부분을 받기로 한 때
	완성도기준지급조건부·중간지급조건부	대가의 각 부분을 받기로 한 때. 다만, 역무의 제공이 완료되는 날 이후 받기로 한 대가의 부분에 대해서는 역무제공완료일
	역무의 제공이 완료되는 때 또는 대가를 받기로 한 때를 공급시기로 볼 수 없는 경우	역무의 제공이 완료되고 그 공급가액이 확정되는 때
	사업자가 부동산 임대용역을 공급하고 전세금 등을 받는 경우로서 해당 기간의 전세금 등에 대하여 간주임대료를 계산하는 경우	예정신고기간 또는 과세기간의 종료일
	사업자가 둘 이상의 과세기간에 걸쳐 부동산 임대용역을 공급하고 그 대가를 선불 또는 후불로 받는 경우의 안분계산한 임대료	
	다음 중 어느 하나에 해당하는 용역을 둘 이상의 과세기간에 걸쳐 계속적으로 제공하고 그 대가를 선불로 받는 경우 ① 헬스클럽장 등 스포츠센터를 운영하는 사업자가 연회비를 미리 받고 회원들에게 시설을 이용하게 하는 것 ② 사업자가 다른 사업자와 상표권 사용계약을 할 때 사용대가 전액을 일시불로 받고 상표권을 사용하게 하는 것 ③ 유료인 노인복지시설을 설치·운영하는 사업자가 그 시설을 분양받은 자로부터 입주 후 수영장·헬스클럽장 등을 이용하는 대가를 입주 전에 미리 받고 시설 내 수영장·헬스클럽장 등을 이용하게 하는 것	
	사업자가 BOT방식을 준용하여 설치한 시설에 대하여 둘 이상의 과세기간에 걸쳐 계속적으로 시설을 이용하게 하고 그 대가를 받는 경우	
계속적 용역	공급단위를 구획할 수 없는 용역을 계속적으로 공급하는 경우(예 부동산임대)에는 대가의 각 부분을 받기로 한 때를 공급시기로 본다. 단, 공급시기 전에 세금계산서 또는 영수증을 발급하는 경우에는 그 발급하는 때를 공급시기로 본다.	
폐업 시 특례	폐업 전에 공급한 용역의 공급시기가 폐업일 이후에 도래하는 경우에는 폐업일을 공급시기로 본다.	

04 재화의 수입시기

원칙	재화의 수입시기는 관세법에 따른 수입신고가 수리된 때로 한다.
특례	사업자가 보세구역 안에서 보세구역 밖의 국내에 재화를 공급하는 경우가 재화의 수입에 해당할 때에는 수입신고 수리일을 재화의 공급시기로 본다.

05 재화 및 용역의 공급시기 특례

대가를 받고 T/I 등을 발급하는 경우

내용: 사업자가 재화 또는 용역의 공급시기가 되기 전에 재화 또는 용역에 대한 대가의 전부 또는 일부를 받고, 그 받은 대가에 대하여 세금계산서 또는 영수증을 발급하면 그 세금계산서 등을 발급하는 때를 각각 그 재화 또는 용역의 공급시기로 본다.
→ 대가 지급시기와 세금계산서 발급시기의 과세기간이 다른 경우에도 세금계산서의 발급시기를 공급시기로 봄

취지: 대가를 받은 경우 거래의 실제성이 확보된 것으로 보아 그 때를 공급시기로 보는 것이며, 대가지불 없이 매입세액을 공제받는 세금탈루행위를 방지한다.

🔍 **사례**

재화의 인도일	대금수령일	세금계산서 발급일	공급시기
20X1. 9. 1.	20X1. 5. 1.	20X1. 5. 1.	20X1. 5. 1.
20X1. 9. 1.	20X1. 3. 1.	20X1. 6. 1.	20X1. 6. 1.

T/I 발급 후 7일 이내에 대가를 받은 경우

사업자가 재화 또는 용역의 공급시기가 되기 전에 세금계산서를 발급하고 그 세금계산서 발급일부터 7일 이내에 대가를 받으면 해당 세금계산서를 발급한 때를 재화 또는 용역의 공급시기로 본다.

∵ 세금계산서 발급 후 7일 이내 결제되는 상관행 거래를 허용함

🔍 **사례**

재화의 인도일	대금수령일	세금계산서 발급일	공급시기
20X1. 9. 1.	20X1. 5. 20.	20X1. 5. 15.	20X1. 5. 15.

T/I 발급 후 7일이 지난 후 대가를 받은 경우

다음 중 어느 하나에 해당하는 경우에는 재화 또는 용역을 공급하는 사업자가 그 재화 또는 용역의 공급시기가 되기 전에 세금계산서를 발급하고 그 세금계산서 발급일부터 7일이 지난 후 대가를 받더라도 해당 세금계산서를 발급한 때를 재화 또는 용역의 공급시기로 본다.

① 거래 당사자 간의 계약서·약정서 등에 대금 청구시기(세금계산서 발급일)와 지급시기를 따로 적고, 대금 청구시기와 지급시기 사이의 기간이 30일 이내인 경우
② 재화 또는 용역의 공급시기가 세금계산서 발급일이 속하는 과세기간 내(공급받는 자가 조기환급을 받은 경우에는 세금계산서 발급일부터 30일 이내)에 도래하는 경우

🔍 **사례**

재화의 인도일	대금수령일(*)	세금계산서 발급일	공급시기
20X1. 9. 1.	20X1. 5. 15.	20X1. 4. 20.	20X1. 4. 20.
20X1. 6. 30.	-	20X1. 4. 20.	20X1. 4. 20.

(*) 약정서 등에 의해 확인됨

장기할부와 계속적 공급	사업자가 다음의 공급시기가 되기 전에 세금계산서 또는 영수증을 발급하는 경우에는 그 발급한 때를 각각 그 재화 또는 용역의 공급시기로 본다. ① 장기할부판매로 재화를 공급하거나 장기할부조건부로 용역을 공급하는 경우 ② 전력이나 그 밖에 공급단위를 구획할 수 없는 재화를 계속적으로 공급하는 경우 ③ 그 공급단위를 구획할 수 없는 용역을 계속적으로 공급하는 경우 ④ 외국항행용역을 공급하는 경우로서 상법 제852조 및 제853조에 따라 발행된 선하증권에 따라 거래사실이 확인되는 경우의 공급시기(용역의 공급시기가 선하증권 발행일부터 90일 이내인 경우로 한정함) ∵ 대가를 받기 전 대금을 청구하는 것이 일반적이며, 대금수수와 관계없이 허용

06 공급장소

의의	공급장소란 소비지국과세원칙에 따라 재화 또는 용역의 공급이 국내에서 이루어진 것인지 국외에서 이루어진 것인지를 구분하는 기준으로 보고 우리나라의 과세권이 미치는 과세거래인지를 판단하는 기준이다.
재화의 공급장소	재화가 공급되는 장소는 다음의 구분에 따른 곳으로 한다. ① 재화의 이동이 필요한 경우: 재화의 이동이 시작되는 장소 ② 재화의 이동이 필요하지 아니한 경우: 재화가 공급되는 시기에 재화가 있는 장소
용역의 공급장소	용역이 공급되는 장소는 다음 중 어느 하나에 해당하는 곳으로 한다. ① 역무가 제공되거나 시설물, 권리 등 재화가 사용되는 장소 ② 국내 및 국외에 걸쳐 용역이 제공되는 국제운송의 경우 사업자가 비거주자 또는 외국법인이면 여객이 탑승하거나 화물이 적재되는 장소 ③ 전자적 용역의 경우 용역을 공급받는 자의 사업장 소재지, 주소지 또는 거소지

제3장 영세율과 면세

제1절 영세율

01 영세율의 의의

영세율은 일정한 재화 또는 용역의 공급에 대하여 0% 세율을 적용하여 부가가치세액이 '0'이 되게 하는 제도이다. 영세율을 적용하면 그 거래의 전 단계에서 창출한 부가가치도 면제되므로 완전면세제도라고 한다. 영세율 사업자는 세율이 '0'인 것을 제외하고는 부가가치세법상의 납세의무자이므로 원칙적으로 일반과세사업자의 부가가치세법상 제반의무를 이행하여야 한다.

🔍 사례

구분	과세사업자	과세사업자	영세율사업자
매출세액	10	20	0
매입세액	-	(10)	(20)
납부세액	10	10	(20)

02 영세율 적용대상 사업자

내용	거주자와 내국법인은 영세율 적용대상 거래 시 영세율이 적용되며, 비거주자와 외국법인은 상호주의에 따라 영세율을 적용한다.
상호주의	사업자가 비거주자 또는 외국법인이면 그 해당 국가에서 대한민국의 거주자 또는 내국법인에 대하여 동일하게 면세하는 경우에만 영세율을 적용한다. 동일하게 면세하는 경우는 해당 외국의 조세로서 우리나라의 부가가치세 또는 이와 유사한 성질의 조세를 면세하는 경우와 그 외국에 우리나라의 부가가치세 또는 이와 유사한 성질의 조세가 없는 경우로 한다.

03 영세율 적용대상 거래

1. 재화의 수출

내용	재화의 공급이 수출에 해당하면 그 재화의 공급에 대하여는 영세율을 적용한다.
수출재화	수출에 해당하는 재화는 다음과 같다. 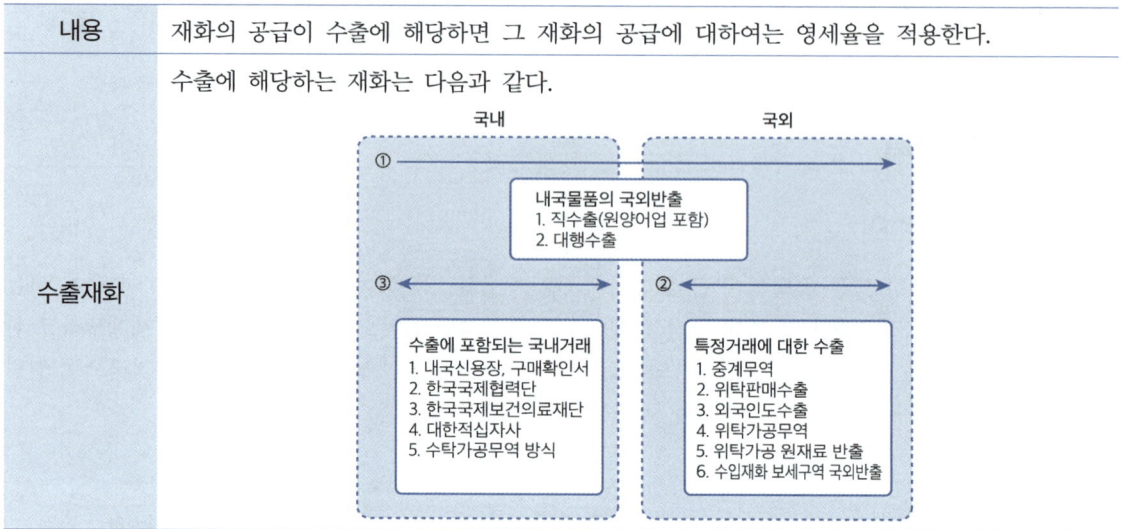

2. 내국물품의 국외반출

의의		① 내국물품(대한민국 선박에 의하여 채집되거나 잡힌 수산물을 포함)을 외국으로 반출하는 것은 영세율을 적용한다. ② 사업자가 재화를 국외로 무상으로 반출하는 경우(공급가액은 수출재화의 시가)에도 영세율을 적용한다. 다만, 자기사업을 위하여 대가를 받지 아니하고 국외의 사업자에게 견본품을 반출하는 경우에는 재화의 공급으로 보지 아니한다.
직수출	내용	수출업자가 물품을 자기명의·자기계산으로 내국물품을 외국으로 반출하는 것
	공급시기	수출재화의 선(기)적일 ※ 중간지급조건부, 장기할부판매 및 검수조건부 수출의 경우에도 선(기)적일임
	T/I 발급	공급받는 자가 국내사업장이 없는 비거주자 또는 외국법인이므로 세금계산서 발급의무가 없다.
대행수출	내용	수출품 생산업자가 수출업자와 다음과 같이 수출대행계약을 체결하여 수출업자의 명의로 수출하는 경우에 수출품 생산업자가 외국으로 반출하는 재화는 영세율을 적용한다. ① 수출품 생산업자가 직접 수출신용장을 받아 수출업자에게 양도하고 수출대행계약을 체결한 경우 ② 수출업자가 수출신용장을 받고 수출품 생산업자와 수출대행계약을 체결한 경우 → 수출업자가 받는 수출대행수수료는 국내에서 제공하는 용역이므로 10% 과세대상임
	공급시기	수출재화의 선(기)적일
	T/I 발급	수출품생산업자가 재화를 수출하는 경우에는 세금계산서 발급의무가 면제된다. 단, 수출업자는 수출대행용역의 대가에 대하여 세금계산서를 발급하여야 한다.

3. 중계무역방식의 거래 등 국내사업장에서 계약과 대가 수령 등 거래가 이루어지는 것

의의	중계무역방식수출, 위탁판매수출, 외국인도수출, 위탁가공무역방식의 수출, 위탁가공무역을 위한 원료의 반출 및 수입물품 보세구역 국외반출은 모두 재화의 이동이 시작되는 장소(공급장소)가 국외이므로 본래 부가가치세 과세거래에 해당하지 않는다. 단, 중계무역 등과 관련하여 국내에서 발생하는 매입세액을 공제하기 위하여 국내사업장에서 거래가 이루어지는 경우에는 수출에 포함하여 영세율을 적용한다.	
중계무역방식 수출	내용	수출할 것을 목적으로 물품 등을 수입하여 보세구역 및 보세구역 외 장치의 허가를 받은 장소 또는 자유무역지역 외의 국내에 반입하지 아니하는 방식의 수출 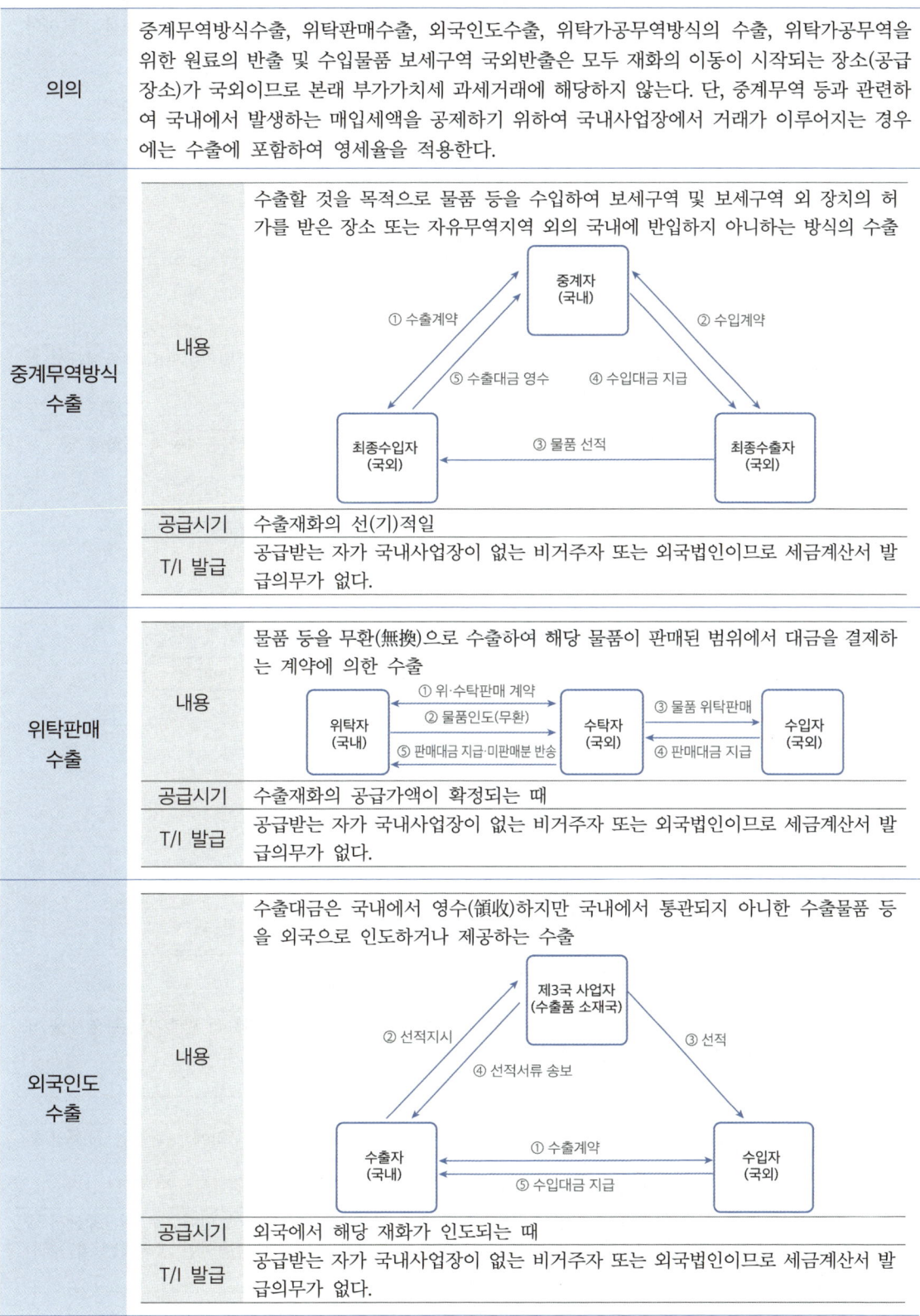
	공급시기	수출재화의 선(기)적일
	T/I 발급	공급받는 자가 국내사업장이 없는 비거주자 또는 외국법인이므로 세금계산서 발급의무가 없다.
위탁판매 수출	내용	물품 등을 무환(無換)으로 수출하여 해당 물품이 판매된 범위에서 대금을 결제하는 계약에 의한 수출
	공급시기	수출재화의 공급가액이 확정되는 때
	T/I 발급	공급받는 자가 국내사업장이 없는 비거주자 또는 외국법인이므로 세금계산서 발급의무가 없다.
외국인도 수출	내용	수출대금은 국내에서 영수(領收)하지만 국내에서 통관되지 아니한 수출물품 등을 외국으로 인도하거나 제공하는 수출
	공급시기	외국에서 해당 재화가 인도되는 때
	T/I 발급	공급받는 자가 국내사업장이 없는 비거주자 또는 외국법인이므로 세금계산서 발급의무가 없다.

위탁가공 무역방식 수출	내용	가공임(加工賃)을 지급하는 조건으로 외국에서 가공(제조, 조립, 재성, 개조를 포함)할 원료의 전부 또는 일부를 거래 상대방에게 수출하거나 외국에서 조달하여 가공한 후 가공물품 등을 외국으로 인도하는 방식의 수출 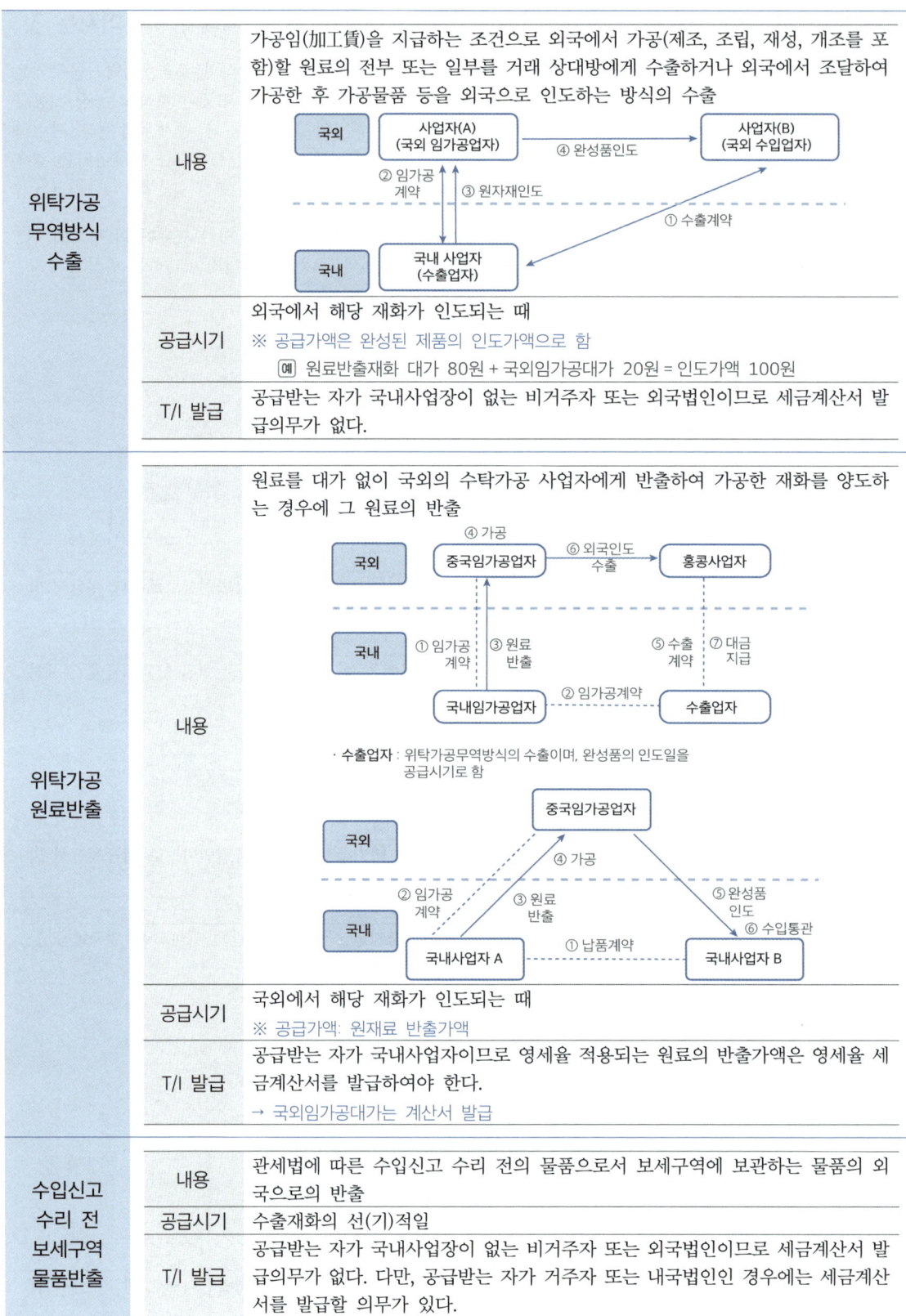
	공급시기	외국에서 해당 재화가 인도되는 때 ※ 공급가액은 완성된 제품의 인도가액으로 함 [예] 원료반출재화 대가 80원 + 국외임가공대가 20원 = 인도가액 100원
	T/I 발급	공급받는 자가 국내사업장이 없는 비거주자 또는 외국법인이므로 세금계산서 발급의무가 없다.
위탁가공 원료반출	내용	원료를 대가 없이 국외의 수탁가공 사업자에게 반출하여 가공한 재화를 양도하는 경우에 그 원료의 반출 · 수출업자 : 위탁가공무역방식의 수출이며, 완성품의 인도일을 공급시기로 함
	공급시기	국외에서 해당 재화가 인도되는 때 ※ 공급가액: 원재료 반출가액
	T/I 발급	공급받는 자가 국내사업자이므로 영세율 적용되는 원료의 반출가액은 영세율 세금계산서를 발급하여야 한다. → 국외임가공대가는 계산서 발급
수입신고 수리 전 보세구역 물품반출	내용	관세법에 따른 수입신고 수리 전의 물품으로서 보세구역에 보관하는 물품의 외국으로의 반출
	공급시기	수출재화의 선(기)적일
	T/I 발급	공급받는 자가 국내사업장이 없는 비거주자 또는 외국법인이므로 세금계산서 발급의무가 없다. 다만, 공급받는 자가 거주자 또는 내국법인인 경우에는 세금계산서를 발급할 의무가 있다.

4. 국내거래 중 수출로 보는 것

(1) 내국신용장 또는 구매확인서에 의한 재화의 공급

의의	\multicolumn{2}{l	}{내국신용장 또는 구매확인서에 의하여 재화(금지금은 제외)를 공급하는 것은 영세율을 적용한다. 이는 수출업자가 국내에서 원자재를 구매하는 경우 자금부담을 줄여주기 위함이다.}
	내국신용장	사업자가 국내에서 수출용 원자재 또는 수출재화임가공용역을 공급받으려는 경우에 해당 사업자의 신청에 따라 외국환은행의 장이 재화나 용역의 공급시기가 속하는 과세기간이 끝난 후 25일 이내(그 날이 공휴일 또는 토요일인 경우 그 바로 다음 영업일)에 개설하는 신용장
	구매확인서	외국환은행의 장이나 내국신용장에 준하여 재화나 용역의 공급시기가 속하는 과세기간이 끝난 후 25일 이내에 발급하는 확인서
공급시기	\multicolumn{2}{l	}{국내공급이므로 재화를 인도하는 때를 공급시기로 한다. 단, 중간지급조건부 및 완성도 기준지급조건부 공급, 장기할부판매의 경우 대가의 각 부분을 받기로 한 때, 검수조건부 공급인 경우 검수완료일을 공급시기로 한다.}
세금계산서	\multicolumn{2}{l	}{국내사업자와의 거래이므로 영세율 세금계산서를 발급하여야 한다. 단, 공급시기에는 내국신용장이 개설되지 않아 10% 세율로 세금계산서를 발급하였으나, 공급시기가 속한 과세기간이 끝난 후 25일 이내에 내국신용장이 개설되거나 구매확인서가 발급된 경우 당초 작성연월일을 작성연월일로 하여 수정세금계산서를 발급한다.}

(2) 사업자가 한국국제협력단 등에 공급하는 재화

의의	사업자가 한국국제협력단, 한국국제보건의료재단 및 대한적십자사에 공급하는 재화(해당 단체가 사업을 위하여 외국에 무상으로 반출하는 재화로 한정함)는 영세율을 적용한다. 이는 해외무상원조를 지원하기 위함이다.
공급시기	재화의 인도일을 공급시기로 하는 것이 원칙이다.
세금계산서	국내사업자 간의 거래이므로 세금계산서를 발급하여야 한다. 🔍 **사례** ㈜한국은 한국국제협력단(KOICA)에 시가 10,000,000원의 제품을 공급하였다. 한국국제협력단은 이 제품 중 90%를 해외구호를 위해 무상으로 반출하고 10%는 국내에서 사용한 경우 9,000,000원은 영세율, 1,000,000원은 10% 세율을 적용한다.

(3) 비거주자 등이 지정하는 국내사업자에게 인도하는 재화

내용	① 다음의 요건을 모두 갖추어 공급하는 재화는 영세율을 적용한다.
	   ㉠ 국외의 비거주자 또는 외국법인과 직접 계약에 따라 공급할 것
	   ㉡ 대금을 외국환은행에서 원화로 받을 것
	   ㉢ 비거주자 등이 지정하는 국내의 다른 사업자에게 인도할 것
	   ㉣ 국내의 다른 사업자가 비거주자 등과 계약에 따라 인도받은 재화를 그대로 반출하거나 제조·가공한 후 반출할 것
	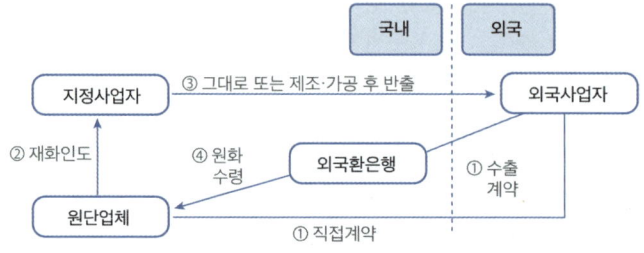
	② 비거주자 또는 외국법인은 국내에서 구입한 원재료에 대해 국내사업장이 없어 매입세액공제를 받을 수 없어 누적효과가 발생하므로 영세율을 적용하도록 한다.

공급시기	국내에서 비거주자 등이 지정하는 국내 다른 사업자에게 가공된 재화를 인도하는 때
세금계산서	공급받는 자가 국내사업장이 없는 비거주자 또는 외국법인이므로 세금계산서 발급의무는 없다.

5. 용역의 국외공급

내용	국외에서 공급하는 용역에 대하여는 영세율을 적용한다. 외국은 우리나라의 과세권이 미치지 아니하므로, 용역이 사용되는 장소가 국외인 경우 부가가치세는 과세되지 아니한다. 그러나 해당 용역을 제공하는 사업의 사업장이 국내인 사업자가 국외에서 제공하는 용역을 과세거래로 보되, 영세율을 적용하는 것이다. 이는, 사업자가 국외에서 제공하는 용역에 사용하기 위하여 국내에서 재화 등을 생산 또는 취득하는 경우 그 재화 등의 구입 시 부담한 매입세액을 환급하여 주고, 용역의 공급장소가 속하는 상대국에서 부가가치세가 과세되므로 이중과세를 방지하기 위해서도 영세율을 적용한다고 볼 수 있다.
세금계산서	국외제공용역을 공급받는 자가 국내사업장이 없는 비거주자 또는 외국법인인 경우 세금계산서 발급의무는 없으나, 공급받는 자가 거주자 또는 내국법인 또는 국내사업장이 있는 비거주자 또는 외국법인인 경우에는 세금계산서를 발급하여야 한다.

6. 외국항행용역의 공급

내용	① 선박 또는 항공기에 의하여 여객이나 화물을 국내에서 국외로, 국외에서 국내로 또는 국외에서 국외로 수송하는 외국항행용역은 대금결제수단에 관계없이 영세율을 적용한다. 외국항행사업자가 자기의 사업에 부수하여 공급하는 재화 또는 용역으로서 다음에서 규정하는 것도 영세율을 적용한다.
	   ㉠ 다른 외국항행사업자가 운용하는 선박 또는 항공기의 탑승권을 판매하거나 화물 송계약을 체결하는 것
	   ㉡ 외국을 항행하는 선박 또는 항공기 내에서 승객에게 공급하는 것

내용		ⓒ 자기의 승객만이 전용하는 버스를 탑승하게 하는 것
		② 자기의 승객만이 전용하는 호텔에 투숙하게 하는 것
	② 외국항행용역에는 운송주선업자가 국제복합운송계약에 의하여 화주로부터 화물을 인수하고 자기 책임과 계산으로 타인의 선박 또는 항공기 등의 운송수단을 이용하여 화물을 운송하고 화주로부터 운임을 받는 국제운송용역과 항공사업법에 따른 상업서류 송달용역을 포함한다.	

7. 외화 획득 재화 또는 용역의 공급 등

(1) 국내에서 국내사업장이 없는 비거주자 등에게 공급하는 재화·용역

의의		국내에서 국내사업장이 없는 비거주자(*) 또는 외국법인에 공급되는 다음 중 어느 하나에 해당하는 재화 또는 사업에 해당하는 용역으로서 그 대금을 외국환은행에서 원화로 받거나 기획재정부령으로 정하는 방법으로 받는 것은 영세율을 적용한다.
		(*) 비거주자에는 국내에 거소를 둔 개인, 외교공관 등의 소속 직원, 우리나라에 상주하는 국제연합군 또는 미합중국 군대의 군인 또는 군무원은 제외함
	재화	비거주자 또는 외국법인이 지정하는 국내사업자에게 인도되는 재화로서 해당 사업자의 과세사업에 사용되는 재화 → 면세사업에 사용하는 경우 10% 과세
	용역	① 전문, 과학 및 기술 서비스업(수의업, 제조업 회사본부 및 기타 산업 회사본부는 제외함) → 해당 국가에서 우리나라의 거주자 또는 내국법인에 대하여 동일하게 면세하는 경우(우리나라의 부가가치세 또는 이와 유사한 성질의 조세가 없거나 면세하는 경우)에 한정함 ② 사업지원 및 임대서비스업 중 무형재산권 임대업 ③ 통신업 ④ 컨테이너수리업, 보세구역 내의 보관 및 창고업, 해운법에 따른 해운대리점업, 해운중개업 및 선박관리업 ⑤ 정보통신업 중 뉴스 제공업, 영상·오디오 기록물 제작 및 배급업(영화관 운영업과 비디오물 감상실 운영업은 제외), 소프트웨어 개발업, 컴퓨터 프로그래밍, 시스템 통합관리업, 자료처리, 호스팅, 포털 및 기타 인터넷 정보매개 서비스업, 기타 정보 서비스업 ⑥ 상품 중개업 및 전자상거래 소매 중개업 ⑦ 사업시설관리 및 사업지원 서비스업(조경 관리 및 유지 서비스업, 여행사 및 기타 여행보조 서비스업은 제외) → 해당 국가에서 우리나라의 거주자 또는 내국법인에 대하여 동일하게 면세하는 경우(우리나라의 부가가치세 또는 이와 유사한 성질의 조세가 없거나 면세하는 경우)에 한정함 ⑧ 자본시장과 금융투자업에 관한 법률에 따른 투자자문업 ⑨ 교육 서비스업(교육지원 서비스업으로 한정함) ⑩ 보건업(임상시험용역을 공급하는 경우로 한정함)
공급시기		일반적인 공급시기규정을 준용한다.
세금계산서		공급받는 자가 국내사업장이 없는 비거주자 또는 외국법인인 경우에는 세금계산서 발급의무가 없다.

(2) 비거주자 등이 국내사업장이 있는 경우 국외의 비거주자 등과 직접 계약에 의해 공급하는 재화·용역

비거주자 또는 외국법인의 국내사업장이 있는 경우에 국내에서 국외의 비거주자 또는 외국법인과 직접 계약하여 공급하는 재화 또는 용역 중 (1)의 어느 하나에 해당하는 재화 또는 사업에 해당하는 용역은 영세율을 적용한다. 다만, 그 대금을 해당 국외 비거주자 또는 외국법인으로부터 외국환은행에서 원화로 받거나 기획재정부령으로 정하는 방법으로 받는 경우로 한정한다.

(3) 수출재화 임가공용역

내용	다음 중 어느 하나에 해당하는 경우 대금수령방법과 관계없이 영세율을 적용한다. ① 수출업자와 직접 도급계약에 의하여 수출재화를 임가공하는 수출재화임가공용역(수출재화염색임가공을 포함). 다만, 사업자가 부가가치세를 별도로 적은 세금계산서를 발급한 경우는 제외한다. → 영세율 또는 10% 세율 선택 적용 ② 내국신용장 또는 구매확인서에 의하여 공급하는 수출재화임가공용역
세금계산서	국내거래이므로 영세율 세금계산서를 발급하여야 한다. 다만, 수출업자와 직접 도급계약에 의한 수출재화 임가공용역에 대해 사업자가 10% 세율 세금계산서를 발급한 경우에는 10% 세율 적용대상으로 한다.

(4) 외국항행선박 및 항공기에 공급하는 재화·용역

내용	사업자가 외국을 항행하는 선박 및 항공기 또는 원양어선에 공급하는 재화 또는 용역은 영세율을 적용한다. 다만, 사업자가 부가가치세를 별도로 적은 세금계산서를 발급한 경우는 제외한다. ∵ 사업자가 공급 시 내항선인지 외항선인지 여부를 파악하기 곤란함
세금계산서	공급받는 자가 국내사업장이 없는 비거주자 또는 외국법인인 경우에는 세금계산서 발급의무가 없으나, 그 외의 경우에는 세금계산서를 발급하여야 한다.

(5) 우리나라에 상주하는 국제연합군 등에 공급하는 재화·용역

내용	다음 중 어느 하나에 해당하는 것은 영세율을 적용한다. ① 우리나라에 상주하는 국제연합군 또는 미합중국군대에 공급하는 재화 또는 용역 ② 우리나라에 상주하는 외교공관, 영사기관(명예영사관원을 장으로 하는 영사기관은 제외), 국제연합과 이에 준하는 국제기구(우리나라가 당사국인 조약과 그 밖의 국내법령에 따라 특권과 면제를 부여받을 수 있는 경우만 해당함) 등에 재화 또는 용역을 공급하는 경우
세금계산서	세금계산서 발급의무를 면제한다.

(6) 국내에서 외국인 관광객에게 공급하는 관광알선용역

내용	관광진흥법 시행령에 따른 종합여행업자가 외국인 관광객에게 공급하는 관광알선용역은 그 대가를 다음 중 어느 하나의 방법으로 받는 경우로 한정하여 영세율을 적용한다. ① 외국환은행에서 원화로 받는 것 ② 외화 현금으로 받은 것 중 국세청장이 정하는 관광알선수수료명세표와 외화매입증명서에 의하여 외국인 관광객과의 거래임이 확인되는 것
세금계산서	원칙적으로 세금계산서 발급의무는 면제되나, 공급받는 자가 사업자등록증을 제시하고 세금계산서 발급을 요구하는 경우에는 세금계산서를 발급하여야 한다.

(7) 외국인전용 판매장 및 유흥음식점

내용	다음 중 어느 하나에 해당하는 사업자가 국내에서 공급하는 재화 또는 용역은 그 대가를 외화로 받고 그 외화를 외국환은행에서 원화로 환전하는 경우에 한하여 영세율을 적용한다. ① 개별소비세법 제17조 제1항에 따른 지정을 받아 외국인전용판매장을 경영하는 자 ② 조세특례제한법 제115조에 따른 주한외국군인 및 외국인선원 전용 유흥음식점업을 경영하는 자
세금계산서	공급받는 자가 국내사업장이 없는 비거주자 또는 외국법인인 경우에는 세금계산서 발급의무가 없다.

(8) 외교관 등에게 공급하는 재화·용역

내용	외교관면세점으로 지정받은 사업장에서 외교공관 등의 소속 직원으로서 해당 국가로부터 공무원 신분을 부여받은 자 또는 외교부장관으로부터 이에 준하는 신분임을 확인받은 자 중 내국인이 아닌 자에게 외교관 면세카드를 제시받아 다음 중 어느 하나에 해당하는 재화 또는 용역을 공급하는 경우로서 외교관 등의 성명, 국적, 외교관 면세카드 번호, 품명, 수량, 공급가액 등이 적힌 외교관면세 판매기록표에 의하여 외교관 등에게 공급한 것이 확인되는 경우 영세율을 적용한다. 이 경우 해당 외국에서 대한민국의 외교공관 및 영사기관 등의 직원에게 공급하는 재화 또는 용역에 대하여 동일하게 면세하는 경우에만 영세율을 적용한다. ① 음식·숙박 용역 ② 개별소비세법 시행령 제24조 제1항 및 제27조에 따른 물품 ③ 교통·에너지·환경세법 시행령 제20조 제1항에 따른 석유류 ④ 주세법에 따른 주류 ⑤ 전력 ⑥ 외교부장관의 승인을 받아 구입하는 자동차
세금계산서	외교관 등에게 과세재화·용역을 공급하는 경우 세금계산서 또는 영수증을 발급할 의무가 있다. 단, 발급의무 면제업종에 대하여는 발급의무가 없다.

제2절 면세

01 개요

의의	면세란 특정재화 또는 용역의 공급에 대하여 부가가치세를 면제하는 제도이며, 면세사업이란 부가가치세가 면제되는 재화 또는 용역을 공급하는 사업을 말한다. 사업자에게 면세를 적용하면 그 단계에서 창출한 부가가치는 면제되나, 전 단계에서 창출한 부가가치는 면제되지 않는다. 면세제도는 주로 역진성을 완화하기 위하여 적용된다.
면세의 범위	**기초생활필수품과 용역** ① 미가공 식료품(국산·외국산 불문) ② 국내생산 비식용 미가공 농·축·수·임산물 ③ 수돗물·연탄과 무연탄 ④ 대중교통 여객운송용역 ⑤ 주택임대용역
	국민복리후생 ① 의료보건용역과 혈액 ② 교육용역 ③ 우표(수집용 우표 제외)·인지·증지·복권·공중전화
	사회문화 관련 ① 도서·신문·잡지·관보·뉴스통신(광고는 과세) ② 예술창작품·예술행사·문화행사·아마추어 운동경기 ③ 도서관·과학관·박물관에의 입장
	부가가치 생산요소 ① 토지의 공급 ② 법 소정 인적 용역(근로의 제공과 유사) ③ 금융보험용역
	공익을 위한 목적 ① 종교단체 등 공익목적단체가 공급하는 법 소정 재화·용역 ② 국가 등이 공급하는 재화·용역 ③ 국가 등에 무상으로 공급하는 재화·용역 ④ 비영리출판물과 관련되는 용역(공동주택 어린이집 임대용역 포함)

면세되는 재화 또는 용역의 공급에 통상적으로 부수되는 재화 또는 용역의 공급은 그 면세되는 재화 또는 용역의 공급에 포함되는 것으로 본다.

02 재화 또는 용역의 공급에 대한 면세

1. 미가공식료품

범위	미가공식료품은 식용으로 제공되는 농산물, 축산물, 수산물과 임산물과 소금(천일염 및 재제소금을 말함)으로서 가공되지 아니하거나 탈곡·정미·정맥·제분·정육·건조·냉동·염장·포장이나 그 밖에 원생산물 본래의 성질이 변하지 아니하는 정도의 1차 가공을 거쳐 식용으로 제공하는 것을 말한다. ※ 정제소금, 가공소금과 공업용 소금·맛소금은 과세함

미가공 식료품으로 보는 것	미가공식료품에는 다음의 것을 포함한다. ① 데친 채소류·김치·단무지·장아찌·젓갈류·게장·두부·메주·간장·된장·고추장. 단, 제조시설을 갖추고 판매목적으로 독립된 거래단위로 관입·병입 또는 이와 유사한 형태로 포장하여 2026년 1월 1일부터 공급하는 것은 미가공식품에서 제외하며, 단순하게 운반 편의를 위하여 일시적으로 관입·병입 등의 포장을 하는 경우는 미가공식료품으로 본다. ② 원생산물 본래의 성질이 변하지 아니하는 정도로 1차 가공을 하는 과정에서 필수적으로 발생하는 부산물(예 쌀겨, 밀기울 등) ③ 미가공식료품을 단순히 혼합한 것 ④ 쌀에 인삼추출물·아미노산 등 식품첨가물을 첨가·코팅하거나 버섯균 등을 배양시킨 것으로서 쌀의 원형을 유지하고 있어야 하고(쌀을 분쇄한 후 식품첨가물을 혼합하여 다시 알곡모양을 낸 것은 제외), 쌀의 함량이 90% 이상인 것

2. 국내생산 비식용 농산물, 축산물, 수산물과 임산물

우리나라에서 생산되어 식용으로 제공되지 아니하는 농산물, 축산물, 수산물과 임산물로서 다음의 것은 부가가치세를 면제한다.

(1) 원생산물

(2) 원생산물 본래의 성상이 변하지 아니하는 정도의 원시가공을 거친 것

(3) 원시가공을 하는 과정에서 필수적으로 발생하는 부산물

미가공 농·축·수·임산물의 면세 여부 비교 정리

구분	국내산	수입산
식용	면세	면세
비식용	면세	과세

3. 기초생활필수품

범위	다음에 해당하는 것은 기초생활필수품으로서 부가가치세를 면제한다. ① 수돗물 ② 연탄과 무연탄 ③ 여성용 생리 처리 위생용품
비교 정리	다음에 해당하는 것은 과세한다. ① 생수, 먹는 샘물 ② 유연탄, 갈탄 및 착화탄

4. 여객운송용역

여객운송용역은 부가가치세를 면제한다. 다만, 항공기, 우등고속버스, 전세버스, 택시, 특수자동차, 특종선박 또는 고속철도 또는 삭도, 유람선에 의한 다음의 여객운송용역은 부가가치세를 과세한다.

항공기	항공사업법에 따른 항공기에 의한 여객운송용역
자동차	여객자동차 운수사업법에 따른 여객자동차 운수사업 중 다음의 여객자동차 운수사업에 제공되는 자동차에 의한 여객운송용역 ① 시외우등고속버스 및 시외고급고속버스를 사용하는 시외버스운송사업 ② 전세버스운송사업 ③ 일반택시운송사업 및 개인택시운송사업 ④ 자동차대여사업
선박	다음의 선박에 의한 여객운송용역. 다만, 기획재정부령으로 정하는 차도선형여객선에 의한 여객운송용역은 제외한다. ① 수중익선 ② 에어쿠션선 ③ 자동차운송 겸용 여객선 ④ 항해시속 20노트 이상의 여객선
고속철도	철도의 건설 및 철도시설 유지관리에 관한 법률에 따른 고속철도에 의한 여객운송용역
관광·유흥	삭도, 유람선 등 관광 또는 유흥 목적의 운송수단에 의한 여객운송용역의 경우에는 다음 중 어느 하나에 해당하는 것 ① 궤도운송법에 따른 삭도에 의한 여객운송용역 ② 관광진흥법 시행령 제2조에 따른 관광유람선업, 관광순환버스업 또는 관광궤도업에 제공되는 운송수단에 의한 여객운송용역 ③ 관광 사업을 목적으로 운영하는 철도의 건설 및 철도시설 유지관리에 관한 법률에 따른 일반철도에 의한 여객운송용역(철도사업법 제9조에 따라 철도사업자가 국토교통부장관에게 신고한 여객 운임·요금을 초과해 용역의 대가를 받는 경우로 한정함)

5. 주택임대용역

범위		주택과 이에 부수되는 토지의 임대용역은 부가가치세를 면세한다. 이는 세입자의 주거비 부담을 경감하고 소규모 임대사업자의 납세의무 부담을 완화시키기 위함이다.
면세	주택임대	면세되는 주택임대용역이란 상시주거용(사업을 위한 주거용의 경우는 제외)으로 사용하는 건물과 이에 부수되는 토지로서 다음의 면적 중 넓은 면적을 초과하지 아니하는 토지의 임대를 말한다. → 초과하는 부분의 토지 임대용역은 과세함 ① 주택의 연면적(지하층의 면적, 지상층의 주차용으로 사용되는 면적 및 주택건설기준 등에 관한 규정 제2조 제3호에 따른 주민공동시설의 면적은 제외) ② 건물이 정착된 면적에 5배(도시지역 밖의 토지의 경우 10배)를 곱하여 산정한 면적
	토지임대	주택법 제2조 제9호에 따른 토지임대부 분양주택(국민주택규모로 한정함)에 부수되는 토지의 임대용역

임대주택에 부가가치세가 과세되는 사업용 건물이 함께 설치되어 있는 경우에는 주택과 이에 부수되는 토지의 임대의 범위는 다음에 따른다. 부동산을 2인 이상에게 임대한 경우에는 임차인별로 적용한다.

구분	면세건물	주택부수토지
주택면적 > 사업용 건물면적	주택면적 + 사업용 건물면적 (전부 면세)	Min(①, ②) ① 부수토지 총면적 ② Max[건물연면적, 건물정착면적 × 5배(도시지역 외 10배)]
주택면적 ≤ 사업용 건물면적	주택면적 (주택 부분만 면세)	Min(①, ②) ① 총토지면적 × 주택연면적/건물연면적 ② Max[주택연면적, 건물정착면적 × 5배(도시지역 외 10배)]

겸용주택

① 주택면적이 사업용 건물면적보다 큰 경우 사업용 건물면적도 주택정착면적으로 본다.
② 주택면적이 사업용 건물면적보다 크지 않은 경우 주택정착면적은 다음과 같이 계산한다.

$$건물\ 전체\ 정착면적 \times \frac{주택부분연면적}{건물\ 전체\ 연면적}$$

6. 의료보건용역과 혈액

다음의 의료보건용역과 혈액(동물의 혈액[*] 포함)은 부가가치세를 면제한다. 면세대상인 의료보건용역은 다음의 용역(의료법 또는 수의사법에 따라 의료기관 또는 동물병원을 개설한 자가 제공하는 것을 포함)으로 한다.

[*] 치료·예방·진단용에 한정한다.

① 의료법에 따른 의사, 치과의사, 한의사, 조산사 또는 간호사가 제공하는 용역

의료 보건용역	과세 대상	국민건강보험법 제41조 제4항에 따라 요양급여의 대상에서 제외되는 다음의 진료용역은 부가가치세를 과세한다. ㉠ 쌍꺼풀수술, 코성형수술, 유방확대·축소술(유방암 수술에 따른 유방 재건술은 제외), 지방흡인술, 주름살제거술, 안면윤곽술, 치아성형(치아미백, 라미네이트와 잇몸성형술) 등 성형수술(성형수술로 인한 후유증 치료, 선천성 기형의 재건수술과 종양 제거에 따른 재건수술은 제외)과 악안면 교정술(치아교정치료가 선행되는 악안면 교정술은 제외) ㉡ 색소모반·주근깨·흑색점·기미 치료술, 여드름 치료술, 제모술, 탈모치료술, 모발이식술, 문신술 및 문신제거술, 피어싱, 지방융해술, 피부재생술, 피부미백술, 항노화치료술 및 모공축소술
	집행 기준	면세대상인 의료보건용역에 해당하지 아니하는 사례(26-35-2) ㉠ 의료법에 따른 면허나 자격이 없는 자가 제공하거나 의료법상 업무범위를 벗어나서 제공하는 의료용역 ㉡ 피부과의원에 부설된 피부관리실에서 제공하는 피부관리용역 ㉢ 의료보건용역을 제공하는 사업자가 입원환자에게 직접 제공하는 음식용역은 면세대상이나, 외래환자, 환자의 보호자 및 일반인 등에게 제공하는 음식용역은 과세대상이다. ㉣ 의사가 아닌 자가 의사면허가 있는 자와 병원을 공동사업으로 운영하는 경우 해당 의료용역에 대하여는 부가가치세가 면제되지 아니한다.

② 의료법에 따른 접골사, 침사, 구사 또는 안마사가 제공하는 용역
③ 의료기사 등에 관한 법률에 따른 임상병리사, 방사선사, 물리치료사, 작업치료사, 치과기공사 또는 치과위생사가 제공하는 용역

의료
보건용역
	④ 약사법에 따른 약사가 제공하는 의약품의 조제용역. 다만, 약사가 조제하지 않고 의약품을 판매하는 것은 부가가치세 과세대상이다.
	⑤ 수의사법에 따른 수의사가 제공하는 동물의 진료용역은 다음의 어느 하나에 해당하는 것만 부가가치세를 면제한다. → 열거된 것 외 동물의 진료용역은 과세
	  ㉠ 축산물 위생관리법에 따른 가축에 대한 진료용역
	  ㉡ 수산생물질병 관리법에 따른 수산동물에 대한 진료용역
	  ㉢ 장애인복지법에 따른 장애인 보조견표지를 발급받은 장애인 보조견에 대한 진료용역
	  ㉣ 국민기초생활 보장법 제2조 제2호에 따른 수급자가 기르는 동물의 진료용역
	  ㉤ ㉠부터 ㉣까지의 규정에 따른 진료용역 외에 질병 예방을 목적으로 하는 동물의 진료용역으로서 농림축산식품부장관 또는 해양수산부장관이 기획재정부장관과 협의하여 고시하는 용역

장의용역	장의업자가 제공하는 장의용역은 면세대상이다. 장의업자가 장례식장에서 조문객에게 제공하는 음식용역도 거래의 관행으로 보아 통상적으로 부수되는 공급되는 것으로 보아 부가가치세를 면세한다(대법원 2013두932. 2013. 6. 28.).
묘지 관련 용역	① 장사 등에 관한 법률의 규정에 따라 사설묘지, 사설화장시설, 사설봉안시설 또는 사설자연장지를 설치·관리 또는 조성하는 자가 제공하는 묘지분양, 화장, 유골 안치, 자연장지분양 및 관리업 관련 용역 ② 지방자치단체로부터 장사 등에 관한 법률 제13조 제1항에 따른 공설묘지, 공설화장시설, 공설봉안시설 또는 공설자연장지의 관리를 위탁받은 자가 제공하는 묘지분양, 화장, 유골 안치, 자연장지분양 및 관리업 관련 용역
응급환자 이송용역	응급의료에 관한 법률 제2조 제8호에 따른 응급환자이송업자가 제공하는 응급환자이송용역
가축분뇨 사업 관련 용역	하수도법 제45조에 따른 분뇨수집·운반업의 허가를 받은 사업자와 가축분뇨의 관리 및 이용에 관한 법률 제28조에 따른 가축분뇨수집·운반업 또는 가축분뇨처리업의 허가를 받은 사업자가 공급하는 용역
소독용역	감염병의 예방 및 관리에 관한 법률 제52조에 따라 소독업의 신고를 한 사업자가 공급하는 소독용역
폐기물 처리용역	폐기물관리법 제25조에 따라 생활폐기물 또는 의료폐기물의 폐기물처리업 허가를 받은 사업자가 공급하는 생활폐기물 또는 의료폐기물의 수집·운반 및 처리용역과 같은 법 제29조에 따라 폐기물처리시설의 설치승인을 받거나 그 설치의 신고를 한 사업자가 공급하는 생활폐기물의 재활용용역
보건 관리용역	산업안전보건법 제21조에 따라 보건관리전문기관으로 지정된 자가 공급하는 보건관리용역 및 같은 법 제126조에 따른 작업환경측정기관이 공급하는 작업환경측정용역
간병 등 용역	노인장기요양보험법 제2조 제4호에 따른 장기요양기관이 같은 법에 따라 장기요양인정을 받은 자에게 제공하는 신체활동·가사활동의 지원 또는 간병 등의 용역
사회복지 서비스	사회복지사업법 제5조의2 제2항에 따라 보호대상자에게 지급되는 사회복지서비스 이용권을 대가로 국가 및 지방자치단체 외의 자가 공급하는 용역
산후 조리원 등	① 모자보건법에 따른 산후조리원에서 분만 직후의 임산부나 영유아에게 제공하는 급식·요양 등의 용역 ∴ 출산장려정책 ② 사회적기업 육성법에 따라 인증받은 사회적기업 또는 협동조합기본법 제85조 제1항에 따라 설립인가를 받은 사회적협동조합이 직접 제공하는 간병·산후조리·보육용역

정신건강 증진사업	정신건강증진 및 정신질환자 복지서비스 지원에 관한 법률 제15조 제6항에 따라 국가 및 지방자치단체로부터 같은 법 제3조 제3호에 따른 정신건강증진사업 등을 위탁받은 자가 제공하는 정신건강증진사업 등의 용역

7. 교육용역

면세대상	면세대상 교육용역은 다음의 어느 하나에 해당하는 시설 등에서 학생, 수강생, 훈련생, 교습생 또는 청강생에게 지식, 기술 등을 가르치는 것으로 한다. ① 주무관청의 허가 또는 인가를 받거나 주무관청에 등록되거나 신고된 학교, 학원, 강습소, 훈련원, 교습소 또는 그 밖의 비영리단체 ② 청소년활동진흥법 제10조 제1호에 따른 청소년수련시설 ③ 산업교육진흥 및 산학연협력촉진에 관한 법률 제25조에 따른 산학협력단 ④ 사회적기업 육성법 제7조에 따라 인증받은 사회적기업 ⑤ 과학관의 설립·운영 및 육성에 관한 법률 제6조에 따라 등록한 과학관 ⑥ 박물관 및 미술관 진흥법 제16조에 따라 등록한 박물관 및 미술관 ⑦ 협동조합기본법 제85조 제1항에 따라 설립인가를 받은 사회적 협동조합
과세대상	다음 중 어느 하나에 해당하는 학원에서 가르치는 것은 부가가치세를 과세한다. ① 체육시설의 설치·이용에 관한 법률 제10조 제1항 제2호의 무도학원 ② 도로교통법 제2조 제32호의 자동차운전학원

8. 우표, 인지, 증지, 복권 및 공중전화 및 담배

우표 등	우표(수집용 우표는 제외), 인지, 증지, 복권 및 공중전화는 부가가치세를 면제한다. 다만, 복권판매대행계약을 하고 수수료를 받는 경우 과세대상이다.
담배	담배사업법 제2조에 따른 담배로서 다음 중 어느 하나에 해당하는 것은 면세한다. ① 담배사업법에 따른 판매가격이 200원(20개비를 기준으로 함) 이하인 것 ② 담배사업법 제19조에 따른 특수용담배로서 영세율이 적용되는 것을 제외한 것

9. 도서, 신문, 잡지, 관보, 뉴스통신 및 방송

면세대상	도서(도서대여 및 실내 도서열람 용역을 포함), 신문, 잡지, 관보(官報), 뉴스통신 진흥에 관한 법률에 따른 뉴스통신 및 방송으로서 대통령령으로 정하는 것은 면세한다. 다만, 광고는 제외한다. ① 도서에는 도서에 부수하여 그 도서의 내용을 담은 음반, 녹음테이프 또는 비디오테이프를 첨부하여 통상 하나의 공급단위로 하는 것과 전자출판물을 포함한다. 전자출판물이란 도서나 간행물의 형태로 출간된 내용 또는 출간될 수 있는 내용이 음향이나 영상과 함께 전자적 매체에 수록되어 컴퓨터 등 전자장치를 이용하여 그 내용을 보고 듣고 읽을 수 있는 것으로서 문화체육관광부장관이 정하는 기준에 맞는 전자출판물을 말한다. 다만, 음악산업진흥에 관한 법률, 영화 및 비디오물의 진흥에 관한 법률 및 게임산업진흥에 관한 법률의 적용을 받는 것은 제외한다. ② 신문, 잡지는 신문 등의 진흥에 관한 법률 제2조 제1호 및 제2호에 따른 신문 및 인터넷신문과 잡지 등 정기간행물의 진흥에 관한 법률에 따른 정기간행물로 한다. ③ 관보는 관보규정의 적용을 받는 것으로 한다.

면세대상	④ 뉴스통신은 뉴스통신 진흥에 관한 법률에 따른 뉴스통신(뉴스통신사업을 경영하는 법인이 특정회원을 대상으로 하는 금융정보 등 특정한 정보를 제공하는 경우는 제외)과 외국의 뉴스통신사가 제공하는 뉴스통신 용역으로서 뉴스통신 진흥에 관한 법률에 따른 뉴스통신과 유사한 것을 포함한다.

10. 예술창작품, 예술행사, 문화행사 또는 아마추어 운동경기

면세대상	예술창작품, 예술행사, 문화행사 또는 아마추어 운동경기는 다음의 것으로 한다. ① 예술창작품: 미술, 음악, 사진, 연극 또는 무용에 속하는 창작품. 다만, 골동품은 제외한다. ② 예술행사: 영리를 목적으로 하지 아니하는 발표회, 연구회, 경연대회 또는 그 밖에 이와 유사한 행사 ③ 문화행사: 영리를 목적으로 하지 아니하는 전시회, 박람회, 공공행사 또는 그 밖에 이와 유사한 행사 ④ 아마추어 운동경기: 대한체육회 및 그 산하 단체와 태권도 진흥 및 태권도공원 조성 등에 관한 법률에 따른 국기원이 주최, 주관 또는 후원하는 운동경기나 승단·승급·승품 심사로서 영리를 목적으로 하지 아니하는 것

11. 도서관 등에의 입장

면세대상	도서관, 과학관, 박물관, 미술관, 동물원, 식물원, 민속문화자원을 소개하는 장소, 전쟁기념사업회법에 따른 전쟁기념관과 같은 곳에 입장하게 하는 것은 부가가치세를 면세한다.
관련 통칙	동물원·식물원에는 지식의 보급 및 연구에 그 목적이 있는 해양수족관 등을 포함하나, 오락 및 유흥시설과 함께 있는 동물원·식물원 및 해양수족관은 포함하지 아니한다.

12. 토지의 공급

면세대상	토지의 공급(토지의 양도)은 면세대상이다. 이는 부가가치세를 창출하는 요소이며, 이론적으로 다른 재화와 같이 소모되지 않기 때문에 소비세로서의 부가가치세가 과세되지 않는다.
과세대상	토지의 임대(전·답·임야·과수원·염전 등 제외)는 과세대상이다.

📋 부동산 공급과 부동산 임대의 과세여부

구분		과세여부
부동산매매	국민주택	면세
	국민주택 규모 초과주택	과세
	상가(일반 건축물)	과세
	토지	면세
부동산임대	주택과 부속토지(국민주택 여부 불문)	면세
	상가와 그 부속토지	과세
	일반토지	과세

13. 법 소정 인적 용역

면세대상	저술가·작곡가나 그 밖의 자가 직업상 제공하는 인적 용역으로서 다음에 해당하는 용역은 부가가치세를 면세한다. ① 개인이 물적 시설 없이 근로자를 고용(고용 외의 형태로 해당 용역의 주된 업무에 대해 타인으로부터 노무 등을 제공받는 경우를 포함)하지 아니하고 독립된 자격으로 용역을 공급하고 대가를 받는 다음의 인적 용역 　㉠ 저술·서화·도안·조각·작곡·음악·무용·만화·삽화·만담·배우·성우·가수 또는 이와 유사한 용역 　㉡ 연예에 관한 감독·각색·연출·촬영·녹음·장치·조명 또는 이와 유사한 용역 　㉢ 건축감독·학술용역 또는 이와 유사한 용역 　㉣ 음악·재단·무용(사교무용을 포함)·요리·바둑의 교수 또는 이와 유사한 용역 　㉤ 직업운동가·역사·기수·운동지도가(심판을 포함) 또는 이와 유사한 용역 　㉥ 접대부·댄서 또는 이와 유사한 용역 　㉦ 보험가입자의 모집, 저축의 장려 또는 집금 등을 하고 실적에 따라 보험회사 또는 금융기관으로부터 모집수당·장려수당·집금수당 또는 이와 유사한 성질의 대가를 받는 용역과 서적·음반 등의 외판원이 판매실적에 따라 대가를 받는 용역 　㉧ 저작자가 저작권에 의하여 사용료를 받는 용역 　㉨ 교정·번역·고증·속기·필경·타자·음반취입 또는 이와 유사한 용역 　㉩ 고용관계 없는 사람이 다수인에게 강연을 하고 강연료·강사료 등의 대가를 받는 용역 　㉪ 라디오·텔레비전 방송 등을 통하여 해설·계몽 또는 연기를 하거나 심사를 하고 사례금 또는 이와 유사한 성질의 대가를 받는 용역 　㉫ 작명·관상·점술 또는 이와 유사한 용역 　㉬ 개인이 일의 성과에 따라 수당이나 이와 유사한 성질의 대가를 받는 용역 ② 개인·법인 또는 법인격 없는 사단 등 단체가 독립된 자격으로 공급하는 인적 용역 　㉠ 형사소송법및 군사법원법 등에 따른 국선변호인의 국선변호, 국세기본법에 따른 국선대리인의 국선대리 및 기획재정부령으로 정하는 법률구조 　㉡ 기획재정부령으로 정하는 학술연구용역과 기술연구용역 　㉢ 직업소개소가 제공하는 용역 및 상담소 등을 경영하는 자가 공급하는 용역으로서 기획재정부령으로 정하는 용역 　㉣ 장애인복지법 제40조에 따른 장애인보조견 훈련용역 　㉤ 외국 공공기관 또는 국제금융기구에의 가입조치에 관한 법률 제2조에 따른 국제금융기구로부터 받은 차관자금으로 국가 또는 지방자치단체가 시행하는 국내사업을 위하여 공급하는 용역(국내사업장이 없는 외국법인 또는 비거주자가 공급하는 용역을 포함) 　㉥ 민법에 따른 후견인과 후견감독인이 제공하는 후견사무용역 　㉦ 가사근로자의 고용개선 등에 관한 법률에 따른 가사서비스 제공기관이 가사서비스 이용자에게 제공하는 가사서비스 　㉧ 직업안정법에 따른 근로자공급용역 　㉨ 다른 사업자의 사업장(다른 사업자가 제공하거나 지정한 경우로서 그 사업자가 지배·관리하는 장소를 포함)에서 그 사업자의 시설 또는 설비를 이용하여 물건의 제조·수리, 건설, 그 밖에 이와 유사한 것으로서 기획재정부령으로 정하는 작업을 수행하기 위한 단순 인력 공급용역(근로자파견용역은 제외)

14. 금융·보험용역

면세대상	금융·보험용역으로서 은행업·증권업·보험업 등의 사업을 경영하는 사업자가 공급하는 경우 부가가치세를 면제한다.
과세대상	다음 중 어느 하나에 해당하는 용역은 면세대상 금융·보험용역으로 보지 아니한다. ① 복권, 입장권, 상품권, 지금형주화 또는 금지금에 관한 대행용역. 다만, 수익증권 등 금융업자의 금융상품 판매대행용역, 유가증권의 명의개서 대행용역, 수납·지급 대행용역 및 국가·지방자치단체의 금고대행용역은 제외한다. ② 기업합병 또는 기업매수의 중개·주선·대리, 신용정보서비스 및 은행업에 관련된 전산시스템과 소프트웨어의 판매·대여용역 ③ 부동산 임대용역 ④ 감가상각자산의 대여용역(여신전문금융업법에 따른 시설대여업자가 제공하는 시설대여용역은 면세하며, 그 시설대여업자가 자동차관리법 제3조에 따른 자동차를 대여하고 정비용역을 함께 제공하는 경우는 과세함)을 말한다.

15. 기타 면세

공익단체의 공급	종교, 자선, 학술, 구호, 그 밖의 공익을 목적으로 하는 단체가 공급하는 다음의 재화 또는 용역으로서 고유목적사업을 위하여 공급하거나 실비 또는 무상으로 공급하는 경우에 부가가치세를 면제한다. ① 주무관청의 허가 또는 인가를 받거나 주무관청에 등록된 단체(종교단체의 경우에는 그 소속단체를 포함)로서 상속세 및 증여세법 시행령 제12조 각 호의 어느 하나에 따른 사업 또는 기획재정부령으로 정하는 사업을 하는 단체가 그 고유의 사업목적을 위하여 일시적으로 공급하거나 실비 또는 무상으로 공급하는 재화 또는 용역 ② 학술 등 연구단체가 그 연구와 관련하여 실비 또는 무상으로 공급하는 재화 또는 용역 ③ 문화재보호법에 따른 지정문화재(지방문화재를 포함, 무형문화재는 제외)를 소유하거나 관리하고 있는 종교단체(주무관청에 등록된 종교단체로 한정하되, 그 소속단체를 포함한다)의 경내지 및 경내지 안의 건물과 공작물의 임대용역 ④ 공익을 목적으로 기획재정부령으로 정하는 기숙사를 운영하는 자가 학생이나 근로자를 위하여 실비 또는 무상으로 공급하는 음식 및 숙박용역 ⑤ 저작권법 제105조 제1항에 따라 문화체육관광부장관의 허가를 받아 설립된 저작권위탁관리업자로서 기획재정부령으로 정하는 사업자가 저작권자를 위하여 실비 또는 무상으로 공급하는 신탁관리용역 ⑥ 저작권법에 따라 문화체육관광부장관이 지정한 보상금수령단체로서 기획재정부령으로 정하는 단체인 사업자가 저작권자를 위하여 실비 또는 무상으로 공급하는 보상금 수령 관련 용역 ⑦ 법인세법에 따른 비영리 교육재단이 초·중등교육법에 따른 외국인학교의 설립·경영 사업을 하는 자에게 제공하는 학교시설 이용 등 교육환경 개선과 관련된 용역

국가조직의 공급	국가, 지방자치단체 또는 지방자치단체조합이 공급하는 재화 또는 용역은 부가가치세를 면제한다. 단, 다음의 재화 또는 용역은 부가가치세를 과세한다. 이는 민간업체와 경쟁관계에 있기 때문에 민간업체와의 공정경쟁을 위하여 과세하는 것이다.
	① 우정사업 운영에 관한 특례법에 따른 우정사업조직이 제공하는 다음의 용역
	   ㉠ 우편법 제1조의2 제3호의 소포우편물을 방문접수하여 배달하는 용역
	   ㉡ 우편법 제15조 제1항에 따른 선택적 우편역무 중 기획재정부령으로 정하는 우편주문판매를 대행하는 용역
	② 철도의 건설 및 철도시설 유지관리에 관한 법률에 따른 고속철도에 의한 여객운송용역
	③ 부동산임대업, 도매 및 소매업, 음식점업·숙박업, 골프장 및 스키장 운영업, 기타 스포츠시설 운영업. 다만, 다음의 어느 하나에 해당하는 경우는 제외한다.
	   ㉠ 국방부 또는 국군조직법에 따른 국군이 군인사법 제2조에 따른 군인, 군무원인사법 제3조 제1항에 따른 일반군무원, 그 밖에 이들의 직계존속·비속 등 기획재정부령으로 정하는 사람에게 제공하는 소매업, 음식점업·숙박업, 기타 스포츠시설 운영업(골프 연습장 운영업은 제외) 관련 재화 또는 용역
	   ㉡ 국가, 지방자치단체 또는 지방자치단체조합이 그 소속 직원의 복리후생을 위하여 구내에서 식당을 직접 경영하여 음식을 공급하는 용역
	   ㉢ 국가 또는 지방자치단체가 사회기반시설에 대한 민간투자법에 따른 사업시행자로부터 같은 법 제4조 제1호 및 제2호의 방식에 따라 사회기반시설 또는 사회기반시설의 건설용역을 기부채납받고 그 대가로 부여하는 시설관리운영권
	④ 부가가치세 과세대상인 성형수술 등 의료보건용역과 수의사가 제공하는 과세되는 동물의 진료용역

국가 등에 무상공급	국가, 지방자치단체, 지방자치단체조합 또는 대통령령으로 정하는 공익단체에 무상으로 공급하는 재화 또는 용역은 부가가치세를 면제한다. → 국가 등에 유상으로 공급하는 경우 부가가치세 과세함
공동주택 어린이집 임대용역	공동주택관리법에 따른 관리규약에 따라 관리주체 또는 입주자대표회의가 제공하는 주택법 제2조 제14호에 따른 복리시설인 공동주택 어린이집의 임대용역은 부가가치세를 면제한다.
비영리출판물 용역	영리 아닌 사업을 목적으로 하는 법인이나 그 밖의 단체가 발행하는 기관지 또는 이와 유사한 출판물과 관련되는 용역은 부가가치세를 면제한다. 기관지 또는 출판물이란 불특정인에게 판매할 목적이 아니라 그 단체의 목적이나 정신을 널리 알리기 위하여 발행하는 것을 말한다. 다만, 그 기관의 명칭이나 별칭이 해당 출판물의 명칭에 포함되어 있는 것으로 한정한다.

03 재화의 수입에 대한 면세

개요	재화를 수입하는 경우 본래 부가가치세를 과세하나, 다음의 재화의 수입에 대하여는 부가가치세를 면세한다.

면세대상	① 가공되지 아니한 식료품(식용으로 제공되는 농산물, 축산물, 수산물 및 임산물을 포함)으로서 국내 공급 시 면세대상인 미가공식료품 범위를 준용한다. 다만, 관세가 감면되지 아니하는 수입 미가공식료품(2025년 12월 31일까지 수입하는 물품은 제외)으로서 다음의 것은 부가가치세를 과세한다.
	
	  | 0901 | 관세율표 제0901호에 해당하는 물품 중 커피 및 커피의 껍데기·껍질과 웨이스트(waste) |
	  |---|---|
	  | 1801 | 코코아두(원래 모양이나 부순 것으로서 볶은 것을 포함) |
	  | 1802 | 코코아의 껍데기와 껍질과 코코아 웨이스트(waste) |
	
	② 도서, 신문 및 잡지로서 대통령령으로 정하는 것
	③ 학술연구단체, 교육기관, 한국교육방송공사법에 따른 한국교육방송공사 또는 문화단체가 과학용·교육용·문화용으로 수입하는 재화로서 대통령령으로 정하는 것
	④ 종교의식, 자선, 구호, 그 밖의 공익을 목적으로 외국으로부터 종교단체·자선단체 또는 구호단체에 기증되는 재화로서 대통령령으로 정하는 것
	⑤ 외국으로부터 국가, 지방자치단체 또는 지방자치단체조합에 기증되는 재화
	⑥ 거주자가 받는 소액물품으로서 관세가 면제되는 재화
	⑦ 이사, 이민 또는 상속으로 인하여 수입하는 재화로서 관세가 면제되거나 관세법 제81조 제1항에 따른 간이세율이 적용되는 재화
	⑧ 여행자의 휴대품, 별송(別送) 물품 및 우송(郵送) 물품으로서 관세가 면제되거나 관세법 제81조 제1항에 따른 간이세율이 적용되는 재화
	⑨ 수입하는 상품의 견본과 광고용 물품으로서 관세가 면제되는 재화
	⑩ 국내에서 열리는 박람회, 전시회, 품평회, 영화제 또는 이와 유사한 행사에 출품하기 위하여 무상으로 수입하는 물품으로서 관세가 면제되는 재화
	⑪ 조약·국제법규 또는 국제관습에 따라 관세가 면제되는 재화로서 대통령령으로 정하는 것
	⑫ 수출된 후 다시 수입하는 재화로서 관세가 감면되는 것 중 대통령령으로 정하는 것. 다만, 관세가 경감(輕減)되는 경우에는 경감되는 비율만큼만 면제한다.
	⑬ 다시 수출하는 조건으로 일시 수입하는 재화로서 관세가 감면되는 것 중 대통령령으로 정하는 것. 다만, 관세가 경감되는 경우에는 경감되는 비율만큼만 면제한다.
	⑭ 법 소정의 담배
	⑮ 재화 외에 관세가 무세(無稅)이거나 감면되는 재화로서 대통령령으로 정하는 것. 다만, 관세가 경감되는 경우에는 경감되는 비율만큼만 면제한다.

04 면세의 포기

의의	사업자는 부가가치세가 면제되는 재화 또는 용역의 공급으로서 다음에 해당하는 것에 대하여는 면세의 포기를 신고하여 부가가치세의 면제를 받지 아니할 수 있다. ① 영세율의 적용대상이 되는 것 ② 학술 등 연구단체가 그 연구와 관련하여 실비 또는 무상으로 공급하는 재화 또는 용역 ∵ 면세대상 중 일부에 한정하여 이를 면세포기대상으로 규정한 것은 면세사업자의 일방적인 면세포기로 인하여 소비자의 세부담이 증가되는 것을 방지하기 위함
면세포기 범위	면세되는 2 이상의 사업 또는 종목을 영위하는 사업자는 면세포기대상이 되는 재화 또는 용역의 공급 중에서 면세포기하고자 하는 재화 또는 용역의 공급만을 구분하여 면세포기할 수 있다.
면세포기 신고	부가가치세의 면제를 받지 아니하려는 사업자는 다음의 사항을 적은 면세포기신고서를 관할 세무서장에게 제출(국세정보통신망에 의한 제출을 포함)하고 지체 없이 사업자등록을 하여야 한다. ① 사업자의 인적사항 ② 면세를 포기하려는 재화 또는 용역 ③ 그 밖의 참고 사항
면세포기 효력	① 면세의 포기를 신고한 사업자는 신고한 날부터 3년간 부가가치세를 면제받지 못한다. ∵ 면세포기를 악용하여 매입세액만을 공제받으려 하는 경우를 제한하기 위함 ② 면세의 포기를 신고한 사업자가 3년이 지난 뒤 부가가치세를 면제받으려면 면세적용신고서를 제출하여야 하며, 면세적용신고서를 제출하지 아니하면 계속하여 면세를 포기한 것으로 본다. ③ 면세포기신고를 한 사업자가 사업을 양도하는 경우에 면세포기의 효력은 사업을 양수한 사업자에게 승계된다.
면세포기 효과	면세포기 사업자는 과세사업자이므로 사업과 관련한 매입세액공제를 받을 수 있으나, 의제매입세액공제는 허용하지 아니한다. 영세율 적용의 대상이 되는 것만을 면세포기한 사업자가 면세되는 재화 또는 용역을 국내에 공급하는 때에는 면세포기의 효력이 없다.

제4장 과세표준

01 재화 또는 용역에 대한 과세표준

내용	재화 또는 용역의 공급에 대한 부가가치세의 과세표준은 해당 과세기간에 공급한 재화 또는 용역의 공급가액을 합한 금액으로 한다. ∵ 과세표준의 계산 및 세액의 납부는 과세기간별로 하고 있기 때문임
공급가액	① 공급가액은 대금, 요금, 수수료, 그 밖에 어떤 명목이든 상관없이 재화 또는 용역을 공급받는 자로부터 받는 금전적 가치 있는 모든 것을 포함하되, 부가가치세는 포함하지 아니한다. ② 사업자가 재화 또는 용역을 공급하고 그 대가로 받은 금액에 부가가치세가 포함되어 있는지가 분명하지 아니한 경우에는 그 대가로 받은 금액에 110분의 100을 곱한 금액을 공급가액으로 한다.
용어 정리	① 공급가액: 각 거래별 공급하는 개별 재화 또는 용역의 가액으로서 부가가치세를 제외한 금액 → 일반과세자 과세표준 ② 공급대가: 각 거래별 공급하는 개별 재화 또는 용역의 가액으로서 부가가치세를 포함한 금액 → 간이과세자 과세표준

1. 금전으로 대가를 받는 경우

내용		재화 또는 용역을 공급하고 금전으로 대가를 받은 경우 그 대가를 공급가액으로 한다. 예를 들어 특수관계인이 아닌 자에게 시가 100만원의 재화를 80만원에 공급한 경우 공급가액은 80만원이다.
공급가액에 포함되는 것	할부판매이자	장기할부판매 또는 할부판매의 이자상당액(현재가치할인차금)은 공급가액에 포함한다. 이는 확정된 대가이기 때문이다. 예 상품을 장기할부판매하면서 할부이자 20만원을 포함하여 200만원에 판매한 뒤 대금은 매월 말 10만원씩 받기로 약정한 경우
	포장비 등	대가의 일부로 받는 운송보험료·산재보험료·운송비·포장비·하역비 등은 공급가액에 포함한다.
	개별소비세 등 간접세	개별소비세와 교통·에너지·환경세 및 주세가 과세되는 재화 또는 용역에 대하여는 해당 개별소비세와 교통·에너지·환경세 및 주세와 그 교육세 및 농어촌특별세 상당액은 공급가액에 포함한다.

공급가액에 포함하지 않는 것	매출에누리	재화나 용역을 공급할 때 그 품질이나 수량, 인도조건 또는 공급대가의 결제방법이나 그 밖의 공급조건에 따라 통상의 대가에서 일정액을 직접 깎아 주는 금액을 말한다. 에누리는 실제로 받은 금액이 아니므로 공급가액에 포함하지 아니한다.
	매출할인	매출할인은 공급에 대한 대가를 약정기일 전에 받았다는 이유로 사업자가 당초의 공급가액에서 할인해 준 금액을 말하며, 공급가액에 포함하지 아니한다. → (-)수정세금계산서 발급사유(작성연월일: 매출할인이 발생한 날) 예 1. 5. 재화를 인도하고 5. 5.에 100만원을 받기로 하였으나 3. 5. 조기변제함에 따라 2개월분 이자 5만원을 할인해 준 경우
	매출환입	매출환입은 불량, 계약취소 등 사유로 재화가 반품된 것을 말하며, 공급가액에 포함하지 아니한다. → (-)수정세금계산서 발급사유(작성연월일: 재화가 환입된 날)
	도달 전 멸실재화	공급받는 자에게 도달하기 전에 파손되거나 훼손되거나 멸실한 재화의 가액은 공급시기가 도래하지 않아 실질적으로 공급이 이루어진 것으로 볼 수 없으므로 공급가액에 포함하지 아니한다. 단, 인도 후 파손·훼손·멸실되었다면 공급가액에 포함한다.
	국고보조금 공공보조금	재화 또는 용역의 공급과 직접 관련되지 아니하는 국고보조금과 공공보조금은 공급가액에 포함하지 아니한다. 단, 재화 또는 용역의 공급과 직접 관련되는 국고보조금 등은 공급가액에 포함한다.
	연체이자	공급에 대한 대가의 지급이 지체되었음을 이유로 받는 연체이자는 공급가액에 포함하지 아니한다. ∵ 연체이자는 확정된 대가의 지급지연이므로 공급가액과 관련이 없는 금액이기 때문임
	용기대금, 포장비용	반환조건의 용기대금과 포장비용을 공제한 금액으로 공급하는 경우 그 용기대금과 포장비용, 사업자가 용기 또는 포장의 회수를 보장하기 위하여 받는 보증금은 공급가액에 포함하지 아니한다. 단, 반환조건으로 공급한 용기 및 포장을 회수할 수 없어 그 용기대금과 포장비용을 변상금 형식으로 변제받을 때에는 공급가액에 포함한다.
	봉사료	사업자가 음식·숙박 용역이나 개인서비스 용역을 공급하고 그 대가와 함께 받는 종업원(자유직업소득자를 포함)의 봉사료를 세금계산서, 영수증 또는 신용카드매출전표 등에 그 대가와 구분하여 적은 경우로서 봉사료를 해당 종업원에게 지급한 사실이 확인되는 경우에는 그 봉사료는 공급가액에 포함하지 아니한다. 다만, 사업자가 그 봉사료를 자기의 수입금액에 계상하는 경우에는 그러하지 아니하다.
	회비	협회 등 단체가 재화의 공급 또는 용역의 제공에 따른 대가관계 없이 회원으로부터 받는 협회비·찬조비 및 특별회비 등은 과세대상이 아니다. → 통칙 4-0-2(특별회비 등)
	공공요금 대행징수	사업자가 부가가치세가 과세되는 부동산임대료와 해당 부동산을 관리해 주는 대가로 받는 관리비 등을 구분하지 아니하고 영수하는 때에는 전체 금액에 대하여 과세하는 것이나, 임차인이 부담하여야 할 보험료·수도료 및 공공요금 등을 별도로 구분징수하여 납입을 대행하는 경우 해당 금액은 부동산임대관리에 따른 대가에 포함하지 아니한다. → 통칙 29-61-3(부동산임대 시 월세와 함께 받는 공공요금)

과세표준에서 공제하지 않는 금액	판매장려금	거래수량 또는 거래금액에 따라 상대방에게 지급하는 판매장려금은 과세표준에서 공제하지 아니한다. 단, 현물로 지급하는 경우 사업상 증여이므로 시가를 과세표준에 포함한다. 🔍 **사례** 거래처에 매출 50,000,000원에 대한 판매장려금 5,000,000원과 판매장려품(시가 1,000,000원, 원가 800,000원)을 지급한 경우 과세표준은? ⇒ 50,000,000원 + 1,000,000원(시가) = 51,000,000원
	대손금	대손금은 재화나 용역을 공급한 후에 그 대가를 받을 수 없다고 판단한 채권을 말한다. 재화 또는 용역을 공급한 후의 그 공급가액에 대한 대손금은 과세표준에서 공제하지 아니한다. → 회수불능채권의 대손세액은 대손세액공제로 매출세액에서 차감
	하자보증금	사업자가 완성도기준지급 또는 중간지급조건부로 재화 또는 용역을 공급하고 계약에 따라 대가의 각 부분을 받을 때 일정금액을 하자보증을 위하여 공급받는 자에게 보관시키는 하자보증금은 공급가액에서 공제하지 아니한다.
	관세환급금	수출대가의 일부로 받는 관세환급금은 과세표준에서 공제하지 아니한다.
외화의 환산	내용	재화 또는 용역을 공급하고 대가를 외국통화나 그 밖의 외국환으로 받은 경우에는 다음의 구분에 따른 금액을 공급가액으로 한다. ① 공급시기가 되기 전에 원화로 환가한 경우: 환가한 금액 ② 공급시기 이후에 외국통화나 그 밖의 외국환 상태로 보유하거나 지급받는 경우: 공급시기의 외국환거래법에 따른 기준환율 또는 재정환율에 따라 계산한 금액
	관련 통칙	외환차액의 공급가액 계산(29-59-1) 재화 또는 용역의 공급시기 이후에 그 대가를 외국통화 또는 외국환으로 지급받는 경우 공급가액은 위 내용에 따라 계산한 금액이므로 공급시기 이후에 환율변동으로 인하여 증감되는 금액은 해당 공급가액에 영향이 없다.

🔍 **사례**
직수출로 5월 1일에 제품을 선적하고 받은 대가는 다음과 같다. $12,000 중 $10,000는 즉시 환가하였고, $2,000는 과세기간 말 현재 보유하고 있으며, $5,000는 대가수령 즉시 환가하였다. 이 경우 공급가액은?

일자	받은 대가	기준환율
4. 20.	$12,000	1,000원/1$
5. 1.	-	1,100원/1$
6. 25.	$5,000	1,050원/1$
6. 30.	-	1,150원/1$

⇒ $10,000 × 1,000원 + ($2,000 + $5,000) × 1,100원 = 17,700,000

2. 금전 외의 대가를 받는 경우

재화 또는 용역을 공급하고 금전 외의 대가를 받은 경우에는 자기가 공급한 재화 또는 용역의 시가를 공급가액으로 한다. 시가는 부당행위계산부인 규정에서 서술한 시가의 적용기준을 준용한다.

> **🔍 사례**
> A법인이 차량(시가 1,500,000원, 장부가액 1,000,000원)을 주고 B법인으로부터 비품(시가 1,400,000원)을 받은 경우 A법인의 부가가치세 공급가액은?
> ⇒ 1,500,000원

3. 부당행위계산의 부인

내용	특수관계인에 대한 재화 또는 용역(수탁자가 위탁자의 특수관계인에게 공급하는 신탁재산과 관련된 재화 또는 용역을 포함)의 공급이 다음 중 어느 하나에 해당하는 경우로서 조세의 부담을 부당하게 감소시킬 것으로 인정되는 경우에는 공급한 재화 또는 용역의 시가를 공급가액으로 본다. ① 재화의 공급에 대하여 부당하게 낮은 대가를 받거나 아무런 대가를 받지 아니한 경우 ② 용역의 공급에 대하여 부당하게 낮은 대가를 받는 경우 ③ 용역의 공급에 대하여 대가를 받지 아니하는 경우로서 사업용 부동산 임대용역을 제공하는 경우 → 일반적인 용역의 무상공급은 과세하지 않음
시가의 적용	시가는 다음의 가격으로 한다. ① 사업자가 특수관계인이 아닌 자와 해당 거래와 유사한 상황에서 계속적으로 거래한 가격 또는 제3자 간에 일반적으로 거래된 가격 ② ①의 가격이 없는 경우에는 사업자가 그 대가로 받은 재화 또는 용역의 가격(공급받은 사업자가 특수관계인이 아닌 자와 해당 거래와 유사한 상황에서 계속적으로 거래한 해당 재화 및 용역의 가격 또는 제3자 간에 일반적으로 거래된 가격) ③ 위 ①이나 ②에 따른 가격이 없거나 시가가 불분명한 경우에는 소득세법 시행령 또는 법인세법 시행령에 따른 다음의 가격 ｜ 자산 매매 ｜ 감정평가법인의 감정가액 → 상속세 및 증여세법상 보충적 평가액 ｜ ｜ 자산임대차 ｜ (자산시가 × 50% - 전세금 등) × 정기예금이자율 ｜ ｜ 용역 제공 ｜ 용역원가(직접비 + 간접비) + 용역원가 × 유사용역의 원가기준이익률 ｜

🔍 **사례(부집 29-0-2)**

도매업 및 서비스업을 겸영하는 사업자 "갑"이 거래처 "을"에게 다음과 같이 재화 또는 용역을 공급한 경우 공급가액 계산방법

과세대상	시가	거래금액	"을"과의 관계	과세표준
재화 1	10,000,000	5,000,000	특수관계인	10,000,000
재화 2	10,000,000	5,000,000	특수 외	5,000,000
재화 3	10,000,000	15,000,000	특수관계인	15,000,000
재화 4	10,000,000	15,000,000	특수 외	15,000,000
재화 5	10,000,000	무상공급	특수관계인	10,000,000
재화 6	10,000,000	무상공급	특수 외	10,000,000
용역 1	10,000,000	5,000,000	특수관계인	10,000,000
용역 2	10,000,000	5,000,000	특수 외	5,000,000
용역 3	10,000,000	15,000,000	특수관계인	15,000,000
용역 4	10,000,000	15,000,000	특수 외	15,000,000
용역 5	10,000,000	무상공급	특수관계인	0
용역 6	10,000,000	무상공급	특수 외	0
부동산임대 1	10,000,000	무상공급	특수관계인	10,000,000
부동산임대 2	10,000,000	무상공급	특수 외	0

사업자가 특수관계인이 아닌 자에게 시가보다 낮은 가액으로 재화 또는 용역을 공급한 경우 실제 거래가액을 공급가액으로 하며, 무상으로 공급한 경우 재화는 간주공급(사업상 증여 또는 개인적 공급)인 경우에만 과세하고, 용역은 과세하지 아니한다.

4. 구체적인 거래형태별 과세표준

외상판매 및 할부판매의 경우	공급한 재화의 총가액
① 장기할부판매의 경우 ② 완성도기준지급조건부 또는 중간지급조건부로 재화나 용역을 공급하는 경우 ③ 계속적으로 재화나 용역을 공급하는 경우	계약에 따라 받기로 한 대가의 각 부분
기부채납의 경우	해당 기부채납의 근거가 되는 법률에 따라 기부채납된 가액. 다만, 기부채납된 가액에 부가가치세가 포함된 경우 그 부가가치세는 제외한다.
둘 이상의 과세기간에 걸쳐 부동산 임대용역을 제공하고 그 대가를 선불로 받는 경우	해당 금액을 계약기간의 개월 수로 나눈 금액의 각 과세대상기간의 합계액. 이 경우 개월 수의 계산에 관하여는 해당 계약기간의 개시일이 속하는 달이 1개월 미만이면 1개월로 하고, 해당 계약기간의 종료일이 속하는 달이 1개월 미만이면 산입하지 아니한다.

둘 이상의 과세기간에 걸쳐 용역을 제공하는 경우	그 용역을 제공하는 기간 동안 지급받는 대가와 그 시설의 설치가액을 그 용역제공 기간의 개월 수로 나눈 금액의 각 과세대상기간의 합계액. 이 경우 개월 수의 계산에 관하여는 해당 용역제공 기간의 개시일이 속하는 달이 1개월 미만이면 1개월로 하고, 해당 용역제공 기간의 종료일이 속하는 달이 1개월 미만이면 산입하지 아니한다.
공유수면 관리 및 매립에 관한 법률에 따라 매립용역을 제공하는 경우	공유수면 관리 및 매립에 관한 법률에 따라 산정한 해당 매립공사에 든 총사업비
위탁가공무역 방식으로 수출하는 경우	완성된 제품의 인도가액

5. 마일리지

구분	자기적립 마일리지	당초 재화 또는 용역을 공급하고 마일리지 등을 적립하여 준 사업자에게 사용한 마일리지 등을 말한다. 여러 사업자가 적립하여 줄 수 있거나 여러 사업자를 대상으로 사용할 수 있는 마일리지 등의 경우 다음의 요건을 모두 충족하면 자기적립마일리지로 본다. ① 고객별·사업자별로 마일리지 등의 적립 및 사용 실적을 구분하여 관리하는 등의 방법으로 당초 공급자와 이후 공급자가 같다는 사실이 확인될 것 ② 사업자가 마일리지 등으로 결제받은 부분에 대하여 재화 또는 용역을 공급받는 자 외의 자로부터 보전받지 아니할 것
	제3자적립 마일리지	자기적립마일리지 외 마일리지 (마일리지 등을 적립해준 사업자와 결제받은 사업자가 다른 경우)
공급가액 계산	적립단계	마일리지 적립액은 공급가액에서 차감하지 아니하므로 공급가액에 영향을 미치지 아니한다.
	결제단계	마일리지 등으로 대금의 전부 또는 일부를 결제받은 경우에는 다음의 금액을 합한 금액을 공급가액으로 본다. ① 마일리지 등 외의 수단으로 결제받은 금액 ② 제3자적립마일리지 등으로 결제받은 부분에 대하여 재화 또는 용역을 공급받는 자 외의 자로부터 보전받았거나 보전받을 금액 → 자기적립마일리지로 결제받은 금액은 매출에누리로 보아 공급가액에 포함하지 않음
제3자적립 마일리지 특례		제3자적립마일리지 등으로 대금의 전부 또는 일부를 결제받은 경우로서 다음 중 어느 하나에 해당하는 경우 공급한 재화 또는 용역의 시가를 공급가액으로 한다. ① 사업상 증여: 제3자적립마일리지 등으로 결제받은 금액을 보전받지 아니하고 자기생산·취득재화를 공급한 경우 ② 부당행위계산부인: 제3자적립마일리지 등과 관련하여 특수관계인으로부터 부당하게 낮은 금액을 보전받거나 아무런 금액을 받지 아니하여 조세의 부담을 부당하게 감소시킬 것으로 인정되는 경우

🔍 **사례**

1. 자기적립마일리지(상품을 10만원에 판매함)

구분	공급가액
최초 거래 & 자기적립마일리지 2만원을 적립함	10만원
2차 거래 & 현금 8만원과 자기적립마일리지 2만원으로 결제받음	8만원
2차 거래 & 자기적립마일리지로만 전부 결제받음	0

2. 제3자적립마일리지(상품을 10만원에 판매함)

구분	공급가액
카드사 마일리지 4만원(특수관계 없는 카드사 2만원 보전) & 현금결제 6만원	8만원 (6만원 + 2만원)
카드사 마일리지 4만원(보전 X) & 현금결제 6만원	10만원
특수관계인 마일리지 4만원(특수관계인 1만원 보전) & 현금결제 6만원	10만원

02 간주공급의 공급가액

자기생산 취득재화 공급의제

면세전용, 비영업용 승용차 전용, 개인적 공급, 사업상 증여, 폐업 시 잔존재화의 공급가액은 다음과 같다.

감가상각자산이 아닌 경우		시가
감가상각자산	건물·구축물	취득가액 × (1 − 5% × 경과된 과세기간 수)
	그 밖의 감가상각자산	취득가액 × (1 − 25% × 경과된 과세기간 수)

① 취득가액: 매입세액을 공제받은 해당 재화의 가액으로 한다. 따라서 취득세나 건설자금이자는 포함하지 아니하며, 현재가치할인차금은 취득가액에 포함한다.

② 경과된 과세기간의 수: 과세기간 단위로 계산하되, 건물 또는 구축물의 경과된 과세기간의 수가 20을 초과할 때에는 20으로, 그 밖의 감가상각자산의 경과된 과세기간의 수가 4를 초과할 때에는 4로 한다. 경과된 과세기간의 수를 계산할 때 과세기간의 개시일 후에 감가상각자산을 취득하거나 해당 재화가 공급된 것으로 보게 되는 경우에는 그 과세기간의 개시일에 해당 재화를 취득하거나 해당 재화가 공급된 것으로 본다.

> 🔍 **사례**
> 음식점업자가 20X1. 12. 26. 음식 조리용으로 사용할 비품을 취득하였으나 개업 준비관계로 20X2. 1. 20.부터 사용하였다. 그 후 사업부진으로 20X3. 4. 20. 음식점업을 폐업하였다.
> ⇒ 간주공급에 따른 공급가액 계산 시 경과된 과세기간: 2(20X2년 제1기, 제2기)

③ 취득일: '취득한 날'이란 재화가 실제로 사업에 사용된 날을 말한다. 단, 재화의 공급으로 보지 아니하는 포괄적 사업양도로 취득한 감가상각자산의 경우에는 양도자가 당초 취득한 날을 기준으로 경과된 과세기간의 수를 계산하는 것이다.

면세 일부전용	과세사업에 제공한 감가상각자산을 면세사업에 일부 사용하는 경우에는 다음의 계산식에 따라 계산한 금액을 공급가액으로 하되, 그 면세사업에 의한 면세공급가액이 총공급가액의 5% 미만인 경우에는 공급가액이 없는 것으로 본다.	
	건물·구축물	취득가액 × (1 - 5% × N) × 면세전용 과세기간의 $\dfrac{\text{면세공급가액}}{\text{총공급가액}}$
	그 밖의 감가상각자산	취득가액 × (1 - 25% × N) × 면세전용 과세기간의 $\dfrac{\text{면세공급가액}}{\text{총공급가액}}$
판매목적 타사업장 반출	일반적인 경우	소득세법 또는 법인세법 시행령에 따른 취득가액
	취득가액에 일정액을 더하여 공급하는 경우	그 취득가액에 일정액을 더한 금액
	개별소비세 등이 부과되는 재화	개별소비세, 주세 및 교통·에너지·환경세의 과세표준에 해당 개별소비세, 주세, 교육세, 농어촌특별세 및 교통·에너지·환경세 상당액을 합한 금액

→ 매입세액공제 여부와 관계없이 취득가액 등을 공급가액으로 함

03 재화의 수입에 대한 과세표준

내용	재화의 수입에 대한 부가가치세의 과세표준은 그 재화에 대한 관세의 과세가격과 관세, 개별소비세, 주세, 교육세, 농어촌특별세 및 교통·에너지·환경세를 합한 금액으로 한다.
보세구역 외 국내에 재화를 공급하는 경우	사업자가 보세구역 내에 보관된 재화를 다른 사업자에게 공급하고, 그 재화를 공급받은 자가 그 재화를 보세구역으로부터 반입하는 경우 공급가액은 다음과 같이 계산한다. ∵ 세관장과 사업자의 이중과세 방지 재화의 공급가액 - 세관장이 부가가치세를 징수하고 발급한 수입세금계산서에 적힌 공급가액 🔍 사례 ㈜대한은 외국에서 반입한 원재료를 가공하여 생산한 제품을 국내에 공급하는 보세구역 내의 사업자이다. ㈜대한은 보세구역 밖에 있는 국내사업자 갑과 을에게 다음과 같이 제품을 공급하였을 때 공급가액은? ① 제품 A를 사업자 갑에게 10,000,000원에 공급하였다. 이에 대한 관세의 과세가격은 5,000,000원, 관세는 500,000원, 개별소비세는 1,500,000원이다. ⇒ 10,000,000 - 7,000,000 = 3,000,000 ② 제품 B를 사업자 을에게 20,000,000원에 공급하였다. 이에 대하여 세관장이 징수한 부가가치세는 1,700,000원이다. ⇒ 20,000,000 - 17,000,000 = 3,000,000
수입재화에 대한 선하증권	세관장이 부가가치세를 징수하기 전에 같은 재화에 대한 선하증권이 양도되는 경우에는 선하증권의 양수인으로부터 받은 대가를 공급가액으로 할 수 있다.

04 부동산 일괄공급

의의	사업자가 부동산을 공급하는 경우 토지는 면세하고, 건물은 과세한다. 따라서 건물과 토지를 함께 공급하는 경우 토지의 가액과 건물 등의 가액을 구분하는 것은 매우 중요하다.	
원칙	사업자가 토지와 그 토지에 정착된 건물 또는 구축물 등을 함께 공급하는 경우에는 건물 또는 구축물 등의 실지거래가액을 공급가액으로 한다. 실지거래가액이란 매매계약서 등 증명서류에 당사자의 의사에 따라 토지와 건물을 구분하여 기재한 금액을 말한다.	
예외	다음 중 어느 하나에 해당하는 경우에는 법령이 정하는 바에 따라 안분계산한 금액을 공급가액으로 한다. ① 실지거래가액 중 토지의 가액과 건물 등의 가액의 구분이 불분명한 경우 ② 사업자가 실지거래가액으로 구분한 토지와 건물 등의 가액이 법령이 정하는 바에 따라 안분계산한 금액과 30% 이상 차이가 있는 경우(∵ 자산별 공급가액을 자의적으로 구분하여 조세회피하는 것 방지) 단, 다른 법령에서 정하는 바에 따라 토지와 건물 등의 가액을 구분한 경우나 토지와 건물 등을 함께 공급받은 후 건물 등을 철거하고 토지만 사용하는 경우에는 건물 등의 실지거래가액을 공급가액으로 한다.	

안분 계산방법		
	감정가액이 모두 있는 경우	감정평가업자가 평가한 감정가액에 비례하여 안분계산한다. 감정가액은 공급시기(중간지급조건부 또는 장기할부판매의 경우는 최초 공급시기)가 속하는 과세기간의 직전 과세기간 개시일부터 공급시기가 속하는 과세기간의 종료일까지의 감정평가가액을 말한다. 예 20X3. 1. 10. 공급 → 20X2. 7. 1. ~ 20X3. 6. 30.의 감정가액
	감정가액이 없는 경우 / 기준시가가 모두 있는 경우	공급계약일 현재 기준시가에 비례하여 안분계산한다.
	감정가액이 없는 경우 / 기준시가가 일부 있는 경우	먼저 세무상 장부가액(장부가액이 없는 경우 취득가액)에 비례하여 안분계산한 후, 기준시가가 있는 자산에 대하여는 그 합계액을 다시 기준시가에 비례하여 안분계산한다.

🔍 사례

1. 기준시가가 일부 있는 경우
과세사업자가 토지, 건물 및 기계장치를 100억원(부가가치세 제외)에 일괄 양도하였다. 공급계약일 현재 관련된 자료가 다음과 같을 때 토지와 건물의 공급가액은?

구분	취득가액	장부가액	기준시가	감정가액
토지	50억원	50억원	45억원	80억원
건물	40억원	30억원	15억원	20억원
기계장치	30억원	20억원	-	-

⇒ (1단계) 장부가액으로 1차 안분
  ① 토지: 100억원 × 50억원/100억원 = 50억원
  ② 건물: 100억원 × 30억원/100억원 = 30억원
  ③ 기계장치: 100억원 × 20억원/100억원 = 20억원

 (2단계) 토지와 건물의 합계액(① + ②)을 기준시가에 의한 2차 안분계산
  ① 토지: 80억원 × 45억원/60억원 = 60억원
  ② 건물: 80억원 × 15억원/60억원 = 20억원

2. 일괄양도금액에 부가가치세가 포함된 경우
토지와 건물의 일괄양도금액이 106억원(VAT 포함)인 경우로서 감정가액이 토지가 40억원, 건물이 60억원인 경우 건물의 과세표준은?

⇒ 건물 등의 공급가액 = 106억원 × $\dfrac{60억원}{40억원 + 60억원 × 1.1}$ = 60억원

※ 양도금액에 부가가치세가 포함된 경우 공급가액 계산

건물 공급가액 = 총공급가액 × $\dfrac{건물가액}{토지가액 + 건물가액 × 110/100}$

3. 실지거래가액과 법령에 따라 안분계산한 금액이 30% 이상 차이나는 경우
과세사업자인 ㈜대한은 토지와 건물을 500,000,000원에 다음과 같이 함께 양도하고 그 대금을 모두 수령하였다. 토지와 건물에 대한 감정가액은 없을 때 토지와 건물의 공급가액은?

| 구분 | 실지거래가액 | 공급계약일 현재 | |
		장부가액	기준시가
토지	300,000,000원	200,000,000원	160,000,000원
건물	200,000,000원	200,000,000원	240,000,000원

⇒ (1단계) 기준시가로 안분
  ① 토지: 5억원 × 160/400 = 2억원
  ② 건물: 5억원 × 240/400 = 3억원

 (2단계) 30% 이상 차이
  ① 토지: (3억원 - 2억원)/2억원 ≥ 30%
  ② 건물: (2억원 - 3억원)/3억원 ≥ 30%

05 부동산 임대용역의 공급가액

1. 일반적인 경우

임대료 (T/I O)	임대료는 해당 과세기간에 대가를 받기로 한 부분을 과세표준으로 한다. 다만, 사업자가 둘 이상의 과세기간에 걸쳐 부동산 임대용역을 공급하고 그 대가를 선불이나 후불로 받는 경우에는 다음의 금액을 공급가액으로 한다. $$\text{선불 또는 후불로 받는 임대료} \times \frac{\text{각 과세대상기간의 합계액}}{\text{계약기간의 개월 수 합계액}}$$ ※ 개월 수의 계산에 관하여는 해당 계약기간의 개시일이 속하는 달이 1개월 미만이면 1개월로 하고, 해당 계약기간의 종료일이 속하는 달이 1개월 미만이면 산입하지 아니한다(초월산입·말월불산입).
관리비 (T/I O)	사업자가 부가가치세가 과세되는 부동산임대료와 해당 부동산을 관리해 주는 대가로 받는 관리비 등을 구분하지 아니하고 영수하는 때에는 전체 금액에 대하여 과세하는 것이나, 임차인이 부담하여야 할 보험료·수도료 및 공공요금 등을 별도로 구분징수하여 납입을 대행하는 경우 해당 금액은 부동산임대관리에 따른 대가에 포함하지 아니한다.
간주임대료 (T/I X)	전세금이나 임대보증금을 받는 경우에는 금전 외의 대가를 받는 것으로 보아 다음 계산식에 따라 계산한 금액을 공급가액으로 한다. $$\text{보증금 등} \times \text{과세대상기간 일수} \times \frac{\text{계약기간 1년의 정기예금 이자율}}{365(\text{윤년 } 366)}$$ ① 보증금 등: 부동산 임대용역을 공급하고 받은 임대보증금 또는 전세금을 말한다. 사업자가 계약에 따라 임대보증금 등을 임대료에 충당하였을 때에는 그 금액을 제외한 가액을 전세금 또는 임대보증금으로 한다. 보증금 등은 임대차계약서상의 금액이므로 실제로 지급받았는지 여부에 관계없이 공급시기에 받았거나 받기로 한 금액이 보증금 등에 해당한다. 따라서 보증금 등에 대한 간주임대료는 임차인이 해당 부동산을 사용하거나 사용하기로 한 때를 기준으로 하여 계산한다. ② 과세대상기간 일수: 기산일은 계약금 등의 수취 여부에 관계없이 부동산 임대용역이 개시되거나 개시될 날부터이며, 종료일은 보증금 또는 전세금의 반환 여부에 관계없이 부동산 임대용역 제공이 완료되거나 완료될 날이다. ③ 정기예금이자율: 해당 예정신고기간 또는 과세기간 종료일 현재 계약기간 1년의 정기예금 이자율(현행 2.9%) ④ 부동산을 전대한 경우: 사업자가 부동산을 임차하여 다시 임대용역을 제공하는 경우에는 "해당 기간의 전세금 또는 임대보증금 − 임차 시 지급한 전세금 또는 임차보증금"에 대하여 간주임대료를 계산한다. 이 경우 임차한 부동산 중 직접 자기의 사업에 사용하는 부분이 있는 경우 임차 시 지급한 전세금 또는 임차보증금은 다음 계산식에 따른 금액을 제외한 금액으로 한다. $$\text{임차 시 지급한 전세금 또는 임차보증금} \times \frac{\text{직접 자기의 사업에 사용하는 면적}}{\text{임차한 부동산의 총면적}}$$

2. 겸용주택을 임대한 경우

개요	주택과 이에 부수되는 토지의 임대는 면세하고, 그 외 부동산의 임대는 과세한다. 과세되는 부동산 임대용역과 면세되는 주택 임대용역을 함께 공급하는 경우로서 그 임대구분과 임대료 등의 구분이 불분명한 경우 부가가치세 과세표준에 포함될 공급가액은 일정한 방법에 따라 구분할 필요가 있다.
공급가액 계산	과세되는 부동산 임대용역과 면세되는 주택 임대용역을 함께 공급하여 그 임대구분과 임대료 등의 구분이 불분명한 경우 다음과 같이 공급가액을 계산한다.

	면적구분	겸용주택에 대한 면세규정에 따라 면세면적과 과세면적 구분
	총임대료	임대료(관리비 포함) + 간주임대료의 계산
	공급가액 계산	① 토지 임대료 $$총임대료 \times \frac{토지기준시가}{토지기준시가 + 건물기준시가}$$ ② 건물 임대료 $$총임대료 \times \frac{건물기준시가}{토지기준시가 + 건물기준시가}$$ 토지가액 또는 건물가액은 예정신고기간 또는 과세기간이 끝난 날 현재의 소득세법에 따른 기준시가에 따른다. → 감정가액 아님
	과세 공급가액 계산	① 토지임대료 × 과세토지면적비율 ② 건물임대료 × 과세건물면적비율

06 과세사업과 면세사업 등에 공통으로 사용된 재화의 공급가액 계산

개요	과세사업과 면세사업 등에 공통으로 사용하던 재화를 공급한 경우 과세사업분만 과세하고, 면세사업분은 면세한다. 이 경우 공급시점에 공급가액을 안분계산하여 과세사업분에 해당하는 공급가액은 세금계산서를 발급하여야 한다.
원칙: 공급가액 안분계산	과세표준에 포함되는 공급가액은 다음 계산식에 따라 계산한다. 이 경우 휴업 등으로 인하여 직전 과세기간의 공급가액이 없을 때에는 그 재화를 공급한 날에 가장 가까운 과세기간의 공급가액으로 계산한다. 해당 재화의 공급가액 × $\dfrac{\text{재화공급일이 속하는 과세기간의 직전 과세기간의 과세공급가액}}{\text{재화공급일이 속하는 과세기간의 직전 과세기간의 총공급가액}}$
예외: 면적비율 안분계산	사용면적을 기준으로 공통매입세액을 안분계산한 재화 또는 사용면적비율에 따라 재계산한 재화로서 과세사업과 면세사업등에 공통으로 사용되는 재화를 공급하는 경우에 과세표준에 포함되는 공급가액은 다음 계산식에 따라 계산한다. 이 경우 휴업 등으로 인하여 직전 과세기간의 사용면적비율이 없을 때에는 그 재화를 공급한 날에 가장 가까운 과세기간의 사용면적비율에 의하여 계산한다. 해당 재화의 공급가액 × $\dfrac{\text{재화공급일이 속하는 과세기간의 직전 과세기간의 과세사용면적}}{\text{재화공급일이 속하는 과세기간의 직전 과세기간의 사용면적}}$
안분계산 생략	다음 중 어느 하나에 해당하는 경우에는 경제적 실익이 없거나 안분이 불가능하므로 해당 재화의 공급가액 전부를 과세표준으로 한다. ① 재화를 공급하는 날이 속하는 과세기간의 직전 과세기간의 총공급가액 중 면세공급가액이 5% 미만인 경우. 다만, 해당 재화의 공급가액이 5천만원 이상인 경우에는 안분계산하여야 한다. ② 재화의 공급가액이 50만원 미만인 경우 ③ 재화를 공급하는 날이 속하는 과세기간에 신규로 사업을 시작하여 직전 과세기간이 없는 경우 🔍 **사례** ㈜대한은 과세사업과 면세사업에 공통으로 사용하던 재화를 다음과 같이 매각하였다. 	구분	취득일	취득가액	매각일	공급가액
---	---	---	---	---
차량	20X1. 3. 1.	40,000,000원	20X2. 4. 1.	20,000,000원
비품	20X1. 8. 1.	1,000,000원	20X2. 5. 1.	400,000원 | 과세사업과 면세사업의 공급가액비율은 다음과 같을 때 과세표준은? | 구분	20X1년 제2기	20X2년 제1기
---	---	---
과세사업	50%	60%
면세사업	50%	40%	 ⇒ (20,000,000 × 50%) + 400,000 = 10,400,000

07 대손세액의 공제특례

의의	사업자는 부가가치세가 과세되는 재화 또는 용역을 공급하고 외상매출금이나 그 밖의 매출채권(부가가치세를 포함)의 전부 또는 일부가 공급을 받은 자의 파산·강제집행이나 그 밖에 법령으로 정하는 대손사유로 대손되어 회수할 수 없는 경우에는 대손세액을 그 대손이 확정된 날이 속하는 과세기간의 매출세액에서 뺄 수 있다. 대손세액 = 대손금액(부가가치세 포함) × 10/110
취지	공급자가 외상으로 판매한 경우에도 세금계산서를 발급하고, 공급자는 스스로 부가가치세를 부담하며, 공급받은 자는 대금지급 없이 수취한 세금계산서에 의해 매입세액을 공제받는다. 그 후 공급받은 자의 파산 등으로 대손된 경우 공급자는 경제적 손실을 입고, 공급받은 자는 부담하지도 않은 매입세액을 공제받는 불합리점이 발생한다. 이러한 불합리점을 보완하는 제도가 대손세액공제이다.
공제요건	① 대손세액공제의 대상이 되는 채권은 부가가치세가 과세되는 재화 또는 용역에 대한 채권이어야 한다. → 대여금은 공제대상 아님 ② 대손세액 공제의 범위는 사업자가 부가가치세가 과세되는 재화 또는 용역을 공급한 후 그 공급일부터 10년이 지난 날이 속하는 과세기간에 대한 확정신고 기한까지 대손사유로 확정되는 대손세액(결정 또는 경정으로 증가된 과세표준에 대하여 부가가치세액을 납부한 경우 해당 대손세액을 포함)으로 한다. 〖예〗공급일 2013. 1. 1. → 2023. 7. 25.까지 대손이 확정되어야 함 ③ 대손세액공제를 적용받고자 하는 사업자는 확정신고와 함께 대손금액이 발생한 사실을 증명하는 서류를 첨부하여 관할 세무서장에게 제출하여야 한다.
대손사유	① 소득세법 시행령 제55조 제2항 및 법인세법 시행령 제19조의2 제1항에 따라 대손금으로 인정되는 경우 ② 채무자 회생 및 파산에 관한 법률에 따른 법원의 회생계획인가 결정에 따라 채무를 출자전환하는 경우. 이 경우 대손되어 회수할 수 없는 금액은 출자전환하는 시점의 출자전환된 매출채권 장부가액과 출자전환으로 취득한 주식 또는 출자지분의 시가와의 차액으로 한다. 🔍 사례 매출채권 110,000,000원을 회수하지 못하던 중 거래처에 대하여 채무자 회생 및 파산에 관한 법률에 근거한 법원의 회생계획인가결정으로 보통주 10,000주로 출자전환되고, 동시에 80%를 무상감자하여 2,000주를 보유하고 있다. 주식의 액면가액과 시가는 각각 11,000,000원과 33,000,000원일 때 대손세액공제액은? ⇒ (110,000,000 - 33,000,000) × 10/110 = 7,000,000

공제시기	① 대손세액공제는 대손이 확정된 날이 속하는 과세기간의 확정신고 시 공제한다. 따라서 예정신고 시에는 공제하지 않는다. ② 대손세액은 대손이 확정된 날이 속하는 과세기간에만 적용하므로 확정된 과세기간에 신고하지 못한 경우 경정청구를 통해 공제받을 수 있다. 🔍 **사례** 회사의 대손금액(부가가치세 포함)에 대한 대손처리내역 | 공급시점	대손금액	대손사유 확정시기	공제 여부	공제시기
2012. 6. 28.	11,000,000원	2023. 6. 1.	X	-
2014. 1. 3.	22,000,000원	2023. 7. 25.	O	2023년 2기
2018. 1. 4.	33,000,000원	2023. 3. 25.	O	2023년 1기	
---	---
대손세액 처리방법	**대손 확정** ① 공급자: 대손세액을 그 대손이 확정된 날이 속하는 과세기간의 매출세액에서 뺄 수 있다. ② 공급받은 자: 재화 또는 용역을 공급받은 사업자가 대손세액에 해당하는 금액의 전부 또는 일부를 매입세액으로 공제받은 경우로서 그 사업자가 폐업하기 전에 재화 또는 용역을 공급하는 자가 대손세액공제를 받은 경우에는 그 재화 또는 용역을 공급받은 사업자는 관련 대손세액에 해당하는 금액을 대손이 확정된 날이 속하는 과세기간에 자신의 매입세액에서 뺀다. 이 경우 공급자가 대손세액을 매출세액에서 차감한 경우 공급자의 관할 세무서장은 대손세액 공제사실을 공급받는 자의 관할 세무서장에게 통지하여야 하며, 공급받은 자가 관련 대손세액에 해당하는 금액을 매입세액에서 차감하여 신고하지 아니한 경우 결정하거나 경정하여야 한다. → 과소신고가산세와 납부지연가산세는 부과하지 않음 **회수 (변제)** ① 공급자: 그 사업자가 대손금액의 전부 또는 일부를 회수한 경우에는 회수한 대손금액에 관련된 대손세액을 회수한 날이 속하는 과세기간의 매출세액에 더한다. ② 공급받은 자: 매입세액에서 대손세액에 해당하는 금액을 뺀(관할 세무서장이 결정 또는 경정한 경우를 포함) 해당 사업자가 대손금액의 전부 또는 일부를 변제한 경우에는 변제한 대손금액에 관련된 대손세액에 해당하는 금액을 변제한 날이 속하는 과세기간의 매입세액에 더한다. 이 경우 사업자는 부가가치세 확정신고서에 대손세액 변제신고서와 변제사실을 증명하는 서류를 첨부하여 관할 세무서장에게 제출(국세정보통신망에 의한 제출을 포함)하여야 한다.

📋 **대손세액공제 핵심정리**

구분	공급자	공급받는 자
대손이 확정된 경우	매출세액에서 뺌	매입세액에서 뺌(대손처분받은 세액)
회수 또는 변제한 경우	매출세액에 더함	매입세액에 더함(변제대손세액)

제5장 거래징수와 세금계산서

01 거래징수

내용	사업자가 재화 또는 용역을 공급하는 경우에는 공급가액에 10% 세율을 적용하여 계산한 부가가치세를 재화 또는 용역을 공급받는 자로부터 징수하여야 한다. 한편 재화의 수입에 대해서는 세관장이 관세징수의 예에 따라 부가가치세를 징수하도록 하고 있다.
성격	거래징수는 사업자로부터 징수하는 부가가치세액을 공급받는 자로부터 차례로 전가시키겠다는 취지를 선언한 것이므로 사업자가 거래징수규정을 근거로 공급을 받는 자로부터 부가가치세를 직접 징수할 사법상의 권리는 없다. (대법원 96다40677)

사업자 구분에 따른 증명서류

구분		업종	증명서류
과세사업자	일반과세자	일반적인 경우	세금계산서
		최종소비자 대상 업종	영수증 또는 신용카드매출전표 등
	간이과세자	4,800만원 이상 1억 400만원 미만	세금계산서
		4,800만원 미만	영수증
면세사업자		일반적인 경우	계산서
		최종소비자 대상 업종	영수증

02 세금계산서

의의	세금계산서란 거래징수의무자인 사업자가 재화 또는 용역을 공급하는 때에 그에 대한 부가가치세를 거래상대방으로부터 징수한 사실을 증명하기 위하여 발급하는 것이며 재화의 수입 시 세관장이 수입자로부터 부가가치세를 징수하고 발급하는 수입세금계산서를 포함한다.	
기재사항	사업자가 재화 또는 용역을 공급(부가가치세가 면제되는 재화·용역의 공급은 제외)하는 경우에는 다음의 사항을 적은 세금계산서를 그 공급을 받는 자에게 발급하여야 한다.	
	구분 / **내용** / **부실기재 시**	
	필요적 기재사항	거래파악에 필요한 필수요소 ① 공급하는 사업자의 등록번호와 성명 또는 명칭 ② 공급받는 자의 등록번호(단, 공급받는 자가 사업자가 아니거나 등록한 사업자가 아닌 경우 고유번호 또는 공급받는 자의 주민등록번호) ③ 공급가액과 부가가치세액 ④ 작성 연월일(공급시기)	① 공급자: 가산세(1%)(*) ② 매입자: 매입세액 불공제(*)

기재사항	임의적 기재사항	① 공급하는 자의 주소 ② 공급받는 자의 상호·성명·주소 ③ 공급하는 자와 공급받는 자의 업태와 종목 ④ 공급품목 ⑤ 단가와 수량 ⑥ 공급 연월일 ⑦ 거래의 종류 ⑧ 사업자단위과세사업자의 경우 실제로 재화 또는 용역을 공급하거나 공급받는 종된 사업장의 소재지 및 상호	없음

(*) 필요적 기재사항 중 일부가 착오나 사실과 다르게 적혔더라도 나머지 사항으로 보아 거래사실이 확인된 경우에는 적법한 세금계산서로 본다.

발급방법	사업자가 세금계산서를 발급하는 경우 해당 재화나 용역을 공급하는 사업장에서 총 2매(공급자 보관용 1매와 공급받는 자 보관용 1매)를 작성하여 그 중 공급받는 자 보관용 1매를 거래상대방에게 발급하여야 한다. 단, 사업자들의 편의를 위해 세금계산서를 제출하지 않고 세금계산서를 근거로 작성한 세금계산서합계표를 제출하여야 한다.

구분	세금계산서	신고 시 제출서류
공급자	매출세금계산서	매출처별 세금계산서합계표
공급받는 자	매입세금계산서	매입처별 세금계산서합계표

03 전자세금계산서

도입취지	종이세금계산서의 경우 그 작성, 발급 및 보관에 많은 시간과 비용이 발생하고 과세관청은 가짜 세금계산서 색출에 막대한 행정력이 투입되는 등 과도한 납세협력 및 행정비용이 발생하는 문제점이 있었다. 이에 사업자의 납세협력비용을 줄이고 사업자 간 거래의 투명성을 제고하기 위해 전자세금계산서를 도입하였다.
전자 세금계산서 발급의무자	① 법인사업자: 규모에 관계없이 모든 법인 ② 개인사업자: 직전 연도의 사업장별 재화 및 용역의 공급가액(면세공급가액 포함)의 합계액이 8천만원 이상인 개인사업자(그 이후 직전 연도의 사업장별 재화 및 용역의 공급가액이 8천만원 미만이 된 개인사업자 포함)는 세금계산서를 발급하려면 전자세금계산서를 발급하여야 한다. ③ 전자세금계산서를 발급하여야 하는 사업자가 아닌 사업자도 전자세금계산서를 발급하고 전자세금계산서 발급명세를 전송할 수 있다.

개인사업자 의무발급기간	의무발급기간	전자세금계산서 의무발급 개인사업자는 사업장별 재화 및 용역의 공급가액의 합계액이 8천만원 이상인 해의 다음 해 제2기 과세기간이 시작하는 날부터 전자세금계산서를 발급해야 한다. 다만, 사업장별 재화와 용역의 공급가액의 합계액이 수정신고 등으로 8천만원 이상이 된 경우에는 수정신고 등을 한 날이 속하는 과세기간의 다음 과세기간이 시작하는 날부터 전자세금계산서를 발급해야 한다. 예 2023년 사업장별 공급가액 합계액이 8천만원 이상인 경우 2024년 7월 1일부터 전자세금계산서 발급
	통지의무	① 관할 세무서장은 개인사업자가 전자세금계산서 의무발급 개인사업자에 해당하는 경우에는 전자세금계산서를 발급해야 하는 날이 시작되기 1개월 전까지 그 사실을 해당 개인사업자에게 통지하여야 한다. ② 만일 1개월 전까지 통지를 받지 못한 경우 통지서를 수령한 날이 속하는 달의 다음 다음 달 1일부터 전자세금계산서를 발급하여야 한다.
발급명세 전송		① 전자세금계산서를 발급하였을 때에는 전자세금계산서 발급일의 다음 날까지 전자세금계산서 발급명세를 국세청장에게 전송하여야 한다. ② 만일 전송기한 지난 후 발급명세를 전송하는 경우에는 다음의 가산세가 적용된다.<table><tr><th>구분</th><th>사유</th><th>가산세</th></tr><tr><td>지연전송</td><td>공급시기가 속하는 과세기간에 대한 확정신고기한까지 전송하는 경우</td><td>공급가액의 0.3%</td></tr><tr><td>미전송</td><td>공급시기가 속하는 과세기간에 대한 확정신고기한까지 전송하지 않은 경우</td><td>공급가액의 0.5%</td></tr></table>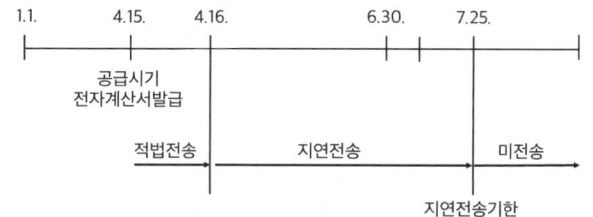
발급명세 전송 시 혜택		① 세금계산서합계표 제출 면제: 사업자는 세금계산서를 발급하였거나 발급받은 경우에는 매출·매입처별 세금계산서합계표를 해당 예정신고 또는 확정신고를 할 때 함께 제출하여야 하나, 전자세금계산서 발급명세를 해당 재화 또는 용역의 공급시기가 속하는 과세기간(예정신고의 경우 예정신고기간) 마지막 날의 다음 달 11일까지 국세청장에게 전송한 경우에는 매출·매입처별 세금계산서합계표를 제출하지 아니할 수 있다. ② 세금계산서 보관 면제: 사업자는 발급하거나 발급받은 세금계산서 또는 영수증을 그 거래 사실이 속하는 과세기간에 대한 확정신고 기한 후 5년간 보존하여야 하나, 전자세금계산서를 발급한 사업자가 국세청장에게 전자세금계산서 발급명세를 전송한 경우에는 세금계산서 보관의무가 면제된다.

04 세금계산서 발급의 특례

위탁판매	① 위탁자 등을 알 수 있는 경우: 위탁판매 또는 대리인에 의한 판매의 경우 수탁자 또는 대리인이 재화를 인도할 때에는 수탁자 또는 대리인이 위탁자 또는 본인의 명의로 세금계산서를 발급하며, 위탁자 또는 본인이 직접 재화를 인도하는 때에는 위탁자 또는 본인이 세금계산서를 발급할 수 있다. 이 경우 수탁자 또는 대리인의 등록번호를 덧붙여 적어야 한다. ② 위탁자 등을 알 수 없는 경우: 위탁자(본인)는 수탁자(대리인)에게, 수탁자(대리인)는 거래상대방에게 공급한 것으로 보아 세금계산서를 발급한다.
위탁매입	① 위탁자 등을 알 수 있는 경우: 위탁매입 또는 대리인에 의한 매입의 경우에는 공급자가 위탁자 또는 본인을 공급받는 자로 하여 세금계산서를 발급한다. 이 경우 수탁자 또는 대리인의 등록번호를 덧붙여 적어야 한다. ② 위탁자 등을 알 수 없는 경우: 수탁자가 공급자로부터 세금계산서를 발급받고, 위탁자는 수탁자로부터 세금계산서를 발급받는다.
수용	수용으로 인하여 재화가 공급되는 경우에는 해당 사업시행자가 세금계산서를 발급할 수 있다.
용역공급에 대한 주선·중개	용역의 공급에 대한 주선·중개의 경우에는 위탁판매 및 위탁매입을 준용한다.
리스거래	납세의무가 있는 사업자가 여신전문금융업법에 따라 등록한 시설대여업자로부터 시설 등을 임차하고, 그 시설 등을 공급자 또는 세관장으로부터 직접 인도받는 경우에는 공급자 또는 세관장이 그 사업자에게 직접 세금계산서를 발급할 수 있다. 기계제작자 甲 →① 판매→ 리스제공자 乙 →② 리스→ 리스이용자 丙 甲 →③ 기계 인도→ 丙
합병	합병에 따라 소멸하는 법인이 합병계약서에 기재된 합병을 할 날부터 합병등기일까지의 기간에 재화 또는 용역을 공급하거나 공급받는 경우 합병 이후 존속하는 법인 또는 합병으로 신설되는 법인이 세금계산서를 발급하거나 발급받을 수 있다.
분할 등	분할 또는 분할합병에 따라 소멸하는 법인이 분할계획서에 기재된 분할을 할 날 또는 분할합병계약서에 기재된 분할합병을 할 날부터 분할등기일 또는 분할합병등기일까지의 기간에 재화 또는 용역을 공급하거나 공급받는 경우에는 분할 또는 분할합병 이후 존속하는 법인 또는 분할 또는 분할합병으로 신설되는 법인으로서 분할계획서 또는 분할합병계약서에서 정하는 바에 따라 해당 재화 또는 용역의 공급에 관한 권리의무를 승계하는 법인이 세금계산서를 발급하거나 발급받을 수 있다.

05 수정세금계산서

의의	세금계산서 또는 전자세금계산서의 기재사항을 착오로 잘못 적거나 세금계산서 또는 전자세금계산서를 발급한 후 그 기재사항에 관하여 일정한 사유가 발생하면 수정세금계산서 또는 수정전자세금계산서를 발급할 수 있다. → 당초 적법한 세금계산서를 발급한 경우 수정세금계산서 발급 가능
재화의 환입	처음 공급한 재화가 환입된 경우에는 재화가 환입된 날을 작성일로 적고 비고란에 처음 세금계산서 작성일을 덧붙여 적은 후 붉은색 글씨로 쓰거나 음(陰)의 표시를 하여 발급한다. 예 2022. 12. 1. 재화를 1,000,000원에 공급하였으나, 2023. 1. 27. 100,000원이 반품된 경우 작성연월일은 2023. 1. 27.이고 공급가액은 (-)100,000, (-)세액은 10,000이다.
계약의 해제	계약의 해제로 재화 또는 용역이 공급되지 아니한 경우에는 계약이 해제된 때에 그 작성일은 계약해제일로 적고 비고란에 처음 세금계산서 작성일을 덧붙여 적은 후 붉은색 글씨로 쓰거나 음(陰)의 표시를 하여 발급한다.
계약의 해지	계약의 해지 등에 따라 공급가액에 추가되거나 차감되는 금액이 발생한 경우에는 증감 사유가 발생한 날을 작성일로 적고 추가되는 금액은 검은색 글씨로 쓰고, 차감되는 금액은 붉은색 글씨로 쓰거나 음(陰)의 표시를 하여 발급한다.
내국신용장 사후개설	재화 또는 용역을 공급한 후 공급시기가 속하는 과세기간 종료 후 25일(과세기간 종료 후 25일이 되는 날이 국세기본법 제5조 제1항 각 호에 해당하는 날인 경우에는 바로 다음 영업일) 이내에 내국신용장이 개설되었거나 구매확인서가 발급된 경우에는 내국신용장 등이 개설된 때에 그 작성일은 처음 세금계산서 작성일을 적고 비고란에 내국신용장 개설일 등을 덧붙여 적어 영세율 적용분은 검은색 글씨로 세금계산서를 작성하여 발급하고, 추가하여 처음에 발급한 세금계산서의 내용대로 세금계산서를 붉은색 글씨로 또는 음(陰)의 표시를 하여 작성하고 발급한다.
필요적 기재사항의 착오(*)	필요적 기재사항 등이 착오로 잘못 적힌 경우에는 처음에 발급한 세금계산서의 내용대로 세금계산서를 붉은색 글씨로 쓰거나 음(陰)의 표시를 하여 발급하고, 수정하여 발급하는 세금계산서는 검은색 글씨로 작성하여 발급한다.
필요적 기재사항의 착오 외(*)	필요적 기재사항 등이 착오 외의 사유로 잘못 적힌 경우에는 재화나 용역의 공급일이 속하는 과세기간에 대한 확정신고기한 다음 날부터 1년 이내에 세금계산서를 작성하되, 처음에 발급한 세금계산서의 내용대로 세금계산서를 붉은색 글씨로 쓰거나 음(陰)의 표시를 하여 발급하고, 수정하여 발급하는 세금계산서는 검은색 글씨로 작성하여 발급한다.
전자 세금계산서 이중발급	착오로 전자세금계산서를 이중으로 발급한 경우에는 처음에 발급한 세금계산서의 내용대로 음(陰)의 표시를 하여 발급한다.
면세 등 발급대상이 아닌 거래 발급	면세 등 발급대상이 아닌 거래 등에 대하여 발급한 경우에는 처음에 발급한 세금계산서의 내용대로 붉은색 글씨로 쓰거나 음(陰)의 표시를 하여 발급한다.
세율 잘못 적용(*)	세율을 잘못 적용하여 발급한 경우에는 처음에 발급한 세금계산서의 내용대로 세금계산서를 붉은색 글씨로 쓰거나 음(陰)의 표시를 하여 발급하고, 수정하여 발급하는 세금계산서는 검은색 글씨로 작성하여 발급한다.

과세유형 전환 후	① 일반과세자에서 간이과세자로 과세유형이 전환된 후 과세유형전환 전에 공급한 재화 또는 용역에 수정세금계산서 사유가 발생한 경우에는 처음에 발급한 세금계산서 작성일을 수정세금계산서 또는 수정전자세금계산서의 작성일로 적고, 비고란에 사유 발생일을 덧붙여 적은 후 추가되는 금액은 검은색 글씨로 쓰고 차감되는 금액은 붉은색 글씨로 쓰거나 음(陰)의 표시를 하여 수정세금계산서나 수정전자세금계산서를 발급할 수 있다. ② 간이과세자에서 일반과세자로 과세유형이 전환된 후 과세유형전환 전에 공급한 재화 또는 용역에 수정세금계산서 사유가 발생하여 수정세금계산서나 수정전자세금계산서를 발급하는 경우에는 처음에 발급한 세금계산서 작성일을 수정세금계산서 또는 수정전자세금계산서의 작성일로 적고, 비고란에 사유 발생일을 덧붙여 적은 후 추가되는 금액은 검은색 글씨로 쓰고 차감되는 금액은 붉은색 글씨로 쓰거나 음(陰)의 표시를 해야 한다.

(*) 세무조사의 통지를 받은 경우, 세무공무원이 과세자료의 수입 등을 처리하기 위하여 현지출장이나 확인업무에 착수한 경우, 세무서장으로부터 과세자료 해명안내 통지를 받은 경우에 해당하는 경우로서 과세표준 또는 세액을 경정할 것을 미리 알고 있는 경우는 제외한다.

06 수입세금계산서

발급	세관장은 수입되는 재화에 대하여 부가가치세를 징수할 때(부가가치세의 납부가 유예되는 때를 포함)에는 수입세금계산서를 수입하는 자에게 발급하여야 한다.

수정 수입 세금계산서	세관장은 다음 중 어느 하나에 해당하는 경우에는 수입하는 자에게 수정수입세금계산서를 발급하여야 한다.
	① 관세법에 따라 세관장이 과세표준 또는 세액을 결정 또는 경정하기 전에 수입하는 자가 대통령령으로 정하는 바에 따라 수정신고 등을 하는 경우(③에 따라 수정신고하는 경우는 제외)
	② 관세법에 따라 세관장이 과세표준 또는 세액을 결정 또는 경정하는 경우(수입하는 자가 해당 재화의 수입과 관련하여 다음 중 어느 하나에 해당하지 아니하는 경우로 한정함)
	  ㉠ 관세법을 위반하여 고발되거나 통고처분을 받은 경우
	  ㉡ 관세법에 따른 부정한 행위 또는 자유무역협정의 이행을 위한 관세법의 특례에 관한 법률 제36조 제1항 제1호 단서에 따른 부당한 방법으로 관세의 과세표준 또는 세액을 과소신고한 경우
	  ㉢ 수입자가 과세표준 또는 세액을 신고하면서 관세조사 등을 통하여 이미 통지받은 오류를 다음 신고 시에도 반복하는 등 대통령령으로 정하는 중대한 잘못이 있는 경우
	③ 수입하는 자가 세관공무원의 관세조사 등 대통령령으로 정하는 행위가 발생하여 과세표준 또는 세액이 결정 또는 경정될 것을 미리 알고 그 결정·경정 전에 관세법에 따라 수정신고하는 경우(해당 재화의 수입과 관련하여 ②의 어느 하나에 해당하지 아니하는 경우로 한정함)

07 세금계산서 발급의무 면제

의의	세금계산서(전자세금계산서를 포함)를 발급하기 어렵거나 세금계산서의 발급이 불필요한 경우에는 세금계산서를 발급하지 아니할 수 있다.
최종소비자 대상 업종	① 택시운송 사업자, 노점 또는 행상을 하는 사람 ② 무인자동판매기를 이용하여 재화나 용역을 공급하는 자 ③ 소매업(다만, 공급받는 자가 세금계산서 발급을 요구하지 아니하는 경우로 한정함) ④ 미용, 욕탕 및 유사 서비스업을 경영하는 자가 공급하는 재화 또는 용역
공급의제	① 면세전용 ② 비영업용 승용차에의 전용 ③ 개인적 공급 ④ 사업상 증여 ⑤ 폐업 시 잔존재화 → 판매목적 타사업장 반출재화의 경우에는 세금계산서 발급해야 함

영세율 거래	발급의무 면제	발급대상
	① 재화의 수출 ② 중계무역방식 거래 등 수출 ③ 용역의 국외공급 ④ 외화획득 재화 또는 용역	① 내국신용장·구매확인서에 의한 재화의 공급 ② 한국국제협력단, 한국국제보건의료재단, 대한적십자사에 공급 ③ 국외 원재료 반출 후 외국인도 ④ 수출재화 임가공용역

간주임대료	부동산 임대용역 중 전세금 또는 임대보증금에 대한 간주임대료는 임대인 또는 임차인 중 누가 부담하는지에 관계없이 발급할 수 없다. → 단, 간주임대료에 대한 부가가치세는 부담한 자의 손금(필요경비)
공인인증서	전자서명인증사업자가 공인인증서를 발급하는 용역. 다만, 공급받는 자가 사업자로서 세금계산서 발급을 요구하는 경우는 제외한다.
전자적 용역	간편사업자등록을 한 사업자가 국내에 공급하는 전자적 용역
국내사업장이 없는 비거주자 등	국내사업장이 없는 비거주자 또는 외국법인에 공급하는 재화 또는 용역. 다만, 다음 중 어느 하나에 해당하는 경우는 제외한다. ① 국내사업장이 없는 비거주자 또는 외국법인이 해당 외국의 개인사업자 또는 법인사업자임을 증명하는 서류를 제시하고 세금계산서 발급을 요구하는 경우 ② 법인세법에 따른 외국법인연락사무소에 재화 또는 용역을 공급하는 경우
부당행위 계산부인	재화 또는 용역의 공급에 대하여 부당하게 낮은 대가를 받아 시가를 과세표준으로 하는 경우 시가와 거래가액 차액은 세금계산서 발급의무가 면제된다.
이중공제 방지	사업자가 신용카드매출전표 등을 발급한 경우에는 세금계산서를 발급하지 아니한다.

08 세금계산서 발급시기

원칙	세금계산서는 사업자가 재화 또는 용역의 공급시기에 재화 또는 용역을 공급받는 자에게 발급하여야 한다.
선발급 특례	사업자는 재화 또는 용역의 공급시기가 되기 전 세금계산서를 발급할 수 있다.
후발급 특례	다음 중 어느 하나에 해당하는 경우에는 재화 또는 용역의 공급일이 속하는 달의 다음 달 10일(그 날이 공휴일 또는 토요일인 경우에는 바로 다음 영업일)까지 세금계산서를 발급할 수 있다. ∵ 사업자가 고정거래처와 계속적인 거래 시 공급시기마다 세금계산서를 발급하는 것이 번거롭기 때문

	1역월 단위 발급	거래처별로 달의 1일부터 말일까지의 공급가액을 합하여 해당 달의 말일을 작성 연월일로 하여 세금계산서를 발급하는 경우 예 1. 1. ~ 1. 31. 공급가액을 1. 31. 작성연월일로 2. 10.까지 발급 가능
	1역월 내에 임의기간 단위 발급	거래처별로 달의 1일부터 말일까지의 기간 이내에서 사업자가 임의로 정한 기간의 공급가액을 합하여 그 기간의 종료일을 작성 연월일로 하여 세금계산서를 발급하는 경우 예 1. 1 ~ 1. 15. 공급가액을 1. 15. 작성연월일로 2. 10.까지 발급 가능
	특정거래일자 발급	관계 증명서류 등에 따라 실제거래사실이 확인되는 경우로서 해당 거래일을 작성 연월일로 하여 세금계산서를 발급하는 경우 예 1. 20. 재화를 공급하고 1. 20. 작성연월일로 하여 2. 10.까지 발급 가능

09 매입자발행세금계산서

의의	납세의무자로 등록한 사업자로서 세금계산서 발급의무가 있는 사업자가 재화 또는 용역을 공급하고 세금계산서 발급 시기에 세금계산서를 발급하지 아니한 경우(사업자의 부도·폐업, 공급 계약의 해제·변경 또는 그 밖에 법령으로 정하는 사유가 발생한 경우로서 사업자가 수정세금계산서 또는 수정전자세금계산서를 발급하지 아니한 경우를 포함) 그 재화 또는 용역을 공급받은 자는 관할 세무서장의 확인을 받아 세금계산서를 발행할 수 있다.
취지	매입자보다 경제적으로 우월한 지위에 있는 재화·용역의 매출자가 과세표준 노출 등을 이유로 세금계산서의 발급을 거부하는 사례를 방지
발행요건	① 공급자: 납세의무자로 등록한 사업자로서 세금계산서 발급의무가 있는 사업자(영수증 발급대상 사업자 중 거래상대방의 요구 시 세금계산서 발급의무가 있는 사업자 포함)이어야 한다. 따라서 미등록사업자·면세사업자·영수증발급간이과세자는 발행할 수 없다. ② 매입자: 재화 또는 용역을 공급받은 모든 사업자로서 일반과세자·간이과세자, 면세사업자를 포함한다. ③ 발행대상: 거래사실의 확인신청 대상이 되는 거래는 거래건당 공급대가가 5만원 이상인 경우로 한다.

발행절차	① 거래사실확인신청: 매입자발행세금계산서를 발행하려는 자는 해당 재화 또는 용역의 공급시기가 속하는 과세기간의 종료일부터 1년 이내에 거래사실확인신청서에 거래사실을 객관적으로 입증할 수 있는 서류를 첨부하여 신청인 관할 세무서장에게 거래사실의 확인을 신청하여야 한다. ② 보정요구: 신청을 받은 관할 세무서장은 신청서에 공급자의 인적사항이 부정확하거나 신청서 기재방식에 흠이 있는 경우에는 신청일부터 7일 이내에 일정한 기간을 정하여 보정요구를 할 수 있다. ③ 거부결정: 신청인이 보정요구에 응하지 아니하거나 신청기간을 넘긴 것이 명백한 경우 등에 해당하는 경우 신청인 관할 세무서장은 거래사실의 확인을 거부하는 결정을 하여야 한다. ④ 거래사실확인: 신청인 관할 세무서장은 확인을 거부하는 결정을 하지 아니한 신청에 대해서는 거래사실확인신청서가 제출된 날(보정을 요구하였을 때에는 보정이 된 날)부터 7일 이내에 신청서와 제출된 증빙서류를 공급자 관할 세무서장에게 송부하여야 한다. 신청서를 송부받은 공급자 관할 세무서장은 신청인의 신청내용, 제출된 증빙자료를 검토하여 거래사실 여부를 확인하여야 한다. 이 경우 거래사실의 존재 및 그 내용에 대한 입증책임은 신청인에게 있다. ⑤ 발행: 신청인 관할 세무서장으로부터 거래사실 확인 통지를 받은 신청인은 공급자 관할 세무서장이 확인한 거래일자를 작성일자로 하여 매입자발행세금계산서를 발행하여 공급자에게 교부하여야 한다.
효과	매입자발행세금계산서를 공급자에게 교부하였거나 교부한 것으로 보는 경우 신청인은 법에 예정신고, 확정신고 또는 국세기본법에 따른 경정청구를 할 때 매입자발행세금계산서합계표를 제출한 경우에는 매입자발행세금계산서에 기재된 매입세액을 해당 재화 또는 용역의 공급시기에 해당하는 과세기간의 매출세액 또는 납부세액에서 매입세액으로 공제받을 수 있다. → 기업업무추진비 적용 시 적격증명서류를 수취한 것으로 인정됨

10 영수증

의의	영수증은 세금계산서의 필요적 기재사항 중 공급받는 자와 부가가치세액을 따로 기재하지 않은 약식 증명서류를 말한다. 영수증은 과세사업자의 경우와 같이 일일이 세금계산서를 발급하기 곤란하거나 또한 최종소비자이기 때문에 매입세액공제의 필요성이 없는 거래에 대하여 공급받는 자와 세액을 기재하지 아니하는 간편한 방법에 의하여 계산서를 발급하는 서류이다.
영수증 갈음서류	공급자의 등록번호·상호(법인은 법인명) 또는 성명(법인은 대표자 성명)·공급대가 및 작성연월일이 적혀 있는 다음의 계산서 등은 영수증으로 본다. ① 여객운송사업자가 발급하는 승차권·승선권·항공권 ② 공연장·유기장의 사업자가 발급하는 입장권·관람권. 다만, 개별소비세법이 적용되는 것은 그 법에서 정하는 바에 따른다. ③ 금전등록기계산서와 신용카드가맹사업자가 발급하는 계산서 ④ 전기사업법에 따른 전기사업자가 발급하는 비산업용 전력사용료에 대한 영수증

	다음 중 어느 하나에 해당하는 자가 재화 또는 용역을 공급(부가가치세가 면제되는 재화 또는 용역의 공급은 제외)하는 경우에는 재화 또는 용역의 공급시기에 그 공급을 받은 자에게 세금계산서를 발급하는 대신 영수증을 발급하여야 한다.
	① 주로 사업자가 아닌 자에게 재화 또는 용역을 공급하는 사업자

영수증 발급대상 사업		세금계산서 발급요구 시
소매업, 음식점업(다과점업을 포함), 숙박업		발급
미용, 욕탕 및 유사 서비스업		불가(*)
여객운송업	전세버스운송사업	발급
	위 외 여객운송업	불가(*)
입장권을 발행하여 경영하는 사업		불가(*)
변호사업, 심판변론인업, 변리사업, 법무사업, 공인회계사업, 세무사업, 경영지도사업, 기술지도사업, 감정평가사업, 손해사정인업, 통관사업, 기술사업, 건축사업, 도선사업, 측량사업, 공인노무사업, 의사업, 한의사업, 약사업, 한약사업, 수의사업 및 행정사업(부가가치세 납세의무자나 사업소득이 있는 사업자에게 공급하는 것은 제외)		발급
우정사업 운영에 관한 특례법에 따른 우정사업조직이 우편법 제15조 제1항에 따른 선택적 우편업무 중 소포우편물을 방문접수하여 배달하는 용역을 공급하는 사업		발급
⊙ 의료보건용역 중 미용목적 성형수술 등 과세되는 진료용역 ⓒ 질병예방목적이 아닌 수의사가 제공하는 동물의 진료용역 ⓒ 무도학원 및 자동차운전학원		불가(*)
공인인증서를 발급하는 사업		발급
간편사업자등록을 한 사업자가 국내에 전자적 용역을 공급하는 사업		불가(*)
주로 사업자가 아닌 소비자에게 재화 또는 용역을 공급하는 사업으로서 기획재정부령으로 정하는 사업		발급

영수증 발급대상자

(*) 사업을 하는 사업자가 감가상각자산을 공급하거나 영수증 발급 역무 외의 역무를 공급하는 경우로서 그 재화 또는 용역을 공급받는 사업자가 사업자등록증을 제시하고 세금계산서의 발급을 요구하는 경우에는 세금계산서를 발급해야 한다.

② 간이과세자 중 다음 중 어느 하나에 해당하는 자
  ⊙ 직전 연도의 공급대가의 합계액(직전 과세기간에 신규로 사업을 시작한 개인사업자의 경우 12개월로 환산한 금액)이 4,800만원 미만인 자
  ⓒ 신규로 사업을 시작하는 개인사업자로서 간이과세자로 하는 최초의 과세기간 중에 있는 자
    → 공급받은 자가 세금계산서 요구해도 발급 불가능

간이과세자의 영수증 발급 적용기간	① 영수증 발급에 관한 규정이 적용되거나 적용되지 아니하게 되는 기간은 해의 1월 1일부터 12월 31일까지의 공급대가의 합계액(신규로 사업을 시작한 개인사업자의 경우 12개월로 환산한 금액)이 4,800만원에 미달하거나 그 이상이 되는 해의 다음 해의 7월 1일부터 그 다음 해의 6월 30일까지로 한다. ② 신규로 사업을 시작하는 개인사업자로서 간이과세자로 하는 최초의 과세기간 중에 영수증 발급에 관한 규정이 적용되는 기간은 사업 개시일부터 사업을 시작한 해의 다음 해의 6월 30일까지로 한다.

증빙에 따른 매입세액공제

공급자	업종 등	증명서류	매입세액공제 여부
일반과세자	최종소비자 대상 업종	영수증	X
		신용카드매출전표 등	O
	위 외 업종	세금계산서	O
간이과세자	최종소비자 대상 업종	영수증	X
	4,800만원 미만	영수증	X
	위 외 업종	세금계산서	O
면세사업자	최종소비자 대상 업종	영수증	X
	위 외 업종	세금계산서	X

11 세금계산서합계표의 제출

의의	세금계산서는 재화·용역의 거래사실을 증명하는 서류로서 과세되는 재화·용역을 공급하는 경우에는 공급자는 2매를 작성하여 1매는 공급자가 보관하고 1매는 공급받는 자에게 발급한다. 따라서 부가가치세법에서는 과세권자가 세금계산서의 상호검증기능을 이용하여 세금계산서가 진실한 증빙인지를 확인하기 위해 예정신고 또는 확정신고 시 매출·매입처별 세금계산서합계표를 제출하도록 하고 있다.
제출시기	① 사업자는 세금계산서 또는 수입세금계산서를 발급하였거나 발급받은 경우에는 매출·매입처별 세금계산서합계표를 해당 예정신고 또는 확정신고(예정고지납부 대상자의 경우는 해당 과세기간의 확정신고)를 할 때 함께 제출하여야 한다. ② 예정신고를 하는 사업자가 각 예정신고와 함께 매출·매입처별 세금계산서합계표를 제출하지 못하는 경우에는 해당 예정신고기간이 속하는 과세기간의 확정신고를 할 때 함께 제출할 수 있다.
제출 면제	전자세금계산서를 발급하거나 발급받고 전자세금계산서 발급명세를 해당 재화 또는 용역의 공급시기가 속하는 과세기간(예정신고의 경우에는 예정신고기간) 마지막 날의 다음 달 11일까지 국세청장에게 전송한 경우에는 해당 예정신고 또는 확정신고(예정고지납부 대상자의 경우는 해당 과세기간의 확정신고) 시 매출·매입처별 세금계산서합계표를 제출하지 아니할 수 있다.
세금계산서 합계표 제출 협력의무자	① 수입세금계산서를 발급한 세관장은 매출처별 세금계산서합계표를 해당 세관 소재지를 관할하는 세무서장에게 제출하여야 한다. ② 세금계산서를 발급받은 다음에 해당하는 자는 매입처별 세금계산서합계표를 해당 과세기간이 끝난 후 25일 이내에 납세지 관할 세무서장에게 제출하여야 한다. ㉠ 국가, 지방자치단체, 지방자치단체조합 ㉡ 면세사업자 중 소득세 또는 법인세의 납세의무가 있는 자 ㉢ 민법 제32조에 따라 설립된 법인 ㉣ 특별법에 따라 설립된 법인 ㉤ 각급학교 기성회, 후원회 또는 이와 유사한 단체 ㉥ 법인세법에 따른 외국법인연락사무소

제6장 납부세액 등

📋 납부세액 등의 계산

	매출세액	과세표준에 세율을 적용하여 계산한 금액(대손세액을 뺀 금액)
(-)	매입세액	
	납부세액	매출세액을 초과하는 부분의 매입세액은 환급세액임
(-)	공제세액	
(+)	가산세	
	차가감납부세액	

📋 신고서상 매입세액 계산구조

		구분			금액	세율	세액
매입세액	세금계산서 수취분	일반매입		(10)			
		수출기업 수입분 납부유예		(10-1)			
		고정자산 매입		(11)			
	예정신고 누락분			(12)			
	매입자발행 세금계산서			(13)			
	그 밖의 공제매입세액			(14)			
	합계 (10) - (10 - 1) + (11) + (12) + (13) + (14)			(15)			
	공제받지 못할 매입세액			(16)			
	차감계 (15) - (16)			(17)		㉯	

	구분		금액	세율	세액
(14) 그 밖의 공제 매입세액 명세	신용카드매출전표등 수령명세서 제출분	일반매입	(41)		
		고정자산매입	(42)		
	의제매입세액		(43)	뒤쪽 참조	
	재활용폐자원등 매입세액		(44)	뒤쪽 참조	
	과세사업전환 매입세액		(45)		
	재고매입세액		(46)		
	변제대손세액		(47)		
	외국인 관광객에 대한 환급세액		(48)		
	합계		(49)		

	구분	금액	세율	세액
(16) 공제받지 못할 매입세액 명세	공제받지 못할 매입세액	(50)		
	공통매입세액 중 면세사업등 해당 세액	(51)		
	대손처분받은 세액	(52)		
	합계	(53)		

01 공제하는 매입세액

공제요건과 공제시기

매출세액에서 공제하는 매입세액은 다음의 금액을 말한다.

공제요건	공제시기
사업자가 자기의 사업을 위하여 사용하였거나 사용할(*) 목적으로 공급받은 재화 또는 용역에 대한 부가가치세액(사업양수인이 사업양도 시 대리납부한 부가가치세액을 포함)	재화·용역을 공급받는 시기가 속하는 과세기간
사업자가 자기의 사업을 위하여 사용하였거나 사용할 목적으로 수입하는 재화의 수입에 대한 부가가치세액	재화의 수입시기가 속하는 과세기간

(*) '사용할'의 의미: 공제받은 과세기간의 사용하지 않고 재고로 보유하고 있는 기말재고도 공제 가능하다.

예외

다음의 경우 매입세액을 공제하지 아니한다.

공제요건	불공제 매입세액
자기의 과세사업을 위한 사용	① 면세사업 등에 관련된 매입세액 ② 토지에 관련된 매입세액
사업과 관련성	① 사업과 직접 관련 없는 지출에 대한 매입세액 ② 비영업용 소형자동차의 구입과 임차 및 유지에 관한 매입세액 ③ 기업업무추진비 등의 지출에 관련된 매입세액
세금계산서 등을 수취 후 합계표 제출할 것	① 세금계산서 미수취 등 ② 매입처별 세금계산서합계표 미제출 등 ③ 등록 전 매입세액

02 신용카드매출전표 등에 의한 매입세액공제

의의

사업자가 과세사업자(영수증 발급 간이과세자 제외)로부터 재화·용역을 공급받고 부가가치세가 별도로 구분되는 신용카드매출전표 등을 수령한 경우 그 매입세액은 공제할 수 있다.
∵ 세금계산서 유사한 기능을 하는 증빙으로서 거래가 투명하게 노출됨

신용카드 매출전표 등

① 여신전문금융업법에 따른 직불카드영수증
② 여신전문금융업법에 따른 결제대행업체를 통한 신용카드매출전표
③ 여신전문금융업법에 따른 선불카드영수증(실지명의가 확인되는 것에 한함)
④ 조세특례제한법에 따른 현금영수증(부가통신사업자가 통신판매업자를 대신하여 발급하는 현금영수증을 포함)
⑤ 전자금융거래법에 따른 다음에 해당하는 것
 ㉠ 직불전자지급수단 영수증
 ㉡ 선불전자지급수단 영수증(실제 명의가 확인되는 것으로 한정)
 ㉢ 전자지급결제대행에 관한 업무를 하는 금융회사 또는 전자금융업자를 통한 신용카드매출전표

공제요건

다음의 요건을 모두 충족한 경우 매입세액공제를 받을 수 있다.
① 공급자는 세금계산서 발급의무가 있는 사업자이어야 한다. 따라서 다음에 해당하는 세금계산서 발급금지업종 사업자로부터 신용카드매출전표 등을 수령한 경우 관련 매입세액은 공제하지 않는다.

	㉠ 목욕·이발·미용업
	㉡ 여객운송업(전세버스운송사업은 제외)
	㉢ 입장권을 발행하여 경영하는 사업
	㉣ 부가가치세 과세대상 의료보건용역을 공급하는 사업
	㉤ 수의사가 제공하는 부가가치세 과세대상 동물의 진료용역
	㉥ 무도학원과 자동차운전학원
공제요건	② 부가가치세액이 별도로 구분가능한 신용카드매출전표 등을 발급받아야 한다.
	③ 매입세액 불공제 대상이 아니어야 한다(예 접대목적 관련).
	④ 신용카드매출전표 등 수령명세서를 제출하고, 신용카드매출전표 등을 거래사실이 속하는 과세기간에 대한 확정신고기한 후 5년간 보존하여야 한다.
	⑤ 간이과세자가 영수증을 발급하여야 하는 기간에 발급한 신용카드매출전표 등이 아니어야 한다.

🔍 사례

구분	증빙서류	매입세액공제 여부
업무출장 항공기 결제금액	신용카드매출전표	불공제
간이과세자(신규사업자)	현금영수증	불공제
트럭 유류대	현금영수증	공제

03 공제하지 아니하는 매입세액

1. 매입처별 세금계산서합계표 미제출 또는 부실기재 관련 매입세액

불공제 매입세액	매입처별 세금계산서합계표를 제출하지 않은 경우의 매입세액 또는 제출한 매입처별 세금계산서합계표의 기재사항 중 거래처별 등록번호 또는 공급가액의 전부 또는 일부가 적히지 아니하였거나 사실과 다르게 적힌 경우 그 기재사항이 적히지 아니한 부분 또는 사실과 다르게 적힌 부분의 매입세액
공제 매입세액	다음의 매입세액은 공제할 수 있다. ① 발급받은 세금계산서에 대한 매입처별 세금계산서합계표 또는 신용카드매출전표 등 수령명세서를 수정신고에 따라 과세표준수정신고서와 함께 제출하는 경우 ② 발급받은 세금계산서에 대한 매입처별 세금계산서합계표 또는 신용카드매출전표 등 수령명세서를 경정청구서와 함께 제출하여 경정기관이 경정하는 경우 ③ 발급받은 세금계산서에 대한 매입처별 세금계산서합계표 또는 신용카드매출전표 등 수령명세서를 기한후과세표준신고서와 함께 제출하여 관할 세무서장이 결정하는 경우 ④ 발급받은 세금계산서에 대한 매입처별 세금계산서합계표의 거래처별 등록번호 또는 공급가액이 착오로 사실과 다르게 적힌 경우로서 발급받은 세금계산서에 의하여 거래사실이 확인되는 경우 ⑤ 부가가치세법에 따라 경정을 하는 경우 사업자가 발급받은 세금계산서 또는 발급받은 신용카드매출전표 등을 경정기관의 확인을 거쳐 해당 경정기관에 제출하는 경우(이 경우 공급가액의 0.5% 가산세 부과)

2. 세금계산서 미수취 또는 부실기재 관련 매입세액

불공제 매입세액	세금계산서 또는 수입세금계산서를 발급받지 아니한 경우 또는 발급받은 세금계산서 또는 수입세금계산서에 필요적 기재사항의 전부 또는 일부가 적히지 아니하였거나 사실과 다르게 적힌 경우의 매입세액(공급가액이 사실과 다르게 적힌 경우에는 실제 공급가액과 사실과 다르게 적힌 금액의 차액에 해당하는 세액)

공제 매입세액	다음의 매입세액은 공제할 수 있다.
	① 사업자등록을 신청한 사업자가 사업자등록증 발급일까지의 거래에 대하여 해당 사업자 또는 대표자의 주민등록번호를 적어 발급받은 경우
	② 발급받은 세금계산서의 필요적 기재사항 중 일부가 착오로 사실과 다르게 적혔으나 그 세금계산서에 적힌 나머지 필요적 기재사항 또는 임의적 기재사항으로 보아 거래사실이 확인되는 경우
	③ 재화 또는 용역의 공급시기 이후에 발급받은 세금계산서로서 해당 공급시기가 속하는 과세기간에 대한 확정신고기한까지 발급받은 경우 → 공급받는 자는 공급가액의 0.5% 가산세
	④ 발급받은 전자세금계산서로서 국세청장에게 전송되지 아니하였으나 발급한 사실이 확인되는 경우
	⑤ 전자세금계산서 외의 세금계산서로서 재화 또는 용역의 공급시기가 속하는 과세기간에 대한 확정신고기한까지 발급받았고, 그 거래사실도 확인되는 경우
	⑥ 실제로 재화 또는 용역을 공급하거나 공급받은 사업장이 아닌 사업장을 적은 세금계산서를 발급받았더라도 그 사업장이 주사업장 총괄하여 납부 또는 사업자단위과세사업자에 해당하는 사업장인 경우로서 그 재화 또는 용역을 실제로 공급한 사업자가 납세지 관할 세무서장에게 해당 과세기간에 대한 납부세액을 신고하고 납부한 경우
	⑦ 재화 또는 용역의 공급시기가 속하는 과세기간에 대한 확정신고기한이 지난 후 세금계산서를 발급받았더라도 그 세금계산서의 발급일이 확정신고기한 다음 날부터 1년 이내이고 다음 중 어느 하나에 해당하는 경우
	  ㉠ 과세표준수정신고서와 경정 청구서를 세금계산서와 함께 제출하는 경우
	  ㉡ 해당 거래사실이 확인되어 납세지 관할 세무서장 등이 결정 또는 경정하는 경우
	  → 공급받는 자는 공급가액의 0.5% 가산세
	⑧ 재화 또는 용역의 공급시기 전에 세금계산서를 발급받았더라도 재화 또는 용역의 공급시기가 그 세금계산서의 발급일부터 6개월 이내에 도래하고 해당 거래사실이 확인되어 납세지 관할 세무서장등이 결정 또는 경정하는 경우 → 공급받는 자는 공급가액의 0.5% 가산세
	⑨ 다음 중 경우로서 그 거래사실이 확인되고 거래 당사자가 납세지 관할 세무서장에게 해당 납부세액을 신고하고 납부한 경우
	  ㉠ 거래의 실질이 위탁매매 또는 대리인에 의한 매매에 해당함에도 불구하고 거래 당사자 간 계약에 따라 위탁매매 또는 대리인에 의한 매매가 아닌 거래로 하여 세금계산서를 발급받은 경우
	  ㉡ 거래의 실질이 위탁매매 또는 대리인에 의한 매매에 해당하지 않음에도 불구하고 거래 당사자 간 계약에 따라 위탁매매 또는 대리인에 의한 매매로 하여 세금계산서를 발급받은 경우
	  ㉢ 거래의 실질이 용역의 공급에 대한 주선·중개에 해당함에도 불구하고 거래 당사자 간 계약에 따라 용역의 공급에 대한 주선·중개가 아닌 거래로 하여 세금계산서를 발급받은 경우
	  ㉣ 거래의 실질이 용역의 공급에 대한 주선·중개에 해당하지 않음에도 불구하고 거래 당사자 간 계약에 따라 용역의 공급에 대한 주선·중개로 하여 세금계산서를 발급받은 경우

|공제 매입세액| ⑩ 다른 사업자로부터 사업(용역을 공급하는 사업으로 한정함)을 위탁받아 수행하는 사업자가 위탁받은 사업의 수행에 필요한 비용을 사업을 위탁한 사업자로부터 지급받아 지출한 경우로서 해당 비용을 공급가액에 포함해야 함에도 불구하고 거래 당사자 간 계약에 따라 이를 공급가액에서 제외하여 세금계산서를 발급받은 경우
⑪ 다른 사업자로부터 사업을 위탁받아 수행하는 사업자가 위탁받은 사업의 수행에 필요한 비용을 사업을 위탁한 사업자로부터 지급받아 지출한 경우로서 해당 비용을 공급가액에서 제외해야 함에도 불구하고 거래 당사자 간 계약에 따라 이를 공급가액에 포함하여 세금계산서를 발급받은 경우
⑫ 에누리 금액을 공급가액에 포함하지 않아야 함에도 불구하고 거래 당사자 간 계약에 따라 해당 금액을 장려금이나 이와 유사한 금액으로 보고 이를 공급가액에 포함하여 세금계산서를 발급받은 경우
⑬ 부가가치세를 납부해야 하는 수탁자가 위탁자를 재화 또는 용역을 공급받는 자로 하여 발급된 세금계산서의 부가가치세액을 매출세액에서 공제받으려는 경우로서 그 거래사실이 확인되고 재화 또는 용역을 공급한 자가 납세지 관할 세무서장에게 해당 납부세액을 신고하고 납부한 경우
⑭ 부가가치세를 납부해야 하는 위탁자가 수탁자를 재화 또는 용역을 공급받는 자로 하여 발급된 세금계산서의 부가가치세액을 매출세액에서 공제받으려는 경우로서 그 거래사실이 확인되고 재화 또는 용역을 공급한 자가 납세지 관할 세무서장에게 해당 납부세액을 신고하고 납부한 경우

🔍 사례

공급시기	작성연월일	세금계산서 발급일	매입세액
4. 1.	4. 1.	5. 10.	공제
4. 1.	4. 1.	7. 25.	공제(가산세 0.5%)
4. 1.	4. 1.	7. 26.	불공제(단, 사후적 공제 가능)

3. 사업과 직접 관련 없는 지출에 대한 매입세액

다음의 매입세액은 공제하지 아니한다.

(1) 소득세법 시행령 제78조 또는 법인세법 시행령 제48조, 제49조 제3항 및 제50조에 따른 업무무관비용

(2) 법인세법 시행령 제48조에 따른 공동경비의 손금불산입

🔍 사례
① 주식을 발행하거나 주식을 매매하는 것과 관련된 매입세액: 불공제
② 과세사업 확장을 통해 시장지배를 강화할 목적으로 주식 취득과 관련한 외부업체로부터 금융자문용역 자문수수료: 공제
③ 대주주 임원에 사택에 관련한 부가가치세 매입세액: 불공제
④ 공동경비 배부기준에 의한 초과부담분에 대한 매입세액: 불공제

4. 비영업용 소형자동차의 구입과 임차 및 유지에 관한 매입세액

불공제 매입세액	개별소비세법 제1조 제2항 제3호에 따른 자동차[운수업, 자동차판매업, 자동차 임대업, 운전학원업, 기계경비업무를 하는 경비업(출동차량에 한정함)에 직접 영업으로 사용되는 것은 제외]의 구입과 임차 및 유지에 관한 매입세액은 공제하지 아니한다. ※ 운수업 등에 해당하지 아니하는 사업을 영위하는 자가 타인 소유의 승용자동차를 임차하여 업무용으로 사용하고 지급한 비용에 대한 매입세액은 공제하지 아니한다.
개별소비세 자동차	① 캠핑용 자동차 ② 승용자동차(정원 8명 이하의 자동차로 한정하되, 배기량이 1,000cc 이하인 것으로서 대통령령으로 정하는 규격의 것은 제외)와 이륜자동차 ③ 전기승용자동차

5. 기업업무추진비 등의 지출에 관련된 매입세액

소득세법 제35조 및 법인세법 제25조에 따른 기업업무추진비 및 이와 유사한 비용의 지출을 말한다.

※ 거래처에 접대 목적으로 구입한 골프회원권에 관한 매입세액은 공제하지 아니한다.

6. 면세사업 등에 관련된 매입세액

면세사업 등에 관련된 매입세액(면세사업 등을 위한 투자에 관련된 매입세액 포함)은 공제하지 아니한다.

> **Q 사례**
> ① 카지노 도박사업과 관련한 매입세액은 공제하지 아니한다. ∵ 비과세사업
> ② 전·답·과수원·목장용지·임야·염전임대업에 관련된 매입세액은 공제하지 아니한다. ∵ 비과세사업
> ③ 국민주택규모 이하의 주택 및 동 주택의 건설용역 사업에 관련된 매입세액은 공제되지 아니한다.
> ④ 판매업자가 자기의 과세사업과 관련하여 매입한 상품을 국가에 무상으로 제공하는 경우 당해 상품매입과 관련된 매입세액은 공제한다.
> ∵ 상품을 국가에 무상제공하는 것이 면세더라도 당해 행위를 사업으로 하고 있는 경우가 아니면 면세사업 등에 해당하지 않기 때문
> [예] 의류제조업자가 재화를 국가에 기증한 경우
> ·제조업과 관련한 의류 기증: 매입세액 공제
> ·매입한 TV 기증: 매입세액 불공제

7. 토지에 관련된 매입세액

내용	토지의 조성 등을 위한 자본적 지출에 관련된 매입세액으로서 다음 중 어느 하나에 해당하는 것은 공제하지 아니한다. ∵ 토지의 공급은 면세거래로서 매출세액을 발생시키지 못하므로 이에 대응한 토지 조성 등을 위한 자본적 지출 관련 매입세액도 공제하지 않음 ① 토지의 취득 및 형질변경, 공장부지 및 택지의 조성 등에 관련된 매입세액 ② 건축물이 있는 토지를 취득하여 그 건축물을 철거하고 토지만 사용하는 경우에는 철거한 건축물의 취득 및 철거 비용과 관련된 매입세액 ③ 토지의 가치를 현실적으로 증가시켜 토지의 취득원가를 구성하는 비용에 관련된 매입세액

📋 **구건물 관련 매입세액 비교**

구분	처리방법	매입세액
토지만 사용하기 위해 구입한 구건물의 취득가액과 철거비용	토지의 취득가액	불공제
기존에 사용하던 건물의 철거비용	당기비용	공제

8. 사업자등록을 신청하기 전의 매입세액

불공제	사업자등록을 신청하기 전의 매입세액은 공제하지 아니한다.
공제	공급시기가 속하는 과세기간이 끝난 후 20일 이내에 등록을 신청한 경우 등록신청일부터 공급시기가 속하는 과세기간 기산일(1월 1일 또는 7월 1일)까지 역산한 기간 내의 것은 제외한다.

04 면세농산물 등 의제매입세액 공제특례

1. 개요

의의	과세사업자가 면세농산물 등을 원재료로 하여 제조·가공한 재화 또는 창출한 용역의 공급에 대하여 부가가치세가 과세되는 경우(면세를 포기하고 영세율을 적용받는 경우는 제외)에는 면세농산물 등을 공급받거나 수입할 때 매입세액이 있는 것으로 보아 매입가액에 일정한 율을 곱하여 계산한 금액을 매입세액으로 공제할 수 있다. ∵ 환수효과와 누적효과 발생하여 소비자가격이 인상되므로 이를 완화하기 위한 장치

🔍 **환수효과와 누적효과 사례**

1. 모든 사업자가 과세사업자인 경우

구분	과세사업자		과세사업자		과세사업자		소비자
	금액	세액	금액	세액	금액	세액	
매출액	100	10	130	13	150	15	소비자 부담: 150 + 15 = 165
매입액	0	0	100	10	130	13	
부가가치	100	10	30	3	20	2	

2. 중간단계 사업자가 면세인 경우

구분	과세사업자		면세사업자		과세사업자		소비자
	금액	세액	금액	세액	금액	세액	
매출액	100	10	140	0	160	16	소비자 부담: 150 + 26 = 176
매입액	0	0	110(*)	0	140	0	
부가가치	100	10	30	0	20	16	

(*) 매입가액을 매입액에 포함

📋 **환수효과와 누적효과**

최종소비자의 실제 부가가치세 부담	26
모든 사업자가 과세사업자인 경우 부가가치세 부담	15
면세를 통해 예상된 최종소비자의 부가가치세 부담	12

1. 환수효과: 30 × 10% = 3(면세사업자가 창출한 부가가치)
2. 누적효과: (100 + 10) × 10% = 11[면세 전단계의 (부가가치 + 부가가치세) × 10%]

공제대상		① 의제매입세액 공제를 받는 사업자는 사업자등록을 한 부가가치세 일반과세자이어야 한다. → 미등록사업자·간이과세자·면세사업자는 공제불가 ② 면세포기하여 영세율을 적용받는 경우 의제매입세액 공제를 받을 수 없다. ∵ 면세농산물의 성질이 변화되어 과세재화로 전환된 것이 아니므로 환수효과 누적효과가 발생하지 않을뿐더러 실제 부담하지도 않은 부가가치세액을 환급하게 되는 결과가 초래되기 때문
공제요건	면세 농산물 등	공제할 수 있는 면세농산물 등은 부가가치세를 면제받은 농산물, 축산물, 수산물 또는 임산물(1차 가공을 거친 것, 단순가공식료품 및 소금을 포함)을 국내에서 구입하거나 국외에서 수입하여야 한다.
	제조·가공	면세농산물 등을 원재료로 제조·가공한 재화 또는 창출한 용역의 공급에 대하여 부가가치세가 과세되어야 한다. → 면세로 그대로 증여하거나 직원들 식사로 제공하는 경우 의제매입세액공제대상 아님
	증명서류 제출	의제매입세액 공제신고서와 매입처별 계산서합계표, 신용카드매출전표 등 수령명세서 및 매입자발행계산서를 관할 세무서장에게 제출(국세정보통신망에 의한 제출을 포함)하여야 한다. 다만, 제조업을 경영하는 사업자가 농어민(*)으로부터 면세농산물 등을 직접 공급받는 경우에는 의제매입세액 공제신고서만 제출한다. (*) 농어민은 통계청장이 고시하는 한국표준산업분류상의 농업 중 작물 재배업, 축산업, 작물재배 및 축산 복합농업에 종사하거나 임업, 어업 및 소금 채취업에 종사하는 개인을 말한다.
공제시기		① 면세농산물 등을 공급받거나 수입할 때가 속하는 예정신고 또는 확정신고 시 공제한다. 따라서 기말재고로 남은 것도 공제가능하나, 그 이후 다른 용도로 전용하면 전용한 과세기간에 당초 공제받은 의제매입세액을 재계산한다. ② 사업자가 예정신고 시에 공제 관련 서류를 제출하지 못하여 공제받지 못한 의제매입세액은 확정신고 시에 제출하여 공제받을 수 있으며, 예정 또는 확정신고 시에 공제받지 못한 의제매입세액은 해당 서류를 다음과 같이 제출하는 경우에는 의제매입세액을 공제받을 수 있다. ㉠ 과세표준수정신고서와 함께 제출하는 경우 ㉡ 경정청구서와 함께 제출하여 경정기관이 경정하는 경우 ㉢ 기한 후 과세표준신고서와 함께 제출하여 관할 세무서장이 결정하는 경우 ㉣ 경정에 있어서 발급받은 계산서 또는 신용카드매출전표 등 수령명세서를 경정기관의 확인을 거쳐 정부에 제출하는 경우

2. 의제매입세액 계산

계산식	의제매입세액은 다음 계산식에 따라 계산한다. 다만, 부당한 과다공제를 방지하기 위하여 공제 한도를 두고 있으며, 공제 한도는 예정신고 시에는 적용하지 아니하고 확정신고 시에만 적용한다.

의제매입세액 = 면세농산물 등의 매입가액 × 공제율

📋 **예정신고와 확정신고 시 의제매입세액 계산방법**

예정신고	예정신고기간 중 면세농산물 등의 매입가액 × 공제율
확정신고	Min(①, ②) × 공제율 − 예정신고·조기환급 시 이미 공제받은 세액 ① 해당 과세기간 중 면세농산물 등의 매입가액 ② 해당 과세기간에 면세농산물 등 관련 공급한 과세표준 × 한도율

🔍 **사례**

제조업을 영위하는 ㈜대한(중소기업 아님)의 20X1년 제1기 과세기간 예정신고 및 확정신고 시 의제매입세액공제액은?

구분	20X1. 1. 1. ~ 3. 31.	20X1. 4. 1. ~ 6. 30.
면세농산물 매입가액	102,000,000	132,600,000
면세농산물 관련 과세표준	500,000,000	400,000,000

⇒ ① 예정신고: 102,000,000 × 2/102 = 2,000,000
　② 확정신고: Min(234,600,000, 9억원 × 50%) × 2/102 − 2,000,000 = 2,600,000

면세농산물 등의 매입가액

① 국내구입분: 운임 등의 부수비용(∵ 세금계산서 등을 발급받아 매입세액공제되기 때문)을 제외한 매입원가로 한다. 다만, 면세농산물업자가 농산물가격에 운임을 포함하여 받은 경우 운임을 면세농산물가격에 포함한다. (∵ 농산물 가격에 포함되는 부수용역임)
② 수입분: 관세의 과세가격(관세는 포함하지 않음)
③ 자가생산분: 소득세법과 법인세법의 취득가액
④ 과세·면세 겸영사업자: 과세사업과 면세사업 등을 겸영하는 경우로서 면세농산물 등 가액 중 실지귀속이 불분명한 것은 공통매입세액 안분계산규정을 준용하여 다음과 같이 공제대상 원재료를 계산한다.

$$\text{공통매입 면세농산물 등의 가액} \times \frac{\text{해당 과세기간 과세공급가액}}{\text{해당 과세기간 총공급가액}}$$

사업별 공제율

① 음식점업	㉠ 과세유흥장소의 경영자		2/102
	㉡ ㉠ 외의 음식점업자 중 개인사업자		8/108 (과세표준 2억원 이하인 경우 9/109)
	㉢ ㉠ 및 ㉡ 외의 사업자		6/106
② 제조업	㉠ 과자점업, 도정업, 제분업 및 떡류 제조업 중 떡방앗간을 경영하는 개인사업자		6/106
	㉡ 제조업을 경영하는 사업자 중 중소기업 및 개인사업자		4/104
	㉢ ㉠ 및 ㉡ 외의 사업자		2/102
③ ① 및 ② 외의 사업			2/102

공제한도	확정신고 시 해당 과세기간에 해당 사업자가 면세농산물 등과 관련하여 공급한 과세표준에 다음의 한도율을 곱한 금액을 한도로 한다.

구분		해당 과세기간의 과세표준	한도율
개인 사업자	음식점업	1억원 이하	75%
		1억원 초과 2억원 이하인 경우	70%
		2억원 초과인 경우	60%
	기타업종	2억원 이하	65%
		2억원 초과	55%
법인사업자			50%

겸업자의 의제 매입세액	① 과세사업과 면세사업을 겸업하는 사업자가 면세원재료를 매입한 경우 그 과세기간종료일까지 해당 원재료의 실지귀속에 따라 의제매입세액공제대상 원재료 여부를 구분한다. 차기이월원재료는 그 용도가 불분명하므로 공통매입세액 안분규정을 준용하여 다음과 같이 계산한 원재료 매입가액으로 의제매입세액을 계산한다. 매입가액 = 공통매입 면세농산물 등의 가액 × $\dfrac{해당\ 과세기간\ 과세공급가액}{해당\ 과세기간\ 총공급가액}$ ② 의제매입세액의 안분계산은 예정신고 시에는 우선 예정신고기간의 공급가액을 기준으로 의제매입세액을 계산 및 공제하고 확정신고 시에는 당해 과세기간 전체의 공급가액을 기준으로 다시 정산하여야 한다.

3. 면세농산물 등의 매입시기가 하나의 과세기간에 집중되는 제조업의 의제매입세액공제

의의	의제매입세액 공제 한도를 과세기간(6개월) 단위로 적용하면 1역년 중 특정 과세기간에 면세농산물 등 매입이 집중된 제조업자는 특정과세기간의 한도초과액이 과다해지는 불합리한 측면이 있어 이를 보완하고자 제2기 과세기간에 1역년을 기준으로 한도액을 계산하여 정산하여 공제할 수 있는 제도이다.
요건	다음의 요건을 모두 충족하는 사업자는 제2기 과세기간에 대한 납부세액을 확정신고할 때, 1역년을 기준으로 의제매입세액을 공제할 수 있다. ① 제1기 과세기간에 공급받은 면세농산물 등의 가액을 1역년에 공급받은 면세농산물 등의 가액으로 나누어 계산한 비율이 75% 이상이거나 25% 미만일 것 ② 해당 과세기간이 속하는 1역년 동안 계속하여 제조업을 영위하였을 것
계산	제2기 확정신고 시 의제매입세액공제액 Min(①, ②) × 공제율 − (제1기 과세기간과 제2기 예정신고 시 공제받은 세액) ① 연간 공급받은 면세농산물 등의 가액 ② 1역년의 면세농산물 등 관련 과세표준 합계액 × 한도율[*] [*] 한도율

구분		한도율
개인사업자	해당 1역년 과세표준 4억원 이하	65%
	해당 1역년 과세표준 4억원 초과	55%
법인사업자		50%

🔍 사례

봄에만 나오는 면세농산물을 제조·가공하여 과세재화를 판매하는 ㈜대한(중소기업)의 과세자료이다. 제1기와 제2기의 의제매입세액공제액은?

구분	1기	2기
면세농산물 매입가액	156,000,000	-
면세농산물 관련 과세표준	260,000,000	156,000,000

⇒ ① 제1기: Min[156,000,000, (260,000,000 × 50%)] × 4/104 = 5,000,000
　② 제2기: Min[156,000,000, (416,000,000 × 50%)] × 4/104 - 5,000,000 = 1,000,000

4. 의제매입세액 재계산

의의	의제매입세액으로서 공제한 면세농산물 등을 그대로 양도 또는 인도하거나 부가가치세가 면세사업, 그 밖의 목적(개인적 공급 또는 사업상 증여)에 사용하거나 소비할 때에는 그 공제한 금액을 납부세액에 가산하거나 환급세액에서 공제하여야 한다.
재계산 시기	그대로 양도 또는 인도하거나 면세사업, 기타의 목적을 위하여 사용 또는 소비하는 때가 속하는 과세기간의 예정신고 또는 확정신고 시 재계산을 하여야 한다.

05 신용카드 등의 사용에 따른 발급세액공제

의의	사업자가 부가가치세가 과세되는 재화 또는 용역을 공급하고 세금계산서의 발급시기에 신용카드매출전표 등을 발급하거나 전자적 결제수단에 의하여 대금을 결제받는 경우에는 발급금액 또는 결제금액의 일정액을 납부세액에서 공제한다. ∵ 신용카드의 사용을 유도하여 과세표준 양성화를 함과 동시에 자영사업자의 세부담을 경감해줌
공제대상자	① 주로 사업자가 아닌 자에게 재화 또는 용역을 공급하는 사업으로서 영수증발급대상 사업을 하는 사업자(법인사업자와 직전 연도의 재화 또는 용역의 공급가액의 합계액이 사업장을 기준으로 10억원을 초과하는 개인사업자는 제외) ② 영수증을 발급하는 간이과세자
공제대상 영수증	① 여신전문금융업법에 따른 신용카드매출전표, 직불카드영수증, 결제대행업체를 통한 신용카드매출전표, 선불카드영수증(실제 명의가 확인되는 것으로 한정) ② 조세특례제한법에 따른 현금영수증(부가통신사업자가 통신판매업자를 대신하여 발급하는 현금영수증을 포함) ③ 전자금융거래법에 따른 직불전자지급수단 영수증, 선불전자지급수단 영수증(실제 명의가 확인되는 것으로 한정함), 전자지급결제대행에 관한 업무를 하는 금융회사 또는 전자금융업자를 통한 신용카드매출전표

전자적
결제수단
	① 다음의 요건을 모두 갖춘 것을 말한다.
	  ㉠ 전자화폐: 카드 또는 컴퓨터 등 전자적인 매체에 화폐가치를 저장했다가 재화 또는 용역을 구매할 때 지급하는 결제수단일 것
	  ㉡ 전자화폐를 발행하는 사업자가 결제 명세를 가맹 사업자별로 구분하여 관리할 것
	② 통신판매업자가 판매를 대행 또는 중개하는 부가통신사업자를 통해 재화 또는 용역을 공급하고 부가통신사업자로부터 전자적으로 대금을 결제받는 경우(부가통신사업자가 제출하는 월별 거래 명세를 통해 그 결제 내역이 확인되는 경우만 해당)

발행 공제금액	Min(①, ②) ① 발행금액·결제금액(부가가치세 포함) × 1.3% ② 연 1,000만원[*] [*] 제2기 한도: 연 1,000만원 - 이미 공제받은 금액
공제방법	공제받는 금액이 그 금액을 차감하기 전의 납부할 세액(예정미환급세액과 예정고지세액은 빼지 않고 가산세는 포함하지 않은 금액)을 초과하면 그 초과하는 부분은 없는 것으로 본다. 🔍 사례 | 구분	금액	비고 | |---|---|---| | 매출세액 | 20,000,000 | | | (-) 매입세액 | 19,000,000 | | | 납부세액 | 1,000,000 | | | (-) 신용카드발행세액공제 | 1,000,000 | Min(1,100,000, 1,000,000) | | (-) 예정고지세액 | 300,000 | | | 가산세 | 100,000 | | | 환급세액 | △200,000 | |

제7장 겸영사업자의 부가가치세 특례

01 공통매입세액의 안분

1. 공제요건

의의	① 사업자가 과세사업과 면세사업 등을 겸영하는 경우에 과세사업과 면세사업 등에 관련된 매입세액의 계산은 실지귀속에 따라 하되, 실지귀속을 구분할 수 없는 공통매입세액은 공통매입세액 안분기준을 적용하여 법령이 정하는 바에 따라 안분하여 계산한다. ② 사업자가 과세사업과 면세사업을 겸영하면서 발생된 매입세액이더라도 발생된 모든 매입세액이 안분계산대상이 되는 것이 아니며, 발생 건별·금액으로 세분하여 과세사업에 실지귀속되면 매출세액에서 전액 공제하고, 면세사업에 실지귀속되면 면세사업 관련 매입세액으로 전액 불공제한다.
안분요건	공통매입세액의 안분계산규정을 적용하여야 할 사업자는 다음의 요건을 모두 충족하여야 한다. ① 과세사업과 면세사업(비과세 포함)을 겸영하는 사업자일 것 ② 과세사업과 면세사업에 공통으로 사용되거나 사용될 것 ③ 실지귀속이 불분명한 매입세액일 것 ④ 불공제대상 매입세액이 아닐 것(예 기업업무추진비 관련 매입세액)

2. 공통매입세액 안분계산

원칙 (공급가액이 있는 경우)	과세사업과 면세사업 등을 겸영하는 경우로서 공통매입세액이 있는 경우 면세사업 등에 관련된 매입세액은 다음 계산식에 따라 안분하여 계산한다. 다만, 예정신고를 할 때에는 예정신고기간에 있어서 총공급가액에 대한 면세공급가액의 비율에 따라 안분하여 계산하고, 확정신고를 할 때에 정산한다. $$\text{면세사업 등 관련 매입세액 (불공제 매입세액)} = \text{공통매입세액} \times \frac{\text{해당 과세기간 면세공급가액}}{\text{해당 과세기간 총 공급가액}}$$ ① 과세공급가액: 재화·용역의 공급에 대한 공급가액 합계액(영세율 공급가액 포함)을 말한다. ② 면세공급가액: 면세공급가액 합계액(비과세 포함)을 말하며, 사업자가 해당 면세사업 등과 관련하여 받았으나 과세표준에 포함되지 아니하는 국고보조금과 공공보조금을 포함한다. ③ 총공급가액: 과세공급가액과 면세공급가액의 합계액을 말하며, 공통매입세액과 관련 없는 고정자산의 매각액은 공급가액에 포함하지 아니한다. ④ 수종의 사업을 겸영하는 경우: 사업자가 겸영하는 수종의 사업 중 특정 과세사업과 면세사업 등에만 관련된 공통매입세액은 특정 관련된 사업부분의 해당 과세기간의 총공급가액에 대한 면세공급가액의 비율에 의하여 안분계산하여야 한다. ⑤ 해당 과세기간에 구입한 재화를 그 과세기간에 공급한 경우: 과세사업과 면세사업 등에 공통으로 사용되는 재화를 공급받은 과세기간 중에 그 재화를 공급하여 공급가액을 계산한 경우 그 재화에 대한 매입세액의 안분계산은 직전 과세기간 비율로 계산한다. → 공급 시 안분계산 생략한 경우 공통매입세액 안분도 생략함

구분	내용
안분생략	다음 중 어느 하나에 해당하는 경우에는 해당 재화 또는 용역의 매입세액은 전액 공제되는 매입세액으로 한다. ∵ 경제적 실익이 없거나 안분 불가 ① 해당 과세기간의 총공급가액 중 면세공급가액이 5% 미만인 경우의 공통매입세액. 다만, 공통매입세액이 5백만원 이상인 경우는 안분계산을 해야 한다. ② 해당 과세기간 중의 공통매입세액이 5만원 미만인 경우의 매입세액 ③ 해당 과세기간에 신규사업자가 해당 과세기간에 공통사용재화를 공급하여 공급가액 안분계산을 생략한 공통사용재화의 매입세액
예외 (공급가액이 없는 경우)	해당 과세기간 중 과세사업과 면세사업 등의 공급가액이 없거나 그 어느 한 사업의 공급가액이 없는 경우에 해당 과세기간에 대한 안분계산은 다음의 순서에 따른다. ① 총매입가액(공통매입가액 제외)에 대한 면세사업 등에 관련된 매입가액의 비율 ② 총예정공급가액에 대한 면세사업 등에 관련된 예정공급가액[*1]의 비율 ③ 총예정사용면적에 대한 면세사업 등에 관련된 예정사용면적[*2]의 비율 [*1] 예정공급가액이란 합리적으로 추정한 금액을 말한다. [*2] 건물 또는 구축물을 신축하거나 취득하여 과세사업과 면세사업 등에 제공할 예정면적을 구분할 수 있는 경우에는 ③을 ① 및 ②에 우선하여 적용한다. 건물 또는 구축물에 대하여 예정사용면적비율에 따라 공통매입세액 안분 계산을 하였을 때에는 그 후 과세사업과 면세사업 등의 공급가액이 모두 있게 되어 공통매입세액을 계산할 수 있는 경우에도 과세사업과 면세사업 등의 사용면적이 확정되기 전의 과세기간까지는 예정사용면적비율을 적용하고, 과세사업과 면세사업 등의 사용면적이 확정되는 과세기간에 실제사용면적비율에 따라 공통매입세액을 정산한다.

🔍 사례

1. 확정신고 시 정산하는 경우

다음의 ㈜대한의 사업과 관련된 자료를 이용하여 계산한 확정신고 시 불공제액은?

구분	1. 1. ~ 3. 31.	4. 1. ~ 6. 30.
과세사업 공급가액	100,000,000	400,000,000
면세사업 공급가액	200,000,000	300,000,000
공통매입세액	3,000,000	9,000,000

⇒ ① 예정신고 불공제액: 3,000,000 × 2억원/3억원 = 2,000,000
　② 확정신고 불공제액: (3,000,000 + 9,000,000) × 5억원/10억원 - 2,000,000 = 4,000,000

2. 수종의 사업을 겸영하는 경우

출판업과 부동산임대업을 겸영하는 ㈜대한의 사업과 관련된 자료가 다음과 같을 때 본사와 출판업의 매입세액공제분은?

(1) 출판업과 부동산임대업의 공급가액

구분	출판업		부동산임대업(과세)
	광고(과세)	도서출판업(면세)	
1기 공급가액	5억원	3억원	2억원

(2) 세금계산서 수취분 매입세액
　① 본사 관련 공통매입세액: 10,000,000
　② 출판업 관련 공통매입세액: 20,000,000
⇒ 본사 매입세액공제분: 10,000,000 × 7억원/10억원 = 7,000,000
　출판업 매입세액공제분: 20,000,000 × 5억원/8억원 = 12,500,000

3. 공통매입세액의 정산 → 감가율을 반영하지 않음

사업자가 해당 과세기간의 공급가액이 없어 임시비율로 공통매입세액을 안분하여 계산한 경우에는 해당 재화의 취득으로 과세사업과 면세사업 등의 공급가액 또는 과세사업과 면세사업 등의 사용면적이 확정되는 과세기간에 대한 납부세액을 확정신고할 때에 다음의 계산식에 따라 정산한다. 다만, 예정신고를 할 때에는 예정신고기간에 있어서 총공급가액에 대한 면세공급가액의 비율, 총사용면적에 대한 면세 또는 비과세 사용면적의 비율에 따라 안분하여 계산하고, 확정신고를 할 때에 정산한다.

(1) 매입가액 또는 예정공급가액비율로 매입세액을 안분하여 계산한 경우

$$\text{가산 or 공제되는 세액} = \text{총공통매입세액} \times \left(1 - \frac{\text{과세사업과 면세사업 등의 공급가액이 확정되는 과세기간의 면세공급가액}}{\text{과세사업과 면세사업 등의 공급가액이 확정되는 과세기간의 총공급가액}}\right) - \text{기공제세액}$$

(2) 예정사용면적비율로 매입세액을 안분하여 계산한 경우

$$\text{가산 or 공제되는 세액} = \text{총공통매입세액} \times \left(1 - \frac{\text{과세사업과 면세사업 등의 사용면적이 확정되는 과세기간의 면세사용면적}}{\text{과세사업과 면세사업 등의 사용면적이 확정되는 과세기간의 총사용면적}}\right) - \text{기공제세액}$$

02 공통매입세액 재계산

의의	감가상각자산에 대하여 공통매입세액의 안분계산에 따라 매입세액이 공제된 후 공통매입세액 안분기준에 따른 비율과 감가상각자산의 취득일이 속하는 과세기간(그 후의 과세기간에 재계산한 때는 그 재계산한 과세기간)에 적용되었던 공통매입세액 안분기준에 따른 비율이 5% 이상 차이가 나면 납부세액 또는 환급세액을 다시 계산하여 해당 과세기간의 확정신고(예정신고 X)와 함께 관할 세무서장에게 신고·납부하여야 한다.
취지	금액이 크고 사용기간이 상대적으로 긴 감가상각자산을 취득 당시 비율로 공통매입세액을 안분하여 계산한 경우 그 후 과세기간에 면세비율이 증감하여 차이가 발생한다면 최초 안분하여 계산한 매입세액공제액이 과대 또는 과소해지므로 이러한 차이를 해소하고자 함
요건	납부세액 또는 환급세액을 재계산하여야 하는 대상은 다음의 요건에 모두 해당되어야 한다. ① 공통매입세액을 안분계산한 경우일 것 ② 면세공급가액 또는 면세사용면적의 비율이 감가상각자산의 취득일이 속하는 과세기간(그 후의 과세기간에 재계산하였을 때에는 그 재계산한 기간)에 적용하였던 비율 간의 차이가 5% 이상일 것 [예]<table><tr><th>구분</th><th>20X1년 1기 (구입)</th><th>20X1년 2기 (공통사용)</th><th>20X2년 1기 (공통사용)</th><th>20X2년 2기 (공통사용)</th></tr><tr><td>면세비율</td><td>50%</td><td>53%</td><td>57%</td><td>52%</td></tr><tr><td>재계산</td><td>공통매입세액</td><td>X(5% 차이 X)</td><td>O(57% - 50%)</td><td>O(52% - 57%)</td></tr><tr><td>납부세액</td><td>-</td><td>-</td><td>증가</td><td>감소</td></tr></table>③ 감가상각자산일 것 → 비상각자산은 하지 않음

재계산 방법	납부세액 또는 환급세액의 재계산에 따라 납부세액에 가산 또는 공제하거나 환급세액에 가산 또는 공제하는 세액은 다음의 계산식에 따라 계산한 금액으로 한다. 공통매입세액 × (1 - 상각률 × 경과된 과세기간의 수) × 증감된 면세비율 ① 상각률: 건물 또는 구축물 5%, 그 밖의 감가상각자산 25% ② 경과된 과세기간의 수: 과세기간 단위(6개월)로 계산하며, 과세기간의 개시일 후에 감가상각자산을 취득하거나 해당 재화가 재계산 대상이 된 경우에는 그 과세기간의 개시일에 해당 재화를 취득하거나 해당 재화가 재계산에 해당하게 된 것으로 본다. ③ 증감된 면세비율: 해당 취득일이 속하는 과세기간의 총공급가액에 대한 면세공급가액의 비율로 안분하여 계산한 경우에는 증감된 면세공급가액의 비율에 따라 재계산하고, 해당 취득일이 속하는 과세기간의 총사용면적에 대한 면세사용면적의 비율로 안분하여 계산한 경우에는 증감된 면세사용면적의 비율에 따라 재계산한다.
재계산 배제	① 과세사업에 사용하던 감가상각자산이 자가공급·개인적 공급·사업상 증여 또는 폐업 시 잔존재화로 공급의제되면 재계산을 하지 않는다. ∵ 이미 공제받은 매입세액을 간주시가로 회수함 ② 공통사용재화를 공급하는 경우에 해당 재화를 공급하는 날이 속하는 과세기간에는 그 재화에 대한 납부세액 또는 환급세액의 재계산을 하지 않는다. ∵ 그 공급일이 속하는 과세기간의 직전 과세기간 공급가액의 비율에 따라 안분하여 계산된 매출세액은 해당 감가상각자산 취득으로 인해 공제받은 매입세액과 서로 대응함

🔍 사례

겸영사업자가 과세사업과 면세사업에 공통으로 사용하기 위해 기계장치를 11,000,000원(부가가치세 포함)에 구입하였다.

구분	면세비율	대상	계산
20X1년 1기	50%	공통매입세액	1,000,000 × 50% = 500,000(불공제)
20X1년 2기	60%	재계산 O	1,000,000 × (1 - 25% × 1) × (60% - 50%) = 750,000(납부)
20X2년 1기	57%	재계산 X	5% 이상 차이나지 않음
20X2년 2기	54%	재계산 O	1,000,000 × (1 - 25% × 3) × (54% - 60%) = 15,000(환급)

03 면세사업 등을 위한 감가상각자산의 과세사업 전환 시 매입세액공제 특례

1. 원칙(공급가액이 있는 경우)

의의	사업자는 매입세액이 공제되지 아니한 면세사업 등을 위한 감가상각자산을 과세사업에 사용하거나 소비하는 경우 법정 산식에 따라 계산한 금액을 그 과세사업에 사용하거나 소비하는 날이 속하는 과세기간의 매입세액으로 공제할 수 있다. ∵ 면세사업에 사용하는 경우 간주공급으로 과세하는 것과 형평성 제고하기 위함
공제요건	면세사업용 감가상각자산을 과세사업용으로 전환함에 따른 매입세액을 공제받기 위해서는 다음의 요건을 모두 충족하여야 한다. ① 면세사업 등에 사용하기 위한 자산에 해당하여 면세사업 등 관련 매입세액으로 불공제된 감가상각자산일 것 → 비상각자산은 배제

공제요건	② 해당 감가상각자산의 취득일이 속하는 과세기간 이후에 과세사업에 전용하거나 과세사업과 면세사업 등에 겸용으로 사용 또는 소비할 것 ③ 과세사업에 전환한 과세기간에 대한 확정신고 시 공제할 것 → 예정신고 시 공제되지 않음
공제시기	사업자가 매입세액이 공제되지 아니한 감가상각자산을 과세사업에 사용하거나 소비할 때에는 그 과세사업에 사용하거나 소비하는 날이 속하는 과세기간에 대한 확정신고와 함께 과세사업전환 감가상각자산 신고서를 작성하여 각 납세지 관할 세무서장에게 신고하여야 한다.
완전전용 계산방법	사업자가 매입세액이 공제되지 않은 감가상각자산을 과세사업에 사용하거나 소비하는 경우 공제되는 세액은 다음의 계산식에 따라 계산한 금액으로 한다. 해당 재화의 불공제 매입세액 × (1 - 상각률 × 경과된 과세기간의 수) ① 상각률: 건물과 구축물 5%, 그 밖의 감가상각자산 25% ② 경과된 과세기간의 수: 과세기간 단위로 계산한다. 경과된 과세기간의 수를 계산할 때 과세기간 개시일 후에 감가상각자산을 취득하는 경우에는 그 과세기간 개시일에 그 재화를 취득한 것으로 본다.
일부전용 계산방법	사업자가 매입세액이 공제되지 않은 감가상각자산을 과세사업과 면세사업등에 공통으로 사용하거나 소비하는 경우에 공제되는 매입세액은 다음의 계산식에 따라 계산한 금액으로 한다. 다만, 그 과세사업에 의한 과세공급가액이 총공급가액 중 5% 미만일 때에는 공제세액이 없는 것으로 본다. 해당 재화의 불공제 매입세액 × (1 - 상각률 × 경과된 과세기간의 수) × (과세사업에 사용·소비한 날이 속하는 과세기간의 과세공급가액 / 과세사업에 사용·소비한 날이 속하는 과세기간의 총공급가액)

🔍 **사례**

면세사업을 하고 있는 ㈜대한은 면세사업에만 사용하던 재화를 20X3년 제1기부터 과세사업에 공통으로 사용하게 되었다. 관련 자료가 다음과 같을 때 과세전환에 따른 매입세액공제액은?

1. 과세사업으로 전용한 재화

구분	취득일	공급가액	매입세액 불공제
원재료	20X2. 11. 15.	10,000,000	1,000,000
기계장치	20X2. 7. 15.	20,000,000	2,000,000
건물	20X2. 1. 19.	30,000,000	3,000,000

2. 공급가액

구분	20X2년 1기	20X2년 2기	20X3년 1기
면세사업	100%	50%	60%
과세사업	-	50%	40%

⇒ ① 원재료: 0
　② 기계장치: 2,000,000 × (1 - 25% × 1) × 40% = 600,000
　③ 건물: 3,000,000 × (1 - 5% × 2) × 40% = 1,080,000

2. 예외(공급가액이 없는 경우)

안분계산	해당 과세기간 중 과세사업과 면세사업 등의 공급가액이 없거나 그 어느 한 사업의 공급가액이 없는 경우에 그 과세기간에 대한 안분 계산은 다음의 순서에 따른다. 다만, 취득 시 면세사업 등과 관련하여 매입세액이 공제되지 아니한 건물에 대하여 과세사업과 면세사업 등에 제공할 예정면적을 구분할 수 있는 경우에는 ③을 ① 및 ②에 우선하여 적용한다. ① 총매입가액에 대한 과세사업에 관련된 매입가액의 비율 ② 총예정공급가액에 대한 과세사업에 관련된 예정공급가액의 비율 ③ 총예정사용면적에 대한 과세사업에 관련된 예정사용면적의 비율
정산	위 계산식에 따라 안분하여 계산한 매입세액을 공제한 경우에는 면세사업용 감가상각자산의 과세사업용 사용 또는 소비로 과세사업과 면세사업 등의 공급가액 또는 과세사업과 면세사업의 사용면적이 확정되는 과세기간에 대한 납부세액을 확정신고할 때에 다음의 계산식에 따라 정산한다. ① 매입가액 또는 예정공급가액비율에 따라 계산한 경우 $$\text{해당 재화의 불공제 매입세액} \times (1 - \text{상각률} \times \text{경과된 과세기간의 수}) \times \frac{\text{공급가액이 확정되는 과세기간의 과세공급가액}}{\text{공급가액이 확정되는 과세기간의 총공급가액}} - \text{기공제 매입세액}$$ ② 예정사용면적비율에 따라 계산한 경우 $$\text{해당 재화의 불공제 매입세액} \times (1 - \text{상각률} \times \text{경과된 과세기간의 수}) \times \frac{\text{사용면적이 확정되는 과세기간의 과세사용면적}}{\text{사용면적이 확정되는 과세기간의 총사용면적}} - \text{기공제 매입세액}$$
재계산	위 정산규정에 따라 매입세액이 공제된 후 총공급가액에 대한 면세공급가액의 비율 또는 총사용면적에 대한 면세사용면적의 비율과 해당 감가상각자산의 취득일이 속하는 과세기간(그 후의 과세기간에 재계산하였을 때에는 그 재계산한 기간)에 적용되었던 비율 간의 차이가 5% 이상인 경우에는 납부세액 재계산규정을 준용하여 매입세액을 재계산한다.

겸영사업자의 적용비율 정리

구분		직전 과세기간	해당 과세기간
면세일부전용			면세비율
공통사용재화의 공급		과세비율	
공통매입세액	원칙		면세비율(또는 과세비율)[*]
	동일 과세기간 중 매입+공급	면세비율(또는 과세비율)[*]	
과세일부전환			과세비율

[*] 불공제 매입세액은 면세비율이며, 공제 매입세액은 과세비율을 적용한다.

제8장 신고와 납부

제1절 신고와 납부

01 예정신고와 납부

개요	사업자는 각 과세기간 중 예정신고기간이 끝난 후 25일 이내에 각 예정신고기간에 대한 과세표준과 납부세액 또는 환급세액을 납세지 관할 세무서장에게 신고·납부하여야 한다. 다만, 신규로 사업을 시작하거나 시작하려는 자에 대한 최초의 예정신고기간은 사업 개시일(사업 개시일 이전에 사업자등록을 신청한 경우에는 그 신청일)부터 그 날이 속하는 예정신고기간의 종료일까지로 한다. ┌─────────────────────┬─────────────────────┐ │ 제1기 예정신고기간 │ 1월 1일부터 3월 31일까지 │ │ 제2기 예정신고기간 │ 7월 1일부터 9월 30일까지 │ └─────────────────────┴─────────────────────┘
예정신고 납부기간	제1기 예정신고·납부기간 4. 1. ~ 4. 25. 제2기 예정신고·납부기간 10. 1. ~ 10. 25.
예정고지 대상자	납세지 관할 세무서장은 개인사업자와 직전 과세기간 공급가액의 합계액이 1억 5천만원 미만인 법인사업자(∵ 영세한 사업자의 신고부담 완화)에 대하여는 각 예정신고기간마다 직전 과세기간에 대한 납부세액의 50%(1천원 미만인 단수가 있을 때에는 그 단수금액은 버린다)로 결정하여 해당 예정신고기간이 끝난 후 25일까지 징수한다. 다만, 다음 중 어느 하나에 해당하는 경우에는 징수하지 아니한다. ① 징수하여야 할 금액이 50만원 미만인 경우 ② 간이과세자에서 해당 과세기간 개시일 현재 일반과세자로 변경된 경우 ③ 국세징수법 재난 등으로 인한 납부기한 등 연장사유로 관할 세무서장이 징수하여야 할 금액을 사업자가 납부할 수 없다고 인정되는 경우
예정고지서 발부	관할 세무서장은 부가가치세액에 대하여 다음 표의 구분에 따른 기간 이내에 납부고지서를 발부해야 한다. 제1기분 예정신고기간 4월 1일부터 4월 10일까지 제2기분 예정신고기간 10월 1일부터 10월 10일까지
예정고지 대상자 중 선택적 신고납부	다음 중 어느 하나에 해당하는 사업자는 예정신고를 하고 예정신고기간의 납부세액을 납부할 수 있다. 이 경우 예정고지 결정은 없었던 것으로 본다. ① 사업부진자: 휴업 또는 사업부진 등으로 인하여 각 예정신고기간의 공급가액 또는 납부세액이 직전 과세기간의 공급가액 또는 납부세액의 1/3에 미달하는 자 ② 각 예정신고기간분에 대하여 조기환급을 받으려는 자

02 확정신고와 납부

확정신고	사업자는 각 과세기간에 대한 과세표준과 납부세액 또는 환급세액을 그 과세기간이 끝난 후 25일(폐업하는 경우 폐업일이 속한 달의 다음 달 25일) 이내에 납세지 관할 세무서장에게 신고하여야 한다. 다만, 예정신고를 한 사업자 또는 조기에 환급을 받기 위하여 신고한 사업자는 이미 신고한 과세표준과 납부한 납부세액 또는 환급받은 환급세액은 신고하지 아니한다.
확정신고 세액납부	사업자는 확정신고를 할 때 납부세액에서 예정신고(또는 조기환급) 미환급세액과 예정고지세액을 빼고 부가가치세 확정신고서와 함께 각 납세지 관할 세무서장(총괄납부의 경우에는 주된 사업장 소재지의 관할 세무서장)에게 납부하거나 국세징수법에 따른 납부서를 작성하여 한국은행 등에 납부하여야 한다.

03 재화의 수입에 대한 신고·납부

1. 원칙

납세의무자가 재화의 수입에 대하여 관세법에 따라 관세를 세관장에게 신고하고 납부하는 경우에는 재화의 수입에 대한 부가가치세를 함께 신고하고 납부하여야 한다.

2. 재화의 수입에 대한 부가가치세 납부유예

의의	세관장은 일정한 요건을 갖춘 중소·중견사업자가 물품을 자기의 과세사업에 사용하기 위한 재화(매입세액이 불공제되는 재화는 제외)의 수입에 대하여 부가가치세의 납부유예를 미리 신청하는 경우에는 해당 재화를 수입할 때 부가가치세의 납부를 유예할 수 있다. ∴ 수입 시 부가가치세를 납부한 후 환급받을 때까지 사업자의 자금유동성이 저하되므로 수출기업의 재화 수입 시 자금부담 완화
납부유예 대상자	다음의 요건을 모두 충족하는 중소·중견사업자를 말한다. ① 직전 사업연도에 중소기업 또는 중견기업에 해당하는 법인(제조업을 주된 사업으로 경영하는 기업에 한정함)일 것 ② 직전 사업연도에 수출액이 다음에 해당할 것 　㉠ 직전 사업연도에 중소기업인 경우: 직전 사업연도에 공급한 재화 또는 용역의 공급가액의 합계액에서 수출액이 차지하는 비율이 30% 이상이거나 수출액이 50억원 이상일 것 　㉡ 직전 사업연도에 중견기업인 경우: 직전 사업연도에 공급한 재화 또는 용역의 공급가액의 합계액에서 수출액이 차지하는 비율이 30% 이상일 것 ③ 확인 요청일 현재 다음의 요건에 모두 해당할 것 　㉠ 최근 3년간 계속하여 사업을 경영하였을 것 　㉡ 최근 2년간 국세(관세를 포함)를 체납(납부고지서에 따른 납부기한의 다음 날부터 15일 이내에 체납된 국세를 모두 납부한 경우는 제외)한 사실이 없을 것 　㉢ 최근 3년간 조세범 처벌법 또는 관세법 위반으로 처벌받은 사실이 없을 것 　㉣ 최근 2년간 납부유예가 취소된 사실이 없을 것

납부유예 확인요청	① 중소·중견사업자는 관할 세무서장에게 납부유예 요건 충족 여부의 확인을 요청할 수 있다. ② 관할 세무서장은 중소·중견사업자가 확인을 요청한 경우에는 요청일부터 1개월 이내에 확인서를 해당 중소·중견사업자에게 발급하여야 한다.
납부유예 신청 및 승인	① 부가가치세의 납부를 유예받으려는 중소·중견사업자는 발급받은 확인서를 첨부하여 부가가치세 납부유예 적용 신청서를 관할 세관장에게 제출하여야 한다. ② 신청을 받은 관할 세관장은 신청일부터 1개월 이내에 납부유예의 승인 여부를 결정하여 해당 중소·중견사업자에게 통지하여야 한다. 납부유예를 승인하는 경우 그 유예기간은 1년으로 한다.
납부유예 세액정산	중소·중견사업자는 납세지 관할 세무서장에게 예정신고 또는 확정신고를 할 때 해당 재화에 대하여 공제하는 매입세액과 납부가 유예된 세액을 정산하여 납부하여야 한다. 이 경우 납세지 관할 세무서장에게 납부한 세액은 세관장에게 납부한 것으로 본다. **신고서 양식 예시** | 구분			금액
---	---	---	---
세금계산서 수취분	일반매입(*)	(10)	2,000,000
	수출기업 수입분 납부유예	(10-1)	1,000,000
합계	(10) - (10-1)	(15)	1,000,000	 (*) 국내매입 1,000,000원, 수입 1,000,000원이며, 수입분은 납부유예 적용
납부유예 취소	세관장은 부가가치세의 납부가 유예된 중소·중견사업자가 국세를 체납하는 등 다음 중 어느 하나에 해당하게 된 경우 그 납부의 유예를 취소할 수 있다. 이 경우 세관장은 해당 중소·중견사업자에게 그 취소 사실을 통지하여야 한다. ① 해당 중소·중견사업자가 국세를 체납한 경우 ② 해당 중소·중견사업자가 조세범 처벌법 또는 관세법 위반으로 국세청장·지방국세청장·세무서장 또는 관세청장·세관장으로부터 고발된 경우 ③ 납부유예요건을 충족하지 아니한 중소·중견사업자에게 납부유예를 승인한 사실을 관할 세관장이 알게 된 경우
기타규정	① 납부유예 취소는 중소·중견사업자가 부가가치세 납부를 유예받고 수입한 재화에 대해서는 영향을 미치지 아니한다. ② 납부가 유예된 후 세액을 정정하기 위한 수정신고 등에 관하여는 관세법에서 정하는 바에 따른다.

04 대리납부

1. 국외사업자로부터 용역 등을 공급받는 경우의 대리납부

의의	국내사업장이 없는 비거주자 또는 외국법인과 국내사업장이 있는 비거주자 또는 외국법인(국내사업장과 관련 없는 용역을 제공하는 경우에 한함)으로부터 용역 또는 권리를 공급받는 경우 해당 용역 등을 공급받은 자는 그 대가를 지급하는 때에 그 대가를 받은 자로부터 부가가치세를 징수하여야 한다.

취지	국외사업자로부터 용역을 제공받는 경우 세관을 거치지 않으므로 세관장이 부가가치세를 거래징수할 수 없다. 국외사업자의 용역에 부가가치세를 과세하지 않으면 국내사업자 용역보다 가격이 저렴해서 조세중립성과 조세형평성이 저해된다. 국외사업자는 과세권이 미치지 않으므로 공급받는 자가 국외사업자를 대리하여 부가가치세를 징수·납부하여야 한다.
적용요건	① 공급자: 용역 등의 제공자가 국내사업장이 없는 비거주자 또는 외국법인이거나, 국내사업장이 있더라도 국내사업장과 관련 없는 용역 등을 공급하는 비거주자 또는 외국법인이어야 한다. ② 용역 등: 해당 용역 등이 부가가치세가 과세대상이어야 한다. ③ 공급장소: 해당 용역 등이 국내에서 사용 또는 소비되어야 한다. ④ 공급받는 자: 공급받은 그 용역 등을 과세사업에 제공하는 경우는 대리납부의무가 없다. (∵ 과세실익이 없고 업무부담만 생기기 때문) 다만, 매입세액이 공제되지 아니하는 용역 등을 공급받는 경우는 대리납부의무가 있다. **대리납부의무자** | 용역을 제공받는 자		대리납부의무
---	---	---
과세사업자	용역 등에 매입세액공제받는 경우	X
	용역 등에 매입세액공제받지 못하는 경우	O
면세사업자·비사업자		O	
징수시기	대리납부할 부가가치세액은 제공받는 용역 등의 공급시기에 관계없이 그 대가를 지급하는 때에 징수한다.
대리납부 세액계산	① 원칙: 용역 또는 권리의 공급가액 × 10% ② 외화로 지급하는 경우: 대가를 외화로 지급하는 경우에는 다음의 구분에 따른 금액을 그 대가로 한다. 	원화로 외화를 매입하여 지급하는 경우	지급일 현재의 대고객외국환매도율에 따라 계산한 금액
보유 중인 외화로 지급하는 경우	지급일 현재의 외국환거래법에 따른 기준환율 또는 재정환율에 따라 계산한 금액 | ③ 과세·면세사업에 공통으로 사용된 용역: 비거주자 또는 외국법인으로부터 공급받은 용역 등이 과세사업과 면세사업 등에 공통으로 사용되어 그 실지귀속을 구분할 수 없는 경우 그 면세사업 등에 사용된 용역 등의 과세표준은 다음 계산식에 따라 계산한 금액으로 한다. 다만, 과세기간 중 과세사업과 면세사업 등의 공급가액이 없거나 그 어느 한 사업에 공급가액이 없으면 그 과세기간에 대한 안분 계산은 공통매입세액 안분계산 및 정산규정을 준용한다. $$과세표준 = 해당\ 용역\ 등의\ 총공급가액 \times \frac{대가의\ 지급일이\ 속하는\ 과세기간의\ 면세공급가액}{대가의\ 지급일이\ 속하는\ 과세기간의\ 총공급가액}$$
대리납부 신고납부	① 대리납부규정에 따라 부가가치세를 징수한 자는 부가가치세 대리납부신고서를 제출하고, 예정신고 또는 확정신고규정을 준용하여 부가가치세를 납부하여야 한다. ② 부가가치세 대리납부 시 과다하게 납부한 대리납부세액에 대하여 사업자가 국세기본법에 따른 환급청구나 경정청구를 한 경우 관할 세무서장은 이를 확인하여 과다납부한 세액을 환급하여야 한다.

불이행 시 가산세	대리납부의무자가 부가가치세를 법정납부기한까지 납부하지 않거나 과소납부한 경우에는 납부하지 아니한 세액 또는 과소납부분 세액의 50%(법정납부기한의 다음 날부터 납부고지일까지의 기간에 해당하는 금액을 합한 금액은 10%)에 상당하는 금액을 한도로 하여 다음의 금액을 합한 금액을 가산세로 한다. ① 미납세액 또는 과소납부세액의 3%에 상당하는 금액 ② 미납세액 또는 과소납부세액 × 법정납부기한의 다음 날부터 납부일까지의 기간(납부고지일부터 납부고지서에 따른 납부기한까지의 기간은 제외) × 0.022%

2. 사업의 양도에 따른 대리납부

내용	사업의 포괄양도의 경우 재화의 공급으로 보지 않는다는 규정에도 불구하고 그 사업을 양수받는 자가 그 대가를 지급하는 때에, 그 대가를 받은 자로부터 부가가치세를 징수하여 그 대가를 지급하는 날이 속하는 달의 다음 달 25일까지 사업장 관할 세무서장에게 납부할 수 있다. ∵ 사업양도자가 신고·납부한 경우 양수인이 매입세액공제를 허용하던 모순을 해소
대리납부 방법	사업을 양수받는 자가 그 대가를 받은 자로부터 징수한 부가가치세는 부가가치세 대리납부 신고서와 함께 사업장 관할 세무서장에게 납부하거나 국세징수법에 따른 납부서를 작성하여 한국은행 또는 체신관서에 납부하여야 한다.

05 국외사업자의 용역 등 공급에 관한 특례

의의	국외사업자가 사업자등록의 대상으로서 다음 중 어느 하나에 해당하는 자를 통하여 국내에서 용역 등을 공급하는 경우에는 해당 위탁매매인 등이 해당 용역 등을 공급한 것으로 본다. ① 위탁매매인 ② 준위탁매매인 ③ 대리인 ④ 중개인(구매자로부터 거래대금을 수취하여 판매자에게 지급하는 경우에 한정함)
취지	국외에 있는 사업자(예 해외 App개발자)로부터 부가가치세를 징수하기 곤란하므로 위탁매매인 등에게 납세의무를 부여하여 국외사업자의 용역의 위탁판매에 대한 부가가치세 신고납부를 원활히 하기 위함
공급장소 특례	국외사업자로부터 권리를 공급받는 경우에는 공급받는 자의 국내에 있는 사업장의 소재지 또는 주소지를 해당 권리가 공급되는 장소로 본다. ∵ 권리의 공급장소는 재화의 이동이 시작되는 장소이며, 공급장소가 국외면 과세할 수 없는 문제가 발생함
세금계산서 발급	국외사업자가 위탁매매인 등을 통하여 국내에서 권리를 공급하는 경우 위탁매매인 등이 권리를 공급받는 자에게 국내사업장이 없는 비거주자 등의 상호 및 주소를 부기하여 세금계산서를 교부하여야 한다.

06 전자적 용역을 공급하는 국외사업자의 사업자등록 및 납부 등에 관한 특례

구분	내용
의의	① 국내사업장이 없는 비거주자 또는 외국법인이 국내에 전자적 용역을 제공하는 경우 간편사업자등록을 하여 부가가치세법에 따른 신고·납부하여야 한다. ② 국내소비자가 해외오픈마켓 등에서 구매하는 전자적 용역에 대하여 해외 오픈마켓 사업자 등이 간편사업자등록을 하고 부가가치세를 신고·납부하여야 한다.
취지	국내개발자가 해외오픈마켓(예 Google, Apple 등)을 통하여 전자적 용역을 국내에 제공하는 경우 부가가치세를 과세하는 것과 달리 국내사업장이 없는 해외개발자가 해외오픈마켓을 통해 전자적 용역을 공급하는 경우 부가가치세를 부담하지 않아 과세형평을 저해하는 문제가 발생하였고 이를 보완하고자 만든 규정이다.
전자적 용역	① 게임·음성·동영상 파일 또는 소프트웨어 등 용역 ② 광고를 게재하는 용역 ③ 클라우드컴퓨팅서비스 ④ 재화 또는 용역을 중개하는 용역으로서 대통령령으로 정하는 용역 ⑤ 그 밖에 ①~④까지와 유사한 용역
유형	**국외사업자가 국내에 직접 전자적 용역을 공급하는 경우** 국외사업자가 정보통신망을 통하여 이동통신단말장치 또는 컴퓨터 등으로 공급하는 용역으로서 전자적 용역을 국내에 제공하는 경우(등록사업자의 과세사업 또는 면세사업에 대하여 용역을 공급하는 경우는 제외)에는 사업의 개시일부터 20일 이내에 간편사업자등록을 하여야 한다. **국외사업자가 제3자(해외오픈마켓 사업자)를 통하여 전자적 용역을 공급하는 경우** 국외사업자가 다음 중 어느 하나에 해당하는 제3자를 통하여 국내에 전자적 용역을 공급하는 경우(등록사업자의 과세사업 또는 면세사업에 대하여 용역을 공급하는 경우나 국외사업자의 용역 등 공급 특례가 적용되는 경우는 제외)에는 그 제3자가 해당 전자적 용역을 공급한 것으로 보며, 그 제3자는 사업의 개시일부터 20일 이내에 간편사업자등록을 하여야 한다. ① 정보통신망 등을 이용하여 전자적 용역의 거래가 가능하도록 오픈마켓이나 그와 유사한 것을 운영하고 관련 서비스를 제공하는 자 ② 전자적 용역의 거래에서 중개에 관한 행위 등을 하는 자로서 구매자로부터 거래대금을 수취하여 판매자에게 지급하는 자
공급장소 특례	국외사업자의 전자적 용역의 경우 용역을 공급받는 자의 사업장 소재지, 주소지 또는 거소지를 공급장소로 한다.
공급시기 특례	국내로 공급되는 전자적 용역의 공급시기는 다음의 시기 중 빠른 때로 한다. ① 구매자가 공급하는 자로부터 전자적 용역을 제공받은 때 ② 구매자가 전자적 용역을 구매하기 위하여 대금의 결제를 완료한 때
과세표준 특례	간편사업자등록자가 국내에 공급한 전자적 용역의 대가를 외국통화나 그 밖의 외국환으로 받은 경우에는 과세기간 종료일(예정신고 및 납부에 대해서는 예정신고기간 종료일)의 기준환율을 적용하여 환가한 금액을 과세표준으로 할 수 있다. 이 경우 국세청장은 정보통신망을 이용하여 통지하거나 국세정보통신망에 고시하는 방법 등으로 사업자(납세관리인이 있는 경우 납세관리인을 포함)에게 기준환율을 알려야 한다.
세금계산서 발급 면제	간편사업자등록을 한 사업자가 국내에 공급하는 전자적 용역에 대하여는 세금계산서 및 영수증의 발급의무를 면제한다. ∵ 주로 소비자를 상대로 소액 결제 대상 용역을 제공하는 점

납부세액 특례	간편사업자등록을 한 자는 해당 전자적 용역의 공급과 관련하여 공제되는 매입세액 외에는 매출세액 또는 납부세액에서 공제하지 아니한다.
신고·납부	간편사업자등록을 한 자는 예정신고 및 확정신고를 하여야 한다. 해당 신고에 따른 부가가치세 납부는 국세청장이 정하는 바에 따라 외국환은행의 계좌에 납입하는 방식으로 한다. → 신고 또는 납부하지 아니한 경우 가산세 적용
납세지	간편사업자등록을 한 사업자의 납세지는 사업자의 신고·납부의 효율과 편의를 고려하여 국세청장이 지정한다.
간편사업자 등록 말소	국세청장은 간편사업자등록을 한 자가 국내에서 폐업한 경우(사실상 폐업한 경우로서 다음의 경우를 포함) 간편사업자등록을 말소할 수 있다. ① 간편사업자등록자가 부도발생, 고액체납 등으로 도산하여 소재 불명인 경우 ② 간편사업자등록자가 사업의 영위에 필요한 인허가 등이 취소되는 등의 사유로 대한민국 또는 등록국가에서 사업을 수행할 수 없는 경우 ③ 간편사업자등록자가 전자적 용역을 공급하기 위한 인터넷 홈페이지[이동통신단말장치에서 사용되는 애플리케이션(Application), 그 밖에 이와 비슷한 응용프로그램을 통하여 가상의 공간에 개설한 장소를 포함함]를 폐쇄한 경우 ④ 간편사업자등록자가 정당한 사유 없이 계속하여 둘 이상의 과세기간에 걸쳐 부가가치세를 신고하지 않은 경우 ⑤ 그 밖에 ①~④의 경우와 유사한 경우로서 국세청장이 간편사업자등록자가 사실상 폐업 상태에 있다고 인정하는 경우

제2절 결정·경정·징수와 환급 및 가산세

01 결정과 경정

1. 의의

결정·경정 기관	① 부가가치세의 과세표준과 납부세액 또는 환급세액의 결정·경정은 각 납세지 관할 세무서장이 한다. 다만, 국세청장이 특히 중요하다고 인정하는 경우에는 납세지 관할 지방국세청장 또는 국세청장이 결정하거나 경정할 수 있다. ② 주사업장총괄납부를 하는 경우 각 납세지 관할 세무서장, 납세지 관할 지방국세청장 또는 국세청장이 과세표준과 납부세액 또는 환급세액을 결정하거나 경정하였을 때에는 지체 없이 납세지 관할 세무서장 또는 총괄납부를 하는 주된 사업장의 관할 세무서장에게 통지하여야 한다.
결정·경정 사유	납세지 관할 세무서장, 납세지 관할 지방국세청장 또는 국세청장은 사업자가 다음 중 어느 하나에 해당하는 경우에만 해당 예정신고기간 및 과세기간에 대한 부가가치세의 과세표준과 납부세액 또는 환급세액을 조사하여 결정 또는 경정한다. ① 예정신고 또는 확정신고를 하지 아니한 경우 ② 예정신고 또는 확정신고를 한 내용에 오류가 있거나 내용이 누락된 경우

결정·경정 사유	③ 확정신고를 할 때 매출처별 세금계산서합계표 또는 매입처별 세금계산서합계표를 제출하지 아니하거나 제출한 매출처별 세금계산서합계표 또는 매입처별 세금계산서합계표에 기재사항의 전부 또는 일부가 적혀 있지 아니하거나 사실과 다르게 적혀 있는 경우
	④ 다음 중 어느 하나에 해당하는 경우로서 부가가치세를 포탈할 우려가 있는 경우
	  ㉠ 사업장의 이동이 빈번한 경우
	  ㉡ 사업장의 이동이 빈번하다고 인정되는 지역에 사업장이 있을 경우
	  ㉢ 휴업 또는 폐업 상태에 있을 경우
	  ㉣ 신용카드가맹점 또는 현금영수증가맹점 가입 대상자로 지정받은 사업자가 정당한 사유 없이 신용카드가맹점 또는 현금영수증가맹점으로 가입하지 아니한 경우로서 사업규모나 영업 상황으로 보아 신고 내용이 불성실하다고 판단되는 경우
	  ㉤ 조기환급신고의 내용에 오류가 있거나 내용이 누락된 경우

경정의 제한	소매업 등 영수증 발급사업 중 국세청장이 정하는 업종을 경영하는 사업자로서 같은 장소에서 계속하여 5년 이상 사업을 경영한 자에 대해서는 객관적인 증명자료로 보아 과소하게 신고한 것이 분명한 경우에만 경정할 수 있다. ∵ 같은 장소에서 장기간 사업을 계속하는 경우 거래실적이 노출되어 상대적으로 세금을 많이 부담하여 세제상 혜택을 주기 위한 것

2. 결정·경정방법

원칙 (실지조사)	납세지 관할 세무서장 등은 각 예정신고기간 및 과세기간에 대한 과세표준과 납부세액 또는 환급세액을 조사하여 결정 또는 경정하는 경우에는 세금계산서, 수입세금계산서, 장부 또는 그 밖의 증명 자료를 근거로 하여야 한다.
예외 (추계조사)	다음 중 어느 하나에 해당하면 추계할 수 있다. ① 과세표준을 계산할 때 필요한 세금계산서, 수입세금계산서, 장부 또는 그 밖의 증명 자료가 없거나 그 중요한 부분이 갖추어지지 아니한 경우 ② 세금계산서, 수입세금계산서, 장부 또는 그 밖의 증명 자료의 내용이 시설규모, 종업원 수와 원자재·상품·제품 또는 각종 요금의 시가에 비추어 거짓임이 명백한 경우 ③ 세금계산서, 수입세금계산서, 장부 또는 그 밖의 증명 자료의 내용이 원자재 사용량, 동력(動力) 사용량이나 그 밖의 조업 상황에 비추어 거짓임이 명백한 경우
추계 결정·경정방법	추계는 다음의 방법에 따른다. ① 장부의 기록이 정당하다고 인정되고 신고가 성실하여 부가가치세 경정을 받지 아니한 같은 업종과 같은 현황의 다른 사업자와 권형에 따라 계산하는 방법 ② 국세청장이 업종별로 투입원재료에 대하여 조사한 생산수율이 있을 때에는 생산수율을 적용하여 계산한 생산량에 그 과세기간 중에 공급한 수량의 시가를 적용하여 계산하는 방법 ③ 국세청장이 사업의 종류·지역 등을 고려하여 사업과 관련된 종업원, 객실, 사업장, 차량, 수도, 전기 등 인적·물적 시설의 수량 또는 가액과 매출액의 관계를 정한 영업효율이 있을 때에는 영업효율을 적용하여 계산하는 방법

추계 결정·경정 방법	④ 국세청장이 사업의 종류별·지역별로 정한 다음 중 어느 하나에 해당하는 기준에 따라 계산하는 방법 　㉠ 생산에 투입되는 원재료, 부재료 중에서 일부 또는 전체의 수량과 생산량의 관계를 정한 원단위 투입량 　㉡ 인건비, 임차료, 재료비, 수도광열비, 그 밖의 영업비용 중에서 일부 또는 전체의 비용과 매출액의 관계를 정한 비용관계비율 　㉢ 일정기간 동안의 평균재고금액과 매출액 또는 매출원가의 관계를 정한 상품회전율 　㉣ 일정기간 동안의 매출액과 매출총이익의 비율을 정한 매매총이익률 　㉤ 일정기간 동안의 매출액과 부가가치액의 비율을 정한 부가가치율 ⑤ 추계 경정·결정대상 사업자에 대하여 ②, ③, ④까지의 비율을 계산할 수 있는 경우에는 그 비율을 적용하여 계산하는 방법 ⑥ 주로 최종소비자를 대상으로 거래하는 음식 및 숙박업과 서비스업에 대해서는 국세청장이 정하는 입회조사기준에 따라 계산하는 방법
추계경정 시 매입세액공제	추계경정의 방법에 의하여 납부세액을 계산할 때 공제하는 매입세액은 발급받은 세금계산서를 관할 세무서장에게 제출하고 그 기재내용이 분명한 부분으로 한정한다. 다만, 재해 또는 그 밖의 불가항력으로 인하여 발급받은 세금계산서가 소멸되어 세금계산서를 제출하지 못하게 되었을 때에는 해당 사업자에게 공급한 거래상대방이 제출한 세금계산서에 의하여 확인되는 것을 납부세액에서 공제하는 매입세액으로 한다.
재경정	납세지 관할 세무서장 등은 결정하거나 경정한 과세표준과 납부세액 또는 환급세액에 오류가 있거나 누락된 내용이 발견되면 즉시 다시 경정한다.

3. 수시부과의 결정

사유	납세지 관할 세무서장등은 사업자가 과세기간 중에 다음 중 어느 하나에 해당하는 경우에는 수시로 그 사업자에 대한 부가가치세를 부과할 수 있다. ① 재화·용역의 공급 없이 발급·수취하는 경우 ② 공급자·공급받은 자가 아닌 다른 사람의 명의로 발급·수취하는 경우 ③ 실제보다 과다하게 공급가액을 기재하여 발급·수취하는 경우 ④ 그 밖에 사유로 부가가치세를 포탈할 우려가 있는 결정·경정 사유의 경우
부과기간	해당 과세기간의 개시일부터 수시부과사유가 발생한 날까지를 수시부과기간으로 하여 적용한다. 이 경우 수시부과사유가 확정신고기한 이전에 발생한 경우로서 사업자가 직전 과세기간에 대하여 확정신고를 하지 아니한 경우에는 직전 과세기간을 수시부과기간에 포함한다.

02 환급

1. 일반환급

개요	예정신고기간 또는 과세기간의 매입세액이 매출세액을 초과하면 환급세액이 발생하게 된다. 환급세액이 발생하는 사례는 주로 다음과 같다. ① 영세율이 적용되는 경우 ② 고정자산 등의 투자를 하는 경우 ③ 계절적 상품의 취득 또는 원료를 비축하는 경우 ④ 구입금액보다 더 싼값으로 판매하는 경우 등
일반과세자 환급	납세지 관할 세무서장은 각 과세기간별로 그 과세기간에 대한 환급세액을 확정신고한 사업자에게 그 확정신고기한이 지난 후 30일 이내(조기환급대상 아님)에 환급하여야 한다. → 예정신고기간의 환급세액을 확정시키는 효력이 없으므로 환급하지 않고 확정신고 예정신고 미환급세액란에서 차감함
간이과세자 환급	간이과세자의 경우 공제세액의 합계액이 각 과세기간의 납부세액을 초과하는 경우에는 그 초과하는 부분은 없는 것으로 보므로 초과하여 환급받을 수 없다. 다만, 예정고지세액 과다에 따른 환급세액은 환급이 가능하다.

2. 조기환급

대상	납세지 관할 세무서장은 다음 중 어느 하나에 해당하여 환급을 신고한 사업자에게 환급세액을 조기에 환급할 수 있다. ① 사업자가 영세율을 적용받는 경우 ② 사업자가 사업설비(감가상각자산을 말함)를 신설·취득·확장 또는 증축하는 경우 ※ 부동산매매업자의 매매목적용 건물(재고자산)은 조기환급대상 아님 ③ 사업자가 조기환급기간, 예정신고기간 또는 과세기간의 종료일 현재 재무구조개선계획승인권자가 승인한 재무구조개선계획을 이행 중인 경우
취지	확정신고 전에 조기에 환급하여 수출·투자·사업정상화를 지원하며, 자금상의 부담을 경감시키려는 데 있다.
조기환급세액 계산	조기환급세액은 영세율이 적용되는 공급분에 관련된 매입세액·시설투자에 관련된 매입세액 또는 국내공급분에 대한 매입세액을 구분하지 아니하고 사업장별로 해당 매출세액에서 매입세액을 공제하여 계산한다. 🔍 사례 | 구분	국내공급	시설투자	합계
---	---	---	---
매출세액	10억원		10억원
매입세액	5억원	10억원	15억원
납부세액	5억원	△10억원	△5억원	 ⇒ 조기환급세액: 5억원 ∵ 사업장별 매입세액을 구분하지 않고 합하여 계산

조기환급 유형	예정·확정신고기간에 대한 조기환급	관할 세무서장은 환급세액을 각 예정신고기간 또는 과세기간별로 그 예정·확정신고기한이 지난 후 15일 이내에 예정신고한 사업자에게 환급하여야 한다.
	조기환급기간^(*)에 대한 조기환급	사업자가 예정신고기간 중 또는 과세기간 최종 3개월 중 매월 또는 매 2월(조기환급기간)에 조기환급기간이 끝난 날부터 25일 이내 조기환급기간에 대한 과세표준과 환급세액을 관할 세무서장에게 신고하는 경우에는 조기환급기간에 대한 환급세액을 각 조기환급기간별로 해당 조기환급신고기한이 지난 후 15일 이내에 사업자에게 환급하여야 한다.
		(*) 조기환급기간은 예정신고기간 중 또는 과세기간 최종 3개월 중 매월 또는 매 2월로 한다. 따라서 매월을 조기환급기간으로 하는 경우 1월, 2월, 4월, 5월, 7월, 8월, 10월 및 11월이 조기환급기간이며, 매 2월을 조기환급기간으로 하는 경우 1월 ~ 2월, 4월 ~ 5월, 7월 ~ 8월 및 10월 ~ 11월이 조기환급기간이다. 예를 들어 3월, 6월은 조기환급기간이 될 수 없다.
조기환급 신고방법		조기환급을 신고할 때에는 영세율 등 조기환급신고서에 해당 과세표준에 대한 영세율 첨부서류와 매출·매입처별 세금계산서합계표를 첨부하여 제출하여야 한다. 다만, 사업설비투자에 해당하는 경우 감가상각자산 취득명세서를, 재무구조개선계획 이행 중인 경우 재무구조개선계획서를 그 신고서에 첨부하여야 한다.

3. 결정·경정에 따른 환급

관할 세무서장은 결정·경정에 의하여 추가로 발생한 환급세액이 있는 경우에는 지체 없이 사업자에게 환급하여야 한다.

03 가산세

의의		가산세란 국세기본법 및 세법에서 규정하는 의무의 성실한 이행을 확보하기 위하여 그 세법에 따라 산출한 세액에 가산하여 징수하는 금액이다. 사업자가 가산세 부과사유에 해당하면 해당 가산세를 납부세액에 더하거나 환급세액에서 뺀다.
종류		사업자가 수정신고하거나 관할 세무서장이 결정·경정하는 경우 가산세를 부과하며, 부가가치세법은 효율적 운영을 위하여 다음과 같은 가산세를 두고 있다.
	부가가치세법 가산세	① 사업자등록 불성실가산세 ② 세금계산서 불성실가산세 ③ 세금계산서합계표 불성실가산세 ④ 사업자가 아닌 자의 허위세금계산서에 대한 가산세
	국세기본법 가산세	① 무신고·과소신고·초과환급가산세 ② 납부지연가산세

1. 사업자등록 불성실가산세

미등록 가산세

사업자등록기한까지 등록을 신청하지 아니한 경우에는 사업 개시일부터 등록을 신청한 날의 직전일까지의 공급가액 합계액의 1%

🔍 **사례**

사업자 갑이 20X5. 2. 4. 도매업을 개시한 후 20X5. 4. 1.에 사업자등록을 신청한 경우 미등록가산세는?

기간	과세표준	매입금액
20X5. 2. 4. ~ 3. 31.	100,000,000원	-
20X5. 4. 1. ~ 6. 30.	400,000,000원	300,000,000원

⇒ 100,000,000 × 1% = 1,000,000

허위등록 가산세

타인의 명의로 사업자등록을 하거나 그 타인 명의의 사업자등록을 이용하여 사업을 하는 것으로 확인되는 경우 그 타인 명의의 사업 개시일부터 실제 사업을 하는 것으로 확인되는 날의 직전일까지의 공급가액 합계액의 2%(간이과세자는 1%). 다만, 다음 중 어느 하나에 해당하는 경우 타인에서 제외한다.

① 사업자의 배우자
② 상속으로 인하여 피상속인이 경영하던 사업이 승계되는 경우 그 피상속인(상속세 과세표준 신고기한까지의 기간 동안 상속인이 피상속인 명의의 사업자등록을 활용하여 사업을 하는 경우로 한정함)

🔍 **사례**

사업자 갑은 20X4. 1. 1. 도매업을 개시하면서 사업자등록을 을로 하여 아래와 같이 부가가치세 신고·납부의무를 이행하여 오다가 20X5. 7. 1. 관할 세무서장의 세무조사 시 실사업자가 갑으로 확인되어 부가가치세를 경정하는 경우 타인명의등록가산세는?

기간	과세표준	매입금액
20X4년 제1기	100,000,000원	40,000,000원
20X4년 제2기	200,000,000원	100,000,000원
20X5년 제1기	400,000,000원	200,000,000원

⇒ (100,000,000 + 200,000,000 + 400,000,000) × 2% = 14,000,000

※ 매입자는 선의의 거래당사자로 보는 경우 매입세액공제가 가능하다.

2. 세금계산서 불성실가산세
(1) 공급자

구분	내용
세금계산서 지연발급	세금계산서의 발급시기가 지난 후 해당 재화 또는 용역의 공급시기가 속하는 과세기간에 대한 확정신고 기한까지 세금계산서를 발급하는 경우 그 공급가액의 1%
세금계산서 미발급	세금계산서의 발급시기가 지난 후 해당 재화 또는 용역의 공급시기가 속하는 과세기간에 대한 확정신고 기한까지 세금계산서를 발급하지 아니한 경우 그 공급가액의 2%. 단, 다음의 경우는 미발급가산세가 적용되지 아니한다. ① 영수증 발급대상인 경우 ② 세금계산서 발급의무가 면제되는 경우 ③ 부가가치세가 면세거래 경우
전자 외 발급	전자세금계산서를 발급하여야 할 의무가 있는 자가 전자세금계산서를 발급하지 않고 세금계산서의 발급시기에 전자세금계산서 외의 세금계산서(종이세금계산서)를 발급한 경우 그 공급가액의 1%
다른 사업장 명의 발급	둘 이상의 사업장을 가진 사업자가 재화 또는 용역을 공급한 사업장 명의로 세금계산서를 발급하지 않고 세금계산서의 발급시기에 자신의 다른 사업장 명의로 세금계산서를 발급한 경우 그 공급가액의 1%
전자 세금계산서 전송 관련	**지연전송**: 전자세금계산서 발급명세의 전송기한이 지난 후 재화 또는 용역의 공급시기가 속하는 과세기간에 대한 확정신고기한까지 국세청장에게 전자세금계산서 발급명세를 전송하는 경우 그 공급가액의 0.3% **미전송**: 전자세금계산서 발급명세의 전송기한이 지난 후 재화 또는 용역의 공급시기가 속하는 과세기간에 대한 확정신고기한까지 국세청장에게 전자세금계산서 발급명세를 전송하지 아니한 경우 그 공급가액의 0.5%
세금계산서 기재 불성실	세금계산서의 필요적 기재사항의 전부 또는 일부가 착오 또는 과실로 적혀 있지 아니하거나 사실과 다른 경우 그 공급가액의 1%. 다만, 해당 세금계산서에 적힌 나머지 필요적 기재사항 또는 임의적 기재사항으로 보아 거래사실이 확인되는 경우에는 사실과 다른 세금계산서로 보지 아니한다.
위장발급	재화 또는 용역을 공급하고 실제로 재화 또는 용역을 공급하는 자가 아닌 자 또는 실제로 재화 또는 용역을 공급받는 자가 아닌 자의 명의로 세금계산서 등을 발급한 경우 그 공급가액의 2%
공급가액 과다기재	재화 또는 용역을 공급하고 세금계산서 등의 공급가액을 과다하게 기재한 경우 실제보다 과다하게 기재한 부분에 대한 공급가액의 2%
가공발급	재화 또는 용역을 공급하지 아니하고 세금계산서 등을 발급한 경우 그 세금계산서 등에 적힌 공급가액의 3%

지연발급(지연수취)과 미발급(미수취)가산세 정리

구분	공급자	매입자
세금계산서 발급시기가 지난 후 공급시기가 속하는 과세기간에 대한 확정신고기한까지 세금계산서를 발급한 경우	공급가액 × 1%	매입세액공제 (공급가액 × 0.5%)
공급시기가 속하는 과세기간에 대한 확정신고기한의 다음 날부터 1년 이내에 세금계산서를 발급한 경우	공급가액 × 2%	경정청구 등 매입세액공제 (공급가액 × 0.5%)
공급시기가 속하는 과세기간에 대한 확정신고기한의 다음 날부터 1년 이내에 세금계산서를 발급하지 않은 경우	공급가액 × 2%	매입세액 불공제

(2) 공급받는 자

위장수취	재화 또는 용역을 공급받고 실제로 재화 또는 용역을 공급하는 자가 아닌 자의 명의로 세금계산서 등을 발급받은 경우 그 공급가액의 2%
공급가액 과다기재	재화 또는 용역을 공급받고 공급가액을 과다하게 기재한 세금계산서 등을 발급받은 경우 실제보다 과다하게 기재된 부분에 대한 공급가액의 2%
가공수취	재화 또는 용역을 공급받지 아니하고 세금계산서 등을 발급받은 경우 그 세금계산서 등에 적힌 공급가액의 3%

🔍 사례

사업자가 실물거래 없이 다른 사업자에게 10,000,000원에 세금계산서를 발급한 경우 가산세는?
⇒ ① 공급자: 10,000,000 × 3% = 300,000
② 매입자: 10,000,000 × 3% = 300,000(매입세액도 불공제됨)

(3) 사업자가 아닌 자

사업자가 아닌 자가 재화 또는 용역을 공급하지 아니하고 세금계산서를 발급하거나 재화 또는 용역을 공급받지 아니하고 세금계산서를 발급받으면 사업자로 보고 그 세금계산서에 적힌 공급가액의 3%를 그 세금계산서를 발급하거나 발급받은 자에게 사업자등록증을 발급한 세무서장이 가산세로 징수한다. 이 경우 납부세액은 '0'으로 본다.

3. 신용카드매출전표 등 불성실가산세

미제출	발급받은 신용카드매출전표 등을 예정신고 또는 확정신고를 할 때 제출하여 매입세액을 공제받지 않고 경정을 하는 경우로서 발급받는 신용카드매출전표 등을 경정기관의 확인을 거쳐 해당 경정기관에 제출함으로써 매입세액을 공제받은 경우 그 공급가액의 0.5%
공급가액 과다기재	매입세액을 공제받기 위하여 제출한 신용카드매출전표 등 수령명세서에 공급가액을 과다하게 적은 경우 실제보다 과다하게 적은 공급가액(착오로 기재된 경우로서 신용카드매출전표 등에 따라 거래사실이 확인되는 부분의 공급가액은 제외)의 0.5%

4. 매출처별 세금계산서합계표 불성실가산세

미제출	매출처별 세금계산서합계표를 제출하지 아니한 경우에는 매출처별 세금계산서합계표를 제출하지 아니한 부분에 대한 공급가액의 0.5%
합계표 기재 불성실	제출한 매출처별 세금계산서합계표의 기재사항 중 거래처별 등록번호 또는 공급가액의 전부 또는 일부가 적혀 있지 아니하거나 사실과 다르게 적혀 있는 경우에는 매출처별 세금계산서합계표의 기재사항이 적혀 있지 아니하거나 사실과 다르게 적혀 있는 부분에 대한 공급가액의 0.5%. 단, 제출한 매출처별 세금계산서합계표의 기재사항이 착오로 적힌 경우로서 사업자가 발급한 세금계산서에 따라 거래사실이 확인되는 부분의 공급가액에 대하여는 그러하지 아니하다.
지연제출	예정신고를 할 때 제출하지 못하여 해당 예정신고기간이 속하는 과세기간에 확정신고를 할 때 매출처별 세금계산서합계표를 제출하는 경우에는 그 공급가액의 0.3%

5. 매입처별 세금계산서합계표 불성실가산세

세금계산서 지연·조기수취	다음의 경우에는 매입처별 세금계산서합계표에 따르지 아니하고 세금계산서 또는 수입세금계산서에 따라 공제받은 매입세액에 해당하는 공급가액의 0.5% ① 공급시기 이후에 발급받은 세금계산서로서 해당 공급시기가 속하는 과세기간에 대한 확정신고기한까지 발급받은 경우 ② 재화 또는 용역의 공급시기가 속하는 과세기간에 대한 확정신고기한이 지난 후 세금계산서를 발급받았더라도 그 세금계산서의 발급일이 확정신고기한 다음 날부터 1년 이내이고 수정신고·경정청구·결정·경정하는 경우 ③ 재화 또는 용역의 공급시기 전에 세금계산서를 발급받았더라도 재화 또는 용역의 공급시기가 그 세금계산서의 발급일부터 6개월 이내에 도래하고 해당 거래사실이 확인되어 관할 세무서장 등이 결정 또는 경정하는 경우
미제출· 기재 불성실	매입처별 세금계산서합계표를 제출하지 아니한 경우 또는 제출한 매입처별 세금계산서합계표의 기재사항 중 거래처별 등록번호 또는 공급가액의 전부 또는 일부가 적혀 있지 아니하거나 사실과 다르게 적혀 있는 경우에는 매입처별 세금계산서합계표에 따르지 아니하고 세금계산서 또는 수입세금계산서에 따라 공제받은 매입세액에 해당하는 공급가액의 0.5%
과다기재	제출한 매입처별 세금계산서합계표의 기재사항 중 공급가액을 사실과 다르게 과다하게 적어 신고한 경우에는 제출한 매입처별 세금계산서합계표의 기재사항 중 사실과 다르게 과다하게 적어 신고한 공급가액의 0.5%

6. 현금매출명세서 및 부동산임대공급가액 명세서

사업자가 현금매출명세서 또는 부동산임대공급가액 명세서를 제출하지 아니하거나 제출한 수입금액(현금매출명세서의 경우에는 현금매출)이 사실과 다르게 적혀 있으면 제출하지 아니한 부분의 수입금액 또는 제출한 수입금액과 실제 수입금액과의 차액의 1%를 납부세액에 더하거나 환급세액에서 뺀다.

7. 가산세 중복적용 배제

우선 적용되는 가산세	적용 배제 가산세
사업자등록 불성실가산세	㉠ 세금계산서 지연발급·불분명가산세(1%) ㉡ 전자세금계산서 지연전송·미전송가산세(0.3%·0.5%) ㉢ 신용카드매출전표 경정기관 확인 매입세액공제가산세 ㉣ 매출처별 세금계산서합계표 지연제출 등가산세(0.3%·0.5%)
세금계산서 ① 미발급(1%·2%) ② 가공발급·수취(3%) ③ 허위발급·수취(3%) ④ 과다기재발급·수취(2%)	㉠ 사업자등록 불성실가산세(1%) ㉡ 매출처별 세금계산서합계표 지연제출 등 가산세(0.3%·0.5%) ㉢ 세금계산서 지연수취 등 과다기재가산세(0.5%) ㉣ 경정기관 확인에 따른 세금계산서 매입세액공제가산세(0.5%)
세금계산서 ① 지연발급(1%) ② 전자세금계산서 전송(0.3%·0.5%) ③ 부실기재(1%)	매출처별 세금계산서합계표 지연제출 등 가산세(0.3%·0.5%)
세금계산서 허위발급(2%)	세금계산서 미발급·지연발급가산세(1%·2%)
공급가액 과다기재(2%)	세금계산서 불분명가산세(1%)
세금계산서 지연·미발급(1%·2%)	㉠ 전자세금계산서 지연전송·미전송가산세(0.3%·0.5%) ㉡ 세금계산서 불분명가산세(1%)
세금계산서 부실기재(1%)	전자세금계산서 지연전송·미전송가산세(0.3%·0.5%)
법인세법 등에 따라 현금영수증 미발급 가산세 부과되는 부분	㉠ 세금계산서 미발급·지연발급가산세(1%·2%) ㉡ 매출처별 세금계산서합계표 불분명가산세(0.5%)

제9장 간이과세

01 간이과세자

1. 간이과세자의 범위

의의	영세한 사업자의 경우 세법지식, 기장능력이 떨어지고, 매입 시 세금계산서를 받아 세액을 계산하기 어렵다. 또한 이들은 대부분 최종소비자에게 바로 재화나 용역을 공급하므로 부가가치세를 최종소비자가 부담하도록 하는 데에 많은 지장을 초래하지 않으므로 간편한 방법으로 납세의무를 이행하는 간이과세제도를 두고 있다.
간이과세 적용범위	직전 연도의 공급대가의 합계액이 1억 4백만원(2023년도 공급대가 합계액을 기준으로 2024. 7. 1. ~ 2025. 6. 30.까지의 기간에 대한 간이과세규정의 적용 여부를 판단하는 경우부터 적용)에 미달하는 개인사업자는 간이과세규정을 적용받는다. 다만, 다음 중 어느 하나에 해당하는 사업자는 간이과세자로 보지 아니한다. ① 부동산임대업 또는 과세유흥장소를 경영하는 사업자로서 해당 업종의 직전 연도의 공급대가의 합계액이 4,800만원 이상인 사업자 ② 둘 이상의 사업장이 있는 사업자로서 그 둘 이상의 사업장의 직전 연도의 공급대가의 합계액이 1억 4백만원 이상인 사업자. 다만, 부동산임대업 또는 과세유흥장소에 해당하는 사업장을 둘 이상 경영하고 있는 사업자의 경우 그 둘 이상의 사업장의 직전 연도의 공급대가(하나의 사업장에서 둘 이상의 사업을 겸영하는 사업자의 경우 부동산임대업 또는 과세유흥장소의 공급대가만을 말함)의 합계액이 4,800만원 이상인 사업자로 한다.
직전연도 신규사업자	직전 과세기간에 신규로 사업을 시작한 개인사업자에 대하여는 그 사업 개시일부터 그 과세기간 종료일까지의 공급대가를 합한 금액을 12개월로 환산한 금액을 기준으로 간이과세 적용 여부를 판단한다. 이 경우 1개월 미만의 끝수가 있으면 1개월로 한다. 예 직전 연도 4. 20.에 사업을 개시하고 공급대가가 66,000,000원인 경우 • 직전연도 공급대가: 66,000,000 × 12/9 = 88,000,000 • 과세유형: 간이과세자
신규사업자의 최초과세기간	① 신규로 사업을 시작하는 개인사업자는 사업을 시작한 날이 속하는 연도의 공급대가의 합계액이 1억 4백만원(부동산임대업과 과세유흥장소는 4,800만원)에 미달될 것으로 예상되면 사업자 등록을 신청할 때 간이과세 적용신고서를 납세지 관할 세무서장에게 제출(국세정보통신망에 의한 제출을 포함)하여야 한다. ② 위 ①에 따른 신고를 한 개인사업자는 최초의 과세기간에는 간이과세자로 한다. 다만, 간이과세 배제업종인 경우는 그러하지 아니하다.
미등록 사업자의 최초과세기간	사업자등록을 하지 아니한 개인사업자로서 사업을 시작한 날이 속하는 연도의 공급대가의 합계액이 1억 4백만원(부동산임대업과 과세유흥장소는 4,800만원)에 미달하면 최초의 과세기간에는 간이과세자로 한다. 다만, 간이과세 배제업종 사업자는 그러하지 아니하다.

2. 간이과세 배제업종

세무능력	간이과세가 적용되지 아니하는 다른 사업장을 보유하고 있는 사업자

주로 사업자와 거래	업종, 규모, 지역 등을 고려하여 다음 중 어느 하나에 해당하는 사업을 경영하는 자
	① 광업
	② 제조업. 다만, 주로 최종소비자에게 직접 재화를 공급하는 사업으로서 다음 중 어느 하나에 해당하는 사업은 간이과세가 가능하다.
	    ㉠ 과자점업
	    ㉡ 도정업, 제분업 및 떡류 제조업 중 떡방앗간
	    ㉢ 양복점업, 양장점업, 양화점업
	③ 도매업(소매업을 겸영하는 경우를 포함하되, 재생용 재료수집 및 판매업은 제외한다) 및 상품중개업
	④ 전기·가스·증기 및 수도 사업
	⑤ 건설업. 다만, 주로 최종소비자에게 직접 재화 또는 용역을 공급하는 사업으로서 다음 중 어느 하나에 해당하는 경우 간이과세가 가능하다.
	    ㉠ 도배, 실내 장식 및 내장 목공사업
	    ㉡ 배관 및 냉·난방 공사업
	⑥ 전문·과학·기술서비스업, 사업시설 관리·사업지원 및 임대 서비스업. 다만, 주로 최종소비자에게 직접 용역을 공급하는 사업으로서 다음 중 어느 하나에 해당하는 경우 간이과세가 가능하다.
	    ㉠ 개인 및 가정용품 임대업
	    ㉡ 인물사진 및 행사용 영상 촬영업
	    ㉢ 복사업

부동산 투기규제	① 부동산매매업 ② 부동산임대업으로서 특별시, 광역시, 특별자치시, 행정시 및 시 지역에 소재하는 부동산임대사업장을 경영하는 사업으로서 국세청장이 정하여 고시하는 규모 이상의 사업
과세표준 양성화	① 과세유흥장소를 경영하는 사업으로서 기획재정부령으로 정하는 것 ② 변호사업, 심판변론인업, 변리사업, 법무사업, 공인회계사업, 세무사업, 경영지도사업, 기술지도사업, 감정평가사업, 손해사정인업, 통관업, 기술사업, 건축사업, 도선사업, 측량사업, 공인노무사업, 의사업, 한의사업, 약사업, 한약사업, 수의사업 ③ 일반과세자로부터 양수한 사업. 다만, 간이과세 배제업종에 해당하지 않은 경우로서 사업을 양수한 이후 공급대가의 합계액이 1억 400만원(부동산임대업과 과세유흥장소는 4,800만원)에 미달하는 경우 간이과세 적용이 가능하다. ④ 전전년도 기준 복식부기의무자가 경영하는 사업

02 과세유형의 전환

1. 유형

계속사업자	간이과세자에 관한 규정이 적용되거나 적용되지 아니하게 되는 기간은 1역년의 공급대가의 합계액이 1억 4백만원(부동산임대업과 과세유흥장소는 4,800만원)에 미달하거나 그 이상이 되는 해의 다음 해의 7월 1일부터 그 다음 해의 6월 30일까지로 한다.

신규사업자	신규로 사업을 개시한 사업자의 경우 간이과세자에 관한 규정이 적용되거나 적용되지 아니하게 되는 기간은 최초로 사업을 개시한 해의 다음 해의 7월 1일부터 그 다음 해의 6월 30일까지로 한다.
배제업종 신규겸영	① 간이과세자가 간이과세배제사업을 신규로 겸영하는 경우에는 해당 사업의 개시일이 속하는 과세기간의 다음 과세기간부터 간이과세자에 관한 규정을 적용하지 아니한다. ② 일반과세자로 전환된 사업자로서 해당 연도 공급대가의 합계액이 1억 4백만원(부동산임대업과 과세유흥장소는 4,800만원) 미만인 사업자가 간이과세배제사업을 폐지하는 경우에는 해당 사업의 폐지일이 속하는 연도의 다음 연도 7월 1일부터 간이과세자에 관한 규정을 적용한다.
간이과세 포기신고	간이과세자가 간이과세의 포기신고를 하는 경우에는 일반과세자에 관한 규정을 적용받으려는 달이 속하는 과세기간의 다음 과세기간부터 해당 사업장 외의 사업장에 간이과세자에 관한 규정을 적용하지 아니한다.
일반과세 사업장 신설	간이과세자가 일반과세자에 관한 규정을 적용받는 사업장을 신규로 개설하는 경우에는 해당 사업개시일이 속하는 과세기간의 다음 과세기간부터 간이과세자에 관한 규정을 적용하지 아니한다.
기준사업장 폐업	기준사업장(간이과세가 적용되지 아니하는 다른 사업장)이 폐업되는 경우에는 일반과세로 전환된 사업장에 대하여 기준사업장의 폐업일이 속하는 연도의 다음 연도 7월 1일부터 간이과세자에 관한 규정을 적용한다. 다만, 일반과세로 전환된 사업장의 1월 1일부터 12월 31일까지의 공급대가의 합계액이 1억 4백만원 이상이거나 간이과세배제업종에 해당하는 경우에는 그러하지 아니하다.
결정·경정에 따라 공급대가가 기준금액 이상인 경우	① 결정 또는 경정한 공급대가의 합계액이 1억 4백만원(부동산임대업과 과세유흥장소는 4,800만원) 이상인 개인사업자는 그 결정 또는 경정한 날이 속하는 과세기간까지 간이과세자로 본다. 즉, 경정일이 속하는 과세기간의 그 다음 과세기간부터 과세유형이 전환된다. ② 결정 또는 경정하거나 국세기본법에 따라 수정신고한 간이과세자의 해당 연도의 공급대가의 합계액이 1억 4백만원(부동산임대업·과세유흥장소 4,800만원) 이상인 경우 결정·경정 또는 수정신고한 과세기간의 납부세액은 일반과세자의 납부세액 계산방식을 준용하여 계산한 금액으로 한다. 이 경우 공급가액은 공급대가에 110분의 100을 곱한 금액으로 하고, 매입세액을 계산할 때에는 세금계산서 등을 받은 부분에 대하여 공제받은 세액은 매입세액으로 공제하지 아니한다.

2. 과세유형의 전환통지

전환통지		해당 사업자의 관할 세무서장은 간이과세자에 관한 규정이 적용되거나 적용되지 아니하게 되는 과세기간 개시 20일 전까지 그 사실을 통지하여야 하며, 사업자등록증을 정정하여 과세기간 개시 당일까지 발급하여야 한다.
전환통지 효력	일반과세자가 간이과세자로 전환	간이과세자에 관한 규정이 적용되는 사업자에게는 통지와 관계없이 간이과세자에 관한 규정을 적용한다. 다만, 부동산임대업을 경영하는 사업자의 경우에는 통지를 받은 날이 속하는 과세기간까지는 일반과세자에 관한 규정을 적용받고 그 다음 과세기간부터 간이과세자로 전환된다. ∵ 재고납부세액 부담 큼 → 유리한 전환은 통지와 관계없이 간이과세(부동산임대업 제외)로 전환
	간이과세자가 일반과세자로 전환	과세유형 전환통지를 받은 날이 속하는 과세기간까지는 간이과세자에 관한 규정을 적용하며, 그 다음 과세기간부터 일반과세자로 전환된다. → 불리한 전환은 반드시 통지를 하여야 함

03 간이과세의 포기

의의		일부 간이과세자는 간이과세의 적용이 불리하여 원하지 않을 수 있으며 이러한 사업자는 본인의 의사에 따라 간이과세 적용을 포기하고 일반과세자로서 부가가치세법의 적용을 받을 수 있다.
포기사유		① 공급대가가 4,800만원 미만인 간이과세자는 세금계산서도 발급할 수 없어 공급받는 자가 사업자인 경우 거래를 회피하는 경우 ② 간이과세자가 수출하여 영세율이 적용되는 경우 등 거액의 매입세액을 환급받는 경우 ③ 일반과세자가 간이과세자로 전환되어 거액의 재고납부세액이 부담되는 경우 예 부동산임대업
포기신고	계속 사업자	간이과세자 또는 간이과세자에 관한 규정을 적용받게 되는 일반과세자가 간이과세자에 관한 규정의 적용을 포기하고 일반과세자에 관한 규정을 적용받으려는 경우에는 적용받으려는 달의 전달의 마지막 날까지 납세지 관할 세무서장에게 신고하여야 한다.
	신규 사업자	신규로 사업을 시작하는 개인사업자가 사업자등록을 신청할 때 납세지 관할 세무서장에게 간이과세자에 관한 규정의 적용을 포기하고 일반과세자에 관한 규정을 적용받으려고 신고한 경우에는 일반과세자를 적용받을 수 있다. → 신규사업자는 납세자가 일반 또는 간이 선택 가능
간이과세 재적용 제한	원칙	간이과세 포기신고를 한 개인사업자는 다음의 구분에 따른 날부터 3년이 되는 날이 속하는 과세기간까지는 간이과세자에 관한 규정을 적용받지 못한다. ① 계속사업자의 포기신고: 일반과세자에 관한 규정을 적용받으려는 달의 1일 ② 신규사업자의 포기신고: 사업 개시일이 속하는 달의 1일 ∵ 매년 간이과세와 일반과세를 자기 선택에 따라 번갈아 적용하여 탈세함을 방지
	예외	간이과세 포기신고한 개인사업자 중 신고를 한 날이 속하는 연도의 직전 연도 공급대가의 합계액이 4,800만원 이상 1억 4백만원 미만인 개인사업자로서 간이과세자에 관한 규정의 적용을 포기할 당시 다음 중 어느 하나에 해당하였던 개인사업자는 3년이 되는 날이 속하는 과세기간 이전이라도 간이과세자에 관한 규정을 적용받을 수 있다. ① 직전 연도의 공급대가의 합계액(직전 과세기간에 신규로 사업을 시작한 개인사업자의 경우 환산한 금액)이 4,800만원 미만인 자 ② 신규로 사업을 시작하는 개인사업자로서 간이과세자로 하는 최초의 과세기간 중에 있는 자
간이과세 재적용 신고		간이과세 포기신고서를 제출한 개인사업자가 3년이 지난 후 간이과세를 적용받으려면 그 적용받으려는 과세기간 개시 10일 전까지 간이과세적용신고서를 관할 세무서장에게 제출하여야 한다. 이 경우 그 적용을 받을 수 있는 자는 해당 과세기간 직전 1역년의 재화 또는 용역의 공급대가의 합계액이 4,800만원 이상 및 1억 400만원 미만인 개인사업자로 한정한다.

📋 간이과세 포기와 면세 포기 비교

구분	간이과세 포기	면세 포기
대상자	모든 간이과세자	면세사업자
사유	-	• 영세율 적용대상 • 학술연구단체 등이 그 연구와 관련하여 실비 또는 무상으로 공급하는 경우
신고기한	적용받으려는 달의 전달 마지막 날	언제든지 가능
재적용 제한	일반과세자에 관한 규정을 적용받으려는 달의 1일(또는 사업 개시일이 속하는 달의 1일) 부터 3년이 되는 날	신고일부터 3년이 되는 날
재적용 신고	과세기간 개시 10일 전	언제든지 가능

04 간이과세자의 과세표준과 세액

📋 간이과세자의 계산구조

납부세액	과세표준 × 업종별 부가가치율 × 10%
(+) 재고납부세액	
(−) 공제세액	매입세금계산서 등 수취세액공제, 전자신고세액공제, 전자고지세액공제, 전자세금계산서 발급 전송에 대한 세액공제, 신용카드 등의 사용에 따른 세액공제 등[*] → 의제매입세액공제 및 대손세액공제 불가
(−) 예정고지(신고)세액	예정부과기간의 고지납부세액 또는 신고납부세액
(+) 가산세	
차가감납부세액	

[*] 공제세액이 각 과세기간의 납부세액(재고납부세액 포함)을 초과하는 경우 그 초과하는 부분은 없는 것으로 보므로 공제세액에 대한 환급은 발생하지 않는다.

1. 납부세액

과세표준	간이과세자의 과세표준은 해당 과세기간(신고하고 납부하는 경우에는 예정부과기간을 말함)의 공급대가의 합계액으로 한다. 간이과세자에 대한 과세표준의 계산은 일반과세자의 과세표준계산규정을 준용(예 간주공급, 공통사용재화 공급)하되, 공급가액은 공급대가로 한다.

업종별 부가가치율	소매업, 재생용 재료수집 및 판매업, 음식점업	15%
	제조업, 농업·임업 및 어업, 소화물 전문 운송업	20%
	숙박업	25%
	건설업, 운수 및 창고업(소화물 전문 운송업은 제외), 정보통신업	30%
	금융 및 보험 관련 서비스업, 전문·과학 및 기술서비스업(인물사진 및 행사용 영상 촬영업 제외), 사업시설관리·사업지원 및 임대서비스업, 부동산 관련 서비스업, 부동산임대업	40%
	그 밖의 서비스업	30%

둘 이상 업종 관련 공통사용재화 공급

① 둘 이상의 업종을 겸영하는 간이과세자의 경우에는 각각의 업종별로 계산한 금액의 합계액을 납부세액으로 한다.

② 간이과세자가 둘 이상의 업종에 공통으로 사용하던 재화를 공급하여 업종별 실지귀속을 구분할 수 없는 경우에 적용할 부가가치율은 다음 계산식에 따라 계산한 율의 합계로 한다. 이 경우 휴업 등으로 인하여 해당 과세기간의 공급대가가 없을 때에는 그 재화를 공급한 날에 가장 가까운 과세기간의 공급대가에 따라 계산한다.

$$\text{해당 재화와 관련된 각 업종별 부가가치율} \times \frac{\text{해당 재화의 공급일이 속하는 과세기간의 해당 재화와 관련된 각 업종의 공급대가}}{\text{해당 재화의 공급일이 속하는 과세기간의 해당 재화와 관련된 각 업종의 총공급대가}}$$

🔍 **사례**

구분	VA율	공급대가	납부세액
소매업	15%	20,000,000	300,000
부동산임대업	40%	30,000,000	1,200,000
공통사용재화	30%(*)	10,000,000	300,000

(*) 가중평균 업종별 부가가치율: 15% × 20/50 + 40% × 30/50 = 30%

과세·면세 공통사용재화 공급

과세표준에 포함되는 공급대가는 다음과 같이 계산한다.

$$\text{해당 재화의 공급대가} \times \frac{\text{재화를 공급한 날이 속하는 과세기간의 직전 과세기간의 과세된 공급대가}}{\text{재화를 공급한 날이 속하는 과세기간의 직전 과세기간의 총공급대가}}$$

🔍 **사례**

① 20X1. 10. 1. 과세·면세 공통사용재화를 10,000,000원(VAT 포함)에 공급하였다.
② 각 과세기간별 공급대가

구분	20X1년 1기	20X1년 2기
과세 공급대가	60%	70%
면세 공급대가	40%	30%

⇒ 공통사용재화 공급대가: 10,000,000 × 60% = 6,000,000원

2. 공제세액

매입 세금계산서 등 수취 세액공제	간이과세자가 다른 사업자로부터 세금계산서 등을 발급받아 매입처별 세금계산서합계표 또는 신용카드매출전표 등 수령명세서를 납세지 관할 세무서장에게 제출하는 경우에는 다음에 따라 계산한 금액을 과세기간에 대한 납부세액에서 공제한다. 다만, 기업업무추진비 등 공제되지 아니하는 매입세액은 공제받을 수 없다. ① 일반적인 경우(부가가치율이 다른 업종을 겸영하는 경우 포함) 해당 과세기간에 세금계산서 등을 발급받은 재화·용역의 공급대가 × 0.5% ② 과세사업과 면세사업 등을 겸영하는 경우: 간이과세자가 과세사업과 면세사업 등을 겸영하는 경우에는 과세사업과 면세사업 등의 실지귀속에 따르되, 과세사업과 면세사업 등의 실지귀속을 구분할 수 없는 부분은 다음 계산식에 따라 계산한다. 해당 과세기간에 세금계산서 등을 발급받은 재화와 용역의 공급대가 합계액 × $\dfrac{\text{해당 과세기간의 과세공급대가}}{\text{해당 과세기간의 총공급대가}}$ × 0.5% 🔍 **사례** 1. 업종별 부가가치율이 다른 경우 	구분	VA율	매입가액(VAT 제외)	세액공제
소매업	15%	20,000,000	110,000
부동산임대업	40%	30,000,000	165,000
공통사용재화	-	10,000,000	55,000 | 2. 과세·면세사업을 겸영하는 경우 ① 20X1. 10. 1. 과세·면세 공통사용재화에 대해 3,300,000(부가가치세 포함)에 구입하면서 세금계산서를 발급받았다. ② 각 과세기간별 공급대가 | 구분	20X1년 1기	20X1년 2기
---	---	---
과세 공급대가	60%	70%
면세 공급대가	40%	30%	 ⇒ 수취세액공제액: 3,300,000 × 70% × 0.5% = 11,550
전자신고 세액공제	간이과세자가 직접 전자신고의 방법으로 부가가치세 확정신고를 하는 경우에는 해당 납부세액에서 1만원을 공제하거나 환급세액에 가산한다.
전자고지 세액공제	납세자가 전자송달의 방법으로 납부고지서의 송달을 신청한 경우 신청한 달의 다음다음 달 이후 송달하는 분부터 예정고지·예정부과에 따라 결정징수하는 부가가치세의 납부세액에서 1만원을 한도로 납부고지서 1건당 1,000원을 공제한다.
전자 세금계산서 발급·전송 세액공제	전자세금계산서를 발급(전자세금계산서 발급명세를 전자세금계산서 발급일의 다음 날까지 국세청장에게 전송한 경우로 한정함)하는 경우에는 전자세금계산서 발급 건수 당 200원을 곱하여 계산한 금액을 해당 과세기간의 부가가치세 납부세액에서 공제할 수 있다. 이 경우 공제한도는 연간 100만원으로 한다.

신용카드 등의 사용에 따른 세액공제 등	공제대상	① 영수증발급대상 사업자 ② 주로 사업자가 아닌 자에게 공급하는 간이과세자
	세액공제액	간이과세자에 대한 신용카드매출전표 등(직불카드영수증, 선불카드영수증, 현금영수증 포함)을 발행하거나 전자적 결제수단에 의해 그 대금을 결제받은 경우 다음의 금액을 공제한다. Min(①, ②) ① 발행금액·결제금액(부가가치세 포함) × 1.3% ② 연 1,000만원

3. 간이과세자에 대한 가산세

미등록	사업자등록신청기한 내 사업자등록을 하지 않은 경우: Max[공급대가 × 0.5%, 5만원] 단, 고정물적설비를 설치하지 않고 공부에 등록된 사업장이 없는 경우 부과하지 않는다.
세금계산서 발급	공급자의 세금계산서가산세 중 지연발급, 부실기재, 미발급, 지연전송, 미전송, 가공발급, 허위발급, 과다기재에 해당하는 가산세는 일반과세자의 가산세를 준용한다.
세금계산서 미수취	세금계산서를 발급하여야 하는 사업자로부터 재화 또는 용역을 공급받고 세금계산서를 발급받지 아니한 경우(영수증 발급대상 간이과세자가 세금계산서를 발급받지 아니한 경우는 제외): 그 공급대가의 0.5%
경정기관 확인 거친 세금계산서	세금계산서 등을 발급받고 공제받지 아니한 경우로서 부가가치세법 제57조 제1항에 따른 해당 결정 또는 경정기관의 확인을 거쳐 납부세액을 계산할 때 매입세액으로 공제받는 경우: 그 공급가액의 0.5%
매출처별 세금계산서 미제출	매출처별 세금계산서합계표를 제출하지 아니한 경우: 매출처별 세금계산서합계표를 제출하지 아니한 부분에 대한 공급가액의 0.5%
매출처별 세금계산서 불성실	제출한 매출처별 세금계산서합계표의 기재사항 중 거래처별 등록번호 또는 공급가액의 전부 또는 일부가 적혀 있지 아니하거나 사실과 다르게 적혀 있는 경우: 매출처별 세금계산서합계표의 기재사항이 적혀 있지 아니하거나 사실과 다르게 적혀 있는 부분에 대한 공급가액의 0.5%
매출처별 세금계산서 지연제출	예정신고를 할 때 제출하지 못하여 해당 예정부과기간이 속하는 과세기간에 확정신고를 할 때 매출처별 세금계산서합계표를 제출하는 경우: 그 공급가액의 0.3%

05 납부의무 면제

일반적인 경우	간이과세자의 해당 과세기간에 대한 공급대가의 합계액이 4,800만원 미만이면 납부의무를 면제한다. 다만, 재고납부세액은 면제하지 아니한다. 이 경우 원칙적으로 가산세를 적용하지 아니하나, 미등록가산세는 적용한다.
신규 사업자 등	다음의 경우에는 공급대가의 합계액을 12개월로 환산한 금액을 기준으로 한다. 이 경우 1개월 미만의 끝수가 있으면 1개월로 한다. ① 해당 과세기간에 신규로 사업을 시작한 간이과세자는 그 사업 개시일부터 그 과세기간 종료일까지의 공급대가의 합계액 ② 휴업자·폐업자 및 과세기간 중 과세유형을 전환한 간이과세자는 그 과세기간 개시일부터 휴업일·폐업일 및 과세유형 전환일까지의 공급대가의 합계액 ③ 과세유형이 전환되어 간이과세과세기간(7. 1. ~ 12. 31. 또는 1. 1. ~ 6. 30.)의 적용을 받는 간이과세자는 해당 과세기간의 공급대가의 합계액
자진납부 시 환급	납부의무가 면제되는 사업자가 자진납부한 사실이 확인되면 납세지 관할 세무서장은 납부한 금액을 환급하여야 한다.

06 재고납부세액과 재고매입세액

1. 재고납부세액

의의	일반과세자는 재화 등을 공급받을 때 거래징수당한 매입세액은 전액 공제받지만 간이과세자는 세금계산서 등을 발급받은 재화 등의 공급대가에 0.5%를 곱한 금액을 공제받는다. 따라서 일반과세자가 간이과세자로 변경되면 변경 당시의 재고품 등은 간이과세자로서 사용할 것이므로 기존에 공제받은 매입세액을 정산할 필요가 있다.	
대상	일반과세자가 간이과세자로 변경되면 변경 당시의 재고품, 건설 중인 자산 및 감가상각자산(매입세액공제받은 경우만 해당하되, 사업양도에 의하여 사업양수자가 양수한 자산으로서 사업양도자가 매입세액을 공제받은 재화를 포함) → 매입세액을 공제받지 못한 것은 대상 아님	
	재고품	상품, 제품(반제품 및 재공품 포함), 부재료 포함
	건설 중인 자산	-
	감가상각자산	① 건물·구축물(취득, 건설·신축 후 10년 이내의 것) ② 그 밖의 감가상각자산(취득·제작 후 2년 이내의 것)

계산방법	재고품	재고금액$^{(*1)}$ × 10% × (1 - 5.5%)
	건설 중인 자산	해당 건설 중인 자산과 관련된 공제대상 매입세액 × (1 - 5.5%)
	감가상각자산$^{(*3)}$	① 건물 또는 구축물: 취득가액$^{(*1)}$ × 10% × (1 - 5% × 경과된 과세기간의 수$^{(*2)}$) × (1 - 5.5%) ② 그 밖의 감가상각자산: 취득가액$^{(*1)}$ × 10% × (1 - 25% × 경과된 과세기간의 수$^{(*2)}$) × (1 - 5.5%)
	$^{(*1)}$ 재고품 등의 금액은 장부 또는 세금계산서에 의하여 확인되는 해당 재고품 등의 취득가액으로 한다. 다만, 장부 또는 세금계산서가 없거나 장부에 기록이 누락된 경우 해당 재고품 등의 가액은 시가에 따른다. $^{(*2)}$ 경과된 과세기간의 수 과세기간 단위(6개월)로 계산하되, 건물 또는 구축물의 경과된 과세기간의 수가 20을 초과할 때에는 20으로, 그 밖의 감가상각자산의 경과된 과세기간의 수가 4를 초과할 때에는 4로 한다. $^{(*3)}$ 사업자가 직접 제작·건설 또는 신축한 감가상각자산인 경우에는 세금계산서에 의하여 공제받은 매입세액을 기준으로 재고납부세액을 계산한다.	
신고	간이과세자로 변경되는 날 현재 재고품 등을 그 변경되는 날의 직전 과세기간에 대한 확정신고와 함께 간이과세 전환 시의 재고품 등 신고서를 작성하여 각 납세지 관할 세무서장에게 신고(국세정보통신망에 의한 신고를 포함)하여야 한다.	
조사·승인 통지 및 경정	① 신고를 받은 관할 세무서장은 재고금액을 조사·승인하고 간이과세자로 변경된 날부터 90일 이내에 해당 사업자에게 재고납부세액을 통지하여야 한다. 이 경우 그 기한 이내에 통지하지 아니할 때에는 해당 사업자가 신고한 재고금액을 승인한 것으로 본다. ② 해당 사업자가 재고품 등의 신고를 하지 않거나 과소하게 신고한 경우에는 관할 세무서장이 재고금액을 조사하여 해당 재고납부세액을 결정하고 통지하여야 한다.	
납부방법	결정된 재고납부세액은 간이과세자로 변경된 날이 속하는 과세기간에 대한 확정신고를 할 때 납부할 세액에 더하여 납부한다.	

2. 재고매입세액

의의	간이과세자가 일반과세자로 변경되면 그 변경 당시의 재고품, 건설 중인 자산 및 감가상각자산에 대하여 법정 산식에 따라 계산한 금액을 매입세액으로 공제할 수 있다. 간이과세자는 공급대가의 0.5%(2021. 7. 1. 이전 매입은 매입세액 × 부가가치율)만 공제받았으므로, 일반과세자로 공제받을 매입세액과의 차액을 추가로 공제하는 제도이다.
대상	간이과세자가 일반과세자로 변경되는 경우에는 그 변경되는 날 현재에 있는 다음의 재고품, 건설 중인 자산 및 감가상각자산(매입세액 공제 대상인 것만 한정함) → 토지(면세재화), 개별소비세 과세대상 자동차(매입세액 불공제), 세금계산서 등을 수취하지 않은 재화는 대상 아님

재고품	상품, 제품(반제품 및 재공품 포함), 부재료 포함
건설 중인 자산	-
감가상각자산	① 건물·구축물(취득, 건설·신축 후 10년 이내의 것) ② 그 밖의 감가상각자산(취득·제작 후 2년 이내의 것)

계산방법 (2021. 6. 30. 이전)	재고품	재고금액 × 10/110 × (1 - 부가가치율⁽*⁾)
	건설 중인 자산	해당 건설 중인 자산과 관련된 공제대상 매입세액 × (1 - 부가가치율⁽*⁾)
	감가상각자산	① 건물 또는 구축물: 취득가액 × 10/110 × (1 - 10% × 경과된 과세기간의 수) × (1 - 부가가치율⁽*⁾) ② 그 밖의 감가상각자산: 취득가액 × 10/110 × (1 - 50% × 경과된 과세기간의 수) × (1 - 부가가치율⁽*⁾)
	⁽*⁾ 부가가치율은 일반과세자로 변경되기 직전일(감가상각자산인 경우에는 해당 감가상각자산의 취득일)이 속하는 과세기간에 적용되는 공제율	
계산방법 (2021. 7. 1. 이후)	재고품	재고금액 × 10/110 × (1 - 5.5%)
	건설 중인 자산	해당 건설 중인 자산과 관련된 공제대상 매입세액 × (1 - 5.5%)
	감가상각자산	① 건물 또는 구축물: 취득가액 × 10/110 × (1 - 10% × 경과된 과세기간의 수) × (1 - 5.5%) ② 그 밖의 감가상각자산: 취득가액 × 10/110 × (1 - 50% × 경과된 과세기간의 수) × (1 - 5.5%)
	① 재고품 등의 금액: 장부 또는 세금계산서에 의하여 확인되는 해당 재고품 등의 취득가액 (부가가치세를 포함) → 따라서 장부 또는 세금계산서가 없거나 기장이 누락된 경우 공제불가 ② 상각률: 간이과세자의 과세기간은 1년이므로 상각률은 2배이다. ③ 경과된 과세기간의 수: 부가가치세법 과세기간 단위로 계산한다. 따라서 원칙적으로 1과세기간은 1. 1. ~ 12. 31.까지로 하되, 20X1년 7. 1.부터 일반과세자로 변경되는 경우 20X1. 1. 1. ~ 6. 30.도 1과세기간이다.	
재고매입세액 공제 적용 배제	일반과세자가 간이과세자로 변경된 후에 다시 일반과세자로 변경되는 경우에는 간이과세자로 변경된 때에 재고납부세액규정을 적용받지 않는 재고품 등에 대해서는 재고매입세액공제 규정을 적용하지 않는다.	
신고, 조사·승인, 통지	① 일반과세자로 변경된 경우 그 변경되는 날의 직전 과세기간에 대한 확정신고와 함께 각 납세지 관할 세무서장에게 신고(국세정보통신망에 의한 신고를 포함)하여야 한다. ② 신고를 받은 관할 세무서장은 재고매입세액으로서 공제할 수 있는 재고금액을 조사하여 승인하고 신고기한이 지난 후 1개월 이내에 해당 사업자에게 공제될 재고매입세액을 통지하여야 한다. 이 경우 그 기한 이내에 통지하지 아니하면 해당 사업자가 신고한 재고금액을 승인한 것으로 본다.	
공제시기	결정된 재고매입세액은 그 승인을 받은 날이 속하는 예정신고기간 또는 과세기간의 매출세액에서 공제한다. → 공제받지 못한 경우 환급 가능	

07 간이과세자의 신고와 납부

1. 예정부과기간의 부과·신고 및 납부

예정부과· 징수	사업장 관할 세무서장은 간이과세자에 대하여 직전 과세기간에 대한 납부세액의 50%(직전 과세기간이 7. 1. ~ 12. 31.인 경우에는 직전 과세기간에 대한 납부세액의 전액을 말하며, 1천원 미만의 단수가 있을 때에는 그 단수금액은 버림)를 예정부과기간(1. 1. ~ 6. 30.)까지의 납부세액으로 결정하여 예정부과기한(예정부과기간이 끝난 후 25일 이내)까지 징수한다. 다만, 다음 중 어느 하나에 해당하는 경우에는 징수하지 아니한다. ① 징수하여야 할 금액이 50만원 미만인 경우 ② 일반과세자에서 해당 과세기간 개시일 현재 간이과세자로 변경된 경우 ③ 국세징수법상 재난 등으로 인한 납부기한 등의 연장사유로 관할 세무서장이 징수하여야 할 금액을 간이과세자가 납부할 수 없다고 인정되는 경우 ※ 관할 세무서장은 부가가치세액에 대하여 7월 1일부터 7월 10일까지 납부고지서를 발부해야 한다.
예정신고 선택	휴업 또는 사업 부진 등으로 인하여 예정부과기간의 공급대가의 합계액 또는 납부세액이 직전 과세기간의 공급대가의 합계액 또는 납부세액의 3분의 1에 미달하는 간이과세자는 예정부과기간의 과세표준과 납부세액을 예정부과기한까지 사업장 관할 세무서장에게 신고할 수 있다.
예정신고 의무	예정부과기간에 세금계산서를 발급한 간이과세자(직전연도 공급대가 합계액이 4,800만원 이상부터 1억 4백만원 미만)는 예정부과기간의 과세표준과 납부세액을 예정부과기한까지 사업장 관할 세무서장에게 신고하여야 한다.
예정신고 시 기타규정	① 예정부과결정이 있는 경우에도 간이과세자가 예정신고를 한 경우에는 그 결정이 없었던 것으로 본다. ② 예정신고하는 간이과세자는 매출·매입처별 세금계산서합계표를 예정신고를 할 때 제출하여야 한다. 다만, 매출·매입처별 세금계산서합계표를 예정신고를 할 때 제출하지 못하는 경우에는 확정신고를 할 때 이를 제출할 수 있다.
예정부과기간 납부	간이과세자는 예정부과기간의 납부세액(신용카드 등 사용에 따른 세액공제, 세금계산서 등 수취세액공제, 전자세금계산서 발급세액공제를 차감, 가산세를 가산한 금액)을 간이과세자 부가가치세 신고서와 함께 관할 세무서장에게 납부하거나 국세징수법에 따른 납부서를 작성하여 한국은행 또는 체신관서에 납부해야 한다.

2. 확정신고와 납부

신고·납부	간이과세자는 과세기간의 과세표준과 납부세액을 그 과세기간이 끝난 후 25일(폐업하는 경우 폐업일이 속한 달의 다음 달 25일) 이내에 납세지 관할 세무서장에게 확정신고를 하고 납세지 관할 세무서장 또는 한국은행 등에 납부하여야 한다. → 이 경우 예정부과기간에 납부한 세액은 공제함
신고 시 제출서류	간이과세자는 간이과세자 부가가치세신고서와 함께 매출·매입처별 세금계산서합계표를 확정신고를 할 때 함께 제출하여야 한다.

일반과세자와 간이과세자 비교

구분	일반과세자	간이과세자
대상	간이과세자 외 사업자	직전 연도 공급대가가 1억 4백만원 (부동산임대업·과세유흥장소 4,800만원) 미만인 개인사업자
배제업종	-	배제업종 있음
과세기간	1기: 1. 1. ~ 6. 30. 2기: 7. 1. ~ 12. 31.	1. 1. ~ 12. 31.
과세표준	Σ공급가액	Σ공급대가
세금계산서	영수증 발급대상 업종 외 사업자는 원칙적으로 발급	영수증 발급대상 업종 외 발급. 단, 직전연도 공급대가가 4,800만원 미만인 사업자와 신규사업자는 영수증 발급
영세율 적용	가능	가능
대손세액공제	공제 가능	공제 불가
매입세액공제	공급가액 × 10%(환급 가능)	공급대가 × 0.5%(환급 불가)
의제매입세액	공제 가능(한도 有)	공제 불가
신용카드발급세액공제	발행금액 등 × 1.3%(연 1,000만원 한도)	

제5편 기출문제

01 부가가치세법상 납세의무자에 관한 설명으로 옳지 않은 것은? 2018년 국가직 9급 변형

① 부가가치세 납세의무자인 사업자란 사업상 독립적으로 재화 또는 용역을 공급하는 자로서 그 사업 목적은 영리인 경우에 한한다.
② 신탁재산과 관련된 재화 또는 용역을 위탁자 명의로 공급하는 경우에는 위탁자가 부가가치세를 납부할 의무가 있다.
③ 재화를 수입하는 자는 사업자가 아니어도 부가가치세의 납세의무자가 될 수 있다.
④ 위탁자를 알 수 있는 위탁매매의 경우에는 위탁자가 직접 재화를 공급하거나 공급받은 것으로 본다.

정답 및 해설

사업자란 사업 목적이 영리이든 비영리이든 관계없이 사업상 독립적으로 재화 또는 용역을 공급하는 자를 말한다.
  참고 부가가치세가 간접세로서 부가가치세 부담은 최종소비자가 지기 때문에 영리성 여부는 중요하지 않음

답 ①

02 부가가치세법상 사업장에 대한 설명으로 옳지 않은 것은?

2016년 국가직 9급

① 무인자동판매기를 통하여 재화·용역을 공급하는 사업은 무인자동판매기가 설치된 장소를 사업장으로 한다.
② 사업장을 설치하지 아니하고 사업자등록도 하지 아니하는 경우에는 과세표준 및 세액을 결정하거나 경정할 당시의 사업자의 주소 또는 거소를 사업장으로 한다.
③ 사업자가 자기의 사업과 관련하여 생산한 재화를 직접 판매하기 위하여 특별히 판매시설을 갖춘 장소는 사업장으로 본다.
④ 재화를 보관하고 관리할 수 있는 시설만 갖춘 장소로서 법령이 정하는 바에 따라 하치장으로 신고된 장소는 사업장으로 보지 아니한다.

정답 및 해설

무인자동판매기를 통하여 재화·용역을 공급하는 사업은 사업에 관한 업무를 총괄하는 장소를 사업장으로 한다. 또한 무인자동판매기를 통하여 재화·용역을 공급하는 사업의 경우에는 추가로 사업장을 등록할 수 없다.

답 ①

03 부가가치세법령상 납세지 및 사업자등록에 대한 설명으로 옳은 것만을 모두 고르면? 2021년 국가직 7급

ㄱ. 국가, 지방자치단체 또는 지방자치단체조합이 공급하는 부동산 임대용역에 있어서 사업장은 그 부동산의 등기부상 소재지이다.
ㄴ. 신규로 사업을 시작하는 자가 주된 사업장에서 총괄하여 납부하려는 경우에는 주된 사업장의 사업자등록증을 받은 날부터 20일까지 주사업장 총괄납부 신청서를 주된 사업장의 관할 세무서장에게 제출하여야 한다.
ㄷ. 무인자동판매기를 통하여 재화 또는 용역을 공급하는 사업에 있어서 사업장은 그 사업에 관한 업무를 총괄하는 장소이다. 다만, 그 이외의 장소도 사업자의 신청에 의하여 추가로 사업장으로 등록할 수 있다.
ㄹ. 법인이 주사업장 총괄납부의 신청을 하는 경우 주된 사업장은 본점 또는 주사무소를 말하며, 지점 또는 분사무소는 주된 사업장으로 할 수 없다.

① ㄴ
② ㄱ, ㄴ
③ ㄱ, ㄷ
④ ㄷ, ㄹ

정답 및 해설

옳은 것은 ㄴ이다.

선지분석
ㄱ. 국가, 지방자치단체 또는 지방자치단체조합이 공급하는 부동산 임대용역에 있어서 사업장은 그 사업에 관한 업무를 총괄하는 장소이다.
ㄷ. 사업장 외의 장소도 사업자의 신청에 따라 추가로 사업장으로 등록할 수 있다. 다만, 무인자동판매기를 통하여 재화·용역을 공급하는 사업의 경우에는 그러하지 아니하다.
ㄹ. 주된 사업장은 법인의 본점(주사무소를 포함) 또는 개인의 주사무소로 한다. 다만, 법인의 경우에는 지점(분사무소를 포함)을 주된 사업장으로 할 수 있다.

답 ①

04 부가가치세법상 사업자단위과세제도에 대한 설명으로 옳은 것은? 2009년 국가직 9급

① 사업자단위과세를 적용받는 경우에는 부가가치세 신고·납부업무를 수행하는 사업자단위 적용사업장을 본점(주사무소 포함) 또는 지점(분사무소 포함) 중에서 선택하여 지정할 수 있다.
② 사업자단위과세제도를 적용하는 경우에도 사업자등록은 각 사업장별로 하고 각 사업장별 등록번호로 세금계산서를 발행하여야 한다.
③ 이미 사업자등록을 마친 사업자가 사업자단위로 등록하려면 사업자단위과세사업자로 적용받으려는 과세기간 개시 20일 전까지 등록하여야 한다.
④ 사업자단위과세의 포기는 사업자단위 과세사업자로 등록한 날로부터 3년이 되는 날이 속하는 과세기간의 다음 과세기간부터 할 수 있다.

정답 및 해설

(선지분석)
① 사업자단위과세를 적용받는 경우에는 부가가치세 신고·납부업무를 수행하는 사업자단위적용사업장을 법인인 경우 본점(주사무소), 개인인 경우 주사무소로 지정해야 한다. 법인 개인 모두 지점(분사무소), 분사무소 선택은 불가하다.
    비교 주사업장 총괄납부제도의 주사업장은 선택 가능함
        ⓐ 법인: 본점(주사무소) 또는 지점(분사무소)
        ⓑ 개인: 주사무소
② 사업자단위과세제도를 적용하는 경우에는 사업자단위과세사업자로 사업자등록을 신청하고, 주사업장 등록번호로 세금계산서를 발행하여야 한다.
④ 사업자단위과세의 포기는 그 납부하려는 과세기간 개시 20일 전에 사업자단위과세포기신고서를 사업자단위 과세의 적용 사업장 관할 세무서장에게 제출하여야 한다.

답 ③

05 부가가치세법상 부가가치세의 과세대상이 되는 재화의 공급으로만 묶인 것은? 2010년 국가직 9급

ㄱ. 질권의 목적으로 동산을 제공하는 것
ㄴ. 사업자가 사업을 폐업하는 경우 남아 있는 재화(매입세액이 공제되지 아니한 재화 제외)
ㄷ. 장기할부판매계약에 의하여 재화를 양도하는 것
ㄹ. 사업을 위하여 대가를 받지 아니하고 다른 사업자에게 인도 또는 양도하는 견본품
ㅁ. 현물출자에 의하여 재화를 양도하는 것

① ㄱ, ㄴ, ㄹ
② ㄱ, ㄷ, ㅁ
③ ㄴ, ㄷ, ㅁ
④ ㄷ, ㄹ, ㅁ

> 정답 및 해설

ㄴ. 간주공급에 해당(매입세액을 공제받은 재화로서 폐업시잔존재화)한다.
ㄷ, ㅁ. 재화의 공급에 해당한다.

> 선지분석

ㄱ. 재화의 공급으로 보지 않는다.
ㄹ. 재화의 공급으로 보지 않는다(부가가치 창출의 투입요소).

답 ③

06 부가가치세법상 과세거래인 재화의 공급으로 보지 않는 것은? 2013년 국가직 7급

① 사업자가 위탁가공을 위하여 원자재를 국외의 수탁가공사업자에게 대가 없이 반출하는 것
② 자기가 주요자재의 전부 또는 일부를 부담하고 상대방으로부터 인도받은 재화에 공작을 가하여 새로운 재화를 만드는 가공계약에 의하여 재화를 인도하는 것
③ 재화의 인도대가로서 다른 재화를 인도받거나 용역을 제공받는 교환계약에 의하여 재화를 인도 또는 양도하는 것
④ 기한부판매 계약에 의하여 재화를 인도하는 것

> 정답 및 해설

사업자가 위탁가공을 위하여 원자재를 국외의 수탁가공사업자에게 대가 없이 반출하는 것은 재화의 공급으로 보지 아니한다. 다만, 원료를 대가 없이 국외의 수탁가공사업자에게 반출하여 가공한 재화를 양도하는 경우에는 재화의 공급으로 보되 영세율을 적용한다.

답 ①

07 부가가치세법상 재화의 공급에 대한 설명으로 옳지 않은 것은?

2016년 국가직 7급

① 질권, 저당권 또는 양도담보의 목적으로 동산, 부동산 및 부동산상의 권리를 제공하는 것은 재화의 공급으로 보지 않는다.
② 사업용 자산을 상속세 및 증여세법 제73조, 지방세법 제117조에 따라 물납하는 것은 재화의 공급으로 보지 않는다.
③ 사업장별로 그 사업에 관한 모든 권리와 의무를 포괄적으로 승계하고, 그 사업을 양수받는 자가 그 대가를 지급하는 때에 그 대가를 받은 자로부터 부가가치세를 징수하여 납부한 경우에는 재화의 공급으로 본다.
④ 사업자가 위탁가공을 위하여 원료를 대가 없이 국외의 수탁가공 사업자에게 반출하여 가공한 재화를 양도하는 경우에 그 원료를 반출하는 것은 재화의 공급으로 보지 않는다.

정답 및 해설

사업자가 위탁가공을 위하여 원자재를 국외의 수탁가공사업자에게 대가 없이 반출하는 것은 재화의 공급으로 보지 아니한다. 다만, 원료를 대가 없이 국외의 수탁가공사업자에게 반출하여 가공한 재화를 양도하는 경우에는 재화의 공급으로 보되 영세율을 적용한다.

답 ④

08 부가가치세법상 재화의 수입에 대한 설명으로 옳지 않은 것은?

2022년 국가직 9급

① 재화의 수입시기는 관세법에 따른 수입신고가 수리된 때로 한다.
② 외국으로부터 국가, 지방자치단체에 기증되는 재화의 수입에 대하여는 부가가치세를 면제한다.
③ 재화의 수입에 대한 부가가치세의 과세표준은 그 재화에 대한 관세의 과세가격과 관세, 개별소비세, 주세, 교육세, 농어촌특별세 및 교통·에너지·환경세를 합한 금액으로 한다.
④ 재화를 수입하는 자의 부가가치세 납세지는 수입자의 주소지로 한다.

정답 및 해설

재화를 수입하는 자의 부가가치세 납세지는 관세법에 따라 수입을 신고하는 세관의 소재지로 한다.

답 ④

09 부가가치세법령상 재화 또는 용역의 공급에 대한 설명으로 옳지 않은 것은? 2019년 국가직 7급

① 재화의 공급은 계약상 또는 법률상의 모든 원인에 따라 재화를 인도하거나 양도하는 것으로 한다.
② 사업자가 자기의 과세사업과 관련하여 취득한 재화로서 부가가치세법 제38조에 따른 매입세액이 공제된 재화를 자기의 면세사업을 위하여 직접 사용하는 것은 재화의 공급으로 보지 아니한다.
③ 산업상·상업상 또는 과학상의 지식·경험 또는 숙련에 관한 정보를 제공하는 것은 용역의 공급으로 본다.
④ 사업용 자산을 상속세 및 증여세법 제73조 및 지방세법 제117조에 따라 물납하는 것은 재화의 공급으로 보지 아니한다.

정답 및 해설

사업자가 자기의 과세사업과 관련하여 취득한 재화로서 부가가치세법 제38조에 따른 매입세액이 공제된 재화를 자기의 면세사업을 위하여 직접 사용하는 것은 재화의 공급으로 본다. ∵ 면세전용

답 ②

10 부가가치세법상 재화의 간주공급에 해당하지 않는 것은? 2008년 국가직 9급

① 사업자가 자기의 사업과 관련하여 생산한 재화를 실비변상적이거나 복리후생적인 목적이 아닌 직원의 개인적인 목적으로 무상 사용·소비하는 경우(단, 매입 시 매입세액이 공제되지 아니한 재화는 제외함)
② 사업자가 자기의 사업과 관련하여 생산하거나 취득한 재화를 면세사업을 위하여 사용·소비한 경우(단, 매입 시 매입세액이 공제되지 아니한 경우는 제외함)
③ 운수업을 영위하는 사업자가 운수사업용으로 법령에서 정한 소형승용자동차를 구입하여 매입세액을 공제받은 후 이를 임직원의 업무용으로 사용하는 경우(단, 당초 구입 시 매입세액이 공제되지 아니한 경우는 제외함)
④ 사업자가 자기의 사업과 관련하여 생산하거나 취득한 재화를 사업을 위하여 대가를 받지 아니하고 다른 사업자에게 인도 또는 양도하는 견본품

정답 및 해설

사업자가 자기의 사업과 관련하여 생산하거나 취득한 재화를 사업을 위하여 대가를 받지 아니하고 다른 사업자에게 인도 또는 양도하는 견본품은 재화의 공급으로 보지 않는다.

선지분석

① 매입세액공제받은 재화를 개인적 사용·소비하는 경우에 해당한다.
② 매입세액공제받은 재화를 면세사업 사용·소비하는 경우에 해당한다.
③ 매입세액공제받은 승용차를 영업 외 용도로 사용·소비하는 경우에 해당한다.

답 ④

11. 부가가치세법령상 재화공급의 특례에 대한 설명으로 옳지 않은 것은?
2018년 국가직 9급

① 사업자가 자기의 과세사업과 관련하여 생산하거나 취득한 재화로서 매입세액이 공제된 재화를 자기의 면세사업을 위하여 직접 사용하거나 소비하는 것은 재화의 공급으로 본다.
② 사업자가 자기의 과세사업과 관련하여 생산하거나 취득한 재화로서 매입세액이 공제된 재화를 사업을 위하여 증여하는 것 중 재난 및 안전관리 기본법의 적용을 받아 특별재난지역에 공급하는 물품을 증여하는 것은 재화의 공급으로 보지 아니한다.
③ 사업자가 폐업할 때 자기의 과세사업과 관련하여 생산하거나 취득한 재화로서 매입세액이 공제된 재화 중 남아있는 재화는 자기에게 공급하는 것으로 본다.
④ 저당권의 목적으로 부동산을 제공하는 것은 재화의 공급으로 본다.

정답 및 해설
질권, 저당권 또는 양도담보의 목적으로 동산, 부동산 및 부동산상의 권리를 제공하는 것은 재화의 공급으로 보지 않는다.

참고 형식적인 소유권 이전에 불과함

답 ④

12. 부가가치세법상 부수재화 및 부수용역의 공급과 관련된 설명으로 옳지 않은 것은?
2020년 국가직 7급

① 주된 재화 또는 용역의 공급에 부수되어 공급되는 것으로서 거래의 관행으로 보아 통상적으로 주된 재화 또는 용역의 공급에 부수하여 공급되는 것으로 인정되는 재화 또는 용역의 공급은 주된 재화 또는 용역의 공급에 포함되는 것으로 본다.
② 주된 재화 또는 용역의 공급에 부수되어 공급되는 것으로서 해당 대가가 주된 재화 또는 용역의 공급에 대한 대가에 통상적으로 포함되어 공급되는 재화 또는 용역의 공급은 주된 재화 또는 용역의 공급에 포함되는 것으로 본다.
③ 면세되는 재화 또는 용역의 공급에 통상적으로 부수되는 재화 또는 용역의 공급은 그 면세되는 재화 또는 용역의 공급에 포함되는 것으로 본다.
④ 주된 사업에 부수되는 주된 사업과 관련하여 주된 재화의 생산 과정에서 필연적으로 생기는 재화의 공급은 별도의 공급으로 보지 아니한다.

정답 및 해설
주된 사업에 부수되는 주된 사업과 관련하여 주된 재화의 생산 과정이나 용역의 제공 과정에서 필연적으로 생기는 재화의 공급은 별도의 공급으로 보되, 과세 및 면세 여부 등은 주된 사업의 과세 및 면세 여부 등을 따른다.

답 ④

13 부가가치세법상 재화의 공급시기(폐업 전에 공급한 재화의 공급시기가 폐업일 이후에 도래하는 경우에는 제외)로 옳지 않은 것은?

2014년 국가직 9급

① 현금판매, 외상판매 또는 할부판매의 경우에는 재화가 인도되거나 이용 가능하게 되는 때
② 전력이나 그 밖에 공급단위를 구획할 수 없는 재화를 계속적으로 공급하는 경우에는 대가의 각 부분을 받기로 한 때
③ 재화의 공급으로 보는 가공의 경우에는 재화의 가공이 완료된 때
④ 무인판매기를 이용하여 재화를 공급하는 경우에는 해당 사업자가 무인판매기에서 현금을 꺼내는 때

정답 및 해설

재화의 공급으로 보는 가공의 경우에는 가공된 재화를 인도하는 때를 공급시기로 한다. 용역의 공급으로 보는 가공의 경우에는 재화의 가공이 완료되는 때를 공급시기로 한다.

선지분석
① 지문에서 할부판매로만 주어진다면 단기할부판매를 의미한다.

답 ③

14 부가가치세법령상 용역의 공급시기에 대한 설명으로 옳은 것은? (단, 폐업은 고려하지 않음)

2022년 국가직 9급

① 역무의 제공이 완료되는 때 또는 대가를 받기로 한 때를 공급시기로 볼 수 없는 경우에는 예정신고기간 또는 과세기간의 종료일을 공급시기로 본다.
② 사업자가 용역의 공급시기가 되기 전에 세금계산서를 발급하고 그 세금계산서 발급일부터 7일 이내에 대가를 받으면 그 대가를 받은 때를 용역의 공급시기로 본다.
③ 사업자가 다른 사업자와 상표권 사용계약을 할 때 사용대가 전액을 일시불로 받고 상표권을 사용하게 하는 용역을 둘 이상의 과세기간에 걸쳐 계속적으로 제공하고 그 대가를 선불로 받는 경우에는 예정신고기간 또는 과세기간의 종료일을 공급시기로 본다.
④ 완성도기준지급조건부로 용역을 공급하는 경우 역무의 제공이 완료되는 날 이후 받기로 한 대가의 부분에 대해서는 대가의 각 부분을 받기로 한 때를 용역의 공급시기로 본다.

정답 및 해설

선지분석
① 역무의 제공이 완료되는 때 또는 대가를 받기로 한 때를 공급시기로 볼 수 없는 경우에는 역무의 제공이 완료되고 그 공급가액이 확정되는 때를 공급시기로 본다.
② 사업자가 용역의 공급시기가 되기 전에 세금계산서를 발급하고 그 세금계산서 발급일부터 7일 이내에 대가를 받으면 그 세금계산서를 용역의 공급시기로 본다.
④ 완성도기준지급조건부로 용역을 공급하는 경우 역무의 제공이 완료되는 날 이후 받기로 한 대가의 부분에 대해서는 역무의 제공이 완료되는 날을 그 용역의 공급시기로 본다.

답 ③

15 부가가치세법령상 세금계산서를 발급하는 때를 재화 또는 용역의 공급시기로 보는 경우에 해당하지 않는 것은? (단, 재화 또는 용역의 공급시기 및 세금계산서는 법령에 따른 것으로 봄) 2019년 국가직 7급

① 사업자가 부가가치세법 시행령 제28조 제3항 제4호에 따라 전력이나 그 밖에 공급단위를 구획할 수 없는 재화를 계속적으로 공급하는 경우의 공급시기가 되기 전에 세금계산서를 발급하는 경우
② 사업자가 부가가치세법 제15조 또는 제16조에 따른 재화 또는 용역의 공급시기가 되기 전에 재화 또는 용역에 대한 대가의 전부 또는 일부를 받고, 그 받은 대가에 대하여 세금계산서를 발급하는 경우
③ 사업자가 부가가치세법 시행규칙 제17조에 따른 장기할부판매로 재화를 공급하는 경우의 공급시기가 되기 전에 세금계산서를 발급하는 경우
④ 대가를 지급하는 사업자가 거래 당사자 간의 계약서 등에 대금 청구시기와 지급시기를 따로 적고, 대금 청구시기와 지급시기 사이의 기간이 60일인 경우로서 재화 또는 용역을 공급하는 사업자가 그 재화 또는 용역의 공급시기가 되기 전에 세금계산서를 발급하고 그 세금계산서 발급일부터 7일이 지난 후에 대가를 받는 경우

정답 및 해설

> **부가가치세법 제17조【재화 및 용역의 공급시기의 특례】**③ 제2항에도 불구하고 대가를 지급하는 사업자가 다음 각 호의 어느 하나에 해당하는 경우에는 재화 또는 용역을 공급하는 사업자가 그 재화 또는 용역의 공급시기가 되기 전에 제32조에 따른 세금계산서를 발급하고 그 세금계산서 발급일부터 7일이 지난 후 대가를 받더라도 해당 세금계산서를 발급한 때를 재화 또는 용역의 공급시기로 본다.
> 1. 거래 당사자 간의 계약서·약정서 등에 대금 청구시기(세금계산서 발급일을 말한다)와 지급시기를 따로 적고, 대금 청구시기와 지급시기 사이의 기간이 30일 이내인 경우
> 2. 세금계산서 발급일이 속하는 과세기간(공급받는 자가 제59조 제2항에 따라 조기환급을 받은 경우에는 세금계산서 발급일부터 30일 이내)에 재화 또는 용역의 공급시기가 도래하는 경우

답 ④

16 부가가치세법상 국내에 사업장이 있는 사업자가 행하는 재화 또는 용역의 공급에 대한 영세율 적용과 관련한 설명으로 옳지 않은 것은? 2018년 국가직 9급

① 내국물품을 외국으로 반출하는 것에 대해서는 영세율이 적용된다.
② 국외에서 공급하는 용역에 대해서는 영세율이 적용된다.
③ 항공기에 의하여 여객을 국내에서 국외로 수송하는 것에 대해서는 영세율이 적용되지 않는다.
④ 외화를 획득하기 위한 것으로서 우리나라에 상주하는 국제연합과 이에 준하는 국제기구(우리나라가 당사국인 조약과 그 밖의 국내법령에 따라 특권과 면제를 부여받을 수 있는 경우에 한함)에 재화 또는 용역을 공급하는 것에 대해서는 영세율을 적용한다.

> 정답 및 해설

선박 또는 항공기에 의한 외국항행용역의 공급에 대하여는 영세율을 적용한다. 외국항행용역은 선박 또는 항공기에 의하여 여객이나 화물을 국내에서 국외로, 국외에서 국내로 또는 국외에서 국외로 수송하는 것을 말한다.

> 선지분석

① 내국물품의 외국반출에 대하여 영세율이 적용된다.
② 용역의 국외공급에 대하여 영세율이 적용된다.
④ 국제연합 등에 공급하는 재화·용역에 대하여 영세율이 적용된다. ∵ 외화획득 장려

답 ③

 17 부가가치세법령상 영세율제도에 대한 설명으로 옳지 않은 것은? 2020년 국가직 9급

① 대한민국 선박에 의하여 잡힌 수산물을 외국으로 반출하는 것은 영세율을 적용한다.
② 사업자가 대통령령으로 정한 중계무역방식으로 수출하는 경우로서 국내 사업장에서 계약과 대가 수령 등 거래가 이루어지는 것은 영세율을 적용한다.
③ 외교공관 등의 소속 직원으로서 해당 국가로부터 공무원 신분을 부여받은 자 중 내국인에게 대통령령으로 정하는 방법에 따라 재화 또는 용역을 공급하는 경우에는 영세율을 적용한다.
④ 선박 또는 항공기에 의하여 여객이나 화물을 국내에서 국외로, 국외에서 국내로 또는 국외에서 국외로 수송하는 것에 대하여는 영세율을 적용한다.

> 정답 및 해설

외교공관 등의 소속 직원으로서 해당 국가로부터 공무원 신분을 부여받은 자 또는 외교부장관으로부터 이에 준하는 신분임을 확인받은 자 중 내국인이 아닌 자에게 대통령령으로 정하는 방법에 따라 재화 또는 용역을 공급하는 경우에는 영세율을 적용한다. 동 규정은 외화획득사업에 대한 영세율 규정이기 보다는 외교관에 대한 부가가치세 면세를 목적으로 한 영세율규정이므로 외화로 받은 경우에만 영세율을 적용하는 것이 아니다.

답 ③

18 부가가치세법상 면세 대상인 재화 또는 용역이 아닌 것은?

2008년 국가직 9급

① 장애인복지법에 따른 장애인보조견 훈련용역
② 수의사법에 규정하는 수의사의 애완견 식품판매
③ 여성용 생리처리 위생용품
④ 도서대여용역

정답 및 해설

수의사가 제공하는 애완동물진료용역은 과세한다. 다만, 각종 법에 따른 수의사의 동물진료용역은 면세한다.

의료 용역의 원칙과 예외

의료보건용역	수의사가 제공하는 용역
1. 원칙: 면세 2. 예외: 과세 (1) 미용 목적 성형수술 (2) 미용 목적 피부 관련 시술	1. 원칙: 면세 　예) 각종 법에 따른 진료용역 2. 예외: 과세 　예) 애완동물 진료용역

선지분석

① 면세용역에 해당한다.
③ 면세재화에 해당한다.
④ 도서에는 도서에 부수하여 도서의 내용을 담은 음반·녹음테이프·비디오테이프를 첨부하여 통상 하나의 공급단위로 하는 것과 전자출판물을 포함한다. 다만, 음악산업진흥 법률, 영화 및 비디오물 진흥 법률, 게임산업 진흥 법률의 적용을 받는 부수재화는 과세한다.

답 ②

19 부가가치세법상 부가가치세가 면세되는 경우에 해당하지 않는 것은? 2007년 국가직 9급

① 수돗물
② 공중전화
③ 일반택시 운송사업
④ 국가에 무상으로 공급하는 용역

> **정답 및 해설**

여객운송용역은 면세한다. 다만 항공기, 시외우등고속버스, 전세버스, 택시, 특수자동차, 특종선박, 고속철도에 의한 여객운송용역은 과세한다.

> **여객운송용역 면세 및 과세**(부가가치세법 제26조 제1항 제7호, 부가가치세법 시행령 제37조 제1호 참조)
> 1. 원칙: 면세
> 2. 예외: 과세
>   (1) 항공기에 의한 여객운송용역
>   (2) 우등고속버스에 의한 여객운송사업, 전세버스운송사업
>   (3) 일반택시운송사업 및 개인택시운송사업
>   (4) 자동차대여사업
>   (5) 특종선박
>   (6) 고속철도에 의한 여객운송용역

> **선지분석**

① 수돗물은 면세, 전기는 과세한다.
② 공중전화는 면세, 휴대폰전화는 과세한다.
④ 국가에 무상으로 공급하는 용역은 면세하나 국가에 유상으로 공급하는 용역은 과세한다.

답 ③

20 부가가치세법상 재화 또는 용역의 공급에 대한 면세제도와 관련한 설명으로 옳지 않은 것은?

2015년 국가직 7급

① 국가나 지방자치단체가 공급하는 재화 또는 용역이라고 하여 모두 부가가치세가 면제되는 것은 아니다.
② 국가나 지방자치단체에 재화 또는 용역을 공급하는 거래는 거래의 유·무상을 불문하고 모두 부가가치세가 면제된다.
③ 음악발표회는 영리를 목적으로 하지 않아야 부가가치세가 면제되는 예술행사가 된다.
④ 도로교통법 제2조 제32호의 자동차운전학원에서 수강생에게 지식·기술 등을 가르치는 것은 부가가치세가 면제되는 교육용역에 포함되지 않는다.

정답 및 해설

국가나 지방자치단체에 재화 또는 용역을 공급하는 거래는 <u>무상</u>으로 공급하는 재화 또는 용역에 대하여만 부가가치세를 면제한다.

선지분석

① 국가 등이 공급하는 우체국, KTX 등은 부가가치세가 과세된다.
③ 영리성이 있는 음악발표회 및 이와 유사한 행사는 모두 과세한다.
④ 자동차운전학원과 무도학원에서 가르치는 교육용역은 부가가치세를 과세한다.

교육용역 면세 및 과세

면세	주무관청의 허가 또는 인가를 받거나 주무관청에 등록 또는 신고된 학교, 학원·강습소 등에서 지식·기술 등을 가르치는 것
과세	1. 주무관청의 허가 또는 인가를 받지 않은 교육용역 2. 체육시설의 설치·이용에 관한 법률에 따른 무도학원(볼룸댄스 학원) 3. 도로교통법에 따른 자동차운전학원

답 ②

21 다음 자료를 이용하여 부가가치세가 과세되는 건물과 토지의 임대면적을 상황별로 계산하면?

<상황 1>
1. 주택과 점포로 겸용되는 1층 건물을 임대하였다.
2. 주택면적 80m², 점포면적 120m², 건물의 부수토지 3,000m²
3. 이 건물은 도시지역 밖에 소재하고 있다.

<상황 2>
1. A씨는 도시지역 안에 소재하는 토지 위에 주택과 점포로 겸용되는 단층건물을 갑씨에게 임대하였다.
2. 주택면적은 60m²이고, 점포면적은 40m²이다.
3. 동 건물의 부수토지는 1,200m²이다.

	상황 1	상황 2
①	점포 120m², 토지 1,800m²	점포 100m², 토지 200m²
②	점포 120m²	점포 40m², 토지 480m²
③	토지 1,800m²	점포 40m², 토지 700m²
④	토지 2,200m²	점포 없음, 토지 200m²
⑤	점포 120m², 토지 2,200m²	점포 없음, 토지 700m²

정답 및 해설

<상황 1> 점포 > 주택인 경우로 건물 중 주택 부분만 주택으로 보아 면세한다.

구분	주택	점포
건물	80m²	120m²
부수토지	800m²	2,200m²

주택 부수토지: Min[ⓐ 3,000m² × 80m² / 200m² = 1,200m², ⓑ 80m² × 10배 = 800m²] = 800m²

<상황 2> 점포 ≤ 주택인 경우로 건물 전부를 주택으로 보고 면세한다.

구분	주택	점포
건물	100m²	0m²
부수토지	500m²	700m²

주택 부수토지: Min[ⓐ 1,200m² × 100m² / 100m² = 1,200m², ⓑ 100m² × 5배 = 500m²] = 500m²

답 ⑤

22. 부가가치세법상 과세표준의 계산에 관한 설명으로 옳지 않은 것은?

2009년 국가직 9급

① 외상판매 및 할부판매의 경우에는 공급한 재화의 총가액을 과세표준으로 한다.
② 장기할부판매의 경우에는 계약에 따라 받기로 한 대가의 각 부분을 과세표준으로 한다.
③ 통상적으로 용기를 당해 사업자에게 반환할 것을 조건으로 그 용기대금을 공제한 금액으로 공급하는 경우에는 그 용기대금은 과세표준에 포함하지 아니한다.
④ 공급받는 자에게 도달된 이후에 파손된 재화의 가액은 과세표준에서 제외된다.

정답 및 해설

공급받는 자에게 도달하기 전에 파손·훼손되거나 멸실한 재화의 가액은 공급가액에 포함하지 않는다.

선지분석

① 할부판매만 나온 경우 단기할부판매를 의미한다.
② 장기할부판매의 과세표준에 대한 옳은 내용이다.
③ 용기를 회수할 수 없어 용기대금을 변상금형식으로 변제받은 경우 과세표준에 포함한다.

> 📄 공급가액에 포함하지 않는 것(부가가치세법 제29조 제5항 참조)
> 1. 부가가치세
> 2. 매출에누리, 매출환입, 매출할인액
> 3. 공급받는 자에게 도달하기 전에 파손·훼손되거나 멸실한 재화의 가액
> 4. 재화·용역의 공급과 직접 관련되지 않는 국고보조금·공공보조금
> 5. 공급에 대한 대가의 지급이 지연되어 받는 연체이자
> 6. 반환조건부 용기대금·포장비용

답 ④

23 부가가치세법상 과세표준에 대한 설명으로 옳은 것만으로 묶인 것은?

2011년 국가직 9급

ㄱ. 사업자가 2과세기간 이상에 걸쳐 부동산임대용역을 공급하고 그 대가를 선불 또는 후불로 받는 경우에는 그 선불 또는 후불로 받은 금액을 과세표준으로 한다.
ㄴ. 과세사업과 면세사업에 공통으로 사용되는 재화를 공급하는 경우에 재화를 공급하는 날이 속하는 과세기간의 총공급가액 중 면세공급가액의 비율이 5% 미만인 경우 당해 재화의 공급가액을 과세표준으로 한다.
ㄷ. 대외무역법에 의한 위탁가공무역방식으로 수출하는 경우에는 완성된 제품의 인도가액을 과세표준으로 한다.
ㄹ. 계약 등에 의하여 확정된 대가의 지급지연으로 인하여 지급받는 연체이자는 과세표준에서 공제하지 아니한다.

① ㄷ
② ㄱ, ㄴ
③ ㄴ, ㄷ
④ ㄴ, ㄹ

정답 및 해설

옳은 것은 ㄷ이다.

선지분석

ㄱ. 사업자가 2과세기간 이상에 걸쳐 부동산임대용역을 공급하고 그 대가를 선불 또는 후불로 받는 경우에는 해당 금액을 계약기간의 개월수로 나눈 금액의 각 과세대상기간의 합계액을 공급가액으로 한다(초월산입, 말월불산입).
ㄴ. 과세사업과 면세사업에 공통으로 사용되는 재화를 공급하는 경우에 재화를 공급하는 날의 **직전과세기간**의 총공급가액 중 면세공급가액의 비율이 5% 미만인 경우 당해 재화의 공급가액을 과세표준으로 한다.
ㄹ. 계약 등에 의하여 확정된 대가의 지급지연으로 인하여 지급받는 연체이자는 공급가액에 포함하지 않는다.

부동산임대용역에 대한 공급가액

1. 임대료
   (1) 원칙: 해당 과세기간에 수입할 임대료를 공급가액으로 함
   (2) 특례: 사업자가 둘 이상의 과세기간에 걸쳐 부동산임대용역을 공급하고 그 대가를 선불 또는 후불로 받는 경우에는 다음의 금액을 공급가액으로 함

   $$공급가액 = 선불 또는 후불로 받는 임대료 \times \frac{각\ 과세대상기간의\ 개월수}{계약기간의\ 개월수}$$

2. 간주임대료: 사업자가 부동산임대용역을 공급하고 전세금 또는 임대보증금을 받는 경우에는 다음의 금액을 공급가액으로 봄

   $$공급가액 = 해당\ 기간의\ 전세금\ 등 \times 정기예금이자율 \times \frac{과세대상기간일수}{365}$$

3. 관리비
   (1) 청소비, 난방비 등 순수관리비는 공급가액에 포함함
   (2) 전기료, 수도료 등 공공요금은 공급가액에 포함하지 아니함

답 ①

24

부가가치세법상 과세표준에 관한 설명으로 옳지 않은 것은?

2013년 국가직 9급

① 재화의 수입에 대한 부가가치세의 과세표준은 그 재화에 대한 관세의 과세가격과 관세, 개별소비세, 주세, 교육세, 농어촌특별세 및 교통·에너지·환경세를 합한 금액으로 한다.
② 사업자가 재화 또는 용역을 공급받는 자에게 지급하는 장려금이나 이와 유사한 금액 및 대손금액은 과세표준에서 공제하지 아니한다.
③ 재화 또는 용역의 공급과 관련하여 금전 외의 대가를 받는 경우에는 해당 대가의 시가를 공급가액으로 한다.
④ 장기할부판매의 경우에는 계약에 따라 받기로 한 대가의 각 부분을 공급가액으로 한다.

정답 및 해설

재화 또는 용역의 공급과 관련하여 금전 외의 대가를 받는 경우에는 그 대가로 받은 현물 등의 가액이 아니라 자기가 공급한 재화 또는 용역의 시가가 공급가액이다.

선지분석

① 재화의 수입에 대한 과세표준에 대한 옳은 내용이다.
② 과세표준에서 공제하지 않는 항목에 대한 옳은 내용이다.

> 📄 **재화 또는 용역의 공급가액(부가가치세법 제29조 제3항 참조)**
> 1. 금전으로 대가를 받는 경우: 그 대가
> 2. 금전 외의 대가를 받는 경우(교환 포함): 자기가 공급한 재화 또는 용역의 시가
> 3. 사업자가 재화 또는 용역을 공급하고 그 대가로 받은 금액에 부가가치세가 포함되어 있는지가 분명하지 않은 경우: 그 대가로 받은 금액에 100/110을 곱한 금액

답 ③

25

부가가치세법상 일반과세자의 과세표준으로 보는 공급가액에 대한 설명으로 옳지 않은 것은?

2016년 국가직 9급

① 자기가 공급한 재화에 대해 금전 외의 대가를 받는 경우에는 부가가치세를 포함한 그 대가를 공급가액으로 한다.
② 폐업하는 경우에는 폐업 시 남아 있는 재화의 시가를 공급가액으로 한다.
③ 완성도기준지급조건부로 재화를 공급하는 경우에는 계약에 따라 받기로 한 대가의 각 부분을 공급가액으로 한다.
④ 조세의 부담을 부당하게 감소시킬 것으로 인정되는 경우로서 특수관계인에게 아무런 대가를 받지 아니하고 재화를 공급하는 경우에는 공급한 재화의 시가를 공급가액으로 본다.

정답 및 해설

자기가 공급한 재화에 대해 금전 외의 대가를 받는 경우에는 자기가 공급한 재화의 시가를 공급가액으로 한다.

선지분석

④ 재화의 무상·저가공급 시 부당행위계산부인규정에 따른 공급가액에 대한 옳은 내용이다.

답 ①

26. 부가가치세법령상 과세표준과 관련된 설명으로 옳은 것은?

2020년 국가직 7급

① 부가가치세법상 대손금액은 과세표준에서 공제한다.
② 공급에 대한 대가의 지급이 지체되었음을 이유로 받는 연체이자는 공급가액에 포함한다.
③ 통상적으로 용기 또는 포장을 해당 사업자에게 반환할 것을 조건으로 그 용기대금과 포장비용을 공제한 금액으로 공급하는 경우에는 그 용기대금과 포장비용은 공급가액에 포함하지 아니한다.
④ 사업자가 재화를 공급받는 자에게 지급하는 장려금은 과세표준에서 공제한다.

정답 및 해설

선지분석
① 부가가치세법상 대손금액은 과세표준에서 공제하지 아니한다.
② 공급에 대한 대가의 지급이 지체되었음을 이유로 받는 연체이자는 공급가액에 포함하지 아니한다.
④ 사업자가 재화를 공급받는 자에게 지급하는 장려금은 과세표준에서 공제하지 아니한다.

답 ③

27. 부가가치세법령상 공급가액에 대한 설명으로 옳은 것만을 모두 고르면? (단, 특수관계인과의 거래는 아닌 것으로 가정함)

2021년 국가직 9급

> ㄱ. 개별소비세, 주세 및 교통·에너지·환경세가 부과되는 재화는 개별소비세, 주세 및 교통·에너지·환경세의 과세표준에 해당 개별소비세, 주세, 교육세, 농어촌특별세 및 교통·에너지·환경세 상당액을 공제한 금액을 공급가액으로 한다.
> ㄴ. 기부채납의 경우에는 해당 기부채납의 근거가 되는 법률에 따라 기부채납된 가액으로 하되, 기부채납된 가액에 부가가치세가 포함된 경우 그 부가가치세는 제외한다.
> ㄷ. 재화나 용역을 공급할 때 그 품질이나 수량, 인도조건 또는 공급대가의 결제방법이나 그 밖의 공급조건에 따라 통상의 대가에서 일정액을 직접 깎아 주는 금액은 공급가액에 포함하지 아니한다.
> ㄹ. 사업자가 재화 또는 용역을 공급하고 그 대가로 받은 금액에 부가가치세가 포함되어 있는지가 분명하지 아니한 경우에는 그 대가로 받은 금액을 공급가액으로 한다.

① ㄱ, ㄴ
② ㄴ, ㄷ
③ ㄱ, ㄷ, ㄹ
④ ㄴ, ㄷ, ㄹ

정답 및 해설

옳은 것은 ㄴ, ㄷ이다.

선지분석
ㄱ. 개별소비세, 주세 및 교통·에너지·환경세가 부과되는 재화에 대해서는 개별소비세, 주세 및 교통·에너지·환경세의 과세표준에 해당 개별소비세, 주세, 교육세, 농어촌특별세 및 교통·에너지·환경세 상당액을 <u>합계한</u> 금액을 공급가액으로 한다.
ㄹ. 사업자가 재화 또는 용역을 공급하고 그 대가로 받은 금액에 부가가치세가 포함되어 있는지가 분명하지 아니한 경우에는 그 대가로 받은 금액에 110분의 100을 곱한 금액을 공급가액으로 한다.

답 ②

28 부가가치세법령상 과세표준에 포함되는 공급가액에 대한 설명으로 옳지 않은 것은? (단, 법령에 따른 특수관계인과의 거래가 아님)

2019년 국가직 7급

① 사업자가 제품을 10,000,000원에 외상으로 판매하였으나, 그 공급에 대한 대가를 약정기일 전에 받았다는 이유로 500,000원을 할인하여 9,500,000원을 받았다면, 부가가치세 과세표준에 포함되는 공급가액은 9,500,000원이다.
② 사업자가 제품을 10,000,000원에 외상으로 판매하였으나, 제품의 품질이 주문한 수준에 떨어진다는 이유로 1,000,000원을 에누리하여 9,000,000원을 받았다면, 부가가치세 과세표준에 포함되는 공급가액은 9,000,000원이다.
③ 사업자가 부가가치세법 시행규칙 제17조에 따른 장기할부판매의 경우로서 기업회계기준에 따라 이자상당액 500,000원을 현재가치할인차금, 10,000,000원을 장기매출채권, 9,500,000원을 매출로 회계처리하였다면, 부가가치세 과세표준에 포함되는 공급가액은 9,500,000원이다.
④ 사업자가 취득 후 40개월 사용한 차량 A(취득원가 20,000,000원, 장부가액 14,000,000원, 시가 10,000,000원)를 유사 차량 B(시가 12,000,000원)와 교환한 경우에는 부가가치세 과세표준에 포함되는 차량 A의 공급가액은 10,000,000원이다.

> **정답 및 해설**
>
> 장기할부판매 또는 할부판매 경우의 이자상당액은 공급가액에 포함하는 항목이므로 장기매출채권을 9,500,000원으로 처리하였더라도 10,000,000원을 공급가액으로 보아야 한다.
>
> 답 ③

29 부가가치세법령상 과세표준에 대한 설명으로 옳은 것은? (단, 제시된 금액은 부가가치세가 포함되지 않은 금액임)

2021년 국가직 9급

① 시가 500원, 원가 450원인 재화를 공급하고 시가 480원인 재화를 대가로 받을 경우 과세표준은 480원이다.
② 특수관계인에게 시가 1,000원인 사업용 부동산 임대용역(부가가치세법 시행령에서 제외하는 사업용 부동산 임대용역은 아님)을 무상으로 제공한 경우 용역의 공급으로 보지 않으므로 과세표준은 없다.
③ 사업을 위하여 대가를 받지 않고 다른 사업자에게 인도한 견본품의 시가가 200원, 원가가 150원일 경우 과세표준은 150원이다.
④ 재화의 공급에 해당되는 폐업 시 남아 있는 재화(감가상각자산은 아님)의 시가가 1,000원, 원가가 800원일 경우 과세표준은 1,000원이다.

> **정답 및 해설**
>
> (선지분석)
> ① 공급가액 500원 ∵ 금전 외의 대가를 받는 경우 자기가 공급한 재화 또는 용역의 시가를 공급가액으로 본다.
> ② 공급가액 1,000원 ∵ 사업자가 특수관계인에게 사업용 부동산의 임대용역을 공급하는 경우 공급한 재화 또는 용역의 시가를 공급가액으로 본다.
> ③ 공급가액 없음 ∵ 사업을 위하여 대가를 받지 아니하고 다른 사업자에게 인도하거나 양도하는 견본품은 재화의 공급으로 보지 아니한다.
>
> 답 ④

30 다음은 과세사업자인 (주)B의 20X3년 제1기 과세기간의 부가가치세 신고자료이다. 20X3년 제1기 과세기간의 부가가치세 과세표준은? (단, 제시된 금액은 부가가치세가 포함되지 않은 금액임)

2017년 국가직 9급 변형

- 과세재화의 외상판매액: 20,000,000원(매출에누리 1,000,000원이 차감되지 않은 금액임)
- 거래처로부터 받은 판매장려금: 500,000원
- 사업을 위하여 대가를 받지 아니하고 다른 사업자에게 인도한 견본품(원가): 2,000,000원(시가 2,500,000원)
- 업무용 소형승용차(매입세액을 공제받지 못함) 매각액: 1,500,000원(장부가액 1,000,000원)
- 과세재화의 할부판매액: 10,000,000원(20X3년 1월 31일에 제품을 인도하고, 대금은 20X3년 1월 31일부터 10회로 분할하여 매월 말일에 1,000,000원씩 받기로 함)

① 26,500,000원 ② 29,000,000원
③ 30,500,000원 ④ 33,000,000원

정답 및 해설

ⓐ 과세재화의 외상판매액: 20,000,000원 - 1,000,000원 = 19,000,000원
   매출에누리는 공급가액에서 차감한다.
ⓑ 업무용 소형승용차 매각(일반적인 공급): 1,500,000원
   참고 업무용 소형승용차의 비영업용으로 전환(간주공급)이 아님을 주의함
ⓒ 과세재화의 할부판매액(단기할부판매): 10,000,000원
   단기할부판매의 공급시기는 인도일
∴ 합계: 19,000,000원 + 1,500,000원 + 10,000,000원 = 30,500,000원

참고 판매장려금은 과세표준에서 공제하지 않는다. 사업을 위하여 대가를 받지 아니하고 제공하는 견본품은 공급이 아님

답 ③

31 과세사업을 영위하는 (주)한국이 미국에 $ 20,000의 제품을 수출한 경우, 부가가치세법령상 (주)한국의 2021년 제2기 과세기간의 부가가치세 과세표준은? 2021년 국가직 7급

- 10월 1일 선수금으로 $ 10,000를 송금받아 당일에 1 $당 1,000원에 환가하였다.
- 10월 15일 수출물품을 선적하였고, 당일의 기준환율은 1 $당 1,100원이다.
- 10월 30일 수출대금 잔액 $ 10,000를 외화로 송금받아 1 $당 1,200원에 환가하였다.

① 20,000,000원
② 21,000,000원
③ 22,000,000원
④ 24,000,000원

정답 및 해설

$10,000 × 1,000원 + $10,000 × 1,100원 = 21,000,000원

답 ②

32 부가가치세법상 대손세액공제에 대한 설명으로 옳지 않은 것은? (단, 폐업은 고려하지 않기로 함)
2017년 국가직 9급

① 재화 또는 용역의 공급자가 대손세액을 매출세액에서 차감한 경우 공급자의 관할 세무서장은 대손세액공제 사실을 공급받는 자의 관할 세무서장에게 통지하여야 한다.
② 대손세액공제를 받은 사업자가 그 대손금액의 전부 또는 일부를 회수한 경우에는 회수한 대손금액에 관련된 대손세액을 회수한 날이 속하는 과세기간의 매출세액에 더한다.
③ 대손세액공제를 적용받고자 하는 사업자는 대손사실을 증명하는 서류와 함께 해당 신고서를 예정신고 또는 확정신고 시 세무서장에게 제출(국세정보통신망에 의한 제출을 포함)하여야 한다.
④ 법인세법 시행령 제19조의2 제1항 및 소득세법 시행령 제55조 제2항에 따른 대손금으로 인정되는 경우 대손세액공제를 적용받을 수 있다.

정답 및 해설

대손세액공제를 적용받고자 하는 사업자는 대손사실을 증명하는 서류와 함께 해당 신고서를 확정신고 시 세무서장에게 제출(국세정보통신망에 의한 제출을 포함)하여야 한다. 따라서 예정신고 시에는 대손세액공제를 적용하지 않고, 증명서류 미첨부 시에도 대손세액공제를 적용하지 않는다.

답 ③

33 부가가치세법상 세금계산서에 관한 설명으로 옳지 않은 것은? 2013년 국가직 9급

① 영세율이 적용되는 재화의 공급이 법령에서 정하는 내국신용장에 의한 수출인 경우 세금계산서 발급의무가 면제된다.
② 택시운송 사업자, 노점 또는 행상을 하는 자가 공급하는 재화나 용역의 경우 세금계산서 발급의무가 면제된다.
③ 관할 세관장은 수입되는 재화에 대하여 부가가치세를 징수할 때에는 수입세금계산서를 수입하는 자에게 발급하여야 한다.
④ 수용으로 인하여 재화가 공급되는 경우 해당 사업시행자가 세금계산서를 발급할 수 있다.

> **정답 및 해설**

내국신용장 또는 구매확인서에 의하여 공급하는 재화와 한국 국제협력단, 한국국제보건의료재단 및 대한적십자사에 공급하는 재화는 국내사업자들 간의 거래인 점을 감안하여 영세율 세금계산서를 발급하여야 한다.

답 ①

34 부가가치세법상 세금계산서에 대한 설명으로 옳지 않은 것은? 2017년 국가직 9급

① 전자세금계산서를 발급하였을 때에는 그 발급일의 다음 날까지 전자세금계산서 발급명세를 국세청장에게 전송해야 하며 이 경우 해당 전자세금계산서 보존의무는 면제된다.
② 전자세금계산서 발급의무가 없는 사업자도 전자세금계산서를 발급할 수 있으며 필요적 기재사항을 착오로 잘못 적은 경우에는 수정전자세금계산서를 발급할 수 있다(단, 해당 사업자가 과세표준 또는 세액이 경정될 것을 미리 알고 있는 경우 제외).
③ 관계 증명서류 등에 따라 실제거래사실이 확인되는 경우로서 해당 거래일을 작성연월일로 하여 세금계산서를 발급하는 경우 재화 또는 용역의 공급일이 속하는 달의 다음 달 10일(그 날이 공휴일 또는 토요일인 경우 바로 다음 영업일)까지 세금계산서를 발급할 수 있다.
④ 수탁자가 직접 재화를 인도하는 위탁판매(위탁자를 알 수 없는 경우에 해당하지 않음)의 경우 수탁자가 자신의 명의로 세금계산서를 발급해야 하며 이 경우 위탁자의 등록번호를 덧붙여 적어야 한다.

> **정답 및 해설**

수탁자가 재화를 인도할 때에는 수탁자가 위탁자의 명의로 세금계산서를 발급하며, 위탁자가 직접 재화를 인도하는 때에는 위탁자가 세금계산서를 발급할 수 있다. 이 경우 수탁자의 등록번호를 덧붙여 적어야 한다.

답 ④

35 부가가치세법령상 세금계산서에 대한 설명으로 옳은 것은?

2021년 국가직 7급

① 사업자가 재화 또는 용역의 공급시기가 되기 전에 세금계산서를 발급하고 그 세금계산서 발급일부터 7일 이내에 대가를 받으면 해당 세금계산서를 발급한 때를 재화 또는 용역의 공급시기로 본다.
② 계약의 해제로 재화 또는 용역이 공급되지 아니한 경우 수정세금계산서의 작성일은 처음 세금계산서 작성일로 한다.
③ 법인사업자와 직전 연도의 사업장별 재화 및 용역의 공급대가의 합계액이 1억 원 이상인 개인사업자는 세금계산서를 발급하려면 전자세금계산서를 발급하여야 한다.
④ 전자세금계산서를 발급하여야 하는 사업자가 아닌 사업자는 전자세금계산서를 발급할 수 없다.

정답 및 해설

선지분석
② 계약의 해제로 재화 또는 용역이 공급되지 아니한 경우에는 계약이 해제된 때에 그 작성일은 계약해제일로 적고 비고란에 처음 세금계산서 작성일을 덧붙여 적은 후 붉은색 글씨로 쓰거나 음(陰)의 표시를 하여 발급한다.
④ 전자세금계산서를 발급하여야 하는 사업자가 아닌 사업자도 전자세금계산서를 발급하고 전자세금계산서 발급명세를 전송할 수 있다.

답 ①, ③

36 부가가치세법령상 공급할 때 세금계산서 발급의무가 면제되는 재화 또는 용역에 해당하지 않는 것은?

2020년 국가직 9급

① 미용, 욕탕 및 유사 서비스업을 경영하는 자가 공급하는 재화 또는 용역
② 원료를 대가 없이 국외의 수탁가공 사업자에게 반출하여 가공한 재화를 양도하는 경우에 그 원료의 반출로서 국내 사업장에서 계약과 대가 수령 등 거래가 이루어지는 것
③ 물품 등을 무환(無換)으로 수출하여 해당 물품이 판매된 범위에서 대금을 결제하는 계약에 의한 수출로서 국내 사업장에서 계약과 대가 수령 등 거래가 이루어지는 것
④ 국외에서 공급하는 용역으로서, 공급받는 자가 국내사업장이 없는 비거주자 또는 외국법인인 경우

정답 및 해설

부가가치세법 시행령 제71조【세금계산서 발급의무의 면제 등】 ① 법 제33조 제1항에서 "세금계산서를 발급하기 어렵거나 세금계산서의 발급이 불필요한 경우 등 대통령령으로 정하는 경우"란 다음 각 호의 어느 하나에 해당하는 재화 또는 용역을 공급하는 경우를 말한다.
2. 소매업 또는 미용, 욕탕 및 유사 서비스업을 경영하는 자가 공급하는 재화 또는 용역. 다만, 소매업의 경우에는 공급받는 자가 세금계산서 발급을 요구하지 아니하는 경우로 한정한다.
4. 위탁판매수출 등 국내사업장에서 계약과 대가 수령 등 이루어지는 것. 단, 원료를 대가 없이 국외의 수탁가공 사업자에게 반출하여 가공한 재화를 양도하는 경우에 그 원료의 반출은 제외한다.
9. 그 밖에 국내사업장이 없는 비거주자 또는 외국법인에 공급하는 재화 또는 용역. 다만, 그 비거주자 또는 외국법인이 해당 외국의 개인사업자 또는 법인사업자임을 증명하는 서류를 제시하고 세금계산서 발급을 요구하는 경우는 제외한다.

답 ②

37 다음은 제조업을 영위하는 일반과세자 (주)E의 2023년 제1기 부가가치세 과세기간 중의 거래내역이다. 2023년 제1기 부가가치세 납부세액을 계산할 때 공제 가능한 매입세액 총액은? (단, 거래대금을 지급하고 세금계산서를 적법하게 수취한 것으로 가정함) 2016년 국가직 9급 변형

- 4월 18일: 배기량이 3,000cc인 승용자동차의 구입과 관련된 매입세액 100만 원
- 4월 22일: 사업에 사용할 목적으로 매입한 원료 매입세액 100만 원. 세금계산서의 필요적 기재사항 중 일부가 착오로 사실과 다르게 기재되었으나 그 세금계산서에 적힌 나머지 임의적 기재사항으로 보아 거래사실이 확인됨
- 5월 12일: 법인세법 제25조에 따른 접대비의 지출과 관련된 매입세액 100만 원
- 6월 10일: 공장부지의 조성과 관련된 매입세액 100만 원
- 6월 20일: 사업에 사용할 목적으로 매입하였으나 과세기간 말 현재 사용하지 않은 재료의 매입세액 100만 원

① 100만 원
② 200만 원
③ 300만 원
④ 400만 원

정답 및 해설

- 4월 18일: 제조업을 영위하는 법인이 구입한 승용차는 비영업용 승용차로서 해당 매입세액은 불공제 대상이다.
- 4월 22일: 세금계산서의 필요적 기재사항 중 일부가 착오로 사실과 다르게 기재되었으나 그 세금계산서에 적힌 나머지 임의적 기재사항으로 보아 거래사실이 확인되는 경우 매입세액공제가 허용된다.
- 5월 12일: 접대비 및 이와 유사한 비용으로서 소득세법 또는 법인세법상 접대비에 해당하는 지출에 대한 매입세액은 불공제 대상이다.
- 6월 10일: 토지의 조성 등을 위한 자본적 지출에 관련된 매입세액으로서 공장부지 및 택지조성 관련 매입세액은 매입세액 불공제 대상이다.
- 6월 20일: 매입세액공제 시기는 사용시점이 아니라 구입시점이다.

따라서 합계는 100만 원(4월 22일) + 100만 원(6월 20일) = 200만 원이다.

답 ②

38

부가가치세법령상 매입세액공제에 대한 설명으로 옳지 않은 것은? 2018년 국가직 9급

① 세금계산서의 필요적 기재사항 중 일부가 착오로 사실과 다르게 적혔으나 그 세금계산서에 적힌 나머지 필요적 기재사항 또는 임의적 기재사항으로 보아 거래사실이 확인되는 경우의 매입세액은 매출세액에서 공제한다.

② 재화를 공급받고 실제로 그 재화를 공급한 사업장이 아닌 사업장을 적은 세금계산서를 발급받은 경우 그 사업장이 사업자단위 과세 사업자에 해당하는 사업장인 경우로서 그 재화를 실제로 공급한 사업자가 부가가치세 확정신고를 통하여 해당 과세기간에 대한 납부세액을 신고하고 납부하였다면 그 매입세액은 매출세액에서 공제한다.

③ 토지의 조성 등을 위한 자본적 지출에 관련된 것으로서 토지의 가치를 현실적으로 증가시켜 토지의 취득원가를 구성하는 비용에 관련된 매입세액은 매출세액에서 공제하지 아니한다.

④ 부가가치세법 제8조에 따른 사업자등록을 신청하기 전의 매입세액은 그 공급시기가 속하는 과세기간이 끝난 후 30일 이내에 등록을 신청한 경우에는 해당 세액을 매출세액에서 공제할 수 있다.

정답 및 해설

30일 이내가 아닌, 20일 이내에 등록을 신청한 경우여야 한다.

사업자등록 전 매입세액
1. 원칙: 불공제
2. 과세기간 끝난 후 20일 이내에 등록 신청 시: 등록신청일부터 공급시기가 속하는 과세기간 기산일까지 역산한 기간 이내의 매입세액은 공제

선지분석

①
세금계산서 미수령·부실기재분 매입세액
1. 원칙: 불공제
2. 필요적 기재사항 중 일부가 착오로 사실과 다르게 적혔으나 그 세금계산서에 적힌 나머지 필요적 기재사항 또는 임의적 기재사항으로 보아 거래사실이 확인되는 경우: 공제

② 세금계산서 미수령·부실기재분 중 공제대상 매입세액에 대한 옳은 설명이다.
③ 토지 관련 매입세액은 불공제대상이다.

답 ④

39 부가가치세법상 일반과세자(면세를 포기하고 영세율을 적용받는 경우는 제외)가 면세농산물 등에 대해 의제매입세액공제를 받는 것에 대한 설명으로 옳지 않은 것은?   2015년 국가직 7급

① 의제매입세액공제는 면세원재료를 사용하여 과세재화·용역을 공급하는 경우에 발생하는 누적효과를 제거하거나 완화시키기 위한 취지에서 마련된 제도이다.
② 의제매입세액은 면세농산물 등을 공급받은 날이 속하는 과세기간이 아니라, 그 농산물을 이용하여 과세대상 물건을 생산한 후 공급하는 시점이 속하는 과세기간의 매출세액에서 공제한다.
③ 의제매입세액의 공제를 받은 면세농산물 등을 그대로 양도 또는 인도하는 때에는 그 공제한 금액을 납부세액에 가산하거나 환급세액에서 공제하여야 한다.
④ 제조업을 경영하는 사업자가 법령에서 규정하는 농어민으로부터 면세농산물 등을 직접 공급받는 경우 의제매입세액공제를 받기 위해서는 세무서장에게 의제매입세액 공제신고서만 제출하면 된다.

> **정답 및 해설**
>
> 의제매입세액의 공제시기는 면세 농산물 등을 공급받은 날이 속하는 예정신고 또는 확정신고 시 매입세액으로 공제된다.
>
> 답 ②

40 제조업을 영위하는 (주)A는 과세사업과 면세사업에 공통으로 사용하던 재화를 2023년 8월 15일에 480,000원(부가가치세 불포함)에 공급하였다. 다음 (주)A의 공급가액 내역을 이용하여 해당 재화의 공급에 대한 부가가치세 과세표준을 계산하면?

2017년 국가직 9급 변형

(단위: 원)

구분	2023년 1기	2023년 2기
과세공급가액	18,000,000	24,000,000
면세공급가액	2,000,000	6,000,000
합계	20,000,000	30,000,000

① 384,000원
② 403,200원
③ 432,000원
④ 480,000원

정답 및 해설

재화의 공급가액이 50만 원 미만이므로 안분계산을 생략하고 해당 재화의 공급가액 전부를 과세표준으로 한다.

과세사업과 면세사업 등에 공통으로 사용된 재화의 공급가액 계산

과세사업과 면세사업 등에 공통적으로 사용된 재화를 공급하는 경우에는 다음과 같이 계산한 금액을 공급가액으로 함

$$공급가액 = 해당\ 재화의\ 공급가액 \times 직전과세기간의\ \frac{과세공급가액}{총공급가액}$$

단, 다음 중 어느 하나에 해당하는 경우에는 해당 재화의 공급가액 전부를 과세표준으로 함
1. 재화를 공급하는 날이 속하는 과세기간의 직전 과세기간 총공급가액 중 면세공급가액이 5% 미만인 경우. 다만, 해당 재화의 공급가액이 5천만 원 이상인 경우는 안분해야 함
2. 재화의 공급가액이 50만 원 미만인 경우는 공급단위별로 판단함
3. 재화를 공급하는 날이 속하는 과세기간에 신규로 사업을 시작하여 직전 과세기간이 없는 경우에 해당함

답 ④

41 부가가치세법령상 홍길동은 과세사업과 면세사업을 겸영하고 있는데 과세사업과 면세사업으로 실지귀속을 구분할 수 없는 2023년 제2기의 공통매입세액은 1천만 원이다. 홍길동의 2023년 제1기와 제2기의 과세 및 면세사업의 공급가액은 다음과 같다. 공통매입세액 중 2023년 제2기 과세기간에 공제받을 수 있는 금액은? (단, 매입세액의 공제요건은 충족하고, 2023년 제2기 중 공통으로 사용되는 재화를 공급한 것은 없음)

2019년 국가직 9급 변형

구분	2023년 제1기	2023년 제2기	합계
과세사업	8천만 원	4천만 원	1억 2천만 원
면세사업	2천만 원	6천만 원	8천만 원
합계	1억 원	1억 원	2억 원

① 2백만 원
② 4백만 원
③ 6백만 원
④ 8백만 원

정답 및 해설

$10,000,000원 \times \dfrac{40,000,000원}{100,000,000원} = 4,000,000원$

공통매입세액 안분계산: 과세사업과 면세사업 등을 겸영하는 경우로서 공통매입세액이 있는 경우 면세사업 등에 관련된 매입세액(불공제 매입세액)은 다음 계산식에 따라 안분하여 계산한다.

$$불공제\ 매입세액 = 공통매입세액 \times 해당과세기간의\ \dfrac{면세공급가액}{총공급가액}$$

답 ②

42 소매업을 영위하는 (주)한국은 과세사업과 면세사업을 겸영하고 있다. 2023년 제1기 과세 및 면세사업의 공급가액과 매입세액이 다음과 같을 때, 확정신고 시 공제받을 수 없는 매입세액은? (단, 모든 거래에 대한 세금계산서 및 계산서는 적법하게 발급받았으며, 주어진 자료 이외의 다른 사항은 고려하지 않음)

2022년 국가직 9급

(단위: 만 원)

구분	공급가액	매입세액
과세사업	300	25
면세사업	200	10
과세·면세공통(실지귀속 불분명)	-	20
합계	500	55

① 8만 원 ② 10만 원
③ 18만 원 ④ 30만 원

정답 및 해설

면세사업	100,000	-
공통매입세액 중 면세사업분	80,000	20만 원 × 200/500
계	180,000	-

답 ③

43

부가가치세법상 신고와 납부에 대한 설명으로 옳지 않은 것은? 2021년 국가직 7급

① 국외사업자로부터 권리를 공급받는 경우에는 공급받는 자의 국내에 있는 사업장의 소재지 또는 주소지를 해당 권리가 공급되는 장소로 본다.
② 국외사업자로부터 국내에서 용역을 공급받는 자(공급받은 그 용역을 과세사업에 제공하는 경우는 제외하되, 매입세액이 공제되지 않은 용역을 공급받는 경우는 포함)는 그 대가를 지급하는 때에 그 대가를 받은 자로부터 부가가치세를 징수하여야 한다.
③ 국외사업자가 부가가치세법에 따른 사업자등록의 대상으로서 위탁매매인을 통하여 국내에서 용역을 공급하는 경우에는 국외사업자가 해당 용역을 공급한 것으로 본다.
④ 국외사업자가 전자적 용역을 국내에 제공하는 경우(사업자등록을 한 자의 과세사업 또는 면세사업에 대하여 용역을 공급하는 경우는 제외)에는 사업의 개시일부터 20일 이내에 간편사업자등록을 하여야 한다.

정답 및 해설

국외사업자가 부가가치세법에 따른 사업자등록의 대상으로서 위탁매매인을 통하여 국내에서 용역을 공급하는 경우에는 위탁매매인이 해당 용역을 공급한 것으로 본다.

답 ③

44

부가가치세법상 조기환급에 대한 설명으로 옳지 않은 것은? 2014년 국가직 9급

① 사업자가 법령에 따른 영세율을 적용받는 경우 납세지 관할 세무서장은 환급세액을 조기에 환급할 수 있다.
② 조기환급신고를 받은 세무서장은 각 조기환급기간별로 해당 조기환급신고기한이 지난 후 25일 이내에 사업자에게 환급하여야 한다.
③ 조기환급을 받으려는 사업자가 법령에 의한 부가가치세 확정신고서를 각 납세지 관할 세무서장에게 제출한 경우에는 법률에 따라 조기환급을 신고한 것으로 본다.
④ 사업자가 법령으로 정하는 사업 설비를 신설·취득·확장 또는 증축하는 경우에는 납세지 관할 세무서장은 환급세액을 조기에 환급할 수 있다.

정답 및 해설

조기환급신고를 받은 세무서장은 각 조기환급기간별로 해당 조기환급신고기한이 지난 후 <u>15일</u> 이내에 사업자에게 환급하여야 한다.

> **조기환급신고(부가가치세법 시행령 제107조 참조)**
> 1. 예정·확정신고기간별 조기환급을 받으려는 사업자가 예정·확정신고서를 제출한 경우에는 조기환급을 신고한 것으로 봄
> 2. 예정·확정신고서를 제출함으로써 조기환급신고가 갈음되기 때문에 별도에 조기환급에 관한 신고서를 제출할 필요가 없음
> 3. 이미 신고한 조기환급분은 제외함

답 ②

45 부가가치세법상 환급 및 조기환급에 대한 설명으로 옳지 않은 것은?   2016년 국가직 7급

① 납세지 관할 세무서장은 각 과세기간별로 그 과세기간에 대한 환급세액을 확정신고한 사업자에게 그 확정신고기한이 지난 후 30일 이내(조기환급 제외)에 대통령령으로 정하는 바에 따라 환급하여야 한다.
② 조기환급세액은 영세율이 적용되는 공급분에 관련된 매입세액·시설투자에 관련된 매입세액 또는 국내공급분에 대한 매입세액을 구분하여 사업장별로 해당 매출세액에서 매입세액을 공제하여 계산한다.
③ 납세지 관할 세무서장은 결정 또는 경정에 의하여 추가로 발생한 환급세액이 있는 경우에는 지체 없이 사업자에게 환급하여야 한다.
④ 조기환급을 신고할 때 이미 신고한 과세표준과 납부한 납부세액 또는 환급받은 환급세액은 예정신고 및 확정신고 대상에서 제외하며, 조기환급신고를 할 때 매출·매입처별 세금계산서합계표를 제출한 경우에는 예정신고 또는 확정신고와 함께 매출·매입처별 세금계산서합계표를 제출한 것으로 본다.

> **정답 및 해설**

조기환급세액은 영세율 적용분 매입세액, 시설투자 관련분 매입세액, 국내공급분에 대한 매입세액을 <u>구분하지 아니하고</u> 사업장별로 해당 매출세액에서 매입세액을 공제하여 계산한다.

답 ②

---

46 부가가치세의 신고, 환급 및 대리납부 등에 관한 설명으로 옳지 않은 것은?   2011년 국가직 7급 변형

① 소규모법인 사업자가 아닌 법인사업자(신규사업개시자 아님)는 각 과세기간 중 예정신고기간이 끝난 후 25일 이내에 각 예정신고기간에 대한 과세표준과 납부세액 또는 환급세액을 납세지 관할 세무서장에게 신고하여야 한다.
② 사업자가 영세율 등 조기환급기간에 대한 과세표준과 환급세액을 정부에 신고하는 경우에는 조기환급기간에 대한 환급세액을 조기환급기간별로 당해 조기환급신고기한 경과 후 25일 이내에 사업자에게 환급하여야 한다.
③ 대리납부의무자가 부가가치세를 납부하지 아니한 경우에는 사업장 또는 주소지 관할 세무서장은 그 납부하지 아니한 세액에 그 세액의 100분의 10에 해당하는 금액을 더하여 국세징수의 예에 따라 징수한다.
④ 국내사업장이 없는 외국법인으로부터 용역을 공급받는 자가 공급받은 그 용역을 과세사업에 제공하는 경우에는 대리납부의무가 없다.

> **정답 및 해설**

사업자가 영세율 등 조기환급기간에 대한 과세표준과 환급세액을 정부에 신고하는 경우에는 조기환급기간에 대한 환급세액을 조기환급기간별로 당해 조기환급신고기한 경과 후 <u>15일 이내</u>에 사업자에게 환급하여야 한다.

선지분석
③ 본 세액의 100분의 10(국세기본법 제47조의5상 '대리납부할 세액의 10%')에 상당하는 가산금액을 일반적으로 '대리납부 불성실가산세'라고 하는데, 일반가산세 규정과는 별도로 규정되어 있다.

답 ②

47 부가가치세법령상 국외사업자의 전자적 용역 공급에 대한 설명으로 옳지 않은 것은? 2017년 국가직 7급

① 간편사업자등록을 한 사업자가 국내에 전자적 용역을 공급하는 경우에는 국내사업자와 동일하게 세금계산서 및 영수증을 발급하여야 한다.
② 국내사업장이 없는 비거주자 또는 외국법인이 정보통신망 등을 이용하여 전자적 용역의 거래가 가능하도록 오픈마켓이나 그와 유사한 것을 운영하고 관련 서비스를 제공하는 자를 통하여 국내에 전자적 용역을 공급하는 경우(국내사업자의 용역 등 공급 특례가 적용되는 경우는 제외)에는 그 오픈마켓을 운영하고 관련 서비스를 제공하는 자가 해당 전자적 용역을 국내에서 공급한 것으로 본다.
③ 간편사업자등록을 한 자의 국내로 공급되는 전자적 용역의 공급시기는 구매자가 공급하는 자로부터 전자적 용역을 제공받은 때와 구매자가 전자적 용역을 구매하기 위하여 대금의 결제를 완료한 때 중 빠른 때로 한다.
④ 국내사업장이 없는 비거주자 또는 외국법인이 국내에 이동통신단말장치 또는 컴퓨터 등을 통하여 구동되는 전자적 용역을 공급하는 경우(부가가치세법, 소득세법 또는 법인세법에 따라 사업자등록을 한 자의 과세사업 또는 면세사업에 대하여 용역을 공급하는 경우는 제외)에는 국내에서 해당 전자적 용역이 공급되는 것으로 본다.

> **정답 및 해설**

간편사업자등록을 한 사업자가 국내에 공급하는 전자적 용역에 대해서는 세금계산서 및 영수증 발급의무를 면제한다.

📄 **국내 전자적 용역이 공급되는 경우 부가가치세 과세방법**

공급자	오픈마켓을 통한 공급	
	국내오픈마켓 사업자(KT, SKT 등)	국외오픈마켓 사업자(구글 등)
국외사업자	국내 위탁매매인 또는 대리인이 공급하는 것으로 봄	국외 오픈마켓 사업자가 간편사업자등록을 하고 신고·납부
국내사업자	국내사업자 직접 공급한 것으로 보아 신고·납부	

답 ①

48 부가가치세법상 간이과세자에 대한 설명으로 옳지 않은 것은? 2011년 국가직 9급 변형

① 간이과세자는 예정부과기한에 대한 세액은 고지하여 부과하고 확정신고 시 당해 과세기간 전체의 세액을 신고납부한다.
② 간이과세자가 부가가치세의 면제를 받아 공급받은 농산물 등을 원재료로 하여 제조 또는 가공한 재화를 공급하는 경우에는 음식점업과 제조업에 한하여 의제매입세액공제를 받을 수 있다.
③ 간이과세자의 세금계산서 제출 세액공제 금액은 교부받은 세금계산서에 기재된 공급대가에 0.5%를 곱하여 계산한다.
④ 직전 연도의 공급대가의 합계액이 4천 800만 원 미만인 자는 세금계산서 대신 영수증을 발급하여야 한다.

정답 및 해설

간이과세자의 의제매입세액공제제도는 폐지되어 적용이 불가능하다. 그 이유는 업종별 부가가치율에 이미 의제매입세액공제 효과만큼이 포함되어 있음에도 불구하고 의제매입세액공제를 다시 해주는 것은 이중혜택 관점이 있기 때문이다.

선지분석

간이과세자는 공급대가의 0.5%의 세액공제를 적용받는다.

답 ②

49 부가가치세법상 간이과세제도에 관한 설명으로 옳지 않은 것은? 2013년 국가직 7급

① 간이과세자가 일반과세자로 변경된 경우 그 변경 당시의 재고품 등에 대하여 매입세액공제가 허용된다.
② 간이과세자도 부가가치세법상 사업개시일부터 20일 이내에 사업자등록의무가 있다.
③ 간이과세자가 간이과세자에 관한 규정의 적용을 포기하고 일반과세자에 관한 규정을 적용받으려는 경우, 적용받으려는 달의 전달의 마지막 날까지 납세지 관할 세무서장에게 신고하여야 한다.
④ 부동산매매업을 경영하는 개인사업자로서 직전 연도의 공급대가의 합계액이 4천800만 원에 미달하는 자는 간이과세자에 관한 규정을 적용받을 수 있다.

정답 및 해설

부동산매매업을 경영하는 개인사업자는 과세표준 양성화를 위하여 간이과세를 적용받을 수 없다. 따라서 부동산매매업자는 공급대가와 관계없이 간이과세자에 관한 규정을 적용받을 수 없다.

답 ④

50. 부가가치세법상 간이과세에 대한 설명으로 옳지 않은 것은?

2015년 국가직 9급

① 간이과세자가 부동산매매업을 신규로 겸영하는 경우에는 해당 사업의 개시일이 속하는 과세기간의 다음 과세기간부터 간이과세자에 관한 규정을 적용하지 않는다.
② 간이과세자의 납부세액은 공급대가에 해당 업종별 부가가치율과 10퍼센트를 곱하여 계산하며, 둘 이상의 업종을 겸영하면 각각의 업종별로 계산한 금액의 합계액으로 한다.
③ 일반과세자가 간이과세자로 변경된 후 다시 일반과세자로 변경되는 경우에는 간이과세자로 변경된 때에 재고납부세액을 납부하지 않은 재고품 등에 대해서는 재고품 등의 신고와 재고매입세액공제에 관한 규정을 적용하지 않는다.
④ 일반과세자가 간이과세자로 변경되는 경우 재고매입세액을 납부세액에 가산하여 납부해야 하며, 가산대상은 매입세액을 공제받은 것으로서 변경 당시의 재고품 및 감가상각자산에 한한다.

정답 및 해설

일반과세자가 간이과세자로 변경되면 변경 당시의 재고품, 건설 중인 자산 및 감가상각자산(매입세액 공제 받은 경우만 해당)에 대하여 대통령령으로 정하는 바에 따라 계산한 금액을 납부세액에 더하여야 한다.

재고매입세액 및 재고납부세액 대상 자산

변경되는 날 다음의 자산으로서 매입세액 공제대상인 것 → 매입세액불공제대상 자산은 제외
  예) 토지, 비영업용 소형승용자동차
1. 재고품(상품, 제품, 재료 등) not 저장품
2. 건설 중인 자산
3. 감가상각자산(건물·구축물은 취득·건설·신축 후 10년 이내의 것, 그 밖의 감가상각자산은 취득·제작 후 2년 이내의 것)

답 ④

51 부가가치세법령상 일반과세자와 간이과세자를 비교하여 설명한 내용으로 옳지 않은 것은?

2017년 국가직 7급

① 법정요건을 충족하는 경우 일반과세자에 대해서는 업종제한 없이 면세농산물 등에 대한 의제매입세액공제특례가 적용될 수 있으나, 간이과세자는 적용되지 아니한다.
② 재화 또는 용역의 공급에 대한 일반과세자의 부가가치세 과세표준은 해당 과세기간에 공급한 재화 또는 용역의 공급가액을 합한 금액으로 하는데 반하여, 간이과세자의 과세표준은 해당 과세기간의 공급대가의 합계액으로 한다.
③ 일반과세자의 경우에는 세금계산서 관련 가산세가 적용되지만, 간이과세자의 경우 세금계산서 관련 가산세가 적용되는 경우는 없다.
④ 법정요건을 충족하는 경우 일반과세자와 간이과세자 모두에 대해 영세율이 적용될 수 있다.

> **정답 및 해설**
>
> 직전 연도의 공급대가의 합계액이 4,800만 원 이상인 간이과세자는 원칙적으로 세금계산서를 발급하여야 하며, 세금계산서를 발급하지 않은 경우 가산세가 적용된다.
>
> 답 ③

52 부가가치세법령상 간이과세자에게 허용되지 않는 것은? (단, 법령상의 해당 요건은 충족함)

2019년 국가직 9급 변형

① 재화의 수출에 대한 영세율 적용
② 신용카드 등의 사용에 따른 세액공제
③ 간이과세자에 관한 규정의 적용 포기
④ 법령에 따라 공제받을 금액이 각 과세기간의 납부세액을 초과하는 경우 그 초과부분의 환급

> **정답 및 해설**
>
> 간이과세자의 경우 공제받을 금액의 합계액이 각 과세기간의 납부세액을 초과하는 경우에는 그 초과하는 부분은 없는 것으로 보아 그 초과부분의 환급은 발생하지 아니한다. 단, 예정고지세액에 대한 환급을 받을 수 있다.
>
> 답 ④

해커스공무원 학원·인강
gosi.Hackers.com

해커스공무원 이훈엽 세법 기본서

제6편
법인세법

제1장   총칙
제2장   세무조정과 소득처분
제3장   익금과 익금불산입
제4장   손금과 손금불산입
제5장   손익의 귀속시기와 자산·부채의 평가
제6장   감가상각비의 손금불산입
제7장   충당금과 준비금
제8장   부당행위계산의 부인
제9장   과세표준과 세액계산
제10장 납세절차
제11장 합병 및 분할특례
제12장 기타 법인세

제1장 총칙

01 납세의무자

의의	법인세는 법인의 소득에 대해 과세한다. 법인의 소득은 원천에 관계없이 사업연도의 순증가분을 모두 과세소득으로 보는 순자산증가설에 의하여 과세소득을 산정한다.		
용어 정의	내국법인	본점, 주사무소 또는 사업의 실질적 관리장소가 국내에 있는 법인	
	비영리 내국법인	다음의 어느 하나에 해당하는 법인을 말한다. ① 민법 제32조에 따라 설립된 법인 ② 사립학교법이나 그 밖의 특별법에 따라 설립된 법인으로서 민법에 규정된 목적과 유사한 목적을 가진 법인(조합법인 등이 아닌 법인으로서 그 주주 등에게 이익을 배당할 수 있는 법인은 제외) ③ 국세기본법 제13조 제4항에 따른 법인으로 보는 단체	
	외국법인	본점 또는 주사무소가 외국에 있는 단체(사업의 실질적 관리장소가 국내에 있지 아니하는 경우만 해당)로서 다음 중 어느 하나에 해당하는 기준에 해당하는 법인을 말한다. ① 설립된 국가의 법에 따라 법인격이 부여된 단체 ② 구성원이 유한책임사원으로만 구성된 단체 ③ 그 밖에 해당 외국단체와 동종 또는 유사한 국내의 단체가 상법 등 국내의 법률에 따른 법인인 경우의 그 외국단체	
	비영리 외국법인	외국법인 중 외국의 정부·지방자치단체 및 영리를 목적으로 하지 아니하는 법인(법인으로 보는 단체를 포함)	
납세 의무자	① 내국법인과 국내원천소득이 있는 외국법인은 법인세법에 따라 그 소득에 대한 법인세를 납부할 의무가 있다. ② 내국법인 중 국가와 지방자치단체(지방자치단체조합을 포함)는 그 소득에 대한 법인세를 납부할 의무가 없다. ③ 연결법인은 각 연결사업연도의 소득에 대한 법인세(각 연결법인의 토지 등 양도소득에 대한 법인세 및 조세특례제한법 투자·상생협력 촉진을 위한 과세특례를 적용하여 계산한 법인세를 포함)를 연대하여 납부할 의무가 있다. ④ 법인세법에 따라 법인세를 원천징수하는 자는 해당 법인세를 납부할 의무가 있다.		

과세소득 범위	법인의 종류		각 사업연도 소득	토지 등 양도소득	미환류 소득	청산소득
	내국 법인	영리법인	국내·외 모든 소득	O	O(*)	O
		비영리법인	국내·외 수익사업소득	O	X	X
	외국 법인	영리법인	국내원천소득	O	X	X
		비영리법인	국내 수익사업소득	O	X	X
	국가·지방자치단체		비과세법인이므로 납세의무 없음			

(*) 상호출자제한기업집단에 속하는 법인

02 신탁소득

수익자 과세	신탁재산에 귀속되는 소득에 대해서는 그 신탁의 이익을 받을 수익자가 그 신탁재산을 가진 것으로 보고 법인세법을 적용한다. ∵ 신탁을 소득이 흘러가는 도관으로 봄
수탁자 과세	다음 중 어느 하나에 해당하는 신탁으로서 위탁자 과세요건 모두에 해당하지 않는 신탁(자본시장과 금융투자업에 관한 법률에 따른 투자신탁은 제외)의 경우에는 신탁재산에 귀속되는 소득에 대하여 신탁계약에 따라 그 신탁의 수탁자(내국법인 또는 거주자인 경우에 한함)가 법인세를 납부할 수 있다. 이 경우 신탁재산별로 각각을 하나의 내국법인으로 본다. ① 신탁법 제3조 제1항 각 호 외의 부분 단서에 따른 목적신탁 ② 신탁법 제78조 제2항에 따른 수익증권발행신탁 ③ 신탁법 제114조 제1항에 따른 유한책임신탁 ④ 그 밖에 ①부터 ③의 신탁과 유사한 신탁으로서 법령으로 정하는 신탁 ∵ 신탁이 법인과 경제적 실체로서 법인과 유사한 활동을 수행하는 경우 그 신탁재산을 내국법인으로 봄
위탁자 과세	다음 중 어느 하나에 해당하는 신탁의 경우에는 신탁재산에 귀속되는 소득에 대하여 그 신탁의 위탁자가 법인세를 납부할 의무가 있다. ① 위탁자가 신탁을 해지할 수 있는 권리, 수익자를 지정하거나 변경할 수 있는 권리, 신탁 종료 후 잔여재산을 귀속 받을 권리를 보유하는 등 신탁재산을 실질적으로 지배·통제할 것 ② 신탁재산 원본을 받을 권리에 대한 수익자는 위탁자로, 수익을 받을 권리에 대한 수익자는 위탁자의 지배주주 등의 배우자 또는 같은 주소 또는 거소에서 생계를 같이 하는 직계존비속(배우자의 직계존비속 포함)으로 설정했을 것
구분 경리	자본시장과 금융투자업에 관한 법률의 적용을 받는 법인의 신탁재산(보험회사의 특별계정은 제외)에 귀속되는 수입과 지출은 그 법인에 귀속되는 수입과 지출로 보지 아니한다.

03 사업연도

원칙		① 사업연도는 법령이나 법인의 정관 등에서 정하는 1회계기간으로 한다. 다만, 그 기간은 1년을 초과하지 못한다. ② 신고를 하여야 할 법인이 그 신고를 하지 아니하는 경우에는 매년 1월 1일부터 12월 31일까지를 그 법인의 사업연도로 한다.
사업연도 신고	내국법인	법령이나 정관 등에 사업연도에 관한 규정이 없는 내국법인은 따로 사업연도를 정하여 법인 설립신고 또는 사업자등록과 함께 납세지 관할 세무서장에게 사업연도를 신고하여야 한다.
	외국법인	① 국내사업장이 있는 외국법인으로서 법령이나 정관 등에 사업연도에 관한 규정이 없는 법인은 따로 사업연도를 정하여 국내사업장 설치신고 또는 사업자등록과 함께 납세지 관할 세무서장에게 사업연도를 신고하여야 한다. ② 국내사업장이 없는 외국법인으로서 국내원천 부동산 소득 또는 국내원천 부동산 등 양도소득이 있는 법인은 따로 사업연도를 정하여 그 소득이 최초로 발생하게 된 날부터 1개월 이내에 납세지 관할 세무서장에게 사업연도를 신고하여야 한다.

최초 사업연도		① 내국법인의 경우 설립등기일이며, 외국법인은 국내사업을 가지게 된 날(국내사업장이 없는 경우에는 부동산 소득이 최초로 발생한 날)을 최초 사업연도의 개시일로 한다. ② 최초 사업연도의 개시일 전에 생긴 손익을 사실상 그 법인에 귀속시킨 것이 있는 경우 조세포탈의 우려가 없을 때에는 최초 사업연도의 기간이 1년을 초과하지 아니하는 범위 내에서 이를 당해 법인의 최초 사업연도의 손익에 산입할 수 있다. 이 경우 최초 사업연도의 개시일은 당해 법인에 귀속시킨 손익이 최초로 발생한 날로 한다.
사업연도 의제		사업연도 중에 법인에게 해산, 합병 등 특정한 사유가 발생한 경우 본래의 사업연도에 관계없이 그 사유가 발생한 날을 기준으로 사업연도를 획일적으로 정하는 것을 사업연도 의제라고 하며, 해당 사유별 의제 사업연도는 다음과 같다.
	해산	내국법인이 사업연도 중에 해산(합병 또는 분할에 따른 해산과 조직변경은 제외)한 경우에는 다음의 기간을 각각 1사업연도로 본다. ① 그 사업연도 개시일부터 해산등기일(파산으로 인하여 해산한 경우에는 파산등기일, 법인으로 보는 단체의 경우에는 해산일)까지의 기간 ② 해산등기일 다음 날부터 그 사업연도 종료일까지의 기간
	합병·분할	내국법인이 사업연도 중에 합병 또는 분할에 따라 해산한 경우에는 그 사업연도 개시일부터 합병등기일 또는 분할등기일까지의 기간을 그 해산한 법인의 1사업연도로 본다.
	조직 변경	내국법인이 사업연도 중에 조직변경을 한 경우에는 조직변경 전의 사업연도가 계속되는 것으로 본다.
	청산	청산 중인 내국법인의 사업연도는 다음의 구분에 따른 기간을 각각 1사업연도로 본다. ① 잔여재산가액이 사업연도 중에 확정된 경우: 그 사업연도 개시일부터 잔여재산가액 확정일까지의 기간 ② 상법에 따라 사업을 계속하는 경우: 다음의 기간 　㉠ 그 사업연도 개시일부터 계속등기일(계속등기를 하지 아니한 경우에는 사실상의 사업 계속일)까지의 기간 　㉡ 계속등기일 다음 날부터 그 사업연도 종료일까지의 기간
	연결 적용	내국법인이 사업연도 중에 연결납세방식을 적용받는 경우에는 그 사업연도 개시일부터 연결사업연도 개시일 전날까지의 기간을 1사업연도로 본다.
	외국법인	① 국내사업장이 있는 외국법인이 사업연도 중에 그 국내사업장을 가지지 아니하게 된 경우에는 그 사업연도 개시일부터 그 사업장을 가지지 아니하게 된 날까지의 기간을 1사업연도로 본다. 다만, 국내에 다른 사업장을 계속하여 가지고 있는 경우에는 그러하지 아니하다. ∵ 내국법인의 해산에 준하는 것 ② 국내사업장이 없는 외국법인이 사업연도 중에 국내원천 부동산소득 또는 같은 조 국내원천 부동산등 양도소득이 발생하지 아니하게 되어 납세지 관할 세무서장에게 그 사실을 신고한 경우에는 그 사업연도 개시일부터 신고일까지의 기간을 1사업연도로 본다. ∵ 내국법인의 폐업에 준하는 것
사업연도 변경	변경방법	① 사업연도를 변경하려는 법인은 그 법인의 직전 사업연도 종료일부터 3개월 이내에 납세지 관할 세무서장에게 이를 신고하여야 한다. ② 변경신고를 기한까지 하지 아니한 경우에는 그 법인의 사업연도는 변경되지 아니한 것으로 본다. 다만, 법령에 따라 사업연도가 정하여지는 법인의 경우 관련 법령의 개정에 따라 사업연도가 변경된 경우에는 변경신고를 하지 아니한 경우에도 그 법령의 개정 내용과 같이 사업연도가 변경된 것으로 본다.
	변경 금지	신설법인의 경우 최초사업연도가 경과하기 전에는 사업연도를 변경할 수 없다.
	적용	사업연도가 변경된 경우에는 종전의 사업연도 개시일부터 변경된 사업연도 개시일 전날까지의 기간을 1사업연도로 한다. 다만, 그 기간이 1개월 미만인 경우에는 변경된 사업연도에 그 기간을 포함한다.

04 납세지

법인세 납세지	내국법인	그 법인의 등기부에 따른 본점이나 주사무소의 소재지(국내에 본점 또는 주사무소가 있지 아니한 경우 사업을 실질적으로 관리하는 장소)
	외국법인	국내사업장의 소재지(둘 이상의 국내사업장이 있는 경우 주된 사업장 소재지). 다만, 국내사업장이 없는 외국법인으로서 부동산소득 또는 부동산 양도소득이 있는 외국법인의 경우 각각 그 자산의 소재지(둘 이상인 경우 외국법인이 납세지로 신고하는 장소)
	단체	당해 단체의 사업장 소재지를 말하되, 주된 소득이 부동산임대소득인 단체의 경우 그 부동산의 소재지. 이 경우 2 이상의 사업장 또는 부동산을 가지고 있는 단체의 경우에는 주된 사업장 또는 주된 부동산의 소재지를 말하며, 사업장이 없는 단체의 경우에는 당해 단체의 정관 등에 기재된 주사무소의 소재지(정관 등에 주사무소에 관한 규정이 없는 단체의 경우 그 대표자 또는 관리인의 주소)
원천징수 법인세 납세지	법인	① 해당 법인의 본점·주사무소 또는 국내에 본점 등이 소재하지 않는 경우에는 사업의 실질적 관리장소의 소재지(외국법인의 경우 해당 법인의 주된 국내사업장의 소재지) ② 법인의 지점·영업소 또는 그 밖의 사업장이 독립채산제에 의해 독자적으로 회계사무를 처리하는 경우에는 그 사업장의 소재지(그 사업장의 소재지가 국외에 있는 경우는 제외). 다만, 법인이 지점·영업소 또는 그 밖의 사업장에서 지급하는 소득에 대한 원천징수세액을 본점 등에서 전자계산조직 등에 의해 일괄계산하는 경우로서 본점 등의 관할 세무서장에게 신고하거나 사업자단위로 관할 세무서장에게 등록한 경우 해당 법인의 본점 등의 소재지로 한다.
	개인	① 거주자: 그 거주자의 주된 사업장 소재지. 다만, 주된 사업장 외의 사업장에서 원천징수를 하는 경우에는 그 사업장의 소재지, 사업장이 없는 경우에는 그 거주자의 주소지 또는 거소지로 한다. ② 비거주자: 그 비거주자의 주된 국내사업장 소재지. 다만, 주된 국내사업장 외의 국내사업장에서 원천징수를 하는 경우에는 그 국내사업장의 소재지, 국내사업장이 없는 경우에는 그 비거주자의 거류지 또는 체류지로 한다.
지정·통지 납세지	지정	관할 지방국세청장이나 국세청장은 납세지가 그 법인의 납세지로 적당하지 아니하다고 인정되는 경우로서 다음의 어느 하나에 해당하는 경우 그 납세지를 지정할 수 있다. ① 내국법인의 본점 등의 소재지가 등기된 주소와 동일하지 아니한 경우 ② 내국법인의 본점 등의 소재지가 자산 또는 사업장과 분리되어 있어 조세포탈의 우려가 있다고 인정되는 경우 ③ 둘 이상의 국내사업장을 가지고 있는 외국법인의 경우로서 주된 사업장의 소재지를 판정할 수 없는 경우 ④ 둘 이상의 자산이 있는 외국법인의 경우로서 납세지 신고를 하지 않은 경우
	통지	관할 지방국세청장이나 국세청장은 납세지를 지정한 경우에는 지정통지는 그 법인의 당해 사업연도종료일부터 45일 이내에 해당 법인에 알려야 한다. 통지를 기한 내에 하지 아니한 경우에는 종전의 납세지를 그 법인의 납세지로 한다.
납세지의 변경		① 법인은 납세지가 변경된 경우 그 변경된 날부터 15일 이내에 변경 후의 납세지 관할 세무서장에게 이를 신고하여야 한다. 이 경우 납세지가 변경된 법인이 부가가치세 사업자등록정정신고에 따라 그 변경된 사실을 신고한 경우에는 납세지 변경신고를 한 것으로 본다. 만일 변경신고를 하지 아니한 경우 종전의 납세지를 그 법인의 납세지로 한다. ② 외국법인이 납세지를 국내에 가지지 아니하게 된 경우에는 그 사실을 납세지 관할 세무서장에게 신고하여야 한다.

제2장 세무조정과 소득처분

01 법인세의 계산구조

의의	법인세의 각 사업연도 소득은 익금에서 손금을 빼서 계산한다. 그러나 법인세법상 익금과 손금을 직접 계산하는 것이 시간적·행정적으로 비효율적이므로 법인의 각 사업연도 소득금액은 법인이 기업회계에 따라 작성한 당기순이익을 기초로 세법과의 차이를 조정(세무조정)하여 계산한다. 이는 회계상 수익·비용이 법인세법상 익금·손금과 차이가 별로 없기 때문에 훨씬 간편하게 각 사업연도 소득을 구할 수 있기 때문이다.		
계산구조	수익	익금산입·익금불산입	익금
	비용	손금산입·손금불산입	손금
	당기순이익	(+) 익금산입·손금불산입 (−) 손금산입·익금불산입	각 사업연도 소득금액
세무조정	익금산입	장부상 수익이 세법상 익금보다 과소계상한 경우 하는 세무조정	
	손금불산입	장부상 비용이 세법상 손금보다 과대계상한 경우 하는 세무조정	
	손금산입	장부상 비용이 세법상 손금보다 과소계상한 경우 하는 세무조정	
	익금불산입	장부상 수익이 세법상 익금보다 과대계상한 경우 하는 세무조정	

02 결산조정사항과 신고조정사항

1. 결산조정사항

개념	결산서상 비용으로 계상한 경우에 한하여 법인세법상 손금으로 인정하는 항목을 말한다. 즉, 손금항목을 결산상 비용으로 계상하지 않은 경우 세무조정으로 손금산입할 수 없다. ※ 감가상각비 손금산입에 대하여 법인세법은 다음과 같은 규정을 두고 있다. 법인세법 제23조【감가상각비의 손금불산입】 내국법인이 각 사업연도의 결산을 확정할 때 토지를 제외한 감가상각자산에 대한 감가상각비를 손비로 계상한 경우에는 상각범위액의 범위에서 그 계상한 감가상각비를 해당 사업연도의 소득금액을 계산할 때 손금에 산입하고, 그 계상한 금액 중 상각범위액을 초과하는 금액은 손금에 산입하지 아니한다.
취지	법인이 외부와의 거래 없이 내부거래 중 법인이 손금산입에 대한 선택권이 부여된 것으로서 입법취지는 다음과 같다. ① 법인의 최종적인 의사결정에 따라 비용으로 계상해야지만 세법상 손금인정됨 ② 결산조정사항을 비용으로 계상하지 않아 당기순이익을 과다하게 보고됨을 방지함 ③ 선택가능한 회계처리사항을 법인이 확정하여 변경하지 못하도록 하기 위함

취지	🔍 사례			
	구분		Case 1	Case 2
	회사계상 감가상각비		120	70
	상각범위액		100	100
	세무조정		손금불산입 20 유보	없음

결산 조정사항 항목	구분	예외(신고조정사항)
	감가상각비	① 업무용 승용차에 대한 감가상각비 ② 감가상각의제 ③ 특수관계인으로부터 감가상각자산을 양수하면서 자산가액에 미달하는 경우 미달액에 대한 감가상각비 ④ K-IFRS 적용에 따른 내국법인의 감가상각비
	대손금	법적청구권의 소멸로 인한 대손사유는 신고조정
	자산의 평가손실	
	퇴직급여충당금	퇴직연금충당금은 신고조정사항
	대손충당금	
	법인세법상 준비금	고유목적사업준비금과 비상위험준비금은 임의조정사항

손금 귀속시기	법인세법상 사유 또는 요건에 해당하고 결산서상 회계처리한 사업연도에 손금이며, 누락 시 세무조정 및 경정청구를 할 수 없다.

2. 신고조정사항 중 강제조정사항

개념	신고조정사항은 결산서와 법인세법의 차이에 대하여 반드시 세무조정해야 하는 항목을 말한다. 신고조정사항은 법인이 외부와의 거래에서 발생한 것으로서 장부에 계상하지 않아도 세무조정으로 익금과 손금에 산입해야 한다.

	🔍 사례		
	구분	Case 1	Case 2
	회사계상 인건비	100	50
	세무상 인건비	80	80
	세무조정	손금불산입 20	손금산입 30

강제신고 조정사항	법인의 외부와의 거래에 따라 발생하는 항목으로서 결산조정사항과 임의신고조정사항이 아닌 항목은 모두 강제신고조정사항이다.
손금 산입시기	법인세법상 사유 및 요건을 충족한 사업연도에 손금이며, 누락 시 세무조정 및 경정청구가 가능하다.

3. 신고조정사항 중 임의조정사항

개념	임의조정사항이란 기업회계기준상 위배되는 항목으로서 비용으로 인정되지 않는 것이지만 법인세법상 이연혜택 등을 위해 손금으로 인정하는 항목을 말한다. 이러한 항목은 결산서상 계상할 수 없으므로 회사의 선택에 따라 손금산입 세무조정을 허용하고 있다.

🔍 **사례**

구분	Case 1	Case 2
일시상각충당금 설정액	100	50
세무상 한도액	80	80
한도초과액	손금불산입 20	손금산입 30(선택)

임의 조정사항	① 일시상각충당금과 압축기장충당금, 구상채권상각충당금 ② 조세특례제한법상 준비금, 고유목적사업준비금 및 비상위험준비금 ③ 조세특례제한법상 설비투자자산의 감가상각비 ④ 유형자산과 내용연수가 비한정인 무형자산의 감가상각비

03 소득처분

1. 개요

의의	법인세 과세표준의 신고(수정신고 포함)·결정 또는 경정하는 경우 세무조정사항에 대해 소득의 귀속자와 소득의 종류를 확정시키는 것을 말한다. 소득처분은 각 사업연도 소득에 대한 법인세 납세의무가 있는 모든 법인에게 적용하므로, 납세의무가 있는 비영리법인과 외국법인도 소득처분을 하여야 한다.
유형 67-106-1	① 익금에 산입한 금액이 사외에 유출된 경우

	구분	소득처분	원천징수
귀속자가 분명한 경우	㉠ 주주(주주인 임원·직원 제외)	배당	O
	㉡ 임원 또는 직원(*1)	상여	O
	㉢ 법인·개인사업자의 국내사업장(*2)	기타사외유출	X
	㉣ ㉠ ~ ㉢ 외의 자	기타소득	O
귀속자가 불분명한 경우		대표자 상여	O

(*1) 출자 임원(직원)인 경우: 상여
(*2) 법인주주인 경우: 기타사외유출

② 익금에 산입한 금액이 사외에 유출되지 아니한 경우: 유보 또는 기타

2. 사외유출

(1) 귀속자가 분명한 경우

의의	사외유출이란 익금산입·손금불산입 세무조정으로 발생한 세무상 소득이 회사의 외부로 유출되어 특정인에게 귀속된 경우 하는 소득처분이다. 그 귀속자를 판정하여 귀속자가 분명한 경우에는 귀속자에 따라 배당·상여·기타소득·기타사외유출로 처분한다.

취지	사외유출된 금액은 이익처분으로 인한 소득은 아니지만 세무상 소득으로 보아 해당 귀속자의 과세소득을 구성하여 과세하는 것이다. 이러한 사외유출 소득처분은 소득귀속에 따른 조세부과로 과세형평을 도모할 수 있다는 데 그 취지가 있다.

🔍 **사례**

X1년 말 회계 재무상태표				X1년 손익계산서	
자산	100	부채	30	수익	100
		자본금	50	비용	80
		당기순이익	20	당기순이익	20

대표이사의 사적 경비 10을 회사가 비용처리하였다.

X1년 말 세법 재무상태표				X1년 손익계산서	
자산	100	부채	30	익금	100
		자본금	50	손금	70
		소득금액	20	소득금액	30

<소득금액조정합계표>

익금산입 및 손금불산입			손금산입 및 익금불산입		
과목	금액	처분	과목	금액	처분
비용	10	상여			

(2) 귀속자가 불분명한 경우

의의	사외유출된 소득의 귀속이 불분명한 경우에는 대표자에 대한 상여로 처분한다. 대표자에 대한 상여로 인정되면 그 소득금액이 현실적으로 대표자에게 귀속되었는지 여부에 관계없이 대표자는 그 상여처분된 소득금액에 대하여 소득세가 과세된다.
취지	귀속자가 불분명한 경우 사외유출소득이 법인의 대표자에게 귀속되었을 개연성이 높고 귀속자를 밝히지 못한 것에 대한 책임을 대표자에게 지움으로써 그 귀속자를 밝히도록 강제하기 위한 것이다.

🔍 **사례**

회사의 세무조사 결과 현금매출 5천만원이 누락된 것이 적발되었으며, 귀속자도 불분명하다. 관할 세무서는 위 금액을 익금산입하여 대표자 상여로 소득처분하였고 회사가 해당 인정상여에 대해 원천징수할 소득세는 2천만원이다.

1. 회사가 소득세 대납액을 가지급금으로 계상한 경우

구분	회계처리				세무조정
대납 시	차) 가지급금	20,000,000	대) 현금	20,000,000	-
퇴직 시	차) 비용	20,000,000	대) 가지급금	20,000,000	손금불산입

※ 사외유출금액의 귀속이 불분명하여 대표자에게 상여처분한 금액에 대한 소득세를 법인이 납부하고 이를 가지급금으로 계상한 금액(특수관계가 소멸될 때까지의 기간에 상당하는 금액에 한함)은 가지급금으로 보지 않는다.

2. 회사가 소득세 대납액을 비용처리한 경우

회사				세무조정
차) 비용	20,000,000	대) 현금	20,000,000	손불 20,000,000(기타사외유출)

대표자 판정 (67-106-3)	사외로 유출된 금액의 귀속이 불분명하여 대표자에게 상여처분함에 있어서 대표자는 다음과 같이 판정한다. ① 주주임원(소액주주 제외) 및 그와 특수관계에 있는 자가 소유하는 주식 등을 합하여 해당 법인의 발행주식총수 또는 출자총액의 30% 이상을 소유하고 있는 경우의 그 임원이 법인의 경영을 사실상 지배하고 있는 경우에는 그 자를 대표자로 하고, 대표자가 2명 이상인 경우에는 사실상의 대표자로 한다. ② 사실상의 대표자란 대외적으로 회사를 대표할 뿐만 아니라 업무집행에 있어서 이사회의 일원으로 의사결정에 참여하고 집행 및 대표권을 가지며 회사에 대하여 책임을 지는 자를 말한다. ③ 사업연도 중에 대표자가 변경된 경우 대표자 각인에게 귀속된 것이 분명한 금액은 이를 대표자 각인에게 구분하여 처분하고, 귀속이 분명하지 아니한 경우에는 재직기간의 일수에 따라 구분계산하여 이를 대표자 각인에게 상여로 처분한다. ④ 해당 법인의 대표자가 아니라는 사실이 객관적인 증빙이나 법원의 판결에 따라 입증되는 경우를 제외하고는 등기상의 대표자를 그 법인의 대표자로 본다.

(3) 무조건 기타사외유출로 처분하는 경우

내용	① 특례기부금 또는 일반기부금의 손금산입한도초과액 ② 기업업무추진비 한도초과액과 건당 3만원(경조금 20만원) 초과 기업업무추진비 중 적격증명서류 미수취분 ③ 업무용 승용차별 임차료 중 감가상각비상당액 한도초과액과 처분손실 한도초과액 ④ 손금불산입한 채권자가 불분명한 사채이자와 비실명 채권·증권의 이자·할인액 또는 차익에 대한 원천징수세액에 상당하는 금액 ⑤ 손금불산입한 업무무관자산 등 관련이자 ⑥ 임대보증금 간주익금에 따라 익금에 산입한 금액 ⑦ 사외유출되었으나 귀속이 불분명한 금액 및 추계결정된 과세표준과 법인의 대차대조상의 당기순이익과의 차액을 대표자상여로 처분한 경우 당해 법인이 그 처분에 따른 소득세 등을 대납하고 이를 손비로 계상하거나 그 대표자와의 특수관계가 소멸될 때까지 회수하지 아니함에 따라 익금에 산입한 금액 ⑧ 불균등 자본거래 등에 따라 익금에 산입한 금액으로서 귀속자에게 상속세 및 증여세법에 의하여 증여세가 과세되는 금액 ⑨ 외국법인의 국내사업장의 각 사업연도의 소득에 대한 법인세의 과세표준을 신고하거나 결정 또는 경정함에 있어서 익금에 산입한 금액이 그 외국법인 등에 귀속되는 소득과 국제조세조정에 관한 법률 제6조, 제7조, 제9조, 제12조 및 제15조에 따라 익금에 산입된 금액이 국외특수관계인으로부터 반환되지 않은 소득
추계결정	추계결정 또는 추계경정된 과세표준과 법인의 재무상태표상의 당기순이익과의 차액(법인세상당액을 공제하지 않은 금액)은 대표자에 대한 이익처분에 의한 상여로 한다. 다만, 천재지변 등으로 장부·증빙서류가 멸실되어 추계하는 경우에는 기타사외유출로 처분한다.

(4) 부당하게 사외유출된 금액을 회수하고 신고하는 경우

내국법인이 국세기본법의 수정신고기한 내에 매출누락, 가공경비 등 부당하게 사외유출된 금액을 회수하고 세무조정으로 익금에 산입하여 신고하는 경우의 소득처분은 사내유보로 한다. 다만, 다음 중 어느 하나에 해당되는 경우로서 경정이 있을 것을 미리 알고 사외유출된 금액을 익금산입하는 경우에는 그러하지 아니하다.

① 세무조사의 통지를 받은 경우
② 세무조사가 착수된 것을 알게 된 경우
③ 세무공무원이 과세자료의 수집 또는 민원 등을 처리하기 위하여 현지출장이나 확인업무에 착수한 경우
④ 납세지 관할 세무서장으로부터 과세자료 해명 통지를 받은 경우
⑤ 수사기관의 수사 또는 재판 과정에서 사외유출 사실이 확인된 경우
⑥ 그 밖에 위와 유사한 경우로서 경정이 있을 것을 미리 안 것으로 인정되는 경우

> **Q 사례**
>
> X1년 법인의 대표이사가 가공경비 10에 대해 비용처리한 후 현금을 인출하였다. 법인은 X2년에 임원으로부터 현금 10을 회수하여 수익처리한 후 X1년도에 대한 수정신고를 하였다.
>
> | | X1년 법인세 세무조정 | | | | X2년 법인세 세무조정 | | |
> |---|---|---|---|---|---|---|---|
> | B | 비용 | 10 | 현금 | 10 | B | 현금 10 | 수익 10 |
> | T | 가지급금 | 10 | 현금 | 10 | T | 현금 10 | 가지급금 10 |
> | | 익금산입 가지급금 10(유보) | | | | | 익금불산입 가지급금 10(△유보) | |

3. 유보(△유보)

개념	익금산입·손금불산입 또는 익금불산입·손금산입의 세무조정이 재무상태표상 자산보다 세무상 자산이 증감하거나 재무상태표상 부채보다 세무상 부채가 증감하는 경우 발생하는 소득처분이다.

재무상태표 왜곡	세무조정	소득처분	세무상 자본
자산 과소 또는 부채 과대	익금산입·손금불산입	유보	증가
자산 과대 또는 부채 과소	손금산입·익금불산입	△유보	감소

취지	유보금액은 다음 사업연도 후 소득금액계산에 영향을 미치기 때문에 별도로 관리할 필요성이 있다. 따라서 유보금액은 세무상 자산과 부채의 가액을 정확하게 계산할 수 있게 함으로써 미래 법인 소득계산의 적정화를 기할 수 있다.

🔍 **사례**

1. 유보

회사는 X1년 상품 20을 외상매출(인도일 X1년 말)하였으나, 장부상 회계처리가 누락되었다. 매출원가는 적절하게 처리하였다고 가정한다.

회사 재무상태표(X1년 말)				손익계산서	
자산	100	부채	30	수익	100
		자본금	50	비용	80
		당기순이익	20	당기순이익	20

세법 재무상태표(X1년 말)				손익계산서	
자산	120	부채	30	익금	120
		자본금	50	손금	80
		소득금액	40	소득금액	40

<소득금액조정합계표>와 <자본금과 적립금(을)표>

익금산입 및 손금불산입			손금산입 및 익금불산입		
과목	금액	처분	과목	금액	처분
매출채권	20	유보			

과목	기초	당기 중 증감		기말
		감소	증가	
매출채권	-	-	20	20

2. △유보

회사는 X1년 말 국내은행 정기적금에 미수이자 10을 계상하였다.

회사 재무상태표(X1년 말)				손익계산서	
자산	100	부채	30	수익	100
		자본금	50	비용	80
		당기순이익	20	당기순이익	20

세법 재무상태표(X1년 말)				손익계산서	
자산	90	부채	30	익금	90
		자본금	50	손금	80
		소득금액	10	소득금액	10

<소득금액조정합계표>와 <자본금과 적립금(을)표>

익금산입 및 손금불산입			손금산입 및 익금불산입		
과목	금액	처분	과목	금액	처분
			미수이자	10	△유보

과목	기초	당기 중 증감		기말
		감소	증가	
미수이자	-	-	△10	△10

4. 기타

개념	기타 소득처분이란 세무조정하였으나 세법상 소득이 사외로 유출되지 않았으며, 결산상 자산·부채가 세무상 자산·부채와 차이가 없는 경우 발생하는 소득처분이다. 대표적으로 회계상 자본잉여금 항목을 세법상 익금항목으로 세무조정하는 경우 발생한다.
취지	기타의 소득처분은 비록 차기 이후 소득의 영향을 미치지도 않으며, 귀속자의 소득세 납세의무도 없어 사후관리가 불필요하다. 그러나 모든 세무조정에 대하여는 소득처분이 항상 동반되므로, 기타의 소득처분을 작성하지 않았을 경우 회사의 누락분인지 여부가 불분명하므로 기타의 소득처분을 작성하는 것이다.

🔍 사례

자본잉여금은 X1년 자기주식을 처분하여 발생한 것이다.

회사 재무상태표(X1년 말)				손익계산서	
자산	100	부채	30	수익	100
		자본금	40	비용	80
		자본잉여금	10		
		당기순이익	20	당기순이익	20

세법 재무상태표(X1년 말)				손익계산서	
자산	100	부채	30	익금	110
		자본금	40	손금	80
		이익잉여금	30	소득금액	30

<소득금액조정합계표>

익금산입 및 손금불산입			손금산입 및 익금불산입		
과목	금액	처분	과목	금액	처분
자본잉여금	10	기타			

제3장 익금과 익금불산입

01 익금항목

1. 익금의 개념

개념	익금은 자본 또는 출자의 납입 및 법인세법에서 규정하는 것은 제외하고 해당 법인의 순자산을 증가시키는 거래로 인하여 발생하는 이익 또는 수입(수익)의 금액으로 한다.
내용	법인세법령상 익금항목을 모두 열거하는 것은 불가능하므로 익금의 대표유형을 예시하고 있다. 따라서 법에 열거되지 않아도 순자산증가액은 원칙적으로 익금에 해당한다.

2. 익금항목

사업 수입금액	한국표준산업분류에 따른 각 사업에서 생기는 사업수입금액(기업회계기준에 따른 매출에누리금액, 매출할인금액 및 매출환입금액은 제외하고, 내국법인이 생산·공급하는 재화 또는 용역을 해당 내국법인의 임직원에게 시가보다 낮은 가액으로 판매 또는 제공하는 경우에는 그 판매 또는 제공가액과 시가와의 차액은 사업수입금액에 포함함)		
자산의 양도금액	재고자산 이외의 자산의 양도금액은 익금이다. 세법은 자산을 양도한 경우 총액법으로 익금과 손금을 계산하므로 양도 당시의 장부금액은 손금에 해당한다.		
자기주식 양도금액	자기주식(합병법인이 합병에 따라 피합병법인이 보유하던 합병법인의 주식을 취득하게 된 경우를 포함)의 양도금액은 익금이며, 양도한 자기주식의 장부가액은 손금이다. 이 경우 주식매수선택권의 행사에 따라 주식을 양도하는 경우에는 주식매수선택권 행사 당시의 시가로 계산한 금액으로 한다. → 자기주식 소각손익은 자본거래로 보아 익금 또는 손금에 해당하지 않음		
임대료	임대업을 영위하지 않는 법인의 자산의 임대료		
자산의 평가이익	자산의 평가차익은 익금항목에 열거되어 있지만, 법인세법은 자산의 취득가액을 원가로 평가하는 것이 원칙이므로 자산의 평가차익은 대부분 익금으로 보지 않는다. 다만, 보험업법이나 그 밖의 법률에 따른 유형자산 및 무형자산 등의 평가차익(장부가액을 증액한 경우만 해당함)은 익금으로 본다.		
자산 수증이익	내용	무상으로 받은 자산의 가액은 법인의 순자산을 증가시키므로 익금이다. 다만, 자산수증이익 중 법령이 정하는 이월결손금 보전에 충당된 금액은 익금불산입한다.	
	계산	자산수증이익은 법인세법에 따른 시가에 의하여 익금에 산입한다.	
채무 면제이익	채무면제이익(출자전환에 따른 채무면제이익 포함)은 채무의 면제 또는 소멸로 인하여 생기는 부채의 감소액으로서 익금으로 본다. 다만, 자산수증이익 중 법령이 정하는 이월결손금 보전에 충당된 금액은 익금불산입한다.		

환입된 금액	손금에 산입한 금액 중 환입된 금액은 익금이다. 다만, 손금불산입 금액 중 환입된 금액은 익금불산입항목이다.
	<table><tr><th>당초 처리</th><th>환입된 금액</th><th>사례</th></tr><tr><td>손금에 산입된 금액</td><td>익금</td><td>재산세</td></tr><tr><td>손금불산입 금액</td><td>익금불산입</td><td>법인세</td></tr><tr><td>자산의 취득가액</td><td>자산의 취득가액 차감</td><td>취득세</td></tr></table>
자본거래 분여이익	법인이 부당행위계산부인 중 자본거래로 인하여 특수관계인으로부터 분여받은 이익은 익금으로 본다.
회수하지 않은 가지급금 등	가지급금 및 그 이자(이하 "가지급금 등")로서 다음 중 어느 하나에 해당하는 금액은 익금으로 본다(∵ 채권포기액으로 간주하여 귀속자에게 소득처분하기 위함). 다만, 채권·채무에 대한 쟁송으로 회수가 불가능한 경우 등 정당한 사유가 있는 경우는 제외한다. ① 특수관계가 소멸되는 날까지 회수하지 아니한 가지급금 등(②에 따라 익금에 산입한 이자는 제외) ② 특수관계가 소멸되지 아니한 경우로서 가지급금의 이자를 이자발생일이 속하는 사업연도 종료일부터 1년이 되는 날까지 회수하지 아니한 경우 그 이자 🔍 **사례** 20×1. 1. 1. ㈜대한의 대표이사에게 1,000,000,000원을 다음과 같이 대여하였으며, ㈜대한은 금전대여에 대해 당좌대출이자율(4.6%)을 시가로 선택하였다. <table><tr><th>금액</th><th>상환일</th><th>약정 연 이자율</th><th>이자 수령 약정일</th></tr><tr><td>1,000,000,000</td><td>20×2. 12. 31.</td><td>4.6%</td><td>매년 말</td></tr></table> ① 20×1. 12. 31. 회계처리 (차) 미수이자 46,000,000 (대) 이자수익 46,000,000 ② 20×2. 12. 31. 회계처리 (차) 미수이자 46,000,000 (대) 이자수익 46,000,000 ③ 20×3. 1. 1.에 대표이사는 ㈜대한에서 현실적으로 퇴직하였으며, ㈜대한은 대표이사에 대한 가지급금과 이자를 정당한 사유 없이 회수하지 아니하였다. <table><tr><th rowspan="2">구분</th><th colspan="3">익금산입 및 손금불산입</th><th colspan="3">손금산입 및 익금불산입</th></tr><tr><th>과목</th><th>금액</th><th>처분</th><th>과목</th><th>금액</th><th>처분</th></tr><tr><td>제2기</td><td>미수이자</td><td>46,000,000</td><td>상여</td><td>미수이자</td><td>46,000,000</td><td>유보</td></tr><tr><td rowspan="2">제3기</td><td>가지급금</td><td>1,000,000,000</td><td>상여</td><td>가지급금</td><td>1,000,000,000</td><td>유보</td></tr><tr><td>미수이자</td><td>46,000,000</td><td>상여</td><td>미수이자</td><td>46,000,000</td><td>유보</td></tr></table>
책임준비금 감소액	① 보험회사가 보험업법에 따라 적립한 책임준비금의 감소액(할인율의 변동에 따른 책임준비금 평가액의 감소분은 제외)으로서 보험감독회계기준에 따라 수익으로 계상된 금액 ② 주택도시보증공사가 적립한 책임준비금의 감소액(할인율의 변동에 따른 책임준비금 평가액의 감소분은 제외)으로서 보험감독회계기준에 따라 수익으로 계상된 금액
기타	그 밖의 수익으로서 그 법인에 귀속되었거나 귀속될 금액

3. 간주익금

(1) 간주임대료 - 추계하는 경우

내용	추계하는 경우 장부나 증빙이 없으므로 전세금 등에 대한 운용수익이 확인되지 않아 과세가 어렵다. 임대료를 받은 법인과의 형평을 유지하기 위해 전세금 등에 이자상당액을 익금으로 본다.
대상법인	추계하는 모든 법인에 대하여 간주임대료를 과세한다.
계산	$$\text{보증금 등의 적수} \times \frac{1}{365} \times \text{정기예금이자율}$$ ① 보증금: 부동산이나 부동산상의 권리를 대여하고 받은 보증금을 말하며, 기장한 경우에는 주택은 간주임대료 대상에서 제외하나, 추계결정의 경우에는 주택도 간주임대료 대상에 포함한다. ② 정기예금이자율: 사업연도 종료일 현재 기획재정부령으로 정하는 이자율로서 연 3.5%를 말한다.
소득처분	추계결정 또는 추계경정된 과세표준과 법인의 재무상태표상의 당기순이익과의 차액(법인세상당액을 공제하지 않은 금액)은 대표자에 대한 상여로 한다. 다만, 천재지변 등으로 장부·증빙서류가 멸실되어 추계하는 경우에는 기타사외유출로 처분한다.

(2) 유가증권의 저가매입

의의	① 특수관계인인 개인으로부터 유가증권을 시가보다 낮은 가액으로 매입하는 경우 시가와 그 매입가액의 차액에 상당하는 금액은 익금으로 본다. ② 이 경우 주식의 취득가액에는 익금에 산입한 금액을 포함하며, 결과적으로 취득 시 시가가 취득가액이 된다.
취지	개인이 특수관계법인(예 가족기업)에게 유가증권을 무상에 가까운 저가로 양도한 경우 유가증권의 매매차익은 양도한 개인에게 소득세법상 미열거소득이므로 과세할 수 없고 유가증권을 매입한 법인에게도 미실현이익으로 과세할 수 없어 상속세 또는 증여세를 회피할 수 있었다. 이러한 조세회피를 방지하기 위해 특수관계인으로부터 저가로 매입한 유가증권의 시가와 매입가액과의 차이는 매입시점에서 익금산입하여 과세한다.

🔍 **사례**

㈜대한은 X1년도에 대표이사로부터 유가증권 100주를 10,000,000원(시가 15,000,000원)에 매입하고 매입가액을 취득원가로 계상하였다. ㈜대한은 X2년도에 동 주식 50주를 7,000,000원에 양도하고 2,000,000원의 유가증권처분이익을 계상하였다.

[세무조정]

구분	익금산입 및 손금불산입			손금산입 및 익금불산입		
	과목	금액	처분	과목	금액	처분
X1년	유가증권	5,000,000	유보			
X2년				유가증권	2,500,000	△유보

(3) 기타 간주익금규정

간접외국 납부세액	외국자회사로부터 받은 수입배당금에 대응하는 간접외국납부세액으로서 세액공제의 대상이 되는 금액은 익금으로 본다.
동업기업 소득금액	동업기업 과세특례를 적용받는 동업기업으로부터 배분받은 소득금액은 익금으로 보며, 배분받은 결손금은 손금으로 본다.

02 익금불산입 항목

1. 개요

의의	익금불산입 항목이란 법인의 순자산을 증가시키는 거래로 인하여 발생하는 수익이지만 익금에서 제외시키는 것을 말한다. 이는 성격, 과세원천상 법인세를 과세하는 것이 적절하지 않거나, 연구개발 지원 등 조세정책적 목적상 익금불산입한 후 일정기간 후 익금에 산입하는 과세이연제도에 의한 것이다.
익금불산입 항목	<table><tr><th>구분</th><th>취지</th></tr><tr><td>자본거래로 인한 익금불산입</td><td>자본충실의 원칙 유지</td></tr><tr><td>평가이익 등의 익금불산입</td><td>조세정책상</td></tr><tr><td>수입배당금 익금불산입</td><td>이중과세 방지</td></tr></table>

2. 자본거래 익금불산입 항목

주식발행 액면초과액	액면금액 이상으로 주식을 발행한 경우 그 액면금액을 초과한 금액(무액면주식의 경우에는 발행가액 중 자본금으로 계상한 금액을 초과하는 금액)은 익금에 산입하지 아니한다. 다만, 채무의 출자전환으로 주식 등을 발행하는 경우에는 그 주식 등의 시가를 초과하여 발행된 금액은 채무면제이익으로 익금항목이다.
포괄적 교환차익	상법에 따른 주식의 포괄적 교환을 한 경우로서 자본금 증가의 한도액이 완전모회사의 증가한 자본금을 초과한 경우의 그 초과액
포괄적 이전차익	상법에 따른 주식의 포괄적 이전을 한 경우로서 자본금의 한도액이 설립된 완전모회사의 자본금을 초과한 경우의 그 초과액
감자차익	자본감소의 경우로서 그 감소액이 주식의 소각, 주금의 반환에 든 금액과 결손의 보전에 충당한 금액을 초과한 경우의 그 초과금액 [예] 자본금 20,000,000원을 이월결손금 8,000,000원에 보전하기 위해 구주식 2주당 1주의 비율로 무상감자를 한 경우 감자차익: 10,000,000 - 8,000,000 = 2,000,000
합병차익	상법에 따른 합병의 경우로서 소멸된 회사로부터 승계한 재산의 가액이 그 회사로부터 승계한 채무액, 그 회사의 주주에게 지급한 금액과 합병 후 존속하는 회사의 자본금증가액 또는 합병에 따라 설립된 회사의 자본금을 초과한 경우의 그 초과금액. 다만, 소멸된 회사로부터 승계한 재산가액이 그 회사로부터 승계한 채무액, 그 회사의 주주에게 지급한 금액과 주식가액을 초과하는 경우로서 법인세법에서 익금으로 규정한 금액(합병매수차익)은 제외한다.

분할차익	상법에 따른 분할 또는 분할합병으로 설립된 회사 또는 존속하는 회사에 출자된 재산의 가액이 출자한 회사로부터 승계한 채무액, 출자한 회사의 주주에게 지급한 금액과 설립된 회사의 자본금 또는 존속하는 회사의 자본금증가액을 초과한 경우의 그 초과금액. 다만, 분할 또는 분할합병으로 설립된 회사 또는 존속하는 회사에 출자된 재산의 가액이 출자한 회사로부터 승계한 채무액, 출자한 회사의 주주에게 지급한 금액과 주식가액을 초과하는 경우로서 법인세법에서 익금으로 규정한 금액은 제외한다.

3. 평가이익 등의 익금불산입

자산의 평가이익		자산의 평가이익은 익금에 산입하지 아니한다. 단, 다음 중 어느 하나에 해당하는 평가이익은 익금에 산입한다. ① 보험업법 및 기타 법률에 의한 유형자산 및 무형자산 등의 평가(증액에 한함) ② 재고자산의 평가 ③ 화폐성 외화자산과 부채의 평가
이미 과세된 소득		각 사업연도의 소득으로 이미 과세된 소득(법인세법과 다른 법률에 따라 비과세되거나 면제되는 소득을 포함한다)은 익금에 산입하지 아니한다.
법인세 등 환급금		손금에 산입하지 아니한 법인세 또는 법인지방소득세를 환급받았거나 환급받을 금액을 다른 세액에 충당한 금액은 익금에 산입하지 아니한다.
환급금 이자		국세 또는 지방세의 과오납금의 환급금에 대한 이자는 익금에 산입하지 아니한다. ∵ 국세 등을 잘못 징수함에 대한 보상금이므로 이에 대하여 다시 법인세를 과세하면 세부담액만큼 보상효과가 줄어들기 때문
부가가치세 매출세액		부가가치세의 매출세액은 법인이 세무서에 납부하여야 할 예수금(부채) 성격이므로 익금에 산입하지 아니한다.
이월결손금 보전	내용	무상으로 받은 자산의 가액(국고보조금 등은 제외)과 채무의 면제 또는 소멸로 인한 부채의 감소액 중 이월결손금을 보전하는 데에 충당한 금액은 익금에 산입하지 아니한다. ∵ 결손법인의 재무구조 개선을 지원함
	보전대상 이월 결손금	보전대상 이월결손금은 다음의 요건을 모두 충족하여야 한다. ① 세무상 결손금(적격합병·분할 시 승계받은 결손금 제외)으로서 그 후의 각 사업연도의 과세표준을 계산할 때 공제되지 아니한 금액일 것 → 발생연도의 제한 없이 미공제 이월결손금 ② 신고된 각 사업연도의 과세표준에 포함되지 않았으나, 회생계획인가의 결정을 받은 법인의 결손금으로서 법원이 확인한 것이거나 기업개선계획의 이행을 위한 약정이 체결된 법인으로서 금융채권자협의회가 의결한 세무상 결손금
	효력	채무면제이익 등으로 보전된 이월결손금은 소멸된 것으로 보며 이를 다시 이후 사업연도의 법인세 과세표준 계산 시 공제하지 아니한다.
연결법인세		연결자법인 또는 연결모법인으로부터 지급받았거나 지급받을 개별귀속법인세액은 익금에 산입하지 아니한다. ∵ 각 연결법인별 납부세액을 연결모법인에게 지급하고, 연결모법인은 이를 관할 세무서에 납부하는 구조이기 때문

내용	상법에 따라 자본준비금을 감액하여 받는 배당금액(내국법인이 보유한 주식의 장부가액을 한도)은 익금에 산입하지 아니한다(∵ 자본준비금은 주주납입액으로서 그 금액을 감액하여 받는 것은 투자금을 환급받은 것에 불과함). 다만, 다음 중 어느 하나에 해당하는 자본준비금을 감액하여 받는 배당금액은 익금으로 본다. ① 의제배당으로 과세되는 자본준비금 ② 3% 재평가세율 적용분 재평가적립금 ③ 적격합병에 따른 합병차익 중 피합병법인의 3% 재평가세율 적용분 재평가적립금에 상당하는 금액(일정한 금액을 한도로 함) ④ 적격분할에 따른 분할차익 중 분할법인의 3% 재평가세율 적용분 재평가적립금에 상당하는 금액(일정한 금액을 한도로 함) ∵ 재평가적립금의 경우 성격상 납입자본이 아닌 평가차익에 불과하고, 재평가세 납부 및 자본충실화 목적 등에 한해 제한적으로 사용될 수 있음
주식 취득가액	법인이 보유한 주식에 대하여 상법에 따라 자본준비금을 감액하여 배당을 받은 경우에는 그 금액을 차감(내국법인이 보유한 주식의 장부가액을 한도로 함)한 금액을 주식의 취득가액으로 한다.

자본준비금 감액배당

🔍 사례

1. ㈜대한은 1주당 액면가액 5,000원인 주식 100주를 1주당 50,000원에 주금을 납입하여 주식을 취득하였다. 그 후 피투자회사가 주식발행초과금 일부를 감액하여 현금배당 1,000,000원을 받고 다음과 같이 회계처리한 경우 세무조정은?

⇒

회계	차) 현금	1,000,000	대) 배당금수익	1,000,000
세법	차) 현금	1,000,000	대) 유가증권	1,000,000
세무조정	익금불산입 유가증권 1,000,000 △유보			

(*) 회계장부상 수익처리한 경우 세법은 투자금을 환급받은 금액으로서 보유하는 주식에서 차감해야 하므로 익금불산입(△유보)로 처리해야 한다.

2.
(1) 甲법인은 乙법인을 설립할 당시 20만원을 출자하여 주식 2주를 인수하였다. 설립 당시 乙법인의 자본은 자본금 5만원, 주식발행초과금 15만원으로 가정한다. 甲법인은 乙주식 2주를 모두 ㈜대한에게 10만원에 양도하였으며, ㈜대한의 취득 당시 회계처리는 다음과 같다.

(차) 투자주식	100,000	(대) 현금	100,000

(2) 乙법인은 주식발행초과금 15만원을 ㈜대한에게 배당하였으며, ㈜대한의 배당금 수령 시 회계처리는 다음과 같다.

⇒

회계	차) 현금	150,000	대) 배당금수익	150,000
세법	차) 현금	150,000	대) 유가증권	100,000
			익금	50,000
세무조정	익금불산입 투자주식 100,000 △유보 익금불산입 수입배당금(*) 15,000 기타			

(*) 50,000 × 30% = 15,000

구분	배당	수입배당금 익금불산입
보유주식 장부가액 이내분	-(주식차감)	-
보유주식 장부가액 초과분	O	O

자본준비금 감액배당	타인으로부터 주식을 취득한 후 주식발행법인이 자본준비금을 감액할 경우, 자본준비금 감액배당금이 장부가액을 초과하는 경우가 발생할 수 있다. 이 경우 법인 입장에서는 전체 주주 집단의 투자원본을 반환한 것으로 볼 수 있지만, 주주 간에는 발행가격이 높은 주주와 발행가격이 낮은 주주 간에 손익의 실현으로 볼 수 있다. 따라서, 낮은 가격에 출자한 주주는 후에 지분가치를 높게 평가한 주주가 납입한 출자금을 법인에 쌓아두었다가 감액배당을 계기로 자신의 투자원본 이상을 반환받을 경우 이익이 실현된 것으로 보아, 장부가액을 초과하는 금액에 대해서는 익금에 산입하는 것이다.

합병·분할차익 중 3% 재평가적립금 감액배당 한도 등

재평가 적립금 한도	합병차익 재평가 적립금 한도	다음 계산식에 따라 계산한 금액을 말한다. A - (B - C) ① A: 합병차익 ② B: 피합병법인의 자본금과 의제배당대상 자본잉여금 외의 자본잉여금(3% 재평가적립금은 제외)을 합산한 금액 ③ C: 합병법인의 자본금 증가액
	분할차익 재평가 적립금 한도	다음 계산식에 따라 계산한 금액을 말한다. A - (B - C) ① A: 분할차익 ② B: 분할법인의 자본금 감소액과 의제배당대상 자본잉여금 외의 자본잉여금(3% 재평가적립금은 제외) 감소액을 합산한 금액 ③ C: 분할신설법인의 자본금
	예외	위 규정을 적용할 때 합병법인 또는 분할신설법인이 다음에 해당하는 경우에는 해당 규정에서 정하는 바에 따라 계산한다. ① 상법에 따라 승계한 준비금이 있는 경우: 그 승계가 없는 것으로 보아 계산 ② 합병차익 또는 분할차익의 일부를 자본 또는 출자에 전입하는 경우: 피합병법인 또는 분할법인의 3% 재평가적립금에 상당하는 금액이 먼저 자본 또는 출자에 전입된 것으로 보아 그 전입 후 남은 금액만 합병차익 또는 분할차익에 포함하여 계산
합병차익 분할차익 감액순서		합병법인 또는 분할신설법인이 합병차익 또는 분할차익의 일부를 감액배당하는 경우에는 다음의 순서에 따라 해당 금액을 배당한 것으로 본다. ① 피합병법인 또는 분할법인의 3% 재평가적립금(위 한도 내 금액) ② 피합병법인 또는 분할법인의 이익잉여금 및 의제배당대상 자본잉여금에 상당하는 금액 ③ 피합병법인 또는 분할법인의 의제배당대상 자본잉여금 외의 자본잉여금에 상당하는 금액

채무의 출자전환으로 인한 채무면제이익

출자전환이란 채권자(주로 금융기관)가 채무자인 기업으로부터 받아야 할 대출금을 주식으로 전환해 기업의 부채를 조정하여 채무자의 채무부담 완화를 공식화하여 채무자를 존속시키는 채권·채무 재조정방법을 말한다.

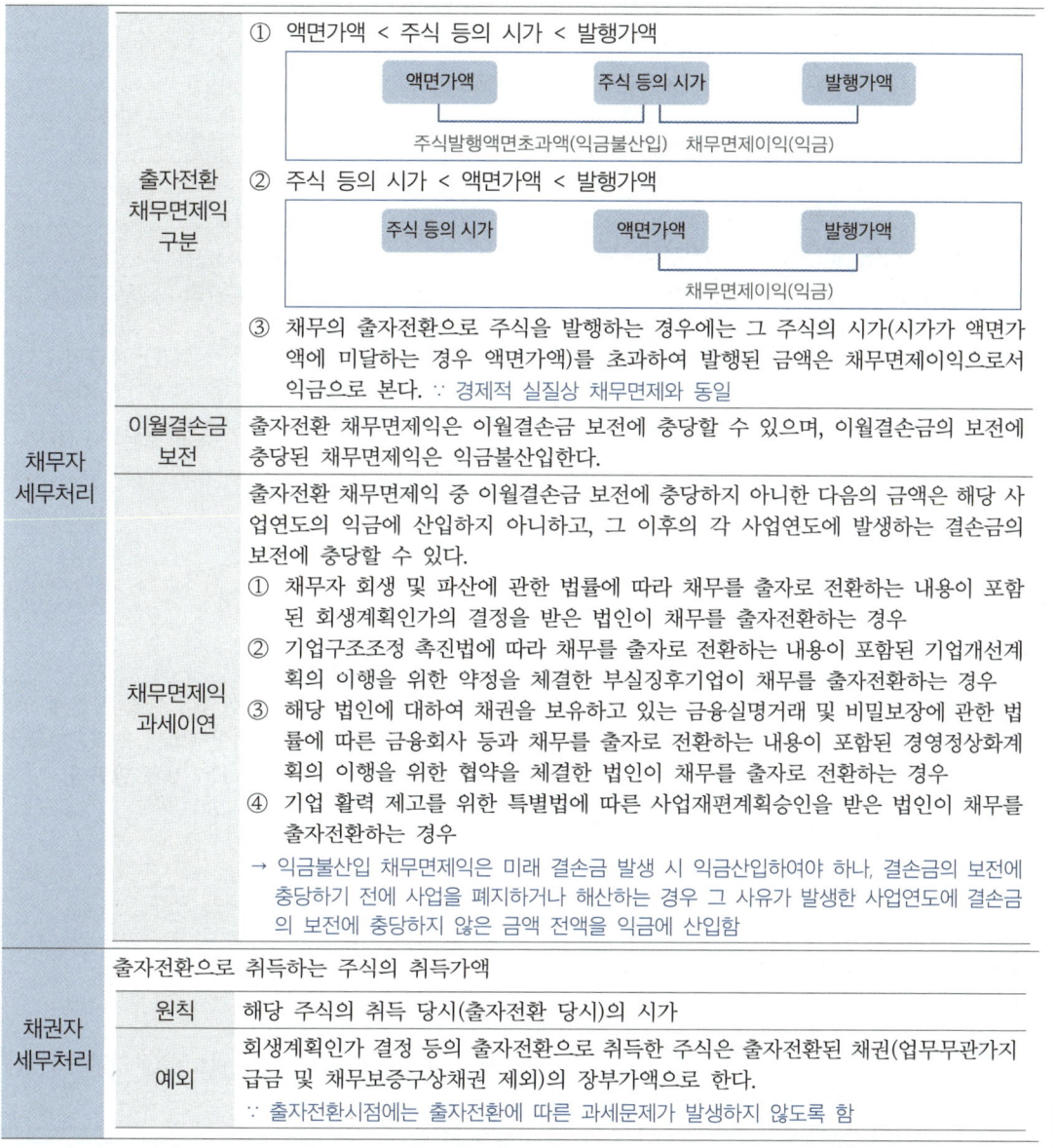

채무자 세무처리	출자전환 채무면제익 구분	① 액면가액 < 주식 등의 시가 < 발행가액 ② 주식 등의 시가 < 액면가액 < 발행가액 ③ 채무의 출자전환으로 주식을 발행하는 경우에는 그 주식의 시가(시가가 액면가액에 미달하는 경우 액면가액)를 초과하여 발행된 금액은 채무면제이익으로서 익금으로 본다. ∵ 경제적 실질상 채무면제와 동일
	이월결손금 보전	출자전환 채무면제익은 이월결손금 보전에 충당할 수 있으며, 이월결손금의 보전에 충당된 채무면제익은 익금불산입한다.
	채무면제익 과세이연	출자전환 채무면제익 중 이월결손금 보전에 충당하지 아니한 다음의 금액은 해당 사업연도의 익금에 산입하지 아니하고, 그 이후의 각 사업연도에 발생하는 결손금의 보전에 충당할 수 있다. ① 채무자 회생 및 파산에 관한 법률에 따라 채무를 출자로 전환하는 내용이 포함된 회생계획인가의 결정을 받은 법인이 채무를 출자전환하는 경우 ② 기업구조조정 촉진법에 따라 채무를 출자로 전환하는 내용이 포함된 기업개선계획의 이행을 위한 약정을 체결한 부실징후기업이 채무를 출자전환하는 경우 ③ 해당 법인에 대하여 채권을 보유하고 있는 금융실명거래 및 비밀보장에 관한 법률에 따른 금융회사 등과 채무를 출자로 전환하는 내용이 포함된 경영정상화계획의 이행을 위한 협약을 체결한 법인이 채무를 출자로 전환하는 경우 ④ 기업 활력 제고를 위한 특별법에 따른 사업재편계획승인을 받은 법인이 채무를 출자전환하는 경우 → 익금불산입 채무면제익은 미래 결손금 발생 시 익금산입하여야 하나, 결손금의 보전에 충당하기 전에 사업을 폐지하거나 해산하는 경우 그 사유가 발생한 사업연도에 결손금의 보전에 충당하지 않은 금액 전액을 익금에 산입함
채권자 세무처리	출자전환으로 취득하는 주식의 취득가액	
	원칙	해당 주식의 취득 당시(출자전환 당시)의 시가
	예외	회생계획인가 결정 등의 출자전환으로 취득한 주식은 출자전환된 채권(업무무관가지급금 및 채무보증구상채권 제외)의 장부가액으로 한다. ∵ 출자전환시점에는 출자전환에 따른 과세문제가 발생하지 않도록 함

🔍 **사례**

출자전환으로 소멸하는 채권의 장부가액 100, 출자전환으로 발행되는 주식의 발행가액이 100(시가 20, 액면가액 10)일 경우 채권자 및 채무자의 회계처리
⇒ ① 일반적인 채무의 출자전환인 경우

구분	기업회계		법인세법		세무조정
채무자	채무 100	자본금 10 주발초 10 채무익 80	채무 100	자본금 10 주발초 10 채무익 80	없음
채권자	주식 20 대손금 80	채권 100	주식 20 대손금 80	채권 100	없음

② 과세이연요건을 갖춘 채무의 출자전환인 경우

구분	기업회계		법인세법		세무조정
채무자	채무 100	자본금 10 주발초 10 채무익 80	채무 100	자본금 10 주발초 10 채무익 80	없음 (단, 채무익 과세이연 가능)
채권자	주식 20 대손금 80	채권 100	주식 100	채권 100	손不 주식 80 (유보)

03 의제배당(배당금 또는 분배금의 의제)

1. 개요

의의	의제배당이란 상법 등 이익배당절차에 의한 것은 아니지만 법인의 잉여금이 특정 사건에 의해 주주에게 귀속됨에 따라 현금배당과 동일한 경제적 효과를 가질 때 법인세법은 조세공평을 실현하고 조세회피를 방지하기 위해 주주에게 배당으로 의제하여 과세하는 것을 말한다.
유형	① 잉여금의 자본전입으로 인한 의제배당 ② 감자·해산·합병·분할에 따른 의제배당

2. 잉여금의 자본전입으로 인한 의제배당

(1) 의의

개요	법인이 잉여금을 자본에 전입하는 경우는 주식배당과 무상증자를 하는 경우이다. 이 경우 주주가 취득하는 주식을 '무상주'라 한다.	
	구분	주식배당	무상증자
	자본금 전입 재원	이익잉여금	자본잉여금
	의사결정	주주총회	이사회 또는 주주총회
	주식 수	증가	증가
	효과	발행주식 수 증가 → 거래 활발 → 현금 유출 없이 주가 상승	
	법인세법	의제배당 과세	① 원칙: 과세하지 않음 ② 일부 재원에 대해서는 과세

	구분	기업회계		법인세법	
주식 배당	피출자 법인	이익잉여금 10	자본금 10	이익잉여금 10 현금 10	현금 10 자본금 10
		-	-	현금 10 주식 10	익금 10 현금 10
	주주	배당금 수익 아님 ∵ 순자산 변화 없이 자본 내 이동에 불과함		현금배당을 받은 후 즉시 그 돈으로 주식을 구입한 것으로 봄 ∵ 현금배당 후 주식 구입거래를 주식배당으로 하여 현금배당 과세를 피할 수 있음	
무상 증자	무상증자는 본래 자본잉여금을 자본금에 전입하는 것으로서 자본 내 변동에 불과하여 주주 입장에서 배당으로 보지 아니한다. 다만, 기업회계기준에 따라 자본잉여금으로 분류되는 것 이라도 세법상 이익잉여금으로 보는 항목(예 자기주식처분이익)이 있다면 이는 주식배당과 동일한 거래이므로 주주입장에서 의제배당으로 과세한다.				

(2) 잉여금 자본전입에 따른 의제배당의 내용

원칙

① 법인의 잉여금의 전부 또는 일부를 자본 또는 출자의 금액에 전입함으로써 취득하는 무상주는 의제배당으로 본다. 다만, 주식발행초과금 등 익금불산입항목인 자본잉여금을 자본전입하여 받는 무상주는 의제배당으로 보지 않는다.

잉여금의 구분			의제배당 과세 여부
무상증자	자본잉여금	익금불산입항목	X
		익금항목	O
주식배당	이익잉여금		O

∵ 자본잉여금을 자본전입에 따라 주주가 받는 주식은 비과세한다는 것이 아니라 자본전입에 따른 증자를 통하여 회사채권자를 보호하고 기업신용도를 높여 자본전입을 촉진하겠다는 정책적 고려에서 의제배당으로 보지 않고 차후에 의제배당 사유가 생겨 그 소정의 초과금액 또는 유보이익의 증가액이 있을 때 과세를 한다는 것

② 잉여금의 자본전입으로 인하여 주주 등이 취득하는 주식의 의제배당 과세 여부는 그 무상주 발행의 재원인 잉여금에 따라 다음과 같이 구분한다.

자본금 전입의 재원			의제배당
자본 잉여금	주식발행 초과금	일반적인 경우	X
		채무의 출자전환 시 채무면제이익	O
	주식의 포괄적 교환차익		X
	주식의 포괄적 이전차익		X
	감자 차익	일반적인 경우	X
		자기주식소각 당시 시가가 취득가액을 초과하는 자기주식소각이익	O
		자기주식소각이익을 소각일부터 2년 내 자본전입하는 경우	O
	재평가 적립금(*)	익금불산입항목인 재평가적립금(3% 세율)	X
		익금항목인 토지의 재평가적립금(1% 세율)	O
	자기주식처분이익		O
이익 잉여금	이익준비금 등 법정적립금		O
	임의적립금 및 미처분이익잉여금		O

(*) 재평가적립금의 일부를 자본 또는 출자에 전입하는 경우에는 익금항목인 재평가적립금과 익금불산입항목인 재평가적립금의 구성비율에 따라 각각 전입한 것으로 본다.

예외	익금불산입항목인 자본잉여금을 재원으로 받은 무상주는 본래 의제배당이 아니지만 다음 중 어느 하나에 해당하는 경우에는 예외적으로 의제배당으로 본다.
	① 다음 중 어느 하나에 해당하는 자기주식소각이익
	   ⊙ 소각 당시 시가가 취득가액을 초과하는 경우
	       ∵ 실질이 자기주식처분이익인 점을 고려하여 기간 제한 없이 의제배당으로 과세함
	   ⊙ 자기주식소각일로부터 2년 이내에 자본에 전입하는 경우
	       ∵ 주가가 하락한 법인이 자기주식을 매입·소각하여 대주주의 지분율을 높인 뒤 자기주식소각이익을 단기간 내 자본전입하여 대주주의 재산을 증식시키는 것을 방지함
	
		소각 당시 자기주식	시가 > 취득가액	시가 ≤ 취득가액

2년 이내 자본전입	의제배당	의제배당
2년 경과 후 자본전입	의제배당	- | ② 이익잉여금으로 상환된 상환주식의 주식발행액면초과액 ③ 자기주식 보유법인의 잉여금 자본전입에 따른 의제배당: 법인이 자기주식 또는 자기출자지분을 보유한 상태에서 의제배당으로 보지 않는 자본잉여금을 자본전입함에 따라 그 법인 외의 주주 등의 지분비율이 증가한 경우 증가한 지분비율에 상당하는 주식 등의 가액은 배당으로 본다. ∵ 자기주식을 취득하여 보유한 상태에서 무상증자를 함으로써 세부담 없이 대주주의 지분을 증가시키는 조세회피를 방지하기 위함		
무상주 평가	① 원칙: 액면가액(주식배당은 발행가액) ② 무액면주식: 자본금 전입액 ÷ 신규발행 주식 수 ∵ 발행주식 수에 따라 의제배당금액이 달라지는 문제를 해소하기 위함		
수입시기	잉여금의 자본전입을 결의한 날 ∵ 무상주식수가 확정됨		
계산구조	① 잉여금 계산방법 	구분	1차 배정 (지분비율 배정분)	2차 배정 (지분비율 증가분)
의제배당 과세 잉여금	O	O

의제배당 과세되지 않은 잉여금	-	O |
		
		② 주식 수 계산방법
		   ⊙ 1차 배정분: 1차 배정 주식 수 × 의제배당 과세비율 × 액면가액 등
		   ⊙ 2차 배정분: 2차 배정 주식 수 × 액면가액 등		

세무조정	익금산입 유가증권 XXX (유보)		

상환주식의 주식발행초과금 사례

구분	주식발행법인				주주(상환주식 소유자)				추가설명
상환주식 발행	현금	1,000	자본금 주발초	400 600	상환주식	1,000	현금	1,000	
상환주식 상환	이익잉여금	1,500	현금	1,500	현금	1,500	상환주식 의제배당	1,000 500	500은 주식 소각으로 인한 의제배당임
자본금 전입	주발초	600	자본금	600	주식	600	의제배당	600	실질은 이익잉여금의 자본금 전입으로서 의제배당임

상법상 준비금을 감액하여 받은 배당과 의제배당

구분		감액배당	의제배당	수입배당금 익금불산입
자본잉여금	일반적인 주식발행초과금	X	X	-
	감자차익	X	X	-
	주식의 포괄적교환차익·이전차익	X	X	-
	3% 재평가세율 재평가적립금[*]	O	X	X
	주식발행초과금 중 채무면제이익	O	O	O
	상환주식의 주식발행초과금	O	O	O
	1% 재평가세율 재평가적립금	O	O	O
	자기주식처분이익	O	O	O
	자기주식소각익으로서 소각 시 시가가 취득가액을 초과하거나 소각일로부터 2년내 자본전입분	O	O	O
이익잉여금	법정적립금, 임의적립금, 미처분이익잉여금	O	O	O

[*] 적격합병에 따른 합병차익 중 피합병법인의 3% 재평가세율 적용 재평가적립금에 상당하는 금액과 적격분할에 따른 분할차익 중 분할법인의 3% 재평가세율 적용 재평가적립금에 상당하는 금액을 포함한다.

(3) 감자·해산·합병·분할에 따른 의제배당

감자

주식의 소각, 자본의 감소, 사원의 퇴사·탈퇴 또는 출자의 감소로 인하여 주주 등인 내국법인이 취득하는 금전과 그 밖의 재산가액의 합계액이 해당 주식 등을 취득하기 위하여 사용한 금액을 초과하는 금액은 의제배당으로 보아 익금에 산입한다.

> 의제배당 = 감자 등으로 받은 대가 - 소멸주식의 장부가액

① 감자 등으로 받은 대가: 금전으로 받은 경우 금전. 금전 외의 재산은 취득 당시의 시가로 평가한다. 단, 특수관계인으로부터 분여받은 이익이 있는 경우에는 그 금액을 차감한 금액으로 한다.

② 소멸주식의 장부가액: 감자로 소멸된 주식의 세무상 장부가액

구분	취득가액	일부 처분	일부 소각
유상취득한 주식	실제 지출된 금액	평균법[*1]	㉠ 원칙: 평균법 ㉡ 단기소각주식[*2]: 먼저 소각되며 취득가액은 '0'
의제배당으로 과세된 무상주	의제배당금액		
의제배당으로 과세되지 않은 무상주	0(주식수만 증가)		

[*1] 주식 취득 후 감자결의일까지 기간 중 주식의 일부를 처분한 경우 평균법에 따라 단기소각주식과 다른 주식을 주식 수에 비례하여 양도한 것으로 본다.

[*2] 감자결의일 전 2년 이내에 의제배당으로 과세되지 않은 무상주를 취득한 경우 그 주식을 먼저 소각한 것으로 보며, 그 주식의 당초 취득가액은 "0"으로 함

③ 수입시기: 감자로 인한 의제배당은 그 주주총회 등에서 주식의 소각 등을 결의한 날을 수입시기로 한다. 다만, 주식의 소각 등을 한 날의 주주와 상법에 따른 기준일의 주주가 다른 경우에는 동 기준일 또는 사원이 퇴사·탈퇴한 날을 수입시기로 한다.

해산	① 해산한 법인의 주주 등(법인으로 보는 단체의 구성원을 포함한다)인 내국법인이 법인의 해산으로 인한 잔여재산의 분배로서 취득하는 금전과 그 밖의 재산의 가액이 그 주식 등을 취득하기 위하여 사용한 금액을 초과하는 금액은 배당으로 본다. ② 해산 시 의제배당은 당해 법인의 잔여재산가액이 확정된 날을 수입시기로 한다.
합병	① 피합병법인의 주주 등인 내국법인이 취득하는 합병대가가 그 피합병법인의 주식 등을 취득하기 위하여 사용한 금액을 초과하는 금액은 배당으로 본다. ② 합병 시 의제배당은 합병등기일을 수입시기로 한다.
분할	① 분할법인 또는 소멸한 분할합병의 상대방 법인의 주주인 내국법인이 취득하는 분할대가가 그 분할법인 또는 소멸한 분할합병의 상대방 법인의 주식(분할법인이 존속하는 경우에는 소각 등에 의하여 감소된 주식만 해당한다)을 취득하기 위하여 사용한 금액을 초과하는 금액은 배당으로 본다. ② 분할 시 의제배당은 분할등기일을 수입시기로 한다.

04 수입배당금액의 익금불산입

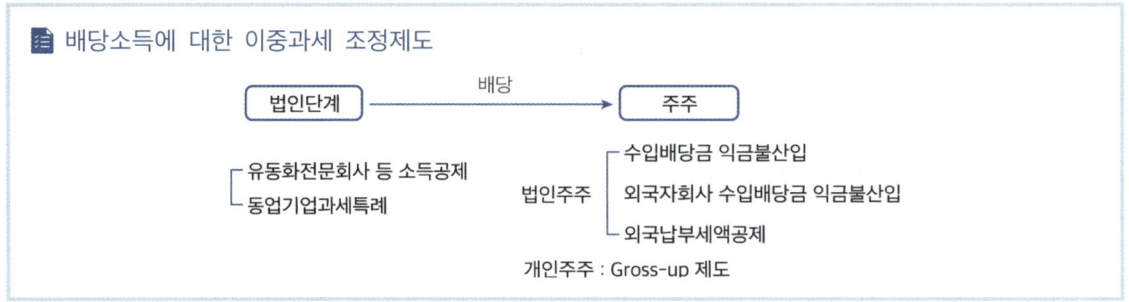

1. 내국법인 수입배당금액의 익금불산입
(1) 개요

의의	내국법인(고유목적사업준비금을 손금에 산입하는 비영리내국법인은 제외)이 피출자법인으로부터 받은 수입배당금액 중 일정액을 각 사업연도의 소득금액을 계산할 때 익금에 산입하지 아니한다.
취지	영리법인이 지급하는 배당금의 재원은 이미 그 영리법인의 소득에 대한 법인세가 과세되고 남은 것이므로, 배당을 받는 법인에게 이를 별개의 소득으로 보고 다시 같은 비율의 법인세를 과세하는 것은 사실상 동일한 소득에 대하여 이중과세를 하는 결과가 되므로 이를 방지하고자 하는 데 그 입법취지가 있다.

	다음 중 어느 하나에 해당하는 수입배당금액에 대해서는 적용하지 아니한다.

익금
불산입
배제
	① 배당기준일 전 3개월 이내에 취득한 주식 등을 보유함으로써 발생하는 수입배당금액. 이 경우 보유 주식 수를 계산할 때 같은 종목의 주식의 일부를 양도한 경우 먼저 취득한 주식을 먼저 양도한 것으로 본다. ∵ 배당락을 통한 단기보유주식에 대한 조세회피 방지
	② 유동화전문회사 등에 대한 소득공제 또는 프로젝트금융투자회사에 대한 소득공제에 따라 지급한 배당에 대하여 소득공제를 적용받는 법인으로부터 받은 수입배당금액
	③ 지급배당에 대하여 소득공제를 적용받는 법인과세 신탁재산으로부터 받은 수입배당금액
	④ 법인세법과 조세특례제한법에 따라 법인세를 비과세·면제·감면받는 다음 중 어느 하나에 해당하는 법인으로부터 지급받은 수입배당금액
	  ㉠ 수도권 밖으로 본사를 이전하는 법인, 제주첨단과학기술단지 입주기업에 대한 세액감면 및 제주투자진흥지구 또는 제주자유무역지역 입주기업에 대한 세액감면의 규정을 적용받는 법인(감면율이 100%인 사업연도에 한함)으로부터 받은 수입배당금액
	  ㉡ 동업기업 과세특례를 적용받는 법인으로부터 받은 수입배당금액
	⑤ 자산재평가법을 위반하여 3% 재평가세율 적용분 재평가적립금을 감액하여 지급받은 수입배당금액
	⑥ 적격합병·적격분할에 따른 합병차익·분할차익 중 승계된 3% 재평가세율 적용분 재평가적립금을 감액하여 지급받은 수입배당금액
	⑦ 감자로 인한 의제배당: 자본의 감소로 주주등인 내국법인이 취득한 재산가액이 당초 주식 등의 취득가액을 초과하는 금액
	⑧ 법인이 자기주식을 보유한 상태에서 익금불산입 자본잉여금을 자본전입을 함에 따라 그 법인 외의 주주인 내국법인의 지분비율이 증가한 경우 증가한 지분비율에 상당하는 주식의 가액

(2) 수입배당금액의 익금불산입 계산

	수입배당금 익금불산입액은 피출자법인별로 다음과 같이 계산한다. → 0보다 작은 경우에는 없는 것으로 봄
계산	수입배당금 익금불산입액 = 수입배당금액 × 익금불산입률 - 지급이자차감액 ① 수입배당금액: 현금배당(의제배당 포함) ② 익금불산입률: 피출자법인에 대한 출자비율은 배당기준일 현재 3개월 이상 계속해서 보유하고 있는 주식을 기준으로 계산한다. 이 경우 보유 주식 수를 계산할 때 같은 종목의 주식의 일부를 양도한 경우 먼저 취득한 주식을 먼저 양도한 것으로 본다.

피출자법인에 대한 출자비율	익금불산입률
50% 이상	100%
20% 이상 50% 미만	80%
20% 미만	30%

계산	③ 지급이자 차감액 차입금 이자 × (해당 피출자법인의 주식장부가액 적수 / 자산총액의 적수) × 익금불산입률 ㉠ 차입금 이자: 배당확정일이 속하는 사업연도의 지급이자(기업구매자금대출이자 포함)를 말하나, 법인세법상 손금불산입된 지급이자와 연지급수입의 지급이자 및 현재가치할인차금상각액은 제외한다. ㉡ 주식 장부가액: 세무상 장부가액(국가 및 지방자치단체로부터 현물출자받은 주식은 제외)을 의미하며, 수입배당금의 익금불산입에서 제외되는 수입배당금액이 발생하는 주식 등의 장부가액(예 배당기준일 3개월 내의 취득한 주식)은 포함하지 아니한다. ㉢ 자산총액의 적수: 배당확정일이 속한 사업연도 종료일 현재 재무상태표상 자산총액의 적수를 말한다.
세무조정	익금불산입 수입배당금 XXX (기타)

📋 배당기준일 전 3개월 내 취득한 주식에 대한 수입배당금 익금불산입

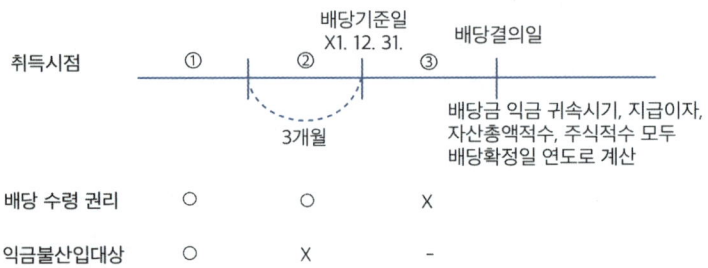

배당기준일이란 기업에서 배당을 시행할 때 배당을 받는 주주를 결정하기 위한 기준이 되는 날이며, 감자에 따른 의제배당은 감자결의일이다.

∵ 단기보유주식에 대한 권리락(배당락)을 이용하여 배당금수익과 주식처분손실이 상쇄된 후 수입배당금 익금불산입 규정을 적용하면 조세회피 효과가 발생함

🔍 **사례**

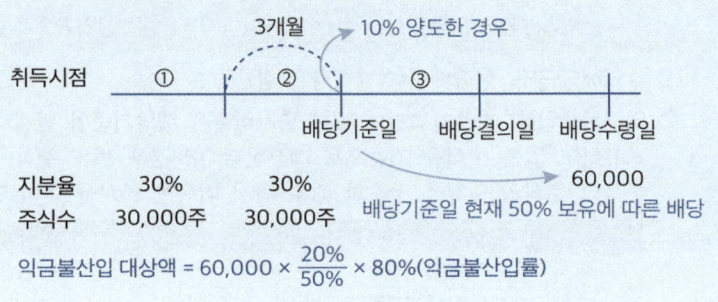

익금불산입 대상액 = 60,000 × $\frac{20\%}{50\%}$ × 80%(익금불산입률)

📋 잉여금 자본전입 종류별 의제배당

구분	지분율 배정분	지분비율 증가분
① 이익잉여금 ② 출자전환 시 채무면제이익 ③ 이익잉여금으로 상환된 상환주식 주식발행초과금 ④ 자기주식처분이익 ⑤ 자기주식소각익으로서 소각 시 시가가 취득가액을 초과하거나 소각일로부터 2년내 자본전입분 ⑥ 1% 재평가세율 재평가적립금	의제배당 O (수입배당금 익불 O)	의제배당 O (수입배당금 익불 O)
① 일반적인 주식발행초과금 ② 주식의 포괄적 교환차익·이전차익 ③ 감자차익 ④ 3% 재평가적립금	의제배당 X	의제배당 O (수입배당금 익불 X)

2. 외국자회사 수입배당금액의 익금불산입

의의	① 내국법인(간접투자회사 등의 외국납부세액공제 및 환급특례를 적용받는 간접투자회사 등은 제외)이 해당 법인이 출자한 외국자회사로부터 받은 수입배당금액(의제배당 포함)의 95%에 해당하는 금액은 각 사업연도의 소득금액을 계산할 때 익금에 산입하지 않는다. → 수익비용대응원칙에 따라 수입배당금액에 대응하는 비용을 5%로 의제함 ② 외국자회사: 내국법인이 직접 외국법인의 의결권 있는 발행주식총수 또는 출자총액의 10%(해외자원개발사업을 하는 외국법인의 경우 5%) 이상을 그 외국법인의 배당기준일 현재 6개월 이상 계속하여 보유(내국법인이 적격합병, 적격분할, 적격물적분할, 적격현물출자에 따라 다른 내국법인이 보유하고 있던 외국자회사의 주식 등을 승계받은 때에는 그 승계 전 다른 내국법인이 외국자회사의 주식 등을 취득한 때부터 해당 주식 등을 보유한 것으로 봄)하고 있는 법인 ③ 외국납부세액공제와의 관계: 외국자회사 수입배당금 익금불산입규정이 적용되는 경우 외국납부세액공제를 적용하지 않는다. → 관련 수입배당금에 대한 직접외국납부세액은 손금에 산입하지 않는다.
취지	외국자회사로부터 배당을 받은 내국법인에게 과세를 하지 않아 국제적 이중과세가 조정된다. 이를 통해 외국자회사에 유보된 소득을 국내로 환류시켜 국내 투자를 활성화하며, 해외에서 외국법인과 동일한 조세부담을 지므로 국제경쟁력을 가질 수 있다.
익금 불산입 적용 배제	① 국제조세조정에 관한 법률 제27조 제1항 및 제29조 제1항·제2항에 따라 특정외국법인의 유보소득에 대하여 내국법인이 배당받은 것으로 보는 금액 및 해당 유보소득이 실제 배당된 경우의 수입배당금액은 익금불산입규정을 적용하지 아니한다. ② 다음 중 어느 하나에 해당하는 금액은 각 사업연도의 소득금액을 계산할 때 익금에 산입한다. 　㉠ 국제조세조정에 관한 법률 제27조 1항 각 호의 요건을 모두 충족하는 특정외국법인 중 실제부담세액이 실제발생소득의 15% 이하인 특정외국법인의 해당 사업연도에 대한 다음의 금액을 말한다. 다만, 해외자원개발사업자가 해외자원개발을 위해 조세특례제한법에 따라 외국법인에 출자하거나 외국자회사에 투자를 하는 경우에는 그 외국법인 또는 외국자회사의 해당 사업연도에 대한 다음의 금액은 제외한다.

익금 불산입 적용 배제	ⓐ 이익잉여금 처분액 중 이익의 배당금(해당 사업연도 중에 있었던 이익잉여금 처분에 의한 중간배당을 포함) 또는 잉여금의 분배금 ⓑ 의제배당규정에 따라 배당금 또는 분배금으로 보는 금액 ⓒ 혼성금융상품(자본 및 부채의 성격을 동시에 가지고 있는 금융상품)의 거래에 따라 내국법인이 지급받는 수입배당금액 ∵ 국제적 이중 비과세를 방지하기 위함 ⓓ ㉠ 및 ㉡과 유사한 것으로서 대통령령으로 정하는 수입배당금액
자본 준비금 감액	내국법인이 해당 법인이 출자한 외국법인(외국자회사 제외)으로부터 자본준비금을 감액하여 받는 배당으로서 익금에 산입되지 아니하는 배당에 준하는 성격의 수입배당금액을 받는 경우 그 금액의 95%에 해당하는 금액은 각 사업연도의 소득금액을 계산할 때 익금에 산입하지 아니한다. → 외국법인에 대한 지분비율과 무관하게 익금불산입 적용함
주식의 취득가액 조정	내국법인이 외국자회사를 인수하여 취득한 주식 등으로서 그 주식 등의 취득에 따라 내국법인이 외국자회사로부터 받은 수입배당금액이 다음의 요건을 모두 갖춘 경우에 해당하는 주식 등의 취득가액: 해당 주식 등의 매입가액에서 다음의 요건을 모두 갖춘 수입배당금액을 뺀 금액 ① 내국법인이 외국자회사의 의결권 있는 발행주식총수 또는 출자총액의 10%(해외자원개발사업을 하는 외국법인의 경우 5%) 이상을 최초로 보유하게 된 날의 직전일 기준 이익잉여금을 재원으로 한 수입배당금액일 것 ② 외국자회사 수입배당금 익금불산입규정에 따라 익금에 산입되지 않았을 것 🔍 **사례** 외국자회사(지분율 20%)로부터 다음과 같이 수입배당금 2억원을 지급받았다. 단, 배당기준일 전 6개월 이내에 취득한 주식에 해당하지 아니한다. | 구분	금액	주식취득일	배당기준일
---	---	---	---
20X2. 1. 1. 전날 이익잉여금 재원	50,000,000	20X2. 1. 1.	20X2. 12. 31.
20X2. 1. 1. 이후 이익잉여금 재원	150,000,000			 ① 20X2. 1. 1. 전날 이익잉여금 재원: 익금불산입 47,500,000 △유보 ② 20X2. 1. 1. 이후 이익잉여금 재원: 익금불산입 142,500,000 기타

📋 **지급이자 정리**

구분	연지급수입이자	현재가치할인차금 상각액	기업구매자금대출이자
수입배당금 익금불산입	제외	제외	포함
지급이자 손금불산입	제외	제외	제외
인정이자(가중평균차입이자율)	제외	제외	포함

제4장 손금과 손금불산입

01 손금항목

1. 손금의 개요

의의	① 손금은 자본 또는 출자의 환급, 잉여금의 처분 및 법인세법에서 규정하는 것은 제외하고 해당 법인의 순자산을 감소시키는 거래로 인하여 발생하는 손실 또는 비용(손비)의 금액으로 한다. ② 손비는 법인세법 및 다른 법률에서 달리 정하고 있는 것을 제외하고는 그 법인의 사업과 관련하여 발생하거나 지출된 손실 또는 비용으로서 일반적으로 인정되는 통상적인 것이거나 수익과 직접 관련된 것으로 한다.
증명서류 수취·보관	① 경비지출의 투명성과 거래상대방 사업자의 과표양성화를 도모하기 위하여 법인은 각 사업연도에 그 사업과 관련된 모든 거래에 관한 증명서류를 받아서 신고기한이 지난 날부터 5년간 보관하여야 한다. 단, 각 사업연도 개시일 전 5년이 되는 날 이전에 개시한 사업연도에서 발생한 결손금을 각 사업연도의 소득에서 공제하려는 법인은 해당 결손금이 발생한 사업연도의 증명서류를 공제되는 소득의 귀속사업연도의 법정신고기한부터 1년이 되는 날까지 보관하여야 한다. ② 법인이 공급받은 재화 또는 용역의 긴당 거래금액(부가가치세 포함)이 3만원 초과인 거래에 대해 그 대가를 지급하는 경우 원칙적으로 적격증명서류(신용카드매출전표, 현금영수증, 세금계산서, 계산서)를 수취·보관하여야 한다. 동 의무를 위반하는 경우 수취하지 아니한 금액의 2% 금액을 가산세로 납부하여야 한다.
손금 배분원칙	법인에게 귀속되는 모든 비용은 일반적으로 공정·타당하다고 인정되는 기업회계기준에 준거하여 판매비와 일반관리비, 제조원가, 자산취득가액(자산매입부대비 포함) 등으로 명확히 구분하여 경리하여야 한다. 🔍 사례 	계정과목	금액	비고
---	---	---
세금과공과	10,000,000	취득 시 토지에 대한 취득세 4,000,000원과 재산세 6,000,000원
급여	20,000,000	제조원가에 해당하며, 이 중 공장직원급여 30%는 기말재고로 배부되어야 함 | 위 사례에 대한 세무조정은 다음과 같다. | 세무조정	과목	금액	처분	비고
---	---	---	---	---
손금불산입	토지	4,000,000	유보	취득세는 토지의 취득부대비용
손금불산입	재고자산	6,000,000	유보	기말재고자산 배부	

손금의 세무조정	회계장부	법인세법	세무조정
	비용계상	손금항목	-
		손금불산입항목	손금불산입
	자산계상	손금항목	손금산입
		손금불산입항목	양편조정(손금산입 + 손금불산입)

2. 손금의 범위

① 판매한 상품 또는 제품에 대한 원료의 매입가액(기업회계기준에 따른 매입에누리금액 및 매입할인금액 제외)과 그 부대비용

② 판매한 상품 또는 제품의 보관료, 포장비, 운반비, 판매장려금 및 판매수당 등 판매와 관련된 부대비용(판매장려금 및 판매수당의 경우 사전약정 없이 지급하는 경우도 기업업무추진비로 보지 않고 판매부대비용에 포함)

③ 양도한 자산의 양도 당시의 장부가액

④ 인건비

⑤ 임원 또는 직원의 출산 또는 양육 지원을 위해 해당 임원 또는 직원에게 공통적으로 적용되는 지급기준에 따라 지급하는 금액

⑥ 소득세법에 따라 법인이 생산·공급하는 재화 또는 용역을 법인(독점규제 및 공정거래에 관한 법률에 따른 계열회사를 포함)의 사업장에 종사하는 임원 또는 직원에게 시가보다 낮은 가격으로 제공하거나 구입할 수 있도록 지원을 함으로써 해당 임원 또는 직원이 얻는 이익에 상당하는 금액

⑦ 유형자산의 수선비

⑧ 유형자산 및 무형자산에 대한 감가상각비

⑨ 특수관계인으로부터 양수한 자산의 장부가액이 시가에 미달하는 경우 감가상각비

⑩ 자산의 임차료

⑪ 차입금이자

⑫ 회수할 수 없는 부가가치세 매출세액미수금(부가가치세법에 따라 대손세액공제를 받지 아니한 것에 한정함)

⑬ 법령이 정한 자산의 평가차손

⑭ 제세공과금(외국자회사 수입배당금 익금불산입과 외국납부세액공제를 모두 적용하지 않는 경우의 외국법인세액을 포함)

⑮ 영업자가 조직한 단체로서 법인이거나 주무관청에 등록된 조합 또는 협회에 지급한 회비(법령 또는 정관에 따라 정상적인 회비징수방식에 의해 경상경비 충당 등 목적으로 부과하는 회비)

영업자가 조직한 단체로서 법인 또는 주무관청 등록된 조합·협회	일반회비	손금
	특별회비	손금불산입(극히 일부는 일반기부금)
임의로 조직된 조합 또는 협회의 모든 회비		손금불산입

⑯ 광업의 탐광비(탐광을 위한 개발비를 포함)

⑰ 보건복지부장관이 정하는 무료진료권 또는 새마을진료권에 의하여 행한 무료진료의 가액

⑱ 식품 등 기부 활성화에 관한 법률에 따른 식품 및 생활용품의 제조업·도매업 또는 소매업을 영위하는 내국법인이 해당 사업에서 발생한 잉여 식품 등을 제공자 또는 제공자가 지정하는 자에게 무상으로 기증하는 경우 기증한 잉여 식품 등의 장부가액(기부금에 포함하지 아니함)

⑲ 업무와 관련 있는 해외시찰·훈련비

⑳ 근로청소년을 위한 특별학급 또는 산업체부설중·고등학교 및 교육기관이 당해 법인과의 계약에 의하여 채용을 조건으로 설치·운영하는 직업교육훈련과정·학과 등의 운영비와 현장실습에 참여하는 학생들에게 지급하는 수당

㉑ 우리사주조합에 출연하는 자사주의 장부가액 또는 금품

자기 회사 우리사주조합에 출연한 금품	전액 손금인정
협력업체 등 우리사주조합 기부금	한도 내 손금인정

㉒ 장식·환경미화 등의 목적으로 사무실·복도 등 여러 사람이 볼 수 있는 공간에 항상 전시하는 미술품의 취득가액을 그 취득한 날이 속하는 사업연도의 손비로 계상한 경우 그 취득가액(취득가액이 거래단위별로 1천만원 이하인 것으로 한정함)

구분	취득가액	회계처리	세무조정
미술품 A	1,000만원	비용	-
미술품 B	100만원	자산	-
미술품 C	1,500만원	비용	손금불산입 1,500만원(유보) 단, 업무무관자산 아님

㉓ 광고선전 목적으로 기증한 물품의 구입비용[특정인에게 기증한 물품(개당 3만원 이하의 물품은 제외)의 경우에는 연간 5만원 이내의 금액으로 한정함]

구분	거래처 A			거래처 B		
광고선전물품 3개 지급	10,000	광고선전비		30,000	광고선전비	
	30,000	광고선전비		40,000	기업업무추진비	5만원 초과 시 전액 기업업무추진비
	50,000	광고선전비	연 5만원 이하	50,000		

㉔ 임직원이 주식매수선택권 또는 주식이나 주식가치에 상당하는 금전으로 지급받는 상여금으로서 주식기준보상을 행사하거나 지급받는 경우 해당 주식매수선택권 등을 부여하거나 지급한 법인에 그 행사 또는 지급비용으로서 보전하는 금액

㉕ 주식매수선택권 또는 주식기준보상에 의하여 지급하는 금액(인건비 내용 참조)

㉖ 중소기업 및 중견기업이 중소기업 인력지원 특별법에 따라 부담하는 기여금

㉗ 임원 또는 직원(지배주주 등인 자는 제외)의 사망 이후 유족에게 학자금 등을 일시적으로 지급하는 금액으로서 기획재정부령으로 정하는 요건을 충족하는 것

㉘ 다음의 기금에 출연하는 금품(기부금이 아닌 전액 손금)
　㉠ 해당 내국법인이 설립한 근로복지기본법에 따른 사내근로복지기금
　㉡ 해당 내국법인과 다른 내국법인 간에 공동으로 설립한 공동근로복지기금
　㉢ 해당 내국법인의 협력중소기업이 설립한 사내근로복지기금
　㉣ 해당 내국법인의 협력중소기업 간에 공동으로 설립한 공동근로복지기금

㉙ 보험회사가 보험업법 제120조에 따라 적립한 책임준비금의 증가액(할인율의 변동에 따른 책임준비금 평가액의 증가분은 제외)으로서 보험감독회계기준에 따라 비용으로 계상된 금액
㉚ 주택도시보증공사가 적립한 책임준비금의 증가액(할인율의 변동에 따른 책임준비금 평가액의 증가분은 제외)으로서 보험감독회계기준에 따라 비용으로 계상된 금액
㉛ 조세특례제한법에 따라 동업기업으로부터 배분받은 결손금
㉜ 그 밖의 손비로서 그 법인에 귀속되었거나 귀속될 금액

02 손금불산입항목

1. 손금불산입항목 종류

자본거래	① 결산을 확정할 때 잉여금의 처분을 손비로 계상한 금액 ② 주식할인발행차금: 상법 제417조에 따라 액면미달의 가액으로 신주를 발행하는 경우 그 미달하는 금액과 신주발행비의 합계액
대손금 손금불산입	내국법인이 보유하고 있는 채권 중 채무자의 파산 등 법령으로 정하는 사유로 회수할 수 없는 채권의 금액은 법령으로 정하는 사업연도의 소득금액을 계산할 때 손금에 산입한다.
세금과 공과금	① 법인세비용 ② 부가가치세매입세액, 개별소비세, 교통·에너지·환경세, 주세 ③ 벌과금, 가산세, 강제징수비 ④ 공과금 중 임의적 부담금과 제재목적 부담금
징벌적 손해배상금	내국법인이 지급한 손해배상금 중 실제 발생한 손해를 초과하여 지급하는 금액으로서 법령으로 정하는 금액은 내국법인의 각 사업연도의 소득금액을 계산할 때 손금에 산입하지 아니한다.
자산의 평가손실	자산의 평가손실은 손금에 산입하지 않는다. 단, 다음의 경우에는 손금에 산입한다. ① 파손·부패 등의 재고자산의 평가손실 ② 천재지변·화재·수용·폐광으로 인한 유형자산의 평가손실 ③ 일정한 요건에 해당하는 주식의 평가손실
과다경비 등	① 인건비(예 임원상여한도초과액) ② 복리후생비 ③ 여비 및 교육·훈련비 ④ 법인이 그 법인 외의 자와 동일한 조직 또는 사업 등을 공동으로 운영하거나 경영함에 따라 발생되거나 지출된 손비
업무 무관비용	① 업무무관자산을 취득·관리함으로써 생기는 비용 등 법령으로 정하는 금액 ② 해당 법인의 업무와 직접 관련이 없는 지출금액으로서 법령으로 정하는 금액

2. 공동경비의 손금불산입

의의	법인세법은 공동경비를 자의적으로 배분하여 조세회피할 수 있으므로 법령에서 정한 배분기준을 초과하면 손금으로 인정하지 않는다. 또한 손금불산입되는 금액은 다른 법인의 손금에 추가로 산입되지 아니한다.		
배분기준 원칙	출자공동사업		출자비율(특수관계 여부와 관계없음)
	비출자 공동사업자 사이	특수관계 O	직전 사업연도 또는 해당 사업연도의 매출액 비율과 총자산가액 비율 중 법인이 선택(*)한 비율. 단, 비출자공동사업자 전부 또는 일부가 직전 사업연도 매출액이 없는 경우에는 해당 사업연도의 매출액 총액 또는 총자산가액 총액 중 해당 법인이 선택해야 하며, 선택하지 않으면 해당 사업연도의 매출액 총액을 선택한 것으로 본다.
		특수관계 X	약정에 따른 분담비율. 다만, 약정 비율이 없는 경우 특수관계인인 경우 분담기준에 따른다.

(*) 선택하지 아니한 경우에는 직전 사업연도의 매출액 총액을 선택한 것으로 보며, 선택한 사업연도부터 연속하여 5개 사업연도 동안 적용하여야 한다.

배분기준 특례	공동행사비 및 공동구매비 등에 대하여는 다음 기준에 따를 수 있다.		
	공동행사비 등 참석인원수에 비례하는 비용		참석인원비율
	공동구매비 등 구매금액에 비례하는 비용		구매금액비율
	공동광고 선전비	국외	수출액비율(대행수출금액 제외, 특정 제품에 대한 광고선전비는 해당 제품의 수출금액)
		국내	기업회계기준에 따른 매출액 중 국내매출액비율 (특정 제품에 대한 광고선전비는 해당 제품의 매출액, 주로 최종소비자용 재화·용역을 공급하는 법인은 그 매출액의 2배 이하로 할 수 있음)
	무형자산의 공동사용료		해당 사업연도 개시일의 기업회계기준에 따른 자본의 총합계액

3. 업무무관비용과 징벌적 손해배상금의 손금불산입

업무무관자산 비용	해당 법인의 업무와 직접 관련이 없다고 인정되는 자산의 취득·관리함으로써 생기는 비용은 손금에 산입하지 않는다. ∵ 매각을 유도하기 위해 보유단계비용을 부인		
	📋 업무무관자산 비용에 대한 세무상 처리방법		
	취득	취득세 등 취득부대비용	자산의 취득가액
	보유	수선비, 재산세	손금불산입(기타사외유출 등)
		감가상각비	손금불산입(유보)
	처분(*)	양도가액	익금항목
		양도자산의 장부가액	손금항목(∵ 업무와 무관하지만 수익과 직접 관련됨)
	(*) 업무무관자산의 처분손실도 손금인정됨		

구분	내용
타인이 주사용하는 자산의 유지·관리비	해당 법인이 직접 사용하지 않고 다른 사람(비출자임원, 소액주주 임원 및 직원은 제외)이 주로 사용하고 있는 장소·건축물·물건 등의 유지비·관리비·사용료와 이와 관련되는 지출금은 손금에 산입하지 아니한다. 다만, 법인이 대·중소기업 상생협력 촉진에 관한 법률에 따른 사업을 중소기업(제조업에 한함)에 이양하기 위하여 무상으로 해당 중소기업에 대여하는 생산설비와 관련된 지출금 등은 제외한다.
사택 유지·관리비	해당 법인의 주주 등(소액주주(*) 제외)이거나 출연자인 임원 또는 그 친족이 사용하고 있는 사택의 유지비·관리비·사용료와 이와 관련되는 지출금은 손금에 산입하지 아니한다. (*) 소액주주: 지분율이 1% 미만인 주주(단, 지배주주와 특수관계인은 제외) 🔍 사례 | 구분	지분율	사택유지비	세무조정
---	---	---	---
임원 갑	1%	10	손금불산입 10 (상여)
임원 을	0.5%	20	-
직원 병	2%	30	-	
업무무관자산 차입비용	업무무관자산을 취득하기 위하여 지출한 자금의 차입과 관련되는 비용은 손금에 산입하지 아니한다.
뇌물 등	해당 법인이 공여한 뇌물에 해당하는 금전 및 금전 외의 자산과 경제적 이익의 합계액과 노동조합 및 노동관계조정법을 위반하여 지급하는 급여는 손금에 산입하지 아니한다. → 소득처분은 기타소득
대손 불인정 채권처분손실	채무보증구상채권과 업무무관가지급금의 처분손실은 손금에 산입하지 않는다.
징벌적 손해배상금	① 내국법인이 지급한 손해배상금 중 실제 발생한 손해를 초과하여 지급하는 금액으로서 법률(외국 법령 포함)의 규정에 따라 지급한 손해배상액 중 실제 발생한 손해액을 초과하는 금액은 손금에 산입하지 아니한다. ② 위 규정을 적용할 때 실제 발생한 손해액이 분명하지 아니한 경우에는 다음의 금액을 손금에 산입하지 아니한다. $$손금불산입액 = A \times \frac{B-1}{B}$$ A: 지급한 손해배상금 B: 실제 발생한 손해액 대비 손해배상액의 배수 상한 🔍 사례 개인정보 보호법 제39조 제3항에 따른 징벌적 손해배상금으로 피해자에게 3억원을 배상하고 비용처리한 경우로서 실손해액이 불분명한 경우 세무조정? (실제 발생한 손해액 대비 손해배상액의 배수 상한은 3이라고 가정함) ⇒ <손금불산입> 200,000,000 (기타사외유출)

업무무관자산의 범위

부동산	다음의 해당하는 부동산. 다만, 법령에 의하여 사용이 금지되거나 제한된 부동산, 유동화전문회사가 등록한 자산유동화계획에 따라 양도하는 부동산 등 부득이한 사유가 있는 부동산을 제외한다. ① 법인의 업무에 직접 사용하지 아니하는 부동산. 다만, 유예기간이 경과하기 전까지의 기간 중에 있는 부동산을 제외한다. ② 유예기간 중에 당해 법인의 업무에 직접 사용하지 아니하고 양도하는 부동산. 다만, 부동산매매업을 주업으로 영위하는 법인의 경우를 제외한다.
동산	① 서화 및 골동품. 다만, 장식·환경미화 등의 목적으로 사무실·복도 등 여러 사람이 볼 수 있는 공간에 상시 비치하는 것을 제외한다. ② 업무에 직접 사용하지 아니하는 자동차·선박 및 항공기. 다만, 저당권의 실행 기타 채권을 변제받기 위하여 취득한 선박으로서 3년이 경과되지 아니한 선박 등 부득이한 사유가 있는 자동차·선박 및 항공기를 제외한다. ③ 위와 유사한 자산으로서 당해 법인의 업무에 직접 사용하지 아니하는 자산

4. 세금과 공과금

구분	손금불산입항목	손금항목
세금	① 법인세(익금불산입의 적용 대상이 되는 수입배당금액에 대하여 외국에 납부한 세액과 세액공제를 적용하는 경우의 외국법인세액 포함) 및 법인지방소득세, 농어촌특별세 ② 연결모법인에 지급하였거나 지급할 법인세 ③ 판매하지 아니한 제품에 대한 반출필의 개별소비세, 주세 또는 교통·에너지·환경세의 미납액. 단, 제품가격에 그 세액상당액을 가산한 경우 예외로 한다. ④ 부가가치세의 매입세액(단, 일부는 손금항목) ⑤ 세법에 따른 의무불이행으로 인한 세액(가산세 포함) ⑥ 가산금 및 강제징수비	관세, 취득세, 인지세, 증권거래세, 재산세, 종합부동산세, 사업소분·종업원분 주민세, 자동차세 등
공과금	① 법령에 따라 의무적으로 납부하는 것이 아닌 공과금 ② 법령에 따른 의무의 불이행 또는 금지·제한 등의 위반을 이유로서 부과되는 공과금 (예) 폐수배출부담금, 장애인고용부담금	교통유발부담금, 폐기물처리부담금, 토지개발부담금(토지의 자본적 지출)

벌금	벌금, 과료(통고처분에 따른 벌금 또는 과료 포함), 과태료(과료·과태금 포함)은 손금에 산입하지 아니한다. 이에 대한 예시는 다음과 같다. ① 법인의 임직원이 관세법을 위반하고 지급한 벌과금 ② 업무와 관련하여 발생한 교통사고 벌과금 ③ 고용보험 및 산업재해보상보험의 보험료 징수 등에 관한 법률에 따라 징수하는 산업재해보상보험료의 가산금 ④ 금융기관의 최저예금지급준비금 부족에 대하여 금융기관이 한국은행에 납부하는 과태금 ⑤ 국민건강보험법에 따라 징수하는 연체금 ⑥ 외국의 법률에 따라 국외에서 납부한 벌금	① 사계약상의 의무불이행으로 인하여 부담하는 지체상금(정부와 납품계약으로 인한 지체상금 포함, 구상권 행사가 가능한 지체상금 제외) ② 보세구역에 보관되어 있는 수출용 원자재가 관세법상의 보관기간 경과로 국고에 귀속이 확정된 자산의 가액 ③ 철도화차 사용료의 미납액 연체이자 ④ 산업재해보상보험료의 연체금 ⑤ 국유지 사용료의 납부지연 연체료 ⑥ 전기요금의 납부지연 연체가산금

부가가치세 매입세액

구분		내용	법인세법 처리
매입세액공제대상		-	선급금(채권)
불공제 매입세액	조세 정책상	① 영수증을 교부받은 거래분에 포함된 매입세액으로서 매입세액공제대상이 아닌 금액 ② 면세사업 관련 ③ 비영업용 승용차 구입·임차·유지 관련	손금항목(자산 취득가액 또는 비용처리)
		토지 자본적 지출 관련	토지의 취득가액
		간주임대료에 대한 부가가치세	지출한 자의 손금
		기업업무추진비 지출 관련	한도 내 손금
	사업자 귀책사유	① 사업 무관 지출 관련 ② 등록 전 매입세액 ③ 세금계산서 미수취·부실기재 관련 ④ 합계표 미제출·부실기재 관련	손금불산입 항목 (기타사외유출)

※ 의제매입세액은 해당 법인의 각 사업연도의 소득금액계산을 할 때 해당 원재료의 매입가액에서 이를 공제한다.

03 인건비

1. 인건비 손금불산입

의의	인건비는 임원 및 직원에게 근로제공대가로 지급하는 급여 등으로서 원칙적으로 사업과 관련된 손비이나, 과다인건비 성격 등 일정한 인건비는 손금으로 인정되지 아니한다. → 주로 의사결정 및 집행에 참여하는 임원의 인건비 과다지급을 방지함 ※ 인건비에는 내국법인이 발행주식총수 또는 출자지분의 100% 직접 또는 간접 출자한 해외현지법인에 파견된 임원 또는 직원의 인건비로서 근로소득세가 원천징수된 인건비(해당 내국법인이 지급한 인건비가 해당 내국법인 및 해외출자법인이 지급한 인건비 합계의 50% 미만인 경우로 한정한다)를 포함한다.

손금불산입 인건비	인건비 중 다음의 금액은 손금에 산입하지 아니한다. ① 법인이 그 임원 또는 직원에게 이익처분에 의하여 지급하는 상여금은 이를 손금에 산입하지 아니한다. 이 경우 합명회사 또는 합자회사의 노무출자사원에게 지급하는 보수는 이익처분에 의한 상여로 본다. ② 법인이 지배주주 등(특수관계에 있는 자 포함)인 임원 또는 직원에게 정당한 사유 없이 동일 직위에 있는 지배주주 등 외의 임원 또는 직원에게 지급하는 금액을 초과하여 보수를 지급한 경우 그 초과금액은 이를 손금에 산입하지 아니한다. ③ 비상근임원에게 지급하는 과다지급보수는 부당행위계산의 부인 규정에 따라 손금불산입한다. → 부당행위계산의 부인액을 제외하고는 손금에 산입함 ④ 법인이 임원에게 지급하는 상여금 중 정관·주주총회·사원총회 또는 이사회의 결의에 의하여 결정된 급여지급기준에 의하여 지급하는 금액을 초과하여 지급한 경우 그 초과금액은 이를 손금에 산입하지 않는다. | 구분 | 직원 | 임원 | |---|---|---| | 이익처분에 의한 상여 | 손금불산입 | 손금불산입 | | 일반적인 상여 | 전액 손금 | 한도 내 손금 | ⑤ 법인이 임원에게 지급하는 퇴직급여는 임원이 현실적으로 퇴직하는 경우에 지급하는 것에 한하여 다음의 한도 내에서 손금에 산입한다. → 직원의 현실적 퇴직에 따른 퇴직급여는 전액 손금이며, 임원 또는 직원의 비현실적 퇴직인 경우 현실적으로 퇴직할 때까지 업무무관가지급금으로 봄 | | | |---|---| | 정관 또는 정관의 위임에 따라 정한 퇴직급여지급규정이 있는 경우 | 정관 등에 정하여진 금액(퇴직위로금 등을 포함) | | 위 외의 경우 | 퇴직 전 1년간 총급여액$^{(*1)}$ × 10% × 근속연수$^{(*2)}$ | $^{(*1)}$ 총급여액: 소득세법 제20조 제1항 제1호 및 제2호에 따른 금액(비과세소득은 제외)으로 하되, 손금에 산입하지 아니하는 금액은 제외한다. | 총급여액 포함 | 총급여액 미포함 | |---|---| | ⊙ 근로제공급여 ⓒ 주주총회 등 결의에 따라 받는 상여 ⓒ 미지급급여 | ⊙ 비과세소득 ⓒ 인정상여 ⓒ 직무발명보상금 ② 손금불산입 인건비 | $^{(*2)}$ 근속연수: 역에 따라 계산하며 1년 미만의 기간은 월수로 계산하되, 1개월 미만의 기간은 없는 것으로 한다. 만일 임원이 직원에서 임원으로 된 때에 퇴직금을 지급하지 아니한 경우에는 직원으로 근무한 기간을 근속연수에 합산할 수 있다.
해산수당 등	법인의 해산에 의하여 퇴직하는 임원 또는 직원에게 지급하는 해산수당 또는 퇴직위로금 등은 최종 사업연도의 손금으로 한다.
복리후생비	법인이 그 임원 또는 직원을 위하여 지출한 복리후생비 중 다음의 어느 하나에 해당하는 비용 외의 비용은 손금에 산입하지 않는다. 이 경우 직원은 파견근로자를 포함한다. ① 직장체육비, 직장문화비, 직장회식비 ② 우리사주조합의 운영비 ③ 국민건강보험법, 노인장기요양보험법 및 고용보험법에 따라 사용자로서 부담하는 보험료 및 부담금 ④ 영유아보육법에 의하여 설치된 직장어린이집의 운영비 ⑤ 그 밖에 임원 또는 직원에게 사회통념상 타당하다고 인정되는 범위에서 지급하는 경조사비 등 위의 비용과 유사한 비용

여비 교육훈련비	법인이 임원 또는 직원이 아닌 지배주주 등(특수관계에 있는 자 포함)에게 지급한 여비 또는 교육훈련비는 해당 사업연도의 소득금액을 계산할 때 손금에 산입하지 아니한다. ∵ 회사의 업무를 수행하지 않는 지배주주 등에게 변칙적으로 배당한 효과

📋 **현실적 퇴직과 비현실적 퇴직**

현실적 퇴직	비현실적 퇴직
법인이 퇴직급여를 실제로 지급한 경우로서 다음의 어느 하나에 해당하는 경우 ① 직원이 해당 법인의 임원으로 취임한 때 ② 법인의 임직원이 그 법인의 조직변경·합병·분할 또는 사업양도에 의하여 퇴직한 때 ③ 근로자퇴직급여 보장법에 따라 퇴직급여를 중간정산⁽*⁾하여 지급한 때 ④ 정관 또는 정관에서 위임된 퇴직급여지급규정에 따라 장기 요양 등 사유로 그 때까지의 퇴직급여를 중간정산⁽*⁾하여 임원에게 지급한 때 ⁽*⁾ 종전에 퇴직급여를 중간정산하여 지급한 적이 있는 경우 직전 중간정산 대상기간이 종료한 다음 날부터 기산하여 퇴직급여를 중간정산한 것	다음의 어느 하나에 해당하는 경우 ① 임원이 연임된 경우 ② 법인의 대주주 변동으로 인하여 계산편의 등 사유로 전직원에게 퇴직급여를 지급한 경우 ③ 외국법인의 국내지점 종업원이 본점(본국)으로 전출하는 경우 ④ 정부투자기관 등이 민영화됨에 따라 전종업원의 사표를 일단 수리한 후 재채용한 경우 ⑤ 근로자퇴직급여 보장법에 따라 퇴직급여를 중간정산하기로 하였으나 이를 실제로 지급하지 아니한 경우 ⑥ 분할법인이 분할신설법인으로 고용을 승계한 임직원에게 퇴직금을 실제로 지급하지 아니하고 퇴직급여충당금을 승계한 경우 ⑦ 법인의 임직원이 특수관계 있는 법인으로 전출하는 경우에 전입법인이 퇴직급여상당액을 인수하여 퇴직급여충당금으로 계상한 때

2. 주식매수선택권 등에 의하여 지급하는 금액

주식매수선택권, 우리사주매수선택권이나 금전을 부여받거나 지급받은 자에 대한 다음의 금액은 손금에 산입한다. 다만, 해당 법인의 발행주식총수의 10% 범위에서 부여하거나 지급한 경우로 한정한다.

(1) 주식매수선택권 또는 우리사주매수선택권을 부여받은 경우로서 다음의 어느 하나에 해당하는 경우 해당 금액
   ① 약정된 주식매수시기에 약정된 주식의 매수가액과 시가의 차액을 금전 또는 해당 법인의 주식으로 지급하는 경우의 해당 금액
   ② 약정된 주식매수시기에 주식매수선택권 또는 우리사주매수선택권 행사에 따라 주식을 시가보다 낮게 발행하는 경우 그 주식의 실제 매수가액과 시가의 차액

(2) 주식기준보상으로 금전을 지급하는 경우 해당 금액

04 업무용 승용차 관련비용의 손금불산입 등 특례

1. 개요

의의	법인 명의로 구입 또는 임차한 고가의 업무용 승용차를 임직원이 자녀의 통학 등 사적으로 사용하고 승용차 관련 비용은 과세당국의 적발 등이 어렵고 관련 법령이 없어 전액 손금인정되었다. 따라서 임직원의 법인 명의 승용차의 사적용도 사용을 규제하고, 고가의 승용차 구입을 억제하기 위하여 2016. 1. 1. 관련 규정이 도입되었다.
업무용 승용차 범위	업무용 승용차란 개별소비세 과세대상 승용자동차(예 정원이 8인 이하)를 말한다. 다만, 다음의 어느 하나에 해당하는 승용자동차는 제외한다. ① 운수업, 자동차판매업, 자동차임대업, 운전학원업, 기계경비업(출동차량에 한함) 또는 시설대여업에서 사업상 수익을 얻기 위하여 직접 사용하는 승용자동차 ② 장례식장·장의관련 서비스업을 영위하는 법인이 소유하거나 임차한 운구용 승용차 ③ 국토교통부장관의 임시운행허가를 받은 자율주행자동차
승용차 관련 비용	업무용 승용차에 대한 감가상각비, 임차료, 유류비, 보험료, 수선비, 자동차세, 통행료 및 금융리스부채에 대한 이자비용 등 업무용 승용차의 취득·유지를 위하여 지출한 비용

2. 업무용 승용차 관련 비용 손금불산입

감가상각비 강제상각	업무용 승용차에 대한 감가상각비는 정액법을 상각방법으로 하고 내용연수를 5년으로 하여 계산한 금액을 감가상각비로 하여 손금에 산입하여야 한다. ∵ 상각범위액 내 임의계상을 통하여 승용차 관련 비용 조절 방지

구분	2015. 12. 31. 이전 취득	2016. 1. 1. 이후 취득
상각방법	정률법 또는 정액법	정액법
내용연수	4~6년	5년
손금계상	결산조정사항	강제상각

업무 미사용금액 손금불산입	① 내국법인이 업무용 승용차를 취득하거나 임차함에 따라 해당 사업연도에 발생하는 업무용 승용차 관련비용 중 업무사용금액에 해당하지 아니하는 금액은 해당 사업연도의 소득금액을 계산할 때 손금에 산입하지 아니한다. → 소득처분 귀속자에 따라 상여 등 업무미사용금액 = 업무용 승용차 관련비용 - 업무용 승용차 관련비용 × 업무사용비율 ② 업무사용금액이란 다음의 구분에 따른 금액을 말한다. 다만, 해당 업무용 승용차에 기획재정부령으로 정하는 자동차등록번호판을 부착하지 않은 경우에는 영(0)원으로 한다. ㉠ 해당 사업연도 전체 기간(임차한 승용차: 해당 사업연도 중에 임차한 기간) 동안 업무전용 자동차보험에 가입한 경우 업무사용금액 = 업무용 승용차 관련비용 × 업무사용비율

업무사용비율은 다음과 같이 계산한다.

구분		업무사용비율
운행기록 등을 작성·비치한 경우		$\dfrac{\text{업무용 사용거리}^{(*1)}}{\text{총주행거리}}$
운행기록 등을 작성하지 않은 경우	승용차 관련비용이 1,500만원 이하	100%
	승용차 관련비용이 1,500만원 초과	$\dfrac{1,500만원^{(*2)}}{\text{승용차 관련 비용}}$

업무 미사용금액 손금불산입

(*1) 업무용 사용거리: 제조·판매시설 등 해당 법인의 사업장 방문, 거래처·대리점 방문, 회의 참석, 판촉 활동, 출·퇴근 등 직무와 관련된 업무수행을 위하여 주행한 거리

(*2) 월할 계산(이 경우 1개월 미만의 일수는 1개월로 함)
  a. 해당 사업연도가 1년 미만인 경우: 1,500만원 × 해당 사업연도월수/12
  b. 사업연도 중 일부 기간 동안 보유하거나 임차한 경우: 1,500만원 × 해당 보유(임차)월수/12

ⓒ 업무전용 자동차보험에 가입하지 아니한 경우: 영(0)원

※ 일부기간만 보험에 가입한 경우 업무사용금액

업무용 승용차 관련 비용 × 업무사용비율 × $\dfrac{\text{해당 사업연도 실제보험가입일 수}}{\text{해당 사업연도 의무적 가입하여야 할 일 수}}$

① 업무사용 감가상각비 한도초과액 손금불산입: 업무사용 감가상각비 중 연 800만원을 초과하는 금액을 손금불산입(유보)한다. ∵ 고가 차량의 단기 상각 방지

  ㉠ 구입차량: 감가상각비 × 업무사용비율 - 800만원 ⇒ 손不(유보)
  ㉡ 리스·렌트: 감가상각비 상당액 × 업무사용비율 - 800만원 ⇒ 손不(기타사외유출)

㉠ 감가상각비 상당액 계산방법

업무사용 감가상각비 한도초과액

임차한 승용차	감가상각비 상당액
등록한 시설대여업자 (운용리스)	임차료에서 해당 임차료에 포함되어 있는 보험료, 자동차세 및 수선유지비를 차감한 금액. 단, 수선유지비를 별도로 구분하기 어려운 경우 임차료(보험료와 자동차세를 차감한 금액)의 7%을 수선유지비로 함
시설대여업자 외 자동차대여사업자 (장기렌트)	임차료의 70%에 해당하는 금액

ⓒ 해당 사업연도가 1년 미만인 경우: 800만원 × 해당 사업연도월수/12

ⓒ 사업연도 중 일부 기간 동안 보유하거나 임차한 경우: 800만원 × 해당 보유(임차)월수/12, 이 경우 1개월 미만의 일수는 1개월

② 감가상각비 한도초과액 이월공제: 감가상각비 등 한도초과액은 다음과 같이 이월하여 손금에 산입한다.

  ㉠ 업무용 승용차별 감가상각비 이월액: 해당 사업연도의 다음 사업연도부터 해당 업무용 승용차의 업무사용금액 중 감가상각비가 800만원에 미달하는 경우 그 미달하는 금액을 한도로 하여 손금으로 추인한다.

  ㉡ 업무용 승용차별 임차료 중 감가상각비 상당액 이월액: 해당 사업연도의 다음 사업연도부터 해당 업무용 승용차의 업무사용금액 중 감가상각비 상당액이 800만원에 미달하는 경우 그 미달하는 금액을 한도로 손금에 산입한다.

승용차 처분손실	① 업무용 승용차 처분손실 한도초과액: 업무용 승용차 처분손실이 업무용 승용차별로 800만원(해당 사업연도가 1년 미만인 경우 800만원에 해당 사업연도의 월수를 곱하고 이를 12로 나누어 산출한 금액)을 초과하는 금액은 손금불산입(기타사외유출)한다. 　　　업무용 승용차 처분손실 - 800만원 ⇒ 손不(기타사외유출) ② 처분손실 한도초과액의 이월공제: 해당 사업연도의 다음 사업연도부터 800만원을 균등하게 손금에 산입하되, 남은 금액이 800만원 미만인 사업연도에는 남은 금액을 모두 손금에 산입한다.
특정법인의 업무용 승용차	부동산임대업을 주업으로 하는 등 일정요건을 갖춘 법인(특정법인)에 대해서는 업무용 승용차규정을 적용할 때 다음의 특례를 적용한다. | 구분	일반법인	특정법인
---	---	---
운행기록 미작성 시 손금인정한도, 업무사용비율 계산	1,500만원	500만원
감가상각비(상당액) 손금산입한도	800만원	400만원
처분손실 손금산입한도	800만원	400만원	
명세서 제출	업무용 승용차 관련비용 또는 처분손실을 손금에 산입한 법인은 법인세 신고 시 업무용 승용차 관련비용 명세서를 첨부하여 납세지 관할 세무서장에게 제출하여야 한다. 만일 업무용 승용차 관련비용 명세서를 제출하지 아니하거나 사실과 다르게 제출한 경우 다음의 구분에 따른 금액을 가산세를 부과한다. ① 명세서를 제출하지 아니한 경우: 내국법인이 과세표준을 신고할 때 업무용 승용차 관련 비용 등으로 손금에 산입한 금액의 1% ② 명세서를 사실과 다르게 제출한 경우: 내국법인이 과세표준을 신고할 때 업무용 승용차 관련 비용 등으로 손금에 산입한 금액 중 해당 명세서에 사실과 다르게 적은 금액의 1%

05 기업업무추진비의 손금불산입

1. 개요

개념	기업업무추진비란 접대, 교제, 사례 또는 그 밖에 어떠한 명목이든 상관없이 이와 유사한 목적으로 지출한 비용으로서 내국법인이 직접 또는 간접적으로 업무와 관련이 있는 자와 업무를 원활하게 진행하기 위하여 지출한 금액을 말한다. [판례] 법인이 사업을 위하여 지출한 비용 가운데 상대방이 사업에 관련 있는 사람들이고 지출의 목적이 접대 등 행위에 의하여 사업관계자들과의 사이에 친목을 두텁게 하여 거래관계의 원활한 진행을 도모하기 위한 지출을 기업업무추진비로 본다.
유사비용 구분		구분	업무관련성	지출목적	지출상대방	손금인정
---	---	---	---	---
기업업무추진비	O	거래관계도모	특정인	한도 내
광고선전비	O	구매의욕자극	불특정다수인	전액
판매부대비	O	판매와 직접 관련	매입처	전액
기부금	X	사회환원 등	특정인	한도 내[*1]	 [*1] 비지정기부금은 전액 손금불산입

업무추진비 규제	업무추진비는 지출의 투명성을 확보하고 사업자의 매출을 포착하기 위하여 적격증명수취를 강요하고, 사적용도·향락문화를 억제하기 위해 한도액을 정하고 있다.

구분	처리방법
적격증명서류 미수취 기업업무추진비	손금불산입(기타사외유출)
기업업무추진비 한도초과액	손금불산입(기타사외유출)

2. 기업업무추진비의 범위

사적 경비	주주 또는 임원 또는 직원이 부담하여야 할 성질의 기업업무추진비를 법인이 지출한 것은 이를 기업업무추진비로 보지 아니한다. → 손금불산입(배당, 상여 등)
복리시설비	법인이 그 직원이 조직한 조합 또는 단체(예 노동조합지부)에 복리시설비를 지출한 경우 해당 조합이나 단체가 법인인 때에는 이를 기업업무추진비로 보며, 해당 조합이나 단체가 법인이 아닌 때에는 그 법인의 경리의 일부로 본다.

구분	법인격	처리
직원이 조직한 조합 또는 단체에 지급하는 복리시설비	법인	업무추진비
	법인 아님	경리의 일부
고객이 조직한 임의단체에 지급하는 금품	-	업무추진비

채권 임의포기액	약정에 의하여 채권의 전부 또는 일부를 포기하는 경우에도 이를 대손금으로 보지 아니하며 기부금 또는 기업업무추진비로 본다. 다만, 특수관계자 외의 자와의 거래에서 발생한 채권으로서 채무자의 부도발생 등으로 장래에 회수가 불확실한 어음·수표상의 채권 등을 조기에 회수하기 위하여 당해 채권의 일부를 불가피하게 포기한 경우 동 채권의 일부를 포기하거나 면제한 행위에 객관적으로 정당한 사유가 있는 때에는 동 채권포기액을 손금에 산입한다.

거래상대방	채권포기사유		처리방법
특수관계인 외의 자	정당한 사유가 있는 경우		대손금
	정당한 사유가 없는 경우	업무와 관련된 경우	업무추진비
		업무와 무관한 경우	기부금
특수관계인	정당한 사유가 없는 경우		부당행위(손금불산입)

매입세액 불공제액	기업업무추진비 및 이와 유사한 비용의 지출에 관련되어 공제받지 못한 매입세액은 기업업무추진비에 부대비용이므로 기업업무추진비로 본다.
사업상 증여 부가가치세	부가가치세법에 따른 사업상 증여의 경우로서 법인이 부담한 매출세액 상당액은 사업상 증여의 성질에 따라 기부금 또는 기업업무추진비로 처리한다.
광고선전비	광고선전목적으로 특정인에게 기증한 물품구입비용이 연 5만원(개당 3만원 이하 제외) 초과인 경우 5만원 초과 전액을 기업업무추진비로 본다.
판매 부대비용	사전약정이 없거나 사전약정된 금액을 초과하는 판매장려금도 판매부대비용으로 보므로 기업업무추진비에 해당하지 아니한다.
회의비	정상적인 업무를 수행하기 위하여 지출하는 회의비로서 사내 또는 통상회의가 개최되는 장소에서 제공하는 다과 및 음식물 등의 가액 중 사회통념상 인정될 수 있는 범위내의 금액(통상회의비)은 이를 각 사업연도의 소득금액 계산상 손금에 산입하나, 통상회의비를 초과하는 금액과 유흥을 위하여 지출하는 금액은 기업업무추진비로 본다.

3. 기업업무추진비 가액(현물기업업무추진비)과 귀속시기

현물 기업업무 추진비

① 기업업무추진비를 금전 외의 자산으로 제공한 경우 기업업무추진비 금액은 기부했을 때의 장부가액과 시가 중 큰 금액으로 한다. 이 거래가 부가가치세법 사업상 증여에 해당하는 경우로서 법인이 부담한 매출세액은 기업업무추진비에 포함한다.

> **Q 사례**
>
> 회사가 거래처에 제품(원가 300, 시가 500)을 증정한 경우
>
> | 회계 | 차) 업무추진비 | 350 | 대) 제품
부가세예수금 | 300
50 |
> |---|---|---|---|---|
> | 세법 | 차) 업무추진비 | 550 | 대) 제품
익금
부가세예수금 | 300
200
50 |
> | 조정 | <손금산입> 200 <익금산입> 200 → 생략해도 됨
기업업무추진비 해당액: 200을 가산함 | | | |

② 금전 외의 자산으로 제공한 경우 기업업무추진비 금액은 수입금액에 포함하지 아니한다.

> **Q 사례**
>
> 회사가 거래처에 제품(원가 300, 시가 500)을 증정한 경우
>
> | 회계 | 차) 업무추진비
매출원가 | 550
300 | 대) 매출
제품
부가세예수금 | 500
300
50 |
> |---|---|---|---|---|
> | 세법 | 차) 업무추진비 | 550 | 대) 제품
익금
부가세예수금 | 300
200
50 |
> | 조정 | <손금불산입> 300 <익금불산입> 300 → 생략해도 됨
매출 500은 기업회계기준에 따른 매출액이 아니므로 수입금액 한도에서 500을 제외한다. | | | |

귀속시기

① 기업업무추진비의 귀속시기는 접대행위를 한 날이 속하는 사업연도로 한다. 따라서 기업업무추진비를 신용카드로 결제한 경우로서 당기 말까지 카드대금을 미지급한 경우에도 접대한 날이 속하는 사업연도의 기업업무추진비로 본다.

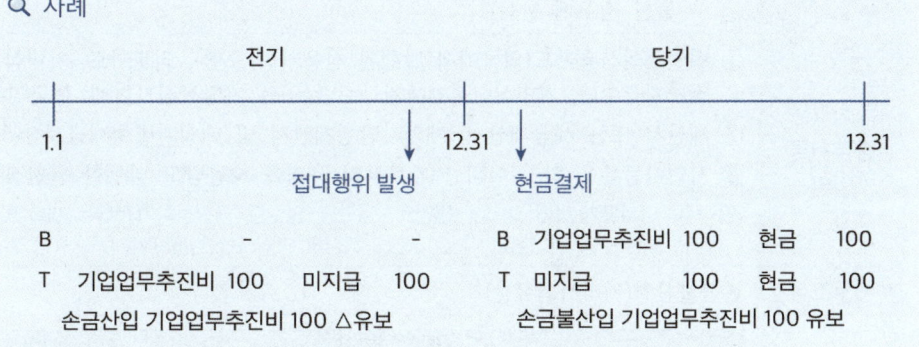

귀속시기	② 법인이 업무추진비를 지출한 사업연도의 손비로 처리하지 아니하고 이연처리한 경우에는 이를 지출한 사업연도의 기업업무추진비로서 시부인 계산하고 그 후 사업연도에 있어서는 이를 기업업무추진비로 보지 아니한다. 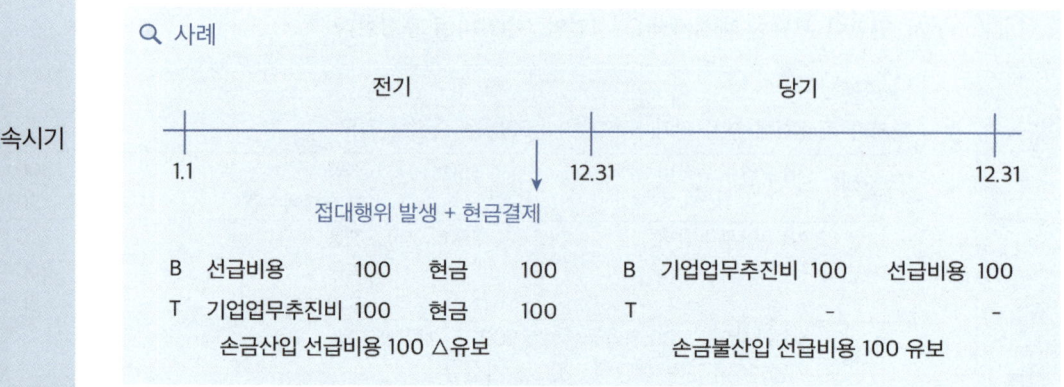

4. 기업업무추진비의 손금불산입
(1) 신용카드 등 미사용 기업업무추진비의 손금불산입

적용대상	내국법인이 한 차례의 접대에 지출한 기업업무추진비가 3만원(경조비 20만원)을 초과하는 경우에는 적격증명서류를 수취하여야 하며, 이를 위반한 경우에는 각 사업연도소득금액 계산 시 동 기업업무추진비를 손금에 산입하지 않는다. 다만, 다음의 어느 하나에 해당하는 기업업무추진비는 그러하지 아니하다.
	① 법인이 직접 생산한 제품 등으로 제공하는 현물 기업업무추진비
	② 거래처의 매출채권 임의포기액
	③ 지출사실이 객관적으로 명백한 경우로서 적격증명서류를 구비하기 어려운 경우
	   ⊙ 기업업무추진비가 지출된 국외지역의 장소에서 현금 외에 다른 지출수단이 없어 증거자료를 구비하기 어려운 해당 국외지역에서의 지출
	   ⊙ 농·어민(농업 중 작물재배업·축산업·복합농업, 임업 또는 어업에 종사하는 자를 말하며, 법인은 제외)으로부터 직접 재화를 공급받는 경우의 지출로서 그 대가를 금융회사 등을 통하여 지급한 지출(해당 법인이 법인세 신고를 할 때 과세표준신고서에 송금사실을 적은 송금명세서를 첨부하여 납세지 관할 세무서장에게 제출한 경우에 한함)

적격 증명서류 범위	① 법인명의신용카드(외국에서 발행된 신용카드 포함), 직불카드, 기명식선불카드, 직불전자지급수단, 기명식선불전자지급수단 또는 기명식전자화폐, 현금영수증 ② 계산서 또는 세금계산서, 매입자발행계산서 및 매입자발행세금계산서 ③ 사업자등록을 하지 아니한 자로부터 용역을 제공받고 발행한 원천징수영수증 ※ 적격증명서류가 아닌 것: 임직원명의신용카드, 영수증, 금전등록기계산서, 재화 또는 용역을 공급하는 신용카드 등 가맹점이 아닌 다른 가맹점의 명의로 작성된 매출전표 등을 발급받은 경우
세무조정	손금불산입(기타사외유출)
정리	<table><tr><th>구분</th><th>3만원(20만원) 이하</th><th>3만원(20만원) 초과</th></tr><tr><td>증빙미수취</td><td colspan="2">손금불산입(대표자 상여)</td></tr><tr><td>적격증빙미수취</td><td>업무추진비</td><td>손금불산입(기타사외유출)</td></tr><tr><td>적격증빙수취</td><td>업무추진비</td><td>업무추진비</td></tr></table>

(2) 기업업무추진비 한도초과액의 손금불산입

한도액 계산	기업업무추진비 한도액 = ① + ② ① 기본한도: 1,200만원(중소기업 3,600만원) × 사업연도 월수/12 ② 수입금액 한도: (일반수입금액 × 적용률) + (특수관계인수입금액 × 적용률 × 10%)
수입금액	한도액 계산 시 기업회계기준에 따라 계산한 매출액을 말한다. 수입금액에 포함되는 것과 제외하는 것의 예시는 다음과 같다. **수입금액 포함** ① 영업수입금액(업종에 따라 판단함) ② 중단사업부문 매출액 포함 ③ 반제품·부산물·작업폐물 등 매각액 ④ 기업회계기준에 따른 매출액을 세무조정으로 익금산입한 금액 **수입금액 미포함** ① 매출에누리, 매출할인, 매출환입 ② 부가가치세법상 간주공급 ③ 부당행위계산에 의한 익금산입액 ④ 간주임대료 ⑤ 현물기업업무추진비를 회사가 매출액으로 계상한 금액 ⑥ 기업회계기준에 따른 매출액과 법인세법상의 익금과의 차액을 세무조정으로 익금산입한 금액
적용률	<table><tr><th>수입금액</th><th>적용률</th></tr><tr><td>100억원 이하</td><td>0.3%</td></tr><tr><td>100억원 초과 500억원 이하</td><td>3,000만원 + (수입금액 - 100억원) × 0.2%</td></tr><tr><td>500억원 초과</td><td>1억 1,000만원 + (수입금액 - 500억원) × 0.03%</td></tr></table> ※ 일반수입금액과 특수수입금액이 함께 있는 경우 일반수입금액부터 적용률을 적용함 예 일반수입금액이 80억원이고 특수수입금액이 40억원인 경우 계산방법 (80억원 × 0.3%) + (20억원 × 0.3% × 10%) + (20억원 × 0.2% × 10%)
세무조정	손금불산입(기타사외유출)

특정법인의 한도액

한도액	기업업무추진비 한도액 = (① + ②) × 50% ① 기본한도: 1,200만원(중소기업 3,600만원) × 사업연도 월수/12 ② 수입금액 한도: (일반수입금액 × 적용률) + (특수관계인수입금액 × 적용률 × 10%)
특정 법인	다음의 요건을 모두 갖춘 내국법인을 말한다. ∵ 가족법인의 사적 사용 규제 ① 해당 사업연도 종료일 현재 내국법인의 지배주주 등이 보유한 주식 등의 합계가 해당 내국법인의 발행주식총수 또는 출자총액의 50%을 초과할 것 ② 해당 사업연도에 부동산임대업을 주된 사업으로 하거나 부동산 또는 부동산상의 권리의 대여로 인하여 발생하는 수입금액과 소득세법에 따른 이자소득금액과 배당소득금액 합계가 기업회계기준에 따라 계산한 매출액의 50% 이상일 것 ③ 해당 사업연도의 상시근로자 수가 5명 미만일 것

5. 자산 계상 기업업무추진비

내용	기업업무추진비 시부인 대상액은 '당기 지출액'이므로 회사가 자산처리한 금액도 모두 포함하여 기업업무추진비 한도초과액을 계산하여야 한다. 기업업무추진비 한도초과액이 발생한 경우 그 부인 순위는 다음에 따른다.
	① 비용 계상분 → ② 건설 중인 자산 → ③ 유형자산 및 무형자산

세무조정	한도초과액	비용 계상분	손금불산입(기타사외유출)
		자산 계상분	손금산입 자산 XXX (△유보) 손금불산입 한도초과액 XXX (기타사외유출)
	자산감액분의 상각비		손금불산입 상각비 XXX (유보) 상각비 × $\dfrac{\text{자산감액분}(\triangle \text{유보잔액})}{\text{자산의 장부가액}}$

06 기부금의 손금불산입

1. 개요

의의	기부금은 사업과 관련 없는 손비이므로 손금불산입항목이지만, 공익성 있는 기부금은 기업의 사회환원 측면에서 일정한 한도액 범위에서 손금으로 인정하며, 공익성 없는 기부금(비지정기부금)은 전액 손금불산입한다.
범위	**본래 기부금**: 기부금이란 내국법인이 사업과 직접적인 관계없이 무상으로 지출하는 금액을 말한다. 한편, 특례 및 일반기부금 단체에 지출한 금액은 그 특수관계 유무에 관계없이 기부금으로 본다.
	의제 기부금: 특수관계인 외의 자에게 정당한 사유 없이 자산을 정상가액보다 낮은 가액으로 양도하거나 특수관계인 외의 자로부터 정상가액보다 높은 가액으로 매입하는 거래를 통하여 실질적으로 증여한 것으로 인정되는 금액은 기부금으로 본다. 이 경우 정상가액은 시가에 시가의 30%를 더하거나 뺀 범위의 가액으로 한다. → 유상거래 중 재산의 일부 가액만이 무상지출성격으로서 부분적인 기부금임 ※ 특수관계인과의 거래는 시가와 거래가액 차액에 대해 부당행위계산부인 적용

🔍 **사례**

```
6억원(장부가)    7억원      10억원        13억원       14억원
양도가액                     시가                     매입가액
    |————————|——————————————|—————————————|
      의제기부금      정상가액         의제기부금

B  현금  6억원   토지  6억원      B  토지  14억원   현금  14억원
T  현금  7억원   토지  6억원      T  토지  13억원   현금  14억원
                이익  1억원         기부금 1억원
   기부금 1억원  현금  1억원

① 세무조정 생략(단, 유보추인)      ① 손금산입 토지 1억원 △유보
② ┌ 특례·일반기부금: 1억원 가산   ② ┌ 특례·일반기부금: 1억원 가산
   └ 비지정기부금: 손금불산입 1억원   └ 비지정기부금: 손금불산입 1억원
```

기부금과 유사지출 구분

잉여식품 활용사업자에게 기증한 잉여식품 등	식품등 기부 활성화에 관한 법률 제2조 제1호 및 제1호의 2에 따른 식품 및 생활용품의 제조업·도매업 또는 소매업을 영위하는 내국법인이 해당 사업에서 발생한 잉여식품 등을 같은 법 제2조 제4호에 따른 제공자 또는 제공자가 지정하는 자에게 무상으로 기증하는 경우 기증한 잉여식품 등의 장부가액은 전액 손금이므로 그 금액은 기부금에 포함하지 아니한다.
사용수익 기부자산	금전 외의 자산을 국가 또는 지방자치단체, 특례기부금 또는 일반기부금 해당 단체에게 기부한 후 그 자산을 사용하거나 그 자산으로부터 수익을 얻는 경우 해당 자산의 장부가액은 무형자산인 사용수익기부자산으로 대체한다.

2. 현물기부금 평가

특례기부금	장부가액
일반기부금	① 특수관계 없는 경우: 장부가액 ② 특수관계 있는 경우: Max[시가, 장부가액]
비지정기부금	Max[시가, 장부가액]

사례

제품(회사의 제품(장부가액 100, 시가 300)을 비지정기부금단체에 기부한 경우

B	차) 기부금	100	대) 제품	100
T	차) 기부금	300	대) 제품 수익	100 200
세무조정	익금산입 200 (기타) 손금산입 200 (기타) → 세무조정은 생략 <손금불산입> 비지정기부금 300 (기타사외유출)			

3. 기부금의 귀속시기

원칙	기부금은 현금주의에 의하여 그 지출한 날이 속하는 사업연도에 손금으로 산입한다. 법인이 기부금 지출으로 어음을 발행(배서를 포함)한 경우 그 어음이 실제로 결제된 날에 지출한 것으로 보며, 수표를 발행한 경우 당해 수표를 교부한 날에 지출한 것으로 본다. ※ 선일자수표는 어음과 성격이 유사하므로 결제일이 귀속시기
예외	정부로부터 인·허가를 받기 전의 설립 중인 공익법인 및 단체 등에 지출한 기부금은 정부로부터 인가 또는 허가를 받은 날이 속하는 사업연도의 기부금으로 본다. ∵ 지출시점의 기부금으로 보면 비지정기부금으로 손금불산입되는 문제점을 해소함

🔍 **사례**

1. 기부금을 가지급금 등으로 이연계상한 경우에는 이를 그 지출한 사업연도의 기부금으로 하고, 그 후의 사업연도에 있어서는 이를 기부금으로 보지 아니한다.

구분	X1년(지출)		X2년(기부금 대체)	
회계	가지급금 10	현금 10	기부금 10	가지급금 10
세법	기부금 10	현금 10	-	-
세무조정	손금산입 가지급금 10 △유보 기부금 해당액 10 가산		손금불산입 가지급금 10 유보 기부금 해당액 10 제외	

2. 기부금을 미지급금으로 계상한 경우 실제로 이를 지출할 때까지는 당해 사업연도의 소득금액계산에 있어서 이를 기부금으로 보지 아니한다.

구분	X1년(미지급)		X2년(지출)	
회계	기부금 10	미지급금 10	미지급금 10	현금 10
세법	-	-	기부금 10	현금 10
세무조정	손금불산입 미지급금 10 유보 기부금 해당액 10 제외		손금산입 미지급금 10 △유보 기부금 해당액 10 가산	

4. 기부금의 구분

특례기부금	① 국가나 지방자치단체에 무상으로 기증하는 금품의 가액. 다만, 기부금품의 모집 및 사용에 관한 법률의 적용을 받는 기부금품은 접수하는 것만 해당한다. 한편, 국가 또는 지방자치단체에 무상으로 기증하는 금품의 가액에는 법인이 개인 또는 다른 법인에게 자산을 기증하고 이를 기증받은 자가 지체없이 다시 국가 또는 지방자치단체에 기증한 금품의 가액과 한국은행법에 따른 한국은행이 국제금융기구에의 가입조치에 관한 법률 제2조 제2항에 따라 출연한 금품의 가액을 포함한다. ② 국방헌금과 국군장병 위문금품의 가액(향토예비군 포함). 국방헌금에는 예비군법에 따라 설치된 예비군에 직접 지출하거나 국방부장관의 승인을 받은 기관 또는 단체를 통하여 지출하는 기부금을 포함한다. ③ 천재지변(특별재난지역의 선포 사유가 된 재난 포함)으로 생기는 이재민을 위한 구호금품의 가액 ④ 사립학교, 한국장학재단 등에 시설비·교육비·장학금·연구비로 지출하는 기부금 ⑤ 국립대학병원 등에 시설비·교육비 또는 연구비로 지출하는 기부금 ⑥ 전문모금기관: 사회복지공동모금회, 재단법인 바보의 나눔
우리사주조합 기부금	법인이 협력업체 등 다른 법인의 우리사주조합에 지출하는 기부금 ※ 법인이 본인 회사 우리사주조합에 출연하는 자사주의 장부가액·금품: 전액 손금
일반기부금	① 다음의 공익법인 등(단체 및 비영리외국법인을 포함)의 고유목적사업비로 지출하는 기부금 ㉠ 사회복지법인, 어린이집, 유치원, 초·중등교육법 및 고등교육법에 따른 학교, 기능대학, 전공대학 형태의 평생교육시설 및 원격대학 형태의 평생교육시설, 의료법에 따른 의료법인, 종교단체, 일반기부금 단체에 해당하는 병원이 설립하는 의료기술협력단

일반기부금	ⓒ 민법상 비영리법인, 비영리외국법인, 사회적협동조합, 공공기관 또는 법률에 따라 직접 설립 또는 등록된 기관 중 법정 요건을 모두 충족한 것으로서 국세청장의 추천을 받아 기획재정부장관이 지정하여 고시한 법인 　　예 대한적십자사, 독립기념관 ② 다음의 기부금 　㉠ 유치원의 장·초·중등교육법 및 고등교육법에 의한 학교의 장, 기능대학의 장, 전공대학 형태의 평생교육시설 및 원격대학 형태의 평생교육시설의 장이 추천하는 개인에게 교육비·연구비 또는 장학금으로 지출하는 기부금 　㉡ 상속세 및 증여세법 시행령의 요건을 갖춘 공익신탁으로 신탁하는 기부금 　㉢ 사회복지·문화·예술·교육·종교·자선·학술 등 공익목적으로 지출하는 기부금으로서 기획재정부장관이 지정하여 고시하는 기부금 　　예 국민체육진흥기금, 근로복지진흥기금, 발명진흥기금, 과학기술진흥기금으로 출연하는 기부금, 전쟁기념사업회에 전쟁기념관 또는 기념탑의 건립비용으로 지출하는 기부금 ③ 사회복지시설(예 아동복지시설, 장애인복지시설 등) 또는 기관 중 무료 또는 실비로 이용할 수 있는 시설 또는 기관에 기부하는 금품의 가액 　→ 장애인 유료복지시설은 비지정기부금에 해당함 ④ 기획재정부장관이 지정하여 고시하는 국제기구에 지출하는 기부금 　　예 유엔난민기구, 글로벌녹색성장연구소, 아시아산림협력기구 등 ⑤ 법인으로 보는 단체 중 일반기부금 단체 등을 제외한 단체의 수익사업에서 발생한 소득을 고유목적사업비로 지출하는 금액
비지정기부금	위에 열거되지 않은 기부금은 비지정기부금으로서 그 전액을 손금불산입하고 그 기부받은 자에 따라 배당, 상여, 기타사외유출 등으로 소득처분을 한다. 예 신용협동조합·새마을금고에 지출하는 기부금, 동창회·향우회·종친회 기부금, 정당에 지출하는 기부금

5. 기부금 시부인 계산

```
       당기순이익
(+)   익금산입 및 손금불산입      기부금한도초과액, 기부금한도초과 이월손금산입액을 제외한 모든 세무조
(-)   손금산입 및 익금불산입      정(비지정기부금, 기부금 귀속시기, 의제기부금 세무조정 포함)
      ─────────────              → 소득금액조정합계표에 작성됨
      차가감소득금액              [1단계] 차가감소득금액 계산
(+)   기부금한도초과액            [2단계] 시부인 계산
(-)   기부금한도초과이월액손금산입
      ─────────────
      각 사업연도 소득금액
```

차가감 소득금액	당기순이익 + 익금산입 및 손금불산입 − 손금산입 및 익금불산입 = 차가감소득금액	
시부인 계산	① 내국법인이 각 사업연도에 지출한 기부금 및 이월된 기부금은 손금산입한도액 내에서 해당 사업연도의 소득금액을 계산할 때 손금에 산입하되, 손금산입한도액을 초과하는 금액은 손금에 산입하지 아니한다. ※ 특례기부금 → 우리사주조합기부금 → 일반기부금순으로 함 ② 내국법인이 각 사업연도에 지출하는 기부금 중 기부금의 손금산입한도액을 초과하여 손금에 산입하지 아니한 금액은 해당 사업연도의 다음 사업연도 개시일부터 10년 이내에 끝나는 각 사업연도로 이월하여 그 이월된 사업연도의 소득금액을 계산할 때 기부금 각각의 손금산입한도액의 범위에서 손금에 산입한다. ※ 2013. 1. 1. 이후 지출한 기부금부터 이월공제기간은 10년임 ※ 우리사주조합기부금 한도초과액은 이월공제규정 없음 ③ 기부금을 손금에 산입하는 경우 이월된 금액을 해당 사업연도에 지출한 기부금보다 먼저 손금에 산입한다. 이 경우 이월된 금액은 먼저 발생한 이월금액부터 손금에 산입한다.	
특례기부금	계산	한도액 = (기준소득금액 − 이월결손금) × 50% ① 기준소득금액: 차가감소득금액(합병·분할에 따른 양도손익 제외) + 특례기부금·우리사주조합기부금·일반기부금 지출액 ② 이월결손금: 과세표준 계산 시 공제대상 이월결손금이며 각 사업연도 소득의 80%를 한도로 이월결손금 공제를 적용받는 법인은 기준소득금액의 80%를 한도로 한다.
	세무조정	① 전기이월액: Min(특례기부금한도초과이월액, 특례기부금한도액) 손금산입(기타) ② 당기지출액 당기지출액 − (한도액 − ①의 손금인정액) = ┌ 한도초과액 ⋯ 손금불산입 (기타사외유출) └ 한도미달액 ⋯ 세무조정 없음
일반기부금	계산	한도액 = (기준소득금액 − 이월결손금 − 특례기부금 손금산입액$^{(*1)}$ − 우리사주조합기부금 손금산입액) × 10%(20%)$^{(*2)}$ $^{(*1)}$ 특례기부금 손금산입액은 이월하여 손금산입한 금액을 포함함 $^{(*2)}$ 사업연도 종료일 현재 사회적기업은 20%
	세무조정	① 전기이월액: Min(일반기부금한도초과이월액, 일반기부금한도액) 손금산입(기타) ② 당기지출액 당기지출액 − (한도액 − ①의 손금인정액) = ┌ 한도초과액 ⋯ 손금불산입 (기타사외유출) └ 한도미달액 ⋯ 세무조정 없음

07 지급이자의 손금불산입

1. 개요

의의	법인이 사업을 위하여 자금을 차입하고 부담하는 지급이자는 법인의 순자산을 감소시키는 거래로 인하여 발생하는 손비이므로 손금으로 인정하는 것을 원칙으로 한다. 다만, 조세정책적 목적에서 일정한 지급이자는 손금에 산입하지 아니한다.
손不 지급이자	지급이자는 지급이자 총액을 한도로 다음 순서에 따라 손금에 산입하지 않는다.

구분	소득처분	취지
채권자가 불분명한 사채이자	대표자상여(기타사외유출)⁽*⁾	가공채무계상 규제
비실명채권·증권의 이자		금융실명거래 유도
건설자금이자	유보	자산의 취득부대비용
업무무관자산 등 관련이자	기타사외유출	비생산적 자금활용 규제

⁽*⁾ 원천징수세액 상당액은 기타사외유출로 처분한다.

2. 채권자가 불분명한 사채이자

의의	채권자가 불분명한 사채의 이자란 다음 중 어느 하나에 해당하는 차입금의 이자(알선수수료·사례금 등 명목여하에 불구하고 사채를 차입하고 지급하는 금품을 포함)를 말한다. 다만, 거래일 현재 주민등록표에 의하여 그 거주사실 등이 확인된 채권자가 차입금을 변제받은 후 소재불명이 된 경우의 차입금에 대한 이자를 제외한다. ① 채권자의 주소 및 성명을 확인할 수 없는 차입금 ② 채권자의 능력 및 자산상태로 보아 금전을 대여한 것으로 인정할 수 없는 차입금 ③ 채권자와의 금전거래사실 및 거래내용이 불분명한 차입금 ∵ 법인이 사채이자를 지급하고 채권자를 불분명하게 처리할 경우 채권자의 소득세를 부과할 수 없으므로
세무조정	채권자가 불분명한 사채의 이자를 손금불산입하되, 원천징수세액 상당액(∵국가에 귀속)은 기타사외유출로 처분하고, 나머지 잔액은 대표자상여(∵사외유출되었으나 귀속이 불분명함)로 처분한다.

3. 지급받은 자가 불분명한 채권·증권의 이자 또는 할인액

의의	지급받은 자가 불분명한 채권·증권의 이자란 채권 또는 증권의 이자·할인액 또는 차익을 당해 채권 또는 증권의 발행법인이 직접 지급하는 경우 그 지급사실이 객관적으로 인정되지 아니하는 이자·할인액 또는 차익을 말한다. ∵ 금융회사가 아닌 법인은 금융실명제를 적용받지 않음
세무조정	객관적으로 인정되지 않는 이자를 손금불산입하되, 원천징수세액 상당액(∵국가에 귀속)은 기타사외유출로 처분하고, 나머지 잔액은 대표자상여(∵사외유출되었으나 귀속이 불분명함)로 처분한다.

4. 건설자금이자

의의		사업용 유형자산·무형자산의 매입·제작 또는 건설에 소요되는 차입금(자산의 건설 등에 소요된지의 여부가 분명하지 않은 차입금은 제외)에 대한 지급이자 또는 이와 유사한 성질의 지출금(특정차입금 이자)은 손금에 산입하지 않고 자산의 취득원가에 산입한다.
건설자금이자 대상	대상 자산	① 사업용 유형자산 및 무형자산만 건설자금이자대상자산이므로 투자부동산과 재고자산은 건설자금이자대상이 아니다. ② 부동산매매업의 주택은 재고자산이므로 건설자금이자대상이 아니다.
	차입금	① 특정차입금: 자본화 강제 ② 일반차입금: 자본화 선택
건설자금이자 계산기간		① 건설자금이자는 건설을 개시한 날부터 준공된 날까지 발생한 지급이자를 말한다. 단, 토지매입의 경우 그 대금을 청산한 날까지로 하되, 대금을 청산하기 전에 해당 토지를 사업에 제공한 경우에는 사업에 제공한 날까지 발생한 지급이자를 말한다. 예 공장신축을 위해 토지를 장기할부조건으로 매입한 경우로서 토지를 대금청산하기 전에 착공 등으로 토지를 업무에 사용한 경우 ② 건설착공 이전이자는 건설자금이자에 포함하는 것이 아니라 각 사업연도의 손금으로 하며, 특정차입금 중 해당 건설 등이 준공된 후에 남은 차입금에 대한 이자는 각 사업연도의 손금으로 한다.
특정차입금 계산		(특정차입금이자 - 운영자금 전용이자) - 수입이자 ① 특정차입금에 대한 지급이자 등은 건설 등이 준공된 날까지 이를 자본적 지출로 하여 그 원본에 가산한다. 다만, 특정차입금의 일부를 운영자금에 전용한 경우에는 그 부분에 상당하는 지급이자는 이를 손금으로 한다. ② 특정차입금의 일시예금에서 생기는 수입이자는 원본에 가산하는 자본적 지출금액에서 차감한다. ③ 특정차입금의 연체로 인하여 생긴 이자를 원본에 가산한 경우 그 가산한 금액은 이를 해당 사업연도의 자본적 지출로 하고, 그 원본에 가산한 금액에 대한 지급이자는 이를 손금으로 한다.
일반차입금 계산		건설자금에 충당한 차입금의 이자에서 특정차입금이자를 뺀 금액으로서 다음에 따라 계산한 금액은 손금에 산입하지 아니할 수 있다. Min(①, ②) ① (건설 등을 위한 연평균지출액(*1) - 특정차입금평균액(*2)) × 자본화이자율(*3) ② 해당 사업연도 중 건설 등에 소요된 기간에 실제로 발생한 일반차입금 이자

(*1) 해당 사업연도의 건설 등에 지출한 금액의 적수 ÷ 사업연도 일수

(*2) 해당 사업연도의 특정차입금적수 ÷ 사업연도 일수

(*3) 일반차입금이자 ÷ $\dfrac{\text{일반차입금 적수}}{\text{사업연도 일수}}$

구분			세무조정	
			당기	차기 이후
세무조정	건설자금이자 과소계상	비상각자산	손금불산입(유보)	양도시점에 손금산입(△유보)
		상각자산 건설 중	손금불산입(유보)	준공된 사업연도에 상각부인액으로 보아 시인부족액 범위 내 손금산입(△유보)
		상각자산 건설 완료	즉시상각의제로 시부인계산	-
	건설자금이자 과대계상		손금산입(△유보)	감가상각 또는 양도 시 손금불산입(유보) 처리

5. 업무무관자산 등에 대한 지급이자

의의	법인의 부동산투기를 억제하고 비생산적인 자금활용을 간접적으로 규제하기 위해 법인이 업무무관자산을 보유하거나 특수관계인에게 업무무관가지급금을 지급하고 있는 경우에는 그에 상당하는 차입금 이자를 손금에 산입하지 않는다.
계산	지급이자[*1] × $\dfrac{(업무무관자산\ 적수\ +\ 업무무관가지급금\ 적수)^{[*2]}}{차입금\ 적수}$ [*1] 지급이자와 차입금 적수: 선순위 부인된 지급이자와 동 지급이자에 대한 차입금 적수는 제외함 [*2] 업무무관자산과 가지급금의 합계액은 차입금 적수를 한도로 함 지급이자 총액 = 총 지급이자 - 채권자 불분명 사채이자 / 지급받은 자가 불분명한 채권·증권 지급이자 / 건설자금이자 차입금 적수 = 총 차입금적수 - 채권자 불분명 사채 적수 / 지급받은 자가 불분명한 채권·증권 적수 / 건설자금 차입금 적수
지급이자 범위	지급이자에 포함되는 것 ① 미지급이자(손금으로 인정되는 것) ② 사채할인발행차금상각액 ③ 차입거래로 보는 경우 상업어음할인료 ④ 금융리스료 중 이자상당액 ⑤ 재고자산에 대한 건설자금이자 ⑥ 전환사채에 대한 상환할증금 지급이자에 포함되지 않는 것 ① 선급이자 ② 현재가치할인차금상각액·연지급수입이자 ③ 매각거래로 보는 경우 상업어음할인료 ④ 운용리스료 ⑤ 한국은행 총재가 정한 기업구매자금대출이자 ⑥ 지급보증료, 신용보증료, 지급수수료
차입금적수	① 원칙: 차입금잔액 × 일수 ② 간편법: 지급이자 ÷ 연 이자율 × 365(윤년 366) ※ 사업연도가 1년 미만인 경우에도 위 산식을 적용함

업무무관자산	① 지급이자 손금불산입의 적용을 받는 업무무관자산은 법인의 업무와 직접 관련이 없다고 인정되는 자산을 말하며, 이에 대한 구체적인 범위는 업무무관비용의 내용을 준용한다.
	예 서화 및 골동품(장식 등의 목적으로 복도 등 여러 사람이 볼 수 있는 공간에 상시 비치하는 것 제외)
	② 법인세법 규정에 의한 취득가액으로 하되, 특수관계인으로부터의 고가매입으로 부당행위부인규정이 적용되는 경우 시가초과액을 포함한다.

특수관계인으로부터 고가매입한 경우

구분	취득가액
부당행위계산부인	시가
지급이자 손금불산입 계산 시 업무무관자산	실제매입가액(시가초과액 포함)

업무무관 가지급금	범위	① 업무무관 가지급금이란 명칭에 관계없이 법인의 업무와 관련이 없는 자금의 대여액(금융기관 등의 주된 수익사업으로 볼 수 없는 자금의 대여액을 포함)을 말하는 것으로서, 지급이자 손금불산입 대상은 특수관계인에 대한 대여금만 해당된다. ② 업무무관 가지급금에는 적정이자율에 따라 이자를 받는 경우도 포함되며, 그 가지급금의 업무관련성 여부는 해당 법인의 목적사업이나 영업내용 등을 기준으로 객관적으로 판단한다. 예 내국법인이 해외현지법인의 시설 및 운영자금을 대여한 경우 그 자금의 대여가 내국법인의 영업활동과 관련되었다면 업무무관 가지급금 아님 ③ 동일인에 대한 가지급금과 가수금이 함께 있는 경우에는 이를 상계한 금액으로 한다. 다만, 발생 시에 각각 상환기간 및 이자율 등에 관한 약정이 있어 상계할 수 없는 경우에는 이를 상계하지 아니한다. ④ 가지급금 적수 계산 시 가지급금이 발생한 초일은 산입하고 회수된 날은 제외한다.
	가지급금 으로 보지 않는 경우	① 소득세법상 지급한 것으로 보는 배당소득과 상여금(미지급소득)에 대한 소득세를 법인이 납부하고 가지급금으로 계상한 금액(해당 소득을 실제 지급할 때까지의 기간에 상당하는 금액으로 한정함) ② 국외에 자본을 투자한 내국법인이 해당 국외투자법인에 종사하거나 종사할 자의 여비·급료 기타 비용을 대신하여 부담하고 이를 가지급금 등으로 계상한 금액 ③ 법인이 우리사주조합 또는 그 조합원에게 해당 우리사주조합이 설립된 회사의 주식취득에 소요되는 자금을 대여한 금액 ④ 국민연금법에 의하여 근로자가 지급받은 것으로 보는 퇴직금전환금 ⑤ 소득의 귀속이 불분명하여 대표자에게 상여처분한 금액에 대한 소득세를 법인이 납부하고 이를 가지급금으로 계상한 금액 ⑥ 직원에 대한 월정급여액의 범위에서의 일시적인 급료의 가불금 ⑦ 직원에 대한 경조사비 또는 학자금(자녀학자금 포함)의 대여액 ⑧ 중소기업에 근무하는 직원(지배주주 등인 직원은 제외)에 대한 주택구입 또는 전세자금의 대여액

가지급금 관련 지급이자 손금불산입과 인정이자 비교

구분	지급대상자	업무관련성	이자율이 적정한 경우
지급이자 손금불산입	특수관계인	업무무관 시 적용	이자 수령 관계없이 계산 대상임
인정이자 익금산입	특수관계인	관련 없음	무상 또는 저리 대여에 한하여 적용

제5장 손익의 귀속시기와 자산·부채의 평가

제1절 손익의 귀속시기

01 손익의 귀속시기

의의	손익의 귀속을 어느 사업연도로 확정시키는지 여부는 법인의 각 사업연도의 소득이 달라지며 납부세액도 달라질 수 있다. 법인세법은 손익의 귀속시기를 수취할 권리가 확정된 날을 익금의 귀속시기로 하며, 지급할 의무가 확정된 날을 손금의 귀속시기로 한다. 단, 손금의 귀속시기는 수익활동에 사용됨에 따라 손금으로 되는(예 감가상각비) 항목도 있으므로 의무확정주의 외의 수익·비용 대응원칙도 병행하여 판단하여야 한다.
권리의무 확정주의	내국법인의 각 사업연도의 익금과 손금의 귀속사업연도는 그 익금과 손금이 확정된 날이 속하는 사업연도로 한다. 이는 납세자의 과세소득을 획일적으로 파악하여 과세의 공평을 기함과 동시에 납세자의 자의를 배제하기 위함이다.
회계기준 보충적 적용	내국법인의 각 사업연도의 소득금액을 계산할 때 그 법인이 익금과 손금의 귀속사업연도와 자산·부채의 취득 및 평가에 관하여 일반적으로 공정·타당하다고 인정되는 기업회계기준을 적용하거나 관행을 계속 적용하여 온 경우에는 법인세법 및 조세특례제한법에서 달리 규정하고 있는 경우를 제외하고는 그 기업회계기준 또는 관행에 따른다.

02 자산의 판매손익 등의 귀속사업연도

1. 일반적인 경우 손익의 귀속시기

재고자산 (부동산 제외) 판매	국내 판매	재고자산을 인도한 날. 단, 납품계약 또는 수탁가공계약에 의하여 물품을 납품하거나 가공하는 경우에는 당해 물품을 계약상 인도하여야 할 장소에 보관한 날. 다만, 계약에 따라 검사를 거쳐 인수 및 인도가 확정되는 물품의 경우에는 당해 검사가 완료된 날로 한다.
	수출	수출물품을 계약상 인도하여야 할 장소에 보관한 날(계약상 별단의 명시가 없는 한 선적을 완료한 날)
재고자산 시용판매		상대방이 그 상품 등에 대한 구입의 의사를 표시한 날. 다만, 일정기간 내에 반송하거나 거절의 의사를 표시하지 아니하면 특약 등에 의하여 그 판매가 확정되는 경우에는 그 기간의 만료일로 한다.
재고자산 외 자산양도		그 대금을 청산한 날. 다만, 대금을 청산하기 전에 소유권 등의 이전등기(등록 포함)를 하거나 당해 자산을 인도하거나 상대방이 당해 자산을 사용수익하는 경우에는 그 이전등기일(등록일 포함)·인도일 또는 사용수익일 중 빠른 날로 한다.
위탁매매		수탁자가 그 위탁자산을 매매한 날
유가증권 매매		증권시장에서 보통거래방식으로 한 유가증권의 매매는 매매계약을 체결한 날

매출할인	법인이 매출할인을 하는 경우 그 매출할인금액은 상대방과의 약정에 의한 지급기일(그 지급기일이 정하여 있지 아니한 경우에는 지급한 날)이 속하는 사업연도의 매출액에서 차감한다.
프로젝트 금융투자회사 토지양도대금	프로젝트금융투자회사가 택지개발촉진법에 따른 택지개발사업 등 기획재정부령으로 정하는 토지개발사업을 하는 경우로서 해당 사업을 완료하기 전에 그 사업의 대상이 되는 토지의 일부를 양도하는 경우에는 그 양도 대금을 해당 사업의 작업진행률에 따라 각 사업연도의 익금에 산입할 수 있다.

2. 장기할부판매

의의		장기할부조건은 자산의 판매 또는 양도로서 판매금액 또는 수입금액을 월부·연부 기타의 지불방법에 따라 2회 이상으로 분할하여 수입하는 것 중 당해 목적물의 인도일(상품 외 자산 소유권이전등기일, 인도일 또는 사용수익일 중 빠른 날)의 다음 날부터 최종의 할부금의 지급기일까지의 기간이 1년 이상인 것을 말한다.
원칙		법인세법은 장기할부판매손익을 인도기준(명목가치)으로 인식하는 것이 원칙이다.
특례	인도기준 (현재가치)	장기할부조건 등에 의하여 자산을 판매하거나 양도함으로써 발생한 채권에 대하여 기업회계기준이 정하는 바에 따라 현재가치로 평가하여 현재가치할인차금을 계상한 경우 해당 현재가치할인차금 상당액은 해당 채권의 회수기간 동안 기업회계기준이 정하는 바에 따라 환입하였거나 환입할 금액을 각 사업연도의 익금에 산입한다. ∵ 장부상 현재가치 평가한 기업의 세무조정 부담을 줄여주기 위함
	회수기일 도래기준 → 세부담 최소	① 법인이 장기할부조건으로 자산을 판매·양도한 경우로서 판매 또는 양도한 자산의 인도일이 속하는 사업연도의 결산을 확정함에 있어서 해당 사업연도에 회수하였거나 회수할 금액과 이에 대응하는 비용을 각각 수익과 비용으로 계상한 경우에는 그 장기할부조건에 따라 각 사업연도에 회수하였거나 회수할 금액과 이에 대응하는 비용을 각각 해당 사업연도의 익금과 손금에 산입한다. ∵ 인도기준으로 일시에 과세할 경우 세금납부에 부담이 됨 ② 중소기업은 장기할부조건으로 자산을 판매·양도한 경우에는 그 장기할부조건에 따라 각 사업연도에 회수하였거나 회수할 금액과 이에 대응하는 비용을 각각 해당 사업연도의 익금과 손금에 산입할 수 있다. ∵ K-IFRS 적용하는 중소기업의 세부담 유지를 위함 ③ 회수기일 도래기준 적용: 인도일 이전에 회수하였거나 회수할 금액은 인도일에 회수한 것으로 보며, 법인이 장기할부기간 중에 폐업한 경우에는 그 폐업일 현재 익금에 산입하지 아니한 금액과 이에 대응하는 비용을 폐업일이 속하는 사업연도의 익금과 손금에 각각 산입한다.

🔍 **사례**

판매 400(계약금 100 인도 전 수령, 인도 후 매년 말 100씩 회수 약정), 원가 200

```
                              12.31            12.31            12.31
                              100 회수          100 회수 X        100 회수
    ├──────────┼──────────┼──────────┼──────────┼──────────┤
   계약금      인도                                              폐업
   100                                                         
   수령        ↑                                                ↑
              익금 100                                         익금 100
              손금 50         익금 100         익금 100         손금 50
                              손금 50          손금 50
```

03 용역제공 등에 의한 손익의 귀속사업연도

원칙
(진행기준)
	건설·제조 기타용역(도급공사 및 예약매출 포함)의 제공으로 인한 익금과 손금은 그 목적물의 건설 등의 착수일이 속하는 사업연도부터 그 목적물의 인도일(용역제공은 그 제공을 완료한 날)이 속하는 사업연도까지 작업진행률을 기준으로 하여 계산한 수익과 비용을 각각 해당 사업연도의 익금과 손금에 산입한다.
	① 진행기준에 의한 익금과 손금
	
	  | 익금 | 계약금액 × 작업진행률 - 직전 사업연도 말까지 익금에 산입한 금액 |
	  | 손금 | 당해 사업연도에 발생된 총비용 |
	
	② 작업진행률
	
	  $$작업진행률 = \frac{해당\ 사업연도\ 말까지\ 발생한\ 총공사비누적액}{총공사예정비}$$
	
	 ㉠ 총공사예정비는 기업회계기준을 적용하여 계약 당시에 추정한 공사원가에 해당 사업연도 말까지의 변동상황을 반영하여 합리적으로 추정한 공사원가로 한다.
	 ㉡ 주택·상가 또는 아파트 등의 예약매출로 인한 익금과 손금의 귀속사업연도를 작업진행률에 의하는 경우에 해당 아파트 등의 부지로 사용될 토지의 취득원가는 총공사비 등에 산입하지 아니하고 작업진행률에 따라 안분하여 손금에 산입한다.
	
	  | 토지 구입 시 | 차) 재고자산 XXX | 대) 현금 XXX |
	  | 결산 시 | 차) 공사원가 XXX | 대) 재고자산 XXX |
	
	※ 하자보수비는 총공사예정비에 포함하고, 공사완료연도에 누적발생계약원가에 포함함

인도기준 선택	다음 중 어느 하나에 해당하는 경우에는 그 목적물의 인도일이 속하는 사업연도의 익금과 손금에 산입할 수 있다. ① 중소기업인 법인이 수행하는 계약기간이 1년 미만인 건설 등의 경우 ② 기업회계기준에 따라 그 목적물의 인도일이 속하는 사업연도의 수익과 비용으로 계상한 경우(예 예약매출에 대해 K-IFRS에 따라 인도기준을 처리한 경우)
인도기준 강제	법인이 비치·기장한 장부가 없거나 비치·기장한 장부의 내용이 충분하지 아니하여 당해 사업연도 종료일까지 실제로 소요된 총공사비누적액 또는 작업시간 등을 확인할 수 없는 경우에는 그 목적물의 인도일이 속하는 사업연도의 익금과 손금에 각각 산입한다.
공사해약 손익	작업진행률에 의한 익금 또는 손금이 공사계약의 해약으로 인하여 확정된 금액과 차액이 발생된 경우에는 그 차액을 해약일이 속하는 사업연도의 익금 또는 손금에 산입한다.

04 이자소득 등의 귀속사업연도

1. 법인이 수입하는 이자와 할인액

금융보험업 외의 법인	소득세법상 수입시기에 해당하는 날이 속하는 사업연도를 귀속시기로 한다. 다만, 기업의 세무조정 부담을 덜어주기 위해 결산을 확정할 때 이미 경과한 기간에 대응하는 이자 및 할인액(원천징수되는 이자 및 할인액은 제외)을 해당 사업연도의 수익으로 계상한 경우에는 그 계상한 사업연도의 익금으로 한다. ∵ 원천징수대상 기간경과분 미수이자를 익금으로 인정하면 원천징수업무가 복잡해지므로 미수이자를 회사가 계상한 경우에도 익금으로 보지 아니함
금융보험업	한국표준산업분류상 금융보험업을 영위하는 법인의 경우에는 실제로 수입된 날로 하되, 선수입이자 및 할인액은 제외한다.

🔍 사례

㈜대한(제조업)은 X1. 11. 15. 거래처에 자금을 대여하고 월 1,000,000원씩 이자를 다음 달부터 매월 15일에 받기로 약정하였으나, 실제 수령한 금액은 없다. X1년 결산 시 회계처리는 다음과 같다.

회계	차)	미수이자	1,500,000	대)	이자수익	1,500,000
세법	차)	미수이자	1,000,000	대)	이자수익	1,000,000
세무조정		익금불산입 미수이자 500,000 △유보				

2. 법인이 지급하는 이자와 할인액

소득세법상 수입시기에 해당하는 날이 속하는 사업연도를 귀속시기로 한다. 다만, 결산을 확정할 때 이미 경과한 기간에 대응하는 이자 및 할인액(차입일부터 이자지급일이 1년을 초과하는 특수관계인과의 거래에 따른 이자 및 할인액은 제외)을 해당 사업연도의 손비로 계상한 경우에는 그 계상한 사업연도의 손금으로 한다.

🔍 사례

20X1. 1. 1. 법인이 특수관계법인으로부터 1억원을 연 4.6%(당좌대출이자율)로 차입하여 20X2년 말에 이자를 지급하기로 하였다. 20X1. 12. 31. 회사는 다음과 같이 회계처리하였다.

차) 이자비용　4,600,000　대) 미지급이자　4,600,000　⇒ 손금불산입 미지급이자 4,600,000 (유보)

3. 수입배당금 등 기타손익

수입배당금	법인이 수입하는 배당금은 소득세법상 수입시기에 해당하는 날이 속하는 사업연도의 익금에 산입한다. 다만, 금융회사 등이 금융채무 등 불이행자의 신용회복 지원과 채권의 공동추심을 위하여 공동으로 출자하여 설립한 유동화전문회사로부터 수입하는 배당금은 실제로 지급받은 날이 속하는 사업연도의 익금에 산입한다.
금융보험업 보험료 등	금융 및 보험업을 영위하는 법인이 수입하는 보험료 등의 귀속사업연도는 그 보험료 등이 실제로 수입된 날이 속하는 사업연도로 하되, 선수입보험료 등은 제외한다. 다만, 결산을 확정함에 있어서 이미 경과한 기간에 대응하는 보험료상당액 등을 해당 사업연도의 수익으로 계상한 경우에는 그 계상한 사업연도의 익금으로 하고, 자본시장과 금융투자업에 관한 법률에 따른 투자매매업자 또는 투자중개업자가 정형화된 거래방식으로 증권을 매매하는 경우 그 수수료의 귀속사업연도는 매매계약이 체결된 날이 속하는 사업연도로 한다.
투자회사의 투자손익	투자회사 등이 결산을 확정할 때 증권 등의 투자와 관련된 수익 중 이미 경과한 기간에 대응하는 이자 및 할인액과 배당소득을 해당 사업연도의 수익으로 계상한 경우에는 그 계상한 사업연도의 익금으로 한다.
신탁업자 신탁재산	신탁업자가 운용하는 신탁재산(투자신탁재산은 제외)에 귀속되는 소득세법의 이자소득금액의 귀속사업연도는 원천징수일이 속하는 사업연도로 한다.
보험감독 회계기준 특례	다음의 항목은 보험감독회계기준에 따라 수익 또는 손비로 계상한 사업연도의 익금 또는 손금으로 한다. ① 보험회사가 보험계약과 관련하여 수입하거나 지급하는 이자·할인액 및 보험료 등으로서 보험업법에 따른 책임준비금의 산출에 반영되는 항목 ② 주택도시기금법에 따른 주택도시보증공사가 신용보증계약과 관련하여 수입하거나 지급하는 이자·할인액 및 보험료 등으로서 책임준비금의 산출에 반영되는 항목

05 임대료의 귀속사업연도

원칙	자산의 임대로 인한 익금과 손금의 귀속사업연도는 다음의 날이 속하는 사업연도로 한다. ① 계약 등에 의하여 임대료의 지급일이 정하여진 경우에는 그 지급일 ② 계약 등에 의하여 임대료의 지급일이 정하여지지 아니한 경우에는 그 지급을 받은 날
예외	결산을 확정함에 있어서 이미 경과한 기간에 대응하는 임대료 상당액과 이에 대응하는 비용을 당해 사업연도의 수익과 손비로 계상한 경우 및 임대료 지급기간이 1년을 초과하는 경우 이미 경과한 기간에 대응하는 임대료 상당액과 비용은 이를 각각 당해 사업연도의 익금과 손금으로 한다.
정리	<table><tr><th colspan="2">임대료 지급기간(*)</th><th>임대손익 귀속시기</th></tr><tr><td rowspan="2">1년 이하인 경우</td><td>원칙</td><td>계약상 지급일(없는 경우 실제 지급일)</td></tr><tr><td>예외</td><td>발생주의 선택적 허용</td></tr><tr><td colspan="2">1년 초과인 경우</td><td>발생주의 강제</td></tr></table>(*) 임대료 지급기간: 임대료 지급약정일부터 그 다음 임대료 지급약정일까지의 기간 [예] 임대계약기간이 4년이며, 임대료를 2년마다 지급 시 임대료 지급기간은 2년

06 기타 손익의 귀속시기

금전등록기 설치법인	영수증 발급대상 업종을 영위하는 법인이 금전등록기를 설치·사용하는 경우 그 수입하는 물품대금과 용역대가의 귀속사업연도는 그 금액이 실제로 수입된 사업연도로 할 수 있다.
사채 할인발행차금	법인이 사채를 발행하는 경우에 상환할 사채금액의 합계액에서 사채발행가액(사채발행수수료와 사채발행을 위하여 직접 필수적으로 지출된 비용을 차감한 후의 가액)의 합계액을 공제한 금액(사채할인발행차금)은 기업회계기준에 의한 사채할인발행차금의 상각방법에 따라 이를 손금에 산입한다.
자산유동화의 양도 등	자산유동화에 관한 법률에 따른 방법에 의하여 보유자산을 양도하는 경우 및 매출채권 또는 받을어음을 배서양도하는 경우에는 기업회계기준에 의한 손익인식방법에 따라 관련 손익의 귀속사업연도를 정한다.
개발이 취소된 개발비	법인이 개발비로 계상하였으나 해당 제품의 판매 또는 사용이 가능한 시점이 도래하기 전에 개발을 취소한 경우에는 다음의 요건을 모두 충족하는 날이 속하는 사업연도의 손금에 산입한다. ① 해당 개발로부터 상업적인 생산 또는 사용을 위한 해당 재료·장치·제품·공정·시스템 또는 용역을 개선한 결과를 식별할 수 없을 것 ② 해당 개발비를 전액 손비로 계상하였을 것
파생상품 손익	계약의 목적물을 인도하지 아니하고 목적물의 가액변동에 따른 차액을 금전으로 정산하는 파생상품의 거래로 인한 손익은 그 거래에서 정하는 대금결제일이 속하는 사업연도의 익금과 손금으로 한다.
리스료	리스이용자가 리스로 인하여 수입하거나 지급하는 리스료(리스개설직접원가를 제외)의 익금과 손금의 귀속사업연도는 기업회계기준으로 정하는 바에 따른다. 다만, 한국채택국제회계기준을 적용하는 법인의 금융리스 외의 리스자산에 대한 리스료의 경우에는 리스기간에 걸쳐 정액기준으로 손금에 산입한다.
그 밖의 경우	손익의 귀속시기를 적용할 때 법인세법 시행규칙에서 별도로 규정한 것 외의 익금과 손금의 귀속사업연도는 그 익금과 손금이 확정된 날이 속하는 사업연도로 한다.

07 전기오류수정손익

의의	① 전기오류수정손익이란 당기 이전의 손익에 관한 오류를 당기에 발견하여 수정하는 것을 말한다. 회계기준에서는 오류가 발생한 과세기간의 재무제표가 비교표시되는 경우 소급하여 재작성하여 당기에 이월이익잉여금에 반영하며, 중요하지 않은 오류는 당기손익에 반영하도록 하고 있다. ② 세법이 전기오류수정손익을 당기의 익금·손금으로 인정한다면 각 사업연도 소득금액의 조작을 허용하는 결과가 초래되므로 전기오류수정손익을 계상한 사업연도의 손익이 아니라 그 익금·손금이 확정된 날이 속하는 사업연도에 반영하여야 한다.
세무처리	① 전기오류수정손익을 영업외손익으로 처리한 경우 	구분	세무상 귀속시기	세무조정
---	---	---
전기오류수정이익 (영업외수익)	당기 익금 전기 이전의 익금	- 익금불산입(△유보 or 기타)
전기오류수정손실 (영업외손실)	당기 손금 전기 이전의 손금	- 손금불산입(유보 or 기타) | ② 전기오류수정손익을 전기이월이익잉여금에 반영한 경우 | 구분	세무상 귀속시기	세무조정 1차	세무조정 2차
---	---	---	---
전기오류수정이익 (잉여금 증가)	당기 익금 전기 이전의 익금	익금산입(기타) 익금산입(기타)	- 익금불산입(△유보 or 기타)
전기오류수정손실 (잉여금 감소)	당기 손금 전기 이전의 손금	손금산입(기타) 손금산입(기타)	- 손금불산입(유보 또는 기타)	

제2절 자산·부채의 취득과 평가

01 자산의 취득가액

1. 내국법인이 매입·제작·교환 및 증여 등에 의하여 취득한 자산의 취득가액

타인으로부터 매입한 자산	① 일반적인 경우: 매입가액에 취득세(농어촌특별세와 지방교육세 포함), 등록면허세, 그 밖의 부대비용을 가산한 금액. 단, 단기금융자산 등은 매입가액을 취득가액으로 한다. ② 일괄매입: 법인이 토지와 그 토지에 정착된 건물 및 그 밖의 구축물 등을 함께 취득하여 토지의 가액과 건물 등의 가액의 구분이 불분명한 경우 시가에 비례하여 안분계산한다.
자가제조 등	자기가 제조·생산·건설 기타 이에 준하는 방법에 의하여 취득한 자산은 원재료비·노무비·운임·하역비·보험료·수수료·공과금(취득세와 등록세를 포함)·설치비 기타 부대비용의 합계액으로 한다.
현물출자	① 현물출자한 법인이 취득한 주식의 취득가액 | 출자법인 등이 현물출자로 인하여 피출자법인을 새로 설립하면서 그 대가로 주식 등만 취득하는 경우	현물출자한 순자산의 시가
그 밖의 경우	해당 주식 등의 시가 | ② 현물출자에 따라 취득한 자산의 취득가액: 해당 자산의 시가

물적분할	① 물적분할에 따라 분할법인이 취득한 주식: 물적분할한 순자산의 시가 ② 물적분할에 따라 취득한 자산의 취득가액: 해당 자산의 시가	
합병 또는 인적분할	① 합병 또는 인적분할에 따라 취득한 주식의 취득가액: 종전의 장부가액 + 의제배당 + 특수관계인으로부터 분여받은 이익 − 금전 등 대가 ② 합병 또는 인적분할에 따라 취득한 자산	
	적격합병과 적격분할	장부가액
	비적격합병과 비적격분할	해당 자산의 시가
채무의 출자전환 시 취득한 주식	취득 당시의 시가. 다만, 채무자가 과세이연요건을 갖춘 채무의 출자전환으로 취득한 주식 등은 출자전환된 채권(채무보증구상채권과 특수관계인에 대한 업무무관가지급금은 제외)의 장부가액으로 한다.	
온실가스 배출권	① 온실가스 배출권의 할당 및 거래에 관한 법률에 따라 정부로부터 무상으로 할당받은 배출권의 취득가액: 0원 ② 대기관리권역의 대기환경개선에 관한 특별법 제17조에 따라 정부로부터 무상으로 할당받은 배출허용총량: 0원	
공익법인 등이 기부받은 자산	특수관계인 외의 자로부터 기부받은 기부금에 해당하는 자산(금전 외의 자산만 해당)은 기부한 자의 기부 당시 장부가액[사업소득과 관련이 없는 자산(개인인 경우만 해당)의 경우에는 취득 당시의 소득세법 시행령 제89조에 따른 취득가액을 말한다]. 다만, 상속세 및 증여세법에 따라 증여세 과세가액에 산입되지 않은 출연재산이 그 후에 과세요인이 발생하여 그 과세가액에 산입되지 않은 출연재산에 대하여 증여세의 전액이 부과되는 경우에는 기부 당시의 시가로 한다.	
그 밖의 경우	교환 또는 증여받은 자산의 취득가액은 취득 당시 시가로 한다.	

2. 취득가액에 포함하는 금액

유가증권 저가매입	특수관계인인 개인으로부터 유가증권을 시가보다 낮은 가액으로 매입하는 경우 시가와 그 매입가액의 차액에 상당하는 금액 → 위 외의 경우 실제매입가액을 취득가액으로 봄
건설자금이자	특정차입금이자와 일반차입금이자 중 손금에 산입하지 아니한 금액
강제매입채권	유형자산의 취득과 함께 국·공채를 매입하는 경우 기업회계기준에 따라 그 국·공채의 매입가액과 현재가치의 차액을 해당 유형자산의 취득가액으로 계상한 금액

3. 취득가액에 포함하지 않는 금액

현재가치 할인차금	내용	자산을 장기할부조건 등으로 취득하는 경우 발생한 채무를 기업회계기준이 정하는 바에 따라 현재가치로 평가하여 현재가치할인차금으로 계상한 경우 당해 현재가치할인차금은 취득가액에 포함하지 아니한다. **Q 사례** X1. 1. 1. 기계장치 30,000,000원에 취득하였으며, 대금은 매년 말 10,000,000원씩 3년간 지급하기로 하였다. 해당 채무의 현재가치는 25,000,000원, 감가상각방법은 정액법(상각률 0.2)으로 가정한다. | 구분	명목가치 평가		현재가치 평가	
---	---	---	---	---
취득	기계 30	미지급금 30	기계 25 현할차 5	미지급금 30
현할차 상각	-	-	이자비용 2.5	현할차 2.5
감가상각	dep 6	감누 6	dep 5	감누 5	
	적용	① 취득가액과 구분하여 계상한 현재가치할인차금은 기업회계기준에 따라 유효이자율법에 따라 상각하여야 한다. → 강제신고조정 ② 수입배당금 익금불산입·지급이자 손금불산입 계산 시 지급이자로 보지 않는다. ③ 원천징수대상이 아니므로 지급명세서 제출의무도 없다.
	장기 금전 대차	장기금전대차거래에서 발생하는 채권·채무를 현재가치로 평가하여 명목가액과 현재가치의 차액을 현재가치할인차금으로 계상하여 당기손익으로 처리한 경우 이를 각 사업연도 소득금액 계산상 익금 또는 손금에 산입하지 아니하며, 추후 현재가치할인차금을 상각 또는 환입하면서 이를 이자비용 또는 이자수익으로 계상한 경우에도 익금 또는 손금에 산입하지 않는다.
연지급 수입이자	내용	연지급수입에 있어서 취득가액과 구분하여 지급이자로 계상한 금액은 취득가액에 포함하지 아니한다. **Q 사례** 외국에서 원재료를 기한부 신용장방식으로 수입하면서 대금은 1개월 후에 101(수출상 이자 1)을 지급하기로 하고, 은행에 2개월 후 이자 2를 지급하였다. 	자산 취득가액	이자비용 처리
---	---
차) 원재료 103 대) 현금 103	차) 원재료 100 대) 현금 103 이자비용 3	
	적용	① 수입배당금 익금불산입·지급이자 손금불산입 계산 시 지급이자로 보지 않는다. ② 원천징수대상이 아니므로 지급명세서 제출의무도 없다.
고가매입		① 특수관계인과의 거래: 시가초과액은 취득가액에 포함하지 않음 ② 특수관계 없는 자와의 거래: 정상가액을 초과하는 금액은 취득가액에 포함하지 않음
의제 매입세액		공제받은 의제매입세액은 법인의 각 사업연도의 소득금액 계산 시 원재료의 매입가액에서 공제하여야 하며, 기말재고자산 평가 시에도 의제매입세액을 차감하여 평가하여야 한다.

4. 법인의 보유 자산에 대한 취득가액 변동

자본준비금 감액배당	자본준비금을 감액하여 배당을 받은 경우에는 그 금액을 차감(내국법인이 보유한 주식의 장부가액을 한도로 함)한 금액을 주식의 취득가액으로 한다.
법률 평가액	법인세법규정에 의한 평가가 있는 경우에는 그 평가액
동일 내국법인의 완전자법인 간 합병	동일한 내국법인이 발행주식총수 또는 출자총액을 소유하고 있는 서로 다른 법인 간에 합병으로서 합병법인으로부터 합병대가로 취득하는 주식 등이 없는 경우에는 해당 피합병법인 주식 등의 취득가액(주식 등이 아닌 합병대가가 있는 경우에는 그 합병대가의 금액을 차감한 금액)을 가산한 금액
자본적 지출	자본적 지출이 있는 경우에는 그 금액을 가산한 금액
불공정 자본거래 분여 이익	불공정 합병 또는 분할합병(이미 취득가액에 산입한 금액은 제외)으로 특수관계인으로부터 분여받은 이익이 있는 경우에는 그 이익을 가산한 금액

02 자산·부채의 평가

1. 개요

원칙	내국법인이 보유하는 자산과 부채의 장부가액을 증액 또는 감액(감가상각은 제외하며, 이하 "평가")한 경우에는 그 평가일이 속하는 사업연도와 그 후의 각 사업연도의 소득금액을 계산할 때 그 자산과 부채의 장부가액은 평가 전의 가액으로 한다.
예외	예외적으로 아래와 같은 항목은 평가를 인정하고 있다. ① 보험업법이나 그 밖의 법률에 따른 유형자산 및 무형자산 등의 평가(증액에 한함) ② 재고자산, 유가증권의 평가 ③ 화폐성외화자산 및 부채, 파생상품 관련 평가

2. 법률에 따른 유형자산 등의 평가증(평가이익)

법인세법은 자산의 평가이익을 익금으로 과세하면 조세저항을 유발할 수 있고, 이월결손금 공제기간의 연장수단으로 악용할 수 있으므로 자산의 임의평가이익을 인정하지 않는다. 단, 보험업법이나 그 밖의 법률에 따른 유형자산 및 무형자산 등의 평가증한 경우에는 평가 후의 가액을 장부가액으로 하고, 평가이익은 익금으로 본다. ∵ 다른 법률과의 충돌을 방지하기 위함

🔍 사례

구분	법률에 따른 평가				임의 평가			
토지 취득	차) 토지	100	대) 현금	100	차) 토지	100	대) 현금	100
토지 평가	토지	10	수익	10	토지	10	재평가잉여금	10
세무조정	-				손금산입 토지 10 △유보 익금산입 재평가잉여금 10 기타			

3. 자산의 감액손실

다음 중 어느 하나에 해당하는 자산의 장부가액을 해당 감액사유가 발생한 사업연도(유형자산의 경우에는 파손 또는 멸실이 확정된 사업연도를 포함)에 다음에 따른 평가액으로 감액하고, 그 감액한 금액을 해당 사업연도의 손비로 계상하면 손금으로 인정한다.

구분	평가금액
재고자산으로서 파손·부패 등의 사유로 정상가격으로 판매할 수 없는 것	사업연도 종료일 현재 처분가능한 시가로 평가한 가액
천재지변 또는 화재, 법령에 의한 수용 등, 채굴예정량의 채진으로 인한 폐광으로 파손되거나 멸실된 유형자산	사업연도(파손·멸실이 확정된 사업연도 포함) 종료일 현재 시가로 평가한 가액
① 다음의 주식으로서 주식발행법인이 부도가 발생하거나, 회생계획인가의 결정을 받거나 부실징후기업이 된 경우 　㉠ 주권상장법인이 발행한 주식 등 　㉡ 중소기업창업투자회사 또는 신기술사업금융업자가 보유하는 주식 등 중 각각 창업자 또는 신기술사업자가 발행한 것 　㉢ 특수관계가 없는 법인(발행주식총수의 5% 이하를 소유하고 취득가액이 10억원 이하인 경우)이 발행한 주식 ② 주식 발행법인이 파산한 경우(모든 주식)	사업연도 종료일 현재 시가(시가로 평가한 가액이 1천원 이하인 경우 1천원)로 평가한 가액

🔍 사례

구분	X1년(파산)		X2년(비용처리)		X3년(처분)	
B	-	-	비용 9,900,000	주식 9,900,000	현금 1,000	처분이익 1,000
T			-	-	현금 1,000 손실 9,899,000	주식 9,900,000
조정			손금불산입 9,900,000 (유보)		손금산입 9,900,000 (△유보)	

4. 재고자산의 평가

재고자산 범위	① 제품 및 상품(부동산 매매업자의 매매목적 부동산 포함, 유가증권은 제외) ② 반제품 및 재공품 ③ 원재료 ④ 저장품	
재고자산 평가방법	① 재고자산의 평가는 다음에 해당하는 방법 중 법인이 납세지 관할 세무서장에게 신고한 방법에 의한다.	
	원가법	개별법, 선입선출법, 후입선출법, 총평균법, 이동평균법, 매출가격환원법(소매재고법)
	저가법	재고자산을 원가법과 기업회계기준이 정하는 바에 따라 시가로 평가한 가액 중 낮은 편의 가액을 평가액으로 하는 방법
	② 법인은 재고자산을 평가할 때 해당 자산을 자산별로 구분하여 종류별·영업장별로 각각 다른 방법에 의하여 평가할 수 있다. 이 경우 수익과 비용을 영업의 종목별 또는 영업장별로 각각 구분하여 기장하고, 종목별·영업장별로 제조원가보고서와 포괄손익계산서 또는 손익계산서를 작성하여야 한다.	

재고자산 신고	최초 신고	① 신설법인과 새로 수익사업을 개시한 비영리내국법인은 법인의 설립일 또는 수익사업개시일이 속하는 사업연도의 법인세 신고기한까지 재고자산평가방법신고서를 납세지 관할 세무서장에게 제출하여야 한다. 이 경우 저가법을 신고하는 경우에는 시가와 비교되는 원가법을 함께 신고하여야 한다. ② 법인이 재고자산의 평가방법을 최초신고기한이 경과된 후에 신고한 경우에는 그 신고일이 속하는 사업연도까지는 무신고로 하고, 그 후의 사업연도에 있어서는 법인이 신고한 평가방법에 의한다.
	변경 신고	① 재고자산 평가방법신고를 한 법인으로서 그 평가방법을 변경하고자 하는 법인은 변경할 평가방법을 적용하고자 하는 사업연도의 종료일 이전 3개월이 되는 날까지 재고자산 등 평가방법변경신고서를 납세지 관할 세무서장에게 제출(국세정보통신망에 의한 제출을 포함)하여야 한다. ② 법인이 재고자산의 평가방법을 신고하지 아니하여 무신고 시 평가방법을 적용받는 경우에 그 평가방법을 변경하려면 변경할 평가방법을 적용하려는 사업연도의 종료일 전 3개월이 되는 날까지 변경신고를 하여야 한다.
무신고 임의변경 평가방법	무신고	선입선출법(매매를 목적으로 소유하는 부동산은 개별법)에 의하여 재고자산을 평가한다.
	임의 변경	신고한 평가방법 외의 방법으로 평가한 경우와 법정신고기한 내에 재고자산의 평가방법 변경신고를 하지 아니하고 그 방법을 변경한 경우에는 다음과 같이 재고자산을 평가한다. 기말재고자산 = Max[당초 신고한 방법에 의한 평가액, 무신고 시 평가방법]
	계산 착오	재고자산평가방법을 신고하고 신고한 방법에 의하여 평가하였으나 기장 또는 계산상의 착오가 있는 경우에는 재고자산의 평가방법을 달리하여 평가한 것으로 보지 아니한다. → 임의변경이 아니므로 차이분만 조정
재고 부족액		재고자산이 실제 수량이 장부상 수량보다 적은 경우로서 그 원인이 불분명한 경우에는 그 부족 수량에 해당하는 재고자산을 처분하고 매출누락시킨 것으로 본다. 따라서 해당 재고자산의 시가(부가가치세 과세대상인 경우 부가가치세 포함)를 익금산입(대표자상여)하고 동시에 재고자산의 원가를 손금산입(△유보)한다. → 부가가치세 과세대상인 경우 부가가치세는 익금불산입(△유보)
K-IFRS 최초적용 시 특례		① 내국법인이 한국채택국제회계기준을 최초로 적용하는 사업연도에 재고자산평가방법을 후입선출법에서 다른 재고자산평가방법으로 납세지 관할 세무서장에게 변경신고한 경우에는 해당 사업연도의 소득금액을 계산할 때 다음과 같이 계산한 재고자산평가차익을 익금에 산입하지 아니할 수 있다. 한국채택국제회계기준을 최초로 적용하는 사업연도의 기초 재고자산 평가액 − 한국채택국제회계기준을 최초로 적용하기 직전 사업연도의 기말 재고자산 평가액 ② 이 경우 재고자산평가차익은 한국채택국제회계기준을 최초로 적용하는 사업연도의 다음 사업연도 개시일부터 5년간 다음과 같이 균등하게 나누어 익금에 산입한다(∵ 물가상승률에 따라 거액의 평가차익이 발생한 법인의 조세부담 완화). 이 경우 개월 수는 역에 따라 계산하되, 1월 미만의 일수는 1월로 하고, 사업연도 개시일이 속한 월을 계산에서 포함한 경우에는 사업연도 개시일부터 5년이 되는 날이 속한 월은 계산에서 제외한다. 재고자산평가차익 × 해당 사업연도의 월수 ÷ 60월 ③ 재고자산평가차익을 익금에 산입하지 아니한 내국법인이 해산(적격합병 또는 적격분할로 인한 해산은 제외)하는 경우에는 ②에 따라 익금에 산입하고 남은 금액을 해산등기일이 속하는 사업연도의 소득금액을 계산할 때 익금에 산입한다.

K-IFRS 최초적용 시 특례	🔍 사례

㈜한국은 K-IFRS를 X2년도에 최초로 적용하면서 상품의 평가방법을 후입선출법에서 선입선출법으로 변경하였다. X2년 초 선입선출법에 의한 재고자산은 300이고 X1년 말 기말재고는 200이다. 이에 대한 ㈜한국의 회계처리는 다음과 같다.

구분	X2년		X3년 ~ X7년
B	상품 100	이익잉여금 100	
	익금산입 이익잉여금 100 (기타) 손금산입 상품 100 (△유보)		익금산입 상품 20 (유보)

5. 유가증권의 평가

평가방법	유가증권 평가는 다음 방법 중 법인이 납세지 관할 세무서장에게 신고한 방법에 따른다. 주식 총평균법·이동평균법 중 선택 채권 개별법·총평균법·이동평균법 중 선택 📋 유가증권 평가방법 비교 | 구분 | 기업회계기준 | 법인세법 | |---|---|---| | FVPL(단기매매증권) | 공정가치(당기손익) | 원가법 | | FVOCI(매도가능증권) | 공정가치(기타포괄손익) | | | AC측정(만기보유증권) | 상각후원가(당기손익) | | | 지분법적용주식 | 피투자회사의 당기순손익을 지분법손익(당기손익) 처리 | |
유가증권 신고	재고자산과 동일
무신고 임의변경 평가방법	① 무신고: 총평균법 ② 임의변경: Max[총평균법에 의한 평가액, 당초 신고한 평가액]
가상자산	가상자산은 선입선출법에 따라 평가해야 한다.
집합투자재산	투자회사 등이 보유한 집합투자재산은 시가법에 따라 평가한다. 다만, 자본시장과 금융투자업에 관한 법률에 따른 환매금지형 집합투자기구가 보유한 시장성 없는 자산은 개별법·총평균법·이동평균법 또는 시가법 중 환매금지형 집합투자기구가 납세지 관할 세무서장에게 신고한 방법에 따라 평가하되, 그 방법을 이후 사업연도에 계속 적용하여야 한다.

03 외화자산 및 부채의 평가

1. 의의

개요	① 기업회계기준은 외화자산·부채를 거래일 환율로 기록하고 매 보고기간 말에 화폐성 외화자산·부채를 보고기간 말의 환율로 계산한 환산손익을 당기손익으로 처리한다. 그러나 비화폐성 외화자산·부채는 원칙적으로 환산손익을 당기손익으로 인식하지 않는다. ② 법인세법은 화폐성 외화자산·부채의 외화환산손익(평가손익)은 미실현손익에 해당하여 원칙적으로 인정하지 않고 실현 시 발생하는 외환차손익을 익금 또는 손금으로 본다. 다만, 화폐성 외화자산·부채에 대해 평가손익을 인식하는 방법을 신고한 경우 외화평가손익은 해당 사업연도의 익금 또는 손금에 이를 산입한다.
평가대상	**화폐성 자산·부채**: 지급금액이 일정 화폐로 고정되어 있는 자산·부채 예 현금, 예금, 매출채권, 대여금, 회사채 **비화폐성 자산·부채**: 지급금액이 일정 화폐로 고정되어 있지 않은 자산·부채 예 선급금, 선급비용, 선수금, 재고자산, 유형자산, 무형자산

2. 화폐성 외화자산 및 부채의 평가

금융회사 외 법인	금융회사 외의 법인이 보유하는 화폐성 외화자산·부채(보험회사의 책임준비금은 제외)와 환위험회피용 통화선도 등은 다음 중 어느 하나에 해당하는 방법 중 관할 세무서장에게 신고한 방법에 따라 평가하여야 한다. 다만, 최초로 ②의 방법을 신고하여 적용하기 이전 사업연도의 경우에는 ①의 방법을 적용하여야 한다. ① 화폐성 외화자산·부채와 환위험회피용 통화선도 등의 계약 내용 중 외화자산 및 부채를 취득일 또는 발생일(통화선도 등의 경우에는 계약체결일) 현재의 매매기준율 등으로 평가하는 방법 ② 화폐성 외화자산·부채와 환위험회피용 통화선도 등의 계약 내용 중 외화자산 및 부채를 사업연도 종료일 현재의 매매기준율 등으로 평가하는 방법
금융회사	**화폐성 외화자산·부채**: 사업연도 종료일 현재의 매매기준율 등으로 평가하는 방법 ∵ 외환매매가 영업활동이며 주업인 점 고려 **통화선도 등**: 다음 중 어느 하나에 해당하는 방법 중 관할 세무서장에게 신고한 방법에 따라 평가하는 방법. 다만, 최초로 ②의 방법을 신고하여 적용하기 이전 사업연도에는 ①의 방법을 적용하여야 한다. ① 계약의 내용 중 외화자산 및 부채를 계약체결일의 매매기준율 등으로 평가하는 방법 ② 계약의 내용 중 외화자산 및 부채를 사업연도 종료일 현재의 매매기준율 등으로 평가하는 방법
평가방법 신고	① 마감환율 평가방법을 적용하려는 법인 또는 평가방법을 변경하려는 법인은 최초로 평가방법을 적용하려는 사업연도 또는 변경된 평가방법을 적용하려는 사업연도의 법인세 신고와 함께 평가방법신고서를 관할 세무서장에게 제출하여야 한다. ② 법인이 신고한 평가방법은 그 후의 사업연도에도 계속하여 적용하여야 한다. 다만, 금융회사 외의 법인은 신고한 평가방법을 적용한 사업연도를 포함하여 5개 사업연도가 지난 후에는 다른 방법으로 신고를 하여 변경된 평가방법을 적용할 수 있다.

3. 외화상환차손익

원칙	내국법인이 상환받거나 상환하는 외화채권·채무의 원화금액과 원화기장액의 차익 또는 차손은 당해 사업연도의 익금 또는 손금에 이를 산입한다.
예외	한국은행의 외화채권·채무 중 외화로 상환받거나 상환하는 금액(이하 "외화금액")의 환율변동분은 한국은행이 정하는 방식에 따라 해당 외화금액을 매각하여 원화로 전환한 사업연도의 익금 또는 손금에 산입한다.

제6장 감가상각비의 손금불산입

01 감가상각 개요

의의	유형자산·무형자산은 소모 등의 물리적인 원인이나 경제적 여건 변동 등에 의하여 그 효용이 감소하며, 이러한 현상에 따라 자산원가를 그 자산의 내용연수 동안 합리적이고 체계적인 방법에 따라 각 기간손익에 배분하는 절차이다. 이는 적정한 기간손익을 계산하기 위함이다.
법인세법 감가상각 특징	① 결산조정사항: 원칙적으로 결산서에 감가상각비를 계상한 경우에만 손금에 산입한다. 단, 일부 감가상각비(예 감가상각의제)는 신고조정에 의해 손금에 산입한다. ② 계산요소 법정화: 내용연수와 상각방법을 구체적으로 규정하여 법인의 자의성을 제약하고 있다. ③ 상각범위액: 소득조작을 방지하기 위해 법인세법은 감가상각비 한도액(상각범위액)을 정하여 한도액을 초과하여 계상한 감가상각비를 손금에 산입하지 아니한다. ④ 임의상각: 법인이 상각범위액을 초과하지 않는 범위 내에서 감가상각비의 계상 여부, 금액 또는 손금산입시기를 임의적으로 선택할 수 있다.

02 감가상각대상 자산의 범위

감가상각 대상 자산	① 토지를 제외한 다음의 유형자산 및 무형자산	
	유형자산	건축물, 차량운반구, 공구, 기구 및 비품, 선박 및 항공기, 기계장치, 동물 및 식물
	무형자산	영업권(합병·분할로 인하여 합병법인 등이 계상한 영업권은 제외), 디자인권, 실용신안권, 상표권, 특허권, 어업권, 양식업권, 채취권, 유료도로관리권, 철도시설관리권, 수리권, 전기가스공급시설이용권, 공업용수도시설이용권, 수도시설이용권, 열공급시설이용권, 광업권, 전신전화전용시설이용권, 전용측선이용권, 하수종말처리장시설관리권, 수도시설관리권, 댐사용권, 개발비, 사용수익기부자산, 주파수이용권, 공항시설관리권, 항만시설관리권
	② 감가상각자산에 포함하는 것	
	개발비	상업적인 생산 또는 사용 전에 재료·장치·제품·공정·시스템 또는 용역을 창출하거나 현저히 개선하기 위한 계획 또는 설계를 위하여 연구결과 또는 관련 지식을 적용하는 데 발생하는 비용으로서 기업회계기준에 따른 개발비 요건을 갖춘 것
	사용수익 기부자산	금전 외의 자산을 국가 또는 지방자치단체, 특례기부금 또는 일반기부금 단체에게 기부한 후 그 자산을 사용하거나 그 자산으로부터 수익을 얻는 경우 해당 자산의 장부가액(시가 아님)

감가상각 대상 자산	장기할부매입 자산	장기할부조건 등으로 매입한 감가상각자산의 경우 법인이 해당 자산의 가액 전액을 자산으로 계상하고 사업에 사용하는 경우에는 그 대금의 청산 또는 소유권의 이전 여부에 관계없이 이를 감가상각자산에 포함한다.
	리스자산	리스회사가 대여하는 리스자산 중 금융리스자산은 리스이용자의 감가상각자산으로, 금융리스 외의 리스자산은 리스회사의 감가상각자산으로 한다. ※ 유동화전문회사가 자산유동화계획에 따라 금융리스의 자산을 양수한 경우 당해 자산은 리스이용자의 감가상각자산
감가상각 제외 자산		감가상각자산은 다음의 자산을 포함하지 아니한다. ① 사업에 사용하지 아니하는 것(사용 중 철거하여 사업에 사용하지 않는 기계장치와 취득 후 사용하지 아니하고 보관 중인 기계장치 등 포함) 　※ 일시적 가동중단 상태에 있는 유휴설비는 감가상각대상자산에 포함함 ② 건설중인자산 ③ 시간의 경과에 따라 그 가치가 감소되지 아니하는 것(예 미술조형물, 토지)

03 감가상각비 시부인 계산

1. 개요

의의	내국법인이 각 사업연도의 결산을 확정할 때 감가상각자산에 대한 감가상각비를 손비로 계상한 경우에는 상각범위액의 범위에서 그 계상한 감가상각비를 해당 사업연도의 소득금액을 계산할 때 손금에 산입하고, 그 계상한 금액 중 상각범위액을 초과하는 금액은 손금에 산입하지 아니한다. ※ 감가상각비가 상각범위액에 미달하는 경우 그 미달액은 시인부족액이라 함 **■ 상각부인액과 시인부족액 처리** | 구분 | 당기 세무조정 | 그 후 세무조정 | |---|---|---| | 상각부인액 (감가상각비 > 상각범위액) | 손금불산입(유보) | 시인부족액 한도로 손금산입 | | 시인부족액 (감가상각비 < 상각범위액) | 세무조정 없음 (단, 전기상각부인액이 있는 경우 시인부족액 한도로 손금산입) | 전기 시인부족액은 미래 상각부인액에 충당하지 못함 |
시부인 단위	감가상각비 시부인은 개별자산별로 구분하여 계산하므로 한 자산의 상각부인액을 다른 자산의 시인부족액과 상계할 수 없다.

2. 시부인대상 감가상각비

회사계상액 + 전기오류수정손실 + 손상차손 + 즉시상각의제

구분	내용
회사계상	판매비와 관리비 또는 제조경비 등으로 계상한 감가상각비
전기오류 수정손실	법인이 전기에 과소 계상한 감가상각비를 기업회계기준에 따라 이익잉여금을 감소시키는 전기오류수정손실로 계상한 경우 동 금액은 당기에 감가상각비로 계상한 것으로 보아 해당 사업연도에 시부인 계산한다. B 차) 전기오류수정손실(잉여금) 100 / 대) 감가상각누계액 100 T 차) 감가상각비 100 / 대) 감가상각누계액 100 조정 손금산입 감가상각비 XXX (기타)
손상차손	감가상각자산이 진부화, 물리적 손상 등에 따라 시장가치가 급격히 하락하여 법인이 기업회계기준에 따라 손상차손을 계상한 경우(천재지변·화재, 법령에 따른 수용 및 폐광은 제외)에는 해당 금액을 감가상각비로서 손비로 계상한 것으로 본다. → 따라서 손상차손을 감가상각비에 포함하여 시부인을 함
즉시 상각의제	내국법인이 감가상각자산을 취득하기 위하여 지출한 금액과 자본적 지출에 해당하는 금액을 손비로 계상한 경우에는 해당 사업연도의 소득금액을 계산할 때 감가상각비로 계상한 것으로 보아 상각범위액을 계산한다. 이에 대한 예시는 다음과 같다. ① 비품 등 감가상각자산을 소모품비로 계상한 경우 ② 취득세를 세금과공과로 처리한 경우 ③ 완공된 자산의 건설자금이자를 이자비용으로 처리한 경우 ④ 유형자산의 자본적 지출액을 수선비로 계상한 경우 🔍 **사례** 즉시상각의제액의 처리 B 수선비 100 현금 100 T 자산 100 현금 100 ① 자산가액에 가산하여 상각범위액 계산 　 Dep 100 감누 100 ② 시부인대상 감가상각비에 포함 단, 다음의 경우에는 회사가 비용으로 처리한 경우 이를 손금으로 인정하여 세무조정을 하지 않는다. ∵ 소액자산 등을 전액 비용화하여 계산상 편의제공하며 소모적 다툼 방지

구분	내용	처리방법
소액자산	취득가액이 거래단위별로 100만원 이하인 감가상각자산 (고유업무 성질상 대량보유 자산, 그 사업의 개시·확장을 위하여 취득한 자산은 제외)	사업에 사용한 사업연도의 손비로 계상한 것에 한하여 손금산입
단기소모 자산 등	① 어업에 사용되는 어구(어선용구 포함). 영화필름, 공구, 가구, 전기기구, 가스기기, 가정용 기구·비품, 시계, 시험기기, 측정기기 및 간판, 전화기(휴대용 전화기 포함) 및 개인용 컴퓨터(그 주변기기 포함) → 금형은 포함하지 않음 ② 대여사업용 비디오테이프 및 음악용 콤팩트디스크로서 개별자산의 취득가액이 30만원 미만인 것	

즉시 상각의제	소액 수선비	각 사업연도에 지출한 수선비(자본적 지출과 수익적 지출의 합계)가 다음 중 어느 하나에 해당하는 경우 ① 개별자산별로 수선비가 600만원 미만인 경우 ② 개별자산별로 수선비로 지출한 금액이 직전 사업연도종 료일 현재 재무상태표상의 장부가액(취득가액 - 감가상 각누계액)의 5%에 미달하는 경우 ③ 3년 미만의 기간마다 지출하는 주기적인 수선비	손비로 계상한 경우 자본적 지출 아님
	폐기 시 즉시상각	다음 중 어느 하나에 해당하는 경우 ① 시설의 개체 또는 기술의 낙후로 인하여 생산설비의 일 부를 폐기한 경우 ② 사업의 폐지 또는 사업장의 이전으로 임대차계약에 따 라 임차한 사업장의 원상회복을 위하여 시설물을 철거 하는 경우	(장부가액 - 1천원)을 폐기일 사업연도의 손금산입

수익적 지출과 자본적 지출

구분	수익적 지출	자본적 지출
개념	감가상각자산의 원상을 회복시키거나 능률유지를 위하여 지출한 수선비	자산의 내용연수를 연장시키거나 가치를 현실적으로 증가시키기 위하여 지출한 수선비 → 차기 이후 수익에도 공헌하는 지출
사례	① 건물 또는 벽의 도장 ② 파손된 유리나 기와의 대체 ③ 기계의 소모된 부속품 또는 벨트의 대체 ④ 자동차 타이어의 대체 ⑤ 재해를 입은 자산에 대한 외장의 복구·도장 및 유리의 삽입	① 본래의 용도를 변경하기 위한 개조 ② 엘리베이터 또는 냉난방장치의 설치 ③ 빌딩 등에 있어서 피난시설 등의 설치 ④ 재해 등으로 인하여 멸실 또는 훼손되어 본래의 용도에 이용할 가치가 없는 건축물·기계·설비 등의 복구
처리	① 원칙: 취득가액에 가산하지 아니하고 바로 손금 인정 ② 수익적 지출을 자산으로 처리한 경우: 손금산입 (△유보) 후 감가상각 또는 처분시점에 추인함	① 원칙: 취득가액에 가산하여 감가상각 과정을 통하여 손금산입 ② 자본적 지출을 비용계상한 경우 ㉠ 비상각자산: 손금불산입(유보) ㉡ 감가상각자산: 즉시상각의제로 봄 (단, 소액수선비면 손금인정)

3. 상각범위액의 계산

(1) 정액법

내용	당해 감가상각자산의 세무상 취득가액에 당해 자산의 내용연수에 따른 상각률을 곱하여 계산한 각 사업연도의 상각범위액이 매년 균등하게 되는 상각방법을 말한다.
계산	(취득가액 + 즉시상각의제누계액) × 정액법에 의한 상각률 ① 즉시상각의제누계액: 회사가 취득가액 또는 자본적 지출액을 손비로 처리한 경우로서 자산취득 이후 발생한 전부를 말한다. ② 정액법은 취득가액을 매년 균등한 금액으로 상각하므로 정률법과 달리 전기이월 상각부인액을 고려하지 않는다.

🔍 **사례**

1. 20X1. 1. 1. 자산 100 취득(상각률 0.2)
2. 20X1년 자본적 지출액을 수선비로 처리한 금액: 10
3. 20X2년 자본적 지출액을 수선비로 처리한 금액: 20

구분	20X1	20X2	20X3	20X4	20X5	20X6
① 회사계상 감가상각비	20	20	20	20	20	-
② 즉시상각의제액	10	20	-	-	-	-
감가상각비(① + ②)	30	40	20	20	20	-
① 취득가액	100	100	100	100	100	100
② 즉시상각의제누계액	10	30	30	30	30	30
상각범위액(① + ②) × 상각률	22	26	26	26	26	26
상각부인액(△시인부족액)	8	14	△6	△6	△6	△26
유보잔액	8	22	16	10	4	0

(2) 정률법

내용	① 해당 감가상각자산의 취득가액에서 이미 감가상각비로 손금에 산입한 금액을 공제한 잔액(미상각잔액)에 해당 자산의 내용연수에 따른 상각률을 곱하여 계산한 각 사업연도의 상각범위액이 매년 체감되는 상각방법을 말한다. ② 자산을 취득한 후 자본적 지출이 있는 경우에는 취득가액에 자본적 지출액을 가산한 금액으로 상각범위액을 계산한다. → 자본적 지출이 기초에 있었던 것으로 보아 해당 자산의 내용연수에 의해 감가상각함
계산	세무상 미상각잔액 × 정률법에 의한 상각률 ① 미상각잔액은 세무상 미상각잔액을 말하며 다음의 ⊙ 또는 ⓒ과 같이 계산한다. 　⊙ 당기 말 장부상 취득가액(취득가액 + 당기 자산계상한 자본적 지출액) - 당기 말 장부상 감가상각누계액 + (당기 감가상각비 계상액 + 당기 즉시상각의제액) + 전기 말 상각부인누계액 　ⓒ (전기 말 장부상 취득가액 - 전기 말 장부상 감가상각누계액) + (당기 자산계상한 자본적 지출액 + 당기 즉시상각의제액) + 전기 말 상각부인누계액

계산	② 정률법 감가상각은 미상각잔액(기초가액)으로 상각하므로 전기이월된 상각부인액 누계액을 고려하여 미상각잔액을 계산한다. ③ 전기즉시상각의제액이 전기의 손금인정된 경우 미상각잔액에 영향을 주지 않으며, 손금불산입된 경우 전기이월 상각부인액에 이미 포함되어 별도로 고려할 필요가 없다.

🔍 **사례**

1. 20X1. 1. 1. 자산 100 취득(상각률 0.5)
2. 20X1년 자본적 지출액을 수선비로 처리한 금액: 10
3. 20X2년 자본적 지출액을 수선비로 처리한 금액: 20

구분	20X1	20X2	20X3	20X4
① 회사계상 감가상각비	70	30	-	-
② 즉시상각의제액	10	20	-	-
감가상각비(① + ②)	80	50	-	-
① 취득가액	100	100	100	100
② 전기 말 감가상각누계액	-	70	100	100
③ 전기 말 상각부인누계액	-	25	37.5	18.75
④ 당기즉시상각의제	10	20	-	-
상각범위액(① - ② + ③ + ④) × 상각률	55	37.5	18.75	9.375
상각부인액(△시인부족액)	25	12.5	△18.75	△9.375
유보잔액	25	37.5	18.75	9.375

(3) 특수한 경우의 상각범위액 계산

신규취득	사업연도 중에 취득하여 사업에 사용한 감가상각자산에 대한 상각범위액은 사업에 사용한 날부터 당해 사업연도종료일까지의 월수에 따라 계산한다. → 1개월 미만 1개월 예 20X1. 1. 1. ~ 12. 31. 법인이 20X1. 7. 10. 자산을 신규 취득 시: 상각범위액 × 6/12
자본적 지출	기존의 감가상각자산에 자본적 지출이 발생한 경우에는 신규 취득하는 자산과 같이 월할계산을 하는 것이 아니라, 해당 사업연도 개시일의 취득가액 또는 미상각잔액에 자본적 지출액을 가산하여 해당 자산의 내용연수 및 상각률에 따라 감가상각범위액을 계산하여야 한다.
사업연도 1년 미만	의제사업연도 또는 사업연도 변경 등에 따라 사업연도가 1년 미만인 경우에는 상각범위액에 당해 사업연도의 월수를 곱한 금액을 12로 나누어 계산한 금액을 그 상각범위액으로 한다. → 1개월 미만 1개월

04 감가상각방법 적용

1. 자산별 감가상각방법

구분		상각방법의 신고	상각방법의 무신고
유형자산	건축물	정액법	정액법
	광업용 유형자산	정률법·정액법·생산량비례법	생산량비례법
	폐기물매립시설	정액법·생산량비례법	생산량비례법
	위 외 유형자산	정률법·정액법	정률법
무형자산	광업권(해저광물자원 개발 채취권 포함)	정액법·생산량비례법	생산량비례법
	개발비	판매 또는 사용이 가능한 시점부터 20년의 범위에서 연단위로 신고한 내용연수에 따른 정액법	판매 또는 사용이 가능한 시점부터 5년 동안 정액법
	사용수익기부자산	해당 자산의 사용수익기간(그 기간에 관한 특약이 없는 경우 신고내용연수)에 따라 균등하게 안분한 금액을 상각하는 방법	
	주파수이용권, 공항시설관리권, 항만시설관리권	주무관청에서 고시하거나 주무관청에 등록한 기간 내에서 사용기간에 따라 균등액을 상각하는 방법	
	위 외 무형자산	정액법	정액법

2. 내용연수와 잔존가치

내용연수	기준내용연수	세법에서 정하는 기준내용연수
	신고내용연수	기준내용연수의 25% 가감한 내용연수범위 안에서 법인이 신고한 내용연수 → 무신고 시 기준내용연수를 적용하며, 시험연구용자산과 무형자산은 내용연수 범위가 없으므로 기준내용연수를 적용함
	중고자산의 수정내용연수	내국법인이 기준내용연수(매입한 법인에게 적용되는 기준내용연수)의 50% 이상이 경과된 중고자산을 다른 법인 또는 개인사업자로부터 취득(합병·분할에 의하여 자산을 승계한 경우를 포함)한 경우에는 그 자산의 기준내용연수의 50%에 상당하는 연수와 기준내용연수의 범위에서 선택하여 납세지 관할 세무서장에게 신고한 내용연수 → 1년 미만은 없다고 봄 예 기준내용연수 5년: 2년 ~ 5년
	특례내용연수	다음의 어느 하나에 해당하는 경우 기준내용연수에 기준내용연수의 50%(⑤ 및 ⑥에 해당하는 경우 25%)를 가감하는 범위에서 사업장별로 납세지 관할 지방국세청장의 승인을 받은 내용연수 ① 사업장의 특성으로 자산의 부식·마모 및 훼손의 정도가 현저한 경우 ② 영업개시 후 3년이 경과한 법인으로서 당해 사업연도의 생산설비(건축물 제외)의 가동률이 직전 3개 사업연도의 평균가동률보다 현저히 증가한 경우 새로운 생산기술 및 신제품의 개발 등으로 기존 생산설비의 가속상각이 필요한 경우 ③ 새로운 생산기술 및 신제품의 개발 등으로 기존 생산설비의 가속상각이 필요한 경우

내용연수	특례내용연수	④ 경제적 여건 변동으로 조업을 중단하거나 생산설비의 가동률이 감소한 경우 ⑤ 유형자산(시험 연구용 자산 제외)에 대하여 한국채택국제회계기준을 최초로 적용하는 사업연도에 결산내용연수를 변경한 경우(결산내용연수가 연장된 경우 내용연수를 연장하고 결산내용연수가 단축된 경우 내용연수를 단축하는 경우만 해당하되 내용연수를 단축하는 경우에는 결산내용연수보다 짧은 내용연수로 변경할 수 없음) ⑥ 유형자산(시험 연구용 자산 제외)에 대한 기준내용연수가 변경된 경우. 다만, 내용연수를 단축하는 경우로서 결산내용연수가 변경된 기준내용연수의 25%를 가감한 범위 내에 포함되는 경우에는 결산내용연수보다 짧은 내용연수로 변경할 수 없다.
	환산내용연수	법인의 정관상 사업연도가 1년 미만이면 다음 계산식에 따라 계산한 내용연수와 그에 따른 상각률에 따른다. → 1개월 미만 1개월 $$환산내용연수 = 내용연수 \times \frac{12}{사업연도월수}$$
잔존가액		① 원칙: 잔존가액은 "0" ② 정률법 상각범위액을 계산하는 경우: 취득가액의 5%에 상당하는 금액으로 하되, 그 금액은 당해 감가상각자산에 대한 미상각잔액이 최초로 취득가액의 5% 이하가 되는 사업연도의 상각범위액에 가산한다.
감가완료자산 비망가액		법인은 감가상각이 종료되는 감가상각자산에 대하여는 취득가액의 5%와 1천원 중 적은 금액을 당해 감가상각자산의 장부가액으로 하고, 동 금액에 대하여는 이를 손금에 산입하지 아니한다.

3. 감가상각방법의 변경

변경사유	법인이 다음에 해당하는 경우에는 납세지 관할 세무서장의 승인을 얻어 그 상각방법을 변경할 수 있다. ① 상각방법이 서로 다른 법인이 합병(분할합병을 포함)한 경우 ② 상각방법이 서로 다른 사업자의 사업을 인수 또는 승계한 경우 ③ 외국투자자가 내국법인의 주식 등을 20% 이상 인수 또는 보유하게 된 경우 ④ 해외시장의 경기변동 또는 경제적 여건의 변동으로 인하여 종전의 상각방법을 변경할 필요가 있는 경우 ⑤ 회계정책의 변경(예 국제회계기준을 최초로 적용)에 따라 결산상각방법이 변경된 경우(변경한 결산상각방법과 같은 방법으로 변경하는 경우만 해당한다)
변경신고	상각방법의 변경승인을 얻고자 하는 법인은 그 변경할 상각방법을 적용하고자 하는 최초 사업연도의 종료일까지 감가상각방법변경신청서를 납세지 관할 세무서장에게 제출(국세정보통신망에 의한 제출을 포함)하여야 한다.
상각범위액 계산방법	정액법으로 변경 (취득가액 – 전기 말 감가상각누계액 + 전기이월 상각부인액) × 정액법 상각률 정률법으로 변경 (취득가액 – 전기 말 감가상각누계액 + 전기이월 상각부인액) × 정률법 상각률 ※ 상각률은 잔존연수와 관계없이 신고내용연수 또는 기준내용연수로 한다.

감가상각방법의 변경으로 인한 누적효과의 처리(23-26…8)

감가상각방법의 변경으로 인하여 자산 또는 부채에 미치는 누적효과를 기업회계기준에 따라 전기이월이익잉여금에 반영한 경우에는 다음과 같이 처리한다.

1. 전기이월이익잉여금을 감소시킨 경우(전기 감가상각비를 과소계상한 경우)

B	차) 이월이익잉여금	XXX	대) 감가상각누계액	XXX
T	차) 감가상각비	XXX	대) 감가상각누계액	XXX
조정	손금산입 감가상각비	XXX (기타)		

이 경우에는 당기에 감가상각비로 계상한 것으로 보아 감가상각비 시부인 계산한다.

2. 전기이월이익잉여금을 증가시킨 경우(전기 감가상각비를 과대계상한 경우)

B	차) 감가상각누계액	XXX	대) 이월이익잉여금	XXX
T	-			
조정	익금산입 이익잉여금 손금산입 감가상각누계액	XXX (기타) XXX (△유보)		

이 경우 손금산입(△유보)금액은 상각범위액을 계산함에 있어서 이미 감가상각비로 손금에 산입한 금액으로 본다.

05 감가상각의제

내용	① 내국법인이 법인세법과 다른 법률에 따라 법인세를 면제받거나 감면받은 경우에는 해당 사업연도의 소득금액을 계산할 때 개별 자산에 대한 감가상각비가 상각범위액이 되도록 감가상각비를 손금에 산입하여야 한다. ∵ 감면기간에 감가상각비를 계상하지 않고 감면기간 후 감가상각비 계상을 통해 조세부담을 회피함 ② 추계결정 또는 경정을 하는 경우에는 감가상각자산에 대한 감가상각비를 손금에 산입한 것으로 본다. ∵ 추계 시 기준경비율에 감가상각비가 반영되어 있음

효과	구분	면제·감면 법인의 경우	추계결정·경정 시
	감가상각비 과소계상액	손금산입(△유보)	-
	그 후 상각범위액 계산	자산가액에서 감가상각의제액(손금산입 △유보)을 공제	
	양도 시	감가상각의제액 △유보 추인	감가상각의제액을 장부가액에서 차감하여 처분손익 계산

06 K-IFRS를 적용하는 법인의 감가상각비 특례

도입 취지	한국채택국제회계기준(K-IFRS)의 감가상각방법은 종전기준보다 내용연수가 늘어나고 내용연수가 비한정인 무형자산은 감가상각을 하지 않고 손상차손 검사를 한다. 따라서 K-IFRS 도입 후 감가상각비가 K-IFRS 도입 전보다 감소하여 세부담이 증가하지 않도록 K-IFRS를 최초로 적용한 사업연도의 직전 사업연도(기준연도) 이전에 손금산입한 감가상각비를 계속 손금으로 인정하기 위해 신고조정에 따라 추가적으로 손금산입할 수 있는 제도를 마련하였다.
적용 자산	신고조정대상 자산은 법인이 취득한 감가상각자산으로서 한국채택국제회계기준을 최초로 적용한 사업연도의 직전 사업연도(기준연도) 이전에 취득한 감가상각자산(이하 "기존보유자산") 및 기존보유자산과 동일한 종류의 자산으로서 기존보유자산과 동일한 업종(해당 법인이 해당 업종을 한국채택국제회계기준 도입 이후에도 계속하여 영위하는 경우로 한정함)에 사용되는 것(이하 "동종자산")을 말한다.

추가 손금산입	한국채택국제회계기준을 적용하는 내국법인이 보유한 감가상각자산 중 2014년 1월 1일 이후 취득분은 다음의 계산방법에 따라 감가상각비를 추가로 손금에 산입할 수 있다.
	
	1단계 감가상각비 시부인 계산
	
	2단계 추가 손금산입액 계산: 개별자산에 대한 추가손금산입액을 동종자산의 추가 손금산입 한도의 범위에서 손금산입한다.
	① 개별자산의 추가 손금산입액(기준감가상각비): 세법상 기준내용연수를 적용하여 계산한 감가상각비 − 1단계 손금인정액
	② 동종자산의 추가 손금산입 한도: Min(㉠, ㉡)
	  ㉠ 기준내용 감가상각비를 고려한 동종자산의 추가 손금산입 한도
	    해당 사업연도 동종자산에 대한 기준내용연수를 적용하여 계산한 감가상각비 합계 − 동종자산에 대한 1단계 손금인정액 합계
	  ㉡ 종전 감가상각비를 고려한 동종자산의 추가 손금산입 한도
	    ⓐ 정액법: 동종자산 취득가액합계액 × 기준상각률$^{(*)}$ − 동종자산에 대한 1단계 손금인정액 합계
	    ⓑ 정률법: 동종자산 미상각잔액 합계액 × 기준상각률$^{(*)}$ − 동종자산에 대한 1단계 손금인정액 합계
	    $^{(*)}$ 기준상각률: K-IFRS 도입 전 3개 사업연도 평균상각률
	※ 동종자산 추가 손금산입 한도액이 0보다 작은 경우 0으로 한다.
	③ ㉡의 25% 해당액이 ㉠보다 큰 경우에는 ㉡의 25%를 동종자산의 추가 손금산입 한도로 한다.
	  ∵ 기준내용연수에 의한 동종자산 추가손금산입한도가 너무 적은 경우에는 종전 감가상각비 한도의 25%는 최소 추가 손금산입할 수 있도록 함

07 특수관계인으로부터 양수한 자산에 대한 감가상각비

특수관계인으로부터 자산 양수를 하면서 기업회계기준에 따라 장부에 계상한 자산의 가액이 시가에 미달하는 경우 다음의 금액에 대하여 감가상각비규정을 준용하여 계산한 감가상각비 상당액은 신고조정에 의해 손금산입할 수 있다.

(1) 실제 취득가액이 시가를 초과하는 경우에는 시가와 장부에 계상한 가액과의 차이
(2) 실제 취득가액이 시가에 미달하는 경우에는 실제 취득가액과 장부에 계상한 가액과의 차이

∵ 양수법인이 양도법인의 장부가액을 기준으로 감가상각하는 경우 시가와의 차액을 항구적으로 손금산입할 수 없는 문제 해소

08 상각부인액의 처리

양도자산	상각부인액이 있는 경우	전체양도	양도 사업연도에 손금산입(△유보)
		일부양도	다음의 금액을 손금산입(△유보)함 상각부인액 × (양도자산의 취득가액 / 자산의 취득가액)
	시인부족액이 있는 경우		세무조정 없음

🔍 **사례**

법인이 당기 중에 기계장치(취득가액 100, 감가상각누계액 50, 상각부인액 10) 중 일부(취득가액 30)를 처분하였다. 관련 세무조정을 하시오.

구분	기초	양도	미양도분에 대한 감가상각비 시부인(상각률 0.2)	
취득가액	100	30	감가상각비	14(가정)
감가상각누계액	50	15	상각범위액	(100 − 50 + 10) × 70% × 0.2 = 8.4
상각부인액	10	3	상각부인액	5.6
세무조정	손금산입 3(유보)		손금불산입 5.6(유보)	

법률에 따른 평가증

① 법인이 감가상각자산에 대하여 감가상각과 평가증을 병행한 경우에는 먼저 감가상각을 한 후 평가증을 한 것으로 보아 상각범위액을 계산한다.
② 법인이 상각부인액이 있는 자산을 보험업법 및 기타 법률의 규정에 의하여 평가하여 평가차익이 발생하는 경우, 그 평가증된 자산의 상각부인액은 평가증의 한도까지는 익금에 산입된 것으로 보아 손금추인하고, 평가증의 한도를 초과하는 금액은 그 후의 사업연도로 이월하여 시인부족액을 한도로 손금에 산입하여야 한다.

🔍 **사례**

법인이 법률에 따라 다음과 같이 자산을 평가증하고 평가이익을 수익으로 계상하였다. 관련 세무조정을 하시오.

구분	당기 말 결산서			상각부인액	평가증 후 금액	장부상 평가이익
	취득가액	당기감가상각비	장부가액			
건물 A	1,000,000	500,000	500,000	200,000	1,000,000	500,000
건물 B	2,000,000	1,000,000	1,000,000	400,000	1,300,000	300,000

⇒ ① 건물 A: 손금산입 상각부인액 200,000 (△유보)
　② 건물 B: 손금산입 상각부인액 300,000 (△유보)
　　∵ 평가차익 300,000원을 한도로 상각부인액을 손금에 산입함

제7장 충당금과 준비금

01 충당금의 개요

의의	기업회계는 적정한 기간손익을 계산하기 위해 아직 확정되지는 않았지만 미래에 발생할 것이 확실한 비용에 대해 추정하여 충당부채를 설정하여 비용으로 계상한다. 그러나 법인세법은 권리의무확정주의에 따라 손익을 인식하므로 미확정비용인 충당금을 인정하지 않지만 기업회계기준과의 차이를 최소화하기 위해 열거한 충당금은 허용하고 있다.
종류	세법상 열거한 충당금: 퇴직급여충당금, 퇴직연금충당금, 대손충당금, 구상채권상각충당금, 일시상각충당금(압축기장충당금)
	세법상 미열거 충당금: 제품보증충당부채, 하자보수충당부채, 복구충당부채 등

02 대손금과 대손충당금

1. 대손금의 의의

의의	내국법인이 보유하고 있는 채권 중 채무자의 파산 등 법령이 정하는 사유로 회수할 수 없는 채권의 금액(이하 "대손금")은 법령이 정하는 사업연도의 소득금액을 계산할 때 손금에 산입한다.
대손 불인정 채권	다음 중 어느 하나에 해당하는 채권에 대한 대손금은 손금으로 인정하지 아니한다. ① 채무보증구상채권 ∵ 채무보증을 통한 과다차입 및 연쇄도산 방지 ② 특수관계인에 대한 업무무관가지급금. 이 경우 특수관계인에 대한 판단은 대여시점을 기준으로 한다. ③ 대손세액공제를 받은 부가가치세 매출세액 미수금 ∵ 이중공제 방지 → ①과 ②의 채권은 처분손실도 손금불산입됨

2. 대손요건
(1) 신고조정에 의하여 손금산입할 수 있는 대손금

의의	신고조정 대손금은 소멸시효가 완성된 매출채권 등으로서 법적 청구권이 소멸되어 더 이상 채권으로 존재할 수 없으므로 법인의 의사결정과 관계없이 청구권이 소멸된 날이 속하는 사업연도의 손금에 해당한다. 따라서 이러한 대손금은 장부상 대손처리를 하지 못한 경우에도 신고조정에 의해 손금에 산입하여야 한다.
손금시기	해당 사유가 발생한 날이 속하는 사업연도의 손금이다.
사유	① 상법에 따른 소멸시효가 완성된 외상매출금 및 미수금 ② 어음법 또는 수표법에 따른 소멸시효가 완성된 어음 또는 수표

사유	③ 민법에 따른 소멸시효가 완성된 대여금 및 선급금 ④ 채무자 회생 및 파산에 관한 법률에 따른 회생계획인가의 결정 또는 법원의 면책결정에 따라 회수불능으로 확정된 채권 ⑤ 서민의 금융생활 지원에 관한 법률에 따른 채무조정을 받아 신용회복지원협약에 따라 면책으로 확정된 채권 ⑥ 민사집행법에 따라 채무자의 재산에 대한 경매가 취소된 압류채권

🔍 사례

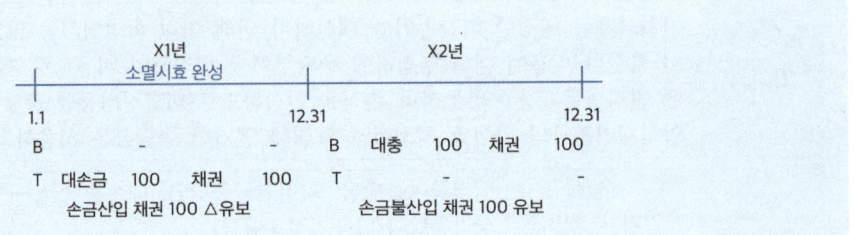

(2) 결산조정에 의하여 손금산입할 수 있는 대손금

의의	결산조정 대손금은 법적 청구권이 소멸되지 않았으나 채무자의 자산상황 또는 지급능력 등을 보아 객관적으로 회수불능상태인 채권으로서 법인의 의사결정에 따라 대손금을 결산상 비용으로 처리한 경우에 한하여 손금으로 본다. 따라서 이러한 대손금은 법인이 장부상 대손금으로 처리하지 않은 경우 신고조정으로 손금산입할 수 없다.
손금시기	해당 사유가 발생하여 손비로 계상한 날
사유	① 채무자의 파산, 강제집행, 형의 집행, 사업의 폐지, 사망, 실종 또는 행방불명으로 회수할 수 없는 채권 ② 부도발생일부터 6개월 이상 지난 수표 또는 어음상의 채권 및 외상매출금(중소기업의 외상매출금으로서 부도발생일 이전의 것에 한정함). 다만, 해당 법인이 채무자의 재산에 대하여 저당권을 설정하고 있는 경우는 제외한다. <table><tr><td>부도발생일</td><td>부도수표·어음의 지급기일. 단, 지급기일 전 금융회사 등으로부터 부도확인을 받은 경우 그 부도확인일</td></tr><tr><td>'6개월 이상 지난'의 의미</td><td>6개월이 종료한 날의 다음 날 예 부도발생일이 6월 30일인 경우 → 다음 해 1월 1일이 속하는 사업연도에 대손금으로 처리</td></tr><tr><td>사후관리를 위한 비망가액</td><td>대손금으로 손비에 계상할 수 있는 금액은 사업연도 종료일 현재 회수되지 아니한 해당 채권의 금액에서 수표·어음은 1매당, 외상매출금은 채무자별 1천원을 뺀 금액</td></tr></table>

🔍 사례

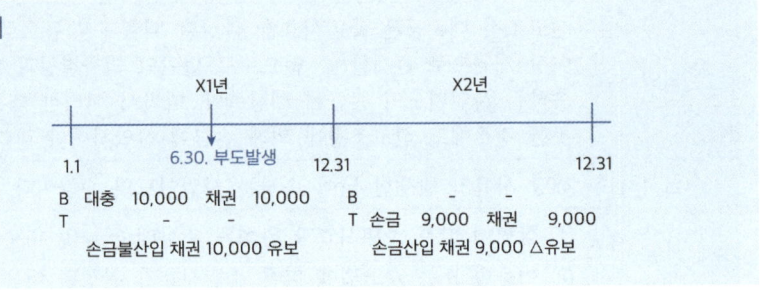

사유	③ 중소기업의 외상매출금 및 미수금으로서 회수기일이 2년 이상 지난 외상매출금 등. 다만, 특수관계인과의 거래로 인하여 발생한 외상매출금 등은 제외한다. ④ 재판상 화해 등 확정판결과 같은 효력을 가지는 것으로서 민사소송법에 따른 화해(화해권고결정과 강제조정결정을 포함) 및 민사조정법에 따른 조정에 따라 회수불능으로 확정된 채권 ⑤ 회수기일이 6개월 이상 지난 채권 중 채권가액이 30만원 이하(채무자별 채권가액의 합계액 기준)인 채권 🔍 사례 |			
---	---	---	---
Case 1	甲 30만원	乙 30만원	甲과 乙 모두 대손사유 충족
Case 2	甲 30만원	甲 30만원	甲 대손사유 불충족
Case 3	甲 15만원	甲 15만원	甲 대손사유 충족	 ⑥ 중소기업창업투자회사의 창업자에 대한 채권으로서 중소벤처기업부장관이 기획재정부장관과 협의하여 정한 기준에 해당한다고 인정한 것 ⑦ 물품의 수출 또는 외국에서의 용역제공으로 발생한 채권으로서 기획재정부령으로 정하는 사유에 해당하여 무역에 관한 법령에 따라 한국무역보험공사로부터 회수불능으로 확인된 채권 ⑧ 금융회사 등의 채권 중 금융감독원장이 기획재정부장관과 협의하여 정한 대손처리기준에 따라 금융회사 등이 금융감독원장으로부터 대손금으로 승인받은 것으로서 금융감독원장이 위 대손처리기준에 해당한다고 인정하여 대손처리를 요구한 채권으로 금융회사 등이 대손금으로 계상한 것 🔍 사례 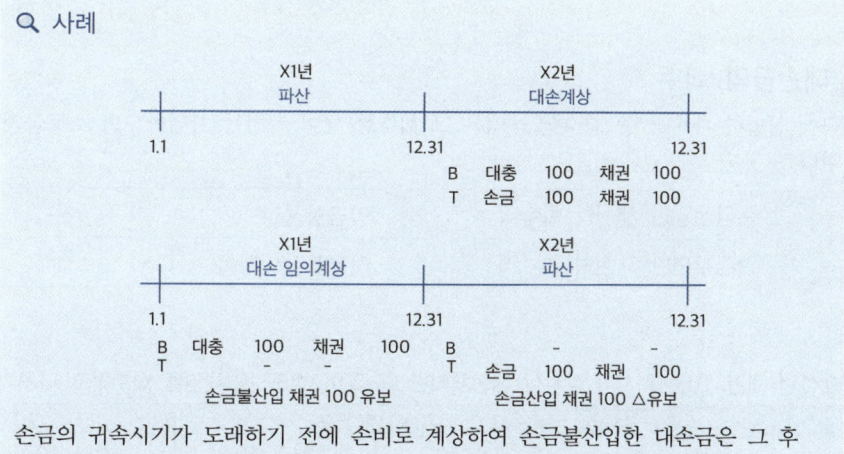 손금의 귀속시기가 도래하기 전에 손비로 계상하여 손금불산입한 대손금은 그 후 대손금 귀속시기가 속하는 사업연도에 세무조정으로 손금에 산입할 수 있다.
합병·분할 특례	법인이 다른 법인과 합병하거나 분할하는 경우로서 결산조정사항 대손금을 합병등기일 또는 분할등기일이 속하는 사업연도까지 손비로 계상하지 아니한 경우 그 대손금은 해당 법인의 합병등기일 또는 분할등기일이 속하는 사업연도의 손비로 한다. ∵ 피합병법인 등이 손금으로 계상하지 않은 대손금을 합병법인 등이 장부가액으로 승계하여 대손금으로 손금에 산입함으로써 세부담을 회피하는 것을 방지하기 위함

> 📋 **비망계정 1,000원과 관련된 규정**
> 1. 시설개체 또는 기술낙후로 인한 생산설비 폐기손실
> 2. 부도발생 등 또는 파산한 경우의 해당 주식의 평가손실
> 3. 부도발생일로부터 6개월 이상 지난 수표 또는 어음상의 채권 및 중소기업의 외상매출금
> 4. 감가상각이 종료되는 감가상각자산: Min(취득가액 × 5%, 1,000원)

(3) 채권·채무의 재조정

내국법인이 기업회계기준에 따른 채권의 재조정에 따라 채권의 장부가액과 현재가치의 차액을 대손금으로 계상한 경우에는 이를 손금에 산입하며, 손금에 산입한 금액은 기업회계기준의 환입방법에 따라 익금에 산입한다.

> 🔍 **사례**
> ㈜대한은 20X1년 중 거래처 채권 10이 법원의 이자율과 만기 조건을 변경하는 채권 재조정 결정에 따라 장부가액(10)과 현재가치(7) 차액을 다음과 같이 회계처리하였다.
>
> | 회사 | 차) 대손상각비 | 3 | 대) 대손충당금 | 3 |
> |---|---|---|---|---|
> | 세법 | 차) 대손금 | 3 | 대) 채권 | 3 |
> | 세무조정 | ① 대손충당금 감액 조정: 익금산입 대손충당금 3 (유보)
 ② 채권 감액 조정: 손금산입 채권 3 (△유보) | | | |
> | 대손충당금 한도계산 | ① 채권의 장부가액: 채권 3을 장부상 채권의 장부가액에서 차감한다.
 ② 대손실적률: 대손금 3을 대손실적률 계산 시 대손금으로 보지 않는다.
 (∵ 유효이자율법에 따라 환입하여 익금으로 계상되므로) | | | |

3. 대손금의 회수

손금에 산입한 대손금 중 회수한 금액은 그 회수한 날이 속하는 사업연도의 소득금액을 계산할 때 익금에 산입한다. → 손금불산입된 대손금은 익금불산입

손금산입한 채권의 회수액	익금항목
손금부인한 채권의 회수액	익금불산입항목

> 🔍 **사례**
> 20X1년 채권 10을 회사가 장부상 대손처리한 후 20X2년도 동 채권을 회수하고 다음과 같이 회계처리하였다.
>
> | 구분 | | 20X1년(대손) | | 20X2년(회수) | |
> |---|---|---|---|---|---|
> | 회사 | | 비용 10 | 채권 10 | 현금 10 | 수익 10 |
> | 세법 | 손금인정된 경우 | 손금 10 | 채권 10 | 현금 10 | 익금 10 |
> | | | 세무조정 없음 | | 세무조정 없음 | |
> | | 손금불산입된 경우 | - | - | 현금 10 | 채권 10 |
> | | | 손금불산입 채권 10(유보) | | 익금불산입 채권 10(△유보) | |

4. 대손충당금

(1) 의의

구분	내용
의의	내국법인이 각 사업연도의 결산을 확정할 때 외상매출금, 대여금 및 그 밖에 이에 준하는 채권의 대손에 충당하기 위하여 대손충당금을 손비로 계상한 경우에는 법령으로 정하는 바에 따라 계산한 금액의 범위에서 그 계상한 대손충당금을 해당 사업연도의 소득금액을 계산할 때 손금에 산입한다.

비교	K-IFRS	일반기업회계기준	법인세법
	손실충당금	대손충당금	대손충당금
	계약상 수취하기로 한 현금흐름과 수취할 것으로 예상하는 현금흐름 차이	합리적이고 객관적인 기준에 따라 추정	기말채권 × Max(1%, 대손실적률)

(2) 대손충당금 설정대상채권

구분	내용
설정대상 채권	대손충당금을 설정할 수 있는 채권은 세무상 장부가액이며, 대표적으로 다음과 같다. ① 외상매출금: 상품·제품의 판매가액의 미수액과 가공료·용역 등의 제공에 의한 사업수입금액의 미수액 ② 대여금: 금전소비대차계약 등에 의하여 타인에게 대여한 금액 ③ 그 밖에 이에 준하는 채권: 어음상의 채권·미수금, 그 밖에 기업회계기준에 따라 대손충당금 설정대상이 되는 채권(예 작업진행률에 의한 공사미수금) ④ 선급금, 국가 및 공동단체에 대한 채권, 부가가치세 매출세액 미수금, 정상적인 영업거래에서 발생하는 주세, 개별소비세, 교육세 및 교통·에너지·환경세 미수금
설정제외 채권	① 채무보증으로 인하여 발생한 구상채권 ② 특수관계인에 대한 업무무관가지급금(특수관계인에 대한 판단은 대여시점 기준) ③ 특수관계인에게 고가 양도 시 시가초과액에 상당하는 채권 🔍 사례 ㈜대한이 특수관계법인 ㈜민국에게 제품(시가 2억원)을 3억원에 외상판매함 ⇒ ① ㈜대한(양도자): 대손충당금 설정대상 채권 2억원 　② ㈜민국(매입자): 부당행위계산부인에 해당 ④ 매각거래로 보는 매출채권과 받을어음(단, 차입거래로 보는 경우 설정대상채권임) ⑤ 법인세법상 익금의 귀속시기가 도래하지 아니한 미수이자 ⑥ 수탁업자의 수탁판매미수금(수탁판매법인의 수입금액을 구성하는 채권이 아니므로 회수의무를 지고 있고 그 대금을 회수하지 못할 경우 이를 변상하기로 계약하였더라도 대손충당금을 설정할 수 없음) ⑦ 부가가치세 신고에 따른 환급금 미수금
동일인의 채권·채무 상계	법인이 동일인에 대하여 매출채권과 매입채무를 가지고 있는 경우에는 당해 매입채무를 상계하지 아니하고 대손충당금을 계상할 수 있다. 다만, 당사자 간의 약정에 의하여 상계하기로 한 경우에는 그러하지 아니하다.

(3) 상계와 환입

상계	대손충당금을 손금에 산입한 내국법인은 대손금이 발생한 경우 그 대손금을 대손충당금과 먼저 상계하여야 하고, 상계하고 남은 대손충당금의 금액은 다음 사업연도의 소득금액을 계산할 때 익금에 산입한다. 🔍 **사례** 전기 말 대손충당금 잔액 10, 당기 중 대손 8 | 구분 | 회계 | | 세법 | | |---|---|---|---|---| | 대손발생 | 대충 8 | 채권 8 | 대충 8 | 채권 8 | | | | | 대충 2 | 환입 2 |
환입과 설정	🔍 **사례** 대손충당금 당기상계 5,000,000 │ 기초잔액 15,000,000 기말잔액 30,000,000 │ 당기설정 20,000,000 | 구분 | 보충법(회계) | | 총액법(세법) | | |---|---|---|---|---| | 당기상계 | 대손충당금 5 | 채권 5 | 대손충당금 5 | 채권 5 | | | | | 대손충당금 10 | 환입 10 | | 기말설정 | 대손상각비 20 | 대손충당금 20 | 대손금 30 | 대손충당금 30 | | I/S | (-) 20 | | (-)30 + 10 = (-)20 | |
총액법	① 전기 대손충당금 한도초과액: 당기에 모두 환입되어 손금산입(△유보)한다. ② 대손충당금 한도초과액 계산: 대손충당금 기말잔액과 한도액을 비교하여 계산한다.

(4) 대손충당금 한도액

한도	대손충당금 한도액은 해당 사업연도종료일 현재의 대손충당금 설정대상 기말채권의 1%에 상당하는 금액과 채권잔액에 대손실적률을 곱하여 계산한 금액 중 큰 금액으로 한다. **대손충당금 한도액: 당기 말 대손충당금 설정대상 채권 × Max[1%, 대손실적률]** ① 대손충당금 설정대상 채권: 당기 말 재무상태표상 채권 − 설정 제외 채권 ± 채권유보[*] [*] 채권유보 중 당기 말 대손금부인누계액: 전기 말 대손금부인액 − 당기 중 손금추인액 + 당기 중 대손금부인액 ② 대손실적률 $$\text{대손실적률} = \frac{\text{해당 사업연도의 세무상 대손금}}{\text{직전 사업연도 종료일 현재의 세무상 채권가액}}$$
문제풀이 방법	| 구분 | 기초채권 | 대손금 | 회수 | 기말채권 (-) 설정 제외 | |---|---|---|---|---| | 장부상(B) | | | | | | 채권유보 | | | | | | 세무상(T) | | | | |

🔍 사례

보충법과 총액법의 이해

대손충당금
상계	25	기초	30
		회수	10
기말	45	설정	30

1. 보충법과 총액법

구분	보충법				총액법			
기초	-		-		-		-	
상계(대손)	대손충당금	25	채권	25	대손충당금	25	채권	25
환입	-		-		대손충당금	5	환입(익금)	5
회수	현금	10	대손충당금	10	현금	10	익금	10
설정	대손상각비	30	대손충당금	30	대손상각비	45	대손충당금	45
손익 영향	비용	30			손금	45	익금	15

2. 보충법과 총액법(간편)

구분	보충법				총액법(간편)			
기초	-		-		대손충당금	30	환입(익금)	30
상계(대손)	대손충당금	25	채권	25	대손상각비	25	채권	25
환입	-		-		-		-	
회수	현금	10	대손충당금	10	현금	10	익금	10
설정	대손상각비	30	대손충당금	30	대손상각비	45	대손충당금	45
손익 영향	비용	30			손금	70	익금	40

3. 실전 훈련: 회계상 보충법을 총액법처럼 생각하기

대손충당금
상계	25[*2]	기초	30[*1]
		회수	10[*3]
기말	45[*4]	설정	30

[*1] 이 중 대손충당금 한도초과액은 1,000,000원이다.
[*2] 이 중 8,000,000원은 법인세법상 대손요건을 충족하지 못한 것이다.
[*3] 이 중 2,000,000원은 전기 손금불산입된 채권을 회수한 것이다.
[*4] 당기 말 대손충당금 한도액은 41이라고 가정한다.

구분	보충법				총액법(간편)				세무조정	
									익금산입	손금산입
기초	대손충당금	30	환입(수익)	30	대손충당금	29	환입(익금)	29		대충 1 유보
상계	대손상각비	25	채권	25	대손금	17	채권	17	채권 8 유보	
회수	현금	10	수익	10	현금	10	익금	8		채권 2 유보
							채권	2		
설정	대손상각비	45	대손충당금	45	대손금	41	대손충당금	41	대충 4 유보	

03 퇴직급여충당금의 손금산입

1. 의의

회계	임직원이 퇴직할 때 지급되는 퇴직급여는 해당 임직원의 재직기간 경과에 따라 계속적으로 발생한 누적비용이다. 회사가 퇴직급여를 실제 지급 시 일시에 비용처리할 경우 기간손익이 왜곡되므로 기업회계에서는 결산 시 퇴직급여의 지급을 위하여 장래 지급하여야 할 퇴직급여추계액을 퇴직급여충당금으로 설정하고 있다.
법인세법	① 내국법인이 각 사업연도의 결산을 확정할 때 임원이나 직원의 퇴직급여에 충당하기 위하여 퇴직급여충당금을 손비로 계상한 경우에는 법령으로 정하는 바에 따라 계산한 금액의 범위에서 그 계상한 퇴직급여충당금을 해당 사업연도의 소득금액을 계산할 때 손금에 산입한다. → 결산조정사항 ② 법인세법에서는 퇴직급여충당금을 사내적립하는 경우 기업의 도산 등으로 임직원의 퇴직급여가 전액 보호될 수 없으므로 2016년 1월 1일 이후 개시하는 사업연도부터는 퇴직급여충당금 설정률 0%로 하여 한도액이 0이 되므로 손금산입이 허용되지 않는다.

2. 퇴직급여충당금 세무조정

세무조정	당기 퇴직급여충당금 설정액 - 세무상 한도액 ┌ (+) 한도초과액: 손금불산입(유보) └ (-) 한도미달액: 세무조정 없음
한도액	내국법인이 각 사업연도에 임직원의 퇴직급여에 충당하기 위하여 퇴직급여충당금을 손비로 계상한 경우에는 다음의 한도액 내에서 손금에 산입한다. Min(① 총급여액 기준, ② 추계액 기준) ① 총급여액 × 5% ② 퇴직급여추계액 × 0% + 퇴직금전환액잔액 - 세무상 퇴직급여충당금 설정 전 잔액 (*) 추계액 기준이 (-)음수가 나온 경우에도 이미 설정한 퇴직급여충당금을 익금으로 환입하지 않음(∵ 퇴직금 지급 시 사용해야 하므로)
총급여액	당기 말 현재 재직하는 퇴직급여의 지급대상이 되는 임원 또는 직원(확정기여형 퇴직연금 등이 설정된 자는 제외)에게 해당 사업연도에 지급한 총급여액(손금불산입 인건비, 비과세급여 제외)
한도 초과액	퇴직급여충당금 부인액은 임직원이 실제 퇴직 시 지급되는 퇴직급여가 세법상 손금으로 계상된 퇴직급여충당금을 초과하는 경우에 그 초과하는 금액의 범위 내에서 손금으로 추인한다.
합병·분할 승계	퇴직급여충당금을 손금에 산입한 내국법인이 합병하거나 분할하는 경우 그 법인의 합병등기일 또는 분할등기일 현재의 해당 퇴직급여충당금 중 합병법인·분할신설법인 또는 분할합병의 상대방 법인이 승계받은 금액은 그 합병법인 등이 합병등기일 또는 분할등기일에 가지고 있는 퇴직급여충당금으로 본다.

04 퇴직연금충당금의 세무조정

1. 확정기여형 퇴직연금

의의	확정기여형 퇴직연금이란 법인이 납부하여야 할 부담금(기여금)이 사전에 확정되고 근로자가 운용하여 근로자가 지급받는 퇴직금이 결정되는 제도이다. 따라서 법인은 당해 부담금(기여금)을 금융기관에 적립할 의무만 있으므로 임직원이 실제 퇴직 시 퇴직금을 지급할 의무는 사라진다. → 확정기여형 퇴직연금이 설정된 자는 퇴직급여충당금의 설정 대상자가 아님
세법	확정기여형 퇴직연금 등(근로자퇴직급여 보장법에 따른 확정기여형퇴직연금, 중소기업퇴직연금기금제도, 개인형퇴직연금제도 및 과학기술인공제회법에 따른 퇴직연금 중 확정기여형 퇴직연금에 해당하는 것)의 부담금은 전액 손금에 산입한다.
임원 부담금의 규제	임원에 대한 퇴직연금의 부담금은 법인이 퇴직 시까지 부담한 부담금의 합계액을 퇴직급여로 보아 임원퇴직급여한도초과액에 대한 손금불산입규정을 적용하되, 손금산입한도 초과금액이 있는 경우에는 퇴직일이 속하는 사업연도의 부담금 중 손금산입 한도 초과금액 상당액을 손금에 산입하지 아니하고, 한도초과액이 퇴직일이 속하는 사업연도의 부담금을 초과하는 경우 그 초과금액은 퇴직일이 속하는 사업연도의 익금에 산입한다. **Q 사례** ㈜대한은 확정기여형 퇴직연금 가입자 임원에게 매년 10,000,000원씩 10년간 퇴직연금을 불입하였으며, 임원은 X1. 12. 31.에 퇴사하였다. 정관에 따른 임원 퇴직급여는 85,000,000원인 경우 X1년 세무조정은? ⇒ 손금불산입 퇴직급여 10,000,000 상여 　 손금불산입 퇴직급여 5,000,000 상여

2. 확정급여형 퇴직연금

의의	확정급여형 퇴직연금이란 근로자가 받는 퇴직급여는 사전에 확정되고 사용자가 부담하여 적립할 금액이 운용수익에 따라 달라지는 제도이다.
퇴직연금 범위	내국법인이 임직원의 퇴직을 퇴직급여의 지급사유로 하고 임직원을 수급자로 하는 연금으로서 보험업법에 따른 보험회사, 은행 등 금융기관이 취급하는 퇴직연금을 말한다.
세무조정	당기 퇴직연금충당금 설정액 - 세무상 한도액 ┌ (+) 한도초과액: 손금불산입(유보) 　　　　　　　　　　　　　　　　　　　　└ (−) 한도미달액: 손금산입(△유보) ① 퇴직연금 등으로 지출하는 금액은 원칙적으로 각 사업연도의 결산을 확정할 때 손비로 계상한 경우 법령이 정하는 한도액 범위에서 손금에 산입한다. ② 기업회계기준에서는 퇴직연금 등으로 지출한 부담금을 비용으로 인정하지 않아 세법에서는 신고조정에 의하여 각 사업연도 소득금액 계산 시 손금에 산입할 수 있다.

한도액	퇴직연금충당금 손금산입 한도액: Min(①, ②) - 세무상 연금충당금 설정 전 잔액 ① 퇴직급여추계액 기준: 퇴직급여추계액 - 당기 말 세무상 퇴직급여충당금 ② 퇴직연금예치금 기준: 퇴직연금운용자산 기말잔액

	① 퇴직급여추계액: 다음 금액 중 큰 금액(손금불산입 임원퇴직급여 한도초과액 제외)
	   ⊙ 일시퇴직기준 추계액: 해당 사업연도 종료일 현재 재직하는 임직원의 전원이 퇴직할 경우에 퇴직급여로 지급되어야 할 금액의 추계액(확정기여형 퇴직연금으로 손금에 산입하는 금액 제외)
	   ⓒ 보험수리적기준 추계액: 근로자퇴직급여 보장법에 따른 보험수리적기준 추계액(확정기여형 퇴직연금으로 손금에 산입하는 금액 제외) + 해당 사업연도종료일 현재 재직하는 임직원 중 확정급여형퇴직연금제도에 가입하지 아니한 자에 대한 일시퇴직기준 추계액 + 확정급여형퇴직연금제도에 가입한 사람으로서 그 재직기간 중 미가입기간이 있는 자의 그 미가입기간에 대한 일시퇴직기준 추계액
	     ∵ 보험회사에서 미가입자에 대해서는 보험수리적기준 추계액을 계산해주지 않으므로 일시퇴직기준 추계액을 더함
	② 당기 말 세무상 퇴직급여충당금
	   = 장부상 퇴직급여충당금 기말잔액 - 퇴직급여충당금 기말 유보
	③ 세무상 연금충당금 설정 전 잔액
	   = 장부상 연금충당금 기초잔액 - 당기 감소액 - 연금충당금 설정 전 유보
	④ 퇴직연금운용자산 기말잔액
	   = 기초퇴직연금운용자산 - 기중퇴직연금예치금 감소액 + 당기 퇴직연금예치금 납입액

퇴직급여 지급순서	확정급여형 퇴직연금에서 지급하는 퇴직금액은 퇴직연금충당금과 상계하고 부족액은 퇴직급여충당금과 상계한다. 만일 퇴직급여충당금이 없으면 퇴직급여로 비용처리한다.
문제풀이 방법	① 퇴직급여충당금 	구분	기초	감소	증가(설정)	기말
---	---	---	---	---
회사				
세법				
유보				| ② 퇴직연금충당금 | 구분	기초	감소	증가(설정)	기말
---	---	---	---	---
회사				
세법				
유보					

사례

1. ㈜A(2023년 신설)는 확정급여형 퇴직연금(DB)에 가입하였다. 연도별 퇴직급여추계액은 다음과 같다.

구분	2023년 일시퇴직급여추계액	2024년 일시퇴직급여추계액
甲	5,000,000원	9,000,000원
乙	3,000,000원	6,000,000원
丙	2,000,000원	-
계	10,000,000원	15,000,000원

2. 2023. 12. 31. ㈜A는 운용업자에게 퇴직연금 9,000,000원을 불입하고 다음과 같이 회계처리하였다.

회계	차) 퇴직급여 10,000,000 퇴직연금운용자산[*1] 9,000,000	대) 퇴직급여충당금 10,000,000 현금 9,000,000
세법	차) 퇴직연금운용자산 9,000,000 퇴직급여[*2] 9,000,000	대) 현금 9,000,000 퇴직연금충당금 9,000,000
세무조정	손금불산입 퇴직급여충당부채 10,000,000 유보 손금산입 퇴직연금충당부채 9,000,000 △유보	

[*1] 확정급여형 퇴직연금제도의 운용자산은 법인이 직접 보유하고 있는 것으로 본다.

[*2] 확정급여형 퇴직연금을 납입하고 운용자산을 계상한 경우 퇴직연금충당부채를 신고조정에 의하여 손금산입(△유보) 한다.

3. 2024. 6. 30. 丙이 퇴직하여 ㈜A는 퇴직급여 3,000,000원을 지급하면서 다음과 같이 회계처리하였다.

회계	차) 퇴직급여충당부채 2,700,000 퇴직급여충당부채 300,000	대) 퇴직연금운용자산[*1] 2,700,000 현금[*2] 300,000
세법	차) 퇴직연금충당부채 2,700,000 퇴직급여 300,000	대) 퇴직연금운용자산 2,700,000 현금 300,000
운용자산 조정	손금산입 퇴직급여충당부채 2,700,000 △유보 손금불산입 퇴직연금충당부채 2,700,000 유보	
현금지급액	손금산입 퇴직급여충당부채 300,000 △유보	

[*1] DB운용업자는 전기 말 퇴직급여추계액에 적립비율(최소 추계액 90%)을 곱한 금액만을 지급함
(∵ 대부분의 법인이 추계액의 100%를 적립하지 않기 때문에 전액 지급 시 기존 종업원이 불리함)

[*2] DB인출자금을 제외한 순수회사부담분을 의미함

4. 2024. 12. 31. ㈜A는 퇴직연금운용자산에 추가로 8,000,000원을 불입하고 다음과 같이 회계처리하였다.

회계	차) 퇴직연금운용자산 8,000,000 퇴직급여[*1] 8,000,000	대) 현금 8,000,000 퇴직급여충당부채 8,000,000
세법	차) 퇴직연금운용자산 8,000,000 퇴직급여 8,000,000	대) 현금 8,000,000 퇴직연금충당부채[*2] 8,000,000
세무조정	손금불산입 퇴직급여충당부채 8,000,000 유보 손금산입 퇴직연금충당부채 8,000,000 △유보	

[*1] 당기 말 추계액 15,000,000 - (전기 말 추계액 10,000,000 - 당기 지급액 3,000,000)

[*2] 퇴직연금충당금 한도액: Min(①, ②) = 8,000,000
 ① 15,000,000 - 0(세무상 퇴직급여충당금 잔액) - (9,000,000 - 2,700,000) = 8,700,000
 ② (기초 9,000,000 - 퇴직 2,700,000 + 추가납입 8,000,000) - (9,000,000 - 2,700,000) = 8,000,000

5. 2024년 퇴직급여충당부채 분석

구분	기초	감소(= 퇴사)	증가(= 설정)	기말
회계	10,000,000	3,000,000	8,000,000	15,000,000
세법	0	0	0	0
유보	10,000,000	3,000,000	8,000,000	15,000,000

6. 2024년 퇴직연금충당부채 분석

구분	기초	감소(= 퇴사)	증가(= 설정)	기말
회계	0	0	0	0
세법	△9,000,000	△2,700,000	△8,000,000	△14,300,000
유보	△9,000,000	△2,700,000	△8,000,000	△14,300,000

05 일시상각충당금 또는 압축기장충당금

1. 국고보조금 등으로 취득한 사업용 자산가액의 손금산입

의의	내국법인이 국고보조금 등을 지급받아 그 지급받은 날이 속하는 사업연도의 종료일까지 사업용 자산을 취득하거나 개량하는 데에 사용한 경우 또는 사업용 자산을 취득하거나 개량하고 이에 대한 국고보조금 등을 사후에 지급받은 경우에는 해당 사업용 자산의 가액 중 그 사업용 자산의 취득 또는 개량에 사용된 국고보조금 등 상당액을 그 사업연도의 소득금액을 계산할 때 손금에 산입할 수 있다.
손금산입 방법	① 결산조정사항: 손금에 산입하는 금액은 개별 사업용 자산별로 해당 사업용 자산의 가액 중 그 취득 또는 개량에 사용된 국고보조금 등에 상당하는 금액을 다음의 구분에 따라 일시상각충당금 또는 압축기장충당금으로 계상하여야 한다. 　㉠ 감가상각자산: 일시상각충당금 　㉡ 위 외의 자산: 압축기장충당금 ② 신고조정허용: 일시상각충당금 등은 기업회계기준에 위배되므로 장부상 회계처리하지 않고 신고조정에 의해 손금산입할 수 있다. 📋 사업용 자산을 취득 후 국고보조금을 수령하는 경우 사업용 자산을 취득하거나 개량한 후 국고보조금 등을 지급받았을 때에는 지급일이 속한 사업연도 이전 사업연도에 이미 손금에 산입한 감가상각비에 상당하는 금액은 손금에 산입하는 금액에서 제외한다.
익금산입 방법	① 국고보조금 등을 사업용 자산 취득에 사용한 경우 <table><tr><td>비상각자산</td><td>압축기장충당금은 당해 사업용 자산을 처분하는 사업연도에 이를 전액 익금에 산입한다. 단, 해당 사업용 자산의 일부를 처분하는 경우의 익금산입액은 해당 사업용 자산의 가액 중 일시상각충당금 또는 압축기장충당금이 차지하는 비율로 안분계산한 금액에 의한다.</td></tr><tr><td>감가상각자산</td><td>일시상각충당금은 해당 사업용 자산의 감가상각비(취득가액 중 해당 일시상각충당금에 상당하는 부분에 대한 것에 한함)와 상계하는 방법으로 익금에 산입한다. 다만, 해당 자산을 처분하는 경우에는 상계하고 남은 잔액을 그 처분한 날이 속하는 사업연도에 전액 익금에 산입한다.</td></tr></table> ② 국고보조금 등을 사업용 자산 취득에 사용하지 않은 경우: 국고보조금 등 상당액을 손금에 산입한 내국법인이 손금에 산입한 금액을 기한 내에 사업용 자산의 취득 또는 개량에 사용하지 아니하거나 사용하기 전에 폐업 또는 해산하는 경우 그 사용하지 아니한 금액은 해당 사유가 발생한 날이 속하는 사업연도의 소득금액을 계산할 때 익금에 산입한다. 다만, 합병하거나 분할하는 경우로서 합병법인 등이 그 금액을 승계한 경우는 제외하며, 이 경우 그 금액은 합병법인 등이 손금에 산입한 것으로 본다.

2. 보험차익으로 취득한 자산가액의 손금산입

보험차익	① 보험차익이란 보험에 가입한 건물·기계 등의 고정자산이 화재·천재 및 기타 사유로 인하여 멸실 또는 손괴됨으로써 보험회사로부터 지급받는 보험금이 피해를 받은 자산의 장부가액(상각자산인 경우 감가상각누계액을 공제한 잔액)을 초과하는 경우 그 초과액을 말한다. ② 법인세법은 보험차익을 순자산증가액으로서 익금에 산입한다. 다만, 보험차익으로 취득한 자산가액에 대한 그 과세시기를 보험차익의 발생시점에서 감가상각시점으로 이연하는 일시상각충당금 손금산입제도를 두고 있다.
의의	① 내국법인이 유형자산의 멸실이나 손괴로 인하여 보험금을 지급받아 그 지급받은 날이 속하는 사업연도의 종료일까지 멸실한 유형자산과 같은 종류의 자산을 대체 취득하거나 손괴된 유형자산을 개량(그 취득한 자산의 개량을 포함)하는 경우에는 해당 자산의 가액 중 그 자산의 취득 또는 개량에 사용된 보험차익 상당액(일시상각충당금)을 그 사업연도의 소득금액을 계산할 때 손금에 산입할 수 있다. ② 보험금을 지급받은 날이 속하는 사업연도의 종료일까지 사업용 자산을 취득하거나 개량하지 아니한 내국법인이 법인세 신고와 함께 보험차익사용계획서를 제출한 경우 그 사업연도의 다음 사업연도 개시일부터 2년 이내에 대체자산을 취득하거나 개량하는 경우에도 손금에 산입할 수 있다.
일시상각 충당금 한도액	손금에 산입하는 금액은 개별보험대상자산별로 해당 자산의 가액 중 그 취득 또는 개량에 사용된 보험차익에 상당하는 금액으로 한다. 이 경우 해당 보험대상자산의 가액이 지급받은 보험금에 미달하는 경우에는 보험금 중 보험차익 외의 금액(소실된 자산의 장부가액)을 먼저 사용한 것으로 본다. 🔍 사례 보험금 100, 멸실된 자산의 장부가액 60, 새로운 자산 취득가액 90 일시상각충당금 설정액: Min(①, ②) ① 보험차익: 100 - 60 = 40 ② 한도: 90 - 60 = 30
일시상각 충당금 익금산입	① 일시상각충당금은 다음과 같이 해당 사업용 자산의 감가상각비(취득가액 중 해당 일시상각충당금에 상당하는 부분에 대한 것에 한한다)에 상당하는 금액을 익금에 산입한다. 다만, 해당 자산을 처분하는 경우에는 상계하고 남은 잔액을 그 처분한 날이 속하는 사업연도에 전액 익금에 산입한다. $$\text{대체 취득한 자산의 감가상각비} \times \frac{\text{손금에 산입한 보험차익}}{\text{대체 취득한 자산의 취득가액}}$$ (*) 보험차익으로 취득한 자산의 감가상각비를 일시상각충당금과 상계할 때에는 먼저 감가상각비에 대한 시부인 세무조정을 한 후, 손금으로 인정되는 감가상각비와 상계해야 함 ② 해당 사업용 자산의 일부를 처분하는 경우의 익금산입액은 해당 사업용 자산의 가액 중 일시상각충당금이 차지하는 비율로 안분계산한 금액에 의한다.

3. 공사부담금

의의	전기, 도시가스 사업 등을 하는 내국법인이 그 사업에 필요한 시설을 하기 위하여 해당 시설의 수요자 또는 편익을 받는 자로부터 공사부담금을 제공받아 그 제공받은 날이 속하는 사업연도의 종료일까지 사업용 자산의 취득에 사용하거나 사업용 자산을 취득하고 이에 대한 공사부담금을 사후에 제공받은 경우에는 해당 사업용 자산의 가액을 그 사업연도의 소득금액을 계산할 때 손금에 산입할 수 있다.
손금산입 시기	공사부담금의 손금산입시기는 공사부담금을 제공받은 날이 속하는 사업연도로 한다. 단, 공사부담금을 제공받은 날이 속하는 사업연도의 다음 사업연도의 개시일부터 1년 이내에 사업용 자산의 취득에 사용하고자 하는 경우에도 공사부담금을 제공받은 날이 속하는 사업연도에 손금산입할 수 있다.

📋 준비금

구분	대상법인	잉여금처분에 의한 신고조정
책임준비금	보험사업을 하는 내국법인 (보험업법에 보험회사는 제외)	-
비상위험준비금	보험사업을 하는 내국법인	한국채택국제회계기준을 적용 내국법인
해약환급금준비금	보험업법에 따른 보험회사	보험업법에 따른 보험회사
고유목적사업준비금	비영리내국법인	회계감사를 받는 비영리내국법인

제8장 부당행위계산의 부인

01 부당행위계산의 부인 일반

1. 개요

의의	납세지 관할 세무서장 또는 관할 지방국세청장은 내국법인의 행위 또는 소득금액의 계산이 특수관계인과의 거래로 인하여 그 법인의 소득에 대한 조세의 부담을 부당하게 감소시킨 것으로 인정되는 경우에는 그 법인의 행위 또는 소득금액의 계산과 관계없이 그 법인의 각 사업연도의 소득금액을 계산한다. ∵ 과세의 공평을 기하고 조세회피행위를 방지하기 위한 실질과세원칙의 구체화
적용법인	부당행위계산의 부인은 내국법인(청산 중인 법인 포함), 국내원천소득이 있는 외국법인, 수익사업을 영위하는 비영리법인 등 국내에서 납세의무가 있는 모든 법인에 적용한다.
판정시기	**원칙** 부당행위계산부인 규정은 그 행위 당시를 기준으로 하여 당해 법인과 특수관계인 간의 거래(특수관계인 외의 자를 통하여 이루어진 거래를 포함)에 대하여 이를 적용한다. **불공정 합병** 합병등기일이 속하는 사업연도의 직전사업연도의 개시일(그 개시일이 서로 다른 법인이 합병한 경우 먼저 개시한 날)부터 합병등기일까지의 기간에 의한다.

2. 특수관계인

범위	법인과 다음 중 어느 하나의 관계에 있는 자를 말한다. 이 경우 본인도 그 특수관계인의 특수관계인으로 본다. ① 임원의 임면권의 행사, 사업방침의 결정 등 해당 법인의 경영에 대해 사실상 영향력을 행사하고 있다고 인정되는 자(상법에 따라 이사로 보는 자를 포함)와 그 친족 ② 소액주주(*) 등이 아닌 주주 또는 출자자(비소액주주 등)와 그 친족 (*) 발행주식총수의 1%에 미달하는 주식 등을 소유하고 해당 법인의 지배주주 등과 특수관계가 없는 주주 ③ 법인의 임원·직원 또는 비소액주주 등의 직원(비소액주주 등이 영리법인인 경우 그 임원을, 비영리법인인 경우 그 이사 및 설립자)과 이들과 생계를 함께하는 친족 또는 법인 또는 비소액주주 등의 금전이나 그 밖의 자산에 의해 생계를 유지하는 자와 이들과 생계를 함께하는 친족 ④ 해당 법인이 직접 또는 그와 ①부터 ③까지의 관계에 있는 자를 통해 어느 법인의 경영에 대해 지배적인 영향력을 행사하고 있는 경우 그 법인 ⑤ 해당 법인이 직접 또는 그와 ①부터 ④까지의 관계에 있는 자를 통해 어느 법인의 경영에 대해 지배적인 영향력을 행사하고 있는 경우 그 법인 ⑥ 해당 법인에 30% 이상을 출자하고 있는 법인에 30% 이상을 출자하고 있는 법인이나 개인 ⑦ 해당 법인이 독점규제 및 공정거래에 관한 법률에 따른 기업집단에 속하는 법인인 경우에는 그 기업집단에 소속된 다른 계열회사 및 그 계열회사의 임원

범위	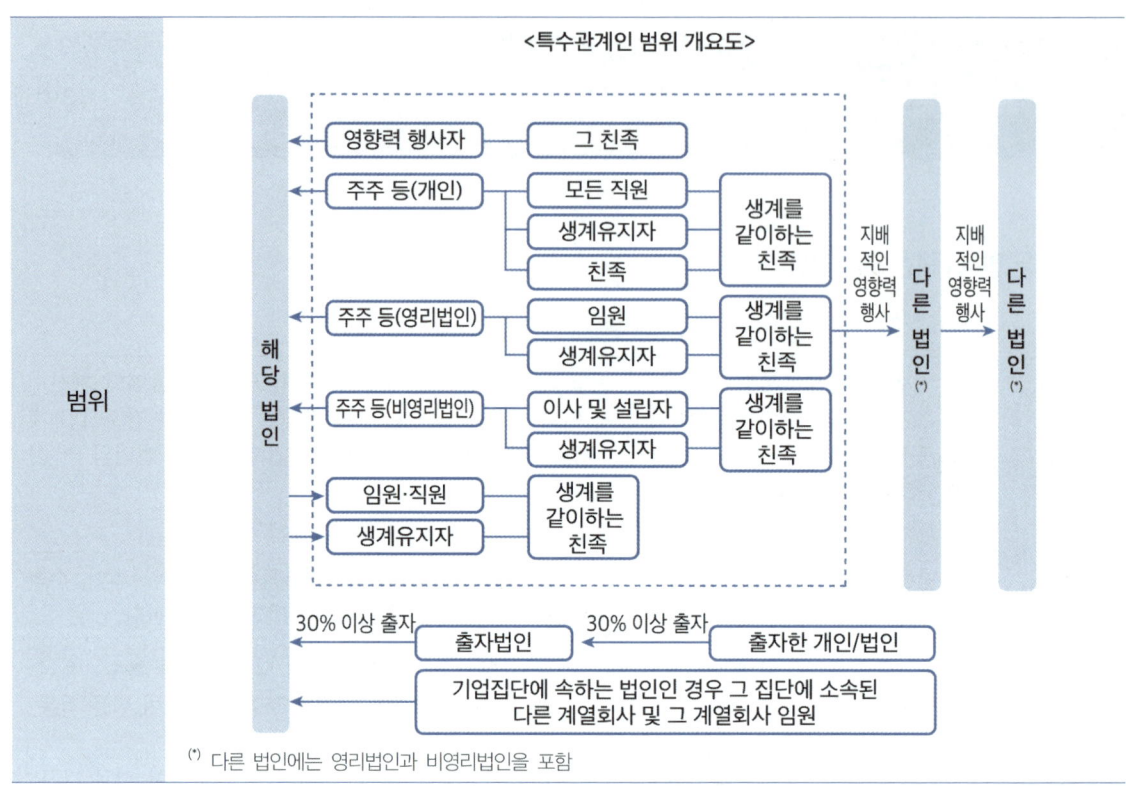 <특수관계인 범위 개요도> (*) 다른 법인에는 영리법인과 비영리법인을 포함

3. 부당행위계산의 유형

고가매입, 저가양도	① 자산을 시가보다 높은 가액으로 매입 또는 현물출자받았거나 그 자산을 과대상각한 경우 ② 자산을 무상 또는 시가보다 낮은 가액으로 양도 또는 현물출자한 경우. 다만, 주식매수선택권 등의 행사 또는 지급에 따라 주식을 양도하는 경우는 제외한다.

저리대여,
고리차용
	③ 금전, 그 밖의 자산 또는 용역을 무상 또는 시가보다 낮은 이율·요율이나 임대료로 대부하거나 제공한 경우. 다만, 다음의 어느 하나에 해당하는 경우는 제외한다.
	   ㉠ 주식매수선택권 등의 행사 또는 지급에 따라 금전을 제공하는 경우
	   ㉡ 비출자임원(소액주주 등인 임원을 포함) 및 직원에게 사택을 제공하는 경우
	   ㉢ 연결납세방식을 적용받는 연결법인 간에 연결법인세액의 변동이 없는 등 기획재정부령으로 정하는 요건을 갖추어 용역을 제공하는 경우
	④ 금전, 그 밖의 자산 또는 용역을 시가보다 높은 이율·요율이나 임차료로 차용하거나 제공받은 경우. 다만, 연결납세방식을 적용받는 연결법인 간에 연결법인세액의 변동이 없는 등 기획재정부령으로 정하는 요건을 갖추어 용역을 제공받은 경우는 제외한다.
	⑤ 특수관계인인 법인 간의 불공정합병(분할합병을 포함)으로 인하여 주주 등인 법인이 특수관계인인 다른 주주 등에게 이익을 분여한 경우. 단, 자본시장과 금융투자업에 관한 법률에 따라 합병(분할합병을 포함)하는 경우는 제외

자본거래	⑥ 불균등증자(포기한 신주가 자본시장과 금융투자업에 관한 법률에 따른 모집방법으로 배정되는 경우를 제외)로 인하여 주주 등인 법인이 특수관계인인 다른 주주 등에게 이익을 분여한 경우 ⑦ 불균등감자로 인하여 주주 등인 법인이 특수관계인인 다른 주주 등에게 이익을 분여한 경우 ⑧ 위 외의 경우로서 증자·감자, 합병(분할합병을 포함)·분할, 전환사채 등에 의한 주식의 전환·인수·교환 등 자본거래를 통하여 법인의 이익을 분여하였다고 인정되는 경우(단, 주식매수선택권 등의 행사에 따라 주식을 발행하는 경우는 제외)
기타	⑨ 특수관계인인 법인 간 합병(분할합병 포함)·분할에 있어서 불공정한 비율로 합병·분할하여 합병·분할에 따른 양도손익을 감소시킨 경우(다만, 자본시장과 금융투자업에 관한 법률에 따라 합병(분할합병 포함)·분할하는 경우 제외) ⑩ 무수익 자산을 매입 또는 현물출자받았거나 그 자산에 대한 비용을 부담한 경우 ⑪ 불량자산을 차환하거나 불량채권을 양수한 경우 ⑫ 출연금을 대신 부담한 경우 ⑬ 파생상품에 근거한 권리를 행사하지 아니하거나 그 행사기간을 조정하는 등의 방법으로 이익을 분여하는 경우 ⑭ 기타 위에 준하는 행위 또는 계산 및 그 외에 법인의 이익을 분여하였다고 인정되는 경우

> **일정 금액 이상의 이익분여 요건**
>
> 3.의 ① ~ ④ 및 이에 준하는 거래는 시가와 거래가액의 차액이 3억원 이상이거나 시가의 5% 금액 이상인 경우에 한하여 부당행위계산부인 규정을 적용한다. 단, 주권상장법인이 발행한 주식을 거래한 경우에는 시가가 정확하므로 차이가 중요하지 않은 경우에도 부당행위로 본다.

4. 시가

의의	부당행위계산부인 규정을 적용할 때 건전한 사회 통념 및 상거래 관행과 특수관계인이 아닌 자 간의 정상적인 거래에서 적용되거나 적용될 것으로 판단되는 가격(요율·이자율·임대료 및 교환 비율과 이에 준하는 것을 포함)인 시가를 기준으로 한다.
시가가 분명한 경우	시가란 해당 거래와 유사한 상황에서 해당 법인이 특수관계인 외의 불특정다수인과 계속적으로 거래한 가격 또는 특수관계인이 아닌 제3자 간에 일반적으로 거래된 가격이 있는 경우에는 그 가격을 말한다. 다만, 상장주식의 시가는 다음에 따른다. | 증권시장에서 거래한 경우		거래가격
---	---	---
증권시장 외 거래와 시간외대량매매	경영권 이전이 수반되지 않은 경우	거래소 최종시세가액
	경영권 이전이 수반된 경우	거래소 최종시세가액의 20% 가산	
시가가 불분명한 경우	시가가 불분명한 경우에는 다음을 차례로 적용하여 계산한 금액에 따른다. ① 감정평가법인 등이 감정한 가액이 있는 경우 그 가액(감정한 가액이 2 이상인 경우에는 그 감정한 가액의 평균액). 다만, 주식 등 및 가상자산은 제외한다. ② 상속세 및 증여세법규정을 준용하여 평가한 가액. 이 경우 비상장주식을 평가할 때 해당 비상장주식을 발행한 법인이 보유한 주식(주권상장법인이 발행한 주식으로 한정함)의 평가금액은 평가기준일의 거래소 최종시세가액

시가가 불분명한 경우	자산 제공 (금전 제외)	당해 자산 시가의 50% 금액에서 그 자산의 제공과 관련하여 받은 전세금 또는 보증금을 차감한 금액에 정기예금이자율을 곱하여 산출한 금액
		(해당 자산의 시가 × 50% - 전세금 등) × 정기예금이자율
	용역 제공	당해 용역의 제공에 소요된 금액(직접비 및 간접비를 포함)과 원가에 해당 사업연도 중 특수관계인 외의 자에게 제공한 유사한 용역 제공거래 또는 특수관계인이 아닌 제3자 간의 일반적인 용역제공거래를 할 때의 수익률(기업회계기준에 따라 계산한 매출액에서 원가를 차감한 금액을 원가로 나눈 율)을 곱하여 계산한 금액을 합한 금액
		용역의 원가 + 용역의 원가 × 원가 이익률
	금전대여	금전의 대여 또는 차용의 경우에는 가중평균차입이자율을 시가로 한다. 다만, 가중평균차입이자율이 불가능한 경우 등은 당좌대출이자율을 시가로 한다.

📖 부당행위 중 고가매입

매입 시 대금 전부를 지급한 경우	① 시가를 초과하는 금액은 익금에 산입하여 이를 귀속자에 따라 상여 등으로 처분하고 동 금액을 손금산입(△유보)로 처분한다. ② 그 자산을 감가상각하였을 때에는 다음과 같이 계산한 시가초과액에 대한 감가상각비를 손금불산입(유보)한다. $$회사계상\ 감가상각비 \times \frac{시가초과부인액\ 잔액}{당해연도\ 감가상각\ 전\ 장부가액}$$ ③ 그 자산을 양도한 때에는 시가초과액(① - ②) 잔액을 손금불산입(유보)한다.
매입 시 대금을 미지급한 경우	① 시가초과액을 익금산입하여 유보로 처분함(이때 일부 금액이 지급되었다면 지급된 금액 중 시가초과액은 익금산입하여 귀속자에 따라 사외유출로 처분함)과 동시에, 동액을 손금산입하여 △유보로 처분한다. ② 지급된 금액 중 시가초과액을 손금산입(△유보)함과 동시에, 동 금액을 익금산입하여 귀속자에 따라 사외유출로 처분한다. 이 경우 시가 상당액을 시가 초과액보다 먼저 지급한 것으로 본다. ③ 상각 또는 양도 시 위 ②규정을 준용한다.

🔍 사례

㈜대한은 대표이사로부터 비상장주식 100주를 10,000,000원(시가 7,000,000원)에 매입하였다.

① 매입 시 대금을 전액 지급한 경우

익금산입	손금산입
부당행위계산 3,000,000 상여	주식 3,000,000 (△유보)

② 매입 시 8,000,000원만 지급한 경우

구분	익금산입	손금산입
매입	부당행위계산 1,000,000 상여 미지급금 2,000,000 유보	주식 3,000,000 (△유보)
지급	부당행위계산 2,000,000 상여	미지급금 2,000,000 (△유보)

02 가지급금의 인정이자

의의	특수관계인에게 금전을 무상으로 대여하거나 시가보다 낮은 이자율로 대여한 경우 회사가 수령한 이자와 세무상 이자상당액(인정이자) 차액을 익금에 산입한다. → 시가와 거래가액 차액이 3억원 이상이거나 시가의 5% 이상인 경우 한하여 적용함
인정이자 계산	인정이자 = 가지급금 적수 × 인정이자율 × 1/365(윤년 366) ※ 가지급금이 발생한 초일은 산입하고 가지급금이 회수된 날은 제외함 ① 가지급금 ㉠ 판단기준 <table><tr><td>구분</td><td>지급이자 손금불산입</td><td>인정이자</td></tr><tr><td>특수관계인</td><td>O</td><td>O</td></tr><tr><td>업무관련성 여부</td><td>업무무관대여</td><td>-</td></tr><tr><td>적정이자 수취 여부</td><td>무관</td><td>무상 또는 저리대여</td></tr></table> ㉡ 가지급금과 가수금 상계 여부: 동일인에 대한 가지급금과 가수금이 함께 있는 경우 이를 상계한다. 다만, 동일인에 대한 가지급금과 가수금 발생 시에 각각 상환기간 및 이자율 등에 관한 약정이 있어 이를 상계할 수 없는 경우에는 상계하지 않는다. ㉢ 인정이자 계산 제외 가지급금: 지급이자 손금불산입 내용 참조 ② 인정이자율 ㉠ 원칙(가중평균차입이자율): 자금을 대여한 법인의 대여시점 현재 각각의 차입금 잔액(특수관계인으로부터의 차입금은 제외)에 차입 당시의 각각의 이자율을 곱한 금액의 합계액을 해당 차입금 잔액의 총액으로 나눈 비율을 말한다. $$\text{가중평균 차입이자율} = \frac{\Sigma(\text{대여시점 각각 차입금 잔액}^{(*1)} \times \text{차입 당시 각각 이자율}^{(*2)})}{\text{대여시점 차입금 잔액의 총액}}$$ (*1) 차입금 잔액 <table><tr><td>차입금 포함</td><td>차입금 제외</td></tr><tr><td>• 건설자금이자 관련 차입금 • 기업구매자금 대출금</td><td>• 특수관계인으로부터 차입금 • 채권자불분명사채 • 비실명채권 등 발행으로 조달된 차입금 • 연지급수입이자 발생 차입금</td></tr></table> (*2) 변동금리로 차입한 경우에는 차입 당시의 이자율로 차입금을 상환하고 변동된 이자율로 그 금액을 다시 차입한 것으로 본다.

인정이자 계산	🔍 사례			

차입일 (상환일)	차입금액 (상환액)	이자율	가중평균차입이자율	
X1. 1. 1.	10,000	5%	$\dfrac{10,000 \times 5\%}{10,000}$	= 5%
X1. 3. 1.	50,000	4%	$\dfrac{(10,000 \times 5\%) + (50,000 \times 4\%)}{10,000 + 50,000}$	= 4.16%
(X1. 7. 1.)	(30,000)	-	$\dfrac{(10,000 \times 5\%) + (20,000 \times 4\%)}{10,000 + 20,000}$	= 4.33%
X1. 8. 1.	10,000	6%	$\dfrac{(10,000 \times 6\%) + (20,000 \times 4\%)}{10,000 + 20,000}$	= 4.66%

- X1. 7. 1.: X1. 3. 1.에 차입한 50,000원 중 30,000원을 상환함
- X1. 8. 1.: X1. 1. 1.에 차입한 10,000원의 이자율이 5%에서 6%로 인상됨

ⓒ 예외: 다음의 경우에는 당좌대출이자율을 시가로 한다.

구분	적용방법
ⓐ 특수관계인이 아닌 자로부터 차입한 금액이 없는 경우 ⓑ 차입금 전액이 채권자가 불분명한 사채 또는 매입자가 불분명한 채권·증권의 발행으로 조달된 경우 ⓒ 대여법인의 대여시점 현재 가중평균차입이자율이나 대여금리가 차입법인의 가중평균차입이자율보다 높은 경우 ⓓ 대여한 날(갱신한 경우 그 갱신일)부터 해당 사업연도 종료일(해당 사업연도에 상환하는 경우 상환일)까지의 기간이 5년을 초과하는 대여금이 있는 경우	해당 대여금만 당좌대출이자율
법인이 법인세 신고와 함께 당좌대출이자율을 시가로 선택하는 경우	선택한 사업연도와 이후 2개 사업연도는 당좌대출이자율을 시가로 함

세무조정 소득처분	① 원칙: <익금산입> 인정이자 XXX 귀속자에 따라 상여 등 ② 가지급금에 대한 미수이자를 계상한 경우	
	사전약정이 없는 경우	특수관계인의 가지급금 상환기간 및 이자율 등에 대한 약정이 없는 경우에는 법인의 미수이자 계상액을 익금불산입(△유보)함과 동시에 세무상 인정이자를 익금산입하고 귀속자에 따라 소득처분한다.
	사전약정이 있는 경우	특수관계인의 가지급금 상환기간 및 이자율 등에 대한 약정이 있는 경우에는 미수이자를 인정하되, 인정이자와 비교하여 미수이자가 낮은 경우에만 그 차액을 익금산입하고 귀속자에 따라 소득처분한다.

03 불공정 자본거래에 대한 부당행위계산부인

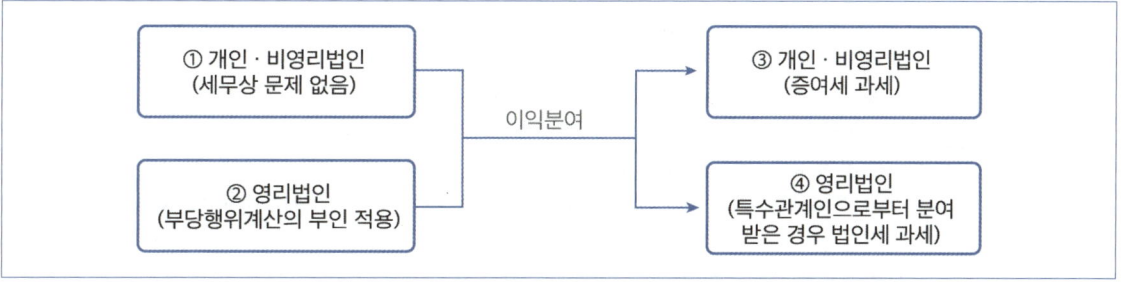

1. 불공정 합병

의의	특수관계인인 법인 간의 합병(분할합병 포함)에 있어서 주식을 시가보다 높거나 낮게 평가하여 불공정비율로 합병한 경우로서 주주인 법인이 특수관계인인 다른 주주 등에게 이익을 분여한 경우 법인세법상 부당행위계산의 부인규정을 적용한다. 다만, 자본시장과 금융투자업에 관한 법률에 따라 합병(분할합병 포함)하는 경우는 제외한다. ※ 특수관계인법인 판정: 합병등기일이 속하는 사업연도의 직전사업연도의 개시일 ~ 합병등기일

법인세법·상속세 및 증여세법 차이	구분	법인세법	상속세 및 증여세법
	합병당사법인	특수관계 있는 법인 간 합병	특수관계 있는 법인 간 합병
	주주	이익을 분여한 법인주주와 분여받은 법인주주가 특수관계 있는 경우에 한함(소액주주 제외)	대주주(1% 이상 또는 액면가액이 3억원 이상)가 얻은 이익만 과세함 (특수관계요건 불필요)
	현저한 이익	1주당 평가차액이 합병법인 1주당 평가액의 30% 이상이거나 대주주 1인의 증여받은 금액이 3억원 이상인 경우에 적용함	

현저한 이익	다음 ① 또는 ② 중 어느 하나에 해당하는 경우를 말한다. ① 1주당 평가차익이 30% 이상일 것: 합병법인의 합병 후 1주당 평가액 - 주가가 과대평가된 합병당사법인의 1주당 평가액 × 합병비율$^{(*)}$ ≥ 합병법인의 합병 후 1주당 평가액 × 30% $^{(*)}$ 합병비율 = $\dfrac{\text{주가가 과대평가된 합병당사법인의 합병 전 주식수}}{\text{주가가 과대평가된 합병당사법인의 합병 후 주식수}}$ ② 분여이익 ≥ 3억원

합병 후 1주당 평가액	$\dfrac{\text{피합병법인의 합병 전 주식가액} \times \text{합병 전 주식수} + \text{합병법인의 합병 전 주식가액} \times \text{합병 전 주식수}}{\text{합병법인의 합병 후 주식수}}$

특수관계인 분여이익 계산	(합병 후 합병법인의 1주당 평가액 - 주가과대평가법인의 1주당평가액) × 합병비율 × 특수관계인의 이익을 분여한 법인의 합병 후 주식 수 합병 전 지분비율

세무조정	① 특수관계인에게 이익을 분여한 법인주주: 분여이익은 익금산입하여 그 귀속자가 법인인 경우 기타사외유출로 처분하며, 그 귀속자가 개인인 경우로서 증여세가 과세되는 경우 기타사외유출, 그 외의 경우에는 배당(주주), 상여(임직원) 등으로 처분한다. ② 특수관계인으로부터 이익을 분여받은 법인주주: 분여받은 이익을 익금산입(유보)으로 처분한다. → 주식 취득가액에 가산

2. 불공정 증자

(1) 의의

불균등 증자	법인이 증자를 위하여 신주(전환사채·신주인수권부사채 또는 교환사채 등을 포함)를 배정하는 경우 기존주주가 신주인수권을 포기하거나 당초부터 신주를 불균등하게 배정하는 경우 주주 상호 간의 기존지분율이 달라진다. 이 경우 신주를 시가보다 저가 또는 고가로 발행하여 특수관계가 있는 주주 간 이익분여를 한 경우, 이익을 분여한 법인주주에게는 부당행위계산 부인규정을 적용하고, 이익을 분여받은 법인주주에게는 동 분여받은 이익을 익금에 산입한다.
적용요건	(아래 표 참조)

구분		내용	특수관계인 요건	현저한 이익요건
저가발행		실권주 재배정한 경우	O	불필요
		실권주 재배정하지 않는 경우	O	O
고가발행		실권주 재배정한 경우	O	불필요
		실권주 재배정하지 않는 경우	O	O

(2) 저가발행으로서 실권주 재배정하는 경우

의의	신주가 증자 전 가액보다 저가로 발행되면 신주인수자는 [(증자 후 1주당 평가액 - 1주당 인수가액) × 인수주식수]만큼 직접적 이익을 얻을 수 있음에도 동 이익을 포기하면 신주인수포기자가 실권주를 추가로 배정받은 자에게 이익을 분여하는 효과가 발생한다.
현저한 이익	재배정하는 경우 현저한 이익 요건 검토는 하지 아니한다.
분여이익	실권한 법인주주가 실권주를 배정받은 특수관계 있는 주주에게 분여한 것으로 보는 이익은 다음과 같이 계산한다. (증자 후 1주당 평가액 - 신주 1주당 인수가액) × 실권주수 × $\dfrac{\text{특수관계인이 인수한 실권주수}}{\text{재배정된 실권주 총수}}$
증자 후 1주당 평가액	① 비상장주식 $\dfrac{(\text{증자 전 주식수} \times \text{증자 전 1주당 평가액}) + (\text{증자주식수} \times \text{신주 1주당 인수가액})}{\text{증자 전 주식수} + \text{증자주식수}}$ ② 상장주식: Min(㉠, ㉡) 　㉠ 권리락(증자한 날 다음 날)일 이후 2개월간의 최종시세가액의 평균액 　㉡ $\dfrac{\text{증자 전 주식수} \times \text{증자 전 1주당 평가액} + \text{증자주식 수} \times \text{증자 시 발행가액}}{\text{증자 전 주식수} + \text{증자주식 수}}$
세무조정	① 특수관계인에게 이익을 분여한 영리법인은 분여이익을 익금산입(기타사외유출)한다. ② 특수관계인으로부터 이익을 분여받은 영리법인은 분여받은 이익을 익금산입(유보)한다.

(3) 저가발행으로서 실권주를 배정하지 않은 경우

적용 대상	법인이 신주를 시가보다 낮은 가액에 발행하는 경우로서 해당 법인의 법인주주가 신주를 배정받을 수 있는 권리를 포기하고, 해당 법인이 실권주를 배정하지 아니하면 실권한 법인주주가 그 신주를 인수한 특수관계 있는 주주에게 이익을 분여한 것으로 본다. (∵ 경제적 실질이 증자 전의 지분비율대로 균등하게 전액 증자한 후 실권주주의 증자분만 신주인수가액에 상당한 대가를 지급하고 불균등 감자한 경우와 동일함)
현저한 이익	다음 ① 또는 ② 중 어느 하나에 해당하는 경우에만 부당행위계산부인을 적용한다. ① $\dfrac{\text{균등증자 시 1주당 평가액}^{(*)} - \text{신주 1주당 인수가액}}{\text{균등증자 시 1주당 평가액}^{(*)}} \geq 30\%$ $^{(*)}$ 균등증자 시 1주당 평가액 $\dfrac{\text{증자 전 주식수} \times \text{증자 전 1주당 평가액} + \text{균등증자 시 증자주식수} \times \text{증자 시 1주당 발행가액}}{\text{증자 전 주식수} + \text{증자 전의 지분비율대로 균등하게 증자하는 경우 증가주식수}}$ ② 분여이익 ≥ 3억원
분여이익	$\left(\begin{array}{l}\text{균등증자 시 신주 1주당 평가액}\\ \text{- 신주 1주당 인수가액}\end{array}\right) \times \text{특수관계인의 실권주수} \times \text{실권한 법인주주와 특수관계 있는 주주들의 증자 후 지분율}$
세무조정	① 특수관계인에게 이익을 분여한 영리법인(실권주주): 익금산입(기타사외유출) ② 특수관계인으로부터 이익을 분여받은 영리법인(실권주 인수주주): 익금산입(유보)

(4) 고가발행 재배정하는 경우

적용대상	법인이 시가보다 고가로 발행되는 경우로서 특수관계에 있는 주주가 포기한 실권주를 재배정받은 경우에는 실권주를 배정받은 법인주주가 실권한 특수관계 있는 주주에게 이익을 분여한 것으로 본다.
분여이익	실권주를 배정받은 주주가 분여한 이익은 다음과 같이 계산한다. $\left(\begin{array}{l}\text{신주 1주당 인수가액}\\ \text{- 증자 후 1주당 평가액}\end{array}\right) \times \text{실권주를 재배정받은 법인주주가 재배정받은 주식수} \times \dfrac{\text{재배정된 실권주 중 특수관계인에게 배정된 실권주 수}}{\text{재배정된 실권주 총수}}$
세무조정	① 특수관계인에게 이익을 분여한 법인주주(실권주를 재배정받은 법인주주): 부당행위계산부인을 적용하여 분여이익을 익금산입(기타사외유출)하며, 인수한 주식을 자산으로 계상한 경우 시가초과 인수액을 손금산입(△유보)한다. ② 특수관계인으로부터 이익을 분여받은 법인주주(실권주를 재배정한 법인주주): 분여받은 이익을 익금으로 보아 익금산입(유보)한다.

(5) 고가발행 재배정하지 않는 경우

적용대상	특수관계에 있는 주주는 신주를 배정받을 수 있는 권리의 전부 또는 일부를 포기하고, 법인주주가 증자에 참여하여 신주를 인수한 경우 신주를 인수한 법인주주가 실권한 특수관계 있는 주주에게 이익을 분여한 것으로 본다.

현저한 이익	다음 ① 또는 ② 중 어느 하나에 해당하는 경우에만 부당행위계산부인을 적용한다. ① $\dfrac{\text{신주 1주당 인수가액 - 증자 후 1주당 평가액}}{\text{증자 후 1주당 평가액}} \geq 30\%$ ② 분여받은 이익 ≥ 3억원
분여이익	$\left(\begin{array}{c}\text{신주 1주당 인수가액}\\ \text{- 증자 후 1주당 평가액}\end{array}\right) \times \text{특수관계인의 실권주수} \times \dfrac{\text{특수관계 있는 주주들이 포기한 실권주식수}}{\text{균등증자 시 증자주식총수}}$
세무조정	① 특수관계인에게 이익을 분여한 법인주주(실권주 인수주주): 분여이익을 익금산입(기타사외유출)한다. 이 경우 인수한 주식을 자산으로 계상한 경우 분여이익을 손금산입(△유보)한다. ② 특수관계인으로부터 이익을 분여받은 법인주주(실권주주): 분여받은 이익을 익금산입(유보)한다.

3. 불균등 감자

의의	법인의 감자 시 특정 주주의 주식만을 시가에 현저히 미달하게 불균등 감자함으로써 법인주주(소액주주 등은 제외)의 특수관계인에게 경제적 이익이 이전되는 경우 부당행위계산의 부인 규정을 적용한다.
현저한 이익	다음 중 어느 하나에 해당하는 경우에만 부당행위계산부인을 적용한다. ① 감자 전 1주당 평가액 - 감자로 지급한 1주당 금액 ≥ 감자 전 1주당 평가액 × 30% ② 분여이익 ≥ 3억원
분여이익	① 저가불균등감자: $\left(\begin{array}{c}\text{감자 전 주식의 1주당 가액}\\ \text{- 감자로 지급한 1주당 가액}\end{array}\right) \times \dfrac{\text{총감자}}{\text{주식 등의 수}} \times \dfrac{\text{특수관계인의}}{\text{감자 후 지분비율}} \times \dfrac{\text{법인주주의 감자주식수}}{\text{총 감자 주식 등의 수}}$ ② 고가불균등감자: (감자 시 지급한 1주당 금액 - 감자 전 주식의 1주당 가액) × 특수관계인의 감자한 주식 등의 수 × 법인주주의 감자 후 지분율
소득처분	① 특수관계인에게 이익을 분여한 영리법인: 익금산입(기타사외유출) ② 특수관계인으로부터 이익을 분여받은 영리법인: 익금산입(유보)

📋 불공정 자본거래 분여비율 정리

구분		분여비율
불공정합병		합병 전 지분율
불균등증자	실권주를 재배정하는 경우	재배정받은 주식수비율
	실권주를 재배정하지 않는 경우	인수한 증자주식수비율
불균등감자		감자비율

제9장 과세표준과 세액계산

01 과세표준의 계산

1. 법인세 과세표준 계산구조

내국법인의 각 사업연도의 소득에 대한 법인세의 과세표준은 각 사업연도의 소득의 범위에서 이월결손금·비과세소득·소득공제를 차례로 공제한 금액으로 한다.

	이월공제	공제한도
각 사업연도 소득금액		
(-) 이월결손금	15년간 이월공제	각사업연도소득 × 80%(중소기업 등 100%)
(-) 비과세소득	X	-
(-) 소득공제	X	-
과세표준		

🔍 사례

각 사업연도 소득금액	100,000,000	
(-) 이월결손금	90,000,000	중소기업
(-) 비과세소득	20,000,000	10,000,000원은 소멸
과세표준	0	

2. 이월결손금 공제

(1) 일반

의의	① 내국법인의 각 사업연도의 결손금은 그 사업연도에 속하는 손금의 총액이 그 사업연도에 속하는 익금의 총액을 초과하는 경우에 그 초과하는 금액이며, 이월결손금은 각 사업연도의 개시일 전 발생한 각 사업연도의 결손금으로서 그 후의 각 사업연도의 과세표준을 계산할 때 공제되지 아니한 금액을 말한다. ② 공제하는 이월결손금은 먼저 발생한 사업연도 이월결손금부터 차례로 공제한다.
공제대상	① 이월결손금은 세무상 결손금으로서 신고하거나 결정·경정되거나 수정신고 과세표준에 포함된 결손금일 것 ② 각 사업연도의 개시일 전 15년(2019. 12. 31. 이전 기간 10년, 2008. 12. 31. 이전 5년) 이내에 개시한 사업연도에서 발생한 결손금일 것 ③ 미소멸 이월결손금일 것. 참고로 이월결손금은 다음의 사유로 소멸한다. 　㉠ 소급공제한 결손금 　㉡ 과세표준 계산상 공제한 경우 　㉢ 자산수증익과 채무면제이익으로 보전한 경우 　㉣ 출자전환 시 채무면제이익을 이월하여 결손금 보전에 충당한 경우

공제한도	이월결손금 공제는 각 사업연도 소득의 80%(중소기업과 회생계획을 이행 중인 기업^(*) 등의 법인의 경우는 100%)을 한도로 한다. (*) 회생계획을 이행 중인 기업 등은 다음 중 어느 하나에 해당하는 법인을 말한다. ① 채무자 회생 및 파산에 관한 법률 에 따라 법원이 인가결정한 회생계획을 이행 중인 법인 ② 기업구조조정 촉진법 에 따라 기업개선계획의 이행을 위한 약정을 체결하고 기업개선계획을 이행 중인 법인 ③ 해당 법인의 채권을 보유하고 있는 금융회사등이나 그 밖의 법률에 따라 금융업무 또는 기업 구조조정 업무를 하는 공공기관으로서 기획재정부령으로 정하는 기관과 경영정상화계획의 이행을 위한 협약을 체결하고 경영정상화계획을 이행 중인 법인 ④ 유동화자산을 기초로 유동화거래할 목적으로 설립된 법인으로서 일정한 요건을 모두 갖춘 법인 ⑤ 유동화전문회사 등 소득공제 적용대상 투자회사 ⑥ 기업 활력 제고를 위한 특별법 제10조에 따른 사업재편계획 승인을 받은 법인 ⑦ 조세특례제한법 제74조 제1항(제4호부터 제6호까지는 제외) 또는 제4항에 따라 법인의 수익사업에서 발생한 소득을 고유목적사업준비금으로 손금에 산입할 수 있는 비영리내국법인(고유목적사업준비금 100% 설정률 적용대상 법인 중 일정한 비영리법인) 🔍 **사례** 이월결손금이 12억원인 경우 | 구분 | 중소기업 등 | 비중소기업 | |---|---|---| | 각 사업연도 소득금액 | 10억원 | 10억원 | | 이월결손금 | 10억원 | 8억원 | | 과세표준 | 0 | 2억원 | | 차기이월결손금 | 2억원 | 4억원 |
공제 배제	법인세의 과세표준과 세액을 추계하는 경우에는 이월결손금을 공제하지 아니한다. 다만, 천재지변 등으로 장부나 그 밖의 증명서류가 멸실되어 추계하는 경우에는 이월결손금을 공제한다.

📋 이월결손금 비교정리

구분	공제시한	소멸 여부
자산수증이익·채무면제이익과 충당하는 이월결손금	X	소멸
기부금 한도 계산 시 이월결손금	O	미소멸
과세표준 계산 시 공제가능한 이월결손금	O	소멸
청산소득 계산 시 이월결손금	X	-
미환류소득 기업소득 계산 시 이월결손금	O	-

(2) 사업양수 시 이월결손금 공제 제한

의의	내국법인이 다른 내국법인의 사업을 양수하는 경우로서 다음의 기준에 모두 해당하는 경우에는 사업양수일 이월결손금은 사업을 양수한 내국법인의 각 사업연도의 과세표준을 계산할 때 양수한 사업부문에서 발생한 소득금액(중소기업 간 또는 동일사업을 하는 법인 간에 사업을 양수하는 경우로서 회계를 구분하여 기록하지 아니한 경우 그 소득금액을 자산가액비율로 안분계산한 금액)의 범위에서는 공제하지 아니한다. ① 양수자산이 사업양수일 현재 양도법인의 자산총액의 70% 이상이고, 양도법인의 자산총액에서 부채총액을 뺀 금액의 90% 이상인 경우 ② 사업의 양도·양수 계약일 현재 양도·양수인이 특수관계인인 법인인 경우
취지	이월결손금이 많은 법인이 큰 소득금액이 발생하는 우량법인을 양수하여 해당 이월결손금을 양수한 사업부문의 소득금액에서 공제함으로써 조세회피하는 것을 방지하기 위함

(3) 중소기업의 결손금 소급공제에 따른 환급

의의	중소기업은 결손금을 직전 사업연도의 과세표준에서 공제하여 이미 납부한 세금을 환급하는 제도를 두고 있다. 모든 기업이 불경기에 결손금 소급공제를 적용하여 세액을 환급하면 정부의 재정수입이 악화될 우려가 있어 우리나라는 중소기업이 신청한 경우에 한하여 결손금 소급공제를 적용한다.
대상 법인	① 중소기업에 해당하는 내국법인일 것 ② 결손금이 발생한 사업연도와 그 직전 사업연도의 소득에 대한 법인세의 과세표준 및 세액을 각각 신고기한 내에 신고한 경우일 것 ∴ 성실납세법인일 것 ③ 법인세 신고기한까지 신청서를 납세지 관할 세무서장에게 신청하여야 한다. → 신청하지 않은 경우 이월공제되며, 경정청구에 의한 환급은 적용되지 않음
소급공제 결손금	① 소급공제기간은 직전 사업연도에 한정하여 가능하므로 직전 사업연도의 결손금이 발생한 경우에는 자동으로 이월공제된다. ② 소급공제받으려는 결손금은 해당 사업연도의 결손금으로서 일부만을 신청할 수 있다. ③ 소급공제받은 결손금은 소멸된 것으로 보므로 이후 사업연도의 이월공제받을 수 없다.
환급세액 계산	환급세액: Min(①, ②) ① 직전사업연도 법인세 산출세액[*] - (직전사업연도 과세표준 - 소급공제결손금) × 직전사업연도 세율 ② 한도: 직전사업연도 법인세 산출세액[*] - 직전연도 공제·감면세액 [*] 직전사업연도 법인세 산출세액에는 토지 등 양도소득에 대한 법인세를 제외함 ※ 환급세액은 산출세액 차액이므로 가산세는 환급받을 수 없음

환급세액 추징	추징사유	납세지 관할 세무서장은 다음 중 어느 하나에 해당되는 경우에는 환급세액(① 및 ②의 경우에는 과다하게 환급한 세액 상당액)에 이자상당액을 더한 금액을 해당 결손금이 발생한 사업연도의 법인세로서 징수한다. ① 법인세를 환급한 후 결손금이 발생한 사업연도에 대한 법인세 과세표준과 세액을 경정함으로써 결손금이 감소된 경우 ② 결손금이 발생한 사업연도의 직전 사업연도에 대한 법인세 과세표준과 세액을 경정함으로써 환급세액이 감소된 경우 ③ 중소기업에 해당하지 아니하는 내국법인이 법인세를 환급받은 경우
	추징세액	① 과다환급세액: 결손금 중 그 일부 금액만을 소급공제받은 경우에는 소급공제받지 아니한 결손금(이월공제분)이 먼저 감소된 것으로 본다. $$당초\ 환급세액 \times \frac{감소된\ 결손금 - 소급공제받지\ 않은\ 결손금}{소급공제\ 결손금}$$ ② 이자상당액 $$환급취소세액 \times 일수^{(*1)} \times 0.022\%^{(*2)}$$ (*1) 일수: 당초 환급세액의 통지일의 다음 날부터 법인세액의 고지일까지의 기간 (*2) 납세자가 법인세액을 과다하게 환급받은 데 정당한 사유가 있는 경우 국세환급가산금 이자율을 적용함
환급절차		납세지 관할 세무서장은 소급공제 신청을 받으면 지체 없이 환급세액을 결정하여 국세기본법에 따라 환급하여야 한다.
환급세액 재경정		① 납세지 관할 세무서장은 당초 환급세액을 결정한 후 당초 환급세액 계산의 기초가 된 직전 사업연도의 법인세액 또는 과세표준이 달라진 경우에는 즉시 당초 환급세액을 경정하여 추가로 환급하거나 과다하게 환급한 세액 상당액을 징수하여야 한다. ② 당초 환급세액을 경정할 때 소급공제 결손금액이 과세표준금액을 초과하는 경우 그 초과 결손금액은 소급공제 결손금액으로 보지 아니한다.

3. 비과세 소득

의의	비과세소득도 법인의 순자산을 증가시키는 익금이므로 법인의 각 사업연도의 소득금액에 합산된 후 과세표준에서 공제된다. 따라서 비과세 소득은 익금불산입 항목과는 달리 소득금액을 기준으로 하여 계산하는 이월결손금 공제·기부금 한도액에 영향을 미치게 된다.
법인세법 비과세	내국법인의 각 사업연도 소득 중 공익신탁법에 따른 공익신탁의 신탁재산에서 생기는 소득에 대하여는 각 사업연도의 소득에 대한 법인세를 과세하지 아니한다.

4. 유동화전문회사 등에 대한 소득공제(법인세법 제51조의2)

의의	유동화전문회사 및 투자회사, 투자목적회사, 투자유한회사, 투자합자회사(기관전용 사모집합투자기구는 제외) 및 투자유한책임회사 등에 해당하는 내국법인이 배당가능이익 90% 이상을 배당한 경우 그 배당금액은 해당 배당을 결의한 잉여금 처분의 대상이 되는 사업연도의 소득금액에서 공제한다. 예 20X3년 사업연도의 배당금 관련 주주총회를 20X4년 2월에 결의하였다면 소득공제는 배당금 처분의 대상사업연도인 20X3년의 소득금액 계산에 있어서 공제함

배당
가능이익
	기업회계기준에 따라 작성한 재무제표상의 법인세비용 차감 후 당기순이익에 이월이익잉여금을 가산하거나 이월결손금을 공제하고, 상법에 따라 적립한 이익준비금을 차감한 금액. 이 경우 다음 중 어느 하나에 해당하는 금액은 제외한다.
	① 상법에 따라 자본준비금을 감액하여 받는 배당(자본전입 시 의제배당으로 과세하는 자본준비금의 배당은 제외)
	② 당기순이익, 이월이익잉여금 및 이월결손금 중 다음 중 어느 하나에 해당하는 자산의 평가손익
	   ㉠ 유가증권·집합투자재산의 평가손익. 다만, 시가법으로 평가한 투자회사 등의 자산의 평가손익은 배당가능이익에 포함한다.
	   ㉡ 부동산투자회사법에 따른 위탁관리 부동산투자회사 및 기업구조조정 부동산투자회사가 보유한 자산의 평가손익

초과배당
이월공제
	① 해당 사업연도에 공제받지 못한 배당금액(*)은 해당 사업연도의 다음 사업연도 개시일부터 5년 이내에 끝나는 각 사업연도로 이월하여 그 이월된 사업연도의 소득금액에서 공제할 수 있다. 다만, 내국법인이 이월된 사업연도에 배당가능이익의 90% 이상을 배당하지 않은 경우에는 그 초과배당금액을 공제하지 아니한다.
	(*) 각 사업연도 소득금액을 초과하는 이월결손금, 배당금액(당기분 + 전기미공제 이월분) 합계액
	② 이월된 초과배당금액을 해당 사업연도의 소득금액에서 공제하는 경우에는 다음의 방법에 따라 공제한다.
	   ㉠ 이월된 초과배당금액을 해당 사업연도의 배당금액보다 먼저 공제할 것
	   ㉡ 이월된 초과배당금액이 둘 이상인 경우에는 먼저 발생한 초과배당금액부터 공제할 것

소득공제
배제
	다음 중 어느 하나에 해당하는 경우에는 소득공제를 적용하지 아니한다.
	① 배당을 받은 주주 등에 대하여 법인세법 또는 조세특례제한법에 따라 그 배당에 대한 소득세 또는 법인세가 비과세되는 경우. 다만, 배당을 받은 주주 등이 동업기업과세특례를 적용받는 동업기업인 경우로서 그 동업자들에 대하여 배분받은 배당에 해당하는 소득에 대한 소득세 또는 법인세가 전부 과세되는 경우는 제외한다.
	② 배당을 지급하는 내국법인이 주주 등의 수 등을 고려하여 다음의 요건을 모두 갖춘 법인인 경우 ∵ 고율의 양도세를 회피하기 위해 명목회사를 조세회피수단으로 악용하는 것을 방지함
	   ㉠ 사모방식으로 설립되었을 것
	   ㉡ 개인 2인 이하 또는 개인 1인 및 그 친족이 발행주식총수의 95% 이상의 주식 등을 소유할 것. 다만, 개인 등에게 배당 및 잔여재산의 분배에 관한 청구권이 없는 경우를 제외한다.

02 산출세액

의의	내국법인의 각 사업연도의 소득에 대한 법인세 산출세액은 과세표준에 세율을 적용하여 계산한 금액(토지 등 양도소득에 대한 법인세액 및 투자·상생협력 촉진을 위한 과세특례를 적용하여 계산한 법인세액이 있으면 이를 합한 금액)을 그 세액으로 한다.
세율	<table><tr><th>과세표준</th><th>세율</th></tr><tr><td>2억원 이하</td><td>과세표준의 9%</td></tr><tr><td>2억원 초과 200억원 이하</td><td>1,800만원 + 2억원을 초과하는 금액의 19%</td></tr><tr><td>200억원 초과 3천억원 이하</td><td>37억 8,000만원 + 200억원을 초과하는 금액의 21%</td></tr><tr><td>3천억원 초과</td><td>625억 8,000만원 + 3,000억원을 초과하는 금액의 24%</td></tr></table>
사업연도 1년 미만 법인	사업연도가 1년 미만인 내국법인의 각 사업연도의 소득에 대한 법인세 산출세액은 다음과 같이 계산한다. 이 경우 월수의 계산은 태양력에 따라 계산하되, 1개월 미만의 일수는 1개월로 한다. 산출세액 = [과세표준 × 12/사업연도의 월수 × 세율] × 사업연도의 월수/12

03 세액공제

세액감면 및 세액공제 적용순서

순위	종류	사례
1	세액 감면·면제	조세특례제한법에 의한 세액감면·세액
2	이월공제가 인정되지 아니하는 세액공제	재해손실세액공제
3	이월공제가 인정되는 세액공제(*)	외국납부세액공제
4	사실과 다른 회계처리로 인한 경정에 따른 세액공제(*)	-

(*) 해당 사업연도 중에 발생한 세액공제액과 이월된 미공제액이 함께 있을 때에는 이월된 미공제액을 먼저 공제한다.

1. 외국납부세액공제

(1) 개요

의의	내국법인의 각 사업연도의 소득에 대한 과세표준에 국외원천소득이 포함되어 있는 경우로서 그 국외원천소득에 대하여 외국법인세액을 납부하였거나 납부할 것이 있는 경우에는 공제한도금액 내에서 외국법인세액을 해당 사업연도의 산출세액에서 공제할 수 있다.
취지	국외에서 얻은 소득은 소득발생지국과 국내에서 이중과세가 되므로 이러한 국제적 이중과세를 해소하기 위하여 외국납부세액공제를 두고 있다. 한편 내국법인이 직접외국납부세액에 대해 외국납부세액공제를 적용하지 않는 경우 동 금액은 손금에 산입할 수 있다. <table><tr><th>구분</th><th>세액공제</th><th>비고</th></tr><tr><td>직접외국납부세액</td><td>O</td><td>손금산입 가능</td></tr><tr><td>간접외국납부세액</td><td>O</td><td>-</td></tr><tr><td>간주외국납부세액</td><td>O</td><td>-</td></tr></table>

(2) 외국법인세액

직접외국납부세액

직접외국법인세액이란 외국정부(지방자치단체 포함)에 납부하였거나 납부할 세액(가산세는 제외)을 말한다. → 조세조약에 관계 없음

🔍 **사례**

```
                    세금 2,000 원천징수
      내국법인 ←----------------------→ 외국은행
              ←----------------------
                    이자 10,000 지급
```

B 현금   8,000   이자수익 10,000
   비용   2,000

① 손금산입 방법   ② 외국납부세액공제방법

과세표준	8,000		과세표준	10,000 = 8,000 + 2,000
세율	10%		세율	10%
산출세액	800		산출세액	1,000
세액공제	-		세액공제	1,000 Min(2,000, 1,000)
결정세액	800		결정세액	0

간주외국납부세액

구분		외국에서 과세하는 경우	외국에서 면세하는 경우 세액공제 X	외국에서 면세하는 경우 세액공제 O
① 내국법인의 외국배당소득		100	100	100
② 외국에서 납부세액(10%)		10	0	0
한국에서의 세액	산출세액(30%)	30	30	30
	세액공제	10	0	10
	③ 납부세액	20	30	20
총 부담세액(② + ③)		30	30	20
세후 순소득		70	70	80

국외원천소득이 있는 내국법인이 조세조약의 상대국에서 해당 국외원천소득에 대하여 법인세를 감면받은 세액 상당액은 그 조세조약으로 정하는 범위에서 세액공제의 대상이 되는 외국법인세액으로 본다.

∵ 외국인투자자에게 국내법 또는 조약에 의해서 부여한 감면세액을 선진국 등의 거주지국이 당해 납세자의 세액을 계산함에 있어서 원천지국에서 실지로 납부한 것으로 간주하여 산출세액으로부터 세액공제함으로서 실질적인 조세감면혜택을 투자자에게 귀속시키기 위한 제도임

간접외국납부세액

내용
① 내국법인의 각 사업연도의 소득금액에 외국자회사로부터 받는 수입배당금액이 포함되어 있는 경우 그 외국자회사의 소득에 대하여 부과된 외국법인세액 중 그 수입배당금액에 대응하는 것으로서 법령으로 계산한 금액은 세액공제되는 외국법인세액으로 본다.
② 외국자회사: 내국법인이 직접 외국자회사의 의결권 있는 발행주식총수 또는 출자총액의 10%(해외자원개발사업을 하는 외국법인 5%) 이상을 해당 외국자회사의 배당기준일 현재 6개월 이상 계속하여 보유하고 있는 법인

취지
외국지점에서 얻은 소득은 본점에 합산되고 외국지점이 납부한 세액은 본점이 외국납부세액공제를 받을 수 있다. 그러나 외국자회사(별개의 법인)로 해외에 진출한 경우로서 외국자회사의 소득은 모회사가 배당금을 받는 경우에만 모회사 소득에 포함된다. 이 경우 외국자회사가 외국에서 납부한 세액을 공제받을 수 없으며 지점진출방식과 형평이 맞지 않으므로 간접외국납부세액공제를 적용한다.

간접외국 납부세액	산식	외국자회사의 법인세액 × $\dfrac{\text{수입배당금액}}{\text{외국자회사의 소득금액} - \text{외국자회사의 법인세액}}$
	세무 처리	간접외국납부세액에 대해 외국납부세액공제를 적용받는 경우에는 간접외국납부세액을 외국자회사의 배당확정일이 속하는 사업연도에 익금산입(기타)한 후 외국납부세액공제를 적용하여야 한다. → 손금산입 불가

🔍 **사례**

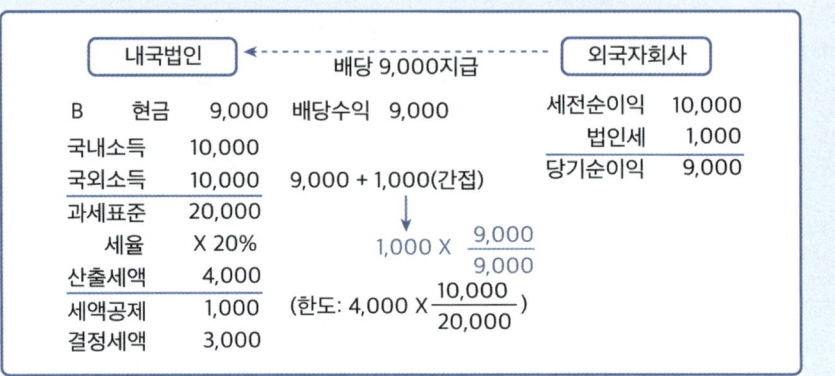

(3) 외국납부세액공제방법

계산식	Min(①, ②) ① 직접외국납부세액 + 간주외국납부세액 + 간접외국납부세액 ② 공제한도: 　　법인세 산출세액^(*1) × $\dfrac{\text{국외원천소득}^{(*2)}}{\text{해당 사업연도의 소득에 대한 과세표준}}$ (*1) 산출세액: 토지 등 양도소득에 대한 법인세액, 투자·상생협력 촉진을 위한 법인세액 제외 (*2) 국외원천소득		
	내용	국외발생소득으로서 내국법인의 각 사업연도 소득의 과세표준 계산에 관한 규정을 준용해 산출한 금액. 이 경우 국외원천소득은 그 국외원천소득에서 해당 사업연도의 과세표준을 계산할 때 손금에 산입된 금액(국외원천소득이 발생한 국가에서 과세할 때 손금에 산입된 금액은 제외)으로서 다음의 국외원천소득대응비용을 뺀 금액으로 한다. ① 직접비용: 국외원천소득에 직접 관련되어 대응되는 비용. 이 경우 해당 국외원천소득과 그 밖의 소득에 공통적으로 관련된 비용은 제외한다. ② 배분비용: 국외원천소득과 그 밖의 소득에 공통적으로 관련된 비용 중 다음의 배분방법에 따라 안분계산한 국외원천소득 관련 비용 　㉠ 업종이 같은 경우 공통손금: 수입금액 또는 매출액에 비례하여 안분 　㉡ 업종이 다른 경우 공통손금: 개별 손금에 비례하여 안분
	이월 결손금	① 이월결손금이 발생된 국가가 분명: 해당 국가의 소득금액 차감 ② 이월결손금이 발생된 국가가 불분명: 소득금액비율로 안분하여 차감

	공제한도금액을 계산할 때 국외사업장이 2 이상의 국가에 있는 경우에는 국가별로 구분하여 이를 계산한다. 이 경우 어느 국가의 소득금액이 결손인 경우의 기준 국외원천소득금액 계산은 국가별 소득금액에서 그 결손금액을 총소득금액에 대한 국가별 소득금액 비율로 안분계산하여 차감한 금액으로 한다.
공제한도 계산방법	🔍 사례

국가	외국납부세액	국가별 소득	기준국외원천소득	세액공제한도액	이월공제
A국	100	500	$500 - (600 \times \frac{500}{1,000}) = 200$	$120^{(*1)} \times \frac{200}{400^{(*2)}} = 60$	40
B국	0	△600	-	-	-
C국	60	300	$300 - (600 \times \frac{300}{1,000}) = 120$	$120^{(*1)} \times \frac{120}{400^{(*2)}} = 36$	24
국내	-	200	-	-	-
계	160	△600 1,000	320	96	64

(*1) 산출세액: 120
(*2) 법인세 과세표준금액: 400

이월공제	외국정부에 납부하였거나 납부할 외국법인세액이 해당 사업연도의 공제한도금액을 초과하는 경우 그 초과하는 금액은 해당 사업연도의 다음 사업연도 개시일부터 10년 이내에 끝나는 각 사업연도(이월공제기간)로 이월하여 그 이월된 사업연도의 공제한도금액 내에서 공제받을 수 있다. 다만, 외국정부에 납부하였거나 납부할 외국법인세액을 이월공제기간 내에 공제받지 못한 경우 그 공제받지 못한 외국법인세액은 이월공제기간의 종료일 다음 날이 속하는 사업연도의 소득금액을 계산할 때 손금에 산입할 수 있다.
공제 배제	① 외국자회사 수입배당금액에 대해 익금불산입규정이 적용되는 경우 ② 법인세 과세표준과 세액을 추계하는 경우에는 외국납부세액공제를 적용하지 아니한다. 다만, 천재지변 등으로 장부나 그 밖의 증명서류가 멸실되어 추계하는 경우에는 그러하지 아니하다.

2. 재해손실세액공제

의의	내국법인이 각 사업연도 중 천재지변이나 그 밖의 재해로 인하여 자산총액의 20% 이상을 상실하여 납세가 곤란하다고 인정되는 경우에는 재해손실세액공제를 받을 수 있다. ∴ 재난으로 피해를 입은 법인을 지원하기 위함
자산상실비율	$$\text{자산상실비율} = \frac{\text{상실된 자산의 가액}}{\text{상실 전 자산총액}}$$ ① 자산총액: 사업용 자산(토지 제외)과 타인 소유의 자산으로서 그 상실로 인한 변상책임이 당해 법인에게 있는 것의 합계액. 따라서 법인이 재해로 인하여 수탁받은 자산을 상실하고 그 자산가액상당액을 보상하여 주는 경우 이를 재해로 인하여 상실된 자산의 가액 및 상실전의 자산총액에 포함한다. ② 상실된 자산의 가액: 재해자산이 보험에 가입되어 있어 보험금을 수령한 경우 동 보험금을 그 재해로 인하여 상실된 자산의 가액에서 차감하지 아니한다. 한편 예금·받을어음·외상매출금 등 당해 채권추심에 관한 증서가 멸실된 경우 이를 상실된 자산의 가액에 포함하지 아니한다. ③ 자산의 평가: 자산상실비율은 재해발생일 현재 그 법인의 장부가액에 의하여 계산하되, 장부가 소실 또는 분실되어 장부가액을 알 수 없는 경우에는 납세지 관할 세무서장이 조사하여 확인한 재해발생일 현재의 가액에 의하여 이를 계산한다.
세액공제 계산	재해손실세액공제액 = [법인세액(① + ②) × 자산상실비율] → 한도: 상실된 자산의 가액 ① 재해발생일 현재 부과되지 않은 법인세와 부과된 법인세로서 미납된 법인세(가산세[*] 포함) ② 재해발생일이 속하는 사업연도의 법인세(산출세액 – 다른 법률에 따른 세액감면·세액공제 + 가산세[*]) [*] 가산세: 장부의 기록·보관 불성실가산세, 무신고가산세, 과소신고·초과환급신고가산세, 납부지연가산세, 원천징수납부 등 납부지연가산세
신청기한	재해손실세액공제를 받으려는 내국법인은 다음의 구분에 따른 기한까지 재해손실세액공제신청서를 납세지 관할 세무서장에게 제출해야 한다. ① 재해발생일 현재 과세표준신고기한이 지나지 않은 법인세의 경우에는 그 신고기한. 다만, 재해발생일부터 신고기한까지의 기간이 3개월 미만인 경우에는 재해발생일부터 3개월로 한다. ② 재해발생일 현재 미납된 법인세와 납부해야 할 법인세의 경우 재해발생일부터 3개월

3. 사실과 다른 회계처리로 인한 경정에 따른 세액공제

의의	내국법인이 다음의 요건을 모두 충족하는 사실과 다른 회계처리를 하여 과세표준 및 세액을 과다하게 계상함으로써 경정청구하여 경정을 받은 경우에는 과다 납부한 세액을 환급하지 아니하고 그 경정일이 속하는 사업연도부터 각 사업연도의 법인세액에서 과다 납부한 세액을 공제한다. ∴ 환급을 금지하고 세액공제하여 불이익 부여 ① 사업보고서 및 감사보고서를 제출할 때 수익 또는 자산을 과다 계상하거나 손비 또는 부채를 과소 계상할 것 ② 내국법인, 감사인 또는 그에 소속된 공인회계사가 경고·주의 등의 조치를 받을 것

세액공제	① 각 사업연도별로 공제하는 금액은 과다 납부한 세액의 20%를 한도로 하고, 공제 후 남아 있는 과다 납부한 세액은 이후 사업연도에 이월하여 공제한다. ② 내국법인이 해당 사실과 다른 회계처리와 관련하여 그 경정일이 속하는 사업연도 이전의 사업연도에 수정신고를 하여 납부할 세액이 있는 경우 그 납부할 세액에서 과다 납부한 세액을 과다 납부한 세액의 20%를 한도로 먼저 공제하여야 한다.
법인이 해산하는 경우	과다 납부한 세액을 공제받은 내국법인으로서 과다 납부한 세액이 남아있는 내국법인이 해산하는 경우에는 다음에 따른다. ① 합병 또는 분할에 따라 해산하는 경우: 합병법인 또는 분할신설법인(분할합병의 상대방 법인을 포함)이 남아 있는 과다 납부한 세액을 승계하여 세액공제한다. ② ① 외의 방법에 따라 해산하는 경우: 납세지 관할 세무서장 또는 관할 지방국세청장은 남아 있는 과다 납부한 세액에서 청산소득에 대한 법인세 납부세액을 빼고 남은 금액을 즉시 환급하여야 한다.
일반 경정청구와 중복	동일한 사업연도에 경정청구의 사유 외에 다른 경정청구의 사유가 있는 경우 사실과 다른 회계처리로 인한 과다납부세액은 다음의 산식에 따라 계산한다. $$\text{과다납부한 세액} \times \frac{\text{사실과 다른 회계처리로 인하여 과다계상한 과세표준}}{\text{과다계상한 과세표준의 합계액}}$$

제10장 납세절차

01 신고와 납부

신고기한	납세의무가 있는 내국법인은 각 사업연도의 종료일이 속하는 달의 말일부터 3개월(내국법인이 성실신고확인서를 제출하는 경우 4개월) 이내에 그 사업연도의 소득에 대한 법인세의 과세표준과 세액을 납세지 관할 세무서장에게 신고하여야 한다. 내국법인으로서 각 사업연도의 소득금액이 없거나 결손금이 있는 법인의 경우에도 신고하여야 한다. 📋 **외부감사 미종결로 인한 신고기한 연장** 1. 주식회사 등의 외부감사에 관한 법률에 따라 감사인에 의한 감사를 받아야 하는 내국법인이 해당 사업연도의 감사가 종결되지 아니하여 결산이 확정되지 아니하였다는 사유로 신고기한의 연장을 신청한 경우에는 그 신고기한을 1개월의 범위에서 연장할 수 있다. 2. 신고기한이 연장된 내국법인이 세액을 납부할 때에는 기한 연장일수에 국세환급가산금 이자율을 적용하여 계산한 금액을 가산하여 납부하여야 한다. 이 경우 기한 연장일수는 신고기한의 다음 날부터 신고 및 납부가 이루어진 날(연장기한까지 신고납부가 이루어진 경우만 해당한다) 또는 연장된 날까지의 일수로 한다.

필수적 첨부서류	**대상** 재무상태표, 포괄손익계산서, 이익잉여금처분계산서, 세액조정계산서	**미제출 시 불이익** 무신고가산세

※ 외부세무조정 대상법인이 외부조정계산서를 첨부하지 않은 경우도 무신고가산세 부과

납부기한	법인세 신고기한까지 납부하여야 한다.
분납	내국법인이 납부할 세액이 1천만원을 초과하는 경우에는 납부할 세액의 일부를 다음의 금액 범위에서 납부기한이 지난 날부터 1개월(중소기업 2개월) 이내에 분납할 수 있다. | 납부할 세액 | 분납할 수 있는 세액 | |---|---| | 2,000만원 이하 | 1,000만원을 초과하는 금액 | | 2,000만원 초과 | 납부할 세액의 50% 이하의 금액 | ※ 가산세와 감면분 추가납부세액은 분납대상세액에 포함하지 아니함

02 성실신고확인제도

대상법인	다음 중 어느 하나에 해당하는 내국법인을 말한다. 단, 주식회사 등의 외부감사에 관한 법률에 따라 감사인에 의한 감사를 받은 내국법인은 이를 제출하지 아니할 수 있다. ① 부동산임대업을 주된 사업으로 하는 등 요건에 해당하는 내국법인 ② 소득세법의 성실신고확인대상사업자가 사업용 자산을 현물출자 및 사업양수도 등의 방법으로 내국법인으로 전환한 경우(사업연도 종료일 현재 법인으로 전환한 후 3년 이내로 한정함)

대상법인	③ ②에 따라 전환한 내국법인이 그 전환에 따라 경영하던 사업을 ②에서 정하는 방법으로 인수한 다른 내국법인(전환일부터 3년 이내인 경우로서 그 다른 내국법인의 사업연도 종료일 현재 인수한 사업을 계속 경영하고 있는 경우로 한정함)
성실신고 확인서 제출	성실신고확인대상 내국법인은 성실한 납세를 위하여 법인세의 과세표준과 세액을 신고할 때 신고서 등 서류에 더하여 비치·기록된 장부와 증명서류에 의하여 계산한 과세표준금액의 적정성을 세무사 등이 확인하고 작성한 확인서를 납세지 관할 세무서장에게 제출하여야 한다.
보정요구	납세지 관할 세무서장은 제출된 성실신고확인서에 미비한 사항 또는 오류가 있을 때에는 보정할 것을 요구할 수 있다.

혜택	신고기한 1개월 연장	성실신고확인대상 내국법인이 성실신고확인서를 제출하는 경우 각 사업연도 종료일이 속한 달의 말일부터 4개월 이내 신고하여야 한다.
	확인비용 세액공제	성실신고확인대상법인이 성실신고확인서를 제출하는 경우 성실신고 확인에 직접 사용한 비용의 60%에 해당하는 금액을 해당 사업연도의 법인세에서 공제하되, 그 한도는 150만원으로 한다.
불이익	가산세	성실신고 확인대상인 내국법인이 성실신고확인서를 제출하지 아니한 경우에는 법인세 산출세액(토지 등 양도소득에 대한 법인세액 및 투자·상생협력 촉진을 위한 과세특례를 적용하여 계산한 법인세액은 제외)의 5%와 수입금액의 0.02% 중 큰 금액을 가산세로 해당 사업연도의 법인세액에 더하여 납부하여야 한다. 이 경우 경정으로 산출세액이 0보다 크게 된 경우에는 경정된 산출세액을 기준으로 가산세를 계산하며, 산출세액이 없는 경우에도 가산세를 적용한다.
	비정기 세무조사	성실신고확인서를 제출하지 아니한 경우 정기선정에 의한 조사 외의 세무조사를 할 수 있다.

03 중간예납

대상 법인	사업연도의 기간이 6개월을 초과하는 내국법인은 각 사업연도(합병이나 분할에 의하지 아니하고 새로 설립된 법인의 최초 사업연도는 제외) 중 중간예납기간에 대한 중간예납세액을 납부할 의무가 있다. 다만, 다음의 어느 하나에 해당하는 법인은 중간예납세액을 납부할 의무가 없다. ① 고등교육법에 따른 사립학교를 경영하는 학교법인, 국립대학법인 서울대학교, 국립대학법인 인천대학교, 산학협력단, 초·중등교육법에 따른 사립학교를 경영하는 학교법인 ② 직전 사업연도의 중소기업으로서 직전 사업연도 산출세액을 기준으로 계산한 금액이 50만원 미만인 내국법인 ③ 청산법인(청산기간 중에 해산 전의 사업을 계속하여 영위하는 경우로서 해당사업에서 사업수입금액이 발생하는 경우는 제외) ④ 관할 세무서장이 중간예납기간 중 휴업 등의 사유로 사업수입금액이 없는 것으로 확인한 휴업법인 ⑤ 국내 사업장이 없는 외국법인
중간예납 납부	내국법인은 중간예납기간이 지난 날부터 2개월 이내에 중간예납세액을 납세지 관할 세무서 등에 납부하여야 한다. 이 경우 납부할 중간예납세액이 1천만원을 초과하는 경우에는 분납규정을 준용하여 분납할 수 있다. → 무신고가산세는 없으나, 납부지연가산세는 부과함

중간 예납세액 계산	① 다음의 ㉠과 ㉡ 방법을 선택하여 계산한다. 다만, 직전 사업연도 종료일 현재 독점규제 및 공정거래에 관한 법률에 따른 공시대상기업집단에 속하는 내국법인(업종별 매출액 등을 고려하여 중소기업은 제외)은 ㉡의 방법에 따라 중간예납세액을 계산한다. ㉠ 직전 사업연도의 산출세액을 기준으로 하는 방법 중간예납세액 = (ⓐ - ⓑ - ⓒ - ⓓ) × 6/직전 사업연도 개월 수 ⓐ 직전 사업연도에 대한 법인세로서 확정된 산출세액(가산세를 포함하고, 토지 등 양도소득에 대한 법인세액 및 투자·상생협력 촉진을 위한 과세특례를 적용하여 계산한 법인세액은 제외) ⓑ 직전 사업연도에 감면된 법인세액(소득에서 공제되는 금액은 제외) ⓒ 직전 사업연도에 법인세로서 납부한 원천징수세액 ⓓ 직전 사업연도에 법인세로서 납부한 수시부과세액 ※ 중간예납세액은 고려하지 아니한다. ㉡ 해당 중간예납기간의 법인세액을 기준으로 하는 방법 $[(\text{중간예납기간의 과세표준} \times \frac{12}{6}) \times \text{세율}] \times \frac{6}{12} - (\text{중간예납기간의 감면세액}\\ \text{중간예납기간의 원천징수세액}\\ \text{중간예납기간의 수시부과세액})$ ② 구체적 계산방법 | 준비금(충당금) | 준비금 손금산입은 결산에 반영한 경우에 한하여 손금산입한다. 단, 조세특례제한법에 의한 준비금은 신고조정에 의하여 손금에 산입할 수 있다. | | 감가상각비 | 감가상각비는 해당 중간예납기간의 아래 상각범위액을 한도로 결산에 반영한 경우 손금에 산입한다. 상각범위액 = 자산가액 × 정상상각률 × 6/12 | | 이월결손금 | 중간예납기간 개시일 전 15년(2019. 12. 31. 이전 사업연도에서 발생한 결손금은 10년) 이내에 개시한 사업연도에서 발생한 결손금으로서 중간예납기간을 1사업연도로 보기 때문에 전액을 중간예납기간의 소득금액에서 차감한다. | | 최저한세 적용 | 각종 준비금·특별상각·소득공제·세액공제 및 감면 등에 대하여 중간예납세액을 계산할 때 최저한세를 적용한다. |
중간 예납세액 선택 불가	① 중간예납의 납부기한까지 중간예납세액을 납부하지 아니한 경우(아래에 해당하는 경우는 제외): 직전 사업연도의 산출세액을 기준으로 하는 방법 ② 다음에 해당하는 경우: 해당 중간예납기간의 법인세액을 기준으로 하는 방법 ㉠ 직전 사업연도의 법인세로서 확정된 산출세액(가산세는 제외)이 없는 경우(유동화전문회사 등 법인 또는 프로젝트금융회사의 경우는 제외) ㉡ 해당 중간예납기간 만료일까지 직전 사업연도의 법인세액이 확정되지 아니한 법인 ㉢ 분할신설법인 또는 분할합병의 상대방 법인의 분할 후 최초의 사업연도

04 원천징수

원천징수 대상

내국법인(금융회사 등의 대통령령으로 정하는 소득은 제외)에 다음의 금액을 지급하는 자는 그 지급하는 금액에 원천징수세율을 적용하여 계산한 법인세(1천원 이상인 경우만 해당한다)를 원천징수하여 그 징수일이 속하는 달의 다음 달 10일까지 납세지 관할 세무서 등에 납부하여야 한다.

원천징수대상소득		원천징수세율
이자소득금액	비영업대금의 이익	25%(14%[*])
	위 외 이자소득	14%
집합투자기구로부터의 이익 중 투자신탁의 이익		14%

[*] 금융위원회에 등록한 온라인투자연계금융업자를 통하여 지급받는 이자소득

배제대상

① 법인세 부과되지 않거나 면제되는 소득
② 신고한 과세표준에 이미 산입된 미지급소득
③ 원천징수 대상소득금액이 자본시장과 금융투자업에 관한 법률에 따른 투자신탁재산에 귀속되는 시점에는 해당 소득금액이 지급되지 아니한 것으로 보아 원천징수하지 아니한다.

반기별 납부

직전연도(신규로 사업을 개시한 사업자의 경우 신청일이 속하는 반기)의 상시 고용인원이 20인 이하인 원천징수의무자(금융보험업을 영위하는 법인을 제외)로서 원천징수 관할 세무서장으로부터 원천징수세액을 반기별로 납부할 수 있도록 승인을 얻거나 국세청장이 정하는 바에 따라 지정을 받은 자는 그 징수일이 속하는 반기의 마지막 달의 다음 달 10일까지 납부할 수 있다.

05 수시부과

의의

납세지 관할 세무서장 또는 관할 지방국세청장은 내국법인이 그 사업연도 중에 수시부과사유로 법인세를 포탈할 우려가 있다고 인정되는 경우에는 수시로 그 법인에 대한 법인세를 부과할 수 있다. 이 경우에도 각 사업연도의 소득에 대하여 법인세 신고를 하여야 한다(수시부과세액은 기납부세액으로 공제).

수시부과 사유

다음의 어느 하나에 해당하는 경우를 말한다.
① 신고를 하지 아니하고 본점 등을 이전한 경우
② 사업부진 기타의 사유로 인하여 휴업 또는 폐업상태에 있는 경우
③ 기타 조세를 포탈할 우려가 있다고 인정되는 상당한 이유가 있는 경우
④ 법인이 주한 국제연합군 또는 외국기관으로부터 사업수입금액을 외국환은행을 통하여 외환증서 또는 원화로 영수할 때

06 법인세의 결정 또는 경정

의의	결정	납세지 관할 세무서장 또는 관할 지방국세청장은 내국법인이 신고를 하지 아니한 경우에는 그 법인의 각 사업연도의 소득에 대한 법인세의 과세표준과 세액을 결정한다. 결정은 신고기한부터 1년 내에 완료해야 한다. 다만, 국세청장이 조사기간을 따로 정하거나 부득이한 사유로 인하여 국세청장의 승인을 받은 경우에는 그러하지 아니하다.
	경정	납세지 관할 세무서장 또는 관할 지방국세청장은 법인세 신고를 한 내국법인이 다음의 어느 하나에 해당하는 경우에는 그 법인의 각 사업연도의 소득에 대한 법인세의 과세표준과 세액을 경정한다. ① 신고 내용에 오류 또는 누락이 있는 경우 ② 지급명세서, 매출·매입처별 계산서합계표의 전부 또는 일부를 제출하지 아니한 경우 ③ 시설 규모나 영업 현황으로 보아 신고 내용이 불성실하다고 판단되는 경우
	재경정	납세지 관할 세무서장 또는 관할 지방국세청장은 법인세의 과세표준과 세액을 결정 또는 경정한 후 그 결정 또는 경정에 오류나 누락이 있는 것을 발견한 경우에는 즉시 이를 다시 경정한다.
방법	실지 조사	납세지 관할 세무서장 또는 관할 지방국세청장은 법인세의 과세표준과 세액을 결정 또는 경정하는 경우에는 장부나 그 밖의 증명서류를 근거로 하여야 한다.
	추계 조사	다음과 같은 사유로 장부나 그 밖의 증명서류에 의하여 소득금액을 계산할 수 없는 경우에는 추계할 수 있다. ① 소득금액을 계산할 때 필요한 장부 또는 증명서류가 없거나 중요한 부분이 미비 또는 허위인 경우 ② 기장의 내용이 시설규모, 종업원 수, 원자재·상품·제품 또는 각종 요금의 시가 등에 비추어 허위임이 명백한 경우 ③ 기장의 내용이 원자재사용량·전력사용량 기타 조업상황에 비추어 허위임이 명백한 경우

제11장 합병 및 분할특례

01 합병에 관한 특례

1. 개요

의의	합병이란 두 개 이상의 회사가 상법의 절차에 따라 청산절차 없이 합쳐지면서 최소한 한 개 이상 회사의 법인격을 소멸시키되, 합병 이후에 존속하는 회사(존속회사) 또는 합병으로 인해 신설되는 회사(신설회사)가 소멸하는 회사의 권리·의무를 포괄적으로 승계하고 그의 사원(또는 주주)을 수용하는 회사법상의 법률사실을 말한다.
합병의 종류	
합병에 대한 이론	① 인격합일설: 합병이란 복수의 회사가 단체법상의 계약에 의하여 단일회사가 되는 것으로서 피합병법인의 인격이 그대로 합병회사에 승계되며, 그 결과 피합병법인의 자산, 부채·자본이 그대로 합병법인에 승계된다. 따라서 자산과 부채를 피합병법인의 장부가액대로 승계하여야 하며, 영업권과 (-)영업권이 발생되지 않는다. ② 현물출자설: 피합병법인의 영업 전부를 합병법인에 현물출자하고 그 대가로서 합병회사의 주식을 교부받는 것으로 본다. 따라서 자산과 부채를 시가로 승계하여야 하며, 영업권 또는 (-)영업권이 발생할 수 있다. 또한 순자산의 시가와 자본금의 차액은 납입자본금의 일종인 주식발행초과금으로 본다.
합병의 과세체계 (44-0-2)	**피합병법인** · 양도손익에 대한 법인세 과세 [합병법인으로부터 받는 양도가액 - 피합병법인의 순자산 장부가액] *적격합병요건 충족 시 양도가액을 장부가액으로 본다. 자산·부채 승계 → ← 합병대가 **합병법인** [비적격합병인 경우] · 합병매수차손익 계상 및 상각 [피합병법인 순자산시가 - 피합병법인에게 지급한 양도가액] ㉠ 양도가액 < 순자산시가 : 합병매수차익으로 계상 후 5년간 균등 익금산입 ㉡ 양도가액 > 순자산시가 : 합병매수차손으로 계상 후 5년간 균등 손금산입 [적격합병인 경우] · 자산조정계정 계상 및 상각 · 피합병법인의 자산을 시가로 계상하고 피합병법인의 장부가액의 차액을 자산조정계정으로 계상 ㉠ 차액 > 0: 익금산입 ㉡ 차액 < 0: 손금산입 · 자산조정계정은 이후 감가상각비와 상계하거나 가산, 처분 시 잔액은 익금 또는 손금 산입 구주식 ↕ 합병대가 **피합병법인 주주** · 합병대가에 대한 의제배당 [합병대가 - 피합병법인 주식의 취득가액] *적격합병요건 충족 시 합병대가는 피합병법인의 주식의 장부가액으로 본다.

2. 비적격합병 시 과세문제
(1) 피합병법인의 양도손익

의의	피합병법인이 합병으로 해산하는 경우에는 그 법인의 자산을 합병법인에 양도한 것으로 본다. 이 경우 그 양도에 따라 발생하는 양도손익은 피합병법인이 합병등기일이 속하는 사업연도의 소득금액을 계산할 때 익금 또는 손금에 산입한다. 양도손익 = 피합병법인이 합병법인으로부터 받은 양도가액 - 순자산 장부가액
양도가액	① 합병대가: 합병으로 인하여 피합병법인의 주주 등이 지급받는 합병법인 또는 합병법인의 모회사의 주식 등의 가액 및 금전이나 그 밖의 재산가액의 합계액. 단, 합병법인이 합병등기일 전 취득한 피합병법인의 주식 등(이하 "합병포합주식 등")이 있는 경우에는 그 합병포합주식 등에 대하여 합병교부주식 등을 교부하지 아니하더라도 그 지분비율에 따라 합병교부주식 등을 교부한 것으로 보아 합병교부주식 등의 가액을 계산한다. ∵ 합병 전에 미리 피합병법인의 주식을 인수하고 합병 시 해당 주식에 대해 합병대가를 지급하지 않는 경우 피합병법인에게 지급할 양도대가가 과소하게 산정되어 세부담 회피할 수 있음 ② 법인세 대납액: 합병법인이 납부하는 피합병법인의 법인세 및 그 법인세(감면세액 포함)에 부과되는 국세와 법인지방소득세의 합계액
순자산 장부가액	① 세무상 순자산 장부가액: 피합병법인의 합병등기일 현재의 자산의 장부가액 총액에서 부채의 장부가액 총액을 뺀 가액 → 세무상 장부가액은 유보(△유보)를 반영해서 계산하되, 합병법인이 승계하는 피합병법인의 퇴직급여충당금과 대손충당금과 관련된 유보는 고려하지 아니함 ② 이 경우 순자산 장부가액을 계산할 때 국세기본법에 따라 환급되는 법인세액이 있는 경우에는 이에 상당하는 금액을 피합병법인의 합병등기일 현재의 순자산 장부가액에 더한다.

(2) 피합병법인의 주주에 대한 의제배당

의의	피합병법인의 주주 등인 내국법인이 취득하는 합병대가가 그 피합병법인의 주식 등을 취득하기 위하여 사용한 금액을 초과하는 금액은 다른 법인으로부터 이익을 배당받았거나 잉여금을 분배받은 금액으로 본다. ∵ 주식을 처분하고 현금으로 받은 것과 동일하며, 합병시점에 미실현이익이 실현된 것으로 보아 배당으로 의제함 합병 시 의제배당 = 합병대가 - 종전 주식의 장부가액
합병대가	① 합병대가란 합병법인으로부터 합병으로 인하여 취득하는 합병법인(합병등기일 현재 합병법인의 발행주식총수 또는 출자총액을 소유하고 있는 내국법인을 포함)의 주식 등의 가액과 금전 또는 그 밖의 재산가액의 합계액을 말한다. 이 경우 주식의 가액 등은 취득 당시 시가로 계산하며, 불공정합병의 경우로서 특수관계인으로부터 분여받은 이익이 있는 경우 이중과세되므로 그 금액은 주식의 시가에서 차감한다. ② 합병대가에는 다음의 금액이 포함되지 않는다. ㉠ 합병포합주식 등의 합병교부주식 등 가액 ㉡ 합병법인이 납부하는 피합병법인의 법인세 및 법인지방소득세 등
종전 주식가액	주식을 취득하기 위하여 실제 소요된 금액을 말한다. 단, 의제배당으로 과세되는 무상주는 액면가액(또는 발행가액)이며, 의제배당으로 과세되지 않은 무상주는 '0'이다.

(3) 합병법인의 과세문제

승계한 자산가액	합병법인이 비적격합병으로 피합병법인의 자산을 승계한 경우에는 그 자산을 피합병법인으로부터 합병등기일 현재의 시가로 양도받은 것으로 본다.
합병 매수차익	합병법인은 피합병법인의 자산을 시가로 양도받은 것으로 보는 경우로서 피합병법인에 지급한 양도가액이 피합병법인의 합병등기일 현재의 자산총액에서 부채총액을 뺀 금액(이하 "순자산시가")보다 적은 경우에는 그 차액을 합병등기일부터 5년간 균등하게 나누어 익금에 산입한다. ∵ 원활한 합병을 지원하기 위해 합병매수차익을 5년간 나누어서 과세함 $$\text{합병매수차익 중 익금에 산입할 금액} = \text{합병매수차익} \times \frac{\text{해당 사업연도 월수}}{60\text{개월}}$$ (*) 월수는 역에 따라 계산하되 1월 미만의 일수는 1월로 하고, 합병등기일이 속한 월을 1월로 계산한 경우 합병등기일부터 5년이 되는 날이 속한 월은 계산에서 제외한다.
합병 매수차손	합병법인이 피합병법인의 자산을 시가로 양도받은 것으로 보는 경우로서 피합병법인에 지급한 양도가액이 합병등기일 현재의 순자산시가를 초과하는 경우 그 차액을 다음과 같이 처리한다. ① 합병법인이 피합병법인의 상호·거래관계, 그 밖의 영업상의 비밀 등에 대하여 사업상 가치가 있다고 보아 대가를 지급한 경우: 합병매수차손을 세무조정계산서에 계상하고 합병등기일부터 5년간 균등하게 나누어 손금에 산입한다. ∵ 합병법인이 합병매수차손을 일시에 계상할 경우 조세회피와 같은 부작용이 발생하여, 이를 최소화하기 위한 것임 $$\text{합병매수차손 중 손금에 산입할 금액} = \text{합병매수차손} \times \frac{\text{해당 사업연도 월수}}{60\text{개월}}$$ ② ① 외의 경우: 합병매수차손을 손금으로 인정하지 아니한다. 따라서 회사가 기업회계기준에 따라 계상한 영업권을 손금산입(△유보)하는 한편 손금불산입(기타)하고, 그 후 영업권을 상각하면 손금불산입(유보)한다.
기타사항	① 합병법인이 피합병법인의 퇴직급여충당금 또는 대손충당금을 승계한 경우에는 그와 관련된 세무조정사항을 승계하고 그 밖의 세무조정사항은 모두 승계하지 아니한다. ② 합병법인은 피합병법인의 이월결손금, 세액감면 및 세액공제를 승계하지 아니한다.

3. 적격합병 시 과세문제
(1) 적격합병요건

사업 목적성	합병등기일 현재 1년 이상 사업을 계속하던 내국법인 간의 합병일 것. 다만, 다른 법인과 합병하는 것을 유일한 목적으로 하는 기업인수목적회사(SPAC)로서 일정한 요건을 모두 갖춘 법인의 경우는 본문의 요건을 갖춘 것으로 본다.
지분의 연속성	① 요건: 피합병법인의 주주 등이 합병으로 인하여 받은 합병대가의 총합계액 중 합병법인의 주식 등의 가액이 80% 이상이거나 합병법인의 모회사(합병등기일 현재 합병법인의 발행주식총수 또는 출자총액을 소유하고 있는 내국법인)의 주식 등의 가액이 80% 이상인 경우로서 그 주식 등을 배정할 때 피합병법인의 지배주주 등에게는 다음 계산식에 따른 가액 이상의 주식 등을 배정하고, 피합병법인의 그 지배주주 등은 합병등기일이 속하는 사업연도의 종료일까지 그 주식 등을 보유할 것 피합병법인의 지배주주 등에게 배정하는 주식 = 피합병법인의 주주 등이 받은 합병교부주식가액 × 지배주주 등의 피합병법인에 대한 지분비율 ② 합병대가의 총합계액 　㉠ 합병법인이 지급하는 합병교부주식가액, 금전이나 그 밖의 재산가액의 합계액 　㉡ 합병포합주식 등에 대해 합병교부주식 등을 교부하지 않더라도 그 지분비율에 따라 교부한 것으로 보아 계산한 가액 ③ 합병포합주식 등이 있는 경우: 합병대가 중 주식가액이 80% 이상인지 판정할 때 합병법인이 합병등기일 전 2년 내에 취득한 합병포합주식 등이 있는 경우에는 다음의 금액을 금전으로 교부한 것으로 본다. | 합병법인이 합병등기일 현재 피합병법인의 지배주주 등이 아닌 경우	합병법인이 합병등기일 전 2년 이내에 취득한 합병포합주식 등이 피합병법인의 발행주식총수의 20%를 초과하는 경우 그 초과하는 합병포합주식 등에 대하여 교부한 합병교부주식 등(합병교부주식 등을 교부한 것으로 보는 경우 그 주식 등을 포함)의 가액
합병법인이 합병등기일 현재 피합병법인의 지배주주 등인 경우	합병등기일 전 2년 이내에 취득한 합병포합주식 등에 대하여 교부한 합병교부주식 등(합병교부주식 등을 교부한 것으로 보는 경우 그 주식 등을 포함)의 가액	
사업의 계속성	합병법인이 합병등기일이 속하는 사업연도의 종료일까지 피합병법인으로부터 승계받은 사업을 계속할 것. 다만, 피합병법인이 다른 법인과 합병하는 것을 유일한 목적으로 하는 기업인수목적회사로서 일정한 법인인 경우에는 본문의 요건을 갖춘 것으로 본다.
고용승계	합병등기일 1개월 전 당시 피합병법인에 종사하는 근로자 중 합병법인이 승계한 근로자의 비율이 80% 이상이고, 합병등기일이 속하는 사업연도의 종료일까지 그 비율을 유지할 것. 다만, 다음 중 어느 하나에 해당하는 근로자는 피합병법인에 종사하는 근로자에서 제외한다. ① 임원 ② 합병등기일이 속하는 사업연도의 종료일 이전에 고용상 연령차별금지 및 고령자고용촉진에 관한 법률 제19조에 따른 정년이 도래하여 퇴직이 예정된 근로자 ③ 합병등기일이 속하는 사업연도의 종료일 이전에 사망한 근로자 또는 질병·부상 등 기획재정부령으로 정하는 사유로 퇴직한 근로자 ④ 소득세법에 따른 일용근로자

고용승계	⑤ 근로계약기간이 6개월 미만인 근로자. 다만, 근로계약의 연속된 갱신으로 인하여 합병등기일 1개월 전 당시 그 근로계약의 총 기간이 1년 이상인 근로자는 제외한다. ⑥ 금고 이상의 형을 선고받는 등 기획재정부령으로 정하는 근로자의 중대한 귀책사유로 퇴직한 근로자

> **지분의 연속성 예외**

다음의 부득이한 사유가 있는 경우에는 지분의 연속성 요건을 갖추지 못한 경우에도 적격합병에 따른 과세특례를 적용받을 수 있다.

1. 피합병법인의 일정 지배주주 등이 합병으로 교부받은 전체주식 등의 50% 미만을 처분한 경우. 이 경우 해당 주주 등이 합병으로 교부받은 주식 등을 서로 간에 처분하는 것은 해당 주주 등이 그 주식 등을 처분한 것으로 보지 않고, 해당 주주 등이 합병법인 주식 등을 처분하는 경우에는 합병법인이 선택한 주식 등을 처분하는 것으로 본다.
2. 피합병법인의 일정 지배주주 등이 사망하거나 파산하여 주식 등을 처분한 경우
3. 피합병법인의 일정 지배주주 등이 적격합병·적격분할·적격물적분할 또는 적격현물출자에 따라 주식 등을 처분한 경우
4. 피합병법인의 일정 지배주주 등이 조세특례제한법 제38조·제38조의 2 또는 제121조의 30에 따라 주식 등을 현물출자 또는 교환·이전하고 과세이연받으면서 주식 등을 처분한 경우
5. 피합병법인의 일정 지배주주 등이 채무자 회생 및 파산에 관한 법률에 따른 회생절차에 따라 법원의 허가를 받아 주식 등을 처분하는 경우
6. 피합병법인의 일정 지배주주 등이 기업개선계획의 이행을 위한 약정 또는 기업개선계획의 이행을 위한 특별약정에 따라 주식 등을 처분하는 경우
7. 피합병법인의 일정 지배주주 등이 법령상 의무를 이행하기 위하여 주식 등을 처분하는 경우

(2) 피합병법인

의의	적격합병의 경우 피합병법인이 합병법인으로부터 받은 양도가액을 피합병법인의 합병등기일 현재의 순자산 장부가액으로 보아 양도손익이 없는 것으로 할 수 있다. ∵ 형식적인 조직개편에 불과하여 과세이연하는 제도 양도손익 = 양도가액(순자산 장부가액) - 순자산 장부가액
양도손익을 '0'으로 보는 특례	다음 중 어느 하나에 해당하는 경우에는 적격합병 요건을 충족하지 못하였더라도 적격합병으로 보아 양도손익이 없는 것으로 할 수 있다. ∵ 완전모회사와 완전자회사는 별개의 법인이지만 실질적으로는 경제적 동일체인 점 ① 내국법인이 발행주식총수 또는 출자총액을 소유하고 있는 다른 법인을 합병하거나 그 다른 법인에 합병되는 경우 ② 동일한 내국법인이 발행주식총수 또는 출자총액을 소유하고 있는 서로 다른 법인 간에 합병하는 경우

(3) 피합병법인의 주주에 대한 의제배당

의의	적격합병 요건 중 ① + ② 충족 시 피합병법인의 주주가 취득한 재산 중 주식은 종전의 주식 장부가액으로 평가하며, 의제배당은 다음과 같이 계산한다. ∵ 과세이연요건을 갖춘 합병의 경우 피합병법인의 주식이 합병법인의 주식으로 교체되는 것에 불과하므로 의제배당으로 과세되지 않고 추후 처분 시 과세함 ① 합병대가로 주식만 받은 경우 　　　　의제배당 = 합병대가(종전 주식의 장부가액) - 종전 주식의 장부가액 ② 합병대가로 주식, 기타재산 및 교부금을 받은 경우 　　　　의제배당 = 합병대가[Min(종전 주식의 장부가액, 교부받은 주식의 시가) + 　　　　　　　　기타재산의 시가 + 교부금] - 종전 주식의 장부가액 ∵ 교부받은 주식의 시가가 종전 주식의 가액보다 낮은 경우 실제 실현된 이익보다 크게 과세되는 문제가 발생하므로

과세이연 요건	구분	피합병법인과 합병법인	피합병법인의 주주
	① 사업목적의 합병	O	O
	② 지분의 연속성	O	O(주식보유 요건 불필요)
	③ 사업의 계속성	O	-
	④ 고용 유지 요건	O	-

(4) 합병법인의 과세문제

승계한 자산가액	적격합병을 한 합병법인은 피합병법인의 자산을 장부가액으로 양도받은 것으로 한다. 이 경우 장부가액과 시가와의 차액(자산조정계정)을 자산별로 계상하여야 한다. ∵ 형식적인 조직개편에 불과한 적격합병을 지원하기 위해 과세를 이연함
자산조정계정	① 합병법인은 피합병법인의 자산을 장부가액으로 양도받은 것으로 보는 경우 양도받은 자산 및 부채의 가액을 합병등기일 현재의 시가(∵ 기업회계기준과 동일하게 처리하기 위함)로 계상하되, 시가에서 피합병법인의 장부가액을 뺀 금액이 0보다 큰 경우에는 그 차액을 익금에 산입(∵ 합병으로 소득이 과세되지 않기 위함)하고 이에 상당하는 금액을 자산조정계정으로 손금에 산입(∵ 피합병법인의 장부가액으로 수정하기 위함)하여, △유보로 처분하고, 0보다 작은 경우에는 시가와 장부가액의 차액을 손금에 산입하고 이에 상당하는 금액을 자산조정계정으로 익금에 산입하여 유보로 처분한다. 　양도받은 자산·부채 시가 - 피합병법인의 장부가액　┌ (+) 자산조정계정: 손금산입(△유보) 　　　　　　　　　　　　　　　　　　　　　　　　└ (-) 자산조정계정: 익금산입(유보) ② 장부가액은 세무상 장부가액을 말한다. 단, 세무조정사항이 있는 경우에는 합병법인이 세무조정사항을 승계하므로 그 세무조정사항 중 익금불산입액은 더하고 손금불산입액은 뺀 가액으로 한다.

자산 조정계정 추인	① 감가상각자산에 설정된 자산조정계정: 자산조정계정으로 손금에 산입한 경우에는 해당 자산의 감가상각비(해당 자산조정계정에 상당하는 부분에 대한 것만 해당한다)와 상계하고, 자산조정계정으로 익금에 산입한 경우에는 감가상각비에 가산한다. 이 경우 해당 자산을 처분하는 경우에는 상계 또는 더하고 남은 금액을 그 처분하는 사업연도에 전액 익금 또는 손금에 산입한다. ② ① 외의 자산에 설정된 자산조정계정: 해당 자산을 처분하는 사업연도에 전액 익금 또는 손금에 산입. 다만, 자기주식을 소각하는 경우에는 익금 또는 손금에 산입하지 아니하고 소멸한다.
기타사항	적격합병을 한 합병법인은 피합병법인의 합병등기일 현재의 이월결손금과 피합병법인이 각 사업연도의 소득금액 및 과세표준을 계산할 때 익금 또는 손금에 산입하거나 산입하지 아니한 세무조정사항, 그 밖의 자산·부채 및 감면·세액공제 등을 승계한다.

적격합병으로 취득한 자산의 감가상각

감가상각 기초가액	적격합병, 적격분할, 적격물적분할 또는 적격현물출자에 의하여 취득한 자산의 상각범위액을 정할 때 취득가액은 적격합병 등에 의하여 자산 양도법인의 취득가액으로 하고, 미상각잔액은 양도법인의 양도 당시의 장부가액에서 적격합병 등에 의하여 자산양수법인이 이미 감가상각비로 손금에 산입한 금액을 공제한 잔액으로 한다.
상각범위액	해당 자산의 상각범위액은 다음 중 어느 하나에 해당하는 방법으로 정할 수 있다. 이 경우 선택한 방법은 그 후 사업연도에도 계속 적용한다. ① 양도법인의 상각범위액을 승계하는 방법. 이 경우 상각범위액은 양도법인이 적용하던 상각방법 및 내용연수에 의하여 계산한 금액으로 한다. ② 양수법인의 상각범위액을 적용하는 방법. 이 경우 상각범위액은 양수법인이 적용하던 상각방법 및 내용연수에 의하여 계산한 금액으로 한다.

(5) 적격합병에서의 이탈

의의	적격합병(경제적 동일한 회사 간의 합병으로서 적격합병으로 보는 경우는 제외)을 한 합병법인은 합병등기일이 속하는 사업연도의 다음 사업연도의 개시일부터 2년(고용승계요건은 3년) 이내에 다음 중 어느 하나에 해당하는 사유가 발생하는 경우에는 그 사유가 발생한 날이 속하는 사업연도의 소득금액을 계산할 때 양도받은 자산의 장부가액과 시가와의 차액(시가가 장부가액보다 큰 경우만 해당함), 승계받은 결손금 중 공제한 금액 등을 익금에 산입하고, 피합병법인으로부터 승계받아 공제한 감면·세액공제액 등을 해당 사업연도의 법인세에 더하여 납부한 후 해당 사업연도부터 감면 또는 세액공제를 적용하지 아니한다. 다만, 대통령령으로 정하는 부득이한 사유가 있는 경우에는 그러하지 아니하다. ① 합병법인이 피합병법인으로부터 승계받은 사업을 폐지하는 경우 ② 피합병법인의 주주 등이 합병법인으로부터 받은 주식 등을 처분하는 경우 ③ 각 사업연도 종료일 현재 합병법인에 종사하는 근로기준법에 따라 근로계약을 체결한 내국인 근로자 수가 합병등기일 1개월 전 당시 피합병법인과 합병법인에 각각 종사하는 근로자 수의 합의 80% 미만으로 하락하는 경우

	① 자산조정계정과 이월결손금의 익금산입: 합병법인이 적격합병 이탈사유에 해당하는 경우에는 자산조정계정 잔액의 총합계액(총합계액이 0보다 큰 경우에 한정하며, 총합계액이 0보다 작은 경우에는 없는 것으로 봄)과 피합병법인으로부터 승계받은 결손금 중 공제한 금액 전액을 익금에 산입한다. 이 경우 계상된 자산조정계정은 소멸하는 것으로 한다. ② 합병매수차익 또는 합병매수차손의 처리: 자산조정계정 잔액의 총합계액을 익금에 산입한 경우 합병매수차익 또는 합병매수차손에 상당하는 금액은 다음의 구분에 따라 처리한다. ㉠ 합병 당시 합병법인이 피합병법인에 지급한 양도가액이 피합병법인의 합병등기일 현재의 순자산시가에 미달하는 경우: 합병매수차익에 상당하는 금액을 적격합병 이탈 사유가 발생한 날이 속하는 사업연도에 손금에 산입하고, 그 금액에 상당하는 금액을 합병등기일부터 5년이 되는 날까지 다음의 구분에 따라 분할하여 익금에 산입한다.
적격합병 이탈 시 처리	<table><tr><th>구분</th><th>합병매수차익의 익금산입액</th></tr><tr><td>이탈사유가 발생한 사업연도</td><td>합병매수차익 × (합병등기일부터 해당 사업연도 종료일까지의 월수^(*)) / 60개월 (*) 월수는 역에 따라 계산하되 1월 미만의 일수는 1월</td></tr><tr><td>이탈 사업연도의 다음 사업연도 ~ 합병등기일 부터 5년이 되는 날이 속하는 사업연도</td><td>합병매수차익 × 해당 사업연도의 월수 / 60개월 합병등기일이 속하는 월의 일수가 1월 미만인 경우 합병등기일부터 5년이 되는 날이 속하는 월은 없는 것으로 한다.</td></tr></table> ㉡ 합병 당시 합병법인이 피합병법인에 지급한 양도가액이 피합병법인의 합병등기일 현재의 순자산시가를 초과한 경우: 합병매수차손에 상당하는 금액을 적격합병 이탈 사유가 발생한 날이 속하는 사업연도에 익금에 산입하되, 사업상 가치가 있다고 보아 대가를 지급한 경우에 한정하여 그 금액에 상당하는 금액을 합병등기일부터 5년이 되는 날까지 다음의 구분에 따라 분할하여 손금에 산입한다. <table><tr><th>구분</th><th>합병매수차익의 익금산입액</th></tr><tr><td>이탈사유가 발생한 사업연도</td><td>합병매수차익 × (합병등기일부터 해당 사업연도 종료일까지의 월수) / 60개월 (*) 월수는 역에 따라 계산하되 1월 미만의 일수는 1월</td></tr><tr><td>이탈 사업연도의 다음 사업연도 ~ 합병등기일 부터 5년이 되는 날이 속하는 사업연도</td><td>합병매수차손 × 해당 사업연도의 월수 / 60개월 합병등기일이 속하는 월의 일수가 1월 미만인 경우 합병등기일부터 5년이 되는 날이 속하는 월은 없는 것으로 한다.</td></tr></table>
	③ 승계한 세무조정사항의 추인: 합병법인이 적격합병 이탈사유가 발생한 경우에는 합병법인의 소득금액 및 과세표준을 계산할 때 승계한 세무조정사항 중 익금불산입액은 더하고 손금불산입액은 빼며, 피합병법인으로부터 승계하여 공제한 감면 또는 세액공제액 상당액을 해당 사유가 발생한 사업연도의 법인세에 더하여 납부하고, 해당 사유가 발생한 사업연도부터 적용하지 아니한다.

4. 합병차익의 자본전입에 따른 의제배당

(1) 개요

합병차익	합병차익은 자본거래에서 발생한 순자산증가액이므로 내국법인의 각 사업연도의 소득금액을 계산할 때 익금에 산입하지 아니한다. 합병차익이란 상법 제174조에 따른 합병의 경우로서 소멸된 회사로부터 승계한 재산의 가액이 그 회사로부터 승계한 채무액, 그 회사의 주주에게 지급한 금액과 합병 후 존속하는 회사의 자본금증가액 또는 합병에 따라 설립된 회사의 자본금을 초과한 경우의 그 초과금액을 말한다. 다만, 소멸된 회사로부터 승계한 재산가액이 그 회사로부터 승계한 채무액, 그 회사의 주주에게 지급한 금액과 주식가액을 초과하는 경우로서 법에서 익금으로 규정한 금액은 제외한다. 합병차익 = 승계한 재산가액 - (승계한 채무액 + 합병교부금 + 합병교부주식의 액면가액)
의의	합병법인이 합병 시 발생한 합병차익을 합병 이후 자본금에 전입하는 경우 동 금액이 합병법인의 주주 입장에서 의제배당에 해당하는지 여부를 판단하여야 한다.

(2) 적격합병

의의		적격합병을 한 경우 합병차익 중 과세대상 의제배당금액은 다음의 합계액(합병차익을 한도로 함)으로 계산한다.
	피합병법인의 장부가액을 초과하여 승계한 재산의 가액	합병등기일 현재 합병법인이 승계한 재산의 가액이 그 재산의 피합병법인 장부가액(세무조정사항이 있는 경우 그 세무조정사항 중 익금불산입액은 더하고 손금불산입액은 뺀 가액)을 초과하는 경우 그 초과하는 금액 ∵ 위 금액은 결국 상각·양도 시 법인세가 과세되므로 과세된 잉여금 성격
	피합병법인의 잉여금	① 피합병법인의 자본잉여금 중 의제배당대상 자본잉여금에 상당하는 금액 ② 피합병법인의 이익잉여금에 상당하는 금액 ∵ 합병 전 의제배당이 합병 후에도 동일하게 과세되기 위함
합병차익 전입순서	<table><tr><th>합병차익 구성</th><th>의제배당</th></tr><tr><td>① 합병차익 중 다음의 합계액(한도: 합병차익) 　㉠ 피합병법인의 장부가액을 초과하여 승계한 재산의 가액 　㉡ 피합병법인의 자본잉여금 중 의제배당대상 자본잉여금 　㉢ 피합병법인의 이익잉여금</td><td>O</td></tr><tr><td>② 합병차익 중 ① 외의 금액</td><td>X</td></tr></table>	
	합병차익의 일부를 자본 또는 출자에 전입하는 경우에는 의제배당에 해당하지 않는 금액을 먼저 전입하는 것으로 한다.	

5. 합병 시 이월결손금 등 공제 제한
(1) 이월결손금 공제

구분경리	다른 내국법인을 합병하는 법인은 다음의 구분에 따른 기간 동안 자산·부채 및 손익을 피합병법인으로부터 승계받은 사업에 속하는 것과 그 밖의 사업에 속하는 것을 각각 다른 회계로 구분하여 기록하여야 한다. 다만, 중소기업 간 또는 동일사업을 하는 법인 간에 합병하는 경우에는 회계를 구분하여 기록하지 아니할 수 있다. ① 합병등기일 현재 이월결손금이 있는 경우 또는 피합병법인의 이월결손금을 공제받으려는 경우: 그 결손금 또는 이월결손금을 공제받는 기간 ② 그 밖의 경우: 합병 후 5년간
합병법인 이월결손금	① 합병법인의 합병등기일 현재 이월결손금 중 적격합병에 따라 합병법인이 승계한 결손금을 제외한 금액은 합병법인의 각 사업연도의 과세표준을 계산할 때 피합병법인으로부터 승계받은 사업에서 발생한 소득금액의 범위에서는 공제하지 않는다. ② 중소기업 간 또는 동일사업을 하는 법인 간에 합병하는 경우로서 회계를 구분하여 기록하지 아니한 경우에는 그 소득금액을 합병등기일 현재 합병법인과 피합병법인의 사업용 자산가액 비율로 안분계산한 금액으로 한다. 이 경우 합병법인이 승계한 피합병법인의 사업용 자산가액은 승계결손금을 공제하는 각 사업연도의 종료일 현재 계속 보유(처분 후 대체하는 경우를 포함)·사용하는 자산에 한정하여 그 자산의 합병등기일 현재 가액에 따른다.
피합병법인의 이월결손금 승계	① 적격합병에 따라 합병법인이 승계한 피합병법인의 결손금은 피합병법인으로부터 승계받은 사업에서 발생한 소득금액의 범위에서 합병법인의 각 사업연도의 과세표준을 계산할 때 공제한다. ② 승계결손금의 범위액: 합병법인이 각 사업연도의 과세표준을 계산할 때 승계하여 공제하는 결손금은 합병등기일 현재의 피합병법인의 이월결손금(합병등기일을 사업연도의 개시일로 보아 계산한 금액)으로 하되, 합병등기일이 속하는 사업연도의 다음 사업연도부터는 매년 순차적으로 1년이 지난 것으로 보아 계산한 금액으로 한다.
합병법인의 이월결손금 공제한도	합병법인의 합병등기일 현재 결손금과 합병법인이 승계한 피합병법인의 결손금에 대한 공제는 다음의 구분에 따른 소득금액의 80%(중소기업과 회생계획을 이행 중인 기업 등 법인의 경우는 100%)을 한도로 한다. ① 합병법인의 합병등기일 현재 결손금의 경우: 합병법인의 소득금액에서 피합병법인으로부터 승계받은 사업에서 발생한 소득금액을 차감한 금액 ② 합병법인이 승계한 피합병법인의 결손금의 경우: 피합병법인으로부터 승계받은 사업에서 발생한 소득금액 ∵ 이월결손금의 승계를 무제한적으로 인정하는 경우 결손금이 누적된 회사를 합병을 통하여 합병회사와 무관한 경영활동에서 발생한 이월결손금을 이용하여 합병회사의 조세부담을 회피할 수 있음. 따라서 합병법인의 기존사업 결손금과 피합병법인 승계받은 사업의 결손금을 각각 구분하여 해당 사업에서 발생한 소득금액의 범위에서 공제함

(2) 기타 규정

합병 전 보유자산 처분손실의 공제 제한	적격합병을 한 합병법인은 합병법인과 피합병법인이 합병 전 보유하던 자산의 처분손실(합병등기일 현재 해당 자산의 시가가 장부가액보다 낮은 경우로서 그 차액을 한도로 하며, 합병등기일 이후 5년 이내에 끝나는 사업연도에 발생한 것만 해당)을 각각 합병 전 해당 법인의 사업에서 발생한 소득금액(해당 처분손실을 공제하기 전 소득금액)의 범위에서 해당 사업연도의 소득금액을 계산할 때 손금에 산입한다. 이 경우 손금에 산입하지 아니한 처분손실은 자산 처분 시 각각 합병 전 해당 법인의 사업에서 발생한 결손금으로 보아 각각 합병 전 해당 법인의 사업에서 발생한 소득금액의 범위 안에서 합병법인의 각 사업연도의 과세표준을 계산할 때 공제한다.

2016. 12. 20. 개정 전	2016. 12. 20. 개정 후
실제처분손실 = 처분 당시 시가 - 장부가액	공제제한대상 처분손실 = Min(①, ②) ① 실제처분손실 = 처분 당시 시가 - 장부가액 ② 내재손실 = 합병 당시 시가 - 장부가액

∵ 이월결손금 공제 제한규정을 피하기 위하여 합병 당시 이미 처분손실이 내재된 자산을 합병 이후에 처분함으로써 그 처분손실을 손금에 산입하여 조세를 회피하고자 하는 합병을 방지하기 위함

합병 전 합병법인의 기부금 한도초과액	합병법인의 합병등기일 현재 특례 및 일반기부금 중 한도초과이월액으로서 그 후의 각 사업연도의 소득금액을 계산할 때 손금에 산입하지 아니한 금액 중 적격합병에 따라 합병법인이 승계한 기부금한도초과액을 제외한 금액은 합병법인의 각 사업연도의 소득금액을 계산할 때 합병 전 합병법인의 사업에서 발생한 소득금액을 기준으로 특례기부금 및 일반기부금 각각의 손금산입한도액의 범위에서 손금에 산입한다.
피합병법인 기부금 한도초과액	피합병법인의 합병등기일 현재 기부금한도초과액으로서 합병법인이 승계한 금액은 합병법인의 각 사업연도의 소득금액을 계산할 때 피합병법인으로부터 승계받은 사업에서 발생한 소득금액을 기준으로 특례기부금 및 일반기부금 각각의 손금산입한도액의 범위에서 손금에 산입한다.

02 분할에 관한 특례

1. 개요

의의	분할이란 상법에 규정된 절차에 따라 한 회사의 권리·의무의 전부 또는 일부를 분리하여 하나 이상의 신설회사 또는 기존회사에 포괄승계하고 그 대가로서 신설 또는 기존회사의 주식을 부여받는 단체법상의 제도를 말한다. 이 경우 분할에 따라 분할되는 회사를 '분할법인'이라고 하고, 분할에 따라 설립되는 회사를 '분할신설법인'이라고 한다.

분할의 유형	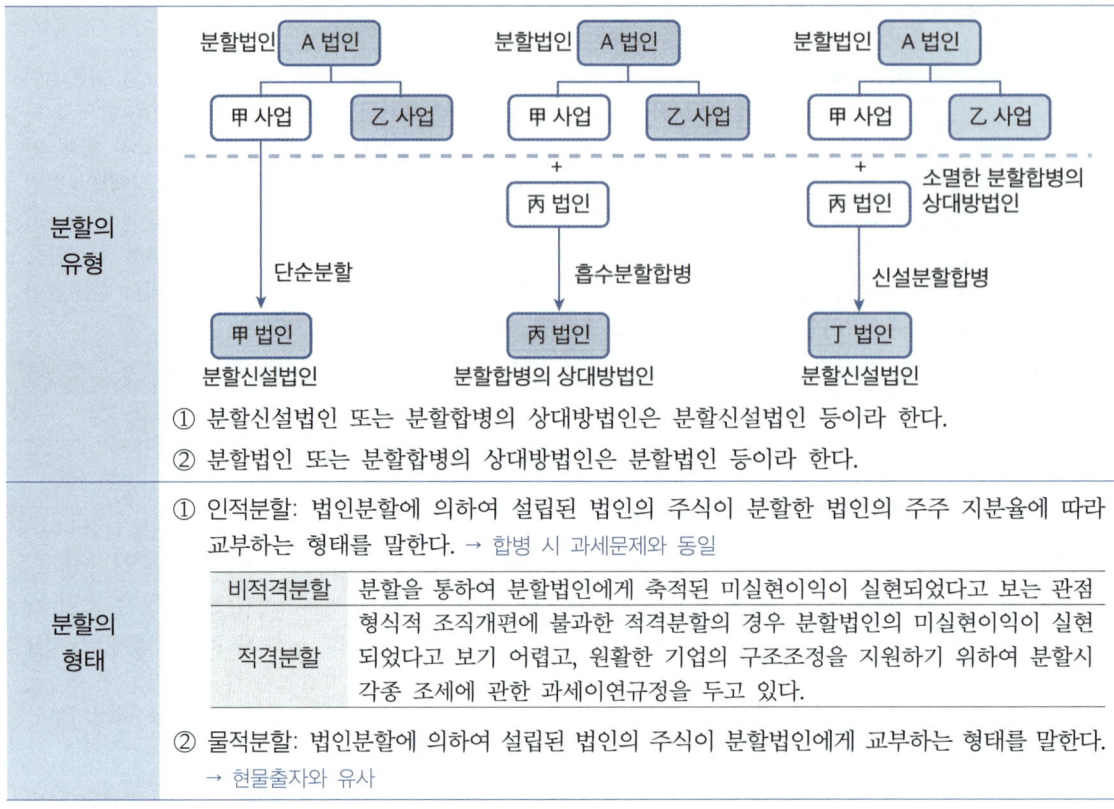
	① 분할신설법인 또는 분할합병의 상대방법인은 분할신설법인 등이라 한다. ② 분할법인 또는 분할합병의 상대방법인은 분할법인 등이라 한다.
분할의 형태	① 인적분할: 법인분할에 의하여 설립된 법인의 주식이 분할한 법인의 주주 지분율에 따라 교부하는 형태를 말한다. → 합병 시 과세문제와 동일

	비적격분할	분할을 통하여 분할법인에게 축적된 미실현이익이 실현되었다고 보는 관점
	적격분할	형식적 조직개편에 불과한 적격분할의 경우 분할법인의 미실현이익이 실현되었다고 보기 어렵고, 원활한 기업의 구조조정을 지원하기 위하여 분할시 각종 조세에 관한 과세이연규정을 두고 있다.

② 물적분할: 법인분할에 의하여 설립된 법인의 주식이 분할법인에게 교부하는 형태를 말한다.
→ 현물출자와 유사

2. 인적분할에 대한 과세문제
(1) 비적격 인적분할 시 과세문제
① 분할법인의 양도손익

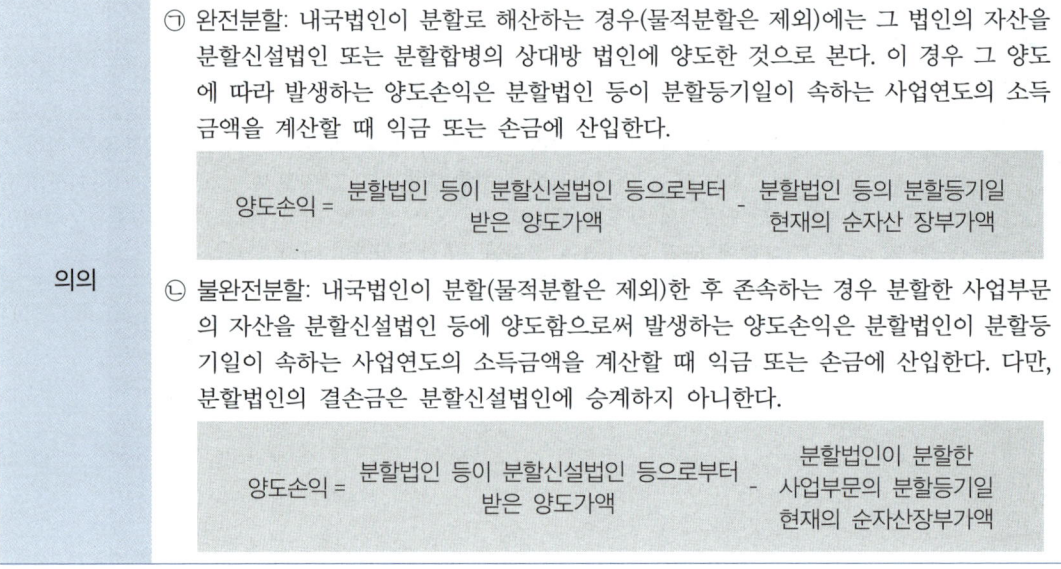

의의

㉠ 완전분할: 내국법인이 분할로 해산하는 경우(물적분할은 제외)에는 그 법인의 자산을 분할신설법인 또는 분할합병의 상대방 법인에 양도한 것으로 본다. 이 경우 그 양도에 따라 발생하는 양도손익은 분할법인 등이 분할등기일이 속하는 사업연도의 소득금액을 계산할 때 익금 또는 손금에 산입한다.

양도손익 = 분할법인 등이 분할신설법인 등으로부터 받은 양도가액 - 분할법인 등의 분할등기일 현재의 순자산 장부가액

㉡ 불완전분할: 내국법인이 분할(물적분할은 제외)한 후 존속하는 경우 분할한 사업부문의 자산을 분할신설법인 등에 양도함으로써 발생하는 양도손익은 분할법인이 분할등기일이 속하는 사업연도의 소득금액을 계산할 때 익금 또는 손금에 산입한다. 다만, 분할법인의 결손금은 분할신설법인에 승계하지 아니한다.

양도손익 = 분할법인 등이 분할신설법인 등으로부터 받은 양도가액 - 분할법인이 분할한 사업부문의 분할등기일 현재의 순자산장부가액

양도가액	다음의 금액을 모두 더한 금액 ㉠ 분할대가: 분할신설법인 등이 분할로 인하여 분할법인의 주주에 지급한 분할신설법인 등의 주식(분할합병의 경우에는 분할등기일 현재 분할합병의 상대방 법인의 발행주식총수 또는 출자총액을 소유하고 있는 내국법인의 주식을 포함)의 가액 및 금전이나 그 밖의 재산가액의 합계액. 다만, 분할합병의 경우 분할합병의 상대방 법인이 분할등기일 전 취득한 분할합병포합주식이 있는 경우에는 그 주식에 대하여 분할합병교부주식을 교부하지 아니하라도 그 지분비율에 따라 분할합병교부주식을 교부한 것으로 보아 분할합병의 상대방 법인의 주식의 가액을 계산한다. ㉡ 법인세 대납액: 분할신설법인 등이 납부하는 분할법인의 법인세 및 그 법인세(감면세액을 포함)에 부과되는 국세와 법인지방소득세의 합계액
순자산 장부가액	㉠ 분할법인 등의 순자산 장부가액이란, 분할법인 등의 분할등기일 현재의 자산의 장부가액 총액에서 부채의 장부가액 총액을 뺀 가액으로 한다. → 순자산 장부가액은 세무상 장부가액을 의미하므로 유보 금액은 더하고 △유보는 뺀다. ㉡ 분할법인 등의 순자산장부가액을 계산할 때 국세기본법에 따라 환급되는 법인세액이 있는 경우에는 이에 상당하는 금액을 분할법인 등의 분할등기일 현재의 순자산장부가액에 더한다.

② 분할법인의 주주

의의	분할법인의 주주가 취득하는 분할대가가 그 분할법인 또는 소멸한 분할합병의 상대방 법인의 주식(분할법인이 존속하는 경우에는 소각 등에 의하여 감소된 주식만 해당)을 취득하기 위하여 사용한 금액을 초과하는 금액은 배당받은 것으로 본다. 분할 시 의제배당 = 분할대가 - 종전 주식의 장부가액
분할대가	분할교부주식가액(시가로 평가함)과 분할교부금을 합계액을 말한다.

③ 분할신설법인 등

승계한 자산가액	분할신설법인 등이 분할로 분할법인 등의 자산을 승계한 경우에는 그 자산을 분할법인 등으로부터 분할등기일 현재의 시가로 양도받은 것으로 본다.
분할 매수차익	분할신설법인 등은 분할법인 등의 자산을 시가로 양도받은 것으로 보는 경우로서 분할법인 등에 지급한 양도가액이 분할법인 등의 분할등기일 현재의 순자산시가보다 적은 경우에는 그 차액(분할매수차익)을 세무조정계산서에 계상하고 분할등기일부터 5년간 균등하게 나누어 익금에 산입한다.
분할 매수차손	분할신설법인 등은 분할법인 등의 자산을 시가로 양도받은 것으로 보는 경우에 분할법인 등에 지급한 양도가액이 분할등기일 현재의 순자산시가를 초과하는 경우로서 그 차액을 분할매수차손이라 한다. 분할매수차손은 분할신설법인 등이 분할법인 등의 상호·거래관계, 그 밖의 영업상의 비밀 등에 대하여 사업상 가치가 있다고 보아 대가를 지급한 경우에만 그 차액을 세무조정계산서에 계상하고 분할등기일부터 5년간 균등하게 나누어 손금에 산입한다.

(2) 적격인적분할에 대한 특례
① 적격분할요건

사업 목적성	분할등기일 현재 5년 이상 사업을 계속하던 내국법인이 다음의 요건을 모두 갖추어 분할하는 경우일 것(분할합병의 경우에는 소멸한 분할합병의 상대방 법인 및 분할합병의 상대방 법인이 분할등기일 현재 1년 이상 사업을 계속하던 내국법인일 것) ㉠ 분리하여 사업이 가능한 독립된 사업부문을 분할하는 것일 것 ㉡ 분할하는 사업부문의 자산 및 부채가 포괄적으로 승계될 것. 다만, 공동으로 사용하던 자산, 채무자의 변경이 불가능한 부채 등 분할하기 어려운 일정한 자산과 부채의 경우는 제외한다. ㉢ 분할법인만의 출자에 의하여 분할하는 것일 것
지분의 연속성	㉠ 분할법인 등의 주주가 분할신설법인 등으로부터 받은 분할대가의 전액이 주식인 경우(분할합병의 경우에는 분할대가의 80% 이상이 분할신설법인 등의 주식인 경우 또는 분할대가의 80% 이상이 분할합병의 상대방 법인의 발행주식총수 또는 출자총액을 소유하고 있는 내국법인의 주식인 경우)로서 그 주식이 분할법인 등의 주주가 소유하던 주식의 비율에 따라 배정(분할합병의 경우에는 지배주주에게 다음 계산식에 따른 가액 이상을 배정한 것)되고 분할법인 등의 지배주주가 분할등기일이 속하는 사업연도의 종료일까지 그 주식을 보유할 것 분할법인 등의 주주가 지급받은 분할신설법인 등의 주식가액의 총 합계액 × 지배주주의 분할법인 등에 대한 지분비율 ㉡ 분할대가의 총합계액은 분할에 따른 양도손익을 계산하는 경우의 분할대가금액으로 하고, 분할합병의 경우에는 분할대가의 총합계액 중 주식 등의 가액이 80% 이상인지를 판정할 때 분할합병의 상대방 법인이 분할등기일 전 2년 내에 취득한 분할법인의 분할합병포합주식이 있는 경우에는 다음의 금액을 금전으로 교부한 것으로 본다. 이 경우 신설분할합병 또는 3이상의 법인이 분할합병하는 경우로서 분할법인이 취득한 다른 분할법인의 주식이 있는 경우에는 그 다른 분할법인의 주식을 취득한 분할법인을 분할합병의 상대방 법인으로 보아 다음 규정을 적용하고, 소멸한 분할합병의 상대방 법인이 취득한 분할법인의 주식이 있는 경우에는 소멸한 분할합병의 상대방 법인을 분할합병의 상대방 법인으로 보아 다음 규정을 적용하여 계산한 금액을 금전으로 교부한 것으로 본다. 　ⓐ 분할합병의 상대방 법인이 분할등기일 현재 분할법인의 지배주주 등이 아닌 경우: 분할합병의 상대방 법인이 분할등기일 전 2년 이내에 취득한 분할합병포합주식이 분할법인 등의 발행주식총수의 20%를 초과하는 경우 그 초과하는 분할합병포합주식에 대하여 교부한 분할합병교부주식(분할합병포합주식에 대한 분할합병교부주식 교부 간주액 포함)의 가액 　ⓑ 분할합병의 상대방 법인이 분할등기일 현재 분할법인의 지배주주 등인 경우: 분할등기일 전 2년 이내에 취득한 분할합병포합주식에 대하여 교부한 분할합병교부주식(분할합병포합주식에 대한 분할합병교부주식 교부 간주액 포함)의 가액
사업의 계속성	분할신설법인 등이 분할등기일이 속하는 사업연도의 종료일까지 분할법인 등으로부터 승계받은 사업을 계속할 것
고용승계	분할등기일 1개월 전 당시 분할하는 사업부문에 종사하는 근로자 중 분할신설법인 등이 승계한 근로자의 비율이 80% 이상이고, 분할등기일이 속하는 사업연도의 종료일까지 그 비율을 유지할 것

② 분할법인

의의	적격분할의 경우에는 분할법인이 분할로 발생하는 양도손익을 계산할 때 양도가액을 분할법인 등의 분할등기일 현재의 순자산 장부가액으로 보아 양도손익이 없는 것으로 할 수 있다. 양도손익 = 양도가액(순자산 장부가액) - 순자산 장부가액
내용	적격분할은 분할법인의 순자산 장부가액이 분할신설법인에게 그대로 승계되어 분할등기일 현재 미실현이익을 과세하지 않는 것이다. 과세되지 않은 양도차익은 분할신설법인이 해당 자산을 처분하거나 감가상각을 할 때 과세된다.

③ 분할법인의 주주에 대한 의제배당

의의	분할에 대한 의제배당 계산방법은 합병과 동일하다. ㉠ 분할대가로 주식만 받은 경우 의제배당 = 분할대가(종전 주식의 장부가액) - 종전 주식의 장부가액 ㉡ 분할대가로 주식, 기타재산 및 교부금을 받은 경우 의제배당 = 분할대가[Min(종전 주식의 장부가액, 교부받은 주식의 시가) + 기타재산의 시가 + 교부금] - 종전 주식의 장부가액
과세이연 요건	<table><tr><th>구분</th><th>피합병법인과 합병법인</th><th>피합병법인의 주주</th></tr><tr><td>사업목적의 합병</td><td>O</td><td>O</td></tr><tr><td>지분의 연속성</td><td>O</td><td>O(주식보유 요건 불필요)</td></tr><tr><td>사업의 계속성</td><td>O</td><td>-</td></tr><tr><td>고용 유지 요건</td><td>O</td><td>-</td></tr></table>

④ 분할신설법인

승계한 자산가액	적격분할을 한 분할신설법인 등은 분할법인 등의 자산을 장부가액으로 양도받은 것으로 한다. 이 경우 장부가액과 시가와의 차액을 대통령령으로 정하는 바에 따라 자산별로 계상하여야 한다.
자산 조정계정	분할신설법인 등은 분할법인 등의 자산을 장부가액으로 양도받은 경우 양도받은 자산 및 부채의 가액을 분할등기일 현재의 시가로 계상하되, 시가에서 분할법인 등의 장부가액(세무조정사항이 있는 경우에는 그 세무조정사항 중 익금불산입액은 더하고 손금불산입액은 뺀 가액으로 한다)을 뺀 금액이 0보다 큰 경우에는 그 차액을 익금에 산입하고 이에 상당하는 금액을 자산조정계정으로 손금에 산입하며, 0보다 작은 경우에는 시가와 장부가액의 차액을 손금에 산입하고 이에 상당하는 금액을 자산조정계정으로 익금에 산입한다. 이 경우 자산조정계정의 처리에 관하여는 적격합병법인의 규정을 준용한다.
세무조정 승계	적격분할법인 등의 각 사업연도 소득금액 및 과세표준을 계산할 때 세무조정사항(분할의 경우에는 분할하는 사업부문의 세무조정사항에 한정함)은 모두 분할신설법인이 승계한다.

3. 물적분할 시 분할법인의 과세

(1) 개요

의의	① 물적분할은 분할법인의 일부 사업부문의 자산·부채를 공정가치로 이전하고 이에 상응하는 주식을 취득하여 순자산의 감소를 수반하지 않으므로 일종의 자산 교환에 해당한다. 따라서 물적분할법인은 청산소득의 양도손익이 아닌, 일반적인 자산처분손익과 동일한 사업부문 처분손익을 계산한다. ② 분할신설법인의 분할대가를 분할법인이 취득하여 주주에게 분배하지 않아 주주입장에서는 보유주식의 변동이 없으므로 의제배당 과세문제가 발생하지 않는다. ③ 분할신설법인은 현물출자를 받고 설립된 경우와 유사하므로 분할에 따른 분할매수차익·분할매수차손(영업권)의 문제가 발생하지 않는다.
물적분할 시 과세문제	분할법인 — 양도손익 분할법인의 주주 — - 분할신설법인 — -

(2) 분할법인 과세문제

의의	물적분할에 따라 분할법인이 취득하는 주식 등의 경우 물적분할한 순자산의 시가로 평가하므로 물적분할한 순자산의 시가가 장부가액보다 크면 양도차익(순자산의 시가가 장부가액보다 적으면 양도차손)이 발생한다. 그러나 분할 시 분할법인의 자산양도차익이 일시에 과세되면 원활한 기업의 구조조정의 저해요소가 되므로 적격물적분할에 대해서는 자산양도차익에 대하여 압축기장충당금을 설정하여 손금에 산입하여 과세를 이연받을 수 있다. → 단, 부동산임대업을 주업으로 하는 사업부문 등을 분할하는 경우 적격물적분할로 보지 않음
압축기장 충당금 설정	분할법인이 물적분할에 의하여 분할신설법인의 주식 등을 취득한 경우로서 적격분할의 요건을 갖춘 경우 그 주식 등의 가액 중 물적분할로 인하여 발생한 자산의 양도차익에 상당하는 금액은 분할등기일이 속하는 사업연도의 소득금액을 계산할 때 압축기장충당금을 설정하여 손금에 산입할 수 있다. 손금에 산입할 압축기장충당금 = 물적분할한 순자산의 시가 − 분할법인이 분할신설법인에 양도한 순자산의 장부가액[*] [*] 분할법인이 분할신설법인에 양도한 순자산 장부가액: 세법상 장부가액
압축기장 충당금 익금산입 (원칙)	① 분할법인이 손금에 산입한 양도차익에 상당하는 금액(압축기장충당금 설정액)은 다음 중 어느 하나에 해당하는 사유가 발생하는 사업연도에 해당 주식 등과 자산의 처분비율을 고려하여 산정한 금액을 익금에 산입한다. 다만, 분할신설법인이 적격합병되거나 적격분할하는 등 대통령령으로 정하는 부득이한 사유가 있는 경우에는 그러하지 아니하다. ㉠ 분할법인이 분할신설법인으로부터 받은 주식 등을 처분하는 경우 ㉡ 분할신설법인이 분할법인으로부터 승계받은 자산을 처분하는 경우. 이 경우 분할신설법인은 그 자산의 처분 사실을 처분일부터 1개월 이내에 분할법인에 알려야 한다.

압축기장 충당금 익금산입 (원칙)	② 압축기장충당금 익금산입액은 다음과 같이 계산한다. 전기 말 압축기장 충당금 잔액 × [(A + B) - (A × B)] A: 당기주식처분비율 B: 당기 처분한 자산의 양도차익 실현비율 ㉠ 분할법인이 직전 사업연도 종료일 현재 보유하고 있는 분할신설법인의 주식의 장부가액에서 해당 사업연도에 분할법인이 처분한 분할신설법인의 주식 등의 장부가액이 차지하는 비율 ㉡ 분할신설법인이 직전 사업연도 종료일 현재 보유하고 있는 승계자산의 양도차익(분할등기일 현재의 승계자산의 시가에서 분할등기일 전날 분할법인이 보유한 승계자산의 장부가액을 차감한 금액)에서 해당 사업연도에 처분한 승계자산의 양도차익이 차지하는 비율 ※ 압축기장충당금 계산 시 주식처분비율과 자산의 양도차익 실현비율을 더하므로 그 비율이 중복되는 부분(A × B)을 빼서 비율이 과다하게 계산되지 않도록 함 **양도차익 익금산입 계산식 도해(집행기준 47-0-1)** 1. 물적분할 과세체계 | 구분 | 장부가액 | 분할당시 시가 | 양도당시 시가 | | 분할법인 | ←──── 압축기장충당금 ────→ | | | | 주식·자산 처분시 과세 | | | 분할신설법인 | | ←──── 자산처분시 과세 ────→ | 2. 양도차익 계산 도해 주식처분비율: 주식처분에 따른 양도차익 상당액 / 중복부분 / 자산처분에 따른 양도차익 상당액 자산처분비율 주식처분에 따른 양도차익 상당액 + 자산처분에 따른 양도차익 상당액 - 중복되는 양도차익 상당액 = 과세하는 양도차익
압축기장 충당금 익금산입 (전액)	양도차익 상당액을 손금에 산입한 분할법인은 분할등기일부터 2년(③은 3년) 이내에 다음 중 어느 하나에 해당하는 사유가 발생하는 경우에는 손금에 산입한 금액 중 익금에 산입하고 남은 금액을 그 사유가 발생한 날이 속하는 사업연도의 소득금액을 계산할 때 익금에 산입한다. 다만, 대통령령으로 정하는 부득이한 사유가 있는 경우에는 그러하지 아니하다. ① 분할신설법인이 분할법인으로부터 승계받은 사업을 폐지하는 경우 ② 분할법인이 분할신설법인의 발행주식총수 또는 출자총액의 50% 미만으로 주식 등을 보유하게 되는 경우 ③ 각 사업연도 종료일 현재 분할신설법인에 종사하는 근로자 수가 분할등기일 1개월 전 당시 분할하는 사업부문에 종사하는 근로자 수의 80% 미만으로 하락하는 경우
세무조정 승계	물적분할에 의하여 자산과 부채를 양도받은 경우에는 적격·비적격 여부에 관계없이 분할법인의 퇴직급여충당금 또는 대손충당금을 분할법인이 승계한 경우에는 그와 관련된 세무조정사항을 승계하고 그 밖의 세무조정사항은 모두 승계하지 아니한다. ∵ 물적분할에 따라 취득한 자산을 시가로 평가하므로 관련 유보는 승계하지 못함

4. 분할차익의 자본전입에 따른 의제배당

(1) 개요

분할차익	분할차익은 자본거래에서 발생한 순자산증가액이므로 내국법인의 각 사업연도의 소득금액을 계산할 때 익금에 산입하지 아니한다. 분할차익이란 분할 또는 분할합병으로 설립된 회사 또는 존속하는 회사에 출자된 재산의 가액이 출자한 회사로부터 승계한 채무액, 출자한 회사의 주주에게 지급한 금액과 설립된 회사의 자본금 또는 존속하는 회사의 자본금증가액을 초과한 경우의 그 초과금액. 다만, 분할 또는 분할합병으로 설립된 회사 또는 존속하는 회사에 출자된 재산의 가액이 출자한 회사로부터 승계한 채무액, 출자한 회사의 주주에게 지급한 금액과 주식가액을 초과하는 경우로서 법인세법에서 익금으로 규정한 금액은 제외한다. 분할차익 = 승계한 재산가액 - (승계한 채무액 + 분할교부금 + 분할교부주식의 액면가액)
의의	분할신설법인이 분할차익을 분할 이후 자본금에 전입하는 경우 주주가 취득하는 무상주에 대한 의제배당 여부를 결정한다.

(2) 적격분할의 경우

의의	적격분할을 한 경우 다음의 금액의 합계액(분할차익 한도)을 의제배당을 본다.		
	분할 평가차익	분할등기일 현재 분할신설법인 등이 승계한 재산의 가액이 그 재산의 분할법인 장부가액(세무조정사항이 있는 경우에는 그 세무조정사항 중 익금불산입액은 더하고 손금불산입액은 뺀 가액)을 초과하는 경우 그 초과하는 금액		
	분할 시 감자차손	분할에 따른 분할법인의 자본금 및 자본잉여금 중 의제배당대상 자본잉여금 외의 잉여금의 감소액이 분할한 사업부문의 분할등기일 현재 순자산 장부가액에 미달하는 경우 그 미달하는 금액. 이 경우 분할법인의 분할등기일 현재의 분할 전 이익잉여금과 의제배당대상 자본잉여금에 상당하는 금액의 합계액을 한도로 한다.		

분할차익 전입순서	분할차익 구성	의제배당	전입순서
	① 분할차익 중 다음의 합계액(한도: 분할차익) ㉠ 분할법인의 장부가액을 초과하여 승계한 재산의 가액 ㉡ 분할 시 감자차손: 분할사업부문 순자산 장부가액 - (자본금과 의제배당대상이 아닌 자본잉여금 감소액)	○	②
	② 분할차익 중 ① 외의 금액	X	①
	분할차익의 일부를 자본 또는 출자에 전입하는 경우에는 의제배당에 해당하지 않는 금액을 먼저 전입하는 것으로 한다.		

5. 분할 시 이월결손금의 공제 제한

(1) 이월결손금 공제

분할법인 상대방법인의 이월결손금	분할합병의 상대방법인의 분할등기일 현재 이월결손금 중 분할신설법인 등이 승계한 결손금을 제외한 금액은 분할합병의 상대방법인의 각 사업연도의 과세표준을 계산할 때 분할법인으로부터 승계받은 사업에서 발생한 소득금액(중소기업 간 또는 동일사업을 하는 법인 간에 분할합병하는 경우에 해당되어 회계를 구분하여 기록하지 아니한 경우에는 그 소득금액을 자산가액 비율로 안분계산한 금액)의 범위에서는 공제하지 아니한다.

분할신설법인 승계한 이월결손금	분할신설법인 등이 승계한 분할법인 등의 결손금은 분할법인 등으로부터 승계받은 사업에서 발생한 소득금액의 범위에서 분할신설법인 등의 각 사업연도의 과세표준을 계산할 때 공제한다.
이월결손금 공제한도	분할합병의 상대방법인의 분할등기일 현재 결손금과 분할신설법인 등이 승계한 분할법인 등의 결손금에 대한 공제는 다음의 구분에 따른 소득금액의 80%(중소기업과 회생계획을 이행 중인 기업 등 법인의 경우는 100%)을 한도로 한다. ① 분할합병의 상대방법인의 분할등기일 현재 결손금의 경우: 분할합병의 상대방법인의 소득금액에서 분할법인으로부터 승계받은 사업에서 발생한 소득금액을 차감한 금액 ② 분할신설법인 등이 승계한 분할법인 등의 결손금의 경우: 분할법인 등으로부터 승계받은 사업에서 발생한 소득금액

(2) 기타 규정

분할 전 보유자산 처분손실의 공제 제한	적격분할합병을 한 분할신설법인 등은 분할법인과 분할합병의 상대방법인이 분할합병 전 보유하던 자산의 처분손실(분할등기일 현재 해당 자산의 시가가 장부가액보다 낮은 경우로서 그 차액을 한도로 하며, 분할등기일 이후 5년 이내에 끝나는 사업연도에 발생한 것만 해당한다)을 각각 분할합병 전 해당 법인의 사업에서 발생한 소득금액(해당 처분손실을 공제하기 전 소득금액)의 범위에서 해당 사업연도의 소득금액을 계산할 때 손금에 산입한다. 이 경우 손금에 산입하지 아니한 처분손실은 자산 처분 시 각각 분할합병 전 해당 법인의 사업에서 발생한 결손금으로 보아 이월결손금공제규정을 적용한다.
분할합병 상대방법인 기부금 한도초과액	분할합병의 상대방법인의 분할등기일 현재 특례기부금 및 일반기부금 중 이월된 기부금한도초과액 중 분할신설법인 등이 승계한 기부금한도초과액을 제외한 금액은 분할신설법인 등의 각 사업연도의 소득금액을 계산할 때 분할합병 전 분할합병의 상대방법인의 사업에서 발생한 소득금액을 기준으로 기부금 각각의 손금산입한도액의 범위에서 손금에 산입한다.
분할법인의 기부금 한도초과액	분할법인 등의 분할등기일 현재 기부금한도초과액으로서 분할신설법인 등이 승계한 금액은 분할신설법인 등의 각 사업연도의 소득금액을 계산할 때 분할법인 등으로부터 승계받은 사업에서 발생한 소득금액을 기준으로 기부금 각각의 손금산입한도액의 범위에서 손금에 산입한다.

제12장 기타 법인세

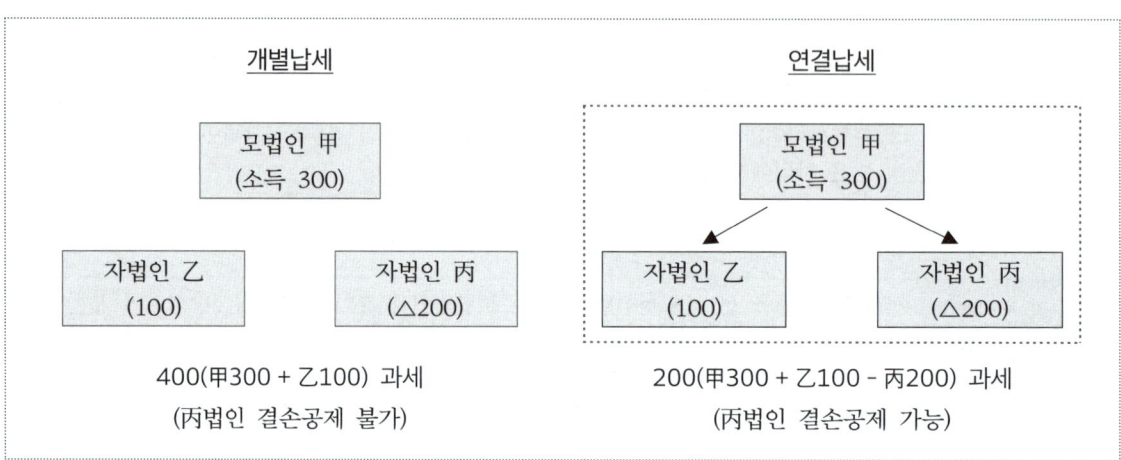

01 각 연결사업연도의 소득에 대한 법인세

1. 의의

의의	연결납세제도란 둘 이상의 회사가 경제적으로 하나의 실체인 경우 경제적 실질에 따라 해당 회사들을 하나의 과세단위로 보아 소득을 통산하여 법인세를 신고·납부하는 제도를 말한다.
취지	기업의 조직형태(사업부와 자회사 형태) 선택 시 조세의 중립성을 보장하여 기업이 경영환경에 탄력적으로 대응할 수 있게 하고, 기업과세체계의 선진화에 기여하기 위하여 연결납세제도를 2010년도 1월 1일부터 도입하였다.
용어의 정의	연결법인 연결납세방식을 적용받는 내국법인 연결집단 연결법인 전체 연결모법인 연결집단 중 다른 연결법인을 연결지배하는 연결법인 연결자법인 연결모법인의 연결지배를 받는 연결법인 연결사업연도 연결집단의 소득을 계산하는 1회계기간

2. 연결납세방식의 적용

(1) 적용대상 등

적용대상	연결지배란 내국법인이 다른 내국법인의 발행주식총수 또는 출자총액의 90% 이상을 보유하고 있는 경우를 말한다. 이 경우 그 보유비율은 다음에서 정하는 바에 따라 계산한다. 한편 연결자법인이 둘 이상일 때에는 해당 법인 모두가 연결납세방식을 적용하여야 하므로 자회사의 일부만을 선택하여 연결납세방식을 적용할 수는 없다. ① 의결권 없는 주식 또는 출자지분을 포함할 것 ② 상법 또는 자본시장과 금융투자업에 관한 법률에 따라 보유하는 자기주식은 제외할 것 ③ 우리사주조합을 통하여 근로자가 취득한 주식 및 주식매수선택권의 행사에 따라 발행되거나 양도된 주식(주식매수선택권을 행사한 자가 제3자에게 양도한 주식을 포함)으로서 발행주식총수의 5% 이내의 주식은 해당 법인이 보유한 것으로 볼 것 ④ 다른 내국법인을 통하여 또 다른 내국법인의 주식 또는 출자지분을 간접적으로 보유하는 경우로서 연결가능모법인이 연결가능자법인을 통해 또 다른 내국법인의 주식 또는 출자지분을 보유하는 경우에는 다음 계산식에 따른 보유비율을 합산할 것 연결가능모법인의 연결가능자법인에 대한 주식보유비율 × 연결가능자법인의 또 다른 내국법인에 대한 주식보유비율
완전모법인 배제법인	① 비영리내국법인 ② 해산으로 청산 중인 법인 ③ 법인세법 제51조의2(유동화전문회사 등에 대한 소득공제) 제1항 각 호의 어느 하나에 해당하는 법인이거나 조세특례제한법 제104조의31 제1항에 따른 법인 ④ 다른 내국법인(비영리내국법인은 제외)으로부터 완전지배를 받는 법인 ⑤ 동업기업과세특례를 적용하는 동업기업 ⑥ 해운기업에 대한 법인세 과세표준계산특례를 적용하는 법인
완전자법인 배제법인	① 해산으로 청산 중인 법인 ② 유동화전문회사 등에 대한 소득공제를 적용대상 법인 또는 프로젝트금융회사 ③ 동업기업과세특례를 적용하는 동업기업 ④ 해운기업에 대한 법인세 과세표준계산특례를 적용하는 법인
연결 사업연도	연결납세방식을 적용받는 각 연결법인의 사업연도는 연결사업연도와 일치하여야 한다. 이 경우 연결사업연도의 기간은 1년을 초과하지 못한다. 단, 본래사업연도가 법령 등에 규정되어 연결사업연도와 일치시킬 수 없는 연결가능자법인으로서 대통령령으로 정하는 요건을 갖춘 내국법인인 경우에는 연결사업연도를 해당 내국법인의 사업연도로 보아 연결납세방식을 적용할 수 있다.
연결 납세지	연결법인의 납세지는 연결모법인의 납세지로 한다.

(2) 적용절차

적용 신청		① 연결납세방식을 적용받으려는 내국법인과 해당 내국법인의 연결대상법인 등은 최초의 연결사업연도 개시일부터 10일 이내에 연결납세방식 적용 신청서를 해당 내국법인의 납세지 관할 세무서장을 경유하여 관할 지방국세청장에게 제출하여야 한다. ② 신청을 받은 관할 지방국세청장은 최초의 연결사업연도 개시일부터 2개월이 되는 날까지 승인 여부를 서면으로 통지하여야 하며, 그 날까지 통지하지 아니한 경우에는 승인한 것으로 본다.
적용 변경	연결 자법인 추가	① 연결모법인이 새로 다른 내국법인을 연결지배하게 된 경우에는 연결 지배가 성립한 날이 속하는 연결사업연도의 다음 연결사업연도부터 해당 내국법인은 연결납세방식을 적용하여야 한다. ② 법인의 설립등기일부터 연결모법인이 연결지배하는 내국법인은 설립등기일이 속하는 사업연도부터 연결납세방식을 적용하여야 한다. ③ 연결모법인은 연결자법인이 변경된 경우에는 변경일 이후 중간예납기간 종료일과 사업연도 종료일 중 먼저 도래하는 날부터 1개월 이내에 납세지 관할 지방국세청장에게 신고하여야 한다.
	연결 자법인 배제	① 연결모법인의 연결지배를 받지 아니하게 되거나 해산한 연결자법인은 해당 사유가 발생한 날이 속하는 연결사업연도의 개시일부터 연결납세방식을 적용하지 아니한다. 다만, 연결자법인이 다른 연결법인에 흡수합병되어 해산하는 경우에는 해산등기일이 속하는 연결사업연도에 연결납세방식을 적용할 수 있다. → 변경 사유가 발생한 날부터 1개월 이내에 신고하여야 함 → 재적용 제한규정 준용함 ② 연결납세방식을 적용받은 연결사업연도와 그 다음 연결사업연도의 개시일부터 4년 이내에 끝나는 연결사업연도 중에 연결납세방식을 적용하지 아니하는 경우 다음의 구분에 따라 소득금액 또는 결손금을 해당 사유가 발생한 날이 속하는 사업연도의 익금 또는 손금에 각각 산입하여야 한다. 다만, 대통령령으로 정하는 부득이한 사유가 있는 경우에는 그러하지 아니하다.
		<table><tr><td>연결사업연도 동안 다른 연결법인의 결손금과 합한 연결배제법인(연결납세방식을 적용하지 아니하게 된 개별법인)의 소득금액</td><td>연결배제법인의 익금에 산입</td></tr><tr><td>연결사업연도 동안 다른 연결법인의 소득금액과 합한 연결배제법인의 결손금</td><td>연결배제법인의 손금에 산입</td></tr><tr><td>연결사업연도 동안 연결배제법인의 결손금과 합한 해당 법인의 소득금액</td><td>해당 법인의 익금에 산입</td></tr><tr><td>연결사업연도 동안 연결배제법인의 소득금액과 합한 해당 법인의 결손금</td><td>해당 법인의 손금에 산입</td></tr></table>

연결 납세방식 취소	취소 사유	연결모법인의 납세지 관할 지방국세청장은 다음의 어느 하나에 해당하는 경우에는 연결납세방식의 적용 승인을 취소할 수 있다. ① 연결법인의 사업연도가 연결사업연도와 일치하지 아니하는 경우 ② 연결모법인이 연결지배하지 아니하는 내국법인에 대하여 연결납세방식을 적용하는 경우 ③ 연결모법인의 연결가능자법인에 대하여 연결납세방식을 적용하지 아니하는 경우 ④ 추계사유로 장부나 그 밖의 증명서류에 의하여 연결법인의 소득금액을 계산할 수 없는 경우 ⑤ 연결법인에 수시부과사유가 있는 경우 ⑥ 연결모법인이 다른 내국법인(비영리내국법인 제외)의 연결지배를 받는 경우
	재적용 제한	연결납세방식의 적용 승인이 취소된 연결법인은 취소된 날이 속하는 사업연도와 그 다음 사업연도의 개시일부터 4년 이내에 끝나는 사업연도까지는 연결납세방식의 적용 당시와 동일한 법인을 연결모법인으로 하여 연결납세방식을 적용받을 수 없다.
연결 납세방식 포기	신고	연결납세방식의 적용을 포기하려는 연결법인은 연결납세방식을 적용하지 아니하려는 사업연도 개시일 전 3개월이 되는 날까지 연결모법인의 납세지 관할 지방국세청장에게 신고하여야 한다. 다만, 연결납세방식을 최초로 적용받은 연결사업연도와 그 다음 연결사업연도의 개시일부터 4년 이내에 끝나는 연결사업연도까지는 연결납세방식의 적용을 포기할 수 없다.
	효력	① 연결납세방식의 적용을 포기한 연결법인은 연결납세방식이 적용되지 아니하는 최초의 사업연도와 그 다음 사업연도의 개시일부터 4년 이내에 종료하는 사업연도까지는 연결납세방식의 적용 당시와 동일한 법인을 연결모법인으로 하여 연결납세방식을 적용받을 수 없다. ② 연결납세방식의 적용을 포기한 경우 연결이월결손금 중 해당 법인에서 발생한 결손금으로서 각 연결사업연도의 과세표준을 계산할 때 공제되지 아니한 금액은 해당 연결법인의 이월결손금으로 본다. ③ 불가피한 사유로 연결법인간 사업연도 불일치가 허용된 연결법인이 연결납세방식의 적용을 포기하는 경우 연결모법인의 납세지 관할 지방국세청장에게 신고한 날이 속하는 연결사업연도의 종료일 다음 날부터 본래사업연도 개시일 전날까지의 기간을 1사업연도로 본다.

3. 각 연결사업연도의 소득

(1) 계산구조

각 연결사업연도의 소득은 각 연결법인별로 다음의 순서에 따라 계산한 소득 또는 결손금을 합한 금액으로 한다.

1단계 연결법인별 각 사업연도의 소득	연결법인별로 개별납세방식에 따라 세무조정하여 각 연결법인의 각 사업연도의 소득금액(또는 결손금)을 계산한다.		
2단계 연결법인별 연결 조정항목의 제거	수입배당금 익금불산입, 기업업무추진비 및 기부금은 연결단위로 다시 계산하므로 개별납세방식에 따라 계산한 세무조정금액을 다음과 같이 반대조정으로 제거한다.		
	제거조정		각 연결법인별 세무조정
	(+)	익금산입(기타)	내국법인 수입배당금의 익금불산입액
			기부금한도초과이월액 중 손금산입액
	(-)	손금산입(기타)	기업업무추진비 손금불산입액
			기부금 한도초과액 손금불산입
3단계 연결법인 간 거래손익의 조정	다음에 해당하는 연결법인 간 내부거래손익을 제거하고, 제거한 손익이 실현된 경우 반대로 처리한다. (∵ 연결집단을 하나의 법인으로 보므로 연결법인 간 거래를 제거해야 정확한 연결소득 계산이 가능함)		
	거래손익 조정		각 연결법인별 세무조정
	(-)	익금불산입(기타)	다른 연결법인으로부터 받은 수입배당금액
	(+)	손금불산입(기타)	다른 연결법인에게 지급한 기업업무추진비
	(+)	손금불산입(기타)	다른 연결법인에 대한 채권에 대하여 설정한 대손충당금
	(-)	익금불산입(△유보)	양도손익이연자산을 다른 연결법인에 양도 시 발생한 소득
	(+)	손금불산입(유보)	양도손익이연자산을 다른 연결법인에 양도 시 발생한 손실
4단계 연결 조정항목의 연결법인별 배분	연결집단을 하나의 내국법인으로 보아 계산한 수입배당금 익금불산입액, 기업업무추진비 손금불산입액 및 기부금 손금불산입액을 일정한 산식에 따라 각 연결법인별로 배분하여 각 연결법인별로 다음과 같이 조정한다.		
	배분 후 조정		연결집단 기준으로 계산
	(-)	익금불산입	수입배당금 익금불산입액
	(+)	손금불산입	기업업무추진비 손금불산입액
	(+)	손금불산입	기부금 손금불산입액
	(-)	손금산입	기부금한도초과이월액의 손금산입액

(2) 연결법인 간 거래손익의 조정

① 다른 연결법인 채권에 대한 대손충당금의 조정: 연결법인이 대손충당금 한도초과액 손금불산입액이 있는 경우에는 당초 손비로 계상한 채권별 대손충당금의 크기에 비례하여 손금불산입액을 배분하고 다른 연결법인에 대한 채권에 대하여 계상한 대손충당금 상당액에서 배분된 손금불산입액을 뺀 금액을 손금에 산입하지 아니한다.

② 연결법인 간 자산양도손익의 과세이연

양도손익 이연자산 범위	양도손익이연자산이란 다음 중 어느 하나에 해당하는 자산을 말한다. 단, ㉠~㉢의 자산은 양도시점에 국내에 소재하는 자산에 한한다.	
	㉠ 유형자산(건축물은 제외) ㉡ 무형자산 ㉢ 매출채권, 대여금, 미수금 등의 채권	모든 자산. 단, 거래 건별 장부가액이 1억원 이하인 자산은 양도손익이연자산에서 제외할 수 있음
	㉣ 금융투자상품 ㉤ 토지와 건축물 ㉥ 다른 연결법인에 전액 양도하는 외국법인의 주식 등	거래 건별 장부가액에 관계없이 모든 자산
	→ 재고자산은 거래 횟수가 많고 제품 등의 형태로 남아있어 양도손익이연자산에 적합하지 않음	

양도손익이연자산을 다른 연결법인(이하 "양수법인")에 양도함에 따라 발생한 연결법인(이하 "양도법인")의 양도소득 또는 양도손실은 익금 또는 손금에 산입하지 아니하고, 양수법인에게 다음 중 어느 하나의 사유가 발생한 날이 속하는 사업연도에 다음의 산식에 따라 계산한 금액을 양도법인의 익금 또는 손금에 산입한다. 다만, 해당 양도손익이연자산의 양도에 대하여 부당행위계산의 부인이 적용되는 경우에는 그러하지 아니하다.

	구분	익금 또는 손금으로 산입할 금액
과세 이연방법	양도손익이연자산을 감가상각하는 경우	㉠ 양도소득 또는 양도손실 × $\dfrac{\text{감가상각액}}{\text{양수법인의 장부가액}}$ ㉡ 양도소득 또는 양도손실 × $\dfrac{\text{해당 사업연도의 월수}}{\text{양도손익이연자산의 내용연수 중 경과하지 아니한 기간의 월수}}$ ※ 월수는 역에 따라 계산하되, 1개월 미만의 월수는 1개월로 함
	양도손익이연자산을 양도(다른 연결법인에 양도하는 경우는 제외)하는 경우	양도소득 또는 양도손실 × 양도손익이연자산의 양도비율$^{(*)}$ $^{(*)}$ 양수법인이 연결법인으로부터 매입한 자산과 그 외의 자산이 함께 있는 경우에는 연결법인으로부터 매입한 자산을 먼저 양도한 것으로 봄
	양도손익이연자산에 대손이 발생하거나 멸실된 경우	양도소득 또는 양도손실 × $\dfrac{\text{대손금액 또는 멸실금액}}{\text{양수법인의 장부가액}}$
	양도한 채권의 지급기일이 도래하는 경우	양도법인의 양도가액 − 양도법인의 장부가액
	양도손익이연자산을 상법 제343조에 따라 소각하는 경우	양도소득 또는 양도손실 × $\dfrac{\text{소각자산의 장부가액}}{\text{양수법인의 장부가액}}$

이연손익 일시인식	연결납세방식을 적용받지 않게 된 경우에는 양도법인 또는 양수법인이 연결납세방식을 적용받지 아니하게 된 경우 양도법인이 양도손익이연자산을 양도할 때 익금 또는 손금에 산입하지 아니한 금액 중 익금 또는 손금에 산입하고 남은 금액은 연결납세방식을 적용받지 아니하게 된 날이 속하는 사업연도에 양도법인의 익금 또는 손금에 산입한다.

이연손익 승계	㉠ 양도법인 또는 양수법인을 다른 연결법인이 합병하는 경우: 양도법인 또는 양수법인을 다른 연결법인이 합병하는 경우 합병법인을 양도법인 또는 양수법인으로 보아 과세이연을 적용한다. ㉡ 양도법인이 분할하는 경우: 양도법인이 분할하는 경우 익금 또는 손금에 산입하지 아니한 금액은 분할법인 또는 분할신설법인(분할합병의 상대방 법인을 포함)이 분할등기일 현재 순자산가액을 기준으로 안분하여 각각 승계하고, 양수법인이 분할하는 경우로서 분할신설법인이 양도손익이연자산을 승계하는 경우에는 분할신설법인이 해당 자산을 양수한 것으로 보아 양도손익이연규정을 적용한다.

(3) 연결 조정항목의 연결법인별 배분

① 연결법인의 수입배당금액의 익금불산입

연결집단의 수입배당금 익금불산입 계산	연결집단을 하나의 내국법인으로 보아 다음과 같이 수입배당금 익금불산입액을 계산한다. $$(수입배당금 - 지급이자 \times \frac{주식적수}{재무상태표상\ 자산총액적수}) \times 익금불산입률$$ ㉠ 지급이자: 각 연결법인의 지급이자를 더하여 계산하되, 연결법인 간 지급이자(해당 차입거래에 대하여 부당행위계산의 부인 규정이 적용되는 경우는 제외)를 뺀 금액으로 한다. ㉡ 재무상태표상의 자산총액: 각 연결법인의 재무상태표상의 자산총액의 합계액에서 연결법인에 대한 대여금, 매출채권, 미수금 등의 채권과 연결법인이 발행한 주식을 제거한 금액으로 한다. ㉢ 익금불산입률(30%·80%·100%)을 정하는 출자비율: 각 연결법인이 수입배당금액을 지급한 내국법인에 출자한 비율을 더하여 계산한다.
연결법인별 배분	위와 같이 계산한 연결법인 수입배당금 익금불산입액은 수입배당금액을 지급한 내국법인에 출자한 각 연결법인의 출자비율의 합계액 중 해당 연결법인의 출자비율이 차지하는 비율에 따라 해당 연결법인에 배분하여 익금에 산입하지 아니한다. $$연결집단의\ 수입배당금\ 익금불산입액 \times \frac{해당\ 연결법인의\ 출자비율}{각\ 연결법인의\ 출자비율\ 합계액}$$

② 연결법인의 기업업무추진비 손금불산입

연결집단의 기업업무 추진비 손금불산입 계산	연결집단을 하나의 내국법인으로 보아 다음과 같이 기업업무추진비 손금불산입액을 계산한다. [1단계] 기업업무추진비 합계액 중 적격증명서류 미수취 손금불산입 [2단계] 기업업무추진비 한도초과액 계산: 기업업무추진비 해당액 - 기업업무추진비 한도액 ㉠ 기업업무추진비 합계액: 각 연결법인의 기업업무추진비 합계액에서 다른 연결법인에게 지급한 기업업무추진비를 뺀 금액 ㉡ 기업업무추진비 해당액: 기업업무추진비 합계액 - 적격증명서류 미수취 손금불산입액 ㉢ 기업업무추진비 한도액 계산 시 수입금액: 각 연결법인의 수입금액의 합계액에서 연결법인 간 양도손익이연자산의 양도에 따른 수입금액을 뺀 금액으로 한다.

연결법인별 배분	연결법인 기업업무추진비 손금불산입액은 다음과 같이 연결법인에게 배분한다. ㉠ 적격증명서류 미수취로 인한 손금불산입액: 지출한 연결법인에 직접 배분 ㉡ 기업업무추진비 한도초과액: 기업업무추진비 지출액의 비율로 연결법인에게 배분 연결집단을 하나의 내국법인으로 보아 계산한 기업업무추진비 손금불산입액 × $\dfrac{\text{해당 연결법인의 기업업무추진비 지출액}}{\text{각 연결법인의 기업업무추진비 지출액의 합계액}}$

③ 연결법인의 기부금의 손금불산입

연결집단의 기부금 손금불산입액 계산	연결집단을 하나의 내국법인으로 보아 다음과 같이 손금불산입액을 계산한다. 해당 기부금 손금불산입액 = 해당 기부금의 합계액 − 해당 기부금별 손금산입 한도액^(*) (*) 해당 기부금별 손금산입 한도액 ㉠ 특례기부금: (기준소득금액 − 이월결손금) × 50% ㉡ 우리사주조합기부금: (기준소득금액 − 이월결손금 − 특례기부금 손금산입액) × 30% ㉢ 일반기부금: (기준소득금액 − 이월결손금 − 특례기부금·우리사주조합기부금 손금산입액) × 10%
손금불산액의 연결법인별 배분	위와 같이 계산한 연결법인 기부금 손금불산입액은 다음과 같이 연결법인에게 배분한다. ㉠ 비지정기부금: 지출한 연결법인에 직접 배분 ㉡ 특례기부금 및 일반기부금 한도초과액: 해당 기부금 지출액에 따라 연결법인에게 배분 연결집단을 하나의 내국법인으로 보아 계산한 해당 기부금의 손금불산입액 × $\dfrac{\text{해당 연결법인의 해당 기부금 지출액}}{\text{각 연결법인의 기부금 지출액 합계액}}$
이월 손금산입액의 연결법인별 배분	연결집단을 하나의 내국법인으로 보고 계산하여 손금에 산입하지 않은 특례기부금·일반기부금 한도초과액을 이월하여 손금에 산입하는 경우 먼저 발생한 사업연도의 한도초과액부터 손금산입하며, 이월손금산입액 중 각 연결법인별 배분액은 다음과 같이 계산한다. 연결집단을 하나의 내국법인으로 보아 계산한 기부금한도초과이월 손금산입액 × $\dfrac{\text{해당 연결법인의 해당 기부금 한도초과액}}{\text{각 연결법인의 해당 기부금 한도초과액 합계액}}$

4. 연결과세표준

(1) 과세표준의 계산

의의	각 연결사업연도의 소득에 대한 과세표준은 각 연결사업연도 소득의 범위에서 다음에 따른 금액을 차례로 공제한 금액으로 한다. 다만, 이월결손금 공제는 연결소득 개별귀속액의 80%(중소기업과 회생계획을 이행 중인 기업 등의 연결법인의 경우는 100%)을 한도로 한다. ① 연결이월결손금 ② 각 연결법인의 비과세소득의 합계액 ③ 각 연결법인의 소득공제액의 합계액
산식	각 연결사업연도의 과세표준 = 각 연결사업연도 소득 − 연결이월결손금 − 연결비과세소득 − 연결소득공제액

(2) 연결이월결손금

공제대상 이월결손금	① 각 연결사업연도의 개시일 전 15년(2019년 12월 31일 이전에 개시한 사업연도에서 발생한 결손금은 10년) 이내에 개시한 연결사업연도의 결손금(연결법인의 연결납세방식의 적용 전에 발생한 결손금을 포함)으로서 그 후의 각 연결사업연도(사업연도 포함)의 과세표준을 계산할 때 공제되지 아니한 금액 ② ①에서 연결사업연도의 결손금이란 다음의 금액을 말한다. 　㉠ 연결사업연도의 소득이 0보다 적은 경우 해당 금액으로서 법인세 과세표준신고규정에 따라 신고하거나 결정·경정되거나, 수정신고한 과세표준에 포함된 결손금을 말한다. 이 때 결손금은 다음 산식에 따라 각 연결법인별로 배분한다. $$\text{각 연결사업연도의 소득금액} \times \frac{\text{해당 법인의 결손금}}{\text{연결집단의 결손금 합계}}$$ 　㉡ 해당 연결사업연도의 소득금액을 계산할 때 손금에 산입하지 아니하는 처분손실
연결 이월결손금 공제범위	① 연결이월결손금에 대한 공제의 범위는 연결소득 개별귀속액의 80%로 한다. 다만, 중소기업과 회생계획을 이행 중인 등의 연결법인의 경우는 100%를 공제한도로 한다. ② 연결소득 개별귀속액은 다음과 같이 계산한다. $$\text{각 연결사업연도의 소득금액} \times \frac{\text{해당 법인의 소득금액}^{(*)}}{\text{연결집단의 소득금액}^{(*)} \text{ 합계액}}$$ (*) 0보다 큰 경우로 한정
연결 이월결손금 공제 제한	결손금을 공제하는 경우 다음의 결손금은 각 구분에 따른 금액을 한도로 공제한다. | 연결법인의 연결납세방식의 적용 전에 발생한 결손금 | 해당 연결법인의 연결소득 개별귀속액 | |---|---| | 연결모법인이 적격합병에 따라 피합병법인의 자산을 양도받는 경우 합병등기일 현재 피합병법인(합병등기일 현재 연결법인이 아닌 법인만 해당한다)의 공제대상 결손금 | 연결모법인의 연결소득 개별귀속액 중 피합병법인으로부터 승계받은 사업에서 발생한 소득 | | 연결모법인이 적격분할합병에 따라 소멸한 분할법인의 자산을 양도받는 경우 분할등기일 현재 소멸한 분할법인의 공제대상 결손금 중 연결모법인이 승계받은 사업에 귀속하는 금액 | 연결모법인의 연결소득 개별귀속액 중 소멸한 분할법인으로부터 승계받은 사업에서 발생한 소득 |
이월결손금 공제순서	연결과세표준을 계산할 때 먼저 발생한 사업연도의 이월결손금부터 공제한다. 같은 사업연도에 2 이상의 연결법인에서 발생한 이월결손금이 있는 경우에는 연결사업연도의 과세표준을 계산할 때 해당 연결법인에서 발생한 이월결손금부터 연결소득 개별귀속액을 한도로 먼저 공제하고, 연결소득 개별귀속액이 없는 경우 다른 연결법인의 연결소득 개별귀속액 비율대로 배분하여 다른 연결법인의 연결소득 개별귀속액에서 공제한다.

(3) 자산처분손실의 공제

내용		
	다음의 처분손실은 각 한도금액 내에서 해당 연결사업연도의 소득금액을 계산할 때 손금에 산입한다. 이 경우 한도를 초과하여 손금에 산입하지 아니한 처분손실은 결손금으로 보고 각 한도 금액 내에서 이후 연결사업연도의 과세표준에서 공제한다.	
	내국법인이 다른 내국법인의 연결가능자법인이 된(설립등기일부터 연결가능자법인이 된 경우는 제외함) 이후 연결납세방식을 적용한 경우	연결납세방식을 적용한 사업연도와 그 다음 사업연도의 개시일부터 4년 이내에 끝나는 연결사업연도에 발생한 자산(연결납세방식을 적용하기 전 취득한 자산으로 한정함)의 처분손실은 다음 구분에 따른 금액(*)을 한도로 한다. ① 연결모법인의 자산처분 손실: 해당 연결모법인의 연결소득개별귀속액 ② 연결자법인의 자산처분 손실: 해당 연결자법인의 연결소득개별귀속액
	연결모법인이 다른 내국법인(합병등기일 현재 연결법인이 아닌 법인으로 한정함)을 적격합병(연결모법인을 분할합병의 상대방 법인으로 하여 적격분할합병하는 경우를 포함함)하는 경우	합병등기일 이후 5년 이내에 끝나는 연결사업연도에 발생한 합병 전 연결모법인 및 연결자법인(이하 "기존연결법인")과 피합병법인(분할법인을 포함)이 합병 전 각각 보유하던 자산의 처분손실(합병등기일 현재 해당 자산의 시가가 장부가액보다 낮은 경우로서 그 차액을 한도로 함)은 다음 구분에 따른 소득금액(*)을 한도로 한다. ① 기존연결법인의 자산처분 손실: 기존연결법인의 소득금액(연결모법인의 연결소득개별귀속액 중 합병 전 연결모법인의 사업에서 발생한 소득금액 및 연결자법인의 연결소득개별귀속액을 말함) ② 피합병법인이 합병 전 보유하던 자산의 처분손실: 연결모법인의 연결소득개별귀속액 중 피합병법인으로부터 승계받은 사업에서 발생한 소득금액

(*) 해당 처분손실을 공제하기 전 소득금액 또는 귀속액을 말하되, 손금에 산입하지 아니한 처분손실을 결손금으로 보아 각 한도금액 내에서 이후 연결사업연도의 과세표준에서 공제하는 때에는 그러하지 아니함

5. 세액의 계산

연결산출세액	연결산출세액은 연결과세표준에 법인세율을 적용하여 계산한 금액으로 한다.
연결법인별 산출세액	연결법인별 산출세액은 다음과 같이 계산한 금액으로 한다. 이 경우 연결법인에 토지 등 양도소득에 대한 법인세가 있는 경우에는 이를 가산한다. 연결법인별 산출세액 = 과세표준 개별귀속액 × 연결세율 ① 과세표준 개별귀속액: 해당 연결법인의 연결소득 개별귀속액에서 각 연결사업연도의 과세표준 계산 시 공제된 결손금(해당 연결법인의 연결소득 개별귀속액에서 공제된 금액을 말한다)과 해당 연결법인의 비과세소득 및 소득공제액을 뺀 금액 ② 연결세율: 연결사업연도의 소득에 대한 과세표준에 대한 연결산출세액(토지 등 양도소득에 대한 법인세는 제외)의 비율

구분		연결법인별 산출세액
연결법인별 산출세액	① 결손금을 배분받은 연결법인	다음 계산식에 따라 계산한 금액 $$A \times (B \div C)$$ A: 각 연결법인별 조정 과세표준 상당액[각 연결법인별 소득에서 각 연결사업연도의 과세표준 계산 시 공제한 결손금(해당 법인에서 발생한 결손금으로서 해당 법인의 소득에서 공제한 금액으로 한정함), 비과세소득 및 소득공제액을 차감한 금액] B: 조정 연결산출세액(각 연결법인별 조정 과세표준 상당액의 합계액에 세율을 적용하여 계산한 금액) C: 조정 과세표준 상당액(각 연결법인별 조정 과세표준 상당액의 합계액)
	② 결손금을 지급한 연결법인	$$D \times (E \div F)$$ D: 결손금 조정세액(연결산출세액에서 ①의 계산식 B에 해당하는 금액을 차감한 금액) E: 각 연결법인별 결손금 공제액(다른 연결법인의 소득금액에 합쳐진 결손금과 다른 연결법인의 연결소득개별귀속액에서 공제된 결손금의 합계액) F: 총 결손금 공제액(각 연결법인별 결손금 공제액을 모두 더한 금액)
	③ 위 모두에 해당하는 연결법인	①의 금액과 ②의 금액을 더하여 계산한 금액

※ 다음 중 어느 하나에 해당하는 경우에는 원칙적인 방법에 따른 연결법인별 연결산출세액을 계산한 금액으로 할 수 있음
  1. 연결모법인이 모든 연결자법인을 완전지배[내국법인이 다른 내국법인의 발행주식총수(주식회사가 아닌 법인인 경우에는 출자총액을 말하며, 의결권 없는 주식 등을 포함한다)의 전부(우리사주조합을 통하여 근로자가 취득한 주식 등 기획재정부령으로 정하는 주식으로서 발행주식총수의 100분의 5 이내의 주식은 제외)를 보유하는 경우를 말하며, 내국법인과 그 내국법인의 완전지배를 받는 법인이 보유한 다른 내국법인의 주식 등의 합계가 그 다른 내국법인의 발행주식총수의 전부인 경우를 포함한다]하는 경우
  2. 각 연결사업연도 결산 전에 연결자법인의 주주(연결법인에 해당하지 않는 자로 한정한다) 전부의 동의를 받은 경우

세액감면 세액공제	① 연결산출세액에서 공제하는 연결법인의 감면세액과 세액공제액은 각 연결법인별로 계산한 감면세액과 세액공제액의 합계액으로 한다. ② 각 연결법인의 감면 또는 면제되는 세액은 감면 또는 면제되는 소득에 연결세율을 곱한 금액(감면의 경우에는 그 금액에 해당 감면율을 곱하여 산출한 금액)으로 한다. 이 경우 감면 또는 면제되는 소득은 과세표준 개별귀속액을 한도로 한다.

6. 연결납세방식의 신고와 납부

신고	① 연결모법인은 각 연결사업연도의 종료일이 속하는 달의 말일부터 4개월 이내에 해당 연결사업연도의 소득에 대한 법인세의 과세표준과 세액을 납세지 관할 세무서장에게 신고하여야 한다. → 연결사업연도 소득금액이 없거나 결손금이 있는 경우도 신고는 해야함 ② 주식회사 등의 외부감사에 관한 법률에 따라 감사인에 의한 감사를 받아야 하는 연결모법인 또는 연결자법인이 해당 사업연도의 감사가 종결되지 아니하여 결산이 확정되지 아니하였다는 사유로 신고기한의 연장을 신청한 경우에는 그 신고기한을 1개월의 범위에서 연장할 수 있다.
납부	① 연결모법인은 연결산출세액에서 감면·공제세액(가산세는 제외), 중간예납세액, 원천징수세액을 공제한 금액을 각 연결사업연도의 소득에 대한 법인세로서 신고기한까지 납세지 관할 세무서 등에 납부하여야 한다. ② 연결자법인은 신고기한까지 연결법인별 산출세액에서 감면세액, 중간예납세액, 원천징수세액을 뺀 금액에 가산세를 가산하여 연결모법인에 지급하여야 한다.
중소기업 관련 규정	각 연결사업연도의 소득에 대한 법인세액을 계산할 때 법인세법 및 조세특례제한법의 중소기업에 관한 규정은 연결집단을 하나의 내국법인으로 보아 중소기업에 해당하는 경우에만 적용한다.
결정·경정 및 징수 등	각 연결사업연도의 소득에 대한 법인세의 결정·경정·징수 및 환급에 관하여는 개별납세규정을 준용하나, 추계결정, 수시부과결정, 결손금소급공제는 준용하지 아니한다.

02 비영리법인

1. 납세의무의 범위

수익사업	비영리내국법인의 각 사업연도의 소득은 다음의 수익사업에서 생기는 소득으로 한정한다. ※ 수익사업에서 생긴 소득: 해당 사업에서 생긴 주된 수입금액 및 이와 직접 관련하여 생긴 부수수익의 합계액에서 해당 사업수익에 대응하는 손비를 공제한 소득 ① 제조업, 건설업, 도매 및 소매업 등 한국표준산업분류에 따른 사업으로서 대통령령으로 정하는 것 ② 소득세법에 따른 이자소득 ③ 소득세법에 따른 배당소득 ④ 주식·신주인수권 또는 출자지분의 양도로 인한 수입 ⑤ 유형자산 및 무형자산의 처분으로 인한 수입. 단, 처분일 현재 3년 이상 계속하여 법령 또는 정관에 규정된 고유목적사업(수익사업 제외)에 직접 사용한 유형·무형자산의 처분으로 인하여 생기는 수입은 수익사업에서 제외한다.

자산의 유지 등을 위한 관람료·입장료수입 등 부수수익이 있는 경우	㉠ 관람료 등의 부수수입: 수익사업 포함 ㉡ 해당 자산의 처분: 수익사업 제외
고유목적사업으로 전입 후 처분하는 경우 과세방법	㉠ 2018. 2. 11. 이전: 양도가액 - 최초취득가액 ㉡ 2018. 2. 12. 이후: 양도가액 - 전입 시 시가

수익사업	⑥ 소득세법 양도소득세 과세대상인 부동산에 관한 권리 및 기타자산의 양도로 인한 수입 ⑦ 그 밖에 대가를 얻는 계속적 행위로 인한 수입으로서 소득세법에 따른 채권 등(그 이자소득에 대하여 법인세가 비과세되는 것은 제외)의 매도에 따른 매매익(채권 등의 매각익에서 매각손을 차감한 금액)
수익사업 제외 소득	다음의 어느 하나에 해당하는 사업은 수익사업에서 제외한다. ① 축산업(축산관련 서비스업을 포함)·조경관리 및 유지 서비스업 외의 농업 ② 연구개발업(계약 등에 의하여 그 대가를 받고 연구·개발용역을 제공하는 사업 제외) ③ 선급검사용역을 공급하는 사업 ④ 일정한 교육시설에서 해당 법률에 따른 교육과정에 따라 제공하는 교육서비스업 (이하 생략)

2. 고유목적사업준비금의 손금산입

(1) 개요

의의	비영리내국법인(법인으로 보는 단체의 경우에는 대통령령으로 정하는 단체만 해당함)이 각 사업연도의 결산을 확정할 때 그 법인의 고유목적사업이나 일반기부금에 지출하기 위하여 고유목적사업준비금을 손비로 계상한 경우에는 일정한 한도액 범위에서 그 계상한 고유목적사업준비금을 해당 사업연도의 소득금액을 계산할 때 손금에 산입한다.
취지	수익사업소득에 대하여 영리내국법인과 동일하게 법인세를 과세한다면 공익성이 있는 비영리내국법인이 고유목적사업 또는 일반기부금에 사용할 재원 중 일부가 세금으로 징수되어 공익사업을 원활하게 수행하는 데 있어서 장애가 될 것이므로 이를 방지한다.

(2) 고유목적사업준비금의 손금산입범위액

다음 금액의 합계액(②에 따른 수익사업에서 결손금이 발생한 경우에는 ①의 합계액에서 그 결손금 상당액을 차감한 금액)의 범위에서 그 계상한 고유목적사업준비금을 해당 사업연도의 소득금액을 계산할 때 손금에 산입한다.

① (이자소득금액 + 배당소득금액 + 융자금 이자금액) × 100%

이자 소득금액	소득세법 제16조 제1항 (비영업대금의 이익은 제외)에 따른 이자소득금액
배당 소득금액	소득세법 제17조 제1항에 따른 배당소득금액. 다만, 상속세 및 증여세법 제16조 또는 제48조에 따라 상속세 과세가액 또는 증여세 과세가액에 산입되거나 증여세가 부과되는 주식 등으로부터 발생한 배당소득의 금액은 제외한다.
융자금 이자금액	특별법에 따라 설립된 비영리내국법인이 해당 법률에 따른 복지사업으로서 그 회원이나 조합원에게 대출한 융자금에서 발생한 이자금액

② (수익사업소득금액 - ①의 소득금액 - 이월결손금 - 특례기부금) × 설정률

수익사업 소득금액	수익사업에서 발생한 소득은 해당 사업연도의 수익사업에서 발생한 소득금액(고유목적사업준비금과 특례기부금을 손금에 산입하기 전의 소득금액에서 경정으로 증가된 소득금액 중 해당 법인의 특수관계인에게 상여 및 기타소득으로 처분된 금액은 제외)에서 100% 설정대상금액, 이월결손금 및 특례기부금을 뺀 금액으로 한다. 📋 **수익사업소득금액 계산방법** 　　　소득금액 (+)　당기 계상 고유목적사업준비금 (+)　특례기부금 ━━━━━━━━━━━━━━━━━━━━ 　　　해당 사업연도 소득금액 (-)　고유목적사업준비금 100% 설정대상 금액 (-)　이월결손금 중 공제대상액 (-)　특례기부금 ━━━━━━━━━━━━━━━━━━━━ 　　　수익사업소득금액
이월 결손금	법인세법 제13조 제1항에 따른 이월결손금으로서 각 사업연도 소득의 80%를 이월결손금 공제한도로 적용받는 법인은 공제한도 적용으로 인해 공제받지 못하고 이월된 결손금을 차감한 금액(이중 불이익 방지)을 말한다.
설정률	㉠ 법인세법: 그 밖의 수익사업에서 발생한 소득에 50%(공익법인의 설립·운영에 관한 법률에 따라 설립된 법인으로서 고유목적사업 등에 대한 지출액 중 50% 이상의 금액을 장학금으로 지출하는 법인의 경우에는 80%)을 곱하여 산출한 금액 ㉡ 조세특례제한법: 공익성이 큰 비영리법인이므로 100% 설정가능 [예] 사립학교법에 따른 학교법인, 사회복지법인, 공익법인의 설립·운영에 관한 법률에 따라 설립된 법인으로서 해당 과세연도의 고유목적사업이나 일반기부금에 대한 지출액 중 80% 이상의 금액을 장학금으로 지출한 법인)

(3) 고유목적사업준비금의 손금산입방법

원칙 (결산조정)	법인이 고유목적사업준비금을 손금에 산입하기 위해서는 법인의 장부에 손비로 계상하여야 한다.
특례 (신고조정)	주식회사 등의 외부감사에 관한 법률에 따른 감사인의 회계감사를 받는 비영리내국법인이 고유목적사업준비금을 세무조정계산서에 계상하고 그 금액 상당액을 해당 사업연도의 이익처분을 할 때 고유목적사업준비금으로 적립한 경우에는 그 금액을 결산을 확정할 때 손비로 계상한 것으로 본다.

(4) 고유목적사업준비금의 사용·승계·환입

사용		① 고유목적사업준비금은 해당 준비금을 손금으로 계상한 사업연도의 종료일 이후 5년 이내 고유목적사업 또는 일반기부금의 지출에 사용하여야 한다. ② 이 경우 고유목적사업 또는 일반기부금에 사용한 금액은 먼저 계상한 고유목적사업준비금부터 사용한 것으로 보며, 직전 사업연도 종료일 현재의 고유목적사업준비금 잔액을 초과하여 해당 사업연도의 고유목적사업 및 일반기부금에 지출한 금액은 이를 해당 사업연도의 고유목적사업준비금으로 계상하여 지출한 것으로 본다.
승계		고유목적사업준비금을 손금에 산입한 비영리내국법인이 사업에 관한 모든 권리와 의무를 다른 비영리내국법인에 포괄적으로 양도하고 해산하는 경우에는 해산등기일 현재의 고유목적사업준비금 잔액은 그 다른 비영리내국법인이 승계할 수 있다.
환입	원칙	손금에 산입한 고유목적사업준비금의 잔액이 있는 비영리내국법인이 다음 중 어느 하나에 해당하게 된 경우 그 잔액(⑤의 경우에는 고유목적사업 등이 아닌 용도에 사용한 금액)은 해당 사유가 발생한 날이 속하는 사업연도의 소득금액을 계산할 때 익금에 산입한다. ① 해산한 경우(고유목적사업준비금을 승계한 경우는 제외) ② 고유목적사업을 전부 폐지한 경우 ③ 법인으로 보는 단체가 국세기본법 제13조 제3항에 따라 승인이 취소되거나 거주자로 변경된 경우 ④ 고유목적사업준비금을 손금에 산입한 사업연도의 종료일 이후 5년이 되는 날까지 고유목적사업 등에 사용하지 아니한 경우(5년 내에 사용하지 아니한 잔액으로 한함) ⑤ 고유목적사업준비금을 고유목적사업 등이 아닌 용도에 사용한 경우
	조기임의환입	손금에 산입한 고유목적사업준비금의 잔액이 있는 비영리내국법인은 고유목적사업준비금을 손금에 산입한 사업연도의 종료일 이후 5년 이내에 그 잔액 중 일부를 감소시켜 익금에 산입할 수 있다. 이 경우 먼저 손금에 산입한 사업연도의 잔액부터 차례로 감소시킨 것으로 본다. ∵ 조기에 환입하여 이자상당액을 경감시킴

	이자상당액 납부	다음의 사유로 고유목적사업준비금의 잔액을 익금에 산입하는 경우에는 법령에 따라 계산한 이자상당액을 해당 사업연도의 법인세에 더하여 납부하여야 한다.
		① 이자상당액 납부사유
		  ㉠ 고유목적사업준비금을 손금에 산입한 사업연도의 종료일 이후 5년이 되는 날까지 고유목적사업 또는 일반기부금에 사용하지 아니한 경우
		  ㉡ 고유목적사업준비금을 고유목적사업 등이 아닌 용도에 사용한 경우
		  ㉢ 조기임의환입하는 경우
		② 이자상당액 계산

$$\text{고유목적사업준비금의 잔액을 손금에 산입한 사업연도에 그 잔액을 손금에 산입함에 따라 발생한 법인세액의 차액} \times \text{손금에 산입한 사업연도의 다음 사업연도의 개시일부터 익금에 산입한 사업연도의 종료일까지의 기간(일수)} \times \frac{22}{100,000}$$

환입	**Q 사례**
	비영리법인이 2024. 12. 31. 사업연도 종료일에 5천만원을 고유목적사업준비금으로 계상하였으며, 2029. 12. 31. 사업연도 종료일까지 3천만원만 고유목적사업비로 지출한 경우 2029년도에 대한 법인세 신고 시 추가납부하여야 할 이자상당액은?
	• 2024년 사업연도 법인세 과세표준: 90,000,000
	• 2024년 사업연도 법인세 산출세액: 8,100,000(= 90,000,000 × 9%)
	⇒ ① 미사용 고유목적사업준비금에 대한 2024년 사업연도 법인세액의 계산
	    ㉠ 미사용액을 손금산입하지 않은 경우 과세표준
	       90,000,000 + 20,000,000 = 110,000,000
	    ㉡ 미사용액을 손금산입하지 않은 경우 산출세액
	       110,000,000 × 9% = 9,900,000
	② 미사용액에 대한 법인세액: 9,900,000 - 8,100,000 = 1,800,000
	③ 이자상당액: 1,800,000 × (365 + 365 + 365 + 365 + 365) × 2.2/10,000 = 722,700

3. 기타 비영리법인 과세특례

구분경리	비영리법인이 수익사업을 하는 경우에는 자산·부채 및 손익을 그 수익사업에 속하는 것과 수익사업이 아닌 그 밖의 사업에 속하는 것을 각각 다른 회계로 구분하여 기록하여야 한다.
이자소득 신고특례	① 비영리내국법인은 이자소득(비영업대금의 이익은 제외, 투자신탁의 이익은 포함)으로서 원천징수된 이자소득에 대하여는 과세표준신고를 하지 아니할 수 있다. 이 경우 과세표준신고를 하지 아니한 이자소득은 각 사업연도의 소득금액을 계산할 때 포함하지 아니한다. → 일부만 분리과세 적용도 가능함 ② 과세표준신고를 하지 아니한 이자소득에 대하여는 수정신고, 기한 후 신고 또는 경정 등에 의하여 이를 과세표준에 포함시킬 수 없다.
자산양도소득 신고특례	비영리내국법인(사업활동에 해당하는 수익사업을 하는 비영리내국법인은 제외)이 자산양도소득이 있는 경우에는 과세표준신고를 하지 아니할 수 있다. 이 경우 과세표준신고를 하지 아니한 자산양도소득은 각 사업연도의 소득금액을 계산할 때 포함하지 아니한다. 따라서 사업소득이 없는 비영리법인은 자산양도소득에 대하여 다음의 두 가지 중 한 방법을 선택하여 신고·납부할 수 있다. ① 법인세법의 규정에 의한 각 사업연도 소득에 대한 법인세를 신고납부하는 방법 ② 소득세법의 규정에 의한 양도소득세 상당액을 법인세로 납부하는 방법
가산세 배제	비영리내국법인은 장부의 기록·보관 불성실가산세의 적용이 배제된다.
필수적 첨부서류	모든 법인은 필수적 첨부서류를 첨부하지 아니한 경우 무신고로 간주되나, 수익사업(사업소득과 채권 등의 매매차익)을 영위하지 않는 비영리법인은 그러하지 아니한다.

03 청산소득금액

구분	내용
의의	영리내국법인이 해산(합병이나 분할에 의한 해산 제외)에 의하여 소멸할 때 청산소득에 대해 법인세를 과세한다. 단, 내국법인이 다음의 어느 하나에 해당하면 청산소득에 대한 법인세를 과세하지 아니한다. ① 상법의 규정에 따라 조직변경하는 경우 ② 특별법에 따라 설립된 법인이 그 특별법의 개정이나 폐지로 인하여 상법에 따른 회사로 조직변경하는 경우 ③ 그 밖의 법률에 따라 내국법인이 조직변경하는 경우로서 법령으로 정하는 경우

청산
소득금액
계산
	청산소득금액은 그 법인의 해산에 의한 잔여재산의 가액에서 해산등기일 현재의 자기자본의 총액을 공제한 금액으로 한다.
	
	과세표준 = 잔여재산가액 - 자기자본총액
	
	① 잔여재산가액: 해산등기일 현재 자산총액 - 부채총액
	
	    | 자산총액 | 평가액 |
	    | 추심할 채권과 환가처분할 자산 | 추심 또는 환가처분한 날 현재의 금액 |
	    | 추심 또는 환가처분 전에 분배한 경우 | 분배한 날 현재 시가에 의하여 평가한 금액 |
	
	② 자기자본총액: 자본금 + 세무상 잉여금 + 환급법인세 - 세무상 이월결손금

	자본금	세무상 자본금을 말하되, 청산소득금액을 계산할 때 해산등기일 전 2년 이내에 자본금 또는 출자금에 전입한 잉여금이 있는 경우에는 해당 금액을 자본금 또는 출자금에 전입하지 아니한 것으로 본다. ∵ 잉여금을 편법으로 축소시켜 청산소득을 줄이는 조세회피 방지
	세무상 잉여금	재무상태표상 자본잉여금과 이익잉여금 ± 유보
	환급법인세	내국법인의 해산에 의한 청산소득의 금액을 계산할 때 그 청산기간에 국세기본법에 따라 환급되는 법인세액이 있는 경우 이에 상당하는 금액은 그 법인의 해산등기일 현재의 자기자본의 총액에 가산한다.
	세무상 이월결손금	⊙ 청산소득금액을 계산할 때 세무상 이월결손금은 그 법인의 자기자본총액에서 상계하여야 한다. 다만, 상계하는 이월결손금은 자기자본의 총액 중 잉여금의 금액을 초과하지 못하며, 초과하는 이월결손금이 있는 경우에는 그 이월결손금은 없는 것으로 본다. ⓒ 세무상 이월결손금은 해산등기일 현재 각 사업연도 소득금액에 대한 과세표준 계산 시 공제되지 않은 금액으로서 공제기한(예 15년)이 경과한 금액을 포함한다. 단, 자기자본총액에서 이미 상계된 것으로 보는 이월결손금(∵ 기업회계상 이미 소멸됨)은 제외한다.
	자기주식가액	해산에 의한 청산소득금액을 계산함에 있어서 보유 중인 자기주식의 가액은 해산등기일 현재의 자본금 또는 출자금에서 차감하지 아니하며, 잔여재산가액 계산 시의 자산총액에도 포함하지 아니한다.
세율	내국법인의 청산소득에 대한 법인세는 그 청산소득의 과세표준에 각 사업연도 소득에 대한 세율(9% ~ 19%)을 적용하여 계산한 금액으로 한다.

청산 중 계속 사업영위		내국법인의 해산에 의한 청산소득의 금액을 계산할 때 그 청산기간에 생기는 각 사업연도의 소득금액이 있는 경우에는 그 법인의 해당 각 사업연도의 소득금액에 산입한다. 구체적으로 법인이 해산등기일 현재의 자산을 청산기간 중에 처분한 금액(환가를 위한 재고자산의 처분액 포함)은 이를 청산소득에 포함하나, 청산기간 중에 해산 전의 사업을 계속하여 영위하는 경우 당해 사업에서 발생한 사업수입이나 임대수입, 공·사채 및 예금의 이자수입 등은 각 사업연도의 소득금액에 포함한다.
신고·납부	확정 신고	청산소득에 대한 법인세의 납부의무가 있는 내국법인은 다음의 기한까지 청산소득에 대한 법인세의 과세표준과 세액을 납세지 관할 세무서장에게 신고하여야 한다. → 청산소득의 금액이 없는 경우에도 적용함 ① 잔여재산이 확정한 경우: 잔여재산가액 확정일이 속하는 달의 말일부터 3개월 이내 ② 해산에 의한 잔여재산의 일부를 주주들에게 분배한 후 사업을 계속하는 경우: 계속 등기일이 속하는 달의 말일부터 3개월 이내
	중간 신고	내국법인(유동화전문회사 또는 프로젝트금융회사는 제외)이 다음의 어느 하나에 해당하면 다음의 날이 속하는 달의 말일부터 1개월 이내에 이를 납세지 관할 세무서장에게 신고하여야 한다. 다만, 국유재산법에 규정된 청산절차에 따라 청산하는 법인의 경우에는 ②는 적용하지 아니한다. ① 해산에 의한 잔여재산가액이 확정되기 전에 그 일부를 주주 등에게 분배한 경우: 그 분배한 날 ② 해산등기일부터 1년이 되는 날까지 잔여재산가액이 확정되지 아니한 경우: 그 1년이 되는 날

04 법인과세 신탁재산

1. 통칙

적용관계	법인과세 신탁재산 및 이에 귀속되는 소득에 대하여 법인세를 납부하는 신탁의 수탁자(법인과세 수탁자)에 대해서는 이 장의 규정을 다른 규정에 우선하여 적용한다.
신탁재산에 대한 법인세 과세방식	① 법인과세 수탁자는 법인과세 신탁재산에 귀속되는 소득에 대하여 그 밖의 소득과 구분하여 법인세를 납부하여야 한다. ② 재산의 처분 등에 따라 법인과세 수탁자가 법인과세 신탁재산의 재산으로 그 법인과세 신탁재산에 부과되거나 그 법인과세 신탁재산이 납부할 법인세 및 강제징수비를 충당하여도 부족한 경우에는 그 신탁의 수익자(신탁이 종료되어 신탁재산이 귀속되는 자를 포함)는 분배받은 재산가액 및 이익을 한도로 그 부족한 금액에 대하여 제2차 납세의무를 진다. ③ 법인과세 신탁재산이 그 이익을 수익자에게 분배하는 경우에는 배당으로 본다.
신탁재산 설립과 해산	① 법인과세 신탁재산은 신탁법에 따라 그 신탁이 설정된 날에 설립된 것으로 본다. ② 법인과세 신탁재산은 그 신탁이 종료된 날(신탁이 종료된 날이 분명하지 아니한 경우 부가가치세법에 따른 폐업일)에 해산된 것으로 본다. ③ 법인과세 수탁자는 법인과세 신탁재산에 대한 사업연도를 따로 정하여 법인 설립신고 또는 사업자등록과 함께 납세지 관할 세무서장에게 사업연도를 신고하여야 한다. 이 경우 사업연도의 기간은 1년을 초과하지 못한다. ④ 법인과세 신탁재산의 법인세 납세지는 그 법인과세 수탁자의 납세지로 한다.

공동수탁자가 있는 경우	하나의 법인과세 신탁재산에 둘 이상의 수탁자가 있는 경우에는 수탁자 중 신탁사무를 주로 처리하는 수탁자(대표수탁자)로 신고한 자가 법인과세 신탁재산에 귀속되는 소득에 대하여 법인세를 납부하여야 한다. 대표수탁자 외의 수탁자는 법인과세 신탁재산에 관계되는 법인세에 대하여 연대하여 납부할 의무가 있다.

2. 과세표준과 그 계산

법인과세 신탁재산 소득공제	① 법인과세 신탁재산이 수익자에게 배당한 경우에는 그 금액을 해당 배당을 결의한 잉여금 처분의 대상이 되는 사업연도의 소득금액에서 공제한다. 이 경우 공제하는 배당금액이 해당 배당을 결의한 잉여금 처분의 대상이 되는 사업연도의 소득금액을 초과하는 경우 그 초과금액은 없는 것으로 본다. ② 배당을 받은 법인과세 신탁재산의 수익자에 대하여 그 배당에 대한 소득세 또는 법인세가 비과세되는 경우에는 소득공제규정을 적용하지 아니한다. 다만, 배당을 받은 수익자가 동업기업과세특례를 적용받는 동업기업인 경우로서 그 동업자들에 대하여 배분받은 배당에 해당하는 소득에 대한 소득세 또는 법인세가 전부 과세되는 경우 소득공제규정을 적용한다.
신탁의 합병 및 분할	① 법인과세 신탁재산에 대한 신탁의 합병은 법인의 합병으로 보아 법인세법을 적용한다. 이 경우 신탁이 합병되기 전의 법인과세 신탁재산은 피합병법인으로 보고, 신탁이 합병된 후의 법인과세 신탁재산은 합병법인으로 본다. ② 법인과세 신탁재산에 대한 신탁의 분할(분할합병을 포함)은 법인의 분할로 보아 법인세법을 적용한다. 이 경우 신탁의 분할에 따라 새로운 신탁으로 이전하는 법인과세 신탁재산은 분할법인 등으로 보고, 신탁의 분할에 따라 그 법인과세 신탁재산을 이전받은 법인과세 신탁재산은 분할신설법인 등으로 본다.
법인과세 신탁재산의 소득금액 계산	수탁자의 변경에 따라 법인과세 신탁재산의 수탁자가 그 법인과세 신탁재산에 대한 자산과 부채를 변경되는 수탁자에게 이전하는 경우 그 자산과 부채의 이전가액을 수탁자 변경일 현재의 장부가액으로 보아 이전에 따른 손익은 없는 것으로 한다.

3. 신고·납부 및 징수

신고 및 납부	법인과세 신탁재산에 대해서는 성실신고확인서 제출 및 중간예납의무를 적용하지 아니한다.
법인과세 신탁재산의 원천징수	법인과세 신탁재산이 다음의 소득을 지급받고, 법인과세 신탁재산의 수탁자가 대통령령으로 정하는 금융회사 등에 해당하는 경우에는 원천징수하지 아니한다. ① 득세법에 따른 이자소득의 금액(금융보험업을 하는 법인의 수입금액을 포함). 다만, 원천징수대상 채권 등의 이자 등을 투자회사 또는 자본확충목적 회사가 아닌 법인에 지급하는 경우는 제외한다. ② 집합투자기구로부터의 이익 중 투자신탁의 이익의 금액 ※ 채권보유기간의 이자상당액에 대한 규정을 적용하는 경우 법인과세 신탁재산에 속한 원천징수대상 채권 등을 매도하는 경우 법인과세 수탁자를 원천징수의무자로 봄

01 법인세법상 납세의무자에 대한 설명으로 옳은 것은 모두 몇 개인가?

2017년 국가직 7급 변형

ㄱ. 영리외국법인은 토지 등 양도소득에 대한 법인세 납세의무는 있지만 청산소득에 대한 법인세 납세의무는 없다.
ㄴ. 비영리외국법인은 국내원천소득 중 수익사업에서 생기는 소득에 대해 법인세 납세의무가 있다.
ㄷ. 비영리내국법인은 토지 등 양도소득에 대한 법인세 납세의무는 있다.
ㄹ. 연결법인은 각 연결사업연도의 소득에 대한 법인세(각 연결법인의 토지 등 양도소득에 대한 법인세와 투자·상생 협력 촉진을 위한 과세특례를 적용한 법인세 포함)를 연대하여 납부할 의무가 있다.
ㅁ. 외국의 정부 및 지방자치단체는 비과세법인에 해당하므로 법인세 납세의무가 없다.

① 2개   ② 3개
③ 4개   ④ 5개

정답 및 해설

옳은 것은 총 4개(ㄱ, ㄴ, ㄷ, ㄹ)이다.
ㄷ. 투자·상생 협력 촉진을 위한 과세특례를 적용한 법인세는 영리내국법인 중 자기자본이 500억 원을 초과하는 기업(중소기업 제외) 또는 상호출자제한기업집단에 속하는 법인만 납세의무자로 한다.

선지분석

ㅁ. 외국의 정부 및 지방자치단체는 비영리외국법인으로 보아 국내원천 수익사업소득과 토지 등 양도소득에 대한 법인세 납세의무가 있다. 국내 국가·지방자치단체·지방자치단체조합이 비과세법인에 해당한다.

답 ③

02 법인세법상 납세의무 및 과세소득의 범위에 대한 설명으로 옳지 않은 것은?

2007년 국가직 9급

① 내국법인 중 국가 및 지방자치단체에 대하여는 법인세를 부과하지 않는다.
② 외국법인의 청산소득에 대해서는 법인세를 부과하지 않는다.
③ 외국법인은 법인세법에 의하여 원천징수하는 법인세를 납부할 의무가 있다.
④ 비영리내국법인의 청산소득에 대해서는 법인세를 부과한다.

정답 및 해설

비영리내국법인은 청산소득에 대해 법인세를 부과하지 않는다.
∵ 비영리법인이 청산하는 경우에는 잔여재산을 구성원에게 분배할 수 없고 국가에 인도하여 청산소득이 발생하지 않기 때문이다.

답 ④

03 법인세법상 사업연도에 대한 설명으로 옳지 않은 것은?

2013년 국가직 7급

① 사업연도는 법령이나 법인의 정관 등에서 정하는 1회계기간으로 한다. 다만, 그 기간은 1년을 초과하지 못한다.
② 국내사업장이 없는 외국법인으로서 부동산 운영으로 인하여 발생한 소득 또는 국내자산의 양도소득이 있는 법인은 따로 사업연도를 정하여 그 소득이 최초로 발생하게 된 날부터 3월 이내에 납세지 관할 세무서장에게 사업연도를 신고하여야 한다.
③ 사업연도를 변경하려는 법인은 그 법인의 직전 사업연도 종료일부터 3개월 이내에 법령으로 정하는 바에 따라 납세지 관할 세무서장에게 이를 신고하여야 한다.
④ 내국법인이 사업연도 중에 연결납세방식을 적용받는 경우에는 그 사업연도 개시일부터 연결사업연도 개시일의 전날까지의 기간을 1사업연도로 본다.

정답 및 해설

국내사업장이 없는 외국법인으로서 부동산 운영으로 인하여 발생한 소득이 있는 법인은 따로 사업연도를 정하여 그 소득이 최초로 발생하게 된 날부터 1개월 이내에 납세지 관할 세무서장에게 사업연도를 신고하여야 한다.

답 ②

04 법인세법상 사업연도에 대한 설명으로 옳지 않은 것은?

2018년 국가직 9급

① 법령이나 정관 등에 사업연도에 관한 규정이 없는 내국법인은 따로 사업연도를 정하여 법인세법에 따른 법인 설립신고 또는 사업자등록과 함께 납세지 관할 세무서장에게 사업연도를 신고하여야 한다.
② 내국법인이 사업연도 중에 합병에 따라 해산한 경우에는 그 사업연도 개시일부터 합병등기일 전날까지의 기간을 그 해산한 법인의 1사업연도로 본다.
③ 내국법인이 사업연도 중에 연결납세방식을 적용받는 경우에는 그 사업연도 개시일부터 연결사업연도 개시일의 전날까지의 기간을 1사업연도로 본다.
④ 국내사업장이 있는 외국법인이 사업연도 중에 그 국내사업장을 가지지 아니하게 된 경우(단, 국내에 다른 사업장을 계속하여 가지고 있는 경우는 제외)에는 그 사업연도 개시일부터 그 사업장을 가지지 아니하게 된 날까지의 기간을 그 법인의 1사업연도로 본다.

정답 및 해설

내국법인이 사업연도 중에 합병 또는 분할에 따라 해산한 경우에는 그 사업연도 개시일부터 합병등기일 또는 분할등기일까지의 기간을 그 해산한 법인의 1사업연도로 본다. 법인이 합병 또는 분할을 한 때에는 합병등기 또는 분할등기를 하여야 하며 동 등기를 함으로써 합병 또는 분할의 효력이 발생하기 때문이다.

선지분석

③ 사업연도 중에 연결납세방식 적용하는 경우에는 그 사업연도 개시일부터 연결사업연도 개시일 전날을 1사업연도로 본다.
④ 국내사업장이 있는 외국법인이 사업연도 중에 그 국내사업장을 가지지 않게 된 경우에는 사업연도 개시일부터 국내사업장을 가지지 않게 된 날을 1사업연도로 본다. 단, 국내에 다른 사업장을 계속하여 가지고 있는 경우 의제되지 아니한다.

답 ②

05 다음 법인세법과 관련된 내용 중 옳지 않은 것으로만 묶어진 것은? 2008년 국가직 9급

> ㄱ. 내국법인은 국내에 본점·주사무소 또는 사업의 실질적 관리장소가 있는 법인이다.
> ㄴ. 법인세의 사업연도는 원칙적으로 1년을 초과할 수 없다.
> ㄷ. 법인세 과세표준의 신고는 각 사업연도 종료일로부터 3개월 이내에 하여야 한다.
> ㄹ. 영리목적 유무에 불구하고 모든 내국법인은 청산소득에 대하여 법인세 납세의무가 있다.
> ㅁ. 비영리내국법인도 법령이 정한 수익사업에 대하여는 각 사업연도소득에 대한 법인세 납세의무가 있다.
> ㅂ. 법인이 법령이 정하는 비사업용 토지를 양도한 경우에는 각 사업연도소득에 대한 법인세에 추가하여 토지 등 양도소득에 대한 법인세를 납부하여야 한다.

① ㄱ, ㄷ, ㄹ
② ㄴ, ㄷ, ㅂ
③ ㄷ, ㄹ, ㅁ
④ ㄷ, ㄹ

정답 및 해설

옳지 않은 것은 ㄷ, ㄹ이다.
ㄷ. 법인세 과세표준의 신고는 각 사업연도 종료일이 속하는 달의 말일부터 3개월 이내에 하여야 한다.
ㄹ. 영리내국법인만이 청산소득에 대하여 법인세 납세의무가 있다.

선지분석

ㄱ. 내국법인의 개념에 대한 옳은 내용이다.
ㄴ. 법인의 원칙적인 사업연도에 대한 옳은 내용이다.
ㅁ. 비영리내국법인의 과세소득 범위는 국내 및 국외 수익사업소득이다.
ㅂ. 토지 등 양도소득에 대한 법인세규정에 대한 옳은 내용이다.

답 ④

06 법인세법상 소득처분에 관한 설명으로 옳은 것은?

2007년 국가직 9급

① 사외유출된 금액의 귀속이 불분명하여 대표자에 대한 상여로 처분한 경우 당해 법인이 그 처분에 따른 소득세 등을 대납하고 이를 손비로 계상함에 따라 익금에 산입한 금액에 대하여는 기타사외유출로 소득처분한다.
② 익금산입한 금액의 귀속자가 법인의 임원인 경우에는 그 귀속자에 대한 배당으로 처분한다.
③ 귀속자가 법인이거나 사업을 영위하는 개인인 경우(다만, 각 사업연도 소득이나 사업소득을 구성하는 경우)에는 그 귀속자에 대한 상여로 처분한다.
④ 배당이나 상여로 소득처분한 경우에는 법인의 원천징수의무가 있으나, 기타소득으로 소득처분한 경우에는 법인의 원천징수의무가 없다.

정답 및 해설

귀속이 불분명하여 대표자 상여처분에 대한 소득세를 회사가 대납해 주는 실무상 관행을 인정하여 상여가 아닌 기타사외유출로 처분한다.

선지분석

② 익금산입한 금액의 귀속자가 법인의 임원인 경우에는 그 귀속자에 대한 상여로 처분한다.
③ 귀속자가 법인이거나 사업을 영위하는 개인인 경우(다만, 각 사업연도 소득이나 사업소득을 구성하는 경우)에는 그 귀속자에 대한 기타사외유출로 처분한다.
④ 배당이나 상여, 기타소득으로 소득처분한 경우에 법인의 원천징수의무가 있다.

답 ①

07 법인세법상 소득처분에 대한 설명으로 옳지 않은 것은?

2014년 국가직 9급 변형

① 외국법인의 국내사업장의 각 사업연도의 소득에 대한 법인세의 과세표준을 신고하거나 결정 또는 경정함에 있어서 익금에 산입한 금액이 그 외국법인 등에 귀속되는 소득은 기타사외유출로 처분한다.
② 익금에 산입한 금액이 사외에 유출된 것이 분명한 경우에 그 귀속자가 사업을 영위하는 개인의 경우에는 상여로 처분한다.
③ 법인세를 납부할 의무가 있는 비영리내국법인과 비영리외국법인에 대하여도 소득처분에 관한 규정을 적용한다.
④ 익금에 산입한 금액의 귀속자가 임원 또는 직원인 경우에는 그 귀속자에 대한 상여로 처분한다.

정답 및 해설

익금에 산입한 금액이 사외에 유출된 것이 분명한 경우에 그 귀속자가 사업을 영위하는 개인이거나 법인인 경우 기타사외유출로 소득처분한다.

선지분석

① 반드시 기타사외유출로 처분하는 경우에 해당한다.
④ 귀속자는 소득세법상 근로소득(인정상여)으로 과세한다.

답 ②

08 법인세법령상 내국법인의 소득처분에 대한 설명으로 옳지 않은 것은? 2018년 국가직 7급

① 대표자가 2명 이상인 법인에서 익금에 산입한 금액이 사외에 유출되고 귀속이 불분명한 경우에는 사실상의 대표자에게 귀속된 것으로 본다.
② 익금에 산입한 금액이 사외에 유출되지 아니한 경우에는 사내유보로 처분한다.
③ 세무조사가 착수된 것을 알게 된 경우로 경정이 있을 것을 미리 알고 법인이 국세기본법 제45조의 수정신고기한 내에 매출누락 등 부당하게 사외유출된 금액을 익금에 산입하여 신고하는 경우의 소득처분은 사내유보로 한다.
④ 사외유출된 금액의 귀속자가 불분명하여 대표자에게 귀속된 것으로 보아 대표자에 대한 상여로 처분한 경우 해당 법인이 그 처분에 따른 소득세를 대납하고 이를 손비로 계상함에 따라 익금에 산입한 금액은 기타사외유출로 처분한다.

정답 및 해설

세무조사가 착수된 것을 알게 된 경우로 경정이 있을 것을 미리 알고 법인이 국세기본법 제45조의 수정신고기한 내에 매출누락 등 부당하게 사외유출된 금액을 익금에 산입하여 신고하는 경우의 소득처분은 귀속자에 따라 상여 등으로 소득처분한다.

소득의 귀속자가 불분명한 경우

원칙	대표자 상여
특례	1. 수정신고기한 내에 사외유출된 금액을 회수하고 익금에 산입하여 신고하는 경우: 유보 2. 경정이 있을 것을 미리 알고 사외유출된 금액을 익금산입하는 경우(수정신고기한 내인 경우라도): 귀속자에 따라 사외유출(귀속불분명 시 대표자 상여)

답 ③

09 법인세법상 익금에 산입되지 아니하는 것은? 2007년 국가직 9급

① 손금에 산입한 금액 중 환입된 금액
② 국세의 과오납금의 환급금에 대한 이자
③ 채무의 면제로 인하여 생기는 부채의 감소액
④ 자산의 양도금액

정답 및 해설

국세·지방세의 환급가산금은 국세·지방세의 환급액이 익금항목인지 여부에 관계없이 무조건 익금불산입(기타)한다.
∵ 세금의 초과납부에 대한 보상이기 때문이다.

(선지분석)
① 익금(유보 또는 기타)에 해당한다.
③, ④ 익금(유보)에 해당한다.

답 ②

10 법인세법상 내국법인의 각 사업연도의 소득금액계산에 있어서 익금불산입항목에 해당되지 않는 것은?

2009년 국가직 9급 변형

① 주식의 포괄적 교환차익
② 이월익금 및 부가가치세의 매출세액
③ 무상으로 받은 자산의 가액(국고보조금 등은 제외) 중 법령이 정하는 이월결손금의 보전에 충당된 금액
④ 채무의 출자전환으로 주식을 발행하는 경우 당해 주식의 시가를 초과하여 발행된 금액

> **정답 및 해설**
>
> 법인이 채무를 출자전환하는 경우로서 주식의 시가를 초과하여 발행된 금액은 채무면제이익으로서 익금(유보)에 해당한다.
>
> 답 ④

11 법인세법상 익금불산입항목에 대한 설명으로 옳지 않은 것은?

2021년 국가직 9급

① 주식의 포괄적 교환차익과 주식의 포괄적 이전차익은 내국법인의 각 사업연도 소득금액을 계산할 때 익금에 산입하지 아니한다.
② 자본감소의 경우로서 그 감소액이 주식의 소각, 주금의 반환에 든 금액과 결손의 보전에 충당한 금액을 초과한 경우의 그 초과금액은 내국법인의 각 사업연도 소득금액을 계산할 때 익금에 산입하지 아니한다.
③ 채무의 출자전환으로 액면금액 이상의 주식 등을 발행하는 경우에는 그 주식 등의 시가를 초과하여 발행된 금액은 내국법인의 각 사업연도 소득금액을 계산할 때 익금에 산입하지 아니한다.
④ 부가가치세의 매출세액은 내국법인의 각 사업연도의 소득금액을 계산할 때 익금에 산입하지 아니한다.

> **정답 및 해설**
>
> 채무의 출자전환으로 주식 등을 발행하는 경우에는 그 주식 등의 시가를 초과하여 발행된 금액은 주식발행액면초과액에서 제외하며 채무면제이익으로 보아 익금에 산입한다.
>
> 출자전환으로 발행된 주식의 시가를 초과하는 금액은 경제적 실질상 채무가 면제된 것과 동일함
>
> 답 ③

12 제조업을 영위하는 (주)한국이 유가증권(A 주식)과 관련된 거래를 다음과 같이 적절하게 회계처리한 경우 2022년 및 2023년에 유보(또는 △ 유보)로 소득처분 할 금액(순액)은? [단, (주)한국의 사업연도는 1월 1일부터 12월 31일까지임]

2013년 국가직 7급 변형

- 2022년 중 특수관계인인 개인으로부터 시가 1,000,000원인 유가증권(A 주식)을 900,000원에 매입하여 장부에 매입가액으로 계상하였다.
- 2022년 말 유가증권(A 주식)의 시가는 1,200,000원이며, 300,000원의 평가이익을 장부에 계상하였다.
- 2023년 중 2022년에 취득한 유가증권(A 주식)을 1,300,000원에 매각하면서 처분이익 100,000원을 장부에 계상하였다.

	2022년	2023년
①	유보 200,000원	△ 유보 200,000원
②	△ 유보 200,000원	유보 200,000원
③	유보 300,000원	△ 유보 300,000원
④	△ 유보 300,000원	유보 300,000원

정답 및 해설

<2022년>
ⓐ 특수관계인인 개인으로부터 유가증권 저가매입: 익금산입 100,000 유보
ⓑ 유가증권 평가이익 부인: 익금불산입 300,000 △유보
ⓒ 계: 100,000 - 300,000 = △ 200,000

<2023년>
처분 시 유보추인: 200,000 유보

답 ②

13 2023년 3월 10일 A 법인이 잉여금을 자본전입함에 따라 이 회사의 주주인 B 법인은 무상주를 교부받았다. 자본전입의 재원이 다음과 같을 때, 교부받은 무상주의 가액이 B 법인의 익금에 해당하지 않는 것은? (단, 잉여금의 자본전입에 따른 B 법인의 지분비율 변동은 없음) 2011년 7급 국가직 변형

> ㄱ. 2021년 9월 1일 자기주식을 처분하여 발생한 이익
> ㄴ. 2021년 3월 15일 발생한 상법에 따른 이익준비금
> ㄷ. 자산재평가법에 따른 건물 재평가적립금
> ㄹ. 2021년 5월 1일 발생한 주식소각이익(소각 당시 시가가 취득가액을 초과하지 아니함)

① ㄱ ② ㄴ
③ ㄷ ④ ㄹ

정답 및 해설

ㄷ. 건물의 재평가적립금(3%)을 자본전입함에 따라 주주가 받는 무상주는 익금에 해당하지 않는다.
　비교　토지의 재평가적립금(1%)을 자본전입함에 따라 주주가 받는 무상주는 익금에 해당함

선지분석

ㄱ. 자기주식처분이익은 익금에 해당한다.
ㄴ. 이익준비금은 익금에 해당한다.
ㄹ. 주식소각이익으로서 소각일로부터 2년 이내에 자본전입 또는 소각 당시 시가가 취득가액을 초과하는 무상주는 익금에 해당한다.

답 ③

14 법인세법상 의제배당에 관한 설명으로 옳지 않은 것은? 2014년 국가직 7급

① 의제배당이란 법인의 잉여금 중 사내에 유보되어 있는 이익이 일정한 사유로 주주나 출자자에게 귀속되는 경우 이를 실질적으로 현금배당과 유사한 경제적 이익으로 보아 과세하는 제도이다.
② 주식의 소각으로 인하여 주주가 취득하는 금전과 그 밖의 재산가액의 합계액이 주주가 해당 주식을 취득하기 위하여 사용한 금액을 초과하는 경우 그 초과금액을 의제배당 금액으로 한다.
③ 감자 절차에 따라 주식을 주주로부터 반납받아 소각함으로써 발생한 일반적 감자차익은 자본에 전입하더라도 의제배당에 해당하지 않는다.
④ 자기주식을 소각하여 생긴 이익은 소각 당시 시가가 취득가액을 초과하지 아니하는 경우라면 소각 후 2년 내에 자본에 전입하더라도 의제배당에 해당하지 않는다.

정답 및 해설

> **의제배당에 해당하는 경우**
> 다음 중 어느 하나에 해당하는 자기주식소각이익의 자본전입으로 인하여 수령한 무상주는 의제배당에 해당한다.
> 1. 소각 당시 시가가 취득가액을 초과하는 경우
> 2. 소각일부터 2년 이내에 자본전입하는 경우

선지분석
① 의제배당제도의 취지 및 개념이다.
② 주식의 소각(감자)으로 인한 의제배당에 대한 내용이다.
③ 감자차익은 익금불산입항목이다.

답 ④

---

15 법인소득의 이중과세문제를 완화하기 위한 세법상의 조치에 대한 설명으로 옳지 않은 것은?

2012년 국가직 7급 변형

① 유동화전문회사 또는 기업구조조정투자회사 등이 배당가능이익의 90% 이상을 배당하는 경우 그 금액을 해당 사업연도의 소득금액에서 공제한다.
② 고유목적사업준비금을 손금에 산입하는 비영리내국법인이 다른 내국법인으로부터 받은 수입배당금에 대해서는 일정비율만큼 익금불산입할 수 있다.
③ 지주회사가 자회사인 벤처기업으로부터 수취한 배당금에 대하여 익금불산입을 적용받기 위해서는 벤처기업 발행주식 총수 또는 출자총액의 20% 이상을 보유해야 한다.
④ 지주회사가 자회사 주식을 보유하여 수취한 배당금에 대하여 익금불산입을 적용받기 위해서는 그 주식을 배당기준일 현재 3개월 이상 계속 보유하고 있어야 한다.

정답 및 해설

고유목적사업준비금을 손금에 산입하는 비영리내국법인은 수입배당금 익금불산입을 적용하지 아니한다. 비영리내국법인은 수입배당금을 고유목적사업준비금을 설정함으로써 손금산입할 수 있으므로, 동 금액에 대해 다시 익금불산입을 적용하면 이중으로 손금산입이 되기 때문이다.

선지분석
① 법인세법상 유동화전문회사·투자회사 등에 대한 소득공제규정이다.
④ 이는 배당기준일 직전에 주식을 매입하여 배당 받을 권리를 확보한 후 곧바로 매각하는 경우 배당금에 대하여는 익금불산입이 적용되고, 주식 매각 시 양도차손(권리락 발생을 가정)이 발생하여 법인세를 감소시키게 되기 때문에 배당기준일 단기보유주식의 배당에 대하여는 익금불산입을 적용하지 아니한다.

답 ②

16

법인세법상 영리내국법인 (주)대한이 제10기(2023.1.1. ~ 12.31.) 사업연도에 수령한 수입배당금(법인세법에 따라 익금불산입이 배제되는 수입배당금은 아님) 중 익금불산입액은? [단, (주)대한은 지주회사가 아니고, 제10기 사업연도에 지출한 차입금의 이자는 없으며, 보유 중인 주식은 모두 배당기준일 현재 1년 이상 보유한 것임]

2021년 국가직 7급

배당지급법인	지분비율	수입배당금액	비고
(주)A	99 %	3,000,000원	비상장내국법인
(주)B	20 %	5,000,000원	상장내국법인
(주)C	100 %	4,000,000원	비상장내국법인

① 6,400,000원
② 7,000,000원
③ 8,000,000원
④ 8,500,000원

정답 및 해설

우선순위	내용	금액
(주)A	3,000,000원 × 100%	3,000,000원
(주)B	5,000,000원 × 30%	1,500,000원
(주)C	4,000,000원 × 100%	4,000,000원
합계		8,500,000원

답 ④

17

법인세법상 손금에 대한 설명으로 옳지 않은 것은?

2020년 국가직 9급

① 결산을 확정할 때 잉여금의 처분을 손비로 계상한 금액은 손금으로 산입할 수 있다.
② 부도가 발생한 주권상장법인이 발행한 주식은 감액하여 손금으로 산입할 수 있다.
③ 재고자산으로서 파손·부패 등의 사유로 정상가격으로 판매할 수 없는 경우에는 감액하여 손금으로 산입할 수 있다.
④ 기업구조조정촉진법에 따른 부실징후기업이 된 주권상장법인이 발행한 주식은 감액하여 손금으로 산입할 수 있다.

정답 및 해설

법인세법 제20조【자본거래 등으로 인한 손비의 손금불산입】다음 각 호의 금액은 내국법인의 각 사업연도의 소득금액을 계산할 때 손금에 산입하지 아니한다.
  1. 결산을 확정할 때 잉여금의 처분을 손비로 계상한 금액
  2. 주식할인발행차금: 상법 제417조에 따라 액면미달의 가액으로 신주를 발행하는 경우 그 미달하는 금액과 신주발행비의 합계액

답 ①

18. 법인세법상 손금에 해당하는 것만을 모두 고른 것은?

2017년 국가직 9급

> ㄱ. 자기주식처분손실
> ㄴ. 우리사주조합에 출연하는 자사주(장부가액)
> ㄷ. 주식할인발행차금
> ㄹ. 출자임원(지분율 1%)이 사용하는 사택의 유지관리비용
> ㅁ. 업무무관자산의 유지관리비
> ㅂ. 법인의 임직원이 아닌 지배주주에 대하여 지급한 교육훈련비

① ㄱ, ㄴ
② ㄱ, ㄴ, ㄹ
③ ㄴ, ㄷ, ㅂ
④ ㄷ, ㄹ, ㅁ

정답 및 해설

ㄱ. 손금에 해당하는 내용이며, 자기주식처분이익은 익금이다.
ㄴ. 한도 없이 전액 손금이다.

선지분석

ㄷ. 자본거래로 인한 순자산 감소는 손금에 산입하지 않는다.
ㄹ. 소액주주(1% 미만) 아닌 출자임원의 사택유지비는 손금에 산입하지 않는다.
ㅁ. 업무무관자산 관련 비용은 손금에 산입하지 않는다.
ㅂ. 임원 또는 직원이 아닌 지배주주 등에게 지급하는 여비 및 교육훈련비는 손금에 산입하지 않는다.

답 ①

19. 법인세법령상 내국법인의 각 사업연도의 소득금액을 계산할 때 인건비의 손금산입에 대한 설명으로 옳지 않은 것은? (단, 임원 및 지배주주 등은 법령상 정의를 충족함)

2019년 국가직 9급

① 법인이 임원이 아닌 직원에게 지급한 상여금 중 주주총회의 결의에 의해 결정된 급여지급기준에 따른 금액을 초과하여 지급한 경우 그 초과금액은 이를 손금에 산입한다.
② 법인이 지배주주 등인 임원에게 정당한 사유 없이 동일직위에 있는 지배주주 등 외의 임원에게 지급하는 금액을 초과하여 보수를 지급한 경우 그 초과금액은 이를 손금에 산입하지 아니한다.
③ 합명회사 또는 합자회사의 노무출자사원에게 지급하는 보수는 이익처분에 의한 상여로 보아 이를 손금에 산입하지 아니한다.
④ 법인이 정관 또는 정관에서 위임된 퇴직급여지급규정이 없는 경우 현실적으로 퇴직한 임원에게 지급한 퇴직급여는 그 전액을 손금에 산입하지 아니한다.

정답 및 해설

법인이 정관 또는 정관에서 위임한 퇴직급여지급규정이 없는 경우 현실적으로 퇴직한 임원에게 지급한 퇴직급여는 다음의 금액(한도액)을 초과하는 금액은 손금에 산입하지 아니한다.

한도액 = 퇴직하는 날부터 소급하여 1년 동안 지급한 총급여액 × 10% × 근속연수

답 ④

20 비상장법인인 (주)한국은 2023년 사업연도 중에 퇴직한 상무이사 홍길동에 대한 인건비로 다음의 금액을 지출하였다. 이 경우 한도초과로 손금불산입되는 총 금액은?　　　2008년 국가직 9급 변형

- 일반급여: 50,000,000원(퇴직 전 1년간의 총급여액으로, 손금불산입되는 금액은 없음)
- 상 여 금: 30,000,000원(지급규정이 없음)
- 퇴직급여: 50,000,000원(지급규정이 없음)
- 근속연수: 4년 6개월 20일

① 30,000,000원　　　　② 52,500,000원
③ 57,500,000원　　　　④ 80,000,000원

정답 및 해설

ⓐ 지급규정이 없는 상여금: 전액 손금불산입 30,000,000원
ⓑ 임원 퇴직급여 한도초과액
- B: 50,000,000원
- T: 50,000,000원 × 0.1 × $4\frac{6}{12}$ = 22,500,000원
- D: 27,500,000원

ⓒ 계: 30,000,000원 + 27,500,000원 = 57,500,000원

답 ③

---

21 법인세법상 접대비와 기부금에 대한 설명으로 옳은 것은?　　　2017년 국가직 9급

① 영업자가 조직한 단체로서 법인이거나 주무관청에 등록된 조합 또는 협회에 지급한 일반회비는 접대비로 보아 한도 내에서 손금인정한다.
② 접대비를 지출(그 지출사실은 객관적으로 명백함)한 국외에서 현금 외 다른 지출수단이 없어 적격증빙을 갖추지 못한 경우에는 해당 국외 지출을 접대비로 보지 아니한다.
③ 법인이 새마을금고(특수관계인이 아님)에 정당한 사유 없이 자산을 정상가액보다 낮은 가액으로 양도한 경우 그 차액이 실질적으로 증여한 것으로 인정되는 금액은 일반기부금으로 의제하여 한도 내에서 손금산입한다.
④ 법인이 특수관계인에게 일반기부금을 금전 외의 자산으로 제공한 경우 해당 자산의 가액은 이를 제공한 때의 장부가액과 시가 중 큰 금액으로 한다.

정답 및 해설

현물기부금의 평가에 대한 옳은 내용이다.

선지분석
① 영업자가 조직한 단체로서 법인이거나 주무관청에 등록된 조합 또는 협회에 지급한 일반회비는 전액 손금이다.
② 접대비를 지출(그 지출사실은 객관적으로 명백함)한 국외에서 현금 외 다른 지출수단이 없어 적격증빙을 갖추지 못한 경우에는 해당 국외 지출을 접대비로 보아 한도 내에서 손금산입한다.
③ 새마을금고는 비지정기부금에 해당하기에 전액 손금불산입(기타사외유출)한다.

답 ④

22

법인세법령상 접대비와 기부금에 대한 설명으로 옳지 않은 것은?   2022년 국가직 9급

① 법인이 그 직원이 조직한 단체에 복리시설비를 지출한 경우 해당 단체가 법인인 때에는 이를 접대비로 본다.
② 주주가 부담하여야 할 성질의 접대비를 법인이 지출한 것은 이를 접대비로 보지 아니한다.
③ 법인이 천재지변으로 생기는 이재민을 위한 구호금품을 금전 외의 자산으로 제공한 경우 해당 자산의 가액은 기부했을 때의 시가에 따라 산정한다.
④ 법인이 기부금을 미지급금으로 계상한 경우 실제로 이를 지출할 때까지는 당해 사업연도의 소득금액계산에 있어서 이를 기부금으로 보지 아니한다.

정답 및 해설

법인이 천재지변으로 생기는 이재민을 위한 구호금품을 금전 외의 자산으로 제공한 경우 해당 자산의 가액은 기부했을 때의 장부가액에 따라 산정한다.

답 ③

23

법인세법상 일반기부금(10% 한도 기부금)에 해당하는 것만을 고른 것은?   2013년 국가직 9급 변형

ㄱ. 사립학교에 시설비로 지출하는 기부금
ㄴ. 국립대학의 고유목적사업비로 지출하는 기부금
ㄷ. 산업교육 진흥 및 산학연협력 촉진에 관한 법률에 따른 산학협력단에 연구비로 지출하는 기부금
ㄹ. 천재지변으로 생기는 이재민을 위한 구호금품의 가액
ㅁ. 영유아보육법에 따른 어린이집의 고유목적사업비로 지출하는 기부금
ㅂ. 아동복지법에 따른 아동복지시설에 해당하는 사회복지시설 또는 기관 중 무료 또는 실비로 이용할 수 있는 시설 또는 기관에 기부하는 금품의 가액

① ㄱ, ㄴ, ㄷ
② ㄱ, ㄴ, ㅁ
③ ㄴ, ㅁ, ㅂ
④ ㄹ, ㅁ, ㅂ

정답 및 해설

일반기부금에 해당하는 것은 ㄴ, ㅁ, ㅂ이다.

일반기부금
1. 비영리법인(국립대학)에 고유목적사업비로 지출하는 기부금
2. 고유목적사업비: 비영리법인 법령 또는 정관에 규정된 설립 목적을 수행하는 사업에 사용하기 위한 금액

선지분석

특례기부금
1. 사립학교에 시설비, 교육비, 연구비, 장학금으로 지출하는 기부금
2. 산학협력단 연구비
3. 천재지변으로 인한 이재민 구호물품

답 ③

24 법인세법상 지급이자 손금불산입에 대한 설명으로 옳은 것은? 2017년 국가직 9급

① 투자부동산에 대한 건설자금이자를 취득원가로 계상한 경우 그 계상액을 손금산입(△유보)하고 그 투자부동산의 처분 혹은 감가상각 시 익금산입(유보)으로 추인한다.
② 특정차입금의 연체로 인하여 생긴 이자를 원본에 가산한 경우 그 가산한 금액과 그 원본에 가산한 금액에 대한 지급이자는 해당 사업연도의 자본적 지출로 한다.
③ 특수관계인으로부터 시가를 초과하는 가액으로 업무무관자산을 매입한 경우 부당행위계산의 부인규정에 의한 시가초과액을 포함하지 않은 가액으로 업무무관자산을 평가하여 지급이자를 계산한다.
④ 지급이자에 대한 손금불산입규정이 동시에 적용되는 경우 지급받은 자가 불분명한 채권·증권 이자, 채권자가 불분명한 사채이자, 업무무관자산에 대한 지급이자, 건설자금에 충당한 차입금이자 순으로 부인된다.

정답 및 해설

투자자산 및 재고자산은 건설자금이자 자본화 대상자산에 해당하지 않는다. 따라서 투자부동산에 대한 건설자금이자를 취득원가로 계상한 경우 그 계상액을 손금산입(△유보)하고 그 투자부동산의 처분 혹은 감가상각 시 익금산입(유보)으로 추인한다는 옳은 문장이다.

선지분석
② 특정차입금의 연체로 인하여 생긴 이자를 원본에 가산한 경우 그 가산한 금액은 자본적 지출로하고, 그 원본에 가산한 금액에 대한 지급이자는 당기 손금으로 계상하여야 한다.
③ 특수관계인으로부터 시가를 초과하는 가액으로 업무무관자산을 매입한 경우 부당행위계산의 부인규정에 의한 시가초과액을 포함한 가액으로 업무무관자산을 평가하여 지급이자를 계산한다.
④ 지급이자에 대한 손금불산입 규정이 동시에 적용되는 경우 채권자가 불분명한 사채이자, 지급받은 자가 불분명한 채권·증권 이자, 건설자금에 충당한 차입금이자, 업무무관자산에 대한 지급이자 순으로 부인된다.

답 ①

25 법인세법령상 건설자금에 충당한 차입금의 이자에 대한 설명으로 옳지 않은 것은? 2020년 국가직 7급

① 특정차입금에 대한 지급이자는 건설 등이 준공된 날까지 이를 자본적 지출로 하여 그 원본에 가산하되, 특정차입금의 일시예금에서 생기는 수입이자는 원본에 가산하는 자본적 지출금액에서 차감한다.
② 특정차입금의 일부를 운영자금에 전용한 경우에는 그 부분에 상당하는 지급이자는 이를 손금으로 한다.
③ 특정차입금의 연체로 인하여 생긴 이자를 원본에 가산한 경우 그 가산한 금액은 이를 해당 사업연도의 자본적 지출로 하고, 그 원본에 가산한 금액에 대한 지급이자는 이를 손금으로 한다.
④ 건설자금에 충당한 차입금의 이자에서 특정차입금에 대한 지급이자를 뺀 금액으로서 대통령령으로 정하는 금액은 내국법인의 각 사업연도의 소득금액을 계산할 때 손금에 산입해야 한다.

정답 및 해설

> 법인세법 제28조 【지급이자의 손금불산입】 ② 건설자금에 충당한 차입금의 이자에서 제1항 제3조(특정차입금 관련) 이자를 뺀 금액으로서 대통령령으로 정하는 금액은 내국법인의 각 사업연도의 소득금액을 계산할 때 이를 손금에 산입하지 아니할 수 있다.

답 ④

26 법인세법상 감가상각에 대한 설명으로 옳지 않은 것은?

2011년 국가직 9급

① 유휴설비는 감가상각자산에 포함하지 아니한다.
② 장기할부조건으로 매입한 고정자산의 경우 법인이 해당 고정자산의 가액 전액을 자산으로 계상하고 사업에 사용하는 경우에는 그 대금의 청산 또는 소유권의 이전 여부에 관계없이 이를 감가상각자산에 포함한다.
③ 금전 외의 자산을 지방자치단체에 기부한 후 그 자산을 사용하는 경우 해당 자산의 장부가액은 감가상각대상이다.
④ 건설 중인 것은 감가상각자산에 포함하지 아니한다.

정답 및 해설

사업에 사용하였으나 일시적으로 미사용한 유휴설비는 상각자산에 포함한다.

> **감가상각자산에 포함하지 않는 자산**(법인세법 시행령 제24조 제3항 참조)
> 1. 사업에 사용하지 아니하는 것(단, 유휴설비는 제외)
> 2. 사용 중 철거한 자산
> 3. 취득 후 사용하지 않고 보관 중인 자산
> 4. 건설 중인 것
> 5. 시간의 경과에 따라 그 가치가 감소되지 아니하는 것(토지, 골동품 등)

답 ①

27 법인세법령상 내국법인의 감가상각에 대한 설명으로 옳지 않은 것은? (단, 법인세법령상 해당 요건은 충족하고, 법인세법과 조세특례제한법에 따른 법인세 면제, 감면 및 감가상각특례는 고려하지 아니함)

2019년 국가직 7급

① 내국법인은 법인세법 시행령 제28조 제1항 제2호에 해당하는 감가상각자산에 대하여 한국채택국제회계기준을 최초로 적용하는 사업연도에 결산내용연수를 연장한 경우에는 기준내용연수에 기준내용연수의 100분의 25를 가감하는 범위에서 사업장별로 납세지 관할 지방국세청장의 승인을 받아 적용하던 내용연수를 연장할 수 있다.
② 내국법인이 각 사업연도에 지출한 수선비로서 개별 자산별로 300만 원 미만인 자본적 지출에 해당하는 금액을 해당 사업연도의 손비로 계상한 경우에는 상각계산의 기초가액을 계산할 때 해당 수선비를 자본적 지출액에 포함하여 상각범위액을 계산한다.
③ 내국법인이 기준내용연수(해당 내국법인에게 적용되는 기준내용연수를 의미함)의 100분의 50 이상이 경과된 자산을 다른 법인으로부터 취득한 경우에는 그 자산의 기준내용연수의 100분의 50에 상당하는 연수와 기준내용연수의 범위에서 선택하여 납세지 관할 세무서장에게 신고한 연수를 내용연수로 할 수 있다.
④ 내국법인이 감가상각자산에 대하여 감가상각과 법인세법 제42조 제1항 제1호에 따른 평가증을 병행한 경우에는 먼저 감가상각을 한 후 평가증을 한 것으로 보아 상각범위액을 계산한다.

정답 및 해설

법인이 각 사업연도에 지출한 수선비가 개별 자산별로 수선비로 지출한 금액이 600만 원 미만인 경우로서 그 수선비를 해당 사업연도의 손비로 계상한 경우에는 자본적 지출에 포함하지 않는다.

참고 소액 수선비에 대해 해당 사업연도에 전액 비용화할 수 있도록 계산상의 편의를 도모하고자 하는 특례임

답 ②

28 법인세법령상 즉시상각의 의제에 대한 설명으로 옳지 않은 것은?

2022년 국가직 9급

① 법인이 개별자산별로 수선비로 지출한 금액이 600만 원 미만인 경우로서 그 수선비를 해당 사업연도의 손비로 계상한 경우에는 자본적 지출에 포함하지 않는다.
② 자본적 지출이란 법인이 소유하는 감가상각자산의 내용연수를 연장시키거나 해당 자산의 가치를 현실적으로 증가시키기 위하여 지출한 수선비를 말한다.
③ 재해를 입은 자산에 대한 외장의 복구·도장 및 유리의 삽입에 대한 지출은 자본적 지출에 포함한다.
④ 시설의 개체 또는 기술의 낙후로 인하여 생산설비의 일부를 폐기한 경우에는 해당 자산의 장부가액에서 1천 원을 공제한 금액을 폐기일이 속하는 사업연도의 손금에 산입할 수 있다.

정답 및 해설

재해를 입은 자산에 대한 외장의 복구·도장 및 유리의 삽입에 대한 지출은 수익적 지출에 해당한다.

참고 재해 등으로 인하여 멸실 또는 훼손되어 본래의 용도에 이용할 가치가 없는 건축물·기계·설비 등의 복구에 대한 지출은 자본적 지출에 해당함

답 ③

29 다음의 자료는 특정자산에 대한 감가상각과 관련된 것이다. 자료를 이용하여 세무조정을 할 경우 옳은 것은?

2014년 국가직 9급

- 전기 말까지 감가상각비 부인누계액 1,000,000원
- 당기 중 감가상각비 범위액 1,500,000원
- 당기 중 회사계상 감가상각비 1,200,000원

① 감가상각비 부인누계액 중 300,000원은 손금산입하고, 나머지 700,000원은 다음 사업연도로 이월한다.
② 당기 감가상각비 시인부족액 300,000원은 소멸하고, 감가상각비 부인누계액 1,000,000원은 다음 사업연도로 이월한다.
③ 감가상각비 부인누계액 1,000,000원은 소멸하고, 당기 감가상각비 시인부족액 300,000원은 다음 사업연도로 이월한다.
④ 감가상각비 부인누계액 1,000,000원과 감가상각비 시인부족액 300,000원은 각각 다음 사업연도로 이월한다.

> **정답 및 해설**
>
> ⓐ 회사계상액: 1,200,000원
> ⓑ 상각범위액: 1,500,000원
> ⓒ 시인부족액: △300,000원
> 상각부인액(전기 말 감가상각비 부인누계액)은 그 후의 사업연도에 해당 법인의 시인부족액을 한도로 손금에 산입한다.
>
> 답 ①

30 甲법인의 제3기 사업연도의 다음 자료에 의하여 감가상각비 시부인계산을 한 후의 감가상각비에 대한 유보잔액은?

2010년 국가직 7급

(단, △는 시인부족액)   (단위: 원)

구분	건물	비품	기계장치	특허권
전기상각시부인액	△300,000	△400,000	600,000	200,000
회사상각액	1,200,000	700,000	-	900,000
상각범위액	1,400,000	500,000	300,000	800,000
당기상각시부인액	△200,000	200,000	△300,000	100,000

① 500,000원　　　　　　　　② 600,000원
③ 800,000원　　　　　　　　④ 1,100,000원

정답 및 해설

구분	건물	비품	기계장치	특허권
회사상각액	1,200,000원	700,000원	-	900,000원
상각범위액	1,400,000원	500,000원	300,000원	800,000원
당기상각시부인액	△200,000원	200,000원	△300,000원	100,000원
세무조정	-	손不 유보	손入 유보	손不 유보
유보잔액	-	200,000원	300,000원	300,000원

답 ③

31 내국법인 (주)C는 제9기에 건물의 일부(취득 당시의 장부가액 3,000,000원)를 양도하였는데, 양도 직전 건물 전체에 관한 자료는 다음과 같다. 제9기에 양도한 건물에 대한 세무조정으로 옳은 것은?

2016년 국가직 9급

- 건물 전체의 취득 당시의 장부가액: 15,000,000원
- 건물 전체의 감가상각누계액: 7,000,000원
- 건물 전체의 상각부인액: 2,500,000원

① 익금산입 500,000원(유보)　　　　② 손금산입 500,000원(△유보)
③ 익금산입 2,500,000원(유보)　　　④ 손금산입 2,500,000원(△유보)

정답 및 해설

$$2,500,000원 \times \frac{3,000,000원}{15,000,000원} = 500,000원$$

감가상각자산을 양도한 경우 당해 자산의 상각부인액은 양도일이 속하는 사업연도의 <u>손금산입</u>한다.

답 ②

32

다음은 제조업을 영위하는 내국법인 (주)A의 제22기 사업연도(2023.1.1. ~ 2023.12.31.)의 업무용승용차 관련 내용이다. (주)A가 제22기 사업연도의 법인세를 2024년 3월 8일에 신고하는 경우 업무용승용차 관련 비용 중 손금불산입금액은?

2018년 국가직 7급 변형

- 2022년 12월 10일 대표이사 업무용승용차(배기량 3,000cc, 5인승)를 100,000,000원에 구입함
- 해당 업무용승용차 관련비용으로 손금산입하거나 지출한 항목은 아래와 같음
  - 업무전용자동차보험료: 1,000,000원
  - 유류비: 20,000,000원
  - 자동차세: 1,500,000원
  - 감가상각비: 20,000,000원
- 차량운행기록부 내역 중 업무사용비율은 90%로 확인됨
- 그 외 업무용승용차는 없고, 해당 업무용승용차는 취득 이후 업무전용자동차보험에 가입되어 있으며 위 비용 이외에 업무용승용차 관련비용은 없음

① 4,250,000원 ② 10,000,000원
③ 14,250,000원 ④ 28,250,000원

정답 및 해설

ⓐ 5년 정액법 강제상각
- 회사계상액: 20,000,000원
- 상각범위액: 100,000,000원 × 1/5 = 20,000,000원
- 상각부인액: 0원

ⓑ 승용차 관련 비용 중 업무미사용금액 손금불산입
- 승용차 관련 비용: 1,000,000원 + 20,000,000원 + 1,500,000원 + 20,000,000원 = 42,500,000원
- 업무미사용금액: 42,500,000원 × (1 - 90%) = 4,250,000원 … 손금불산입(상여)

ⓒ 감가상각비 800만 원 한도초과액 손금불산입
20,000,000원 × 90% - 8,000,000원 = 10,000,000원 … 손금불산입 상여

∴ 합계: 4,250,000원 + 10,000,000원 = 14,250,000원

답 ③

33 법인세법령상 업무용승용차 관련 비용의 손금불산입에 대한 설명으로 옳지 않은 것은? (단, 부동산임대업을 주된 사업으로 하는 등 법령으로 정하는 요건에 해당하는 내국법인은 아니며, 사업연도가 1년 미만이거나 사업연도 중 일부 기간 동안 보유하거나 임차한 경우에도 해당하지 않음) 2021년 국가직 7급

① 업무용승용차는 정액법을 상각방법으로 하고 내용연수를 5년으로 하여 계산한 금액을 감가상각비로 하여 손금에 산입하여야 한다.
② 내국법인이 업무용승용차를 취득하거나 임차함에 따라 해당 사업연도에 발생하는 감가상각비, 임차료, 유류비 등 업무용승용차 관련 비용 중 업무사용금액에 해당하지 아니하는 금액은 해당 사업연도의 소득금액을 계산할 때 손금에 산입하지 아니한다.
③ 업무사용금액 중 업무용승용차별 감가상각비가 해당 사업연도에 800만 원을 초과하는 경우 그 초과하는 금액은 해당 사업연도의 손금에 산입하지 아니하고 이월하여 손금에 산입한다.
④ 업무용승용차를 처분하여 발생하는 손실로서 업무용승용차별로 800만 원을 초과하는 금액은 해당 사업연도에 손금에 산입하지 않고 유보로 소득처분한다.

> **정답 및 해설**
>
> 업무용승용차를 처분하여 발생하는 손실로서 업무용승용차별로 800만 원을 초과하는 금액은 해당 사업연도에 손금에 산입하지 않고 기타사외유출로 소득처분한다.
>
> 답 ④

34 법인세법령상 내국법인의 대손금에 대한 설명으로 옳지 않은 것은? 2022년 국가직 9급

① 민법에 따른 소멸시효가 완성된 대여금은 해당 사유가 발생한 날이 속하는 사업연도의 손금으로 한다.
② 부도발생일부터 6개월 이상 지난 어음상의 채권(해당 법인이 채무자의 재산에 대하여 저당권을 설정하고 있는 경우는 제외함)은 해당 사유가 발생한 날이 속하는 사업연도의 손금으로 한다.
③ 채무자의 파산으로 회수할 수 없는 채권은 해당 사유가 발생하여 손비로 계상한 날이 속하는 사업연도의 손금으로 한다.
④ 회수기일이 6개월 이상 지난 채권 중 채권가액이 30만 원 이하(채무자별 채권가액의 합계액을 기준으로 함)인 채권은 해당 사유가 발생하여 손비로 계상한 날이 속하는 사업연도의 손금으로 한다.

> **정답 및 해설**
>
> 부도발생일부터 6개월 이상 지난 어음상의 채권(해당 법인이 채무자의 재산에 대하여 저당권을 설정하고 있는 경우는 제외)은 해당 사유가 발생하여 손비로 계상한 날이 속하는 사업연도의 손금으로 한다.
>
> 답 ②

35

법인세법상 대손금과 대손충당금에 대한 설명으로 옳지 않은 것은? 2011년 국가직 9급

① 대손충당금을 손금으로 계상한 내국법인은 대손금이 발생한 경우 그 대손금을 대손충당금과 먼저 상계하여야 하고, 상계 후 남은 대손충당금의 금액은 다음 사업연도의 소득금액계산에 있어서 이를 익금에 산입한다.
② 내국법인이 기업회계기준에 따른 채권의 재조정에 따라 채권의 장부가액과 현재가치의 차액을 대손금으로 계상한 경우에는 이를 손금에 산입하며, 손금에 산입한 금액은 기업회계기준의 환입방법에 따라 익금에 산입한다.
③ 법인이 다른 법인과 합병하는 경우로서 결산조정사항에 해당하는 대손금을 합병등기일이 속하는 사업연도까지 손금으로 계상하지 아니한 경우 그 대손금은 해당 법인의 합병등기일이 속하는 사업연도의 손금으로 한다.
④ 채무보증(법령으로 정하는 일정한 채무보증은 제외)으로 인하여 발생한 구상채권에 대하여는 주채무자에 대해 구상권을 행사한 결과 무재산 등으로 회수할 수 없는 경우에 대손처리할 수 있다.

정답 및 해설

채무보증(법령으로 정하는 일정한 채무보증은 제외)으로 인하여 발생한 구상채권에 대하여는 주채무자에 대해 구상권을 행사한 결과 무재산 등으로 회수할 수 없는 경우에도 대손금을 손금에 산입하지 아니하며, 다음에 해당하는 채권은 법령상 대손사유를 충족해도 대손처리할 수 없다.

> **대손금으로 손금산입할 수 없는 채권**
> 1. 특수관계인에 대한 업무무관가지급금
> 2. 채무보증으로 인하여 발생한 구상채권
> 3. 부가가치세법상 대손세액공제를 받은 부가가치세 매출세액 미수금

답 ④

36 다음 자료에 의하여 영리내국법인 (주)B의 제5기(2023년 1월 1일 ~ 12월 31일) 대손충당금 손금산입 한도초과액을 계산하면?

2016년 국가직 9급

- 제5기 회계장부상 대손충당금 당기상계액: 20,000,000원(전액 법인세법상 대손금의 손금산입 요건을 충족함)
- 제5기 회계장부상 대손충당금 당기설정액: 30,000,000원
- 제5기 회계장부상 대손충당금 기말잔액: 50,000,000원
- 제4기 말 법인세법상 대손충당금 설정대상 채권 잔액: 10억 원
- 제5기 말 법인세법상 대손충당금 설정대상 채권 잔액: 12억 원

① 6,000,000원
② 24,000,000원
③ 26,000,000원
④ 28,000,000원

정답 및 해설

구분	기초채권	대손금	회수	기말채권
회사	10억 원	20,000,000원	-	12억 원
채권유보	-	-	-	-
세법	10억 원	20,000,000원	-	12억 원

대손실적률 2%

ⓐ 기말잔액: 50,000,000원
ⓑ 한도액: 12억 원 × Max[1%, 2%] = 24,000,000원
ⓒ 한도초과액: 26,000,000원

답 ③

37 법인세법상 거래형태별 권리의무확정주의에 의한 손익의 귀속시기에 대한 설명으로 옳지 않은 것은?

2012년 국가직 7급

① 자본시장과 금융투자에 관한 법률 제9조 제13항에 따른 증권시장에서 같은 법 제393조 제1항에 따른 증권시장업무규정에 따라 보통거래방식으로 한 유가증권의 매매의 경우에는 인도일로 한다.
② 법인세가 원천징수되지 않는 이자수익으로 결산확정 시에 기간 경과분을 수익으로 계상한 경우에는 익금으로 인정한다.
③ 사채할인발행차금은 기업회계기준에 의한 사채할인발행차금의 상각방법에 따라 손금에 산입해야 한다.
④ 물품을 수출하는 경우에는 수출물품을 계약상 인도하여야 할 장소에 보관한 날에 익금으로 확정된다.

정답 및 해설

자본시장과 금융투자에 관한 법률 제9조 제13항에 따른 증권시장에서 같은 법 제393조 제1항에 따른 증권시장업무규정에 따라 보통거래방식으로 한 유가증권의 매매의 경우에는 매매계약을 체결한 날로 한다.

답 ①

38 법인세법상 손익의 귀속시기에 관한 설명으로 옳지 않은 것은? 　　　2014년 국가직 7급

① 건설·제조 기타 용역의 제공으로 인한 익금과 손금은 그 목적물의 인도일이 속하는 사업연도의 익금과 손금에 산입하는 것을 원칙으로 한다.
② 상품 등의 시용판매의 경우 상대방이 그 상품 등에 대한 구입 의사를 표시한 날(구입의 의사표시 기간에 대한 특약은 없음)을 익금 및 손금의 귀속사업연도로 한다.
③ 장기할부조건이라 함은 자산의 판매 또는 양도로서 판매금액 또는 수입금액을 월부·연부 기타의 지불방법에 따라 2회 이상으로 분할하여 수입하는 것 중 당해 목적물의 인도일의 다음날부터 최종 할부금의 지급기일까지의 기간이 1년 이상인 것을 말한다.
④ 투자회사 등이 결산을 확정할 때 증권 등의 투자와 관련된 수익 중 이미 경과한 기간에 대응하는 이자 및 할인액과 배당소득을 해당 사업연도의 수익으로 계상한 경우에는 그 계상한 사업연도의 익금으로 한다.

정답 및 해설

건설·제조 기타 용역의 제공으로 인한 익금과 손금은 그 목적물의 건설 등의 착수일이 속하는 사업연도부터 그 목적물의 인도일이 속하는 사업연도까지 그 목적물의 건설 등을 완료한 정도(작업진행률)를 기준으로 하여 계산한 수익과 비용을 각각 해당 사업연도의 익금과 손금에 산입하는 것을 원칙으로 한다.

답 ①

39 법인세법령상 손익의 귀속시기에 대한 설명으로 옳지 않은 것은? 　　　2021년 국가직 9급

① 상품 등 외의 자산의 양도로 인한 익금의 귀속사업연도는 그 대금을 청산한 날이 속하는 사업연도로 하되, 대금을 청산하기 전에 소유권 등의 이전등기(등록을 포함)를 하거나 당해 자산을 인도하거나 상대방이 당해 자산을 사용수익하는 경우에는 그 이전등기일(등록일을 포함)·인도일 또는 사용수익일 중 빠른 날이 속하는 사업연도로 한다.
② 임대료 지급기간이 1년을 초과하는 경우 이미 경과한 기간에 대응하는 임대료 상당액과 비용은 실제 지급일이 속하는 사업연도의 익금과 손금으로 한다.
③ 중소기업인 법인이 수행하는 계약기간이 1년 미만인 건설·제조 기타 용역(도급공사 및 예약매출을 포함)의 제공으로 인한 익금과 손금은 그 목적물의 인도일이 속하는 사업연도의 익금과 손금에 산입할 수 있다.
④ 법인이 수입하는 배당금은 소득세법 시행령에 따른 수입시기에 해당하는 날이 속하는 사업연도의 익금에 산입하되, 법인세법 시행령상 금융회사 등이 금융채무 등 불이행자의 신용회복 지원과 채권의 공동추심을 위하여 공동으로 출자하여 설립한 자산유동화에 관한 법률에 따른 유동화전문회사로부터 수입하는 배당금은 실제로 지급받은 날이 속하는 사업연도의 익금에 산입한다.

정답 및 해설

임대료 지급기간이 1년을 초과하는 경우 법인이 결산을 확정함에 있어서 수익과 비용으로 계상하지 않았더라도 이미 경과한 기간에 대응하는 임대료 상당액과 비용은 이를 각각 당해 사업연도의 익금과 손금으로 한다. ∵ 기간손익의 적정화 도모

답 ②

40 다음은 (주)甲의 제5기(2023년 1월 1일 ~ 12월 31일)에 발생한 할부판매와 관련된 자료이다. 회사는 결산상 회수기일도래기준을 적용하여 수익을 인식하고 있다. 아래의 자료 이외에 고려해야 할 다른 사항이 없다고 가정할 때, (주)甲이 제5기에 익금으로 인식할 금액은? (단, 회사는 제5기에 익금을 최대한 적게 인식하는 방향으로 결정하였다고 가정함)

2012년 국가직 7급 변형

구분	총판매대금	인도일	제5기 대금 회수액	계약서상의 대금회수조건
A제품	120,000,000원	2023년 3월 30일	30,000,000원	인도 후 매 6개월마다 30,000,000원씩 회수
B제품	60,000,000원	2023년 6월 30일	40,000,000원	인도 후 매 3개월마다 20,000,000원씩 회수

① 30,000,000원
② 70,000,000원
③ 90,000,000원
④ 180,000,000원

> **정답 및 해설**

구분	익금	비고
A제품	30,000,000원	장기할부판매이므로 세부담최소화 가정에 따라 회수기일도래기준 적게 인식됨
B제품	60,000,000원	단기할부판매의 경우 인도일에 전액 익금으로 인식함
합계	90,000,000원	-

답 ③

41 영리내국법인 (주)A는 제10기 사업연도(2023년 1월 1일 ~ 12월 31일) 7월 1일에 다음과 같은 조건으로 제품을 할부판매하였다. (주)A가 할부판매 거래에 대해 선택지와 같이 각각 회계처리했다고 가정할 경우 세무조정이 필요한 것은? [단, (주)A는 중소기업에 해당하지 아니하며, 회계처리의 기업회계기준 위배 여부와 대응하는 매출원가는 고려하지 아니함]   2016년 국가직 9급 변형

- 총 할부매출채권: 40백만 원
- 대금회수조건: 매월 25일에 2백만 원씩 20개월간 회수
- 제10기 중 현금 회수액: 14백만 원(2024년 1월분 선수금액이 포함되어 있음)
- 총 할부매출채권의 기업회계기준에 의한 현재가치: 36백만 원

①	(차) 장기매출채권	40백만 원	(대) 매 출		40백만 원
②	(차) 장기매출채권	40백만 원	(대) 매 출		36백만 원
			현재가치할인차금		4백만 원
③	(차) 현 금	14백만 원	(대) 매 출		14백만 원
④	(차) 현 금	14백만 원	(대) 매 출		12백만 원
			선수금		2백만 원

정답 및 해설

장기할부조건에 따른 회수기일 이전에 회수한 2,000,000원은 선수금으로 처리하여 익금불산입하여야 한다. 이는 2024년 익금이기 때문이다.

선지분석

구분	손익귀속시기	익금산입할 금액	세무조정
①	인도기준	명목가액	불필요
②	인도기준	현재가치	불필요
④	회수기일 도래기준	회수하였거나 회수할 금액	불필요

답 ③

42 법인세법상 자산 및 부채의 평가손익이 인정되지 않는 것은?　　2008년 국가직 7급

① 보험업법에 의한 유형자산 및 무형자산 등의 평가손실
② 은행법에 의한 인가를 받아 설립한 금융기관이 보유하는 통화선도와 통화스왑의 평가손실
③ 은행법에 의한 인가를 받아 설립한 금융기관이 보유하는 외화자산 및 부채의 평가이익
④ 파손·부패 등의 사유로 인해 정상가격으로 판매할 수 없는 재고자산 평가손실

> **정답 및 해설**
>
> 보험업법이나 그 밖의 법률에 따른 유형자산 또는 무형자산의 평가(장부가액을 증액한 경우만 해당함)의 경우에는 해당 자산의 장부가액을 평가 후의 가액으로 한다. 따라서 보험업법 등에 따른 고정자산의 평가는 평가이익만을 인정한다.
>
> **선지분석**
>
> ④ 감액한 사유가 발생한 사업연도에 평가손실을 결산서에 비용으로 계상한 경우에만 손금으로 인정한다.
>
> 답 ①

43 법인세법상 재고자산 및 유가증권의 평가방법에 대한 설명으로 옳지 않은 것은?　　2015년 국가직 9급

① 법인이 보유한 주식의 평가는 개별법, 총평균법, 이동평균법 중 법인이 납세지 관할 세무서장에게 신고한 방법에 의한다.
② 법인의 재고자산평가는 원가법과 저가법 중 법인이 납세지 관할 세무서장에게 신고한 방법에 의한다.
③ 법인의 재고자산평가는 자산과목별로 구분하여 종류별·영업장별로 각각 다른 방법으로 평가할 수 있다.
④ 법인이 재고자산평가와 관련하여 신고한 평가방법 이외의 방법으로 평가한 경우에는 무신고 시의 평가방법과 당초에 신고한 방법 중 평가가액이 큰 평가방법에 의한다.

> **정답 및 해설**
>
> 법인세법에서 주식의 평가는 총평균법, 이동평균법 중 관할 세무서장에게 신고한 방법에 의해서만 평가하며, 채권의 평가는 개별법, 총평균법, 이동평균법 중 관할 세무서장에게 신고한 방법에 따른다.
>
> 답 ①

44 법인세법령상 내국법인의 자산의 취득가액과 평가에 관한 설명으로 옳은 것은? 　　2018년 국가직 9급

① 재고자산의 평가방법을 신고한 법인이 그 평가방법을 변경하기 위하여 재고자산 등 평가방법변경신고서를 납세지 관할 세무서장에게 제출하려고 하는 경우에는 변경할 평가방법을 적용하고자 하는 사업연도의 종료일 이전 2월이 되는 날까지 제출하여야 한다.
② 유형고정자산의 취득과 함께 국·공채를 매입하는 경우 기업회계기준에 따라 그 국·공채의 매입가액과 현재가치의 차액을 당해 유형고정자산의 취득가액으로 계상했더라도 그 금액은 자산의 취득가액에 포함하지 아니한다.
③ 재고자산이 부패로 인해 정상가격으로 판매할 수 없게 된 경우 그 사유가 발생한 사업연도 종료일 현재의 처분가능한 시가로 자산의 장부가액을 감액할 수 있고 그 감액분을 신고조정을 통해 손금산입할 수 있다.
④ 매매를 목적으로 소유하는 재고자산인 부동산의 평가방법을 법령에 따른 기한 내에 신고하지 아니한 경우, 납세지 관할 세무서장은 그 재고자산을 개별법에 의하여 평가한다.

정답 및 해설

선지분석
① 재고자산 변경신고 시에는 사업연도 종료일 이전 3개월이 되는 날까지 제출하여야 한다.
② 유형고정자산 취득 시 함께 취득한 국·공채 매입가액과 현재가치 차액을 취득가액으로 계상한 경우 취득가액에 포함한다.
③ 재고자산 부패로 인해 정상가액으로 판매할 수 없게 된 경우에는 해당 감액사유가 발생한 사업연도에 감액한 금액을 해당 사업연도의 손비로 계상하는 경우만 손금으로 인정하는 결산조정사항이다.

답 ④

45 법인세법령상 각 사업연도 소득금액을 구하기 위해 세무조정을 해야 하는 것은? 　　2020년 국가직 9급

① 영업자가 조직한 단체로서 법인이거나 주무관청에 등록된 조합 또는 협회에 지급한 일반회비를 손익계산서상 비용 계상하였다.
② 전기요금의 납부지연으로 인한 연체가산금을 납부하고 손익계산서상 비용 계상하였다.
③ 부동산의 임차보증금에 대한 부가가치세 매입세액을 임차법인이 납부하고 손익계산서상 비용 계상하였다.
④ 대통령령으로 정하는 이월결손금을 보전하는 데에 충당한 무상으로 받은 자산의 가액(법인세법 제36조에 따른 국고보조금 등이 아님)을 손익계산서상 수익 계상하였다.

정답 및 해설

무상으로 받은 자산의 가액(제36조에 따른 국고보조금 등은 제외)과 채무의 면제 또는 소멸로 인한 부채의 감소액 중 대통령령으로 정하는 이월결손금을 보전하는 데에 충당한 금액은 각 사업연도의 소득금액을 계산할 때 익금에 산입하지 아니한다.
참고 회사가 위 금액을 수익 계상한 경우 익금불산입의 세무조정을 해야 함

답 ④

46 법인세법상 '조세의 부담을 부당히 감소시킨 것으로 인정되는 경우'에 해당하지 않는 것은?

2012년 국가직 9급

① 자산을 시가보다 높은 가액으로 매입 또는 현물출자 받았거나 그 자산을 과대상각한 경우
② 무수익 자산을 매입 또는 현물출자 받았거나 그 자산에 대한 비용을 부담한 경우
③ 불량자산을 차환하거나 불량채권을 양수한 경우
④ 주식매수선택권의 행사에 따라 주식을 양도하는 경우로서 주식을 시가보다 낮은 가액으로 양도한 경우

> **정답 및 해설**
>
> 자산을 무상 또는 시가보다 낮은 가액으로 양도 또는 현물출자한 경우 부당행위에 해당한다(다만, 법정의 주식매수선택권, 주식기준보상의 행사·지급에 따라 주식을 저가로 양도하는 경우에는 부당행위계산부인을 적용하지 않음).
>
> 답 ④

 47 법인세법상 부당행위계산의 부인에 대한 설명으로 옳은 것을 모두 고른 것은?

2015년 국가직 9급

> ㄱ. 법인이 특수관계인으로부터 무수익 자산을 2억 원에 매입한 경우에는 부당행위계산의 부인을 적용한다.
> ㄴ. 부당행위계산의 부인은 법인과 특수관계에 있는 자 간의 거래를 전제로 하며, 특수관계인 외의 자를 통하여 이루어진 거래는 이에 포함하지 않는다.
> ㄷ. 부당행위계산의 부인에서 특수관계의 존재 여부는 해당 법인과 법령이 정하는 일정한 관계에 있는 자를 말하며, 이 경우 해당 법인도 그 특수관계인의 특수관계인으로 본다.
> ㄹ. 부당행위계산의 부인을 적용할 때 시가가 불분명한 경우에는 부동산가격공시 및 감정평가에 관한 법률에 의한 감정평가법인이 감정한 가액과 상속세 및 증여세법에 따른 보충적 평가방법을 준용하여 평가한 가액 중 큰 금액을 시가로 한다.

① ㄱ, ㄴ
② ㄱ, ㄷ
③ ㄴ, ㄹ
④ ㄷ, ㄹ

> 정답 및 해설

ㄱ. 무수익자산을 매입한 경우 현저한 이익요건은 따지지 않는다.
ㄷ. 특수관계인은 쌍방관계에 해당한다.

> 선지분석

ㄴ. 특수관계인 외의 제3자를 통한 간접적인 방법이나 둘 이상의 행위 또는 거래를 거치는 방법이 국세기본법 또는 세법의 혜택을 부당하게 받기 위한 것으로 인정되는 경우에는 그 경제적 실질 내용에 따라 당사자가 직접 거래를 한 것으로 보거나 연속된 하나의 행위 또는 거래를 한 것으로 본다. 따라서 특수관계인 외의 자를 통한 거래시에도 부당행위계산부인규정이 적용될 수 있다.
ㄹ. 부당행위계산의 부인을 적용할 때 시가가 불분명한 경우에는 다음을 차례로 적용하여 계산한 금액에 의한다.
　ⓐ 감정평가 및 감정평가사에 관한 법률에 의한 감정평가법인 등이 감정한 가액
　ⓑ 상속세 및 증여세법에 따른 보충적 평가방법을 준용하여 평가한 가액

답 ②

48 법인세법령상 부당행위계산의 부인에 대한 설명으로 옳지 않은 것은?

2018년 국가직 9급

① 부당행위계산부인규정에 의하여 행위 또는 소득금액의 계산을 부인하려는 법인(부인대상법인)에 100분의 30 이상을 출자하고 있는 법인에 100분의 30 이상을 출자하고 있는 법인도 그 부인대상법인의 특수관계인에 해당한다.
② 특수관계인인 법인 간 합병에 있어서 불공정한 비율로 합병하여 합병에 따른 양도손익을 감소시킨 거래에 대해 부당행위계산으로 부인함에 있어서 특수관계인인 법인의 판정은 합병등기일이 속하는 사업연도의 전전 사업연도 개시일부터 합병등기일 전날까지의 기간에 의한다.
③ 시가보다 높은 가액으로 부동산을 매입한 거래를 부당행위계산으로 부인하기 위해서는 시가와 거래가액의 차액이 3억 원 이상이거나 시가의 100분의 5에 상당하는 금액 이상인 경우이어야 한다.
④ 부당행위계산부인규정은 국내지점을 가진 외국법인의 소득금액계산에 대해서도 준용한다.

> 정답 및 해설

> 특수관계인 판정시점
> 1. 원칙: 행위 당시를 기준으로 적용
> 2. 불공정합병 판단 시: 합병등기일 속하는 사업연도의 직전 사업연도의 개시일부터 합병등기일까지의 기간

> 선지분석

① 특수관계인의 범위 중 해당 법인에 30% 이상을 출자하고 있는 법인에 30% 이상을 출자하고 있는 법인이나 개인도 포함한다.
③
> 현저한 이익이 있는 경우에만 부당행위계산부인 적용하는 거래
> 1. 고가매입, 저가양도, 저리대여, 고리차용
> 2. 현저한 이익 = Min[시가 5%, 3억 원]
>   참고 단, 상장주식의 거래는 현저한 이익 요건 적용 ×

④ 부당행위계산부인규정은 국내에서 납세의무가 있는 모든 법인에 적용된다.

답 ②

49 영리내국법인 (주)C는 제10기(2023년 1월 1일 ~ 12월 31일) 중 출자직원으로부터 토지(시가 150백만 원)를 구입하면서 현금 지급액 200백만 원을 장부에 계상하였다. 매입한 토지와 관련하여 (주)C가 수행해야 할 제10기 세무조정으로 옳은 것은?

2017년 국가직 9급 변형

	익금산입	손금산입
①	부당행위계산의 부인 50백만 원(배당)	-
②	부당행위계산의 부인 50백만 원(배당)	토지 50백만 원(△유보)
③	부당행위계산의 부인 50백만 원(상여)	토지 50백만 원(△유보)
④	부당행위계산의 부인 50백만 원(기타소득)	토지 50백만 원(△유보)

정답 및 해설

특수관계인(출자직원)으로부터 자산(토지)을 고가매입한 경우 부당행위계산부인에 해당한다. 따라서 아래 두 가지 세무조정이 발생한다.
ⓐ 토지매입가액을 시가로 감액하는 세무조정: 손금산입 50백만 원 △유보
ⓑ 시가초과지급액에 대한 부당행위계산부인 세무조정: 익금산입 50백만 원 상여

답 ③

50 법인세법상 내국법인의 각 사업연도 소득에서 공제하는 이월결손금에 대한 설명으로 옳지 않은 것은?

2015년 국가직 7급

① 한 사업연도에서 발생한 결손금을 다른 사업연도의 소득에서 공제하는 방법과 관련하여, 예외적으로 법령에 의하여 소급공제를 허용하는 경우를 제외하고는, 그 후 사업연도의 소득에서 이월공제한다.
② 이월결손금공제에 있어서는 먼저 발생한 사업연도의 결손금부터 순차로 공제한다.
③ 법인세 과세표준을 추계결정하는 경우에도 이월결손금을 공제할 수 있는 경우가 있다.
④ 이월결손금으로 공제될 수 있는 결손금은 법인세 과세표준신고에 포함되었거나 과세행정청의 법인세 결정·경정에 포함된 결손금이어야 하며, 그 외 납세자가 국세기본법 제45조에 따라 수정신고하면서 과세표준에 포함된 경우에는 그 대상이 될 수 없다.

정답 및 해설

이월결손금으로 공제될 수 있는 결손금은 법인세 과세표준신고에 포함되었거나 과세행정청의 법인세 결정·경정에 포함된 결손금이어야 하며, 그 외 납세자가 국세기본법 제45조에 따라 수정신고하면서 과세표준에 포함된 경우도 해당한다.

답 ④

51 법인세법령상 내국법인의 각 사업연도 소득에 대한 비과세 및 소득공제에 대한 설명으로 옳은 것은?

2021년 국가직 7급

① 공익신탁의 신탁재산에서 생기는 소득에 대하여는 각 사업연도 소득에 대한 법인세를 과세한다.
② 기업구조조정투자회사법에 따른 기업구조조정투자회사가 법령으로 정하는 배당가능이익의 100분의 90 이상을 배당한 경우 그 금액은 해당 배당을 결의한 잉여금 처분의 대상이 되는 사업연도의 소득금액에서 공제한다.
③ 유동화전문회사 등에 대한 소득공제를 받으려는 법인은 소득공제신청서를 배당일로부터 2주 이내에 본점 소재지 관할 세무서장에게 제출하여야 한다.
④ 배당을 지급하는 내국법인이 사모방식으로 설립되었고, 개인 2인이 발행주식총수의 100분의 95의 주식을 소유한 법인(개인에게 배당 및 잔여재산의 분배에 관한 청구권이 없는 경우는 제외)인 경우에는 유동화전문회사 등에 대한 소득공제규정을 적용할 수 있다.

정답 및 해설

(선지분석)
① 내국법인의 각 사업연도 소득 중 공익신탁법에 따른 공익신탁의 신탁재산에서 생기는 소득에 대하여는 각 사업연도의 소득에 대한 법인세를 과세하지 아니한다.
③ 유동화전문회사 등에 대한 소득공제를 받으려는 법인은 과세표준신고와 함께 기획재정부령으로 정하는 소득공제신청서를 납세지 관할 세무서장에게 제출하여야 한다.
④ 사모방식으로 설립되었고, 개인 2인 이하 또는 개인 1인 및 그 친족이 발행주식총수 또는 출자총액의 100분의 95 이상의 주식 등을 소유한 법인(개인 등에게 배당 및 잔여재산의 분배에 관한 청구권이 없는 경우를 제외)인 경우에는 소득공제규정을 적용할 수 없다.
∵ 개인투자자들이 명목회사를 조세회피수단으로 활용하는 것을 방지한다.

답 ②

52 (주)대한은 법인세법에 따른 외국자회사(A국 소재)로부터 4천만 원의 배당금을 받았는데 당해 외국자회사의 해당 사업연도의 소득금액과 법인세액은 각각 1억 원과 2천만 원이다. (주)대한의 외국납부세액공제 또는 손금산입되는 외국법인세액은? (단, 외국자회사는 외국납부세액공제 대상이 되는 요건을 충족하며, 제시된 자료 이외는 고려하지 않음)

2020년 국가직 9급

① 8백만 원
② 1천만 원
③ 1천2백만 원
④ 2천만 원

정답 및 해설

간접외국납부세액: 2천만 원 × $\dfrac{4천만 원}{(1억 원 - 2천만 원)}$ = 1천만 원

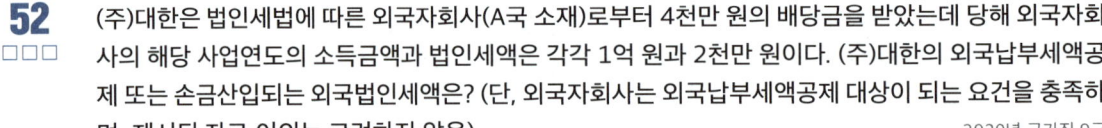

답 ②

53

법인세법령상 내국법인의 신고 및 납부에 대한 설명으로 옳은 것만을 모두 고르면?

2020년 국가직 7급

ㄱ. 성실신고확인서를 제출하는 법인의 경우 과세표준과 세액의 신고기한은 각 사업연도의 종료일이 속하는 달의 말일부터 3개월이다.
ㄴ. 중소기업에 해당하는 내국법인의 납부할 세액이 2천만 원인 경우에는 1천만 원을 초과하는 금액을 납부기한이 지난 날부터 2개월 이내에 분납할 수 있다.
ㄷ. 주식회사 등의 외부감사에 관한 법률에 따라 감사인에 의한 감사를 받아야 하는 내국법인이 해당 사업연도의 감사가 종결되지 아니하여 결산이 확정되지 아니하였다는 사유로 대통령령으로 정하는 바에 따라 신고기한의 연장을 신청한 경우에는 그 신고기한을 2개월의 범위에서 연장할 수 있다.
ㄹ. 사업연도의 기간이 6개월을 초과하는 고등교육법에 따른 사립학교를 경영하는 학교법인은 각 사업연도(합병이나 분할에 의하지 아니하고 새로 설립된 법인의 최초 사업연도는 제외) 중 중간예납세액을 납부할 의무가 있다.

① ㄴ
② ㄹ
③ ㄱ, ㄷ
④ ㄴ, ㄹ

정답 및 해설

선지분석

ㄱ. 성실신고확인서를 제출하는 법인의 경우 과세표준과 세액의 신고기한은 각 사업연도의 종료일이 속하는 달의 말일부터 4개월이다.
ㄷ. 주식회사 등의 외부감사에 관한 법률에 따라 감사인에 의한 감사를 받아야 하는 내국법인이 해당 사업연도의 감사가 종결되지 아니하여 결산이 확정되지 아니하였다는 사유로 대통령령으로 정하는 바에 따라 신고기한의 연장을 신청한 경우에는 그 신고기한을 1개월의 범위에서 연장할 수 있다. ∵ 회계투명성 제고 및 정확한 법인세신고를 유도
ㄹ. 사업연도의 기간이 6개월을 초과하는 고등교육법에 따른 사립학교를 경영하는 학교법인은 각 사업연도 중 중간예납세액을 납부할 의무가 없다. ∵ 사립학교의 납세편의 제고

답 ①

54

중소기업인 (주)A의 제11기(2022.1.1. ~ 12.31.) 사업연도의 법인세 납부세액이 22,000,000원인 경우, 법인세법령상 (주)A의 최대 분납가능금액과 분납기한에 대한 설명으로 옳은 것은? [단, (주)A는 성실신고확인서를 제출한 경우에 해당하지 않으며, 국세기본법에 따른 기한의 특례는 고려하지 않음]

2021년 국가직 7급

① 최대 10,000,000원을 2023년 4월 30일까지 분납할 수 있다.
② 최대 10,000,000원을 2023년 5월 31일까지 분납할 수 있다.
③ 최대 11,000,000원을 2023년 4월 30일까지 분납할 수 있다.
④ 최대 11,000,000원을 2023년 5월 31일까지 분납할 수 있다.

> **분납할 수 있는 세액(법인세법 제64조 제2항, 법인세법 시행령 제101조 제2항 참조)**
> 내국법인이 납부할 세액이 1천만 원을 초과하는 경우에는 납부할 세액의 일부를 납부기한이 지난 날부터 1개월(중소기업의 경우에는 2개월) 이내에 분납할 수 있다. 분납할 수 있는 세액은 다음 각 호에 의함
> 1. 납부할 세액이 2천만 원 이하인 경우에는 1천만 원을 초과하는 금액
> 2. 납부할 세액이 2천만 원을 초과하는 경우에는 그 세액의 100분의 50 이하의 금액

답 ④

55

합병이 사업의 계속성과 주주의 동질성이 인정되는 형식적 조직개편에 지나지 않는 경우에는 합병시점에 합병으로 인한 이익이 실현되었다고 보기 어렵기에 합병으로 인한 이익의 과세를 합병시점 이후로 이연한다. 이러한 합병으로 적격합병이라고 하는데, 적격합병요건에 해당되지 않는 것은?

2007년 국가직 7급 변형

① 합병등기일 현재 1년 이상 계속하여 사업을 영위하던 내국법인 간의 합병일 것
② 합병등기일 당시 피합병법인에 종사하는 대통령령으로 정하는 근로자 중 합병법인이 승계한 근로자의 비율이 100분의 80 이상이고, 합병등기일이 속하는 사업연도의 종료일까지 그 비율을 유지할 것
③ 피합병법인의 특정한 지배주주가 합병등기일이 속하는 사업연도의 종료일까지 그 주식을 보유할 것
④ 합병법인이 합병등기일이 속하는 사업연도의 종료일까지 피합병법인으로부터 승계받은 사업을 계속 영위할 것

> **정답 및 해설**
> 합병등기일 1개월 전 당시 피합병법인에 종사하는 대통령령으로 정하는 근로자 중 합병법인이 승계한 근로자의 비율이 100분의 80 이상이고, 합병등기일이 속하는 사업연도의 종료일까지 그 비율을 유지할 것을 요건으로 한다.
> **참고** 합병이 인력감축의 수단으로 활용되는 것을 방지하여 고용 안정성을 보장하기 위함임

답 ②

56 법인세법상 내국법인 간 합병과 관련한 설명으로 옳지 않은 것은?   2018년 국가직 9급

① 합병법인이 법인세법 제44조 제2항 및 제3항에 따라 양도손익이 없는 것으로 한 합병(적격합병)이 아닌 합병으로 피합병법인의 자산을 승계한 경우에는 그 자산을 피합병법인으로부터 합병등기일 현재의 시가로 양도받은 것으로 본다.

② 법인세법 제44조 제2항 각호의 요건을 모두 갖춘 합병 시 피합병법인이 합병법인으로부터 받은 양도가액을 피합병법인의 합병등기일 현재의 순자산 장부가액(자산의 장부가액 총액에서 부채의 장부가액 총액을 뺀 가액)으로 보아 피합병법인에 양도손익이 없는 것으로 할 수 있다.

③ 내국법인이 발행주식총수를 소유하고 있는 다른 법인을 합병하는 경우에는 피합병법인에 양도손익이 없는 것으로 할 수 있다.

④ 합병법인은 피합병법인의 자산을 시가로 양도받은 것으로 보는 경우에 피합병법인에 지급한 양도가액이 피합병법인의 합병등기일 현재의 자산총액에서 부채총액을 뺀 금액보다 적은 경우에는 그 차액을 합병등기일부터 3년간 균등하게 나누어 손금에 산입한다.

> **정답 및 해설**
>
> 합병법인은 피합병법인의 자산을 시가로 양도받은 것으로 보는 경우로서 피합병법인에 지급한 양도가액이 피합병법인의 합병등기일 현재의 자산총액에서 부채총액을 뺀 금액보다 적은 경우에는 그 차액을 세무조정계산서에 계상하고 합병등기일부터 5년간 균등하게 나누어 익금에 산입한다.
>
> 답 ④

57 법인세법상 연결납세제도에 대한 설명으로 옳은 것만을 모두 고른 것은?   2015년 국가직 7급

> ㄱ. 다른 내국법인을 완전지배하는 내국법인이 비영리내국법인인 경우에도 연결납세제도가 적용된다.
> ㄴ. 연결자법인이 다른 연결법인에 흡수합병되어 해산하는 경우에는 해산등기일이 속하는 연결사업연도에 연결납세방식을 적용할 수 없다.
> ㄷ. 연결법인은 연결납세방식의 적용을 포기할 수 있지만, 연결납세방식을 최초로 적용받은 연결사업연도와 그 다음 연결사업연도의 개시일부터 4년 이내에 끝나는 연결사업연도까지는 연결납세방식의 적용을 포기할 수 없다.
> ㄹ. 연결모법인과 그 법인의 완전자법인이 보유한 다른 내국법인의 주식 등의 합계가 그 다른 내국법인 발행주식총수의 전부(근로복지기본법 제2조 제4호에 따른 우리사주조합을 통하여 근로자가 취득한 주식 등 대통령령으로 정한 주식으로서 발행주식총수의 100분의 5 이내의 주식은 제외함)인 경우에도 연결납세제도를 적용할 수 있기 위한 요건으로서의 완전지배관계가 인정된다.

① ㄱ, ㄴ   ② ㄱ, ㄹ
③ ㄴ, ㄷ   ④ ㄷ, ㄹ

> 정답 및 해설

옳은 것은 ㄷ, ㄹ이다.

> 선지분석

ㄱ. 비영리내국법인은 연결납세제도 시 완전모법인이 될 수 없다.
ㄴ. 연결모법인의 완전 지배를 받지 아니하게 되거나 해산한 연결자법인은 해당 사유가 발생한 날이 속하는 연결사업연도의 개시일부터 연결납세방식을 적용하지 아니한다. 다만, 연결자법인이 다른 연결법인에 흡수합병되어 해산하는 경우에는 해산등기일이 속하는 연결사업연도에 연결납세방식을 적용할 수 있다.

답 ④

58 법인세법상 내국법인의 청산소득에 대한 설명으로 옳지 않은 것은? 2013년 국가직 7급

① 비영리내국법인은 어떠한 경우라도 청산소득에 대한 법인세의 납세의무를 지지 않는다.
② 합병이나 분할에 의한 해산하는 내국법인을 제외한 내국법인이 해산한 경우 그 청산소득의 금액은 그 법인의 해산에 의한 잔여재산의 가액에서 해산등기일 현재의 자본금 또는 출자금과 잉여금의 합계액을 공제한 금액으로 한다.
③ 내국법인의 해산에 의한 청산소득의 금액을 계산할 때 그 청산기간에 국세기본법에 따라 환급되는 법인세액이 있는 경우 이에 상당하는 금액은 그 법인의 해산등기일 현재의 자기자본의 총액에는 포함되지 아니한다.
④ 특별법에 따라 설립한 법인이 그 특별법의 개정으로 인하여 상법에 따른 회사로 조직변경하는 경우에는 청산소득에 대한 법인세를 과세하지 아니한다.

> 정답 및 해설

내국법인의 해산에 의한 청산소득의 금액을 계산할 때 그 청산기간에 국세기본법에 따라 환급되는 법인세액이 있는 경우 이에 상당하는 금액은 그 법인의 해산등기일 현재의 자기자본의 총액에 가산한다.

> 선지분석

① 영리내국법인만이 청산소득에 대한 납세의무를 진다.
② 청산소득금액은 '잔여재산가액 - (납입자본금 + 세무상 잉여금 + 법인세환급액)'이다.

답 ③

59 중소기업이 아닌 (주)한국은 등기된 비사업용 토지(장부가액 5억 원)를 10억 원(취득시기: 2017년 3월 2일, 양도시기: 2023년 3월 3일)에 양도하였다. (주)한국의 법인세 산출세액은? [단, (주)한국의 사업연도는 2023년 1월 1일부터 2023년 12월 31일까지이며, 다른 소득은 없다고 가정함] 2014년 국가직 9급 변형

① 50,000,000원
② 80,000,000원
③ 100,000,000원
④ 125,000,000원

> **정답 및 해설**
>
> ⓐ 각 사업연도소득금액 법인세
>
> | 구분 | 금액 | 비고 |
> |---|---|---|
> | 익금 | 10억 원 | 양도가액 |
> | 손금 | (-) 5억 원 | 장부가액 |
> | 과세표준 | 5억 원 | - |
> | 산출세액 | 8천만 원 | 2억 원 × 9% + (5억 원 - 2억 원) × 19% |
>
> ⓑ 토지 등 양도소득에 대한 법인세: 5억 × 10% = 5천만 원
> ⓒ 법인세 산출세액: 7천 5백만 원 + 5천만 원 = 1억 2천 5백만 원
>
> 참고 토지 등 양도소득은 각 사업연도 소득에 포함되어 각 사업연도 소득에 대한 법인세로 과세되며, 부동산투기 방지 목적으로 토지 등 양도소득에 대한 법인세로 추가로 과세함
>
> 답 ④

60 법인세법상 비영리내국법인에 대한 설명으로 옳지 않은 것은? 2015년 국가직 7급 변형

① 비영리내국법인의 고유목적사업에 직접 사용하는 자산의 처분으로 인한 대통령령으로 정하는 수입은 각 사업연도의 소득에 포함되어 과세되지 않는다.
② 모든 비영리내국법인은 복식부기의 방식으로 장부를 기장하고 이를 비치할 의무는 있지만, 이를 이행하지 않았을 경우에 무기장가산세의 부과대상은 아니다.
③ 비영리내국법인의 경우에는 국내뿐만 아니라 국외의 수익사업소득에 대해서도 각 사업연도의 소득으로 법인세가 과세된다.
④ 주식회사 등의 외부감사에 관한 법률 제2조 제7호 및 제9조에 따른 감사인의 회계감사를 받는 비영리내국법인이 법인세법 제29조에 따른 고유목적사업준비금을 세무조정계산서에 계상한 경우로서 그 금액에 상당하는 금액이 해당 사업연도의 이익처분에 있어서 그 준비금의 적립금으로 적립되어 있는 경우 그 금액은 손금으로 계상한 것으로 본다.

> **정답 및 해설**
>
> 사업소득 및 채권매매익의 수익사업을 영위하지 아니하는 경우에는 장부기장 및 비치 보존의무가 <u>없다</u>. 즉, 계속적 사업이 아닌 일시적인 이자수입 등이 있는 비영리내국법인에 대하여는 기장의무가 없다. 또한, 사업소득 및 채권매매익의 수익사업을 영위함으로써 장부기장 등에 대해서 의무를 해태한 때에도 <u>무기장 가산세는 적용하지 아니한다</u>.
>
> 답 ②

해커스공무원 학원·인강
gosi.Hackers.com

제7편
상속세 및 증여세법

제1장 상속세
제2장 증여세
제3장 재산의 평가

제1장 상속세

제1절 총설

01 상속세의 개요

1. 상속세·증여세의 기본개념

상속세	① 상속세란 사망으로 인한 재산의 무상이전에 대하여 부과되는 조세이다. ② 상속제도는 국가 재정수입의 확보라는 일차적인 목적 이외에도 자유시장경제에 수반되는 모순을 제거하고 사회정의와 경제민주화를 실현하기 위하여 국가적 규제와 조정들을 광범위하게 인정하는 사회적 시장경제질서의 헌법이념에 따라 재산상속을 통한 부의 영원한 세습과 집중을 완화하여 국민의 경제적 균등을 도모하려는 목적도 아울러 가지는 조세제도이다(헌재 2003. 1. 30. 2001헌바61, 판례집 15-1, 25, 34).
증여세	증여세는 생전의 부의 무상이전에 대해 과세하며, 증여세가 없다면 사망 전에 재산을 미리 증여하는 방식으로 상속세를 회피할 수 있으므로 상속세의 보완세 역할을 하고 있다.

2. 상속세·증여세의 과세체계

상속세 (유산과세형)	피상속인의 상속재산 전부를 기준으로 초과누진세율(최고 50%)을 적용한다. 유산과세형은 상속인들이 위장분할상속으로 상속세의 부담을 회피하는 것을 방지하며, 상속분할 전의 유산총액을 과세기초로 하기 때문에 세율구조가 동일하다면 취득과세형보다 세수증대 효과가 크다. 아울러 피상속인의 유산총액만을 확인한 후 상속세 신고서를 조사확인하기 때문에 세무행정이 간편하다는 장점이 있다. 단, 분할 전 상속재산에 초과누진세율을 적용한 세액을 각 상속인이 상속으로 취득한 재산가액에 비례해 안분해서 각 상속인이 부담할 세액을 산정하므로 개인별 담세력에 부응하는 과세를 할 수 없다.
증여세 (취득과세형)	수증자가 증여받은 재산가액에 대하여 수증자별로 각각 증여세를 과세한다.

3. 용어의 정의

상속	상속이란 민법 제5편에 따른 상속을 말하며, 다음의 것을 포함한다. ① 유증: 유산의 전부 또는 일부를 무상으로 타인(수유자)에게 주는 단독행위 ② 사인증여: 민법 제562조에 따른 증여자의 사망으로 인하여 효력이 생길 증여(상속개시일 전 10년 이내에 피상속인이 상속인에게 진 증여채무 및 상속개시일 전 5년 이내에 피상속인이 상속인이 아닌 자에게 진 증여채무의 이행 중에 증여자가 사망한 경우의 그 증여를 포함) ③ 특별연고자의 상속재산 분여: 민법 제1057조의 2에 따른 피상속인과 생계를 같이 하고 있던 자, 피상속인의 요양간호를 한 자 및 그 밖에 피상속인과 특별한 연고가 있던 자에 대한 상속재산의 분여 ④ 유언대용신탁: 신탁계약에 의해 위탁자의 사망시 수익자가 수익권을 취득하는 신탁 ⑤ 수익자연속신탁: 수익자가 사망한 경우 그 수익자가 갖는 수익권이 소멸하고 타인이 새로 수익권을 취득하는 신탁
증여	증여란 그 행위 또는 거래의 명칭·형식·목적 등과 관계없이 직접 또는 간접적인 방법으로 타인에게 무상으로 유형·무형의 재산 또는 이익을 이전(현저히 낮은 대가를 받고 이전하는 경우 포함)하거나 타인의 재산가치를 증가시키는 것을 말한다. 다만, 유증, 사인증여, 유언대용신탁 및 수익자연속신탁은 제외한다.
상속개시일	상속개시일이란 피상속인이 사망한 날을 말한다. 다만, 피상속인의 실종선고로 인하여 상속이 개시되는 경우에는 실종선고일을 말한다.
상속인	상속인이란 민법에 따른 상속인을 말하며, 상속을 포기한 사람 및 특별연고자를 포함한다.
수유자	수유자란 다음에 해당하는 자를 말한다. ① 유증을 받은 자 ② 사인증여에 의하여 재산을 취득한 자 ③ 유언대용신탁 및 수익자연속신탁에 의하여 신탁의 수익권을 취득한 자
민법상 법정상속분	민법에서 정해놓은 상속인 간 유산 배분 비율로, 상속인 간 동등하게 배분하고, 배우자는 5할 가산한다. 예 배우자와 자녀 2명의 법정상속분 = 1.5 : 1 : 1

02 상속세 과세대상과 납부의무자

1. 과세대상의 범위

상속개시일 현재 다음의 구분에 따른 상속재산에 대하여 상속세를 부과한다.

구분	과세대상	비교
피상속인이 거주자인 경우	모든 상속재산	무제한 납세의무
피상속인이 비거주자인 경우	국내에 있는 모든 상속재산	제한 납세의무

2. 상속세 납부의무자

납부의무자	① 상속인 ㉠ 법령: 상속인(특별연고자 중 영리법인은 제외) 또는 수유자(영리법인은 제외)는 상속재산(상속재산에 가산하는 증여재산 중 상속인이나 수유자가 받은 증여재산을 포함) 중 각자가 받았거나 받을 재산을 기준으로 법령으로 정하는 비율(재산의 점유비율)에 따라 계산한 금액을 상속세로 납부할 의무가 있다. → 상속포기자 및 태아 포함 ㉡ 집행기준 3의 2-3-1 【상속인별 상속세 납부비율 계산방법】 $$\frac{\text{상속 재산에 가산한 상속인·수유자별 사전 증여재산 과세표준}}{\text{상속세 과세표준 - 상속인 및 수유자가 아닌 자에게 증여한 사전증여재산 과세표준}} + \left[\text{상속세 과세표준} - \text{사전 증여재산 과세표준} \right] \times \left(\frac{\text{상속인·수유자별 과세가액상당액 - 가산한 상속인·수유자별 증여 재산가액}}{\text{상속세 과세가액 - 사전증여 재산가액}} \right)$$ ② 영리법인(수유자): 영리법인은 무상으로 받은 재산(자산수증이익)에 대해 법인세가 과세되므로 상속세 납부의무자에서 제외한다. 단, 변칙적인 상속을 통한 조세회피를 방지하기 위하여 특별연고자 또는 수유자가 영리법인인 경우로서 그 영리법인의 주주 중 상속인과 그 직계비속이 있는 경우에는 다음과 같이 계산한 지분상당액을 그 상속인 및 직계비속이 납부할 의무가 있다. {영리법인이 받았거나 받을 상속재산에 대한 상속세 상당액 - (영리법인이 받았거나 받을 상속재산 × 10%)} × 상속인과 그 직계비속의 주식 또는 출자지분의 비율
상속인·수유자별 연대납부의무	상속세는 상속인 또는 수유자 각자가 받았거나 받을 재산을 한도로 연대하여 납부할 의무를 진다. "각자가 받았거나 받을 재산"이란 상속으로 인하여 얻은 자산(사전증여재산을 포함)의 총액에서 부채총액과 그 상속으로 인하여 부과되거나 납부할 상속세 및 가산한 증여재산에 대한 증여세를 공제한 가액을 말한다.

🔍 사례

구분	배우자	자녀A	자녀B
상속재산 35억원	15억원	10억원	10억원
상속세 7억원	3억원	2억원	2억원

→ 자녀들이 상속세를 납부하지 않은 경우 배우자로부터 상속세 4억원을 징수할 수 있음

03 상속세의 과세관할과 납세지

1. 과세관할

상속개시지가 국내인 경우	상속세는 피상속인의 주소지(주소지가 없거나 분명하지 아니한 경우에는 거소지)를 관할하는 세무서장(국세청장이 특히 중요하다고 인정하는 것에 대해서는 관할 지방국세청장)이 과세한다.
상속개시지가 국외인 경우	상속개시지가 국외인 경우에는 상속재산 소재지를 관할하는 세무서장 등이 과세하고, 상속재산이 둘 이상의 세무서장 등의 관할구역에 있을 경우에는 주된 재산의 소재지를 관할하는 세무서장 등이 과세한다.

2. 상속재산의 소재지

① 부동산(부동산에 관한 권리)	부동산의 소재지
② 광업권 또는 조광권	광구의 소재지
③ 어업권, 양식업권 또는 입어권	어장에서 가장 가까운 연안
④ 선박	선적의 소재지. 단, 등기·등록이 제외되는 선박에 대하여는 그 선박 소유자의 주소지
⑤ 항공기	항공기 정치장의 소재지
⑥ 주식·출자지분 또는 사채	발행 법인의 본점 또는 주된 사무소의 소재지. 단, 외국법인이 국내에서 발행한 주식 등은 취급 금융기관 영업장의 소재지
⑦ 금전신탁	그 신탁재산을 인수한 영업장의 소재지. 단, 금전신탁 외 신탁재산은 신탁한 재산소재지
⑧ ⑥ 및 ⑦외의 금융재산	그 재산을 취급하는 금융기관 영업장의 소재지
⑨ 금전채권	채무자의 주소지. 다만 위 ⑥·⑦·⑧에 해당하는 경우에는 제외함
⑩ ②부터 ⑨에 해당하지 않는 그 밖의 유형재산 또는 동산	그 유형재산의 소재지 또는 동산이 현재 있는 장소
⑪ 특허권·상표권 등 등록이 필요한 권리	그 권리를 등록한 기관의 소재지
⑫ 저작권, 출판권, 저작인접권	저작물이 발행되었을 경우 그 발행 장소
⑬ ①부터 ⑫까지를 제외한 그 밖의 영업장을 가진 자의 그 영업에 관한 권리	그 영업장의 소재지
⑭ 기타의 재산	그 재산 권리자의 주소

제2절 상속세 과세가액의 계산

📋 상속세의 계산구조

	총 상속재산가액	본래상속재산 + 의제상속재산 + 추정상속재산
(-)	비과세재산가액	
(-)	과세가액 불산입	
(-)	공과금·장례비용·채무	
(+)	사전증여재산	상속개시일 전 일정 기간 이내에 증여한 재산가액
(=)	상속세 과세가액	
(-)	상속공제	인적공제, 물적공제
(-)	감정평가수수료공제	
(=)	상속세 과세표준	
(×)	세율	10%~50% 초과누진세율
(=)	상속세 산출세액	
(-)	징수유예액, 세액공제액	
(=)	신고납부세액	

01 총 상속재산가액

1. 상속재산

본래 상속재산	상속재산이란 피상속인에게 귀속되는 모든 재산을 말하며, 다음의 물건과 권리를 포함한다. 다만, 피상속인의 일신에 전속하는 것으로서 피상속인의 사망으로 인하여 소멸되는 것은 제외한다. ① 금전으로 환산할 수 있는 경제적 가치가 있는 모든 물건 ② 재산적 가치가 있는 법률상 또는 사실상의 모든 권리	
의제 상속재산	보험금	① 피상속인의 사망으로 인하여 받는 생명보험 또는 손해보험의 보험금으로서 피상속인이 보험계약자인 보험계약에 의하여 받는 것은 상속재산으로 본다. 이 경우 상속재산으로 보는 보험금의 가액은 다음 계산식에 따라 계산한 금액으로 한다. 지급받은 보험금의 총합계액 × (피상속인이 부담한 보험료의 금액) / (해당 보험계약에 따라 피상속인의 사망 시까지 납입된 보험료의 총합계액) ② 보험계약자가 피상속인이 아닌 경우에도 피상속인이 실질적으로 보험료를 납부하였을 때에는 피상속인을 보험계약자로 보아 해당 보험금도 상속재산으로 본다.

의제 상속재산	신탁재산	① 피상속인이 신탁한 재산은 상속재산으로 본다. 다만, 신탁이익의 증여 규정에 따라 수익자의 증여재산가액으로 하는 해당 신탁의 이익을 받을 권리의 가액은 상속재산으로 보지 아니한다. ② 피상속인이 신탁으로 인하여 타인으로부터 신탁의 이익을 받을 권리를 소유하고 있는 경우에는 그 이익에 상당하는 가액을 상속재산에 포함한다. ③ 수익자연속신탁의 수익자가 사망함으로써 타인이 새로 신탁의 수익권을 취득하는 경우 그 타인이 취득한 신탁의 이익을 받을 권리의 가액은 사망한 수익자의 상속재산에 포함한다.
	퇴직금	피상속인에게 지급될 퇴직금, 퇴직수당, 공로금, 연금 또는 이와 유사한 것이 피상속인의 사망으로 인하여 지급되는 경우 그 금액은 상속재산으로 본다. 다만, 다음의 어느 하나에 해당하는 것은 상속재산으로 보지 아니한다. ① 국민연금법에 따라 지급되는 유족연금 또는 사망으로 인하여 지급되는 반환일시금 ② 공무원연금법, 공무원 재해보상법 또는 사립학교교직원 연금법에 따라 지급되는 퇴직유족연금, 장해유족연금, 순직유족연금, 직무상유족연금, 위험직무순직유족연금, 퇴직유족연금부가금, 퇴직유족연금일시금, 퇴직유족일시금, 순직유족보상금, 직무상유족보상금 또는 위험직무순직유족보상금 ③ 군인연금법 또는 군인 재해보상법에 따라 지급되는 퇴역유족연금, 상이유족연금, 순직유족연금, 퇴역유족연금부가금, 퇴역유족연금일시금, 순직유족연금일시금, 퇴직유족일시금, 장애보상금 또는 사망보상금 ④ 산업재해보상보험법에 따라 지급되는 유족보상연금·유족보상일시금·유족특별급여 또는 진폐유족연금 ⑤ 근로자의 업무상 사망으로 인하여 근로기준법 등을 준용하여 사업자가 그 근로자의 유족에게 지급하는 유족보상금 또는 재해보상금과 그 밖에 이와 유사한 것 ⑥ 전직대통령예우에 관한 법률 또는 별정우체국법에 따라 지급되는 유족연금·유족연금일시금 및 유족일시금

2. 추정상속재산

의의	① 내용 ㉠ 피상속인이 상속개시일 전 재산을 처분하여 받은 금액이나 피상속인의 재산에서 인출 또는 채무를 부담한 경우로서 다음에 해당하는 경우 상속받은 것으로 추정하여 상속세 과세가액에 산입한다. | 기간 | 상속개시 전 재산처분액 또는 채무부담액 | |---|---| | 상속개시일 전 1년 이내 | 재산종류별 또는 채무합계액으로 계산하여 2억원 이상인 경우로서 용도가 객관적으로 명백하지 않은 경우 | | 상속개시일 전 2년 이내 | 재산종류별 또는 채무합계액으로 계산하여 5억원 이상인 경우로서 용도가 객관적으로 명백하지 않은 경우 | ㉡ 피상속인이 국가, 지방자치단체 및 금융회사 등이 아닌 자에 대하여 부담한 채무로서 상속인이 변제할 의무가 없는 것으로 추정되는 경우(서류 등에 의하여 상속인이 실제로 부담하는 사실이 확인되지 아니하는 경우)에는 이를 상속세 과세가액에 산입한다. ∵ 사망 전 재산처분 또는 차입을 통하여 현금을 상속인에게 은밀히 증여하여 상속세를 회피하는 것을 방지함

의의	② 재산 종류별 | 구분	1년 이내	2년 이내
---	---	---
⊙ 현금·예금 및 유가증권	2억원 이상	5억원 이상
ⓒ 부동산 및 부동산에 관한 권리		
ⓒ 위 외의 기타재산(특허권 등)			 ③ 용도 불분명 사례 　⊙ 피상속인이 재산을 처분하여 받은 금액이나 피상속인의 재산에서 인출한 금전 등 또는 채무를 부담하고 받은 금액을 지출한 거래상대방이 거래증빙의 불비 등으로 확인되지 아니하는 경우 　ⓒ 거래상대방이 금전 등의 수수사실을 부인하거나 거래상대방의 재산상태 등으로 보아 금전 등의 수수사실이 인정되지 아니하는 경우 　ⓒ 거래상대방이 피상속인의 특수관계인으로서 사회통념상 지출사실이 인정되지 아니하는 경우 　ⓔ 피상속인이 재산을 처분하거나 채무를 부담하고 받은 금전 등으로 취득한 다른 재산이 확인되지 아니하는 경우 　ⓜ 피상속인의 연령·직업·경력·소득 및 재산상태 등으로 보아 지출사실이 인정되지 아니하는 경우
계산	사용처가 입증되지 아니한 금액이 다음의 기준금액에 미달하는 경우에는 용도가 객관적으로 명백하지 아니한 것으로 추정하지 아니하며, 기준금액 이상인 경우에는 기준금액을 차감한 금액을 용도가 객관적으로 명백하지 아니한 것으로 추정한다. ∵ 상속인이 피상속인의 처분대금 등의 사용처를 입증하기 어려운 점을 고려 　　　　추정상속재산가액 = 용도불명금액 - 기준금액(*) (*) 기준금액: Min(①, ②) 　① 재산 처분금액이나 인출한 금전 또는 채무를 부담하고 받은 금액 × 20% 　② 2억원

추정상속재산

구분	재산처분액 또는 채무부담액
상속추정의 배제	미소명금액 < Min(①처분재산가액·인출금액·채무부담액 × 20%, ②2억원)
추정상속재산가액	미소명금액 - Min(①처분재산가액·인출금액·채무부담액 × 20%, ②2억원)

사례

구분	금액	입증금액	미소명금액	추정상속재산
현금 인출	5억원	4억원	1억원	-
부동산 매각	10억원	4억원	6억원	6억 - Min(10억 × 20%, 2억) = 4억

소명해야 할 채무부담액

구분	1년 이내	2년 이내
국가, 지자체 금융회사 등의 채무부담액	2억원 이상	5억원 이상
개인의 채무 중 변제의무가 없다고 추정되는 채무부담액	상속채무로 공제한 금액 전부	

02 상속세의 비과세

전사자 등 비과세	전쟁 또는 비상사태로 토벌 또는 경비 등 작전업무수행 중 사망하거나 해당 전쟁 또는 공무의 수행 중 입은 부상 또는 그로 인한 질병으로 사망하여 상속이 개시되는 경우에는 상속세를 부과하지 아니한다.
기타 비과세	다음에 규정된 재산에 대해서는 상속세를 부과하지 아니한다. ① 국가, 지방자치단체, 지방자치단체조합 또는 공공도서관 등 공공단체에 유증(사망으로 인하여 효력이 발생하는 증여를 포함)한 재산 ② 금양임야와 묘토 및 족보와 제구 제사를 주재하는 상속인(다수의 상속인이 공동으로 제사를 주재하는 경우 그 공동으로 주재하는 상속인 전체)을 기준으로 다음에 해당하는 재산을 말한다. | 구분	비과세 요건	비과세 한도
---	---	---
금양임야	피상속인이 제사를 주재하고 있던 선조의 분묘에 속한 9,900㎡(3,000평) 이내의 금양임야	2억원
묘토인 농지	분묘에 속한 1,980㎡(600평)이내의 묘토인 농지	
족보와 제구	요건 없음	1천만원	 ③ 정당법에 따른 정당에 유증등을 한 재산 ④ 근로복지기본법에 따른 사내근로복지기금, 우리사주조합, 공동근로복지기금 및 근로복지진흥기금 단체에 유증 등을 한 재산 ⑤ 사회통념상 인정되는 이재구호금품, 치료비 및 그 밖에 이와 유사한 것으로서 대통령령으로 정하는 재산 ⑥ 상속재산 중 상속인이 상속세 과세표준 신고기한까지 국가, 지방자치단체 또는 공공단체에 증여한 재산

03 상속세 과세가액 불산입

1. 공익법인 등에 출연한 재산에 대한 상속세 과세가액 불산입

개요		상속재산 중 피상속인이나 상속인이 공익법인 등에게 출연한 재산의 가액으로서 상속세 신고기한(법령상 또는 행정상의 사유로 공익법인 등의 설립이 지연되는 등 부득이한 사유가 있는 경우에는 그 사유가 없어진 날이 속하는 달의 말일부터 6개월까지)까지 출연한 재산의 가액은 상속세 과세가액에 산입하지 아니한다. ∵ 공익사업에 대하여 세제혜택을 주어 공익사업에 출연을 유도함
불산입 제한	원칙	내국법인의 의결권 있는 주식 등을 공익법인 등에 출연하는 경우로서 출연하는 주식 등과 다음 중 어느 하나의 주식 등을 합한 것이 그 내국법인의 의결권 있는 발행주식총수 또는 출자총액(자기주식과 자기출자지분은 제외)의 10%를 초과하는 경우에는 그 초과하는 가액을 상속세 과세가액에 산입한다. ∵ 공익법인을 통한 내국법인을 지배하면서 상속세를 회피하는 것을 방지함 ① 출연자가 출연할 당시 해당 공익법인 등이 보유하고 있는 동일한 내국법인의 주식 등 ② 출연자 및 그의 특수관계인이 해당 공익법인 등 외의 다른 공익법인 등에 출연한 동일한 내국법인의 주식 등 ③ 상속인 및 그의 특수관계인이 재산을 출연한 다른 공익법인 등이 보유하고 있는 동일한 내국법인의 주식 등
	예외	다음 중 어느 하나에 해당하는 경우에는 다음의 구분에 따른 비율 초과 보유분을 상속세 과세가액에 산입한다. ① 다음의 요건을 모두 갖춘 공익법인 등(② 또는 ③에 해당하는 공익법인 등은 제외)에 출연하는 경우: 20% 　㉠ 출연받은 주식 등의 의결권을 행사하지 아니할 것 　㉡ 자선·장학 또는 사회복지를 목적으로 할 것 ② 상호출자제한기업집단과 특수관계에 있는 공익법인 등: 5% ③ 제48조 제11항 각 호의 요건을 충족하지 못하는 공익법인 등: 5%

2. 공익신탁재산에 대한 상속세 과세가액 불산입

개요	상속재산 중 피상속인이나 상속인이 공익신탁법에 따른 공익신탁으로서 종교·자선·학술 또는 그 밖의 공익을 목적으로 하는 신탁을 통하여 공익법인 등에 출연하는 재산의 가액은 상속세 과세가액에 산입하지 아니한다.
공익신탁 요건	공익신탁은 다음의 요건을 갖춘 것으로 한다. ① 공익신탁의 수익자가 공익법인 등이거나 그 공익법인 등의 수혜자일 것 ② 공익신탁의 만기일까지 신탁계약이 중도해지되거나 취소되지 아니할 것 ③ 공익신탁의 중도해지 또는 종료 시 잔여신탁재산이 국가·지방자치단체 및 다른 공익신탁에 귀속될 것
이행 기한	상속세과세가액에 산입하지 아니하는 재산은 상속세과세표준 신고기한까지 신탁을 이행하여야 한다. 다만, 법령상 또는 행정상의 사유로 신탁 이행이 늦어지면 그 사유가 끝나는 날이 속하는 달의 말일부터 6개월 이내에 신탁을 이행하여야 한다.

04 공과금·장례비용 및 채무

1. 거주자의 경우

공과금	상속개시일 현재 피상속인이 납부할 의무가 있는 것으로서 상속인에게 승계된 조세·공공요금 및 국세기본법에 따른 공과금(공공요금에 해당하는 경우 제외)을 말한다. 한편, 공과금에는 상속개시일 이후 상속인이 책임져야할 사유로 납부 또는 납부할 가산세, 강제징수비, 벌금, 과료, 과태료 등은 포함되지 아니한다.
장례비용	장례비용은 다음의 구분에 의한 금액을 합한 금액으로 한다. ① 피상속인의 사망일부터 장례일까지 장례에 직접 소요된 금액(봉안시설 또는 자연장지의 사용에 소요된 금액을 제외함). 이 경우 그 금액이 500만원 미만인 경우에는 500만원으로 하고 그 금액이 1천만원을 초과하는 경우에는 1천만원으로 한다. ② 봉안시설 또는 자연장지의 사용에 소요된 금액. 이 경우 그 금액이 500만원을 초과하는 경우에는 500만원으로 한다.

Q 사례

구분	장례비용	봉안시설 등	공제액
Case1	3,000,000	4,000,000	9,000,000
Case2	7,000,000	8,000,000	12,000,000
Case3	11,000,000	7,000,000	15,000,000

채무	① 채무란 명칭여하에 관계없이 상속개시당시 피상속인이 부담하여야 할 확정된 채무로서 공과금 외의 모든 부채는 상속재산에서 공제한다. 다만, 상속개시일 전 10년 이내에 피상속인이 상속인에게 진 증여채무와 상속개시일 전 5년 이내에 피상속인이 상속인이 아닌 자에게 진 증여채무(증여하기로 약속하고 아직 증여하지 않은 상태로 남아있는 채무)는 공제하지 않는다.
	② 입증방법: 상속개시 당시 피상속인의 채무로서 상속인이 실제로 부담하는 사실이 다음의 어느 하나에 따라 증명되는 것을 말한다.
	  ㉠ 국가·지방자치단체 및 금융회사 등에 대한 채무는 해당 기관에 대한 채무임을 확인할 수 있는 서류
	  ㉡ ㉠ 외의 자에 대한 채무는 채무부담계약서, 채권자확인서, 담보설정 및 이자지급에 관한 증빙 등에 의하여 그 사실을 확인할 수 있는 서류

2. 비거주자의 경우

공과금	상속세가 부과되는 국내에 소재하는 상속재산에 관한 공과금 및 피상속인의 사망 당시 국내에 사업장이 있는 경우로서 그 사업장에 갖춰 두고 기록한 장부에 의하여 확인되는 사업상의 공과금을 말한다.
채무	① 해당 상속재산을 목적으로 하는 유치권, 질권, 전세권, 임차권(사실상 임대차계약이 체결된 경우를 포함), 양도담보권·저당권 또는 동산·채권 등의 담보에 관한 법률에 따른 담보권으로 담보된 채무 ② 피상속인의 사망 당시 국내에 사업장이 있는 경우로서 그 사업장에 갖춰 두고 기록한 장부에 의하여 확인되는 사업상의 채무

05 사전증여재산

내용	다음의 증여재산가액은 상속재산에 가산한다. 이 경우 공과금 등이 상속재산가액을 초과하는 경우 그 초과액은 없는 것으로 본다. 비거주자의 사망으로 인하여 상속이 개시되는 경우에는 국내에 있는 재산을 증여한 경우에만 그 증여재산을 가산한다. ① 상속개시일 전 10년 이내에 피상속인이 상속인에게 증여한 재산가액 ② 상속개시일 전 5년 이내에 피상속인이 상속인이 아닌 자에게 증여한 재산가액 ∵ 생전에 분산증여를 통해 초과누진세율에 의한 상속세 부담을 회피하는 것 방지
합산과세재산 평가	상속재산의 가액에 가산하는 증여재산의 가액은 상속개시일이 아닌 증여일 현재의 시가에 따라 평가하며, 시가가 불분명한 경우 보충적평가방법에 따라 평가한 가액에 따른다. → 합산되는 증여재산에 대한 증여세액은 상속세 산출세액에서 공제함
합산배제대상	① 비과세되는 증여재산 ② 공익법인 등이 출연받은 재산에 대한 증여세 과세가액 불산입액 ③ 공익신탁재산에 대한 증여세 과세가액 불산입액 ④ 장애인이 증여받은 재산의 과세가액 불산입액 ⑤ 재산취득후 해당 재산의 가치 증가 ⑥ 전환사채 등의 주식전환이익, 양도이익 ⑦ 주식의 상장 등의 이익에 따른 증여 ⑧ 합병에 대한 상장 등 이익의 증여 ⑨ 재산취득후 재산가치 증가에 따른 이익의 증여 ⑩ 재산 취득자금 등의 증여 추정 ⑪ 명의신탁재산의 증여 의제 ⑫ 특수관계법인과의 거래를 통한 이익의 증여의제 ⑬ 특수관계법인으로부터 제공받은 사업기회로 발생한 이익의 증여의제

제3절 상속세 과세표준의 계산 - 상속공제

상속세 과세표준

		상속세 과세가액	
(-)	상속공제	인적공제	기초공제, 그 밖의 인적공제, 배우자상속공제
		일괄공제	선택: Min(기초공제 2억 + 그 밖의 인적공제, 5억)
		물적공제	가업상속공제, 영농상속공제, 금융재산상속공제, 재해손실공제, 동거주택상속공제
(-)		감정평가수수료공제	
=		상속세 과세표준	과세표준이 50만원 미만이면 상속세를 부과하지 않음

01 기초공제와 그 밖의 인적공제

기초공제

거주자나 비거주자의 사망으로 상속이 개시되는 경우에는 상속세 과세가액에서 2억원을 공제한다.
→ 비거주의 사망 시 기초공제만 적용하며, 다른 인적공제와 물적공제는 적용되지 않음

그 밖의 인적공제

① 거주자의 사망으로 상속이 개시되는 경우로서 다음 중 어느 하나에 해당하는 경우에는 해당 금액을 상속세 과세가액에서 공제한다. 그 밖의 인적공제는 공제요건에 해당하는 자가 상속의 포기 등으로 상속을 받지 아니하는 경우에도 적용한다.

구분	공제요건(*)	공제액
자녀공제	피상속인의 자녀(태아 포함)	1인당 5,000만원
미성년자공제	배우자를 제외한 상속인 및 동거가족 중 미성년자(태아를 포함)	1인당 1,000만원 × (19세가 될 때까지의 연수)
연로자공제	배우자를 제외한 상속인 및 동거가족 중 65세 이상인 자	1인당 5,000만원
장애인공제	배우자를 포함한 상속인 및 동거가족 중 장애인	1인당 1,000만원 × (기대 여명의 연수)

(*) 동거가족은 상속개시일 현재 피상속인이 사실상 부양하고 있는 직계존비속(배우자의 직계존속을 포함) 및 형제자매를 말한다.

② 중복적용: 원칙적으로 그 밖의 인적공제(배우자 상속공제 포함)는 서로 중복하여 적용할 수 없다. 단, 동일인이 둘 이상의 인적공제대상이 되는 다음의 경우에는 각각 그 금액을 합산하여 공제한다.
  ㉠ 자녀공제와 미성년자공제
  ㉡ 장애인 공제와 그 밖의 인적공제(자녀, 미성년자, 연로자) 또는 배우자공제

02 배우자 상속공제

개요

배우자 상속공제는 배우자의 재산형성 기여도를 감안하여 전체 상속재산 중 상속지분인 일정비율까지는 과세를 유보한 후, 잔존배우자 사망 시 과세하되, 고액재산가들의 세부담 경감혜택이 확대되지 않도록 30억원의 한도를 설정하였다.

공제액

① 거주자의 사망으로 배우자가 상속받는 경우 다음의 금액을 상속세 과세가액에서 공제한다. 배우자 상속공제는 상속세과세표준신고기한의 다음날부터 9개월이 되는 날(분할기한)까지 배우자의 상속재산을 분할(등기·등록·명의개서 등이 필요한 경우 그 등기·등록·명의개서 등이 된 것에 한정함)한 경우에 적용한다. 이 경우 상속인은 상속재산의 분할사실을 분할기한까지 납세지 관할세무서장에게 신고하여야 한다.

공제액	배우자 상속공제액: Min(①, ②) → 5억원 미만이면 최소 5억원 공제
	① 배우자가 실제 상속받은 금액
	  1. 배우자가 상속받은 상속재산가액(사전증여재산가액 및 추정상속재산가액 제외)
	    ① 배우자가 승계하기로 한 공과금 및 채무액
	    ② 배우자 상속재산 중 비과세 재산가액
	    ③ 배우자 상속재산 중 과세가액불산입액
	  2. 상속재산의 가액
	
	| 상속재산가액 | 유의사항 |
	|---|---|
	| 총상속재산가액 | 상속·유증·사인 증여한 재산 + 간주상속재산 + 추정상속재산 |
	| + 상속개시 전 10년 이내에 상속인에게 증여한 재산가액 | 상속개시 전 5년 이내 상속인이 아닌 자에게 증여한 재산가액은 합산 제외 |
	| − 상속인이 아닌 자가 유증·사인증여 받은 재산가액 | 상속인에게 유증·사인증여한 재산은 차감하지 않음 |
	| − 비과세되는 상속재산가액 | 비과세 상속재산 |
	| − 공과금·채무액 | 장례비는 차감하지 않음 |
	| − 과세가액 불산입액 | 공익법인 등에 출연한 재산 및 공익신탁재산 |
	| = 상속재산의 가액 | |
	
	② 한도: Min(㉠, ㉡)
	  ㉠ 한도금액 = (A − B + C) × D − E
	    A: 총상속재산가액
	    B: 상속재산 중 상속인이 아닌 수유자가 유증등을 받은 재산의 가액
	    C: 상속개시일 전 10년 내에 피상속인이 상속인에게 증여한 재산가액
	    D: 민법에 따른 배우자의 법정상속분(공동상속인 중 상속을 포기한 사람이 있는 경우 그 사람이 포기하지 아니한 경우의 배우자 법정상속분)
	    E: 상속재산에 가산한 증여재산 중 배우자가 사전증여받은 재산에 대한 증여세 과세표준
	  ㉡ 30억원
	
	② 배우자가 실제 상속받은 금액이 없거나 5억원 미만이면 상속세의 신고 여부에 관계없이 5억원을 공제한다.

세부사항	다음의 부득이한 사유로 배우자상속재산분할기한까지 배우자의 상속재산을 분할할 수 없는 경우로서 배우자상속재산분할기한(부득이한 사유가 소의 제기나 심판청구로 인한 경우에는 소송 또는 심판청구가 종료된 날)의 다음날부터 6개월이 되는 날(배우자상속재산분할기한의 다음날부터 6개월이 지나 과세표준과 세액의 결정이 있는 경우에는 그 결정일)까지 상속재산을 분할하여 신고하는 경우에는 배우자상속재산분할기한까지 분할한 것으로 본다. 다만, 상속인이 그 부득이한 사유를 배우자상속재산분할기한까지 납세지 관할세무서장에게 신고하는 경우에 한정한다. ① 상속인등이 상속재산에 대하여 상속회복청구의 소를 제기하거나 상속재산 분할의 심판을 청구한 경우 ② 상속인이 확정되지 아니하는 부득이한 사유 등으로 배우자상속분을 분할하지 못하는 사실을 관할세무서장이 인정하는 경우

03 일괄공제

내용	거주자의 사망으로 상속이 개시되는 경우에 상속인이나 수유자는 기초공제(2억원) + 그 밖의 인적공제액을 합친 금액과 5억원 중 큰 금액으로 공제받을 수 있다. 다만, 상속세 과세표준 신고기한 내의 신고 또는 기한 후 신고가 없는 경우에는 5억원을 공제한다.
일괄공제 적용배제	피상속인의 배우자가 단독으로 상속받는 경우에는 일괄공제를 배제하고 기초공제와 그 밖의 인적공제액을 합친 금액으로만 공제한다.

🔍 **사례**

구분	배우자와 자녀가 있을 때	배우자만 있을 때	자녀만 있을 때
일괄공제	5억원	2억원	5억원
배우자공제	5억원 ~ 30억원	5억원 ~ 30억원	-
공제액	10억원 ~ 35억원	7억원 ~ 32억원	5억원

04 가업상속공제

거주자의 사망으로 상속이 개시되는 경우로서 가업[중소기업 또는 중견기업(상속이 개시되는 소득세 과세기간 또는 법인세 사업연도의 직전 3개 소득세 과세기간 또는 법인세 사업연도의 매출액 평균금액이 5천억원 이상인 기업은 제외)으로서 피상속인이 10년 이상 계속하여 경영한 기업의 상속에 해당하는 경우에는 가업상속 재산가액에 상당하는 금액을 상속세 과세가액에서 공제한다. 이 경우 공제하는 금액은 다음의 구분에 따른 금액을 한도로 한다.

피상속인이 10년 이상 20년 미만 계속하여 경영한 경우	300억원
피상속인이 20년 이상 30년 미만 계속하여 경영한 경우	400억원
피상속인이 30년 이상 계속하여 경영한 경우	600억원

05 영농상속공제

거주자의 사망으로 상속이 개시되는 경우로서 영농상속에 해당하는 경우에는 영농상속 재산가액에 상당하는 금액(30억원을 한도로 함)을 상속세 과세가액에서 공제한다.

06 금융재산 상속공제

공제액	거주자의 사망으로 상속이 개시되는 경우로서 상속개시일 현재 상속재산가액 중 금융재산의 가액에서 금융채무를 뺀 가액(순금융재산의 가액)이 있으면 다음의 구분에 따른 금액을 상속세 과세가액에서 공제하되, 그 금액이 2억원을 초과하면 2억원을 공제한다. ① 순금융재산의 가액이 2천만원을 초과하는 경우: 그 순금융재산의 가액의 20% 또는 2천만원 중 큰 금액 ② 순금융재산의 가액이 2천만원 이하인 경우: 그 순금융재산의 가액 **순금융재산의 가액** **금융재산**: 금융회사 등이 취급하는 예금·적금·부금·계금·출자금·신탁재산(금전신탁재산에 한함)·보험금·공제금·주식·채권·수익증권·출자지분·어음 등의 금전 및 유가증권과 다음 중 어느 하나에 해당하는 것을 말한다. ① 거래소에 상장되지 아니한 주식 등으로서 금융기관이 취급하지 아니하는 것 ② 발행회사가 금융기관을 통하지 아니하고 직접 모집하거나 매출하는 방법으로 발행한 회사채 **금융채무**: 채무의 입증방법에 따라 입증된 금융회사 등에 대한 채무
공제배제	금융재산에는 최대주주 또는 최대출자자[*]가 보유하고 있는 주식 등(∵ 경영권이 반영된 주식에 대하여는 경영권 프리미엄을 추가로 인정해 평가액을 높여야 함)과 상속세 과세표준 신고기한까지 신고하지 아니한 타인 명의의 금융재산은 포함되지 아니한다. [*] 최대주주 또는 최대출자자: 주주 등 1인과 그의 특수관계인의 보유주식 등을 합하여 그 보유주식 등의 합계가 가장 많은 경우의 해당 주주 등 1인과 그의 특수관계인 모두이다.
공제신고	금융재산 상속공제를 받고자 하는 자는 금융재산 상속공제신고서를 상속세 과세표준신고와 함께 납세지 관할세무서장에게 제출하여야 한다. **사례** | 순금융재산가액	공제액	비고
---	---	---
1천만원	1천만원	2천만원 이하
5천만원	Max(5천 × 20%, 2천만원) = 2천만원	2천만원 초과
2억원	Max(2억원 × 20%, 2천만원) = 4천만원	2천만원 초과
20억원	2억원	한도 2억원	

07 재해손실 공제

공제액	거주자의 사망으로 상속이 개시되는 경우로서 상속세 신고기한 이내에 재난으로 인하여 상속재산이 멸실되거나 훼손된 경우에는 그 손실가액을 상속세 과세가액에서 공제한다. 다만, 그 손실가액에 대한 보험금 등의 수령 또는 구상권 등의 행사에 의하여 그 손실가액에 상당하는 금액을 보전받을 수 있는 경우에는 그러하지 아니하다. 상속세과세가액에서 공제하는 손실가액은 재난으로 인하여 손실된 상속재산의 가액으로 한다.
공제신고	재해손실공제를 받으려는 상속인이나 수유자는 재해손실공제신고서에 그 손실가액·손실내용 및 당해 재난의 사실을 입증하는 서류를 첨부하여 상속세과세표준신고와 함께 납세지관할세무서장에게 제출하여야 한다.

08 동거주택 상속공제

공제액	거주자의 사망으로 상속이 개시되는 경우로서 동거주택 상속공제요건을 모두 갖춘 경우에는 상속주택가액(주택부수토지의 가액을 포함하되, 상속개시일 현재 해당 주택 및 주택부수토지에 담보된 피상속인의 채무액을 뺀 가액)의 100%에 상당하는 금액을 상속세 과세가액에서 공제한다. 다만, 그 공제할 금액은 6억원을 한도로 한다. ∵ 1세대 1주택 실수요자의 상속세 부담을 완화 및 상속인의 주거 안정 도모
공제요건	① 피상속인과 상속인(직계비속 및 민법 제1003조 제2항(대습상속)에 따라 상속인이 된 그 직계비속의 배우자인 경우로 한정)이 상속개시일부터 소급하여 10년 이상(상속인이 미성년자인 기간은 제외) 계속하여 하나의 주택에서 동거할 것. 단, 피상속인과 상속인이 징집, 취학, 근무상 형편 또는 질병 요양의 사유에 해당하여 동거하지 못한 경우에는 계속하여 동거한 것으로 보되, 그 동거하지 못한 기간은 동거 기간에 산입하지 아니한다. ② 피상속인과 상속인이 상속개시일부터 소급하여 10년 이상 계속하여 1세대를 구성하면서 1세대 1주택에 해당할 것. 이 경우 무주택인 기간이 있는 경우에는 해당 기간은 전단에 따른 1세대 1주택에 해당하는 기간에 포함한다. ③ 상속개시일 현재 무주택자이거나 피상속인과 공동으로 1세대 1주택을 보유한 자로서 피상속인과 동거한 상속인이 상속받은 주택일 것

09 상속공제 적용의 한도

거주자의 사망으로 인해 상속이 개시되는 경우 기초공제, 가업상속공제, 영농상속공제, 배우자 상속공제, 그 밖의 인적공제, 일괄공제, 금융재산 상속공제, 재해손실공제 및 동거주택 상속공제는 상속세 과세가액에서 다음 중 어느 하나에 해당하는 가액을 뺀 금액을 한도로 한다. 다만, (3)은 상속세 과세가액이 5억원을 초과하는 경우에만 적용한다.

∵ 상속인이 실제 상속받은 재산을 한도로 적용하겠다는 취지

(1) 선순위인 상속인이 아닌 자에게 유증등을 한 재산의 가액

(2) 선순위인 상속인의 상속 포기로 그 다음 순위의 상속인이 상속받은 재산의 가액

(3) 상속세 과세가액에 가산한 증여재산가액(제53조 증여재산공제 또는 제54조 준용규정에 따라 공제받은 금액이 있으면 그 증여재산가액에서 그 공제받은 금액을 뺀 가액)

🔍 **사례**

상속재산가액은 20억원, 상속개시일 이전 10년 이내에 자녀에 대한 사전증여재산이 20억원(증여세 과세표준 12억원)이고 상속인이 아닌 손자에게 유증한 금액이 4억인 경우 상속공제 한도액은?

① 상속세 과세가액	40억
② 상속인이 아닌 자에게 유증한 가액	(-) 4억
③ 사전증여재산	(-) 12억
= 상속공제 한도액	24억

10 감정평가수수료 공제

구분		공제액	한도
내용	감정평가법인 등의 평가에 따른 수수료 (상속세 납부목적용으로 한정함)	당해 수수료	500만원
	중소기업 비상장주식의 평가수수료 (평가심의위원회가 의뢰한 신용평가전문기관으로 한정함)		평가대상 법인 수 및 신용평가전문기관의 수별로 각각 1,000만원
	판매용이 아닌 서화·골동품 등 예술적 가치가 있는 유형재산 평가에 대한 감정수수료		500만원
신고	수수료를 공제받고자 하는 자는 당해 수수료의 지급사실을 입증할 수 있는 서류를 상속세과세표준 신고와 함께 납세지 관할세무서장에게 제출하여야 한다.		

제4절 상속세 산출세액 및 결정세액의 계산

01 산출세액의 계산

산출세액	(상속세 과세표준 × 세율) + 세대생략 할증과세액	
세율	과세표준	세율
	1억원 이하	과세표준의 10%
	1억원 초과 5억원 이하	1천만원 + (1억원을 초과하는 금액의 20%)
	5억원 초과 10억원 이하	9천만원 + (5억원을 초과하는 금액의 30%)
	10억원 초과 30억원 이하	2억4천만원 + (10억원을 초과하는 금액의 40%)
	30억원 초과	10억4천만원 + (30억원을 초과하는 금액의 50%)

세대생략 할증과세	상속인이나 수유자가 피상속인의 자녀를 제외한 직계비속인 경우에는 상속세산출세액에 상속재산(상속재산에 가산한 증여재산 중 상속인이나 수유자가 받은 증여재산을 포함) 중 그 상속인 또는 수유자가 받았거나 받을 재산이 차지하는 비율을 곱하여 계산한 금액의 30%(피상속인의 자녀를 제외한 직계비속이면서 미성년자에 해당하는 상속인 또는 수유자가 받았거나 받을 상속재산의 가액이 20억원을 초과하는 경우에는 40%)에 상당하는 금액을 가산한다. 다만, 민법에 따른 대습상속(아버지가 조부모보다 먼저 사망하거나 상속 결격자가 되어 손자가 상속받는 경우)의 경우에는 그러하지 아니하다. ∵ 1세대를 뛰어넘는 변칙적 상속에 대한 과세강화 및 세대마다 상속세를 과세하는 것과 상속세 부담의 형평을 이루기 위함

02 결정세액의 계산

계산구조

상속세 산출세액		
(-) 상속세 세액공제	증여세액공제	상속재산에 가산한 증여재산에 대한 증여세 산출세액을 공제
	외국납부세액공제	외국에 있는 상속재산에 대하여 외국의 법령에 의해 상속세를 부과받은 경우 그 상당액 공제
	단기재상속세액공제	상속이 개시된 후 10년 이내에 다시 개시된 경우 그 재상속이 개시되는 기간에 따라 일정액 공제
	신고세액공제	상속세 과세표준 신고기한 이내에 신고한 경우 3% 공제
(-) 지정문화재 등 징수유예액		
= 상속세 결정세액		

1. 증여세액공제

내용	상속재산에 가산한 증여재산에 대한 증여세액(증여 당시의 그 증여재산에 대한 증여세 산출세액)은 상속세산출세액에서 공제한다(∵ 이중과세 조정). 다만, 상속세 과세가액에 가산하는 증여재산에 대하여 국세부과제척기간의 만료로 인하여 증여세가 부과되지 아니하는 경우와 상속세 과세가액이 5억원 이하인 경우 증여세 산출세액은 공제하지 아니한다.	
공제한도	수증자가 상속인(수유자)인 경우	증여세 산출세액을 각자가 납부할 상속세액에서 다음의 금액을 한도로 공제한다. 상속인 등 각자 납부할 상속세 × $\dfrac{\text{상속인 등 각자의 증여재산에 대한 증여세 과세표준}}{\text{상속인 등 각자가 받았거나 받을 상속재산(증여재산 포함)에 대한 상속세 과세표준 상당액}}$
	수증자가 상속인(수유자)이 아닌 경우	증여세 산출세액을 상속세액에서 다음의 금액을 한도로 공제한다. 상속세 산출세액 × $\dfrac{\text{사전증여재산에 대한 증여세 과세표준}}{\text{상속세 과세표준}}$

2. 외국납부세액공제

내용	거주자의 사망으로 상속세를 부과하는 경우에 외국에 있는 상속재산에 대하여 외국의 법령에 따라 상속세를 부과받은 경우에는 다음의 금액을 상속세산출세액에서 공제한다. 이는 국제적 이중과세를 조정하기 위함이다. 외국납부세액공제: Min(①, ②) ① 외국법령에 의하여 부과된 상속세액 ② 상속세산출세액 × (외국의 법령에 의하여 상속세가 부과된 상속재산의 과세표준 / 상속세의 과세표준)
신고	외국납부세액공제를 받고자 하는 자는 외국납부세액공제신청서를 상속세과세표준신고와 함께 납세지관할세무서장에게 제출하여야 한다.

3. 단기 재상속에 대한 세액공제

내용	상속개시 후 10년 이내에 상속인이나 수유자의 사망으로 다시 상속이 개시되는 경우에는 전(前)의 상속세가 부과된 상속재산(상속재산에 가산하는 증여재산 중 상속인이나 수유자가 받은 증여재산을 포함) 중 재상속되는 상속재산에 대한 전의 상속세 상당액을 상속세산출세액에서 공제한다. ∵ 단기간 내에 상속이 반복하여 개시되는 경우 상속재산이 상속세의 과세로 갑자기 그 재산적 가치가 감소되는 것을 방지하기 위함
공제액	단기재상속에 대한 세액공제는 재상속된 각각의 상속재산별로 구분하여 다음과 같이 계산한다. 전의 상속세 산출세액 × (재상속분의 재산가액 × (전의 상속세 과세가액 / 전의 상속재산가액)) / 전의 상속세 과세가액 × 공제율 📋 공제율 | 재상속 기간	1년 내	2년 내	3년 내	4년 내	5년 내	6년 내	7년 내	8년 내	9년 내	10년 내
---	---	---	---	---	---	---	---	---	---	---
공제율	100	90	80	70	60	50	40	30	20	10	
한도	공제되는 세액은 상속세 산출세액에서 공제되는 증여세액 및 공제되는 외국 납부세액을 차감한 금액을 한도로 한다.

4. 신고세액공제

상속세 과세표준을 신고한 경우에는 상속세산출세액(제27조에 따라 산출세액에 가산하는 금액을 포함)에서 다음의 금액을 공제한 금액의 3%에 상당하는 금액을 공제한다.

(1) 지정문화재 등 징수를 유예받은 금액

(2) 상속세 및 증여세법 또는 다른 법률에 따라 산출세액에서 공제되거나 감면되는 금액

5. 지정문화유산 등에 대한 상속세의 징수유예

개요	납세지 관할세무서장은 상속재산 중 다음의 어느 하나에 해당하는 재산이 포함되어 있는 경우에는 법령에 따라 계산한 그 재산가액에 상당하는 상속세액의 징수를 유예한다. ① 문화유산자료 등과 문화유산의 보존 및 활용에 관한 법률에 따른 보호구역에 있는 토지로서 대통령령으로 정하는 토지 ② 박물관 및 미술관 진흥법에 따라 등록한 박물관자료 또는 미술관자료로서 같은 법에 따른 박물관 또는 미술관(사립박물관이나 사립미술관의 경우에는 공익법인 등에 해당하는 것만을 말함)에 전시 중이거나 보존 중인 재산(이하 "박물관자료 등"이라 함) ③ 문화유산의 보존 및 활용에 관한 법률에 따른 국가지정문화유산 및 시·도지정문화유산과 같은 법에 따른 보호구역에 있는 토지로서 대통령령으로 정하는 토지(이하 이 조에서 "국가지정문화유산 등"이라 함) ④ 자연유산의 보존 및 활용에 관한 법률에 따라 지정된 천연기념물·명승 및 시·도자연유산과 같은 법에 따른 보호구역에 있는 토지로서 대통령령으로 정하는 토지(이하 이 조에서 "천연기념물 등"이라 함)
징수유예 세액계산	징수를 유예하는 상속세액은 상속세산출세액에 상속재산(법 제13조에 따라 상속재산에 가산하는 증여재산을 포함) 중 법 제74조 제1항 각 호의 어느 하나에 해당하는 재산이 차지하는 비율을 곱하여 계산한 금액으로 한다.
추징	① 납세지 관할세무서장은 문화유산자료 등, 박물관자료 등, 국가지정문화유산 등 또는 천연기념물 등을 상속받은 상속인 또는 수유자가 이를 유상으로 양도하거나 그 밖에 대통령령으로 정하는 사유로 박물관자료 등을 인출하는 경우에는 즉시 그 징수유예한 상속세를 징수하여야 한다. ㉠ 박물관 또는 미술관의 등록이 취소된 경우 ㉡ 박물관 또는 미술관을 폐관한 경우 ㉢ 문화체육관광부에 등록된 박물관 자료 또는 미술관 자료에서 제외되는 경우 ② 납세지 관할세무서장은 징수유예 기간에 문화유산자료 등, 박물관자료 등, 국가지정문화유산 등 또는 천연기념물 등을 소유하고 있는 상속인 또는 수유자의 사망으로 다시 상속이 개시되는 경우에는 그 징수유예한 상속세액의 부과 결정을 철회하고 그 철회한 상속세액을 다시 부과하지 아니한다.
담보제공	① 징수유예를 받으려는 자는 그 유예할 상속세액에 상당하는 담보를 제공하여야 한다. 이 경우 담보의 제공에 대해서는 제71조를 준용한다. ② 국가지정문화유산 등 및 천연기념물 등에 대한 상속세를 징수유예 받으려는 자는 그 유예할 상속세액에 상당하는 담보를 제공하지 아니할 수 있다. 납세담보를 제공하지 아니한 자는 매년 말 관할 세무서장에게 국가지정문화유산 등 또는 천연기념물 등의 보유현황을 제출하여야 하며, 관할 세무서장은 보유현황의 적정성을 점검하여야 한다. ③ 납세담보를 제공하지 아니한 자가 국가지정문화유산 등 또는 천연기념물 등을 유상으로 양도할 때에는 국가지정문화유산 등 또는 천연기념물 등을 양도하기 7일 전까지 그 사실을 관할 세무서장에게 신고하여야 한다.

제5절 상속세 납세절차

01 상속세의 신고와 납부

신고	상속세 납부의무가 있는 상속인 또는 수유자는 상속개시일이 속하는 달의 말일부터 6개월 (피상속인 또는 상속인이 외국에 주소를 둔 경우에는 9개월) 이내에 상속세의 과세가액 및 과세표준을 납세지 관할세무서장에게 신고하여야 한다.
납부 (원칙)	상속세를 신고하는 자는 각 신고기한까지 각 산출세액에서 다음의 어느 하나에 규정된 금액을 뺀 금액을 납세지 관할 세무서, 한국은행 또는 우체국에 납부하여야 한다. ① 지정문화재 등 징수유예세액 ② 공제 또는 감면되는 세액 ③ 신고세액공제 ④ 가업상속에 대한 납부유예를 신청한 금액 ⑤ 연부연납 또는 물납을 신청한 금액
납부 (분납)	납부할 금액이 1천만원을 초과하는 경우에는 다음의 금액을 납부기한이 지난 후 2개월 이내에 분할납부할 수 있다. 다만, 연부연납을 허가받은 경우에는 그러하지 아니하다. ① 납부할 세액이 2천만원 이하인 때에는 1천만원을 초과하는 금액 ② 납부할 세액이 2천만원을 초과하는 때에는 그 세액의 50% 이하의 금액

02 연부연납과 물납

1. 연부연납

개요	납세지 관할세무서장은 상속세 납부세액이나 증여세 납부세액이 2천만원을 초과하는 경우에는 납세의무자의 신청을 받아 연부연납을 허가할 수 있다. 이 경우 납세의무자는 담보를 제공하여야 하며, 금전, 일정한 유가증권, 납세보증보험증권, 세무서장이 인정하는 보증인의 납세보증서에 해당하는 납세담보를 제공하여 연부연납 허가를 신청하는 경우에는 그 신청일에 연부연납을 허가받은 것으로 본다.
연부연납기간	연부연납의 기간은 다음의 구분에 따른 기간의 범위에서 해당 납세의무자가 신청한 기간으로 한다. 다만, 각 회분의 분할납부 세액이 1천만원을 초과하도록 연부연납기간을 정하여야 한다.(*)

상속세	가업상속 재산의 경우	연부연납 허가일부터 20년 또는 연부연납 허가 후 10년이 되는 날부터 10년
	그 밖의 상속재산의 경우	연부연납 허가일부터 10년
증여세	가업승계 증여재산의 경우	연부연납 허가일부터 15년
	그 밖의 증여재산	연부연납 허가일부터 5년

(*) 가업상속공제를 받았거나 중소기업 또는 중견기업을 상속받은 경우의 대통령령으로 정하는 상속재산(사립유치원에 직접 사용하는 재산 등 대통령령으로 정하는 재산을 포함)

연부연납	연부연납하는 경우의 납부금액은 매년 납부할 금액이 1천만원을 초과하는 금액 범위에서 다음에 따라 계산된 금액으로 한다. ① 일반적인 경우: 신고납부기한 또는 납부고지서에 따른 납부기한과 납부기한 경과 후 연부연납 기간에 매년 납부할 금액 ⇨ 연부연납 대상금액 / (연부연납기간 + 1) ② 연부연납 허가 후 10년이 되는 날부터 10년간 납부하는 경우 연부연납 금액: 연부연납허가 후 10년이 되는 날부터 연부연납 기간에 매년 납부할 금액은 다음 계산식으로 계산한 금액 ⇨ 연부연납 대상금액 / (연부연납기간 + 1) 🔍 사례 상속세 납부세액이 5,500만원인 경우(가업상속 아님) 1. 신고납부기한 납부금액: 5,500만원 / (4 + 1) = 1,100만원 2. 연부연납기간에 매년 납부할 금액: 5,500만원 / (4 + 1) = 1,100만원
연부연납 가산금	연부연납의 허가를 받은 자는 다음의 어느 하나에 규정한 금액을 각 회분의 분할납부 세액에 가산하여 납부하여야 한다. ① 처음의 분할납부 세액에 대해서는 연부연납을 허가한 총세액에 대하여 신고기한 또는 납부고지서에 의한 납부기한의 다음 날부터 그 분할납부 세액의 납부기한까지의 일수에 국세환급가산금의 기본이자율을 곱하여 계산한 금액 ② ① 외의 경우에는 연부연납을 허가한 총세액에서 직전 회까지 납부한 분할납부 세액의 합산금액을 뺀 잔액에 대하여 직전 회의 분할납부 세액 납부기한의 다음 날부터 해당 분할납부기한까지의 일수에 국세환급가산금의 기본이자율을 곱하여 계산한 금액

2. 물납

개요	납세지 관할 세무서장은 다음의 요건을 모두 갖춘 경우에는 납세의무자의 신청을 받아 물납을 허가할 수 있다. 다만, 물납을 신청한 재산의 관리·처분이 적당하지 아니하다고 인정되는 경우에는 물납허가를 하지 아니할 수 있다. ① 상속재산(상속재산에 가산하는 증여재산 중 상속인 및 수유자가 받은 증여재산을 포함) 중 부동산과 유가증권(국내에 소재하는 부동산 등 대통령령으로 정하는 물납에 충당할 수 있는 재산으로 한정)의 가액이 해당 상속재산가액의 2분의 1을 초과할 것 ② 상속세 납부세액이 2천만원을 초과할 것 ③ 상속세 납부세액이 상속재산가액 중 금융재산의 가액(상속재산에 가산하는 증여재산의 가액은 포함하지 아니함)을 초과할 것

물납 재산범위	물납에 충당할 수 있는 부동산 및 유가증권은 다음의 것으로 한다.
	① 국내에 소재하는 부동산
	② 국채·공채·주권 및 내국법인이 발행한 채권 또는 증권과 그 밖에 기획재정부령으로 정하는 유가증권. 다만, 다음의 어느 하나에 해당하는 유가증권은 제외한다.
	  ㉠ 거래소에 상장된 것. 다만, 최초로 거래소에 상장되어 물납허가통지서 발송일 전일 현재 자본시장과 금융투자업에 관한 법률에 따라 처분이 제한된 경우에는 그러하지 아니하다.
	  ㉡ 거래소에 상장되어 있지 아니한 법인의 주식 등. 다만, 상속의 경우로서 그 밖의 다른 상속재산이 없거나 충당순위 ①~③의 상속재산으로 상속세 물납에 충당하더라도 부족하면 그러하지 아니하다.

물납 충당순위	물납에 충당하는 재산은 세무서장이 인정하는 정당한 사유가 없는 한 다음의 순서에 따라 신청 및 허가하여야 한다. ① 국채 및 공채 ② 거래소에 상장된 유가증권(①의 재산 제외) ③ 국내에 소재하는 부동산(⑥의 재산 제외) ④ 유가증권(①, ② 및 ⑤의 재산 제외) ⑤ 거래소에 상장되어 있지 아니한 법인의 주식등 ⑥ 상속개시일 현재 상속인이 거주하는 주택 및 그 부수토지
수납 가액결정	물납에 충당할 부동산 및 유가증권의 수납가액은 원칙적으로 상속재산의 가액으로 한다.
문화재물납	다음의 요건을 모두 갖춘 납세의무자는 상속재산에 문화유산 등이 포함된 경우 납세지 관할 세무서장에게 해당 문화유산 등에 대한 물납을 신청할 수 있다. ① 상속세 납부세액이 2천만원을 초과할 것 ② 상속세 납부세액이 상속재산가액 중 금융재산의 가액(상속재산에 가산하는 증여재산의 가액은 포함하지 아니함)을 초과할 것

03 가업상속에 대한 상속세의 납부유예

납세지 관할세무서장은 납세의무자가 다음의 요건을 모두 갖추어 상속세의 납부유예를 신청하는 경우에는 가업상속에 대한 상속세액에 대하여 납부유예를 허가할 수 있다. 이 경우 납부유예 허가를 받으려는 납세의무자는 담보를 제공하여야 한다.

(1) 상속인이 가업(중소기업으로 한정함)을 상속받았을 것

(2) 가업상속공제를 받지 아니하였을 것. 이 경우 가업상속공제 대신 영농상속공제를 받은 경우에는 가업상속공제를 받은 것으로 본다.

04 상속세의 결정과 경정

개요	관할 세무서장(국세청장이 특히 중요하다고 인정하는 것에 대해서는 관할지방국세청장)은 상속세과세표준 신고기한으로부터 9개월 이내에 과세표준과 세액을 결정하여야 한다. 다만, 상속재산 또는 증여재산의 조사, 가액의 평가 등에 장기간이 걸리는 등 부득이한 사유가 있어 그 기간 이내에 결정할 수 없는 경우에는 그 사유를 상속인·수유자 또는 수증자에게 알려야 한다.
고액재산 사후관리	세무서장 등은 결정된 상속재산의 가액이 30억원 이상인 경우로서 상속개시 후 5년 이내에 상속인이 보유한 부동산, 주식, 그 밖에 주요 재산의 가액이 상속개시 당시에 비하여 크게 증가한 경우에는 그 결정한 과세표준과 세액에 탈루 또는 오류가 있는지를 조사하여야 한다. 다만, 상속인이 그 증가한 재산의 자금 출처를 증명한 경우에는 그러하지 아니하다. ∵ 고액상속인의 누락한 상속재산을 사후에 추적하여 과세하기 위함

경정청구 특례	상속세 과세표준 및 세액을 신고한 자 또는 상속세 과세표준 및 세액의 결정 또는 경정을 받은 자에게 다음의 어느 하나에 해당하는 사유가 발생한 경우에는 그 사유가 발생한 날부터 6개월 이내에 결정이나 경정을 청구할 수 있다. ① 상속재산에 대한 상속회복청구소송 등 대통령령으로 정하는 사유로 상속개시일 현재 상속인 간에 상속재산가액이 변동된 경우 ② 상속개시 후 1년이 되는 날까지 상속재산의 수용 등 대통령령으로 정하는 사유로 상속재산의 가액이 크게 하락한 경우

제2장 증여세

제1절 총설

01 개요

의의	상속세는 사망으로 인한 부의 무상이전에 대하여 부과하는 조세로서, 재산상속에 의한 부의 집중현상을 완화함으로써 계층변동과 사회발전의 역동성을 보장하는 사회적 의미를 지닌다. 단, 상속세는 사망한 경우에 과세하므로 생전증여에 의한 부의 무상이전에 대하여 과세하지 못한다면 상속세 과세가 무의미해질 수 있다. 따라서 상속세의 보완 역할로서 증여세를 부과하는 것이다.
소득세와 관계	① 증여재산에 대하여 수증자에게 소득세법에 따른 소득세 또는 법인세법에 따른 법인세가 부과되는 경우에는 증여세를 부과하지 아니한다. ② 소득세 또는 법인세가 소득세법, 법인세법 또는 다른 법률에 따라 비과세되거나 감면되는 경우에도 또한 같다.
과세체계	① 원칙: 증여세는 증여에 따라 재산을 취득하는 자에게 부과되되, 원칙적으로 증여자별·수증자별로 과세가액을 계산하여 과세한다. ② 사전증여합산: 해당 증여일 전 10년 이내에 동일인(증여자가 직계존속인 경우에는 그 직계존속의 배우자를 포함)으로부터 받은 증여재산가액을 합친 금액이 1천만원 이상인 경우에는 그 가액을 증여세 과세가액에 가산한다. 다만, 합산배제증여재산의 경우에는 그러하지 아니하다.

02 정의

증여	증여란 그 행위 또는 거래의 명칭·형식·목적 등과 관계없이 직접 또는 간접적인 방법으로 타인에게 무상으로 유형·무형의 재산 또는 이익을 이전(현저히 낮은 대가를 받고 이전하는 경우를 포함)하거나 타인의 재산가치를 증가시키는 것을 말한다. 다만, 유증, 사인증여, 유언대용신탁 및 수익자연속신탁은 제외한다. ∵ 법에 열거되지 않은 거래로 증여세를 회피하는 것을 방지하기 위함
증여재산	증여로 인하여 수증자에게 귀속되는 모든 재산 또는 이익을 말하며, 다음의 물건, 권리 및 이익을 포함한다. ① 금전으로 환산할 수 있는 경제적 가치가 있는 모든 물건 ② 재산적 가치가 있는 법률상 또는 사실상의 모든 권리 ③ 금전으로 환산할 수 있는 모든 경제적 이익
거주자	① 거주자: 국내에 주소를 두거나 183일 이상 거소를 둔 사람을 말한다. ② 비거주자: 거주자가 아닌 사람을 말한다.

수증자	증여재산을 받은 거주자(본점이나 주된 사무소의 소재지가 국내에 있는 비영리법인을 포함) 또는 비거주자(본점이나 주된 사무소의 소재지가 외국에 있는 비영리법인을 포함)를 말한다.
특수관계인	본인과 친족관계, 경제적 연관관계 또는 경영지배관계 등 대통령령으로 정하는 관계에 있는 자를 말한다. 이 경우 본인도 특수관계인의 특수관계인으로 본다.

03 증여세 과세대상

포괄규정	다음의 어느 하나에 해당하는 증여재산에 대해서는 증여세법에 따라 증여세를 부과한다. ① 무상으로 이전받은 재산 또는 이익 ② 현저히 낮은 대가를 주고 재산 또는 이익을 이전받음으로써 발생하는 이익이나 현저히 높은 대가를 받고 재산 또는 이익을 이전함으로써 발생하는 이익. 다만, 특수관계인이 아닌 자 간의 거래인 경우에는 거래의 관행상 정당한 사유가 없는 경우로 한정한다. ③ 재산 취득 후 해당 재산의 가치가 증가한 경우의 그 이익. 다만, 특수관계인이 아닌 자 간의 거래인 경우에는 거래의 관행상 정당한 사유가 없는 경우로 한정한다. ④ 각 규정의 경우와 경제적 실질이 유사한 경우 등 제4호의 각 규정을 준용하여 증여재산의 가액을 계산할 수 있는 경우의 그 재산 또는 이익
증여예시	① 신탁이익의 증여 ② 보험금의 증여 ③ 저가 양수 또는 고가 양도에 따른 이익의 증여 ④ 채무 면제·변제·인수에 따른 증여 ⑤ 부동산무상사용에 따른 이익의 증여 ⑥ 불공정 합병에 따른 대주주 이익의 증여 ⑦ 불균등 증자에 따른 이익의 증여 ⑧ 불균등 감자에 따른 이익의 증여 ⑨ 현물출자에 따른 이익의 증여 ⑩ 전환사채 등의 주식전환 등에 따른 이익의 증여 ⑪ 초과배당에 따른 이익의 증여 ⑫ 주식 등의 상장 등에 따른 이익의 증여 ⑬ 금전 무상대출 등에 따른 이익의 증여 ⑭ 합병에 따른 상장 등 이익의 증여 ⑮ 재산사용 및 용역제공 등에 따른 이익의 증여 ⑯ 법인의 조직 변경 등에 따른 이익의 증여 ⑰ 재산 취득 후 재산가치 증가에 따른 이익의 증여
증여추정	① 배우자 등에게 양도한 재산의 증여 추정 ② 재산 취득자금 등의 증여 추정

증여의제	① 명의신탁재산의 증여 의제 ② 특수관계법인과의 거래를 통한 이익의 증여 의제 ③ 특수관계법인으로부터 제공받은 사업기회로 발생한 이익의 증여 의제 ④ 특정법인과의 거래를 통한 이익의 증여 의제

04 증여세 납부의무

1. 개요

증여세는 수증자를 기준으로 납세의무의 범위를 다음과 같이 정하고 있다.

수증자	과세대상
거주자(본점·주사무소의 소재지가 국내에 있는 비영리법인 포함)	증여세 과세대상이 되는 모든 증여재산
비거주자(본점·주사무소의 소재지가 외국에 있는 비영리법인 포함)	증여세 과세대상이 되는 국내에 있는 모든 증여재산

2. 명의신탁증여의제

원칙	명의신탁 증여의제 규정에 따라 재산을 증여한 것으로 보는 경우(명의자가 영리법인인 경우를 포함)에는 실제소유자가 해당 재산에 대하여 증여세를 납부할 의무가 있다. ∵ 조세회피 목적으로 명의신탁을 활용하는 주체는 실제소유자임
물적 납세의무	실제소유자가 명의신탁증여의제 규정에 따른 증여세·가산금 또는 강제징수비를 체납한 경우에 그 실제소유자의 다른 재산에 대하여 강제징수를 하여도 징수할 금액에 미치지 못하는 경우에는 국세징수법에서 정하는 바에 따라 명의자에게 증여한 것으로 보는 재산으로써 납세의무자인 실제소유자의 증여세 및 강제징수비를 징수할 수 있다.

3. 법인의 납세의무

영리법인	영리법인은 증여세 납세의무가 없다(∵ 순자산증가설에 따라 증여재산가액을 각 사업연도 소득금액에 포함하여 법인세로 납부하기 때문). 또한 영리법인이 증여받은 재산 또는 이익에 대하여 법인세법에 따른 법인세가 부과되는 경우(법인세가 법인세법 또는 다른 법률에 따라 비과세되거나 감면되는 경우를 포함) 해당 법인의 주주 등에 대해서는 증여세를 부과하지 아니한다. 단, 다음의 규정은 해당 법인의 주주 등에 대해서 증여세를 부과한다. ① 특수관계법인과의 거래를 통한 이익의 증여 의제 ② 특수관계법인으로부터 제공받은 사업기회로 발생한 이익의 증여 의제 ③ 특정법인과의 거래를 통한 이익의 증여 의제
비영리법인	비영리법인은 법인세법에 열거된 수익사업에 대하여만 법인세가 과세되며, 이에 포함되지 않는 목적사업과 관련하여 무상으로 받은 자산은 법인세를 과세하지 않는다. 따라서 비영리법인은 증여로 인하여 취득한 재산에 대하여 증여세 납세의무가 있다.

4. 법인격 없는 단체

법인격이 없는 사단·재단 또는 그 밖의 단체인 경우에는 국세기본법 제13조 제4항에 따른 법인으로 보는 단체에 해당하면 비영리법인으로 보고, 그 외의 경우 거주자 또는 비거주자로 보아 상속세 및 증여세법을 적용한다.

5. 연대납부의무

사유	증여자는 다음의 어느 하나에 해당하는 경우에는 수증자가 납부할 증여세를 연대하여 납부할 의무가 있다. ① 수증자의 주소나 거소가 분명하지 아니한 경우로서 증여세에 대한 조세채권을 확보하기 곤란한 경우 ② 수증자가 증여세를 납부할 능력이 없다고 인정되는 경우로서 강제징수를 하여도 증여세에 대한 조세채권을 확보하기 곤란한 경우 ③ 수증자가 비거주자인 경우
면제	다음에 해당하는 경우 증여자에게 연대납부의무를 지우지 아니한다. ① 신탁이익의 증여, 보험금의 증여 외의 변칙적 거래에 따른 이익의 증여 ② 재산취득자금 및 채무상환자금의 증여추정의 경우 ③ 특수관계법인과의 거래를 통한 이익의 증여의제, 특수관계법인으로부터 제공받은 사업기회로 발생한 이익의 증여의제, 특정법인과의 거래를 통한 이익의 증여의제의 경우 ④ 공익법인이 출연받은 재산에 대한 과세가액 불산입 규정에서 출연자가 당해 공익법인의 운영에 책임이 없는 경우로서 일정한 요건을 갖춘 경우
통지	세무서장은 연대납세의무 규정에 따라 증여자에게 증여세를 납부하게 할 때에는 그 사유를 알려야 한다.

6. 증여세 면제

다음의 증여에 해당하는 경우로서 수증자가 증여세를 납부할 능력이 없다고 인정되면서 강제징수를 하여도 증여세에 대한 조세채권을 확보하기 곤란한 경우에는 그에 상당하는 증여세의 전부 또는 일부를 면제한다.

(1) 저가 양수 또는 고가 양도에 따른 이익의 증여

(2) 채무면제 등에 따른 증여

(3) 부동산 무상사용에 따른 이익의 증여

(4) 금전 무상대출 등에 따른 이익의 증여

05 증여재산의 취득시기

권리의 이전이나 그 행사에 등기·등록을 요하는 재산	등기부·등록부에 기재된 등기·등록접수일. 다만, 판결 등 기타 법률규정에 따른 등기를 요하지 아니하는 부동산의 취득에 대하여는 실제로 부동산의 소유권을 취득한 날
① 건물을 신축하여 증여할 목적으로 수증자의 명의로 건축허가를 받거나 신고를 하여 해당 건물을 완성한 경우 ② 건물을 증여할 목적으로 수증자의 명의로 분양권을 건설사업자로부터 취득하거나 분양권을 타인으로부터 전득한 경우	건물의 사용승인서 교부일. 이 경우 사용승인 전에 사실상 사용하거나 임시사용승인을 얻은 경우에는 그 사실상의 사용일 또는 임시사용승인일로 하고, 건축허가를 받지 아니하거나 신고하지 아니하고 건축하는 건축물에 있어서는 그 사실상의 사용일
타인의 기여에 의해 재산가치가 증가한 경우	① 개발사업의 시행: 개발구역으로 지정되어 고시된 날 ② 형질변경: 해당 형질변경허가일 ③ 공유물의 분할: 공유물 분할등기일 ④ 사업의 인가·허가 또는 지하수개발·이용의 허가 등: 해당 인가·허가일 ⑤ 주식 등의 상장 및 비상장주식의 등록, 법인의 합병: 주식등의 상장일 또는 비상장주식의 등록일, 법인의 합병등기일 ⑥ 생명보험·손해보험의 보험금 지급: 보험사고가 발생한 날 ⑦ 위 외의 경우: 재산가치증가사유가 발생한 날
증여받는 재산이 주식 등인 경우	수증자가 배당금의 지급이나 주주권의 행사 등에 의하여 해당 주식 등을 인도받은 사실이 객관적으로 확인되는 날. 다만, 해당 주식 등을 인도받은 날이 불분명하거나 해당 주식 등을 인도받기 전에 취득자의 주소와 성명 등을 주주명부 또는 사원명부에 기재한 경우에는 그 명의개서일 또는 그 기재일
증여받은 재산이 무기명채권인 경우	해당 채권에 대한 이자지급사실 등에 의하여 취득사실이 객관적으로 확인되는 날. 다만, 그 취득일이 불분명한 경우 해당 채권에 대하여 취득자가 이자지급을 청구한 날 또는 해당 채권의 상환을 청구한 날
위 외의 재산	인도한 날 또는 사실상의 사용일

06 과세관할

원칙	증여세는 수증자의 주소지(주소지가 없거나 분명하지 아니한 경우 거소지)를 관할하는 세무서장 등이 과세한다.
예외	① 증여자의 주소지: 다음의 어느 하나에 해당하는 경우에는 증여자의 주소지를 관할하는 세무서장 등이 과세한다. 　㉠ 수증자가 비거주자인 경우 　㉡ 수증자의 주소 및 거소가 분명하지 아니한 경우 　㉢ 명의신탁재산의 증여의제규정에 따라 재산을 증여한 것으로 보는 경우 ② 증여재산 소재지: 다음의 어느 하나에 해당하는 경우에는 증여재산의 소재지를 관할하는 세무서장 등이 과세한다. 　㉠ 수증자와 증여자가 모두 비거주자인 경우 　㉡ 수증자와 증여자 모두의 주소 또는 거소가 분명하지 아니한 경우

제2절 증여세 계산구조

계산구조

	증여재산가액	
(+)	사전증여재산가액	합산기간 이내에 동일인으로부터 증여받은 재산가액
(−)	부담부증여 인수채무액	
(=)	증여세 과세가액	
(−)	증여공제	증여재산공제, 재해손실공제
(−)	감정평가수수료공제	
(=)	증여세 과세표준	
(×)	세율	10%~50% 초과누진세율
(=)	증여세 산출세액	
(−)	징수유예액, 세액공제액	
(=)	신고납부세액	

01 증여세 과세가액

1. 상속재산의 분할로 당초 상속분을 초과하여 취득한 자산

원칙	상속개시 후 상속재산에 대하여 등기·등록·명의개서 등으로 각 상속인의 상속분이 확정된 후, 그 상속재산에 대하여 공동상속인이 협의하여 분할한 결과 특정 상속인이 당초 상속분을 초과하여 취득하게 되는 재산은 그 분할에 의하여 상속분이 감소한 상속인으로부터 증여받은 것으로 보아 증여세를 부과한다. ∵ 상속 확정 후 민법상 협의분할을 통해 증여세 회피하는 것을 방지
예외	다만, 상속세 과세표준 신고기한까지 분할에 의하여 당초 상속분을 초과하여 취득한 경우와 당초 상속재산의 분할에 대하여 무효 또는 취소 등 다음의 어느 하나에 해당하는 정당한 사유가 있는 경우에는 증여세를 부과하지 아니한다. ① 상속회복청구의 소에 의한 법원의 확정판결에 따라 상속인 및 상속재산에 변동이 있는 경우 ② 민법 제404조에 따른 채권자대위권의 행사에 의하여 공동상속인들의 법정상속분대로 등기 등이 된 상속재산을 상속인 사이의 협의분할에 의하여 재분할하는 경우 ③ 상속세과세표준 신고기한 내에 상속세를 물납하기 위하여 민법 제1009조에 따른 법정상속분으로 등기·등록 및 명의개서 등을 하여 물납을 신청하였다가 물납허가를 받지 못하거나 물납재산의 변경명령을 받아 당초의 물납재산을 상속인 사이의 협의분할에 의하여 재분할하는 경우

2. 증여재산의 반환

수증자가 증여재산(금전은 제외)을 당사자 간의 합의에 따라 증여세 과세표준 신고기한까지 증여자에게 반환하는 경우(반환하기 전에 과세표준과 세액을 결정받은 경우는 제외)에는 처음부터 증여가 없었던 것으로 보며, 증여세 과세표준 신고기한이 지난 후 3개월 이내에 증여자에게 반환하거나 증여자에게 다시 증여하는 경우에는 그 반환하거나 다시 증여하는 것에 대해서는 증여세를 부과하지 아니한다.

∵ 금전은 거래관계 포착이 어려워 반환 여부가 불확실하기 때문

증여재산의 반환 정리

	반환 또는 재증여	당초 증여	반환 증여
금전	시기에 관계 없음	과세	과세
금전 외 재산	증여세 신고기한 이내 (증여받은 날이 속하는 달의 말일부터 3개월 이내)	과세제외	과세제외
	신고기한 경과 후 3개월 이내 (증여받은 날이 속하는 달의 말일부터 3개월 이내)	과세	과세제외
	신고기한 경과 후 3개월 후	과세	과세

3. 재차증여의 경우 합산과세

내용	해당 증여일 전 10년 이내에 동일인(증여자가 직계존속인 경우에는 그 직계존속의 배우자를 포함)으로부터 받은 증여재산가액을 합친 금액이 1천만원 이상인 경우에는 그 가액을 증여세 과세가액에 가산한다. 다만, 합산배제증여재산의 경우에는 그러하지 아니하다. ∵ 수차례 분할 증여를 통해 누진세를 회피하여 부당하게 증여세가 경감되는 것을 방지
합산과세방법	재차증여재산의 합산과세 시 증여재산의 가액은 각 증여일 현재의 재산가액에 따른다. → 합산과세시점을 기준으로 과거의 증여재산가액을 재평가하는 것이 아님
합산배제증여재산	① 재산취득 후 해당 재산가치 증가에 따른 이익 ② 전환사채 등에 의하여 주식으로의 전환·교환 또는 주식의 인수를 하거나 전환사채 등을 양도함으로써 얻은 이익 ③ 주식 등의 상장 등에 따른 이익 ④ 합병에 따른 상장 등 이익 ⑤ 재산 취득 후 재산가치 증가에 따른 이익 ⑥ 재산 취득자금 등의 증여추정 ⑦ 명의신탁재산의 증여 의제 ⑧ 특수관계법인과의 거래를 통한 이익의 증여 의제 ⑨ 특수관계법인으로부터 제공받은 사업기회로 발생한 이익의 증여 의제

02 부담부증여

내용		부담부증여란 수증자가 재산을 증여받으면서 동시에 일정한 채무의 부담이나 인수 등을 하는 증여를 말한다. 수증자가 부담하거나 인수한 채무액은 증여로 볼 수 없으므로 증여재산가액에서 공제하는 것이 원칙이다.
원칙	일반적인 경우	증여자의 채무가 담보된 자산을 증여받은 경우 그 채무를 수증자가 부담하기로 약정하여 인수한 경우에는 그 증여재산의 가액에서 그 채무액을 공제한 가액을 증여세 과세가액으로 한다.
	배우자·직계존비속 부담부증여	배우자 간 또는 직계존비속 간의 부담부증여(배우자 또는 직계존비속간의 양도 시 증여로 추정되는 경우를 포함)에 대해서는 수증자가 증여자의 채무를 인수한 경우에도 그 채무액은 수증자에게 인수되지 아니한 것으로 추정한다. 다만, 그 채무액이 국가 및 지방자치단체에 대한 채무 등이 다음에 따라 객관적으로 인정되는 것인 경우에는 그러하지 아니하다. ① 국가·지방자치단체 및 금융회사 등에 대한 채무는 해당 기관에 대한 채무임을 확인할 수 있는 서류 ② ① 외의 자에 대한 채무는 채무부담계약서, 채권자확인서, 담보설정 및 이자지급에 관한 증빙 등에 의하여 그 사실을 확인할 수 있는 서류 ∵ 부담부증여로 외형형태를 갖추어 채무를 공제한 후 실제로는 증여자가 그 채무를 반제함으로써 증여세 회피하는 것을 방지

03 비과세되는 증여재산

(1) 비과세 증여재산은 법에 열거되어 있으면 특정 요건 없이 과세하지 않는다. 반면에 과세가액불산입은 특정요건을 갖춘 경우에만 과세하지 않되, 특정요건을 사후관리하여 요건을 충족하지 못한 경우 면제된 증여세를 추징할 수 있다.

(2) 다음의 어느 하나에 해당하는 금액에 대해서는 증여세를 부과하지 아니한다.
  ① 국가나 지방자치단체로부터 증여받은 재산의 가액
  ② 내국법인의 종업원으로서 우리사주조합에 가입한 자가 해당 법인의 주식을 우리사주조합을 통하여 취득한 경우로서 그 조합원이 소액주주(당해 법인의 발행주식총수의 1% 미만을 소유하는 경우로서 주식의 액면가액의 합계액이 3억원 미만인 주주)에 해당하는 경우 그 주식의 취득가액과 시가의 차액으로 인하여 받은 이익에 상당하는 가액
  ③ 정당법에 따른 정당이 증여받은 재산의 가액
  ④ 근로복지기본법에 따른 사내근로복지기금 및 공동근로복지기금이나 동법에 따른 우리사주조합 및 근로복지진흥기금이 증여받은 재산의 가액
  ⑤ 사회통념상 인정되는 이재구호금품, 치료비, 피부양자의 생활비, 교육비, 그 밖에 이와 유사한 것으로서 해당 용도에 직접 지출한 것
    ㉠ 학자금 또는 장학금 기타 이와 유사한 금품
    ㉡ 기념품·축하금 기타 이와 유사한 금품으로서 통상 필요하다고 인정되는 금품
    ㉢ 혼수용품으로서 통상 필요하다고 인정되는 금품
    ㉣ 타인으로부터 기증을 받아 외국에서 국내에 반입된 물품으로서 당해 물품의 관세의 과세가격이 100만원 미만인 물품
    ㉤ 무주택근로자가 건물의 총연면적이 85㎡ 이하인 주택(주택에 부수되는 토지로서 건물연면적의 5배 이내의 토지를 포함)을 취득 또는 임차하기 위하여 사내근로복지기금 및 공동근로복지기금으로부터 증여받은 주택취득보조금 중 그 주택취득가액의 5% 이하의 것과 주택임차보조금 중 전세가액의 10% 이하의 것
    ㉥ 불우한 자를 돕기 위하여 언론기관을 통하여 증여한 금품
  ⑥ 신용보증기금법에 따라 설립된 신용보증기금이나 그 밖에 이와 유사한 것으로서 대통령령으로 정하는 단체가 증여받은 재산의 가액
  ⑦ 국가, 지방자치단체 또는 공공단체가 증여받은 재산의 가액
  ⑧ 장애인 및 국가유공자 예우 및 지원에 관한 법률에 의한 상이자 등을 보험금 수령인으로 하는 보험. 이 경우 비과세되는 보험금은 연간 4천만원을 한도로 한다.
  ⑨ 국가유공자 등 예우 및 지원에 관한 법률에 따른 국가유공자의 유족이나 의사상자 등 예우 및 지원에 관한 법률에 따른 의사자의 유족이 증여받은 성금 및 물품 등 재산의 가액
  ⑩ 비영리법인의 설립근거가 되는 법령의 변경으로 비영리법인이 해산되거나 업무가 변경됨에 따라 해당 비영리법인의 재산과 권리·의무를 다른 비영리법인이 승계받은 경우 승계받은 해당 재산의 가액

04 과세가액 불산입

1. 공익법인 관련
공익법인 등이 출연받은 재산의 가액은 증여세 과세가액에 산입하지 아니한다.

2. 공익신탁 관련
증여재산 중 증여자가 공익신탁법에 따른 공익신탁으로서 종교·자선·학술 또는 그 밖의 공익을 목적으로 하는 신탁을 통하여 공익법인 등에 출연하는 재산의 가액은 증여세 과세가액에 산입하지 아니한다.

3. 장애인이 증여받은 재산

요건	① 자익신탁: 장애인이 재산을 증여받고 그 재산을 본인을 수익자로 하여 신탁한 경우로서 해당 신탁이 다음의 요건을 모두 충족하는 경우에는 그 증여받은 재산가액은 증여세 과세가액에 산입하지 아니한다. 　㉠ 신탁업자에게 신탁되었을 것 　㉡ 그 장애인이 신탁의 이익 전부를 받는 수익자일 것 　㉢ 신탁기간이 그 장애인이 사망할 때까지로 되어 있을 것. 다만, 장애인이 사망하기 전에 신탁기간이 끝나는 경우에는 신탁기간을 장애인이 사망할 때까지 계속 연장하여야 한다. ② 타익신탁: 타인이 장애인을 수익자로 하여 재산을 신탁한 경우로서 해당 신탁이 다음의 요건을 모두 충족하는 경우에는 장애인이 증여받은 그 신탁의 수익(신탁원본의 인출이 있는 경우에는 해당 인출금액을 포함)은 증여세 과세가액에 산입하지 아니한다. 　㉠ 신탁업자에게 신탁되었을 것 　㉡ 그 장애인이 신탁의 이익 전부를 받는 수익자일 것. 다만, 장애인이 사망한 후의 잔여재산에 대해서는 그러하지 아니하다. 　㉢ 다음의 내용이 신탁계약에 포함되어 있을 것 　　ⓐ 장애인이 사망하기 전에 신탁이 해지 또는 만료되는 경우에는 잔여재산이 그 장애인에게 귀속될 것 　　ⓑ 장애인이 사망하기 전에 수익자를 변경할 수 없을 것 　　ⓒ 장애인이 사망하기 전에 위탁자가 사망하는 경우에는 신탁의 위탁자 지위가 그 장애인에게 이전될 것
한도	증여받은 재산가액(그 장애인이 살아 있는 동안 증여받은 재산가액을 합친 금액) 및 타익신탁 원본의 가액(그 장애인이 살아 있는 동안 그 장애인을 수익자로 하여 설정된 타익신탁의 설정 당시 원본가액을 합친 금액)을 합산한 금액은 5억원을 한도로 한다.

제3절 증여세 과세표준과 세액의 계

01 증여세 과세표준의 계산

1. 증여세 과세표준

내용	증여세의 과세표준은 증여세 과세가액에서 증여공제와 증여재산의 감정평가 수수료를 뺀 금액으로 한다. 단, 과세표준이 50만원 미만이면 증여세를 부과하지 아니한다.	
합산배제 증여재산	합산배제증여재산	증여세 과세표준
	명의신탁재산의 증여의제	명의신탁재산의 금액 - 감정평가수수료공제
	① 특수관계법인과의 거래를 통한 이익의 증여의제 ② 특수관계법인으로부터 제공받은 사업기회로 발생한 이익의 증여의제	증여의제이익 - 감정평가수수료공제
	위 외 합산배제증여재산	증여재산가액 - 3천만원 - 감정평가수수료공제

2. 증여재산공제

내용	거주자가 다음 중 어느 하나에 해당하는 사람으로부터 증여를 받은 경우에는 다음의 구분에 따른 금액을 증여세 과세가액에서 공제한다. 이 경우 그 증여세 과세가액에서 공제받을 금액과 수증자가 그 증여를 받기 전 10년 이내에 공제받은 금액(혼인·출산 증여재산 공제액은 제외)을 합한 금액이 다음의 구분에 따른 금액을 초과하는 경우에는 그 초과하는 부분은 공제하지 아니한다. → 증여 1건당 공제액이 아닌 합산기간 동안 공제액을 의미	
	구분	증여재산공제
	① 배우자로부터 증여를 받은 경우	6억원
	② 직계존속^(*)으로부터 증여를 받은 경우	5천만원. 다만, 미성년자가 직계존속으로부터 증여를 받은 경우에는 2천만원으로 한다.
	③ 직계비속(수증자와 혼인 중인 배우자의 직계비속을 포함)으로부터 증여를 받은 경우	5천만원
	④ ②·③의 경우 외에 6촌 이내의 혈족, 4촌 이내의 인척으로부터 증여를 받은 경우	1천만원
	^(*) 수증자의 직계존속과 혼인(사실혼은 제외) 중인 배우자를 포함한다.	
공제방법	증여세과세가액에서 공제할 금액의 계산은 다음의 어느 하나의 방법에 따른다. ① 2 이상의 증여가 그 증여시기를 달리하는 경우에는 2 이상의 증여 중 최초의 증여세과세가액에서부터 순차로 공제하는 방법 ② 2 이상의 증여가 동시에 있는 경우에는 각각의 증여세과세가액에 대하여 안분하여 공제하는 방법	

3. 혼인·출산 증여재산 공제

내용	① 거주자가 직계존속으로부터 혼인일(혼인관계증명서상 신고일) 전후 2년 이내에 증여를 받는 경우에는 출산공제 및 자녀공제와 별개로 1억원을 증여세 과세가액에서 공제한다. 이 경우 그 증여세 과세가액에서 공제받을 금액과 수증자가 이미 전단에 따라 공제받은 금액을 합한 금액이 1억원을 초과하는 경우에는 그 초과하는 부분은 공제하지 아니한다. ② 거주자가 직계존속으로부터 자녀의 출생일(출생신고서상 출생일) 또는 입양일(입양신고일)부터 2년 이내에 증여를 받는 경우에는 혼인공제 및 자녀공제와 별개로 1억원을 증여세 과세가액에서 공제한다. 이 경우 그 증여세 과세가액에서 공제받을 금액과 수증자가 이미 전단에 따라 공제받은 금액을 합한 금액이 1억원을 초과하는 경우에는 그 초과하는 부분은 공제하지 아니한다. ③ ① 및 ②에 따라 증여세 과세가액에서 공제받았거나 받을 금액을 합한 금액이 1억원을 초과하는 경우에는 그 초과하는 부분은 공제하지 아니한다. ④ 변칙적 이익의 증여·증여추정 등 증여재산에 대해서는 위 공제를 적용하지 아니한다.
사후관리	① 거주자가 혼인 및 출산공제를 받은 후 약혼자의 사망 등 대통령령으로 정하는 부득이한 사유가 발생하여 해당 증여재산을 그 사유가 발생한 달의 말일부터 3개월 이내에 증여자에게 반환하는 경우에는 처음부터 증여가 없었던 것으로 본다. ② 혼인 전에 공제를 받은 거주자가 증여일(공제를 적용받은 증여가 다수인 경우 최초 증여일)부터 2년 이내에 혼인하지 아니한 경우로서 증여일부터 2년이 되는 날이 속하는 달의 말일부터 3개월이 되는 날까지 국세기본법에 따른 수정신고 또는 기한 후 신고를 한 경우에는 가산세의 전부 또는 일부를 부과하지 아니하되, 대통령령으로 정하는 바에 따라 계산한 이자상당액을 증여세에 가산하여 부과한다. ③ 혼인 공제를 받은 거주자가 혼인이 무효가 된 경우로서 혼인무효의 소에 대한 판결이 확정된 날이 속하는 달의 말일부터 3개월이 되는 날까지 국세기본법에 따른 수정신고 또는 기한 후 신고를 한 경우에는 가산세의 전부 또는 일부를 부과하지 아니하되, 대통령령으로 정하는 바에 따라 계산한 이자상당액을 증여세에 가산하여 부과한다.

4. 재해손실 공제 및 감정평가수수료 공제

재해손실 공제	타인으로부터 증여받은 경우로서 증여세 신고기한 이내에 재난으로 인하여 증여재산이 멸실되거나 훼손된 경우에는 그 손실가액을 증여세 과세가액에서 공제한다. 다만, 그 손실가액에 대한 보험금 등의 수령 또는 구상권 등의 행사에 의하여 그 손실가액에 상당하는 금액을 보전받을 수 있는 경우에는 그러하지 아니하다.
감정평가 수수료 공제	증여세를 신고·납부하기 위하여 증여재산을 평가하는데 드는 다음 중 어느 하나에 해당하는 감정평가 수수료를 다음의 구분에 따라 공제한다.

구분	공제액	한도
감정평가법인등의 평가에 따른 수수료 (증여세 납부목적용으로 한정함)	당해 수수료	500만원
중소기업 비상장주식의 평가수수료 (평가심의위원회가 의뢰한 신용평가전문기관으로 한정함)		평가대상 법인수 및 신용평가전문기관의 수별로 각각 1,000만원
판매용이 아닌 서화·골동품 등 예술적 가치가 있는 유형재산 평가에 대한 감정수수료		500만원

02 증여세 산출세액의 계산

1. 세율

세율	증여세 산출세액은 증여세 과세표준에 상속세와 동일한 세율을 적용하여 계산한다.
할증과세	수증자가 증여자의 자녀가 아닌 직계비속인 경우에는 다음의 금액을 증여세산출세액에 가산한다. 다만, 증여자의 최근친인 직계비속이 사망하여 그 사망자의 최근친인 직계비속이 증여받은 경우에는 그러하지 아니하다.[*] 증여세 산출세액 × 30%(40%) [*] 수증자가 증여자의 자녀가 아닌 직계비속이면서 미성년자인 경우로서 증여재산가액이 20억원을 초과하는 경우이다.

2. 세액공제 등

납부세액 공제	① 증여세 과세가액에 가산한 증여재산의 가액(둘 이상의 증여가 있을 때에는 그 가액을 합친 금액)에 대하여 납부하였거나 납부할 증여세(증여 당시의 해당 증여재산에 대한 증여세산출세액)은 증여세산출세액에서 공제한다. 다만, 증여세 과세가액에 가산하는 증여재산에 대하여 제척기간의 만료로 인하여 증여세가 부과되지 아니하는 경우에는 그러하지 아니하다. ② 한도: 이 경우에 공제할 증여세액은 증여세산출세액에 해당 증여재산의 가액과 가산한 증여재산의 가액을 합친 금액에 대한 과세표준에 대하여 가산한 증여재산의 과세표준이 차지하는 비율을 곱하여 계산한 금액을 한도로 한다.
외국납부 세액공제	타인으로부터 재산을 증여받은 경우에 외국에 있는 증여재산에 대하여 외국의 법령에 따라 증여세를 부과받은 경우에는 그 부과받은 증여세에 상당하는 금액을 증여세산출세액에서 공제한다.
신고세액 공제	증여세 과세표준을 신고한 경우에는 증여세산출세액(할증세액 포함)에서 다음의 금액을 공제한 금액의 3%에 상당하는 금액을 공제한다. → 신고기한까지 신고한 과세표준에 대한 산출세액 ① 박물관자료에 대한 징수를 유예받은 금액 ② 산출세액에서 공제되거나 감면되는 금액

03 증여세의 납세절차

신고납부	증여세 납부의무가 있는 자는 증여받은 날이 속하는 달의 말일부터 3개월 이내에 증여세의 과세가액 및 과세표준을 납세지 관할 세무서장에게 신고하여야 한다. 증여세를 신고하는 자는 신고기한까지 증여세 산출세액에서 다음의 어느 하나에 규정된 금액을 뺀 금액을 납세지 관할 세무서, 한국은행 또는 우체국에 납부하여야 한다. ① 박물관자료 징수유예세액 ② 공제 또는 감면되는 세액 ③ 신고세액공제액 ④ 연부연납을 신청한 금액

분할납부 연부연납	증여세의 경우에도 분할납부 및 연부연납이 허용되나, 물납은 허용되지 않는다. 분할납부 및 연부연납의 기본내용은 상속세와 동일하지만 증여세의 연부연납기간은 연부연납허가일부터 5년 이내에서 해당 납세의무자가 신청한 기간만 허용된다.
결정경정	관할 세무서장(국세청장이 특히 중요하다고 인정하는 것에 대해서는 관할지방국세청장)은 증여세과세표준 신고기한으로부터 6개월 이내에 증여세 과세표준과 세액을 결정한다.

제4절 변칙적 거래에 따른 이익의 증여

01 신탁이익의 증여

내용	① 신탁계약에 의하여 위탁자가 타인을 신탁의 이익의 전부 또는 일부를 받을 수익자로 지정한 경우로서 다음 중 어느 하나에 해당하는 경우에는 원본 또는 수익이 수익자에게 실제 지급되는 날 등을 증여일로 하여 해당 신탁의 이익을 받을 권리의 가액을 수익자의 증여재산가액으로 한다. ㉠ 원본을 받을 권리를 소유하게 한 경우에는 수익자가 그 원본을 받은 경우 ㉡ 수익을 받을 권리를 소유하게 한 경우에는 수익자가 그 수익을 받은 경우 ② 수익자가 특정되지 아니하거나 아직 존재하지 아니하는 경우에는 위탁자 또는 그 상속인을 수익자로 보고, 수익자가 특정되거나 존재하게 된 때에 새로운 신탁이 있는 것으로 보아 ①을 적용한다.
신탁이익 계산방법	① 원본 또는 수익이 수익자에게 실제 지급되는 날이란 다음의 구분에 따른 날을 제외하고는 원본 또는 수익이 수익자에게 실제 지급되는 날을 말한다. ㉠ 수익자로 지정된 자가 그 이익을 받기 전에 해당 신탁재산의 위탁자가 사망한 경우: 위탁자가 사망한 날 ㉡ 신탁계약에 의하여 원본 또는 수익을 지급하기로 약정한 날까지 원본 또는 수익이 수익자에게 지급되지 아니한 경우: 해당 원본 또는 수익을 지급하기로 약정한 날 ㉢ 원본 또는 수익을 여러 차례 나누어 지급하는 경우: 해당 원본 또는 수익이 최초로 지급된 날. 다만, 다음의 어느 하나에 해당하는 경우에는 해당 원본 또는 수익이 실제 지급된 날로 한다. 　ⓐ 신탁계약을 체결하는 날에 원본 또는 수익이 확정되지 않는 경우 　ⓑ 위탁자가 신탁을 해지할 수 있는 권리, 수익자를 지정하거나 변경할 수 있는 권리, 신탁 종료 후 잔여재산을 귀속 받을 권리를 보유하는 등 신탁재산을 실질적으로 지배·통제하는 경우 ② 여러 차례 나누어 원본과 수익을 지급받는 경우의 신탁이익은 증여시기를 기준으로 평가한 가액으로 한다.

02 보험금의 증여

생명보험이나 손해보험에서 보험사고(만기보험금 지급의 경우를 포함)가 발생한 경우 해당 보험사고가 발생한 날을 증여일로 하여 다음의 구분에 따른 금액을 보험금 수령인의 증여재산가액으로 한다. 단, 보험금을 상속재산으로 보는 경우에는 적용하지 아니한다.

보험금 수령인과 보험료 납부자가 다른 경우(보험금 수령인이 아닌 자가 보험료의 일부를 납부한 경우를 포함)	보험금 수령인이 아닌 자가 납부한 보험료 납부액에 대한 보험금 상당액
보험계약 기간에 보험금 수령인이 재산을 증여받아 보험료를 납부한 경우	증여받은 재산으로 납부한 보험료 납부액에 대한 보험금 상당액에서 증여받은 재산으로 납부한 보험료 납부액을 뺀 가액

03 저가 양수 또는 고가 양도에 따른 이익의 증여

의의
① 특수관계인 간에 재산을 시가보다 낮은 가액으로 양수하거나 시가보다 높은 가액으로 양도한 경우로서 그 대가와 시가의 차액이 기준금액 이상인 경우에는 해당 재산의 양수일 또는 양도일을 증여일로 하여 그 대가와 시가의 차액에서 기준금액을 뺀 금액을 그 이익을 얻은 자의 증여재산가액으로 한다.
② 특수관계인이 아닌 자 간에 거래의 관행상 정당한 사유 없이 재산을 시가보다 현저히 낮은 가액으로 양수하거나 시가보다 현저히 높은 가액으로 양도한 경우로서 그 대가와 시가의 차액이 기준금액 이상인 경우에는 해당 재산의 양수일 또는 양도일을 증여일로 하여 그 대가와 시가의 차액에서 3억원을 뺀 금액을 그 이익을 얻은 자의 증여재산가액으로 한다.
∵ 거래가액을 조작하여 얻게 되는 이익에 대하여 증여세 과세하기 위함

유형

① 저가양수

구분	적용요건	증여재산가액
특수관계인 간 거래	(시가 - 양수가액) ≥ Min(시가 × 30%, 3억)	(시가 - 양수가액) - Min(시가 × 30%, 3억)
특수관계인 아닌 자간 거래	(시가 - 양수가액) ≥ 시가 × 30%	(시가 - 양수가액) - 3억

② 고가양도

구분	적용요건	증여재산가액
특수관계인 간 거래	(양도가액 - 시가) ≥ Min(시가 × 30%, 3억)	(양도가액 - 시가) - Min(시가 × 30%, 3억)
특수관계인 아닌 자간 거래	(양도가액 - 시가) ≥ 시가 × 30%	(양도가액 - 시가) - 3억

적용배제	① 거래소에 상장되어 있는 법인의 주식 및 출자지분으로서 증권시장에서 거래된 경우 다만, 시간외 대량매매의 경우에는 공정한 거래를 통하여 가액이 결정된 것으로 보기 어려우므로 과세대상에서 제외되지 않는다. ∵ 공정한 경쟁매매 과정을 거쳐 결정된 가액임 ② 전환사채, 신주인수권부사채 기타 주식으로 전환·교환하거나 주식을 인수할 수 있는 권리가 부여된 사채를 양수 또는 양도한 경우 ∵ 구체적 과세규정이 존재함 ③ 재산을 양수하거나 양도하는 경우로서 그 대가가 법인세법에 따른 시가에 해당하여 그 거래에 대하여 법인세법 및 양도소득세 부당행위계산부인규정(시간외 시장에서 매매된 경우 포함)이 적용되지 아니하는 경우. 다만, 거짓이나 그 밖의 부정한 방법으로 상속세 또는 증여세를 감소시킨 것으로 인정되는 경우에는 그러하지 아니하다.

04 채무면제 등에 따른 증여

내용	채권자로부터 채무를 면제받거나 제3자로부터 채무의 인수 또는 변제를 받은 경우에는 그 면제, 인수 또는 변제(이하 "면제 등")를 받은 날을 증여일로 하여 그 면제 등으로 인한 이익에 상당하는 금액(보상액을 지급한 경우에는 그 보상액을 뺀 금액)을 그 이익을 얻은 자의 증여재산가액으로 한다.
증여일	채무면제 등을 받은 날은 다음의 구분에 따른 날로 한다. ① 채권자로부터 채무를 면제 받은 경우: 채권자가 면제에 대한 의사표시를 한 날 ② 제3자로부터 채무의 인수를 받은 경우: 제3자와 채권자 간에 채무의 인수계약이 체결된 날

05 부동산 무상사용에 따른 이익의 증여

1. 부동산무상사용

내용	① 타인의 부동산(그 부동산 소유자와 함께 거주하는 주택과 그에 딸린 토지는 제외)을 무상으로 사용함에 따라 이익을 얻은 경우에는 그 무상 사용을 개시한 날을 증여일로 하여 그 이익에 상당하는 금액을 부동산 무상 사용자의 증여재산가액으로 한다. ② 수인이 부동산을 무상사용하는 경우로서 각 부동산사용자의 실제 사용면적이 분명하지 않은 경우에는 해당 부동산사용자들이 각각 동일한 면적을 사용한 것으로 본다. 이 경우 부동산소유자와 친족관계에 있는 부동산사용자가 2명 이상인 경우 그 부동산사용자들에 대해서는 최근친인 사람을 무상사용자로 보고, 최근친인 사람이 2명 이상인 경우에는 그 중 최연장자를 무상사용자로 보며, 그 외의 경우에는 해당 부동산사용자들을 각각 무상사용자로 본다.
계산	증여재산가액은 다음의 계산식에 따른다. 단, 증여재산가액이 1억원 미만인 경우는 제외한다. 각 연도의 부동산무상사용이익의 현재가치(기간: 5년, 이자율: 10%)(*) (*) 1. 부동산무상사용이익: 부동산가액 × 1년 간 부동산 사용료를 고려하여 기획재정부령으로 정하는 율(2%) 2. 해당 부동산에 대한 무상사용 기간은 5년으로 하고, 무상사용 기간이 5년을 초과하는 경우에는 그 무상사용을 개시한 날부터 5년이 되는 날의 다음 날에 새로 해당 부동산의 무상사용을 개시한 것으로 본다.

2. 부동산무상담보제공

내용	타인의 부동산을 무상으로 담보로 이용하여 금전 등을 차입함에 따라 이익을 얻은 경우에는 그 부동산 담보 이용을 개시한 날을 증여일로 하여 그 이익에 상당하는 금액을 부동산을 담보로 이용한 자의 증여재산가액으로 한다.
계산	증여재산가액은 다음의 계산식에 따른다. 단, 증여재산가액이 1천만원 미만인 경우는 제외한다. 　　　　차입금 × 적정이자율[*] - 차입할 때 실제 지급하였거나 지급할 이자 [*] 1. 법인세법 당좌대출이자율을 말한다. 다만, 법인으로부터 대출받은 경우에는 법인세법상 인정이자율을 적정 이자율로 본다. 　　2. 차입기간이 정하여지지 아니한 경우에는 그 차입기간은 1년으로 하고, 차입기간이 1년을 초과하는 경우에는 그 부동산 담보 이용을 개시한 날부터 1년이 되는 날의 다음 날에 새로 해당 부동산의 담보 이용을 개시한 것으로 본다.

3. 기타규정

부동산 무상사용에 따른 이익의 증여와 관련하여 특수관계인이 아닌 자 간의 거래는 거래의 관행상 정당한 사유가 없는 경우에 한정하여 적용한다.

06 금전무상대출 등에 따른 이익의 증여

내용	타인으로부터 금전을 무상으로 또는 적정 이자율보다 낮은 이자율로 대출받은 경우에는 그 금전을 대출받은 날에 다음의 구분에 따른 금액을 그 금전을 대출받은 자의 증여재산가액으로 한다. 다만, 다음의 구분에 따른 금액이 1,000만원 미만인 경우는 제외한다. ① 무상으로 대출받은 경우: 대출금액에 적정 이자율(연간 4.6%)을 곱하여 계산한 금액 ② 적정 이자율보다 낮은 이자율로 대출받은 경우: 대출금액에 적정 이자율(연간 4.6%)을 곱하여 계산한 금액에서 실제 지급한 이자 상당액을 뺀 금액
적용방법	① 위 규정을 적용할 때 대출기간이 정해지지 아니한 경우에는 그 대출기간을 1년으로 보고, 대출기간이 1년 이상인 경우에는 1년이 되는 날의 다음 날에 매년 새로 대출받은 것으로 보아 해당 증여재산가액을 계산한다. ② 특수관계인이 아닌 자 간의 거래인 경우에는 거래의 관행상 정당한 사유가 없는 경우에 한정하여 적용한다.

07 불공정자본거래에 따른 이익의 증여

불공정합병·불공정증자·불공정감자를 통하여 주주가 이익을 얻은 경우에는 당해 이익에 상당하는 금액을 그 이익을 얻은 자의 증여재산가액으로 한다.

08 현물출자에 따른 이익의 증여

내용	현물출자에 의하여 다음 중 어느 하나에 해당하는 이익을 얻은 경우에는 현물출자 납입일을 증여일로 하여 그 이익에 상당하는 금액을 그 이익을 얻은 자의 증여재산가액으로 한다. ① 주식 등을 시가보다 낮은 가액으로 인수함으로써 현물출자자가 얻은 이익 ② 주식 등을 시가보다 높은 가액으로 인수함으로써 현물출자자의 특수관계인에 해당하는 주주 등이 얻은 이익
주주 등 범위	현물출자자가 아닌 주주 등 중 소액주주가 2명 이상인 경우에는 소액주주가 1명인 것으로 보고 이익을 계산한다.

09 전환사채 등의 주식전환 등에 따른 이익의 증여

전환사채, 신주인수권부사채(신주인수권증권이 분리된 경우에는 신주인수권증권) 또는 그 밖의 주식으로 전환·교환하거나 주식을 인수할 수 있는 권리가 부여된 사채(이하 "전환사채 등")를 인수·취득·양도하거나, 전환사채 등에 의하여 주식으로 전환·교환 또는 주식의 인수(이하 "주식전환 등")를 함으로써 이익을 얻은 경우에는 그 이익에 상당하는 금액을 그 이익을 얻은 자의 증여재산가액으로 한다.

10 초과배당에 따른 이익의 증여

내용	법인이 이익이나 잉여금을 배당 등하는 경우로서 그 법인의 최대주주 등이 본인이 지급받을 배당 등의 금액의 전부 또는 일부를 포기하거나 본인이 보유한 주식 등에 비례하여 균등하지 아니한 조건으로 배당 등을 받음에 따라 그 최대주주 등의 특수관계인이 본인이 보유한 주식 등에 비하여 높은 금액의 배당 등을 받은 경우에는 법인이 배당 또는 분배한 금액을 지급한 날을 증여일로 하여 초과배당금액에서 해당 초과배당금액에 대한 소득세 상당액을 공제한 금액을 그 최대주주 등의 특수관계인의 증여재산가액으로 한다.
계산	① 증여재산가액 증여재산가액 = 초과배당금액 − 초과배당금액에 대한 소득세 상당액 ② 초과배당액 증여재산가액 = (최대주주 등의 특수관계인이 배당받은 금액 − 최대주주 등의 특수관계인의 균등 배당액) × 최대주주 등의 과소배당금액/과소배당금액(*) (*) 과소배당금액이란 보유한 주식 등에 비하여 낮은 금액의 배당을 받은 주주 등의 다음의 계산식에 따른 금액으로 한다. ⇨ 과소배당금액 = 균등 배당받은 금액 − 배당금액 ③ 소득세상당액: 초과배당금액에서 차감하는 소득세 상당액은 다음 구분에 따른 금액으로 한다. ㉠ 초과배당금액에 대한 증여세 과세표준 신고기한이 해당 초과배당금액이 발생한 연도의 다음 연도 6월 1일(성실신고확인대상사업자의 경우에는 7월 1일) 이후인 경우: 실제 소득세 상당액 ㉡ 그 밖의 경우: 초과배당금액에 다음의 율을 곱한 금액

증여세액 정산	초과배당금액에 대하여 증여세를 부과받은 자는 해당 초과배당금액에 대한 소득세를 납부할 때(납부할 세액이 없는 경우를 포함) ②의 증여세액에서 ①의 증여세액을 뺀 금액을 관할 세무서장에게 납부하여야 한다. 다만, ①의 증여세액이 ②의 증여세액을 초과하는 경우에는 그 초과되는 금액을 환급받을 수 있다. ① 당초 증여재산가액을 기준으로 계산한 증여세액 ② 정산증여재산가액기준: 초과배당금액에 대한 실제 소득세액을 반영한 증여재산가액을 기준으로 계산한 증여세액

11 주식 등의 상장 등에 따른 이익의 증여

의의	① 기업의 경영 등에 관하여 공개되지 아니한 정보를 이용할 수 있는 지위에 있다고 인정되는 최대주주 등의 특수관계인이 일정한 방법에 따라 해당 법인의 주식 등을 증여받거나 취득한 경우 그 주식 등을 증여받거나 취득한 날부터 5년 이내에 그 주식 등이 증권시장(유가증권시장 및 코스닥시장)에 상장됨에 따라 그 가액이 증가한 경우로서 그 주식 등을 증여받거나 취득한 자가 당초 증여세 과세가액(증여받은 재산으로 최대주주 등이 아닌 자로부터 해당 법인의 주식 등을 취득한 경우는 제외) 또는 취득가액을 초과하여 이익을 얻은 경우에는 그 이익에 상당하는 금액을 그 이익을 얻은 자의 증여재산가액으로 한다. 다만, 그 이익에 상당하는 금액이 대통령령으로 정하는 기준금액 미만인 경우는 제외한다.
	② 최대주주(증여자)
	   ㉠ 최대주주 또는 최대출자자
	   ㉡ 지분율 25% 이상의 대주주: 특수관계인의 소유주식 등을 합하여 내국법인의 발행주식총수 또는 출자총액의 25% 이상을 소유한 주주
	③ 일정한 방법: 주식 등을 증여받거나 취득한 경우는 다음의 어느 하나에 해당하는 경우로 한다.
	   ㉠ 최대주주 등으로부터 해당 법인의 주식 등을 증여받거나 유상으로 취득한 경우
	   ㉡ 증여받은 재산(주식 등을 유상으로 취득한 날부터 소급하여 3년 이내에 최대주주 등으로부터 증여받은 재산)으로 최대주주 등이 아닌 자로부터 해당 법인의 주식 등을 취득한 경우

계산	증여재산가액 = [① - ② - ③] × 증여받거나 유상으로 취득한 주식 수 ① 정산기준일(해당 주식 등의 상장일부터 3개월이 되는 날) 현재 1주당 평가가액(법 제63조에 따라 평가한 가액을 말함) ② 주식 등을 증여받은 날 현재의 1주당 증여세 과세가액(취득의 경우에는 취득일 현재의 1주당 취득가액) ③ 1주당 기업가치의 실질적인 증가로 인한 이익 $$\frac{\text{취득일부터 상장일 전일까지의 1주당 순손익 합계액}}{\text{취득일부터 상장일 전일까지의 월수}} \times \text{취득일부터 정산기준일까지의 월수}$$

계산	④ 다음의 기준금액 미만인 경우 과세제외 Min(①, ②) ① (주식 등을 증여받은 날 현재의 1주당 증여세 과세가액 + 1주당 기업가치의 실질적인 증가로 인한 이익) × 증여 또는 유상으로 취득한 주식수 × 30% ② 3억원

제5절 증여 추정 및 증여 의제

01 배우자 등에게 양도한 재산의 증여 추정

양도 시 증여 추정	배우자 또는 직계존비속에게 양도한 재산은 양도자가 그 재산을 양도한 때에 그 재산의 가액을 배우자등이 증여받은 것으로 추정하여 이를 배우자등의 증여재산가액으로 한다. ∵ 배우자 또는 직계존비속간에 소유권이 이전되는 경우 정상적인 대가가 지급되는 유상양도보다는 증여일 개연성이 높을 뿐만 아니라 거래의 실질을 객관적으로 파악하기 곤란하기 때문에 객관적으로 대가를 지급한 사실이 명백히 인정되는 경우를 제외하고는 증여로 과세하려는 것
우회양도 증여 추정	① 특수관계인에게 양도한 재산을 그 특수관계인(이하 "양수자")이 양수일부터 3년 이내에 당초 양도자의 배우자등에게 다시 양도한 경우에는 양수자가 그 재산을 양도한 당시의 재산가액을 그 배우자등이 증여받은 것으로 추정하여 이를 배우자등의 증여재산가액으로 한다. 다만, 당초 양도자 및 양수자가 부담한 소득세법에 따른 결정세액을 합친 금액이 양수자가 그 재산을 양도한 당시의 재산가액을 당초 그 배우자등이 증여받은 것으로 추정할 경우의 증여세액보다 큰 경우에는 그러하지 아니하다. ② 해당 배우자등에게 증여세가 부과된 경우에는 소득세법의 규정에도 불구하고 당초 양도자 및 양수자에게 그 재산 양도에 따른 소득세를 부과하지 아니한다.
적용 배제	해당 재산이 다음 중 어느 하나에 해당하는 경우 증여 추정 규정을 적용하지 아니한다. ① 법원의 결정으로 경매절차에 따라 처분된 경우 ② 파산선고로 인하여 처분된 경우 ③ 국세징수법에 따라 공매된 경우 ④ 증권시장을 통하여 유가증권이 처분된 경우. 다만, 불특정 다수인 간의 거래에 의하여 처분된 것으로 볼 수 없는 경우로서 시간외시장에서 매매된 것은 제외한다. ⑤ 배우자 등에게 대가를 받고 양도한 사실이 명백히 인정되는 경우로서 다음의 어느 하나에 해당하는 경우를 말한다. 　㉠ 권리의 이전이나 행사에 등기 또는 등록을 요하는 재산을 서로 교환한 경우 　㉡ 당해 재산의 취득을 위하여 이미 과세(비과세 또는 감면받은 경우 포함)받았거나 신고한 소득금액 또는 상속 및 수증재산의 가액으로 그 대가를 지급한 사실이 입증되는 경우 　㉢ 당해 재산의 취득을 위하여 소유재산을 처분한 금액으로 그 대가를 지급한 사실이 입증되는 경우

02 재산 취득자금 등의 증여 추정

재산취득 자금 증여 추정	① 재산 취득자의 직업, 연령, 소득 및 재산 상태 등으로 볼 때 재산을 자력으로 취득하였다고 인정하기 어려운 경우로서 자금출처로 입증된 금액이 취득재산가액에 미달하는 경우에는 그 재산을 취득한 때에 그 재산의 취득자금을 그 재산 취득자가 증여받은 것으로 추정하여 이를 그 재산 취득자의 증여재산가액으로 한다. ∵ 과세관청은 가족 간에 은밀히 이루어지는 증여사실파악이 어려워 증여세 과세가 누락되는 것을 방지하기 위함 ② 금융실명거래 및 비밀보장에 관한 법률 제3조에 따라 실명이 확인된 계좌 또는 외국의 관계 법령에 따라 이와 유사한 방법으로 실명이 확인된 계좌에 보유하고 있는 재산은 명의자가 그 재산을 취득한 것으로 추정하여 증여추정규정을 적용한다.
채무상환 자금 증여 추정	채무자의 직업, 연령, 소득, 재산 상태 등으로 볼 때 채무를 자력으로 상환(일부 상환을 포함)하였다고 인정하기 어려운 경우로서 자금출처로 입증된 금액이 채무상환자금에 미달하는 경우에는 그 채무를 상환한 때에 그 상환자금을 그 채무자가 증여받은 것으로 추정하여 이를 그 채무자의 증여재산가액으로 한다.
자금출처 원천	취득재산가액 또는 채무상환금액은 다음에 따라 입증된 금액의 합계액으로 소명하여야 한다. ① 신고하였거나 과세(비과세 또는 감면받은 경우 포함)받은 소득금액 ② 신고하였거나 과세(비과세 또는 감면받은 경우 포함)받은 상속 또는 수증재산의 가액 ③ 재산을 처분한 대가로 받은 금전이나 부채를 부담하고 받은 금전으로 당해 재산의 취득 또는 당해 채무의 상환에 직접 사용한 금액
증여 추정 배제 사유	다음의 경우에는 증여추정을 적용하지 아니한다. ① 입증되지 아니하는 금액이 취득재산의 가액 또는 채무의 상환금액의 20%에 상당하는 금액과 2억원 중 적은 금액에 미달하는 경우 ② 취득자금 또는 상환자금의 출처에 관한 충분한 소명(疏明)이 있는 경우 ③ 취득자금 또는 상환자금이 국세청장이 정한 일정액 이하인 경우

03 명의신탁재산의 증여 의제

의의	권리의 이전이나 그 행사에 등기 등이 필요한 재산(토지와 건물은 제외)의 실제소유자와 명의자가 다른 경우에는 국세기본법 실질과세원칙에도 불구하고 그 명의자로 등기 등을 한 날(그 재산이 명의개서를 하여야 하는 재산인 경우에는 소유권취득일이 속하는 해의 다음 해 말일의 다음 날)에 그 재산의 가액(그 재산이 명의개서를 하여야 하는 재산인 경우에는 소유권취득일을 기준으로 평가한 가액)을 실제소유자가 명의자에게 증여한 것으로 본다. ∵ 명의신탁제도가 조세회피수단으로 악용되는 것을 방지하기 위함
적용배제	다음의 어느 하나에 해당하는 경우에는 그러하지 아니하다. ① 조세 회피의 목적 없이 타인의 명의로 재산의 등기 등을 하거나 소유권을 취득한 실제소유자 명의로 명의개서를 하지 아니한 경우 ② 자본시장과 금융투자업에 관한 법률에 따른 신탁재산인 사실의 등기 등을 한 경우 ③ 비거주자가 법정대리인 또는 재산관리인의 명의로 등기 등을 한 경우

조세회피 목적 추정 여부	타인의 명의로 재산의 등기 등을 한 경우 및 실제소유자 명의로 명의개서를 하지 아니한 경우에는 조세 회피 목적이 있는 것으로 추정한다. 다만, 실제소유자 명의로 명의개서를 하지 아니한 경우로서 다음의 어느 하나에 해당하는 경우에는 조세 회피 목적이 있는 것으로 추정하지 아니한다. ① 매매로 소유권을 취득한 경우로서 종전 소유자가 소득세법에 따른 양도소득 과세표준신고 또는 증권거래세법에 따른 신고와 함께 소유권 변경 내용을 신고하는 경우 ② 상속으로 소유권을 취득한 경우로서 상속인이 다음의 어느 하나에 해당하는 신고와 함께 해당 재산을 상속세 과세가액에 포함하여 신고한 경우. 다만, 상속세 과세표준과 세액을 결정 또는 경정할 것을 미리 알고 수정신고하거나 기한 후 신고를 하는 경우는 제외한다. ㉠ 상속세 과세표준신고 ㉡ 국세기본법 제45조에 따른 수정신고 ㉢ 국세기본법 제45조의3에 따른 기한 후 신고

제3장 재산의 평가

01 평가의 원칙

원칙	상속세나 증여세가 부과되는 재산의 가액은 상속개시일 또는 증여일 현재의 시가에 따른다. 이 경우 시가는 불특정 다수인 사이에 자유롭게 거래가 이루어지는 경우에 통상적으로 성립된다고 인정되는 가액으로 하고 수용가격·공매가격 및 감정가격 등 시가로 인정되는 것을 포함한다. 다만, 상속재산의 가액에 가산하는 증여재산의 가액은 증여일 현재의 시가에 따른다.
예외	시가를 산정하기 어려운 경우에는 해당 재산의 종류, 규모, 거래 상황 등을 고려하여 보충적 평가방법으로 평가한 가액을 시가로 본다.
시가로 인정되는 것	① 시가로 인정되는 것이란 상속개시일 또는 증여일(평가기준일) 전후 6개월(증여재산의 경우에는 평가기준일 전 6개월부터 평가기준일 후 3개월까지로 함. 이하 "평가기간"이라 함)이 내의 기간 중 매매·감정·수용·경매(민사집행법에 따른 경매) 또는 공매가 있는 경우에 다음 중 어느 하나에 따라 확인되는 가액을 말한다.(*) <table><tr><td>해당 재산에 대한 매매사실이 있는 경우</td><td>그 거래가액</td></tr><tr><td>해당 재산(주식은 제외)에 대하여 둘 이상의 감정기관이 평가한 감정가액이 있는 경우</td><td>그 감정가액의 평균액</td></tr><tr><td>해당 재산에 대하여 수용·경매 또는 공매사실이 있는 경우</td><td>그 보상가액·경매가액 또는 공매가액</td></tr></table> (*) 감정가격을 결정할 때에는 둘 이상의 감정기관(기준시가 10억원 이하의 부동산의 경우에는 하나 이상의 감정기관)에 감정을 의뢰하여야 한다. 이 경우 관할 세무서장 또는 지방국세청장은 감정기관이 평가한 감정가액이 다른 감정기관이 평가한 감정가액의 80%에 미달하는 경우에는 평가심의위원회의 심의를 거쳐 1년의 범위에서 기간을 정하여 해당 감정기관을 시가불인정 감정기관으로 지정할 수 있으며, 시가불인정 감정기관으로 지정된 기간 동안 해당 시가불인정 감정기관이 평가하는 감정가액은 시가로 보지 않는다. ② 다만, 평가기간에 해당하지 않는 기간으로서 평가기준일 전 2년 이내의 기간 중에 매매 등이 있거나 평가기간이 경과한 후부터 법정결정기한까지의 기간 중에 매매 등이 있는 경우에도 평가기준일부터 매매계약일 등에 해당하는 날까지의 기간 중에 주식발행회사의 경영상태, 시간의 경과 및 주위환경의 변화 등을 고려하여 가격변동의 특별한 사정이 없다고 보아 상속세 또는 증여세 납부의무가 있는 자, 지방국세청장 또는 관할세무서장이 신청하는 때에는 평가심의위원회의 심의를 거쳐 해당 매매 등의 가액을 시가로 인정되는 가액에 포함시킬 수 있다.
유사 매매 사례가	시가를 적용할 때 해당 재산과 면적·위치·용도·종목 및 기준시가가 동일하거나 유사한 다른 재산에 대한 매매 등의 가액(상속세 또는 증여세 과세표준을 신고한 경우에는 평가기준일 전 6개월부터 평가기간 이내의 신고일까지의 가액)이 있는 경우에는 해당 가액을 시가로 본다.

평가기간 기준일	다음 중 어느 하나에 따른 가액이 평가기준일 전후 6개월(증여재산의 경우에는 평가기준일 전 6개월부터 평가기준일 후 3개월까지) 이내에 해당하는지는 다음의 구분에 따른 날을 기준으로 하여 판단하며, 시가로 보는 가액이 둘 이상인 경우에는 평가기준일을 전후하여 가장 가까운 날에 해당하는 가액(그 가액이 둘 이상인 경우에는 그 평균)을 적용한다. 다만, 해당 재산의 매매 등의 가액이 있는 경우에는 해당 재산과 면적 및 기준시가가 동일하거나 유사한 다른 재산에 대한 시가로 인정되는 가액을 적용하지 아니한다. ① 해당재산에 대한 매매사실이 있는 경우: 매매계약일 ② 해당 재산에 대하여 둘 이상의 감정기관이 평가한 감정가액이 있는 경우: 가격산정기준일과 감정가액평가서 작성일 ③ 해당 재산에 대하여 수용·경매 또는 공매사실이 있는 경우: 보상가액·경매가액 또는 공매가액이 결정된 날

02 재산 평가의 특례

저당권 등 설정재산	다음의 어느 하나에 해당하는 재산은 그 재산이 담보하는 채권액 등을 기준으로 평가한 가액과 평가기준일 당시의 시가(시가를 산정하기 어려운 경우에는 보충적 평가방법에 따른 평가액) 중 큰 금액을 그 재산의 가액으로 한다. ① 저당권, 담보권 또는 질권이 설정된 재산 ② 양도담보재산 ③ 전세권이 등기된 재산(임대보증금을 받고 임대한 재산을 포함) ④ 위탁자의 채무이행을 담보할 목적으로 대통령령으로 정하는 신탁계약을 체결한 재산
상장주식 가상재산	상장주식과 가상자산은 보충적 평가방법으로 평가한 가액을 '시가'로 본다.

03 유가증권 등의 평가

상장주식		상장주식(유가증권시장과 코스닥시장에서 거래되는 주식)은 평가기준일 이전·이후 각 2개월 동안 공표된 매일의 거래소 최종 시세가액(거래실적 유무를 따지지 아니함)의 평균액(평균액을 계산할 때 평가기준일 이전·이후 각 2개월 동안에 증자·합병 등의 사유가 발생하여 그 평균액으로 하는 것이 부적당한 경우에는 평가기준일 이전·이후 각 2개월의 기간 중 대통령령으로 정하는 바에 따라 계산한 기간의 평균액으로 함)
비상장주식	원칙	1주당 평가액 = Max(①, ②) ① (1주당 순손익가치 × 3 + 1주당 순자산가치 × 2) ÷ 5$^{(*)}$ ② 1주당 순자산가치 × 80%
	예외	다음 중 어느 하나에 해당하는 경우에는 순자산가치에 따른다. ① 상속세 및 증여세 과세표준신고기한 이내에 평가대상 법인의 청산절차가 진행 중이거나 사업자의 사망 등으로 인하여 사업의 계속이 곤란하다고 인정되는 법인의 주식 등 ② 사업개시 전의 법인, 사업개시 후 3년 미만의 법인 또는 휴업·폐업 중인 법인의 주식 등. 이 경우 법인세법 제46조의3, 제46조의5 및 제47조의 요건을 갖춘 적격분할 또는 적격물적분할로 신설된 법인의 사업기간은 분할 전 동일 사업부분의 사업개시일부터 기산한다. ③ 법인의 자산총액 중 부동산 등의 합계액이 차지하는 비율이 100분의 80 이상인 법인의 주식 등 ④ 법인의 자산총액 중 주식 등의 가액의 합계액이 차지하는 비율이 100분의 80 이상인 법인의 주식 등 ⑤ 법인의 설립 시 정관에 존속기한이 확정된 법인으로서 평가기준일 현재 잔여 존속기한이 3년 이내인 법인의 주식 등
		$^{(*)}$ 부동산과다보유법인: (1주당 순손익가치 × 2 + 1주당 순자산가치 × 3) ÷ 5
최대주주 할증평가		최대주주 등의 주식 등에 대해서는 일반적인 평가액의 20%을 가산한다. 단, 중소기업, 중견기업(평가기준일이 속하는 과세기간 또는 사업연도의 직전 3개 과세기간 또는 사업연도의 매출액의 평균이 5천억원 미만인 기업) 및 평가기준일이 속하는 사업연도 전 3년 이내의 사업연도부터 계속하여 결손금이 있는 법인의 주식 등은 그러하지 아니하다.

MEMO

MEMO

2026 대비 최신개정판

해커스공무원 이훈엽 세법 기본서

개정 5판 1쇄 발행 2025년 5월 9일

지은이	이훈엽 편저
펴낸곳	해커스패스
펴낸이	해커스공무원 출판팀
주소	서울특별시 강남구 강남대로 428 해커스공무원
고객센터	1588-4055
교재 관련 문의	gosi@hackerspass.com
	해커스공무원 사이트(gosi.Hackers.com) 교재 Q&A 게시판
	카카오톡 플러스 친구 [해커스공무원 노량진캠퍼스]
학원 강의 및 동영상강의	gosi.Hackers.com
ISBN	979-11-7244-994-0 (13360)
Serial Number	05-01-01

저작권자 ⓒ 2025, 이훈엽
이 책의 모든 내용, 이미지, 디자인, 편집 형태는 저작권법에 의해 보호받고 있습니다.
서면에 의한 저자와 출판사의 허락 없이 내용의 일부 혹은 전부를 인용, 발췌하거나 복제, 배포할 수 없습니다.

공무원 교육 1위,
해커스공무원 gosi.Hackers.com

- 해커스공무원 학원 및 인강(교재 내 인강 할인쿠폰 수록)
- 정확한 성적 분석으로 약점 극복이 가능한 합격예측 온라인 모의고사(교재 내 응시권 및 해설강의 수강권 수록)
- 해커스 스타강사의 공무원 세법 무료 특강

한경비즈니스 2024 한국품질만족도 교육(온·오프라인 공무원학원) 1위